「沖縄」がわかる本 6000冊

歴史・民俗・自然・芸能・暮らし

日外アソシエーツ

Complete List
of
6000 Books about Okinawa

History, Folk customs, Nature, Entertainment, Lifestyle

Compiled by

Nichigai Associates, Inc.

©2016 by Nichigai Associates, Inc.

Printed in Japan

本書はディジタルデータでご利用いただくことができます。詳細はお問い合わせください。

●編集担当● 山本 幸子

刊行にあたって

　本書は、近年国内で刊行された、沖縄に関する図書の目録である。

　沖縄は、日本の県のひとつではあるが、歴史、風習、地理的条件、気象、自然環境、言語、食文化などに見られる特徴は、他の都道府県とは異なる点も多い。

　沖縄は、かつて琉球王国として独立しており、明治時代に“琉球処分”によって日本に併合された。太平洋戦争中には一般の住民も多数犠牲になり、敗戦後のアメリカ統治下に置かれた年月を経て、1972年に本土復帰となった。米軍基地は残され、それを原因とした事件もあり、現在でも基地反対運動が続いている。

　一方、歴史を背景にして、独特の工芸・文化が育まれた。美しい琉球ガラス、紅型、古琉球の時代から織られていたと言われる芭蕉布などは、現代でも人気が高い。

　また、亜熱帯海洋性気候に属するため、ハイビスカスやブーゲンビリアを見ることができ、ゴーヤーの生産が盛んである。

　このように多彩な地域なので、「沖縄に関する図書」とひとくちに言っても、その内容はさまざまである。

　歴史読み物、遺跡発掘報告書、米軍基地問題の解説書、沖縄戦の体験を綴った本、生き物図鑑、ハンセン病資料集、組踊の入門書、三線の楽譜、琉球語の研究書、沖縄空手の記録、海の写真集、沖縄本島や離島を旅する時に役に立つガイドブック、沖縄料理レシピ本など可能な限り幅広く集め、5,951点を収録した。そして、沖縄に興味を持つ人が知識を得る第一歩となり、沖縄への理解を深める機会になることを願って、本書のタイトルを『「沖縄」がわかる本6000冊─歴史・民俗・自然・芸能・暮らし』とした。

　収録した図書は、主題別に見出しを立てて分類した。各図書には

基本的な書誌事項のほか、内容情報をできる限り付した。また、巻末に、著者や編者名から引ける「著者名索引」と、キーワード、人名などから検索できる「事項名索引」を付け、便宜を図った。

　編集にあたっては遺漏のないよう努めたが、不十分な点も多々あると推察される。お気付きの点はご教示いただければ幸いである。本書が多くの方々に利用されることを期待している。

　　2016 年 5 月

　　　　　　　　　　　　　　　　　日外アソシエーツ

目　　次

凡　　例 ・・・ （6）

見出し一覧 ・・ （8）

「沖縄」がわかる本6000冊—歴史・民俗・自然・芸能・暮らし

沖縄全般 ・・・　3

思　　想 ・・・　13

歴史・地理 ・・・　19

社会科学 ・・　168

民　　俗 ・・　269

自然科学 ・・　298

技術・工業 ・・・　322

産　　業 ・・　334

暮らし ・・・　355

芸術・芸能 ・・・　366

スポーツ ・・　415

言　　語 ・・　424

文　　学 ・・　436

著者名索引 ・・　455

事項名索引 ・・　493

凡　例

1. 本書の内容

本書は、沖縄に関する図書を網羅的に集め、主題別にまとめた図書目録である。一部、奄美諸島に関する図書も含む。

2. 収録の対象

1995年（平成7年）以降に日本国内で刊行された図書を対象とし、ガイドブック、私家版、政府刊行物等も含め5,951点を収録した。初版と改訂版、単行本と文庫版、年刊ものなどの場合は、原則として最新版を収録した。

3. 見出し

各図書を「沖縄全般」「思想」「歴史・地理」「社会科学」「民俗」「自然科学」「技術・工業」「産業」「暮らし」「芸術・芸能」「スポーツ」「言語」「文学」に大別し、さらにテーマごとに小見出しを設けて分類した。詳細は「見出し一覧」を参照されたい。

4. 図書の排列

各見出しの下で図書の刊行年月順に排列した。刊行年月が同一の場合は、NDC（日本十進分類法）順に排列した。

5. 図書の記述

記述の内容と順序は次の通りである。

書名／副書名／巻次／各巻書名／各巻副書名／各巻巻次／著者表示／版表示／出版地＊／出版者／刊行年月／ページまたは冊数／大きさ／叢書名／叢書番号／副叢書名／副叢書番号／注記／定価（刊行時）／ISBN／NDC／内容／文献番号

＊出版地が東京の場合は省略した。

6．索　引

（1）著者名索引

　各図書の著者、編者、訳者などを見出しとし、五十音順に排列した。文献の所在は文献番号で示した。

（2）事項名索引

　本文の各見出しに関連する用語、テーマ、地名、人名、団体名などを五十音順に排列し、その見出しと本文での掲載ページを示した。

7．書誌事項等の出所

　本書に掲載した各図書の書誌事項等は、主に次の資料に拠っている。

　データベース「bookplus」

　JAPAN/MARC

見出し一覧

沖縄全般 ……… 3

沖縄一般 ……… 3
出版・書店 ……… 6
書誌・目録 ……… 7
団体 ……… 8
文化施設 ……… 9
メディア ……… 10

思想 ……… 13

思想 ……… 13
心理学 ……… 13
宗教 ……… 13
　民間信仰 ……… 14
　神道 ……… 16
　仏教 ……… 16
　キリスト教 ……… 17

歴史・地理 ……… 19

沖縄史 ……… 19
　考古学 ……… 37
　原始時代 ……… 39
　古代 ……… 40
　中世 ……… 41
　近世 ……… 43
　琉球王国 ……… 43
　近代 ……… 58
　　琉球処分 ……… 58
　　昭和・平成 ……… 58
　　太平洋戦争 ……… 68
　　米軍基地 ……… 83
　　沖縄返還 ……… 99
各地の歴史 ……… 101
　北部地区（国頭郡） ……… 101
　中部地区（中頭郡） ……… 103
　南部地区（島尻郡） ……… 106
　宮古地区（宮古郡） ……… 110
　八重山地区（八重山郡） ……… 111

奄美大島（奄美群島） ……… 116
伝記 ……… 121
地誌・紀行 ……… 131
　沖縄の紀行・案内記 ……… 135
　地域の紀行・案内記 ……… 150
　旅のガイドブック ……… 156
　修学旅行案内 ……… 166

社会科学 ……… 168

政治・経済・社会一般 ……… 168
政治・行政 ……… 183
　地方自治・地方行政 ……… 188
　外交 ……… 193
　　領土問題 ……… 205
　平和運動 ……… 216
法律 ……… 219
　憲法 ……… 222
経済 ……… 226
　人口・土地 ……… 230
　移民・植民 ……… 230
　経営 ……… 233
　金融 ……… 235
財政 ……… 236
統計 ……… 237
社会 ……… 237
　文化事情 ……… 247
　家族 ……… 250
　労働 ……… 250
　女性 ……… 251
　事件・犯罪 ……… 253
　福祉 ……… 254
　　高齢者福祉 ……… 255
　　障害者福祉 ……… 255
　　児童福祉 ……… 256
　災害 ……… 257
教育 ……… 257
　学校教育 ……… 263
　　学校記念誌 ……… 266
　社会教育 ……… 267

見出し一覧

民俗 ·························269

民俗一般 ·················269
民間伝承 ·················275
風習 ····················279
祭礼・年中行事 ··········287
伝説・民話 ···············291
　民謡 ··················295

自然科学 ·················298

自然科学一般 ············298
数学 ····················299
天文 ····················299
地学 ····················299
気象 ····················300
海洋 ····················301
生物 ····················301
　植物 ··················305
　動物 ··················307
医学 ····················316
　ハンセン病 ············318
　健康法 ················319

技術・工業 ···············322

技術・工業一般 ··········322
建設・土木 ···············322
　ダム ··················323
　上下水道 ··············323
　都市工学 ··············324
　環境工学・公害 ········324
建築 ····················327
機械工学 ················329
電気工学 ················329
海洋工学・船舶工学 ······329
金属工学・鉱山工学 ······330
工業 ····················330
　化学工業 ··············330
　製造工業 ··············330
　　食品工業 ············331

産業 ·····················334

産業一般・産業政策 ······334
農業 ····················338
園芸 ····················342
　造園 ··················344
畜産業 ··················344
林業 ····················345
水産業 ··················346
商業・商店街 ············347
　貿易 ··················348
交通 ····················348
郵便 ····················350
放送 ····················350
観光 ····················351

暮らし ···················355

暮らし・生き方 ··········355
　食 ····················357
　　沖縄料理のレシピ ····360
　住 ····················364
　子育て ················364
冠婚葬祭 ················365

芸術・芸能 ···············366

芸術・美術・文化財 ······366
彫刻 ····················371
絵画・版画・書 ··········371
　漫画・児童画・絵本 ····373
写真・写真集 ············377
工芸 ····················385
　染織 ··················388
音楽 ····················391
　三線 ··················401
舞踊・組踊 ···············405
芸能・演劇・映画 ········408
諸芸・娯楽 ···············413

スポーツ ·················415

スポーツ一般 ············415
　野球 ··················418

(9)

見出し一覧

　　武道 ……………………………………419

言語 ……………………………………………424

　ことば …………………………………424
　琉球語 …………………………………425
　　辞典 …………………………………434
　音韻・文字 ……………………………435

文学 ……………………………………………436

　琉球文学・沖縄文学 …………………436
　詩歌 ……………………………………441
　　おもろ ………………………………442
　　琉歌 …………………………………443
　戯曲 ……………………………………444
　小説 ……………………………………445
　随筆 ……………………………………445
　日記 ……………………………………448
　手記・ルポルタージュ ………………448

「沖縄」がわかる本
6000冊

歴史・民俗・自然・芸能・暮らし

沖縄全般

沖縄一般

◇G.H.ミードと伊波普猷—プラグマティズム
と沖縄学 河村望著 新樹社 1996.3
349p 20cm 〈奥付の書名（誤植）：G.H.ミー
ドと井波普猷 文献目録：p330〜337〉 2500
円 ①4-7875-8457-X Ⓝ361
　内容 知識社会学の課題 デューイとミード ミー
ドのコミュニケーション論 柳田国男と伊波普猷
伊波普猷の沖縄学 日本人・日本文化・日本社会
　　　　　　　　　　　　　　　　　　〔0001〕

◇琉球弧の精神世界 安里英子著 御茶の水書
房 1999.4 288p 20cm 2400円 ①4-
275-01753-6 Ⓝ302.199
　内容 第1章 自己に向かう旅（琉球弧の深層世界と
「生命の環」 自己存在への認識と生命のリレー—
琉球弧の祖霊信仰と魂の再生について 奥武（オー
ルー）島幻想 ほか） 第2章 自立するシマ—共同
体の可能性（女性祭祀の息づく島—村落自治と相
互扶助 シマ共同体からの出発—住民自治エネル
ギーを追って 宮古島、闇と光と ほか） 第3章
環境・平和・自立（「島が生命」へ—海枯れ・山枯
れの危機 「沖縄振興開発計画」と住民によるオ
ルターナティブな視点—開発・環境・自立 39年
目の島ぐるみ闘争—軍用地土地強制収用の経緯と
土地を奪われた人々 ほか） 第4章 世界へ（うる
まのクニからアイヌ・モシリへ 台湾の独立運動
アジア・太平洋の共生—北京国際シンポジウムに
参加して ほか）　　　　　　　　　　　〔0002〕

◇青春の夢みる沖縄 早乙女勝元編 草の根出
版会 1999.12 135p 23cm （母と子でみ
る 50）〈文献あり〉 2200円 ①4-87648-
150-4
　内容 1 高校文化祭で沖縄を 2 1975年春、沖縄
にて 3 ひめゆりの塔と轟の壕へ 4 伊江島と
「命こそ宝」 5 「基地のない沖縄を」の青春 6
沖縄・ヤング世代への期待　　　　　　　〔0003〕

◇世界につなぐ沖縄研究—復帰25周年記念第3
回「沖縄研究国際シンポジウム」 沖縄大会・
シドニー大会 復帰25周年記念第3回「沖縄
研究国際シンポジウム」実行委員会,沖縄文
化協会編 〔那覇〕 復帰25周年記念第3回
「沖縄研究国際シンポジウム」実行委員会

2001.9 880p 22cm 〈共同刊行：沖縄文化
協会 文献あり〉 8400円 Ⓝ291.99 〔0004〕

◇世界に拓く沖縄研究—第4回「沖縄研究国際
シンポジウム」 第4回「沖縄研究国際シンポ
ジウム」実行委員会編 那覇 第4回「沖縄
研究国際シンポジウム」実行委員会 2002.3
791p 22cm 7800円 Ⓝ291.99 〔0005〕

◇沖縄ノート 大江健三郎著 岩波書店
2003.4 228p 18cm （岩波新書）〈第48
刷〉 740円 ①4-00-415028-0
　内容 プロローグ 死者の怒りを共有することに
よって悼む 1 日本が沖縄に属する 2 『八重山
民謡誌』'69 3 多様性にむかって 4 内なる琉球
処分 5 苦が世 6 異議申立てを受けつつ 7 戦
後世代の持続 8 日本の民衆意識 9 「本土」は
実在しない　　　　　　　　　　　　　〔0006〕

◇琉球文化圏とは何か 藤原書店 2003.6
391p 23cm （別冊『環』 6）〈執筆：海勢
頭豊ほか 折り込み1枚 年表あり〉 3600円
①4-89434-343-6 Ⓝ302.199
　内容 琉球の歴史・思想の根源に迫る。（対談「清
ら」の思想 琉球にとって豊かさとは何か—基地・
産業・自然 琉球の歴史—島嶼性・移動・多様性
琉球の民俗—言語・共同体・伝統 琉球のアイデ
ンティティー—帰属・主体・表象 苦難の歴史
を、強固な信念をもって生き抜いた偉人たち（玉
城朝薫（1684 - 1734）—組踊の創始者 平敷屋朝
敏（1700 - 1734）—王国時代の和文学者 恩納ナ
ビィ（一八世紀）—王国時代の女性歌人 富川盛
奎（毛鳳来）（1832 - 1890）—琉球救国運動の指導
者 大田朝敷（1865 - 1938）—近代沖縄の言論人
ほか） シンポジウム 21世紀沖縄のグランドデザ
インを考える　　　　　　　　　　　　　〔0007〕

◇琉球弧に生きるうるわしき人たち 小林照幸
著 岩波書店 2004.1 269p 20cm 2200
円 ①4-00-025559-2 Ⓝ302.199
　内容 第1章 東京、長野、沖縄—その距離間と距離
感で生きるのは誰か？ 第2章 ハブと不発弾—苛
酷な社会環境で生きたのは誰か？ 第3章 憲法と
日の丸—米軍統治下を生きたのは誰か？ 第4章
長寿神話の秘密—難病を克服したのは誰か？ 第
5章 美味礼讃—食の王国を支えたのは誰か？ 第
6章 沖縄から世界へ—世界チャンピオンを育てた

のは誰か？　第7章 空襲と花火—語り継ぐのは
誰か？　　　　　　　　　　　　　　　〔0008〕

◇沖縄列島—シマの自然と伝統のゆくえ　松井
健編　東京大学出版会　2004.3　238p
22cm　（島の生活世界と開発 3）　3800円
Ⓘ4-13-034173-1　Ⓝ361.7
内容 開発とシマの社会変動—沖縄の「今」をみる
視座　1部 ソフト・レジスタンス（離島・農村社会
の在地リスク回避と開発—宮城島における伝統的
土地所有形態の分析　環境的正義の来歴—西表島
大富地区における農地開発問題　開発と環境のジ
レンマ—八重山諸島の最適ツーリズム戦略）　2部
生活の質とマイナー・サブシステンス（マイナー・
サブシステンスと環境のハビトゥス化　開発の海
に集散する人びと—平安座における漁業の位相と
マイナー・サブシステンスの展開）　3部 伝統の
再生（開発による伝統の再編と民俗行事の力学—
共同性とアイデンティティをめぐるポリティクス
開発による民俗の変容と相克—平安座における墓
地移転からみえてくること）　　　　　　〔0009〕

◇「辺境東アジア」のアイデンティティ・ポリ
ティクス—沖縄・台湾・香港　林泉忠著　明
石書店　2005.2　312,31p　22cm　4000円
Ⓘ4-7503-2068-4　Ⓝ302.199
内容 第1部 「帰属変更」の遺産としての沖縄ナ
ショナリズム（「琉球抗日復国運動」の性格　戦後
初期沖縄諸政党の独立論—失敗した沖縄主体性回
復の試み　「祖国復帰」と「反復帰」—沖縄アイデ
ンティティの十字路）　第2部 「帰属変更」の遺
産としての台湾エスノポリティクス（「省籍矛盾」
と蔣経国の『本土化』政策）　「新中国文化」か
ら「新台湾文化」への転轍の政治的文脈）　第3部
「帰属変更」の遺産としての香港アイデンティティ
（「香港共同体」の確立と「香港人」の想像・創造
「一国」VS「二制度」の力学と香港住民のアイデン
ティティ　「辺境東アジア」アイデンティティ・
ポリティクスのダイナミズム）　　　　　〔0010〕

◇癒しの島、沖縄の真実　野里洋著　ソフトバ
ンククリエイティブ　2007.2　287p　18cm
（ソフトバンク新書）　700円　Ⓘ978-4-7973-
4000-6　Ⓝ302.199
内容 第1章 本土復帰前の沖縄へ（金沢で映画「戦
艦大和」を観て　B52墜落爆発炎上に、「原爆だ！」
ほか）　第2章 異なる南国の生活リズム（県民所得
最下位でも幸福度は日本一　ファジーな上下関係、
色濃いヨコ社会 ほか）　第3章 沖縄サミット開催
（土壇場で決断した小渕首相　炎暑の中でクリン
トン大統領演説 ほか）　第4章 基地の重荷いまも
（艦砲が食べ残した人たち　「米軍再編」で基地問
題混沌 ほか）　第5章 気分は新琉球王国（「政府」
を経験した唯一の県　盛んな独立論 ほか）
　　　　　　　　　　　　　　　　　　　〔0011〕

◇諸事雑考　太田良博著　那覇　伊佐美津子
2007.7　416p　20cm　（太田良博著作集 5）
〈肖像あり　著作目録あり　発売：ボーダー
インク（那覇）〉　2600円　Ⓘ978-4-89982-

122-9　Ⓝ291.99
内容 諸事雑考（時評・文化）：沖縄から見た二十
一世紀の提言 ほか　諸事雑考（歴史）：琉球王子
の末路 ほか　諸事雑考（考古・地学）：不確定要
素の多い考古学 ほか　　　　　　　　　〔0012〕

◇やわらかい南の学と思想—琉球大学の知への
誘い　琉球大学編　那覇　沖縄タイムス社
2008.4　447p　21cm　〈文献あり〉　2381円
Ⓘ978-4-87127-185-1　Ⓝ291.99
内容 沖縄の歴史を学ぶ：カムィヤキ物語 池田榮
史著　レキオ（琉球）人の時代 高良倉吉著　近世
琉球史像の見直し 豊見山和行著　なぜアメリカ
は沖縄統治を行ったのか 我部政明著　沖縄農業
の成り立ちと歴史 仲地宗俊著　変容する沖縄の社
会と民俗：キジムナーの民俗学 赤嶺政信著　シー
サーのいる光景 西村貞雄著　沖縄のアメラジア
ン 野入直美著　沖縄アイデンティティの読み方
林泉忠著　沖縄県における多重債務問題と貧困 花
城梨枝子著　言葉と人間：琉球語研究の魅力 狩
俣繁久著　「うちなーぐち」とは沖縄語？　沖縄
方言？ 宮良信詳著　コンピュータと沖縄のこと
ば 高良富夫著　沖縄文学歳時記 仲programlı 昌徳著　再
び大地に根ざすために 喜納育江著　沖縄の観光
と産業：浦島太郎と龍宮城へ行こう 月井一彦著
ニューツーリズムと沖縄の自然 花井正光著　光
と風のマーケティング 伊波美智子著　島嶼国と
観光開発 梅村哲夫著　沖縄の自然：亜熱帯の森
にイリオモテヤマネコを追う 伊澤雅子・中西希著
サンゴ 磯村尚子著　電波で海を測る 藤田智史・
久木幸治著　海底電話線による海流観測 小賀百
樹・平啓介著　水の世紀における沖縄の水資源 酒
井一人著　沖縄の自然災害と建築：人魚姫が教え
てくれた八重山大津波 松本剛著　台風銀座沖縄
の最近の台風事情 真木太一著　地滑り災害の軽
減に向けて 宜保清一著　建物の長寿を考える 山
田義智著　戦後沖縄のコンクリート住宅 小倉暢
之著　医と健康：骨に刻まれた沖縄人の歴史 土
肥直美著　近世久米島の人々の健康と暮らし 石
田肇著　こどもの生活習慣病 太田孝男著　沖縄
の生活習慣病と長寿の危機 瀧下修一・大屋祐輔著
沖縄薬草と抗酸化作用 安仁屋洋子著　沖縄のウ
イルスと細菌から太古のヒトの流れを知る 森直
樹著　　　　　　　　　　　　　　　　　〔0013〕

◇融解する境界　琉球大学編　那覇　沖縄タイ
ムス社　2009.3　331p　21cm　（やわらか
い南の学と思想 2）　〈文献あり〉　2000円
Ⓘ978-4-87127-191-2　Ⓝ291.99
内容 南から読む歴史・文化・思想：沖縄の「法」の
見方 高良鉄美著　世界につながる沖縄の自治と
未来 島袋純著　沖縄近代史を考える 伊佐眞一著
移動する沖縄の人々 町田宗博著　アジアにおけ
る国際物流と那覇空港 知念肇著　沖縄の多言語
社会を考える 石原昌英著　漂ざだそう、うちな
あじあの海原へ 村上呂里著　東アジア漢字文化
圏と琉球 上里賢一著　越境する沖縄の大衆音楽
中村透著　宮古上布物語 藤原綾子著　南から見
る地球・人間：ウルトラマンがいっぱい 山
崎秀雄著　亜熱帯沖縄の冬の寒さと動物たち 太
田英利著　GPSで見た琉球弧のプレート運動 中

村衛著　沖縄の空気　新垣雄光著　科学の力は若者に夢と希望を与える　仲座栄三著　地域の素材を加工する　福本武著　南の島のインターネット　玉城史朗，長田智和著　ニワトリいろいろ　仲田正著　沖縄の肉用牛　玉城政信著　沖縄のヤギ　砂川勝徳著　豆腐よりの歴史とサイエンス　安田正昭著　遺伝子側からヒトと病気をみる　成富研二著　宿主と寄生虫の相互関係にみる共存の妙　佐藤良也著　南の腫瘍放射線医学　小川和彦，戸板孝文著　やわらかい国際島嶼保健　外間登美子，ブライアン・オルデンブルグ著　〔0014〕

◇知の津梁　琉球大学編　那覇　沖縄タイムス社　2010.3　417p　21cm　（やわらかい南の学と思想 3）〈文献あり〉2381円　Ⓘ978-4-87127-197-4　Ⓝ291.99

内容 可能性を模索する：海のシルクロードと進貢船　赤嶺守著　琉球方言における漢語語彙について　石崎博志著　ハワイ大学における沖縄語と文化コース　聖田京子著　多様化する英語と英語教育　柴田美紀著　海の文学　山城新著　「沖縄音楽の父」宮良長包の生涯と音楽　泉惠得著　アジアの織物・沖縄の布　片岡淳著　相撲の奄沖文化論　津波高志著　未知へ挑む力：学び続ける大人たち　背戸博史著　未知なる海と島からの挑戦　大城肇著　みんなで守ろう沖縄ブランド　平敷徹男著　自治体経営の効率化をいかにして実現するか　糴口浩一著　21世紀という時代における沖縄経済の魅力と可能性　牛窪潔著　労働法のなくなる日？　矢野晶浩著　亜熱帯からの問い：サンゴを食い荒らすオニヒトデは絶滅させるべきか？　浜崎盛康著　熱帯・亜熱帯の海草藻場の役割を探る　小池勲夫著　海に迫る新たな環境問題　栗原晴子著　あやふやなかたち、亜熱帯の島という沖縄の木と森　新里孝和著　沖縄で昆虫社会の進化に迫る　辻和希著　熱帯地域での食糧の安全と環境保全のための農業　モハメド・アムザド・ホサイン著　ミクロネシア地域の島々の地形　前門晃著　開拓される地平：私と確率論　山里眞著　ビーカーの中の宇宙　斉藤正敏著　デジタル技術って？　和田зн久著　皆さんの"意思決定"を支援する　宮城隼夫著　心理学と脳科学から生涯発達をみる　富永大介著　生命をめぐる世界：小さな世界の物語　トーマ・クラウディア著　ゆるやかなゲノムのはなし　要匡著　できることから始める　金城福則著　顕微鏡より覗いた沖縄の疾患　金城貴夫著　アジア・太平洋地域の島嶼保健　コリン・ウィリアム・ビンズ著　心やさしいラオス医療従事者との協働　垣花シゲ著　〔0015〕

◇沖縄・ハワイコンタクト・ゾーンとしての島嶼　石原昌英，喜納育江，山城新編　彩流社　2010.3　444,15p　22cm　（琉球大学 人の移動と21世紀のグローバル社会 1）〈並列シリーズ名：Human Migration and the 21st Century Global Society Project UNIVERSITY OF THE RYUKYUS　索引あり〉4500円　Ⓘ978-4-7791-1670-4　Ⓝ361.5

内容 第1部 人の移動と言語（琉球クレオロイドの性格　移民とハワイ・クレオール―言語発達と持続性 ほか）　第2部 人の移動とアイデンティティ（踊りと音楽にみる移民と先住民たちの文化交渉の動き―多文化社会ハワイにおけるオキナワン・アイデンティティ創出の揺らぎ　二一世紀におけるハワイの人々のアイデンティティを支える共通の絆 ほか）　第3部 人の移動と環境（コンタクト・ゾーンとしての保護地域―イースト・マウイ（ハワイ）の事例から　明治期沖縄における人の移動と未開墾地の開拓―大東諸島及び石垣島名蔵の開墾をめぐって ほか）　第4部 人の移動とジェンダー（米国占領下の沖縄におけるジェンダー・ポリティクス　戦後沖縄の公的コンタクト・ゾーンにおける女性の主体性 ほか）　第5部 留学―アメリカ班・中国台湾班合同パネル（留学における「人の移動」と「知の越境」―琉球の官生派遣を通して　占領下沖縄における米国留学―その政治的意図と主体的意味づけ ほか）　〔0016〕

◇普遍への牽引力　琉球大学編　那覇　沖縄タイムス社　2012.3　351p　21cm　（やわらかい南の学と思想 4）〈文献あり〉2095円　Ⓘ978-4-87127-204-9　Ⓝ291.99

内容 文化の波及力　琉球・沖縄と「中国語」　金城ひろみ著　組踊へのいざない　鈴木耕太著　琉球発・ヤマトコトバの恋物語　萩原敦子著　体験琉球大学知の営みを協同で構成する楽しみ　里井洋一著　寝る子はでぃきやーないんどー　笹澤吉明著　暮らしの行方　ヒトはなぜ、太ってしまうのか？　益崎裕章著　何もない中での支援からみえる大切なこと　本村真著　配偶者間の暴力をなくすために　田中寛二著　「らしさ」の創出と裁量性を持つ景観規制の課題　小野尋子著　住宅の電気エネルギーにより将来の社会生活が変わる　千住智信著　観光開発から沖縄をみる　西村美彦著　観光科学研究科での研究の様子　片岡英尋著　越境する探求　米軍犯罪と裁判員裁判　森川恭剛著　トレードオフの戦略論　與那原建著　沖縄の放射線環境と原子力防災　古川雅英著　自然科学と芸術の融合　荷津正邦著　固体の中のスピン　安田千寿著　炭素材料の魅力　比嘉晃著　身の回りの最もやわらかいものを扱うハードな研究　屋我実著　自然との共生　人間社会の豊かさの源生態系サービス　藤田陽子著　生き物は環境を変える　土屋誠著　ヒトと微生物の関わり合い　諸見里善一著　シロアリ　徳田岳著　誤解されている昆虫　杉尾幸司著　マングローブの植林活動を通じて学ばせてもらいました　馬場繁幸著　〔0017〕

◇世界の沖縄学―沖縄研究50年の歩み　ヨーゼフ・クライナー著，沖縄大学地域研究所編　芙蓉書房出版　2012.11　180p　19cm　（沖縄大学地域研究所叢書）1800円　Ⓘ978-4-8295-0565-6　Ⓝ291.99

内容 沖縄研究の国際化　世界の沖縄学―沖縄研究五〇年の歩み　沖縄の研究を考える　ヨーロッパ製地図に描かれた琉球　ヨーロッパの博物館・美術館保管の日本コレクションと日本研究の展開　ヴィーン歴史民族学派と日本民族学の形成―日本民族学が中欧の日本研究に及ぼした影響　私の旅の日本　〔0018〕

出版・書店　　　　　　　　　　　　　　　　　　　　　　　　　　　　沖縄全般

◇知の源泉　琉球大学編　那覇　沖縄タイムス社　2013.3　443p　21cm　（やわらかい南の学と思想 5）〈文献あり〉2381円　①978-4-87127-208-7　Ⓝ291.99
　内容 文化の源流　琉球語をさかのぼる　島袋盛世著　世代間にみる琉球方言の今　中本謙著　琉球の恋歌　前城淳子著　琉球王国と漢籍　水上雅晴著　開かれつつある琉球漢文学の新たな世界　紺野達也著　日本古代語「けり」の非過去性　大胡太郎著　おふだの文化史　山里純一著　生活の知恵　サンゴ礁の地名図　渡久地健著　フクギ（福木）の木は不思議な大　仲間勇栄著　住まいを守る　金城一彦著　回転する車輪が歩く話　上野正実著　夢の沖縄型植物工場の実現にむけて　川満芳信著　環境と開発　ほんとはわかっていないヤンバルクイナ…?　大島順子著　島の陸棲生物の魅力　富永篤著　星砂から地球環境問題を考える　藤田和彦著　海洋資源を沖縄の海に探る　田中淳一著　沖縄本島における水資源の現状とその開発の可能性　黒田登美雄, 古川博泰著　葉緑体の知られざる生活　伊藤竜一著　中小企業と環境行動の展開　上江洲由正著　技術と教育　起業アイランドへの海図　大角玉樹著　朝鮮半島での研究生活とハングル　野口隆著　技術立国日本の技術教育　岡本牧子著　機器の安全性追求と平和な暮らしに関して　真壁朝敏著　安全で安心できる暮らしを手に入れるために　松原仁著　医療と健康　南の島、沖縄県における感染症から琉球人のルーツを探る　藤田次郎著　ナンクルナイサと健康問題を考える　宮城政也著　健康に欠かせないNO　筒井正人著　体内時計の乱れがホルモンを介して高血圧を引き起こす　小宮一郎著　細胞の情報伝達の仕組みから見えてくること　松下正之著　　　　　　　　　〔0019〕

◇池宮正治著作選集　1　琉球文学総論　池宮正治著, 島村幸一編　笠間書院　2015.2　465,20p　22cm〈索引あり〉12000円　①978-4-305-60051-6　Ⓝ219.9
　内容 1 琉球文学総論（琉球文学総論　琉球文学の位置づけ　琉球文学研究の課題）2『おもろさうし』論（『おもろさうし』概説　『おもろさうし』の世紀―歌謡が語る琉球の中世　王と王権の周辺―『おもろさうし』にみる　地方おもろの地域区分　『おもろさうし』にあらわれた異国と異域　『おもろさうし』における航海と船の民俗　神女と白馬と馬の口取り　『おもろさうし』における踊りを意味する語「より」について　おもろのふし名ノート　「王府おもろ」五面六節の詞章について　おもろ理解と「御唄」「神唄」「神歌」の関係　座間味景典の家譜―『おもろさうし』・『混効験集』の編者　『おもろさうし』を読み直す）3 琉歌論（琉歌の世界　恋の琉歌　『疱瘡歌』解説）
　　　　　　　　　　　　　　　　　　　〔0020〕

◇池宮正治著作選集　2　琉球芸能総論　池宮正治著, 島村幸一編　笠間書院　2015.2　505,27p　22cm〈索引あり〉12000円　①978-4-305-60052-3　Ⓝ219.9
　内容 1 文学芸能総論　2 組踊論　3 古典舞踊論　4 三線音楽論　5 民俗芸能論　6 近代演劇論
　　　　　　　　　　　　　　　　　　　〔0021〕

◇池宮正治著作選集　3　琉球史文化論　池宮正治著, 島村幸一編　笠間書院　2015.2　465,22p　22cm〈著作目録あり　索引あり〉12000円　①978-4-305-60053-0　Ⓝ219.9
　内容 1 歴史叙述・説話伝承論（琉球の歴史叙述―『中山世鑑』から『球陽』へ　歴史と説話の間―語られる歴史　ほか）2 歴史文化論（王朝の文芸―首里城と城下の面影　王府の祭祀と信仰　ほか）3 和文学論（和文学の流れ　本土文芸の受容　ほか）4 その他（沖縄から来た"留学生"　仲宗根先生と私）　　　　　　　　　　　　　　〔0022〕

出版・書店

◇沖縄・ある編集者の軌跡　島袋和幸著　伝承出版社　1996.1　69p　21cm　500円　Ⓝ021.43　　　　　　　　　　　　　　　〔0023〕

◇奄美、沖縄本の旅―南島本、とっておきの七十冊　神谷裕司著　鹿児島　南方新社　2000.4　255p　19cm　1600円　①4-931376-32-0　Ⓝ025.8197
　内容 1 奄美ほん紀行（「ひとがみな自分の家で死ねる島」「聖なる島奄美」「南島遐行」「海南小記」ほか）2 南島本探訪（「楚辺誌『戦争編』」「MABURAI」　「バガージマヌパナス」　「いじゅん川紬篇」ほか）　　　　　　　　〔0024〕

◇沖縄営業旅行記　川上ちはる著　新風舎　2003.12　206p　19cm　1400円　①4-7974-3565-8　Ⓝ023.89
　内容 はじめまして! 沖縄の書店さんへ営業開始　真冬の島で大波乱! 凍えるシロート営業に明日はあるのか?　かわいた心に沖縄を。　南下するシロート営業。最終目的地は石垣島だ!
　　　　　　　　　　　　　　　　　　　〔0025〕

◇地域と出版―南方新社の十年を巡って　向原祥隆編著　鹿児島　南方新社　2004.5　341p　19cm　2000円　①4-86124-020-4　Ⓝ023.197　　　　　　　　　　　　　〔0026〕

◇ITを活用した著作権ビジネス基礎調査―報告書　那覇　南西地域産業活性化センター　2005.3　61p　30cm〈平成16年度自主研究事業〉Ⓝ021.2　　　　　　　　　　〔0027〕

◇浦添市子どもの読書活動推進計画―読書大好き太陽っ子　浦添市教育委員会生涯学習振興課編　〔浦添〕　浦添市教育委員会　2009.3　66p　30cm　Ⓝ019.2　　　　　　　〔0028〕

◇沖縄本礼賛　平山鉄太郎著　那覇　ボーダーインク　2010.7　198p　17cm　（ボーダー新書）1000円　①978-4-89982-187-8

6　「沖縄」がわかる本 6000冊

沖縄全般　　　　　　　　　　　　　　　　　　　　　　　　　　書誌・目録

Ⓝ020.21　　　　　　　　　〔0029〕

◇離島の本屋―22の島で「本屋」の灯りをともす人たち　朴順梨著　ころから　2013.7　143p　20×15cm　1600円　①978-4-907239-03-9
　内容　「本屋」がない島で「本を手渡す」人たち―小笠原諸島（東京都）　昭和のレジが活躍する　それが「島の本屋さん」―伊豆大島（東京都）　昔懐かしい紙芝居が今日も物語を紡いでいます―中通島（長崎県）　図書館司書にして書店員　日本最北端の「本の窓」―礼文島（北海道）　みんなのための一冊 ひとりのための一冊―生口島（広島県）・弓削島（愛媛県）　Uターン青年と築100年の本屋―周防大島（山口県）　「おもしろい本は意外に売れないんだよね」―江田島（広島県）　島の本屋の存在理由はそこに「ある」ことと見たり―篠島（愛知県）　本屋がない島の「自宅内図書館」奮戦記―与那国島（沖縄県）　書店発ディスコ経由書店行き変遷を支えた家族の力―与論島（鹿児島県）　野菜もらって、パンク修理して人が集まる本屋さん―八丈島（東京都）　隠岐の本屋にある隠れの本が一番いい。―島後島（島根県）　本屋が島にやってきたYa！Ya！Ya！―北大東島（沖縄県）　おもちゃと本と文具に雑貨 まるでタイムカプセル―家島（兵庫県）　100年続く書店の50年続く夫婦、ふたりの間にはいつも本が―大三島（愛媛県）　島と本との出会いで自分を見つめ直すきっかけに―奄美大島（鹿児島県）　異業種参入の女性店主 伊豆の島で腕まくりするの巻―新島（東京都）　静かな島にたたずむやさしく静かな本屋たち―小豆島（香川県）　博多の北、釜山の南 国境の島の本屋―対馬（長崎県）　亜熱帯の島 香り立つ本屋たち―沖永良部島（鹿児島県）　　　〔0030〕

◇那覇の市場で古本屋―ひょっこり始めた〈ウララ〉の日々　宇田智子著　那覇　ボーダーインク　2013.7　221p　19cm　1600円　①978-4-89982-241-7　Ⓝ024.8　　〔0031〕

◇本屋になりたい―この島の本を売る　宇田智子著　筑摩書房　2015.6　206p　18cm　（ちくまプリマー新書）　820円　①978-4-480-68939-9
　内容　序章 古本屋、始めました　1章 本を仕入れる　2章 本を売る　3章 古本屋のバックヤード　4章 店番中のひとりごと　5章 町の本を町で売る　　　〔0032〕

書誌・目録

◇島立まぶい図書館からの眺め―沖縄・奄美プライベートブックレビュー100　まぶい組編著　那覇　ボーダーインク　1996.3　215p　19cm　1500円　Ⓝ025.8199　　〔0033〕

◇沖縄県立図書館本館所蔵特殊文庫目録　郷土資料編　沖縄県立図書館編　那覇　沖縄県立図書館　1997.3　1冊　30cm　Ⓝ029.999　　　　　　　　　　　　　　　〔0034〕

◇名護博物館所蔵資料目録　歴史民族資料1　名護博物館編　名護　名護博物館　1998.3　213p　30cm　Ⓝ069.9
　内容　1971年5月―1995年3月　　〔0035〕

◇神山文庫目録　沖縄県文化振興会公文書館管理部史料編集室編　〔那覇〕　沖縄県教育委員会　1999.3　137p　26cm　（沖縄県史研究叢書　4）　Ⓝ219.9　　〔0036〕

◇名護博物館所蔵資料目録　自然史資料2　名護博物館編　名護　名護博物館　2000.3　154p　30cm　Ⓝ069.9　　〔0037〕

◇八重山を読む―島々の本の事典　三木健著　石垣　南山舎　2000.10　423,53p　21cm　（シリーズ・八重山に立つ　no.2）〈年表あり〉　3714円　Ⓝ025.8199　　〔0038〕

◇岸秋正文庫目録―沖縄関係資料　沖縄県文化振興会公文書管理部編　南風原町（沖縄県）　沖縄県公文書館　2001.3　576p　30cm〈他言語標題：The Kishi Akimasa collection〉　Ⓝ025.8199　　〔0039〕

◇八重山関係文献目録　自然編　石垣市史編集委員会,石垣市総務部市史編集課編　石垣　石垣市　2003.3　560p　22cm　2500円　Ⓝ025.8199　　〔0040〕

◇社会学編　第5巻　おか～かい　目次文庫編集委員会編　ゆまに書房　2004.7　276,2p　26cm　（近代雑誌目次文庫　55）　28000円　①4-8433-0825-0
　内容　岡山県立大学保健福祉学部紀要（岡山県立大学保健福祉学部）　沖縄国際大学社会文化研究（沖縄国際大学）　沖縄国際大学文学部紀要（沖縄国際大学）　沖縄社会研究（沖縄社会学会）　沖縄女性史研究（沖縄女性史研究会）　沖縄精神医療（沖縄精神医療編集会）　沖縄大学地域研究所所報（沖縄大学）　沖縄文化（沖縄文化協会）　沖縄文化研究（法政大学）　お茶の水女子大学女性文化研究センター年報（お茶の水女子大学）〔ほか〕　　〔0041〕

◇増補琉球関係漢籍目録―近世琉球における漢籍の収集・流通・出版についての総合的研究 研究成果報告書別冊　高津孝,榮野川敦編　鹿児島　斯文堂（印刷）　2005.3　55,9,2p　30cm〈「琉球列島宗教関係資料漢籍調査目録」（榕樹社1994年刊）の増補〉　Ⓝ025.8199　　　　　　　　　　　　〔0042〕

◇新川明文庫目録　西原町立図書館編　西原町（沖縄県）　西原町立図書館　2006.8　311p　30cm〈年譜あり〉　Ⓝ029.999　　〔0043〕

◇鹿児島県郷土の出版物総合目録　鹿児島　鹿
児島県文化協会　2008.12　273p　30cm
〈(財)鹿児島県文化振興財団助成事業〉
Ⓝ025.197　　　　　　　　　　　　　〔0044〕

◇琉球大学資料館(風樹館)考古・民俗・美術
工芸資料目録　琉球大学資料館編　西原町
(沖縄県)　琉球大学資料館　2012.3　122p
30cm　(琉球大学資料館(風樹館)収蔵資料
目録 Catalogue of materials deposited in
the University Museum (Fujukan),
University of the Ryukyus 第7号)〈他言
語標題：Catalogue of archaeology, folklore
& art and craft material collection
deposited in the University Museum
(Fujukan), University of the Ryukyus〉
Ⓝ219.9　　　　　　　　　　　　　〔0045〕

◇沖縄県産本目録—付録・沖縄県産本年表
(1994-2013年)　2013年版　沖縄県産本ネッ
トワーク編　〔那覇〕　沖縄県産本ネット
ワーク　2013.10　32p　26cm　Ⓝ025.8199
　　　　　　　　　　　　　　　　　〔0046〕

◇沖縄県産本新刊目録　2014年版　〔那覇〕
沖縄県産本ネットワーク　〔2014〕　35p
21cm　Ⓝ025.8199　　　　　　　　　〔0047〕

◇受け継がれるシマの宝と技—南風原村文書と
修復技術の世界 ビジュアル版　うるま　う
るま市教育委員会　2014.3　90p　30cm
〈年表あり〉Ⓝ014.61　　　　　　　〔0048〕

◇南風原村文書修復報告書　うるま　うるま市
教育委員会　2014.3　124p　30cm　(うる
ま市文化財調査報告書 第19集)　Ⓝ014.61
　　　　　　　　　　　　　　　　　〔0049〕

◇琉球・島之宝　創刊号　うる文化協会「沖縄
文学資料調査委員会」編　〔南城〕　うる文
化協会　2014.3　212p　21cm　〈年表あり〉
1000円　Ⓝ219.9
内容 沖縄関係雑誌資料・発掘調査報告　1
　　　　　　　　　　　　　　　　　〔0050〕

◇沖縄県EL新聞記事情報リスト　2014-1　エ
レクトロニック・ライブラリー編　エレクト
ロニック・ライブラリー　2015.2　980p
30cm　〈制作：日外アソシエーツ〉Ⓝ025.
8199　　　　　　　　　　　　　　　〔0051〕

◇沖縄県EL新聞記事情報リスト　2014-2　エ
レクトロニック・ライブラリー編　エレクト
ロニック・ライブラリー　2015.2　p981-
1999　30cm　〈制作：日外アソシエーツ〉
Ⓝ025.8199　　　　　　　　　　　　〔0052〕

◇沖縄県EL新聞記事情報リスト　2014-3　エ

◇沖縄県EL新聞記事情報リスト　2014-4　エ
レクトロニック・ライブラリー編　エレクト
ロニック・ライブラリー　2015.2　p2977-
4046　30cm　〈制作：日外アソシエーツ〉
Ⓝ025.8199　　　　　　　　　　　　〔0054〕

◇沖縄県EL新聞記事情報リスト　2014-5　エ
レクトロニック・ライブラリー編　エレクト
ロニック・ライブラリー　2015.2　p4047-
4961　30cm　〈制作：日外アソシエーツ〉
Ⓝ025.8199　　　　　　　　　　　　〔0055〕

◇沖縄県EL新聞記事情報リスト　2014-6　エ
レクトロニック・ライブラリー編　エレクト
ロニック・ライブラリー　2015.2　p4963-
6054　30cm　〈制作：日外アソシエーツ〉
Ⓝ025.8199　　　　　　　　　　　　〔0056〕

◇沖縄県EL新聞記事情報リスト　2014-7　エ
レクトロニック・ライブラリー編　エレクト
ロニック・ライブラリー　2015.2　p6055-
6980　30cm　〈制作：日外アソシエーツ〉
Ⓝ025.8199　　　　　　　　　　　　〔0057〕

◇沖縄県EL新聞記事情報リスト　2014-8　エ
レクトロニック・ライブラリー編　エレクト
ロニック・ライブラリー　2015.2　p6981-
8041　30cm　〈制作：日外アソシエーツ〉
Ⓝ025.8199　　　　　　　　　　　　〔0058〕

◇沖縄資料ガイドブック—データベース紹介と
職員コラム　琉大史跡編　琉球大学附属図書
館情報サービス課情報サービス企画係沖縄資
料担当執筆・編集　西原町(沖縄県)　琉球大
学附属図書館　2015.3　31p　30cm　〔0059〕

団体

◇戦後50周年記念誌　仲尾次向上会戦後50周
年記念誌編集委員会編　〔名護〕　仲尾次向
上会　1995.12　86p　26cm　Ⓝ219.9〔0060〕

◇結成30周年記念誌　沖縄在伊原間郷友会記念
誌編集委員会編集責任　〔西原町(沖縄県)〕
沖縄在伊原間郷友会　1997.9　123p　30cm
〈標題紙等のタイトル：記念誌〉Ⓝ065〔0061〕

◇沖縄の子どもと親の健全育成事業—沖縄にお
ける幼い子ども達と親の健全な発達のための
より良い、かつ、より平等な機会を与える事
業 1992年〜1999年沖縄プロジェクト事業報

告書 バーナード・バン・リア財団沖縄プロジェクト編 那覇 沖縄地域児童文庫連絡協議会 1999.9 120p 30cm〈バーナード・バン・リア財団援助事業〉Ⓝ016.29 〔0062〕

◇東京奄美会百年の歩み 東京奄美百周年記念誌編集委員会編 東京奄美会 1999.10 411p 22cm〈奥付のタイトル：東京奄美会百周年記念誌〉非売品 Ⓝ065 〔0063〕

◇久米島―創立40周年記念誌 記念誌編集委員会編 〔立川〕 東京久米島郷友会 2000.12 183p 26cm〈附：規約、役員・会員名簿〉Ⓝ065 〔0064〕

◇竹富―創立50周年記念誌 沖縄竹富郷友会創立50周年記念期成会記念誌部会編 〔那覇〕 沖縄竹富郷友会 2000.12 353p 26cm 非売品 Ⓝ065 〔0065〕

◇麗峰―創立50周年記念誌 〔那覇〕 伊江村郷友会 2001.5 503p 31cm Ⓝ065〔0066〕

◇ベスマー―ふる里と共に 創立五十周年記念誌 創立五十周年記念誌編集委員会編 〔石垣〕 石垣在波照間郷友会創立五十周年記念事業期成会 2003.11 326p 31cm〈年表あり〉Ⓝ065 〔0067〕

◇絆―ふしゃぬふ50 在沖多良間郷友会結成五十周年記念誌 在沖多良間郷友会結成五十周年記念誌編集委員会編 〔八重瀬町（沖縄県）〕 在沖多良間郷友会 2009.6 296,27p 31cm〈年表あり〉2000円 Ⓝ065 〔0068〕

◇久米島―郷友の歩みと絆 創立50周年記念誌 東京久米島郷友会記念誌編集委員会編 〔立川〕 東京久米島郷友会 2011.2 155p 26cm〈会期：平成22年10月31日 年表あり〉Ⓝ065 〔0069〕

◇大阪沖縄会館改修記念誌 大阪沖縄会館改修記念誌編集委員会編 〔大阪〕 大阪沖縄協会 2014.2 91p 31cm〈共同刊行：大阪沖縄県人会連合会〉Ⓝ065 〔0070〕

文化施設

◇沖縄県の公共図書館 沖縄県立図書館編 那覇 沖縄県立図書館 1995.1 53p 26cm〈付・公民館図書室等〉Ⓝ016.2199 〔0071〕

◇浦添市立図書館10周年記念誌―1985・4・23～1995・4・23 浦添市立図書館編 〔浦添〕 浦添市立図書館 1995.10 60p 30cm Ⓝ016.2199 〔0072〕

◇沖縄県立博物館50年史 沖縄県立博物館編 那覇 沖縄県立博物館 1996.12 349p 31cm〈文献あり〉Ⓝ069.6 〔0073〕

◇那覇市立移動図書館"青空号"20年の軌跡―真理がわれらを自由にする 1996年度 那覇市立図書館編 那覇 那覇市立図書館 1997.3 212p 30cm Ⓝ015.5 〔0074〕

◇附属図書館の発展を目指して―現状と課題 自己点検評価報告書 no.2 琉球大学附属図書館自己評価委員会編 西原町（沖縄県）琉球大学附属図書館 1998.3 48,24,31p 30cm Ⓝ017.7199 〔0075〕

◇五年の歩み―開館五周年記念 沖縄県文化振興会公文書管理部編 改訂 南風原町（沖縄県）沖縄県公文書館 2000.9 23p 30cm Ⓝ018.09 〔0076〕

◇沖縄の図書館―戦後55年の軌跡 『沖縄の図書館』編集委員会編 教育史料出版会 2000.10 331p 21cm〈文献あり 年表あり〉2800円 Ⓘ4-87652-393-2 Ⓝ010.2199 内容 序 知の自立へ―戦後沖縄の図書館五十年の軌跡を求めて 1 占領下の図書館 2 復帰で拓く文化の回路 3 平和の樹を植え育てる図書館 4 文化を束ね広げる 資料（沖縄の書誌（解題）沖縄県図書館年表 沖縄県の図書館等一覧）〔0077〕

◇沖縄県立博物館収蔵品目録 上巻 1947-1980年度 沖縄県立博物館編 改訂 那覇 沖縄県立博物館 2002.3 212p 30cm Ⓝ069.9 〔0078〕

◇沖縄県立博物館収蔵品目録 下巻 1981-2000年度 沖縄県立博物館編 改訂 那覇 沖縄県立博物館 2002.3 394p 30cm Ⓝ069.9 〔0079〕

◇創立90年沖縄県立図書館八重山分館のあゆみ―八重山初の図書館として 沖縄県立図書館八重山分館編 石垣 沖縄県立図書館八重山分館 2005.3 255p 30cm〈年表あり〉Ⓝ016.2199 〔0080〕

◇沖縄県公共図書館連絡協議会20年記念誌 沖縄県公共図書館連絡協議会広報部会編 那覇 沖縄県公共図書館連絡協議会事務局 2006.3 1冊 30cm Ⓝ010.6 内容 沖縄県公共図書館連絡協議会会報 第1-31号 資料編：沖縄県公共図書館連絡協議会会則 ほか 〔0081〕

◇浦添市立図書館20周年記念誌 浦添市立図書館編 〔浦添〕 浦添市教育委員会 2006.3 36p 30cm〈年表あり〉Ⓝ016.2199 〔0082〕

◇美術館ができるまで―1995-2007 沖縄県立美

術館プレイベント活動記録集　〔那覇〕　沖
縄県教育委員会　2007.3　95p　26cm　〈他
言語標題：The making of our art
museum〉　Ⓝ706.9　　　　　　　〔0083〕

◇博物館展示ガイド　沖縄県立博物館・美術館
編　那覇　沖縄県立博物館・美術館　2007.
11　155p　30cm　〈他言語標題：A guide to
permanent exhibitions of museum　年表あ
り〉　Ⓝ069.6199　　　　　　　　〔0084〕

◇沖縄の博物館ガイド　沖縄県博物館協会編
〔那覇〕　編集工房東洋企画　2008.1　128p
21cm　〈他言語標題：A guidebook for the
museums in Okinawa　英語併記〉　1000円
Ⓘ978-4-938984-49-6　Ⓝ291.99
　内容　奄美（奄美市歴史民俗資料館　奄美市立奄美
　博物館 ほか）　沖縄北部・中部（伊是名村ふれあ
　い民俗館　島村屋観光公園民具館 ほか）　沖縄南
　部（浦添市美術館　沖縄県立博物館・美術館 ほか）
　周辺離島（久米島自然文化センター　南大東村立
　ふるさと文化センター ほか）　　　　〔0085〕

◇博物館あんない　石垣市立八重山博物館編
石垣　石垣市立八重山博物館　2009.5（第6
刷）　47p　26cm　1000円　Ⓝ219.9　〔0086〕

◇沖縄県立図書館100周年記念誌　沖縄県立図
書館編　那覇　沖縄県立図書館　2010.12
226p　30cm　〈年表あり〉　Ⓝ016.2199〔0087〕

◇海と島に生きる―沖縄県立博物館・美術館博
物館展示案内　沖縄県立博物館・美術館編
那覇　沖縄県立博物館・美術館　2012.3
56p　26cm　Ⓝ069.6199　　　　　〔0088〕

◇沖縄市立こども図書館の設計　狩俣勇佑
〔著〕　沖縄　沖縄職業能力開発大学校住居
環境科　〔2013〕　113p　30cm　〈卒業研
究報告書 2012年度〉　〈折り込 4枚　文献あ
り〉　Ⓝ012　　　　　　　　　　〔0089〕

◇北谷町立図書館報　第4号　北谷町立図書館
編　北谷町（沖縄県）　北谷町立図書館
2013.12　62p　30cm　〈年表あり〉　Ⓝ016.
2199　　　　　　　　　　　　　　〔0090〕

◇新県立図書館基本計画　〔那覇〕　沖縄県教
育委員会　2014.3　40p　30cm　Ⓝ016.2199
　　　　　　　　　　　　　　　　〔0091〕

◇米軍占領下における沖縄の図書館事情―戦後
沖縄の図書館復興を中心に　漢那憲治著
〔京都〕　京都図書館学研究会　2014.3
230p　21cm　2500円　Ⓘ978-4-947584-05-2
Ⓝ016.2199　　　　　　　　　　　〔0092〕

◇ぶらりあるき沖縄・奄美の博物館　中村浩，
池田榮史著　芙蓉書房出版　2014.6　214p

21cm　〈文献あり〉　1900円　Ⓘ978-4-8295-
0622-6　Ⓝ069.02199
　内容　那覇市の博物館　沖縄本島南部の博物館　沖
　縄本島中部の博物館　沖縄本島北部の博物館　久
　米島の博物館　宮古島の博物館　石垣島の博物館
　竹富島・西表島の博物館　与那国島の博物館　奄
　美群島の博物館　　　　　　　　　〔0093〕

◇沖縄（ウチナー）への思（ウム）い―那覇市歴
史博物館企画展 収集60周年記念翁長良明コ
レクション展　那覇市歴史博物館編　那覇
那覇市歴史博物館　2014.12　43p　30cm
　　　　　　　　　　　　　　　　〔0094〕

◇図書館報　創刊号　与那原町立図書館編
〔与那原町（沖縄県）〕　与那原町立図書館
2015.3　60p　30cm　〈年表あり〉　Ⓝ016.
2199　　　　　　　　　　　　　　〔0095〕

メディア

◇沖縄反骨のジャーナリスト―池宮城秀意セレ
クション　池宮城秀意著　那覇　ニライ社
1996.3　533p　22cm　〈著者の肖像あり〉
6000円　Ⓘ4-931314-18-X　Ⓝ918.68
　内容　沖縄の自立を求めて　ジャーナリストへの
　道　島の人たち　強制収容所の十三ケ月　池宮城
　秀意のひとと仕事　森口豁著　池宮城秀意執筆・
　著作リスト：p506～507　沖縄近・現代史年表：
　p519～533　　　　　　　　　　　〔0096〕

◇日曜評論―琉球新報連載　3　琉球新報社出
版部編　那覇　琉球新報社出版部　1997.11
311p　19cm　1500円　Ⓘ4-89742-008-3
Ⓝ304
　内容　一九九一年（新垣浄治　瀬長浩　池原貞雄
　川平朝清 ほか）　一九九二年（仲地政夫　原喜美
　東江平之　佐々木信行 ほか）　　　〔0097〕

◇日曜評論―琉球新報連載　4　琉球新報社出
版部編　那覇　琉球新報社出版部　1997.11
303p　19cm　1500円　Ⓘ4-89742-009-1
Ⓝ304
　内容　一九九三年（山本正男　神山操　国場幸一郎
　小林悦夫 ほか）　一九九四年（真栄城優夫　石田
　穣一　キャロライン・C・レイサム　高田治 ほか）
　　　　　　　　　　　　　　　　〔0098〕

◇激動の半世紀―沖縄タイムス社50年史　沖縄
タイムス社編　那覇　沖縄タイムス社
1998.12　599p　27cm　Ⓝ070.67　　〔0099〕

◇沖縄毎日新聞見出集　上　沖縄県文化振興会
公文書館管理部史料編集室編　〔那覇〕　沖
縄県教育委員会　1999.2　380p　26cm
（沖縄県史研究叢書 5）　Ⓝ071
　内容　1909年（明治42）2月 ―1910年（明治43）12

10　「沖縄」がわかる本 6000冊

沖縄全般　　　　　　　　　　　　　　　　　　　　　　　　　メディア

月　　　　　　　　　　　　　　〔0100〕

◇沖縄毎日新聞見出集　中　沖縄県文化振興会
公文書館管理部史料編集室編　〔沖縄〕　沖
縄県教育委員会　1999.3　394p　26cm
（沖縄県史研究叢書 6）　Ⓝ071
　　内容 1911年（明治44年）1月 —1912年（大正
　　元）12月　　　　　　　　　　　　　〔0101〕

◇戦後沖縄の新聞人　真久田巧著　那覇　沖縄
タイムス社　1999.10　328p　19cm　2400
円　Ⓘ4-87127-139-0　Ⓝ070.2199　〔0102〕

◇マルチメディア産業のイメージ—調査報告書
2　那覇　南西地域産業活性化センター
2000.3　63,11p　30cm〈平成11年度自主研
究事業〉　Ⓝ007.35　　　　　　　　　〔0103〕

◇沖縄情報通信ハブ国際シンポジウム—「沖縄
国際情報特区構想」の実現に向けて　開催報
告書　社会経済生産性本部　2000.4　284p
30cm〈共同刊行：通商産業省〉Ⓝ007.3
　　　　　　　　　　　　　　　　　　　〔0104〕

◇八重山毎日新聞五十年史　八重山毎日新聞五
十年史刊行委員会編　石垣　八重山毎日新聞
社　2000.8　514p　27cm〈年表あり〉
Ⓝ070.67　　　　　　　　　　　　　　〔0105〕

◇情報革命の時代と地域　宜野湾　沖縄国際大
学公開講座委員会　2001.3　346p　19cm
（沖縄国際大学公開講座 10）〈発売：ボー
ダーインク（那覇）〉　1500円　Ⓘ4-938923-
97-1　Ⓝ007.3
　　内容 マルチメディア社会とは何か　沖縄県にソ
　　フトウェア産業は根付くか　産業ネットワークと
　　沖縄の振興発展　情報技術革新下の課題と方途—
　　情報管理の視点から情報化の本質を考える　情報
　　技術の商業的な利用法について　情報通信による
　　地域振興—沖縄での現状と将来について　デジタ
　　ルコンテンツビジネス産業の可能性について　公
　　共部門の情報化と電子政府について　IT（情報技
　　術）とマーケティング　沖縄におけるコールセン
　　ターの展望　　　　　　　　　　　　〔0106〕

◇マルチメディア産業のイメージ—調査報告書
3　那覇　南西地域産業活性化センター
2001.9　90,17,70p　30cm〈平成12年度自主
研究事業〉Ⓝ007.35　　　　　　　　〔0107〕

◇IT先進国アイルランド報告と情報産業人材
の本土企業派遣の効果　那覇　雇用開発推進
機構　2001.3　63p　30cm　Ⓝ007.35〔0108〕

◇民衆ジャーナリズムの歴史—自由民権から占
領下沖縄まで　門奈直樹〔著〕　講談社
2001.11　389p　15cm　（講談社学術文庫）
〈三一書房1983年刊の増訂〉1200円　Ⓘ4-
06-159520-2　Ⓝ070.21

　　内容 歴史のなかの民衆ジャーナリズム　自由民
　　権運動と明治木鐸的言論人の軌跡—西河通徹の言
　　論活動　国民国家形成期の民衆言論の哀歓—島田
　　三郎と『毎日新聞』明治社会主義言論の流麺—碧
　　川企救男と反戦のジャーナリズム　明治地域主義
　　言論の担い手—毛利柴庵と『牟婁新報』　大正デ
　　モクラシー運動と地方言論人—小林橘川と『名古
　　屋新聞』の場合　地方プロレタリア・ジャーナリ
　　ズムの史的展開—高市盛之助『大衆時代』の周辺
　　ある農民運動家の蹉跌のコミュニケーション—荒
　　岡庄太郎と『問題』　暗い時代の草の根の言論人
　　—弘中柳三と『中国評論』　戦時下のキリスト教
　　ジャーナリズム—住谷天来と非戦の言論　戦時下、
　　ある小型ジャーナリズムの抵抗—『現代新聞批評』
　　とその周辺　占領下沖縄ジャーナリズムの形成過
　　程—民衆言論成立の一系譜として　　〔0109〕

◇沖縄県情報化基礎調査報告書—平成13年度
那覇　沖縄県企画開発部情報政策室　2002.3
341,35p　30cm　Ⓝ007.35　　　　　〔0110〕

◇ITによる沖縄の活性化に向けて—マルチメ
ディア産業のイメージ4　調査報告書　那覇
南西地域産業活性化センター　2002.3　58,
61,6p　30cm〈平成13年度自主研究事業〉
Ⓝ007.35　　　　　　　　　　　　　　〔0111〕

◇情報は誰のものか—沖縄密約事件・北朝鮮報
道・メディア規制　筑紫哲也〔ほか著〕　岩
波書店　2003.5　64,8p　21cm　（岩波ブッ
クレット no.596）　480円　Ⓘ4-00-009296-0
Ⓝ070.13　　　　　　　　　　　　　　〔0112〕

◇〈女性記者〉の眼—やわらかな社会へ向けて
山城紀子新聞コラム集　山城紀子著　那覇
ボーダーインク　2004.11　197p　19cm
1500円　Ⓘ4-89982-073-9　Ⓝ304　〔0113〕

◇米軍ヘリ墜落事件は、どのように報道された
か—全国マスメディア対象悉皆調査　南島文
化研究所海兵隊ヘリ墜落事件報道実態調査研
究会報告書　沖縄国際大学南島文化研究所海
兵隊ヘリ墜落事件実態調査研究会編　宜野湾
沖縄国際大学南島文化研究所　2006.1　57p
30cm〈奥付のタイトル：海兵隊ヘリ墜落事
件報道実態調査研究会報告書〉Ⓝ070.4
　　　　　　　　　　　　　　　　　　　〔0114〕

◇植物標本より得られた近代沖縄の新聞　沖縄
県文化振興会公文書管理部史料編集室編
〔那覇〕　沖縄県教育委員会　2007.3　657p
37cm　（沖縄県史研究叢書 17）　Ⓝ070.
2199　　　　　　　　　　　　　　　　〔0115〕

◇宮古毎日新聞創刊五十年史　宮古毎日新聞創
刊五十年史編纂委員会編集責任　宮古島　宮
古毎日新聞社　2007.11　457p　27cm〈標
題紙・背のタイトル：宮古毎日新聞五十年史
年表あり〉　Ⓝ070.67　　　　　　　〔0116〕

メディア

沖縄全般

◇「沖縄の組込みソフトウェア産業の振興に向けた実態に関する調査」報告書 〔西原町（沖縄県）〕 沖縄TLO 2009.3 99p 30cm〈平成20年度内閣府沖縄総合事務局沖縄の組込みソフトウェア産業の振興に向けた実態に関する調査事業〉Ⓝ007.35 〔0117〕

◇地域資源及びITを活用した新ビジネスモデル構築の可能性調査報告書—平成20年度我が国のIT利活用に関する調査研究事業 QPR 2009.3 34,73p 30cm〈経済産業省委託調査〉Ⓝ007.35 〔0118〕

◇沖縄の新聞再生—多メディア時代の生き残りをかけて 比嘉辰博著 那覇 新星出版 2010.1 142p 19cm 952円 Ⓘ978-4-902193-87-9 Ⓝ070.67 〔0119〕

◇新沖縄県情報通信産業振興計画（仮称）策定調査事業報告書 〔出版地不明〕 新沖縄県情報通信産業振興計画（仮称）策定調査事業共同体 2012.3 325p 30cm Ⓝ007.35 〔0120〕

◇琉球新報百二十年史 琉球新報百二十年史刊行委員会編 那覇 琉球新報社 2013.9 199p 図版〔10〕枚 27cm〈年表あり〉非売品 Ⓝ070.67 〔0121〕

◇琉大生のための情報リテラシーガイドブック2015 琉球大学編 西原町（沖縄県） 琉球大学 2015.3 117p 26cm〈執筆：望月道浩ほか〉Ⓝ007.6 〔0122〕

◇報道圧力—時代を読む/沖縄の声届ける 沖縄タイムス社編 那覇 沖縄タイムス社 2015.8 152p 21cm（沖縄タイムス・ブックレット no.18） 1200円 Ⓘ978-4-87127-518-7 Ⓝ070.13 〔0123〕

◇翁長知事と沖縄メディア—「反日・親中」タッグの暴走 仲新城誠著 産経新聞出版 2015.12 286p 19cm〈発売：日本工業新聞社〉1300円 Ⓘ978-4-8191-1273-4 Ⓝ312.199
〔内容〕第1章 翁長知事とは何者か 第2章 「異論」が封じられた辺野古問題 第3章 地元メディアが語らない尖閣の危機 第4章 与那国自衛隊配備を歪めるもの 第5章 教育現場も支配する地元メディア 第6章 イデオロギー「平和教育」の嘘 〔0124〕

◇Editorship 4 特集 沖縄とジャーナリズムのいま 日本編集者学会編 日本編集者学会,田畑書店〔発売〕 2016.3 191p 26cm 1600円 Ⓘ978-4-8038-0335-8
〔内容〕特集 沖縄とジャーナリズムのいま（私の沖縄戦後出版事情—「琉大文学」「新沖縄文学」から『沖縄大百科事典』へ 講演を聴いて—「新沖縄文学」と『沖縄大百科事典』のこと ほか） 編集者としてのディドロ—『百科全書』はいかに編集されたか 特別講座（角田光代はいかにして角田光代になったか 「吉田健一」を書き終えて ほか） 連載（地方小出版の力（5）南山舎・石垣市 死と死者の文学（第三回）小説にとっての他者と言文一致体） 書評 〔0125〕

12 「沖縄」がわかる本 6000冊

思想

思想

◇社団法人倫理研究所沖縄首里支所設立記念誌
南風原町（沖縄県）　倫理研究所沖縄首里支
所　1999.6　146p　30cm　2000円　Ⓝ150.6
〔0126〕

◇鹿野政直思想史論集　第3巻　鹿野政直著
岩波書店　2008.1　461p　20cm　4800円
Ⓘ978-4-00-026646-8　Ⓝ121.6
内容 キーストーンの刻印　憤怒と凝視　〔0127〕

◇鹿野政直思想史論集　第4巻　鹿野政直著
岩波書店　2008.2　409p　20cm　4800円
Ⓘ978-4-00-026647-5　Ⓝ121.6
内容 1　伊波普猷とその時代（世替りを受けとめ
て　新知識人の誕生と帰郷　『古琉球』精神革命
の布教者　転回と離郷　「孤島苦」と「南島」意識
「父」なるヤマト　亡びのあとで）　2　伊波普猷以
後（沖縄の経験　沖縄をめぐる/に発する「文化」
の状況）
〔0128〕

◇愛国心と沖縄の米軍基地　大原重信著　改訂
版　下田出版　2010.12　327p　21cm〈発
売：星雲社〉　2000円　Ⓘ978-4-434-15197-2
Ⓝ154
内容 第1部　愛国心——一九七七年五月（愛国心の
類型　侵された者、虐げられた者の意識に根ざす
愛国心　正義の指導者の意識に支えられた愛国心
ほか）　第2部　沖縄の米軍基地——二〇〇三年九月
（日本本土の米軍基地　沖縄の米軍基地　沖縄の
米軍基地の返還——沖縄復帰前　ほか）　第3部　独り
言——二〇一〇年六月（「愛国心」のあとがきに代え
て　「沖縄の米軍基地」のあとがきに代えて）
〔0129〕

心理学

◇風土臨床——沖縄との関わりから見えてきたも
の　心理臨床の新しい地平をめざして　青木
真理ほか編著　コスモス・ライブラリー
2006.11　297p　19cm〈発売：星雲社〉
2000円　Ⓘ4-434-08623-5　Ⓝ146

内容 第1章　心理臨床家の沖縄研究（カミゴトの関
与観察—玉城安子さんとの出会い　夢の叡智　カ
ミンチュウ（玉城さん）の夢）　第2章　沖縄研究と
風土臨床（土地から教えられるもの　からだと風
土　風土臨床——自然から受け取り、お返しするこ
と）　第3章　風土臨床の展開（風土臨床の態度と実
践　風土臨床と心理療法）　第4章　沖縄神学と風
土臨床（沖縄神学と風土臨床の間　住まうという
こと　御嶽のコスモロジー　祈りと心理療法）
〔0130〕

宗教

◇沖縄の遊女について——宗教社会学論集　阿部
達彦著　近代文芸社　1996.10　268p　20cm
〈各章末：参考文献〉　1700円　Ⓘ4-7733-
5758-4　Ⓝ161.3
内容 第1章　沖縄の遊女について　第2章　浩々洞
と精神主義運動—清沢満之を中心に　第3章　宗子
社会と日本人の教育観　第4章　姫岡勤の家族社会
学説の検討　第5章　文化理論における価値につい
て　第6章　デュルケム社会学の構造と宗教論の位
置　第7章　タルド社会学の構造と個人の価値　第
8章　タルドとデュルケムにおける個人と社会
〔0131〕

◇海の神話　吉田敦彦、フィリップ・ワルテル
著、篠田知和基訳　宜野湾　沖縄国際大学公
開講座委員会　2002.3　52,19p　21cm（沖
国大ブックレット　no.9）〈シリーズ責任表
示：沖縄国際大学公開講座委員会編　発売：
編集工房東洋企画（那覇）〉　500円　Ⓘ4-
938984-23-7　Ⓝ164
内容 沖縄と世界の海の神話（水の惑星・地球　母
神としてのヴィーナス像　母神信仰と洞窟画との
関わり　生命の源・水　ほか）　西洋の海の神話と
神話学（海とその名前（地形学的神話）　海のはじ
まりの神話（創世記的神話）　海の要素（起源説明
神話）　海上の神話、航海と遍歴（イニシエーショ
ンの神話）　ほか）
〔0132〕

◇まるごとわかる！　ユタ——沖縄その不思議な
世界　霊能者か！　エセ占い師か！　座間味
栄議著　中城村（沖縄県）　むぎ社　2008.3
225p　20cm　2000円　Ⓘ978-4-944116-29-4

宗教　　　　　　　　　　　　　　　　　　　　　　　　　思想

Ⓝ163.9　　　　　　　　　　　　　　　〔0133〕

◇日本人の魂のゆくえ―古代日本と琉球の死生
　観　谷川健一著　冨山房インターナショナル
　2012.6　247p　20cm　〈「青と白の幻想」（三
　一書房 1979年刊）、「産屋の民俗」（国書刊行
　会 1981年刊）ほかの再構成、加筆、訂正、新
　稿追加〉2400円　Ⓘ978-4-905194-38-5
　Ⓝ162.1
　内容 この世の渚　常世の渚　産屋考　槻の小屋
　喪屋の風景　遊部考　挽歌の発生　挽歌から相聞
　歌へ　冥府からの帰還　御窟考　三輪山異聞―三
　輪山の天皇霊　祭場と葬所―「山宮考」覚書　洞窟
　の風葬墓　青の島とあろう島　ニライカナイ　明
　るい冥府　　　　　　　　　　　　　〔0134〕

◇沖縄社会とその宗教世界―外来宗教・スピリ
　チュアリティ・地域振興　吉野航一著　宜野
　湾　榕樹書林　2012.8　376p　22cm　（琉
　球弧叢書 28）　6000円　Ⓘ978-4-89805-160-
　3　Ⓝ162.199

◇捧げられる生命―沖縄の動物供犠　原田信
　男、前城直子、宮平盛晃著　御茶の水書房
　2012.10　347,9p　19cm　〈索引あり〉2800
　円　Ⓘ978-4-275-00999-9　Ⓝ163
　内容 序論 儀礼と犠牲　第1章 南島におけるシマ
　クサラシの性格（除厄儀礼としてのシマクサラシ
　シマクサラシの分布と現況）　第2章 ハマエー
　グトゥと沖縄の動物供犠（招福儀礼としてのハマエー
　グトゥ 沖縄における動物供犠）　第3章 牛はな
　ぜ捧げられるのか―琉球列島殺牛祭神の系譜（中
　国における立春儀礼 陰陽五行思想から見た牛・
　土牛の特性 琉球列島の殺牛祭神 動物供犠・献
　上動物選定の根拠 中国の土牛（牛）儀礼の概観
　陰陽五行思想から見た「ハマエーグトゥ」）〔0136〕

《民間信仰》

◇マレビトの文化史―琉球列島文化多元構成論
　吉成直樹著　第一書房　1995.2　243,25p
　20cm　（Academic series―New Asia 15）
　〈巻末：参考文献〉3399円　Ⓘ4-8042-0082-7
　Ⓝ387
　内容 第1章 マレビト祭祀をめぐる研究史　第2章
　久高島のマレビト祭祀　第3章 琉球列島のマレビ
　ト祭祀―久高島から琉球列島へ　　　〔0137〕

◇宮古保良の土俗信仰　松川寛良著　〔浦
　添〕　松川寛良　1995.2　170p　21cm
　1000円　Ⓝ387　　　　　　　　　　〔0138〕

◇沖縄の習俗と信仰―中国との比較研究　窪徳
　忠著　増補新訂　第一書房　1997.5　726,
　10p　22cm　（窪徳忠著作集 4）〈索引あ
　り〉12000円　Ⓘ4-8042-0129-7　Ⓝ382.199
　　　　　　　　　　　　　　　　　　〔0139〕

◇沖縄の聖地　湧上元雄、大城秀子著　中城村
　（沖縄県）　むぎ社　1997.5　155p　26cm
　〈折り込み1枚　文献あり〉2500円　Ⓘ4-
　944116-09-8　Ⓝ387　　　　　　　〔0140〕

◇沖縄シャーマニズムの社会心理学的研究　大
　橋英寿著　弘文堂　1998.4　711p　22cm
　15000円　Ⓘ4-335-65099-X　Ⓝ387
　内容 第1章 沖縄シャーマニズムへの社会心理学
　的アプローチ　第2章 沖縄史におけるユタ　第3
　章 地域社会におけるユタとクライエント　第4章
　ユタの成巫過程　第5章 ユタのパーソナリティ・世
　界観・変性意識　第6章 主婦の社会化過程とシャー
　マニズム　第7章 精神医療の浸透と土着シャーマ
　ニズムの抵抗　第8章 ヘルス・ケア・システムを
　めぐる病者と家族の対処行動　第9章 非行への対
　処行動とシャーマニズム　第10章 ブラジルにお
　ける沖縄シャーマニズムの展開　第11章 総括
　　　　　　　　　　　　　　　　　　〔0141〕

◇海を渡る神々―死と再生の原郷信仰　外間守
　善著　角川書店　1999.5　221p　19cm
　（角川選書 306）　1500円　Ⓘ4-04-703306-5
　Ⓝ387
　内容 序章 沖縄の他界観・原郷信仰と洞窟　第1
　章 沖縄伊江島にみる島渡りの足跡　第2章 世界
　にひろがる原郷信仰と洞窟　第3章 来訪神アラ神
　の素性　　　　　　　　　　　　　　〔0142〕

◇南西諸島の神観念　住谷一彦、クライナー・
　ヨーゼフ著　復刊　未来社　1999.7　363,
　23p　22cm　〈原本：1977年刊〉4800円
　Ⓘ4-624-20046-2　Ⓝ387
　内容 第1部 南西諸島の神観念と他界観（南西諸
　島における神観念、他界観の一考察　南西諸島の
　Geheimkult―新城島のアカマタ・クロマタ覚え
　書 ほか）　第2部 柳田国男と日本文化研究（柳田
　国男ノート　柳田国男と原田敏明―村落構造の関
　連において ほか）　第3部 パティローマ―モノグ
　ラフによる日本民族＝文化複合へのアプローチ（パ
　ティローマ―南海の孤島 生活の基盤―共同労働
　とユン ほか）　第4部 資料（オンの神、ニランタ
　フヤン、マユンガナシ―沖縄県八重山郡石垣市川
　平部落）　　　　　　　　　　　　　〔0143〕

◇南の精神誌　岡谷公二著　新潮社　2000.7
　201p　20cm　〈文献あり〉1600円　Ⓘ4-10-
　411502-9　Ⓝ387
　内容 第1章 三宅島にて　第2章 八重山の歳月
　第3章 旅の印象　第4章 御岳の思想　第5章 原初
　の神社を求めて　　　　　　　　　　〔0144〕

◇奄美のカマド神信仰　窪徳忠著　第一書房
　2000.9　432,14p　22cm　（窪徳忠著作集
　9）　9500円　Ⓘ4-8042-0713-9　Ⓝ387〔0145〕

◇沖縄の女性祭司の世界　高梨一美著　東横学
　園女子短期大学女性文化研究所　2002.3
　153p　21cm　（東横学園女子短期大学女性
　文化研究所叢書 第10輯）　非売品　Ⓝ387

思想　　　　　　　　　　　　　　　　　　　　　　　宗教

〔0146〕

◇死を想い生を紡ぐ―「沖縄の死生観」論考とインタビュー　太田有紀著　那覇　ボーダーインク　2004.6　206p　19cm　（ばさないbooks 3）　1600円　①4-89982-063-1　Ⓝ387.02199
内容　憧れの土地に住むということ―ラフカディオ・ハーンと私　第1章　論考―死の原風景を探る（宮良に咲く花と祭り　死を内在化させる文化　宮良の事例を中心に）　第2章　インタビュー―死を想い生を紡ぐ（あの世への想像力―芸能と文化　死を看取るこころ―ターミナル・ケア　死別の悲しみが癒される場所―グリーフワーク）　論考―「死」を受け止める力　　　　　　　　　　　　〔0147〕

◇琉球の宗教と古代の親族　上井久義著　大阪　清文堂出版　2005.2　306p　図版4p　22cm　（上井久義著作集　第6巻）〈シリーズ責任表示：上井久義著〉　5800円　①4-7924-0566-1　Ⓝ387.08
内容　琉球の民俗宗教：聖所と親族　琉球の聖観念セヂとマブイ　先島の聖地と祭祀　御嶽の神役　琉球の王と神女　琉球の王帝　琉球の宗教と尚圓王妃　親族の構成：系譜と権限　姻族の紐帯　姻族の伝承と戸籍　秦氏と鴨氏の連繋　桂と烏と斎王と　古代の親族名称　解説（黒田一充著）　　　　　　　　　　　　　　　　　　〔0148〕

◇南島の聖地と祭り―写真とエッセイによる聖地巡礼　桑原重美著　沖縄学研究所　2006.2　276p　19cm　2500円　Ⓝ387.02199〔0149〕

◇奄美と沖縄、その同質性と異質性―奄美と沖縄の協同をめざして　第1回「をなり神信仰」をめぐって　沖縄大学・沖縄大学地域研究所移動市民大学・地域協同フォーラム2006 in 奄美　那覇　沖縄大学地域研究所　2007.6　105p　21cm　（叢書　第9巻―沖縄大学地域研究所ブックレット 2）〈会期：2006年12月3日〉　Ⓝ387.02197
内容　報告：奄美・沖縄協同研究の意義と課題　比嘉政夫述　暮らしと祈り　高橋一郎述　戦争と「をなり神」信仰　町健次郎述　奄美における「をなり神」と「水神」　久留ひろみ述　奄美における女性信仰と水神　山下欣一述　　　〔0150〕

◇「ユタ」の黄金言葉―沖縄・奄美のシャーマンがおろす神の声　西村仁美著　東邦出版　2007.12　271p　20cm　1600円　①978-4-8094-0665-2　Ⓝ387.02199
内容　序章　ユタとは　ウタキとアムゴの章―家族、コミュニケーション　7つ波と太陽と月の章―自然　カーサとミルクの章―平和　サンと白装束の章―神、宗教　グソーとマブイワカシの章―あの世、幸せ　終章　グレイト・サムシング〔0151〕

◇霊とユタの世界―家族力の高さを誇る日本文化から生まれた心理学　又吉正治著　〔那

覇〕　日本文化の心理学と家族療法研究会　2008.1　176p　21cm　（まぶい分析学講義第1巻）〈「霊魂とユタの世界」（月刊沖縄社1987年刊）の改訂・増補版　発売：編集工房東洋企画（糸満）〉　1500円　①978-4-938984-46-5　Ⓝ387.02199
内容　継降　霊　神経症と統合失調症　御願と血筋正し　男と女の心理の違い　火の神　ユタについて　夢判断　霊感とユタ　　　〔0152〕

◇沖縄の「かみんちゅ」たち―女性祭司の世界　高梨一美著　岩田書院　2009.3　467p　22cm〈文献あり〉　11800円　①978-4-87294-542-3　Ⓝ387.02199
内容　琉球王国の祭司組織の基礎的研究―三平等の大あむしられを中心に　沖縄の女性祭司と神名伝承　古琉球の女性祭司の活動―一六世紀の史料を中心に　航海の守護―琉球王国の祭司制度の一側面　おもろひやし考―オモロの芸能的研究　天女と巫女のと豊穣と―カーの信仰を核として　いなくなかった女の話―文化としてのシャーマニズム　神に追われる女たち―沖縄の女性司祭者の就任過程の検討　宮古諸島の冬祭―上野野宮国のンナフカ祭を中心として　まれびと論の形成と展開　「死者の書」の主題　沖縄の女性祭司の世界（民俗社会のなかの祭司　古琉球の祭司史料を読む）　　　　　　　　　　　　　〔0153〕

◇宮古の神々と聖なる森　平井芽阿里著　新典社　2012.5　271p　19cm　（新典社選書51）〈文献あり〉　2000円　①978-4-7879-6801-2　Ⓝ387.02199
内容　神々の森（沖縄の御嶽から　宮古の森　西原）　ナナムイ（ナナムイとは　神願い）　神々（御嶽の神々　夢に現れる神　家の神）　神役（神役の日常　神役として生きる　神役という経験）　神願いの記録（記録に見る西原　神役の拒否　改変という選択）　　　　　　〔0154〕

◇南島の聖地と祭り　続　桑原重美著　沖縄学研究所　2012.9　248p　19cm〈「続」のタイトル関連情報：ニライカナイを求めて〉　2500円　Ⓝ387.02199　　　　　〔0155〕

◇龍宮神黙示録―卑弥呼コード　海勢頭豊著　藤原書店　2013.5　370p　21cm〈文献あり　年譜あり〉　2900円　①978-4-89434-916-2　Ⓝ210.273
内容　第1章　龍宮の夢　第2章　神の子の生まれ　第3章　古代日本の検証　第4章　幻の倭国　第5章　遙かなる琉球　第6章　月夜の呼び声　〔0156〕

◇沖縄のノロの研究　宮城栄昌著　オンデマンド版　吉川弘文館　2013.10　500,14p　22cm〈印刷・製本：デジタルパブリッシングサービス　索引あり〉　15000円　①978-4-642-04269-7　Ⓝ163.9
内容　序説　村落の形成と神女　神女組織の確立と変遷　神女の選定及び継承法　ノロ・ツカサの管

「沖縄」がわかる本　6000冊　　15

宗教　　　　　　　　　　　　　　　　　　　　　　　　　　　　　　　　思想

轄村落　ノロ・ツカサの祭祀　神女の婚姻制　神女の経済生活　むすび—ノロ制の動揺・崩壊　　〔0157〕

◇珊瑚礁の思考—琉球弧から太平洋へ　喜山荘一著　藤原書店　2015.12　318p　19cm　〈文献あり〉　3000円　Ⓘ978-4-86578-056-7　Ⓝ387.02199　　　　　　　　　　　　　　〔0158〕

《神道》

◇沖縄の神社　加治順人著　那覇　ひるぎ社　2000.10　176p　18cm　（おきなわ文庫 92）　900円　Ⓝ175.999
　内容　折り込1枚　　　　　　　　　　　　〔0159〕

◇週刊神社紀行　43　波上宮・御嶽　学習研究社　2003.9　35p　30cm　533円　Ⓝ175.9　　　　　　　　　　　　　　　　　　〔0160〕

◇江原啓之神紀行　4（九州・沖縄）　江原啓之著　マガジンハウス　2006.6　95p　21cm　（スピリチュアル・サンクチュアリシリーズ）　1048円　Ⓘ4-8387-1623-0　Ⓝ175.9
　内容　九州編（江田神社—この神社こそがみそぎの原点　都萬神社—縁を結び、縁を戻す神社　高千穂神社—まさに天孫降臨伝説の舞台　ほか）　沖縄編（首里城～金城石畳—琉球王朝の歴史と今を知る道筋　斎場御嶽～久高島—祈りの聖地と神の島を訪ねる　おすすめ立ち寄りスポット沖縄　ほか）　あなたの願いを導くスピリチュアル・サンクチュアリ案内（Charm編　Health編）　ミニ知識　　　　　　　　　　　　　　　　　　　〔0161〕

◇原始の神社をもとめて—日本・琉球・済州島　岡谷公二著　平凡社　2009.9　283p　18cm　（平凡社新書 488）　〈文献あり〉　880円　Ⓘ978-4-582-85488-6　Ⓝ163.1
　内容　第1章　済州島の堂との出会い　第2章　韓国多島海の堂　第3章　済州島の堂とその祭　第4章　沖縄の御嶽　第5章　済州島と琉球　第6章　神社と朝鮮半島　第7章　神社をめぐるいくつかの問題1—縄文・弥生と神社　第8章　神社をめぐるいくつかの問題2—神社は墓か　第9章　聖なる森の系譜　付章　神社・御嶽・堂—谷川健一氏との対話　　　　　　　　　　　　　　　　　　　〔0162〕

《仏教》

◇花ものがたり—民衆とともに歩んだ袋中上人　牧達雄〔ほか〕著・監修　京都　紫翠会出版　1998.6　120p　22cm　〈付属資料：CD1枚（8cm）〉　2500円　Ⓘ4-916007-28-X　Ⓝ188.62
　内容　第1章　牧達雄×喜納昌吉スペシャルインタビュー　第2章　袋中上人への思い（袋中上人伝（信ヶ原良文）　袋中上人との出会い（牧達雄）　袋中

上人にあこがれて（喜納昌吉）　袋中上人と芸能（前田正樹）　第3章　袋中みちを行く　〔0163〕

◇袋中上人絵詞伝—袋中菴蔵　弁蓮社袋中著，原田禹雄訳注　普及版　宜野湾　榕樹書林　2003.10　78p　19×26cm　〈複製を含む〉　2000円　Ⓘ4-947667-98-2　Ⓝ188.62　〔0164〕

◇袋中上人　御代英資著，浄土宗出版編　〔京都〕　浄土宗　2003.11　24p　15cm　（てらこやブックス 18）　80円　Ⓘ4-88363-018-8　Ⓝ188.62　　　　　　　　　　　　　〔0165〕

◇祈りのかたち—中世南九州の仏と神　黎明館企画特別展　鹿児島県，鹿児島県歴史資料センター黎明館企画・編集　〔鹿児島〕　「祈りのかたち」実行委員会　2006.9　219p　30cm　〈会期：平成18年9月29日—11月5日　文献あり〉　Ⓝ182.197　　　　　　　〔0166〕

◇帰依龍照のいい人生をつくる本—恩は石に刻み恨みは水に流せ　帰依龍照編著　南風原町（沖縄県）　那覇出版社　2006.10　280p　19cm　1429円　Ⓘ4-89095-166-0　Ⓝ184　　　　　　　　　　　　　　　　　　　〔0167〕

◇沖縄エイサー誕生ばなし—袋中という坊さまの生涯　御代英資著　東洋出版　2008.3　286p　20cm　〈文献あり〉　1524円　Ⓘ978-4-8096-7565-2　Ⓝ188.62
　内容　はじめに　那覇に残る袋中上人肖像画　第1章　古琉球を写す『琉球神道記』第2章　『エイサー』の誕生　第3章　『琉球神道記』巻第五（抜き書き・口語意訳）　第4章　『琉球往来』（抜き書き・口語意訳）　第5章　知られざる袋中上人像　　〔0168〕

◇琉球仏教史の研究　知名定寛著　宜野湾　榕樹書林　2008.6　440,18p　22cm　（琉球弧叢書 17）　6400円　Ⓘ978-4-89805-128-3　Ⓝ182.199　　　　　　　　　　　　　〔0169〕

◇浄土真宗沖縄開教前史—仲尾次政隆と其背景　伊波普猷著　復刻　宜野湾　榕樹書林　2010.12　74p　21cm　（沖縄学研究資料 7）　〈解説：知名定寛　原本：明治聖徳記念学会1926年刊〉　1000円　Ⓘ978-4-89805-149-8　Ⓝ188.72　　　　　　　　　　　　　〔0170〕

◇琉球と袋中上人展—エイサーの起源をたどる：トピック展示　九州国立博物館、沖縄県立博物館・美術館編　〔大宰府〕　九州国立博物館　2011.11　83p　30cm　〈会期・会場：平成23年11月1日—12月11日　九州国立博物館ほか　京都・壇王法林寺開創400年記念　共同刊行：沖縄県立博物館・美術館　文献あり〉　Ⓝ188.62　　　　　　〔0171〕

◇檀王法林寺袋中上人—琉球と京都の架け橋　信ヶ原雅文、石川登志雄著　京都　淡交社

16　「沖縄」がわかる本　6000冊

思想　　　　　　　　　　　　　　　　　　　　　　　　　　　　　　　　　宗教

2011.11　127p　26cm　〈年表あり〉　2000円
①978-4-473-03744-2　Ⓝ188.65
内容　巻頭メッセージ　四百年の時を超えて、これから…檀王法林寺　口絵カラー　檀王法林寺と袋中上人（袋中上人と琉球　檀王法林寺の歴史　檀王法林寺の主夜神・招き猫・加茂川龍神信仰─近世京都の民間信仰　ほか）　資料編（袋中上人関係地図　古写真に見る檀王法林寺　檀王法林寺文化財一覧　ほか）　　　　　　　　　　　　　〔0172〕

◇海を渡った祈りと踊り─袋中上人とエイサー　平成二十七年度秋期特別展　京都　佛教大学宗教文化ミュージアム　2015.10　85p　30cm　〈会期・会場：平成27年10月24日─11月23日　佛教大学宗教文化ミュージアム〉　Ⓝ188.62　　　　　　　　　　　　　〔0173〕

《キリスト教》

◇「集団自決」を心に刻んで──沖縄キリスト者の絶望からの精神史　金城重明著　高文研　1995.6　253p　20cm　〈著者の肖像あり　参考文献・資料：p248〜251〉　1854円　①4-87498-161-5　Ⓝ198.321
内容　1「皇民化教育」と沖縄　2 極限の悲劇「集団自決」　3 絶望の底から　4 勉学と労働と信仰と　5 牧師への道・アメリカ留学　6 沖縄キリスト教短大の創立と発展　7 なぜ「集団自決」を語りはじめたか　8 教科書裁判の法廷に立つ　9 問われなかった戦争責任　10 課題としてのキリスト教平和学　　　　　　　　　　　　　〔0174〕

◇徳之島亀津教会史資料　日野　徳之島の先人を偲ぶ会　1997.3　108p　21cm　（復刻資料第1号）〈付属資料：1枚〉　Ⓝ198.35　〔0175〕

◇日本基督教団の再編─1945-1954年　沖縄キリスト教団の形成─1945-1968年　日本基督教団宣教研究所教団史料編纂室編纂、日本基督教団宣教研究所教団史料編纂室編纂　日本基督教団宣教研究所　1998.6　435p　22cm　（日本基督教団史資料集　第3巻（第3・4篇）〈製作・発売：日本基督教団出版局〉　7000円　①4-8184-5993-3　Ⓝ198.35　　　　〔0176〕

◇聖堂の日の丸─奄美カトリック迫害と天皇教　宮下正昭著　鹿児島　南方新社　1999.9　458p　20cm　〈年表あり　文献あり〉　3600円　①4-931376-26-6　Ⓝ198.221
内容　第1章 大島高等女学校　第2章 奄美とカトリック　第3章 軍人の時代　第4章 愛国心とカトリック　第5章 戦争とカトリック　第6章 アメリカ世（ゆ）　第7章 迫害の背景　年表 奄美カトリックと日本近代史　　　　　　　　　　〔0177〕

◇沖縄のヨベルの年─沖縄宣教会議2　宜野湾　沖縄で宣教を考える会　2001.2　74p　22cm　〈会期：2000年6月27日・28日〉　500円

Ⓝ198.37　　　　　　　　　　　　　　　　　〔0178〕

◇沖縄宣言─その背景と私たちの責任　櫻井圀郎著　いのちのことば社　2001.3　62p　22cm　（第4回日本伝道会議シリーズ　1）　500円　①4-264-01900-1　Ⓝ198.37　〔0179〕

◇和解の福音と沖縄　倉沢正則〔ほか〕著　いのちのことば社　2001.3　79p　21cm　（第4回日本伝道会議シリーズ　2）　600円　①4-264-01903-6　Ⓝ198.37　　　　　〔0180〕

◇カトリック教会と沖縄戦─『平和への決意』の実行を祈りつつ　西山俊彦著　サンパウロ　2001.10　337p　19cm　1800円　①4-8056-1494-3　Ⓝ198.221　　　　　　　〔0181〕

◇沖縄・三里塚問題覚書　安藤肇著　船橋　安藤肇　2002.1　156p　19cm　非売品　Ⓝ198.321　　　　　　　　　　　　　　〔0182〕

◇沖縄にこだわりつづけて　平良修著　新版　新教出版社　2002.3　272p　19cm　2500円　①4-400-41540-6
内容　1 沖縄教会と私（私の歩んできた道　沖縄教会の現実と使命─手をつなぐ教会）　2 沖縄にこだわりつづけて（沖縄の施政権返還と沖縄キリスト教短大　高等弁務官就任式の祈り　琉球処分一〇〇年に思う　ほか）　3「合同のとらえ直し」とは何か（日本基督教団と沖縄キリスト教団の合同のとらえ直しと実質化　「合同のとらえ直し」とは何か）　　　　　　　　　　　　　〔0183〕

◇英宣教医ベッテルハイム─琉球伝道の九年間　照屋善彦著、山口栄鉄、新川右好訳　京都　人文書院　2004.9　379p　20cm　〈文献あり〉　3600円　①4-409-52053-9　Ⓝ198.32
内容　第1章 歴史的背景　第2章 宣教の黄金期（一八四六年五月〜一八四七年十月）（新教徒宣教の開拓者　江戸・鹿児島・首里の関係　ほか）　第3章 茨の道（一八四七年十月〜一八五〇年十月）（迫害始まる　北京・倫敦・首里の関係　ほか）　第4章 レイナード号のあと（一八五〇年十月〜一八五四年七月）（膠着状態　天然痘の種痘　ほか）　第5章 おわりに　　　　　　　　　　〔0184〕

◇沖縄風習とキリスト教─伝道人生50年の牧師が語る　知念金徳著　南風原町（沖縄県）　那覇出版社　2007.5　255p　19cm　〈年表あり〉　1429円　①978-4-89095-173-4　Ⓝ198.34　　　　　　　　　　　　　　　〔0185〕

◇沖縄聖書神学校この三〇年の歩み　〔那覇〕沖縄聖書神学校　2008.12　191p　26cm　〈沖縄聖書神学校30周年記念　奥付のタイトル：沖縄聖書神学校この30の歩み　年表あり〉　Ⓝ198.6　　　　　　　　　　　〔0186〕

◇創立20周年記念に向かう高俊明牧師の説教講演集及び私の遺言─後生への大いなる遺産

「沖縄」がわかる本　6000冊　**17**

宗教　　　　　　　　　　　　　　　　　　　　　　　　思想

沖縄アビー福音センター編　西原町（沖縄
県）　沖縄アビー福音センター　2010.3　92,
64p　30cm〈タイトルは奥付による〉
Ⓝ198.34
　内容 高俊明牧師の説教講演集愛と祈り　高俊明
述（「高俊明牧師受け入れ」連絡会1998年刊）　私
の遺言・後世への大いなる遺産（2009年刊）
〔0187〕

◇青木恵哉遺作集―沖縄の偉人沖縄愛楽園の創
設者　青木恵哉〔著〕, 佐久川正美編著　い
のちのことば社（発売）　2011.10　173p
20cm〈年譜あり〉2000円　Ⓘ978-4-264-
02864-2　Ⓝ918.68　　　　　　　　〔0188〕

◇選ばれた島―沖縄愛楽園創設者の生涯　青木
恵哉著, 佐久川まさみ編　改訂新版　名護
聖公会沖縄教区祈りの家教会　2014.2　335p
19cm〈発売：いのちのことば社〉3000円
Ⓘ978-4-264-03220-5　Ⓝ198.47　　〔0189〕

◇奄美でカトリック排撃運動はなぜ起こったの
か　日本カトリック正義と平和協議会編　カ
トリック中央協議会　2014.5　70p　21cm
（JP booklet―正義と平和講演録 vol.6）
〈年表あり〉Ⓝ198.22197
　内容 奄美でカトリック排撃運動はなぜ起こった
のか　須崎愼一述　奄美のカトリック迫害・上智
大学生神社参拝拒否事件とカトリック教会の対応
谷大二述　　　　　　　　　　　　　　〔0190〕

◇選ばれた島　〔青木恵哉〕〔著〕, 〔渡辺信夫〕
〔編〕, 阿部安成, 石居人也監修・解説　近現
代資料刊行会　2015.6　650p　21cm　（リ
プリントハンセン病療養所シリーズ 1）〈沖
縄聖公会本部 1958年刊の複製　新教出版社
1972年刊の複製〉2500円　Ⓘ978-4-86364-
346-8　Ⓝ198.47　　　　　　　　　　〔0191〕

18　「沖縄」がわかる本　6000冊

歴史・地理

沖縄史

◇小湾字誌―沖縄戦・米占領下で失われた集落の復元　法政大学沖縄文化研究所小湾字誌調査委員会著　〔浦添〕　浦添市小湾字誌編集委員会　1995.2　826p　31cm〈折り込図1枚〉Ⓝ291.99
〔0192〕

◇沖縄県史　資料編　1　沖縄県立図書館史料編集室編　沖縄県教育委員会,（南風原町）那覇出版社〔発売〕　1995.3　2冊（セット）26cm　（民事ハンドブック―沖縄戦　1）8500円
内容 1 基本資料　2 行政と公共の施設　3 経済
〔0193〕

◇沖縄県史　資料編 1　民事ハンドブック―沖縄戦　1　沖縄県立図書館史料編集室編〔那覇〕　沖縄県教育委員会　1995.3　2冊27cm〈「和訳編」「原文編」に分冊刊行〉非売品
〔0194〕

◇沖縄県史料　前近代 8　芸能　1　沖縄県立図書館史料編集室編　〔那覇〕　沖縄県教育委員会　1995.3　23,669p　22cm　非売品Ⓝ219.9
〔0195〕

◇先島文化交流会議―人頭税廃止請願100年記念シンポジウム：報告書　第3回　第3回先島文化交流会議実行委員会編　〔出版地不明〕第3回先島文化交流会議実行委員会　1995.3　76p　26cm〈会期・会場：1994年8月27日―28日　アバ220ほか　年表あり〉Ⓝ219.9
〔0196〕

◇諸国叢書　第12輯　成城大学民俗学研究所1995.3　162p　21cm　Ⓝ382.1
内容 渡嘉敷間切「公事帳」　解題　川部裕幸著渡嘉敷間切「公事帳」の特徴　森田晃一著　渡嘉敷間切「公事帳」の年中行事　川部裕幸著　付：参考文献
〔0197〕

◇沖縄県・宮古史料の旅　仲宗根将二著　平良仲宗根将二　1995.5　312p　21cm〈私家版〉Ⓝ219.9
〔0198〕

◇オリエント幻想の中の沖縄―総合講座「南島文化論」レポート　深沢徹編　大阪　海風社1995.7　235p　19cm　（南島叢書 73）2200円　Ⓘ4-87616-248-4　Ⓝ219.9
内容 私の琉球王権論　琉球断章夢遍路　本土に集う南島（奄美・沖縄）出身者の郷友会考察　災いの物語の中の琉球王朝―あるいはユタ問題の歴史人類学　日本のポピュラー音楽に現れた沖縄　ペリー来航と沖縄―東アジアの近代を考える一視点　琉球文化 序説　「南島叢書」と私―出版事業文化を通して見る沖縄・奄美
〔0199〕

◇よみがえる戦前の沖縄―写真集　沖縄テレビ放送株式会社編　浦添　沖縄出版　1995.8　295p　38cm　19800円　Ⓘ4-900668-53-2　Ⓝ219.9
〔0200〕

◇切ない沖縄の日々　高良倉吉著　那覇　ボーダーインク　1995.10　190p　19cm　1600円　Ⓝ210.04
〔0201〕

◇沖縄の民衆意識　大田昌秀著　新版　新泉社1995.12　475,3p　19cm　2500円　Ⓘ4-7877-9524-4　Ⓝ219.9
内容 第1章 新聞の成立と民衆意識　第2章 『琉球新報』の創生　第3章 謝花昇と民権運動　第4章 『沖縄新聞』の登場　第5章 『沖縄毎日新聞』の発刊　第6章 差別意識の形成　第7章 同化政策の遂行　第8章 政治意識の高揚
〔0202〕

◇高校生のための沖縄の歴史　沖縄県教育委員会高等学校教育課編　3訂版　〔那覇〕　沖縄県高等学校社会科教育研究会　1996.2　154p　26cm　500円　Ⓝ219.9
〔0203〕

◇沖縄県史　資料編 2　琉球列島の沖縄人・他―沖縄戦　2　沖縄県立図書館史料編集室編〔那覇〕　沖縄県教育委員会　1996.3　2冊27cm〈「和訳編」「原文編」に分冊刊行〉非売品　Ⓝ219.9
〔0204〕

◇沖縄県史料　前近代 9　考古関係資料　1　沖縄県立図書館史料編集室編　〔那覇〕　沖縄県教育委員会　1996.3　10,576p　22cm非売品　Ⓝ219.9
〔0205〕

◇諸国叢書　第13輯　成城大学民俗学研究所

沖縄史　　　　　　　　　　　　　　　　　　　　　　　　　　　　　　　　　　　歴史・地理

1996.3　166p　21cm　Ⓝ382.1
内容 大森資料　先島採集　大森義憲著　解題
平山敏治郎著　　　　　　　　　　　　　　〔0206〕

◇沖縄—その危機と神々　谷川健一〔著〕　講
談社　1996.4　336p　15cm　（講談社学術
文庫）　980円　①4-06-159223-8　Ⓝ219.9
内容 1「復帰」後の沖縄　2 沖縄の時間と空間　3
人頭税の世界　　　　　　　　　　　　　　〔0207〕

◇天皇制下の沖縄—差別・疎外・暴政の歴史
上江洲智克著　三一書房　1996.7　200p
20cm　〈参考資料：p197〜198〉　1800円
①4-380-96262-8　Ⓝ219.9
内容 第1章 沖縄の地理的位置　第2章 琉球歴史
の概要　第3章 天皇（制）下の統治へ　第4章 明
治政府の沖縄政策　第5章 昭和天皇と沖縄　第6
章 沖縄の米軍基地　　　　　　　　　　　　〔0208〕

◇沖縄—戦争と平和　大田昌秀著　朝日新聞社
1996.9　237p　15cm　（朝日文庫）　640円
①4-02-261162-6　Ⓝ219.9
内容 序章 現在の軍拡状況　第1章 沖縄の平和思
想　第2章 戦場への道のり　第3章 沖縄戦と住民
の記録　第4章 沖縄戦の教訓　第5章 復帰後の基
地と平和への希求　　　　　　　　　　　　〔0209〕

◇沖縄は訴える　大田昌秀著　京都　かもがわ
出版　1996.9　108p　21cm　1165円　①4-
87699-275-4　Ⓝ219.9
内容 第1部 若者に語る、沖縄と日本の将来（戦場
で学んだこと　私の沖縄研究　平和・共生・自立）
第2部 沖縄は訴える　　　　　　　　　　　〔0210〕

◇概説おきなわ雑記　大野顕編著　〔具志川〕
大野顕　1996.9　139p　21cm　非売品
Ⓝ219.9　　　　　　　　　　　　　　　　〔0211〕

◇新しい琉球史像—安良城盛昭先生追悼論集
高良倉吉,豊見山和行,真栄平房昭編　宜野湾
榕樹社　1996.10　260p　22cm　（琉球弧叢
書 3）〈著作目録あり　発売：緑林堂書店
（宜野湾）〉　3786円　①4-947667-33-8
Ⓝ219.9
内容 新しい歴史像のために：大型グスク出現前
夜＝石鍋流通期の琉球列島（安里進著　豊臣政権
の朝鮮出兵と琉明関係（上原兼善著　日本国王と
琉球国司（紙屋敦之著　御後絵からみた琉球王権
（豊見山和行著　近世琉球における都市の論理（高
良倉吉著　平等学校所と科試（田名真之著　太平
布・上布生産の展開について（梅木哲人著　煙草
をめぐる琉球社会史（真栄平房昭著　組踊と中国
演劇（池宮正治著　琉球＝沖縄史における「民族」
の問題（西里喜行著　「与世山親方宮古島規模帳」
と安良城教授（仲宗根將二著　城址についての研
究ノート（田里修著　阿嘉慶留間の守護神「思加
那志金神（天妃）」（里井洋一著　安良城盛昭講演
録：地域史の課題（安良城盛昭〔述〕　進化・発
展・構造（安良城盛昭〔述〕）　　　　　　　〔0212〕

◇諸國叢書　第14輯　成城大学民俗学研究所
1996.10　166p　21cm　Ⓝ382.1
内容 先島採集（大森義憲著）　解題（平山敏治郎
著）　　　　　　　　　　　　　　　　　　〔0213〕

◇沖縄とアイヌ—日本の民族問題　沢田洋太郎
著　新泉社　1996.11　254p　19cm〈琉球・
沖縄と蝦夷・アイヌ関係年表：p244〜247
参考文献・資料：p251〜254〉　1854円　①4-
7877-9627-5　Ⓝ316.81
内容 第1章 沖縄はヤマトではなかった　第2章
琉球王国とヤマト　第3章 大日本帝国と沖縄　第
4章 アメリカ軍政下の苦難　第5章 本土復帰後
の沖縄県　第6章 基地問題と沖縄の自立　第7章
古代の日本列島と蝦夷　第8章 武家支配下のアイ
ヌ　第9章 アイヌ文化の特徴　第10章 明治政府
のアイヌ政策　第11章 近年のアイヌ問題　第12
章 アジア諸民族とヤマト民族　第13章 民族問題
をどう考える　　　　　　　　　　　　　　〔0214〕

◇我肝沖縄　知花昌一〔ほか〕著、牧田清写真
大阪　解放出版社　1996.12　181p　21cm
2200円　①4-7592-6038-2　Ⓝ219.9
内容 沖縄の地より　基地を問い続けて　沖縄の
自立とは　琉球弧の基層文化を探る　人間の尊厳
が何たるかを　　　　　　　　　　　　　　〔0215〕

◇南海の国・沖縄をたずねて—沖縄復帰25周年
記念展　逓信総合博物館（郵政研究所附属資
料館）編　逓信総合博物館（郵政研究所附属
資料館）〔1997〕　53p　30cm〈会期：平
成9年4月25日—5月11日〉　Ⓝ219.9　〔0216〕

◇沖縄県史料　前近代 10　考古関係資料 2
沖縄県文化振興会公文書館管理部史料編集室
編　〔那覇〕　沖縄県教育委員会　1997.2
10,600p　22cm　Ⓝ219.9　　　　　　　〔0217〕

◇沖縄県史　資料編 3　米国新聞にみる沖縄戦
報道—沖縄戦　3　沖縄県文化振興会公文書
館管理部史料編集室編　〔那覇〕　沖縄県教
育委員会　1997.3　2冊　27cm〈「和訳編」
「原文編」に分冊刊行〉　非売品　Ⓝ219.9
　　　　　　　　　　　　　　　　　　　　〔0218〕

◇沖縄県史　資料編 4 原文編　10th Army
Operation Iceberg—沖縄戦4　沖縄県文化振
興会公文書館管理部史料編集室編　〔那覇〕
沖縄県教育委員会　1997.3　634p　27cm
Ⓝ219.9　　　　　　　　　　　　　　　　〔0219〕

◇沖縄県史　資料編 5　染織関係近代新聞資料
—技術1　沖縄県文化振興会公文書館管理部
史料編集室編　〔那覇〕　沖縄県教育委員会
1997.3　688p　27cm　Ⓝ219.9　　　　〔0220〕

◇沖縄市史　第7巻〔下〕　資料編 6・下 近
代統計書にみる歴史　沖縄市企画部平和文化
振興課編　沖縄　沖縄市　1997.3　617p

歴史・地理　　　　　　　　　　　　　　　　　　　　　　　　　　　　　　　　　沖縄史

22cm　2700円　Ⓝ219.9　　　　　〔0221〕

◇沖縄を知る日本を知る　新崎盛暉〔著〕　大阪　部落解放研究所　1997.4　79p　21cm（人権ブックレット 51）〈発売：解放出版社〉700円＋税　Ⓘ4-7592-8051-0　Ⓝ219.9
内容　はじめに 日本であって日本でない沖縄　1 沖縄とはどんなところか　2 沖縄の歴史と文化　3 近代国家日本の成立と琉球処分　4 沖縄戦―大日本帝国の終着駅　5 戦後日本の"繁栄"と沖縄分離　6 沖縄返還と日米安保　7 日本になった沖縄　8 人権・平和・自立を求めて　〔0222〕

◇ひたすらに平和の創造に向けて　大田昌秀著　近代文芸社　1997.4　213p　19cm　1500円＋税　Ⓘ4-7733-5800-9　Ⓝ219.9
内容　第1章 心に平和のとりでを　第2章 平和創出に向けて　第3章 女性と平和　第4章 沖縄戦の教訓を現代に生かすために　〔0223〕

◇沖縄未明―「平和世」と主体性回復を阻むもの　システムファイブ　1997.5　206p　21cm　（ジャスティスcurrent 3）　2000円　Ⓘ4-915689-13-1　Ⓝ219.9
内容　1「戦世」沖縄・苦悩の歴史　2「平和世」を求めて　3 現地ルポ・いまなお続く占領状態　4 裁判・沖縄の四半世紀　5 新生沖縄へ向けての提言　〔0224〕

◇「沖縄」批判序説　高良倉吉著　那覇　ひるぎ社　1997.7　178p　18cm（おきなわ文庫 80）　900円　Ⓝ219.9　〔0225〕

◇海底のオーパーツ　南山宏編著　二見書房　1997.7　298p　17cm（サラ・ブックス）933円　Ⓘ4-576-97087-9　Ⓝ219.9
内容　第1部 琉球弧の海底遺跡を探る（沖縄の海で見つかる謎とロマン　与那国島―新川鼻沖に海底遺跡を発見・海底「遺跡」の地質学的考察　慶良間―海底に並べられた複数の"石の輪"ほか）　第2部 「ムー」からパン・パシフィカへ―太平洋の有史前超文明　第3部 資料篇（沖縄本島で発見された海底鐘乳洞　海底鐘乳洞で見つかった石器　海底鐘乳洞に生息するウミコオロギ ほか）〔0226〕

◇岸秋正文庫の世界―沖縄へのまなざし 沖縄県公文書館特別展　沖縄県公文書館編　南風原町（沖縄県）　沖縄県公文書館　1997.8　46p　30cm〈会期：1997年8月1日～9月28日　年譜あり〉Ⓝ219.9　〔0227〕

◇クイズで学ぼう琉球・沖縄の歴史―Q&A　新城俊昭著　中城村（沖縄県）　むぎ社　1997.11　239p　20cm（若太陽文庫 3）1200円　Ⓘ4-944116-11-X　Ⓝ031.7　〔0228〕

◇沖縄事情　1980-1981　牧瀬恒二編著　川口　逗松舎　1997.11　270p　26cm〈年表あり〉8300円　Ⓘ4-938998-05-X　Ⓝ219.9　〔0229〕

◇新歩く・みる・考える沖縄　沖縄平和ネットワーク編　那覇　沖縄時事出版　1997.11　159p　27cm〈年表あり　発売：沖縄学販（那覇）〉Ⓘ4-903042-03-0　Ⓝ219.9　〔0230〕

◇かつて沖縄は独立国であった　安里進編・解説　日本図書センター　1997.12　165p　31cm（琉球・沖縄写真絵画集成 第1巻）〈年表あり　文献あり〉Ⓘ4-8205-7863-4　Ⓝ219.9　〔0231〕

◇沖縄県史料　前近代 11　芸能 2　沖縄県文化振興会編　〔那覇〕　沖縄県教育委員会　1998.2　639p　22cm　Ⓝ219.9　〔0232〕

◇沖縄県史　資料編 6（近代 1）　移民会社取扱移民名簿　沖縄県文化振興会公文書館管理部史料編集室編　〔那覇〕　沖縄県教育委員会　1998.3　11,746p　27cm　Ⓝ219.9
内容　自一九一二年至一九一八年　〔0233〕

◇銃剣とブルドーザー　沖縄県文化振興会公文書館管理部史料編集室編　〔那覇〕　沖縄県教育委員会　1998.3　51p　30cm（沖縄県史ビジュアル版 1（戦後 1））〈他言語標題：Bulldozers and bayonets 英文併記〉　〔0234〕

◇きずなを求めて―その後の十三年　沖縄へ本を送る会編　大阪　沖縄へ本を送る会　1998.6　103p　26cm　1300円　Ⓝ219.9　〔0235〕

◇沖縄歴史物語―日本の縮図　伊波普猷著　平凡社　1998.7　326p　16cm（平凡社ライブラリー）　1100円　Ⓘ4-582-76252-2　Ⓝ219.9
内容　沖縄歴史物語―日本の縮図　琉球人の祖先に就いて　琉球史の趨勢　進化論より見たる沖縄の廃藩置県　沖縄人の最大欠点　〔0236〕

◇知っておきたい沖縄　歴史教育者協議会編　青木書店　1998.8　242p　21cm〈標題紙・背のタイトル：シリーズ知っておきたい沖縄〉2800円　Ⓘ4-250-98020-0　Ⓝ219.9
内容　語りつがれる沖縄の人びと　沖縄の四季と暮らし　サンゴの海と糸満漁夫　公設市場を歩く　エイサーとオキナワンポップス　ことばと神話・民話　那覇の街　基地のなかの生活　織物・染め物と焼物　沖縄の「太陽の花」　与那国の暮らし〔ほか〕　〔0237〕

◇沖縄門中大事典　宮里朝光監修, 那覇出版社編　南風原町（沖縄県）　那覇出版社　1998.8　466p　31cm　14800円　Ⓘ4-89095-101-6　Ⓝ288.2
内容　第1編 琉球王国の歩み（琉球王統年代記　王府の身分・位階・職制　王府勤務のいろいろ）　第

「沖縄」がわかる本 6000冊　21

沖縄史　　　　　　　　　　　　　　　　歴史・地理

2編　門中早わかり（士族—ここが知りたい　家譜のあらまし　門中先祖の足あと　門中の元祖がわかる　分家の系祖がわかる）〔0238〕

◇沖縄からはじまる　大田昌秀, 池澤夏樹著　集英社　1998.9　319p　20cm　1700円　Ⓘ4-08-783126-4　Ⓝ219.9
内容 第1章　沖縄と私とのかかわり　第2章　沖縄が直面する多様な問題　第3章　海上ヘリポートを拒否する理由　第4章　訪米で知った恐るべき基地汚染の実体〔0239〕

◇沖縄から中国を見る—歴史論集　金城正篤著　那覇　沖縄タイムス社　1998.10　330p　22cm　3800円　Ⓘ4-87127-130-7　Ⓝ222.004〔0240〕

◇見て観て考える図説琉球・沖縄　新城俊昭著　中城村（沖縄県）　むぎ社　1999.1　224p　20cm　（若太陽文庫 4）　1200円　Ⓘ4-944116-14-4　Ⓝ219.9
内容 港川人はどこから来たか　沖縄貝塚時代と縄文・弥生文化との関係　宮古・八重山の先史時代　グスクとは何か　「古琉球」—東アジア世界と琉球　琉球の王統（為朝伝説を考える　若太陽・英祖王を考える　羽衣伝説と察度王を考える）　尚巴志の台頭と三山の統一　謎にみちた南山王国〔ほか〕〔0241〕

◇沖縄県史　資料編 7（近世 1）　伊江親方日々記　沖縄県文化振興会公文書館管理部史料編集室編　伊江朝睦〔著〕　〔那覇〕　沖縄県教育委員会　1999.2　590p　27cm　〈沖縄県立図書館蔵咸豊11年（1861）写の複製と翻刻〉　Ⓝ219.9〔0242〕

◇沖縄県史　資料編 8（近代 2）　自由移民名簿　沖縄県文化振興会公文書館管理部史料編集室編　〔那覇〕　沖縄県教育委員会　1999.2　778p　27cm　Ⓝ219.9
内容 自1908（明治41）年至1920（大正9）年〔0243〕

◇諸國叢書　第15輯　成城大学民俗学研究所　1999.2　157p　21cm　Ⓝ382.1
内容 宮古島乃歌　解題（平山敏治郎著）〔0244〕

◇亀甲墓を指標とする居住空間形成の地域的差異に関する研究—亀甲墓の分布に見られる地域特性の比較　西原町（沖縄県）　琉球大学工学部環境建設工学科福島研究室　1999.3　125p　30cm　〈沖縄県対米請求権事業協会平成10年度地域振興研究助成報告書〉　Ⓝ210.025〔0245〕

◇沖縄と北海道の歴史　坂井俊樹監修　ポプラ社　1999.4　48p　29cm　（日本の歴史—明治維新から現代 6）　〈索引あり〉　2800円　Ⓘ4-591-05982-0

内容 第1章　沖縄の歴史（「琉球王国」から「沖縄県」へ　本土より困難だった沖縄の近代化　本土から沖縄へかかる圧力　アジア太平洋戦争での沖縄の悲劇　ほか）　第2章　北海道の歴史（明治新政府がおこなった「北海道開拓」　うばわれたアイヌ文化　民族の誇りをもとめたうごき　戦後のアイヌ民族のあゆみ）〔0246〕

◇沖縄近い昔の旅—非武の島の記憶　森口豁著　凱風社　1999.5　293p　21cm　1900円　Ⓘ4-7736-2310-1　Ⓝ219.9
内容 母と子の残像—ウルトラマンの戦争　風呂敷包みのなかの「御真影」—孤島の女教師　少年が歌った『海ゆかば』—海底に沈んだ疎開уч童　二つのガマ—生と死を分けたもの　ある「在日沖縄人」の痛恨—彫刻家・金城実の世界　60万発の艦砲弾—ベトナムと沖縄　全滅家族の屋敷跡—パパイアの涙　ありったけの地獄—戦争証言が語りかけるもの　死の抗議—キセンバル・レクイエム　安保が見える丘—君は基地に何を見たか〔ほか〕〔0247〕

◇琉球・沖縄史研究序説　山下重一著　御茶の水書房　1999.7　337p　22cm　5000円　Ⓘ4-275-01764-1　Ⓝ219.9
内容 第1部　琉球王国の異国接触（プロヴィデンス号琉球来航記　ベイジル・ホールとジョン・マクラウドの琉球来航記　琉球通事・牧志朝忠）　第2部　明治期沖縄史点描（琉球処分　改約分島交渉と井上毅　初期の沖縄県政　宮古島人頭税廃止請願運動）〔0248〕

◇新南嶋探験—笹森儀助と沖縄百年　琉球新報社編　那覇　琉球新報社　1999.9　302p　22cm　〈肖像あり　年譜あり〉　2500円　Ⓘ4-89742-024-5　Ⓝ219.9
内容 笹森儀助の足跡—庶民の生活つぶさに記録　琉球新報創刊—太田沖縄改革の急先鋒　首里城の光と影—正殿解体の危機も　旧王家の人々—廃藩置県後、華族に　人口—百年前は42万人　道路・交通—荷馬車から鉄道、自動車へ　海上交通—政府から下賜された大有丸　港湾—難所だった那覇港〔ほか〕〔0249〕

◇南島文献解題—柳田文庫所蔵　成城大学民俗学研究所編　砂子屋書房　1999.9　282p　23cm　5000円　Ⓘ4-7904-0454-4　Ⓝ219.9〔0250〕

◇やさしくまとめた沖縄の歴史　新田重清, 座安ащ侑, 山中久司著　那覇　沖縄文化社　1999.9（第6刷）　94p　19cm　〈年表あり〉　951円　Ⓝ219.9〔0251〕

◇沖縄県史　資料編 9（現代 1 原文編）　Military government activities reports　沖縄県文化振興会公文書管理部史料編集室編　〔那覇〕　沖縄県教育委員会　2000.1　745p　27cm　Ⓝ219.9〔0252〕

22　「沖縄」がわかる本 6000冊

歴史・地理　　　　　　　　　　　　　　　　　　　　　　　　　　沖縄史

◇空白の沖縄社会史—戦果と密貿易の時代　石
原昌家著　晩聲社　2000.1　333p　20cm
〈「大密貿易の時代」(1982年刊)の改訂　年表
あり〉2800円　①4-89188-291-3　⑳219.9
　内容　国境の島・どなんぬちま　戦前の与那国島
与那国島・密貿易中継基地　台湾人と沖縄人　台
湾人の密貿易と台湾脱出　戦果と密貿易の時代の
米軍占領行政—タテマエの社会　宮古島の密貿易
バーターのはじまり　戦果＝民衆の「戦闘」　香
港ルートの密貿易〔ほか〕　　　　　　　　〔0253〕

◇沖縄の歴史—年表要説　一千年の事件と文化
がわかる　那覇出版社編　南風原町(沖縄
県)　那覇出版社　2000.2　215p　28cm
2800円　①4-89095-125-3　⑳219.9　〔0254〕

◇沖縄県史　資料編10(考古1)　遺跡総覧
先史時代　沖縄県文化振興会公文書管理部史
料編集室編　〔那覇〕　沖縄県教育委員会
2000.3　705p　27cm　⑳219.9　　　　〔0255〕

◇概説沖縄の歴史と文化　沖縄県文化振興会公
文書管理部史料編集室編　〔那覇〕　沖縄県
教育委員会　2000.3　149p　22cm　⑳219.9
　　　　　　　　　　　　　　　　　　　　〔0256〕

◇沖縄入門—アジアをつなぐ海域構想　浜下武
志著　筑摩書房　2000.6　217p　18cm
(ちくま新書)〈年表あり　文献あり〉660
円　①4-480-05849-4　⑳219.9
　内容　第1章　沖縄研究の五世代・150年—沖縄をど
う見てきたか　第2章　琉球・沖縄をめぐるアジア
の海域　第3章　東アジア朝貢システムと琉球　第
4章　新しいアジア資料学にむけて　第5章　国家を
超える琉球・沖縄モデル　　　　　　　　　〔0257〕

◇「沖縄魂」が語る日本—「四十七番めの日
本」から見た「祖国」の危機　安仁屋政昭,
高嶋伸欣著　黙出版　2000.7　221p　20cm
1600円　①4-900682-49-7　⑳219.9　〔0258〕

◇外国人来琉記　山口栄鉄編訳・解説　那覇
琉球新報社　2000.7　263p　22cm〈他言語
標題：Western accounts of the Ryukyus
年表あり〉2000円　①4-89742-029-6
⑳219.9
　内容　1　南蛮人の琉球見聞録　2　黎明期の琉英関
係　3　バジル・ホールの来琉　4　バジル・ホール
に続く英船四艘　5　日本への門戸、キリスト教伝
道の拠点　6　那覇港沖に黒船の艦隊!!　7　消える
琉球王朝　8　古琉球の残映　9　近代琉球学の芽生
え　10　大正期の沖縄　　　　　　　　　　〔0259〕

◇誰も書かなかった沖縄—被害者史観を超えて
惠隆之介著　PHP研究所　2000.7　250p
20cm〈文献あり〉1550円　①4-569-61178-8
⑳219.9
　内容　第1章　琉球王国の実態(中国隷従の島　地割
制、共産絶対主義王国　琉薩戦争に敗北す　ほか)

第2章　琉球王国から沖縄県へ(日本を救った皇室
と雄藩の英知　崩壊寸前、琉球ロマノフ王朝　した
たかな琉球支那党　ほか)　第3章　戦後の沖縄(強
力な米軍の援助　琉球政府の誕生　基地のある島
ほか)　第4章　混迷が深まる日本、沖縄(沖縄返還
への道のり　おんぶにだっこの琉球政府　日本的
戦後政治の限界　ほか)　　　　　　　　　〔0260〕

◇大阪の沖縄紀行—大阪と沖縄の近代交流史
丸山恵山著　文芸社　2000.8　265p　20cm
〈年表あり〉1200円　①4-8355-0296-5
⑳216.3
　内容　大阪「今泊会館」と故郷「今帰仁城」　大阪
に運ばれていた「沖縄の石炭」　JR「なは号」が
走る街・大阪　琉球・大阪六百八十里を結ぶ交易
の歴史　大阪の琉球船建造所跡　沖縄県大阪事務
所の紆余曲折の歴史　大阪と沖縄を結ぶ「まち角
の図書館」・池田市　砂糖が結ぶ大阪と沖縄　大
阪と沖縄の兄弟・友好都市　沖縄戦と大阪〔ほか〕
　　　　　　　　　　　　　　　　　　　　〔0261〕

◇ヤマトゥのなかの沖縄　大阪人権博物館編
大阪　大阪人権博物館　2000.9　131p
30cm〈会期：2000年9月19日—11月19日〉
⑳219.9　　　　　　　　　　　　　　　　　〔0262〕

◇沖縄県史　資料編11(近代3)　移民会社取
扱移民名簿　沖縄県文化振興会公文書管理部
史料編集室編　〔那覇〕　沖縄県教育委員会
2000.12　13,757p　27cm　⑳219.9
　内容　自一九一九年至一九二六年　　　　〔0263〕

◇忘れな石—沖縄・戦争マラリア碑　宮良作
文,宮良瑛子絵　日本図書センター　2001.2
43p　25cm　(子ども平和図書館6)　1600
円　①4-8205-6616-4　　　　　　　　　　〔0264〕

◇沖縄県史　資料編12(沖縄戦5)　アイス
バーグ作戦　和訳編　沖縄県文化振興会公文
書管理部史料編集室編　〔那覇〕　沖縄県教
育委員会　2001.2　33,649p　27cm　⑳219.
9　　　　　　　　　　　　　　　　　　　　〔0265〕

◇黒糖の味—沖縄から学んだ「命ど宝」　私の
沖縄学習帳　緑亭山人〔著〕　所沢　NEW
プランニング　2001.2　68p　26cm　非売品
⑳219.9　　　　　　　　　　　　　　　　　〔0266〕

◇20世紀のできごと366日—沖縄・日本・世界
沖縄タイムス社編　那覇　沖縄タイムス社
2001.3　219p　22cm〈年表あり〉2400円
①4-87127-147-1　⑳209.7
　内容　1月　2月　3月　4月　5月　6月　7月　8
月　9月　10月　11月　20世紀年表　1900～2000
誕生日年表　　　　　　　　　　　　　　　〔0267〕

◇沖縄県戦争遺跡詳細分布調査　1(南部編)
沖縄県立埋蔵文化財センター編　西原町(沖
縄県)　沖縄県立埋蔵文化財センター　2001.

「沖縄」がわかる本　6000冊　　23

沖縄史　　　　　　　　　　　　　　　　　　　　　　　　　　　歴史・地理

3　122p　30cm　（沖縄県立埋蔵文化財セン
ター調査報告書　第5集）　Ⓝ219.9　　〔0268〕

◇貝の道―先史琉球列島の貝交易　沖縄県文化
振興会公文書館管理部史料編集室編　〔那
覇〕　沖縄県教育委員会　2001.3　66p
30cm　（沖縄県史ビジュアル版 7（考古 2））
〈他言語標題：The shell road　文献あり〉
Ⓝ219.9　　〔0269〕

◇高等学校琉球・沖縄史　新城俊昭著　新訂・
増補版　那覇　編集工房東洋企画　2001.3
311p　26cm〈年表あり　索引あり〉1500円
Ⓘ4-938984-17-2　　〔0270〕

◇沖縄がらくた文化―品々が伝える、あの時、
その頃　真栄城勇著　南風原町(沖縄県)
沖縄マリン出版　2001.8　171p　21cm
1429円　Ⓘ4-901008-17-X　Ⓝ219.9　〔0271〕

◇掘り出された壺屋―那覇市立壺屋焼物博物館
企画展　那覇市立壺屋焼物博物館編　那覇
那覇市立壺屋焼物博物館　2001.10　28p
30cm〈会期：平成13年10月20日―11月18
日〉Ⓝ219.9　　〔0272〕

◇沖縄学への道　外間守善著　岩波書店
2002.1　333p　15cm　（岩波現代文庫 学
術）　1100円　Ⓘ4-00-600075-8　Ⓝ219.9
〔0273〕

◇沖縄県史　資料編 14（現代 2 和訳編）　琉
球列島の軍政1945-1950　沖縄県文化振興会
公文書管理部史料編集室編　〔那覇〕　沖縄
県教育委員会　2002.2　291p　27cm
Ⓝ219.9　　〔0274〕

◇空から見た昔の沖縄―沖縄島中部・南部域の
空中写真　沖縄県文化振興会公文書管理部史
料編集室編　〔那覇〕　沖縄県教育委員会
2002.2　79p　30cm　（沖縄県史ビジュアル
版 10（近代 3））〈他言語標題：Okinawa's
recent past　英文併記〉Ⓝ219.9　〔0275〕

◇沖縄県史　資料編 13（自然環境 1）　硫黄鳥
島　沖縄県文化振興会公文書管理部史料編集
室編　〔那覇〕　沖縄県教育委員会　2002.3
354p　27cm　Ⓝ219.9　　〔0276〕

◇沖縄県史　資料編 15（近代 4）　旧南洋群島
関係写真資料　上　沖縄県文化振興会公文書
管理部史料編集室編　〔那覇〕　沖縄県教育
委員会　2002.3　2冊　26cm〈「2分冊の1」
「2分冊の2」に分冊刊行〉Ⓝ219.9　〔0277〕

◇沖縄県戦争遺跡詳細分布調査　2（中部編）
沖縄県立埋蔵文化財センター編　西原町(沖
縄県)　沖縄県立埋蔵文化財センター　2002.

3　110p　30cm　（沖縄県立埋蔵文化財セン
ター調査報告書　第12集）　Ⓝ219.9　〔0278〕

◇もっと知りたい世界遺産　沖縄県教育庁文化
課編　〔那覇〕　沖縄県教育委員会　2002.3
19p　30cm　　〔0279〕

◇沖縄の歴史と旅　陳舜臣著　PHP研究所
2002.4　237p　18cm　（PHPエル新書）
860円　Ⓘ4-569-62042-6　Ⓝ219.9
内容　琉球の歴史（伝説時代の琉球―東アジアの
"交易人"　三山時代―多重外交のはじまり　琉球
王国の興隆―交易立国への道 ほか）　沖縄におも
う（もてなしの場　伊東忠太博士のこと　沖縄学
の父・伊波普猷 ほか）　対談〈歴史小説『琉球の
風』の世界〉　　〔0280〕

◇沖縄の記憶/日本の歴史　上村忠男編　未來
社　2002.5　267p　19cm　2200円　Ⓘ4-
624-11190-7　Ⓝ219.9
内容　「原日本」と「ヤポネシア」のはざまで―谷
川健一編『叢書・わが沖縄』の提起したもの　「日
本民俗学」・ファシズム・植民地主義　「世界人
類が平和でありますように」2　倫理性を支える
ベクトル　沖縄発「土着コスモポリタニズム」の
可能性　語られる「沖縄」―外部と内部から　歴
史を眼差す位置―「命どぅ宝」という発見　沖縄
記憶と映像　オキナワ、わが愛―沖縄戦に対する
フランス人監督の一視点　「他者」との出会いと
新しい語りの可能性―クリス・マルケル『レヴェ
ル5』沖縄上映会が意味するもの〔ほか〕〔0281〕

◇暴力の予感―伊波普猷における危機の問題
冨山一郎著　岩波書店　2002.6　360,6p
20cm　3100円　Ⓘ4-00-002105-2　Ⓝ219.9
内容　序章 予感という問題　第1章 症候学　第2
章 名乗る者　第3章 共同体と労働力　第4章 出
郷者の夢　終章 申請する者　　〔0282〕

◇松山御殿物語―明治・大正・昭和の松山御殿
の記録　『松山御殿物語』刊行会編　那覇
尚弘子　2002.8　285p　20cm〈発売：ボー
ダーインク(那覇)〉3000円　Ⓘ4-89982-
031-3　Ⓝ288.3　　〔0283〕

◇これならわかる沖縄の歴史Q&A　楳澤和夫
著　大月書店　2003.1　126p　21cm　1400
円　Ⓘ4-272-52073-3　Ⓝ219.9
内容　旧石器時代の謎　貝塚時代の六〇〇〇年　グ
スク・三山時代　琉球王国の誕生　大交易時代　薩
摩藩の琉球支配　身分制度の確立　琉球使節と
江戸幕府　琉球文化の興隆　琉球の開国　明治維
新と琉球処分　沖縄の民権運動　世界恐慌と沖縄
風俗改良と皇民化政策　沖縄戦　米軍占領　サン
フランシスコ条約と沖縄　祖国復帰運動と沖縄返
還　在日米軍基地　沖縄の現在　　〔0284〕

◇世替りにみる沖縄の歴史　伊波勝雄著　中城
村(沖縄県)　むぎ社　2003.1　375p　20cm
1500円　Ⓘ4-944116-21-7　Ⓝ219.9

24　「沖縄」がわかる本　6000冊

歴史・地理　　沖縄史

内容 原始沖縄世（げんしウチナーユー） 古代沖縄世（こだいウチナーユー） 薩摩世（さつまユー） 大和世（ヤマトユー） 戦世（イクサユー） アメリカ世（アメリカユー） 沖縄・大和世（ウチナー・ヤマトユー） 〔0285〕

◇沖縄県史 資料編 17（近代 5） 旧南洋群島関係資料 沖縄県文化振興会公文書管理部史料編集室編 〔那覇〕 沖縄県教育委員会 2003.3 763p 27cm〈付属資料：図10枚（袋入）〉 Ⓝ219.9 〔0286〕

◇沖縄県史 資料編 16（女性史 1） 上 女性史新聞資料 明治編 上 沖縄県文化振興会公文書管理部史料編集室編 〔那覇〕 沖縄県教育委員会 2003.3 398p 27cm Ⓝ219.9 〔0287〕

◇沖縄県史 資料編 16（女性史 1） 下 女性史新聞資料 明治編 下 沖縄県文化振興会公文書管理部史料編集室編 〔那覇〕 沖縄県教育委員会 2003.3 475p 26cm Ⓝ219.9 〔0288〕

◇沖縄県史 資料編 17 別冊 サイパン テニアン収容所捕虜名簿 沖縄県文化振興会公文書管理部史料編集室編 〔那覇〕 沖縄県教育委員会 2003.3 517p 26cm Ⓝ219.9 〔0289〕

◇沖縄県戦争遺跡詳細分布調査 3（北部編） 沖縄県立埋蔵文化財センター編 西原町（沖縄県） 沖縄県立埋蔵文化財センター 2003.3 90p 30cm （沖縄県立埋蔵文化財センター調査報告書 第16集） Ⓝ219.9 〔0290〕

◇知っていますか？ 沖縄一問一答 金城実著 第2版 大阪 解放出版社 2003.3 137p 21cm 1000円 Ⓘ4-7592-8245-9 Ⓝ219.9
内容 沖縄の文化を探る ヤマト（本土）で感じたことは 沖縄語を考える ウチナンチュー（沖縄人）はなぜヤマトに、海外に移り住んだのか 人類館事件、天皇制と沖縄を問う 沖縄戦を知っていますか コザ蜂起を検証する 米軍基地を問う 沖縄の独立、沖縄と有事、沖縄と「靖国」〔0291〕

◇空から見た昔の沖縄 2 沖縄県文化振興会公文書管理部史料編集室編 〔那覇〕 沖縄県教育委員会 2003.3 79p 30cm （沖縄県史ビジュアル版 11（近代 4）） 〈他言語標題：Okinawa's recent past：views from the air 英文併記〉 Ⓝ219.9
内容 沖縄島北部・中部域の空中写真 〔0292〕

◇目で見る那覇・浦添の100年 船越義彰監修 松本 郷土出版社 2003.4 146p 37cm 11000円 Ⓘ4-87663-615-X Ⓝ219.9〔0293〕

◇クイズで学ぼう琉球・沖縄の歴史 新城俊昭

著 改訂・増補 中城村（沖縄県） むぎ社 2003.6 319p 20cm 1400円 Ⓘ4-944116-22-5 Ⓝ219.9 〔0294〕

◇日本「帝国」の成立—琉球・朝鮮・満州と日本の近代 山城幸松, 金容権著 日本評論社 2003.7 294p 20cm 2400円 Ⓘ4-535-58360-9 Ⓝ219.9
内容 第1章 琉球王国の成立と近代（有事法制に震える沖縄 琉球王国の成立と発展 薩摩による支配 ほか） 第2章 朝鮮王朝の成立と近代（李王朝の支配 開港から王朝滅亡へ 植民地支配のなかで ほか） 第3章 満州国の成立と崩壊（満州という地域 日露戦争と満鉄 辛亥革命から山東出兵へ ほか） 〔0295〕

◇琉球の都市と村落 高橋誠一著 吹田 関西大学東西学術研究所 2003.9 393p 27cm （関西大学東西学術研究所研究叢刊 23）〈発行所：関西大学出版部〉 5500円 Ⓘ4-87354-381-9 Ⓝ201.99
内容 第1部 琉球における集落と地理観（「首里古地図」と首里城下町の復原 首里城下町の都市計画とその基本理念 唐栄久米村の景観とその構造 沖縄の格子状集落に関する予察的考察 ほか） 第2部 八重山古地図による集落の復原（八重山の集落研究の意義とその方法 石垣島の集落 竹富島・黒島・新城島・小浜島の集落 鳩間島・西表島の集落 ほか） 〔0296〕

◇目で見る島尻・宮古・八重山の100年 金城善, 得能壽美監修 松本 郷土出版社 2003.10 146p 37cm〈文献あり〉11000円 Ⓘ4-87663-645-1 Ⓝ219.9 〔0297〕

◇琉球・沖縄史の世界 豊見山和行編 吉川弘文館 2003.10 305,13p 22cm （日本の時代史 18）〈シリーズ責任表示：石上英一[ほか]企画編集 文献あり 年表あり〉3200円 Ⓘ4-642-00818-7 Ⓝ219.9
内容 琉球・沖縄史の世界 1 琉球王国の形成と東アジア 2 琉球貿易の構造と流通ネットワーク 3 自立への模索 4 伝統社会のなかの女性 5 王国の消滅と沖縄の近代 6 世界市場に夢想される帝国—「ソテツ地獄」の痕跡 〔0298〕

◇沖縄県史 各論編 第2巻（考古） 沖縄県文化振興会公文書管理部史料編集室編 〔那覇〕 沖縄県教育委員会 2003.12 662,24p 27cm 非売品 Ⓝ219.9 〔0299〕

◇高等学校琉球・沖縄の歴史と文化—書き込み教科書 新城俊昭著 那覇 編集工房東洋企画（発売） 2003.12 153p 26cm〈年表あり〉953円 Ⓘ4-938984-27-X Ⓝ219.9 〔0300〕

◇沖縄県史 資料編 18（現代 3） キャンプスッペ—サイパンにおける軍政府の作戦の写

沖縄史　　　　　　　　　　　　　　　　　　　　　歴史・地理

真記録　和訳編　沖縄県文化振興会公文書管理部史料編集室編　島袋盛世訳　〔那覇〕沖縄県教育委員会　2004.3　10,203p　27cm　Ⓝ219.9　　　　　　　　　　　　　　　　〔0301〕

◇沖縄県戦争遺跡詳細分布調査　4（本島周辺離島及び那覇市編）　沖縄県立埋蔵文化財センター編　西原町（沖縄県）　沖縄県立埋蔵文化財センター　2004.3　80p　30cm　（沖縄県立埋蔵文化財センター調査報告書　第25集）　Ⓝ219.9　　　　　　　　　　　　　〔0302〕

◇沖縄対外文化交流史―考古学・歴史学・民俗学・人類学の視点から　鹿児島国際大学附置地域総合研究所編　日本経済評論社　2004.3　327p　22cm　3200円　Ⓘ4-8188-1578-0　Ⓝ219.9
　内容　1 沖縄の先史・古代―交流・交易　2 東アジア的視座に立った弥生時代の再解釈―九州・南西諸島・朝鮮半島・中国　3 古代の沖縄と『隋書』流求伝―六～七世紀、沖縄史への接近　4 古代東アジアと奄美・沖縄諸島―南島論・交易論への接近　5 習俗からみた琉球の対外関係　6 黒潮圏の先史文化　7 琉球弧および台湾出土の開元通宝―特に六～一二世紀ごろの遺跡をめぐって　8 百済・統一新羅時代遺跡出土の開元通宝　9 沖縄県内出土人骨及び埋葬遺構に関する一考察　〔0303〕

◇空から見た昔の沖縄　3　沖縄県文化振興会公文書管理部史料編集室編　〔那覇〕　沖縄県教育委員会　2004.3　79p　30cm　（沖縄県史ビジュアル版 13（近代 5））〈他言語標題：Okinawa's recent past：views from the air　英文併記〉Ⓝ219.9
　内容　北大東島・南大東島・伊是名島・伊江島・沖縄島北部域の空中写真　　　　　　〔0304〕

◇結局、アメリカの患部ばっかり撮っていた―沖縄に立つと、中東でのアメリカと日本が見える　楠山忠之著　三五館　2004.5　302p　20cm〈年表あり〉1800円　Ⓘ4-88320-289-5　Ⓝ223.107
　内容　第1章 現場に立つ　第2章 沖縄からベトナムへ　第3章 メコンに銃声が消える日　第4章 ベトナム戦争とは何だったのか　第5章 閉じない眼―フォトグラファーは戦場で何を見たか　終章 ベトナム戦争は続いている　　　　　　〔0305〕

◇沖縄と日本国家―国家を照射する〈地域〉　山本英治著　東京大学出版会　2004.7　250p　22cm　4800円　Ⓘ4-13-051120-3　Ⓝ219.9
　内容　序章 問題提起と分析視点　1章 ヤマト公的システムとウチナーの周辺化　2章 軍事基地化のなかのウチナー　3章 基地問題と基地闘争―反撃するウチナー　4章 施政権返還と沖縄開発―ヤマト化するウチナー　5章 普天間基地移設問題とウチナー　終章 ウチナー自立への展望　〔0306〕

◇ほんとの歴史を伝えたい　太田良博著　那覇

伊佐美津子　2004.7　405p　20cm　（太田良博著作集 2）〈発売：ボーダーインク（那覇）　シリーズ責任表示：太田良博/著〉2500円　Ⓘ4-89982-064-X　Ⓝ219.9
　内容　1 異説・沖縄歴史―歴史は解釈である　2 ほんとの歴史を伝えたい　3 歴史評論（「琉球島津領分論」の是非　「琉球処分論」の周辺　「琉球処分」について　伊波普猷の歴史認識）　〔0307〕

◇不思議・沖縄―ニホン人って、ウチナーンチュって何者　新沖縄観光歴史ガイド・ブック　新垣篤志著　〔読谷村（沖縄県）〕〔新垣篤志〕　2004.9　48p　30cm　1500円　Ⓝ219.9　　　　　　　〔0308〕

◇殉国―世替りの裏で　渡久山朝章著　糸満　金城印刷　2004.11　222p　22cm〈発売：編集工房東洋企画（那覇）〉1429円　Ⓘ4-938984-33-4　Ⓝ219.9　　　　　〔0309〕

◇琉球・沖縄史研究序説　続　山下重一著　御茶の水書房　2004.12　267p　22cm　4200円　Ⓘ4-275-00350-0　Ⓝ219.9
　内容　第1章 ゴービルの『琉球諸島に関する覚書』（一七五八年）（地理　歴史　制度・風俗・習慣　封廓礼）　第2章 英艦サマラン号の琉球・長崎来航（サマラン号の八重山来航まで　石垣島と宮古島の調査と同　与那国島と那覇への来航　長崎来航再度の那覇来航）　第3章 石垣島ロバート・バウン号事件の一考察（ロバート・バウン号の石垣島漂着　英艦リリー、コンテスト両号の出動　米艦サラトガ号の出動と苦力の処置　苦力貿易に対するイギリス当局の見解と政策）　第4章 ベッテルハイムの琉球滞在とイギリスの対琉球政策（「琉球海軍伝道会」の創立とベッテルハイムの派遣　「伝道の黄金時代」と王府の干渉の強化（ほか）　第5章 『ジャパン・ガゼット』論説の琉球処分批判と井上毅の反論（予備的考察　古代、中世史論　地理、言語、宗教、人種、風俗　近世、近代史論）　〔0310〕

◇沖縄県史　資料編 19（近代 6）　自由移民名簿　1921（大正10）年―1925（大正14）年　沖縄県文化振興会公文書館管理部史料編集室編　〔那覇〕　沖縄県教育委員会　2005.3　348p　27cm　Ⓝ219.9　　　　　　〔0311〕

◇沖縄県史　資料編 20（現代 4）　軍政活動報告　和訳編　沖縄県文化振興会公文書管理部史料編集室編　外間正四郎訳　〔那覇〕　沖縄県教育委員会　2005.3　644p　27cm　Ⓝ219.9　　　　　　　　　　　〔0312〕

◇沖縄県史　各論編　第4巻（近世）　沖縄県文化振興会公文書管理部史料編集室編　〔那覇〕　沖縄県教育委員会　2005.3　672,14p　27cm〈年表あり〉非売品　Ⓝ219.9　〔0313〕

◇沖縄県戦争遺跡詳細分布調査　5（宮古諸島

26　「沖縄」がわかる本 6000冊

歴史・地理　　　　　　　　　　　　　　　　　　　　　沖縄史

編）　沖縄県立埋蔵文化財センター編　西原
町（沖縄県）　沖縄県立埋蔵文化財センター
2005.3　108p　図版8p　30cm　（沖縄県立埋
蔵文化財センター調査報告書　第30集）〈外
箱入り〉Ⓝ219.9　　　　　　　　　　〔0314〕

◇沖縄県の百年　金城正篤, 上原兼善, 秋山勝,
仲地哲夫, 大城将保著　山川出版社　2005.3
278,23p　20cm　（県民100年史 47）〈文献
あり　年表あり〉2300円　Ⓓ4-634-27470-1
Ⓝ219.9
内容 1 "世替わり"の胎動　2 明治維新と沖縄　3
初期沖縄県政と旧慣温存政策　4 天皇制国家の支
持基盤の形成　5 明治後期から昭和初期の社会と
文化　6 戦争への道　7 沖縄戦　8 米軍統治から
日本復帰へ　　　　　　　　　　　　　〔0315〕

◇沖縄の歴史　新城俊昭監修, 村田昌三, 吉田忠
正文　ポプラ社　2005.3　48p　27cm　（沖
縄まるごと大百科 5）〈年表あり〉2800円
Ⓓ4-591-08474-4　Ⓝ219.9
内容 旧石器時代から貝塚時代へ　グスク時代　大
交易時代　薩摩藩による支配　琉球処分からアジ
ア太平洋戦争へ　戦後の沖縄　　　　　〔0316〕

◇琉球・沖縄と海上の道　豊見山和行, 高良倉
吉編　吉川弘文館　2005.4　250,22p　20cm
（街道の日本史 56）〈付属資料：1枚　シ
リーズ責任表示：木村茂光, 佐々木潤之介, 藤
田覚, 外園豊基, 山口徹/企画編集　文献あり
年表あり〉2600円　Ⓓ4-642-06256-4
Ⓝ219.9
内容 1 琉球・沖縄の島々を巡る（琉球・沖縄の地
理と風土　島嶼を巡る）　2 琉球・沖縄の歴史世
界（琉球文化の成立—「南島」から琉球王　琉球王
国の形成　近世琉球の展開—日本と中国の関わり
のなかで）　3 沖縄の近現代（琉球処分—琉球王国
から沖縄県へ　近代の帰結・沖縄戦　米軍統治か
ら日本復帰へ）　4 地域史の発見としての琉球文
化（琉球社会の特質—男系原理と女性の霊威　先
島に生きる　沖縄のアイデンティティと「沖縄文
化」の発見—沖縄学、民俗学、民芸運動の交
流　復帰運動と戦後沖縄の思想　琉球・沖縄の歴
史と日本（ヤマト））　　　　　　　　〔0317〕

◇逆説の日本史　9（戦国野望編）　井沢元彦著
小学館　2005.6　481p　15cm　（小学館文
庫）〈年表あり〉657円　Ⓓ4-09-402009-8
Ⓝ210.04
内容 第1章 琉球王国の興亡編—「沖縄人」が築
いた東アジア大貿易圏（沖縄か琉球か—日本人は
「平和の島」を何と呼んできたか　"歴史の分岐点"
となった利勇、舜天の「放伐」王朝　ほか）　第2章
海と倭寇の歴史編—ニセ倭寇を生み出した朝鮮民
族の差別思想（「倭寇＝日本人の海賊」を覆した朝
鮮民族の史料　十六世紀の「倭寇」は八割が中国
人だった　ほか）　第3章 戦国、この非日本的な時
代編—「和の原理」を崩壊させた実力主義（「和の
原理」を否定した戦国時代における"勝利者の条

件"「和の体制」を否定し「実力主義」を宣言した
朝倉孝景十七箇条　ほか）　第4章 天下人の条件1
武田信玄の限界編—戦国最強の騎馬軍団と経済政
策（あと十年長生きしていれば信長の天下なし!?
「信玄伝説」を検証する　貫高から推定する騎馬
軍団の兵力は五万人!? ほか）　第5章 天下人の条
件2 織田信長の野望編—「天下布武」と「平安楽
土」の戦略（桶狭間の合戦は今川義元の「天下統
一の野望」が原因ではなかった!?　「岐阜」の地
名に込められた「天下布武」の野望　ほか）〔0318〕

◇宮古・八重山/尚清王・尚元王・尚永王　与
並岳生著　那覇　新星出版　2005.12　140p
19cm　（新琉球王統史 6）〈年表あり〉952
円　Ⓓ4-902193-28-0　Ⓝ219.9　　〔0319〕

◇沖縄県史　図説編　県土のすがた　沖縄県文
化振興会公文書管理部史料編集室編　〔那
覇〕　沖縄県教育委員会　2006.3　11,281p
30cm　Ⓝ219.9　　　　　　　　　　　〔0320〕

◇沖縄県戦争遺跡詳細分布調査　6（八重山諸
島編）　沖縄県立埋蔵文化財センター編
〔西原町（沖縄県）〕　沖縄県立埋蔵文化財セ
ンター　2006.3　143p　図版4p　30cm　（沖
縄県立埋蔵文化財センター調査報告書 第41
集）Ⓝ219.9　　　　　　　　　　　　　〔0321〕

◇沖縄戦国時代の謎—南山中山北山　久米島宮
古八重山　比嘉朝進著　南風原町（沖縄県）
那覇出版社　2006.4　255p　19cm　1400円
Ⓓ4-89095-164-4　Ⓝ219.9　　　　　〔0322〕

◇この国の夜明け沖縄の光芒—古代風景　大宜
見猛著　新風舎　2006.6　157p　19cm　〈文
献あり〉1500円　Ⓓ4-7974-8124-2　Ⓝ219.9
内容 太伯の肖像　奴の国の興亡　南島考古　天
孫族　差別の構造　皇統の古里・沖縄　〔0323〕

◇沖縄をどう教えるか　『沖縄をどう教える
か』編集委員会編　大阪　解放出版社
2006.7　171p　26cm　〈年表あり〉2200円
Ⓓ4-7592-6702-6　Ⓝ219.9
内容 1 沖縄の6つの顔　2 沖縄体験ナビゲーター
3 沖縄から平和・人権・差別・解放をかたる　4
沖縄から見る加害の目　5 沖縄の文化と民俗　6
沖縄から世界へ　　　　　　　　　　　〔0324〕

◇沖縄アーカイブス写真集—紡がれてきた美し
き文化とやさしき人々の記録　生活情報セン
ター　2006.10　176p　31cm　3800円　Ⓓ4-
86126-307-7　Ⓝ219.9
内容 第1章 沖縄の原風景（那覇市界隈・国際通り
—那覇市の歴史と概要　本島南部界隈・糸満—沖
縄本島南部の歴史と概要　ほか）　第2章 沖縄県の
足跡（廃藩置県から太平洋戦争突入へ—琉球王国
から沖縄県へ　本土防衛に空前の戦禍を負った沖
縄戦—沖縄・国内唯一の地上戦（1）ほか）　第3
章 琉球王国の遺産（世界遺産登録された王朝の遺
構と多くの歴史的遺産—琉球王国のグスク群と世

「沖縄」がわかる本　6000冊　　27

界遺産の概要　継承された王家の歴史と遺産―琉球を平定した尚氏の栄華 ほか）　第4章 豊かな暮らし美しきいのち（魂の鼓動―祭礼・祭り　妙なる姿―琉装・琉球舞踊・住まい ほか）〔*0325*〕

◇列島史の南と北　菊池勇夫, 真栄平房昭編　吉川弘文館　2006.11　264p　20cm　（近世地域史フォーラム 1）〈文献あり〉3600円　①4-642-03415-3　Ⓝ219.9

内容 1 南からの視座（近世日本の境界領域―琉球の視点を中心として　中国に対する琉日関係の隠蔽政策と「道之島」　近世琉球における綿子の生産―久米島への供給体制を中心に　近世琉球と「日本の国境」―唐人証文の分析）　2 南と北をつなぐ（大坂市場と琉球・松前物　天保期における抜荷問題と新潟・蝦夷地）　3 北からの視座（十八～十九世紀の北太平洋世界における樺太先住民交易とアイヌ　アイヌの霊送り儀礼と場所請負制　海峡を越える地域間交流　「蝦夷征伐」と地域史認識―津軽地方の田村麻呂伝説を中心に）〔*0326*〕

◇目からウロコの琉球・沖縄史―最新歴史コラム　上里隆史著　那覇　ボーダーインク　2007.2　201p　19cm〈文献あり〉1600円　①978-4-89982-117-5　Ⓝ219.9〔*0327*〕

◇いくつもの琉球・沖縄像　法政大学沖縄文化研究所編　法政大学国際日本学研究センター　2007.3　315p　21cm　（21世紀COE国際日本学研究叢書 4）〈文献あり〉Ⓝ219.9

内容 琉球弧をめぐる歴史認識と考古学研究 高梨修著　関係性の中の琉球・琉球の中の関係性 吉成直樹著　「糸満人」の近代 與那覇潤著　「琉球民族」は存在するか 高橋孝代著　幻の島 酒井卯作著　大城立裕文学におけるポストコロニアル リース・モートン著　在関西のウチナーンチュ スティーブ・ラブソン著　多元的歴史認識とその行方 坂田美奈子著〔*0328*〕

◇命どぅ宝のこころ　安斎育郎文・監修　新日本出版社　2007.3　32p　27cm　（語り伝える沖縄 ビジュアルブック 第5巻）〈1巻―5巻の索引あり〉1800円　①978-4-406-05032-6　Ⓝ219.9

内容 悲惨だった沖縄戦（雨あられと降る弾丸の中で　マラリアが敵だった島　避難壕を追い出された住民　殺虫剤と自動車油でてんぷら ほか）　沖縄戦について学ぶ施設・戦跡案内（ひめゆり平和祈念資料館　沖縄県平和祈念資料館　南風原文化センター　対馬丸記念館 ほか）〔*0329*〕

◇甦る海上の道・日本と琉球　谷川健一著　文藝春秋　2007.3　246p　18cm　（文春新書）〈年表あり〉750円　①978-4-16-660560-6　Ⓝ219.9

内容 序章 東シナ海―先史古代の道　第1章 黒潮の流れ―動植物の道　第2章 為朝の琉球入りと平家南走―源平落人の道　第3章 九州・奄美・琉球―中世商人の道　第4章 家船の遠征―漂海漁民の道　第5章 相良氏と名和氏―南朝残党の道　第6章 日本・朝鮮・琉球―三国交易の道　第7章 鉄文化の南下―鍛冶職人の道　第8章 帆船とクリブネ―運搬・漁撈の道　終章 日本と琉球のかけ橋―「心」と「物」の道〔*0330*〕

◇琉球弧・重なりあう歴史認識　吉成直樹編　森話社　2007.3　315p　22cm〈文献あり〉4900円　①978-4-916087-72-0　Ⓝ219.9

内容 琉球弧をめぐる歴史認識と考古学研究―「奄美諸島史」の位相を中心に　関係性の中の琉球・琉球の中の関係性　「糸満人」の近代―もしくは「門中」発見前史　「琉球民族」は存在するか―奄美と沖縄の狭間・沖永良部島をめぐる研究史から　幻の島―琉球の海上信仰　大城立裕文学におけるポストコロニアル―ハイブリッドとしてのユタ/ノロ　在関西のウチナーンチュ―本土社会における歴史と差別・偏見体験　多元的歴史認識とその行方―アイヌ研究からの沖縄研究の眺め〔*0331*〕

◇天皇・天皇制・百姓・沖縄―社会構成史研究よりみた社会史研究批判　安良城盛昭著　吉川弘文館　2007.6　503p　20cm　（歴史文化セレクション）〈1989年刊の増補〉3800円　①978-4-642-06336-4　Ⓝ210.04

内容 網野善彦氏の近業についての批判的検討　歴史学からみた天皇制　世界史的範疇としての「天皇制」―網野善彦氏の「中世天皇論」についての批判的検討　網野善彦氏の近業についての批判的検討（再論）―網野氏の反論に反論する　天皇と“天皇制”　天皇の長期的・持続的存在についての分析視点をめぐって―網野氏の批判にこたえる　沖縄戦と米軍沖縄直接支配に対する天皇の個人的責任―復帰一五年と海邦国体前夜の沖縄との関わりから　はてしなき過程としての復帰―急速な本土化達成は幻想　琉球・沖縄と天皇・“天皇制”　復帰一五年、いまだに日本になりきれない沖縄―新崎盛暉『日本になった沖縄』によせて　式目四二条解釈と「移動の自由」　「無縁所」・「公界」=「公廨」・「随意」　織田権力の歴史的性格　歴史研究に占める社会構成史研究の地位　Xデー・「昭和」天皇・天皇戦争責任〔*0332*〕

◇コザ残像―フォート・コレクション　宮城秀一編著　復刻拡大版　〔沖縄〕　丹躑躅山房　2007.8　108p　30cm〈初版の出版者：オリジナル企画　発売：キャンパス（沖縄）〉2381円　Ⓝ219.9〔*0333*〕

◇台湾特集　又吉盛清, 柳本通彦, 三木健〔著〕　那覇　沖縄大学地域研究所　〔2008〕　92p　26cm　（沖縄大学地域研究所彙報 第6号（2008年度））　Ⓝ222.4〔*0334*〕

◇小湾字誌―小湾生活誌　戦中・戦後編　小湾新集落の建設とあゆみ　加藤久子編集代表　浦添　小湾字誌編集委員会　2008.3　684p　31cm〈他言語標題：The recoed of Kowan 年表あり〉Ⓝ291.99〔*0335*〕

◇沖縄の軌跡―うちなーんちゅの遍歴　島袋和

幸著 沖縄の軌跡 2008.6 187p 21cm
1500円 Ⓝ219.9
〔0336〕

◇沖縄/暴力論 西谷修, 仲里効編 未來社
2008.8 267p 19cm 2400円 Ⓘ978-4-
624-11200-4 Ⓝ219.9
内容 第1部 シンポジウム(「集団死」の特異性 暴
力とその表出 『それは島』再訪) 第2武 論考集
(ブルー・ヴァリアント―『聖なる夜聖なる穴』の
迷宮から 揺らぐ梅澤証言―「正論」2008年4月号
藤岡論文を読む 否認の政治と窪地からの声 沖
縄と開発の暴力 寡黙, 吃音, 狂気―「反復帰」論
の言語と文体をめぐる覚書 軋みと閃光 沖縄・
揺れる活断層) 〔0337〕

◇〈沖縄〉論集成―叢書わが沖縄 第1巻 わが
沖縄 〔谷川健一〕〔編〕 日本図書セン
ター 2008.9 341p 22cm 〈「わが沖縄
上」(木耳社1970年刊)の複製〉 Ⓘ978-4-284-
50098-2 Ⓝ219.9
内容 南島研究の現状 柳田國男著 島々の話 柳
田國男著 海南小記抄 柳田國男著 古代日本文学
に於ける南方要素 折口信夫著 琉球を憶ふ 折口
信夫著 沖縄人に訴ふるの書 柳宗悦著 中学時代
の思出 伊波普猷著 南島人の精神分析 伊波普猷
著 大洋子の日録 比嘉春潮著 私の沖縄 比嘉春
潮著 十六世紀における薩琉間の緊張をめぐって
仲原善忠著 私たちの小学時代 仲原善忠著 沖
縄で日本人になること 大城立裕著 沖縄 木下順
二著 謝花昇の目 木下順二著 沖縄紀行 J・ロ
ゲンドルフ著 無の造型 谷川雁著 沖縄よどこ
へ行く 山之口貘著 沖縄 山之口貘著 「何もな
いこと」の眩暈 岡本太郎著 水納の入墨 小原一
夫著 私のなかの琉球弧 島尾敏雄著 沖縄紀行
島尾敏雄著 沖縄・先島の旅 島尾敏雄著〔0338〕

◇〈沖縄〉論集成―叢書わが沖縄 第2巻 わが
沖縄 〔谷川健一〕〔編〕 日本図書セン
ター 2008.9 247p 図版14p 22cm 〈「わ
が沖縄」 木耳社1970年刊の複製〉 Ⓘ978-4-
284-50099-9 Ⓝ219.9
内容 我等はこの目的のために特輯する 日本民芸
協会同人著 問題の推移 月刊民芸編輯部著 敢
て県民に訴ふ民芸運動に迷ふな 沖縄県学務部著
国語問題に関し沖縄県学務部に答ふるの書 柳宗
悦著 沖縄県人の立場より 東恩納寛惇著 日本
語の洗練に就いて 長谷川如是閑著 沖縄県の
標準語教育 柳田國男著 土語駄辞 河村寛次郎著
標準語と方言 寿岳文章著 偶感と希望 保田與重
郎著 為政者と文化 萩原朔太郎著 方言の問題
相馬貞三著 沖縄標準語励行に関して 清水幾太
郎著 琉球の標準語 杉山平助著 沖縄語の問題
柳宗悦著 その後の琉球問題 月刊民芸編輯部著
第二次沖縄県学務部の発表を論駁す 田中俊雄著
沖縄言語問題に対する意見書 日本民芸協会著 問
題再燃の経過 月刊民芸編輯部著 琉球文化の再
認識に就て 柳宗悦著 ミクロネシアの沖縄人 鹿
間時夫著 沖縄県の標準語励行の現況 田中俊雄著
沖縄方言論争終結について 杉山平助, 田中俊雄著
民芸と民俗学の問題 柳田國男, 柳宗悦 対談 沖

縄における言語教育の歴史 外間守善著 これか
らの共通語教育 外間守善著 解説 谷川健一著
〔0339〕

◇〈沖縄〉論集成―叢書わが沖縄 第3巻 起源
論争 〔谷川健一〕〔編〕 日本図書セン
ター 2008.9 291p 22cm 〈「起源論争」
(木耳社1971年刊)の複製〉 Ⓘ978-4-284-
50100-2 Ⓝ219.9
内容 波照間 金関丈夫著 琉球民族とその言語
宮良当壮著 八重山群島の古代文化 金関丈夫著
琉球の言語と民族の起源 服部四郎著 琉球の言
語と民族の起源 金関丈夫著 服部教授の論考に
答える 金関丈夫著 琉球の言語と民族の起源 服
部四郎著 日本語の琉球方言について 服部四郎
著 南島先史時代の技術と文化 国分直一著 南
島の民族文化 国分直一著 附、沖縄考古学文献
解説 友寄英一郎著 解説 谷川健一著 〔0340〕

◇〈沖縄〉論集成―叢書わが沖縄 第4巻 村落
共同体 〔谷川健一〕〔編〕 日本図書セン
ター 2008.9 431p 22cm 〈「村落共同体」
(木耳社1971年刊)の複製〉 Ⓘ978-4-284-
50101-9 Ⓝ219.9
内容 古層の村 仲松弥秀著 古代部落マキョから
農耕村落への発達 稲村賢敷著 沖縄古代の生活
島袋源七著 女性の霊威をめぐる覚書 植松明石
著 聞得大君と御新下り 沖縄の民俗と信仰 島
袋源七著 聞得大君と御新下り 山内盛彬著 沖
縄の穀物起原説話 馬淵東一著 南西諸島の天人
女房譚 石原絞代著 天降り女人 金久正著 解説
谷川健一著 〔0341〕

◇〈沖縄〉論集成―叢書わが沖縄 第5巻 沖縄
学の課題 〔谷川健一〕〔編〕 日本図書セン
ター 2008.9 472p 22cm 〈「沖縄学の
課題」木耳社1972年刊の複製〉 Ⓘ978-4-284-
50102-6 Ⓝ219.9
内容 沖縄学の展開のために 谷川健一著 沖縄と
中国文化 窪徳忠著 沖縄シャマニズムの原点 櫻
井徳太郎著 南島歌謡の発生と展開 小野重朗著
琉球民俗文化解読のために 村武精一著 沖縄の
兄妹婚説話について 伊藤清司著 八重山群島に
おけるいわゆる秘密結社について 宮良高弘著 古
代研究と沖縄学 倉塚曄子著 沖縄の天皇制 鳥越
憲三郎著 沖縄人による沖縄研究の提案 野口武徳
著 宮古島民俗文化研究の軌跡 岡本恵昭著 琉
球科律と村内法序説 崎浜秀明著 朝鮮李朝実録
所載の琉球諸島関係資料 李熙永訳編 〔0342〕

◇〈沖縄〉論集成―叢書わが沖縄 第6巻 沖縄
の思想 〔谷川健一〕〔編〕 日本図書セン
ター 2008.9 344p 22cm 〈「沖縄の思想」
(木耳社1970年刊)の複製〉 Ⓘ978-4-284-
50103-3 Ⓝ219.9
内容 「非国民」の思想と論理 新川明著 沖縄に
おける天皇制思想 川満信一著 水平軸の発想 岡
本恵徳著 文化的視点からの日本復帰 米須興文
著 民衆における異集団との接触の思想 森崎和
江著 海の神と粟のアニマ 大山麟五郎著 海と

沖縄史 歴史・地理

山との原郷 小野重朗著 解説 谷川健一著
〔0343〕

◇〈沖縄〉論集成—叢書わが沖縄 別巻 波照
間島民俗誌〔宮良高弘〕〔著〕 宮良高弘
著 日本図書センター 2008.9 217p 図版
16p 22cm〈「波照間島民俗誌」(木耳社1972
年刊)の複製 折り込2枚〉①978-4-284-
50104-0 Ⓝ219.9 〔0344〕

◇日琉交易の黎明—ヤマトからの衝撃 谷川健
一編 森話社 2008.10 384p 20cm (叢
書・文化学の越境 17)〈文献あり〉3400円
①978-4-916087-90-4 Ⓝ219.9
内容 日宋貿易と日琉交易 日宋交易の道—小値
賀・博多・宗像 琉球列島出土の滑石製石鍋とそ
の意議 万之瀬川流域の遺跡—遺物からみる交易
の可能性 南島交易とヤブサ—不知火海沿岸を中
心に 城久遺跡群とキカイガシマ—琉球弧と喜界
島勢力圏 海の古奄美—東アジア海域の十五世紀
を読む 境界域の奄美—赤木名城と倉木崎海底遺
跡 ヤコウガイ交易—琉球弧と古代国家 徳之島
カムィヤキ陶器窯跡—窯跡発見とその後の調査成
果 グスク時代の幕開け—文物と農耕をめぐって
沖縄の玉とその交易 南島歌謡にみる交易 陶磁
交易と宮古 八重山諸島の交易 〔0345〕

◇東アジア海域の海賊と琉球 松浦章著 宜野
湾 榕樹書林 2008.11 337,5p 22cm
(琉球弧叢書 18) 5600円 ①978-4-89805-
130-6 Ⓝ220
内容 海賊と琉球—東アジア海域を中心として 第
1部 東アジア海域の海賊と琉球(琉球国と海寇—
倭寇・海賊 琉球進貢船を襲った清代海賊 清の
冊封琉球船を襲った海賊) 第2部 近世東アジア
海域の海賊(明代の海賊 明代の倭寇と海賊 浙
江と倭寇 ほか) 第3部 近代東アジア海域の海賊
(清代の海上貿易と海盗 清朝の海寇鄭成功—清
朝とオランダに抵抗した「国姓爺」 清代海賊鎮
海王蔡牽 ほか) 〔0346〕

◇昔・昔・大むかし日本人どこから—スーパー
沖縄史観 スンダランドから葦原の国へ 大
宜見猛著 那覇 ボーダーインク 2009.1
203p 17cm〈年表あり 文献あり〉900円
①978-4-89982-150-2 Ⓝ210.049
内容 第1章 古代史の深い森から(古代史の迷路
遙かなる道のり) 第2章 幻の大陸スンダランド
(あらまし 巨大ブラックボックス ほか) 第3章
夜明けのとき(天御中主神 宮古・張水御嶽縁起
考 ほか) 第4章 弥生の国の物語(太伯伝説 殷
と宝貝 ほか) 新聞投稿収録(先島・日本文化の
源流 聖地玉城ぐすく考 ほか) 〔0347〕

◇あなたの知らない時代あなたも知っている時
代—沖縄から見た台湾 宮城鷹夫著 講談社
出版サービスセンター 2009.2 285p
20cm〈文献あり 年表あり〉1880円
①978-4-87601-852-9 Ⓝ222.406
内容 古い文化を残す手登根ムラ—ぬか雨に里の

香りが仄見えてのどかなる夜を遠く包めり 悲し
みの生い立ち—悲しみを押し隠してか死の恐怖言
はざるままに母は逝きたり 青白い光が揺れてい
た—とき過ぎて夜の寝覚めに父母の墓を訪ねて言
ふこともなし 田舎の農より街の昼寝—優柔の領
域超て人生のユメだけ持ちてさまよひ歩く 高ま
る戦意高揚と国防意識—いにしへの心にひかれ文
読めど至らぬままに擲ちにけり 差別の中の台湾
を体験—荒海の蓬萊島に青春の夢をかきたて学び
舎は建つ 「死を教える」ための軍国教育—軍国
は「差別」隠して国々に八紘一宇の文字躍らせる
日本統治の基礎づくり—台湾の生活習慣押しのけ
て「大和魂」宙に飛び交ふ 台湾歌謡「雨夜花」と
「サヨンの鐘」—植民のひかりの蔭にひそみたる
かすかな歌を吾は歌へり 台湾の民俗から沖縄を
見た—繁み生ふる異郷の里に人の香の充ちて向き
合ふ民俗の里 学生は兵、出陣から敗戦まで〔ほ
か〕 〔0348〕

◇韓国・済州島と沖縄 沖縄国際大学南島文化
研究所編 糸満 編集工房東洋企画 2009.3
241p 19cm (南島文化研究所叢書 2)〈文
献あり〉1500円 ①978-4-938984-70-0
Ⓝ221.9
内容 済州島の地域性 韓国済州道土壌の特性 済
州島における水利用の現状と今後の課題 沖縄と
済州島の高麗瓦 韓国済州島における施設園芸と
ミカン栽培農業の変化 済州国際自由都市の出帆
と済州経済発展の可能性 済州特別自治道・珍島
郡の観光資源と観光関連産業 楸子島の魚貝類相
〔0349〕

◇喜安日記 喜安入道蕃元著 宜野湾 榕樹書
林 2009.4 76p 21cm (沖縄学研究資料
6)〈解説:池宮正治〉667円 ①978-4-
89805-136-8 Ⓝ219.9 〔0350〕

◇歴史のはざまを読む—薩摩と琉球 紙屋敦之
著 宜野湾 榕樹書林 2009.4 114p
21cm (がじゅまるブックス 1) 1000円
①978-4-89805-134-4 Ⓝ219.9 〔0351〕

◇沖縄文化はどこから来たか—グスク時代とい
う画期 高梨修,阿部美菜子,中本謙,吉成直
樹著 森話社 2009.6 308p 20cm (叢
書・文化学の越境 18) 3200円 ①978-4-
916087-96-6 Ⓝ219.9
内容 グスク時代に何が起こったか—序にかえて
(グスク時代開始期に何が起こったか 『おもろさ
うし』の言葉と編纂の問題 ほか) 1 土器動態か
ら考える「日本文化の南漸」(琉球弧の考古学的時
代区分 琉球弧の各島嶼における土器動態 ほか)
2 『おもろさうし』の言語年代—オモロ語はどこま
で遡れるか(オモロ語と大和古語 『おもろさう
し』の「対語」と大和における「文選読み」ほか)
3 琉球方言p音は文献以前の姿か(日本語史のハ行
子音 琉球方言のハ行p音の研究 ほか) 4 グス
ク時代以前の琉球の在地集団—言語・神話・DNA
(日本人のDNAハプログループ 南からのヒト集
団 ほか) 〔0352〕

歴史・地理　　　　　　　　　　　　　　　　　　　　　　　　　　　　　　　　　　　沖縄史

◇まれびとたちの沖縄　与那原恵著　小学館
　2009.6　254p　18cm　（小学館101新書
　032）　740円　①978-4-09-825032-5　Ⓝ219.
　9
　内容 第1章 放浪先生の贈りもの 田島利三郎―
　「沖縄学」の父・伊波普猷。破天荒な教師との出
　会いが生む感動的な物語。　第2章 為朝はまた来
　る？「琉球本」の系譜―歴史と琉球とは何か。
　中国と幕藩体制の日本のはざまで生きる琉球の実像。　第
　3章 宣教師はご機嫌ななめ バーナード・ジャン・
　ベッテルハイム―異国船来航に翻弄される琉球。
　ユダヤ人宣教師の「言葉」の格闘の日々。　第4
　章 レヴュウになった "琉球" 田辺尚雄/日劇ダン
　シングチーム―沖縄芸能はいつ、なぜ注目された
　か。背景にある「国民意識」の統合とは〔0353〕

◇九州・沖縄の力石　高島愼助著　岩田書院
　2009.8　377p　22cm　4500円　①978-4-
　87294-070-1　Ⓝ219　　　　　　　　〔0354〕

◇沖縄・久米島から日本国家を読み解く　佐藤
　優著　小学館　2009.10　318p　20cm
　1600円　①978-4-09-387876-0　Ⓝ219.9
　内容 ソ連帝国の自壊 亜БИ族（ナロードノスチ）
　根室 ユタ 死者と生者 ニライ・カナイ 堂の
　ひや マブイ 君南風 聞得大君 三朝交替 幕
　藩体制の中の異国 沖縄にとっての保守思想 100
　年の空白の後に ガラサー山での三鳥モンダ王
　学問の島 ウランダー アメリカ帝国主義 琉球
　処分 文明開化 沖縄人とは 勝report 復古と反復
　　　　　　　　　　　　　　　　　　〔0355〕

◇国宝沖縄・琉球王国の美―特別展　特別展
　「国宝沖縄・琉球王国の美」実行委員会編
　〔出版地不明〕　特別展「国宝沖縄・琉球王
　国の美」実行委員会2008　2009.10　79p
　30cm　〈会期・会場：平成21年10月10日―12
　月6日 兵庫県立歴史博物館　年譜あり　年表
　あり　文献あり〉Ⓝ219.9　　　　　　〔0356〕

◇沖縄県史　各論編　第3巻（古琉球）　沖縄県
　文化振興会史料編集室編　〔那覇〕　沖縄県
　教育委員会　2010.2　632,21p　27cm　〈年表
　あり〉非売品　Ⓝ219.9　　　　　　　〔0357〕

◇シマの歴史　第8号（2009年度）　沖縄の市町
　村合併における調査実習報告書　宜野湾　沖
　縄国際大学総合文化学部社会文化学科南島歴
　史学ゼミ　2010.2　85p　30cm　〈文献あり〉
　Ⓝ219.9　　　　　　　　　　　　　　〔0358〕

◇史跡で読む日本の歴史　10　近代の史跡　鈴
　木淳編　吉川弘文館　2010.3　270,16p
　20cm　2800円　①978-4-642-06418-7
　Ⓝ210.025
　内容 1 幕末維新（海防と洋式軍事技術の導入 蝦
　夷地の防衛 維新とその担い手たち 開国と開港）
　2 文明開化（近代教育制度の発達 殖産興業 北
　海道の開拓）　3 近代史跡の課題（政治と聖蹟 沖

縄の戦争遺跡 近代遺跡の多様性）　　〔0359〕

◇旧記書類抜萃・沖縄旧記書類字句註解書　法
　政大学沖縄文化研究所　2010.3　181p
　26cm　（沖縄研究資料 27）　Ⓝ219.9〔0360〕

◇東アジアの文化と琉球・沖縄―琉球/沖縄・
　日本・中国・越南　上里賢一, 高良倉吉, 平良
　妙子編　彩流社　2010.3　335,11p　22cm
　（琉球大学人の移動と21世紀のグローバル社
　会 2）〈並列シリーズ名：Human
　Migration and the 21th Century Global
　Society Project UNIVERSITY OF THE
　RYUKYUS　年表あり　索引あり〉3500円
　①978-4-7791-1671-1　Ⓝ219.9
　内容 第1分科会 「世替り」と越境（ある下級士族
　の経験した「世替わり」―八重山士族我那覇孫著
　とその時代 基隆社寮島の沖縄人集落（一八九五
　―一九四五）ほか）　第2分科会 言語と中国文化
　（明清時代の人々による琉球語の記述 琉球から
　見た中国語―『琉球官話集』から見た琉球官話課
　本における語彙の比較 ほか）　第3分科会 書籍と
　文化伝播（漢喃研究院について ベトナムと日本
　の国交関係―漢喃研究所所蔵の資料を基に ほか）
　第4分科会 「移動」と環海性（琉球芸能の中の仏
　教―未詳語「左京の橋」に関する考察 琉球～中
　国を移動する五主―琉球の環海性による事象の一
　例として ほか）　　　　　　　　　　〔0361〕

◇沖縄の軌跡―沖縄烽火のネットワーク　島袋
　和幸著　沖縄の軌跡　2010.6　142,7p
　21cm　〈文献あり〉500円　Ⓝ219.9〔0362〕

◇史跡で読む日本の歴史　8　アジアの中の日
　本　服部英雄編　吉川弘文館　2010.8　307,
　13p　20cm　2800円　①978-4-642-06416-3
　Ⓝ210.025
　内容 アジアの中の日本　1 アジアの中の戦国日
　本（天下人の城 鎮西名護屋城と倭城 キリシタ
　ンの史跡と遺物 南蛮交流）　2 南の王国（貝塚時
　代の村と生活 グスク時代 琉球の信仰）　3 北
　の民俗（北の館跡 オホーツク文化 チャシ）
　　　　　　　　　　　　　　　　　　〔0363〕

◇沖縄から見える歴史風景―探究心を育てるた
　めのもう一つのまなざし 高校日本史教科書
　Bに記述されている琉球・沖縄　新城俊昭著
　糸満　編集工房東洋企画（発売）　2010.9
　340p　21cm　〈年表あり〉1500円　①978-4-
　938984-81-6　Ⓝ219.9　　　　　　　〔0364〕

◇目からウロコの琉球・沖縄史　ぞくぞく！
　上里隆史著　那覇　ボーダーインク　2010.
　10　211p　19cm　〈文献あり〉1600円
　①978-4-89982-190-8　Ⓝ219.9　　〔0365〕

◇沖縄県の歴史　安里進, 高良倉吉, 田名真之,
　豊見山和行, 西里喜行, 真栄平房昭著　第2版
　山川出版社　2010.11　322,49p　20cm　（県

「沖縄」がわかる本 6000冊　31

沖縄史　　　　　　　　　　　　　　　　　　　　　　　　　　歴史・地理

史 47）〈シリーズの監修者：児玉幸多　文
献あり　年表あり　索引あり〉2400円
①978-4-634-32471-8　Ⓝ219.9
内容 1章 琉球文化の基層　2章 大型グスクの時
代　3章 古琉球王国の王統　4章 海外交易と琉球
5章 東アジアの変動と琉球　6章 琉球における身
分制社会の成立　7章 王国末期の社会と異国船の
来航　8章 琉球国から沖縄県へ—世替わりの諸相
9章 近代化・文明化・ヤマト化の諸相　10章 繰
り返される世替わり—「日本復帰」の前と後
〔0366〕

◇風に舞ったオナリ—沖縄・三姉妹家族と旅の
物語 聞き書き　田中水絵著　凱風社　2011.
1　269p　19cm〈文献あり〉1800円
①978-4-7736-3502-7　Ⓝ219.9
内容 プロローグ『風』の歌　第1部 田場盛義と
三姉妹（琉球世からヤマト世へ—沖縄・浦添当山
沖縄初の外交官誕生—沖縄・恩納　ツルと英の進
学—沖縄・那覇 ほか）　第2部 戦争の時代（上海
事変と大田實—中国・上海　松岡洋右からの年賀
状—中国・上海　鳩間洋服店—満州・新京 ほか）
第3部 戦後を疾走したオナリ（引揚げと家族の安
否—鹿児島、沖縄　担ぎ屋—東京、横浜　真の帰
還、そして死—横浜 ほか）　エピローグ 思い
〔0367〕

◇沖縄県史　各論編 第5巻（近代）　沖縄県文
化振興会史料編集室編　〔那覇〕　沖縄県教
育委員会　2011.2　642,32p　27cm〈年表あ
り〉非売品　Ⓝ219.9　〔0368〕

◇シマの歴史　第9号（2010年度）　沖縄の返還
された米軍基地についての調査実習報告書
宜野湾　沖縄国際大学総合文化学部社会文化
学科南島歴史学ゼミ　2011.3　91p　30cm
〈年表あり　文献あり〉Ⓝ219.9　〔0369〕

◇薩摩侵攻400年未来への羅針盤　琉球新報社,
南海日日新聞社編著　那覇　琉球新報社
2011.5　210p　18cm　（新報新書）〈琉球新
報社・南海日日新聞社合同企画　年表あり
発売：琉球プロジェクト（那覇）〉933円
①978-4-89742-125-4　Ⓝ219.9　〔0370〕

◇琉球・沖縄の地域史研究—沖縄県地域史協議
会の30年　沖縄県地域史協議会編　〔沖縄〕
沖縄県地域史協議会　2011.3　303p　30cm
〈年表あり〉2000円　Ⓝ219.9　〔0371〕

◇島人（しまんちゅ）もびっくりオモシロ琉球・
沖縄史　上里隆史〔著〕　角川学芸出版
2011.6　223p　15cm　（角川文庫 16902—
［角川ソフィア文庫］N-202-3）〈タイトル：
島人もびっくりオモシロ琉球・沖縄史　『目
からウロコの琉球・沖縄史』（ボーダーインク
2007年刊）の加筆　文献あり　発売：角川グ
ループパブリッシング〉629円　①978-4-04-
405709-1　Ⓝ219.9

内容 最新版すぐわかる琉球の歴史　琉球の知ら
れざる肖像（古琉球の名もなき人々　琉球人の名
前のつけ方　琉球人のマゲとターバンの話 ほか）
首里城の時代（なんでも3つ　上に浮かぶ海の
船　ヤマト坊主は外交官 ほか）　琉球・沖縄史ト
リビアの瑞泉（お妃さまの選び方　卵で洗髪！ 王
様シャンプー　拝見！ 王様の朝ごはん ほか）
〔0372〕

◇本音で語る沖縄史　仲村清司著　新潮社
2011.6　270p　20cm〈文献あり　年表あり〉
1400円　①978-4-10-324342-7　Ⓝ219.9
内容 先史時代と神話　三山の対立と明への朝貢
尚巴志と倭寇　第一尚氏の三山統一　第一尚氏の
栄光と落日　農民出身の金丸　最強の尚真王と後
宮の陰謀　被征服前夜の八重山　アカハチの反乱
サンアイ・イソバの島〔ほか〕　〔0373〕

◇ほんとうの琉球の歴史—神人が聞いた真実の
声　渡久地十美子著　角川学芸出版　2011.
10　224p　20cm　（角川フォレスタ）〈年表
あり　発売：角川グループパブリッシング〉
1200円　①978-4-04-653768-3　Ⓝ219.9
〔0374〕

◇沖縄人はどこから来たか—琉球＝沖縄人の起
源と成立　安里進,土肥直美著　改訂版　那
覇　ボーダーインク　2011.12　160p　18cm
（ボーダー新書 008）〈文献あり〉1000円
①978-4-89982-216-5　Ⓝ219.9
内容 対談 沖縄人はどこから来たか 安里進,土
肥直美,高良倉吉述　対談以後の調査研究の進展
琉球＝沖縄人の人類学的研究 土肥直美著　グス
ク時代人の成立をめぐる考古学研究 安里進著
〔0375〕

◇誰も語れなかった沖縄の真実—新・沖縄ノー
ト　惠隆之介著　ワック　2011.12　208p
20cm〈文献あり〉1400円　①978-4-89831-
164-6　Ⓝ219.9
内容 第1章 沖縄に迫る危機（エスカレートする中
国の日本への侵犯行為　「尖閣開拓記念の日」記念
式典に参加しない沖縄県知事 ほか）　第2章 普天
間基地問題は解決できる（昭和三十七年に航空基
地として拡張竣工された普天間基地　日米合意を
七年も放置させた稲嶺知事 ほか）　第3章 歴史の
なかに見る沖縄の姿（琉球王国民衆の生活は凄惨
を極めていた　中国の強い影響下におかれた二百
三十七年 ほか）　第4章 米軍統下で味わった贅沢
（沖縄戦で本土上陸戦に及び腰になった米国　感
染症がはじめて制圧された沖縄 ほか）　終章 沖縄
をどう統治するか（迫られる国家の変革　沖縄県民
の特性を理解せよ ほか）　〔0376〕

◇海の王国・琉球—「海域アジア」屈指の交易
国家の実像　上里隆史著　洋泉社　2012.2
239p　18cm　（歴史新書y 026）〈文献あ
り〉890円　①978-4-86248-887-9　Ⓝ219.9
内容 序章 「海域史」という新視点　第1章 境界
の鬼界島・異界の琉球　第2章 港湾都市・那覇の誕

歴史・地理　　　　　　　　　　　　　　　　　　　　　　　　　　　沖縄史

生　第3章 琉球の大交易時代　第4章 海の王国・古琉球―この国のかたちについて　第5章 交易国家・古琉球のたそがれ　第6章 古琉球とは何か
〔0377〕

◇南西諸島史料集　第5巻　山下文武編　鹿児島　南方新社　2012.3　484p　22cm　18000円　①978-4-86124-240-3　Ⓝ219.7
内容 解題「猿渡文書」について 山下文武著 志岐家文書「大島年中往来」について 山下文武著 盛山家文書「渡海日記」について 山下文武著 「奥山家文書」(1)(2)について 弓削政己著 「大島林家系図」について 山下文武著 「大島林家遺言記録」について 山下文武著 「加家系図」について 弓削政己著 「田畑家隠居跡文書」について 山下文武著 「慶家文書」について 山下文武著 「叶生家文書」について 山下文武著 窪田家文書」の史料的価値について 仲地哲夫著 「窪田家文書」(1)(2)について 弓削政己著 「住用間切栄家文書」について 山下文武著 「程進儀由来勤功書」について 山下文武著 「隣家文書」について 山下文武著 「松岡家文書」について 山下文武著 史料編 猿渡文書 志岐家文書 盛山家文書 奥山家文書 1-2 大島林家系図 大島林家遺言記録 加家系図 田畑家隠居跡文書 慶家文書 叶生家文書 窪田家文書 1-2 住用間切栄家文書 程進儀由来勤功書 隣家文書 松岡家文書
〔0378〕

◇沖縄県史　資料編23　沖縄戦6(沖縄戦日本軍史料)　沖縄県教育庁文化財課史料編集班編　〔那覇〕　沖縄県教育委員会　2012.3　878p　図版〔11〕枚　27cm　Ⓝ219.9〔0379〕

◇シマの歴史　第10号　2011年度　宜野湾　沖縄国際大学総合文化学部社会文化学科南島歴史学ゼミ　2012.3　53p　30cm　〈年表あり　文献あり〉　Ⓝ219.9
内容 沖縄の返還された米軍基地についての調査実習報告書
〔0380〕

◇周縁と中心の概念で読み解く東アジアの「越・韓・琉」―歴史学・考古学研究からの視座　西村昌也,篠原啓方,岡本弘道編　吹田　関西大学文化交渉学教育研究拠点　2012.3　194p　30cm　(周縁の文化交渉学シリーズ6)　〈文部科学省グローバルCOEプログラム関西大学文化交渉学教育研究拠点　文献あり〉　①978-4-9906213-1-5　Ⓝ223.1
内容 政治 中世大越の地方支配 桃木至朗述 古代朝鮮の政治体制と国際意識 篠原啓方述 近世琉球の政治構造について 豊見山和行述 第1部へのコメント 李成市述 外交 ベトナム使節と朝鮮使節の中国での邂逅 6 清水太郎述 「小中華」の創出 チョン・ダハム述 金子祐樹 訳 近世琉球の国際的位置と対日・対清外交 岡本弘道述 第2部へのコメント 夫馬進述 物質文化 ベトナム形成史における "南" からの視点 西村昌也述 古代東アジアにおける宮殿の系譜 ヤン・ジョンソク述 篠原啓方 訳 瓦と琉球 石井龍太述 第3

部へのコメント 西谷正述　総合討論 村井章介述
〔0381〕

◇沖縄の記憶―〈支配〉と〈抵抗〉の歴史　奥田博子著　慶應義塾大学出版会　2012.5　414,25p　20cm　〈年表あり 索引あり〉3400円　①978-4-7664-1935-1　Ⓝ219.9
内容 第1部 琉球/沖縄への視線(琉球王国から琉球藩、そして沖縄県へ―「琉球処分」 沖縄戦とは何であったのか?―強制された「集団自決」 米軍による直接軍事占領下の沖縄―「潜在主権」) 第2部 米ソ冷戦構造のなかの「日米条約」(日本「復帰」/沖縄「返還」運動―「核抜き、本土並み返還」 日米安保体制とは何か?―「平和国家」としての日本(本土)と「戦時国家」としての沖縄 「国土」と「国民」の(再)統合―「沖縄観光」 "物語" の力―「沖縄文学」) 第3部 内国植民地・沖縄の相克(グローバル化のなかの「日米同盟」―「少女暴行事件」(一九九五年九月四日) 日米軍事再編―「普天間」問題 琉球弧から眺める「東アジア」という表象空間)
〔0382〕

◇ヒストりゅー―琉球・沖縄の歴史　琉球新報社編,新城俊昭,西銘章,仲村顕著　那覇　琉球新報社　2012.6　118p　21cm　〈年表あり 発売:琉球プロジェクト(那覇)〉1695円　①978-4-89742-146-9　Ⓝ219.9〔0383〕

◇発見への情熱―大山盛保生誕100年記念:平成24年度沖縄県立博物館・美術館×八重瀬町立具志頭歴史民俗資料館合同企画展:図録　沖縄県立博物館・美術館編　那覇　沖縄県立博物館・美術館　2012.10　100p　26cm　〈会期・会場:平成24年10月23日―平成25年1月20日 八重瀬町立具志頭歴史民俗資料館ほか 年譜あり〉　Ⓝ219.9〔0384〕

◇〈流求国〉と〈南島〉―古代の日本史と沖縄史　来間泰男著　日本経済評論社　2012.10　439p　19cm　(シリーズ沖縄史を読み解く2)　〈文献あり〉3800円　①978-4-8188-2240-5　Ⓝ219.9
内容 第1章 首長国家群の誕生(弥生時代終末期) 第2章 大王の国家(古墳時代) 第3章 律令国家の誕生(飛鳥時代) 第4章 「流求国」は沖縄のことか(七世紀) 第5章 律令国家の展開(奈良時代) 第6章 『続日本紀』に現われる「南島」 第7章 律令国家の動揺と再編(平安時代前期) 第8章 摂関=藤原政権(平安時代中期) 第9章 一〇世紀までの沖縄諸島
〔0385〕

◇歴代宝案―校訂本　第14冊　沖縄県教育庁文化課史料編集班編,西里喜行校訂　〔那覇〕　沖縄県教育委員会　2012.10　623p　27cm　Ⓝ219.9
内容 第2集 巻190-200
〔0386〕

◇"葉隠の心" で沖縄に尽くす―第十一代齋藤用之助・その系譜　小濱六茶編著　〔出版地

「沖縄」がわかる本 6000冊　　33

沖縄史　　　　　　　　　　　　　　　　　　　　　　　　　　　歴史・地理

不明〕　14代齋藤用之助　2012.11　317p
27cm〈文献あり〉Ⓝ219.9　　　〔0387〕

◇シマの歴史　第11号　2012年度　〔宜野湾〕
沖縄国際大学総合文化学部社会文化学科南島
歴史学ゼミ　〔2013〕　109p　30cm〈年表
あり　文献あり〉Ⓝ219.9
内容　沖縄の本土復帰40年についての調査実習報
告書　　　　　　　　　　　　　　　　　　〔0388〕

◇東アジアのなかの琉球と薩摩藩　紙屋敦之著
校倉書房　2013.3　332p　22cm（歴史科
学叢書）〈索引あり〉9000円　Ⓘ978-4-
7517-4440-6　Ⓝ219.9
内容　第1部　古琉球と薩摩（琉球国家の成立　中山
政権と薩摩　紋船一件の再検討　七島・七島衆と
東アジア海域）　第2部　近世琉球と薩摩藩（薩摩
と琉球―琉球の主体性を考える　徳川家康と尚寧
王の対面に関する一史料　薩摩藩の琉球支配と中
国情報　中山王から琉球国司へ、そして中山王へ
幕藩制国家と琉球国家）　第3部　琉球の論理（東ア
ジアのなかの琉球　琉球の慶賀使について　江戸
立の旅役所について　北京の琉球使節　近世の南
西境界史　琉球の中国への進貢と対日関係の隠蔽
王国末期首里王府の異国人対応と薩摩藩）〔0389〕

◇沖縄事始め・世相史事典　山城善三、佐久田
繁編著　日本図書センター　2013.4　836,
12p　22cm〈布装　文献あり　索引あり　月
刊沖縄社　1983年刊の複製〉24000円
Ⓘ978-4-284-50319-8　Ⓝ219.9　　〔0390〕

◇島惑ひ―琉球沖縄のこと　伊波敏男著　人文
書館　2013.5　238p　20cm〈文献あり〉
2500円　Ⓘ978-4-903174-27-3　Ⓝ219.99
内容　序の章　恩納岳　1の章　かたかしら（欹髻）
2の章　士魂の残照　3の章　貧の闇　4の章　琉球の
鼓動　5の章　そして、仏桑花の呻き　終の章　君
たちの未来へ　　　　　　　　　　　　　　〔0391〕

◇沖縄県謎解き散歩　下川裕治, 仲村清司編著
KADOKAWA　2013.10　295p　15cm
（新人物文庫）〈増刷（初刷2012年）〉952円
Ⓘ978-4-04-602501-2
内容　第1章　沖縄県ってどんなとこ？（東南アジア
に似ている沖縄のライフスタイル　住んでみたい
理想郷!?―ランキングで見る沖縄　ほか）　第2章
歴史・人物編（琉球はなぜ沖縄と呼ばれたか　最
初の琉球王朝はいつ誕生したのか　ほか）　第3章
宗教・民俗編（グスクは信仰の場だった？　御嶽
には沖縄の神がいる？　ほか）　第4章　食べもの・
飲みもの編（沖縄豆腐の歴史―本土以上に豆腐好
き!?　似て非なる中華そばと沖縄そば　ほか）　第
5章　地理・自然・生物編（首里城はなぜ西を向い
ているのか　沖縄には、八丈島の人が開拓した島
があるってホント！　ほか）　　　　　　　〔0392〕

◇シマ（羽地）の歴史を読む　新城平高著　〔出
版地不明〕　〔新城平高〕　2013.10　389p
21cm〈文献あり〉非売品　Ⓝ219.9　〔0393〕

◇流着の思想―「沖縄問題」の系譜学　冨山一
郎著　インパクト出版会　2013.10　375p
20cm　3000円　Ⓘ978-4-7554-0241-8
Ⓝ219.9
内容　序章　違和の経験　第1章　戒厳令と「沖縄問
題」　第2章　流民の故郷　第3章　始まりとしての
蘇鉄地獄　第4章　帝国の人種主義　終章　戦後とい
う問い　補章　対抗と遡行―フランツ・ファ
ノンの叙述をめぐって　　　　　　　　　　〔0394〕

◇生き続ける琉球の村落―固有文化にみる沖縄
の環境観と空間形成技術　学際シンポジウム
鎌田誠史企画・編集　富山　富山国際大学現
代社会学部　2013.10　77p　26cm〈会期・
会場：2012年10月6日　沖縄県立博物館・美術
館〉Ⓝ291.99
内容　琉球の歴史と村落　高良倉吉述　琉球の村落
空間の復元と空間構成　鎌田誠史述　沖縄の村落・
都市に残る「抱護」林のこん跡　山元貴継述　抱護
と村獅子にみる沖縄の集落風水の変化　鈴木一馨
述　抱護の受容文化とその植生構造の特徴　仲間
勇栄述　韓国の「裨補」と沖縄の「抱護」　澁谷鎮
明述　　　　　　　　　　　　　　　　　　〔0395〕

◇歴代宝案―校訂本　第10冊　沖縄県教育庁文
化財課史料編集班編、金城正篤校訂　〔那覇〕
沖縄県教育委員会　2014.1　597p　27cm
Ⓝ219.9
内容　第2集　巻123-145　　　　　　　　　〔0396〕

◇沖縄県史　資料編24　自然環境2（自然環
境新聞資料）　沖縄県教育庁文化財課史料編
集班編　〔那覇〕　沖縄県教育委員会
2014.3　991p　27cm　Ⓝ219.9　　　〔0397〕

◇鎌倉芳太郎資料「文書資料」目録―沖縄県立
芸術大学附属図書・芸術資料館所蔵　沖縄県
立芸術大学附属研究所編　那覇　沖縄県立芸
術大学附属研究所　2014.3　78p　26cm
Ⓝ219.9　　　　　　　　　　　　　　　　〔0398〕

◇琉球沖縄本島取調書　法政大学沖縄文化研究
所　2014.3　220p　26cm（沖縄研究資料
29）〈複製及び翻刻〉Ⓝ219.9　　　　　〔0399〕

◇沖縄―島人の歴史　ジョージ・H・カー著, 山
口栄鉄訳　勉誠出版　2014.4　620p　22cm
7000円　Ⓘ978-4-585-22088-6　Ⓝ219.9
内容　第1部　中山―東海の独立王国（神代時代より
一三一四年まで　葛藤の一世紀　一三一四～一三
九八年　中山国最良の日々―一三九八～一五七三
年）　第2部　孤立―「遠海の孤島」（大陸の戦争と
独立の喪失　一五七三～一六〇九年　孤立化の時
代　一六〇九～一七九七年）　第3部　二つの世界の
挟間にあって（防波堤としての琉球弧　一七九七～
一八五三年　「禿鷹」と「ハツカネズミ」―沖縄
におけるペリー　一八五三～一八五四年　日本国、
沖縄人を「保護」　一八五五～一八七八年）　第4
部　沖縄県―辺境の領地（琉球王国の終焉　一八七

歴史・地理　　　　　　　　　　　　　　　　　　　　　　　　　　　　　　　　　　　　　沖縄史

九〜一八九〇年　日本国の同化政策　一八八〇〜一九四〇年　金槌と鉄床に挟まれて—沖縄と第二次世界大戦　一九四一〜一九四五年　ジョージ・H・カーの琉球史学　初期「国際琉球学・欧文琉球学」の最高峰—訳者「あとがき」に代えて）〔0400〕

◇日本史超どんでん返し—世界文明の玉手箱《沖縄》から飛び出す　琉球は「ヘブライ」なり「平家」なり「マヤ・インカ」なり　飛鳥昭雄, 宝玉麗, 島茂樹著　ヒカルランド　2014.4　360p　19cm　1685円　①978-4-86471-187-6　Ⓝ219.9
　内容　第1部　誰も気づかなかった琉球/日本の「どんでん返史」がいよいよはじまる（日本史のミッシング・リンクはまちがいなく「琉球」にある　「琉球文化」は世界的/南米インカまで　今ここに蘇る/先駆者山内盛彬氏の世界　日本人は聖書のアブラハム直系ユダヤ人そのものだった!?）　第2部　沖縄は「大きな輪」、琉球は「龍宮」城である（沖縄に文化、種を運び込んだ「アラビア人」「アラン族（アーリア系民族）」のこと　殷と琉球、ヘブライと秦氏と韓国/この多層構造を見破れるか！　神武を迎えに行った八咫烏は琉球民族との混血！沖縄が環太平洋のハブになる/ここは何もかもがある宝の山　沖縄と日本は同じヘブライ同士/アラン族＝神武ということもあり得る!!　ほか）〔0401〕

◇あやしい！目からウロコの琉球・沖縄史—最新歴史コラム　上里隆史著　那覇　ボーダーインク　2014.6　210p　19cm　1600円　①978-4-89982-259-2　Ⓝ219.9
　内容　あやしい琉球史（首里城にあった琉球版バベルの塔!?　壮絶！古琉球の風葬　びっくり琉球史（尚巴志時代の城下町　尚円王は倭寇か？ほか）　ふむふむ琉球史（泰期の中国はじめて旅行ア・ランボーのヒミツ　ほか）　100年前の新聞から（100年前の美人総選挙　100年前の鉄道時刻表ほか）　ドラマ「テンペスト」時代考証・裏話ほか）〔0402〕

◇琉球・沖縄史—教養講座　新城俊昭著　糸満　編集工房東洋企画（発売）　2014.6　437p　26cm　〈年表あり　文献あり〉　2000円　①978-4-905412-29-8　Ⓝ219.9〔0403〕

◇沈んだ大陸スンダランドからオキナワへ—この民族大移動を成功させた《天つ族》こそ、日本人のルーツ　飛鳥昭雄監修, 大宜見猛著　ヒカルランド　2014.8　271p　19cm　（日本史超どんでん返し　続）〈『この国の夜明け沖縄の光芒』（新風舎　2006年刊）と「昔・昔・大むかし日本人どこから」（ボーダーインク　2009年刊）からの改題、抜粋、加筆訂正　文献あり　年表あり〉　1750円　①978-4-86471-213-2　Ⓝ219.9
　内容　第1部　太伯と天孫族（天つ族）が沖縄を舞台に繰り広げた日本史の巨大な空白に迫る！（日本の古代風景に存在した縄文・弥生文化の相乗効果

とは？　古代日本の壮大な物語は伝説のヒーロー「太伯」と「殷」からスタート　沖縄・宮古島に伝わる英雄に捧げる歌はまさに「太伯賛歌」　太伯が沖縄に建国した国こそ「奴国」　太伯—卑弥呼—奴国—邪馬台国がつながり古代の超大国沖縄が見えてくる　日本の考古学者たちが認めない沖縄経由の文化　天孫族とは何者か？　そのカギはまたしても沖縄にある　沖縄人の民族的誇りが京都に並ぶ重層文化をつくりあげた　ついにあらわになる日本のムートゥ「沖縄」）　第2部　天孫族（天つ族）は幻の大陸スンダランドから沖縄へやってきた（民族大移動の基地は沖縄だった　スンダランドはアジア人全体の共通の故郷　民族大移動のクライマックスは高天原）〔0404〕

◇沖縄の水中文化遺産—青い海に沈んだ歴史のカケラ　南西諸島水中文化遺産研究会編著, 片桐千亜紀, 宮城弘樹, 渡辺美季〔著〕　那覇　ボーダーインク　2014.11　242p　19cm　〈他言語標題：Underwater cultural heritage in Okinawa　文献あり〉　1800円　①978-4-89982-264-6　Ⓝ219.9〔0405〕

◇琉球・沖縄史—沖縄をよく知るための歴史教科書　ジュニア版　新城俊昭著　改訂　糸満　編集工房東洋企画（発売）　2014.12　373p　21cm　〈年表あり〉　1500円　①978-4-905412-35-9　Ⓝ219.9〔0406〕

◇地域のなかの軍隊　6　大陸・南方膨張の拠点—九州・沖縄　林博史編　吉川弘文館　2015.1　231,9p　20cm　〈文献あり〉　2800円　①978-4-642-06478-1　Ⓝ392.1
　内容　1　九州（北九州における軍隊と戦争—「軍都小倉」の成立・衰退・再生　軍都熊本と第六師団　日本海軍と佐世保—軍港と工廠　鹿児島県の特攻基地と地域社会—知覧・万世）　2　沖縄（日本軍と沖縄社会　沖縄の占領と米軍基地—沖縄戦から一九五〇年代末まで）〔0407〕

◇近代日本の「南進」と沖縄　後藤乾一著　岩波書店　2015.2　269,9p　19cm　（岩波現代全書 055）　〈文献あり〉　2300円　①978-4-00-029155-2　Ⓝ210.6
　内容　第1章　「国民国家」日本の中の琉球・沖縄（第一期・一八七〇年代・一八八五年）（明治政府と「南門」沖縄　「琉球処分」前後期の日本と沖縄—松田道之と笹森儀助ほか）　第2章　同化と異化のはざま（第2期・一八九五・一九二二年）（日清戦争終結と沖縄　日本化と差別化・徴兵問題ほか）　第3章　近代化をめぐる葛藤（第3期・一九二二・一九三七年）（軍部文書にみる沖縄　沖縄知識人の対応　ほか）　第4章　南進論の高揚と沖縄（第4期・一九三七・一九四二年）（総動員体制下の沖縄社会　南進論と沖縄　ほか）　第5章　「大東共栄圏」下の沖縄と漁業南進（第5期・一九四二・一九四五年）（開戦と沖縄社会の反応　首相東条英機の沖縄訪問　ほか）〔0408〕

◇楚南家文書「呈稟文集」　法政大学沖縄文化

「沖縄」がわかる本　6000冊　　35

沖縄史　　　　　　　　　　　　　　　　　　　　　歴史・地理

研究所　2015.2　90p　26cm　（沖縄研究資
料 30）　Ⓝ219.9　　　　　　　　　　〔0409〕

◇水中文化遺産―海に沈んだ歴史のカケラ　平
成26年度沖縄県立博物館・美術館博物館特別
展　沖縄県立博物館・美術館編　那覇　沖縄
県立博物館・美術館　2015.3　155p　30cm
〈会期・会場：平成26年11月18日―平成27年
1月18日　沖縄県立博物館・美術館ほか　文献
あり〉Ⓝ210.025　　　　　　　　　　〔0410〕

◇沖縄からの眼差し・沖縄への眼差し　石原昌
英編　〔西原町（沖縄県）〕　琉球大学
2015.3　141p　21cm　（シリーズ「知の津
梁」琉球大学ブックレット 3）〈執筆：赤嶺
守ほか　文献あり　発売：沖縄タイムス社
（那覇）〉1000円　Ⓘ978-4-87127-662-7
Ⓝ219.9
内容 琉球王国存続の舞台裏　赤嶺守著　沖縄とタ
イ・ラオス　鈴木規之著　一九世紀におけるフラン
スと琉球の関係　宮里厚子著　ドイツのもので役
に立たないものは何一つない　ティル・ウェーバー
著　朝鮮文学への招待　呉世宗著　日本人の知ら
ない日本語教師　金城尚美著　近づいて見えたも
の、離れて気がついたこと　金城ひろみ著　海の
彼方に温存されるチムグクルの記憶　金城宏幸著
「語り」からみた移民の言語とアイデンティティ
酒井アルベルト著　奄美・琉球諸島とハワイ諸島
における言語復興について　石原昌英著　故郷の
言語と私たち　デルバール・フランク著　〔0411〕

◇沖縄県史　資料編 25　女性史 2（女性史新
聞資料 大正・昭和戦前編）　沖縄県教育庁文
化財課史料編集班編　〔那覇〕　沖縄県教育
委員会　2015.3　880p　27cm　Ⓝ219.9
　　　　　　　　　　　　　　　　　　〔0412〕

◇沖縄県史　各論編 第1巻　自然環境　沖縄県
教育庁文化財課史料編集班編　〔那覇〕　沖
縄県教育委員会　2015.3　782p　27cm　〈文
献あり〉非売品　Ⓝ219.9　　　　　　〔0413〕

◇沖縄県の戦争遺跡―平成22-26年度戦争遺跡
詳細確認調査報告書　沖縄県立埋蔵文化財セ
ンター編　西原町（沖縄県）　沖縄県立埋蔵
文化財センター　2015.3　352p　30cm
（沖縄県立埋蔵文化財センター調査報告書
第75集）〈文献あり〉Ⓝ219.9　　　　〔0414〕

◇琉球列島の「密貿易」と境界線―1949-51
小池康仁著　森話社　2015.3　355p　22cm
〈文献あり　索引あり〉5600円　Ⓘ978-4-
86405-075-3　Ⓝ219.9
内容 序章 琉球列島における共同体の連携　第1
章 与那国島私貿易ネットワークモデル　第2章 宮
古島の私貿易　第3章 沖縄本島の私貿易　第4章
口永良部島の私貿易　終章 私貿易時代の終焉と
そのネットワークの形態について　　　〔0415〕

◇沖縄の「岐路」―歴史を掘る未来を開く　沖
縄タイムス社編　那覇　沖縄タイムス社
2015.5　174p　21cm　（沖縄タイムス・ブッ
クレット 17）〈年表あり〉1300円　Ⓘ978-
4-87127-517-0　Ⓝ219.9　　　　　　〔0416〕

◇海の「京都」―日本琉球都市史研究　高橋康
夫著　京都　京都大学学術出版会　2015.7
1150p　23cm　〈索引あり〉11300円　Ⓘ978-
4-87698-876-1　Ⓝ216.2
内容 第1部 海の「京都」の空間構造―土地と社会
と空間形成（京都　首里・那覇）　第2部 海の「京
都」と日本（京都　首里・那覇）　第3部 居住環境
の中世史（中世的都市空間の創出　荘園領主の都
市・京都　地方の都市と農村　巨大都市・京都　首
都圏とその文化の形成　近世都市の胎動　将軍御
所の壇所―雑談の場として　裵燕第と「唐獅子図
屏風」　都市史研究とまちづくり）　　〔0417〕

◇希望をつくる島・沖縄―キミたちに伝えたい
こと　野本三吉著　新宿書房　2015.7
309p　19cm　1800円　Ⓘ978-4-88008-455-8
Ⓝ219.9
内容 第1通目 琉球王国から沖縄県へ　第2通目
キミよ、歩いて考えろ　第3通目 先生の声が聞こ
えない　第4通目 米軍ジェット機の墜ちる島　第
5通目 日本の独立と沖縄　第6通目 土地収用と乞
食行進　第7通目 沖縄の子どもを守る会　第8通目
沖縄が日本になった日　第9通目 オジィとオバァ・
長寿の島　第10通目 すべての武器を楽器に　第
11通目 ティーダキッズプロジェクト　第12通目
希望をつくる島・沖縄　追伸 沖縄での暮らしを
終えて　　　　　　　　　　　　　　〔0418〕

◇沖縄よ、甘えるな！―新・沖縄ノート　惠隆
之介著　ワック　2015.9　244p　18cm
（WAC BUNKO B-226）〈「誰も語れなかっ
た沖縄の真実」（2011年刊）の改題、改訂、新
版　文献あり〉920円　Ⓘ978-4-89831-726-6
Ⓝ219.9
内容 第1章 沖縄に迫る危機（翁長雄志知事の魂胆
地元メディアがいかに誤報を流しているか ほか）
第2章 普天間基地問題は解決できる（昭和三十七
年に航空基地として拡張竣工された普天間基地
日米合意を七年も放置させた稲嶺知事 ほか）　第
3章 歴史のなかに見る沖縄の姿（琉球王国民衆の
生活は凄惨を極めていた　中国の強い影響下にお
かれた二百三十七年 ほか）　第4章 米軍政下で味
わった贅沢（沖縄戦で本土上陸戦に及び腰になった
米国　感染症がはじめて制圧された ほか）　終章
沖縄をどう統治するか（迫られる国家の変革　沖
縄県民の特性を理解せよ ほか）　　　〔0419〕

◇生き続ける琉球の村落―沖縄の村落観を問い
なおす　鎌田誠史企画・編集　富山　富山国
際大学現代社会学部　2015.10　75p　26cm
（学際シンポジウム 第2回）〈会期・会場：
平成26年10月4日　沖縄県立博物館・美術館〉
Ⓝ291.99

36　「沖縄」がわかる本 6000冊

歴史・地理　　　　　　　　　　　　　　　　　　　　　　　　　　　　　　　　　沖縄史

[内容] 基調講演　地図世界に見る琉球の村々　安里
進述　ほか　　　　　　　　　　　　　　　　　〔0420〕

◇誤国―"辺野古"に至る琉球・沖縄の事件史
異色の沖縄史論　高江洲歳満著　東海教育研
究所　2016.1　335p　20cm〈文献あり　発
売：東海大学出版部（平塚）〉2300円
①978-4-486-03794-1　Ⓝ219.9
[内容] 第1章　沖縄人と日本人は同人種ではない（縄
文人　建国以前　琉球人王朝　日本人王朝　中国
人王朝　薩摩藩による支配　王国消失　誤国害
民）　第2章　アメリカ兵の結婚詐欺事件（「独身将
校」　琉球の女　フレンチ弁護士）　　　〔0421〕

◇日本にとって沖縄とは何か　新崎盛暉著　岩
波書店　2016.1　222,6p　18cm　（岩波新書
新赤版　1585）〈年表あり〉780円　①978-4-
00-431585-8　Ⓝ219.9
[内容] 第1章　平和国家日本と軍事要塞沖縄（三位一
体の占領政策―象徴天皇制・非武装国家日本・沖縄
の米軍支配　サンフランシスコ体制の成立―「目
下の同盟国」日本と「太平洋の要石」沖縄　「島
ぐるみ闘争」の時代―それは砂川闘争の時代でも
あった）　第2章　六〇年安保から沖縄返還へ（六
〇年安保改定と沖縄―構造的沖縄差別の定着　復
帰・返還運動から沖縄闘争へ　沖縄返還とは何で
あったか）　第3章　一九九五年の民衆決起（沖縄返
還後の変化と住民・市民運動　一九九五年の民衆
決起　普天間、そして辺野古をめぐる動向）　第4
章　「オール沖縄」の形成（教科書検定問題の意味
するもの　政権交代・オスプレイ配備・埋立承認
尖閣問題への視点―先島諸島の状況）　第5章　沖
縄、そして日本は何処へ（二〇一四年の高揚　扇長
県政と安倍政権の対峙　日本にとって沖縄とは）
　　　　　　　　　　　　　　　　　　　　〔0422〕

◇新聞投稿に見る百年前の沖縄―恋愛、悩み、
つぶやき、珍事件　上里隆史編著　原書房
2016.3　262p　19cm　2000円　①978-4-
562-05297-4
[内容] 1　恋愛・結婚　2　修羅場　3　友情　4　最近
の若者は…　5　クレーム　6　お出かけ・旅行・異
郷の地にて　7　質問・お願い　8　つぶやき　9　笑
い話・珍事件　10　不満・苦悩・悲哀　11　わたし
の主張　12　その他新聞記事　　　　　　〔0423〕

《考古学》

◇用見崎遺跡　熊本大学文学部考古学研究室編
熊本　熊本大学文学部考古学研究室　1996.3
51p　30cm　（研究室活動報告　31）　〔0210.
0254　　　　　　　　　　　　　　　　　　〔0424〕

◇南島貝文化の研究―貝の道の考古学　木下尚
子著　法政大学出版局　1996.3　576p
27cm〈付：参考文献〉14626円　①4-588-
33487-5　Ⓝ210.2
[内容] 第1部　弥生文化と貝の道（南海産貝輪の系譜

南海産貝輪の生成と展開　南海産貝輪着装習俗の
構造　ほか）　第2部　国家形成と貝の道（鍬形石の
誕生―かたちの系譜　古墳時代の貝釧・貝の道―
3～8世紀の南島交易　「白法螺貝一口」考―空海
請来品の一検討）　第3部　南海の貝文化（南島世界
と貝塚の貝　南島の古代貝文化　貝と葬送習俗―
沖縄県真志喜安座間原第一遺跡の報告から）
　　　　　　　　　　　　　　　　　　　　〔0425〕

◇考古資料より見た沖縄の鉄器文化　沖縄県立
博物館編　那覇　沖縄県立博物館　1997.3
92p　30cm　Ⓝ210.025　　　　　　　〔0426〕

◇用見崎遺跡　3　熊本大学文学部考古学研究
室編　熊本　熊本大学文学部考古学研究室
1997.3　67p　30cm　（研究室活動報告　32）
〈付篇西原F遺跡　文献あり〉Ⓝ210.0254
　　　　　　　　　　　　　　　　　　　　〔0427〕

◇黒潮圏の考古学　小田静夫著　第一書房
2000.1　278,31p　20cm　（南島文化叢書
21）〈文献あり〉3500円　①4-8042-0709-0
Ⓝ210.23
[内容] 序章　黒潮圏の自然、ヒト、文化　第1章　最
古の海洋航海者―神津島産黒曜石の交易　第2章
黒潮文化の十字路―八丈島の先史文化　第3章　謎
の航海民―小笠原諸島の先史文化　第4章　南方型
旧石器回廊―琉球列島の旧石器文化　第5章　新・
海上の道―黒潮圏の磨製石斧、貝斧　第6章　海を
渡った壺屋焼―泡盛の道　　　　　　　　〔0428〕

◇考古学研究室報告　第35集　ナガラ原東貝塚
2・西原F遺跡4　熊本大学文学部考古学研究
室編　熊本　熊本大学文学部考古学研究室
2000.3　64,14p　図版［7］枚　30cm
Ⓝ210.025
[内容] 1999年考古学研究室の足跡　　　　〔0429〕

◇考古学研究室報告　第36集　熊本大学文学部
考古学研究室編　熊本　熊本大学文学部考古
学研究室　2001.3　70,8,18p　図版［11］枚
30cm　Ⓝ210.025
[内容] ナガラ原東貝塚　3　河原第3遺跡　資料報
告　2000年考古学研究室の足跡　　　　〔0430〕

◇考古学研究室報告　第37集　ナガラ原東貝塚
4・大久保貝塚　熊本大学文学部考古学研究
室編　熊本　熊本大学文学部考古学研究室
2002.3　53,10p　図版［7］枚　30cm
Ⓝ210.025
[内容] 2001年度考古学研究室の足跡　　　〔0431〕

◇考古学研究室報告　第38集　熊本大学文学部
考古学研究室編　熊本　熊本大学文学部考古
学研究室　2003.3　64,44,8p　図版［11］枚
30cm　Ⓝ210.025
[内容] ナガラ原東貝塚　5　河原第3遺跡　2　高熊
2号墳測量調査報告　2002年度考古学研究室の足
跡　　　　　　　　　　　　　　　　　　　〔0432〕

「沖縄」がわかる本　6000冊　**37**

沖縄史　　　　　　　　　　　　　　　　　　　　　　　　　歴史・地理

◇網取遺跡・カトゥラ貝塚の研究—沖縄県西表島所在の先史時代貝塚・近世集落遺跡の発掘調査　東海大学網取遺跡・カトゥラ貝塚発掘調査団編　[出版地不明]　東海大学文学部考古学第1研究室　2007.3　348p 図版6,31p　30cm 〈東海大学総合研究機構プロジェクト「宮古・八重山地域の総合的研究」成果報告　共同刊行：東海大学海洋学部海洋文明学科ほか〉 Ⓝ210.0254　　　　　　　　　〔0433〕

◇考古学研究室報告　第45集　ナガラ原東貝塚　熊本大学文学部考古学研究室編　熊本　熊本大学文学部考古学研究室　2010.3　52p 図版9p　30cm Ⓝ210.025
内容 2009年度考古学研究室の足跡　〔0434〕

◇考古学研究室報告　第46集　ナガラ原東貝塚　熊本大学文学部考古学研究室編　熊本　熊本大学文学部考古学研究室　2011.3　53p 図版6p　30cm 〈文献あり〉Ⓝ210.025
内容 2010年度考古学研究室の足跡　〔0435〕

◇考古学研究室報告　第47集　ナガラ原東貝塚8　熊本大学文学部考古学研究室編　熊本　熊本大学文学部考古学研究室　2012.3　50p　図版9p　30cm Ⓝ210.025
内容 2011年度考古学研究室の足跡　〔0436〕

◇サキタリ洞遺跡発掘調査概要報告書—沖縄県南城市　1　沖縄県立博物館・美術館編　那覇　沖縄県立博物館・美術館　2014.2　20p　30cm　　　　　　　　　　　　　　〔0437〕

◇サキタリ洞遺跡発掘調査速報展—島に生きた旧石器人とその文化を探る　図録 平成25年度沖縄県立博物館・美術館博物館企画展　沖縄県立博物館・美術館編　那覇　沖縄県立博物館・美術館　2014.2　12p　30cm　〔0438〕

◇琉球列島の土器・石器・貝製品・骨製品文化　新里貴之, 高宮広土編　六一書房　2014.3　311p　30cm　（琉球列島先史・原史時代における環境と文化の変遷に関する実証的研究　研究論文集 第1集）〈文献あり〉Ⓘ978-4-86445-043-0　Ⓝ219.9
内容 土器文化　土器出現時期をめぐる問題（前1期）　旧石器時代から貝塚時代へ 山崎真治著　ヤブチ式前後の土器相について 伊藤圭著　九州縄文時代中期土器群と在地土器群（前2期）　貝塚時代前2期の土器編年について 横尾昌樹著　琉球列島の九州縄文時代中期土器について 相美伊久雄著　奄美・沖縄共通の土器群：いわゆる「奄美系」土器群をめぐって（前3期～前4期前半）　面縄前庭様式の研究 堂込秀人著　前4期における奄美諸島の土器様相 新里亮人著　奄美・沖縄の土器群分立（前4期後半・前5期前半）　点刻縄文系土器群について 崎原恒寿著　室川式・室川上層式および関連土器群の再検討 瀬戸哲也著　在地土器群と

九州弥生・古墳時代土器文化の関わり（前5期後半～後1期）　奄美諸島における前5期の土器について 森田太樹著　沖縄諸島の肥厚口縁土器, 無文尖底系土器 玉榮飛道著　奄美諸島・貝塚時代後1期の土器文化 新里貴之, 北野堪重郎著　貝塚時代後1期・沖縄諸島の土器動態 安座間允孝著　先史土器文化の終焉過程（後2期：くびれ平底系）　奄美諸島における兼久式土器について 鼎丈太郎著　先史土器文化の終焉過程 小橋川剛著　窯業技術の導入と原史土器文化との関係（グスク時代）　貿易陶磁出現期の琉球列島における土器文化 宮城弘樹著　グスク土器の変遷 具志堅亮著　先史時代からグスク時代へ 新里亮人著　先史から原史土器の年代的問題　放射性炭素年代から見た琉球列島における考古学的時期区分の現状と課題 名島弥生著　石器・貝製品・骨製品文化　琉球列島の石器・石器石材 大堀皓平著　先史琉球列島における貝製品の変化と画期 山野ケン陽次郎著　貝塚時代骨製品の出土状況 久貝弥嗣著　〔0439〕

◇沖縄のジュゴン—民族考古学からの視座　盛本勲著　宜野湾　榕樹書林　2014.6　105p　21cm　（がじゅまるブックス Gajumaru books 7）〈文献あり〉900円　Ⓘ978-4-89805-176-4　Ⓝ219.9　　　　　〔0440〕

◇マヤ・アンデス・琉球—環境考古学で読み解く「敗者の文明」　青山和夫, 米延仁志, 坂井正人, 高宮広土著　朝日新聞出版　2014.8　251,9p　19cm　（朝日選書 924）〈文献あり〉1400円　Ⓘ978-4-02-263024-7　Ⓝ256.03
内容 序章 環太平洋の諸文明と環境　第1章 環太平洋の環境史を調査する　第2章 マヤ文明の盛衰と環境利用　第3章 古代アンデス文明における環境変化とナスカ地上絵　第4章 琉球列島の環境と先史・原史文化　終章 環太平洋の環境文明史を「真の世界史」　〔0441〕

◇文明の盛衰と環境変動—マヤ・アステカ・ナスカ・琉球の新しい歴史像　青山和夫, 米延仁志, 坂井正人, 高宮広土編　岩波書店　2014.9　256p　22cm　3200円　Ⓘ978-4-00-024698-9　Ⓝ256.03
内容 湖の底から環境の変遷を探る 米延仁志, 山田和芳, 五反田克也著　水月湖の土が語る五万年 中川毅著　マヤ文明と環境変動 青山和夫著　テオティワカン 嘉幡茂著　アステカ 井関睦美著　先住民にとっての自然環境の歴史的記憶 井上幸孝著　マヤ先住民女性の衣文化の謎を探る 本谷裕子著　地上絵と共に生きた人々 坂井正人著　ナスカ盆地周縁でカタツムリを探す 阿子島功著　ナスカ砂漠に生きた人々と食性の変化 瀧上舞, 米田穣著　奇跡の島々 高宮広土著　島における先史時代の墓 新里貴之著　サンゴ礁の貝を利用し続けた沖縄の人々 黒住耐二著　環太平洋北部の狩猟採集民 マーク・ハドソン著　内山純蔵 訳　〔0442〕

歴史・地理　　　　　　　　　　　　　　　　　　　　　　沖縄史

《原始時代》

◇港川人と旧石器時代の沖縄　沖縄県文化振興
会公文書館管理部史料編集室編　〔那覇〕
沖縄県教育委員会　1998.3　55p　30cm
（沖縄県史ビジュアル版 2（考古 1））〈他言
語標題：Minatogawa Human remains and
palaeolithic Okinawa　英文併記〉Ⓝ219.9
〔0443〕

◇琉球縄文文化の基礎的研究　伊藤慎二著
ミュゼ　2000.12　183p　26cm　（未完成考
古学叢書 2）〈シリーズ責任表示：小林達雄
監修〉2500円　Ⓘ4-944163-18-5　Ⓝ219.9
〔0444〕

◇島の先史学―パラダイスではなかった沖縄諸
島の先史時代　高宮広土著　那覇　ボーダー
インク　2005.3　227p　19cm　1600円
Ⓘ4-89982-081-X　Ⓝ219.9　　　　　〔0445〕

◇先史・原史時代の琉球列島―ヒトと景観　高
宮広土, 伊藤慎二編　六一書房　2011.3
306p　21cm　（考古学リーダー 19）〈文献
あり〉3800円　Ⓘ978-4-947743-95-4
Ⓝ219.9
内容 序論：琉球列島の考古学 高宮広土著　琉球
列島の景観を最初にみた人々をめぐる仮説：ヒト
はいつごろ沖縄諸島に適応したのか 高宮広土著
先史琉球社会の段階的展開とその要因 伊藤慎二
著　琉球列島の景観の形成と資源利用：琉球列島
におけるサンゴ礁形成史と地震・津波 河名俊男著
琉球先史時代人とサンゴ礁資源 黒住耐二著　琉
球先史時代人と動物資源利用 樋泉岳二著　グス
ク時代の窯業生産と農業生産 新里亮人著　先史・
原史時代の琉球の人々と文化景観：狩猟採集民の
いた島、沖縄 高宮広土著　貝塚時代琉球列島の
交流・交易史 安座間充著　グスク時代に訪れた
大規模な島の景観変化 宮城弘樹著　琉球列島に
おける埋葬遺跡の文化的景観 新里貴之著　先島
諸島の先史時代 島袋綾野著　結論：琉球列島の
新石器化と現代化をめぐる景観変化 伊藤慎二著
〔0446〕

◇先史時代の沖縄　安里嗣淳著　第一書房
2011.6　344p　20cm　（南島文化叢書 25）
〈文献あり 索引あり〉3500円　Ⓘ978-4-
8042-0781-0　Ⓝ219.9　　　　　　　〔0447〕

◇東京大学総合研究博物館人類先史部門所蔵荻
堂貝塚出土土器・石器標本　石井龍太, 佐宗
亜衣子, 諏訪元〔著〕　東京大学総合研究博
物館　2012　22p 図版82p　26cm　（東京
大学総合研究博物館標本資料報告 第92号）
〈他言語標題：Prehistoric pottery and
stone tools from the Ogido shellmound
housed in the Department of
Anthropology and Prehistory,the

University Museum,the University of
Tokyo〉Ⓝ219.9　　　　　　　　　　〔0448〕

◇琉球列島先史・原史時代の環境と文化の変遷
高宮広土, 新里貴之編　六一書房　2014.3
305p　30cm　（琉球列島先史・原史時代に
おける環境と文化の変遷に関する実証的研究
研究論文集 第2集）〈文献あり〉Ⓘ978-4-
86445-044-7　Ⓝ219.9
内容 環境と文化の変遷 内湾堆積物に記録さ
れた過去約2000年間の沖縄諸島環境史 山田和
芳 ほか著　琉球列島のサンゴ礁形成過程 菅浩
伸著　更新世の琉球列島における動物とヒトと
のかかわり 藤田祐樹著　先史時代琉球列島への
イノシシ・ブタの導入 高橋遼平著　貝類遺体か
らみた沖縄諸島の環境変化と文化変化 黒住耐二
著　脊椎動物遺体からみた琉球列島の環境変化
と文化変化 樋泉岳二著　沖縄諸島の遺跡出土魚
骨の分類群組成にみる「特異的」傾向 菅原広史
著　植物遺体からみた琉球列島の環境変化 上田
圭一著　貝塚時代におけるオキナワウラジロガ
シ果実の利用について 田里一寿著　琉球列島先
史・原史時代における植物食利用 高宮広土, 千田
寛之著　琉球列島における先史時代の崖葬墓 片
桐千亜紀著　周辺地域との比較 大隅諸島の先
史文化にみられる生業の特徴と変遷 石堂和博著
喜界島の様相 澄田直敏著　先島諸島における先
史時代のヒトと生態史 マーク・ハドソン著　近
世琉球・奄美における災害の頻発と機構変動問
題 山田浩世著　Column奄美のシマ（集落）の自
然観 中山清美著　ミクロネシアの古環境研究と
人間居住 印東道子著　バンクス諸島の「山」と
「海」 野嶋洋子著　ウォーラシア海域からみた
琉球列島における先史人類の移住と海洋適応 小
野林太郎著　Column Human-Environmental
interrelations in the prehistory of the
Caribbean islands Scott M Fitzpatrick著
Column Overview of recent archaeologi-
cal and historical ecological research on
California's Channel Islands,USA Torben
Rick著　メソアメリカの自然環境と文化変化 青
山和夫著　アンデス文明の盛衰と環境変化 坂井
正人著　　　　　　　　　　　　　　　〔0449〕

◇島に生きた旧石器人・沖縄の洞穴遺跡と人骨
化石　山崎真治著　新泉社　2015.10　93p
21cm　（シリーズ「遺跡を学ぶ」 104）〈文
献あり〉1600円　Ⓘ978-4-7877-1534-0
Ⓝ219.9
内容 第1章 港川人をめぐる謎（港川人の発見　大
山盛保の軌跡　化石の島・沖縄）　第2章 白保竿
根田原洞穴遺跡の発掘（闇の中の骨　未知の時代
を掘る　姿をあらわした旧石器人骨）　第3章 サ
キタリ洞遺跡の発掘（カニの洞穴　石器と貝殻の
発見　貝は語る）　第4章 沖縄人類史の謎に迫る
（見えてきた謎の答え　東アジア縁海地域の人類
史　島に生きた旧石器人）　　　　　　〔0450〕

「沖縄」がわかる本 6000冊　**39**

沖縄史　　　　　　　　　　　　　　　　　　　　　　　　　　歴史・地理

《古代》

◇太平洋に沈んだ大陸―沖縄海底遺跡の謎を追う　木村政昭著　第三文明社　1997.11　281,12p　20cm〈索引あり〉2000円　Ⓘ4-476-03212-5　Ⓝ209.2
　　内容　第1章 海底に人が住んで居た　第2章 南西諸島に次々発見される海底遺跡?　第3章 南西諸島は大陸だった　第4章 海底に失われた文明を発見!　第5章 日本の南端に古代文明があってよいのか　第6章 太平洋に沈んだ大陸　第7章 水没のメカニズムと地球の運動　第8章 太平洋に沈んだ大陸説　第9章 水没した太平洋のユートピア　〔0451〕

◇古代日本と南島の交流　山里純一著　吉川弘文館　1999.7　241,5p　22cm　6500円　Ⓘ4-642-02339-9　Ⓝ210.3
　　内容　1 七世紀の南島　2 律令国家と南島　3 遣唐使と南島路：4 南島の貢進・交易物　5 古代南島社会の階層化　〔0452〕

◇扶桑国シンポジウム　いき一郎, 清水守民ほか述　〔那覇〕　沖縄大学いき研究室〔2000〕　59p　26cm〈会期・開催地：1999年8月28日 大阪ほか　扶桑国僧・訪中1500周年　共同刊行：古代史遊塾〉Ⓝ210.3　〔0453〕

◇沖縄海底遺跡の謎―世界最古の巨石文明か!?　木村政昭著　第三文明社　2000.7　211,2p　19cm〈文献あり〉1600円　Ⓘ4-476-03229-X　Ⓝ210.025
　　内容　第1章 沖縄の海底遺跡　第2章 与那国の海底遺跡ポイント　第3章 遺跡ポイントは誰が何のために作ったのか　第4章 石板に彫られた水中神殿　第5章 海底遺跡とムー大陸伝説　第6章 地殻変動を起こしたガスベルト　〔0454〕

◇夢に見た邪馬台国は徳之島―古代中世の海人（アマ）王国の謎　益田宗児著　三郷町（奈良県）　徳之島興産　2000.9　207p　21cm〈関西徳洲会50周年記念出版〉2000円　Ⓝ210.273　〔0455〕

◇邪馬台国総合説赤椀の世直し―沖縄・奄美は原初ヤマトの生みの母胎であった　名護博著　具志川　ゆい出版　2001.3　413p　22cm　2500円　Ⓘ4-946539-14-X　Ⓝ210.273〔0456〕

◇邪馬台国は徳之島―古代中世の海人（アマ）王国の謎　益田宗児著　三郷町（奈良県）　南島文化研究所　2001.7　235p　21cm〈関西徳洲会50周年記念出版　文献あり〉2000円　Ⓝ210.273　〔0457〕

◇海底宮殿―沈んだ琉球古陸と“失われたムー大陸”　木村政昭著　実業之日本社　2002.9　291p　20cm　1700円　Ⓘ4-408-32153-2　Ⓝ209.32

　　内容　第1章 与那国島沖海底で、ピラミッド（?）を発見!　第2章 海底宮殿と見え隠れする巨石文明の痕跡　第3章 伝説を裏付けた琉球古陸の水没　第4章 海底宮殿はだれが、いつ建造したのか?　第5章 “沖縄ロゼッタストーン”を読み解く　第6章 縄文海進で水没した、九州～沖縄の海底遺跡　第7章 西太平洋に世界最古級の文明があった!?　第8章 太平洋の“幻のユートピア”と琉球古陸　第9章 水没した琉球古陸と“マー大陸”　第10章 ホーライ・ランド（伝説上のムー）はどこに?　〔0458〕

◇徳之島にあった古代王国―邪馬台国の実像　中武久著　文芸社　2002.11　97p　20cm　1000円　Ⓘ4-8355-4504-4　Ⓝ210.3
　　内容　序 邪馬台国論争を排する　第1章 位置特定へのアプローチ1―邪馬台国の「一大国」とは?　第2章 位置特定へのアプローチ2（古代中国における地図　『魏志』倭人伝による真説）　第3章 女王「卑弥呼」の遺跡（倭国の邸と閣とは?　卑弥呼の城 邪馬台国の遺跡はこれだ　冢論）　補論（徳之島に伝わる入れ墨 徳之島にあった古代の大型船絵）　〔0459〕

◇徐福物語―弥生の使者、皇祖神の謎に迫る 抜糖死罪令―徳之島昔ばなし4　益田宗児著、益田宗児著　三郷町（奈良県）　南島文化研究所　2003.11　96,57p　21cm〔「抜糖死罪令」は「三京坊主」の改訂版〕1500円　Ⓝ210.3　〔0460〕

◇護宝螺と直弧文・巴文　橋口達也著　學生社　2004.11　164p　21cm　4200円　Ⓘ4-311-30060-3
　　内容　ゴホウラと古代の貝輪　貝輪の形態分類と分布　貝輪の銅器化・玉器化　イモガイを源流とする文様　ゴホウラを源流とする巴文の文様　ゴホウラを源流とする文様の実例（特殊器台と巴形透し文など　蕨手文と双脚輪状文など　土器と埴輪にみられる文様）　巴文と巴形銅器 巴文瓦とその他の巴文　ゴホウラ製貝輪の終焉と巴文の独立　貝輪と首長権　〔0461〕

◇星空の卑弥呼―与那国島・世界最古の星座岩 上巻　榊晶一郎著　茨木　大洋出版社　2004.12　263p　21cm〈発売：星雲社〉1500円　Ⓘ4-434-05546-1　Ⓝ210.3
　　内容　イースター島とクレタ島　エジプト　日本神話と星信仰　伊勢の星座　丹後半島の星座　出雲の星座　信濃の星座　中国地方の星座　九州の星座　紀伊半島の星座〔ほか〕　〔0462〕

◇星空の卑弥呼―与那国島・世界最古の星座岩 下巻　榊晶一郎著　茨木　大洋出版社　2004.12　255p　21cm〈発売：星雲社〉1500円　Ⓘ4-434-05547-X　Ⓝ210.3
　　内容　13 中部地方の星座　14 神功皇后物語　15 大阪の星座　16 北陸の星座　17 吉備の星座　18 四国の星座　19 京都・滋賀・三重の星座　20 東北の星座　21 邪馬台国　22 与那国島の星座　寄稿 与那国島と海底遺跡（新嵩喜八郎）　〔0463〕

歴史・地理 沖縄史

◇新説ムー大陸沈没─沖縄海底遺跡はムー文明
の遺産か？　木村政昭著　実業之日本社
2006.12　267p　図版4p　19cm　〈文献あり〉
1400円　Ⓘ4-408-32323-3　Ⓝ209.32
　内容　第1章「ムー大陸」の科学的検証　第2章　始皇
帝が憧れた“琉球ムー大陸”　第3章　沖縄本島で見
つかった海底の“城塞”　第4章　与那国島の海底遺
跡　第5章　海底遺跡が明かした4000年前以降の地
殻変動　第6章　ムーとアトランティス水没の“事
実”　第7章　再び起こる“ムー・ショック”？　第
8章　“真実のムー”を求めて
〔0464〕

◇九州古代遺跡ガイド─福岡県・大分県・長崎
県・佐賀県・宮崎県・熊本県・鹿児島県・沖
縄県　九州遺跡研究会著　メイツ出版
2009.8　128p　21cm　〈年表あり　索引あり〉
1800円　Ⓘ978-4-7804-0676-4　Ⓝ219　〔0465〕

◇邪馬台国は沖縄だった！─卑弥呼と海底遺跡
の謎を解く　木村政昭著　第三文明社
2010.6　285p　19cm　〈文献あり〉1500円
Ⓘ978-4-476-03305-2　Ⓝ210.273
　内容　序章　邪馬台国の実像は『魏志倭人伝』を素
直に読むと見えてくる　第1章『魏志倭人伝』の
行程表に従い邪馬台国をたどる　第2章　海路、邪
馬国ネットワーク圏に入る！　第3章　沖縄・北
谷の海底遺跡に卑弥呼の都城を発見!?　第4章“邪
馬台国＝沖縄”像が史書に見え隠れしていた　第5
章「アマミク伝説」と与那国島の海底遺跡が歴史
を書き換える!?　第6章「卑弥呼以前の王」を「徐
福伝説」が物語る　終章“徐福”は“太伯”の跡を
たどった!?
〔0466〕

◇古代の琉球弧と東アジア　山里純一著　吉川
弘文館　2012.5　192p　19cm　（歴史文化
ライブラリー 343）　1700円　Ⓘ978-4-642-
05743-1　Ⓝ219.7
　内容　琉球弧への視線─プロローグ　七世紀の琉
球弧と東アジア（ヤクと流求　琉球弧の島々）　八
～九世紀の「南島」と遣唐使航路（覓囘使の派遣
と南島人の来朝　遣唐使と「南島路」）　モノから
見た琉球弧（琉球弧の交易物　琉球弧出土の開元
通宝）　一〇～一三世紀の琉球弧と東アジア（一〇
～一一世紀前半の南蛮とキカイジマ　一一世紀後
半～一二世紀の琉球弧　ほか）
〔0467〕

《中世》

◇グスク（城）の姿　名嘉正八郎著　鹿児島
鹿児島短期大学付属南日本文化研究所
1995.3　117p　26cm　（南日本文化研究所
叢書 20）〈関連報告書：p114～115〉Ⓝ219.
9
〔0468〕

◇沖縄のグスクめぐり─グスク人の夢のあと
当真嗣一監修,むぎ社編集部編著　中城村（沖
縄県）　むぎ社　1996.6　254p　26cm　〈文
献あり〉2816円　Ⓘ4-944116-07-1　Ⓝ219.9

　内容　グラビア　糸満市　東風平町　具志頭村
玉城村　知念村　佐敷町　大里村　南風原町　豊
見城村〔ほか〕
〔0469〕

◇源為朝琉球渡来　與那嶺正秀著　南風原町
（沖縄県）　グローバル企画印刷（印刷）
1996.7　10p　21cm　〈年表あり〉Ⓝ219.9
〔0470〕

◇図説沖縄の城─よみがえる中世の琉球　名嘉
正八郎著　南風原町（沖縄）　那覇出版社
1996.10　290p　31cm　〈創立30周年記念刊
行〉12000円　Ⓘ4-89095-076-1　Ⓝ219.9
〔0471〕

◇グスク・共同体・村─沖縄歴史考古学序説
安里進著　宜野湾　榕樹書林　1998.12
244,13p　22cm　（琉球弧叢書 6）〈折り込1
枚〉4500円　Ⓘ4-947667-53-2　Ⓝ219.9
　内容　総説　考古学からみた古琉球─宜野湾・浦添
を中心に　第1章　グスク（考古学におけるグスク
論争の整理と問題点　グスクと王権─王権の移動
首里城以前の中山王城・浦添グスクの調査　ほか）
第2章　共同体・村（近世琉球の農業共同体
的村の起源　グスク時代の集落構成と地域共同体
羽地における古琉球的共同体から近世的村への展
開　ほか）　第3章　村落の考古学的調査（御岳・グ
スク・村落の考古学的関係）
〔0472〕

◇重編使録琉球録　郭汝霖〔著〕,原田禹雄訳注
宜野湾　榕樹書林　2000.4　319,7p　22cm
13000円　Ⓘ4-947667-67-2　Ⓝ219.9
〔0473〕

◇古琉球　伊波普猷著, 外間守善校訂　岩波書
店　2000.12　487p　15cm　（岩波文庫）
960円　Ⓘ4-00-381021-X　Ⓝ219.9
　内容　琉球人の祖先に就いて　琉球史の趨勢　沖
縄人の最大欠点　進化論より見たる沖縄の廃藩置
県　土塊石片録　浦添考　島尻といえる名称　阿
麻和利考　琉球に於ける倭寇の史料　琉球文にて
記せる最後の金石文〔ほか〕
〔0474〕

◇「世界遺産」グスク紀行─古琉球の光と影
岡田輝雄文, 国吉和夫写真　那覇　琉球新報
社　2000.12　222p　26cm　1800円　Ⓘ4-
89742-035-0　Ⓝ219.9
　内容　今帰仁グスク─まぼろしの「北山王国」　座
喜味グスク─築城技術の高さ示す　勝連グスク─
天下揺るがした“梟雄”　中城（グスク）─国の“中
央”に聳えた名城　首里城─「琉球王国」五百年の
拠点　斎場御岳─琉球第一の聖地　知念グスク─
“神降れはじめ”のグスク　玉城（グスク）─開闢
神話とともに　糸数グスク─よみがえる大型グス
ク　南山グスク─「南山王国」の王城〔ほか〕
〔0475〕

◇「世界遺産」琉球グスク群　琉球新報社編
那覇　琉球新報社　2000.12　103p　28cm
〈おもに図　年表あり〉2500円　Ⓘ4-89742-
034-2　Ⓝ219.9
〔0476〕

「沖縄」がわかる本 6000冊　41

沖縄史　　　　　　　　　　　　　　　　歴史・地理

◇世界遺産琉球王国のグスク及び関連遺産群　沖縄県教育庁文化課編　那覇　「琉球王国のグスク及び関連遺産群」世界遺産登録記念事業実行委員会　2001.2　199p　31cm　Ⓝ219.9
　内容 玉陵・園比屋武御嶽石門・今帰仁城跡・座喜味城跡・勝連城跡・中城城跡・首里城跡・識名園・斎場御嶽　　　　　　　　　　〔0477〕

◇沖縄世替わり30年—写真記録　琉球新報社編　那覇　琉球新報社　2002.5　102,9p　21×27cm　〈奥付のタイトル（誤植）：沖縄世替り30年〉　2000円　Ⓘ4-89742-045-8　Ⓝ219.9
　　　　　　　　　　　　　　　　　〔0478〕

◇グスク探訪ガイド—沖縄・奄美の歴史文化遺産〈城・グスク〉　名嘉正八郎著　那覇　ボーダーインク　2002.5　144p　21cm　1800円　Ⓘ4-89982-024-0　Ⓝ219.9　〔0479〕

◇北の平泉、南の琉球　入間田宣夫、豊見山和行著　中央公論新社　2002.8　334p　20cm　（日本の中世　5）〈付属資料：16p：月報　5〉　2500円　Ⓘ4-12-490214-X　Ⓝ210.4　〔0480〕

◇九州地方の中世城館　2（鹿児島・沖縄）　東洋書林　2002.8　1冊　23cm　（都道府県別日本の中世城館調査報告書集成　第21巻）〈付属資料：1枚　シリーズ責任表示：村田修三、服部英雄／監修／複製〉　30000円　Ⓘ4-88721-452-9　Ⓝ219
　内容 鹿児島県の中世城館跡（鹿児島県教育委員会編（昭和62年刊））　ぐすく　1（沖縄県教育庁文化課編（昭和58年刊））　ぐすく　2（沖縄県教育庁文化課編（平成2年刊））　ぐすく　3（沖縄県教育庁文化課編（平成6年刊））　　　　〔0481〕

◇古地図にみる琉球—Ryukyu in time-honored maps　沖縄県文化振興会公文書管理部史料編集室編　南風原町（沖縄県）　沖縄県教育委員会　2003.3　72p　30cm　（沖縄県史ビジュアル版 12（古琉球 1））〈英文併記〉　Ⓝ219.9　　　　　　　〔0482〕

◇グスク文化を考える—世界遺産国際シンポジウム〈東アジアの城郭遺跡を比較して〉の記録　沖縄県今帰仁村教育委員会編　新人物往来社　2004.5　478,9p　22cm　〈会期：2004年1月17日〉　2200円　Ⓘ4-404-03206-4　Ⓝ219.9
　内容 第1章　世界遺産登録の意義とグスク研究の新展開（グスク調査と整備　世界史における琉球・沖縄）　第2章　東アジアの城郭遺跡を比較して（沖縄（流球国）のグスク（城）研究略史　日本列島の中のグスク　ほか）　第3章　北山の世界と今帰仁グスクの歴史（北山文化圏への機想　今帰仁グスクと山原の主なグスク　ほか）　第4章　グスク調査の最新成果（奄美・赤木名グスクの時代背

景　グスク時代開始期の掘立柱建物についての一考察　ほか）　　　　　　　　　　〔0483〕

◇島津氏の琉球侵略—もう一つの慶長の役　上原兼善著　宜野湾　榕樹書林　2009.4　257,16p　22cm　（琉球弧叢書 19）　3800円　Ⓘ978-4-89805-132-0　Ⓝ219.9　〔0484〕

◇海東諸国紀—朝鮮人の見た中世の日本と琉球　申叔舟著, 田中健夫訳注　岩波書店　2010.7　440,13p　15cm　（岩波文庫）　940円　Ⓘ4-00-334581-9
　内容 海東諸国紀（海東諸国紀序　海東諸国紀目録・凡例　海東諸国総図　日本本国の図　日本国西海道九州の図　日本国一岐島の図　日本国対馬島の図　琉球国の図　熊川齊浦の図　東莱富山浦の図　ほか）　海東諸国紀影印（原文）　〔0485〕

◇グスク時代のはなし—琉球12-16世紀　城間勇吉著　那覇　新星出版　2012.3　230p　21cm　〈文献あり〉　1714円　Ⓘ978-4-905192-20-6　Ⓝ219.9　　　　　　　　　〔0486〕

◇三山とグスク—グスクの興亡と三山時代：南山・中山・北山：新歴史ガイド　座間味栄議著　中城村（沖縄県）　むぎ社　2012.5　301p　20cm　〈文献あり〉　1760円　Ⓘ978-4-944116-36-2　Ⓝ219.9　〔0487〕

◇週刊日本の世界遺産&暫定リスト　11　琉球王国のグスク　朝日新聞出版　2012.6　35p　30cm　（朝日ビジュアルシリーズ）　552円
　　　　　　　　　　　　　　　　　〔0488〕

◇グスクと按司—日本の中世前期と琉球古代　上　来間泰男著　日本経済評論社　2013.11　254p　19cm　（シリーズ沖縄史を読み解く　3）　3200円　Ⓘ978-4-8188-2303-7　Ⓝ219.9
　内容 序章　日本史の「中世前期」と「琉球古代」（「古代」から「中世」へ　沖縄史の時代区分の提唱）　第1章　院政と武士の台頭—平安時代後期（一一世紀の日本　一一世紀の東アジア　ほか）　第2章　武士とその成立（「武士」とは何か　武士の成立過程）　第3章　武家＝平氏政権—平安時代終末期（一二世紀の日本　一二世紀の東アジア　ほか）　　　　　　　　　　〔0489〕

◇グスクと按司—日本の中世前期と琉球古代　下　来間泰男著　日本経済評論社　2013.11　313p　19cm　（シリーズ沖縄史を読み解く　3）〈文献あり〉　3400円　Ⓘ978-4-8188-2304-4　Ⓝ219.9
　内容 第4章　武家＝源氏政権—鎌倉時代（一三世紀の日本　一三世紀の東アジア　一三世紀の東南アジア　一三世紀の九州と南の島々　『漂到流球国記』）　第5章　「グスク時代」論からみる沖縄—一三〜一五世紀（「按司時代」論とその評価　「グスク」とは何か　「グスク時代」の提唱と歴史学への輸入　考古学の描く「グスク時代」　その後の沖縄農業　歴史学者のその後の「グスク時代」論

歴史・地理　　　　　　　　　　　　　　　　　　　　　　　　　　　　沖縄史

「グスク時代」から「グスク時代」論）　〔0490〕

◇古琉球期首里王府の研究　矢野美沙子著　校倉書房　2014.10　292p　22cm　（歴史科学叢書）〈索引あり〉8000円　①978-4-7517-4560-1　Ⓝ219.9
　内容　序章　古琉球研究史の整理と課題　第1章　王統交代期の首里王府について　第2章　古琉球期首里王府の外交機構─久米村を中心に　第3章　中山王と按司　第4章　辞令書から見る古琉球社会　第5章　古琉球における先島支配─オヤケアカハチの乱を切り口として　第6章　為朝伝説と中山王統　第7章　近世琉球における首里王府の歴史像　終章　古琉球期首里王府論　　　　　　〔0491〕

◇琉球史を問い直す─古琉球時代論　吉成直樹, 高梨修, 池田榮史著　森話社　2015.4　285p　20cm　（叢書・文化学の越境 23）〈文献あり 索引あり〉2900円　①978-4-86405-078-4　Ⓝ219.9
　内容　1 グスク時代の開始　2 十四世紀代の社会変革と交易システムの転換　3 「三山時代」から琉球国へ　4 十四世紀代の交易システムの転換の要因　5 古琉球時代の琉球国　補論1 行政分離地域の考古学　補論2 中世奄美の城郭遺跡　補論3 沖縄におけるグスクの構造化　　　〔0492〕

《近世》

◇近世沖縄の素顔　田名真之著　那覇　ひるぎ社　1998.3　233p　18cm　（おきなわ文庫84）　900円　Ⓝ219.9　　　　　　　〔0493〕

◇十七世紀の日本と東アジア　藤田覚編　山川出版社　2000.11　218p　22cm　3500円　④4-634-52100-8　Ⓝ210.52
　内容　1章 異国船紛争の処理と幕藩制国家──一六六〇年代東アジア海域を中心に　2章 一七世紀前期日朝関係における武器輸出　3章 キリシタン禁制と宗門改制度　4章 一七世紀における琉球王国の対外関係─漂着民の処理問題を中心に　5章 一六六〇年代オランダ風説書の確立過程　6章 一七世紀の松前藩と蝦夷地　7章 対外関係の伝統化と鎖国祖法観の確立　　　　　　　　　〔0494〕

◇描かれた「異国」「異域」─朝鮮、琉球、アイヌモシリの人びと　大阪人権博物館編　大阪　大阪人権博物館　2001.4　123p　30cm〈会期：2001年4月17日─6月10日　文献あり〉Ⓝ210.5　　　　　　　　　　　　　〔0495〕

◇近世日本における外国使節と社会変容─『儀衛正日記』を読む　玉井建也編　紙屋敦之研究室　2006.7　186p　30cm　（紙屋ゼミ共同研究成果報告書 2005年度）〈文献あり〉Ⓝ219.9
　内容　史料編：『儀衛正日記』と関連史料について　上里隆史著　史料翻刻「儀衛正日記」　論考編：

天保三年度琉球使節の派遣延期の背景　鈴木孝幸著　江戸上りの装束・路次楽・荷物に関する一考察　安藤奈々著　琉球使節の編成と運営　杉村征紀著　琉球使節通航に関する情報収集について　玉井建也著　琉球使者江戸上りにおける死者と墓参問題　孫暁艶著　琉球使節の外交儀礼と「朝拝御規式」　清水光明著　琉球使節の「習禮」について　金井貴司著　江戸市中における琉球使節の行列　山上至人著　　　　　　　　　〔0496〕

◇近世日本における外国使節と社会変容　3　矢野美沙子編　紙屋敦之研究室　2009.7　133p　30cm　（紙屋敦之ゼミ共同研究成果報告書 2008年度）〈「3」のタイトル関連情報：大君外交解体を追う　文献あり〉Ⓝ210.55
　内容　史料編　史料翻刻「江戸立二付仰渡留」　論考編　幕末期琉球における江戸上り使節派遣準備　矢野美沙子著　鹿児島における琉球使節の儀礼について　岩花由貴著　琉球使節と宿場　渋谷詩織著　幕末における薩摩藩の琉球ルート情報統制　孫暁艶著　琉球使節の上野東照宮儀礼の中止について　張慧珍著　幕末琉球慶賀使の延期について　ティネッロ・マルコ著　　　　〔0497〕

◇清末漢文組立役家伝書　法政大学沖縄文化研究所　2011.3　132p　26cm　（沖縄研究資料 28）　Ⓝ219.9　　　　　　〔0498〕

《琉球王国》

◇中国福建省・琉球列島交渉史の研究　中国福建省・琉球列島交渉史研究調査委員会編　第一書房　1995.2　477,61p　27cm〈魏学源著「福建進京水陸路程」の複製を含む　中文併載　文献あり〉④4-8042-0083-5　Ⓝ219.9　　　　　　　　　　　　　　　〔0499〕

◇琉球王国評定所文書　第11巻　琉球王国評定所文書編集委員会編　〔浦添〕　浦添市教育委員会　1995.3　86,518p　22cm〈発売：ひるぎ社（那覇）〉4120円　Ⓝ219.9　　〔0500〕

◇琉球・中国交渉史に関するシンポジウム論文集　第2回　沖縄県立図書館史料編集室編　那覇　沖縄県立図書館　1995.3　1冊　21cm〈中国語書名：琉球・中国交渉史研討会論文集 中国語併記　発売：ひるぎ社〉1800円　Ⓝ219.9　　　　　　　　　　　　〔0501〕

◇歴代宝案─校訂本　第11冊　沖縄県立図書館史料編集室編, 小島晋治校訂　〔那覇〕　沖縄県教育委員会　1995.3　3,604p　27cm　Ⓝ219.9
　内容　第2集　巻146-160　　　　　〔0502〕

◇使琉球録　陳侃〔著〕, 原田禹雄訳注　宜野湾　榕樹社　1995.6　283,5p　22cm〈嘉靖刻本影印を含む　発売：緑林堂書店〉6900

「沖縄」がわかる本 6000冊　43

沖縄史 歴史・地理

円 Ⓘ4-947667-24-9 Ⓝ219.9 〔0503〕

◇琉球の文化 式場隆三郎編著 宜野湾 榕樹社 1995.6 14,304,40p 図版10枚 20cm 〈昭和書房昭和16年刊の複製 発売：緑林堂書店〉4500円 Ⓘ4-947667-29-X Ⓝ219.9 〔0504〕

◇清代中国・琉球関係档案史料展目録—沖縄県公文書館開館記念特別展 沖縄県公文書館編 南風原町（沖縄県） 1995.8 46p 30cm 〈主催：沖縄県公文書館、中国第一歴史档案館 展示史料関連年表：p44〜45〉Ⓝ210.5 〔0505〕

◇琉球の歴史 宮城栄昌著 吉川弘文館 1996.1 304,15p 20cm （日本歴史叢書 新装版）〈新装版 叢書の編者：日本歴史学会 略年表・参考文献：p287〜304〉2884円 Ⓘ4-642-06628-4 Ⓝ219.9 [内容] 村落（マキョ）時代の沖縄 按司時代の沖縄 王国時代の沖縄 県政時代の沖縄 〔0506〕

◇前近代における南西諸島と九州—その関係史的研究 丸山雍成編 多賀出版 1996.2 521p 22cm 9270円 Ⓘ4-8115-4031-X Ⓝ219 [内容] 第1章 「古琉球」の形成・確立と九州 第2章 幕藩制下の琉球と九州 第3章 琉球処分への道程 〔0507〕

◇琉球王国評定所文書 第12巻 琉球王国評定所文書編集委員会編 〔浦添〕 浦添市教育委員会 1996.3 21,470p 22cm 〈発売：ひるぎ社（那覇）〉4000円 Ⓝ219.9 〔0508〕

◇歴代宝案—校訂本 第5冊 沖縄県立図書館史料編集室編、生田滋校訂 〔那覇〕 沖縄県教育委員会 1996.3 615p 27cm 〈発売：ひるぎ社（那覇）〉6300円 Ⓝ219.9 [内容] 第2集 巻31-49 〔0509〕

◇歴代宝案—校訂本 第13冊 沖縄県立図書館史料編集室編、西里喜行校訂 〔那覇〕 沖縄県教育委員会 1996.3 4,555p 27cm 〈発売：ひるぎ社（那覇）〉5825円 Ⓝ219.9 [内容] 第2集 巻174-189 〔0510〕

◇琉明・琉清交渉史の研究 宮田俊彦著 文献出版 1996.6 445p 22cm 12360円 Ⓘ4-8305-1190-7 Ⓝ219.9 〔0511〕

◇琉球政府の時代—開館一周年記念特別展 図録 沖縄県公文書館編 南風原町（沖縄県） 沖縄県公文書館 1996.8 56p 30cm 〈折り込1枚 会期：1996年8月1日〜31日 沖縄戦後史年表：p45〜54〉Ⓝ219.9 〔0512〕

◇「唐旅」紀行—琉球進貢使節の路程と遺跡、文書の調査 比嘉実著 法政大学沖縄文化研究所 1996.9 183p 26cm （沖縄研究資料 15） Ⓝ210.5 〔0513〕

◇琉球・中国交渉史に関するシンポジウム論文集 第3回 沖縄県文化振興会公文書館管理部史料編集室編 〔那覇〕 沖縄県教育委員会 1996.9 6,265,11p 21cm 〈他言語標題：琉球・中国交渉史研討会論文集 中文併記〉Ⓝ219.9 〔0514〕

◇琉球王国の時代 宜野湾 沖縄国際大学公開講座委員会 1996.12 298p 19cm （沖縄国際大学公開講座 1） 〈発売：ボーダーインク（那覇） 文献あり〉1456円 Ⓘ4-938923-92-0 Ⓝ219.9 [内容] 琉球王国以前の沖縄 琉球の歴史と民衆 琉球王国の英雄群像 琉球王国と言語 琉球王国の通訳者 琉球王国と武芸 〔0515〕

◇ペリーと大琉球 高良倉吉, 玉城朋彦編 那覇 琉球放送 1997.3 205p 19cm 〈琉球放送創立40周年記念出版 肖像あり 発売：ボーダーインク（那覇）〉1429円 Ⓘ4-938923-52-1 Ⓝ219.9 〔0516〕

◇琉球王国評定所文書 第13巻 琉球王国評定所文書編集委員会編 〔浦添〕 浦添市教育委員会 1997.3 34,502p 22cm 〈発売：ひるぎ社（那覇）〉4175円 Ⓝ219.9 〔0517〕

◇歴代宝案—訳注本 第2冊 沖縄県文化振興会、〔沖縄県〕公文書館管理部史料編集室編、和田久徳訳注 〔那覇〕 沖縄県教育委員会 1997.3 592p 27cm 〈発売：ひるぎ社（那覇）〉6300円 Ⓝ219.9 [内容] 第1集 巻23-43 〔0518〕

◇琉球・中国・日本・朝鮮年代対照表 沖縄県文化振興会公文書館管理部史料編集室編 南風原町（沖縄県） 沖縄県文化振興会公文書館管理部史料編集室 1997.3 154p 26cm 〈史料編集参考資料〉Ⓝ220.032 〔0519〕

◇定本琉球国由来記 外間守善, 波照間永吉編著 角川書店 1997.4 599,91p 22cm 〈索引あり〉30000円 Ⓘ4-04-821052-1 Ⓝ219.9
＊1713年、琉球王府編纂による本書が完成した。首里城内での諸行事をはじめ、王国全域にわたる資料収集によって編纂された『琉球国由来記』は、『おもろさうし』と並ぶ沖縄学研究の必須資料である。新旧沖縄学の研究成果が、その扉を開く鍵を完成させた。 〔0520〕

◇ペルリ提督琉球訪問記 神田精輝著訳 国書刊行会 1997.7 246p 20cm 〈大正15年刊の複製 肖像あり 折り込2枚〉4800円 Ⓘ4-336-03996-8 Ⓝ291.99

歴史・地理　　　　　　　　　　　　　　　　　　　　　　　　　　　沖縄史

内容 第1編 日本遠征前記　第2編 最初の琉球訪
問　第3編 第二回目の琉球訪問　第4編 第三回の
琉球訪問　第5編 第四回の琉球訪問　第6編 名残
り惜しい、最後の流球訪問　　　　　　　　〔0521〕

◇琉球人種論　伊波普猷著　宜野湾　榕樹書林
1997.8　40p　22cm　（沖縄学資料シリーズ
1）〈小澤博愛堂明治44年刊の複製〉①4-
947667-46-X　N219.9　　　　　　　　〔0522〕

◇訳注『汪楫冊封琉球使録三篇』　汪楫〔原
著〕，原田禹雄訳注　宜野湾　榕樹書林
1997.9　432,14p　22cm〈標題紙・背のタイ
トル：汪楫冊封琉球使録三篇　索引あり〉
14000円　①4-947667-39-7　N219.9
内容 使琉球雑録　中山沿革志　冊封疏鈔
　　　　　　　　　　　　　　　　　　　　〔0523〕

◇琉球王国と蝦夷地―沖縄国際大学公開講座
山畠正男著　宜野湾　沖縄国際大学公開講座
委員会　1998.3　63p　21cm　（沖国大ブッ
クレット no.3）〈発売：編集工房東洋企画
（那覇）〉　500円　①4-938984-08-3　N219.9
　　　　　　　　　　　　　　　　　　　　〔0524〕

◇琉球王国評定所文書　第14巻　琉球王国評定
所文書編集委員会編　〔浦添〕　浦添市教育
委員会　1998.3　534p　22cm〈発売：ひる
ぎ社（那覇）〉　4700円　N219.9　　　〔0525〕

◇琉球往復文書及関連史料　1　〔梅木哲人
〕〔編〕　法政大学沖縄文化研究所　1998.3
102p　26cm　（沖縄研究資料 16）　N219.9
　　　　　　　　　　　　　　　　　　　　〔0526〕

◇歴代宝案―訳注本　第3冊　沖縄県文化振興
会公文書館管理部史料編集室編，神田信夫訳
注　〔那覇〕　沖縄県教育委員会　1998.3
495p　27cm　N219.9
内容 第2集目録　巻1-14　　　　　　　　〔0527〕

◇蔡鐸本中山世譜―現代語訳　〔蔡鐸〕〔著〕，
原田禹雄訳注　宜野湾　榕樹書林　1998.7
217,9p　22cm　（琉球弧叢書 4）　3800円
①4-947667-50-8　N219.9
内容 中山王世系図（舜天王之系図　英祖王之系図
察度王之系図 ほか）　中山世譜序（尚清王　尚永
王　尚寧王 ほか）　中山世譜附巻序（尚恭公　尚
文公）　　　　　　　　　　　　　　　　　〔0528〕

◇使琉球紀　中山紀略　張学礼〔著〕，原田禹
雄訳注，張学礼〔著〕，原田禹雄訳注　宜野湾
榕樹書林　1998.7　131,4p　22cm　3800円
①4-947667-51-6　N219.9
内容 使琉球紀　中山紀略　使琉球紀本文　中山
紀略本文　解説 尚質が冊封されるまで　冊封尚
質関連年表　　　　　　　　　　　　　　　〔0529〕

◇琉球の朝貢貿易　邊土名朝有著　校倉書房

1998.7　458p　22cm　（歴史科学叢書）
15000円　①4-7517-2840-7　N219.9
内容 第1部 明代における琉球の朝貢貿易（貢期の
制定　附搭貨と給賜　貢期の制限　明の冊封体制
と文禄・慶長の役 ほか）　第2部 清代における琉
球の朝貢貿易（明・清交替の動乱と清朝冊封体制
の成立　貢期と貢物の制定　進貢使の清国入国と
帰国　琉球の朝貢貿易制度の確立 ほか）　〔0530〕

◇アジアのなかの琉球王国　高良倉吉著　吉川
弘文館　1998.10　172p　19cm　（歴史文化
ライブラリー 47）　1700円　①4-642-05447-
2　N219.9
内容 はてしない物語のなかへ―プロローグ　東シ
ナ海を越えて（中国との出会い　王国の船出　冊
封体制の一員となる）　大交易時代の出現（中継貿
易の推進　中国人パワーの活用　東南アジアへの
進出）　貿易国家の舞台裏（国営事業としての海外
貿易　那覇港をめぐる状況）　琉球、その後―エ
ピローグ　　　　　　　　　　　　　　　　〔0531〕

◇琉球の「国つくり」考　崎間敏勝著　与那原
町（沖縄県）　琉球文化歴史研究所　1998.10
387p　19cm　（琉球の文化と歴史の考察　第
4集）〈シリーズ「琉球の文化と歴史の考察」
第13〜16号, 揚子江放浪記の合冊〉　4000円
N219.9
内容 琉球の「国つくり」考　「おなりかみ」とイ
ザイホー　「ハーリー」の起源　「ぺーちん」物
語り　揚子江放浪記　　　　　　　　　　　〔0532〕

◇ペリーがやってきた―19世紀にやってきた異
国人たち　沖縄県文化振興会公文書館管理部
史料編集室編　〔那覇〕　沖縄県教育委員会
1999.3　57p　30cm　（沖縄県史ビジュアル
版 4（近世 1））〈他言語標題：
Modernization：Perry and Ryukyu　英文
併記〉　N219.9　　　　　　　　　　　　　〔0533〕

◇琉球・中国交渉史に関するシンポジウム論文
集　第4回　沖縄県文化振興会公文書館管理
部史料編集室編　〔那覇〕　沖縄県教育委員
会　1999.3　329p　21cm〈中文併記　発
売：ひるぎ社（那覇）〉　2000円　N219.9
　　　　　　　　　　　　　　　　　　　　〔0534〕

◇歴代宝案―校訂本　第8冊　沖縄県文化振興
会編，〔沖縄県〕公文書館管理部史料編集室
編，濱下武志校訂　〔那覇〕　沖縄県教育委
員会　1999.3　664p　27cm〈発売：ひるぎ
社（那覇）〉　5700円　N219.9
内容 第2集　巻90-104　　　　　　　　　〔0535〕

◇東南アジアのなかの琉球―鎌倉―安土・桃山
歴史教育者協議会編　ほるぷ出版　1999.4
47p　28cm　（世界と出会う日本の歴史 2）
2800円　①4-593-50841-X
内容 1 宋の国からきた陶磁器　2 日本をおそう

「沖縄」がわかる本　6000冊　　45

沖縄史　　　　　　　　　　　　　　　　　　　　　　　　　　　　歴史・地理

モンゴルのフビライ　3 日明貿易と水墨画　4 東南アジアのなかの琉球王国　5 鉄砲を運んできたのは中国の船　6 スペインからやってきたキリシタン　7 東南アジアと日本町　　　　　　〔0536〕

◇中山伝信録　徐葆光〔著〕，原田禹雄訳注　新訳注版　宜野湾　榕樹書林　1999.5　574，21p　22cm　25000円　Ⓘ4-947667-59-1　Ⓝ219.9　　　　　　　　　　　　　　　　〔0537〕

◇異国と琉球　山口栄鉄著　新装版　宜野湾　榕樹書林　1999.6　256p　23cm　3800円　Ⓘ4-947667-61-3　Ⓝ219.9
内容 シュウォーツ師と琉球宣教―精神文化史上の一系譜　クリフォード―琉球伝道史上の一先覚　ベッテルハイム実録　ベッテルハイム略伝　バジル・ホール略伝　ピーター・パーカー師と琉球―訪琉記自筆稿本のことなど　「ウィリアムズ家文書」と琉球―琉米修好史上の新史料　異国に眠る松陰の密書　アナポリスの鐘　ペリー提督略伝〔ほか〕　　　　　　　　　　　　　　〔0538〕

◇使琉球録解題及び研究　夫馬進編　増訂　宜野湾　榕樹書林　1999.8　217p　27cm　5800円　Ⓘ4-947667-60-5　Ⓝ219.9〔0539〕

◇猪口孝が読み解く『ペリー提督日本遠征記』〔フランシス・L.ホークス〕〔編〕，猪口孝監修，三方洋子訳　NTT出版　1999.10　286p　20cm　2000円　Ⓘ4-7571-4010-X　Ⓝ210.5953
内容 琉球から江戸へ・浦賀湾に投錨　浦賀の役人との交渉・大統領国書を呈上　江戸湾を測量・日本を去る　大統領の国書への返書を受領・交流が始まる　贈り物の交換・条約の調印　日本の人々の生活・下田へ　下田での生活・箱館へ　箱館に入港・訪問の目的を伝える　箱館での折衝・再び下田へ赴き、条約の付則に合意　琉球での協定・各艦の行動　地震後の下田・批准の交換〔0540〕

◇琉球・中国交渉史に関するシンポジウム論文集　第5回　沖縄県文化振興会公文書館管理部史料編集室編　〔那覇〕　沖縄県教育委員会　1999.10　270p　21cm〈中文併記〉Ⓝ219.9　　　　　　　　　　　　　　　　〔0541〕

◇最後の琉球王国―外交に悩まされた大動乱の時勢　比嘉朝進著　那覇　閣文社　2000.2　223p　19cm　1300円　Ⓘ4-87619-851-9　Ⓝ219.9
内容 仏国宣教師の滞在　西洋列強の軍艦外交　英国宣教師の滞留　仏国艦隊の来航　宣教師の布教と横着ぶり　バウン号の反乱　米国艦隊の来琉　露国艦隊の渡来　ゲラン提督、暴力で調印　真宗法難事件〔ほか〕　　　　　　　　〔0542〕

◇琉球―異邦典籍と史料　山口栄鉄著　新装版　宜野湾　榕樹書林　2000.2　178p　22cm　〈初版：月刊沖縄社刊　年表あり〉2500円　Ⓘ4-947667-62-1　Ⓝ219.9

内容 1 南蛮系異聞琉球記―『ダルボケルク伝』よりピントの「琉球発見」まで　2 琉英関係初期の典籍　3 バジル・ホール前後の典籍　4 「モリソン」号と琉球　5 琉球伝道史の1ページ―ベッテルハイム関係書簡及び典籍　6 黒船と琉球―典籍・史料を探る　7 チェンバレン前後の典籍―近代琉球研究への道　　　　　　　　　　　〔0543〕

◇冊封使録からみた琉球　原田禹雄著　宜野湾　榕樹書林　2000.3　238p　22cm　（琉球弧叢書 7）　4800円　Ⓘ4-947667-66-4　Ⓝ219.9　　　　　　　　　　　　　　　　〔0544〕

◇琉球王国評定所文書　第15巻　琉球王国評定所文書編集委員会編　〔浦添〕　浦添市教育委員会　2000.3　38，512p　22cm〈発売：ひるぎ社（那覇）〉4700円　Ⓝ219.9〔0545〕

◇琉球王国評定所文書　第16巻　琉球王国評定所文書編集委員会編　〔浦添〕　浦添市教育委員会　2000.3　77，594p　22cm〈発売：ひるぎ社（那覇）〉4700円　Ⓝ219.9〔0546〕

◇琉球王朝―物語と史蹟をたずねて　嶋岡晨著　成美堂出版　2000.3　245p　15cm　（成美文庫）〈1992年刊の増訂〉543円　Ⓘ4-415-06881-2　Ⓝ219.9　　　　　　　〔0547〕

◇琉球往復文書及関連史料　2　〔梅木哲人〕〔編〕　法政大学沖縄文化研究所　2000.3　205p　26cm　（沖縄研究資料 17）　Ⓝ219.9　　　　　　　　　　　　　　　　〔0548〕

◇琉球歴史の謎とロマン　その1　亀島靖著　那覇　環境芸術研究所　2000.4（第4刷）226p　17cm〈発売：沖縄教販（那覇）〉933円　Ⓘ4-900374-00-8　Ⓝ219.9
内容 総集編＆世界遺産　　　　　　　　〔0549〕

◇青い目が見た「大琉球」　ラブ・オーシュリ，上原正稔編著，照屋善彦監修，上原正稔訳　改版　那覇　ニライ社　2000.5　240p　21×22cm〈他言語標題：Great Lewchew discovered　発売：新日本教育図書（下関）文献あり〉5000円　Ⓘ4-931314-42-2　Ⓝ219.9
内容 不思議な楽園を発見した探検家たち（人情豊かな太平山の人々　ラ・ペルーズ大琉球地図／与那国のインディアン　ウィリアム・ブロートンの大琉球パノラマ　ほか）　押し寄せる文明の荒波と守礼の邦（ペリー提督とウィリアム・ハイネ　那覇郊外の風景　探検隊のキャンプ地　ほか）　琉球王国の終焉（持てる者には苦しみが、持たざる者には幸せが　最後の琉球国王大いに語る　琉球人ほか）　　　　　　　　　　　　　　〔0550〕

◇歴代宝案―校訂本　第12冊　沖縄県文化振興会公文書管理部史料編集室編，小島晋治校訂〔那覇〕　沖縄県教育委員会　2000.7　606p

46　「沖縄」がわかる本 6000冊

歴史・地理　　　　　　　　　　　　　　　　　　　　　　　　　　　　　　　沖縄史

27cm　Ⓝ219.9

内容 第2集　巻161-173　　　　　　〔0551〕

◇琉球国王表文奏本展示図録―沖縄県公文書館開館五周年記念特別展　中国第一歴史档案館所蔵　沖縄県文化振興会公文書管理部編　南風原町（沖縄県）　沖縄県公文書館　2000.8　2冊（別冊とも）　30cm〈会期：2000年8月1日―9月30日〉Ⓝ219.9　　　　〔0552〕

◇琉球・尚氏のすべて　喜舎場一隆編　新人物往来社　2000.8　234p　20cm〈年譜あり　文献あり〉　2800円　①4-404-02868-7　Ⓝ288.2

内容 琉球における尚王統の樹立　尚氏と室町幕府　尚泰久と仏教の興隆　尚真王の中央集権制国家形成と対外関係　尚寧と琉球出兵　尚質・尚貞王時代と羽地朝秀　尚敬と近世琉球　尚泰と廃藩置県　尚氏関係人名事典〔ほか〕　　〔0553〕

◇琉球国使節渡来の研究　横山学著　吉川弘文館　2000.10　529,19p　21cm　12000円　①4-642-03277-0

内容 第1章　琉球国使節研究の課題と方法　第2章　琉球認識と琉球国使節の成立　第3章　琉球国使節の展開　第4章　琉球認識の展開と琉球国使節　第5章　最後の琉球国使節―明治五年の使節渡来・王国から藩へ　資料篇第1　琉球文献構成試論　資料篇第2　琉球国使節渡来資料　資料篇第3　琉球国使節使者名簿　　　　　　　　　　〔0554〕

◇琉球・東アジアの人と文化―高宮廣衞先生古稀記念論集　上巻　高宮廣衞先生古稀記念論集刊行会編　西原町（沖縄県）　高宮廣衞先生古稀記念論集刊行会　2000.10　435p　27cm〈肖像あり　年譜あり　著作目録あり〉Ⓝ220.04

内容 沖縄縄文時代主要遺跡から出土する石器の様相について（新田重清著）　沖縄先史時代の編年に関する二・三の問題点（知念勇著）　「蝶形骨器」の素材について（金子浩昌著）　沖縄の剥片石器について（小田静夫著）　沖縄・奄美諸島における「骨製品」と「模造品」について（具志堅春美著）　沖縄の「弥生時代」と外来遺物（小田富士雄著）　沖縄諸島出土の九州系弥生土器（中国聰著）　沖縄島後期の土器様相について（岸本義彦ほか著）　スセン當式土器（新里貴之著）　夜光貝の生息する海と環境（中山清美著）　開元通宝と夜光貝（木下尚子著）　奄美諸島の石製土掘具と石製収穫具（堂込秀人著）　南西諸島における箱式石棺墓の再検討（時津裕子著）　先島文化圏の赤色土器（有文器）時代（先史時代第一期）の遺跡について（大濱永亘著）　グスク時代の社会発展の諸過程（リチャード・ピアソン著）　陶磁器が語るグスク時代の酒器（金武正紀著）　12世紀代の貿易陶磁を出土する沖縄本島の遺跡（手塚直樹著）　輝緑岩製石棺にみる屋根瓦（上原静著）　14、15世紀の礎石、基壇考（山本正昭著）　琉球近世灰釉碗考（池田榮史著）　「勝連文化」考（嵩元政秀著）　南島考古学の問題点（上村俊雄著）　南方世界との交流の門戸として

の琉球（高倉洋彰著）　ヒトの適応過程からみた沖縄の先史時代と編年（高宮広土著）　縄文・弥生変革と遠距離交易に関する一考察（松本直子著）　　　　　　　　　　　　　　　　　〔0555〕

◇琉球・東アジアの人と文化―高宮廣衞先生古稀記念論集　下巻　高宮廣衞先生古稀記念論集刊行会編　西原町（沖縄県）　高宮廣衞先生古稀記念論集刊行会　2000.10　457p　27cm　Ⓝ220.04

内容 弥生・古墳時代における回転式離頭銛頭の研究（渡辺誠著）　弥生・古墳時代の家族構成例（坂田邦洋著）　色調からみた南部九州弥生土器様式の動態（鐘ヶ江賢二著）　石鍬と焼畑（橋口尚武著）　大山古墳の修築について（堀田啓一著）　隼人塚をめぐる諸問題（平田信芳著）　地下式板石積石室墓起源論（西健一郎著）　北日本の古代防御性集落とチャシ（工藤雅樹著）　国内出土の馬上杯について（桐山秀穂著）　完新世シベリアの植刃器（小畑弘己著）　土器・石器からみた韓国と九州・沖縄との文化交流（任孝宰著）　朝鮮半島の畑作農耕（甲元眞之著）　唐三彩“陶枕”の形式と用途（亀井明徳著）　白磁の発生をめぐって（関口広次著）　東南中国の先史文化と周辺（後藤雅彦著）　卑南文化における装身に關する研究（連照美著）　グスク論を検討するための若干の前提（高良倉吉著）　嘆願書にみる「脱清人」の国家構想（赤嶺守著）　インドネシア、ラマレラ村の経済システム（江上幹幸著）　カリフォルニアのミーウォク族と有用植物（関俊彦著）　南方起源説の検討（高山純著）　宮古方言概説（加治工眞市著）　港川人は琉球人の祖先か（馬場悠男著）　北海道古人骨歯牙のエナメル質減形成（近藤修ほか著）　骨からみた沖縄先史時代人の生活（土肥直美ほか著）　Distribution and occurrences of terrestrial vertebrate fossils in the Ryukyus（Itsuro Oshiro,Tomohide Nohara著）

〔0556〕

◇琉球王国の謎―世界遺産の島　甦る南海の理想郷・沖縄　武光誠著　青春出版社　2001.2　214p　15cm　（青春文庫）〈『甦える琉球王国』（ベストセラーズ1993年刊）の増訂　年表あり〉　505円　①4-413-09182-5　Ⓝ219.9

〔0557〕

◇江戸上り―琉球使節の江戸参府　沖縄県文化振興会公文書館管理部史料編集室編　〔那覇〕　沖縄県教育委員会　2001.3　72p　30cm　（沖縄県史ビジュアル版 8（近世 2））〈他言語標題：The Edo-nobori　英文併記　年表あり　文献あり〉Ⓝ219.9　　〔0558〕

▷『明実録』の琉球史料　1　和田久徳〔ほか著〕,沖縄県文化振興会公文書管理部史料編集室編　〔南風原町（沖縄県）〕　沖縄県文化振興会公文書管理部史料編集室　2001.3　107p　26cm　（歴代宝案編集参考資料 5）Ⓝ219.9　　　　　　　　　　〔0559〕

「沖縄」がわかる本 6000冊　47

沖縄史　　　　　　　　　　　　　　　　　　　　　　　　　歴史・地理

◇琉球王国評定所文書　第17巻　琉球王国評定所文書編集委員会編　〔浦添〕　浦添市教育委員会　2001.3　46,516p　22cm〈発売：ひるぎ社（那覇）〉4700円　Ⓝ219.9　〔0560〕

◇琉球王国評定所文書　第18巻　琉球王国評定所文書編集委員会編　〔浦添〕　浦添市教育委員会　2001.3　58,450p　22cm〈発売：ひるぎ社（那覇）〉4700円　Ⓝ219.9　〔0561〕

◇琉中歴史関係国際学術会議論文集　第8回　琉球中国関係国際学術会議編　西原町（沖縄県）　琉球中國關係國際學術會議　2001.3　452p　21cm〈会期：2000年11月3日—4日　文献あり　中国語併載〉Ⓝ219.9
内容　特定論題報告「琉中関係と漂着問題」　清代中国対外国遭風難民的救助及遣返制度　劉序楓著　近世琉球における漂流・漂着問題　豊見山和行著　清代海上漂風難民拯済制度的建立和演変　徐恭生著　自由論題報告　清朝期における台湾での琉球漂流民遭難事件について　上江州安亨著　清代琉球使節・随員・官生の客死　松浦章著　琉球船の漂流・漂着　田名真之著　琉球王府の対天然痘戦略と漂流民　小林茂著　琉球国中山王と日本国王　川勝守著　康煕帝與琉球　謝必震著　琉球王位継承略考　陳捷先著　郭崇燾的琉球自立＝獨立論とその周辺　西里喜行著　琉球御座楽「一更里」初探　王耀華著　沖縄道教符籙考釋　林国平著　琉球久米系家譜與中琉文化関係　陳龍貴著　福建師範大學図書館蔵中琉関係史料述略　方宝川著〔0562〕

◇バウン号の苦力反乱と琉球王国—揺らぐ東アジアの国際秩序　西里喜行著　宜野湾　榕樹書林　2001.5　160p　21cm（沖縄学術研究双書1）〈文献あり〉2000円　①4-947667-72-9　Ⓝ219.9　〔0563〕

◇使琉球録　夏子陽〔著〕,原田禹雄訳注　宜野湾　榕樹書林　2001.8　423,4p　22cm〈付属資料：8p：月報26〉16000円　①4-947667-74-5　Ⓝ219.9
内容　使琉球録巻上（使事紀　礼儀　造舟　用人　敬神）　使琉球録巻下（大明一統志　星槎勝覧　集事淵海　杜氏通典　ほか）　〔0564〕

◇琉球使節展図録　豊橋市二川宿本陣資料館編　豊橋　豊橋市二川宿本陣資料館　2001.10　95p　30cm〈開館10周年記念・東海道宿駅設置400年　文献あり〉Ⓝ210.5　〔0565〕

◇幕藩制形成期の琉球支配　上原兼善著　吉川弘文館　2001.11　353,11p　22cm　9500円　①4-642-03372-6　Ⓝ210.52　〔0566〕

◇木の国日本の世界遺産—琉球王国のグスク　財務省印刷局編　財務省印刷局　2001.11　63p　26cm　880円　①4-17-160013-8　Ⓝ219.9
内容　琉球王国の光と影　アジアのなかの琉球貿

易　沖縄の世界遺産　世界遺産を守る修復と復元のドラマ　世界遺産の登録とその歴史的背景　世界遺産条約の法的特色　世界の文化遺産及び自然遺産の保護に関する条約　世界遺産一覧〔0567〕

◇『歴代宝案』訳注本第13冊語注一覧表　〔南風原町（沖縄県）〕　沖縄県文化振興会公文書管理部史料編集室　〔2002〕　200p　21×30cm（歴代宝案編集参考資料6）　Ⓝ219.9　〔0568〕

◇琉球王国評定所文書　補遺別巻　琉球王国評定所文書編集委員会編　〔浦添〕　浦添市教育委員会　2002.1　47,384,20p　22cm〈発売：ひるぎ社（那覇）〉4700円　Ⓝ219.9　〔0569〕

◇世界遺産展—出土品からみた琉球王国のグスク—企画展　沖縄県立埋蔵文化財センター編　西原町（沖縄県）　沖縄県立埋蔵文化財センター　2002.2　20p　30cm　〔0570〕

◇清代琉球関係档案史料和訳目録　沖縄県文化振興会公文書管理部編　南風原町（沖縄県）　沖縄県公文書館　2002.3　322p　30cm　Ⓝ219.9　〔0571〕

◇琉球往復文書及関連史料　3　〔梅木哲人〕〔編〕　法政大学沖縄文化研究所　2002.3　192p　26cm（沖縄研究資料19）　Ⓝ219.9　〔0572〕

◇歴代宝案—訳注本　第13冊　沖縄県文化振興会公文書管理部史料編集室編,西里喜行訳注　〔那覇〕　沖縄県教育委員会　2002.3　484p　27cm〈文献あり〉Ⓝ219.9
内容　第2巻　巻174-189　〔0573〕

◇世界遺産「琉球王国のグスク及び関連遺産群」　沖縄県教育庁文化課編　〔那覇〕　沖縄県教育委員会　2002.3　24p　30cm　〔0574〕

◇よみがえる琉球の記憶—みんなの宝世界遺産　沖縄県教育庁文化課編　〔那覇〕　沖縄県教育委員会　2002.3　28p　30cm　〔0575〕

◇琉球王国　高良倉吉著　岩波書店　2002.5　194,13p　18cm（岩波新書）〈第13刷〉700円　①4-00-430261-7
内容　第1章「王国」の発見（沖縄研究の先達　「河上肇舌禍事件」　独自性の原点とは）　第2章　古琉球の時間（変革の時代がはじまる　王国への道　尚真王の時代—王国の成立　変動の時代へ）　第3章　アジアのなかの琉球（開けた活動の場　海外貿易の条件　琉球史の可能性を求めて）　第4章　辞令書を読む（辞令書の再発見　何が映しだされるのか　記述形式が示すもの）　第5章「王国」の制度を探る（さまざまな官人たち　ヒキとは何か　軍

歴史・地理　　　　　　　　　　　　　　　　　　　　　　　　　　　　沖縄史

事防衛体制と庫理・ヒキ制度）　終章（古琉球が提
起するもの　自己を回復するために）　〔0576〕

◇琉球王国評定所文書刊行事業完了記念シンポ
ジウム報告書─百田紙に記された琉球の近世
浦添市立図書館沖縄学研究室編　浦添　浦添
市教育委員会　2002.7　80p　30cm　Ⓝ219.
9　　　　　　　　　　　　　　　　　　　〔0577〕

◇琉球・中国交渉史に関するシンポジウム論文
集　第6回　沖縄県文化振興会公文書管理部
史料編集室編　〔那覇〕　沖縄県教育委員会
2002.10　332,10p　21cm　〈中文併記〉
Ⓝ219.9　　　　　　　　　　　　　　　　〔0578〕

◇尚家関係資料総合調査報告書─平成十四年度
1（古文書編）　那覇市市民文化部歴史資料室
編　那覇　那覇市　2003.3　16,104p　30cm
Ⓝ219.9　　　　　　　　　　　　　　　　〔0579〕

◇琉球王国評定所文書　総索引　浦添市立図書
館沖縄学研究室編　〔浦添〕　浦添市教育委
員会　2003.3　293p　21cm　Ⓝ219.9〔0580〕

◇琉球往復文書及関連史料　4　〔梅木哲人〕
〔編〕　法政大学沖縄文化研究所　2003.3
194p　26cm　（沖縄研究資料 20）　Ⓝ219.9
　　　　　　　　　　　　　　　　　　　　〔0581〕

◇琉球と中国─忘れられた冊封使　原田禹雄著
吉川弘文館　2003.5　189p　19cm　（歴史
文化ライブラリー　153）　1700円　Ⓘ4-642-
05553-3　Ⓝ219.9
　内容　忘れられた冊封使─プロローグ　天使になっ
　た人々（明朝の招論　第一尚氏王統　第二尚氏王
　統始まる　ほか）　冊封琉球使録（明代使録　清代
　使録）　琉球往還（開洋まで　福建開洋　冊封諸礼
　ほか）　琉球王国から沖縄県へ─エピローグ
　　　　　　　　　　　　　　　　　　　　〔0582〕

◇琉球國志略　周煌著,原田禹雄訳注　宜野湾
榕樹書林　2003.6　747p　22cm　〈付属資
料：4p：月報 30〉　30000円　Ⓘ4-947667-90-
7　Ⓝ219.9　　　　　　　　　　　　　　〔0583〕

◇近世琉球の租税制度と人頭税　沖縄国際大学
南島文化研究所編　日本経済評論社　2003.7
302p　22cm　〈文献あり〉　2500円　Ⓘ4-
8188-1540-3　Ⓝ219.9
　内容　第1章　近世琉球の租税制度と人頭税（石高賦
　課と人頭賦課─琉球王国の貢租制度について　近
　世先島の人頭税と琉球の租税制度）　第2章　近世
　期先島の人頭税制度の構造（近世八重山の役人と
　勧農　西表島上原村人頭税「請取帳」に関する覚
　書─士族と百姓の税負担を比較する　ほか）　第3
　章　明治期沖縄の租税制度と人頭税（旧慣時代沖縄
　県の間切島の租税構造と人頭割課税─本土村戸
　数割課税との比較を中心に　明治「旧慣温存」期
　八重山の人頭税問題─日誌・復命書・見聞記・報
　告書等を中心に　ほか）　第4章　人頭税に関わる伝

承と歌謡（野原ウナヒト媼の大往生と人頭税　聞
き書き・御用布物語─明治・大正期八重山女性の
労働の一面　ほか）　　　　　　　　　　〔0584〕

◇琉球と日本・中国　紙屋敦之著　山川出版社
2003.8　94p　21cm　（日本史リブレット
43）　〈文献あり〉　800円　Ⓘ4-634-54430-X
Ⓝ219.9
　内容　薩摩侵入　1　幕藩体制下の琉球　2　明清交
　替と琉球　3　薩琉中貿易　4　江戸・北京への琉球
　使節　5　トカラとの通交　琉球処分　　　〔0585〕

◇琉球の女歌人　太田良博著　那覇　伊佐美津
子　2003.8　335p　20cm　（太田良博著作
集　1）　〈発売：ボーダーインク（那覇）　シ
リーズ責任表示：太田良博/著　肖像あり〉
2200円　Ⓘ4-89982-049-6　Ⓝ219.9
　内容　1　民俗論考（沖縄と墓の文化　平安座島の
　石棺　ほか）　2　歴史の解釈（「人類館」事件の真
　相　誇り高き時代錯誤）　3　人物伝（琉球の女歌
　人　ジョン万次郎外伝）　4　沖縄のこぼれ話（沖
　縄の青年飛行家　ブラジルのトバク王　ほか）　5
　随筆集（師弟の別離　熱帯魚　ほか）　　〔0586〕

◇琉球を守護する神　原田禹雄著　宜野湾　榕
樹書林　2003.9　286p　22cm　（琉球弧叢
書　9）　〈著作目録あり　年譜あり〉　4800円
Ⓘ4-947667-94-X　Ⓝ219.9
　内容　訳注『隋書』流求国・陳稜　島津の侵略に関
　する尚寧の文書　按司の首里集住について　『殊
　域周咨録』『中山伝信録』の動植物　波利賀多樹
　いやはての『琉球神道記』　琉球の扇　醍醐の琉
　舞　二〇〇一年一月・沖縄　万寿寺の鐘　朝薫以
　前の琉球舞踊　唐人渡来のあやぐ　三位一体の神
　琉球を守護する神　琉球王国の皮弁冠服　琉球国
　王の常服　　　　　　　　　　　　　　　〔0587〕

◇琉球と琉球の人々─琉球王国訪問記〈一八五
〇年十月〉　ジョージ・スミス原著,山口栄
鉄,新川右好訳　那覇　沖縄タイムス社
2003.9　138p　19cm　1300円　Ⓘ4-87127-
162-5　Ⓝ219.9　　　　　　　　　　　　〔0588〕

◇歴代宝案─校訂本　第9冊　沖縄県文化振興
会公文書管理部史料編集室編,金城正篤校訂
〔那覇〕　沖縄県教育委員会　2003.9　591p
27cm　Ⓝ219.9
　内容　第2集　巻105-122　　　　　　　〔0589〕

◇琉球城紀行─城から見る沖縄の文化　北原秋
一著,青塚博太写真　那覇　三浦クリエイ
ティブ　2003.11　111p　24×29cm　〈他言
語標題：A journey to the Ryukyu Gusuku
発売：沖縄教販（那覇）　英語併記〉　2800円
Ⓘ4-900374-25-3　Ⓝ219.9　　　　　　〔0590〕

◇琉球関係档案史料紹介─中国第一歴史档案館
参考人報告から　沖縄県文化振興会公文書管
理部史料編集室編　南風原町（沖縄県）　沖

「沖縄」がわかる本　6000冊　　**49**

縄県文化振興会公文書管理部史料編集室
2004.3 117p 26cm （歴代宝案編集参考
資料 8） Ⓝ219.9 〔0591〕

◇琉球王国—東アジアのコーナーストーン　赤
嶺守著　講談社　2004.4　228p　19cm
（講談社選書メチエ 297）〈文献あり〉1500
円　Ⓘ4-06-258297-X　Ⓝ219.9
　内容 序章 琉球王国とは何か　第1章 グスクの時
代　第2章 明の成立と琉球王国の勃興　第3章 東
アジア貿易圏の中の琉球　第4章 幕藩体制下の琉
球王国　第5章 琉球の改革と中国化　第6章 琉球
王国の進貢貿易　第7章 冊封体制と琉球王国　終
章 王国の消滅 〔0592〕

◇琉球王国の外交と王権　豊見山和行著　吉川
弘文館　2004.6　309,11p　22cm　8000円
Ⓘ4-642-03387-4　Ⓝ219.9
　内容 1 琉球王国と中華帝国（明朝の冊封関係か
らみた琉球王権と身分制　冊封関係からみた近世
琉球の外交と社会　一貫免除問題からみた対清外
交）　2 琉球王国と幕藩制国家（江戸幕府外交と
琉球　近世初期の対薩摩外交　薩摩藩支配下の裁
判権　近世中期の対薩摩外交）　3 琉球王権と対
外関係（祭天儀礼と宗廟祭祀からみた琉球の王権
儀礼　従属的二重朝貢＝琉球の対外関係と貢納
制）　〔0593〕

◇琉球王国秘話—「国王の思惑」と「謎の人物」
沖縄の歴史　長田昌明著　与那原町（沖縄
県）　わらべ書房　2004.6　213p　21cm
1500円　Ⓘ4-9900914-5-0　Ⓝ219.9　〔0594〕

◇琉球・中国交渉史に関するシンポジウム論文
集　第7回　沖縄県文化振興会公文書管理部
史料編集室編　〔那覇〕　沖縄県教育委員会
2004.10　264,11p　21cm　〈会期・会場：
2003年10月18日 沖縄県公文書館　中文併
記〉Ⓝ219.9
　内容 清代琉球人の赴［ビン］勤学を「琉球家譜」
から見る（陳宜耘著）　清宮档案における琉球に関
する絵地図について（鄒愛蓮著）　清代の琉球使節
の分類とその分析（呉元豊著）　清代福州における
琉球漂着民の撫恤について（赤嶺守著）　清代琉球
冊封中の貿易に関する諸問題について（呂小鮮著）
中琉宗藩関係の終結に関する考察（雁旭著）　海賊
による琉球国船襲撃と清朝政府の対応（朱淑媛著）
清代の海賊問題と中琉関係（真栄平房昭著）
〔0595〕

◇琉球歴史の謎とロマン　その3（地域編）　亀
島靖著　那覇　沖縄教販　2004.10　232p
17cm　〈年表あり〉933円　Ⓘ4-900374-02-4
Ⓝ219.9　〔0596〕

◇美濃路をゆく琉球使節—特別展　尾西　尾西
市歴史民俗資料館　2004.10　12p　30cm
（尾西市歴史民俗資料館特別展図録 no. 70）
〔0597〕

◇明代琉球資料集成　原田禹雄訳注　宜野湾
榕樹書林　2004.12　553p　22cm　20000円
Ⓘ4-89805-102-2　Ⓝ219.9
　内容 元史　大明集礼　大明会典　大明一統志
名山蔵　福州府志　福建市舶提挙司志　星槎勝覧
琉球図説〔ほか〕　〔0598〕

◇琉球歴史の謎とロマン　その2（人物ものが
たり）　亀島靖著　那覇　沖縄教販　2004.
12（2刷）　237p　17cm　〈年表あり〉Ⓘ4-
900374-50-4　Ⓝ219.9　〔0599〕

◇『歴代宝案』訳注本第11冊語注一覧表　〔南
風原町（沖縄県）〕　沖縄県文化振興会公文
書管理部史料編集室　〔2005〕　178p　21
×30cm　（歴代宝案編集参考資料 9）
Ⓝ219.9　〔0600〕

◇清末中琉日関係史の研究　西里喜行著　京都
京都大学学術出版会　2005.2　848p　22cm
（東洋史研究叢刊 66（新装版4））　9000円
Ⓘ4-87698-523-5　Ⓝ222.06
　内容 第1編 アヘン戦争前後の国際秩序と琉球王
国（冊封進貢体制の動揺とその契機—嘉慶・道
光期の中琉関係を中心に　アヘン戦争後の外圧と
琉球問題—道光・咸豊期の琉球「所属」問題を中
心に ほか）　第2編 中琉日関係の再編成期におけ
る琉球問題（日清外交の基調と廃琉置県処分　日
清両国の琉球分割交渉とその周辺 ほか）　第3編
清国外交官の対日観・対日論策と琉球問題（黄遵憲
の「流求歌」とその周辺　黎庶昌の対日外交論策
とその周辺 ほか）　第4編 清末ジャーナリズムの
国際認識と琉球問題（清末ジャーナリズムの琉球
問題報道と論評（台湾事件から廃琉置県まで　琉
球分割交渉の前後　日清再交渉の時期））〔0601〕

◇清代使琉球冊封使の研究　曾煥棋著　宜野湾
榕樹書林　2005.3　350p　22cm　8000円
Ⓘ4-89805-107-3　Ⓝ219.9　〔0602〕

◇歴代宝案—訳注本　第11冊　沖縄県文化振興
会公文書管理部史料編集室編,小島晋治訳注
〔那覇〕　沖縄県教育委員会　2005.3　476p
27cm　〈文献あり〉Ⓝ219.9
　内容 第2集　巻146-160　〔0603〕

◇蘇った琉球国中山王陵浦添ようどれ　第5版
浦添　浦添市教育委員会　2005.3　18p
30cm　〔0604〕

◇日本・琉球の文明開化—異国船来航の系譜
ビジュアル版　山口栄鉄監修・序説,新城良
一編著　〔那覇〕　天久海洋文学散歩会
2005.5　170p　31cm　〈発売：沖縄タイムス
出版部（那覇）　文献あり　年表あり〉
14286円　Ⓘ4-87127-618-X　Ⓝ210.59〔0605〕

◇朝鮮王朝実録琉球史料集成　原文篇　池谷望
子,内田晶子,高瀬恭子編　宜野湾　榕樹書林

歴史・地理　　　　　　　　　　　　　　　　　　　　　　　　　沖縄史

2005.5　168,18p　22cm〈中国語併載〉①4-89805-109-X　Ⓝ219.9　〔0606〕

◇朝鮮王朝実録琉球史料集成　訳注篇　池谷望子,内田晶子,高瀬恭子編訳　宜野湾　榕樹書林　2005.5　490p　22cm〈文献あり〉①4-89805-110-3　Ⓝ219.9　〔0607〕

◇琉球国旧記—訳注　首里王府編,原田禹雄訳注　宜野湾　榕樹書林　2005.7　501p　27cm　21500円　①4-89805-111-1　Ⓝ219.9　〔0608〕

◇察度王、南山と北山　与並岳生著　那覇　新星出版　2005.10　137p　19cm　（新琉球王統史 2）〈年表あり〉952円　①4-902193-21-3　Ⓝ219.9　〔0609〕

◇舜天/英祖　与並岳生著　那覇　新星出版　2005.10　127p　19cm　（新琉球王統史 1）〈年表あり〉952円　①4-902193-20-5　Ⓝ219.9　〔0610〕

◇琉球の島々—1905年　チャールズ・S.レブンウォース原著,山口栄鉄,新川右好訳　那覇　沖縄タイムス社　2005.10　135p　19cm〈肖像あり　文献あり〉1300円　①4-87127-173-0　Ⓝ219.9　〔0611〕

◇護佐丸・阿摩和利・鬼大城/尚徳王　与並岳生著　那覇　新星出版　2005.11　121p　19cm　（新琉球王統史 4）〈年表あり〉952円　①4-902193-24-8　Ⓝ219.9　〔0612〕

◇思紹王、尚巴志王・尚泰久王　与並岳生著　那覇　新星出版　2005.11　132p　19cm　（新琉球王統史 3）〈年表あり〉952円　①4-902193-23-X　Ⓝ219.9　〔0613〕

◇薩摩藩対外交渉史の研究　徳永和喜著　福岡　九州大学出版会　2005.12　492p　21cm　8000円　①4-87378-895-1

内容　第1編　琉球支配機構と展開（琉球館の設置と展開　琉球在番奉行の設置と展開　ほか）　第2編　琉球口貿易と領国経営（琉球口貿易の展開　領国経営と越中売薬　ほか）　第3編　東アジア漂着民送還体制（日本と朝鮮の漂着民送還体制　日本と中国の漂着民送還体制　ほか）　第4編　薩摩藩の通事制度（薩摩藩の朝鮮通詞　薩摩藩の唐通事　ほか）　〔0614〕

◇失われた琉球船復元。—尚古集成館「平成の大改修」特別展図録　尚古集成館編　鹿児島　尚古集成館　2005.12　63p　21cm　（海洋国家薩摩 exhibition 2）〈会期：平成17年12月3日—平成18年2月2日〉Ⓝ219.7　〔0615〕

◇尚円王/尚真王　与並岳生著　那覇　新星出版　2005.12　132p　19cm　（新琉球王統史

5）〈年表あり〉952円　①4-902193-27-2　Ⓝ219.9　〔0616〕

◇尚寧王　与並岳生著　那覇　新星出版　2006.1　138p　19cm　（新琉球王統史 7）〈年表あり〉952円　①4-902193-30-2　Ⓝ219.9　〔0617〕

◇尚豊王/尚賢王　与並岳生著　那覇　新星出版　2006.1　133p　19cm　（新琉球王統史 8）〈年表あり〉952円　①4-902193-31-0　Ⓝ219.9　〔0618〕

◇琉球王国と倭寇—おもろの語る歴史　吉成直樹,福寛美著　森話社　2006.1　317p　20cm　（叢書・文化学の越境 12）　3300円　①4-916087-61-5　Ⓝ219.9

内容　序 文学から歴史へ　1 『おもろさうし』のひとつの編纂意図—尚真王をめぐって　2 聞得大君をめぐる問題—神名が示す朝鮮半島への道　3 煽りやへ論—八幡信仰から倭寇へ　4 原型神女論—海の道の神女たち　5 琉球王権の性格　6 琉球王権神話論　7 第二尚氏の成立過程—首里、今帰仁、玉城の三角形　結論　琉球王国成立期と倭寇　〔0619〕

◇尚質王　与並岳生著　那覇　新星出版　2006.2　108p　19cm　（新琉球王統史 9）〈年表あり〉952円　①4-902193-33-7　Ⓝ219.9　〔0620〕

◇尚貞王　上　与並岳生著　那覇　新星出版　2006.2　107p　19cm　（新琉球王統史 10）〈年表あり〉952円　①4-902193-34-5　Ⓝ219.9　〔0621〕

◇尚敬王　上　与並岳生著　那覇　新星出版　2006.3　95p　19cm　（新琉球王統史 12）〈年表あり〉952円　①4-902193-37-X　Ⓝ219.9　〔0622〕

◇尚貞王　下　尚益王　与並岳生著,与並岳生著　那覇　新星出版　2006.3　113p　19cm　（新琉球王統史 11）〈年表あり〉952円　①4-902193-36-1　Ⓝ219.9　〔0623〕

◇『明実録』の琉球史料　3　和田久徳,池谷望子,内田晶子,高瀬恭子〔著〕,沖縄県文化振興会公文書管理部史料編集室編　〔南風原町（沖縄県）〕　沖縄県文化振興会公文書管理部史料編集室　2006.3　139p　26cm　（歴代宝案編集参考資料 10）Ⓝ219.9　〔0624〕

◇琉球列島の占領に関する報告書—原文・和訳　外間正四郎訳,沖縄県文化振興会公文書管理部史料編集室編　〔那覇〕　沖縄県教育委員会　2006.3　211p　26cm　（沖縄県史研究叢書 16）〈英語併記〉Ⓝ219.9　〔0625〕

「沖縄」がわかる本 6000冊　　51

沖縄史　　　　　　　　　　　　　　　　　　　　　　　　　　　　　　歴史・地理

◇尚敬王　下　与並岳生著　那覇　新星出版
2006.4　106p　19cm　（新琉球王統史 13）
〈年表あり〉　952円　Ⓘ4-902193-39-6
Ⓝ219.9　　　　　　　　　　　　　　　〔0626〕

◇尚穆王　与並岳生著　那覇　新星出版
2006.4　132p　19cm　（新琉球王統史 14）
952円　Ⓘ4-902193-40-X　Ⓝ219.9　〔0627〕

◇尚温王　与並岳生著　那覇　新星出版
2006.5　87p　19cm　（新琉球王統史 15）
〈年表あり〉　952円　Ⓘ4-902193-42-6
Ⓝ219.9　　　　　　　　　　　　　　　〔0628〕

◇尚灝王　与並岳生著　那覇　新星出版
2006.5　109p　19cm　（新琉球王統史 16）
952円　Ⓘ4-902193-43-4　Ⓝ219.9　〔0629〕

◇尚育王　与並岳生著　那覇　新星出版
2006.6　90p　19cm　（新琉球王統史 17）
〈年表あり〉　952円　Ⓘ4-902193-45-0
Ⓝ219.9　　　　　　　　　　　　　　　〔0630〕

◇續琉球國志畧　齊鯤, 費錫章著, 原田禹雄訳注
宜野湾　榕樹書林　2006.6　379,7p　22cm
15000円　Ⓘ4-89805-116-2　Ⓝ219.9　〔0631〕

◇歴代宝案―校訂本　第6冊　沖縄県文化振興
会公文書管理部史料編集室編、糸数兼治校訂
〔那覇〕　沖縄県教育委員会　2006.9　609p
27cm　Ⓝ219.9
内容 第2集　巻50-74　　　　　　　　　〔0632〕

◇知られざる琉球使節―国際都市・鞆の浦　特
別展　福山市鞆の浦歴史民俗資料館編　福山
福山市鞆の浦歴史民俗資料館活動推進協議会
2006.10　175p　30cm　〈会期・会場：2006年
10月13日―11月26日　福山市鞆の浦歴史民俗
資料館〉　Ⓝ210.5　　　　　　　　　　〔0633〕

◇琉球王国の形成―三山統一とその前後　和田
久徳著、池谷望子、内田晶子、高瀬恭子編　宜
野湾　榕樹書林　2006.12　229p　22cm
（琉球弧叢書 12）　3800円　Ⓘ4-89805-122-
7　Ⓝ219.9
内容 琉球国の三山統一：琉球国の三山統一につ
いての新考察　琉球国の三山統一再論　『球陽』
をめぐって　琉球と中国：明実録の琉球史料　明
孝宗より琉球国中山王尚真への勅書　『中山伝信
録』の清刊本と和刻本　『華夷変態』の琉球国史
料　琉球と朝鮮：『李朝実録（朝鮮王朝実録）』の
琉球史料を読むために　『李朝実録』にあらわれ
た南島　琉球と李氏朝鮮との交渉　『歴代宝案』
への誘い：『歴代宝案』第一集について　『歴代宝
案』鄭良弼本の特色と価値　十四、五世紀におけ
る東南アジア船の東アジア来航と琉球国　〔0634〕

◇琉球の王権とグスク　安里進著　山川出版社
2006.12　100p　21cm　（日本史リブレット

42）〈文献あり〉　800円　Ⓘ4-634-54420-2
Ⓝ219.9
内容 琉球の王統と王権　1 王都首里と国際交易
都市那覇　2 王都首里の原型浦添　3 大型グスク
と王のグスク　4 ニライカナイの王宮　5 琉球王
陵の変遷　6 英祖王権の成立と太陽子思想の形成
　　　　　　　　　　　　　　　　　　　〔0635〕

◇使琉球記　李鼎元著, 原田禹雄訳注　宜野湾
榕樹書林　2007.4　583,7p　22cm　〈言叢社
（1985年刊）の改訂　複製を含む〉　23800円
Ⓘ978-4-89805-125-2　Ⓝ219.9　　　〔0636〕

◇琉球軍記・薩琉軍談　山下文武著　鹿児島
南方新社　2007.6　93p　21cm　（奄美・琉
球歴史資料シリーズ 1）　2000円　Ⓘ978-4-
86124-112-3　Ⓝ219.9　　　　　　　　〔0637〕

◇朝鮮通信使・琉球使節の日光参り―三使の日
記から読む日光道中　佐藤権司著　宇都宮
随想舎　2007.8　223p　21cm　〈年表あり
文献あり〉　1800円　Ⓘ978-4-88748-163-3
Ⓝ210.52　　　　　　　　　　　　　　　〔0638〕

◇甦る琉球王国の外交官―琉球漢文贖読　都市
経済研究　石塚英樹著　都市経済研究所
2007.11　110p　21cm　〈年表あり〉　非売品
Ⓝ219.9　　　　　　　　　　　　　　　〔0639〕

◇封舟往還　原田禹雄著　宜野湾　榕樹書林
2007.12　216p　22cm　（琉球弧叢書 15）
3800円　Ⓘ978-4-89805-126-9　Ⓝ219.9
　　　　　　　　　　　　　　　　　　　〔0640〕

◇琉球王国誕生―奄美諸島史から　吉成直樹,
福寛美著　森話社　2007.12　357p　20cm
（叢書・文化学の越境 16）　3300円　Ⓘ978-
4-916087-80-5　Ⓝ219.9
内容 はじめに　奄美・おもろ・倭寇　1 倭寇と「倭
寇おもろ」　2 「グラル」という地名・人名　3
「喜界島・奄美大島勢力圏」とヤコウガイ交易　4
「奄美・沖縄北部文化圏」の問題　5 琉球王国と
八幡神　6 「あまみ語彙」とは何か　7 豊饒の奄
美―奄美おもろの世界　結論 北からの衝撃
　　　　　　　　　　　　　　　　　　　〔0641〕

◇琉球・中国交渉史に関するシンポジウム論文
集　第8回　沖縄県文化振興会史料編集室編
〔那覇〕　沖縄県教育委員会　2007.12　313,
10p　21cm　〈中国語併記　会期・会場：2006
年11月13-14日　北京裕龍大酒店〉　Ⓝ219.9
内容 清代の琉球来華使節の進京及びその待遇に
ついて　呉元豊著　明清交替期の中琉日関係に関
する一考察　西里喜行著　乾隆年間の文化使者・王
文治の琉球随行期の詩文について　屈春海著　道
光帝が琉球の四年一貢の論旨を撤回した原因につ
いての私見　朱淑媛著　清国を訪れた琉球使節の
見聞録　真栄平房昭著　徐葆光の描いた琉球図　劉
若芳著　歴代の琉球・中国交渉史に関するシンポ

52　「沖縄」がわかる本 6000冊

歴史・地理　　　　　　　　　　　　　　　　　　　　　　　沖縄史

ジウム総論　陳宜耘著　　　　　　　　〔0642〕

◇大琉球国と海外諸国―欧文日本学・琉球学へ
の誘い ビジュアル版　山口栄鉄編著　那覇
琉球新報社　2008.5　66p　30cm〈他言語
標題：A visual introduction to the great
Lew Chew and countries beyond the seas
年表あり〉　1714円　①978-4-89742-091-2
Ⓝ219.9　　　　　　　　　　　　　　〔0643〕

◇誰も見たことのない琉球―〈琉球の歴史〉ビ
ジュアル読本　上里隆史文・イラスト　那覇
ボーダーインク　2008.6　158p　21cm〈折
り込1枚〉　1600円　①978-4-89982-144-1
Ⓝ219.9　　　　　　　　　　　　　　〔0644〕

◇琉中歴史関係国際学術会議論文集　第11回
琉球中国関係国際学術会議編　西原町（沖縄
県）　琉球中国関係国際学術会議　2008.8
297p　26cm〈会期・会場：2007年11月23日
―24日　琉球大学50周年記念館　文献あり
中国語併載〉Ⓝ219.9
　内容　清代琉球進貢使節の北京における館舎の変
遷について　陳碩炫著　毛国鼎の琉球渡来とその
歴史的意義　上里隆史著　久米村士族という生き
方　渡辺美季著　18世紀琉球の漢語教学　瀬戸口律
子著　論琉球中山詩的漢詩伝統　郭丹著　《琉球土
語》的対音探討　林慶勳著　清末的東亜変局與中日
琉関係　劉序楓著　琉球路次楽六曲の旋律源流考
王耀華著　英祖王陵浦添ようどれの造営と改修の
年代　安里進著　基隆社寮島的石花菜與琉球人村落
（1895-1945）辛徳蘭著　清代中流関係档案　第7
編　鄭愛蓮著　《琉球官話集》音注字之同音分析　金
城ひろみ著　　　　　　　　　　　　〔0645〕

◇『歴代宝案』訳注本第7冊語注一覧表　〔南
風原町（沖縄県）〕　沖縄県文化振興会史料
編集室　〔2009〕　136p　21×30cm（歴
代宝案編集参考資料 11）Ⓝ219.9　〔0646〕

◇琉中関係学術討論会論文集―平成20年度琉球
大学特別教育研究経費《人の移動と21世紀の
グローバル社会》中国・台湾班福建師範大学
中琉関係研究所合同主催　第1回　琉中関係
研究会編　西原町（沖縄県）　琉中関係研究
会　2009.3　227p　30cm〈文献あり〉
Ⓝ219.9
　内容　朱振声氏による琉球館調査手記　謝必震・赤
嶺守著　張瀚『松窓夢語』中琉球史料的介紹與解
読　徐斌著　明治・大正期における沖縄人の詩作
の場　下地智子著　潘栄の「中山八景記」について
平良妙子著　清代琉球貢使在北京的活動及其費用
考察　孫清玲著　琉球王国と海難事件　麻生伸一著
仙霞古道奥中琉交往研究　頼正維著　清代中琉関
係における接貢船派遣の起源について　冨田千夏
著　清代福州における琉球進貢船の会験及び停泊
地の変遷について　陳碩〔ゲン〕著　古琉球におけ
る進貢使節派遣再考　山田浩世著　関於「[ビン]
人三十六姓」姓氏源流問題之探討　呉永寧著　清

代の琉球「官生」派遣復活について　前田舟子著
　　　　　　　　　　　　　　　　　〔0647〕

◇歴代宝案―訳注本　第7冊　沖縄県文化振興
会史料編集室編，濱下武志訳注　〔那覇〕
沖縄県教育委員会　2009.3　444p　27cm
〈文献あり〉Ⓝ219.9
　内容　第2集　巻75-89　　　　　　〔0648〕

◇中国福建省における琉球関係史跡調査報告書
―平成20年度琉球大学特別教育研究経費《人
の移動と21世紀のグローバル社会》中国・台
湾調査班・福建師範大学中琉関係研究所合同
調査報告書　琉中関係研究会編　西原町（沖
縄県）　琉中関係研究会　2009.3　546p
30cm〈文献あり〉Ⓝ222.31　　　　〔0649〕

◇琉球国志略　続　趙新著，原田禹雄訳注　宜
野湾　榕樹書林　2009.6　260,3p　22cm
〈複製を含む〉　11000円　①978-4-89805-138-
2　Ⓝ219.9　　　　　　　　　　　　〔0650〕

◇アジアの海の古琉球―東南アジア・朝鮮・中
国　内田晶子，高瀬恭子，池谷望子著　宜野湾
榕樹書林　2009.7　310,5p　22cm（琉球弧
叢書 20）〈折り込1枚　文献あり〉　4800円
①978-4-89805-133-7　Ⓝ219.9
　内容　琉球と東南アジア　内田晶子著　琉球と朝鮮
高瀬恭子著　琉球と明　池谷望子著　　〔0651〕

◇琉球使節、江戸へ行く！―琉球慶賀使・謝恩
使一行二、〇〇〇キロの旅絵巻　薩摩の琉球
侵攻四〇〇年　平成21年度沖縄県立博物館・
美術館博物館特別展　沖縄県立博物館・美術
館編　那覇　沖縄県立博物館・美術館
2009.10　75p　30cm〈会期・会場：平成21
年10月6日―11月29日　沖縄県立博物館・美
術館　年表あり〉Ⓝ210.5　　　　　〔0652〕

◇「危機の時代」の沖縄―現代を写す鑑、十七
世紀の琉球　伊藤陽寿著　新典社　2009.10
126p　18cm（新典社新書 42）〈年表あ
り〉　800円　①978-4-7879-6142-6　Ⓝ219.9
　内容　1 危機の時代（琉球の「危機」　幕府・薩摩
の思惑　中国の王朝交替）　2 模索から改革へ（羽
地朝秀と『中山世鑑』羽地朝秀の改革）　3 変化と
克服（「中国文化」の導入と「伝統文化」の創成「册
封使来たる」）　4 「安定」の維持（「危機」から「安
定」の時代へ）　　　　　　　　　　〔0653〕

◇琉日戦争一六〇九―島津氏の琉球侵攻　上里
隆史著　那覇　ボーダーインク　2009.12
350p　19cm〈文献あり〉　2500円　①978-4-
89982-170-0　Ⓝ219.9
　内容　第1章 独立国家、琉球王国―プロローグ・
琉球の章　第2章 九州の覇者・島津氏と琉球―プ
ロローグ・島津の章　第3章 豊臣秀吉のアジア征
服戦争　第4章 徳川政権の成立と対明交渉　第5

沖縄史　　　　　　　　　　　　　　　　　　　　　　　歴史・地理

章 島津軍、琉球へ侵攻　第6章 国敗れて　第7章
「黄金の籠」を次代へ―エピローグ　　　　〔0654〕

◇琉球王国海上交渉史研究　岡本弘道著　宜野
湾　榕樹書林　2010.3　255,8p　22cm
8000円　①978-4-89805-142-9　Ⓝ219.9
　　　　　　　　　　　　　　　　　　　　〔0655〕

◇博物学と書物の東アジア―薩摩・琉球と海域
交流　高津孝著　宜野湾　榕樹書林　2010.8
276,14p　22cm　（琉球弧叢書 23）　4800円
①978-4-89805-147-4　Ⓝ210.5　　　　　〔0656〕

◇琉球救国運動―抗日の思想と行動　後田多敦
著　那覇　出版舎Mugen　2010.10　376p
22cm　3800円　Ⓝ978-4-9904879-5-9
Ⓝ219.9
　内容　序章 琉球救国運動の研究（本書の視点・課
　題と方法・構成　琉球救国運動の研究史）　第1章
　冊封体制下の琉球（揺らぐ冊封体制　冊封体制か
　らの琉球の切り離し ほか）　第2章 琉球国滅亡と
　救国運動（琉球国滅亡　琉球国滅亡期の王府と王家
　ほか）　第3章 琉球救国運動の衰退と新展開（那覇
　港の再開港　那覇開港維持と南清航路 ほか）　第
　4章 徴兵忌避と抗日（沖縄と徴兵令　徴兵忌避と
　救国運動 ほか）　終章 琉球救国運動とは何だっ
　たのか　　　　　　　　　　　　　　　　　〔0657〕

◇琉球・中国交渉史に関するシンポジウム論文
集　第9回　沖縄県史料編集室編
〔那覇〕　沖縄県教育委員会　2011.2　243,
11p　21cm〈中国語併記　会期・会場：
2009年10月18日 沖縄県公文書館〉　Ⓝ219.9
　内容　清朝宮中档案に見る清代琉球人の漢文学習
　王［テツ］著　清朝の琉球国王及び来華使節への賞
　賜制度についての初歩的研究　郭美蘭著　清朝か
　ら賞賜された紡織品およびその儀礼的表象と文化
　的意味について　倪暁一著　英国人宣教師ベッテ
　ルハイムの琉球における布教活動についての中琉
　の交渉　李中勇著　ベトナム資料に見える琉球 上
　里賢一著　フェルナン・メンデス・ピント著『東
　洋遍歴記』に見える雙嶼、琉球関係記事と明代中
　琉関係の変化　生田滋著　論文参加：清朝初期の皇
　帝より琉球国王に送られた詔令文書について　陳
　宜杬著　　　　　　　　　　　　　　　　　〔0658〕

◇使琉球録　蕭崇業、謝杰著、原田禹雄、三浦國
雄訳注　宜野湾　榕樹書林　2011.3　529,
11p　22cm　18000円　①978-4-89805-148-1
Ⓝ219.9
　　　　　　　　　　　　　　　　　　　　〔0659〕

◇中山世鑑―訳注　首里王府編著、諸見友重訳
注　宜野湾　榕樹書林　2011.5　232,6p
22cm　（琉球弧叢書 24）〈並列シリーズ
名：RYUKYUKO LIBRARY　文献あり　索
引あり〉　3800円　①978-4-89805-152-8
Ⓝ219.9
　　　　　　　　　　　　　　　　　　　　〔0660〕

◇琉球からみた世界史　村井章介, 三谷博編
山川出版社　2011.6　161p　21cm　3200円

①978-4-634-52358-6　Ⓝ219.9
　内容　1章 「キカイガシマ」海域の考古学―「境
　界領域」としての奄美群島　2章 古琉球をめぐる
　冊封関係と海域交流　3章 久米島と琉球国―久米
　島おもろの世界　4章 ラタナコーシン朝初期シャ
　ムにみる「朝貢」と地域秩序―「まるで琉球のよ
　うだ」（伊藤博文 一八八年一月二三日）　5章
　鄭秉哲の唐旅・大和旅―皇帝と話をした琉球人　6
　章 琉球と朝鮮の儒教　7章 ペリー艦隊の琉球来
　航―西洋の衝撃と対応をめぐって　8章 世界史か
　らみた琉球処分―「近代」の定義をまじめに考え
　る　　　　　　　　　　　　　　　　　　　〔0661〕

◇朝鮮と琉球―歴史の深淵を探る　河宇鳳, 孫
承喆, 李薫, 閔徳基, 鄭成一著, 赤嶺守監訳, 金
東善, 神谷智昭, 陳碩炫, 呉明花, 前田舟子訳
宜野湾　榕樹書林　2011.7　232p　27cm
〈文献あり　年表あり　索引あり〉　6400円
①978-4-89805-154-2　Ⓝ219.9
　内容　琉球の歴史 閔徳基著　朝琉交隣体制の構造
　と特徴 孫承喆著　江戸時代の琉球使節と朝鮮使
　節 閔徳基著　朝鮮と琉球の物流 鄭成一著　人的
　交流を通じてみる朝鮮・琉球関係 李薫著　文物
　交流と相互認識 河宇鳳著　　　　　　　　〔0662〕

◇琉球王国史の探求　高良倉吉著　宜野湾　榕
樹書林　2011.8　278p　22cm　（琉球弧叢
書 26）〈付属資料：16p：月報 no.69　並列
シリーズ名：RYUKYUKO LIBRARY　著
作目録あり〉　4800円　①978-4-89805-156-6
Ⓝ219.9
　　　　　　　　　　　　　　　　　　　　〔0663〕

◇琉球の成立―移住と交易の歴史　吉成直樹著
鹿児島　南方新社　2011.8　286p　22cm
〈文献あり　索引あり〉　2800円　①978-4-
86124-214-4　Ⓝ219.9　　　　　　　　　〔0664〕

◇近世琉球中国交流史の研究―居留地・組織
体・海域　深澤秋人著　宜野湾　榕樹書林
2011.9　387,14p　22cm〈付属資料：16p：
月報 no. 71〉　9400円　①978-4-89805-153-5
Ⓝ219.9　　　　　　　　　　　　　　　　〔0665〕

◇琉球王国秘話―沖縄の歴史　続編　翻弄され
た因縁の島　長田昌明著　南城　わらべ書房
2011.9　224p　21cm　1800円　①4-
9900914-9-3　Ⓝ219.9　　　　　　　　　〔0666〕

◇琉球王国の自画像―近世沖縄思想史　グレゴ
リー・スミッツ著, 渡辺美季訳　ぺりかん社
2011.10　284p　22cm〈文献あり　索引あ
り〉　4200円　①978-4-8315-1298-7　Ⓝ219.9
　内容　第1章 琉球の地位および日本・中国との関係
　第2章 北への眼差しと西への眼差し―向象賢と程
　順則　第3章 琉球の自律性―蔡温における琉球の
　理論的根拠　第4章 琉球の再興―蔡温とその批判
　勢力　第5章 蔡温の琉球像への対抗　エピローグ
　結論　　　　　　　　　　　　　　　　　　〔0667〕

◇清代中国琉球交渉史の研究　松浦章著　吹田

歴史・地理 沖縄史

関西大学出版部 2011.10 418,16p 22cm
（関西大学東西学術研究所研究叢刊 40）〈発
行：関西大学東西学術研究所 索引あり〉
4200円 ①978-4-87354-527-1 Ⓝ222.06
内容 序論 清代中国と琉球の交流環境 第1編 清
代中国・琉球関係における使節往来 第2編 清代
琉球使節の客死 第3編 中国・琉球関係に見る漂
着商船 第4編 清代中国と琉球国との物流の諸相
第5編 清代中国・琉球関係における諸相 終章 清
代中国と琉球国交渉史の意義 〔0668〕

◇近世琉球国の構造 梅木哲人著 第一書房
2011.12 524,6p 22cm〈索引あり〉9000
円 ①978-4-8042-0783-4 Ⓝ219.9 〔0669〕

◇南走平家による琉球・沖縄王朝史 上巻 大
川純一著 福岡 フジデンシ・ドットコム
2012.1 135p 21cm〈文献あり 発売：編
集工房東洋企画（糸満）〉1905円 ①978-4-
938984-98-4 Ⓝ219.9
内容 第1章 沖縄、琉球、そしてヤマト（おきなは
と平家物語 沖縄、琉球、うるま ヤマトとはな
にか 沖縄の王統の歴史 文献とおもろさうし）
第2章 島言葉と沖縄文化（3母音とアイウイウの法
則 5母音化と歌文化 羽地方言と首里方言 沖
縄における四つの文化 Y-DNAで見る南走弥生
人）第3章 地名と人名の謎（沖縄の地名 地名に
おける考察 沖縄のニシに関する考察 沖縄の苗
字 平良の地名の謎）第4章 南走平家と夫余氏
族（平家とはなにか 平清盛・貿易立国の夢 檀
ノ浦から今帰仁へ 今木神と夫余民族 南走平家
による沖縄王朝史・概論） 〔0670〕

◇琉球の時代―大いなる歴史像を求めて 高良
倉吉著 筑摩書房 2012.3 319p 15cm
（ちくま学芸文庫 タ39-1）〈文献あり〉
1300円 ①978-4-480-09443-8 Ⓝ219.9
内容 プロローグ―マラッカにて 第1章 黎明期
の王統 第2章 琉球王国への道 第3章 大交易
時代 第4章 グスクの世界 第5章 尚真王の登場
第6章 琉球王国の確立 エピローグ―古琉球と現
代 〔0671〕

◇近世琉球と中日関係 渡辺美季著 吉川弘文
館 2012.6 309,7p 22cm〈文献あり 索引
あり〉10000円 ①978-4-642-03452-4
Ⓝ219.9
内容 研究の動向と関心の所在 第1部 狭間の形
成（琉球人か倭人か―一六世紀末から一七世紀初
の中国東南沿海における「琉球人」像 琉球侵攻
と日明関係 近世琉球と明清交替）第2部 狭間の
運営（中日の支配秩序と近世琉球―「中国人・朝
鮮人・異国人」漂着民の処置をめぐって 近世琉
球における漂着民の船隻・積荷の処置の実態―中
国と日本の狭間で 近世琉球と「日本の国境」―
唐人証文の分析 清末に対する琉日関係の隠蔽と漂
着問題）第3部 狭間の思想（近世琉球の自意識―
御勤と御外聞） 近世琉球と中日関係 〔0672〕

◇琉球王権の源流 谷川健一、折口信夫著 宜

野湾 榕樹書林 2012.6 108p 21cm
（がじゅまるブックス 3）900円 ①978-4-
89805-162-7 Ⓝ219.9
内容「琉球国王の出自」をめぐって 谷川健一著
琉球国王の出自 折口信夫著 〔0673〕

◇琉球検事―封印された証言 七尾和晃著 東
洋経済新報社 2012.9 211p 20cm〈文献
あり〉1500円 ①978-4-492-22326-0
Ⓝ219.9
内容 第1章 支配下の「独立」 第2章 燃えるコ
ザ 第3章 最後の検事長 第4章 見えない首謀者
第5章「巨影」瀬長亀次郎 第6章 事件の真相と深
層 第7章 本土復帰と琉球検察の終焉 〔0674〕

◇尚円王妃宇喜也嘉の謎 渡久地十美子著 那
覇 ボーダーインク 2013.3 141p 19cm
（ほんとうの琉球の歴史 2）1500円
①978-4-89982-235-6 Ⓝ219.9 〔0675〕

◇新琉球国の歴史 梅木哲人著 法政大学出版
局 2013.3 250p 21cm（叢書・沖縄を知
る）〈年表あり 索引あり〉3200円 ①978-
4-588-32130-6 Ⓝ219.9
内容 琉球国の成立・展開・終焉 南島における
国家形成（先史文化 グスク ほか）琉球統一国
家の成立と展開［正史による王統の記述 思紹・
巴志の政権確立と王統 ほか］ 東アジア世界の変
容と琉球（明朝の衰退と琉球 応仁の乱と日明・
日琉関係の変化 ほか）近世の琉球国（琉球仕置
向象賢の政治―琉球国の近世的改革 ほか）琉球
国の終焉（琉球藩の設置 台湾出兵と互換条款の
訂約 ほか） 〔0676〕

◇中国と琉球 人の移動を探る―明清時代を中
心としたデータの構築と研究 赤嶺守,朱徳
蘭,謝必震編 彩流社 2013.3 592p 22cm
（琉球大学 人の移動と21世紀のグローバル
社会 9）〈文献あり〉5000円 ①978-4-
7791-1678-0 Ⓝ219.9
内容 1 清代琉球進貢使節派遣日程について 2
明代琉球派遣船一覧表について 3 明清時代渡
唐人員表および清代接貢船・護送船等派遣日程表
について 4 明清時代の琉球官生派遣年表につい
て 5 明清時代における琉球民間船の中国漂着に
ついて 6「中国人・朝鮮人・出所不明の異国人」
漂着民の処置をめぐって 7 琉球国王の冊封と関
連史料について 8 中琉関係史研究の動向と展望
―史料の発掘と研究 9 中文文献目録 10 日文
文献目録 〔0677〕

◇歴代宝案―訳注本 第5冊 沖縄県教育庁文
化財課史料編集班編,生田滋訳注 〔那覇〕
沖縄県教育委員会 2013.3 484p 27cm
〈文献あり〉Ⓝ219.9
内容 第2集 第31-49 〔0678〕

◇『歴代宝案』訳注本第5冊語注一覧表 沖縄
県教育庁文化財課史料編集班編 〔南風原町

「沖縄」がわかる本 6000冊 55

沖縄史　　　　　　　　　　　　　　　　　　　　　　　　　　　　　歴史・地理

（沖縄県）〕　沖縄県教育庁文化財課史料編集班　2013.3　135p　21×30cm　（歴代宝案編集参考資料 12）　Ⓝ219.9　　〔0679〕

◇近世の琉球　渡口眞清著　法政大学出版局　2013.4　481p　19cm　〈1975年刊の再刊　年表あり〉　6500円　①978-4-588-92070-7　Ⓝ219.9　　　　　　　　　　　　　　〔0680〕

◇琉球古瓦の研究　上原静著　宜野湾　榕樹書林　2013.9　422p　27cm　〈付属資料：8p：月報 no. 75　文献あり　年表あり〉　14000円　①978-4-89805-169-6　Ⓝ219.9　　〔0681〕

◇琉球王国がわかる！　吉成直樹監修　成美堂出版　2013.11　143p　22cm　〈文献あり　年表あり〉　950円　①978-4-415-31582-9　Ⓝ219.9
　内容　第1部 現代に受け継がれる琉球の伝統文化（華やかな琉球の伝統文化　琉球の美術・工芸を代表する漆器　交易とともに発展した琉球のやちむん　ほか）　第2部 神秘と祈りの国 琉球（琉球神道のサンクチュアリ―斎場御嶽　海洋王国・琉球独自の信仰世界　妹が兄の守り神―オナリ神信仰　ほか）　第3部 琉球王国の歴史の足跡をたどる（男神と女神が創った琉球　琉球こらむ 開闢七御嶽―アマミキヨが造った聖地　貝交易が盛んだった古代の琉球　ほか）　　　　　〔0682〕

◇琉球国の滅亡とハワイ移民　鳥越皓之著　吉川弘文館　2013.11　187p　19cm　（歴史文化ライブラリー 369）〈文献あり〉　1700円　①978-4-642-05769-1　Ⓝ219.9
　内容　ハワイ移民という生き方―プロローグ　琉球国の誕生（滅亡と移民　琉球国の誕生まで　王国の整備と栄華）　琉球国の滅亡への道（薩摩の支配　滅亡寸前の国の政治・経済状態　琉球処分）　沖縄県の誕生と移民（移民政策と当山久三　初期の沖縄ハワイ移民の生きざま）　人生をかえりみて移民はよかったことなのか（個人水準での評価　移民をしてきてよかった―安次嶺太良　平穏を願っても不幸なことはおこるもの―新垣喜男　まっすぐに生きる―島袋長勇　国家・差別、そして沖縄文化の評価へ）　ハワイから「沖縄世」を願って―エピローグ　　　　　　　　〔0683〕

◇琉球―交叉する歴史と文化　島村幸一編　勉誠出版　2014.1　441p　22cm　8000円　①978-4-585-22078-7　Ⓝ219.9
　内容　第1部 歴史叙述とウタの交錯（王府の歴史記述―『中山世鑑』と『中山世譜』王府の歴史記述―『球陽』と『遺老説伝』　「琉球処分」の歴史叙述―『琉球見聞録』をめぐって　ほか）　第2部 琉球・明清・ヤマトの交流（琉球における書物受容と教養　中国の文献に記された「琉球」　琉球人の詠んだ中国―『雪堂燕遊艸』を中心に　ほか）　第3部 琉球文化の諸相―儀礼・芸能・信仰（首里グスクの御嶽と祭場　『おもろさうし』と仮名書き碑文記　唐・大和の御取合と若衆―琉球における躍童子と楽童子　ほか）　　　　〔0684〕

◇幕末、フランス艦隊の琉球来航―その時琉球・薩摩・幕府はどう動いたか　生田澄江著　近代文藝社　2014.2　141p　20cm　1300円　①978-4-7733-7906-8　Ⓝ210.5935
　内容　1 フランス艦隊の第一次来琉（フランス艦隊来琉の背景　和好・通商・仏人滞琉要求　ほか）　2 イギリス艦船の来琉（イギリスと琉球　ベッテルハイムの来琉事情　ほか）　3 フランス艦隊の第二次来琉（セシーユ提督の来琉―運天港へ　琉仏交渉の経過―突然の出航　ほか）　4 幕府・薩摩藩・琉球王府の対応（阿部正弘と島津斉彬の琉球開港策　琉仏貿易に対する琉球当局の態度　ほか）　　　　　　　　　　　　　　〔0685〕

◇琉球・中国交渉史に関するシンポジウム論文集　第10回　沖縄県教育庁文化財課史料編集班編　〔那覇〕　沖縄県教育委員会　2014.2　233p　21cm　〈中国語併記〉　Ⓝ219.9
　内容　清朝宮中档案から見た中琉往来の関連制度　謝必震,謝忱著　華夷秩序と琉球の自己認識　上里賢一著　歴代宝案編集事業と档案史料　赤嶺守著　中琉歴史関係档案の編纂と考察　張小鋭,王徹著　　　　　　　　　　　　　　　　〔0686〕

◇華夷秩序と琉球王国―陳捷先教授中琉歴史関係論文集　陳捷先著,赤嶺守,張維真監訳　宜野湾　榕樹書林　2014.3　257p　21cm　〈訳：童宏民ほか〉　2800円　①978-4-89805-175-7　Ⓝ222.058　　　　〔0687〕

◇琉球王国の成立―日本の中世後期と琉球中世前期　上　来間泰男著　日本経済評論社　2014.12　363p　19cm　（シリーズ沖縄史を読み解く 4）　3400円　①978-4-8188-2362-4　Ⓝ219.9
　内容　第1章 天皇権力の復活と内乱（一四世紀）（建武の新政から南北朝内乱へ（一四世紀前半）　安定に向かう室町幕府（一四世紀後半）　一四世紀の東アジア　一四世紀の東南アジア　南北朝の内乱・室町幕府と九州―一四世紀の九州と南の島々）　第2章「舜天王統」と「英祖王統」（一二～一四世紀）（琉球王府の正史と「琉球古代」　天孫氏二五代のこと　舜天王統と為朝渡来伝説　英祖とその「事績」）　第3章 倭寇の時代（一四～一五世紀）（倭寇とは何か　倭寇の展開過程　九州と倭寇　琉球と倭寇）　第4章「三山の分立と抗争」（一四世紀）（正史による「三山分立・三山形成」をめぐって　伊波普猷の「三山分裂否定・三山形成」論をめぐって　「三山分立・抗争」論への疑問の提起　「三山統一」とは）　　　　　　　　　　　　　　〔0688〕

◇琉球王国の成立―日本の中世後期と琉球中世前期　下　来間泰男著　日本経済評論社　2014.12　382p　19cm　（シリーズ沖縄史を読み解く 4）〈文献あり〉　3600円　①978-4-8188-2363-1　Ⓝ219.9
　内容　第5章「琉球王国」の成立（一四世紀後半）（察度の出自と婚姻、金と鉄　察度即位の経緯　明の招論と察度の入貢　「琉球王国」の成立　朝貢

56　「沖縄」がわかる本 6000冊

歴史・地理　　　　　　　　　　　　　　　　　　　　　　　　　　　　　　　　　　　　　沖縄史

と冊封の意味　「閩（びん）人三十六姓」の"下賜"をめぐって　一四世紀後半の琉球）　第6章 守護大名の成長（一五世紀前半）（日明貿易の展開と日本・琉球　一五世紀前半の日本　一五世紀前半の東南アジア　一五世紀前半の九州　王国成立後の琉球（一五世紀前半））　補章 沖縄の旧石器時代
〔0689〕

◇内間御殿—ガイドブック　西原町教育委員会編　〔西原町（沖縄県）〕　〔西原町教育委員会〕　2015.2　15p　30cm
〔0690〕

◇歴代宝案—訳注本　第12冊　沖縄県教育庁文化財課史料編集班編, 小島晋治訳注　〔那覇〕　沖縄県教育委員会　2015.3　464p　27cm　〈文献あり〉　Ⓝ219.9
内容 第2集　巻161-173
〔0691〕

◇『歴代宝案』訳注本第12冊語注一覧表　沖縄県教育庁文化財課史料編集班編　〔南風原町（沖縄県）〕　沖縄県教育庁文化財課史料編集班　2015.3　167p　21×30cm　（歴代宝案編集参考資料 14）　Ⓝ219.9
〔0692〕

◇沖縄の自己決定権—その歴史的根拠と近未来の展望　琉球新報社, 新垣毅編著　高文研　2015.6　252p　19cm　〈文献あり〉　1500円　①978-4-87498-569-4
内容 1 琉球の「開国」（ペリー来航と琉球　列強各国・中国・日本と琉球）　2 琉球王国—「処分」と「抵抗」（「処分」の起源とその過程　手段を尽くしての抵抗・救国運動　「処分」をめぐって）　3 沖縄「自己決定権」確立への道（国際法から見る「琉球処分」　「琉球処分」をどう見るか—識者に聞く　データで見る沖縄経済　経済的自立は可能か—識者に聞く）　4 自己決定権確立へ向かう世界の潮流（スコットランド独立住民投票を見る　非核、非武装の独立国・パラオ　沖縄を問い続ける国連人種差別撤廃委員会）　5 「自治」実現への構想（涌き起こる住民運動　「自治州」から「独立」まで）
〔0693〕

◇知れば知るほどおもしろい琉球王朝のすべて—沖縄の歴史と、王家・庶民の生活・文化まで　喜納大作, 上里隆史著　新装改訂版　河出書房新社　2015.6　193p　20cm　〈文献あり〉　1400円　①978-4-309-22633-0　Ⓝ219.9
内容 ようこそ琉球王国へ（知られざる沖縄の歴史　琉球王国の舞台、沖縄県　島のことば ほか）　第1章 王宮・首里城の秘密（王国の首都は那覇ではなく首里だった　県の人口より観光客が多い首里城　首里城のカタチ ほか）　第2章 琉球王国の政府「首里王府」のしくみ（首里城内にあった行政機関　首里王府の中枢・評定所　評定所の業務日誌「年中各月日記」 ほか）　第3章 国王と士族、庶民のくらし（琉球王国の素顔　薩摩軍の侵攻を受けた尚寧王　近世の黄金時代を築いた尚敬王 ほか）　第4章 琉球の神様と文化、風俗のふしぎ（琉球独自の信仰と神女の組織　スピリチュアル・カウンセラー「トキ」と「ユタ」　琉球で発展した仏教と寺院 ほか）　王朝の終焉と波乱の歴史（王朝の最期を見届けたエリート役人・喜舎場朝賢　明らかになる明治政府の考え　ヒラ士族の「琉球処分」 ほか）
〔0694〕

◇琉球王国—東アジア交流の盛華　島根県立古代出雲歴史博物館特別展　島根県立古代出雲歴史博物館編　〔出雲〕　島根県立古代出雲歴史博物館　2015.7　129p　30cm　〈会期・会場：平成27年7月22日—8月31日　島根県立古代出雲歴史博物館　年表あり〉　Ⓝ219.9
〔0695〕

◇島津重豪と薩摩の学問・文化—近世後期博物大名の視野と実践　鈴木彰, 林匡編　勉誠出版　2015.10　224p　21cm　（アジア遊学）　2400円　①978-4-585-22656-7
内容 1 薩摩の学問（重豪と修史事業　蘭癖大名重豪と博物学　島津重豪の出版—『成形図説』版本再考）　2 薩摩をとりまく人々（広大院—島津家との婚姻政策　島津重豪従三位昇進にみる島津斉宣と御台所茂姫　学者たちの交流）　3 薩摩の文化環境（島津重豪の信仰と宗教政策　近世薩摩藩祖廟と島津重豪　『大石兵六夢物語』が映す—島津重豪の時代と物語草子・絵巻　薩摩ことば—通セサル言語）　4 薩摩と琉球・江戸・東アジア（島津重豪の時代と琉球・琉球人　和歌における琉球と薩摩の交流　島津重豪・薩摩藩と江戸の情報網—松浦静山『甲子夜話』を窓として）
〔0696〕

◇尚円王と内間御殿—金丸（尚円王）と内間御殿をつなぐ品々　尚円王生誕600年記念事業企画展　西原町教育委員会生涯学習課編　西原町（沖縄県）　西原町教育委員会生涯学習課　2015.10　14p　30cm
〔0697〕

◇尚氏と首里城　上里隆史著　吉川弘文館　2016.1　151p　21cm　（人をあるく）　〈文献あり　年譜あり〉　2000円　①978-4-642-06789-8　Ⓝ219.9
内容 天下人・尚巴志と尚円（二つの島　真物・尚巴志 ほか）　1 尚氏の履歴書—琉球王国の盛衰（「戦国」と「交易」の時代到来　尚巴志の登場と第一尚氏王朝の成立 ほか）　2 アジアのなかの琉球王国（華人ネットワークと中国・東アジア貿易　倭人ネットワークと日本・朝鮮貿易 ほか）　3 首里城と古琉球の史跡をあるく（佐敷グスク　島添大里グスク ほか）
〔0698〕

◇琉球王国と戦国大名—島津侵入までの半世紀　黒嶋敏著　吉川弘文館　2016.3　225p　19cm　（歴史文化ライブラリー）　1700円　①978-4-642-05821-6
内容 四〇〇年の彼方へ—プロローグ　尚元と島津貴久（第二尚氏王朝　戦国大名島津氏　あや船と印判　五五年体制）　尚永と島津義久（二つの代替わり　島津家へのあや船　戦国大名尚永の外交転換）　戦国大名の武威（拡大する島津領国　織田信長と義久　地域の公儀として　譲歩する尚永）　尚寧と島津義久（天下人のもとで　尚

「沖縄」がわかる本 6000冊　57

沖縄史　　　　　　　　　　　　　　　　　　　　　　　　　　　　　　　歴史・地理

寧と天下人秀吉　打ち上げられた唐入り　義久の
外交ルート）　島津侵入事件（出兵の理由　不思議
な文書　出兵前夜　尚寧の出仕）　琉球と島津の
半世紀—エピローグ　　　　　　　　　　　〔0699〕

《近代》

◇近代沖縄の精神史　比屋根照夫著　社会評論
社　1996.9　255p　20cm　2369円　①4-
7845-0485-0　Ⓝ219.9
　内容 第1部 沖縄戦後史への照射（代理署名拒否問
題の思想史的背景—近代沖縄における同化と自立
の交錯　島ぐるみ土地闘争と復帰思想の形成 ほ
か）　第2部 沖縄言論史における太田朝敷（明治の
言論人・太田朝敷　太田朝敷の同化論—明治沖縄
思想史の一断面 ほか）　第3部 近代沖縄の精神形
成（自由民権思想と琉球問題　伊波普猷の自治思
想 ほか）　　　　　　　　　　　　　　　〔0700〕

◇日本・沖縄近代史関係史料調査収集マイクロ
フィルム目録　我部政男編　甲府　我部政男
1996.12　254p　21cm　「社会科学研究20
号」（山梨学院大学社会科学研究所刊）の抜き
刷り）　Ⓝ210.6　　　　　　　　　　　　〔0701〕

◇写真にみる近代の沖縄—世界のウチナーン
チュ大会記念企画展　沖縄県文化振興会公文
書管理部編　〔南風原町（沖縄県）〕　沖縄
県公文書館　2001.10　48p　30cm〈会期：
2001年10月19日—11月25日　年表あり〉
Ⓝ219.9　　　　　　　　　　　　　　　　〔0702〕

◆琉球処分

◇蝦夷地と琉球　桑原真人, 我部政男編　吉川
弘文館　2001.6　346p　22cm　（幕末維新
論集 9）　5500円　①4-642-03729-2　Ⓝ211
　内容 1 蝦夷地（幕府の蝦夷地政策と在地の動向
幕末の小樽と小樽内騒動　開拓使の設置について
明治初期の北海道開拓政策に関する一考察 ほか）
2 琉球（幕藩制国家の外交儀礼と琉球—東照宮儀
礼を中心に　琉球処分論　明治初期の政府と沖縄
地方—脱清行動と血判誓約書を中心に　「琉球処
分」と琉球救国運動—脱清者たちの活動を中心に
ほか）　　　　　　　　　　　　　　　　　〔0703〕

◇琉球処分の全貌—公文書通読のガイド　仲里
譲著　下関　クォリティ出版　2001.11
247p　22cm　2500円　①4-906240-46-1
Ⓝ219.9　　　　　　　　　　　　　　　　〔0704〕

◇日本の歴史　近世から近代へ 10　西南戦争
と琉球処分—近代日本の境界　新訂増補　朝
日新聞社　2004.2　p290-320　30cm　（週刊
朝日百科 90）〈年表あり〉476円　Ⓝ210.1
　　　　　　　　　　　　　　　　　　　　〔0705〕

◇琉球処分以後　上　新川明著　朝日新聞社
2005.6　211p　19cm　（朝日選書 175）〈発

売：デジタルパブリッシングサービス　1981
年刊を原本としたオンデマンド版〉2400円
①4-86143-044-5　Ⓝ219.9　　　　　　　〔0706〕

◇琉球処分以後　下　新川明著　朝日新聞社
2005.6　221p　19cm　（朝日選書 176）〈発
売：デジタルパブリッシングサービス　1981
年刊を原本としたオンデマンド版〉2500円
①4-86143-045-3　Ⓝ219.9　　　　　　　〔0707〕

◇尚泰王/琉球処分　上　与並岳生著　那覇
新星出版　2006.6　119p　19cm　（新琉球
王統史 18）〈年表あり〉952円　①4-
902193-46-9　Ⓝ219.9　　　　　　　　　〔0708〕

◇尚泰王/琉球処分　中　与並岳生著　那覇
新星出版　2006.8　119p　19cm　（新琉球
王統史 19）〈年表あり〉952円　①4-
902193-47-7　Ⓝ219.9　　　　　　　　　〔0709〕

◇尚泰王/琉球処分　下　与並岳生著　那覇
新星出版　2006.8　115p　19cm　（新琉球
王統史 20）〈年表あり〉952円　①4-
902193-48-5　Ⓝ219.9　　　　　　　　　〔0710〕

◇「琉球処分」を問う　琉球新報社編著　那覇
琉球新報社　2011.6　187p　18cm　（新報
新書）〈発売：琉球プロジェクト（那覇）〉
933円　①978-4-89742-129-2　Ⓝ219.9〔0711〕

◇近代東アジア史のなかの琉球併合—中華世界
秩序から植民地帝国日本へ　波平恒男著　岩
波書店　2014.6　440,13p　22cm〈年表あり
索引あり〉7900円　①978-4-00-025983-5
Ⓝ219.9
　内容 第1章 近世東アジアのなかの琉球王国　第
2章 琉球藩王冊封とその歴史的意義　第3章 征韓
論政変と台湾出兵　第4章 「琉球処分」の本格
化から強制併合へ　第5章 近代東アジア史のなか
の二つの併合　補論 喜舎場朝賢と『琉球見聞録』
　　　　　　　　　　　　　　　　　　　　〔0712〕

《昭和・平成》

◇発言・沖縄の戦後50年　高良勉著　那覇　ひ
るぎ社　1995.2　262p　18cm　（おきなわ
文庫）　980円
　内容 座談会編「ヤポネシア論」と沖縄—思想的な
意味を問う　奄美のこと・沖縄のこと　うちなー
ぐちから豊かな言語生活を　復帰—本土化と沖縄
自立のゆくえ　戦後40年・沖縄はいま—軌跡の検
証と展望　アイヌ・モシリへ　　　　　　　〔0713〕

◇ルポ戦後日本—50年の現場　鎌田慧著　講談
社　1995.6　321p　15cm　（講談社文庫）
540円　①4-06-263020-6
　内容 マッカーサーへの手紙　沖縄 集団自決の悪
夢　サハリン 望郷の日本人　帰ってきた中国残

58　「沖縄」がわかる本 6000冊

歴史・地理　　　　　　　　　　　　　　　　　　　　　　　　　　　　　　　沖縄史

留女性の苦闘　東京駅地下街の元兵士　追われた
都電労働者　新潟水俣病裁判・その後　沖縄海洋
博の傷痕　虹をつかむ男たち　成田空港建設一二
年の暗黒　炭都・夕張100年の夢　新宿国際通り
のひとびと
〔0714〕

◇戦後沖縄の社会史—軍作業・戦果・大密貿易
の時代　石原昌家著　那覇　ひるぎ社
1995.8　203p　18cm　（おきなわ文庫 74）
〈参考・引用文献一覧：p194～196〉880円
Ⓝ219.9
〔0715〕

◇インヌミから—50年目の証言　沖縄市企画部
平和文化振興課編　沖縄　沖縄市　1995.9
238p　26cm　（沖縄市史資料集 5）　1500円
Ⓝ219.9
〔0716〕

◇沖縄戦後50年の歩み—激動の写真記録　太平
洋戦争・沖縄戦終結50周年　「沖縄・戦後50
年の歩み」編集委員会編　〔那覇〕　沖縄県
1995.10　482p　38cm　〈英語書名：
Okinawa,the 50 years of the postwar era
英文併記　年表：p467～482　付：参考文献
一覧　Ⓝ219.9　発売：那覇出版社（南風原町）〉12800
円
〔0717〕

◇戦後沖縄とアメリカ—異文化接触の五〇年
照屋善彦、山里勝己編　那覇　沖縄タイムス
社　1995.11　563p　20cm　〈他言語標題：
Postwar Okinawa and America〉Ⓝ312.
199
内容 アメリカ文化と戦後沖縄　宮城悦二郎著　六
〇年代の裁判移送問題に見る法文化摩擦　中原俊朗
著　PL四八〇と一九六〇年代及びその後の沖縄畜
産の展開　吉田茂著　琉球大学における一般教育
制度　島袋鉄男著　戦後日本の刑事司法に見るア
メリカ憲法の影響　B J ジョージJr 著　垣花
豊順 訳　戦後沖縄住民の衣生活に見るアメリカ
統治の影響（第一報）藤原綾子著　沖縄の食生活
に見るアメリカ統治の影響　金城須美子著　外人
住宅の建設とその内容について　小倉暢之著　第
二次世界大戦直後の沖縄県における家畜導入の実
態について　大城政一著　沖縄戦後小説の中のア
メリカ　岡本恵徳著　復帰後二〇年間の対米国に
関する意識の変化　中村完著　戦後沖縄ジャーナ
リズムの自己形成　保坂廣志著　戦後沖縄におけ
るアメリカの言語教育政策　山内進著　沖縄米軍
基地従業員の英語習得の研究と分析　小那覇ひろ
こ著　アメリカ文学の中のアジア人像　ジェイム
ズ・D　ヒューストン著　喜納育江 訳　ハワイ沖
縄移民の異文化接触　ジョン・シロタ著　山里勝
己 訳
〔0718〕

◇沖縄の帝王高等弁務官　大田昌秀著　朝日新
聞社　1996.2　463p　15cm　（朝日文庫）
〈沖縄戦後史年表・参考文献：p442～456〉
750円　Ⓘ4-02-261138-3　Ⓝ219.9
内容 第1部　高等弁務官登場の背景（高等弁務官と
は何か　初期占領下の沖縄の軍政）第2部 歴代
高等弁務官の施政（初代ムーア高等弁務官の時代

ムーア施設と対照的なブース時代　内部分裂深ま
るキャラウェイ時代　"政治の季節"を迎えたワト
ソン時代　日琉一体化路線のアンガー時代　最後
の高等弁務官ランパートの時代　沖縄分離の背景
についての一考察）
〔0719〕

◇写真でつづる那覇戦後50年—1945-1995　那
覇市文化局歴史資料室編　〔那覇〕　那覇市
1996.3　198p　30cm　〈参考文献：p198〉
Ⓝ219.9
〔0720〕

◇アメリカ占領時代沖縄言論統制史—言論の自
由への闘い　門奈直樹著　雄山閣出版
1996.6　286p　22cm　〈『沖縄言論統制史』
（1970年刊）の改題　関連年譜：p283～285〉
3914円　Ⓘ4-639-01372-8　Ⓝ312.199
内容 序章　屍のアメリカ民主主義　第1章　占領初
期の言論統制　第2章　反共軍事基地としての沖
縄の言論　第3章　祖国復帰運動の弾圧　第4章　反
共政府と復帰運動　第5章　土地闘争をめぐる言論
規制　第6章　瀬長市長の実現と追放　第7章 日米
政治の谷間にただよう沖縄　第8章 新安保条約と
言論の自由　第9章 アメリカ占領軍の論理と形式
補論 現代沖縄ジャーナリズム論—ジャーナリズ
ムにおけるグローバライゼーションとローカライ
ゼーション
〔0721〕

◇夕陽の証言—少年の見た米軍統治下の沖縄重
い扉をひらくためのたたかい　新城俊昭著
中城村（沖縄県）　むぎ社　1996.8　205p
20cm　（若太陽文庫 2）　1166円　Ⓘ4-
944116-08-X　Ⓝ219.9
＊本書の「少年の見た米軍統治下の沖縄」では、二
十七年間の米軍支配下の沖縄と復帰直後の沖縄
について、十代から二十代前半に書いた詩と小
説に、若干手を加えて集録した。「重い扉をひら
くためのたたかい」では、若い教師を意識して
「基地問題」や「平和教育」について、地元の新
聞社等から依頼されて書いた文を主にまとめた。
〔0722〕

◇続編 命どぅ宝—沖縄発　櫛田博基著　ロマ
ン書房牧志店　1996.8　158p　19cm
1165円
内容 琉球弧の誕生と歴史概観　沖縄の米軍基地
の存在理由　基地と公共事業の二本柱　薩摩の侵
攻と基地宿命論　沖縄戦と零からの出発　くすぶ
りつづける脱和論　二十一世紀に夢をたくす沖縄
沖縄に根づく被害者意識　沖縄伝統文化の重要性
平成版ヤマトの琉球処分
〔0723〕

◇占領下の沖縄　南雲和夫著　京都　かもがわ
出版　1996.11　78p　21cm　1200円　Ⓘ4-
87699-275-4
内容 1 沖縄占領の開始と基地労働者の発生—占
領政策と労働関係確立の時期　2 労働運動の黎明
と労働立法の確立—強権的労働政策の展開と抵抗
の時期　3 労働運動の高揚と分裂—合州国の政策
修正と沖縄労働運動の転換の時期　4 沖縄「返還」
政策の確定—祖国復帰運動、全軍労闘争の高揚と
挫折の時期
〔0724〕

「沖縄」がわかる本　6000冊　59

沖縄史　　　　　　　　　　　　　　　　　　　　　　　　　　　　　　　歴史・地理

◇沖縄平和の礎　大田昌秀著　岩波書店
　1996.12　230p　18cm　（岩波新書）　650円
　Ⓘ4-00-430477-6　Ⓝ219.9
　内容　沖縄の平和と未来を考える　明るい未来を
　求めて　学ぶたのしさ、生きるよろこび　21世紀
　に向けた沖縄のグランドデザイン　10・21県民総
　決起大会でのあいさつ　沖縄の問題は、日本本土
　が変われば解決される　沖縄の未来は、本土の民
　主主義の力にかかっています　最高裁判所での意
　見陳述　公告・縦覧に応じた理由　　　　〔0725〕

◇豚と沖縄独立　下嶋哲朗著　未来社　1997.3
　252p　20cm　2472円　Ⓘ4-624-41081-5
　Ⓝ219.9
　内容　1 祖国を敵として　2 ウチナーンチュのハ
　ワイ移民　3 ヤマト世からアメリカ世へ　4 沖縄
　を救え　5 豚の太平洋横断　6 見果てぬ夢　7 未
　来的な人の島へ　　　　　　　　　　　　〔0726〕

◇終戦後の沖縄文化行政史　川平朝申著　那覇
　月刊沖縄社　1997.11　384p　21cm　1000
　円　Ⓘ4-87467-211-6　Ⓝ219.9
　内容　第1部 規制くずし（台湾から本をかついで引
　き揚げ　ニミッツ布告盾に沖縄本島という規制の網
　規制大好き民政府に軍政府不満　規制くずし。軍
　政府で水戸黄門役　映画黄金時代の夜明け）　第
　2部 アメリカの声『琉球放送局』（軍政府を民政府
　に改称。放送局始動　朝鮮戦争で放送局強化　新
　局。KSAR、琉大と同時スタート　商業放送移管
　に反対）　　　　　　　　　　　　　　　〔0727〕

◇米軍支配下の沖縄　我部政男編・解説　日本
　図書センター　1997.12　193p　31cm　（琉
　球・沖縄写真絵画集成　第4巻）〈年表あり
　文献あり〉　Ⓘ4-8205-7866-9　Ⓝ219.9〔0728〕

◇沖縄—報道カメラマンが見た復帰25年：
　1970-1997　山城博明著　那覇　琉球新報社
　1998.1　136p　21×26cm〈他言語標題：
　Okinawa〉2000円　Ⓘ4-89742-015-6
　Ⓝ219.9
　内容　復帰はしたけれど　脅かす者抗がう者　ゆ
　いまーる　残照　　　　　　　　　　　　〔0729〕

◇庶民がつづる沖縄戦後生活史　沖縄タイムス
　社編　那覇　沖縄タイムス社　1998.3
　446p　21cm　3200円　Ⓘ4-87127-124-2
　Ⓝ219.9　　　　　　　　　　　　　　　〔0730〕

◇米国民政府ニュース・リリース及び関連資料
　目録—August 1963—March 1972　沖縄県
　公文書館編　南風原町（沖縄県）　沖縄県公
　文書館　1998.3　135p　30cm〈他言語標
　題：News releases and other related
　records〉Ⓘ4-901075-02-0　Ⓝ219.9〔0731〕

◇写真記録沖縄戦後史—1945—1998　沖縄タ
　イムス社編　改訂増補版　那覇　沖縄タイム
　ス社　1998.9　304p　27cm〈年表あり〉

4000円　Ⓘ4-87127-129-3　Ⓝ219.9　〔0732〕

◇沖縄の問いかけ—苦難の歴史と共生の願い
　隅谷三喜男著　四谷ラウンド　1998.10
　212p　20cm　1600円　Ⓘ4-946515-20-8
　Ⓝ219.9
　内容　第1章 沖縄の歴史を振り返って（沖縄戦と
　占領下の沖縄　安保体制下の沖縄　復帰に向けて
　ほか）　第2章 沖縄と日米安保（沖縄と米軍基地
　ガイドラインと沖縄基地）　第3章 苦悶する沖縄
　経済（基地経済の成立　基地経済の葛藤　基地経
　済と日本本土 ほか）　むすび（（沖縄周辺）と沖縄
　の危機　沖縄の苦難の歩み）　　　　　　〔0733〕

◇米国が見たコザ暴動—米国公文書英和対訳
　沖縄市企画部平和文化振興課編　沖縄　沖縄
　市　1999.3　299p　34cm　（Kozaの本 2）
　〈他言語標題：Koza riot,20 December 1970
　発売：ゆい出版（具志川）　文献あり〉2000
　円　Ⓘ4-946539-09-3　Ⓝ219.9
　内容　解説 コザ住民騒動　第1章 コザ暴動報告書
　第2章 コザ暴動と関係機関文書　第3章 コザ暴動
　に関する海外放送・その他　資料（英略語一覧表
　/米軍基地一覧表　用語解説/参考文献　索引　協力者
　/編集を終えて　　　　　　　　　　　　〔0734〕

◇戦後の原像—ヒロシマからオキナワへ　進藤
　榮一著　岩波書店　1999.7　345p　20cm
　3200円　Ⓘ4-00-023613-X　Ⓝ209.74〔0735〕

◇アメリカは何故、沖縄を日本から切り離した
　か　宮里政玄著,沖縄市企画部平和文化振興
　課編　沖縄　沖縄市　1999.8　59p　21cm
　（Kozaの本 3）〈会期・会場：1998年8月15
　日　沖縄市民小劇場あしびなあ　発売：ゆい
　出版（具志川）〉500円　Ⓘ4-946539-08-5
　Ⓝ219.9
　内容　沖縄分離の背景　沖縄分離の原点沖縄戦　ア
　メリカでの戦後処理の研究　重要でなかった沖縄
　戦後処理をめぐる国務省と軍部の対立　沖縄占領
　の既成事実　棚上げされた沖縄の地位　忘れられ
　た島沖縄　対日政策の転換「逆コース」　軍工事
　に依存する沖縄経済シーツ政策の本質〔ほか〕
　　　　　　　　　　　　　　　　　　　　〔0736〕

◇沖縄祖国復帰物語　櫻井溥著　大蔵省印刷局
　1999.10　314p　19cm　1600円　Ⓘ4-17-
　148000-0　Ⓝ219.9
　内容　第1部 沖縄の戦後（総理府に初めて沖縄の窓
　口　特殊法人「南方同胞援護会」の活躍　戦後の諸
　事情 ほか）　第2部 沖縄祖国復帰準備（沖縄返還
　の準備始まる　佐藤栄作と山中貞則のコンビ　毒
　ガス移送問題 ほか）　第3部 沖縄祖国復帰（沖縄
　返還協定と沖縄国会　琉球政府最後の日　新生沖
　縄の誕生 ほか）　　　　　　　　　　　〔0737〕

◇沖縄20世紀の光芒　琉球新報社編　那覇　琉
　球新報社　2000.10　387p　21cm〈年表あ
　り〉2200円　Ⓘ4-89742-030-X　Ⓝ219.9

歴史・地理　　　　　　　　　　　　　　　　　　　　　　　　　　　　　　　沖縄史

〔0738〕

◇写真集懐かしき沖縄—山崎正薫らが歩いた昭
和初期の原風景　野々村孝男編著　那覇　琉
球新報社　2000.11　160p　20×22cm〈折
り込1枚　文献あり　年譜あり〉2300円
Ⓘ4-89742-031-8　Ⓝ219.9　　　　　〔0739〕

◇地域から見直す占領改革—戦後地方政治の連
続と非連続　天川晃, 増田弘編　山川出版社
2001.3　252p　21cm　2500円　Ⓘ4-634-
52140-7　Ⓝ318.2
内容 序論 地域から見直す占領改革　1部 1945
年：地域社会の連続と非連続（沖縄：戦中・戦後の
政治社会の変容　地域の戦時・戦後と占領—茨城
県を中心として）2部 指導者交代の諸相（パージ
の衝撃—岩手県を中心として　教員レッド・パー
ジ—北海道を中心として　指導者の交代—衆議院
総選挙結果を手がかりに）3部 制度選択と地域
社会（特別市制をめぐる大都市と県の対抗—横浜
市と神奈川県を中心として）　　　　　〔0740〕

◇現代日本と沖縄　新崎盛暉著　山川出版社
2001.9　101p　21cm　（日本史リブレット
66）〈年表あり〉800円　Ⓘ4-634-54660-4
Ⓝ219.9
内容 1 近代日本と沖縄—琉球処分から沖縄戦へ
2 日本国憲法の成立と憲法なき沖縄—平和国家日
本と軍事要塞沖縄　3 日本の独立と米軍支配下の沖
縄　4 沖縄返還とは何であったか　5「沖縄問題」
の解決と日本の将来　　　　　　　　　〔0741〕

◇戦後沖縄の社会変動と近代化—米軍支配と大
衆運動のダイナミズム　与那国暹著　那覇
沖縄タイムス社　2001.9　332p　19cm
（タイムス選書 2-13）〈文献あり〉2600円
Ⓘ4-87127-149-8　Ⓝ219.9　　　　　〔0742〕

◇資料に見る沖縄の歴史—日本復帰30周年記念
特別展　沖縄県公文書館編　〔那覇〕　沖縄
県　2002.3　205p　30cm〈他言語標題：
Okinawan history on record　会期・会場：
2002年5月1日—31日 沖縄県公文書館ほか
英文併記〉219.9　　　　　　　　　　〔0743〕

◇米国支配二十七年の回想—重要歴史年表
1945-1972　宮里松正著　那覇　沖縄タイム
ス社　2002.5　275p　20cm　2400円　Ⓘ4-
87127-154-4　Ⓝ219.9　　　　　　　〔0744〕

◇沖縄戦後史—写真集　大田昌秀監修　改訂
南風原町（沖縄県）　那覇出版社　2002.8
475p　36cm〈年表あり〉19800円　Ⓝ219.9
〔0745〕

◇九州・沖縄地方　「日本映像の20世紀」プロ
ジェクト監修　ポプラ社　2003.4　79p
29cm　（NHK日本映像の20世紀 6）〈年表
あり〉2950円　Ⓘ4-591-07537-0　Ⓝ219

内容 福岡県　長崎県　佐賀県　熊本県　大分県
宮崎県　鹿児島県　沖縄県　　　　　　〔0746〕

◇新たな思想は創れるか—9・11と平和運動
新崎盛暉著　凱風社　2004.2　273p　20cm
（沖縄同時代史 第10巻（2001-2003））〈年表
あり〉2200円　Ⓘ4-7736-2809-X　Ⓝ219.9
〔0747〕

◇基地のない世界を—戦後50年と日米安保　新
崎盛暉著　新装版　凱風社　2004.2　261p
20cm　（沖縄同時代史 第6巻（1993-1995））
〈年表あり〉2200円　Ⓘ4-7736-2805-7
Ⓝ219.9　　　　　　　　　　　　　　〔0748〕

◇公正・平等な共生社会を—迫られる沖縄の選
択　新崎盛暉著　新装版　凱風社　2004.2
235p　20cm　（沖縄同時代史 第9巻（1999-
2000））〈年表あり〉2200円　Ⓘ4-7736-
2808-1　Ⓝ219.9　　　　　　　　　　〔0749〕

◇小国主義の立場で—海邦国体と反戦地主　新
崎盛暉著　新装版　凱風社　2004.2　212p
20cm　（沖縄同時代史 第3巻（1983-1987））
〈年表あり〉2200円　Ⓘ4-7736-2802-2
Ⓝ219.9　　　　　　　　　　　　　　〔0750〕

◇政治を民衆の手に—問われる日本の針路　新
崎盛暉著　新装版　凱風社　2004.2　269p
20cm　（沖縄同時代史 第8巻（1997.7-
1998））〈年表あり〉2200円　Ⓘ4-7736-
2807-3　Ⓝ219.9　　　　　　　　　　〔0751〕

◇「脱北入南」の思想を—湾岸戦争と戦争体験
新崎盛暉著　新装版　凱風社　2004.2
238p　20cm　（沖縄同時代史 第5巻（1991-
1992））〈年表あり〉2200円　Ⓘ4-7736-
2804-9　Ⓝ219.9　　　　　　　　　　〔0752〕

◇平和と自立をめざして—沖縄の転機は日本の
転機　新崎盛暉著　新装版　凱風社　2004.2
253p　20cm　（沖縄同時代史 第7巻（1996-
1997.6））〈年表あり〉2200円　Ⓘ4-7736-
2806-5　Ⓝ219.9　　　　　　　　　　〔0753〕

◇柔らかい社会を求めて—ポスト昭和と冷戦崩
壊　新崎盛暉著　新装版　凱風社　2004.2
240p　20cm　（沖縄同時代史 第4巻（1988-
1990））〈年表あり〉2200円　Ⓘ4-7736-
2803-0　Ⓝ219.9　　　　　　　　　　〔0754〕

◇世替わりの渦のなかで—自立への試行錯誤
新崎盛暉著　新装版　凱風社　2004.2
230p　20cm　（沖縄同時代史 第1巻（1973-
1977））〈年表あり〉2200円　Ⓘ4-7736-
2800-6　Ⓝ219.9　　　　　　　　　　〔0755〕

◇琉球弧の視点から—革新王国の退潮　新崎盛
暉著　新装版　凱風社　2004.2　238p

「沖縄」がわかる本 6000冊　　61

沖縄史　　　　　　　　　　　　　　　　　　　　　　　　　　　歴史・地理

20cm　（沖縄同時代史　第2巻（1978-1982））
〈年表あり〉2200円　Ⓝ4-7736-2801-4
Ⓝ219.9　　　　　　　　　　　　　　〔0756〕

◇沖縄の戦後復興プロセスの体系的整理—調査
研究報告書　那覇　南西地域産業活性化セン
ター　2004.3　84p　30cm〈平成15年度自
主研究事業　年表あり　文献あり〉Ⓝ219.9
　　　　　　　　　　　　　　　　　　　〔0757〕

◇『沖縄独立』の系譜—琉球国を夢見た6人
比嘉康文著　那覇　琉球新報社　2004.6
346p　19cm〈文献あり〉1695円　Ⓝ4-
89742-059-8　Ⓝ219.9
内容　1　独立で行動した人たち（アメリカ政府に
直訴した大浜孫良　国政参加選挙を最後のチャン
スと捉えた崎間敏勝　初の主席公選で民意を問う
た野底武彦 ほか）　2　琉球独立への底流（琉球王
国の誕生　薩摩の琉球王国侵入　琉球藩と沖縄県
ほか）　3　資料（沖縄の帰属問題　琉球独立論に対
して復帰論者の反対論）　　　　　　　　〔0758〕

◇戦後初期沖縄解放運動資料集　第2巻　沖縄
の非合法共産党資料——一九五三〜五七年　加
藤哲郎, 国場幸太郎編・解説　不二出版
2004.11　344p　31cm〈複製〉28000円
Ⓝ4-8350-3317-5　Ⓝ219.9　　　　〔0759〕

◇未完の沖縄闘争—沖縄返還日米安保 10年間
の発言記録集　新崎盛暉著　凱風社　2005.1
540p　20cm　（沖縄同時代史　別巻（1962-
1972））　3800円　Ⓝ4-7736-2902-9　Ⓝ219.
9
内容　第1部 米軍支配の矛盾と破綻（沖縄総選挙終
わる　砂糖自由化と沖縄産業 ほか）　第2部 ベト
ナム戦争下の沖縄（基地沖縄の内幕　安保体制下
の沖縄とベトナム戦争 ほか）　第3部 教公二法阻
止闘争から二・四ゼネストへ（二分される沖縄—
教公二法をめぐって　沖縄返還論の現実と運動の
原理 ほか）　第4部 二・四ゼネスト以後（沖縄は
反安保の砦　思想としての「沖縄」ほか）〔0760〕

◇戦後初期沖縄解放運動資料集　第3巻　沖縄
非合法共産党と奄美・日本/解説——一九四四
〜六三年　森宣雄, 国場幸太郎編・解説　不
二出版　2005.5　276,95p　31cm〈複製〉
28000円　Ⓝ4-8350-3318-3　Ⓝ219.9　〔0761〕

◇沖縄「戦後」ゼロ年　目取真俊著　日本放送
出版協会　2005.7　189p　17cm　（生活人
新書 150）　640円　Ⓝ4-14-088150-X
Ⓝ219.9
内容　第1部 沖縄戦と基地問題を考える（はじめに
〜「戦後六十年」を考える前提　私にとっての沖
縄戦　沖縄戦を小説で書くこと　基地問題）　第
2部「癒しの島」幻想とナショナリズム—戦争・占
領・基地・文化（アメリカの世界戦略と基地沖縄
能力主義教育の浸透と沖縄の教育運動　教科書を
めぐる論点　イデオロギーとしての「癒し系」沖縄

エンターテインメント　癒しの共同体・天皇制・
宗教　沖縄戦の記憶と継承　沖縄文学と言葉）
　　　　　　　　　　　　　　　　　　　〔0762〕

◇戦争への反省　太田良博著　那覇　伊佐美津
子　2005.7　363p　20cm　（太田良博著作
集 3）〈発売：ボーダーインク（那覇）　シ
リーズ責任表示：太田良博/著　肖像あり〉
2300円　Ⓝ4-89982-092-5　Ⓝ219.9
内容　沖縄戦の諸相：豊見城海軍壕　沖縄大虐殺
沖縄戦闘の開始と終結の時期　三十四年前・八月
の戦慄！　戦争への反省　生理がとまる　K子
復員の頃　基地「鉄の暴風」から「琉球の風」へ
ふたつのモニュメント　『鉄の暴風』周辺：鮮烈
な個性　「鉄の暴風」取材ノートを中心に　渡嘉
敷島の惨劇は果たして神話か　沖縄戦に“神話”
はない　土俵をまちがえた人　天皇制と沖縄：小
さな天皇　沖縄出身兵と天皇の軍隊　すべてのう
しろには「菊」がある　　　　　　　　　〔0763〕

◇抹殺された大東亜戦争—米軍占領下の検閲が
歪めたもの　勝岡寛次著　明成社　2005.9
422p　19cm　1900円　Ⓝ4-944219-37-7
Ⓝ319.1
内容　東京裁判の検閲　東亜解放への道　明治維
新の世界史的意義　明治日本と支那・朝鮮　アメ
リカの太平洋進出と日本　日露戦争の与へた影響
と韓国併合　“協調”から“対決”へ—日米関係の
転機　満州をめぐる諸問題　大アジア主義と支那
をめぐる相克　日米交渉と開戦の経緯　大東亜戦
争と東亜解放　後に続くを信ず　　　　　〔0764〕

◇戦後初期沖縄解放運動資料集　第1巻　米軍
政下沖縄の人民党と社会運動/解説——一九四
七〜五八年　鳥山淳, 国場幸太郎編・解説
不二出版　2005.10　484p　31cm〈複製〉
28000円　Ⓝ4-8350-3316-7　Ⓝ219.9　〔0765〕

◇沖縄現代史　新崎盛暉著　新版　岩波書店
2005.12　231,16p　18cm　（岩波新書）〈年
表あり〉780円　Ⓝ4-00-430986-7　Ⓝ219.9
内容　第1章 米軍支配下の沖縄　第2章 日本にな
った沖縄　第3章 焼き捨てられた「日の丸」第
4章 湾岸戦争から安保再定義へ　第5章 政治を民
衆の手に　第6章 民衆運動の停滞と再生　〔0766〕

◇占領の記憶/記憶の占領—戦後沖縄・日本と
アメリカ　マイク・モラスキー著, 鈴木直子
訳　青土社　2006.3　395,29p　20cm〈文献
あり〉3200円　Ⓝ4-7917-6220-7　Ⓝ910.264
内容　イントロダクション—焼跡と金網　第1章
無人地帯への道　第2章 文学に見る基地の街　第
3章 差異の暗部　第4章 戦後日本の表象としての
売春　第5章 両義的なアレゴリー　第6章 内なる
占領者　エピローグ—ポスト・ベトナム時代の占
領文学　　　　　　　　　　　　　　　　〔0767〕

◇沖縄から靖国を問う　金城実著　奈良　宇多
出版企画　2006.8　102p　21cm　1000円
Ⓝ312.199　　　　　　　　　　　　　　〔0768〕

歴史・地理　　　　　　　　　　　　　　　　　　　　　　　　　　　　　　　　　　　沖縄史

◇沖縄の記憶―1953-1972 オキナワ記録写真集　山田實, 金城棟永写真　生活情報センター　2006.12　182p　31cm　3800円　Ⓘ4-86126-313-1　Ⓝ219.9
　内容 第1章 風景　第2章 働く　第3章 暮らし・文化　第4章 祈り・祭り　　　　　　　〔0769〕

◇沖縄の占領と日本の復興―植民地主義はいかに継続したか　中野敏男, 波平恒男, 屋嘉比収, 李孝徳編著　青弓社　2006.12　366p　22cm　3400円　Ⓘ4-7872-3268-1　Ⓝ219.9
　内容 1 占領と復興を問う（重層する戦場と占領と復興）　2 軍事占領と性暴力（軍事占領と性暴力―問題の所在　沖縄のアメリカ軍基地と性暴力―アメリカ軍上陸から講和条約発効前の性犯罪の実態を通して　朝鮮戦争と女性―戦時国家による性暴力の類型と争点 ほか）　3 被植民者の分断・連結・抵抗―新たな方法論と呼びかけのために　4 日本の戦後復興とは何であったのか―沖縄と日本の一九五〇年代（日本の“戦後復興”を問い直す―問題の所在　閉ざされる復興と「米琉親善」―沖縄社会にとっての一九五〇年　アメリカ軍政下の戦後復興―一九五〇年前後の沖縄, そして奄美 ほか）　　　　　　　　　　　　　　　　〔0770〕

◇戦後をたどる―「アメリカ世」から「ヤマトの世」へ　那覇市歴史博物館編　那覇　琉球新報社　2007.2　315p　22cm〈那覇市史通史篇第3巻（現代史）にあたる　年表あり　発売：琉球プロジェクト（那覇）〉2400円　Ⓘ978-4-89742-077-6　Ⓝ219.9　〔0771〕

◇昭和の記憶を掘り起こす―沖縄, 満州, ヒロシマ, ナガサキの極限状況　中村政則著　小学館　2008.7　287p　20cm　1900円　Ⓘ978-4-09-626137-8　Ⓝ916
　内容 オーラル・ヒストリーと私（聞き取りの体験とオーラル・ヒストリーの実践　オーラル・ヒストリーとは何か）　第1部 沖縄戦の戦火の中で（沖縄戦の悲劇とその基盤　座間味島の「集団自決」―宮平春子, 宮村文子, 宮里秀和, 宮里民子 ほか）　第2部 たくましく生きた満州移民（満州移民のたどった道　母と娘たちの数奇な運命―今入清栄, 長島操 ほか）　第3部 ヒロシマ, ナガサキ―未来をふくむ過去（なぜ広島・長崎か　看護学生の見た被爆直後の広島―小日向テイ子 ほか）　オーラル・ヒストリーの可能性　　　　　　　〔0772〕

◇沖縄で考える教科書問題・米軍再編・改憲のいま―目取真俊講演録　目取真俊著, 第9条の会・オーバー東京編　第9条の会・オーバー東京　2008.10　72p　26cm〈あーてぃくる9ブックレット 13〉〈年表あり　発売：影書房〉600円　Ⓘ978-4-87714-386-2　Ⓝ219.9　　　　　　　　　　　　　　　　〔0773〕

◇カンポーヌクェーヌクサー―沖縄戦後の混乱から復興へ　艦砲射撃の喰い残し　第9回特別企画展　沖縄県平和祈念資料館編　〔那覇〕

東洋企画印刷　2008.10　66p　30cm〈会期：平成20年10月10日―12月21日　年表あり　発売：編集工房東洋企画（糸満）〉952円　Ⓘ978-4-938984-58-8　Ⓝ219.9
　内容 沖縄戦―廃墟となった沖縄　収容所―捕らわれた人びと　引き揚げ―県外からの引き揚げ　生活―収容所からムラへの帰還　ゼロからの出発　社会のしくみ―立ち上がる沖縄のリーダーたち　経済―戦景からの営み　教育―時代に翻弄された教育　文化―生きる糧・支えとなった文化活動の再興　奄美の民主化―戦後奄美の復興と復帰運動　平和を求めて・付録　　　　　　　　　〔0774〕

◇戦後沖縄の精神と思想　比屋根照夫著　明石書店　2009.4　278p　20cm（明石ライブラリー 130）　3300円　Ⓘ978-4-7503-2977-2　Ⓝ219.9
　内容 序 沖縄にとって戦後とは何だったか　1（「混成的国家」への道―近代沖縄からの視点　戦後日本における沖縄論の思想的系譜）　2（五〇年代・沖縄の言論状況―「那覇市長問題」を中心に　沖縄 自立・自治への苦闘―歴史的文脈に即して　復帰三五年の沖縄が提起するもの）　3（非土の悲哀―宮城与徳とその時代　無職論の系譜―沖縄の戦後世代中屋幸吉の軌跡）　〔0775〕

◇大御心と沖縄　その1　伊藤陽夫著　京都　京都通信社　2009.4　45p　19cm〈奉祝・天皇陛下御即位二十年, 御成婚五十年〉500円　Ⓘ978-4-903473-90-1　Ⓝ288.41
　内容 歳旦祭　護国の大神　伊江島の芳魂之碑　琉歌の御製　沖縄へ初御来island　御聖徳　対馬丸　尊い後日譚　四つの日　　　〔0776〕

◇アメリカのパイを買って帰ろう―沖縄58号線の向こうへ　駒沢敏器著　日本経済新聞出版社　2009.5　286p　20cm〈文献あり〉1700円　Ⓘ978-4-532-16696-0　Ⓝ219.9
　内容 序章 輝ける日々　第1章 アメリカのパイを買って帰ろう―Jimmyのアップルパイから沖縄の戦後は始まった　第2章 きみは小さいのでショーリーと呼ばれたんだよ―耳で覚えた英語がやがて沖縄の言葉になるとき　第3章 嘉手納軍人のソウルフード―基地で生活していてもCoCo'sに行けば自由があるのさ　第4章 石の箱でおうちをつくる―島の住宅はコンクリートブロックだらけ　第5章 今宵はポーク缶詰のバラッド―配給されたSPAMの缶詰はやがて母ちゃんの味となる　第6章 さいごの京都ホテル―アメリカ人たちが泊まった歴史的ホテルの終焉　第7章 教会を捨てて戦争にNOと云う一基地を追われた宣教師が見たもの　第8章 芝生のある外人住宅―残された住処をあとに今日もB・52が飛んでゆく　第9章 幻のラジオステーションKSBK―米軍と闘ったロックンロール放送局　　　　　　　　　　　　〔0777〕

◇死者たちの戦後誌―沖縄戦跡をめぐる人びとの記憶　北村毅著　御茶の水書房　2009.9　418,10p　22cm〈索引あり〉4000円　Ⓘ978-4-275-00844-2　Ⓝ219.9

「沖縄」がわかる本 6000冊　**63**

沖縄史　　　　　　　　　　　　　　　　　　　　　　　　　　　　　　歴史・地理

内容 はじめに 戦死というグラウンド・ゼロ　序章 「戦後」と「戦後後」　第1章 さまよえる遺骨—戦死者が「復帰」する場所　第2章 「復帰」へといたる「病」—ひめゆりの塔と「沖縄病患者」　第3章 「父」を亡くした後—遺児たちの戦跡巡礼と慰霊行進　第4章 戦死者の魂が語り出すとき—戦後沖縄の心象風景　第5章 風景の遺影—摩文仁の丘の戦後　〔0778〕

◇沖縄1999-2010—戦世・普天間・辺野古　豊里友行写真集　豊里友行〔著〕　沖縄　沖縄書房　2010.5　103p　13×19cm　〈発売：榕樹書林（宜野湾）〉800円　Ⓘ978-4-89805-145-0　Ⓝ395.39　〔0779〕

◇現代沖縄の歴史経験—希望、あるいは未決性について　冨山一郎、森宣雄編著　青弓社　2010.7　417p　22cm　（日本学叢書 3）3400円　Ⓘ978-4-7872-3317-2　Ⓝ219.9
＊宿命的に沖縄経験を背負わせ、当事者として据え置いたうえで、饒舌に、また正しさを競い合いながら解説される「沖縄論」がある。問われているのは、たんに当事者こそが経験を語るべきだということでは、ない。問題は、こうした饒舌な解説が何を回避し、いかなる事態を怖れているのかということにある。そして回避行動から離脱し始めるとき、経験にかかわる言葉は別の連繋を担うはずだ。そこに本書の言葉たちは据えられた。その場所は、始まりであって、正しさではない。　〔0780〕

◇地（つち）のなかの革命—沖縄戦後史における存在の解放　森宣雄　現代企画室　2010.7　476p　20cm　〈タイトル：地のなかの革命　文献あり〉3000円　Ⓘ978-4-7738-1013-4　Ⓝ219.9
内容 主権なき時空における存在の解放運動/思想　第1部 分離独立なき人民再結合としての日本復帰運動—奄美・沖縄・日本をつなぐ左派復帰論の形成（奄美「独自の共産党」の生成と消滅—主体の下の革命の沈黙　沖縄人民党と沖縄民族解放への道—焦土の夢の亡霊的主体への変生）　第2部 「島ぐるみ闘争」の地下の革命—沖縄非合法共産党の潜在と遍在（越境する名前なき前衛党—奄美—沖縄統一戦線と沖縄非合法共産党の誕生　沖縄非合法共産党の革命運動/思想—基地沖縄の地下にある変革の趨勢）　〔0781〕

◇帝国日本の再編と二つの「在日」—戦前、戦後における在日朝鮮人と沖縄人　金廣烈、朴晋雨、尹明淑、任城模、許光茂著、朴東誠監訳、金炅昊、高賢来、山本興正訳　明石書店　2010.7　278p　22cm　5800円　Ⓘ978-4-7503-3221-5　Ⓝ316.81
内容 第1部 1940年代、朝鮮人の渡日と日本の統制政策（1940年代日本の渡日朝鮮人に対する規制政策　1940年代前半における日本警察の在日朝鮮人統制体制）　第2部 象徴天皇制の誕生と在日朝鮮人（敗戦直後の天皇制存続と民衆　敗戦直後の天皇制存続と在日朝鮮人）　第3部 敗戦直後、在

日朝鮮人の生活実態と生存権闘争（戦後日本における公的扶助体制の再編と在日朝鮮人—"生活保護委員"民生委員」体制の成立を中心に　敗戦直後における民族団体の生存権擁護闘争と在日朝鮮人）　第4部 占領初期沖縄の位相と「在日沖縄人」社会の実態（占領初期における沖縄の地位とアイデンティティ　占領初期「在日沖縄人」社会の構造と実態1：大阪　占領初期「在日沖縄人」社会の構造と実態2：兵庫）　〔0782〕

◇アメリカ世（ゆー）の記憶—米軍政下の沖縄　森口豁写真・文　高文研　2010.10　124p　21cm　〈タイトル：アメリカ世の記憶　年表あり〉1600円　Ⓘ978-4-87498-449-9　Ⓝ219.9
内容 1部 写真が語る米軍占領下の沖縄　2部 つなぎとめる記憶のために（沖縄を歩く　辺野古、高江、宮森のこと　現代の「戦世」　記憶の中に生きる人々　沖縄ブーム考　独立・自立へのまなざし）　資料編 米軍政時代の沖縄＝略年表〔0783〕

◇アジアのなかで沖縄現代史を問い直す—新崎盛暉『沖縄現代史』韓国版・中国語版刊行記念シンポジウム　第458回沖縄大学土曜教養講座　「方法としてのアジア方法としての沖縄」研究会編　那覇　沖縄大学地域研究所　2010.11　113p　21cm　（沖縄大学地域研究所ブックレット 11）〈会期・会場：2010年5月29日　沖縄大学〉477円　Ⓘ978-4-863650-17-6　Ⓝ219.9
内容 シンポジウムの記録：沖縄現代史を東アジアのなかで叙述する可能性 屋嘉比収述　沖縄闘争に学ぶ 孫歌述〈地域〉という視点から 陳光興述　東アジア分断体制を解体するために 鄭根埴述　応答 新崎盛暉述　資料：沖縄に内在する東アジア戦後史 孫歌著　傍らから読む『沖縄現代史』 陳光興著　方法としての沖縄 鄭根埴著　翻訳を終えて 鄭永信著　民衆「無名の能動的転換」への自覚 胡冬竹著　解題 若林千代著　〔0784〕

◇沖縄空白の一年—1945-1946　川平成雄著　吉川弘文館　2011.2　278,16p　21cm　〈年表あり　索引あり〉2800円　Ⓘ978-4-642-03801-0　Ⓝ219.9
内容 1 沖縄戦終結はいつか　2 米軍の沖縄上陸、占領と統治　3 収容所の中の住民と生活の息吹　4 復興への胎動と住民の生活　5 人の動きと経済復興の始まり　6 沖縄の「切り捨て」「切り離し」と米軍政府占領下の沖縄　7 「戦後」なき沖縄　〔0785〕

◇沖縄だれにも書かれたくなかった戦後史　上佐野眞一著　集英社　2011.7　494p　16cm（集英社文庫 さ48-1）743円　Ⓘ978-4-08-746725-3　Ⓝ219.9
内容 1 天皇・米軍・沖縄県警（「お約束」の島から「物語」の島へ　歴史に翻弄された沖縄県警　スパイ蠢く島 ほか）　2 沖縄アンダーグラウンド（花街・映画・沖縄空手　沖縄ヤクザのルーツ "戦果ア

64 「沖縄」がわかる本 6000冊

歴史・地理　　　　　　　　　　　　　　　　　　　　　　　　　　　　　　沖縄史

ギヤー" 山口組の影 ほか) 3 沖縄の怪人・猛
女・パワーエリート(その1)(弾圧・拷問・右翼テ
ロ 第三の新聞・沖縄時報顛末記 沖縄を通り過
ぎた男たち ほか) 　　　　　　　　　　〔0786〕

◇沖縄だれにも書かれたくなかった戦後史 下
佐野眞一著 集英社 2011.7 484,10p
16cm (集英社文庫 さ48-2)〈文献あり 年
表あり 索引あり〉743円 Ⓘ978-4-08-
746726-0 Ⓝ219.9
　内容 4 沖縄の怪人・猛女・パワーエリート(その
2)(スーパースター・瀬長亀次郎 ウチナー金融表
裏事情「沖縄の帝王」軍用地主 ほか) 5 踊る琉
球、歌う沖縄(島唄復活と大阪ウチナーンチュ 沖
縄ミュージックは日本に届くか 最果て芸能プロ
モーター伝説 ほか) 6 第二の"琉球処分"(「怨」
と「反ヤマト」の沖縄列島 琉球王朝・尚家の盛
衰史 尖閣列島、波高し ほか) 　　　　〔0787〕

◇沖縄の戦後思想を考える 鹿野政直著 岩波
書店 2011.9 240,12p 20cm〈年表あり〉
2400円 Ⓘ978-4-00-022415-4 Ⓝ219.9
　内容 はじめに 沖縄のいまから 1「占領」とい
う檻のなかで——一九四五 - 一九七二年(戦争と占
領を働く 焦点となった復帰) 2「日本」という
枠のなかで——一九七二 - 二〇一〇年(文化意識の
再構築 問われゆく復帰) むすび 沖縄のいまへ
　　　　　　　　　　　　　　　　　　　〔0788〕

◇アメリカ世(ユー)の沖縄——逞しくしたたか
に生きてきたウチナーンチュ:沖縄県平和祈
念資料館平成23年度第12回特別企画展 沖
縄県平和祈念資料館編 糸満 沖縄県平和祈
念資料館 2011.10 60p 30cm〈年表あ
り〉Ⓝ219.9 　　　　　　　　　　　　〔0789〕

◇沖縄の復帰運動と保革対立——沖縄地域社会の
変容 櫻澤誠著 有志舎 2012.1 270,7p
22cm〈索引あり〉6000円 Ⓘ978-4-903426-
50-1 Ⓝ219.9
　内容 序章 戦後沖縄復帰運動史研究の課題 第1
章 戦後初期の沖縄における復帰論/独立論—講和
交渉期の帰属論争の思想的内実 第2章 一九五〇
年代沖縄の地域における教員の役割—社会運動
の基盤形成 第3章 一九五〇年代における沖縄の
「青年教員」—教員養成・研修での期待像と実像
第4章 戦後沖縄における保革対立軸の形成——一九
六〇年代初頭の革新共闘への過程 第5章 戦後沖
縄における保革対立軸の成立と「島ぐるみ」運動
—教公二法問題の変容過程 第6章 一九六〇年代
沖縄教職員会の復帰運動方針変容過程 第7章 沖
縄地域社会における保革対立軸の固定化—教公二
法阻止闘争から三大選挙へ 終章 沖縄戦後史に
おける二項対立構造の解体 　　　　　　〔0790〕

◇天皇陛下と沖縄 日本会議事業センター編
明成社 2012.2 63p 21cm〈文献あり〉
800円 Ⓘ978-4-905410-06-5 Ⓝ288.48
　内容 1 最初の沖縄ご訪問 昭和五十年 2 今帰仁
の桜—昭和五十一年・五十八年 3 昭和天皇のご

名代として—昭和六十二年・六十三年 4 即位後
早い機会に—平成五年 5 戦歿者と遺族に心を寄
せられた戦後五十年「慰霊の旅」—平成七年 6
沖縄の文化に親しまれて—平成十六年 〔0791〕

◇戦後沖縄の人権史—沖縄人権協会半世紀の歩
み 沖縄人権協会編著 高文研 2012.4
238p 21cm〈年譜あり〉2300円 Ⓘ978-4-
87498-477-2 Ⓝ219.9
　内容 はじめに 人権こそ宝—沖縄の自由・人権に
思う 序章 人権から見る普天間問題 第1章 沖
縄人権協会設立以前—戦後から1960年まで 第2
章 沖縄人権協会の草創期—1961年から71年 第
3章 沖縄返還と人権の新しい展開—1972年から79
年 第4章 1980年代の沖縄:「発見」される人権
問題 第5章 1990年代の人権問題の諸相 第6章
21世紀にも続く人権問題—1999年から現在まで
第7章 沖縄人権協会と私 　　　　　　〔0792〕

◇朝鮮半島問題と日本の未来—沖縄から考える
姜尚中著, 沖縄大学地域研究所編 芙蓉書房
出版 2012.5 157p 19cm (沖縄大学地
域研究所叢書) 1500円 Ⓘ978-4-8295-
0557-1 Ⓝ219.9
　内容 北東アジアの明日を考える(沖縄と朝鮮半島
の人々には分かる地上戦の痛み「自分たちのこ
とは自分たちでやる」ことを教えてくれた金大中
氏 東アジアでは「冷戦」は終わっていない ほ
か) 沖縄の明日を拓く(熊本と沖縄、朝鮮半島の
因縁 震災、原発事故と日本近代史の古層 日中
韓の原発は約百基にもなる ほか) 3・11以後の
日本の歩むべき道(アルゼンチンの国家破綻の現
場を取材 原発事故から浮かび上がる、戦後成長
の中での中央と地方の関係 唯一の被爆国がなぜ
原子力大国になったのか ほか) 　　　　〔0793〕

◇時の眼—沖縄—復帰40年の軌跡:比嘉豊光・
山城博明写真展図録集 比嘉豊光, 山城博明
〔撮影〕 読谷村(沖縄県)「時の眼—沖縄」
実行委員会 2012.5 164p 26cm〈会期・
会場:2012年5月15日—27日 浦添市美術館ほ
か 共同刊行:琉球新報社 年表あり〉1500
円 Ⓘ978-4-89742-144-5 Ⓝ219.9 〔0794〕

◇本音の沖縄問題 仲村清司著 講談社
2012.5 261p 18cm (講談社現代新書
2156)〈文献あり 年表あり〉760円 Ⓘ978-
4-06-288156-2 Ⓝ219.9
　内容 第1章 沖縄のいま—繰り返される歴史(「辺
野古断念」が報道された日 自衛隊誘致に揺れる国
境の島 観光立県の危うい字たち 減らない米軍
犯罪 沖縄戦後史—一九四五年~五二年 沖縄を切
り捨てた天皇メッセージとサンフランシスコ平和
条約) 第2章 県民感情のいま—反米より反ヤマ
ト(拡大する本土との違和感 消えた差別と残った
差別 連帯を拒否する人々 沖縄戦後史—一九五
〇年代 反基地運動の原点となった島ぐるみ逃走
とアメリカ世の時代) 第3章 沖縄内部の矛盾—
深化する対立(削除される史実 もうひとつの沖
縄問題 依存体質の構図 『テンペスト』に抗議

「沖縄」がわかる本 6000冊　　65

する人々　沖縄戦後史一九六〇～七〇年代　基地
を固定化させた沖縄返還と深刻化する沖縄問題）
第4章　沖縄という土地―復帰が問われる時代（軍
用地買います　沖縄の運動には「型」がある　復
帰を問い直す人々　独立を志す人々　沖縄戦後史
一九八〇年～現在　保守県政の誕生と普天間基地
問題）　　　　　　　　　　　　　　　　〔0795〕

◇新崎盛暉が説く構造的沖縄差別　新崎盛暉著
高文研　2012.6　157p　19cm　1300円
Ⓘ978-4-87498-483-3　Ⓝ219.9
内容　1 戦後の日米関係と沖縄（占領政策における
日本・沖縄の位置づけ　構造的沖縄差別の上に確
立された戦後の日米関係と復帰運動　安保改訂と
構造的沖縄差別　沖縄返還と安保問題の局地化）
2 東西冷戦終焉後の沖縄の位置と民衆の闘い（一
極支配を目指す米国・安保「再定義」と普天間問
題の焦点化　政権交代の挫折と新局面を迎える沖
縄の闘い）　3 中国の大国化・日米同盟の空洞化・
東日本大震災（尖閣諸島（釣魚諸島）問題から何が
見えてきたか　国境地域は辺境か平和創造の場か
東日本大震災をどうとらえるか？）　4 構造的沖
縄差別克服の可能性をどこに見出すか（世論調査
とメディアの論調から見る日米安保・沖縄　ヤマ
トからの介入、ヤマトとの連帯　国際的な広がり
の中で）　　　　　　　　　　　　　　　〔0796〕

◇Okinawaから沖縄へ―モノが語る激動の時代
1945-2012　復帰40年記念博物館特別展　沖縄
県立博物館・美術館編　那覇　沖縄県立博物
館・美術館　2012.9　95p　30cm〈会期・会
場：平成24年9月28日―11月25日　沖縄県立
博物館・美術館　年表あり〉Ⓝ219.9〔0797〕

◇沖縄占領下を生き抜く―軍用地・通貨・毒ガ
ス　川平成雄著　吉川弘文館　2012.10
221p　19cm　（歴史文化ライブラリー 354）
1700円　Ⓘ978-4-642-05754-7　Ⓝ219.9
内容　アイスバーグ作戦と沖縄戦（アイスバーグ
作戦と住民　「鉄の嵐」と「血の嵐」の沖縄戦）
朝鮮戦争・スクラップ・沖縄（朝鮮特需と日本経
済　スクラップと沖縄経済　ほか）　強制的軍用地
接収と住民（軍用地問題の発端　土地接収の本格
化　ほか）　類をみない重なる通貨交換（無通貨
時代　B型円軍票・新日本円から新日本円時代へ
―そしてB型円軍票の復活　ほか）　毒ガス貯蔵発
覚からレッドハット作戦へ（毒ガス貯蔵の発覚―
それは身内から起こった　アメリカ政府と日本政
府の動き　ほか）　　　　　　　　　　　〔0798〕

◇復帰前へようこそ―おきなわ懐かし写真館
海野文彦文　那覇　新星出版　2012.10
135p　21cm〈発売：琉球プロジェクト（那
覇）〉1200円　Ⓘ978-4-905192-32-9　Ⓝ219.
9　　　　　　　　　　　　　　　　　　　〔0799〕

◇戦後琉球の公務員制度史―米軍統治下におけ
る「日本化」の諸相　川手摂著　東京大学出
版会　2012.11　369p　22cm〈索引あり〉
7800円　Ⓘ978-4-13-036243-6　Ⓝ318.3

内容　序章　「戦後琉球」と日本―連続性の視点か
ら　第1章　各群島の諸政府と職員の任用・給与―
1945～1952年　第2章　全琉統一政府の設立と「公
務員法」の形成　第3章　琉球政府公務員の任用―
制度と実態　第4章　琉球政府の職階制と給与制度
第5章　市町村職員の任用・給与と「幻」の市町村
公務員法　第6章　琉球水道公社の職員制度　第7
章　琉球政府公務員の「復帰」　終章　琉球政府と
は何だったのか　　　　　　　　　　　　〔0800〕

◇同化と他者化―戦後沖縄の本土就職者たち
岸政彦著　京都　ナカニシヤ出版　2013.2
448p　19cm〈文献あり　年表あり〉3600円
Ⓘ978-4-7795-0723-6　Ⓝ219.9
内容　序章　オキナワから来た少年　第1章　戦後沖
縄の経済成長と労働力流出　第2章　本土就職者た
ちの生活史　第3章　ノスタルジックな語り　第4
章　本土就職とはなにか　結論　同化と他者化
　　　　　　　　　　　　　　　　　　　〔0801〕

◇行幸啓誌―第32回全国豊かな海づくり大会・
地方事情御視察　〔那覇〕　沖縄県　2013.2
50p　26×27cm〈平成24年11月〉Ⓝ288.48
　　　　　　　　　　　　　　　　　　　〔0802〕

◇天皇陛下と沖縄―天皇陛下奉迎活動記録集
奉祝第三十二回全国豊かな海づくり大会・沖
縄　平成24年　天皇陛下奉迎沖縄県実行委員
会編　那覇　天皇陛下奉迎沖縄県実行委員会
事務局　2013.2　72p　30cm　Ⓝ288.48
　　　　　　　　　　　　　　　　　　　〔0803〕

◇復帰40年の記憶―平成24年度復帰40年記念
博物館企画展・特別展関連講座等記録集　沖
縄県立博物館・美術館編　那覇　沖縄県立博
物館・美術館　2013.3　92p　30cm　Ⓝ219.
9　　　　　　　　　　　　　　　　　　　〔0804〕

◇沖縄の〈怒〉―日米への抵抗　ガバン・マ
コーマック, 乗松聡子著　京都　法律文化社
2013.4　264p　21cm　2800円　Ⓘ978-4-
589-03485-4　Ⓝ219.9
内容　序章　琉球/沖縄―処分から抵抗へ　第1章
「捨て石」の果てに―戦争、記憶、懇霊　第2章　日
米「同盟」の正体―密約と嘘が支える属国関係　第
3章　分離と復帰―軍支配と基地被害は続く　第4
章　辺野古―望まれぬ基地　第5章　鳩山の乱　第
6章　選挙と民主主義　第7章　環境―「非」アセス
メント　第8章　同盟「深化」　第9章　歴史を動か
す人々　終章　展望　　　　　　　　　　〔0805〕

◇「島ぐるみ闘争」はどう準備されたか―沖縄
が目指す〈あま世〉への道　森宣雄, 鳥山淳編
著　不二出版　2013.10　274p　21cm〈戦
後初期沖縄解放運動資料集DVD版〉別冊
執筆：国場幸太郎ほか〉1800円　Ⓘ978-4-
8350-7545-7　Ⓝ219.9
内容　第1部　「オール沖縄」平和・自治運動の起
源（沖縄平和・自治要求運動のかつて・いま・こ

歴史・地理　　　　　　　　　　　　　　　　　　　　　　　　　　　　　　　　　　　　　沖縄史

れから　「島ぐるみ闘争」はどう準備されたか―島人・農民・母たちと革命家）　第2部 沖縄の人びとの歩み―戦世から占領下のくらしと抵抗（世界大恐慌下のとある家族　軍国主義下の少年たち　敗戦のなかの高校生とその家族　ほか）　第3部 人との出会い 伝え継ぐこと（生きる―夫・林義巳のこと　オンリー・イエスタデイ―一九五〇年代沖縄と国場幸太郎　東京沖縄学生と国場幸太郎さん　ほか）　〔0806〕

◇戦後沖縄における帰属論争と民族意識―日本復帰と反復帰　小松寛著　早稲田大学出版部　2013.11　221p　30cm　（早稲田大学モノグラフ Waseda University monograph 91）〈年表あり　文献あり〉3100円　①978-4-657-13514-8　Ⓝ312.199　〔0807〕

◇証言で学ぶ「沖縄問題」―観光しか知らない学生のために　松野良一, 中央大学FLPジャーナリズムプログラム編　八王子　中央大学出版部　2014.4　246p　21cm　2700円　①978-4-8057-5228-9　Ⓝ219.9
内容 第1部 沖縄地上戦の証言―集団自決、そしてコザ孤児院の記憶　白梅学徒隊の証言―戦争の悲惨さと平和の尊さ　ひめゆり学徒隊が見た戦争の本質―今だからこそ記憶を残したい　鉄血勤皇隊―「手榴弾をくれ」と君は言った　戦争マラリア―もう一つの沖縄戦の記憶　尖閣列島戦時遭難事件）　第2部 戦後の沖縄（「沖縄福祉の母」島マス―受け継がれるチムグリシンの心　なぜ平和ガイドをやるのか？―戦争体験を語り・継ぐ若者　なぜボランティア団体が遺骨収集を続けるのか？―「ガマフヤー」の活動と心　沖縄、異国情緒のルーツをたどる）　第3部 沖縄と米軍基地（沖縄密約証言　コザ暴動―米軍の横暴に対するウチナーンチュの不満の爆発　「命は宝」の意志を受け継いで―伊江島の基地問題と「沖縄のガンジー」　普天間基地移設と辺野古問題）　〔0808〕

◇沖縄闘争の時代1960/70―分断を乗り越える思想と実践　大野光明著　京都　人文書院　2014.9　340p　19cm　3800円　①978-4-409-24098-4
内容 序章　第1章 沖縄闘争の時代　第2章 ベトナム戦争下の沖縄闘争―べ平連の嘉手納基地ゲート前抗議行動と渡航制限撤廃闘争　第3章 大阪のなかの沖縄問題の発見―大阪沖縄連帯の会を事例に　第4章 復帰運動の破綻と文化的実践による沖縄闘争の持続―竹中労、ルポルタージュ、島唄　第5章 横断する軍事的暴力、越境する運動―沖縄におけるべき平連運動と反戦兵士たち　第6章 沖縄闘争と国家の相克―沖縄青年同盟というコンフリクト　終章　〔0809〕

◇米国の沖縄占領と情報政策―軍事主義の矛盾とカモフラージュ　吉本秀子著　横浜　春風社　2015.3　378,20p　22cm〈他言語標題：U.S. Public Diplomacy and Occupation of Okinawa　文献あり　索引あり〉6500円

①978-4-86110-451-0　Ⓝ219.9
内容 米国の沖縄占領とは何だったのか―戦争宣伝論の視座からの再考　第1部 議会と戦時指令（米議会と沖縄統治予算　陸軍省の民事活動―軍政府から広報まで　沖縄占領政策の基本指令JCS 1231　米民政府（USCAR）とは何か―戦時指令の復活　二重構造―陸軍省の議会対策）　第2部 米国の情報政策と沖縄（米国の対外情報政策　沖縄CIEの広報・広聴活動（一九四五‐一九五七年）　米民政府・広報局（一九五七‐一九七二年）　日米関係―もう一つのトモダチ作戦）　軍事主義と民主主義の相克―沖縄問題と歴史的遺産　〔0810〕

◇沖縄の70年―フォト・ストーリー　石川文洋著　岩波書店　2015.4　231,2p　18cm　（岩波新書 新赤版 1543）〈年表あり〉1020円　①978-4-00-431543-8　Ⓝ219.9
内容 第1章 沖縄に生まれて　第2章 沖縄戦の記憶　第3章 南洋群島の沖縄人―海のむこうの戦争体験　第4章 ベトナム戦争と沖縄　第5章 本土復帰　第6章 米軍基地一九七二～二〇一五　第7章 故郷を思う　〔0811〕

◇戦場が見える島・沖縄―50年間の取材から　嬉野京子著　新日本出版社　2015.9　158p　21cm　1600円　①978-4-406-05935-0　Ⓝ219.9
内容 第1章 米軍占領下の沖縄で（六〇年代の沖縄と日本　あの写真を撮った時のこと　基地と基地の合間に沖縄がある ほか）　第2章 「祖国復帰」の前と後（復帰への流れと背景　戦争の記憶を伝えるということ　変わらない米軍基地と安保の現実）　第3章 再び「島ぐるみ」となったうねり（転換点となった一九九五年の出来事　アレン・ネルソンとの出会い　抵抗のスパイラル）　〔0812〕

◇沖縄現代史―米国統治、本土復帰から「オール沖縄」まで　櫻澤誠著　中央公論新社　2015.10　366p　18cm　（中公新書 2342）〈文献あり　年表あり〉920円　①978-4-12-102342-1　Ⓝ219.9
内容 第1章 「沖縄戦」後の米軍占領1945～52　第2章 「島ぐるみ」の抵抗1952～58　第3章 沖縄型高度経済成長1958～65　第4章 本土復帰へ1965～72　第5章 復帰/返還直後―革新県政の苦悩1972～78　第6章 保守による長期政権―変わる県民意識1978～90　第7章 反基地感情の高揚―「島ぐるみ」の復活1990～98　第8章 「オール沖縄」へ―基地・経済認識の転換1998～2015　〔0813〕

◇クリフォード訪琉日記―もうひとつの開国　H・J・クリフォード著, 浜川仁訳・解説　不二出版　2015.10　262p　19cm〈文献あり　索引あり〉1800円　①978-4-8350-7828-1　Ⓝ291.99
内容 日記 一八一六年（九月二一日土曜日　九月二二日日曜日　九月二三日月曜日　九月二五日水曜日　九月二七日金曜日 ほか）　解説 クリフォードの仕掛けた琉球・日本の近代　〔0814〕

「沖縄」がわかる本 6000冊　**67**

沖縄史　　　　　　　　　　　　　　　　　　　　　　歴史・地理

◇ジープと砂塵—米軍占領下沖縄の政治社会と東アジア冷戦1945-1950　若林千代著　有志舎　2015.11　296p　22cm　（フロンティア現代史 The frontier of Japanese contemporary history）〈文献あり〉4800円　Ⓘ978-4-903426-99-0　Ⓝ219.9
　内容 序章 占領と政治社会—東アジアのなかの沖縄　第1章 戦闘から占領へ　第2章 猫と鼠　第3章 占領初期の社会変容　第4章 政治組織の形成　第5章 東アジア冷戦体制の形成と沖縄—NSC13の世界　第6章 「シーツ善政」—朝鮮戦争前夜の沖縄　第7章 自主沖縄—占領初期沖縄における政治社会　終章 「荒涼たる風景」のなかの問い
〔0815〕

◇天皇陛下御作詞 皇后陛下御作曲 歌声の響　宮内庁監修, 朝日新聞出版編　朝日新聞出版　2015.11　19p　22cm　1100円　Ⓘ978-4-02-251292-5　Ⓝ288.48
　内容 「歌声の響」が生まれるまで　天皇皇后両陛下と沖縄行幸啓　沖縄の人と文化に寄り添われて両陛下の御心を歌う光栄—ソプラノ歌手 鮫島有美子
〔0816〕

◇沖縄にそそがれる大御心　伊藤陽夫著　京都 京都通信社　2016.2　127p　21cm　1200円　Ⓘ978-4-903473-94-9
　内容 第1章 ルサンチマン（怨念）を溶かす大御心（騒然たる沖縄に飛び込むお覚悟　ひめゆりの塔事件 ほか）　第2章 十回のご来県を追って（皇太子としての五回の訪沖　最初の沖縄行幸天皇として）　第3章 沖縄理解への道に大御心を仰ぐ（遺骨と慰霊　慰霊地への大御心 ほか）　番外編 沖縄県護国神社境内に御製御歌の歌碑建立（御製御歌二屏連立の石碑　皇后陛下から御歌集『瀬音』を賜る ほか）　大御心と沖縄 その一（歳旦祭 護国の大神 ほか）
〔0817〕

◆太平洋戦争

◇新川が語る沖縄戦　南風原町（沖縄県）　南風原町史編集委員会　1995.3　66p　26cm　（南風原町沖縄戦戦災調査 10）　Ⓝ210.75
〔0818〕

◇沖縄戦トップシークレット　上原正稔著　那覇 沖縄タイムス社　1995.3　380p　20cm　2800円　Ⓝ210.75
〔0819〕

◇防衛庁資料目録—防衛庁防衛研修所図書館蔵　田里光夫, 具志川市史編さん室編　〔具志川〕具志川市教育委員会　1995.3　132p　26cm　（具志川市史編集資料 6）　Ⓝ210.75　〔0820〕

◇静かに過ぎ去る時とともに一碑は語る…今, 沖縄戦をあなたに問う　中谷行雄著　労働教育センター　1995.6　242p　25cm　4000円　Ⓘ4-8450-0240-X　Ⓝ210.75
　＊戦後50年の集大成—平和への想いをこめた慰霊碑・塔の総集篇ともいうべき写真集。
〔0821〕

◇天王山—沖縄戦と原子爆弾　上　ジョージ・ファイファー著, 小城正訳　早川書房　1995.6　430p　20cm　3400円　Ⓘ4-15-207920-7　Ⓝ210.75
　＊第二次大戦の天王山にたとえられ, 本土の防波堤にされて15万余の県民を奪われた沖縄戦。この苛烈な戦闘の実相を日米両軍の兵士と住民, 三者の目でとらえ生々しく再現する。
〔0822〕

◇天王山—沖縄戦と原子爆弾　下　ジョージ・ファイファー著, 小城正訳　早川書房　1995.6　482p　20cm　〈沖縄戦関連年表・参考文献：p440〜458〉3600円　Ⓘ4-15-207921-5　Ⓝ210.75
　＊砲弾そそぐ "鉄の暴風" にさらされた84日間。洞窟あるいは海岸をさまよう兵士と住民。太平洋戦争最後の攻防戦の全容を8年の歳月をかけて明らかにするドキュメントの傑作。
〔0823〕

◇本部が語る沖縄戦　南風原町（沖縄県）　南風原町史編集委員会　1995.6　74p　26cm　（南風原町沖縄戦戦災調査 11）　Ⓝ210.75
〔0824〕

◇初年兵の沖縄戦記　仲本潤宏著　南風原町（沖縄県）　那覇出版社　1995.7　182p　19cm　（那覇出版文庫）　1000円
　内容 空襲下の入隊　幹部候補への夢　空腹のあまり夜食作戦　初年兵思いの岡田上等兵　伝令文を忘れる　米軍上陸の日　出陣の日　さまよう少年兄弟　井川少尉の名言　白昼の戦闘〔ほか〕
〔0825〕

◇沖縄「阿嘉島・慶留間島」戦—米軍・日本国土最初の上陸地　柴田収二著　〔倉敷〕〔柴田収二〕1995.7　87p　26cm　〈製作：西日本法規出版〉Ⓝ210.75　〔0826〕

◇碧い陽炎—沖縄の疎開児童たち　伊豆味正昌著　朝文社　1995.8　290p　20cm　2500円　Ⓘ4-88695-129-5　Ⓝ916
　内容 疎開船ブラジル丸　お伽の国　ふや旅館の日々　阿蘇の冬　カキ餅泥棒　冤罪　春　再疎開　脱走　さらば疎開児童　新たなる旅立ち
〔0827〕

◇島を出た民の戦争体験集　尼崎　沖縄県人会兵庫県本部　1995.9　287p　21cm　〈沖縄県人会兵庫県本部結成50年記念出版〉Ⓝ916
〔0828〕

◇平和の礎—沖縄全戦没者刻銘碑 日本・米国・台湾・朝鮮民主主義人民共和国・大韓民国 写真記録　南風原町（沖縄県）　那覇出版社　1995.11　631p　37cm　〈沖縄戦年表：p620〜631〉12800円　Ⓝ210.75
〔0829〕

◇戦争体験記　第2集　徳之島郷土研究会編　徳之島町（鹿児島県）　徳之島郷土研究会　1995.12　234p　26cm　〈第2集の副書名：終戦50周年記念〉Ⓝ916
〔0830〕

68　　「沖縄」がわかる本　6000冊

歴史・地理　　　　　　　　　　　　　　　　　　　　　　　　　　　　　　　沖縄史

◇南風原陸軍病院壕—保存・活用についての答
申書　南風原陸軍病院壕保存・活用調査研究
委員会編　南風原町（沖縄県）　南風原町教
育委員会　1996.3　90p　30cm　Ⓝ219.9
〔0831〕

◇インヌミから—50年目の証言　沖縄市企画部
平和文化振興課編　沖縄　沖縄市　1996.4
238p　26cm　（沖縄市史資料集 5）〈発売：
那覇出版社（南風原町）〉　1500円　Ⓝ916
〔0832〕

◇石垣島方面陸海軍作戦—太平洋戦争記録　瀬
名波栄著　那覇　沖縄戦史刊行会　1996.5
167p　26cm　〈終戦50周年記念特集　『石垣
島防衛戦史』（1970年刊）の増補〉　2000円
Ⓝ210.75
〔0833〕

◇ひびけ沖縄のこころ　伝えよう！ 沖縄の怒
りと平和のこころ・基地はいらない3.20関西
のつどい実行委員会編　大阪　耕文社
1996.5　111p　21cm　900円　Ⓘ4-906456-
12-X　Ⓝ395.39
〔0834〕

◇沖縄戦米兵は何を見たか—50年後の証言　吉
田健正著　彩流社　1996.8　237p　19cm
〈主な参考文献：p233～237〉1854円　Ⓘ4-
88202-407-1　Ⓝ210.75
内容 第1章 バトル・オブ・オキナワ　第2章 ア
メリカは沖縄をどう見たか　第3章 氷山作戦の陰
の主役たち　第4章 証言　第5章 兵士たちは住民
とどう接したか—アンケート回答に見る行動と心
情
〔0835〕

◇神里が語る沖縄戦　南風原町（沖縄県）　南
風原町史編集委員会　1996.8　94p　26cm
（南風原町沖縄戦戦災調査 12）　Ⓝ210.75
〔0836〕

◇最後の学徒兵—BC級死刑囚・田口泰正の悲
劇　森口豁〔著〕　講談社　1996.8　324p
15cm　（講談社文庫）〈主要参考資料・文
献：p316〉620円　Ⓘ4-06-263311-6　Ⓝ916
内容 序章 沈黙の学友名簿　第1章 最後の学徒兵
第2章 十三階段への道　第3章 横浜軍事法廷　第
4章 巣鴨プリズンの日々　第5章 父よ母よ弟よ
終章 幻の写真をさがして
〔0837〕

◇農兵隊—鍬の少年兵士　福地曠昭著　南風原
町（沖縄県）　那覇出版社　1996.11　238p
21cm　1500円　Ⓘ4-89095-077-X　Ⓝ916
内容 第1章 沖縄戦における農兵隊　第2章 証言
で綴る農兵隊　第3章 満州に渡った「農兵隊」　第
4章 資料にみる「農兵隊」
〔0838〕

◇つるちゃん—おきなわ・メッセージ 絵本
金城明美ぶん・え　絵本「つるちゃん」を出
版する会　1997.4　35p　27cm　〈発売：高文
研〉1600円　Ⓘ4-87498-188-7

＊8歳の少女をひとりぼっちにしてしまった沖縄戦。
今でも忘れることのできない出来事を、少女は
見てきたのです—。沖縄から発信する、命どう
宝＝命こそ宝のメッセージ。沖縄戦体験絵本。
〔0839〕

◇男たちの『ひめゆりの塔』—沖縄戦—知られ
ざる悲劇の学徒たち　影山昇著　大空社出版
部　1997.7　75p　21cm　〈年表あり〉500円
Ⓘ4-7568-0437-3　Ⓝ210.75
〔0840〕

◇沖縄戦学習のために　安仁屋政昭編著　平和
文化　1997.8　64p　22cm　600円　Ⓘ4-
938585-72-3　Ⓝ210.75
内容 第1部 沖縄戦について考える（戦跡観光の
問題点　住民犠牲の実態　沖縄戦の性格　鉄の暴
風 ほか）　第2部 証言が示す沖縄戦の真実（地獄
の戦場で見たもの　大宜味村渡野喜屋の虐殺　座
間味島の「集団自決」　県立農林学校の学徒隊と
ともに ほか）
〔0841〕

◇沖縄全土が戦場になった　我部政男,宮城保
編・解説　日本図書センター　1997.12
187p　31cm　（琉球・沖縄写真絵画集成 第
3巻）〈年表あり　文献あり〉Ⓘ4-8205-
7865-0　Ⓝ219.9
〔0842〕

◇沖縄戦と住民—記録写真集　第3版　那覇
月刊沖縄社　1998.7　207p　30cm　〈発売：
新日本教育図書（下関）〉1714円　Ⓘ4-
88024-201-2　Ⓝ210.75
〔0843〕

◇沖縄戦研究　1　沖縄県文化振興会公文書管
理部史料編集室編　〔那覇〕　沖縄県教育委
員会　1998.10　281p　26cm　Ⓝ210.75
〔0844〕

◇沖縄戦研究　2　沖縄県文化振興会公文書管
理部史料編集室編　〔那覇〕　沖縄県教育委
員会　1999.2　216p　26cm　Ⓝ210.75
〔0845〕

◇ガマに刻まれた沖縄戦　上羽修写真と文　草
の根出版会　1999.2　135p　23cm　（母と
子でみる 44）〈文献あり〉2200円　Ⓘ4-
87648-135-0
内容 1 美ら海、美ら島で　2 米軍上陸と住民の
「集団自決」　3 学徒看護隊と「自決」を強いら
れた傷病兵　4 いろいろな兵士　5 戦場となった
村、逃げまどう住民　6 八重山列島の戦争マラリ
ア
〔0846〕

◇南風原が語る沖縄戦—南風原町史第3巻戦争
編ダイジェスト版　南風原町史編集委員会編
南風原町（沖縄県）　南風原町　1999.3
104p　30cm　〈年表あり　文献あり〉Ⓝ219.
9
〔0847〕

◇写真・記録沖縄戦全資料—CD-ROM版 資料
目録　宮里政玄,我部政男監修　日本図書セ

「沖縄」がわかる本 6000冊　69

沖縄史　　　　　　　　　　　　　　　　　　　　　歴史・地理

ンター　1999.6　373p　26cm〈付・部隊一
覧・年表　付属資料：CD-ROM10枚（12cm
箱入）　4p　年表あり〉　420000円　Ⓘ4-
8205-6631-8　Ⓝ210.75　　　　　　〔0848〕

◇空からみた沖縄戦─沖縄戦前後の飛行場　沖
縄県文化振興会公文書館管理部史料編集室編
〔那覇〕　沖縄県教育委員会　2000.1　51p
30cm　（沖縄県史ビジュアル版 5（沖縄戦
1））〈他言語標題：The battle of
Okinawa：views from the air　英文併記〉
Ⓝ210.75　　　　　　　　　　　　　〔0849〕

◇「沖縄戦の全学徒たち」展報告書─ひめゆり
平和祈念資料館開館10周年記念イベント 学
徒隊の実像と次代へのメッセージ　「沖縄戦
の全学徒たち」展報告書編集委員会編　糸満
沖縄県女師・一高女ひめゆり同窓会立ひめゆ
り平和祈念資料館　2000.3　180p　30cm
Ⓝ210.75　　　　　　　　　　　　　〔0850〕

◇日本最後の戦い　第2版　那覇　月刊沖縄社
2000.4　205p　30cm　（沖縄戦記録写真集
1）〈発売：新日本教育図書（下関）　年表あ
り〉　1800円　Ⓘ4-88024-237-3　Ⓝ210.75
内容　10・10空襲　意表つかれた慶良間上陸　45
万の大軍、沖縄包囲　米軍、那覇へ侵入　米軍、
首里の司令部へ迫る　32軍司令部南下す　各地の
攻防戦　伊江島の死闘　特攻隊に涙ぐむ　義烈空
挺隊の奮戦〔ほか〕　　　　　　　　　〔0851〕

◇対馬丸遭難の軌跡の真相究明─推理考察の過
程　當間栄安著　〔浦添〕　〔當間栄安〕
2000.5　237p　26cm　非売品　Ⓝ392.1
　　　　　　　　　　　　　　　　　　〔0852〕

◇沖縄一中・鉄血勤皇隊の記録─証言・沖縄戦
上　兼城一著　高文研　2000.6　386p
20cm　2500円　Ⓘ4-87498-240-9　Ⓝ210.75
内容　沖縄戦前夜─1945年2月上旬～3月22日　最
後の家族面会と召集令状─3月23日～16日　合
同卒業式─3月27日　球9700部隊への編入─3月
28日～31日　米軍上陸─4月1日～4日　遺書
を書く─4月4日～4月9日　戦場の生活─4月上旬
養秀寮炎上と最初の犠牲者─4月10日～4月19日
国頭敗走─4月上旬～5月上旬　戦争の激化、一中
校舎の炎上─4月中旬～4月下旬〔ほか〕〔0853〕

◇沖縄の旅・アブチラガマと轟の壕─国内が戦
場になったとき　石原昌家著　集英社
2000.6　222p　18cm　（集英社新書）〈折り
込み2枚〉　700円　Ⓘ4-08-720036-1　Ⓝ210.75
内容　第1部 アブチラガマ（糸数壕）─陣地・病院・
軍民同居の洞窟（洞窟陣地壕─1945年2月～4月30
日　南風原陸軍病院糸数分室─1945年5月1日～
6月2日　軍民一体化─1945年6月3日～8月22日）
第2部 轟の壕─日本兵が支配した洞窟（沖縄県庁
職員　女子防空監視隊員　避難民）　補遺編 沖縄
戦の経過　　　　　　　　　　　　　　〔0854〕

◇沖縄戦と教科書　安仁屋政昭, 徳武敏夫〔著〕
草の根出版会　2000.8　127p　23cm　（母
と子でみる A9）　2200円　Ⓘ4-87648-153-9
内容　1 沖縄戦への道（アジア太平洋戦争　沖縄戦
前夜）　2 沖縄戦の実相（沖縄戦はじまる　沖縄戦
終わる）　3 沖縄戦をどう伝えるか（沖縄戦体験を
どういかすか　沖縄戦と家永教科書裁判）〔0855〕

◇ひめゆりの戦後　糸満　ひめゆり平和祈念資
料館　2000.12　73p　26cm　（ひめゆり平
和祈念資料館資料集 1）〈文献あり　年表あ
り〉　Ⓝ210.75　　　　　　　　　　　〔0856〕

◇対馬丸遭難の軌跡の真相究明　続　當間栄安
著　〔浦添〕　〔當間栄安〕　2001.5　114p
26cm　非売品　Ⓝ392.1　　　　　　　〔0857〕

◇沖縄地上戦─20世紀の戦争　共同通信社写
真, 荒井信一解説　草の根出版会　2001.6
179p　23cm　（母と子でみる 54）　2800円
Ⓘ4-87648-162-8
内容　1 鉄の暴風　2 沖縄全島が戦場に　3 恒久
占領への道　4 解説　　　　　　　　　〔0858〕

◇沖縄戦─国土が戦場になったとき　藤原彰編
著　新装版　青木書店　2001.10　165p
20cm〈文献あり〉　1800円　Ⓘ4-250-20139-2
Ⓝ210.75
内容　はじめに─他府県人にとっての沖縄戦　1
沖縄戦への道（近代日本のなかの沖縄　アジア太
平洋戦争　沖縄戦へのあゆみ　せまりくる戦争）
2 沖縄戦の経過（米軍の上陸　激しい攻防戦　日
本軍の敗北　米軍と住民）　3 沖縄戦の諸相（離
島における沖縄戦　学徒隊と防衛隊　日本軍の住
民殺害と集団自決　秘密戦と「スパイ」対策　朝
鮮人軍夫と慰安婦）　おわりに─沖縄戦とはなん
だったのか　　　　　　　　　　　　　〔0859〕

◇沖縄戦と民衆　林博史著　大月書店　2001.
12　375,30p　20cm〈文献あり〉　5600円
Ⓘ4-272-52067-9　Ⓝ210.75
内容　1 沖縄戦への道（第三二軍の編成と飛行場
建設　戦争準備下の日本軍　緊迫化する軍民関係
根こそぎの戦場動員）　2 戦場のなかの民衆（「集
団自決」の構造　生き残ろうとする人々　「玉砕」
を拒否した防衛隊　学徒と教師たち）　3 沖縄戦
のなかの日本軍（軍紀の崩壊と日本軍の構造変化
米軍から見た日本軍と住民）　　　　　〔0860〕

◇これが沖縄戦だ─写真記録　大田昌秀編著
改訂版　南風原町（沖縄県）　那覇出版社
2002.1　255p　22cm〈年表あり〉　1700円
Ⓘ4-930706-00-9　Ⓝ210.75　　　　　〔0861〕

◇争点・沖縄戦の記憶　石原昌家〔ほか〕著
社会評論社　2002.3　350p　19cm　2300円
Ⓘ4-7845-1420-1　Ⓝ210.75
内容　第1部 沖縄戦をめぐる史実の改ざん（沖縄
戦の真実をめぐって─皇軍史観と民衆史観の確
執　教科書の中の沖縄戦　歴史改ざんの全国的動

70　「沖縄」がわかる本 6000冊

歴史・地理　　　　　　　　　　　　　　　　　　　　　　　　　　　沖縄史

向）　第2部　新沖縄県平和祈念資料館展示改ざん事件（新沖縄県平和祈念資料館問題と報道―取材の現場から　沖縄県八重山平和祈念館―「戦争マラリア」資料館の問題点とその課題　監修委員の視点）　第3部　今後の課題と平和へのメッセージ（たどりつくべきは不戦の言論　沖縄県平和祈念資料館と「平和の礎」の意味するもの　過去から学ぶべきもう一つの資料館問題　沖縄戦の心の傷（戦争トラウマ）を超えて）　　　　　　　〔0862〕

◇ひめゆり平和祈念資料館―開館とその後の歩み　沖縄県女師・一高女ひめゆり同窓会編　那覇　沖縄県女師・一高女ひめゆり同窓会　2002.6　380p　27cm　Ⓝ210.75　　　　　　　　　　　　　　　　　　　　〔0863〕

◇八月の種―『忘れてはイケナイ物語りオキナワ』と下北沢ライブ14日間の全記録　秋穂もとか著,大木雄高監修　アートン　2002.11　335p　21cm　1700円　Ⓘ4-901006-38-X　Ⓝ210.75
内容 黒田征太郎×新井英一「海流を旅する」　梁石日×丸山昇一「辺境の側で」　筒井ともみ×新井敏記「日本人の顔」　伊藤多喜雄×野坂昭如「戯歌～民謡～生活歌」　オキ×梅津和時「伝承を継続する」　小田エリカ×たむらしげる「トポスの海・オキナワ」　川本三郎×関口裕子「映画の中の昭和」　黒田征太郎×おおたか静流×太田恵賀「地球の地下水脈を巡る」　あがた森魚×森達也「映画や映画祭の今とこれから」　吉田ルイ子×長倉洋海「ファインダーが視た戦争と家族」　野坂昭如「あの頃の話」　山田亜樹　野村佐紀子×宮本まさ江×芦沢明子「消滅と新生を記録する」　柳田邦男「体験と感じる力」　山田亜樹　寺島進×御法川修「明日に弾を込める」　　　　　〔0864〕

◇21世紀のひめゆり　小林照幸著　毎日新聞社　2002.11　408p　20cm　1800円　Ⓘ4-620-31580-X　Ⓝ210.75
＊1945年3月26日からおよそ90日間。非戦闘員であるはずの「ひめゆり学園」（沖縄師範学校女子部,沖縄県立第一高等女学校）の320余名は日米両軍が激突する戦場へ動員され、13歳～19歳までの219名が死亡した。"人間が人間でななくていく"戦場での体験を語りつづける宮城喜久子（74歳）。記録映像を通じて沖縄戦の実相を伝えていく中村文子（88歳）。ふたりの「ひめゆり学園」卒業生の半生を追い、美談仕立てに隠された沖縄戦の真実、世界情勢に翻弄され続ける沖縄の姿を活写する。　　　　　　　　　　　〔0865〕

◇日本帝國陸海軍沖縄作戦写眞史　上巻（作戦準備篇）　沖縄戦史刊行会編　那覇　沖縄戦史刊行会　2003　94p　30cm　1500円　Ⓝ210.75
　　　　　　　　　　　　　　　　　　　　〔0866〕

◇ひめゆりの沖縄戦―少女は嵐のなかを生きた　伊波園子著　岩波書店　2003.4　201p　18cm　（岩波ジュニア新書）〈第23刷〉780円　Ⓘ4-00-500207-2
内容 1 ひめゆり平和祈念資料館で　2 沖縄戦前夜　3 南風原陸軍病院で　4 喜屋武半島で　5 死

線をさまよう　6 ゼロからの出発　　〔0867〕

◇図説沖縄の戦い―太平洋戦争の戦場　太平洋戦争研究会編,森山康平著　河出書房新社　2003.6　143p　22cm　（ふくろうの本）〈年表あり　文献あり〉1600円　Ⓘ4-309-76031-7　Ⓝ210.75
内容 プロローグ　なぜ、沖縄の戦いが起こったのか（太平洋戦争、最後の戦い　太平洋戦争はどうやって始まったのか　ほか）　第1章 アメリカ軍の上陸と迎え撃つ日本軍（アメリカ軍、まず、慶良間列島に上陸　四月一日、沖縄本島に無血上陸したアメリカ軍　ほか）　第2章 首里をめぐる攻防（防御第一線、ついに突破される　五月四日、日本軍の総攻撃　ほか）　第3章 島尻地区の戦いと日本守備軍の全滅（日本軍の首里脱出と島尻地区の戦い　八重瀬岳から与座岳付近の激闘　ほか）　第4章 沖縄県民の奮闘と犠牲（学童疎開船、対馬丸の遭難　沖縄本島の北部地方はどんな犠牲がでたか　ほか）　　　　　　　　　　　　　　　〔0868〕

◇戦争にいってきたハルちゃん　仲里ハル話し手,柾本守聞き手,松山ちはや絵　〔栗山町（北海道）〕沖縄の元女子学徒のお話を聞く会　2003.8　27p　22cm〈製作・発売:クルーズ（札幌）〉952円　Ⓘ4-905756-25-1　Ⓝ210.75
＊戦争という悲惨な歴史の厳然たる事実と生死を共にしたたくさんの人々、それをきちんと受け止めようとする戦後世代の人たちの悲しみや数々の思いがつまっている絵本。　　〔0869〕

◇銃後を護れ―戦時下のくらしと情報統制　第4回特別企画展　沖縄県平和祈念資料館編　糸満　沖縄県平和祈念資料館　2003.10　49p　30cm〈会期：2003年10月10日―11月30日　沖縄県平和祈念資料館　ほか〉Ⓝ210.7〔0870〕

◇沖縄悲遇の作戦―異端の参謀八原博通　稲垣武著　新装版　光人社　2004.1　426p　16cm　（光人社NF文庫）857円　Ⓘ4-7698-2218-9　Ⓝ210.75
内容 青雲の志　参謀将校の道　タイ・マレー潜入　左遷　沖縄へ　育つ悲劇の種　決戦から持久へ　戦雲迫る　米軍上陸　鉄と血の闘い　敗亡　脱出苦渋の戦後　　　　　　　　　　　〔0871〕

◇ひめゆり学徒の戦後―平成15年度ひめゆり平和祈念資料館企画展　糸満　沖縄県女師・一高女ひめゆり同窓会立ひめゆり平和祈念資料館　2004.1　75p　30cm〈会期：2003年8月15日―30日　年表あり〉Ⓝ210.75　　〔0872〕

◇日本軍と戦争マラリア―沖縄戦の記録　宮良作著　新日本出版社　2004.2　198p　19cm〈文献あり〉1800円　Ⓘ4-406-03041-7　Ⓝ210.75
内容 序　小さな島々の大きな傷痕　1 島人たちはマラリア地域に追い出された　2 島々の死と再生と　3 日本軍関係者のことば　4 問題点はどこに

「沖縄」がわかる本　6000冊　　**71**

沖縄史　　　　　　　　　　　　　　　　　　　　　　　　　歴史・地理

あるか　終 軍隊の犯罪と補償について　〔0873〕

◇いのちの重さ伝えたい──沖縄戦1フィート運動と中村文子のあゆみ　真鍋和子著　講談社　2004.5　189p　22cm　1500円　Ⓘ4-06-212358-4　Ⓝ210.75
　内容 パンと水だけの日　一フィート運動の会　私はワシリング　ふるさとは戦場に　戦後の日々　おかっぱの少女たち　由美子ちゃん事件　はじめてのフィルム　はばたけ『未来への証言』世界へ広げる旅　私たちは忘れない──「慰霊の日」をかかげて　四十七年めの万年筆　矢カモメの心　「地の塩」となって──まだまだ終わらない　〔0874〕

◇特攻に殉ず──地方気象台の沖縄戦　田村洋三著　中央公論新社　2004.6　289p　20cm　〈文献あり〉2000円　Ⓘ4-12-003540-9　Ⓝ219.9
　内容 戦雲漂う沖縄地方気象台　南西諸島空・気象班　蛾坂の10・10空襲　逃げた台長、留まる技師　来る人、往く人　沖縄戦、火蓋を切る　特攻機に的確な気象報を支えて　"邪道の用兵"を支えて　最初の犠牲者　梅雨戦線　活かし切れなかった気象報　多情多恨・南部落ち　笠原貞芳技師の最期　身を潜める壕もなく　琉球の風哀し　〔0875〕

◇沖縄を襲った米大艦隊──「10・10空襲」の実相に迫る　久手堅憲俊〔著〕　南風原町(沖縄県)　あけぼの出版　2004.7　212p　21cm　1714円　Ⓝ210.75　〔0876〕

◇対馬丸遭難の真相　當間栄安著　那覇　琉球新報社　2004.8　115p　26cm　2286円　Ⓘ4-89742-061-X　Ⓝ210.75　〔0877〕

◇沖縄玉砕　読売新聞社編　中央公論新社　2004.10　306p　22cm　(昭和史の天皇　日本の「現在」を決めたその時　新装 3)　Ⓘ4-12-403488-1　Ⓝ210.75　〔0878〕

◇寄贈・寄託品展──語りかける歴史の証言者たち──第5回特別企画展　沖縄県平和祈念資料館編　糸満　沖縄県平和祈念資料館　2004.10　70p　30cm　〈会期・会場：2004年10月1日──12月19日ほか〉Ⓝ219.9　〔0879〕

◇沖縄県平和祈念資料館と戦跡めぐり　佐藤広基, 本地桃子イラスト・文　汐文社　2004.12　47p　27cm　(平和博物館・戦跡ガイド ビジュアル版 3)　2000円　Ⓘ4-8113-7883-0　Ⓝ210.75
　内容 唯一の地上戦　戦場での戦い　沖縄戦ってなに？　平和祈念資料館　平和祈念公園(沖縄戦跡国定公園広場ガイドマップ)　ガマめぐり　ひめゆり平和祈念資料館　旧海軍司令部壕　南風原文化センター　塔めぐり　対馬丸記念館　亀甲墓ってなに？　戦跡めぐり　米軍基地めぐり　〔0880〕

◇沖縄戦下の米日心理作戦　大田昌秀著　岩波書店　2004.12　368p　20cm　3900円　Ⓘ4-

00-022381-X　Ⓝ210.75
　内容 第1章 心理戦争とは何か　第2章 米国の対日心理作戦　第3章 日本の対米心理作戦　第4章 沖縄上陸作戦に向けて　第5章 激戦のさなかで　第6章 心理作戦に効果はあったのか　〔0881〕

◇ひめゆり学徒隊　ひめゆり平和祈念資料館編　糸満　ひめゆり平和祈念資料館　2004.12　188p　26cm　(ひめゆり平和祈念資料館資料集 3)　〈年表あり〉Ⓝ210.75　〔0882〕

◇沖縄戦の真実──千人の沖縄県民に聞いた本当の声　「原爆と峠三吉の詩」原爆展全国キャラバン隊報告　下関　長周新聞社　2005.2　86p　21cm　500円　Ⓝ210.75　〔0883〕

◇集団自決と国家責任　輿儀九英著　〔沖縄〕　〔輿儀九英〕　2005.3　141p　21cm　〈文献あり〉非売品　Ⓝ210.75　〔0884〕

◇太平洋戦争と久米島──日本軍による住民虐殺・国内外での犠牲者そして戦後久米島の反基地闘争　上江洲盛元編著　〔出版地不明〕　〔上江洲盛元〕　2005.5　167p　26cm　〈年表あり〉1429円　Ⓝ210.7　〔0885〕

◇沖縄戦から何を学ぶか──戦後60年戦争を知らない世代のための平和学習書　新城俊昭著　第2版　那覇　沖縄時事出版　2005.6　160p　26cm　〈発売：沖縄学版(那覇)〉952円　Ⓘ4-903042-02-2　Ⓝ210.75　〔0886〕

◇沖縄の戦記　仲程昌徳著　朝日新聞社　2005.6　232p　19cm　(朝日選書 208)　〈発売：デジタルパブリッシングサービス　1982年刊を原本としたオンデマンド版〉2600円　Ⓘ4-86143-048-8　Ⓝ210.75　〔0887〕

◇対馬丸　大城立裕, 嘉陽安男, 船越義彰作, 長新太画　理論社　2005.6　334p　19cm　(名作の森)　1600円　Ⓘ4-652-00527-X　Ⓝ210.75
　内容 いのちがけの教育　行くも地獄、残るも地獄　親と子と　不気味な前夜　たそがれの出航　無邪気な乗客　今晩はあぶない　撃沈　死とたたかう漂流　役に立った手旗(仲宗根正男の話)　助けあいながら(阿波連休子の話)　幼い知恵と意志で(宮城啓子の話)　わんぱくも参った(田場兼靖の話)　泣きべそと夜光虫(名城妙子の話)　愛児の死をみながら(田名宗徳の話)　むなしい上陸　校長が殺したか　燃えろ、燃えろ…　〔0888〕

◇命どぅ宝──金光教沖縄遺骨収集記録　金光教沖縄遺骨収集運営委員会編　福岡　金光教沖縄遺骨収集運営委員会　2005.6　417p　26cm　Ⓝ210.75　〔0889〕

◇対馬丸記念館公式ガイドブック　那覇　対馬丸記念会　2005.8　139p　30cm　〈年表あ

歴史・地理　　　　　　　　　　　　　　　　　　　　　　　　　　　　　　　　　　　　　沖縄史

り〉 Ⓝ210.75　　　　　　　〔0890〕

◇ドキュメント沖縄1945　玉木研二著　藤原
書店　2005.8　196p　19cm　1800円　Ⓓ4-
89434-470-X　Ⓝ210.75　　　　　〔0891〕

◇日本軍の沖縄における韓国人虐殺の記録　趙
重泰著, 岩橋春美訳　復刻版　東郷町（宮崎
県）宋斗会の会　2005.8　45p　26cm〈原
本：戦争への道を許さない女たちの杉並の会
事務局1986年刊〉非売品　Ⓝ210.75　〔0892〕

◇沖縄一中鉄血勤皇隊の記録—証言・沖縄戦
下　兼城一編著　高文研　2005.9　366p
20cm　2500円　Ⓓ4-87498-351-0　Ⓝ210.75
Ⓘ内容Ⓘ一中鉄血勤皇隊の各隊、さらに真壁に後退
す（六月上旬）　野戦重砲兵第一連隊、志多伯から
真壁に後退す（六月三日～六月一〇日）　摩文仁
岳の第五砲兵司令部の一中鉄血勤皇隊員（六月上
旬）　島尻で家族と、または単独で行動した一中
生徒（五年、四年、三年生）の状況（六月上旬）　通
信隊に参加できなかった一中二年生の状況　鉄血
勤皇隊本部先発隊、真壁村伊原で壕を築く（六月
上旬）　篠原保司配属将校、喜屋武で戦没す（六月
一〇日～六月中旬）　摩文仁・喜屋武での通信隊
員の状況（六月上旬～六月中旬）　崩壊寸前の独立
工兵第六六大隊、第五砲兵司令部、独立重砲兵第
一〇〇大隊（六月中旬）　藤野憲夫校長、伊原で戦
没す（六月一四日～六月一六日）〔ほか〕　〔0893〕

◇対馬丸ガイドブック　対馬丸記念会監修　那
覇　東洋企画印刷　2005.10　139p　21cm
〈他言語標題：Tsushima maru guide book
年表あり〉952円　Ⓓ4-938984-36-9　Ⓝ210.
75　　　　　　　　　　　　　　　〔0894〕

◇沖縄陸軍病院看護婦たちの沖縄戦—2005年ひ
めゆり平和祈念資料館企画展　ひめゆり平和
祈念資料館編　糸満　沖縄県女師・一高女ひ
めゆり同窓会立ひめゆり平和祈念資料館
2005.12　47p　30cm〈会期・会場：8月1日
—8月31日　ひめゆり平和祈念資料館　年表
あり〉Ⓝ916　　　　　　　　　　〔0895〕

◇青山学院高等部入試問題に関する特集　女
師・一高女ひめゆり同窓会立ひめゆり平和祈
念資料館編　糸満　女師・一高女ひめゆり同
窓会立ひめゆり平和祈念資料館　2006.3
97p　30cm　Ⓝ210.75　　　　　〔0896〕

◇生きぬいた子どもたち—あの日、「対馬丸」
に乗っていた私たちは　石川久美子文, 辻ノ
リコ絵　本の泉社　2006.4　54p　17×18cm
952円　Ⓓ4-88023-943-7
＊一九四四年八月二二日、対馬丸はアメリカの潜水
艦ボーフィン号の魚雷を受けて沈没したのです。
いまから六一年前、太平洋戦争のさなかのでした。
対馬丸には国民学校の疎開学童八二六人、一般疎
開者八三五人が乗っていました。学童ばかりで
はなく一般の人びとも、疎開することになった

からです。対馬丸に乗って遭難し、助かった学
童はわずか五九人。本書では、その学童のうち、
今も生きている人に、話を聞きました。〔0897〕

◇戦場の記憶　冨山一郎著　増補　日本経済評
論社　2006.7　327p　20cm〈他言語標題：
The memories of battlefields〉2000円
Ⓓ4-8188-1851-8　Ⓝ210.75
Ⓘ内容Ⓘ1 戦場を思考すること（日常から戦場へ
「日本人」になる　戦場動員　戦場を語るというこ
と）2 戦場動員（参加と規律化　帝国意識「日
本人」になるということ　戦場動員　戦場）3
戦場の記憶（証言の領域　戦場体験　沖縄戦の記
憶　虐殺の仕事　記憶の分節化　沈黙）4 記憶
の政治学（戦場から日常へ　記憶の政治学　最後
に—「OKINAWA JINTA」　補論〈平和を作る
ということ　経験が重なり合う場所　裏切られた
希望、あるいは希望について—文富軾『失われた
記憶を求めて—狂気の時代を考える』をめぐる省
察）　　　　　　　　　　　　　　〔0898〕

◇沖縄—日米最後の戦闘　米国陸軍省編, 外間
正四郎訳　新装版　光人社　2006.8　519p
16cm（光人社NF文庫）1000円　Ⓓ4-
7698-2152-2　Ⓝ210.75
Ⓘ内容Ⓘ沖縄を確保せよ—アイスバーグ作戦の開始
激化する前哨戦—米軍四十五万の琉球進攻　静か
なる上陸—不気味な日本守備軍　敵はどこにいる
か—日本軍の持久作戦　血ぬられた丘—北部戦線
と伊江島占領　夜襲と白兵戦—中南部の激戦　墓
と戦争—首里第一防衛線の崩壊　中南部戦線の死
闘—首里第二防衛線の攻防　最後の一兵まで戦え
—日本軍の総反攻　血の海—首里攻防戦　雨のな
かの激戦—廃墟那覇の占領　ただよう屍臭—首里
ついに陥落　炎の河は流れる—日本軍最後の砦・南
部戦線　日米最後の戦闘—かくして戦いは終わっ
た　　　　　　　　　　　　　　　〔0899〕

◇死者たちは、いまだ眠れず—「慰霊」の意味
を問う　大田昌秀著　新泉社　2006.8　270p
20cm　2000円　Ⓓ4-7877-0610-1　Ⓝ210.75
Ⓘ内容Ⓘ1 沖縄・「慰霊の塔」はいま（沖縄県平和祈念
資料館・掲示板　慰霊の塔の碑文調査　ほか）2
「慰霊の塔」が語る沖縄戦の実相（対馬丸の遭難と
「小桜の塔」　「集団自決」「白玉之塔」「ひめゆり之
塔」ほか　ほか）3 わたしの慰霊の軌跡（戦場か
らの生還　何が間違っていたのか　ほか）4 「平
和の礎」と非戦の誓い（「平和の礎」建立の経過と
その理念　「平和の礎」は、非戦の塔　ほ
か）5 「慰霊」の意味を問う（沖縄にとって「慰
霊の日」とは　許されない沖縄の靖国化　ほか）
　　　　　　　　　　　　　　　　〔0900〕

◇みのかさ隊奮闘記　儀間比呂志文・絵　ルッ
ク　2006.8　1冊（ページ付なし）22×
27cm（沖縄いくさ物語　八重山編）1500
円　Ⓓ4-86121-059-3　Ⓝ210.75
＊戦争も末期のため軍服もなく、兵隊さんはくば
笠とみのかさで石垣島の猛暑と雨風から身をま
もり、草履をはいて穴のあいた飛行場をモッコ
の土石で修復していた。著者が自己の戦争体験

「沖縄」がわかる本 6000冊　73

沖縄史　　　　　　　　　　　　　　　　　　　　　　　　　　　歴史・地理

をとおして、沖縄戦版画シリーズを製作し戦争の悲惨さ、平和の尊さを訴えつづけてきた。本書は、沖縄戦版画シリーズの最終編として石垣島に題材を求めた。　　　　　　　　　〔0901〕

◇オキナワ—沖縄戦と米軍基地から平和を考える　立命館大学国際平和ミュージアム監修，石原昌家編，新城俊昭，大城将保，吉浜忍〔執筆〕　岩波書店　2006.8　107p　27cm　（岩波DVDブックpeace archives）　4200円　①4-00-130155-5　Ⓝ219.9
　内容　沖縄戦への道　日米最後の地上戦・沖縄戦　沖縄戦を考える　米軍占領下のオキナワ　日本復帰後のオキナワ　米軍基地を考える　沖縄の平和希求のこころ　　　　　　　　　　　〔0902〕

◇対馬丸沈む—垣花国民学校四年生上原清地獄の海より生還す　上原清著　那覇　対馬丸記念会　2006.8　175p　21cm　〈発売：琉球プロジェクト（那覇）〉　1500円　①4-9903145-0-6　Ⓝ916　　　　　　　　　　　〔0903〕

◇沖縄戦における住民動員—戦時下の根こそぎ動員と失われた明日　第7回特別企画展　沖縄県平和祈念資料館編　糸満　沖縄県平和祈念資料館　2006.10　60p　30cm　〈会期・会場：平成18年10月10日—平成19年2月25日　沖縄県平和祈念資料館〉　Ⓝ210.75　〔0904〕

◇ビジュアルブック　語り伝える沖縄　第3巻　島ぐるみの悲劇の戦争　安斎育郎文・監修　新日本出版社　2007.1　32p　26cm　1800円　①978-4-406-05024-1
　内容　本土決戦の計画—ひたひたと迫る沖縄戦　戦争体制づくり—着任した牛島第32軍司令官（1944年8月）　「くいとめる」から「もちこたえる」にいよいよ行政も戦争体制へ—1945年1月～2月住民の疎開計画　総動員される沖縄の住民たち　米軍の上陸（1）慶良間諸島への上陸（45年3月26日）　米軍の上陸（2）沖縄本島への上陸（45年4月1日）読谷・北谷から6万人が上陸　中部戦線の戦い—嘉数高地での激戦（45年4月9日）「米軍の攻撃力」対「ゲリラ・肉弾攻撃」　海軍の菊水作戦と神風特攻機（45年4月～6月）投入された約2000機の特攻機　第32軍が総攻撃に失敗し、首里をすてる（45年5月）時間かせぎに巻き込まれる住民　南部に追い詰められた住民の悲劇（45年6月）　日本軍の最後の戦い　沖縄戦の終結—終結日をめぐる諸説　「平和の礎」が放つメッセージ　沖縄戦の被害についてのデータ　　　　　　　　　　　　〔0905〕

◇沖縄戦はなぜおきた？　安斎育郎文・監修　新日本出版社　2007.1　32p　27cm　（語り伝える沖縄　ビジュアルブック　第2巻）　1800円　①978-4-406-05023-4　Ⓝ219.9
　内容　中国と日本・朝貢関係を結んでいた琉球王国　琉球から沖縄へ　日清戦争と沖縄人の「日本人化」—琉球王国の復活の夢絶たれて　見世物にされた琉球人　勧業博覧会の「人類館」—「琉球人がアイヌを軽蔑する」　中学生がストライキをお

こした—差別された沖縄の中学生　第一次世界大戦と「ソテツ地獄」—海外や本土に移動した沖縄の人びと　カナグスク（金城）からキンジョウ（金城）へ—名前も日本流に変えさせられた　アメリカの「オレンジ・プラン」と沖縄—「琉球諸島は決戦場」　沖縄戦の31年も前にそっくりの軍事演習があった—第6師団の軍事演習　本土では「治安維持法」ができた—「国体」ってなに？　「満州国」の建国と沖縄からの開拓移民—「王道楽土」という宣伝で　日中戦争と国民総動員体制—国民精神総動員運動を進める　「国民徴用令」で人々を戦争に動員した—沖縄の人々の体験　太平洋戦争でアメリカやイギリスとの戦争に突入—最後のとりでとしての沖縄　　　　　　　　　〔0906〕

◇沖縄の「慰霊の塔」—沖縄戦の教訓と慰霊　大田昌秀著　南風原町（沖縄県）　那覇出版社　2007.2　240p　21cm　1429円　①978-4-89095-169-7　Ⓝ210.75　　　　〔0907〕

◇沖縄は戦場だった—子どもにおくる本　鈴木喜代春他編　らくだ出版　2007.5　255p　17cm　〈年表あり〉　1200円　①978-4-89777-443-5　Ⓝ210.75
　内容　第1章　学校・家族（爆弾で焼かれた学校　戦争はこわい、絶対いや！　ほか）　第2章　疎開（「自分の母に似ている」と、母にいう兵士　弟は栄養失調で死んだ　ほか）　第3章　空襲（撃沈された軍艦　第二次世界大戦への思い　ほか）　第4章　避難・地上戦（雨の日のアメリカ軍上陸　姉は背中のぼくを眠らせなかった　ほか）　第5章　捕虜・戦後（平和で青い海、琉球　苦しかった避難の思い出　ほか）　　　　　　　　　　　　　　〔0908〕

◇沖縄戦を生きた子どもたち　大田昌秀著　クリエイティブ21　2007.6　253p　27cm　〈年表あり〉　2300円　①978-4-906559-27-5　Ⓝ210.75　　　　　　　　　　〔0909〕

◇沖縄戦—沖縄を学ぶ100冊　沖縄戦—沖縄を学ぶ100冊刊行委員会編　オンデマンド版　勁草書房　2007.8　216p　19cm　（Keiso C books）　〈文献あり　原本：1985年刊〉　2600円　①978-4-326-98058-1　Ⓝ210.75　〔0910〕

◇沖縄戦の真実と歪曲　大城将保著　高文研　2007.9　255p　19cm　1800円　①978-4-87498-389-8　Ⓝ210.75
　内容　第1部　教科書検定はなぜ「集団自決」記述を歪めるのか（「平和の礎」の前で　「軍命による集団自決」をめぐって　教科書検定「住民虐殺」削除問題　「住民虐殺」から「集団自決」へ　ほか）　第2部　沖縄住民が体験した「軍隊と戦争」（三度目の悪縁　自衛隊の“沖縄上陸作戦”　沖教組のパンフレット『これが日本軍だ』久米島住民虐殺事件　ほか）　　　　　　　　　　　〔0911〕

◇沖縄戦と戦争遺跡—戦世の真実を伝えるために　第8回特別企画展　沖縄県平和祈念資料館編　糸満　沖縄県平和祈念資料館　2007.10

歴史・地理　　　　　　　　　　　　　　　　　　　　　　　　　　　沖縄史

69p　26cm　〈会期・会場：平成19年10月21
日―平成20年2月24日　沖縄県平和祈念資料
館（企画展示室）ほか〉　Ⓝ219.9
　　　　　　　　　　　　　　　　　　　　〔0912〕

◇沖縄戦集団自決―虚構の「軍命令」―マスコ
　ミの報道ではわからない県民集団自決の真相
　に迫る！　勝岡寛次著　明成社　2008.1
　48p　21cm　524円　Ⓘ978-4-944219-66-7
　Ⓝ210.75
　内容　第1章　沖縄戦集団自決はなぜ起きたのか―
　その背景を探る（沖縄戦が始まる前に、日本軍は
　老幼婦女子二十三万人を疎開させていた　沖縄県
　民の多くは日本軍を信頼しており、共に玉砕する
　つもりだった　「軍命令」とは無関係な座間味島
　集団自決―「早まって死ぬな」と住民を諭した野
　田隊長　ほか）　第2章　沖縄戦集団自決「軍命令」
　説は如何につくられ、広まったか？（日本軍と沖
　縄県民の離間を狙った米軍の「心理作戦」　戦い
　に疲弊した沖縄県民の手記に現れた、「心理作戦」
　の成果　米国の「宣伝をする」ためにつくられた
　沖縄の新聞社―スタッフは銃殺を恐れて協力　ほ
　か）　第3章　沖縄戦集団自決「軍命令」説は、か
　くして破綻した（渡嘉敷島集団自決の真相1　『鉄
　の暴風』に疑問を呈した曽野綾子氏　渡嘉敷島集
　団自決の真相2　赤松隊長は村を救うため十字架を
　背負った　座間味島集団自決の真相1　「軍命令」
　証言を撤回した元女子青年団員　ほか）　〔0913〕

◇証言沖縄「集団自決」―慶良間諸島で何が起
　きたか　謝花直美著　岩波書店　2008.2
　222p　18cm　（岩波新書）　〈文献あり〉　740
　円　Ⓘ978-4-00-431114-0　Ⓝ210.75
　内容　第1章　慶良間戦とは何か―沖縄戦最初の地
　上戦　第2章　渡嘉敷島の証言―軍命で集合させら
　れて　第3章　座間味島の証言―忠魂碑集合のあと
　で　第4章　慶留間島の証言―戦場をさまよう人々
　第5章　阿嘉島の証言―「集団自決」の寸前　終章
　沖縄と本土―何が問われているか　　　　　〔0914〕

◇ビジュアルブック　語り伝える空襲　第2巻―
　那覇空襲と関東の空襲　日本が戦場になった
　日　安斎育郎文・監修　新日本出版社
　2008.5　39p　26cm　2200円　Ⓘ978-4-406-
　05138-5
　内容　沖縄戦　各地への空襲　空襲ってなんだ？
　焼夷弾で無差別に焼き払う　日本が戦場になるま
　で―年表　空襲を伝える資料館紹介　　　〔0915〕

◇沖縄戦記録―死闘の島でなにが起きたのか
　新人物往来社　2008.5　172p　26cm　（別
　冊歴史読本第33巻第20号）　1800円
　Ⓘ978-4-404-03609-4　Ⓝ210.75　　〔0916〕

◇海に沈んだ対馬丸―子どもたちの沖縄戦　早
　乙女愛著　岩波書店　2008.6　190p　18cm
　（岩波ジュニア新書）　〈文献あり〉　740
　円　Ⓘ978-4-00-500599-4　Ⓝ210.75
　内容　第1章　三等甲板員の航海　第2章　疎開　第
　3章　乗客たち　第4章　撃沈　第5章　漂流生活　第

6章　上陸後　第7章　七人のその後　　　〔0917〕

◇沖縄戦の全学徒隊　沖縄県女師・一高女ひめ
　ゆり同窓会立ひめゆり平和祈念資料館編　糸
　満　沖縄県女師・一高女ひめゆり同窓会立ひ
　めゆり平和祈念資料館　2008.6　257p
　30cm　（ひめゆり平和祈念資料館資料集　4）
　〈年表あり〉　Ⓝ210.75　　　　　　　〔0918〕

◇満天の星―対馬丸真実の証言　対馬丸事件取
　材班著　文芸社　2008.6　209p　20cm
　1500円　Ⓘ978-4-286-04000-4　Ⓝ916
　内容　第1章　最後の生き証人たち　第2章　乗船の
　前夜　第3章　撃たれて、沈む　第4章　それぞれの
　漂流　第5章　生き残った者の苦しみ　第6章　全面
　戦争へ　第7章　敗戦と希望　第8章　四十年目の再
　会　第9章　対馬丸記念館　第10章　消えていく世
　代　　　　　　　　　　　　　　　　　　〔0919〕

◇証言記録兵士たちの戦争　2　NHK「戦争証
　言」プロジェクト著　日本放送出版協会
　2009.2　315p　22cm　〈年表あり〉　2200円
　Ⓘ978-4-14-081343-0　Ⓝ916
　内容　第1章　マニラ海軍防衛隊―フィリピン　絶望
　の市街戦　第2章　陸軍第一師団―フィリピン・レ
　イテ島　誤報が生んだ決戦　第3章　北海道・旭川
　歩兵第二八連隊―ガダルカナル　繰り返された白
　兵突撃　第4章　山形県・歩兵第三二連隊―沖縄県
　住民を巻き込んだ悲劇の戦場　第5章　茨城県・水
　戸歩兵第二連隊―ペリリュー島　終わりなき持久
　戦　第6章　岩手県・歩兵第二二二連隊―ニューギ
　ニア・ビアク島　幻の絶対国防圏　第7章　新潟県・
　高田歩兵第五八連隊―インパール作戦　補給なき
　コヒマの苦闘　　　　　　　　　　　　　〔0920〕

◇沖縄戦「集団自決」の謎と真実　秦郁彦編
　PHP研究所　2009.3　331p　20cm　1700円
　Ⓘ978-4-569-70640-5　Ⓝ210.75
　内容　第1章　沖縄戦における軍官民関係―住民対策
　を中心に　第2章　宮平秀幸陳述書　第3章　解説・
　宮平秀幸証言の画期的意義　第4章　対談・沖縄の
　「悲劇」を直視する―歴史と文学のはざまで　第5
　章　『沖縄タイムス』と山城安次郎の「神話」を追
　う　第6章　「ひめゆり」伝説を再考する　第7章
　集団自決問題の真実―同調圧力に屈した裁判所
　　　　　　　　　　　　　　　　　　　　〔0921〕

◇あばかれた「神話」の正体―沖縄「集団自
　決」裁判で何が明らかになっているのか　鴨
　野守著　祥伝社　2009.5　268p　20cm　〈年
　表あり　索引あり〉　1600円　Ⓘ978-4-396-
　61332-7　Ⓝ210.75
　内容　プロローグ　第1章　沖縄戦と「神話」の誕
　生―「軍命令による」自決は、いかにして“定説”
　となったか　第2章　渡嘉敷島・当事者たちの証言
　―住民の集団自決は、いかなる形で行なわれたか
　第3章　教科書から消えた記載―高校教科書の検定
　結果がもたらした衝撃とは　第4章　『鉄の暴風』
　は、いかにして誕生したか―その裏に隠されたア
　メリカの思惑　第5章　歪められる沖縄戦の記録―

「沖縄」がわかる本　6000冊　　75

「同調圧力」という沖縄特有の空気とは　第6章　三十二年ぶりに明かされた真実―座間味島の場合。ついに開いた当事者の重い口　第7章　証言者の苦悩と変節―被告側証人、宮城晴美氏、金城重明氏の場合　第8章　回復すべき名誉とは何か―なぜ島民たちは、命令に抗して死んでいったのか　エピローグ　　　　　　　　　　　　　　　　　〔0922〕

◇沖縄戦強制された「集団自決」　林博史著　吉川弘文館　2009.6　253p　19cm　（歴史文化ライブラリー　275）〈文献あり〉　1800円　①978-4-642-05675-5　Ⓝ210.75
内容　日本軍の強制が削除された教科書検定問題―プロローグ　「集団自決」の実相（沖縄・慶良間列島　沖縄本島と伊江島　太平洋地域・中国東北　「集団自決」がおきなかった島々）　追い込まれていく道（住民が犠牲にされた沖縄戦　自由の抑圧と監視　沖縄における戦時体制　「集団自決」がおきた地の特徴）　その背景―捕虜を認めない思想（死を強いられた日本軍将兵と捕虜虐待　日本軍の民間人の扱い方）　なぜおきたのか―「集団自決」の構造（地域社会の支配構造　「集団自決」の全般的要因　援護法と「集団自決」　構造と個人の責任―エピローグ　　　　　　　　〔0923〕

◇狙われた「集団自決」―大江・岩波裁判と住民の証言　栗原佳子著　社会評論社　2009.6　305p　19cm　〈文献あり〉　2300円　①978-4-7845-1473-1　Ⓝ210.75
内容　1　大江・岩波裁判　2　「集団自決」と教科書検定　3　高まる抗議　4　国動かした烏ぐるみの怒り　5　「玉砕」の島　6　大江・岩波裁判勝訴　7　控訴審　8　天皇の軍隊　　　　　　　　　　〔0924〕

◇戦場の宮古島と「慰安所」―12のことばが刻む「女たちへ」　日韓共同「日本軍慰安所」宮古島調査報告　日韓共同「日本軍慰安所」宮古島調査団著, 洪玧伸編　那覇　なんよう文庫　2009.9　287p　19cm　1714円　①978-4-904832-06-6　Ⓝ210.75　〔0925〕

◇沖縄戦、米軍占領史を学びなおす―記憶をいかに継承するか　屋嘉比収著　〔横浜〕　世織書房　2009.10　422p　20cm　〈文献あり〉　3800円　①978-4-902163-45-2　Ⓝ210.75
内容　1　沖縄戦を学びなおす（戦後世代が沖縄戦の当事者となる試み―沖縄戦地域史研究の変遷、「集団自決」、「強制的集団自殺」　ガマが想起する沖縄戦の記憶　沖縄戦における兵士と住民―防衛隊員、少年護郷隊、住民虐殺　仲間内の語りが排除するもの　質疑応答の喚起力―文富軾氏の講演について　戦没者の追悼と“平和の礎”　追悼する地域の意思―沖縄から　殺されたくないし、殺したくない―沖縄の反戦運動の根　歴史を眼差す位置―「命どぅ宝」という発見）　2　米軍占領史を学びなおす（重層する戦場と占領と復興　「国境」の顕現―沖縄と琉球の密貿易終息の背景　米軍統治下における沖縄の高度経済成長―二つの対位的物語　越境する沖縄―アメリカニズムと文化変容）　　　　　　　　　　　　　　　　　〔0926〕

◇わたしたちの戦争体験　6　沖縄　日本児童文芸家協会著, 田代脩監修　学研教育出版　2010.2　107p　23cm　〈年表あり〉　発売：学研マーケティング〉　1600円　①978-4-05-500646-0　Ⓝ210.75　　　　　　　〔0927〕

◇シリーズ戦争遺跡　第2巻　戦場になった島―沖縄・本土戦　平井美津子編　汐文社　2010.3　59p　27cm　〈文献あり　年表あり　索引あり〉　2500円　①978-4-8113-8664-5　Ⓝ210.7
内容　子どもの黒砂糖を奪った日本兵―轟壕　ひめゆり学徒隊の戦争―ひめゆりの塔と荒崎海岸　文化財指定第1号―沖縄陸軍病院南風原壕群　「集団自決」の島―渡嘉敷島・座間味島　スパイ視された住民たち―久米島　沖縄戦の縮図と言われた伊江島　ゲリラにされた少年―御真影奉護壕　土地を取り戻した読谷村　星になった子どもたち―西表島・戦争マラリア　踏みにじられた女性たち―宮古島・日本軍「慰安婦」の碑（アリランの碑）　慰霊塔が語るもの―戦争はどのように伝えるのか　コラム　焼物で作られた兵器　海の特攻・空の特攻　米軍の本土上陸に備えて―各地のトーチカ群　小笠原諸島・父島の戦争遺跡　本土戦に備えた「首都移転計画」―松代大本営　いまなお残される戦争遺跡　第2巻に登場する戦争遺跡マップ　日本の戦争史―年表　さくいん　第2巻「戦場になった島―沖縄・本土戦」について　　　〔0928〕

◇未来へつなぐひめゆりの心―ひめゆり平和祈念資料館20周年記念誌　ひめゆり平和祈念資料館編　糸満　沖縄県女師・一高女ひめゆり同窓会立ひめゆり平和祈念資料館　2010.3　281p　31cm　〈年表あり〉　Ⓝ210.75　〔0929〕

◇沖縄戦が問うもの　林博史著　大月書店　2010.6　255p　19cm　〈文献あり〉　1800円　①978-4-272-52082-4　Ⓝ210.75
内容　第1章　沖縄戦への道　第2章　米軍の上陸と沖縄戦の展開　第3章　沖縄戦のなかの人々　第4章　離島の戦争　第5章　沖縄戦後の出発　第6章　なぜこれほどまでに犠牲が生まれたのか　〔0930〕

◇台湾疎開―「琉球難民」の1年11ヵ月　松田良孝著　石垣　南山舎　2010.6　347p　19cm　（やいま文庫　10）〈文献あり〉　2300円　①978-4-901427-20-3　Ⓝ916　〔0931〕

◇ひめゆり―沖縄からのメッセージ　小林照幸〔著〕　角川書店　2010.7　542p　15cm　（角川文庫　16359）〈『21世紀のひめゆり』（毎日新聞社2002年刊）の再編集、加筆・修正、改題　文献あり　発売：角川グループパブリッシング〉　857円　①978-4-04-394366-1　Ⓝ210.75
内容　第1章　沖縄戦と9・11を生き抜く（二〇〇一年）　第2章　建立「ひめゆりの塔」（一九四五～一九四七年）　第3章　星条旗への反乱（一九四八～一九七一年）　第4章　日本（本土）への愛と憎しみ

歴史・地理　　　　　　　　　　　　　　　　　　　　　　　　　沖縄史

（一九七二〜一九八二年）　第5章　映像の中の沖縄戦、証言の中の沖縄戦（一八三〜一九九五年）　第6章　語り継ぐ戦争（一九九四〜二〇〇一年）
〔0932〕

◇特攻─空母バンカーヒルと二人のカミカゼ　米軍兵士が見た沖縄特攻戦の真実　マクスウェル・テイラー・ケネディ著，中村有利訳　ハート出版　2010.7　669p　20cm〈文献あり〉3800円　①978-4-89295-651-5　Ⓝ253.07
内容　第1部　浮上蜃気楼（真珠湾への道　小川清一　一九四二年　USSバンカーヒル　艦内のシステム　徴兵　玉砕　神風特別攻撃隊　バンカーヒル出港　敵地へ　東京空襲　人種問題　学徒兵　ウルシー特攻　戦艦大和　鹿屋　死闘　桜花　志願者　一九四五年の絶望　バウスロイ）　第2部　死神との約束（安則盛三　敵空母見ユ　火炎　黒鉛　激流　救いの手　死の誘惑　救出　熱傷　漂流　遺体）　第3部　戦いのあと（ダメージ　水葬　すべてへの別れ　勇者の帰還　故郷への船路　桜散る）
〔0933〕

◇証言記録兵士たちの戦争　4　NHK「戦争証言」プロジェクト著　日本放送出版協会　2010.7　289p　22cm〈年表あり〉2200円　①978-4-14-081345-4　Ⓝ916
内容　兵士たちが語り始めたアジア・太平洋戦争の記憶　第1章　福島県・若松歩兵第六五連隊─中国戦線　大陸横断・悲劇の反転作戦　第2章　沖縄県・鉄血勤皇隊─故郷に散った沖縄の少年たち　第3章　京都府・陸軍第一五師団─インパール作戦　補給なき戦いに散った若者たち　第4章　名古屋・歩兵第二二八連隊　最後の部隊・繰り返された失敗　第5章　震洋特別攻撃隊─"ベニヤボート"の特攻兵器　第6章　広島県・歩兵第一一連隊─偽装病院船　捕虜となった精鋭部隊　第7章　囮とされた空母瑞鶴─フィリピン・エンガノ岬沖に沈んだ「幸運な空母」
〔0934〕

◇沖縄シュガーローフの戦い─米海兵隊地獄の7日間　ジェームス・H.ハラス著，猿渡青児訳　光人社　2010.9　440p　16cm（光人社NF文庫　LN-653）〈文献あり〉905円　①978-4-7698-2653-8　Ⓝ210.75
内容　沖縄戦　海兵隊、南へ　G中隊、シュガーローフへ　攻撃続行　夜間攻撃　逆襲　最前線　惨敗　E中隊の試練の日　シュガーローフ陥る　第四海兵連隊の投入　苦い勝利　忘れ去られた兵士たち
〔0935〕

◇週刊マンガ日本史─50人の人物で時代を読み解く　49　ひめゆり学徒隊─少女たちの沖縄戦　河合敦、山口正監修　ふくやまけいこマンガ　朝日新聞出版　2010.10　34p　30cm（朝日ジュニアシリーズ）〈年表あり〉467円　Ⓝ210
〔0936〕

◇骨の戦世（イクサユ）─65年目の沖縄戦　フォト・ドキュメント　比嘉豊光，西谷修編　岩

波書店　2010.10　77p　21cm（岩波ブックレット　no.796）〈タイトル：骨の戦世〉800円　①978-4-00-270796-9　Ⓝ210.75
内容　骨に呼ばれて　珊瑚のカケラをして私しめよ　熱狂の夏の足下に　ある"一兵卒"女性の戦中・戦後　六五年目の黄泉がえり　「戦死」を掘る─沖縄における遺骨収集の現在的展開　無数の髀れと襲に向かって
〔0937〕

◇「沖縄県平和祈念資料館」その真実─偏向展示、実態はこうだ！　伊藤玲子著　展転社　2010.11　193p　19cm　1500円　①978-4-88656-352-1　Ⓝ210.75
内容　第1章　沖縄県平和祈念資料館の推移（旧資料館　終戦から本土復帰前の沖縄県の状況　ほか）　第2章　沖縄県平和祈念資料館の展示を検証する（第一展示室「沖縄戦への道」　第二展示室「鉄の暴風」　ほか）　第3章　資料館を活用した平和教育の弊害（平和教育の重点箇所　集団自決の軍命のあいまいさ　ほか）　第4章　有識者に聞く（稲嶺恵一前沖縄県知事に聞く　『うらそえ文藝』編集長で沖縄県文化協会会長の星雅彦氏に聞く　ほか）
〔0938〕

◇沖縄戦史研究序説─国家総力戦・住民戦力化・防諜　玉木真哲編著　宜野湾　榕樹書林　2011.2　241p　21cm（沖縄学術研究双書　4）　2500円　①978-4-89805-151-1　Ⓝ210.75
〔0939〕

◇沖縄戦─第二次世界大戦最後の戦い　アメリカ陸軍省戦史局編，喜納健勇訳　那覇　出版舎Mugen　2011.3　512p　22cm　4200円　①978-4-9904879-7-3　Ⓝ210.75
〔0940〕

◇沖縄と「戦世（いくさゆ）」の記憶　明治大学人文科学研究所編　明治大学人文科学研究所　2011.3　206p　18cm（明治大学公開文化講座　30）〈タイトル：沖縄と「戦世」の記憶　発売：風間書房〉762円　①978-4-7599-1862-5　Ⓝ210.75
内容　骨からの戦世（インタヴュー）　付記─終わりと始まりの湾狭にて　目取真俊と戦争の記憶　沖縄戦の写真、以前と以後　ハンセン病回復者の語る戦世─『沖縄ハンセン病証言集』を手掛かりに
〔0941〕

◇二人の「少女」の物語─沖縄戦の子どもたち　大田昌秀著　那覇　新星出版　2011.3　194p　19cm　1200円　①978-4-902193-98-5　Ⓝ210.75
〔0942〕

◇ひめゆり─絵本　ひめゆり平和祈念資料館文，三田圭介絵　那覇　沖縄県女師・一高女ひめゆり平和祈念財団　2011.6　1冊（ページ付なし）　22×31cm〈共同刊行：ひめゆり平和祈念資料館〉Ⓝ210.75
〔0943〕

◇りゅう子の白い旗─沖縄いくさものがたり

沖縄史　　　　　　　　　　　　　　　　　　　　　　　　歴史・地理

新川明文, 儀間比呂志版画　新版　那覇　出
版舎Mugen　2011.6　43p　28cm　〈初版：
築地書館1985年刊　訳：知念ウシ　付
(22p)：Ryuko's white flag〉　2000円
①978-4-9904879-8-0　Ⓝ210.75　〔0944〕

◇焦土の記憶―沖縄・広島・長崎に映る戦後
福間良明著　新曜社　2011.7　534p　20cm
〈年表あり　索引あり〉　4800円　①978-4-
7885-1243-6　Ⓝ210.76
　内容　プロローグ―問いの設定　戦後日本におけ
る「断絶」と「継承」―体験への共感と反発の力
学　第1部　戦後沖縄と戦争体験論の変容（終戦と
戦記の不振―戦後初期の沖縄戦体験言説　戦中派
のアンビヴァレンス―復帰以前の戦争体験論　反
復期と戦記の隆盛―沖縄返還問題のインパクト）
第2部　被爆体験と「広島」「長崎」の戦後史（祝祭
と婚祭―占領下の被爆体験言説　政治と体験の距
離―占領終結と原水禁運動の高揚　「証言」の高
揚―一九六〇年代以降の体験論）　結論（沖縄・広
島・長崎に映る戦後―「断絶」と「継承」の錯綜）
　　　　　　　　　　　　　　　　　　　　〔0945〕

◇ざわわざわわの沖縄戦―サトウキビ畑の慟哭
田村洋三著　光人社　2011.8　283p　16cm
（光人社NF文庫　たN-699）〈平成18年刊の
加筆、訂正　文献あり〉　781円　①978-4-
7698-2699-6　Ⓝ210.75
　内容　「さとうきび畑」の歌をめぐって　「こいつ
ら人間じゃない」　ウージの森散策　農事試験場
長・北村秀一　甘蔗の牧歌　いくさがやってきた
北村隊長の殉職　鉄の雨にうたれ　あくなき戦場
商売　キビこそ我が命　鉄血勤皇隊員・宮城辰夫
の死　この悲しみは消えない　　　　　　〔0946〕

◇ピース・ナウ沖縄戦―無戦世界のための再定
位　石原昌家著　京都　法律文化社　2011.
12　202p　21cm　〈執筆：安良城米子、渡名
喜守太, 西岡信之〉　2000円　①978-4-589-
03380-2　Ⓝ210.75
　内容　第1章　沖縄戦体験の認識は、なぜ共有され
ていないか　第2章　「沖縄戦体験」を捏造した「援
護法」の仕組み　第3章　沖縄地元紙社説に見る沖
縄戦認識―『沖縄タイムス』『琉球新報』を通し
て　第4章　歴史修正主義者らによる沖縄戦書き換
え　第5章　沖縄戦と有事法制　補章1 3・11以後
の諸問題　第6章　有事法制下の日本・沖縄のいま
―「国民保護法」による「軍民一体意識」の形成
第7章　憲法九条・非暴力平和思想の具現化―無防
備地域宣言運動　補章2　原子力「核」のない無戦
世界を―3・11福島原発事故を問う　エピローグ
―「無戦世界」実現のために　　　　　　〔0947〕

◇記録・沖縄「集団自決」裁判　岩波書店編
岩波書店　2012.2　363p　20cm　2800円
①978-4-00-022590-8　Ⓝ210.75
　内容　1 沖縄「集団自決」裁判勝訴の意味（五年
間の裁判を闘って　歴史修正主義者たちとの闘い
表現の自由をめぐって　「沖縄戦」の本質と裁判
裁判を通じて見えてきたもの）　2 裁判の経過・

争点・判決・立証活動等（訴えの内容　訴訟の経過
主な争点と裁判所の判断　主張立証活動―自決命
令の真実性・真実相当性　本件訴訟の意義　ほか）
　　　　　　　　　　　　　　　　　　　　〔0948〕

◇沖縄県平和祈念資料館収蔵品目録　沖縄県平
和祈念資料館編　糸満　沖縄県平和祈念資料
館　2012.3　791p　30cm　Ⓝ210.75　〔0949〕

◇戦争の記憶をどう継承するのか―広島・長
崎・沖縄からの提言　沖縄大学地域研究所編
芙蓉書房出版　2012.3　209p　19cm　（沖
縄大学地域研究所叢書）　1800円　①978-4-
8295-0552-6　Ⓝ210.75
　内容　第1部　非戦の仕組みを考える（戦跡めぐりと
平和の構築　核被爆都市からの発信　われわれは
「被害者」ではない　「人間を切り捨てる社会」を
変えよう　平和会計学を創ろう―戦争を支える経
済から平和を生み出す経済へ）　第2部　広島・長
崎・沖縄共通の記憶継承（ナガサキ消えたもう一つ
の「原爆ドーム」　戦後の長崎で何が継承されて
こなかったか　沖縄戦の遺骨が語りかけるもの）
　　　　　　　　　　　　　　　　　　　　〔0950〕

◇検証『ある神話の背景』　伊藤秀美著　つく
ば　紫峰出版　2012.4　210p　21cm　〈文献
あり〉　1000円　①978-4-9906157-1-0
Ⓝ210.75　　　　　　　　　　　　　　　〔0951〕

◇船舶団長の那覇帰還行　伊藤秀美著　つくば
紫峰出版　2012.4　192p　21cm　〈文献あ
り〉　1000円　①978-4-9906157-0-3　Ⓝ210.
75　　　　　　　　　　　　　　　　　　〔0952〕

◇沖縄戦―もう一つの見方―宮本正男らの集団
投降運動を中心に　佐々木辰夫著　スペース
伽耶　2012.5　105p　21cm　〈発売：星雲
社〉　800円　①978-4-434-16745-4　Ⓝ210.75
　内容　1 沖縄戦におけるひとすじの光明（沖縄戦で
の帰還移民労働者による集団投降をめぐって　移
民労働者の非暴力・不殺生の行動の背景には何が
あったのか）　2 宮本正男らの投降運動（その闘い
の生涯をふり返ることで見えるもの　転向から再
転向、そして敗北主義者として　沖縄の戦地での
「生き残ろう」の声　沖縄県民にみなぎる厭戦感
情と軍への嫌悪　「ヌチドゥタカラ」のライト・
モティーフの酵母　敵側住民の扱いで大技をみせ
た米アイスバーグ作戦　沖縄住民を徴発した宮本
の罪責を再考する　生涯磨きつづけたインターナ
ショナリズム）　　　　　　　　　　　　〔0953〕

◇非業の生者たち―集団自決サイパンから満州
へ　下嶋哲朗著　岩波書店　2012.5　438p
20cm　2800円　①978-4-00-024514-2
Ⓝ210.75
　内容　沖縄―「チビチリガマ」30年の調査から（「鬼
畜米英」の恐怖の中で―チビチリガマ　コーヒー
ゼリーのような質量「暗い」―チビチリガマ2　そ
れをどのように解決したか　「繰り返された集団
自決」という視点）　サイパン―集団自決が最初

78　　「沖縄」がわかる本　6000冊

歴史・地理　　　沖縄史

に起きた島(不条理な最期を舞う人たち　集団自
決を内発させた由来(オリジン)を尋ねる　今で
も赤ちゃんが突然泣きやむと　「許し」について
「勝ち組」と「負け組」とセットの思想　死に至
る気持ちを極限まで考える)　グアムからテニア
ン、フィリピンへ―誰が殺したのか(サイパンを
グアムでくり返す　昭和の白虎隊顛末記―なんで
俺を人間に生んだか　誰が「殺した」のかという
問い　「国の鬼畜」―では誰が、母ちゃんを殺し
たのか　双頭の日本人―誰が「殺した」のかとい
う問い2　「おまえがあんなことを言わなければ」
―誰が「殺した」のかという問い3)　満洲―大陸
にくり返された集団自決(満洲国興安省「葛根廟
事件」　「その時に、そういう気持ちをなんで持
てなかったのか」―満洲国興安省「葛根廟事件」2
尊い人たち―満洲国興安省「葛根廟事件」3)
〔0954〕

◇赤ん坊たちの〈記憶〉―一九四三年～一九四
五年に生まれて　大城道子,「赤ん坊たちの
〈記憶〉」編集刊行委員会編著　伊丹　牧歌
舎　2012.6　341p　26cm〈文献あり　年表
あり〉　発売：星雲社　1905円　①978-4-434-
16888-8　№210.75
内容 第1部 アンケート「私たちの誕生・成長にま
つわる100の質問」回答からみえてきたこと(誕生
の「記憶」　幼少期の「記憶」　児童期の記憶　戦
後生活の記憶　沖縄について　メッセージ　アン
ケートを書き終えた後に)　第2部 私たちの「記
憶」(戦時下の誕生と成長の「記憶」　植民地・勢
力圏の「記憶」　戦争が置き去った「記憶」　未
来へ―模索・課題・主張)　第3部 家族の「記憶」
〔0955〕

◇沖縄戦の「狂気」をたどる　沖縄探見社編
那覇　沖縄探見社　2012.6　94p　21cm
〈文献あり〉　900円　①978-4-9904533-4-3
№210.75
〔0956〕

◇定本沖縄戦―地上戦の実相　柏木俊道著　彩
流社　2012.6　278p　22cm〈文献あり　年
表あり〉　2800円　①978-4-7791-1797-8
№210.75
内容 1 沖縄まで―連合軍の反攻と沖縄の迎撃作
戦　2 上陸―圧倒的な物量の差　3 北部の戦い―
アメリカ軍の初戦制圧　4 首里フロントの戦い―
嘉数高地からシュガーローフへ　5 首里撤退―最
後の一兵まで　6 摩文仁の丘―掃討戦と市民の犠
牲　7 自決と虐殺―軍が守ったもの　〔0957〕

◇「ひめゆり」たちの声―『手記』と「日記」
を読み解く　仲程昌徳著　那覇　出版舎
Mugen　2012.6　220p　22cm　2200円
①978-4-905454-04-5　№210.75　　　〔0958〕

◇沖縄戦「集団自決」消せない傷痕　山城博明
写真　高文研　2012.9　103p　21cm〈解
説：宮城晴美〉　1600円　①978-4-87498-492-
5　№210.75
内容 身体に刻まれた傷痕　海底に残る砲痕　「集

団自決」の現場　屋敷の内外に刻まれた弾痕　一
家全員「集団自決」の屋敷跡　生き残った人たち
慰霊と鎮魂　解説　一九四五年三月―永遠に消せ
ない記憶　撮影後記　傷痕を撮らせてもらうまで
〔0959〕

◇ぼくが遺骨を掘る人「ガマフヤー」になった
わけ。―サトウキビの島は戦場だった　具志
堅隆松著　合同出版　2012.9　171p　21cm
1400円　①978-4-7726-1063-6　№210.75
内容 第1章 遺骨収集作業に出会う　第2章 沖縄
で戦争があった　第3章 ガマに残された遺骨が語
る戦争　第4章 ぼくが「ガマフヤー」になったわ
け　第5章 遺骨収集作業を市民の手で　第6章 掘
り出された遺骨や戦争遺物たち　第7章 遺骨を記
録することで見えてきたこと　第8章 ぼくが手榴
弾から教えてもらったこと　第9章 不発弾で人の
命を救う　第10章 遺骨を家族のもとへ帰したい
第11章 遺骨に会い戦争を自分の目で確かめる
〔0960〕

◇戦世(いくさゆ)の南風原―語るのこすつな
ぐ　南風原町史編集委員会編　南風原町(沖
縄県)　沖縄県南風原町　2013.3　411p
26cm　(南風原町史　第9巻(戦争編　本編))
〈年表あり〉　№210.75　　　　　　　　〔0961〕

◇終戦から67年目にみる沖縄戦体験者の精神保
健　平成24年度　浦添　沖縄戦トラウマ研究
会　2013.3　140p　21cm　(社)沖縄県対
米請求権事業協会助成シリーズ　no.48)〈文
献あり〉　500円　№210.75　　　　　　〔0962〕

◇対馬丸の記憶―開館八周年記念感想文集　那
覇　対馬丸記念会　2013.3　255p　21cm
〈年表あり〉　非売品　№210.75　　　　〔0963〕

◇未来への道標―沖縄戦1フィート運動の30年
30年記念誌編集委員会編　〔那覇〕　沖縄戦
記録フィルム1フィート運動の会　2013.3
297p　27cm〈年表あり〉　№210.75　〔0964〕

◇研究者(当時10代)による太平洋戦争体験談
屋比久浩、東江平之、仲井間憲児、比嘉長徳
〔述〕,沖縄県立芸術大学全学教育センター
「研究者による戦争体験談出版プロジェクト」
チーム編　那覇　沖縄県立芸術大学全学教育
センター「研究者による戦争体験談出版プロ
ジェクト」チーム　2013.3　52p　26cm〈平
成24年度沖縄県立芸術大学教育研究支援資金
採択事業〉　№916　　　　　　　　　　〔0965〕

◇最後の決戦沖縄―鉄の暴風が打ちのめした90
日間の死闘　吉田俊雄著　潮書房光人社
2013.4　343p　16cm　(光人社NF文庫　よ
N-778)〈朝日ソノラマ 1985年刊の再刊
文献あり〉　829円　①978-4-7698-2778-8
№210.75
内容 第1章 運命　第2章 錯誤　第3章 侵攻　第

4章 死闘　第5章 反撃　第6章 撤退　第7章 丘〔0966〕

◇日本統治下南洋群島に暮らした沖縄移民―いま、ひとびとの経験と声に学ぶ　森亜紀子編〔京都〕　森亜紀子　2013.4　323p　21cm　非売品　Ⓝ916〔0967〕

◇沖縄戦と海上特攻―慶良間戦記　深沢敬次郎著　潮書房光人社　2013.5　273p　15cm（光人社NF文庫）〈『船舶特攻の沖縄戦と捕虜記』改題書〉790円　Ⓘ978-4-7698-2783-2
内容 第1章 軍隊（少年時代　軍人志願　小豆島へ移駐　特攻隊員となる　第十教育隊　輸送船名瀬丸　輸送船馬来丸　阿嘉島の生活　「マルレ」の修理　緊迫してきた戦局　朝鮮人の慰安婦）　第2章 戦闘（砲爆撃の恐怖　アメリカ軍が上陸　第一回の斬り込み　第二回n斬り込み　戦闘がつづく　スパイの疑い　集団自決　朝鮮人の軍夫　少年義勇隊と防衛隊　飢餓との戦い　休戦協定の締結　特攻隊員のt帽　餓死寸前で終戦）　第3章 捕虜（座間味収容所　遺骨収集　屋嘉収容所　仕返し　賭博や演劇　強制労働始まる　サボタージュ　マリーン部隊　黒人部隊の軍曹　嘉手納収容所　盗みと身体検査　娯楽とスポーツ　監視兵と捕虜　航空隊と司令官　復員）〔0968〕

◇僕の島は戦場だった―封印された沖縄戦の記憶　佐野眞一著　集英社インターナショナル　2013.5　318p　20cm〈文献あり　発売：集英社〉1600円　Ⓘ978-4-7976-7246-6　Ⓝ210.75
内容 第1章 「援護法」という欺瞞（靖国問題と戦争孤児　沖縄戦の心象風景　犠牲者が戦闘参加者に　軍用地料と遺族年金　ヤマントチュの怒り　対馬丸事件の生存者　六五年ぶりの慰霊祭　沖縄と天皇の複雑な関係）　第2章 孤児たちの沖縄戦（難航した孤児たちへの取材　「集団自決」で家族を失う　いまも弟を捜して　祖母の腕を斬り落とす　いまそこにある沖縄戦の傷跡　水だと思って飲んだ血　晩発性PTSD）　第3章 「幽歴は私の友だち」（『沖縄戦新聞』の衝撃　「母親に手をかけ号泣」　「戦艦大和撃沈　「お前たち人間か」　和平工作より「国体護持」を優先　伯母と二人で三八年間　創価学会員になった戦争孤児　頭に包帯を巻いた少女の消息　孤児の世話をした元「ひめゆり」　子どもたちは夜になるとしくしく泣いた　足手まといの兵隊は殺す）　第4章 那覇市長の怒り（神から選ばれし子どもたち　ウルトラマンとニライカナイ　沖縄戦と心の傷　十キロ爆弾を担いで敵戦車に体当たり　戦争の爪痕と世代間伝達　沖縄県対米請求権事業協会とは　「オールジャパン」対「オール沖縄」　祖父も叔母も沖縄戦で死んだ　沖縄は日本の植民地か？）　第5章 「集団自決」の真実（「集団自決」の島　生き残った少年　出生地は尖閣諸島　「母は号泣していました」：息もできない話　太陽の子　逝きし世の面影）〔0969〕

◇沖縄決戦―太平洋戦争最後の激戦と沖縄県民の戦い　学研パブリッシング　2013.6　192p　26cm〈学研 2005年刊の再刊　発売：学研マーケティング〉2000円　Ⓘ978-4-05-405695-4　Ⓝ210.75
内容 沖縄決戦―THE LAST BATTLE　太平洋戦争と沖縄戦　空と海の沖縄戦　戦術分析沖縄戦　陸の沖縄戦　県民の沖縄戦〔0970〕

◇未来に伝える沖縄戦　1　琉球新報社会部編　那覇　琉球新報社　2013.6　87p　21cm〈執筆：玉城江梨子ほか　発売：琉球プロジェクト（那覇）〉933円　Ⓘ978-4-89742-159-9　Ⓝ210.75〔0971〕

◇未来に伝える沖縄戦　2　琉球新報社会部編　那覇　琉球新報社　2013.8　87p　21cm〈執筆：嘉陽拓也ほか　発売：琉球プロジェクト（那覇）〉933円　Ⓘ978-4-89742-161-2　Ⓝ210.75〔0972〕

◇わたしの沖縄戦　1　「集団自決」なぜ―いのちを捨てる教育　行田稔彦著　新日本出版社　2013.11　190p　20cm　2200円　Ⓘ978-4-406-05729-5　Ⓝ210.75
内容 第1章 慶良間諸島の悲劇（慶良間諸島　座間味島の「集団自決」（強制集団死）　渡嘉敷島の「集団自決」（強制集団死））　第2章 対馬丸の子ども（対馬丸の子どもからあなたへ　対馬丸事件　海に沈んだ子どもたち　口止め（箝口令））　第3章 戦場への道（お前を16歳まで育てたのは死なす為ではない！　軍事教育一色に染まる学校（昭和16～18年）　沖縄はすでに戦場…「八重山出身者は戦争が終わるまで帰るな」　沖縄戦の悲劇を暗示する10・10空襲（昭和19・10・10））　第4章 軍国主義の旗手となったティーンエイジャー（なぜ、沖縄で戦争があったのか―15年戦争と沖縄戦　防衛隊の召集―根こそぎ動員　看護教育…女子学徒隊正看護婦として入隊…看護学校生徒　軍国主義のマインドコントロール）〔0973〕

◇平和を考える戦争遺物　4　沖縄戦と米軍占領　平井美津子編　汐文社　2014.3　55p　27cm〈文献あり　索引あり〉2800円　Ⓘ978-4-8113-8990-5　Ⓝ210.7
内容 ランドセルと名札　受け取り手のない表彰状　ひめゆり学徒の持ち物　住民の命を奪ったもの　砲弾の破片　方言札・スパイ防止マーク・投降ビラ　「慰安婦」にされた女性たち　遺骨と遺品　アメリカ軍の軍服で作ったジャンパースカート　酸素ボンベの鐘　水爆の模擬爆弾　抵抗ののぼり旗　仲よし地蔵　カメジローの机と執筆用具〔0974〕

◇未来に伝える沖縄戦　3　琉球新報社会部編　那覇　琉球新報社　2014.3　87p　21cm〈執筆：大城周子ほか　発売：琉球プロジェクト（那覇）〉933円　Ⓘ978-4-89742-167-4　Ⓝ210.75〔0975〕

◇わたしの沖縄戦　2　ガマ〈洞窟〉であったこと―沖縄戦の実相がここにある　行田稔彦著

歴史・地理　　　　　　　　　　　　　　　　　　　　　　　　　　　沖縄史

新日本出版社　2014.3　190p　20cm　2200
円　Ⓘ978-4-406-05730-1　Ⓝ210.75
内容　第1章 沖縄戦の100日（首里城の攻防〜首里
城地下の第32軍司令壕　沖縄戦の経緯―本島上陸
から日本軍の首里撤退まで）　第2章 壕追い出し
（北に逃げるか、南に逃げるか―上陸地点の中部
住民　壕を探して転々とする…米軍の陽動作戦の
下での南部住民 ほか）　第3章 ガマの中（壕を売
る人 人間が人間でなくなる ほか）　第4章 八重
岳であったこと（八重岳の野戦病院看護隊の三高
女学徒隊―なごらん学徒隊　八重岳から多野岳に
向かって撤退 ほか）　　　　　　　　　　〔0976〕

◇わたしの沖縄戦　3　弾雨の中で―沖縄島南
端で迫る恐怖　行田稔彦著　新日本出版社
2014.3　190p　20cm　2200円　Ⓘ978-4-
406-05731-8　Ⓝ210.75
内容　第1章 第32軍司令部の南部撤退（第32軍司
令部を放棄）　第2章 首里からの撤退（女子学徒
隊の南部撤退　鉄血勤皇隊の撤退 ほか）　第3章
山部隊八重瀬岳野戦病院の解散（八重瀬岳の戦闘
青酸カリによる処置（6月3日東風平分院の解散）
ほか）　第4章 摩文仁の原―砲弾に追われる日々
（直撃弾による病院壕壊滅（ひめゆり学徒隊）　毎
日誰かが死んでいく（でいご・ずいせん学徒隊）
ほか）　第5章 母と子のあわれ（子を亡くした母
母を亡くした子）　　　　　　　　　　　〔0977〕

◇わたしの沖縄戦　4　摩文仁の丘に立ち―
「生かされた」人びとの告白　行田稔彦著
新日本出版社　2014.3　190p　20cm　2200
円　Ⓘ978-4-406-05732-5　Ⓝ210.75
内容　第1章 追い詰められた人びと…喜屋武半島
南端（沖縄戦「最後の戦闘」　無差別の猛砲爆撃…
摩文仁の丘 ほか）　第2章 生きる…いのちの尊さ
を（1人でも生きて　安否確認…別れ別れになった
妹と弟 ほか）　第3章 平和の光がそそいだ「一瞬」
（マラリアの母と栄養失調の弟　「カモメの水兵
さん」を踊る少女に平和の光を託した・戦争で失っ
たもの）　第4章 摩文仁の丘から世界へ（いのちこ
そ宝　荒崎海岸から沖縄戦の真実を語る ほか）
　　　　　　　　　　　　　　　　　　　〔0978〕

◇写真記録沖縄戦―決定版 国内唯一の "戦場"
から "基地の島" へ　大田昌秀, 沖縄国際平和
研究所編著　高文研　2014.5　173p　21cm
〈文献あり　著作目録あり〉　1700円　Ⓘ978-
4-87498-543-4　Ⓝ210.75
内容　アジア太平洋戦争　沖縄に至るまで　要塞
化する沖縄と戦争前夜　米軍、慶良間諸島に上陸
米軍、沖縄本島に上陸　本島中部戦線での日米両
軍の死闘　海での戦い　日本軍の特攻作戦　首里
司令部の崩壊―海軍部隊の全滅　沖縄本島北部と
伊江島の戦い　戦闘の一方で米軍は基地の建設を
急いだ　沖縄南部・最後の戦場　南部に逃げた学徒
隊　宮古・八重山の沖縄戦　捕虜と収容所　沖縄
戦終結　久米島事件　米軍の宣伝ビラ　〔0979〕

◇ガマ―遺品たちが物語る沖縄戦　豊田正義著
講談社　2014.6　189p　19cm　1300円

Ⓘ978-4-06-218962-0
内容　第1章 哲也の硯　第2章 新太の目覚まし時
計　第3章 夏子のアルバム　　　　　　　〔0980〕

◇大田昌秀が説く沖縄戦の深層―住民はいかに
して戦争に巻き込まれたか　大田昌秀著　高
文研　2014.8　227p　19cm　〈年表あり〉
1600円　Ⓘ978-4-87498-551-9　Ⓝ210.75
内容　1章 戦争への道のり（沖縄の軍事化の背景
皇民化教育の推進と徴兵令の施行 ほか）　2章 戦
時体制への移行（文化施設の軍事目的化　国策へ
の県民の対応 ほか）　3章 沖縄戦の経過（沖縄守
備軍の作戦準備　米軍の上陸作戦と沖縄決戦の実
際 ほか）　4章 沖縄決戦下の住民（沖縄戦におけ
る米軍政要員と一般住民　行政当局の対住民施策
ほか）　5章 沖縄戦の教訓（軍隊とは…　指導者は
民衆の信頼を裏切る ほか）　　　　　　　〔0981〕

◇南洋の群星（ムリブシ）が見た理想郷と戦―
70年の時を超えて旧南洋群島ウチナーンチュ
の汗と血そして涙 沖縄県平和祈念資料館平
成26年度第15回特別企画展　沖縄県平和祈
念資料館編　糸満　沖縄県平和祈念資料館
2014.10　76p　30cm　〈会期：平成26年10月
9日―12月11日　年表あり〉Ⓝ210.75　〔0982〕

◇戦争体験―沖縄弁護士会会員記録　沖縄弁護
士会憲法委員会編　那覇　沖縄弁護士会
2015.2　51p　26cm　〈年表あり〉Ⓝ916
　　　　　　　　　　　　　　　　　　　〔0983〕

◇沖縄戦後70年における「死者からの聴き取
り」の方法論の構築―平成26年度沖縄大学地
域研究所・共同研究班プロジェクト「〈沖縄
戦死者の70年の痕跡〉の記録方法の確立」
那覇　沖縄大学　2015.3　213p　30cm
（（公社）沖縄県対米請求権事業協会・助成
シリーズ no.51）〈研究代表者：須藤義人　文
献あり〉Ⓝ210.75　　　　　　　　　　　〔0984〕

◇沖縄決戦―高級参謀の手記　八原博通著　中
央公論新社　2015.5　523p　16cm　（中公文
庫 や59-1）〈読売新聞社 1972年刊の再刊〉
1450円　Ⓘ978-4-12-206118-7　Ⓝ210.75
内容　第1章 作戦準備（第三十二軍の誕生　創立初
期の軍司令部 ほか）　第2章 決勝作戦（桜の花の
咲くころ　艦砲射撃の威力 ほか）　第3章 戦略持
久戦（攻勢中止　針の穴から天を覗く ほか）　第
4章 脱出（摩文仁洞窟からの脱出　具志頭洞窟 ほ
か）　付録 第三十二軍戦闘序列および指揮下部隊
一覧表他　　　　　　　　　　　　　　　〔0985〕

◇沖縄戦いまだ終わらず　佐野眞一著　集英社
2015.5　411p　16cm　（集英社文庫 さ48-
3)〈「僕の島は戦場だった」（集英社インター
ナショナル 2013年刊）の改題、加筆・再編
集　文献あり〉720円　Ⓘ978-4-08-745318-8
Ⓝ210.75
内容　第1章 「援護法」という欺瞞　第2章 孤児

「沖縄」がわかる本 6000冊　81

たちの沖縄戦　第3章「幽霊は私の友だち」　第4章 那覇市長の怒り　第5章「集団自決」の真実　第6章 沖縄の民意はなぜ日本に届かないのか〔0986〕

◇沖縄戦二十四歳の大隊長—陸軍大尉伊東孝一の戦い　笹幸恵著　学研パブリッシング　2015.5　291p　20cm　（WW SELECTION）〈文献あり　発売：学研マーケティング〉1800円　①978-4-05-406212-2　Ⓝ210.75
内容 第1章 若き戦術家　第2章 沖縄へ　第3章 米軍上陸　第4章 前線へ　第5章 総攻撃　第6章 首里撤退　第7章 最後の戦い〔0987〕

◇13歳の少女が見た沖縄戦—学徒出陣、生き残りの私が語る真実　安田未知子著　WAVE出版　2015.6　109p　20cm〈文献あり　年表あり〉1300円　①978-4-87290-964-7　Ⓝ210.75
内容 第1章 平和だった子どもの頃（すべての人に頭を下げて歩きなさい　沖縄へ帰郷）　第2章 沖縄戦が始まった（初めての空襲　伝令に選ばれる過酷な戦場　「帰れ」と言われたけれど）　第3章 米軍上陸（家族との再会　山原に隠れて　米兵も人間）　第4章 戦争が終わった（祖父母の家へ　米軍の捕虜になる）　第5章 終戦後の沖縄（手紙を出さなければよかった　英語教官女性第一号）〔0988〕

◇特攻と沖縄戦の真実—フォトドキュメント　太平洋戦争研究会編, 森山康平著　河出書房新社　2015.6　287p　22cm（「図説特攻」（2003年刊）と「図説沖縄の戦い」（2003年刊）の改題、合本版　文献あり　年表あり〉2600円　①978-4-309-22631-6　Ⓝ210.75
内容 第1部 特攻（太平洋戦争と特攻　特攻の始まり—フィリピン特攻　「占領地フィリピン」を防衛せよ　特攻がつづく—アメリカ軍の沖縄上陸を阻止せよ　特攻は終わらず—沖縄特攻　沖縄のアメリカ艦船を撃破せよ　さまざまな特攻—特攻兵器 回天・震洋・特潜・マルレ）　第2部 沖縄戦（なぜ、沖縄の戦いが起こったのか　アメリカ軍の上陸と迎え撃つ日本軍　首里をめぐる攻防　島尻地区の戦いと日本守備軍の全滅　沖縄県民の奮闘と犠牲）〔0989〕

◇沖縄戦546日を歩く　カベルナリア吉田著　彩流社　2015.7　220p　21cm〈文献あり　年表あり〉2000円　①978-4-7791-2138-8　Ⓝ210.75
内容 第1章 サイパン望洋—具志川、金武　第2章 首都壊滅—対馬丸撃沈そして10・10大空襲　第3章 ケラマ　第4章 中部戦線　第5章 混沌の北部戦線　第6章 伊江島　第7章 南部戦線1 南進、そして敗走　第8章 南部戦線2 女子学徒の足跡、そして摩文仁へ　第9章 まだ終わらない 久米島スパイ容疑虐殺事件　第10章 マラリア〔0990〕

◇太平洋戦争の肉声　3　特攻と原爆　文藝春秋編　文藝春秋　2015.8　362p　16cm（文春文庫 編6-15）〈年表あり〉670円　①978-4-16-790432-6　Ⓝ916
内容 神風特攻「敷島隊出撃」の真相—森史朗　レイテ沖海戦（1）栗田艦隊謎の反転のすべて—大谷藤之助　レイテ沖海戦（2）戦艦「大和」の死闘 大和主計長が見たレイテ沖海戦と沖縄水上特攻—石田恒夫　レイテ島の戦い われレイテに死せず—神子清　特別攻撃隊 特攻にゆけなかった私—角田和男　本土防空作戦 北九州防空戦B29撃墜王—樫出勇　硫黄島の戦い 司令部付兵士が見た硫黄島玉砕—金井啓　沖縄戦 沖縄軍参謀が語る七万の肉弾戦—八原博通　原爆投下（1）私は「インディアナポリス」を撃沈した—橋本以行　原爆投下（2）原爆下の広島軍司令部—松村秀逸〔0991〕

◇沖縄一中鉄血勤皇隊—学徒の盾となった隊長 篠原保司　田村洋三著　潮書房光人社　2015.9　449p　16cm（光人社NF文庫 たN-907）〈光人社 2010年刊の再刊　文献あり〉900円　①978-4-7698-2907-2　Ⓝ210.75
内容 地獄の戦火の中でも　憧れの青年将校　サイパ（ン）の渡りと“10・10空襲”　山中壕を掘る　学び舎を覆う戦雲　養秀寮寮監　熊本のアスリート　揺れた学徒動員構想　見通していた敗戦　鉄血勤皇隊隊長　“鉄の暴風”と米軍上陸　惨めな戦場生活　手づくりの墓標　情けの除隊命令　相次ぐ犠牲に苛立つ　本部、保栄茂へ撤退　首里復帰を拒否　郷土部隊かく戦えり　当てどなき戦場彷徨　島尻に死す　それぞれの地獄　戦没者墓苑に眠る〔0992〕

◇黒島を忘れない—太平洋戦争末期、特攻隊員が墜落し、流れ着く島があった　小林広司著　吹田　西日本出版社　2015.11　239p　19cm　1400円　①978-4-908443-00-8　Ⓝ210.75
内容 三島村黒島全景　平成一五年（二〇〇三年）一二月（黒島を知った）　昭和二〇年（一九四五年）四月（柴田少尉　安部少尉　安永青年　荷物を江名少尉　終戦　黒島と戦後の絆）　平成一六年（二〇〇四年）五月（黒島の慰霊祭　余話（あしたよな））〔0993〕

◇沖縄うりずんの雨　京都　フォイル　2016.2　203p　19cm〈付属資料：DVD1〉3900円　①978-4-902943-96-2
内容 『沖縄うりずんの雨』に寄せて（ジョン・ダワー）　製作にあたり（山上徹二郎）　監督の言葉（ジャン・ユンカーマン）　『沖縄うりずんの雨』採録シナリオ　クレジット　出演者・証言　座談会（ジャン・ユンカーマン　山上徹二郎　東陽一　竹井正和）　前泊博盛教授インタビュー　聞き手ジャン・ユンカーマン　沖縄年表　沖縄地図　沖縄戦を記録した写真家 W・ユージン・スミス〔0994〕

◇オキナワを歩く　6　資料篇 元宮古高女・八重山高女学徒隊員沖縄戦を語る 付・DVD　広島経済大学岡本ゼミナール編, 岡本貞雄監修, 田中正文, 池内隆一郎写真　ノンブル社　2016.2　61p　21cm　（いのちをみつめる叢

歴史・地理　　　　　　　　　　　　　　　　　　　　　　　　　　　　　沖縄史

書　別巻6〉〈付属資料：DVD1〉980円
①978-4-903470-93-1
内容　飯上げ体験　「オキナワを歩く」の10年　元
宮古高女・八重山高女学徒隊員沖縄戦を語る　付
八重農学徒隊女子解説　　　　　　　　　〔0995〕

◇沖縄戦場の記憶と「慰安所」　洪玧伸著　イ
ンパクト出版会　2016.2　494p　21cm
3000円　①978-4-7554-0259-3
内容　記憶の空間/空間の記憶　第1部　資本と「慰
安所」(プランテーションの島の「慰安所」—大東
諸島)　第2部　沖縄軍・村に入った慰安所(二つの
占領と「慰安所」　沖縄戦における飛行場建設と
「慰安所」　米軍上陸の拠点となった読谷「北飛行
場」の「慰安所」　日本軍の補助飛行場から「太
平洋の要石」となった嘉手納　激戦地、中・南部
における未完の飛行場建設と「慰安所」)　第3部
米軍上陸の「有った」島/「無かった」島における
「慰安所」(北部における「慰安所」の展開　地上
戦の予感と「性」　もう一つの沖縄戦、「喰い延ば
し戦」の島・宮古島　「記憶の場」としての「慰
安所」)　補章　韓国における「沖縄学」の系譜
　　　　　　　　　　　　　　　　　　　〔0996〕

◇沖縄戦と孤児院—戦場の子どもたち　浅井春
夫著　吉川弘文館　2016.3　182p　21cm
2200円　①978-4-642-08292-1
内容　第1章　沖縄戦・戦後占領と孤児院—戦後児
童福祉史の空白を埋める　第2章　孤児院前史とし
てのサイパン孤児院—沖縄戦以前の戦闘経過と占
領政策の実験　補章　松本忠徳「自叙傳」の史料的
価値を考える　第3章　コザ孤児院と高橋通仁院長
の歩み—収容人数八〇〇名説への根拠を問いなが
ら　第4章　田井等孤児院と日本軍「慰安婦」問題
—沖縄戦直後の各地の孤児院研究と戦争犠牲者の
類型　第5章　石垣救護院の設立と幻の宮古孤児院
—沖縄本島以外の孤児院をめぐる動き　〔0997〕

◆米軍基地

◇P-3Cをぶっとばせ—沖縄・豊原区民の闘い
おじーもおばーもワジワジーしているのだ！
豊原区民と連帯する会編　凱風社　1995.5
142p　19cm　1165円　①4-7736-1906-6
Ⓝ395
内容　1　なぜP‐3C配備か　2　本部町豊原区民の
闘い—反対闘争の歴史　3　豊原はね、運の悪い土
地ですよ　4　軍用地をめぐる闘いと生活〔0998〕

◇沖縄・反戦地主　新崎盛暉著　新版　高文研
1995.11　254p　19cm　〈沖縄戦後史略年表：
p243〜247〉　1751円　①4-87498-169-0
Ⓝ395
内容　序　反戦地主とは何か　1　基地に消えた村
2　銃剣とブルドーザーに抗して　3　日本復帰と
反戦地主　4　安保に穴をあけた四日間　5　反戦
地主の素顔　6　軍用地20年強制使用と一坪反戦地
主運動　7　新たな反戦地主の登場　8　基地を拒否
した沖縄　　　　　　　　　　　　　　　〔0999〕

◇沖縄・基地問題—勝利への展望　日本共産党
中央委員会出版局　1995.12　117p　21cm
500円　①4-530-01489-4　Ⓝ312.199
内容　沖縄県民のたたかいには大きな展望がある
沖縄・基地問題—勝利への展望に確信を　沖縄県
民と全国的なたたかいを一つに結び基地の縮小・
撤去、安保廃棄、反核平和の運動の躍進的な発展
を　主導権は沖縄県民の側にある　基地問題の今
後と「日米共同宣言」案について　“沖縄の怒り”
と連帯し、国民的運動の発展を　いま日米安保条
約の是非が国民に問いかけられている　首相は米
国に向かって主張を　全面返還求める権利がある
基地なくせ—沖縄のたたかいを日本全体に　いま
安保の是非が問われている　　　　　　〔1000〕

◇異議申し立て基地沖縄—琉球新報の紙面に見
る！　琉球新報社編集局編　那覇　琉球新
報社　1996.2　330p　30cm〈折り込図2枚〉
1400円　Ⓝ395.39　　　　　　　　　　〔1001〕

◇沖縄はなぜ基地を拒否するか　安仁屋政昭
〔ほか〕著　新日本出版社　1996.3　269p
19cm　1600円　①4-406-02424-7　Ⓝ312.
199
内容　1　怒りの爆発—許せない人権と主権に対す
る侵害　2　基地への強制使用は認めない—代理署
名拒否が提起したもの　3　沖縄եと銃剣によって
つくられた米軍基地　4　安全な暮らしを脅かす米
軍基地　5　基地をなくし沖縄を“平和の発信地”
に　　　　　　　　　　　　　　　　　　〔1002〕

◇沖縄の米軍基地及び自衛隊基地—統計資料集
那覇　沖縄県総務部知事公室基地対策室
1996.3　113p　21cm〈背・表紙の書名：沖
縄の米軍及び自衛隊基地〉Ⓝ395　　　〔1003〕

◇沖縄は主張する　大田昌秀〔著〕　岩波書店
1996.4　62p　21cm　（岩波ブックレット
no.397）〈著者の肖像あり〉400円　①4-00-
003337-9　Ⓝ395
内容　米軍基地にかかわる主な事件・事故：p60〜
62　　　　　　　　　　　　　　　　　　〔1004〕

◇素顔の反戦地主—沖縄の心をともに生きる
千田夏光〔ほか〕著　蒼蓋書房　1996.4
126p　21cm〈発売：星雲社〉1300円　①4-
7952-5992-5　Ⓝ395
内容　1　沖縄の心を知る責務　2　沖縄の心とたた
かい　3　沖縄の心をともに生きる（世論を沸騰さ
せた沖縄のウチリビー　生きることがたたかい—
三人の反戦地主　証言・沖縄の良心　たたかいの
歴史と現状）　　　　　　　　　　　　　〔1005〕

◇異議申し立て　基地沖縄—琉球新報の紙面に
見る　2　那覇　琉球新報社　1996.5　264p
30cm　1300円
内容　1995年（首相、きょう県に「署名」勧告　首相、
大田知事を提訴　代理署名訴訟第1回弁論）　1996
年（村山首相が退陣　橋本内閣スタート　住民投
票条例制定へ　米兵少女乱暴事件が結審　代理署

「沖縄」がわかる本　6000冊　　83

沖縄史　　　　　　　　　　　　　　　　　　　　　　　　　　　歴史・地理

名訴訟第2回弁論　代理署名訴訟第3回弁論　米兵3被告に判決　大田知事が証言　代理署名訴訟が結審）　　　　　　　　　　　　　　　　　〔1006〕

◇異議申し立て　基地沖縄—琉球新報の紙面に見る　3　那覇　琉球新報社　1996.5　239p　30cm　1300円
　内容　知事に「代理署名」命令　「緊急使用」を申請　"象のオリ"期限切れ　普天間基地を全面返還　日米首脳会談/共同宣言　知事、米大統領と対面　「緊急使用」を不許可　知花さん、立ち入り　連載　社説・コラム・声　　　　　〔1007〕

◇沖縄の米軍基地被害—調査報告　日本共産党国会議員団編　新日本出版社　1996.5　278p　22cm　3500円　①4-406-02441-7　Ⓝ395
　内容　調査経過　アンケート結果　調査結果(1)米軍と基地による被害の実態　調査結果(2)沖縄の地域振興・街づくりの障害となる米軍基地　調査結果(3)米軍基地の整理・縮小　調査結果(4)米軍基地強奪の経過と補償要求運動　政策課題　米軍基地撤去の課題　　　　　　　　　　〔1008〕

◇これが沖縄の米軍だ—基地の島に生きる人々　石川真生, 国吉和夫写真　高文研　1996.6　221p　21cm　2060円　①4-87498-178-X　Ⓝ395.3
　内容　米軍—戦争の歯車　軍服をぬいだ米兵たち　軍用地主の思い　基地で働く人びと　米兵と結婚した女性たち　沖縄・基地問題の歴史と現在　　　　　　　　　　　　　　　　　　　　〔1009〕

◇代理署名拒否—沖縄米軍用地強制使用NO！沖縄県知事の異議申し立てと日米安全保障条約の実態　沖縄問題編集委員会編　リム出版新社　1996.6　191p　21cm　（時代を読むbooklet 3）　1000円　①4-89800-104-1　Ⓝ395.39
　内容　第1部　代理署名拒否　第2部　軍用地強制使用　　　　　　　　　　　　　　　　　　〔1010〕

◇代理署名裁判沖縄県知事証言—基地のない平和な島へ　大田昌秀〔述〕　那覇　ニライ社　1996.6　154p　21cm　〈発売：新日本教育図書（下関）〉　1200円　①4-931314-19-8　Ⓝ395.39
　内容　沖縄県知事証言—被告沖縄県知事本人調査　全文　知事に立候補した経緯と公約　平和・共生・自立への思い　「平和の礎」の理念　五年前の代理署名と政府の対応　代理署名拒否の理由　県内世論の沸騰　公益と県益　戦後の沖縄の実態　米軍基地が意味するもの〔ほか〕　　〔1011〕

◇沖縄苦難の現代史—代理署名拒否訴訟準備書面より　沖縄県編　岩波書店　1996.7　263p　16cm　（同時代ライブラリー 275）　950円　①4-00-260275-3　Ⓝ395.3　〔1012〕

◇在日米軍地位協定　本間浩著　日本評論社　1996.7　401p　22cm　6180円　①4-535-

51072-5　Ⓝ395.3
　内容　序章　課題の提起とそれに対する考察方法　第1章　米国の在外基地政策と在日米軍基地　第2章　地位協定の基本的構造　第3章　施設・区域の提供と基地の設定、および施設・区域の返還　第4章　米軍による基地使用　第5章　基地の外での米軍の特権　第6章　米軍構成員と軍属およびそれらの家族等に与えられる日本国領域内での法的地位　第7章　米軍の構成員等の犯罪とそれに対する刑事裁判権　第8章　民事責任とその処理　第9章　ポスト冷戦下における地位協定と国連体制　補論　沖縄県「地位協定見直し要請書」について　〔1013〕

◇代理署名拒否の理由　大田昌秀, 沖縄県基地対策室〔著〕　ひとなる書房　1996.9　63p　21cm　（ひとなるブックレット no.2）〈著者の肖像あり〉　700円　①4-938536-97-8　Ⓝ395.39
　内容　大田知事の意見陳述（全文）　沖縄県弁護団の弁論　国側の答弁書（要旨）　　　　〔1014〕

◇読谷ものがたり—沖縄のある一家　仲宗根京子編著　蕨　実践社　1996.10　84p　21cm　〈年表あり〉　777円　①4-916043-12-X　Ⓝ395.39
　内容　像のオリから見た沖縄はとても広かった　読谷に「戦後」はあったか　戦き世からアメリカ世へ—「復帰」前のはなし　平和な島をめざす読谷と私たち—「復帰」後のはなし　軍隊のない、戦争のない平和な世の中を—95年9月からの闘い　インタビュー　年表・沖縄と仲宗根家の軌跡　　　　　　　　　　　　　　　　　　　〔1015〕

◇50年目の激動—総集沖縄・米軍基地問題　沖縄タイムス社編　那覇　沖縄タイムス社　1996.10　366p　22cm　〈年表あり　索引あり〉　2524円　①4-87127-111-0　Ⓝ395.39　　　　　　　　　　　　　　　　　〔1016〕

◇異議申し立て基地沖縄—琉球新報の紙面に見る！　4　琉球新報社編集局編　那覇　琉球新報社　1996.11　340p　30cm　1800円　Ⓝ395.39　　　　　　　　　　　　　〔1017〕

◇代理署名訴訟最高裁上告棄却—代理署名訴訟上告審と沖縄県民投票の審判　沖縄問題編集委員会編　リム出版新社　1996.12　207p　21cm　（時代を読むbooklet 4）〈背のタイトル：最高裁上告棄却〉　1068円　①4-89800-106-8　Ⓝ395.39
　内容　第1部　代理署名訴訟上告審　第2部　沖縄県民の審判　　　　　　　　　　　　　〔1018〕

◇沖縄の基地問題　宜野湾　沖縄国際大学公開講座委員会　1997.2　311p　19cm　（沖縄国際大学公開講座 4）〈発売：ボーダーインク（那覇）〉　1456円　①4-938923-91-2　Ⓝ395.39
　内容　沖縄の基地問題の現在　米軍の犯罪と人権

84　「沖縄」がわかる本　6000冊

歴史・地理　　　　　　　　　　　　　　　　　　　　　　　　　　沖縄史

反戦地主、「おもい」を語る　米軍基地と平和的生存権　地方分権と機関委任事務　沖縄社会と軍用地料　国内政治の変遷と沖縄基地　日米安保体制と沖縄　国際都市形成構想の意義　基地転用と国際都市形成構想の課題　　　　　　　　　　〔1019〕

◇反戦地主の源流を訪ねて　本永良夫編著　南風原町（沖縄県）　あけぼの出版　1997.2　227p　21cm　〈（序）大田知事の「基地との共存」路線への傾斜と県民のたたかい〉Ⓝ395.39　　　　　　　　　　　　　　　　　　〔1020〕

◇沖縄の米軍基地と日米安保協力　日米関係：90年代の議会の論点　リチャート・P.クローニン〔著〕,C-NET〔訳〕,ロバート・G.サッター編,C-NET〔訳〕　C-NET　1997.3　1冊　26cm　（米国議会調査局報告書）〈英文併記〉3000円　Ⓝ392.53　　　　　〔1021〕

◇嘉手納町と基地　〔嘉手納町〕基地渉外課編　嘉手納町（沖縄県）　嘉手納町　1997.3　251p　30cm　Ⓝ395.39　　　　　　〔1022〕

◇沖縄から―米軍基地問題ドキュメント　沖縄タイムス社編　朝日新聞社　1997.4　269p　15cm　（朝日文庫）　721円　Ⓘ4-02-261186-3　Ⓝ395.39
　内容　プロローグ　図説・基地沖縄　1　怒りの結晶　2　沖縄の訴え　3　基地は動いた　4　「日本初」の果てに　　　　　　　　　　　　　　〔1023〕

◇沖縄から―米軍基地問題の深層　沖縄タイムス社編　朝日新聞社　1997.4　267,7p　15cm　（朝日文庫）　721円　Ⓘ4-02-261187-1　Ⓝ395.39
　内容　1　検証・基地問題（地位協定　基地・海兵隊脱基地プラン）　2　基地移転の現実（三事案をめぐって　普天間の展望と不安　現場からの報告）　3　重圧と闘争の半世紀（50年の重圧　軍用地問題　反基地闘争の歩み）　　　　　　〔1024〕

◇基地の島から平和のバラを―反戦地主・島袋善祐が歩いた道　島袋善祐述,宮里千里録補記　高文研　1997.5　238p　19cm　〈肖像あり〉1600円　Ⓘ4-87498-190-9　Ⓝ395.39
　内容　1　沖縄戦と父の記憶　2　アメリカーへの抵抗共同体　3　農林高校で学んだこと　4　ハワイでの農業研修　5　基地の島で農業に生きる　6　復帰闘争のころ　7　空白の四日間　8　公開審理での陳述　9　巨大横断幕で皇太子を迎える　10　戦争のために二度と土地は使わせない！　11　沖縄から平和のバラを送りたい　　　　　　〔1025〕

◇大地と命と平和―沖縄反戦地主物語　佐次田勉著　新日本出版社　1997.5　230p　19cm　1700円　Ⓘ4-406-02515-4　Ⓝ395.39
　内容　島袋善祐―戦争のためには土地は貸さない　上原太郎―銃剣とブルドーザーに抗して　伊佐みつ子―夫は傷つき、収容所で生まれた次男　新垣

昇一―いやがらせと脅迫と懐柔のなかで　内間清子―土地を取り返し、美しい夕日が見たい　高宮城清―"ドレミファ先生"平和を歌う　反戦地主会弁護団事務局長・阿波根昌秀さんに聞く「平和の思想」に学ぶ　　　　　　　　　　　〔1026〕

◇沖縄・読谷村の挑戦―米軍基地内に役場をつくった　山内徳信,水島朝穂〔編〕　岩波書店　1997.10　61p　21cm　（岩波ブックレット no.438）〈年表あり〉400円　Ⓘ4-00-003378-6　Ⓝ395.39　　　〔1027〕

◇沖縄に基地はいらない―元海兵隊員が本当の戦争を語る　アレン・ネルソン,国弘正雄〔著〕　岩波書店　1997.12　55p　21cm　（岩波ブックレット no.444）　400円　Ⓘ4-00-003384-0　Ⓝ395.39　　　〔1028〕

◇民意と決断―海上ヘリポート問題と名護市民投票　沖縄タイムス社編　那覇　沖縄タイムス社　1998.3　170p　21cm　（沖縄タイムス・ブックレット 1）　1400円　Ⓘ4-87127-501-9　Ⓝ395.39　　　　　　　　　〔1029〕

◇「基地・軍隊」と私たちの安全―「新ガイドライン」時代の反戦と平和　派兵CHECK編集委員会著　緑風出版　1998.4　265p　21×14cm　（プロブレムQ&A）　1800円　Ⓘ4-8461-9810-3
　内容　「安全保障」ってなんですか!?　「日米安全保障条約」とはどのようにつくられていったのですか？　「日米安保」はどのように変わり、なぜ反対されてきたのですか？　憲法九条と「自衛権」の関係はどうなっているのですか？　憲法九条と安保条約の矛盾をどのように考えたらいいのでしょうか？　「国連軍による安全保障」という構想はどうなんですか？　「国際貢献」のためにも自衛隊の活動の合法化は必要？　「民主主義」と軍隊の関係をどのように考えたらいいのでしょうか？　戦争そのものや戦争のやり方に「ルール」はあるのでしょうか？　「自衛隊」は軍隊なのですか？〔ほか〕　　　　　　　　　　〔1030〕

◇日出づる国の米軍―米軍の秘密から基地の遊び方まで「米軍基地の歩き方」　メディアワークス　1998.4　265p　21cm　（オルタブックス）〈発売：主婦の友社〉1600円　Ⓘ4-07-308264-7　Ⓝ395.3
　内容　1　私を基地に連れてって！　2　在日米軍の秘密を探れ！　3　「軍人」という人生　4　日米安保と沖縄をめぐる問題　5　みるみるわかる在日米軍　　　　　　　　　　　　　　　〔1031〕

◇沖縄海上ヘリ基地―拒否と誘致に揺れる町　ヒューマン・ドキュメント　石川真生写真・文　高文研　1998.4　235p　21cm　2000円　Ⓘ4-87498-203-4　Ⓝ395.39
　内容　辺野古に住んで取材を始めるまで　美（ちゅ）ら海の町の人間群像　　　　　　　　〔1032〕

「沖縄」がわかる本 6000冊　**85**

沖縄史　　　　　　　　　　　　　　　　　　　　　　歴史・地理

◇叫び訴え続ける基地沖縄―読谷24年―村民ぐ
　るみの闘い　主権在民の精神を盾に　山内徳
　信著　南風原町（沖縄県）　那覇出版社
　1998.5　296p　19cm　1429円　Ⓘ4-89095-
　100-8　Ⓝ395.39
　内容 第1章 平和憲法の精神を基に基地返還闘争
　へ（平和の母子像建立除幕式記念講演　地方自治
　体から見た基地問題　戦火の中を生きた少年の物
　語）　第2章 人間性豊かな環境・文化村づくりを目
　指す（人間輝く生き方を求めて　二十一世紀―明
　るい農村社会をどう構築するか）　第3章 二十一
　世紀へはばたく子どもたちへ（青春を生きる　巣
　立ち行く僕ら、人生を生きる）　第4章 クリント
　ン大統領の就任を祝す　　　　　　　　　　〔1033〕

◇戦後沖縄のキーワード―「基地の島」の成り
　立ちと今　松田米雄編　具志川　ゆい出版
　1998.6　238p　19cm　1500円　Ⓘ4-946539-
　02-6　Ⓝ395.39
　内容 第1章 戦後の始まり　第2章 基地の強化
　第3章 基地と住民　第4章 軍事支配下の沖縄　第
　5章 ベトナム戦争と沖縄　第6章 高まる住民運動
　第7章 日米安保の中で　第8章 米軍基地　第9章
　協議機関　第10章 基地と沖縄県　第11章 基地を
　見つめて　　　　　　　　　　　　　　　　〔1034〕

◇米軍用地強制使用問題―改正特措法と公開審
　理の記録　沖縄タイムス社編　那覇　沖縄タ
　イムス社　1998.8　120p　21cm　（沖縄タ
　イムス・ブックレット 4）　1000円　Ⓘ4-
　87127-504-3　Ⓝ395.39　　　　　　　　〔1035〕

◇基地と人権―沖縄の選択　福地曠昭著　同時
　代社　1999.4　222p　19cm　1800円　Ⓘ4-
　88683-415-9　Ⓝ395.39
　内容 1 新ガイドラインが動き出す（新ガイドライ
　ンで沖縄はこうなる　九八年沖縄県知事選―基地
　の是認ではない）　2 基地と人権（沖縄における人
　権の危機と私　米軍統治下の人権侵害　今日の人
　権侵害　軍人・軍属の犯罪 ほか）　3 苦渋の選択
　（これが「少女暴行事件」の総括か―SACO報告
　は基地縮小ではない　住民の意志とはどういうも
　のか―名護・住民投票　県内移設では基地問題は
　解決しない―名護市長選　危険な海上基地―海兵
　隊の撤退を ほか）　　　　　　　　　　　〔1036〕

◇名護市民燃ゆ―市民投票報告集 新たな基地
　はいらない　名護市民投票報告集刊行委員会
　編　名護　海上ヘリ基地建設反対・平和と名
　護市政民主化を求める協議会　1999.5　262p
　26cm〈年表あり〉2381円　Ⓝ395.39〔1037〕

◇沖縄県知事の代理署名拒否裁判―共に考え・
　行動した記録　那覇　沖縄から平和を創る市
　民・大学人の会　1999.8　389p　30cm
　2000円　Ⓘ4-900668-85-0　Ⓝ395.39
　内容 第1部 裁判報告集会　第2部 フォーラム
　第3部 声明文集　第4部 新聞記事　第5部 エッセ
　イ　第6部 資料編（「北中城村県民投票総括報告集」

より抜粋）　　　　　　　　　　　　　　　〔1038〕

◇沖縄反戦地主・こころの源流―フォト・ド
　キュメント阿波根昌鴻　相原宏写真、真鍋和
　子文　ふきのとう書房　1999.9　107p
　27cm〈発売：星雲社〉3600円　Ⓘ4-7952-
　6099-0　Ⓝ395.39
　内容 原点としての伊江島　1 真謝原ぬ花ん　2
　反戦平和資料館「ヌチドゥタカラの家」　3 激震
　4 流浪　5 疾走　6 夢を広げて生きる　命は借り
　ることができない　阿波根さんの闘いを受け継い
　で　　　　　　　　　　　　　　　　　　　〔1039〕

◇沖縄の決断　大田昌秀著　朝日新聞社
　2000.2　342,4p　20cm〈年表あり〉2200円
　Ⓘ4-02-257449-6　Ⓝ395.39
　内容 第1章 沖縄戦　第2章 日留と米留　第3章
　知事就任　第4章 代理署名拒否　第5章 普天間返
　還　第6章 代行応諾と海上基地拒否　第7章 海上基
　地拒否　第8章 二十一世紀の沖縄　　　　〔1040〕

◇東アジアと沖縄米軍基地に係わる総合安全保
　障の枠組みに関する提言―沖縄におけるエネ
　ルギー総合安全保障に関する長期的研究　調
　査報告書　那覇　南西地域産業活性化セン
　ター　2000.3　49p　30cm〈平成11年度沖
　縄電力特別受託事業〉Ⓝ329.48　　　　〔1041〕

◇米軍人・軍属等の消費支出実態調査―平成11
　年度　地域経済研究会〔編〕　那覇　沖縄県
　対米請求権事業協会　2000.3　64p　21cm
　（対米協研究シリーズ no.1）　250円
　Ⓝ395.39　　　　　　　　　　　　　　　〔1042〕

◇「基地国家・日本」の形成と展開　松竹伸幸
　著　新日本出版社　2000.4　197p　19cm
　2300円　Ⓘ4-406-02727-0
　内容 第1章 国土と軍事を握られた事実上の従属
　国―「基地国家・日本」の現状　第2章 国家的従
　属の角度からみたガイドライン―「基地国家・日
　本」の進展　第3章 地位協定の裁判権規定と従属
　問題―「基地国家・日本」の表層　第4章 占領か
　ら「独立」へ 日独戦後史の断面―「基地国家・日
　本」の原点　第5章 戦後国際政治にみる武力不行
　使原則の展開―「基地国家・日本」の位置　第6
　章 非核・非同盟の新しい日本の建設を―「基地国
　家・日本」の未来　　　　　　　　　　　〔1043〕

◇米軍基地を押しつけられて―沖縄・少女暴行
　事件から　伊波洋一著　創史社　2000.5
　205p　19cm〈発売：八月書館　年表あり〉
　1600円　Ⓘ4-915970-13-2　Ⓝ395.3
　内容 沖縄に集中する米軍基地―基地被害を放置
　する国・本土　1995―2000 沖縄レポート（米軍基
　地で女性に被害―少女レイプ事件がつきつけたも
　の　県民の土地奪う国・本土―軍用地強制使用と
　代理署名拒否　米軍基地問う県民投票実施―投票
　者の90％が基地「ノー」を表明 ほか）　沖縄から
　本土への訴え―基地のない沖縄へ　　　　〔1044〕

86　　「沖縄」がわかる本 6000冊

歴史・地理　　　　　　　　　　　　　　　　　　　　　　　　　　　　　　　　　　　沖縄史

◇沖縄米軍基地法の現在　浦田賢治編著　一粒
　社　2000.6　299,5p　22cm〈執筆：本間浩
　ほか　文献あり〉3500円　Ⓘ4-7527-0290-8
　Ⓝ395.39
　内容 1 序説・沖縄基地問題への序説—「力の支
　配」を「法の支配」へ　2 国際法学からの検討・
　沖縄米軍基地と日米安保条約・在日米軍地位協定
　3 刑事法学からの検討・沖縄基地の犯罪処理・地
　位協定・軍事高権　4 市民法学からの考察・沖縄
　の基地問題と市民法　5 自治体財政法学からの分
　析・沖縄基地関連財源と市町村財政　6 憲法学か
　らの分析と提言・沖縄米軍基地法の考察—憲法解
　釈論を通じて憲法政策論へ　7 補論・法史学の貢
　献　琉球列島米国民政府裁判所の陪審制度—「ア
　メリカ世」の憲法史・序説　　　　　　　　〔1045〕

◇沖縄、基地なき島への道標　大田昌秀著　集
　英社　2000.7　222p　18cm　（集英社新書）
　660円　Ⓘ4-08-720041-8　Ⓝ395.39
　内容 第1章 浮上する海上基地　第2章 名護市へ
　の海上基地移設　第3章 沖縄の米軍基地における
　特有の問題　第4章 「サミット」後に向けて
　　　　　　　　　　　　　　　　　　　　　〔1046〕

◇沖縄はもうだまされない—基地新設＝SACO
　合意のからくりを撃つ　真喜志好一〔ほか〕
　著　高文研　2000.10　240p　19cm　1500
　円　Ⓘ4-87498-246-8　Ⓝ395.39
　内容 1 米世界戦略の中の基地・沖縄（アメリカの
　「アジア戦略」と「経済的利益」　沖縄の中核部隊は
　存続する　ほか）　2 SACO合意のからくりを暴く
　（SACO合意って何？　米軍基地の更新を狙った
　SACO合意　ほか）　3 ジュゴンの海を守る（すば
　らしい自然に恵まれていたふるさと　開発による
　赤土がサンゴを殺した　ほか）　4 心に届け！　沖
　縄の女たちは訴える（ハワイで見た"沖縄の問題"
　運動は国境を越えて　ほか）　　　　　　　〔1047〕

◇沖縄の基地移設と地域振興　高橋明善著　日
　本経済評論社　2001.2　468p　22cm〈年表
　あり　文献あり〉6500円　Ⓘ4-8188-1331-1
　Ⓝ395.39
　内容 第1部 ヤンバル地域の社会変動と海上ヘリ
　基地問題（生活世界・システム世界・公共世界と
　地域　沖縄と名護の社会経済変動　基地と自治体
　行財政　戦後50年、基地縮小・返還を求める沖縄
　の新しいうねり　名護市の海上ヘリ基地反対運動
　と地域振興　稲嶺県政と地域振興　内発的発展と
　まちづくり）　第2部 基地移設と地域振興（普天間基
　地移設受け入れと「県・地元の意思」　基地移設
　と住民運動　基地問題と沖縄振興　内発的発展と
　文化自立論）　第3部 沖縄研究フィールド・ノー
　ト（沖縄県における介護保険と高齢者福祉　基地
　の中での農村自治と地域文化の形成）　　〔1048〕

◇安全保障と基地問題—「沖縄・アジア太平洋
　平和協力センター（仮称）」設置に向けて　沖
　縄におけるエネルギー総合安全保障に関する
　長期的研究　調査報告書　那覇　南西地域産
　業活性化センター　2001.3　20p　30cm

　〈平成12年度沖縄電力（株）特別受託事業〉
　Ⓝ395.39　　　　　　　　　　　　　　　　〔1049〕

◇憲法を実践する村—沖縄・読谷村長奮闘記
　山内徳信著　明石書店　2001.7　282p
　20cm　1800円　Ⓘ4-7503-1447-1　Ⓝ395.39
　内容 1 沖縄の心（沖縄の歴史は訴える—96平和
　憲法・平和行政と文化行政　沖縄の現状と将来展
　望—99沖縄と広島をむすぶつどい）　2 文化村づ
　くり（基地のなかに、文化村づくりの闘い—沖縄・
　読谷村の自治の闘い　ジミー・カーター大統領へ
　の直訴の手紙　米軍と闘う村　ほか）　3 ふるさと
　から地球へ（地球に未来を、子どもたちに夢と希望
　を　全国民に訴える—国民の血税を巨大な米軍基
　地建設に使わせてよいのか　日本は戦後最大の危
　機に直面—再び国民を戦争の道連れにするな　ほ
　か）　　　　　　　　　　　　　　　　　　〔1050〕

◇在日米軍—極東の最強要塞　軍事同盟研究会
　編　アリアドネ企画　2001.9　216p　19cm
　〈発売：三修社〉2200円　Ⓘ4-384-02637-4
　Ⓝ392.53
　内容 EP‐3E接触事故と米軍基地の情報部隊　在
　日米軍の組織と戦略目的　米豪合同演習タンデム
　スラスト01　強襲揚陸艦「エセックス」完全同行
　取材記　ひと味違う！ オキナワ海兵隊訓練　海兵
　隊と陸軍の訓練の違いとは？　太平洋の槍原子力
　潜水艦オハイオ級　松前の米軍秘密部隊に迫る！
　統合野外演習「MEDEX2000」　155mm榴弾砲実
　弾射撃訓練の本土移転　任務は極東有事！ ユタ
　州陸軍パラディン部隊　素顔の在日米軍指揮官イ
　ンタビュー　　　　　　　　　　　　　　　〔1051〕

◇豊かな島に基地はいらない—沖縄・やんばる
　からあなたへ　浦島悦子著　インパクト出版
　会　2002.1　319p　20cm　1900円　Ⓘ4-
　7554-0113-5　Ⓝ395.39
　内容 第1章 普天間基地返還発表から県民投票へ
　第2章 新たな基地建設に抗して　第3章 女たちは
　めげない　第4章 地域の豊かさを次代へ　第5章
　連帯は海を越える　第6章 一人ひとりの思いが生
　きる未来を　　　　　　　　　　　　　　　〔1052〕

◇基地内文化財—基地内埋蔵文化財分布調査概
　要 2　沖縄県立埋蔵文化財センター編　西
　原町（沖縄県）　沖縄県立埋蔵文化財セン
　ター　2002.3　79p　30cm　（沖縄県立埋蔵
　文化財センター調査報告書 第11集）　Ⓝ219.
　9　　　　　　　　　　　　　　　　　　　〔1053〕

◇日本の基地—写真・絵画集成　第1巻　林茂
　夫, 松尾高志編　日本図書センター　2002.3
　144p　31cm　9000円　Ⓘ4-8205-6824-8
　Ⓝ395.3
　内容 沖縄の基地　　　　　　　　　　　　〔1054〕

◇沖縄・米軍基地の素顔—フェンスの内側から
　のリポート　NHK沖縄放送局編　日本放送
　出版協会　2002.4　248p　16cm　（NHKラ
　イブラリー）〈「"隣人"の素顔」（2000年刊）

「沖縄」がわかる本 6000冊　**87**

沖縄史　　　　　　　　　　　　　　　　　　　　　　　　　　　　　歴史・地理

の改題〉870円　①4-14-084148-6　Ⓝ395.3
内容 1 最大のプレゼンス海兵隊　2 海兵隊のフ
ロントライン　3 返還が合意された普天間基地　4
米軍の港湾施設　5 極東最大の米空軍基地、カデ
ナ　6 有事への備え　7 基地の生命線　8 変われ
るか在沖米軍　　　　　　　　　　　　　　　〔1055〕

◇在日米軍　梅林宏道著　岩波書店　2002.5
242,2p　18cm　（岩波新書）　740円　①4-
00-430783-X　Ⓝ392.53
内容 序章 市民意識のなかの在日米軍　第1章 日
米安保下の在日米軍　第2章 在日米軍の全体像
第3章 在日米軍の活動を見る　第4章 脅かされる
市民生活　第5章 在日米軍の将来を考える―非軍
事の選択にむけて　　　　　　　　　　　　〔1056〕

◇宜野湾市と基地―ねたての都市ぎのわん　平
成14年　宜野湾市基地政策部基地渉外課編
宜野湾　沖縄県宜野湾市　2003.3　147p
30cm　〈奥付のタイトル：宜野湾と基地　年
表あり〉　Ⓝ395.39　　　　　　　　　　　〔1057〕

◇イラク戦争の出撃拠点―在日米軍と「思いや
り予算」の検証　山根隆志、石川巌著　新日
本出版社　2003.8　220p　19cm　1600円
①4-406-03021-2　Ⓝ395.3
内容 第1部 米世界戦略の出撃・中継・補給拠点＝
日本（イラク・アフガン戦争と在日米軍基地（二〇
〇三年のイラク戦争　一九九〇・九一年の湾岸戦
争 ほか）　対北朝鮮作戦と米軍のアジア展開（在
日米軍と朝鮮半島情勢　アジア・太平洋地域にお
ける米国の覇権と権益の擁護））　第2部 介入・干
渉、侵略が専門の在日米軍（空母戦闘群と水陸両
用即応群　在沖海兵隊―“殴りこみ部隊”の訓練・
有事即応 ほか）　第3部 米軍「思いやり予算」の
25年―米軍経費負担にみる従属の構造（米軍を支
える「思いやり予算」の軌跡と特徴　原型となっ
た沖縄返還における密約 ほか）　　　　　〔1058〕

◇ルポ軍事基地と闘う住民たち―日本・海外の
現場から　琉球新報社編著　日本放送出版協
会　2003.8　267p　19cm　1400円　①4-14-
080810-1　Ⓝ395.39
内容 第1章 米軍基地がもたらした沖縄の傷跡
第2章 日常生活を脅かされる沖縄の人々　第3章
住民との軋轢を引き起す米国本土の基地問題　第
4章 島を挙げて米軍と闘うビエスケス島の人々　第
5章 草の根の反対運動を全国に展開する韓国　第
6章 ソ連軍の負の遺産を背負うドイツ　第7章 爆
音・有害物質汚染に悩む本土基地の現状 〔1059〕

◇世界のなかの沖縄、沖縄のなかの日本―基地
の政治学　我部政明著　〔横浜〕　世織書房
2003.10　263p　19cm　2200円　①4-
902163-02-0　Ⓝ395.39
内容 1 世界のなかの沖縄、沖縄のなかの日本（沖
縄の基地問題　米軍基地をめぐる沖縄と日本　沖
縄「買い戻し」の密約―「思いやり予算」のルー
ツを暴く）　2 世界のなかの沖縄（朝鮮半島有事と
日米安保―事前協議の空洞化　北東アジアにおけ

る米軍占領の現在的意味　新ガイドライン関連法
と沖縄）　3 沖縄のなかの日本（沖縄と日本の「沖
縄問題」　「尊重」という名の「強制」―普天間
基地の県内移設を問う　サミットは沖縄に何を残
したか―八〇〇億円かけた「祭りの後」を問う）
4 世界のなかの沖縄、沖縄のなかの日本（沖縄の
自立化へ向けて）　　　　　　　　　　　〔1060〕

◇基地内文化財―基地内埋蔵文化財分布調査概
要　3（平成14-15年度）　沖縄県立埋蔵文化
財センター編　西原町（沖縄県）　沖縄県立
埋蔵文化財センター　2004.3　91p　30cm
（沖縄県立埋蔵文化財センター調査報告書
第24集）　Ⓝ219.9　　　　　　　　　　　〔1061〕

◇新聞報道に見る沖縄の米軍基地と住民　憲法
9条―世界へ未来へ沖縄連絡会編　憲法9条―
世界へ未来へ連絡会　2004.12　294p　30cm
1500円　Ⓝ395.3　　　　　　　　　　　　〔1062〕

◇主として王城寺原への移転問題に関する新聞
報道の記録―「沖縄・県道104号越え米軍実
弾射撃訓練の本土への分散・実施」問題につ
いて　〔木幡恒雄〕〔編〕　〔大和町（宮城
県）〕　〔木幡恒雄〕　〔2005〕　1冊
30cm　〈背のタイトル：王城寺原演習場への
米軍訓練移転問題の新聞報道の記録　年表あ
り〉　Ⓝ395.39　　　　　　　　　　　　　〔1063〕

◇沖縄基地とイラク戦争―米軍ヘリ墜落事故の
深層　伊波洋一、永井浩〔著〕　岩波書店
2005.2　63p　21cm　（岩波ブックレット
no.646）　〈文献あり〉　480円　①4-00-
009346-0　Ⓝ395.39
内容 米軍基地は「諸悪の根源」　ヘリ墜落現場
からの証言　ファルージャ大虐殺に参加した沖縄
海兵隊　　　　　　　　　　　　　　　　　〔1064〕

◇在日米軍再編と沖縄問題に関する資料　衆議
院調査局安全保障調査室　2005.2　232p
30cm　〈共同刊行：衆議院調査局第一特別調
査室〉　Ⓝ395.39　　　　　　　　　　　　〔1065〕

◇沖国大がアメリカに占領された日―8・13米
軍ヘリ墜落事件から見えてきた沖縄/日本の
縮図　黒澤亜里子編　青土社　2005.5　267,
15p　19cm　1600円　①4-7917-6189-8
Ⓝ395.39
内容 1 8・13米軍ヘリ墜落事件―事件の意味と背
景（大学が米軍に「占領」された七日間―検証ド
キュメント　事件とその波紋　大学は何を蹂躙さ
れたか　放射能汚染を検証する　基地の中の日常
基地依存経済の縮図　岐路に立つ沖縄/日本）　2
「黒こげの壁」への想像力を問う―「記憶」の継承
と発信（「記憶の場」を考える　可能性としての大
学　二つの建物が語りたかった物語―ペルー館と
琉球政府立法院　たじろがず見よ）　3 付録
　　　　　　　　　　　　　　　　　　　　〔1066〕

歴史・地理　　　　　　　　　　　　　　　　　　　　　　　　　　　　　　　沖縄史

◇米軍再編—日米「秘密交渉」で何があったか
久江雅彦著　講談社　2005.11　201p　18cm
（講談社現代新書）　700円　Ⓘ4-06-149818-
5　Ⓝ392.53
　内容　序章　伏せられた宿命の論点　第1章　パラダ
イムが変わった　第2章　米陸軍第一軍団司令部と
は何か　第3章　米国が見せた沖縄への「配慮」　第
4章　深まる亀裂　第5章　外務省と防衛庁の綱引き
第6章　リセット　終章　日本の政治的意志はどこ
にあるのか？　　　　　　　　　　　　　　〔1067〕

◇沖縄は基地を拒絶する—沖縄人33人のプロテス
ト　高文研編　高文研　2005.12　222p
19cm　1500円　Ⓘ4-87498-356-1　Ⓝ395.39
　内容　「特措法」という国の法と「神の法」　沖縄か
らの声を届ける　辺野古・大浦湾の美ら海は北部
要塞化を拒否する　沖縄県民の苦悩と怒り　アメ
リカには笑いの止まらぬ「シュワブ沿岸案」　日
本人のみなさん！　腹をくくるときを迎えて　拝
啓、「日米同盟」様　「日米処分」に立ち上がる時
在沖ヤマトンチュとして〔ほか〕　　　　　〔1068〕

◇辺野古海のたたかい　浦島悦子著　インパク
ト出版会　2005.12　242p　19cm　1900円
Ⓘ4-7554-0160-7　Ⓝ395.39
　内容　第1章　暗雲迫る辺野古の海（宝の海を歩く
名護市議会で葬り去られた軍民共用空港「白紙撤
回」提案　ほか）　第2章　テントに座り込む（辺野古
ボーリング強行を止める！　アセス方法書へ—一
七五通の意見書　ほか）　第3章　カヌーな日々（辺
野古沖、波高し　辺野古に新しい風が吹く）　第4
章　単管やぐらの上で（「辺野古移設見直し」のゆく
え　またも「闇討ち」、24時間のたたかいへ）　第
5章　やぐらが撤去された（「占領地・沖縄」の現実
振り出しに戻る　ほか）　　　　　　　　　〔1069〕

◇米軍統合に何を学ぶか　熊谷直著　芙蓉書房
出版　2006.2　209p　19cm　（芙蓉選書ピ
クシス　1）　1800円　Ⓘ4-8295-0371-8
Ⓝ392.53
　内容　序説　効率的、合理的な米三軍の統合運用
（アメリカのひとり勝ちの誤算　アメリカに学ぶ
べきもの　ほか）　第1章　対イラク戦争で発揮された
米統合軍の力（湾岸戦争からイラク戦争へ　イラ
ク戦争での米英軍の戦いぶり　ほか）　第2章　連合
軍の対日反攻開始にみる統合（反攻の始まり　日
米の平時戦争計画　ほか）　第3章　沖縄戦の統合運
用（米機動部隊の九州来襲　沖縄方面天号作戦　ほ
か）　第4章　統合の冷戦時代から現代への発展（米
国防省の設立とソ連圏の拡大　ベルリン危機の教
訓〔ほか〕　　　　　　　　　　　　　　　〔1070〕

◇基地内文化財—基地内埋蔵文化財分布調査概
要　4（平成15・16年度）　沖縄県立埋蔵文化
財センター編　〔西原町（沖縄県）〕　沖縄
県立埋蔵文化財センター　2006.3　185p
30cm　（沖縄県立埋蔵文化財センター調査報
告書　第38集）　Ⓝ219.9
　内容　普天間飛行場内所在遺跡試掘・範囲確認調
査報告：大山富盛原第二遺跡　喜友名前原第二遺

跡　大謝名軍花原第一・二遺跡　大山・伊佐・喜
友名周辺古墓分布調査　　　　　　　　　　〔1071〕

◇米軍再編と沖縄の基地—国外移転こそ民衆の
願い　山内徳信著　創史社　2006.3　117p
21cm　〈発売：八月書館〉　1200円　Ⓘ4-
915970-28-0　Ⓝ395.39
　内容　第1部　沖縄米軍基地に抵抗して—米軍基地
の押しつけは許せない（沖縄戦を一〇歳で体験　三
十九歳で読谷村長に　米軍基地のなかに役場をつ
くる　人権の保障は命懸けの仕事　大田県政で出
納長に　ほか）　第2部　憲法9条でいのちと自然を
守る（すべての国民に訴える—日本政府の理不尽
な基地押しつけ（二〇〇〇年三月）　憲法第九条を
世界の憲法に—憲法調査会沖縄地域公聴会での陳
述（〇二年四月）　沖縄と騙され続けるな（〇三年
四月）　生かそう憲法、高くかかげよう第九条—
憲法集会での訴え（〇三年五月）　沖縄・辺野古か
ら全国民に訴える—「宝の海」に新基地はつくら
せない（〇五年五月）　沖縄への新しい基地押しつ
け断固拒否（〇五年一二月）　今闘わずしていつ闘
う—民衆は風の如く氷の如く闘う（〇六年二月））
第3部　資料編　　　　　　　　　　　　　〔1072〕

◇基地をめぐる法と政治　宜野湾　沖縄国際大
学公開講座委員会　2006.7　374p　19cm
（沖縄国際大学公開講座　15）　〈会期・会場：
2005年6月25日—11月19日　沖縄国際大学5号
館106教室　文献あり　年表あり　発売：編
集工房東洋企画（那覇）〉　1500円　Ⓘ4-
938984-41-5　Ⓝ395.39
　内容　なぜ米軍は沖縄にとどまるのか　我部政明著
米軍基地と日米地位協定　新垣勉著　戦後沖縄の
「保守」に関する基礎的考察　吉次公介著　米軍再
編と沖縄基地、普天間の行方は？　伊波洋一著　米
国の保守支配を考える　佐藤学著　普天間飛行場
跡地利用を考える　上江洲純子著　軍事基地と環境
問題　砂川かおり著　基地と情報公開　前津榮健著
米軍再編と沖縄問われる発信力　松元剛著　基地
問題と報道　三上智恵著　刑事法から見る「日米
地位協定」　小西由浩著　基地所在市町村におけ
る公共投資支出　平剛著　　　　　　　　　〔1073〕

◇沖縄にはなぜ米軍基地が多いのか—その歴史
的遠因を探る　田島朝信著　熊本　熊本出版
文化会館　2006.8　335p　20cm　〈年譜あり
発売：創流出版〉　2000円　Ⓘ4-915796-57-4
Ⓝ219.9
　内容　第1章　基地の中の沖縄　第2章　楽園から地
獄へ—沖縄地上戦開始前後　第3章　沖縄地上戦以
降　第4章　旧石器時代から琉球王国第二尚氏成立
まで　第5章　第二尚氏尚円王とその一族　第6章
薩摩藩・島津の琉球支配下における小禄家・賀数
家・田島家一門の政治と運命　第7章　琉球処分以
後　終章　基地の島の歴史的遠因を求めて〔1074〕

◇シマが揺れる—沖縄・海辺のムラの物語　浦
島悦子文, 石川真生写真　高文研　2006.11
239p　19cm　1800円　Ⓘ4-87498-373-1
Ⓝ312.199

「沖縄」がわかる本　6000冊　　89

沖縄史　　　　　　　　　　　　　　　　　　　　　　　　　　　　　　　歴史・地理

内容 キャンプ・シュワブ「基地が来た」　世界一危険な基地　辺野古の街「揺れるシマ」　米軍へのり墜落事故　海でのたたかい「いつまで続くの？」　嘉陽のおじい「おじい、85歳。まだまだ死ねない」　二見以北10区「過疎のムラが立ちあがった」　岸本建男さんの遺言　繰り返し、繰り返し　渡具知さん一家「夫婦二人三脚の10年」　〔1075〕

◇米軍再編　江畑謙介著　新版　ビジネス社　2006.11　449p　19cm　2500円　①4-8284-1319-7　Ⓝ392.53
内容 第1章 新しい米軍戦力構成計画（四つの米国家安全保障軍事戦略報告書　2006QDRの特徴ほか）　第2章 米軍部隊と基地の再編成（海外緊急展開構想　グローバル・ポスチャー・レビュー（GPR）ほか）　第3章 在外米軍基地と部隊（ユニファイド（・コンバット）・コマンド　米本土防衛関係ユニファイド・コマンド―統合部隊軍と北方軍 ほか）　第4章 在日米軍部隊と基地の再編（沖縄の米軍再編と負担の軽減　キャンプ座間と相模総合補給廠 ほか）　〔1076〕

◇美ら島と米軍基地　安斎育郎文・監修　新日本出版社　2007.3　32p　27cm　（語り伝える沖縄 ビジュアルブック 第4巻）　1800円　①978-4-406-05028-9　Ⓝ395.3
内容 アメリカ軍が占領した沖縄―日本からの分離（46年1月）　憲法で戦争をしない国になった日本と沖縄の米軍（47年5月）　サンフランシスコ対日平和条約と日米安全保障条約（51年9月）　土地収用令―「銃剣とブルドーザー」による土地とりあげ（53年4月）　沖縄の米軍基地が倍増した（52年～60年）　ベトナム戦争と沖縄の米軍（65年～73年）　反戦運動の盛り上がりと日本への復帰運動（67年）「核抜き・本土並み返還」と「非核3原則」（72年）「本土並み」とは裏腹に、変わらぬ米軍基地の集中（74年）　軍事演習の激化と嘉手納基地の爆音訴訟（79年～82年）　天皇の沖縄訪問と海邦国体の開催（87年）　沖縄に駐留する「なぐりこみ部隊」海兵隊　米兵による少女暴行事件と知事の代理署名拒否（95年）　沖縄サミット、そして、米軍ヘリコプター墜落事件（2000年～2004年）　〔1077〕

◇普天間基地移設と尖閣海底資源―海兵隊は勝連沖人工島計画に関心示す　金城宏幸著　那覇　ボーダーインク　2007.4　91p　19cm　1000円　①978-4-89982-121-2　Ⓝ319.1053　〔1078〕

◇沖縄・読谷村憲法力がつくりだす平和と自治　山内徳信著　明石書店　2007.4　273p　20cm　（「憲法を実践する村」（2001年刊）の新版　年表あり）　2300円　①978-4-7503-2545-3　Ⓝ395.39
内容 憲法に学ぶ平和と自治　1 沖縄の心（沖縄の歴史は訴える―96平和憲法・平和行政と文化行政　沖縄の現状と将来展望―99沖縄と広島をむすぶつどい）　2 文化村づくり（基地のなかに、文化村づくりの闘い―沖縄・読谷村の自治の闘い　米軍と

闘う村　基地の村に人間の尊厳を打ち立てる―甦る読谷山花織　平和のための地方自治―沖米相克の歴史）　3 民衆の力を集めて基地建設を許すな（沖縄よ、騙されつづけるな！　拝啓、稲嶺県知事―沖縄民衆の訴え　今闘わずしていつ闘うのか―米軍基地建設を断固拒否する）　4 ふるさとから地球へ（地球に未来を、子どもたちに夢と希望を　全国民に訴える―国民の血税を巨大な米軍基地建設に使わせてよいのか　アメリカの戦争に反対し、天国で闘いつづける阿波根昌鴻）　〔1079〕

◇米軍再編と前線基地・日本　木村朗編　凱風社　2007.5　206p　18cm　（市民講座・いまに問う）　1400円　①978-4-7736-3106-7　Ⓝ395.39
内容 1 序章・地域から問う米軍再編の本質―加速する日本の最前線基地化　2 沖縄県・米軍再編下の基地被害状況―危急存亡の秋に立つ沖縄、問われる住民の選択　3 長崎県・佐世保から見える「戦争をする態勢づくり」―表裏一体で進む「米軍再編」と地方自治体の「国民保護計画」　4 鹿児島県・鹿屋に米軍空中給油機はいらない―自治体と地域住民が一体となって反対運動　5 山口県・「岩国基地沖合移設事業」にゆれる岩国市民―「愛宕山地域開発事業」と「厚木基地艦載機移駐」問題　6 広島県・山口県・米軍再編下のヒロシマの基地群―新たな派兵の拠点となりつつある呉と岩国　7 神奈川県・進む基地強化に批判の声を高める市民と行政―キャンプ座間・厚木基地・相模総合補給廠　8 神奈川県・恐るべき侵略出撃拠点の実態―横須賀基地の原子力空母配備を中心に　9 東京都・戦略的中継基地から日米の軍事中枢へ―横田基地「共同統合運用調整所」が意味するもの　10 終章・憲法原理と九条のシステム―「基本的人権」「国民主権」「平和主義」の敵、米軍再編　〔1080〕

◇米軍再編のネクストステージ―負担軽減を実現するために　那覇　沖縄平和協力センター　2007.5　53p　30cm　（政策提言・報告書 平成18年度）　〈年表あり〉　Ⓝ395.39　〔1081〕

◇「軍事植民地」沖縄―日本本土との〈温度差〉の正体　吉田健正著　高文研　2007.6　261p　19cm　〈文献あり〉　1900円　①978-4-87498-385-0　Ⓝ395.39
内容 第1部 「軍事植民地」六〇年の歴史（「沖縄の連中はいい加減にせい」と言う軍事アナリスト　「アジア最後の植民地」沖縄　「軍事植民地」沖縄を支えているのはだれか　「朝日報道」があばいた米軍統治の実態　日米地協定にみる従属の構図）　第2部 米軍・米兵を見る沖縄の目（米兵に「ビールを一杯ずつおごってやった」前沖縄担当首相補佐官　「良き隣人」の条件　基地との共存を説く高級官僚たち　沖縄の米盲人・軍属の犯罪率は、沖縄住民の犯罪率よりも低いか　「基地経済」の実態を検証する）　第3部 「祖国」から遠く離れて（沖縄「同胞」より「対米関係」　「琉球住民」と「日本国民」の間で　「密約」で葬られた沖縄人の権利　「祖国復帰」がもたらしたもの）　〔1082〕

90　「沖縄」がわかる本　6000冊

歴史・地理   沖縄史

◇基地の島沖縄からの問い―日米同盟の現在と
これから　新崎盛暉著　創史社　2007.7
221p　19cm〈年表あり　発売：八月書館〉
1800円　①978-4-915970-30-6　Ⓝ395.39
　内容　1部 沖縄を利用するアメリカ、そして日本
（基地被害続く沖縄の現状　沖縄の構造的差別の
背景）　2部 米軍基地に対峙する沖縄（日米同盟
の現在と「国民保護」―多治見市国民保護講演会
革新よ、どこへ行く―対談・〇六年知事選を振り
返る　人間の誇り高く闘う反戦地主―強制使用取
消し訴訟での本人尋問から　沖縄をめぐる状況に
一坪反戦地主・関東ブロック総
会での講演　日米同盟は日米共同覇権主義の枠組
―米軍再編特措法の参考人発言から）　資料編
　　　　　　　　　　　　　　　　　　　　〔1083〕

◇墜―沖縄・大学占領の一週間　白川タクト著
新日本出版社　2007.12　171p　19cm　1400
円　①978-4-406-05083-8　Ⓝ395.39
　内容　第1章 八月十三日という日（ヘリが…落ち
る！　ヘルプ・ミー！ ほか）　第2章 占領の一
週間（おかしいのはおまえたちだ！―八月十四日
（二日目）　タッチ・アンド・ゴー―八月十五日
（三日目）ほか）　第3章 恐怖の本質（金属棒が落
ちてきた―建物などへの被害　噂―負傷者 ほか）
第4章 CH‐53Dはなぜ沖国大に落ちたのか（CH
‐53Dはなぜ落ちたのか　米軍はなぜ占領できた
か？）　第5章 リアクション（小泉首相　米兵たち
ほか）　　　　　　　　　　　　　　　　　〔1084〕

◇沖縄基地問題の歴史―非武の島、戦の島　明
田川融〔著〕　みすず書房　2008.4　382,4p
20cm　4000円　①978-4-622-07374-1
Ⓝ395.39
　内容　第1章 沖縄戦への道　第2章 沖縄戦　第3
章 沖縄と日米安保体制の形成　第4章 沖縄と日
米安保体制の展開（一）―沖縄と六〇年安保改定
第5章 沖縄と日米安保体制の展開（二）―沖縄「復
帰」とベトナム戦争の影　第6章 未完の復帰と沖
縄基地問題　　　　　　　　　　　　　　　〔1085〕

◇「アメとムチ」の構図―普天間移設の内幕
渡辺豪著　那覇　沖縄タイムス社　2008.10
202p　18cm〈年表あり〉952円　①978-4-
87127-189-9　Ⓝ395.39　　　　　　　　〔1086〕

◇決断―沖縄普天間飛行場代替施設問題10年史
普天間基地移設10年史出版委員会編著　名護
北部地域振興協議会　2008.10　287p　27cm
〈年表あり〉3000円　①978-4-902193-71-8
Ⓝ395.39　　　　　　　　　　　　　　　　〔1087〕

◇宜野湾市と基地　宜野湾市基地政策部基地渉
外課編　宜野湾　沖縄県宜野湾市　2009.3
200p　30cm〈年表あり〉Ⓝ395.39　〔1088〕

◇わたしは、とても美しい場所に住んでいます
―暮らしの隣ですすむ軍事化 教科書に書か
れなかった戦争 part 52　基地にno！ アジ
ア・女たちの会編　梨の木舎　2009.4　91p

21cm〈執筆：石原理絵、木元茂夫、竹見智恵
子　文献あり〉1000円　①978-4-8166-0903-
9　Ⓝ395.39
　内容　1 沖縄・高江（わたしは、沖縄本島北部東村
高江で暮らしています―やんばるの森にヘリパッ
ドはいらない（石原理絵）　Voice of TAKAE―
ヘリパッドいらない住民の会ホーム頁から）　2
横須賀（原子力空母ジョージ・ワシントンがやっ
てきた（木元茂夫））　3 練馬（軍隊として機能し
はじめた自衛隊（竹見智恵子））　資料（日本国憲
法前文・第9条　日米安全保障条約第5条・第6条
ほか）　　　　　　　　　　　　　　　　　〔1089〕

◇砂上の同盟―米軍再編が明かすウソ　屋良朝
博著　那覇　沖縄タイムス社　2009.7
245p　18cm　1200円　①978-4-87127-193-6
Ⓝ395.3　　　　　　　　　　　　　　　　　〔1090〕

◇国策のまちおこし―嘉手納からの報告 基地
の島沖縄　渡辺豪著　凱風社　2009.10
245p　19cm〈年表あり〉1600円　①978-4-
7736-3401-3　Ⓝ395.39
　内容　第1章 町の悲願と島田懇談会（円卓の夕げ
不条理の軌跡ほか）　第2章 防衛局移転の真相
（予算内示　さじ加減 ほか）　第3章 「国策」の
ゆくえ（機構改革　推進協議会 ほか）　エピロー
グ 新政権と沖縄（「脱自民」の胎動　補償型政治
ほか）　　　　　　　　　　　　　　　　　〔1091〕

◇辺野古の海をまもる人たち―大阪の米軍基地
反対行動　田中佑弥編著　大阪　東方出版
2009.12　198p　21cm　1500円　①978-4-
86249-152-7　Ⓝ319.8　　　　　　　　　〔1092〕

◇米軍違憲―憲法上その存在を許すべからざる
もの　平山基生著　本の泉社　2009.12
135p　21cm　（本の泉社マイブックレット
no.14）〈年表あり〉800円　①978-4-7807-
0236-1　Ⓝ395.39
　内容　序章 生まれ出る命と奪われる命　第1章
「土地に杭は打たれても、心に杭は打たれない」
第2章 よみがえる伊達判決―日本司法の誇り　第
3章 ひん死の最高裁破棄判決―日本司法の恥　第
4章 閉鎖された立川米軍基地　終章 米軍再編で
はなく米軍撤退へ　　　　　　　　　　　〔1093〕

◇沖縄市基地内文化財―基地内文化財調査およ
び市内遺跡試掘調査報告　沖縄市立郷土博物
館編　〔沖縄〕　沖縄市教育委員会　2010.3
107p　30cm　（沖縄市文化財調査報告書 第
37集）〈文献あり〉Ⓝ219.9　　　　　　　〔1094〕

◇宜野湾・沖縄国際大学米軍ヘリコプター墜落
事件5年石川・宮森小学校米軍ジェット機墜
落事件50年　沖縄国際大学総合文化学部社会
文化学科石川ゼミナール編　〔宜野湾〕　沖
縄国際大学総合文化学部社会文化学科石川ゼ
ミナール　2010.4　1冊　30cm　（平和学実
習報告書 2009年度）〈年表あり　文献あり〉

「沖縄」がわかる本 6000冊　　91

沖縄史　　　　　　　　　　　　　　　　　　　　　　　　　　歴史・地理

Ⓝ395.39　　　　　　　　　　　〔1095〕

◇この1冊ですべてがわかる普天間問題―緊急
出版!!　小川和久著　ビジネス社　2010.4
118p　21cm　1000円　Ⓘ978-4-8284-1574-1
Ⓝ395.39
[内容]第1章　普天間飛行場とは何か?―普天間、沖
縄、日本列島の位置づけ(まず、「Facts and Fig-
ures」を押さえよう!　普天間飛行場とは何か?
ほか)　第2章　なぜ普天間は、かくもこじれたか?
―政治の不在、無責任こそが最大の問題(普天間の
過去の経緯を振り返る　きっかけは95年9月の女
児拉致・強姦事件　ほか)　第3章　普天間問題はこ
う解決せよ!―抜本的な構想と、その進め方の提
案(沖縄県民もアメリカも納得できる現実的な解
決策　現実的な選択肢は二つしかない　ほか)　第
4章　普天間が教える安全保障の大問題―戦略的な
思考で、未来を見通す展望を描け!(普天間から
見えてくる大問題　「ヘリポート」が象徴する空
理空論　ほか)　　　　　　　　　　〔1096〕

◇2010　4・25県民大会沖縄は訴える―普天間基
地閉鎖を県内移設許さない　那覇　琉球新報
社　2010.4　59p　29cm〈年表あり　発売:
琉球プロジェクト(那覇)〉　933円　Ⓘ978-4-
89742-112-4　Ⓝ395.39　　　　　　〔1097〕

◇名護の選択―海にも陸にも基地はいらない
浦島悦子著　インパクト出版会　2010.6
267p　19cm　1900円　Ⓘ978-4-7554-0204-3
Ⓝ395.39
[内容]第1部　山が動く(与野党逆転した沖縄県議会
(08年6〜12月)　新政権誕生と沖縄(09年1〜10
月)　奇々怪々の辺野古違法アセス　裏切られる
新政権への攻防(09年11〜12月)　ヘリパッド建
設に抗する高江の人びと　名護の新たな未来へ―
名護市長選勝利報告　稲嶺進・新名護市長インタ
ビュー「名護のティーダになれよ」)　第2部　い
のちをつなぐ(環境マニフェストを問う　地域を
結びなおす　やんばるの歴史と未来を考える　戦
争の傷跡は今も　ハンセン病療養所・愛楽園に学
ぶ　やんばるの森に抱かれて　泡瀬干
潟を守ろう　ジュゴンとサンゴの海)　〔1098〕

◇普天間の謎―基地返還問題迷走15年の総て
森本敏著　海竜社　2010.7　551p　20cm
〈文献あり　年表あり〉　2200円　Ⓘ978-4-
7593-1132-7　Ⓝ395.39
[内容]第1期　1995-2002(普天間基地返還合意は
こうしてできた　米海兵隊はなぜ沖縄にいるのか
代替施設をどこに造るのか　ほか)　第2期　2003-
2009(強硬路線に転じた小泉政権　環境影響評価
と日米合意成立後の動き　在沖海兵隊のグアム移
転をめぐる攻防)　第3期　2009-2010(民主党政
権誕生―日米合意案見直し　揺れる連立政権と沸
騰する沖縄　新たな移設候補地を求めて―迷走の
日々　ほか)　　　　　　　　　　　〔1099〕

◇バランスある解決を求めて―沖縄振興と基地
問題　牧野浩隆著　糸満　牧野浩隆著作刊行

委員会　2010.8　798p　22cm〈発行所:文
進印刷　文献あり〉　6571円　Ⓘ978-4-
904777-01-5　Ⓝ312.199　　　　　　〔1100〕

◇徳之島の闘い―米軍普天間飛行場移設　「徳
之島の闘い」編纂委員会編、松井輝美監修
奄美　南海日日新聞社　2010.8　98p　30cm
〈年表あり〉　1000円　Ⓝ395.39　　〔1101〕

◇沖縄の空の下で―証言・あ、この悲惨, 石
川・宮森ジェット機墜落事故　1　命と平和
の語り部石川・宮森630会編　うるま　命と
平和の語り部石川・宮森630会　2010.9　60p
26cm　500円　Ⓝ395.39　　　　　〔1102〕

◇脱日米同盟と自治体・住民―憲法・安保・基
地・沖縄　自治労連・地方自治問題研究機構
編　大月書店　2010.10　196p　21cm〈『季
刊自治と分権』別冊〉　1500円　Ⓘ978-4-272-
79041-8　Ⓝ395.39
[内容]はじめに　日米同盟の争点化と戦略的ビジョ
ン・オルタナティブ　安保と憲法―日米同盟と自
治体　日米同盟の実態をどう見るか(安保条約を
超える「安保の実態」と日本の未来―「日米同盟」
から平和構築への道　「密約」と一体化した日米
安保条約の実態―「密約」の今日的意味と安保条
約の構造)　日米同盟―基地・自治体・住民自治・
各地の運動(沖縄に次ぐ基地県・神奈川の米軍基
地と住民のたたかい　日米軍事一体化で横田基地
は米世界戦略の拠点―軍事基地はいらない　極東
最大の航空基地化を許さない岩国基地と市民のた
たかい　非核「神戸方式」　脱日米軍事同
盟の世界的潮流と日米同盟―平和運動の当面する
課題)　日米同盟の争点化と沖縄の位置(普天間基
地撤去に向けた新訴提起の動きとその意義―新た
な憲法訴訟の取り組み　米軍基地維持政策の賭場
性　辺野古に基地はいらない―生活に直結したも
のを積み上げていく)　資料　　　　〔1103〕

◇普天間基地はあなたの隣にある。だから一緒
になくしたい。　伊波洋一著　京都　かもが
わ出版　2010.10　111p　21cm　1000円
Ⓘ978-4-7803-0385-8　Ⓝ395.39　　〔1104〕

◇こんな沖縄に誰がした―普天間移設問題―最
善・最短の解決策　大田昌秀著　同時代社
2010.11　293p　19cm　1900円　Ⓘ978-4-
88683-685-4　Ⓝ312.199
[内容]第1部　こんな沖縄に誰がした(沖縄の軍事基
地化の端緒―明治維新と沖縄　米軍による沖縄の
分離と日本政府の合意　昭和天皇と沖縄―「天皇
メッセージ」の波紋　憲法第九条の成立過程と天
皇制存続の経緯―沖縄の「分離」との関連で　沖縄
の自立と軍事基地―沖縄の諸問題と解決の方向)
第2部　普天間移設問題―最善・最短の解決策(問
題の現状　国外移設のすすめ　普天間問題の帰着
六〇年代後半の辺野古基地建設計画　蘇る辺野古
基地建設計画　ほか)　第3部　資料　在沖米軍基地
の削減等に関する議論等・要約版　　〔1105〕

歴史・地理　　　　　　　　　　　　　　　　　　　　　　　　　　　　沖縄史

◇怒り滾る基地の島沖縄—嘘をつく日本政府は
ハブに咬まれる　山内徳信著　創史社
2010.11　182p　21cm〈発売：八月書館〉
1400円　Ⓘ978-4-915970-35-1　Ⓝ395.39
内容 1部 詩編（七十代の挑戦　国家の暴力を許さ
ない ほか）　2部 国会内外での闘いの記録（辺野
古の陸にも海にも基地は造らせない—鳩山首相へ
辺野古海上から抗議する　総理官邸前で閣僚会議
へ向かう大臣へ抗議—辺野古への回帰、杭打ち工
法は許さない）　3部 論文、講演、インタビュー
（普天間基地問題をどう解決するか—辺野古への
新基地建設を許さない闘いを　国家権力と闘う民
衆の理論武装—「民衆の力」で中止、断念に追い
込むために ほか）　4部 大統領、総理大臣への手
紙（オバマ大統領　岡田克也外務大臣 ほか）　5部
国会内で日本政府に質す—国会議事録から（基地
の島から国際的な学園都市を目指す—シドニー・
ブレナーさんへの参考人質疑　基地外に住む米兵
によるひき逃げ事件—読谷村民外間政和さん（六
六歳）ひき逃げ死亡事件の質問 ほか）　〔1106〕

◇沖縄の真実、ヤマトの欺瞞—米軍基地と日本
外交の軛　神保・宮台（激）トーク・オン・デ
マンド 8　神保哲生、宮台真司、真喜志好一、
伊波洋一、大田昌秀、我部政明著　春秋社
2010.11　324p　19cm　1800円　Ⓘ978-4-
393-33301-3　Ⓝ395.39
内容 自明性が破れ、沖縄はいま試されている—ま
えがきにかえて　第1章 普天間と辺野古は何の関
係もない—普天間飛行場移設問題の闇　第2章 普
天間返還に代替基地は不要だ！—米軍の世界戦略
と都合のよい日本　第3章 普天間問題はここから
はじまった—沖縄と米軍の長くねじれた歴史　第
4章 沖縄密約にひそむ日米外交ゲームの帰趨—戦
後日本外交の根本問題　終章 普天間問題と日本
人—普天間問題が明らかにした苦い真実　沖縄特
集はマル激五〇〇回の一つの金字塔—あとがきに
かえて　　　　　　　　　　　　　　　　〔1107〕

◇地域から平和をきずく—オキナワ・イワクニ
からみた日本　池尾靖志、伊波洋一、井原勝介
著　京都　晃洋書房　2010.11　183p　21cm
1800円　Ⓘ978-4-7710-2202-7　Ⓝ395.39
内容 第1章 地域から安全保障を考える（「平和」を
つくりだす主体としての自治体　国家と自治体と
の関係を示す具体的事例　国民保護計画の策定を
求められる自治体）　第2章 基地を抱える沖縄の
戦後史と普天間問題のゆくえ（沖縄戦と戦後沖縄
の歩み　沖縄の本土復帰運動　現在に至る米軍基
地　普天間基地の現状　返還跡地利用計画と基地
の実態　基地周辺の環境基準　宜野湾市からの提
言—グアム移転をめぐって　海兵隊の役割　沖縄
海兵隊のグアム移転と辺野古への基地建設）　第
3章 沖縄の「負担軽減」とは何か—辺野古・高江
の現場から考える（なぜ高江なのか　辺野古をめ
ぐる状況　NIMBYに対する批判）　第4章 市民
の力で政治を変える—岩国の事例から（鳩山さん
の教訓　岩国の現状　政権交代後の状況）　第5章
改めて日米安保体制を考える（隠される日米安保
体制の矛盾　「抑止力」の視点から見た日米安保

体制　今日の平和運動の課題）　　　　　〔1108〕

◇普天間基地問題から何が見えてきたか　宮本
憲一、西谷修、遠藤誠治編　岩波書店　2010.
12　174p　19cm　1600円　Ⓘ978-4-00-
024657-6　Ⓝ319.1053
内容 はじめに　何が問われているのか　第1章 日
米安保の正体（東アジアのなかの日米安保　海兵隊
の北米移転が現実的　いまの安全保障は歴史のひ
とコマにすぎない—つぎの「安全保障」に向かって
属国精神の清算 ほか）　第2章 本土への問い（パック
ス・アメリカーナと日本の植民地化　ポスト・デ
モクラシーの時代なのか—普天間問題、政治の迷
走、ジャーナリズムの劣化）　第3章 沖縄の現実
と課題（沖縄が直面する現実と将来展望　辺野古
「アセス」はアセスではない　脱「軍事基地」の
準備　軍用地料にみる基地維持財政政策の諸問題
日本の辺境から海洋ネットワークの中心へ ほか）　第
4章 提言（東アジアの平和のメカニズムの構築を
—「普天間問題」を超えて　沖縄からグリーン・
ニューディールを）　資料　　　　　　　〔1109〕

◇米軍基地を返還させた砂川闘争—写真集　星
紀市編　立川　ヤマス文房　2010.12　159p
21×30cm〈年表あり〉2500円　Ⓘ978-4-
9902172-3-5　Ⓝ319.8　　　　　　　　〔1110〕

◇全国の米軍基地　平成22年度　〔出版地不
明〕　渉外関係主要都道県知事連絡協議会
2010.12　182p　30cm　Ⓝ395.3　〔1111〕

◇琉球の星条旗—「普天間」は終わらない　毎
日新聞政治部著　講談社　2010.12　349p
20cm〈年表あり〉1800円　Ⓘ978-4-06-
216659-1　Ⓝ395.39
内容 プロローグ　第1章 日本・米国・沖縄「ト
ライアングル」　第2章 政権前夜の「誤解」　第
3章 稚拙だった「政治主導」　第4章 見送られた
「年内」　第5章 それぞれの「腹案」　第6章 辺野
古回帰への「決断」　第7章 鳩山政権の「崩壊」
第8章 引き継がれた「重荷」　エピローグ　資料
編　　　　　　　　　　　　　　　　　　〔1112〕

◇米軍基地の現場から—普天間　嘉手納　厚木
横須賀　佐世保…　沖縄タイムス社・神奈川
新聞社・長崎新聞社＝合同企画「安保改定50
年」取材班著　高文研　2011.2　239p
19cm〈年表あり〉1700円　Ⓘ978-4-87498-
454-3　Ⓝ395.39
内容 はじめに　押しつけられてきた「同根の痛み」
プロローグ　基地3県はいま　1章 日米軍基地と
向き合う　2章 基地経済がもたらすもの　3章 基
地あるがゆえに　4章 揺れる日米同盟　5章 変貌
する自衛隊　6章 読者インタビュー　補章 沖縄
問題が問うもの　年表で振り返る安保・基地問題
　　　　　　　　　　　　　　　　　　　〔1113〕

◇沖縄県の嘉手納飛行場及び普天間飛行場に関
する環境騒音調査について　渡嘉敷健〔著〕
〔日本音響学会騒音・振動研究委員会〕

「沖縄」がわかる本 6000冊　93

沖縄史　　　　　　　　　　　　　　　　　　　　　　　　　歴史・地理

2011.2　5p　30cm　（騒音・振動研究会資料
N-2011-9）　　　　　　　　　　　　　　　〔1114〕

◇基地内文化財　5　沖縄県立埋蔵文化財セン
　ター編　〔西原町（沖縄県）〕　沖縄県立埋
　蔵文化財センター　2011.3　71p　30cm
　（沖縄県立埋蔵文化財センター調査報告書
　第61集）　Ⓝ219.9
　　内容　普天間飛行場内範囲確認調査：喜友名前原
　第三遺跡　喜友名東原第三遺跡　　　　〔1115〕

◇沖縄・提案―百選事業　第4回　私たちの考
　える「沖縄の米軍基地」　沖縄県対米請求権
　事業協会編　那覇　沖縄県対米請求権事業協
　会　2011.3　320p　21cm　〈発売：ボーダー
　インク（那覇）〉　1400円　Ⓘ978-4-89982-
　203-5　Ⓝ601.199　　　　　　　　　　　〔1116〕

◇沖縄の空の下で―証言・あゝ、この悲惨, 石
　川・宮森ジェット機墜落事故　2　命と平和
　の語り部石川・宮森630会編　うるま　命と
　平和の語り部石川・宮森630会　2011.5　80p
　26cm　1000円　Ⓝ395.39　　　　　　　〔1117〕

◇本土の人間は知らないが、沖縄の人はみんな
　知っていること―沖縄・米軍基地観光ガイド
　須田慎太郎写真, 矢部宏治文, 前泊博盛監修
　書籍情報社　2011.6　351p　19cm　〈他言語
　標題：Traveller's Guide to American
　Bases in Okinawa　年表あり〉　1300円
　Ⓘ978-4-915999-17-8　Ⓝ395.3　　　　〔1118〕

◇沖縄―アリは象に挑む　由井晶子著　七つ森
　書館　2011.6　242p　21cm　〈年表あり〉
　1800円　Ⓘ978-4-8228-1134-1　Ⓝ395.39
　　内容　第1章　巨大・恒久基地に化ける　第2章　辺
　野古ボーリング調査を阻止する　第3章　日米両政
　府の圧力に抗する　第4章　「知る権利」確立に向
　かう　第5章　鳩山民主党政権は迷走する　第6章
　「抑止」は「ユクシ（ウソ）」　　　　　〔1119〕

◇沖縄・米軍基地データブック　高橋哲朗著
　那覇　沖縄探見社　2011.6　95p　21cm
　〈文献あり〉　900円　Ⓘ978-4-9904533-3-6
　Ⓝ395.39　　　　　　　　　　　　　　　〔1120〕

◇沖縄と米軍基地　前泊博盛〔著〕　角川書店
　2011.9　217p　18cm　（角川oneテーマ21
　A-140）　〈文献あり　年表あり　発売：角川グ
　ループパブリッシング〉　724円　Ⓘ978-4-04-
　710297-2　Ⓝ395.39
　　内容　第1章　「普天間」の行方（「普天間問題」と
　は何か？　「普天間問題」の源流・少女暴行事件
　ほか）　第2章　日米安保と日米関係（「有事の安保」
　と「平時の安保」　民主党政権と沖縄　ほか）　第
　3章　日米地位協定の検証（減らない米軍犯罪　ペ
　リー来航と不平等条約　ほか）　第4章　基地経済と
　沖縄（米軍統治と「基地経済」の呪縛　米軍占領下
　の沖縄　ほか）　第5章　キーワードで学ぶ「日米安

保と沖縄」（日米安保の舞台裏　在沖米軍　ほか）
　　　　　　　　　　　　　　　　　　　　〔1121〕

◇基地はなぜ沖縄に集中しているのか　NHK
　取材班著　NHK出版　2011.9　245p　19cm
　〈文献あり〉　1400円　Ⓘ978-4-14-081501-4
　Ⓝ395.39
　　内容　序章　なぜ沖縄なのか、という問い　第1章
　基地集中の原点――一九五〇年代・六〇年代（戦後、
　沖縄にはいなかった海兵隊　半世紀前の辺野古の
　選択　日本政府の黙認）　第2章　固定化――九七
　〇年代・八〇年代（進む本土の基地整理縮小　沖
　縄返還と軍用地契約　軍用地主の「墓霊」）　第3
　章　海兵隊「抑止力」の内実（海兵隊の中枢へ　変
　貌する海兵隊　沖縄の海兵隊）　第4章　期待と裏
　切り、そして迷走へ――一九九〇年代・現在（再び
　「移設先」となった名護　鳩山政権の迷走　「沖縄
　問題」とは何か　半世紀後、辺野古の再びの選択
　アメリカの本心はどこにあるか　知事選、そして
　―）　　　　　　　　　　　　　　　　　〔1122〕

◇私たちの教室からは米軍基地が見えます―普
　天間第二小学校文集「そてつ」からのメッ
　セージ　渡辺豪著　那覇　ボーダーインク
　2011.9　188p　19cm　〈年表あり〉　1400円
　Ⓘ978-4-89982-213-4　Ⓝ395.39
　　内容　基地のとなりの小学校（普天間飛行場―子ど
　も心に違和感をもっていた　ぼくたちの学校―や
　はり基地はなくなってほしい　爆音―爆音に悩ま
　され、腹をたてる小学生がいたということ）　基
　地と原発（私の住む沖縄―本心は出て行ってほし
　いけど、簡単じゃない　普天間飛行場―基地が生
　活と密着しすぎて抜け出せない）　近くて遠いフ
　テンマ（普天間第二小学校―まさかまだ基地が存
　在しているとは思わなかった　アメリカ軍のき地
　―やっぱり固定観念が邪魔をしていると思う　う
　るさい爆音―危険と隣り合わせであることを日々
　感じていた）　いつか、きっと（ぼくたち、わたし
　たち―決して言葉にはできなかったこと　聞けな
　い耳きけない口―いつか、きっと、きける時がく
　る）　　　　　　　　　　　　　　　　　〔1123〕

◇沖縄の空の下で―証言・あゝ、この悲惨, 石
　川・宮森ジェット機墜落事故　3　命と平和
　の語り部石川・宮森630会編　うるま　命と
　平和の語り部石川・宮森630会　2011.11
　88p　26cm　1000円　Ⓝ395.39　　　　〔1124〕

◇米軍基地の歴史―世界ネットワークの形成と
　展開　林博史著　吉川弘文館　2012.1
　202p　19cm　（歴史文化ライブラリー　336）
　〈文献あり〉　1700円　Ⓘ978-4-642-05736-3
　Ⓝ395.3
　　内容　米軍基地の現在―プロローグ　米軍基地の
　世界的ネットワークの形成　基地ネットワークの
　本格的展開と再編――一九五〇年代　日本本土と沖
　縄　米軍基地に関わる諸問題　基地に依存しない
　安全保障へ―エピローグ　　　　　　　〔1125〕

◇カメジロウの遺言―マジムン（米軍基地）は、

94　　「沖縄」がわかる本　6000冊

歴史・地理　　　　　　　　　　　　　　　　　　　　　　　　　　　沖縄史

世界のどこにもいらない　瀬長瞳著　うるま
ゆい出版　2012.2　321p　19cm〈年譜あ
り〉1500円　①978-4-946539-30-5　Ⓝ312.
199
|内容|第1章　親愛なるオバマ大統領様（一通目の手
紙　日本語、英語　二通目の手紙　日本語、英語）
第2章　日本、格子なき牢獄（番犬と飼い主　無国
籍人間　ほか）　第3章　日本は何時「民主、独立、
主権国家」になるのだろうか（佐藤栄作総理大臣
と亀次郎　日の丸と君が代　ほか）　第4章　戦争は
どバカバカしいことはない（人間は戦争を止めら
れるか　戦争は人間を変える　ほか）　第5章　カメ
ジロウの遺言（カメジロウの遺言　当面する国政
の緊急課題　ほか）　　　　　　　　　　　〔1126〕

◇沖縄から国策の欺瞞を撃つ　照屋寛徳著　那
覇　琉球新報社　2012.2　469p　19cm〈発
売：琉球プロジェクト（那覇）〉1695円
①978-4-89742-139-1　Ⓝ395.39　〔1127〕

◇解決─沖縄のミッション：米軍基地過重負担
の漸進的軽減　下地幹郎著　日本評論社
2012.4　222p　20cm〈年表あり〉1700円
①978-4-535-58620-0　Ⓝ395.39
|内容|第1章　普天間移設、問題解決のデフォルトを
変える（蓄積されたストレス　米軍基地負担「3つ
の負荷」　内外の変化がもたらす新たな課題　普
天間移設問題の経緯を問う）　第2章　普天間移設
16年間のジレンマ（普天間移設を取り巻く日本の
政治　訪米、2011年5月）　第3章　「解」から「決」
へが、解決だ（逆転を生む発想　交渉の枠組みの
必須条件　「解」から「結」へが解決だ　東アジ
アの安全保障と在日米軍再々編の行方）　第4章
（暫定）新嘉手納統合案と（暫定）安波軍民共用空
港案　　　　　　　　　　　　　　　　　　〔1128〕

◇呪縛の行方─普天間移設と民主主義　琉球新
報社編著　那覇　琉球新報社　2012.4
331p　19cm〈発売：琉球プロジェクト（那
覇）〉1524円　①978-4-89742-143-8　Ⓝ395.
39　　　　　　　　　　　　　　　　　　　〔1129〕

◇対論普天間基地はなくせる─日米安保の賛
成・反対を超えて　伊波洋一、柳澤協二著
京都　かもがわ出版　2012.5　63p　21cm
（かもがわブックレット　189）600円
①978-4-7803-0535-7　Ⓝ395.39
|内容|第1章　普天間基地の現状、歴史、危険性　変化す
る世界と基地返還の可能性　討論（普天間基地の
移設をめぐる日米の動きの評価　中国をどう評価
し、どう対応するか　日米安保条約をどう評価し、
どう対応するか）　まとめ　対論開催地から
　　　　　　　　　　　　　　　　　　　　〔1130〕

◇オスプレイ配備の危険性　真喜志好一、リム
ピース、非核市民宣言運動・ヨコスカ著　七
つ森書館　2012.8　147p　21cm〈年表あ
り〉1200円　①978-4-8228-1257-7　Ⓝ538.7
|内容|第1章　危険なオスプレイが全国に展開され

る（オスプレイが全国に展開されることの意味　オ
スプレイとは、どんな航空機か　低空飛行訓練が
全国で展開される）　第2章　オスプレイ配備の危
険性（オスプレイの何が問題か　オスプレイ普天
間配備の危険性　主任分析官が証言する欠陥
　Ⅴ‐22オスプレイ─空飛ぶ恥）　第3章
沖縄のオスプレイ問題（1995年からの問題の経緯
環境アセスメントとオスプレイ配備　オスプレイ
配備をめぐる住民への説明と国会答弁　ジュゴン
訴訟で得られたオスプレイ配備の議事録　アッス
訴訟でのタカミザワ証人尋問　「環境レビュー」
と事故説明文書から読めること　米軍の安全基準
に合わない普天間飛行場は即時閉鎖を）〔1131〕

◇沖縄の米軍基地と軍用地料　来間泰男著　宜
野湾　榕樹書林　2012.9　112p　21cm
（がじゅまるブックス　4）900円　①978-4-
89805-164-1　Ⓝ395.39
|内容|第1章　「軍用地買います」　第2章　アメリカ
軍基地の成立　第3章　講和条約・安保条約とアメ
リカ軍基地　第4章　「島ぐるみの土地闘争」　第5
章　「島ぐるみの土地闘争」の結末　第6章　朝鮮戦
争にともなう米軍再編　第7章　日本復帰と基地・
軍用地料　第8章　軍用地と軍用地料の現在　第9
章　軍用地の再契約問題　第10章　「字有地」の軍
用地料　　　　　　　　　　　　　　　　　〔1132〕

◇この空わたしたちのもの─オスプレイ配備反
対沖縄県民大会2012　9・9　那覇　琉球新報
社　2012.9　55p　29cm〈付属資料：1枚：
号外琉球新報　発売：琉球プロジェクト（那
覇）〉762円　①978-4-89742-153-7　Ⓝ395.
39　　　　　　　　　　　　　　　　　　　〔1133〕

◇「普天間」交渉秘録　守屋武昌著　新潮社
2012.9　472p　16cm（新潮文庫　も-36-
1）670円　①978-4-10-136661-6　Ⓝ395.39
|内容|第1章　在日米軍再編へ　第2章　「引き延ば
し」と「二枚舌」　第3章　十年の時を経て　第4章
防衛庁の悲願　第5章　不実なのは誰なのか　第6
章　普天間はどこへ行く　将来に向けての日本の
防衛　　　　　　　　　　　　　　　　　　〔1134〕

◇狙われる日本配備オスプレイの真実　赤旗政
治部「安保・外交」班著　新日本出版社
2012.9　94p　19cm　619円　①978-4-406-
05628-1　Ⓝ538.7
|内容|第1章　欠陥機・オスプレイ（オスプレイとは
相次ぐ墜落事故　ほか）　第2章　日本配備計画の実
態とは（なぜ沖縄に配備されるのか　危険な低空
飛行訓練　ほか）　第3章　オスプレイと沖縄（事実
を隠し続けた日本政府　辺野古・環境アセスで「後
だしジャンケン」　ほか）　第4章　問われる日米安
保（占領特権を保証する日米安保体制　法的根拠
ない低空飛行訓練　ほか）　資料編（オスプレイの
構造的欠陥に関するアーサー・レックス・リボロ
氏の証言　米政府が日本政府に行ったオスプレイ
配備に伴う通告　ほか）　　　　　　　　　〔1135〕

◇戦後沖縄と米軍基地─「受容」と「拒絶」の
はざまで：1945～1972年　平良好利著　法

「沖縄」がわかる本　6000冊　　95

政大学出版局　2012.10　420p　22cm　〈他言語標題：Postwar Okinawa and U.S. Military Bases,1945-1972　文献あり　索引あり〉5700円　Ⓘ978-4-588-32129-0　Ⓝ219.9
内容 序章 基地をめぐる政治史　第1章 沖縄米軍基地の形成　第2章 経済復興と沖縄の分離　第3章 軍用地問題の発生　第4章 島ぐるみ闘争と日米交渉　第5章 土地使用の安定化と基地の拡大　第6章 沖縄返還と基地のありかた　第7章 「基地反対」から「基地撤去」へ　第8章 軍用地の提供と基地の整理縮小　終章 沖縄基地問題の構図　〔1136〕

◇沖縄—日本で最も戦場に近い場所　吉田敏浩著　毎日新聞社　2012.10　218p　20cm　〈文献あり〉1700円　Ⓘ978-4-620-32151-6　Ⓝ395.39
内容 第1章 米軍機墜落事故　第2章 オスプレイ強行配備と日米安保の密約　第3章 危険な普天間基地とオスプレイ情報隠蔽をあばく　第4章 やんばるの森に米軍ヘリパッドはいらない　第5章 基地周辺住民の終わりなき痛み　第6章 果てしない爆音と日米地位協定の壁に抗して　第7章 米軍優位を絶対化する基地権の密約　第8章 米軍人・軍属犯罪の裁判権と地位協定の密約　第9章 新基地建設の真の狙いと日米軍事一体化　第10章 沖縄戦の記憶に根ざした問いかけ　〔1137〕

◇誤解だらけの沖縄・米軍基地　屋良朝博著　旬報社　2012.11　139p　21cm　1200円　Ⓘ978-4-8451-1288-3　Ⓝ395.39
内容 1 沖縄問題の真実　2 米軍のアジア戦略と沖縄　3 知られていない海兵隊の役割　4 後付けされる基地の意義　5 危ぶまれる主権　6 問題解決の処方箋　〔1138〕

◇沖縄に海兵隊はいらない！　高野孟著　にんげん出版　2012.12　269p　18cm　(モナド新書 005)　940円　Ⓘ978-4-931344-34-1　Ⓝ312.199
内容 第1章 沖縄から日本そして世界を刺し貫く—喜納昌吉VS.高野孟 "世紀末誇大妄想対談"　第2章 「国外、最低でも県外」を模索する鳩山政権—米国を説得する方法はいくらでもあったのに(すでに始まっている在日米軍基地の再編・縮小—普天間基地の嘉手納統合・移転は可能だ　辺野古見直しに「柔軟姿勢」しめしたオバマ大統領—同盟はどのような方向に "深化" させるべきなのか　ほか)　第3章 海兵隊は「抑止力」として役に立たない—そこを突破できずに挫折した鳩山首相(海兵隊の抑止力とは何かを徹底検証せよ！　日米安保改定50周年の年に　鳩山政権は岡本行夫に騙されている—抑止力論争から逃げたらダメだ　ほか)　第4章 自民党時代に逆行する野田政権—オスプレイ配備を強行して辺野古着工へ？(普天間問題でアメリカと戦えるのか？—解決へ問われる菅直人新総理の覚悟　正気の沙汰ではない防衛官僚の沖縄県民侮辱発言—沖縄がなぜこれほど怒るのか本土はわかっていない　ほか)　第5章 「常時駐留なき安保」論とは何か(沖縄の思想から学ぶことか

ら始まった—旧民主党の安保政策論議　「在日米軍は第7艦隊で十分」といった小沢一郎の見識—「脅威の見積り」もなしに行われる議論の不思議　ほか)　〔1139〕

◇基地の島コンパクト事典　安仁屋政昭監修,沖縄文化社編著　那覇　沖縄文化社　2012.12　102p　19cm　〈年表あり〉951円　Ⓘ978-4-902412-21-5　Ⓝ395.39　〔1140〕

◇普天間を封鎖した4日間—2012年9月27〜30日　宮城康博,屋良朝博著　高文研　2012.12　109p　19cm　〈年表あり〉1100円　Ⓘ978-4-87498-498-7　Ⓝ395.39
内容 宮城康博の記録(写真・宮里洋子)　屋良朝博の記録　〔1141〕

◇〈沖縄〉基地問題を知る事典　前田哲男,林博史,我部政明編　吉川弘文館　2013.2　191,7p　21cm　〈文献あり　索引あり〉2400円　Ⓘ978-4-642-08084-2　Ⓝ395.39
内容 沖縄戦と土地収用　沖縄分離と恒久的基地化　日米安全保障条約　本土の基地闘争　土地強制接収と島ぐるみ闘争　伊江島闘争　海兵隊の沖縄移駐　基地と人々の生活　米核戦略と沖縄　新安保条約〔ほか〕　〔1142〕

◇沖縄/基地社会の起源と相克—1945-1956　鳥山淳著　勁草書房　2013.3　275p　22cm　〈文献あり〉4300円　Ⓘ978-4-326-20052-8　Ⓝ219.9
内容 第1部 混乱の中での模索1945〜49年(収容所生活と自治の萌芽　基地が生み出す地域の混乱　自治の停滞と社会の混迷)　第2部 交錯する多様な希求1949〜51年(基地の拡充とその影響　日本復帰運動と自治の屈折)　第3部 破綻する協力1952〜56年(占領の継続と矛盾の噴出　動揺する協力の論理　反共主義と軍用地問題　協力の破綻と新たな動き)　〔1143〕

◇変化する日米同盟と沖縄の役割—アジア時代の到来と沖縄　沖縄県知事公室地域安全政策課調査・研究班編　〔那覇〕　沖縄県　2013.3　153p　21cm　Ⓝ219.9　〔1144〕

◇沖縄の米軍基地　沖縄県知事公室基地対策課編　〔那覇〕　沖縄県知事公室基地対策課　2013.3　524p　30cm　〈年表あり〉Ⓝ395.39　〔1145〕

◇全体計画の中間取りまとめ　〔宜野湾〕　沖縄県宜野湾市　2013.3　29p　30cm　〔1146〕

◇「全体計画の中間取りまとめ」の要点・背景—普天間飛行場跡地利用計画方針策定調査報告書(概要編)　〔宜野湾〕　沖縄県宜野湾市　2013.3　59p　30cm　〔1147〕

◇沖縄県の米軍基地の現状について　渡嘉敷健,仲宗根喜大〔著〕　日本音響学会騒音・

歴史・地理　　　　　　　　　　　　　　　　　　　　沖縄史

振動研究委員会　2013.3　7p　30cm　（騒音・振動研究会資料　N-2013-15）　〔1148〕

◇いかに「基地の島」はつくられたか　沖縄探見社編　那覇　沖縄探見社　2013.4　95p　21cm〈文献あり〉1000円　Ⓘ978-4-9904533-5-0　Ⓝ395.39　〔1149〕

◇沖縄の真実―〈徹底図説〉基地問題と沖縄の歴史　完全保存版　学研パブリッシング　2013.4　101p　29cm　（Gakken Mook―CARTAシリーズ）〈文献あり〉発売：学研マーケティング〉743円　Ⓘ978-4-05-606963-1　〔1150〕

◇民衆の闘い「巨象」を倒す―沖縄・読谷飛行場返還物語　弱者が勝つ戦略・戦術　山内徳信著　国分寺　創史社　2013.6　191p　21cm〈年表あり〉発売：八月書館〉1000円　Ⓘ978-4-915970-42-9　Ⓝ395.39
内容　第1章　沖縄・読谷飛行場返還物語―弱者が勝つ戦略・戦術（記憶の旅路　民衆の知恵と真剣な闘いの前に米軍基地は壊滅した）　第2章　散文詩編（脳裏に刻まれた「やんばるの山」逃避行　理不尽な権力に立ち向かう民衆　ほか）　第3章　発言・論文集（欠陥機オスプレイ配備阻止の県民の闘い　オスプレイ配備反対の民衆の怒り、普天間基地を封鎖　ほか）　第4章　資料編（国会質問　オバマ大統領への手紙　ほか）　〔1151〕

◇基地維持政策と財政　川瀬光義著　日本経済評論社　2013.9　228p　22cm〈文献あり　索引あり〉3800円　Ⓘ978-4-8188-2287-0　Ⓝ395.39
内容　序章　本書の課題　第1章　在日米軍基地と財政　第2章　沖縄の基地と地域経済　第3章　基地と自治体財政　第4章　基地維持財政政策の展開　第5章　嘉手納町にみる基地維持財政政策の実態　第6章　名護市にみる基地維持財政政策の実態　第7章　沖縄振興（開発）政策の展開と帰結　第8章　沖縄市にみる振興港湾泡瀬沖合埋立事業を中心に　終章　ルールなき財政支出の帰結　〔1152〕

◇基地で働く―軍作業員の戦後　沖縄タイムス中部支社編集部著　那覇　沖縄タイムス社　2013.11　366p　21cm　1905円　Ⓘ978-4-87127-213-1　Ⓝ395.3　〔1153〕

◇基地内文化財　6　沖縄県立埋蔵文化財センター編　〔西原町（沖縄県）〕　沖縄県立埋蔵文化財センター　2014.3　147p　30cm　（沖縄県立埋蔵文化財センター調査報告書　第71集）　Ⓝ219.9
内容　普天間飛行場内試掘調査　平成18-20年度　〔1154〕

◇在日米軍施設・区域環境調査委託業務―環境省委託業務結果報告書　平成25年度　〔那

覇〕　沖縄県　2014.3　26p　31cm　〔1155〕

◇中南部都市圏駐留軍用地跡地周辺整備検討調査（キャンプ瑞慶覧）報告書―概要版　〔那覇〕　URリンケージ沖縄営業所　2014.3　55p　30cm〈平成25年度沖縄振興特別推進交付金　共同刊行：オリエンタルコンサルタンツほか〉　〔1156〕

◇普天間飛行場跡地利用計画策定調査業務報告書―概要版　〔宜野湾〕　沖縄県宜野湾市　2014.3　56p　30cm〈平成25年度沖縄振興特別推進交付金〉　〔1157〕

◇普天間移設日米の深層　琉球新報「日米廻り舞台」取材班著　青灯社　2014.9　201p　19cm　1400円　Ⓘ978-4-86228-075-6　Ⓝ395.39
内容　第1部　官僚の壁（妨害の始まり　「民主党は夢見ている」ほか）　第2部　米国の深層（重鎮、代替案を提起　米、代替案「聞く用意」ほか）　第3部　揺らぐ「承認」（承認取り消し可能　移設へ「成果」急ぐ　ほか）　第4部　「県外」阻むもの（「抑止力」の虚構　かすむ「地理的優位性」ほか）　〔1158〕

◇解放を求めて―アリの群れライオンを襲う　山内徳信回顧録　山内徳信著　那覇　沖縄タイムス社　2014.10　222p　19cm〈年譜あり　年表あり〉1500円　Ⓘ978-4-87127-217-9　Ⓝ395.39　〔1159〕

◇「普天間」を終わらせるために―終わらない最大の元凶は本土の沖縄に対する「差別」的意識と無関心　橋本晃和著　町田　桜美林学園出版部　2014.10　104p　21cm〈文献あり　年表あり〉発売：はる書房〉700円　Ⓘ978-4-905007-03-6　Ⓝ395.39
内容　第1章　沖縄県民意の変遷と変容（第一期（1945～95）　第二期（過渡期：1996～2004）　第三期（2005～）　「沖縄クエスチョン（Okinawa Question）」とは何か）　第2章　「普天間」を終わらせるために―普天間の真実と提言「海兵隊移設プラン」（普天間移転：解決のカギを握る五つの現実　海兵隊移設プラン：橋本プロポーザル　結論：海上を平和と繁栄の「要石」）　〔1160〕

◇辺野古って、なに？　沖縄の心はひとつ―7月27日沖縄「建白書」を実現し未来を拓く島ぐるみ会議結成大会発言録　沖縄「建白書」を実現し未来を拓く島ぐるみ会議編　七つ森書館　2014.10　99p　21cm〈年表あり〉926円　Ⓘ978-4-8228-1414-4　Ⓝ395.39
内容　建白書共同代表から開会の挨拶　共同代表から　議員団の代表から　今後の取り組みについて　論壇から　声明　沖縄県議会の意見書　〔1161〕

◇暴力と差別としての米軍基地―沖縄と植民地

「沖縄」がわかる本　6000冊　　97

沖縄史　　　　　　　　　　　　　　　　　　　　　　　　歴史・地理

―基地形成史の共通性　林博史著　京都　か
もがわ出版　2014.10　175p　20cm　〈未来
への歴史〉〈文献あり〉1700円　①978-4-
7803-0738-2　Ⓝ395.39
　内容　第1部 米軍基地建設の植民地主義・人種主
義―世界の事例から（植民地を利用した基地建設
基地に翻弄された自治領の住民たち―プエルト
リコ　米国領土外にある最も古い基地―グアンタ
ナモ　核とミサイルのために犠牲にされた島民た
ち―マーシャル諸島　強制排除された先住民―グ
リーンランド　無人島にさせられた島々―ディエ
ゴガルシア　二一世紀の強制収用―韓国ピョンテ
ク　刑事裁判権に見る植民地主義・人種主義）　第
2部 沖縄での基地建設―沖縄戦から恒久基地化へ
（米軍の世界的戦争計画の中の沖縄　沖縄戦下の
基地建設　終戦前後の基地建設計画　海軍の沖縄
基地計画　一九四〇年代末から五〇年代へ　核兵
器と沖縄　補論 国防とアイヌ）　第3部 沖縄にお
ける米兵による性犯罪（日本軍による沖縄女性へ
の性犯罪　免罪された米兵による性犯罪―沖縄戦
米軍占領下の性犯罪と米軍の認識―一九四〇年代
後半　継続する米兵の性犯罪―一九五〇年代）
　　　　　　　　　　　　　　　　　　〔1162〕

◇辺野古に基地はいらない！ オール沖縄・覚
悟の選択―普天間閉鎖、辺野古断念で日本が
変わるアジアも変わる　東アジア共同体研究
所編、鳩山友紀夫、大田昌秀、呉屋守將、山城
博治、孫崎享、高野孟著　花伝社　2014.11
111p　21cm　（友愛ブックレット）〈発売：
共栄書房〉1000円　①978-4-7634-0719-1
Ⓝ395.39
　内容　第1章 沖縄の歴史から考える　第2章 ウチ
ナーンチュの尊厳　第3章 辺野古移設阻止、炎天
下と暴風下の最前線を語る　第4章 激変する世界
情勢と辺野古基地建設の意味　第5章 今さらなが
ら、沖縄に海兵隊はいらない!!　　　　〔1163〕

◇基地内文化財　7　沖縄県立埋蔵文化財セン
ター編　［西原町（沖縄県）］　沖縄県立埋蔵
文化財センター　2015.3　97p　30cm　（沖
縄県立埋蔵文化財センター調査報告書 第76
集）〈付編：沖縄県における駐留軍用地内の
埋蔵文化財取扱い方針　文献あり〉Ⓝ219.9
　内容　大山加良当原第四遺跡確認調査　神山黒数
原古墓群分布調査　　　　　　　　　　〔1164〕

◇問われる沖縄アイデンティティとは何か―
「普天間」からの発信 沖縄国際大学米軍ヘリ
コプター墜落事件10年　沖縄国際大学沖縄法
政研究所編　那覇　沖縄タイムス社　2015.3
95p　21cm　1000円　①978-4-87127-221-6
Ⓝ395.39
　　　　　　　　　　　　　　　　　　〔1165〕

◇辺野古―豊里友行写真集　豊里友行著　増訂
版　沖縄　沖縄書房　2015.5　155p　13×
19cm　〈発売：榕樹書林（宜野湾）〉1000円
①978-4-89805-181-8　Ⓝ312.199　〔1166〕

◇戦場ぬ止み―辺野古・高江からの祈り　三上
智恵著　大月書店　2015.6　157p　19cm
1400円　①978-4-272-33085-0　Ⓝ395.39
　内容　この国の「戦争を許さない闘い」の最前線
「命に代えても」沖縄戦を生き延びたおばあたち
の思い　「もはや戦場だ」ついに辺野古は包囲さ
れた　「標的の村」高江のいま　いつかはわかり
あえる日がくると信じたい　統一地方選で示され
た「不屈」の精神　沖縄の抵抗するリーダーを歓
迎しない中央メディア　「オール沖縄」の熱狂の
陰で　海人の尊厳を奪いつづける国―ある漁師の
肖像　この子たちの目に宿る尊厳は奪えない〔ほ
か〕　　　　　　　　　　　　　　　　〔1167〕

◇沖縄の米軍基地―「県外移設」を考える　高
橋哲哉著　集英社　2015.6　198p　18cm
（集英社新書 0790）〈文献あり〉720円
①978-4-08-720790-3　Ⓝ395.39
　内容　第1章 在沖米軍基地の「県外移設」とは何
か（憲法九条に「ノーベル平和賞を」「本土の人
間がなしうる唯一の行動」とは ほか）　第2章 米
軍基地沖縄集中の歴史と構造（基地はなぜ沖縄に
日本政府が求めた海兵隊の「沖縄駐留維持」ほか）
第3章 県外移設を拒む反戦平和運動（県外移設を
遠ざけてきた「反戦平和」「安保廃棄、全基地撤
去」はいつまでに ほか）　第4章 「県外移設」批
判論への応答（知念ウシ氏と石田雄氏との往復書
簡　戦後民主主義の政治学と県外移設 ほか）　終
章 差別的政策を終わらせるために（県外移設要求
に応えるのが「本土」の責任　韓国併合の論理を
反復する「中国脅威論」ほか）　　　　〔1168〕

◇暮らして見た普天間―沖縄米軍基地問題を考
える　植村秀樹著　吉田書店　2015.6
244p　19cm　〈文献あり〉2000円　①978-4-
905497-34-9　Ⓝ395.39
　内容　1 普天間から考える（普天間で暮らす　普天
間問題とは何か）　2 暮らしと歴史から考える（基
地と市民生活　歴史のなかの普天間）　3 基地と
経済を考える（宜野湾市と基地　基地経済の実態）
4 基地と政治を考える（基地をめぐる政治　政治
と安全保障）　　　　　　　　　　　　〔1169〕

◇国防政策が生んだ沖縄基地マフィア　平井康
嗣、野中大樹著　七つ森書館　2015.6　253p
19cm　1800円　①978-4-8228-1533-2
Ⓝ395.39
　内容　序章 足下の小さな事実　第1章 名護市の基
地マフィア―2008年（米軍再編マネーに群がる基
地マフィアたち　守屋武昌更迭を切望した名護市
少女暴行事件を無視した名護市議会自民党系議員
たち　沖縄防衛「族」議員 1年間で学生の7割が
逃げた“振興費”学校）　第2章 基地マフィアと名
護市長選―2013年〜2014年（大混乱の名護市長選
候補者選び　基地マフィアのもくろみと、大
誤算　「たった4、5人でものごとを決めてはダメ
ですよ」―比嘉鉄也・元名護市長インタビュー　首
相官邸、自民党、『産経新聞』東京からのおぞま
しい「一本化」圧力　名護市で「推進」を叫ぶ正式
候補が誕生　問われた沖縄北部振興事業の実態）

98　「沖縄」がわかる本 6000冊

歴史・地理　　　　　　　　　　　　　　　　　　　　　　　　　　沖縄史

第3章 新基地建設に揺さぶられるまち―2014年夏（基地マフィアに殺された元銀行員 地方権力者と対峙する名護 膨らむ基地利権と漁協組合長の暴走 名護市を闊歩した利権屋の正体は元大手商社マン） 第4章 変わる沖縄の政財界と沖縄県知事選―2014年秋（沖縄、民意変化の胎動 「イデオロギーではなくアイデンティティが問われている」―平良朝敬かりゆしグループCEOに聞く） 第5章 脱「基地経済」への道程―2015年4月（「沖縄はカネの奴隷にはならない」―金秀グループ呉屋守将会長インタビュー 「財政依存、公共事業依存体質から沖縄は脱却する」―照正組社長、照屋義実インタビュー 沖縄振興策は見せかけの看板―琉球大学・島袋純教授インタビュー ナショナリズムとアイデンティティのはざまで―作家・日取真俊氏インタビュー）　　　　　　　〔1170〕

◇沖縄ソリューション―「普天間」を終わらせるために 橋本晃和, マイク・モチヅキ共著 町田 桜美林学園出版部 2015.7 269p 19cm 〈他言語標題：OKINAWA SOLUTION 文献あり 年表あり 発売：はる書房〉 1500円 ①978-4-905007-04-3 Ⓝ395.39
[内容] 県内移設は「差別」か？ 1部 あなたは「沖縄」を知っていますか（沖縄県民意の変遷と変容 歴史から見た「沖縄基地問題」） 2部 あなたは「沖縄の人」を知っていますか（問「沖縄の人」と「本土の人」の関係） 3部 あなたは「普天間」を知っていますか（普天間をめぐる閉塞状況の打破に向けて 解「沖縄ソリシューション」の道筋）　〔1171〕

◇沖縄「辺野古の海」は、いま―新しい巨大米軍基地ができる 写真ドキュメント 新藤健一編著 七つ森書館 2015.7 149p 21cm 〈他言語標題：Okinawa：The Sea of Henoko 英語抄訳付〉 1800円 ①978-4-8228-1534-9 Ⓝ395.39
[内容] 1「辺野古の海」は、いま 2 新しい巨大米軍基地ができる 3 海鳴りの島から　　〔1172〕

◇データで読む沖縄の基地負担 沖縄探見社編 那覇 沖縄探見社 2015.7 125p 21cm 〈年表あり〉 1100円 ①978-4-9904533-8-1 Ⓝ395.39　　　　　　　　　　〔1173〕

◇聞け！ オキナワの声―闘争現場に立つ元裁判官が辺野古新基地と憲法クーデターを斬る 仲宗根勇著 未來社 2015.9 245p 19cm 1700円 ①978-4-624-30121-7 Ⓝ395.39
[内容] 第1部 日本国憲法の原点（講演集）（日本国憲法と大日本帝国憲法 「押しつけ憲法」論の真実とウソ 辺野古新基地と戦争法案） 第2部 「辺野古総合大学」憲法・政治学激発講義（演説集）（闘いはここから闘いはいきます 辺野古政権のテロリズムは許さない！ 沖縄人をして沖縄人と戦わせるという安倍戦略 ゲート前テントは全面撤去できない 現場のリーダーを逮捕するという失態ほか）　　　　　　　　　　　　　〔1174〕

◇捻じ曲げられた辺野古の真実 又吉康隆編 読谷村（沖縄県） ヒジャイ出版 2015.9 196p 21cm 1530円 ①978-4-905100-10-2 Ⓝ395.39
[内容] 第1章 本土・沖縄の米軍基地はアジアの民主主義国家の平和に貢献している 第2章 戦後沖縄の非合法共産党・米民政府 第3章 辺野古移設の真実 第4章 辺野古埋め立ての真実 第5章 辺野古の真実を捻じ曲げた者たち 第6章 辺野古の真実を捻じ曲げた沖縄タイムス・琉球新報 第7章 辺野古の真実を捻じ曲げた翁長知事 第8章 辺野古の真実を捻じ曲げた落合恵子 第9章 辺野古の真実を捻じ曲げた宮崎駿 第10章 自民党県連批判　　　　　　　　　　　　　　　〔1175〕

◇みるく世ややがて―沖縄・名護からの発信 浦島悦子著 インパクト出版会 2015.10 318p 19cm 2300円 ①978-4-7554-0262-3 Ⓝ395.39
[内容] 第1章 2010年6月〜2011年9月 沖縄はまたしても切り捨てられた―民主党政権による裏切り 第2章 2011年11月〜2012年5月 沖縄はレイプの対象？―沖縄防衛局長発言 未明の辺野古アセス評価書提出 第3章 2012年6月〜2013年1月 新たな「屈辱の日」―オスプレイ強行配備「沖縄建白書」提出 第4章 2013年2月〜2013年12月 オール沖縄VS安倍自民党政権―辺野古を埋めさせてはならない 第5章 2013年12月〜2014年6月 マブイを落とした仲井眞知事―名護市民はウチナーンチュの誇りを守る 第6章 2014年7月〜2015年8月現在 新たな島ぐるみ闘争へ―辺野古・高江で同時に工事強行 翁長知事誕生　　〔1176〕

◇沖縄県における軍用機から発生する低周波音について 田崎盛也〔著〕 日本音響学会騒音・振動研究委員会 2015.12 4p 30cm （騒音・振動研究会資料 N-2015-64）　〔1177〕

◇沖縄の米軍施設が及ぼす騒音問題について 渡嘉敷健〔著〕 日本音響学会騒音・振動研究委員会 2015.12 7p 30cm （騒音・振動研究会資料 N-2015-63）　　〔1178〕

◆沖縄返還

◇戦後50年その時日本は 第4巻 沖縄返還・日米の密約、列島改造・田中角栄の挑戦と挫折 NHK取材班著 日本放送出版協会 1996.2 401p 20cm （NHKスペシャル） 〈年表、引用・参考文献：p398〜401〉 1900円 ①4-14-080211-1 Ⓝ210.76
＊非核三原則を骨抜きにする密約が沖縄返還の裏で交わされたという。佐藤首相の密使が明らかにした日米の秘密交渉を追う。田中角栄生涯の目標の実現を支え、破綻を目の当たりにした男。その証言をもとに挫折の深層に迫る。　〔1179〕

◇沖縄・復帰から自立へ 新崎盛暉編・解説 日本図書センター 1997.12 209p 31cm （琉球・沖縄写真絵画集成 第5巻） 〈年表あ

「沖縄」がわかる本 6000冊　99

り　文献あり〉①4-8205-7867-7　Ⓝ219.9　〔1180〕

◇日本になった沖縄　田名真之編・解説　日本図書センター　1997.12　181p　31cm　（琉球・沖縄写真絵画集成 第2巻）〈年表あり　文献あり〉①4-8205-7864-2　Ⓝ219.9〔1181〕

◇沖縄返還―1972年前後 写真集　池宮城晃, 池宮城拓写真　那覇　池宮商会　1998.2　207p　27cm　2286円　①4-87180-015-6　Ⓝ219.9　〔1182〕

◇ドキュメント・沖縄返還交渉　三木健著　日本経済評論社　2000.1　352p　20cm　2600円　①4-8188-1188-2　Ⓝ319.1053

内容 第1章 交渉の準備期　第2章 交渉の第一ラウンド　第3章 交渉の第二ラウンド　第4章 交渉の第三ラウンド　第5章 交渉の最終ラウンド　補遺 その後明らかになったこと―核密約の極秘文書と核爆弾1200発　〔1183〕

◇沖縄返還とは何だったのか―日米戦後交渉史の中で　我部政明著　日本放送出版協会　2000.6　253p　19cm　（NHKブックス）〈文献あり　年表あり〉970円　①4-14-001889-5　Ⓝ319.1053

内容 第1章 安保条約とは何か―不平等は是正されたのか　第2章 施政権返還の背景―米政府の思惑　第3章 米国の交渉戦略―研究資料が示す舞台裏　第4章 交渉開始―愛知・マイヤー会談から　第5章 佐藤・ニクソン共同声明―核再持ち込みの密約はあったのか　第6章 もう一つの密約―日米で食い違う巨額の補償費　終章 もう一つの断面「ガイドライン関連法」　〔1184〕

◇日米同盟半世紀―安保と密約　外岡秀俊, 本田優, 三浦俊章著　朝日新聞社　2001.9　640,6p　20cm〈文献あり　年表あり〉2500円　①4-02-257595-6　Ⓝ392.1076

内容 1 脱占領と冷戦（対日講和と安保　六〇年日米安保　沖縄返還）2 同盟強化への道（米中和解の衝撃　デタントの時代　「新冷戦」の到来）3 冷戦後の同盟漂流（湾岸戦争と日本　朝鮮半島危機と日本　日米安保再定義）4 密約　〔1185〕

◇沖縄の海図―「復帰」30年のメッセージ　多和田真助著　那覇　沖縄タイムス社　2003.2　259p　19cm　1900円　①4-87127-158-7　Ⓝ219.9

内容 米須興文　高良倉吉　田名真之　上里賢一　比屋根照夫　西里喜行　安里進　比嘉政夫　新垣安子　宮里政玄　吉元政矩　宮城弘岩　来間泰男　備瀬知伸　国吉永啓　仲宗根将二　石垣博孝　築島富士夫　仲里効　上間常道　渡口善明　宮城晴美　李登輝　大嶺実清　栽弘義　洲鎌朝夫　チャンドララール　姜尚中　陳舜臣　新川明〔1186〕

◇Kadena air base―1972～1982 本土復帰直後の沖縄在日米軍基地写真史　酣燈社　2006.3　112p　26cm　（別冊航空情報）　1714円　①4-87357-172-3　〔1187〕

◇沖縄密約―「情報犯罪」と日米同盟　西山太吉著　岩波書店　2007.5　213p　18cm　（岩波新書）　700円　①978-4-00-431073-0　Ⓝ319.1053

内容 第1章 「沖縄返還」問題の登場―その背景と日米の思惑（池田から佐藤へ　ベトナム戦争と沖縄返還　ジョンソンからニクソンへ）　第2章 核持込みと基地の自由使用―交渉とその帰結（1）（明かされた核密約　基地の自由使用と事前協議の空洞化）　第3章 財政負担の虚構―交渉とその帰結（2）（米資産買取りの内幕　闇の主役と秘密合意つかみ金、二億ドルの使途　追加された二つの密約）　第4章 変質する日米同盟（安保共同宣言と新ガイドライン　日米軍事再編）　第5章 情報操作から情報犯罪へ（密約を生む土壌　秘密体質の形成　情報犯罪は続いている）　〔1188〕

◇沖縄「復帰の日」―新沖縄県発足式典・記念行事の記録 1972年5月15日　神山長蔵編　那覇　神山長蔵　2008.11　188p　27cm　非売品　Ⓝ219.9　〔1189〕

◇沖縄〈復帰〉の構造―ナショナル・アイデンティティの編成過程　高橋順子著　新宿書房　2011.5　310,20p　21cm〈文献あり 索引あり〉3800円　①978-4-88008-418-3　Ⓝ219.9

内容 戦後日本における沖縄の「祖国復帰」という出来事　第1部 国土意識再編と沖縄の「復帰」（国土意識の再編過程と沖縄の例外化　「復帰」前後における沖縄認識の変容）　第2部 「復帰」の複層性（沖縄戦の記憶の変容　文化的多様性としての沖縄へ―沖縄修学旅行の調査検討から　沖縄における沖縄認識の「現在」―琉球・沖縄史学習の調査検討から　「復帰」をめぐる企て―「沖縄病」に表れた沖縄受容の作法）　〔1190〕

◇若泉敬と日米密約―沖縄返還と繊維交渉をめぐる密使外交　信夫隆司著　日本評論社　2012.3　409p　22cm〈索引あり　文献あり〉4700円　①978-4-535-58617-8　Ⓝ319.1053

内容 第1章 沖縄返還と繊維問題　第2章 日米密約（一九六九年一一月）　第3章 シナリオの破綻（一九七〇年一月～三月）　第4章 若泉訪米から宮澤・スタンズ会談（一九七〇年四月～六月）　第5章 第二回佐藤・ニクソン会談（一九七〇年一〇月）　第6章 最後の交渉（一九七〇年一一月～一二月）　〔1191〕

◇沖縄返還の代償―核と基地：密使・若泉敬の苦悩　「NHKスペシャル」取材班著　光文社　2012.5　277p　19cm　1400円　①978-4-334-97692-7　Ⓝ319.1053

内容 第1章 密約取材で浮かび上がった人物　第2章 日米首脳会談の舞台裏　第3章 突然の隠棲、空白の歳月　第4章 基地の自由使用アメリカの真のねらい　第5章 待望の出版と失意　第6章 若泉

歴史・地理　　　　　　　　　　　　　　　　　　　　　　　　各地の歴史

の死、変わらぬ沖縄　　　　　　　　〔1192〕

◇星条旗と日の丸の狭間で─証言記録・沖縄返
還と核密約　具志堅勝也著，沖縄大学地域研
究所編　芙蓉書房出版　2012.5　319p
19cm　（沖縄大学地域研究所叢書）〈文献あ
り　年譜あり〉　1800円　Ⓘ978-4-8295-0558-8
Ⓝ319.1053
内容 序章　『他策ナカリシヲ信ゼムト欲ス』で核
密約を暴露　第1章　米軍統治と祖国復帰運動（戦
後の教育復興に奔走した屋良朝苗　安全保障の研
究者として名を馳せた若泉敬 ほか）　第2章　核抜
き本土並み返還交渉（佐藤総理が若泉を密使とし
てワシントンに送る　佐藤ジョンソン会談で「両
三年以内に返還目途」を合意 ほか）　第3章　若泉
の苦悩（女子学徒隊の悲劇　若泉は「愚者の楽園」
である日本の現状を憂えた ほか）　第4章　琉球処
分（普天間基地の県内移設に沖縄が反発　沖縄の
現状は三度目の琉球処分）　　　　　　　〔1193〕

◇沖縄返還と日米安保体制　中島琢磨著　有斐
閣　2012.12　402p　22cm　〈他言語標題：
Reversion of Okinawa and the Japan-U.S.
Security Arrangements　文献あり　索引あ
り〉　4800円　Ⓘ978-4-641-04999-4　Ⓝ319.
1053
内容 序論　課題と視角　第1章　佐藤内閣の成立と
沖縄返還問題の提起　第2章　沖縄返還問題の進展
第3章　施政権返還交渉の開始　第4章　施政権返還
交渉の展開　第5章　沖縄返還合意の成立　第6章
沖縄返還の実現　結論　戦後外交における沖縄返
還　　　　　　　　　　　　　　　　　　〔1194〕

◇世変わりの後で復帰40年を考える　宜野湾
沖縄国際大学公開講座委員会　2013.3　321p
19cm　（沖縄国際大学公開講座 22）〈文献
あり　年表あり　発売：編集工房東洋企画
（糸満）〉　1500円　Ⓘ978-4-905412-15-1
Ⓝ219.9
内容 島津侵入　田名真之著　琉球処分　赤嶺守著
沖縄戦　吉浜忍著　占領という「世変わり」と自治
の模索　鳥山淳著　沖縄の開発と環境保護　宮城邦
治著　文化財行政、世界遺産　上原靜著　沖縄の
生殖・家族とジェンダー　澤田佳世著　民俗宗教
と地域社会　信仰世界の変容　稲福みき子著　記
憶と継承　記憶・保存・活用　藤波潔著　先住民族
運動と琉球・沖縄　石垣直著　　　　　　〔1195〕

◇琉球弧の住民運動　『琉球弧の住民運動』復
刻版刊行委員会編　復刻版　合同出版
2014.5　838p　26cm　13000円　Ⓘ978-4-
7726-1138-1
＊1972年、占領期の数々の問題を抱えたまま本土
復帰した沖縄。『琉球弧の住民運動』には、復帰
後の沖縄に残された基地問題や環境破壊・公害
問題などに立ち向かう民衆運動の実態が、当事
者たちによって記録されている。現在の辺野古、
高江、普天間の闘いも、70年代、80年の闘いと
地下水脈でつながっており、現在もなお参照す
るに足る、民衆のさまざまな闘いの知恵が集録

されている。　　　　　　　　　　　　　〔1196〕

◇機密を開示せよ─裁かれた沖縄密約　西山太
吉著　決定版　岩波書店　2015.2　212p
19cm　1700円　Ⓘ978-4-00-061025-4
Ⓝ319.1053
内容 第1章　密約の公開を求めて　第2章　三つの
密約文書　第3章　裁判（第一審）と訴訟指揮（自民
党政権の下で　民主党政権の下で）　第4章　密約
調査（外務省の調査　財務省の調査　衆院外務委
員会の参考人招致）　第5章　杉原判決とその意義
（全面勝訴─認定された密約　原告の主張立証責
任問題　過去への決別）　第6章　東京高裁判決と
問題点（判決─大勝利と大敗北　上告とその理由）
第7章　最高裁判決の反動性─情報公開の精神は蹂
躙　第8章　特定秘密保護法の登場─政権による危
険な情報操作　　　　　　　　　　　　　〔1197〕

◇沖縄密約をあばく─記録　沖縄密約情報公開
訴訟　沖縄密約情報公開訴訟原告団編　日本
評論社　2016.2　280p　21cm　3000円
Ⓘ978-4-535-52129-2
内容 第1部　沖縄密約情報公開訴訟とは何か（沖縄
密約情報公開訴訟とは何か─裁判の歩みを振り返
る）　第2部　沖縄密約情報公開訴訟が明らかにし
たこと（解明された戦後沖縄差別の実態　放置さ
れてきた日米同盟の歪み　訴訟はどこまで情報公
開を進め得たか）　第3部　原告団と支援者が考え
たこと（原告団はなにを見、いかに考えたか　支
援者が思う裁判闘争の成果と問題）　第4部　沖縄
密約との闘い（沖縄密約との闘いを生き抜く）
　　　　　　　　　　　　　　　　　　　〔1198〕

各地の歴史

《北部地区（国頭郡）》

◇戦前新聞集成─並里区誌資料編　並里区誌編
纂室編　金武町（沖縄県）　並里区事務所
1995.3　485p　21cm　Ⓝ219.9　　〔1199〕

◇瀬底誌　瀬底誌編集委員会編　本部町（沖縄
県）　本部町字瀬底　1995.6　2冊（資料編と
も）　22cm　Ⓝ291.99　　　　　　　　〔1200〕

◇名護・やんばるの戦争─極限の人びと　企画
展13　名護博物館編　名護　名護博物館
1995.8　99p　21cm　Ⓝ219.9　　　　〔1201〕

◇名護市史　資料編 4　考古資料集　名護市史
編さん委員会編　名護　名護市　1998.3
344p　21cm　Ⓝ219.9　　　　　　　　〔1202〕

◇並里区誌　戦前編　並里区誌編纂委員会編
金武町（沖縄県）　並里区事務所　1998.3
661p　27cm　Ⓝ219.9　　　　　　　　〔1203〕

◇挿絵で見る昭和初期の金武　石田磨柱著　秋

各地の歴史　　　　　　　　　　　　　　　歴史・地理

田　〔石田磨柱〕　1998.12　206p　21cm
Ⓝ219.9　　　　　　　　　　　　　　　〔1204〕

◇地域史資料展・資料目録—第4回地域史まつ
り　沖縄県地域史協議会編　今帰仁村（沖縄
県）　沖縄県地域史協議会　1999.2　76p
26cm〈設立20周年記念　会期・会場：1998
年11月30日—12月6日　那覇市民ギャラリー〉
Ⓝ219.9　　　　　　　　　　　　　　　〔1205〕

◇伊江島の戦中・戦後体験記録—イーハッ
チャー魂で苦難を越えて　証言・資料集成
伊江村教育委員会編　伊江村（沖縄県）　伊
江村教育委員会　1999.3　896p　図版12枚
27cm　Ⓝ219.9　　　　　　　　　　　〔1206〕

◇5000年の記憶名護市民の歴史と文化
「5000年の記憶」編集委員会編　〔名護〕
名護市　2000.7　196p　26cm〈他言語標
題：Memories of 5000 years history and
culture of Nago citizenry　英語併記　背の
タイトル：五千年の記憶　年表あり　文献あ
り〉500円　Ⓝ219.9　　　　　　　　〔1207〕

◇屋我地—その歴史と自然　名護　名護博物館
2000.10　63p　30cm〈第17回企画展　文献
あり〉Ⓝ291.99　　　　　　　　　　〔1208〕

◇名護市史　本編9（民俗）1（民俗誌）　名護
市史編さん委員会編　名護　名護市　2001.3
506p　27cm〈折り込1枚〉5000円　Ⓝ219.9
　　　　　　　　　　　　　　　　　　〔1209〕

◇名護市史　本編9（民俗）2（自然の文化誌）
名護市史編さん委員会編　名護　名護市
2001.3　402p　27cm　Ⓝ219.9　　〔1210〕

◇名護碑文記—碑文が語るふるさとの歴史・文
化・人物　名護碑文記編集委員会編　増補版
名護　名護市教育委員会　2001.3　338p
21cm　（名護市史叢書4）　1500円　Ⓝ219.
9　　　　　　　　　　　　　　　　　〔1211〕

◇鳥たちが村を救った　比嘉康文著　同時代社
2001.4　220p　19cm　1600円　Ⓘ4-88683-
443-4
　内容　削り取られた伊部岳　地方版に載ったスクー
　プ記事　ベトナムへの出撃基地　カシマタ山で何
　が起こっているのか　発覚した実弾砲撃演習場
　村あげての反対闘争　大晦日の実力阻止　緊迫の
　交渉と舞台裏　自然を守れ、運動のひろがり　教
　えてもらった貴重な情報　鴨とウミスズメと米軍
　と　ノグチゲラを救え、一通の手紙から〔1212〕

◇本部町史　資料編3　新聞集成 大正〜昭和
戦前・戦中期の本部　本部町史編集委員会編
本部町（沖縄県）　本部町　2001.12　447p
31cm　Ⓝ219.9　　　　　　　　　　〔1213〕

◇本部町史　資料編4　新聞集成 戦後米軍統
治下の本部　本部町史編集委員会編　本部町
（沖縄県）　本部町　2002.3　661p　31cm
Ⓝ219.9　　　　　　　　　　　　　　〔1214〕

◇金武町史　第2巻 戦争・本編　金武町史編さ
ん委員会編　金武町（沖縄県）　金武町教育
委員会　2002.3　434p　27cm〈〔1〕の出版
者：金武町〉Ⓝ291.99　　　　　　　〔1215〕

◇金武町史　第2巻 戦争・証言編　金武町史編
さん委員会編　金武町（沖縄県）　金武町教
育委員会　2002.3　561p　27cm　Ⓝ291.99
　　　　　　　　　　　　　　　　　　〔1216〕

◇金武町史　第2巻 戦争・資料編　金武町史編
さん委員会編　金武町（沖縄県）　金武町教
育委員会　2002.3　500p　27cm　Ⓝ291.99
　　　　　　　　　　　　　　　　　　〔1217〕

◇名護市史　本編7（社会と文化）　名護市史
編さん委員会編　名護　名護市　2002.5
720p　27cm〈年表あり〉3000円　Ⓝ219.9
　　　　　　　　　　　　　　　　　　〔1218〕

◇名護市史　本編9（民俗）3（民俗地図）　名
護市史編さん室編　名護　名護市　2003.3
464,55p　31cm〈文献あり〉3000円
Ⓝ219.9　　　　　　　　　　　　　　〔1219〕

◇屋部久護家文書　名護市史編さん室編　名護
名護市教育委員会　2003.3　372p　21cm
（名護市史　資料編5〈文献資料集〉別冊1）
〈年表あり〉1500円　Ⓝ219.9　　　〔1220〕

◇羽地大川修補日記　名護市教育委員会文化課
市史編さん係編　名護　名護市　2003.6
114p　26cm　（名護市史　資料編5〈文献資
料集〉1）　500円　Ⓝ219.9　　　　〔1221〕

◇名護市史　本編6（教育）　名護市史編さん
委員会編　名護　名護市　2003.8　528,8p
27cm〈年表あり〉4500円　Ⓝ219.9　〔1222〕

◇名護市史　本編6（教育）別冊（学校誌）
名護市史編さん委員会編　名護　名護市
2003.8　282p　26cm〈年表あり〉Ⓝ219.9
　　　　　　　　　　　　　　　　　　〔1223〕

◇目で見る名護・国頭郡の100年　島袋正敏監
修　松本　郷土出版社　2003.9　146p
38cm〈文献あり〉11000円　Ⓘ4-87663-635-
4　Ⓝ219.9　　　　　　　　　　　　〔1224〕

◇名護六百年史　比嘉宇太郎著,名護市教育委
員会文化課市史編さん係編　第3版　〔名護〕
名護市　2004.3　371p　22cm　2000円
Ⓝ219.9　　　　　　　　　　　　　　〔1225〕

102　「沖縄」がわかる本　6000冊

歴史・地理　　　　　　　　　　　　　　　　　　　　　　　　　　　　各地の歴史

◇羽地寄留士族関連資料　名護市教育委員会文
化課市史編さん係編　名護　名護市　2004.3
100p　26cm　（名護市史　資料編 5〈文献資
料集〉 2）　500円　Ⓝ219.9
〔1226〕

◇大宜味村饒波誌　饒波誌編集委員会編　〔大
宜味村（沖縄県）〕　大宜味村字饒波　2005.1
371p　27cm〈年表あり〉　Ⓝ291.99　〔1227〕

◇羽地地方役人関連資料　名護市教育委員会文
化課市史編さん係編　名護　名護市　2005.3
114p　26cm　（名護市史　資料編 5〈文献資
料集〉 3）　500円　Ⓝ219.9
〔1228〕

◇名護親方程順則資料集　1（人物・伝記編）
名護市教育委員会名護市史編さん室編　第3
版　名護　名護市教育委員会文化課市史編さ
ん係　2005.3　153p　26cm　（名護市史叢書
11）〈年譜あり　文献あり〉Ⓝ289.1〔1229〕

◇屋嘉区誌　戦前編　屋嘉区誌編纂委員会編
金武町（沖縄県）　屋嘉区事務所　2005.3
411p　31cm〈折り込み1枚〉Ⓝ291.99　〔1230〕

◇八重岳・ふるさと芭蕉敷記念誌　八重岳・ふ
るさと芭蕉敷記念誌編集委員会編　〔出版地
不明〕　芭蕉敷会　2007.4　402p　27cm
〈背のタイトル：芭蕉敷記念誌　年表あり〉
Ⓝ219.9
〔1231〕

◇今帰仁城跡の四季―世界遺産：写真集　武安
弘毅写真・文、今帰仁村教育委員会監修　糸
満　編集工房東洋企画　2013.1　96p　21×
24cm〈他言語標題：The 4 seasons Nakijin
Castle remains　英語併記〉1500円　Ⓘ978-
4-905412-13-7　Ⓝ219.9
＊往時を偲ばせる風景が時を超え、目前に迫る。や
んばるの地に佇む、いにしえの遺産。春夏秋冬、
季節の風景約80点を一冊に。
〔1232〕

◇恩納村誌　第1巻（自然編）　恩納村誌編さん
委員会編　恩納村（沖縄県）　沖縄県恩納村
2014.3　573p　27cm〈外箱入　文献あり〉
Ⓝ291.99
〔1233〕

《中部地区（中頭郡）》

◇具志川市の慰霊塔　具志川市史編さん室編
〔具志川〕　具志川市教育委員会　1995.3
61p　26cm　（具志川市史編集資料 7）
Ⓝ210.75
〔1234〕

◇古代の沖縄市―室川貝塚「発見～崖下地区発
掘調査」の成果を中心に　沖縄市立郷土博物
館編　〔沖縄〕　沖縄市教育委員会　1995.3
44p　26cm　（沖縄市文化財啓発資料 第3
集）〈付：参考文献〉Ⓝ219.9　〔1235〕

◇読谷村史　第4巻　資料編 3　読谷の民俗
読谷村史編集委員会編　読谷村（沖縄県）
読谷村　1995.3　2冊　22cm　Ⓝ219.9
〔1236〕

◇北中城村史　第2巻（民俗編）　北中城村史編
纂委員会編　北中城村（沖縄県）　北中城村
1996.3　2冊（別冊とも）　2冊（別冊（1冊
15×21cm）：北中城村大字・小字界図、民俗
（地名・旧跡）地図、屋号地図）Ⓝ219.9〔1237〕

◇太平洋戦争・沖縄戦西原町世帯別被災者記録
西原町編　西原町（沖縄県）　西原町　1996.
3　585p　31cm　Ⓝ219.9
〔1238〕

◇北谷関係新聞記事目録　第1集 戦前編　北谷
町史編集事務局編　北谷町（沖縄県）　北谷
町教育委員会　1996.3　355p　26cm　（北
谷町史編集資料 9）　Ⓝ219.9
〔1239〕

◇西原町史　第5巻（資料編 4）　西原町史編纂
委員会編　西原町（沖縄県）　西原町　1996.
3　771p　22cm　Ⓝ219.9
　内容　西原の考古
〔1240〕

◇読谷山路を行く―読谷村の旧跡めぐり　曽根
信一著、村山友江, 知花孝子編　〔読谷村（沖
縄県）〕　〔曽根信一〕　1996.11　169p
21cm　1500円　Ⓝ219.9
〔1241〕

◇具志川市史　第3巻（民話編）上　伝説　具
志川市史編さん委員会編　具志川　具志川市
教育委員会　1997.3　1028p　22cm　Ⓝ219.
9
〔1242〕

◇戦後初期の宜野湾―桃原亀郎日記―宜野湾市
史別冊　桃原亀郎〔著〕, 宜野湾市教育委員
会文化課編　宜野湾　宜野湾市教育委員会
1997.3　325p　30cm〈年譜あり　文献あ
り〉Ⓝ219.9
〔1243〕

◇上勢頭誌　上巻 通史編 1　上勢頭誌編集委
員会編　北谷町（沖縄県）　旧字上勢頭郷友
会　1997.5　810p 図版10枚　27cm〈付属
資料：8枚〉Ⓝ291.99
〔1244〕

◇ふるさと泡瀬―写真集　泡瀬復興期成会編
沖縄　泡瀬復興期成会　1997.10　275p
30cm　Ⓝ219.9
〔1245〕

◇嘉手納町史　資料編 4　新聞資料―大正八年
―昭和二十年　嘉手納町（沖縄県）　嘉手納
町教育委員会　1998.3　740p　22cm〈編
集：嘉手納町史編纂審議会〉Ⓝ219.9〔1246〕

◇ぎのわん市の戦跡　宜野湾市教育委員会文化
課編　宜野湾　宜野湾市教育委員会文化課
1998.3　129p　19cm　Ⓝ219.9　〔1247〕

各地の歴史　　　　　　　　　　　　　　　　　　歴史・地理

◇読谷村史　第4巻〔2〕　資料編　3 読谷の
民俗 補遺及び索引　読谷村史編集委員会編
読谷村（沖縄県）　読谷村　1998.3　261,
109p　21cm　Ⓝ219.9
〔1248〕

◇上勢頭誌　下巻（長寿・人物編）　上勢頭誌
編集委員会編　北谷町（沖縄県）　旧字上勢
頭郷友会　1998.9　501p　27cm〈年表あ
り〉Ⓝ291.99
〔1249〕

◇楚辺誌「民俗編」　字楚辺誌編集委員会編
読谷村（沖縄県）　字楚辺公民館　1999.6
912p　27cm〈奥付のタイトル：字楚辺誌
「民俗編」〉Ⓝ219.9
〔1250〕

◇沖縄市の今昔・夢未来―沖縄市制二十五周年
記念　仲里嘉彦監修　浦添　春夏秋冬社
2000.1　620p　22cm　Ⓝ318.699　〔1251〕

◇嘉手納町史　資料編 5　戦時資料　上　嘉手
納町（沖縄県）　嘉手納町教育委員会　2000.
3　962p　22cm〈編集：嘉手納町史編纂審
議会〉Ⓝ219.9
〔1252〕

◇宜野湾市史　第9巻（資料編 8）　自然　宜野
湾市教育委員会文化課編　宜野湾　宜野湾市
教育委員会　2000.3　743p　22cm〈付属資
料：図2枚〉Ⓝ219.9
〔1253〕

◇具志川市史　第3巻（民話編）　下　昔話　具
志川市史編さん委員会編　具志川　具志川市
教育委員会　2000.3　1002,15p　22cm
Ⓝ219.9
〔1254〕

◇具志川市史　第3巻（民話編）　別冊　話者別
話型一覧　具志川市史編さん室編　具志川
具志川市教育委員会　2000.3　106p　21cm
Ⓝ219.9
〔1255〕

◇北中城村史　第3巻 移民・本編　北中城村史
編纂委員会編　北中城村（沖縄県）　北中城
村　2001.3　708,28p　27cm　Ⓝ219.9
〔1256〕

◇北中城村史　第3巻 移民・資料編　北中城村
史編纂委員会編　北中城村（沖縄県）　北中
城村　2001.3　493p　27cm　Ⓝ219.9〔1257〕

◇西原町史　第6巻（資料編 5）　西原町史編纂
委員会編　西原町（沖縄県）　西原町教育委
員会　2001.10　647p　22cm　Ⓝ219.9
内容 西原の移民記録
〔1258〕

◇西原町史　第6巻 附録　西原町史編纂委員会
編　西原町（沖縄県）　西原町教育委員会
2001.10　369p　22cm　Ⓝ219.9　〔1259〕

◇具志川市史　第4巻（移民・出稼ぎ）　証言編
具志川市史編さん委員会編　具志川　具志川

市教育委員会　2002.3　911,34p　22cm
Ⓝ219.9
〔1260〕

◇具志川市史　第4巻（移民・出稼ぎ）　資料編
具志川市史編さん委員会編　具志川　具志川
市教育委員会　2002.3　900,77p　22cm
Ⓝ219.9
〔1261〕

◇具志川市史　第4巻（移民・出稼ぎ）　論考編
具志川市史編さん委員会編　具志川　具志川
市教育委員会　2002.3　1095,44p　22cm
〈年表あり〉Ⓝ219.9
〔1262〕

◇読谷村史　第5巻［1］　資料編　4 戦時記録
上巻　読谷村史編集委員会編　読谷村（沖縄
県）　読谷村　2002.3　45,835p　27cm〈年
表あり〉4000円　Ⓝ219.9
〔1263〕

◇嘉手納町史　資料編 6　戦時資料　下　嘉手
納町（沖縄県）　嘉手納町教育委員会　2003.
3　1030p　22cm〈編集：嘉手納町史編纂審
議会〉Ⓝ219.9
〔1264〕

◇西原町史　第7巻（資料編 6）　西原の産業
西原町史編纂委員会編　西原町（沖縄県）
西原町教育委員会　2003.3　393p　22cm
〈年表あり〉Ⓝ219.9
〔1265〕

◇北中城村史　第6巻（新聞資料編）　上　北中
城村史編纂委員会編　北中城村（沖縄県）
北中城村　2004.3　746,20p　27cm　Ⓝ219.
9
〔1266〕

◇北中城村史　第6巻（新聞資料編）　下　北中
城村史編纂委員会編　北中城村（沖縄県）
北中城村　2004.3　643,23p　27cm〈年表あ
り〉Ⓝ219.9
〔1267〕

◇写真が語る護佐丸の居城―中城城跡その周辺
沖縄県中城村教育委員会編　中城村（沖縄
県）　沖縄県中城村教育委員会　2004.3
134p　30cm〈年表あり〉Ⓝ219.9　〔1268〕

◇読谷村史　第5巻［2］　資料編　4 戦時記録
下巻　読谷村史編集委員会編　読谷村（沖縄
県）　読谷村　2004.3　50,1101p　27cm
〈文献あり〉4000円　Ⓝ219.9
〔1269〕

◇中城村の拝所　中城村教育委員会編　中城村
（沖縄県）　中城村教育委員会　2004.3　86p
30cm　（中城村の文化財 第5集）Ⓝ291.99
〔1270〕

◇中城村の文化財―聞いて・見て・触れる文化
財　沖縄県中城村教育委員会編　中城村（沖
縄県）　沖縄県中城村教育委員会　2004.3
56p　30cm　Ⓝ291.99
〔1271〕

◇中城村の屋取　中城村教育委員会編　中城村

104　「沖縄」がわかる本 6000冊

歴史・地理　　　　　　　　　　　　　　　　　　　　　　　　　　　　各地の歴史

（沖縄県）　中城村教育委員会　2004.3
142p　30cm　（中城村の文化財　第7集）
Ⓝ291.99　　　　　　　　　　　　　　〔1272〕

◇大湾誌和睦　字大湾誌編纂委員会編　読谷村
（沖縄県）　読谷村字大湾郷友会　2004.6
427p　31cm〈年表あり〉Ⓝ291.99　〔1273〕

◇具志川市史　第5巻（戦争編）戦時記録　具
志川市史編さん委員会編　具志川　具志川市
教育委員会　2005.3　1222,39p　22cm
Ⓝ219.9　　　　　　　　　　　　　　〔1274〕

◇具志川市史　第5巻（戦争編）戦時体験　1
具志川市史編さん委員会編　具志川　具志川
市教育委員会　2005.3　942,33p　22cm
Ⓝ219.9　　　　　　　　　　　　　　〔1275〕

◇具志川市史　第5巻（戦争編）戦時体験　2
具志川市史編さん委員会編　具志川　具志川
市教育委員会　2005.3　837,21p　22cm
Ⓝ219.9　　　　　　　　　　　　　　〔1276〕

◇北谷町史　第1巻（通史編）　北谷町史編集委
員会編　北谷町（沖縄県）　北谷町教育委員
会　2005.3　779,30p　図版20枚　22cm
Ⓝ219.9　　　　　　　　　　　　　　〔1277〕

◇北谷町史　第1巻　附録　北谷町史編集事務局
編　北谷町（沖縄県）　北谷町教育委員会
2005.3　464p　27cm〈年表あり〉Ⓝ219.9
　　　　　　　　　　　　　　　　　　〔1278〕

◇読谷の先人たち　読谷村史編集委員会編　読
谷村（沖縄県）　読谷村　2005.3　368p
26cm〈年表あり　文献あり〉1500円
Ⓝ281.99　　　　　　　　　　　　　　〔1279〕

◇石川市60年のあゆみ―みほそのまち　平成17
年石川市閉市記念　石川市編　石川　石川市
2005.3　129p　30cm〈年表あり〉Ⓝ291.99
　　　　　　　　　　　　　　　　　　〔1280〕

◇下勢頭誌　戦後編　下勢頭誌編集委員会編
〔北谷町（沖縄県）〕　北谷町下勢頭郷友会
2005.7　571p　27cm〈折り込1枚　年表あ
り〉Ⓝ291.99　　　　　　　　　　　〔1281〕

◇うるま市内石川地域遺跡詳細分布調査　うる
ま　沖縄県うるま市教育委員会　2006.3
128p　30cm　（うるま市文化財調査報告書
第1集）Ⓝ219.9　　　　　　　　　　〔1282〕

◇沿岸地域遺跡分布調査概報　1（沖縄本島・周
辺離島編）　西原町（沖縄県）　沖縄県立埋蔵
文化財センター　2006.3　17p　30cm　（沖
縄県立埋蔵文化財センター調査報告書　第37
集）Ⓝ219.9　　　　　　　　　　　　〔1283〕

◇嘉手納弾薬庫内文化財調査　1　うるま　う
るま市教育委員会　2006.3　121p　30cm
（うるま市文化財調査報告書　第3集）
Ⓝ219.9
　内容　嘉手納地区（16・17）運動施設（泡瀬ゴルフ
　場）移設に係わる予備調査（踏査・試掘・植生）に
　ついて
　　　　　　　　　　　　　　　　　　〔1284〕

◇嘉手納弾薬庫内文化財調査　2　うるま　う
るま市教育委員会　2006.3　176p　30cm
（うるま市文化財調査報告書　第3集）〈文献
あり〉Ⓝ219.9
　内容　嘉手納地区（16・17）運動施設（泡瀬ゴルフ
　場）移設に係わる開取調査について
　　　　　　　　　　　　　　　　　　〔1285〕

◇具志川市史　第6巻（教育編）　うるま市具志
川市史編さん委員会編　うるま　うるま市教
育委員会　2006.3　1028,40p　22cm〈年表
あり〉Ⓝ219.9　　　　　　　　　　　〔1286〕

◇北谷町史　附巻（移民・出稼ぎ編）　北谷町
史編集委員会編　北谷町（沖縄県）　北谷町
教育委員会　2006.3　740p　27cm　Ⓝ219.9
　　　　　　　　　　　　　　　　　　〔1287〕

◇古堅誌　読谷村（沖縄県）　沖縄県読谷村字
古堅区　2007.3　475p　27cm〈年表あり
文献あり〉Ⓝ219.9　　　　　　　　　〔1288〕

◇宜野湾市史　第8巻（資料編　7）　戦後資料編
1　戦後初期の宜野湾（資料編）　沖縄県宜野
湾市教育委員会文化課編　宜野湾　沖縄県宜
野湾市教育委員会文化課　2008.3　848p
27cm〈年表あり〉Ⓝ219.9　　　　　〔1289〕

◇資料にみる西原―移りゆく西原の空のもとで
ビジュアル版　『西原町史』付属刊行物　西
原町教育委員会編　〔西原町（沖縄県）〕
沖縄県西原町　2008.3　256p　30cm〈年表
あり〉Ⓝ219.9　　　　　　　　　　　〔1290〕

◇屋取集落に生きる―池原上田原・仕明座原遺
跡発掘調査報告書　沖縄市立郷土博物館編
沖縄　沖縄市立郷土博物館　2008.3　211p
30cm　（沖縄市文化財調査報告書　第34集）
〈共同刊行：沖縄市教育委員会　文献あり〉
Ⓝ219.9　　　　　　　　　　　　　　〔1291〕

◇沿岸地域遺跡分布調査概報　2　宮古・八重
山諸島編　西原町（沖縄県）　沖縄県立埋蔵
文化財センター　2009.3　25p　30cm　（沖
縄県立埋蔵文化財センター調査報告書　第52
集）Ⓝ219.9　　　　　　　　　　　　〔1292〕

◇宜野湾戦後のはじまり　沖縄県宜野湾市教育
委員会文化課編　宜野湾　沖縄県宜野湾市教
育委員会文化課　2009.3　51p　30cm　（宜
野湾市史　第8巻　資料編　7　戦後資料編　1―

「沖縄」がわかる本　6000冊　　105

各地の歴史

戦後初期の宜野湾 解説編）〈年表あり〉
Ⓝ219.9　　　　　　　　　　　　〔1293〕

◇北中城村史　第4巻（戦争・論述編）　北中城
村史編纂委員会編　北中城村（沖縄県）　北
中城村　2010.1　307,41p　27cm〈文献あり
年表あり〉Ⓝ219.9　　　　　　　　〔1294〕

◇北中城村史　第4巻（戦争・証言編 1）　北中
城村史編纂委員会編　北中城村（沖縄県）
北中城村　2010.1　509p　27cm　Ⓝ219.9
　　　　　　　　　　　　　　　　〔1295〕

◇北中城村史　第4巻（戦争・証言編 2）　北中
城村史編纂委員会編　北中城村（沖縄県）
北中城村　2010.1　519p　27cm　Ⓝ219.9
　　　　　　　　　　　　　　　　〔1296〕

◇平安山ヌ上誌　平安山ヌ上誌編集委員会編
〔北中城村（沖縄県）〕　平安山ヌ上郷友会
2010.2　651p　27cm〈年表あり〉Ⓝ291.99
　　　　　　　　　　　　　　　　〔1297〕

◇うるま市の戦争関連遺跡と慰霊塔　うるま
うるま市教育委員会　2010.3　102p　30cm
（うるま市文化財調査報告書　第12集）
Ⓝ219.9　　　　　　　　　　　　〔1298〕

◇沿岸地域遺跡分布調査概報　3　遺跡地図・
概要編　西原町（沖縄県）　沖縄県立埋蔵文
化財センター　2010.3　28p　30cm　（沖縄
県立埋蔵文化財センター調査報告書　第55
集）　Ⓝ219.9　　　　　　　　　〔1299〕

◇西原町史　第8巻（資料編 7）　西原の言語
西原町史編集委員会編　西原町（沖縄県）
西原町教育委員会　2010.3　507p　27cm
〈文献あり〉Ⓝ219.9　　　　　　〔1300〕

◇西原町史　第1巻　通史編 1　西原町史編集委
員会編　西原町（沖縄県）　西原町教育委員
会　2011.9　417,14p　27cm〈文献あり〉
Ⓝ219.9　　　　　　　　　　　　〔1301〕

◇西原町史　第1巻　通史編 2　西原町史編集委
員会編　西原町（沖縄県）　西原町教育委員
会　2011.9　398,14p　27cm〈文献あり〉
Ⓝ219.9　　　　　　　　　　　　〔1302〕

◇北中城村史　第7巻　文献資料編　北中城村
史編纂委員会編　北中城村（沖縄県）　北中
城村　2012.3　628p　27cm〈文献あり〉
Ⓝ219.9　　　　　　　　　　　　〔1303〕

◇読谷村史　第6巻　資料編 5　統計にみる読谷
山　読谷村史編集委員会編　読谷村（沖縄
県）　読谷村　2012.3　708p　27cm　Ⓝ219.
9　　　　　　　　　　　　　　　〔1304〕

◇宜野湾市制施行50周年記念写真集―ぎのわん
50th　宜野湾市教育委員会編　宜野湾　宜野
湾市教育委員会　2013.3　69p　30cm〈年
表あり〉Ⓝ219.9　　　　　　　　〔1305〕

◇宜野湾市文化財情報図　平成25年度版　宜野
湾　沖縄県宜野湾市教育委員会・文化課
2014.3　50p　30cm　（宜野湾市文化財保護
資料 第72集）〈文献あり〉Ⓝ219.9　〔1306〕

◇中城村戦前の集落　シリーズ1　泊　沖縄県
中城村教育委員会編　中城村（沖縄県）　沖
縄県中城村教育委員会　2014.3　19p　30cm
　　　　　　　　　　　　　　　　〔1307〕

◇中城村戦前の集落　シリーズ2　屋宜　中城
村教育委員会編　中城村（沖縄県）　中城村
教育委員会　2015.3　23p　30cm　〔1308〕

◇中城村戦前の集落　シリーズ3　奥間　中城
村教育委員会編　中城村（沖縄県）　中城村
教育委員会　2015.3　27p　30cm　〔1309〕

《南部地区（島尻郡）》

◇久米島総合調査報告書―自然・歴史・民俗・
考古・美術工芸・建築 1994年　沖縄県立博
物館編　那覇　沖縄県立博物館　1995.3
364p　26cm〈付：参考文献〉Ⓝ291.99
　　　　　　　　　　　　　　　　〔1310〕

◇仲里村史　第4巻　資料編 3（仲里の民話）
遠藤庄治編,仲里村史編集委員会〔監修〕
仲里村（沖縄県）　仲里村　1995.8　659p
27cm　Ⓝ219.9　　　　　　　　　〔1311〕

◇第一尚氏関連写真集　佐敷町文化財保護委員
会編　佐敷町（沖縄県）　佐敷町教育委員会
1996.3　112p　26cm　（佐敷町文化財 4）
〈年表あり　文献あり〉Ⓝ219.9　〔1312〕

◇龍樋称賛石碑碑文復元事業報告書　那覇　首
里城復元期成会　1996.3　73p　30cm
Ⓝ219.9　　　　　　　　　　　　〔1313〕

◇南風原町史　第2巻　自然・地理資料編　南風
原町史編集委員会編　南風原町（沖縄県）
南風原町　1997.12　835p　27cm〈付属資
料：図1枚〉Ⓝ219.9　　　　　　〔1314〕

◇首里城の起源を探る―エッセイで楽しむ沖縄
の歴史再発見　宮野賢吉著　南風原町（沖縄
県）　那覇出版社（製作）　1998.3　164p
20cm　1500円　Ⓘ4-89095-095-8　Ⓝ219.9
　　　　　　　　　　　　　　　　〔1315〕

◇仲里村史　第2巻（資料編 1）　仲里間切旧記
仲里関係オモロ　仲里村史編集委員会編　仲

106　「沖縄」がわかる本 6000冊

歴史・地理　　　　　　　　　　　　　　　　　　　　　　　　　　　　　　　各地の歴史

里村（沖縄県）　仲里村　1998.3　613p
27cm〈複製を含む〉Ⓝ219.9
〔1316〕

◇那覇市史　資料篇　第1巻 9〔1〕　近世那覇
関係資料（古文書編）　那覇市経済文化部歴
史資料室編　〔那覇〕　那覇市　1998.10
444p　27cm　Ⓝ219.9
〔1317〕

◇那覇市史　資料篇　第1巻 9〔2〕　琉球資料
漢文編　那覇市経済文化部歴史資料室編
〔那覇〕　那覇市　1998.10　412p　27cm
Ⓝ219.9
〔1318〕

◇糸満市史　資料編 7　戦時資料　下巻（戦災
記録・体験談）　糸満市史編集委員会編
〔糸満〕　糸満市　1998.11　975p　27cm
〈付属資料：図2枚〉Ⓝ219.9
〔1319〕

◇大東島開拓物語　上巻　川出博章著　弘前
緑の笛豆本の会　1999.1　42p　9.4cm　（緑
の笛豆本　第363集）Ⓝ219.9
〔1320〕

◇大東島開拓物語　下巻　川出博章著　弘前
緑の笛豆本の会　1999.2　46p　9.4cm　（緑
の笛豆本　第364集）Ⓝ219.9
〔1321〕

◇東風平町史―戦争体験記　町史編集委員会編
東風平町（沖縄県）　東風平町　1999.3
812p　27cm　Ⓝ219.9
〔1322〕

◇東風平町史―戦争関係資料　町史編集委員会
編　東風平町（沖縄県）　東風平町　1999.3
639p　27cm〈年表あり〉Ⓝ219.9　〔1323〕

◇佐敷町史　4　戦争　佐敷町史編集委員会編
佐敷町（沖縄県）　佐敷町　1999.11　564p
27cm〈年表あり　文献あり〉Ⓝ219.9〔1324〕

◇城間字誌　第1巻　城間字誌編集委員会編
浦添　城間自治会　〔2000〕　286p　31cm
〈付属資料：図1枚：城間旧集落復元図（袋
入）〉Ⓝ291.99
内容 城間の風景
〔1325〕

◇仲里村史　第6巻　資料編 5（民俗）　仲里村
史編集委員会編集〔監修〕　仲里村（沖縄
県）　仲里村　2000.3　749p　27cm　Ⓝ219.
9
〔1326〕

◇はえばるの自然と地理　南風原町史編集委員
会編　南風原町（沖縄県）　沖縄県南風原町
2000.3　211p　26cm　南風原町史　第4巻
（自然・地理本編）〈他言語標題：The
nature ＆ geography of Haebaru town〉
Ⓝ219.9
〔1327〕

◇大東諸島史年表　北大東村開拓100周年事業
実行委員会編　北大東村（沖縄県）　北大東
村　2000.9　244p　27cm　Ⓝ219.9　〔1328〕

◇南大東島開拓百周年記念誌　南大東村（沖縄
県）　南大東村　2001.1　452p　31cm〈年
表あり〉Ⓝ219.9
〔1329〕

◇伊是名貝塚―沖縄県伊是名貝塚の調査と研究
沖縄県伊是名村伊是名貝塚学術調査団編　勉
誠出版　2001.2　409p　31cm　13000円
Ⓘ4-585-10080-6　Ⓝ219.9
〔1330〕

◇首里城京の内展―貿易陶磁からみた大交易時
代 特別企画展　沖縄県立埋蔵文化財セン
ター編　西原町（沖縄県）　沖縄県立埋蔵文
化財センター　2001.3　99p　30cm〈会期：
2001年3月24日―5月6日　重要文化財指定記
念　文献あり　年表あり〉Ⓝ219.9　〔1331〕

◇東風平町の民具　東風平町（沖縄県）　東風
平町歴史民俗資料館　2001.11　48p　26cm
〔1332〕

◇那覇市史　資料篇　第3巻 2　那覇市市民文化
部歴史資料室編　那覇　那覇市　2002.3
654p　27cm　Ⓝ219.9
内容 戦後の社会・文化　1
〔1333〕

◇那覇市史　資料篇　第3巻 2 関連資料　占領
地の教育・文化に関する国際会議―米国教育
評議会占領地域委員会主催　那覇市市民文化
部歴史資料室編　那覇　那覇市　2002.3
233p　27cm〈英文併記〉Ⓝ219.9　〔1334〕

◇南風原町史　第5巻 考古　むかし南風原は
南風原町史編集委員会編　南風原町（沖縄
県）　南風原町　2002.3　419p　26cm
Ⓝ219.9
〔1335〕

◇南風原町史　第6巻 民俗資料編　南風原シマ
の民俗　南風原町史編集委員会編　南風原町
（沖縄県）　南風原町　2003.3　578p　27cm
Ⓝ219.9
〔1336〕

◇城間字誌　第2巻　城間字誌編集委員会編
浦添　城間自治会　2003.3　547p　31cm
〈折り込2枚　年表あり〉Ⓝ291.99
内容 城間の歴史
〔1337〕

◇殿・御嶽・井戸調査報告書　〔東風平町（沖
縄県）〕　東風平町教育委員会　2003.3
168p　30cm　Ⓝ291.99
〔1338〕

◇大里村史　移民資料編　大里村移民史編集委
員会編　大里村（沖縄県）　大里村　2003.5
360p　27cm　Ⓝ219.9
〔1339〕

◇大里村史　移民本編　大里村移民史編集委員
会編　大里村（沖縄県）　大里村　2003.5
629p　27cm〈文献あり〉Ⓝ219.9　〔1340〕

◇よみがえる小湾集落―小湾写真集　加藤久子

「沖縄」がわかる本　6000冊　　107

各地の歴史　　　　　　　　　　　　　　　　　　　　歴史・地理

編集代表　浦添　小湾字誌編集委員会
2003.5　297p　31cm〈他言語標題：The
Kowan photograph 1912-2003〉Ⓝ219.9
〔1341〕

◇大東島の歩みと暮らし―北大東島を中心に
奥平一著　那覇　ニライ社　2003.8　241p
22cm〈発売：新日本教育図書　文献あり〉
1800円　①4-931314-56-2　Ⓝ219.9
[内容]第1章 北大東島の世替わり―さまざまな時
を乗り越えて(「夢追い人たち」の挑戦　開拓者、
南大東島に上陸 ほか)　第2章 学校の歩み―島の
教育を切り開く(廃藩置県と義務教育　特殊地域
の大東島 ほか)　第3章 大東島の土地問題―農民
一揆の闘いをとおして(土地問題の解決　南北大
東島の土地問題の推移 ほか)　第4章 島の伝統と
個性をさぐる―島社会の現在・未来を考える(「北
大東村民意識調査結果」をとおして　素顔の北大
東(全体考察) ほか)　補足 村民意識調査集計結
果
〔1342〕

◇ハブヒルストーリー―駐留米軍人が見た久米
島：久米島町制1周年記念写真展　久米島自
然文化センター編　久米島町(沖縄県)　久
米島自然文化センター　2003.8　127p
30cm〈他言語標題：Habu Hill story　会
期・会場：平成15年8月8日―9月14日　英語
併記〉Ⓝ219.9
〔1343〕

◇城間字誌　第3巻　城間字誌編集委員会編
浦添　城間自治会　2003.10　246p　31cm
Ⓝ291.99
[内容]城間の方言
〔1344〕

◇糸満市史　資料編7　戦時資料　上巻　糸満
市史編集委員会編　〔糸満〕　糸満市
2003.12　559p　27cm〈付属資料：図3枚
年表あり〉Ⓝ219.9
〔1345〕

◇久米島西銘誌　久米島町(沖縄県)　久米島
西銘誌編集委員会　2003.12　915p　27cm
Ⓝ291.99
〔1346〕

◇久米島西銘誌　別冊　久米島町(沖縄県)
久米島西銘誌編集委員会　2003.12　126p
26cm　Ⓝ291.99
〔1347〕

◇国場誌　那覇　国場自治会　2003.12　442p
31cm〈年表あり〉Ⓝ291.99　　〔1348〕

◇佐敷町史　5　移民　佐敷町史編集委員会編
佐敷町(沖縄県)　佐敷町　2004.3　560p
27cm〈文献あり〉Ⓝ219.9
〔1349〕

◇玉城村史　第6巻(戦時記録編)　玉城村史編
集委員会編　玉城村(沖縄県)　玉城村
2004.3　1034p　27cm〈付属資料：図3枚
年表あり〉Ⓝ219.9
〔1350〕

◇仲里村史　第5巻　資料編4(新聞集成)　仲

里村史編集委員会,仲里村史新聞集成検討委
員会,久米島町教育委員会編　久米島町(沖
縄県)　久米島町　2004.3　859p　27cm
Ⓝ219.9
〔1351〕

◇那覇市史　資料篇　第1巻　12　近世資料補
遺・雑纂　那覇市市民文化部歴史資料室編
那覇　那覇市　2004.3　519p　27cm
〔1352〕

◇氏集―首里・那覇　那覇市市民文化部歴史資
料室編　第4版　那覇　那覇市市民文化部歴
史資料室　2004.3　95p　26cm　Ⓝ288.2
〔1353〕

◇富盛字誌　富盛字誌編集委員会編　東風平町
(沖縄県)　字富盛　2004.3　796p　27cm
〈年表あり〉Ⓝ291.99
〔1354〕

◇ゼロからの再建―南風原戦後60年のあゆみ
南風原町史編集委員会編　南風原町(沖縄
県)　沖縄県南風原町　2005.3　172p
30cm　(南風原町史　第7巻(社会・文化編))
〈年表あり　文献あり〉Ⓝ219.9　〔1355〕

◇玉城村史　第7巻(移民編)　玉城村史編集委
員会編　玉城村(沖縄県)　玉城村　2005.3
804p　27cm　Ⓝ219.9
〔1356〕

◇小湾議事録―占領期から祖国復帰へ　小湾戦
後記録集　加藤久子編集代表　浦添　小湾字
誌編集委員会　2005.5　295p　31cm〈他言
語標題：The Kowan in postwar 1947-
1978〉Ⓝ318.8199
〔1357〕

◇那覇市史　資料篇　第3巻　5　那覇市市民文化
部歴史資料室編　那覇　那覇市　2005.12
400p　27cm　Ⓝ219.9
[内容]戦後の社会・文化　2　　　　〔1358〕

◇国王頌徳碑(石門之東之碑文)・眞珠湊碑文
(石門の西のひのもん)復元事業報告書　那
覇　首里城復元期成会　2006.2　110p
30cm〈奥付・背のタイトル：国王頌徳碑・
眞珠湊碑文復元事業報告書　折り込み1枚〉
Ⓝ219.9
〔1359〕

◇玉城村史　第8巻　上(文献資料編)　玉城村
史編集委員会編　南城　南城市　2006.3
727p　27cm　Ⓝ219.9
〔1360〕

◇玉城村史　第8巻　下(新聞集成編)　玉城村
史編集委員会編　南城　南城市　2006.3
890p　27cm　Ⓝ219.9
〔1361〕

◇与那原町史　資料編1(移民)　与那原町史
編集委員会編　与那原町(沖縄県)　与那原
町教育委員会　2006.3　442,36p　26cm〈文
献あり　年表あり〉Ⓝ219.9　　　〔1362〕

108　「沖縄」がわかる本　6000冊

歴史・地理　　　　　　　　　　　　　　　　　　　　　　　　　　各地の歴史

◇大嶺の今昔　改訂版第2版　那覇　字大嶺向
　上会　2008.2　359p　31cm〈年表あり〉
　Ⓝ219.9　　　　　　　　　　　　　　　　〔1363〕

◇那覇市史　別巻　那覇市市民文化部歴史博物
　館編　〔那覇〕　那覇市　2008.3　599p
　26cm　Ⓝ219.9
　内容 那覇市政年表・総索引　　　　　　　〔1364〕

◇高良の字誌　高良字誌編集委員会編　那覇
　那覇市高良宝友会　2008.11　514p　27cm
　〈年表あり〉　Ⓝ219.9
　　　　　　　　　　　　　　　　　　　　〔1365〕

◇南城市玉城當山誌　當山誌編集委員会編　南
　城　當山誌編集委員会　2008.11　456p
　27cm〈奥付のタイトル：南城市玉城字當山
　誌〉Ⓝ291.99　　　　　　　　　　　　　〔1366〕

◇鳥島移住百周年記念誌　鳥島移住百周年記念
　実行委員会編　久米島町（沖縄県）　鳥島移
　住百周年記念実行委員会　2009.2　319p
　27cm〈年表あり　文献あり〉Ⓝ219.9〔1367〕

◇久米島調査報告書　1　宜野湾　沖縄国際大
　学南島文化研究所　2009.3　118p　26cm
　（地域研究シリーズ　no.36）　Ⓝ291.99〔1368〕

◇首里城と三絃（サンシン）―ほか八章　崎間
　敏勝著　与那原町（沖縄県）　琉球文化歴史
　研究所　2009.5　183p　21cm（シリーズ
　「琉球の文化と歴史の考察」第5集）　2000
　円　Ⓝ219.9
　　　　　　　　　　　　　　　　　　　　〔1369〕

◇大里字誌　大里字誌編集委員会編　糸満　糸
　満市字大里公民館　2009.9　1048p　27cm
　〈年表あり〉Ⓝ291.99　　　　　　　　　〔1370〕

◇首里城尚家関係者ヒアリング調査業務報告書
　〔那覇〕　海洋博覧会記念公園管理財団
　2010.3　55p　30cm〈文献あり〉Ⓝ219.9
　　　　　　　　　　　　　　　　　　　　〔1371〕

◇豊見城市史　第3巻（新聞集成編）　豊見城市
　市史編集委員会新聞集成編専門部会編　豊見
　城　豊見城市　2010.3　829p　27cm
　Ⓝ219.9
　内容 明治31年―昭和20年6月　　　　　　〔1372〕

◇久米島調査報告書　2　宜野湾　沖縄国際大
　学南島文化研究所　2010.3　136p　26cm
　（地域研究シリーズ　no.37）　Ⓝ291.99
　内容 沖縄における御真影と奉安殿に関する文書資
　料　吉浜忍著　久米島の古謡　2　杉本信夫著　久
　米島の言語地図に見る地域性　西岡敏、仲原穣著
　久米島におけるユタの巫業　山入端津由、井村弘子
　著　　　　　　　　　　　　　　　　　　〔1373〕

◇松川字誌―松風泰然のもとで　松川字誌編集
　委員会編　那覇　松川向上会　2010.5　379p

◇31cm〈文献あり〉5000円　Ⓝ291.99〔1374〕

◇沖縄陸軍病院南風原壕―戦争遺跡文化財指定
　全国第1号　吉浜忍、大城和喜、池田榮史、上
　地克哉、古賀徳子編著　高文研　2010.6
　172p　21cm　1600円　①978-4-87498-444-4
　Ⓝ219.9
　内容 序　沖縄陸軍病院壕のある街・南風原町　1
　沖縄戦と南風原　2　沖縄戦と沖縄陸軍病院南風原
　壕　3　「記録し、伝える」取り組み　4　病院壕の
　文化財指定と保存活用の取り組み　5　20号壕の整
　備はどのように行われたのか　6　20号壕の公開、
　活用　7　戦争遺跡の調査と保存運動の歩み―沖縄
　を中心に　　　　　　　　　　　　　　　〔1375〕

◇特別企画沖縄県有形文化財指定記念『上江洲
　家の遺宝』展　久米島自然文化センター編
　久米島町（沖縄県）　久米島自然文化セン
　ター　2010.12　16p　30cm　　　　　　〔1376〕

◇糸満市史　資料編13　村落資料　旧兼城村
　編　糸満市史編集委員会編　〔糸満〕　糸満
　市　2011.3　27,459p　26cm〈年表あり　文
　献あり〉Ⓝ219.9　　　　　　　　　　　　〔1377〕

◇東風平町史　資料編1　近代新聞資料　明治
　31年―昭和20年　東風平町史編集委員会編
　八重瀬町（沖縄県）　八重瀬町教育委員会
　2011.3　66,1116p　27cm　Ⓝ219.9　〔1378〕

◇奥武島誌　『字誌』編集委員会編　南城　奥
　武区自治会　2011.3　627p　31cm〈年表あ
　り〉Ⓝ291.99　　　　　　　　　　　　　〔1379〕

◇久米島調査報告書　3　宜野湾　沖縄国際大
　学南島文化研究所　2011.3　53p　26cm
　（地域研究シリーズ　no. 38）　Ⓝ291.99
　内容 久米島町における観光施設の動向と食物ア
　レルギー対応事業　上江洲薫著　久米島自然文化
　センター所蔵（久米島町立久米島小学校旧蔵）近代
　久米島小学校資料目録および解題　近藤健一郎、納
　富香織著　久米島の古謡　3　杉本信夫著〔1380〕

◇那覇―戦後の都市復興と歓楽街　加藤政洋著
　那覇　フォレスト　2011.11　240p　21cm
　〈文献あり〉1800円　①978-4-9903112-8-5
　Ⓝ219.9　　　　　　　　　　　　　　　　〔1381〕

◇南城市史―総合版（通史）　南城市史編集委
　員会編　改訂版　南城　南城市教育委員会
　2011.11　382p　26cm〈文献あり〉Ⓝ219.9
　　　　　　　　　　　　　　　　　　　　〔1382〕

◇郷土誌　宮古島市教育委員会生涯学習振興課
　編　宮古島　宮古島市教育委員会　2012.9
　145p　26cm　（宮古島市史資料 4）〈複製及
　び翻刻〉Ⓝ291.99　　　　　　　　　　　〔1383〕

◇母なる海から日本を読み解く　佐藤優著　新
　潮社　2012.11　470p　16cm　（新潮文庫

「沖縄」がわかる本 6000冊　109

各地の歴史　　　　　　　　　　　　　　　　　　　　歴史・地理

さー62-5)〈「沖縄・久米島から日本国家を読み解く」(小学館　2009年刊)の改題〉710円　①978-4-10-133175-1　Ⓝ219.9　内容 ソ連帝国の自壊　亜民族(ナロードノスチ)根室　ユタ　死者と生者　ニライ・カナイ　堂のひや　マブイ　君南風　聞得大君〔ほか〕〔1384〕

◇糸満市史　資料編 13　村落資料　旧高嶺村編　糸満市史編集委員会編　〔糸満〕　糸満市　2013.3　368p　26cm〈年表あり　文献あり〉Ⓝ219.9　　　　　　　　　〔1385〕

◇真嘉比字誌　真嘉比字誌編集委員会編　那覇　真嘉比自治会　2014.3　331p　図版 24p　27cm〈文献あり　年表あり〉Ⓝ291.99　　　　　　　　　　　　　　　　〔1386〕

◇きただいとう―島のアルバム　土地所有権確立50周年記念写真集　北大東村記録写真集編さん委員会編　北大東村(沖縄県)　北大東村　2014.11　451p　31cm〈年表あり〉Ⓝ219.9　　　　　　　　　〔1387〕

◇具志頭村史　第6巻 資料編　近代新聞資料 上巻　八重瀬町史編集委員会編　八重瀬町(沖縄県)　八重瀬町教育委員会　2015.3　567p　26cm　Ⓝ219.9　　　　　　　　〔1388〕

◇具志頭村史　第6巻 資料編　近代新聞資料 下巻　八重瀬町史編集委員会編　八重瀬町(沖縄県)　八重瀬町教育委員会　2015.3　539p　26cm　Ⓝ219.9　　　　　　　　〔1389〕

◇久米村(クニンダ)―琉球と中国の架け橋―平成26年度沖縄県立博物館・美術館博物館企画展　関連催事配布資料集　沖縄県立博物館・美術館編　那覇　沖縄県立博物館・美術館　2015.3　59p　30cm〈会期:2014年9月12日～10月19日　久米崇聖会創立100周年記念　文献あり〉Ⓝ219.9　　　　〔1390〕

◇豊見城市嘉数字誌―絆　嘉数字誌編集委員会編　豊見城　嘉数自治会　2015.7　519p　31cm〈年表あり〉Ⓝ291.99　　　〔1391〕

《宮古地区(宮古郡)》

◇多良間島調査報告書 3　宜野湾　沖縄国際大学南島文化研究所　1995.3　158p　26cm(地域研究シリーズ no.21)　Ⓝ291.99〔1392〕

◇多良間島調査報告書 4　宜野湾　沖縄国際大学南島文化研究所　1995.3　102p　26cm(地域研究シリーズ no.22)　Ⓝ291.99〔1393〕

◇島びとの硝煙記録―多良間村民の戦時・戦後体験記　多良間村戦時・戦後体験記編集委員会編　多良間村(沖縄県)　多良間村教育委

員会　1995.3　522p　27cm〈主要年表:p517～521〉Ⓝ916　　　　　　〔1394〕

◇城辺町史　第2巻　戦争体験編　城辺町史編纂委員会編　〔城辺町(沖縄県)〕　城辺町　1996.3　20,736p　22cm〈年表あり　文献あり〉Ⓝ219.9　　　　　　　　　〔1395〕

◇宮古風土記　上巻　仲宗根將二著　那覇　ひるぎ社　1997.10　176p　18cm　(おきなわ文庫 37-1)　900円　Ⓝ219.9　　〔1396〕

◇宮古風土記　下巻　仲宗根將二著　那覇　ひるぎ社　1997.10　345p　18cm　(おきなわ文庫 37-2)　900円　Ⓝ219.9　　〔1397〕

◇宮古行政史　沖縄県宮古支庁編　平良　沖縄県宮古支庁　1997.12　443p　31cm　Ⓝ318.299　　　　　　　　　　　　　　　〔1398〕

◇宮古島民台湾遭難事件　宮國文雄著　南風原町(沖縄県)　那覇出版社　1998.3　402p　19cm　(宮古島歴史物語 1)〈複製を含む〉1810円　④4-89095-097-4　Ⓝ222.4　〔1399〕

◇家譜にみる宮古の役人　城辺町(沖縄県)　城辺町教育委員会　1998.3　147p　26cm(城辺町史資料 2)〈年表あり〉Ⓝ288.2　　　　　　　　　　　　　　　　〔1400〕

◇上野村誌―村制50周年版　上野村(沖縄県)　上野村　1998.8　583p　27cm　Ⓝ291.99　　　　　　　　　　　　　　　〔1401〕

◇横武通俗史　東区青年沿革史　巻1　漫画漫文宮古伝説お伽噺集　城辺町史編纂委員会編,城辺町史編纂委員会編,城辺町史編纂委員会編　城辺町(沖縄県)　城辺町教育委員会　1999.3　89p　26cm　(城辺町史資料 3)〈背のタイトル:横武通俗史他　年譜あり〉Ⓝ291.99　　　　　　〔1402〕

◇城辺町史　第6巻　歌謡編　城辺町史編纂委員会編　〔城辺町(沖縄県)〕　城辺町　2000.3　881p　22cm　Ⓝ219.9　　〔1403〕

◇加治道部落沿革史―他　城辺町(沖縄県)　城辺町教育委員会　2002.3　75p　26cm(城辺町史資料 5)〈年表あり〉Ⓝ291.99　　　　　　　　　　　　　　　　〔1404〕

◇人頭石―人頭税廃止一〇〇周年　城辺町(沖縄県)　城辺町教育委員会　2002.9　103p　26cm　Ⓝ219.9　　　　　　〔1405〕

◇宮古蔵元―人頭税廃止一〇〇周年　城辺町(沖縄県)　城辺町教育委員会　2002.9　85p　26cm〈年譜あり〉Ⓝ318.299　〔1406〕

◇人頭税資料展―人頭税廃止100周年　城辺町

110　　「沖縄」がわかる本　6000冊

歴史・地理　　　　　　　　　　　　　　　　　　　　　　　　　　　　各地の歴史

（沖縄県）　城辺町教育委員会　2003.3　98,
23p　26cm〈会期：2002年12月11日―2003
年3月22日　年表あり〉Ⓝ219.9
　　　　　　　　　　　　　　　　　　　〔1407〕

◇平良市史　第10巻［1］　平良市史編さん委
員会編　平良　平良市総合博物館　2003.3
828,104p　22cm　Ⓝ219.9
　内容 資料編　8（戦前新聞集成　上）〔1408〕

◇アラフ遺跡調査研究―沖縄県宮古島アラフ遺
跡発掘調査報告　1　アラフ遺跡発掘調査団
編　六一書房　2003.12　121p　30cm
2000円　①4-947743-19-0　Ⓝ291.99
　内容 第1章　遺跡の位置と宮古島の先史時代遺跡
　（位置と環境　宮古島の先史時代遺跡研究史　ほ
　か）　第2章　発掘調査の経過（調査区の設定　調
　査の経過）　第3章　発掘成果（基本層序　検出遺構
　ほか）　第4章　考察（検出遺構　集石遺構　ほか）
　第5章　まとめ　　　　　　　　　　　　〔1409〕

◇宮古歴史物語―英雄を育てた野崎の母たち
川満信一著　那覇　沖縄タイムス社　2004.6
291p　19cm〈文献あり〉1700円　①4-
87127-165-X　Ⓝ219.9
　　　　　　　　　　　　　　　　　　　〔1410〕

◇城辺町史　別巻（宮古史年表）　城辺町史編
纂委員会編　〔城辺町（沖縄県）〕　城辺町
2005.9　510,125p　22cm　Ⓝ219.9〔1411〕

◇平良市史　第10巻［2］　平良市史編さん委
員会編　平良　平良市教育委員会　2005.9
17,882,126p　22cm　Ⓝ219.9
　内容 資料編　9（戦前新聞集成　下）〔1412〕

◇宮古史伝　慶世村恒任著　新版　冨山房イン
ターナショナル　2008.11　383p　22cm
〈初版の出版者：南島史蹟保存会　肖像あり
年譜あり〉5000円　①978-4-902385-66-3
Ⓝ219.9
　内容 宮古史伝　全（天太の代以前　争乱時代　豊
　見親の代　大親の代　明治大正時代の制度沿革概
　説　本書中の史実に関係ある古き民謡）　宮古民
　謡集　　　　　　　　　　　　　　　　　〔1413〕

◇宮古の系図家譜　宮古島市教育委員会文化振
興課編　宮古島　宮古島市教育委員会
2009.3　85p　26cm　（宮古島市史資料　2）
Ⓝ288.2　　　　　　　　　　　　　　　〔1414〕

◇与世山親方宮古島規模帳　宮古島市教育委員
会文化振興課編　宮古島　宮古島市教育委員
会　2010.3　77p　26cm　（宮古島市史資料
3）　Ⓝ219.9
　　　　　　　　　　　　　　　　　　　〔1415〕

◇宮古郷土史研究会35年のあゆみ　宮古郷土史
研究会編　宮古島　宮古郷土史研究会
2011.5　189p　26cm〈年表あり〉Ⓝ219.9
　　　　　　　　　　　　　　　　　　　〔1416〕

◇みやこの歴史　宮古島市史編さん委員会編
宮古島　宮古島市教育委員会　2012.3　572,
124p　図版 40p　26cm　（宮古島市史　第1巻
（通史編））〈年表あり〉Ⓝ219.9〔1417〕

◇多良間村村制施行百周年記念誌　多良間村編
多良間村（沖縄県）　多良間村　2014.4
471p　31cm〈文献あり　年表あり〉Ⓝ291.
99

◇宮古島の英雄伝　新里恒彦作, 座間味香深絵
中城村（沖縄県）　むぎ社　2014.11　150p
22cm　1500円　①978-4-944116-42-3
Ⓝ281.99　　　　　　　　　　　　　　　〔1419〕

《八重山地区（八重山郡）》

◇石垣市史―八重山史料集　1　石垣市史編集
委員会編　〔石垣〕　石垣市　1995.3　700p
22cm　3000円　Ⓝ219.9
　内容 石垣家文書　　　　　　　　　　　〔1420〕

◇石垣市史―八重山史料集　2　石垣市史編集
委員会編　〔石垣〕　石垣市　1995.3　727p
22cm　3000円　Ⓝ219.9
　内容 豊川家文書　1　　　　　　　　　〔1421〕

◇石垣市史叢書　8　参遣状抜書　上巻　石垣
市総務部市史編集室編　石垣　石垣市
1995.3　111p　26cm　600円　Ⓝ219.9
　内容 解題　新城敏男著　康煕25年（1686）～雍正
　12年（1734）　　　　　　　　　　　　　〔1422〕

◇石垣市史叢書　9　参遣状抜書　下巻　石垣
市総務部市史編集室編　石垣　石垣市
1995.3　119p　26cm　600円　Ⓝ219.9
　内容 解題　新城敏男著　乾隆2年（1737）～乾隆
　30年（1765）　　　　　　　　　　　　　〔1423〕

◇竹富町史　第11巻　資料編　〔2〕　新聞集成
2　竹富町史編集委員会, 〔竹富町〕　町史編集
室編　石垣　竹富町　1995.3　724p　22cm
Ⓝ219.9　　　　　　　　　　　　　　　〔1424〕

◇八重山の古代文化とその起源を探る―先史時
代から16世紀の英雄オヤケアカハチ・ホンガ
ワラの乱まで　大濱永亘〔著〕　〔石垣〕
先島文化研究所　1996　39p　27cm〔1425〕

◇竹富町史　第12巻　資料編　戦争体験記録
竹富町史編集委員会, 〔竹富町〕　町史編集室
編　石垣　竹富町　1996.3　1190p　22cm
Ⓝ219.9　　　　　　　　　　　　　　　〔1426〕

◇ひびけ平和の鐘―平和祈念ガイドブック　石
垣市総務部市史編集室編　石垣　石垣市
1996.3　274p　30cm〈年表・沖縄戦に関す

各地の歴史　　　　　　　　　　　　　　　　　　　　　　　　　　　　　　　　　歴史・地理

る主な文献一覧・参考文献一覧：p237〜
272〉1000円　Ⓝ219.9　　　　　〔1427〕

◇八重山の戦争―マップで訪ねる八重山の過
去・現在・未来　大田静男著　石垣　南山舎
1996.8　329p　21cm　（シリーズ　八重山に
立つ　No.1）　2667円
内容 第1部 戦跡に立つ（八重守之塔　宮田部隊慰
霊碑「忠魂」　独立歩兵300大隊慰霊碑「鎮魂」ほ
か）　第2部 八重山の戦争（八重山列島防衛作戦
と住民の避難　特設警備隊　波照間の悲劇 ほか）
第3部 資料編（平和礎戦没者名簿刻銘　旅団名簿
海軍名簿 ほか）　　　　　　　　　　　〔1428〕

◇石垣市史―八重山史料集　3　石垣市史編集
委員会編　〔石垣〕　石垣市　1997.3　653p
22cm　3000円　Ⓝ219.9
内容 豊川家文書 2　　　　　　　　　〔1429〕

◇石垣市史叢書　10　日記抜（蔵元日記）―廃
藩置県時（明治十二年）の八重山　石垣市総
務部市史編集室編　石垣　石垣市　1997.3
85p　26cm　600円　Ⓝ219.9　　　〔1430〕

◇竹富町史　第11巻 資料編　〔3〕　新聞集成
3　竹富町史編集委員会，〔竹富町〕町史編集
室編　石垣　竹富町　1997.3　720p　22cm
Ⓝ219.9　　　　　　　　　　　　　　〔1431〕

◇与那国―沈黙の怒涛どぅなんの100年 記録写
真集　与那国町史編纂委員会事務局編　与那
国町（沖縄県）　与那国町　1997.12　320p
31cm　〈町別巻1　付属資料：図1枚（袋
入）：「てぃんだヌはなた」から見た祖納の今
昔　年表あり　索引あり　文献あり〉Ⓝ219.
9　　　　　　　　　　　　　　　　　〔1432〕

◇与那国町勢要覧―よなぐに 日本最西端・交
響する島宇宙　与那国町企画室編　与那国町
（沖縄県）　与那国町　1997.12　64p　30cm
〈背のタイトル：町勢要覧　町制施行50周年
記念〉Ⓝ318.299　　　　　　　　　　〔1433〕

◇ぱいぬしまじま50―竹富町制施行50周年記念
誌　竹富町制施行50周年記念誌編集委員会，
竹富町史編集室編　石垣　竹富町　1998.6
247p　31cm　Ⓝ219.9　　　　　　　〔1434〕

◇石垣市史叢書　11　御手形写抜書　乾隆36
年（1771）―道光10年（1830）　石垣市総務部
市史編集室編　石垣　石垣市　1998.8
151p　26cm　800円　Ⓝ219.9　　　〔1435〕

◇石垣市史叢書　12　大波之時各村之形行書
大波寄揚候次第　石垣市総務部市史編集室編
石垣　石垣市　1998.9　120p　26cm　800円
Ⓝ219.9　　　　　　　　　　　　　　〔1436〕

◇石垣島村むら探訪―野底・伊原間・開拓の村

むら・桴海・安良　石垣市総務部市史編集室
編　石垣　石垣市　1998.9　380p　26cm
〈「石垣市史巡見 村むら探訪」v.1-5の合冊〉
2000円　Ⓝ291.99　　　　　　　　　〔1437〕

◇石垣市史叢書　13　八重山島年来記　石垣市
総務部市史編集室編　石垣　石垣市　1999.2
119p　26cm　〈索引あり〉　800円　Ⓝ219.9
　　　　　　　　　　　　　　　　　　〔1438〕

◇石垣島古郷安良の原風景―その歴史と自然
石垣市総務部市史編集室編　石垣　石垣市
1999.3　348p　30cm　〈年表あり〉　2000円
Ⓝ291.99　　　　　　　　　　　　　　〔1439〕

◇與那國―与那国町制施行50周年記念誌　与那
国町町制施行50周年記念誌編纂班与那国町史編
纂委員会事務局編　与那国町（沖縄県）　与
那国町　1999.3　125p　31cm　〈年表あり〉
Ⓝ318.299　　　　　　　　　　　　　〔1440〕

◇村が語る沖縄の歴史―歴博フォーラム「再発
見・八重山の村」の記録　国立歴史民俗博物
館編　新人物往来社　1999.5　252p　20cm
2800円　①4-404-02816-4　〈文献あり〉
内容 八重山の村と社会―川平の事例から　密林
に隠された中世八重山の村　再発見された八重山
の古村落　花城村跡遺跡発掘調査の概要　発掘さ
れた村・石垣島フルストバル村　石垣島伊原間域
内にみる集落の移動　沖縄の家・屋敷と村の空間
波照間の村と井戸のつながり　記憶される井戸と
村―黒島の廃村と伝承　宮古の村落の変遷と石門
新しい地域史研究を構築する　　　　　〔1441〕

◇八重山の考古学　大濱永亘著　石垣　先島文
化研究所　1999.10　556p　27cm　15000円
Ⓝ210.025　　　　　　　　　　　　　〔1442〕

◇石垣島唐人墓事件―琉球の苦悩　田島信洋著
同時代社　2000.1　287p　20cm　〈文献あ
り〉　3000円　①4-88683-425-6　Ⓝ219.9
内容 ロバートバウン号事件　漂着　洋上の反乱
米英の連携と対応　拿捕作戦開始　抵抗する中国
琉球国の対応（処遇　悪夢の日々）　苦力たちの見
たもの　石垣島唐人墓　　　　　　　　〔1443〕

◇小浜島の歴史と文化　黒島精耕著　石垣　黒
島精耕　2000.2　385p　22cm　3000円
Ⓝ219.9　　　　　　　　　　　　　　〔1444〕

◇与那国島海底遺跡・潜水調査記録　木村政昭
編著　ザ・マサダ　2000.8　183p　21cm
〈英文併載〉1800円　①4-88397-058-2
Ⓝ219.9
内容 第1章 与那国島海底遺跡の基礎知識　第2章
アーチ門から南正面の登り階段へ　第3章 メイン
テラス　第4章 アッパーテラス　第5章 謎のプー
ル状地形と杜穴　第6章 周辺の遺構およびスタジ
アム　第7章 立神岩および周辺海底　第8章 次々

112　「沖縄」がわかる本　6000冊

歴史・地理　　　　　　　　　　　　　　　　　　　　　　　　　　各地の歴史

に発見された直接的証拠　特別寄稿　対談（竹内
均　木村政昭）　英文解説　　　　　　〔1445〕

◇竹富町史　第11巻　資料編〔4〕　新聞集成
4　竹富町史編集委員会，〔竹富町〕町史編集
室編　石垣　竹富町　2001.3　842p　22cm
Ⓝ219.9　　　　　　　　　　　　　　　〔1446〕

◇八重山写真帖―20世紀のわだち　石垣市総務
部市史編集室編　石垣　石垣市　2001.3　2
冊　31cm〈年表あり　文献あり〉6500円
　　　　　　　　　　　　　　　　　　　〔1447〕

◇西表島総合調査報告書―自然・考古・歴史・
民俗・美術工芸　沖縄県立博物館編　那覇
沖縄県立博物館　2001.3　191p　26cm
Ⓝ291.99　　　　　　　　　　　　　　　〔1448〕

◇石垣市史叢書　索引1　石垣市史編集委員
会，石垣市総務部市史編集課編　石垣　石垣
市　2002.3　203p　26cm〈折り込2枚〉
1200円　Ⓝ219.9　　　　　　　　　　　〔1449〕

◇竹富町史　第10巻　資料編〔2〕　近代2
竹富町史編集委員会，〔竹富町〕町史編集室
編　石垣　竹富町　2002.3　384p　22cm
2500円　Ⓝ219.9　　　　　　　　　　　〔1450〕

◇楽園をつくった男―沖縄・由布島に生きて
森本和子著　改定版　八王子　アースメディ
ア　2002.10　172p　20cm〈発売：星雲社〉
1500円　Ⓘ4-434-02460-4　Ⓝ289.1
　内容　帰還　由布島入植　青々と波うついもの葉
うぐみの心　台風の通り道　消えたジョン　夜
のお話会　海をへだてた卒業式　病気の牛　エル
シー台風　最後の宴　希望のココヤシ　島にひき
つけられる若者　突然の通告　みんなのふるさと
に　　　　　　　　　　　　　　　　　　〔1451〕

◇石垣島調査報告書1　宜野湾　沖縄国際大
学南島文化研究所　2003.3　139p　26cm
（地域研究シリーズ no.31）〈年表あり〉
Ⓝ219.9
　内容　石垣島―その地理的概観（崎浜靖著）　石垣
島の地形（河名俊男著）　網取の古謡（杉本信夫著）
石垣島川平村と竹富島の「芋掘り狂言」（狩俣恵一
著）　石垣市農業の現状と課題（来間泰男著）　石
垣島における青年会会員への聞き取り調査（片元
恵利著）　近代期、石垣島四箇の商業空間に関す
る若干の考察（堂前亮平著）　田代安定「沖縄県下
先島回覧意見書」（来間泰男著）　　　〔1452〕

◇竹富町史　第11巻　資料編〔5〕　新聞集成
5　竹富町史編集委員会，竹富町史編集室編
石垣　竹富町　2003.3　843p　22cm〈年表
あり〉2000円　Ⓝ219.9　　　　　　　〔1453〕

◇八重山研究の歴史　三木健著　石垣　南山舎
2003.7　274p　19cm　（やいま文庫）
1880円

　内容　第1部　八重山研究史（明治期―民情調査と黎
明期の研究　大正期―柳田の来島とその影響　昭
和戦前期―台湾と結ぶ南島研究　米国統治期―「起
源論争」と「早稲田編年」　本土復帰後の研究―
「される側」から「する側」へ）　第2部　研究会と自
治体の取り組み（研究会覚書　自治体の取り組み）
第3部　地域史の現場から（記録と保存　八重山の
戦争への視座）　　　　　　　　　　　〔1454〕

◇八重山研究の歴史　三木健著　石垣　南山舎
2003.7　274p　19cm　（やいま文庫5）〈年
表あり〉1880円　Ⓝ219.9　　　　　　〔1455〕

◇あさばな―人頭税廃止百年記念誌　八重山人
頭税廃止百年記念事業期成会記念誌部会編
〔石垣〕　八重山人頭税廃止百年記念事業期
成会　2003.9　268,35p　21cm〈製作：南山
舎（石垣）　年表あり〉1500円　Ⓝ219.9
　　　　　　　　　　　　　　　　　　　〔1456〕

◇石垣島調査報告書2　宜野湾　沖縄国際大
学南島文化研究所　2004.3　121p　26cm
（地域研究シリーズ no.32）　Ⓝ219.9
　内容　石垣島・敗戦直後の政治状況について（西原
森茂著）　やはり人頭税はなかった（来間泰男著）
上布算・村算・藁算（「八重山島風俗一班」のうち）
（来間泰男著）　新本家文書「八重山島人頭税賦課
台帳」（仮題）（来間泰男著）　19世紀八重山の人口
の年齢別構成（来間泰男著）　石垣島における伝統
工芸従事者への聞き取り調査（片本恵利著）　新本
家文書『官話』の翻字および註釈（高橋俊三，兼本
敏著）　　　　　　　　　　　　　　　〔1457〕

◇竹富町史　第11巻　資料編〔6〕　新聞集成
6　竹富町史編集委員会，〔竹富町〕町史編集
室編　石垣　竹富町　2004.3　947p　22cm
〈年表あり〉Ⓝ219.9　　　　　　　　　〔1458〕

◇琉球八重山嶋取調書　法政大学沖縄文化研究
所　2004.3　145p　26cm　（沖縄研究資料
21）〈複製および翻刻〉Ⓝ219.9　　　〔1459〕

◇八重山歴史読本　中田龍介編　石垣　南山舎
2004.6　301p　19cm　（やいま文庫6）〈年
表あり〉1900円　Ⓘ4-901427-11-3　Ⓝ219.9
　　　　　　　　　　　　　　　　　　　〔1460〕

◇石垣島調査報告書3　宜野湾　沖縄国際大
学南島文化研究所　2005.3　81p　26cm
（地域研究シリーズ no.33）　Ⓝ219.9
　内容　八重山における五穀の語り（増田昭子著）
石垣島における学校図書館活動（山口真也著）　島
嶼地域における花卉類生産地の地域特性（小川護
著）　台湾樟脳貿易を通して見る「近代」東アジ
ア（藤波潔著）　組踊台詞のデータベース化の試案
（高橋俊三著）　　　　　　　　　　　〔1461〕

◇竹富町史　第10巻　資料編〔1〕　近代1
竹富町史編集委員会，〔竹富町〕町史編集室
編　石垣　竹富町　2005.3　546p　22cm

「沖縄」がわかる本 6000冊　**113**

各地の歴史　　　　　　　　　　　　　歴史・地理

2625円　Ⓝ219.9
　内容 竹富島喜宝院蒐集館文書　　　〔1462〕

◇琉球八重山嶋取調書　2　法政大学沖縄文化
　研究所　2005.3　178p　26cm　（沖縄研究
　資料 22）〈複製および翻刻〉Ⓝ219.9〔1463〕

◇与那国・自立へのビジョン―自立・自治・共
　生～アジアと結ぶ国境の島Yonaguni 報告書
　与那国町（沖縄県）　沖縄県与那国町　2005.
　3　122p　30cm　Ⓝ318.299　　　　〔1464〕

◇オヤケアカハチ・ホンカワラの乱と山陽姓一
　門の人々　大濱永亘著, 先島文化研究所編
　石垣　南山舎　2006.1　548p　27cm〈文献
　あり　年表あり〉11429円　Ⓘ4-901427-14-8
　Ⓝ219.9　　　　　　　　　　　　　　〔1465〕

◇尖閣諸島―冊封琉球使録を読む　原田禹雄著
　宜野湾　榕樹書林　2006.1　126p　19cm
　1400円　Ⓘ4-89805-115-4　Ⓝ219.9
　内容 1 冊封・冊封使・冊封使録　2 尖閣諸島　3
　明代の尖閣諸島　4 清代の尖閣諸島　5 冊封使録
　の尖閣諸島　　　　　　　　　　　　〔1466〕

◇石垣市史叢書　15　目差役被仰付候以来日記
　石垣市総務部市史編集課編　〔石垣〕　石垣
　市　2006.3　110p　26cm　800円　Ⓝ219.9
　　　　　　　　　　　　　　　　　　〔1467〕

◇竹富町史　第10巻 資料編 近代 3　竹富町
　史編集委員会, 竹富町町史編集室編　石垣
　竹富町　2006.3　599p　22cm　2625円
　Ⓝ219.9
　内容 新城村頭の日誌　　　　　　　〔1468〕

◇琉球八重山嶋取調書　3　法政大学沖縄文化
　研究所　2006.3　207p　26cm　（沖縄研究
　資料 23）〈複製および翻刻〉Ⓝ219.9〔1469〕

◇琉球八重山嶋取調書　付録　法政大学沖縄文
　化研究所　2007.2　204p　26cm　（沖縄研究
　資料 24）〈複製および翻刻〉Ⓝ219.9〔1470〕

◇石垣市史考古ビジュアル版　第1巻（研究史）
　石垣市総務部市史編集課編　〔石垣〕　石垣
　市　2007.3　60p　30cm〈第1巻のサブタイ
　トル：八重山考古学のあゆみ〉700円
　Ⓝ219.9　　　　　　　　　　　　　　〔1471〕

◇竹富町史　第10巻 資料編 近代 4　竹富町
　史編集委員会, 竹富町総務課編　石垣　竹富
　町　2007.3　655p　22cm　2625円　Ⓝ219.9
　内容 官報にみる八重山　　　　　　〔1472〕

◇八重山から。八重山へ。―八重山文化論序説
　砂川哲雄著　石垣　南山舎　2007.11　436p
　21cm　（シリーズ・八重山に立つ no.3）
　2762円　Ⓘ978-4-901427-17-3　Ⓝ219.9

　　　　　　　　　　　　　　　　　　〔1473〕

◇石垣市史考古ビジュアル版　第2巻　下田原
　期のくらし―八重山諸島最古の土器文化　石
　垣市総務部市史編集課編　〔石垣〕　石垣市
　2008.3　68p　30cm　700円　Ⓝ219.9〔1474〕

◇石垣市史考古ビジュアル版　第5巻　陶磁器
　から見た交流史　石垣市総務部市史編集課編
　〔石垣〕　石垣市　2008.3　54p　30cm〈年
　表あり〉700円　Ⓝ219.9　　　　　　〔1475〕

◇国境の島与那国島誌―その近代を掘る　宮良
　作著　那覇　あけぼの出版　2008.7　313p
　22cm〈年表あり　文献あり〉2190円
　Ⓘ978-4-903536-05-7　Ⓝ219.9　　　　〔1476〕

◇石垣市史考古ビジュアル版　第3巻　有土器
　から無土器へ―先島諸島先史時代無土器期の
　くらし　石垣市総務部市史編集課編　〔石
　垣〕　石垣市　2009.3　82p　30cm〈年表あ
　り〉700円　Ⓝ219.9　　　　　　　　〔1477〕

◇石垣市史考古ビジュアル版　第4巻　無土器
　から有土器へ―新里村期、新しい時代への幕
　開け　石垣市総務部市史編集課編　〔石垣〕
　石垣市　2009.3　70p　30cm〈年表あり〉
　700円　Ⓝ219.9　　　　　　　　　　〔1478〕

◇竹富町史　第10巻 資料編 近代 5　竹富町
　史編集委員会, 竹富町教育委員会総務課編
　石垣　竹富町　2009.3　434p　22cm〈複製
　及び翻刻〉Ⓝ219.9
　内容 波照間島近代資料集　　　　　〔1479〕

◇名蔵シタダル海底遺跡共同研究報告書―大濱
　永亘氏調査収集資料を中心に　沖縄県石垣島
　石垣　先島文化研究所　2009.3　200p　図版
　14p　30cm〈文献あり〉Ⓝ219.9　　〔1480〕

◇石垣市史考古ビジュアル版　第6巻　八重山
　の民間交易隆盛期―中森期―中国陶磁器・人
　口の急増　石垣市総務部市史編集課編　〔石
　垣〕　石垣市　2010.3　78p　30cm〈年表あ
　り　文献あり〉700円　Ⓝ219.9　　　〔1481〕

◇石垣市史叢書　17　万書付集　上巻　石垣市
　総務部市史編集課編　〔石垣〕　石垣市
　2010.3　101p　26cm　800円　Ⓝ219.9

　　　　　　　　　　　　　　　　　　〔1482〕

◇「八重山合衆国」の系譜　三木健著　石垣
　南山舎　2010.6　319p　19cm　（やいま文
　庫 9）〈年表あり〉1900円　Ⓘ978-4-
　901427-19-7　Ⓝ219.9　　　　　　　　〔1483〕

◇石垣市史考古ビジュアル版　第7巻　パナリ
　焼の誕生―パナリ期―現集落のはじまり　石
　垣市総務部市史編集課編　〔石垣〕　石垣市

歴史・地理　　　　　　　　　　　　　　　　　　　　　　　　各地の歴史

2011.3　67p　30cm　〈年表あり〉700円
Ⓝ219.9
〔1484〕

◇石垣市史叢書　18　万書付集　下巻　石垣市
総務部市史編集課編　〔石垣〕　石垣市
2011.3　118p　26cm　800円　Ⓝ219.9
〔1485〕

◇石垣島の風景と歴史　周遊の旅・東周り編
石垣市総務部市史編集課編　〔石垣〕　石垣
市　2011.3　124p　26cm　800円　Ⓝ219.9
〔1486〕

◇石垣島唐人墓の研究―翻弄された琉球の人々
田島信洋著　郁朋社　2011.7　243p　19cm
1500円　①978-4-87302-500-1　Ⓝ219.9
内容第1章 サンビャクトゥヌビトゥヌバカ（三百
唐人墓）　第2章 事件の発端　第3章 事件の急展
開　第4章 唐人護送へ　第5章 事件の新展開　第
6章 苦悩の始まり　第7章 唐のお指図　第8章 帰
国の途へ　第9章 石垣市唐人墓―虚像の背景
〔1487〕

◇竹富町史　第2巻　竹富島　竹富町史編集委
員会編　〔石垣〕　竹富町　2011.10　698p
27cm　〈年表あり〉3000円　Ⓝ219.9　〔1488〕

◇竹富町史　第3巻　小浜島　竹富町史編集委
員会編　〔石垣〕　竹富町　2011.12　678p
27cm　〈年表あり〉3000円　Ⓝ219.9　〔1489〕

◇尖閣釣魚列島漢文史料―和訓淺解　いしみの
ぞむ編著　〔長崎〕　長崎純心大学　2012.3
251p　21cm　（比較文化研究叢書 2）〈他言
語標題：Hanvun historical documents of
Senkaku Tiohisu Islands　発行所：長崎純
心大学比較文化研究所〉Ⓝ219.9　〔1490〕

◇竹富島総合調査報告書　2012　沖縄県立博物
館・美術館博物館班編　那覇　沖縄県立博物
館・美術館博物館班　2012.3　95p　30cm
〈他言語標題：Survey reports on natural
history, history and culture of
Taketomijima Island　文献あり〉Ⓝ291.99
内容竹富島の地質と岩石の利用 仲里健著　竹富
島産ヤエヤマサソリの繁殖について 田中聡著 竹
富島で採集した考古資料 片桐千亜紀,羽方誠著
竹富島における石碑・記念碑等の調査報告 岸本弘
人 ほか著　竹富島のうちくい 與那嶺一子著　竹
富島における「竈」の使用について 岸本敬著
〔1491〕

◇八重山系家譜（大宗・小宗）の出自について
石垣　先島文化研究所　2012.8　70p　30cm
〈会期・会場：6月17日 沖縄県立芸術大学附
属研究所2F（AV講義室）〉Ⓝ288.2　〔1492〕

◇石垣市史叢書　19　球陽八重山関係記事集
上巻　石垣市教育委員会市史編集課編　〔石

垣〕　石垣市教育委員会　2013.3　6,101p
26cm　〈折り込 2枚〉800円　Ⓝ219.9〔1493〕

◇尖閣諸島と沖縄―時代に翻弄される島の歴史
と自然　沖縄大学地域研究所編　芙蓉書房出
版　2013.6　304p　21cm　（沖縄大学地域
研究所叢書）〈年表あり〉2300円　①978-4-
8295-0588-5　Ⓝ219.9
内容第1部 琉球と中国、琉球と日本―近代の波
濤にさらされる東アジア（中琉日関係史から見た
尖閣諸島）　第2部 近代の洗礼を受ける沖縄の漁
業―尖閣諸島への出漁と領土編入（沖縄近代漁業
史から見た尖閣諸島）　第3部 日本・中国・台湾―
東アジアの狭間に浮かぶ沖縄が目指す先には（尖
閣諸島問題―沖縄からの視点　戦後の尖閣諸島に
おける漁業 ほか）　第4部 アホウドリの住む島で
―時代に翻弄される島のこれから（石垣ケーブル
テレビニュース　尖閣諸島のアホウドリ ほか）
〔1494〕

◇黒潮の衝撃波―西の国境どぅなんの足跡　与
那国町史編纂委員会事務局編　与那国町（沖
縄県）　与那国町　2013.7　640p　31cm
（与那国島町史 第3巻（歴史編））〈文献あり
年表あり〉Ⓝ219.9　〔1495〕

◇与那国台湾往来記―「国境」に暮らす人々
松田良孝著　石垣　南山舎　2013.9　341,
27p　19cm　（やいま文庫 14）〈文献あり〉
2300円　①978-4-901427-30-2　Ⓝ219.9
〔1496〕

◇竹富町史　第5巻　新城島　竹富町史編集委
員会編　〔石垣〕　竹富町　2013.11　709p
27cm　〈年表あり〉3000円　Ⓝ219.9　〔1497〕

◇石垣市史叢書　20　球陽八重山関係記事集
下巻　石垣市教育委員会市史編集課編　〔石
垣〕　石垣市教育委員会　2014.3　5,110p
26cm　〈折り込 2枚〉800円　Ⓝ219.9〔1498〕

◇八重山の戦争　大田静男著　復刻版　石垣
南山舎　2014.6　340p　21cm　（シリーズ
八重山に立つ no.1）〈年表あり〉2900円
①978-4-901427-32-6　Ⓝ291.99　〔1499〕

◇首里王府と八重山　新城敏男著　岩田書院
2014.12　520p　22cm　14800円　①978-4-
87294-888-2　Ⓝ219.9
内容1（先島統治をめぐる状況　『翁長親方八重
山島規模帳』について―検使派遣と規模帳の成立
八重山の家譜覚書　沖縄八重山の家譜所収文書）
2（八重山の村落風水　近世期八重山の村と役人
沖縄の仏たち　沖縄仏教史における念仏者の位置
八重山への仏教の伝播と信仰　沖縄八重山の大阿
母 ノロと死者供養儀礼―桜井徳太郎著『沖縄の
シャマニズム』にふれて）　〔1500〕

◇よみがえるドゥナン―写真が語る与那国の歴
史　米城恵著　石垣　南山舎　2015.2　290p

各地の歴史　　　　　　　　　　　　　　　歴史・地理

19cm　（やいま文庫 15）〈年表あり〉1900
円　Ⓘ978-4-901427-35-7　Ⓝ219.9　〔1501〕

◇石垣市史叢書　21　参遣状〔喜舎場永珣旧蔵
史料〕1　石垣市教育委員会市史編集課編
〔石垣〕　石垣市教育委員会　2015.3　6,
120p　26cm〈折り込 2枚〉800円　Ⓝ219.9
〔1502〕

◇竹富町史　第6巻　鳩間島　竹富町史編集委
員会編　〔石垣〕　竹富町　2015.3　709p
27cm〈年表あり〉3000円　Ⓝ219.9　〔1503〕

◇石垣市史　各論編 考古　石垣市教育委員会
市史編集課編　石垣　石垣市教育委員会
2015.9　387,29p　27cm〈年表あり〉3700
円　Ⓝ219.9　　　　　　　　　　　　　〔1504〕

《奄美大島（奄美群島）》

◇奄美史料　25　公報―31～57号　名瀬　鹿
児島県立図書館奄美分館　1995.3　1冊
27cm〈臨時北部南西諸島政庁1948年刊の複
製〉非売品　Ⓝ219.7　　　　　　　　　〔1505〕

◇南島郷土誌―倭の古代からワチヤーシマ・ワ
ンナームラまで　井上忍著　〔井上忍〕
1995.10　332,125p　22cm　〈参考文献：p331
～332〉7000円　Ⓝ219.7　　　　　　　〔1506〕

◇奄美史料　26　公報―58～84号　名瀬　鹿
児島県立図書館奄美分館　1996.3　1冊
27cm〈臨時北部南西諸島政庁1949～50年刊
の複製〉非売品　Ⓝ219.7　　　　　　　〔1507〕

◇展示図録と解説　伊仙町歴史民俗資料館編
〔伊仙町（鹿児島県）〕　伊仙町歴史民俗資料
館　1996.3　82p　26cm〈創立15周年記念
執筆：義憲和　年表あり〉Ⓝ291.97　〔1508〕

◇改訂名瀬市誌　1巻（歴史編）　改訂名瀬市誌
編纂委員会編　名瀬　名瀬市　1996.7
872p　22cm　Ⓝ291.97　　　　　　　　〔1509〕

◇改訂名瀬市誌　2巻（歴史編）　改訂名瀬市誌
編纂委員会編　名瀬　名瀬市　1996.7
980p　22cm　Ⓝ291.97　　　　　　　　〔1510〕

◇改訂名瀬市誌　3巻（民俗編）　改訂名瀬市誌
編纂委員会編　名瀬　名瀬市　1996.7
376p　22cm　Ⓝ291.97　　　　　　　　〔1511〕

◇島さばくり―一幕記録集　1　右田昭進編　日
野　道之島通信社　1996.8　271p　21cm
〈折り込1枚〉Ⓝ219.7　　　　　　　　　〔1512〕

◇西郷隆盛―偉大な教育者 沖永良部島の南洲
塾　本部廣哲著　大阪　海風社　1996.9

279p　19cm　1748円　Ⓘ4-87616-254-9
Ⓝ289.1

内容 第1部 西郷隆盛と沖永良部島（沖永良部島へ
流謫 川口雪蓬 敬天愛人 南洲塾）　第2部 沖
永良部島（考える島 文化を受け入れる島 遠島
人 明治以降の島の教育）　第3部 教育と私（龍野
定一先生 沖永良部島の私）　　　　　　〔1513〕

◇萬堂山―生活体験を通して語るふるさと奄美
勝睦男編　第2版　横浜　勝睦男　1996.12
597p　22cm　Ⓝ219.7　　　　　　　　〔1514〕

◇津島家文書『明治四年未二月御廻文留写』
名瀬市立奄美博物館編　名瀬　名瀬市立奄美
博物館　1998.3　275p　22cm　（奄美博物
館資料集 1）〈奥付のタイトル：御廻文留
写〉Ⓝ219.7　　　　　　　　　　　　　〔1515〕

◇奄美、もっと知りたい―ガイドブックが書か
ない奄美の懐　神谷裕司著　増補版　鹿児島
南方新社　1998.6　354p　19cm　〈文献あり
索引あり〉1800円　Ⓘ4-931376-07-X
Ⓝ219.7　　　　　　　　　　　　　　　〔1516〕

◇奄美の歴史とシマの民俗　先田光演著　神戸
まろうど社　1999.5　375p　20cm　3000円
Ⓘ4-89612-021-3　Ⓝ219.7　　　　　　〔1517〕

◇徳之島先駆者の記録　高岡善成監修, 松田清
編　〔日野〕　徳之島の先人を偲ぶ会
1999.12　117p　26cm　Ⓝ281.97　〔1518〕

◇奄美の群像―奄美が生んだ20世紀の人物総覧
右田昭進編著　交文社　〔2000〕　427p
22cm　（島さばくり 2）　1500円　Ⓝ219.7
〔1519〕

◇奄美の歴史と年表　穂積重信ほか編著　改訂
新版　徳之島町（鹿児島県）　徳之島郷土研
究会　2000.9　295p　27cm　3500円
Ⓝ219.7　　　　　　　　　　　　　　　〔1520〕

◇南西諸島調査記念論文集　鹿児島　鹿児島短
期大学付属南日本文化研究所　2001.1　133,
25p　26cm　（南日本文化研究所叢書 26）
Ⓝ291.9

内容 地域の国際化（山田晋著）　奄美群島の日本
復帰と大島紬絹織物業（中村政文著）　沖縄文化の
次世代への伝承（金谷京子著）　奄美諸島の考古学
（上村俊雄著）　鹿児島県における埴輪の導入とそ
の意義（大西智和著）　薩南諸島の脊椎動物（鮫島
正道著）　奄美大島南部のゴンゲンと神社（松原武
実著）　　　　　　　　　　　　　　　〔1521〕

◇それぞれの奄美論・50―奄美21世紀への序奏
南海日日新聞社編　鹿児島　南方新社
2001.5　273p　19cm　1800円　Ⓘ4-931376-
48-7　Ⓝ291.97　　　　　　　　　　　〔1522〕

◇奄美にみる中山國教条の世界　住用村誌編纂

歴史・地理　　　　　　　　　　　　　　　　　　　　　　　　　　　各地の歴史

委員会編　住用村（鹿児島県）　住用村
2002.3　224p　26cm　（住用村誌　資料編
2）〈複製および翻刻を含む〉Ⓝ219.7〔1523〕

◇奄美の戦後処理事務　住用村誌編纂委員会編
住用村（鹿児島県）　住用村　2002.3　245p
26cm　（住用村誌　資料編 1）　Ⓝ219.7
〔1524〕

◇奄美静寂と怒濤の島―日本復帰から平成への
記録　越間誠著　鹿児島　南方新社　2002.8
215p　20×23cm〈おもに図〉3810円〔4-
931376-70-3　Ⓝ219.7　　　　　　〔1525〕

◇タイムスリップ少年使節団物語　島岡稔著
文芸社　2002.10　118p　20cm　1000円
①4-8355-4449-8　Ⓝ219.7
内容 第1章　一枚の記念写真（奄美の日本復帰運動
二人の少年はだれ？　手がかりは一枚の写真　ほか）
第2章　再会（四十年前の記憶　感激の再会　ほか）
第3章　逆廻りの時計（『少年クラブ』編集部の楢橋
さんの消息　少年使節団派遣の全容判明　ほか）
第4章　新たな交流の始まり（中村小が新少年使節
団を奄美へ派遣　新たな交流へ向けて、「少々会
家族旅行」　ほか）　　　　　　　　　　〔1526〕

◇軍政下奄美の密航・密貿易　佐竹京子編著
鹿児島　南方新社　2003.1　276p　19cm
〈年表あり〉2000円　①4-931376-82-7
Ⓝ219.7
内容 第1章　密航船「宝栄丸」中之島沿岸遭難事
件　第2章　金十丸と教科書密航事件　第3章「日
本復帰」密航陳情団　第4章　密航体験記、波涛を
越えて　第5章　密貿易時代―座談会「密貿易は奄
美経済の担い手だった」　第6章　密貿易体験記、
十二人の証言　資料　年表でみる米軍政下時代の
占領政策　　　　　　　　　　　　　　　〔1527〕

◇全記録―分離期・軍政下時代の奄美復帰運
動、文化運動　間弘志著　鹿児島　南方新社
2003.2　344p　22cm　3800円　①4-931376-
80-0　Ⓝ219.7
内容 第1部　復帰運動編（大島支庁　復帰協議会結
成以前の復帰の動き　軍政府　復帰協議会　本土
の復帰運動　ほか）　第2部　文化運動編（文化全般
言論　報道　出版　あかつち会　ほか）　〔1528〕

◇嵐の中で蛇行したヘビ年の青春　右田昭進
著, 前田勝章編　名瀬　奄美共同印刷（製作）
2003.3　146p　22cm　（島さばくり雑録集
3）　1300円　Ⓝ219.7　　　　　　　〔1529〕

◇大和村の近現代　大和村誌編纂委員会編　大
和村（鹿児島県）　大和村　2003.3　193p
21cm　（大和村誌資料集 1）〈年表あり〉
Ⓝ219.7　　　　　　　　　　　　　　　〔1530〕

◇奄美群島日本復帰五十年の回想　楠田豊春編
著　名瀬　楠田書店　2003.4　118p　30cm
〈年表あり〉Ⓝ219.7　　　　　　　　　〔1531〕

◇「昇曙夢先生を偲ぶ会」議事録―全国奄美連
合総本部委員長・復帰対策委員長　奄美群島
日本復帰50周年記念　〔三鷹〕　〔昇曙夢先
生を偲ぶ会事務局〕　2003.10　1冊　31cm
〈会期：2003年10月4日　はり込写真4枚　折
り込1枚　年表あり　年譜あり〉Ⓝ219.7
〔1532〕

◇島唄の風景―奄美復帰50年企画　〔鹿児島〕
南日本新聞社　2003.11　192p　26cm〈製
作・発売：南日本新聞開発センター（鹿児
島）〉1905円　①4-86074-022-X　Ⓝ291.97
〔1533〕

◇奄美深山塔碑考―南島の元寇　田畑久守著
田畑敬子　2003.12　276p　21cm〈肖像あ
り　年表あり　文献あり〉2000円　Ⓝ219.7
〔1534〕

◇奄美復帰50年―ヤマトとナハのはざまで　松
本泰丈, 田畑千秋編　至文堂　2004.1　392p
21cm　（「現代のエスプリ」別冊）　2667円
①4-7843-6032-8　Ⓝ291.97　　　　　〔1535〕

◇復帰運動の記録と体験記―奄美群島日本復帰
五〇周年記念　和泊町歴史民俗資料館編　和
泊町（鹿児島県）　和泊町教育委員会　2004.
3　235p　30cm〈年表あり〉Ⓝ291.97
〔1536〕

◇明日へつなぐ―奄美群島日本復帰五十周年記
念　記念誌出版委員会編集・企画　〔川崎〕
東京奄美会　2004.7　247p　27cm〈年表あ
り〉Ⓝ219.7　　　　　　　　　　　　〔1537〕

◇孤独の海―奄美大島、南北いずれ　藤山喜要
著　日本図書刊行会　2004.10　142p　20cm
〈発売：近代文芸社〉1400円　①4-8231-
0778-0　Ⓝ219.7
内容 直轄地のはじまり　ことごとく平定　尚寧、
失意の旅　二重帳簿と黒糖　こぼれ落ちる　十三
番組　夫役租税　奄美大島群島　水田の甘蔗畑化
砂糖樽等について　七島灘に漂う　勝手世騒動
測り難シ、本土並み　勝手世のあと　彼の家　原
始と現代が交互に　写真の銀千代　流れ流れて、
されど　　　　　　　　　　　　　　　　〔1538〕

◇新薩摩学―薩摩・奄美・琉球　鹿児島純心女
子大学国際文化研究センター編　鹿児島　南
方新社　2004.12　233p　19cm　（新薩摩学
シリーズ 3）〈執筆：真栄平房昭ほか〉1800
円　①4-86124-029-8　Ⓝ219.7
内容 近世初期のルソン交流史を探る（真栄平房昭
著）　琉球・奄美・薩摩を漂う異人たち（松下博文
著）　薩摩藩と唐通事（山根真太郎著）　外から見
た琉球（小島摩文著）　奄美から見た薩摩と琉球
（弓削政己著）　シンポジウム・外から見た薩摩・
奄美・琉球（弓削政己ほか述）　　　　　〔1539〕

「沖縄」がわかる本 6000冊　　117

各地の歴史　　　　　　　　　　　歴史・地理

◇目で見る奄美の100年　楠田豊春監修　松本
郷土出版社　2004.12　146p　38cm　11000
円　Ⓘ4-87663-728-8　Ⓝ219.7
〔1540〕

◇苦い砂糖―丸田南里と奄美自由解放運動　原
井一郎著　鹿児島　高城書房　2005.1
290p　19cm　1800円　Ⓘ4-88777-066-9
Ⓝ219.7
〔1541〕

◇知名町奄美群島日本復帰50周年記念誌　〔知
名町(鹿児島県)〕　知名町「奄美群島日本
復帰50周年記念事業」実行委員会　2005.2
374p　31cm　〈年表あり〉Ⓝ219.7
〔1542〕

◇奄美学―その地平と彼方　「奄美学」刊行委
員会編　鹿児島　南方新社　2005.4　631p
22cm　〈著作目録あり〉4800円　Ⓘ4-86124-
026-3　Ⓝ219.7
〔1543〕

◇ヤコウガイの考古学　高梨修著　同成社
2005.5　293p　22cm　（ものが語る歴史シ
リーズ 10）　4800円　Ⓘ4-88621-325-1
Ⓝ219.7
内容 序章 本書の課題　第1章 スセン当式土器の
分類と編年　第2章 兼久式土器の分類と編年　第
3章 奄美諸島の土器編年　第4章 小湊フワガネク
遺跡群の発掘調査　第5章 ヤコウガイ交易　第6
章 貝をめぐる交流史　第7章 古代の琉球弧　終
章 奄美諸島史のダイナミズム
〔1544〕

◇奄美戦後史―揺れる奄美、変容の諸相　鹿児
島県地方自治研究所編　鹿児島　南方新社
2005.9　379p　19cm　〈文献あり　年表あ
り〉2000円　Ⓘ4-86124-059-X　Ⓝ219.7
内容 復帰問題再考:"阪神"の復帰運動に至る奄
美出身者の慟哭(大橋愛由等著　復帰運動史の中
の南二島分離問題(川上忠志著　「北緯三〇度」と
は何だったか(杉原洋著　奄美群島の分離による
地域の政治的再編成と政党(黒柳保則著）戦後
社会の変容と奄美:鹿児島市のシマ(本山謙二著
沖永良部島の戦後史から現在をみる(高橋孝代著
奄美開発再考(桑原季雄著　「奄美を語る会」が
語ってきたもの(仙田隆宜著）奄美のいまとこれ
から:軍事基地問題と奄美(丸山邦明著　復帰後
の奄美の変容(蘭博明著　奄美市誕生の軌跡(久岡
学著　奄美振興開発事業と産業・財政・金融の分
析(皆村武一著　＜座談会＞開発の政治と復帰運動
(前利潔ほか述)
〔1545〕

◇与論島移住史―ユンヌの砂　〔福石忍〕〔執
筆〕，南日本新聞社編　鹿児島　南方新社
2005.11　216p　19cm　1800円　Ⓘ4-86124-
063-8　Ⓝ219.7
〔1546〕

◇活動日誌―1952年7月末起　奄美大島日本復
帰協議会本部〔著〕　名瀬　鹿児島県立図書
館奄美分館　2006.3　136p　21×30cm
（奄美史料 36）〈1952-1953年刊の複製〉
Ⓝ219.7
〔1547〕

◇大和村の近世　大和村誌編纂委員会編　大和
村(鹿児島県)　大和村　2006.3　307p
21cm　（大和村誌資料集 3）　Ⓝ219.7〔1548〕

◇奄美の負け犬と女闘牛士　奄美シロー著　文
芸社　2006.4　153p　20cm　1200円　Ⓘ4-
286-00990-4　Ⓝ289.1
内容 第1章 終戦直後の日本　第2章 復帰後の奄
美　第3章 農協時代　第4章 談合　第5章 女闘牛
士　第6章 奄美の政治と選挙
〔1549〕

◇奄美史料集成　松下志朗編　鹿児島　南方新
社　2006.8　610p　22cm　18000円　Ⓘ4-
86124-089-1　Ⓝ219.7
内容 道之島代官記集成:大島代官記　喜界島代
官記　徳之嶋面縄院家蔵前録帳　沖永良部島代官
系圖　連官吏　大島與人役順續記　喜界嶋代官初
幷大嶋郡士格人躰且諸横目より重役現夫居住者等
之一冊（仮題)與論在鹿児島役人公文綴　南嶋雑
集　道之嶋船賦
〔1550〕

◇奄美の債務奴隷ヤンチュ　名越護著　鹿児島
南方新社　2006.9　302p　19cm　〈年表あり
文献あり〉2000円　Ⓘ4-86124-091-3
Ⓝ219.7
〔1551〕

◇奄美復帰史　村山家國著　新訂　奄美　南海
日日新聞社　2006.11　679p　22cm　〈年表
あり〉6190円　Ⓘ4-931458-07-6　Ⓝ219.7
〔1552〕

◇瀬戸内町誌　歴史編　瀬戸内町誌歴史編編纂
委員会編　瀬戸内町(鹿児島県)　瀬戸内町
2007.3　835p　27cm　〈年表あり〉Ⓝ291.97
〔1553〕

◇奄美シマ(部落)ウムイ(想い)―今の刻、昔
の時　第1集　進芳男〔著〕　奄美　進芳男
2007.10　112p　26cm　（進芳男文集 第1
集）Ⓝ219.7
〔1554〕

◇南西諸島史料集　第1巻　松下志朗編　鹿児
島　南方新社　2007.12　523p　22cm　〈複
製〉18000円　Ⓘ978-4-86124-120-8　Ⓝ219.
7
内容 解題:白野夏雲翁 亀田次郎著　島の三大旅
行家 柳田国男著　大奄美史(抄) 昇曙夢著　翻刻
史料:十島図譜 白野夏雲著　七島問答 白野夏雲
著　薩南諸島の風俗 田代安定著　島嶼見聞録 赤
堀廉蔵 他著
〔1555〕

◇奄美シマ(部落)ウムイ(想い)―今の刻、昔
の時　第2集　進芳男〔著〕　奄美　進芳男
2008.3　137p　26cm　（進芳男文集 第2集）
Ⓝ219.7
〔1556〕

◇古代中世の境界領域―キカイガシマの世界
池田榮史編　高志書院　2008.3　308p
22cm　6000円　Ⓘ978-4-86215-039-4

歴史・地理　　　　　　　　　　　　　　　　　　　　　　　　各地の歴史

Ⓝ219.7
内容 境界領域の歴史学：喜界島城久遺跡群と古代南島社会 鈴木靖民著　古代の奄美・沖縄諸島と国際社会 田中史生著　日本古代国家と南島、琉球 山里純一著　中世日本と古琉球のはざま 村井章介著　文献から見たキカイガシマ 永山修一著　発掘された境界領域：喜界島城久遺跡群 澄田直敏、野崎拓司著　大宰府と南島社会 中島恒次郎著　城久遺跡群の中世墓 狭川真一著　滑石製石鍋の流通と琉球列島 鈴木康之著　喜界島の古代・中世遺跡 池畑耕一著　古代並行期における奄美諸島の在地土器編年 高梨修著　万之瀬川下流域の古代・中世遺跡 宮下貴浩著　　　　　〔1557〕

◇喜界島・鬼の海域―キガイガシマ考　福寛美著　新典社　2008.5　125p　18cm　（新典社新書）　800円　①978-4-7879-6110-5　Ⓝ219.7
内容 1 考古事象（城久遺跡群 越州窯青磁）　2 物語世界のキカイガシマ（俊寛の物語 羽根蔓と鳥頭 ほか）　3 境界の世界（源頼朝 源義経 ほか）　4 キカイガシマと琉球（尚徳王 喜界島の勝連家 ほか）　5 鬼の世界（食人の国 鬼の観念 ほか）　　　　　　　　　　　　　　〔1558〕

◇後蘭字誌―豊かな島の源流後蘭字未来へ伝える歴史と文化 鹿児島県和泊町後蘭字　〔和泊町（鹿児島県）〕　後蘭字誌編纂委員会　2008.7　257p　27cm　〈年表あり〉　2500円　Ⓝ291.97　　　　　　　　　　　〔1559〕

◇揺れる奄美、その光と陰　稲野慎著　鹿児島　南方新社　2008.8　268p　19cm　〈年表あり　文献あり〉　1800円　　　　〔1560〕
Ⓝ291.97

◇南西諸島史料集　第2巻　松下志朗編　鹿児島　南方新社　2008.11　497p　22cm　〈複製〉　18000円　①978-4-86124-146-8　Ⓝ219.7
内容 解題：名越左源太について 松下志朗著　幕末外交と「南島雑話」の成立 黒田安雄著　高崎崩の志士名越左源太翁 永井亀彦著　史料編：名越時敏謹慎並遠島一件留　高崎くづれ大島遠島録夢留　佐和雄唐漂着日記写　文化薩人漂流記　南島雑記　　　　　　　　　　〔1561〕

◇「昇曙夢先生没後50年を偲ぶ会」議事録―奄美群島日本復帰全国奄美連合総本部会長・復帰対策委員長 記念誌　追篇版　〔三鷹〕　昇曙夢先生没後50年を偲ぶ会　2009.1　57p　31cm　〈会期：2008年11月22日〉　Ⓝ219.7
　　　　　　　　　　　　　　　　　　〔1562〕

◇奄美自立論―四百年の失語を越えて　喜山荘一著　鹿児島　南方新社　2009.4　289p　19cm　〈年表あり〉　2000円　①978-4-86124-157-4　Ⓝ219.7
内容 第1章 二重の疎外―奄美は琉球ではない、大和でもない　第2章 黒糖収奪とは何か―空っぽな

モノの絶対化と食糧自給力の収奪　第3章 なぜ、薩摩は奄美を直接支配したのか　第4章 近代化三幕―二重の疎外の顕在化と抵抗　第5章 日本人になる―二重の疎外からの脱出　第6章 奄美とは何か―秘する花のように　第7章 二重の疎外の克服へ　　　　　　　　　　　　　　　〔1563〕

◇海渡って永良部島魂―神戸沖洲会ホームページ「仁兵衛の独り言」より　重村仁編　2版　〔神戸〕　〔重村仁〕　2009.7　64p　30cm　〈折り込1枚　文献あり〉　Ⓝ219.7
　　　　　　　　　　　　　　　　　　〔1564〕

◇大奄美史―奄美諸島民俗誌　昇曙夢著　復刻　鹿児島　南方新社　2009.8　576p　22cm　〈奄美社1949年刊の複製〉　9200円　①978-4-86124-166-6　Ⓝ219.7　　　　　　〔1565〕

◇南西諸島史料集　第3巻　松下志朗編　鹿児島　南方新社　2009.11　678p　22cm　〈複製を含む〉　18000円　①978-4-86124-163-5　Ⓝ219.7
内容 史料編：大島要文集　大島御規模帳写　大嶋私考 喜界島史料（仮題）「御諸役衆え進覧定他諸職規定並びに御仮屋之事等代官書上類」　用間切物定帳　嶋中御取扱御一冊並びに諸御用仰渡留　南島誌　　　　　　　〔1566〕

◇明治維新のカギは奄美の砂糖にあり―薩摩藩隠された金脈　大江修造著　アスキー・メディアワークス　2010.3　175p　18cm　（アスキー新書 143）　〈文献あり　発売：角川グループパブリッシング〉　724円　①978-4-04-868410-1　Ⓝ219.7
内容 序章 幕末・日本の置かれていた状況（薩摩藩開国論の理由　沖縄は本土より七年前に開国させられていた ほか）　第1章 薩摩藩vs奄美大島（薩軍の奄美侵攻　薩摩藩による奄美の支配 ほか）　第2章 徳川幕府vs薩摩藩（薩摩藩の藩財政　木曽川の治水工事 ほか）　第3章 幕末・なぜ日本は植民地化されなかったのか（軍備増強の必要性　薩英戦争の原因・生麦事件 ほか）　第4章 奄美の砂糖が明治維新をもたらした（薩摩藩による奄美の間接支配　奄美の砂糖 ほか）　　〔1567〕

◇大和村誌　大和村誌編纂委員会編　〔大和村（鹿児島県）〕　大和村　2010.3　959p　27cm　〈文献あり　年表あり〉　Ⓝ291.97　　　　　　　　　　　　　　　〔1568〕

◇南西諸島史料集　第4巻　山下文武編　鹿児島　南方新社　2010.12　717p　22cm　18000円　①978-4-86124-201-4　Ⓝ219.7
内容 解題：「道統上国日記」（文久三年）について 山下文武著　基俊良と「上国日記」について 山下文武著　「上国日記」について 山下文武著　坦晋「渡琉日記」について 先田光演著　坦晋「在興中日記」について 先田光演著　「旅日記」について 松下志朗著　道之島における海運 松下志朗著　「琉球御用船及交易自船古文書」について 松下志朗著　「瀬戸内family家文書」について 山下文武

「沖縄」がわかる本　6000冊　　119

各地の歴史

歴史・地理

著 史料編：道統上国日記 基俊良上国日記 坦晋上国日記 坦晋渡琉日記 坦晋在與中日記 旅日記（河南源兵衛） 琉球御用船及交易自船古文書 瀬戸内武家文書 〔1569〕

◇奄美の歴史入門—奄美子たちに贈る 奄美はいつから日本なの？ 麓純雄著 鹿児島 南方新社 2011.1 220p 21cm 〈年表あり〉 1600円 ①978-4-86124-197-0 Ⓝ219.7
内容 1部 奄美の歴史（「あまみ」の由来 旧石器時代—縄文・弥生・古墳時代 “奄美世（アマンユ）” “按司世（アジユ）” ほか） 2部 旧名瀬地区の歴史—奄美小校区を中心に（“名瀬”の由来 旧名瀬市の大まかな流れ 奄美小校区の大まかな流れ 奄美小校区の8つの町について ほか） 〔1570〕

◇密航・命がけの進学—アメリカ軍政下の奄美から北緯30度の波濤を越えて 芝慶輔編著 五月書房 2011.1 285p 20cm 2000円 ①978-4-7727-0490-8 Ⓝ219.7
内容 帝都名月弥清し—密航で東大復学（屋宮誠道） 東京で苦学と復帰運動（石田昭進） 密航浮き沈み（奥山恒満） 現金輸送密航便（平重一郎） 高校進学を目指して（林哲章） 道を拓く（直江達治） 学徒出陣から密航上京まで（滝田豊一） 兄の後を追って（高地行夫） 密航・密行、その前後（田中達三） 北緯三〇度線を越えて（芝慶輔）［ほか］ 〔1571〕

◇薩摩藩の奄美琉球侵攻四百年再考 沖縄大学地域研究所編 芙蓉書房出版 2011.2 111p 19cm （沖縄大学地域研究所叢書） 1200円 ①978-4-8295-0503-8 Ⓝ219.7
内容 総説 東アジアの変動、奄美と琉球の変容 基調講演 薩摩による直轄支配下の奄美諸島 シンポジウム 未来への道しるべ薩摩藩奄美琉球侵攻四百年を再考 〔1572〕

◇奄美沖縄環境史資料集成 安渓遊地、当山昌直編 鹿児島 南方新社 2011.3 842p 22cm 〈文献あり〉 9800円 ①978-4-86124-206-9 Ⓝ219.7 〔1573〕

◇江戸期の奄美諸島—「琉球」から「薩摩」へ 知名町教育委員会編 鹿児島 南方新社 2011.3 317p 21cm 〈執筆：原口泉ほか 年表あり〉 2500円 ①978-4-86124-227-4 Ⓝ219.7
内容 第1章 琉球侵攻四〇〇年シンポジウム「“琉球”から“薩摩”へ」 第2章 座談会1「薩摩からみた、近世奄美諸島」 第3章 座談会2「琉球からみた、近世奄美諸島」 第4章 薩琉四〇〇年講演会「朝鮮半島に漂着した薩摩藩士と沖永良部島民」 第5章 沖永良部島の歴史と記憶 第6章 薩摩藩琉球侵攻時の琉球尚寧王の領土認識について 第7章 琉球処分と奄美諸島 資料 〔1574〕

◇仲為日記—文久三年九月二十一日途中より明治元年正月十三日まで 徳之島町郷土資料館編 徳之島町（鹿児島県） 徳之島町教育委

員会 2012.3 189p 30cm Ⓝ219.7 〔1575〕

◇名瀬のまちいまむかし—絵地図から地籍図まで 弓削政己、岩多雅朗、飯田卓、中山清美著 鹿児島 南方新社 2012.3 211p 21cm 〈年表あり〉 2000円 ①978-4-86124-239-7 Ⓝ219.7 〔1576〕

◇奄美諸島の砂糖政策と倒幕資金 先田光演著 鹿児島 南方新社 2012.11 162p 21cm 2500円 ①978-4-86124-255-7 Ⓝ219.7
内容 プロローグ—砂糖政策の新ば説 奄美諸島の砂糖政策と倒幕資金 史料編 〔1577〕

◇与論島の古文書を読む 先田光演編著 鹿児島 南方新社 2012.12 382p 26cm 5800円 ①978-4-86124-257-1 Ⓝ219.7
内容 第1章 代官記録 第2章 與論在鹿児島役人公文綴 第3章 猿渡家文書 第4章 瀧家文書 第5章 徳田家文書 第6章 基家・龍野家・東家系図 第7章 大和踊言葉集書 〔1578〕

◇大牟田と与論島—100年の絆 堀円治著 大牟田 有明新報社 2013.2 226p 22cm 1715円 Ⓝ219.1 〔1579〕

◇奄美戦時下米軍航空写真集—よみがえるシマの記憶 奄美群島日本復帰60周年記念出版 当山昌直、安渓遊地著 鹿児島 南方新社 2013.10 143p 26cm 3600円 ①978-4-86124-280-9 Ⓝ291.97
内容 龍郷町西原、芦徳長浜 龍郷町芦徳、蒲田 龍郷町里、赤尾木 龍郷町赤尾木 龍郷町根原、加世間 奄美市名瀬小湊 奄美市名潮真名津町、名瀬古田町、名瀬久里町、名瀬永田町 奄美市名瀬久里町 奄美市名瀬井根町、名瀬幸町、名瀬末広町 奄美市名瀬港町、名瀬入舟町、名瀬金久町 名瀬柳町［ほか］ 〔1580〕

◇奄美の昭和—写真アルバム 名古屋 樹林舎 2013.12 264p 図版16p 31cm 〈年表あり 文献あり〉 9514円 ①978-4-902731-61-3 Ⓝ219.7 〔1581〕

◇奄美図書館所蔵復帰関係資料一覧 鹿児島県立奄美図書館編 奄美 鹿児島県立奄美図書館 2014.2 25p 30cm 〈奄美群島日本復帰60周年記念〉 Ⓝ219.7 〔1582〕

◇沖永良部島鳳雛洞・大山水鏡洞の研究 新里貴之,鹿児島大学埋蔵文化財調査センター編 ［鹿児島］ 鹿児島大学 2014.3 8,126p 30cm 〈文献あり〉 Ⓝ219.7 〔1583〕

◇沖永良部通信—1986年→2013年 皆吉龍馬著 那覇 琉球新報社 2014.3 149p 30cm 1500円 ①978-4-89742-168-1 Ⓝ219.7 〔1584〕

◇奄美諸島編年史料 古琉球期編上 石上英一

歴史・地理　　　　　　　　　　　　　　　　　　伝記

編　吉川弘文館　2014.6　399p　22cm
18000円　Ⓘ978-4-642-01417-5　Ⓝ219.7
＊奄美諸島の歴史を、知ること、研究すること、に
資するための編年史料集。喜界島、大島・加計
呂麻島・請島・与路島、徳之島、沖永良部島、与
論島及び直接に奄美諸島に関わる範囲での日本・
琉球及び中国・朝鮮の事象を対象とし、一二六六
年から一六二四年六月までの約三五〇年間を対
象期間とする。
〔1585〕

◇仲為日記—奄美・徳之島の重要古文書　犬田
布一揆を記した唯一の文書、薩摩藩砂糖政策
の第一級史料　仲為〔著〕、先田光演編著
鹿児島　南方新社　2015.5　216p　26cm
6800円　Ⓘ978-4-86124-318-9　Ⓝ219.7
内容 第1章 翻刻本文と口語訳・解説　第2章 解
題・解説と砂糖政策に関する項目
〔1586〕

伝記

◇沖縄戦語り歩き—愚童の破天荒旅日記　富村
順一編著　柘植書房　1995.1　201p　20cm
1700円　Ⓘ4-8068-0358-8　Ⓝ289.1
内容 沖縄戦記の誤りを糾す　旅で出会った人び
と　愚童流人生
〔1587〕

◇サメとテレビ—少年、南の島から東京へ　た
らま光男著　八重岳書房　1995.2　190p
19cm　1000円　Ⓘ4-8412-2166-2　Ⓝ289.1
内容 テレビの未開地　夢を追い求めて　生き別
れの盃　パニックの初電車　命の源—パンの耳〔ほ
か〕
〔1588〕

◇私の歩んだ写真の記録—主に昭和28年
(1953)〜昭和38年(1963)：33年〜43年昔の
写真　懐かしい思い出の写真　金城棟永著
那覇　金城棟永　1995.3　167p　21×24cm
〈著者の肖像あり〉　2000円　Ⓝ219.9〔1589〕

◇沖縄山中記　木村政雄著　恒陽社印刷所(印
刷)　1995.3　267p　19cm　Ⓝ289.1〔1590〕

◇孤児になった沖縄—パスポートから見えてく
る戦後　出口富美子著　夢譚書房　1995.5
221p　19cm　〈発売：星雲社〉　1200円　Ⓘ4-
7952-6786-3　Ⓝ281.99
内容 一通3000ドル　パスポートは親子丼の味
親友がくれたパスポート　台風付きタイムトラ
ベル　テレビに負けた大地主　テレビは出てから
観るもの？　戦犯は月給制か？　父性・そのか
くも永き不在　実子だ、バカヤロウ　糞！負けて
たまるか〔ほか〕
〔1591〕

◇おきなわ土の宿物語　木村浩子著　小学館
1995.7　222p　20cm　1600円　Ⓘ4-09-
387136-1　Ⓝ289.1
内容 はじめに 土の宿ができるまで　第1部 足指

に生きて　第2部 イチャリバチョーデー—出会え
ば友だち
〔1592〕

◇ちんやんばるう—遙々たり沖縄、望郷の五十
年　安富昇著　MBC21　1995.7　271p
19cm　〈発売：東京経済〉　1500円　Ⓘ4-8064-
0466-7　Ⓝ289.1
内容 第1章 焼け跡の焚き火　第2章 教職のこと
第3章 遠い日の古里　第4章 今、思うこと
〔1593〕

◇宮良高夫　宮良高夫〔ほか著〕、宮良スミ編
宮良スミ　1995.7　35,395p　22cm　〈著者の
肖像あり　年譜：p386〜392〉　Ⓝ289.1〔1594〕

◇土・子育て六十年—山城盛吉・ツネの記　山
城秀人,比嘉光子編　読谷村(沖縄県)　山城
秀人　1995.9　150p　31cm　〈山城盛吉およ
びツネの肖像あり〉　Ⓝ289.1
〔1595〕

◇ヤマト嫌い—沖縄言論人・池宮城秀意の反骨
森口豁著　講談社　1995.9　268p　20cm
〈本書関連年表,主要参考資料・文献：p258
〜268〉　1800円　Ⓘ4-06-206853-2　Ⓝ289.1
内容 第1章 神童"三良"の誕生　第2章 思想の芽
ばえ　第3章 "鉄の暴風"下に生きる　第4章 軍政
下のジャーナリスト　第5章 大衆運動と言論人
第6章 "新ヤマト世"のなかで
〔1596〕

◇なは女性史証言集　第2号　戦後50年・生き
ぬいた女性たち　那覇女性史編集委員会, 那
覇市総務部女性室編　那覇　那覇市　1995.
11　120p　21cm　700円　Ⓝ281.99〔1597〕

◇ひたむきに四十年—湧川善三郎自叙伝　湧川
善三郎著　那覇　沖縄瓦斯　1996.2　638p
図版[16]枚　22cm　〈年譜あり〉　非売品
Ⓘ4-87215-084-8　Ⓝ289.1
〔1598〕

◇沖縄歴史人名事典　島尻地区小学校社会科研
究会著　那覇　沖縄文化社　1996.3　94p
19cm　〈年表あり〉　Ⓝ281.99
〔1599〕

◇戦後50年おきなわ女性のあゆみ　「戦後50年
おきなわ女性のあゆみ」編集委員会編　那覇
沖縄県　1996.3　503p　22cm　Ⓝ281.99
〔1600〕

◇亀甲康吉を語る—労働界の英傑　「亀甲康
吉を語る」刊行編集委員会〔編〕　那
覇　閣文社　1996.3　260p　21cm　〈3年忌追悼
記念出版〉　1500円　Ⓘ4-87619-442-4
Ⓝ289.1
〔1601〕

◇二人のあゆみ—渡慶次賀裕・静子自分史　渡
慶次賀裕, 渡慶次静子著　〔那覇〕　渡慶
次賀裕　1996.3　534p　27cm　〈製作：沖
縄ペンスタジオ　著者の肖像あり〉　Ⓝ289.1
〔1602〕

「沖縄」がわかる本 6000冊　**121**

伝記　　　　　　　　　　　　　　　　　　　　　　　　　　　　歴史・地理

◇人間大好き！ ふるさとひと暦　小波津貞子
編著　南風原町（沖縄県）　那覇出版社
1996.11　271p　18×20cm〈創立30周年記
念刊行〉1500円　ⓘ4-89095-078-8　Ⓝ281.
99
〔1603〕

◇沖縄人名録　1997　沖縄タイムス社編　那
覇　沖縄タイムス社　1996.12　718p　26cm
〈付：便覧〉ⓘ4-87127-307-5　Ⓝ281.99
〔1604〕

◇南島を探る―沖縄の生活史　宮良高弘編　札
幌　北海道みんぞく文化研究会　1996.12
155p　23cm　Ⓝ281.99
〔1605〕

◇三味線放浪記　山入端つる著　那覇　ニライ
社　1996.12　142p　22cm〈校閲：東恩納寛
惇　発売：新日本教育図書　著者の肖像あり〉
1854円　ⓘ4-931314-24-4　Ⓝ289.1
内容 序 浮草のように　屋部の巻 山原の貧農に
生まれて　辻の巻 十三で身売り芸の道へ　放浪
の巻 職を転々荒波の渡世　子育ての巻 戦時下に
希望を求めて　疎開の巻 にわか百姓奮戦す　芸
能保存会の巻 三味線片手に東奔西走　「颱風」の
巻 東京砂漠に沖縄の灯ともす　顧みて 大海原に
漂う小舟のように
〔1606〕

◇なは女性史証言集　第3号　女のあしあと―
祖母・母そして私が生きた時代　那覇市総務
部女性室編　那覇　那覇市　1997.1　120p
21cm〈「なは女性史」証言・体験記入賞作品
発売：なは女性センター〉700円　Ⓝ281.99
〔1607〕

◇夢を追いかけて　嘉数津子著　那覇　ニライ
社（製作）　1997.3　243p　22cm　3000円
Ⓝ289.1
〔1608〕

◇わが夢は八重瀬をこえて―謝花昇物語　比屋
根照夫監修, 新里堅進作画　東風平町（沖縄
県）　東風平町教育委員会・生涯学習振興課
1997.3　253p　22cm〈肖像あり　年譜あ
り〉Ⓝ289.1
〔1609〕

◇楽ん苦しみん―嶺井百合子回想記　嶺井百合
子著　那覇　若夏社（製作）　1997.6　383p
22cm　Ⓝ289.1
〔1610〕

◇基地のない平和な沖縄を求めて―屋良朝苗氏
を偲ぶ県民葬の記録　「屋良朝苗氏を偲ぶ県
民葬の記録」編集委員会編　〔那覇〕　故屋
良朝苗元琉球政府行政主席元沖縄県知事県民
葬実行委員会　1997.7　81p　31cm〈年譜
あり　年表あり〉Ⓝ289.1
〔1611〕

◇伊波普猷―没後50年 おもろと沖縄学の父
那覇市文化局歴史資料室編　〔那覇〕　那覇
市　1997.8　18p　26cm〈会期・会場：1997
年8月12日―17日 那覇市民ギャラリー　年
譜あり〉Ⓝ289.1
〔1612〕

◇素顔の伊波普猷　比嘉美津子著　那覇　ニラ
イ社　1997.8　192p　20cm〈肖像あり〉
1600円　ⓘ4-931314-26-0　Ⓝ289.1
内容 序 伊波普猷という泉を汲む　1 追想 伊波
普猷（先生との出会い　伊波家の朝食　優雅な貧
乏 ほか）　2 織りなす友情（南と北の友情 真心
人 比嘉春潮先生　折口信夫先生のこと ほか）　3
伊波冬子の思い出（形見の石仏　伊波冬子の詩―
伊波普猷に耐えた生涯 病院の窓から ほか）
〔1613〕

◇ウルトラマンを創った男―金城哲夫の生涯
山田輝子著　朝日新聞社　1997.9　259p
15cm　（朝日文庫）〈「ウルトラマン昇天」
（1992年刊）の改題　文献あり〉600円　ⓘ4-
02-261208-8　Ⓝ289.1
内容 第1章 沖縄からきた少年（宇宙人の握手
"ふるさと"を見せる　たったひとりのデモ）　第
2章 ウルトラマン誕生（防空壕の上の研究所　爽
やかな顔　未知からの贈りもの　ウルトラマンは
まれびと　怪獣作家？ 望郷）　第3章 島の異邦
人（故郷の日々 言葉の海）
〔1614〕

◇戦後の沖縄を創った人―屋良朝苗伝　喜屋武
真栄著　同時代社　1997.11　200p　20cm
〈奥付のタイトル：戦後沖縄を創った人〉
1600円　ⓘ4-88683-381-0　Ⓝ289.1
内容 からだも細く、臆病者だった　相撲が好き
畑の中で過ごした少年時代　初めて飛行機を見る
きびしかった野良仕事　戦争はほんとにいや　す
すめられて学校の使丁に　同期生が先生に　今か
らでもおそくない　あこがれの師範学校へ〔ほか〕
〔1615〕

◇比嘉春潮―沖縄の歳月自伝的回想から　比嘉
春潮著　日本図書センター　1997.12　229p
20cm　（人間の記録 46）〈肖像あり〉1800
円　ⓘ4-8205-4289-3　Ⓝ289.1
〔1616〕

◇遺稿・回想宮里金次郎　宮里金次郎〔著〕
浦添　『遺稿・回想宮里金次郎』編集委員会
1998.7　189p　22cm　1600円　Ⓝ289.1
〔1617〕

◇奇抜の人と呼ばれて―死の前に綴る真実　沖
縄・石垣島断面史　崎原当弘著　自分流文庫
1998.8　232p　19cm　（自分流選書）　1619
円　ⓘ4-938835-48-7
内容 第1章 先祖の話　第2章 桃源郷から　第3
章 製糖会社の進出と対立　第4章 石垣島発展の
模索　第5章 一島一市への道　第6章 ブタ会社で
奮戦　第7章 琉球政府中央教育委員　第8章 祖国
復帰の叫び
〔1618〕

◇沖縄文化・芸能人名録　沖縄タイムス社編
那覇　沖縄タイムス社　1998.8　206p
27cm　2857円　ⓘ4-87127-128-5　Ⓝ281.99
〔1619〕

歴史・地理　　　　　　　　　　　　　　　　　　　　　　　　　　伝記

◇沖縄家紋集　宮里朝光監修, 那覇出版社編
南風原町（沖縄県）　那覇出版社　1998.8
103p　31cm　5000円　Ⓓ4-89095-109-1
Ⓝ288.6　　　　　　　　　　　　　　　〔1620〕

◇沖縄ひと紀行　三木健著　那覇　ニライ社
1998.9　286p　19cm〈発売：新日本教育図
書〉1800円　Ⓓ4-931314-29-5　Ⓝ281.99
内容 1 沖縄への眼差し（中野好夫―遠雷―沖縄へ
の遺言　上野英信―沖縄民衆史の道標　ほか）　2
研究者群像（比嘉春潮―差別なき沖縄希求　鎌倉
芳太郎―沖縄文化研究の半世紀　ほか）　3 近代沖
縄女性史の誇り（宮城文―博聞強記の人　金城芳
子―「沖縄の社会」を心に　ほか）　4 吉田嗣延―
沖縄を愛した現実主義　外間政彰―文化行政のパ
イオニア　ほか）　　　　　　　　　　　〔1621〕

◇戦後政治を生きて―西銘順治日記　琉球新報
社編　那覇　琉球新報社　1998.9　574p
22cm　3200円　Ⓓ4-89742-016-4　Ⓝ289.1
　　　　　　　　　　　　　　　　　　　〔1622〕

◇追悼・仲宗根政善　西原町（沖縄県）　沖縄
言語研究センター　1998.12　351p　22cm
2000円　Ⓓ4-931314-31-7　Ⓝ289.1　〔1623〕

◇沖縄人国記　琉球新報社編　那覇　琉球新報
社　1999.3　425,12p　21cm　2000円　Ⓓ4-
89742-020-2　Ⓝ281.99
　　　　　　　　　　　　　　　　　　　〔1624〕

◇人間・普猷―思索の流れと啓蒙家の夢　中根
学著　那覇　沖縄タイムス社　1999.3
260p　20cm〈年譜あり〉2000円　Ⓓ4-
87127-135-8　Ⓝ289.1　　　　　　　　〔1625〕

◇久米島と私　上江洲智泰著　豊見城村（沖縄
県）　上江洲智泰　1999.7　263p　19cm
〈肖像あり　年譜あり〉Ⓝ289.1　　　〔1626〕

◇辻馬車曳きの独り言―新垣淑哲自叙伝　新垣
淑哲著　〔那覇〕　文進印刷（印刷）　1999.8
495,15p　22cm〈肖像あり　年譜あり〉
Ⓝ289.1　　　　　　　　　　　　　　　〔1627〕

◇金城哲夫ウルトラマン島唄　上原正三著　筑
摩書房　1999.10　278p　20cm　2200円
Ⓓ4-480-88507-2　Ⓝ289.1
内容 序章 異次元の男　第1章 これがウルトラQ
だ　第2章 吉屋チルー物語　第3章 ウルトラマン
誕生　第4章 セブン・MJ・怪奇　第5章 沖縄に
て・噴煙　終章 ユンタク・タイム　　〔1628〕

◇資料集神谷夏吉　東風平町（沖縄県）　東風
平町　1999.10　229p　22cm〈神谷夏吉生
誕130周年記念　肖像あり　年譜あり〉
Ⓝ289.1　　　　　　　　　　　　　　　〔1629〕

◇戦争遺児　大城勲著　〔豊見城村（沖縄県）〕
黄金花表現の会　1999.12　262p　21cm
1500円　Ⓝ289.1　　　　　　　　　　　〔1630〕

◇アメリカと日本の架け橋・湧川清栄―ハワイ
に生きた異色のウチナーンチュ　〔湧川清
栄〕〔ほか著〕, 湧川清栄遺稿・追悼文集刊行
委員会編　〔尼崎〕　湧川清栄遺稿・追悼文
集刊行委員会　2000.3　462p　22cm〈他言
語標題：Seiyei Wakukawa：building
bridges of understanding between
America and Japan　英文併載　発行所：
ニライ社（那覇）　肖像あり　年譜あり〉
2800円　Ⓓ4-931314-43-0　Ⓝ289.1　〔1631〕

◇沖縄史を駆け抜けた男―福地曠昭の半生　福
地曠昭著　同時代社　2000.10　255p　20cm
〈年譜あり　著作目録あり〉2200円　Ⓓ4-
88683-435-3　Ⓝ289.1
内容 第1章 戦前・戦中を駆け抜ける（やんばる
の里・喜如嘉に生まれる　戦火の沖縄に生きる）
第2章 米軍統治下を駆け抜ける（米軍に連行され
る　「沖縄人権協会」を設立する　右翼に襲撃さ
れる　主席公選を勝利する　祖国復帰運動を起こ
す）　第3章 「本土復帰」を駆け抜ける（混乱の沖
縄に立ち向かう　参院選に出馬する　「フィー
ト運動の会」を立ち上げる）　第4章 国際化時代
を駆け抜ける（世界に「沖縄」を訴える　沖縄よ
り隣国を訪問する　ベトナムから沖縄を知る　そ
して、沖縄を振り返る）　　　　　　　〔1632〕

◇真説阿麻和利考―歴史と伝承を探る　高宮城
宏著　北谷町（沖縄県）　うりずん企画
2000.10　262p　26cm〈発売：榕樹書林（宜
野湾）〉3500円　Ⓓ4-947667-69-9　Ⓝ289.1
　　　　　　　　　　　　　　　　　　　〔1633〕

◇記念誌・徳田球一　『記念誌・徳田球一』編
集委員会編　名護　徳田球一顕彰記念事業期
成会　2000.12　553p　22cm〈発売：教育史
料出版社〉5800円　Ⓓ4-87652-396-7
Ⓝ289.1
内容 第1章 徳田球一の生涯（徳田球一評伝―沖縄
が生んだ不出生の革命家　徳田球一の成長期と思
想の形成　わが生いたちの記　ほか）　第2章 徳田
球一を語る（夫・徳田球一　徳球の遺骨引き取り
記　徳田球一―獄中通信発表の前書　ほか）　第3章
追悼・訪中・交流（追悼集会　感謝表敬訪中　交
流）　第4章 徳田球一記念碑建立（記念事業の全体
計画　経過報告　徳田球一記念碑について　ほか）
　　　　　　　　　　　　　　　　　　　〔1634〕

◇なは女性史証言集　第4号　女のあしあと―
祖母・母そして私が生きた時代　琉球新報社
編　那覇　那覇市総務部女性室　2001.1
324p　21cm〈「なは女性史」証言・体験記応
募作品〉700円　Ⓝ281.99　　　　　　〔1635〕

◇沖縄に死す―第三十二軍司令官牛島満の生涯
小松茂朗著　光人社　2001.1　234p　16cm
（光人社NF文庫）〈『将軍沖縄に死す』（平成
元年刊）の改題　肖像あり〉619円　Ⓓ4-

「沖縄」がわかる本　6000冊　　123

伝記　　　　　　　　　　　　　　　　　　　　　　　　　　　歴史・地理

7698-2297-9　Ⓝ289.1
　内容　序章 別れの宴　第1章 天に仕える心　第2章 決戦の島で　第3章 戦雲急迫のとき　第4章 軍司令官の裁断　第5章 玉砕への道　終章 摩文仁の丘　　　　　　　　　　　　　　　〔1636〕

◇沖縄の反戦ばあちゃん―松田カメ口述生活史　松田カメ〔述〕，平松幸三編　刀水書房　2001.1　199p　20cm　（刀水歴史全書 51）〈年譜あり〉2000円　Ⓘ4-88708-242-8　Ⓝ289.1
　内容　第1章 沖縄に生まれる　第2章 紡績女工にいく　第3章 親のすすめで結婚　第4章 南洋へ出稼ぎに　第5章 サイパン島の生活　第6章 戦争がきた　第7章 収容所の生活　第8章 沖縄へ帰る　第9章 戦後の生活　第10章 爆音と戦争の記憶と　　　　　　　　　　　　　　　　　　〔1637〕

◇ウォーカー博士が見た沖縄の原風景―米国植物学者の偉業と写真で蘇る1950年代の沖縄　〔那覇〕　ウォーカー博士展実行委員会　2001.2　80p　26cm〈他言語標題：A retrospect of Okinawan scenes in 1950's and Dr.Egbert H.Walker　会期・会場：平成13年2月10日―3月4日 沖縄県那覇市首里城公園ビジターロビー　共催：沖縄県教育委員会ほか　英文併記〉Ⓝ289.3　〔1638〕

◇奄美の森に生きた人―柳田国男が訪ねた峠の主人・畠中三太郎　前橋松造著　鹿児島　南方新社　2001.4　322p　20cm〈文献あり〉1905円　Ⓘ4-931376-46-0　Ⓝ289.1　〔1639〕

◇わが師わが友　6　自由獅子会編　与那原町（沖縄県）　自由獅子会　2001.7　320p　27cm〈肖像あり　著作目録あり〉Ⓝ289.1
　内容　平良宗潤の半生　　　　　　　　　　〔1640〕

◇奉仕の巨師上原清善物語―善意の灯火国境を越えて　宮野賢吉著　那覇　閣文社　2001.10　199p　22cm〈感謝状4000枚突破記念出版　肖像あり〉1500円　Ⓘ4-87619-887-X　Ⓝ289.1　　　　　　　　　　　　　　〔1641〕

◇宮城鐵夫先生―顕彰記念誌　宮城鐵夫顕彰記念誌編集委員会編　名護　宮城鐵夫顕彰記念事業期成会　2001.10　289p　図版13枚　27cm〈「宮城鉄夫」（おきなわ社昭和31年刊）の複製を含む　肖像あり〉Ⓝ289.1　〔1642〕

◇道なかば　上原康助著　那覇　琉球新報社　2001.11　285p　19cm〈年譜あり〉1905円　Ⓘ4-89742-043-1　Ⓝ289.1
　内容　第1章 突然の決断―政界引退　第2章 原風景―幼少期、沖縄戦　第3章 職場の民主化へ　第4章 闘争激化―大量解雇に抗して　第5章 飛翔―国政に挑む　第6章 奔走―国会活動に精魂　第7章 到達点―沖縄開発庁長官就任　第8章 新たな局面　政治を考える―あとがきにかえて

〔1643〕

◇琉球弧からの飛翔―沖縄戦・疎開・米留・沖縄学　山口栄鉄著　宜野湾　榕樹書林　2001.11　241p　21cm　1800円　Ⓘ4-947667-77-X　Ⓝ289.1
　内容　那覇炎上―対馬丸を追うように　戦塵の跡―変貌する故郷の面影　復興の兆し　青春の頃―思い出の日々　旧都首里王城　「エール」学派との出会い　「英文日本学」構想　白山丸時代の日本航路　異文化交流―ミニ鹿鳴館時代　米国大陸の息吹き―第二の故郷へ　思い出のエール・キャンパス　米国に羽ばたく子ら　古里回帰　奇しき出会いの数々―大浦太郎翁に捧ぐ　〔1644〕

◇沖縄の言論人大田朝敷―その愛郷主義とナショナリズム　石田正治著　彩流社　2001.12　256p　22cm〈肖像あり〉2800円　Ⓘ4-88202-726-7　Ⓝ289.1
　内容　序章 愛郷主義・同化論・ナショナリズム　第1章 同化論の背景　第2章 あらたな沖縄のための提言　第3章 共同性の復活による糖業振興　第4章 沖縄から帝国へ　第5章 祖国という目的地
〔1645〕

◇仲宗根政善―浄魂を抱いた生涯　ひめゆり平和祈念資料館平成13年度企画展　ひめゆり平和祈念資料館企画展部会編　糸満　沖縄県女師・一高女ひめゆり同窓会立ひめゆり平和祈念資料館　2002.3　61p　30cm〈会期：2001年8月1日―15日〉Ⓝ289.1　〔1646〕

◇笹森儀助の軌跡―辺界からの告発　東喜望著　法政大学出版局　2002.4　260p　20cm〈肖像あり〉2800円　Ⓘ4-588-31400-9　Ⓝ289.1
　内容　1章 幕藩体制の崩壊期から僻地開拓へ　2章 第一帝国議会の傍聴と西国への貧旅行　3章 千島・南島の探検　4章 奄美群島島司としての活躍と十島・台湾踏査　5章 北朝鮮国境周辺・シベリアの踏査　6章 第二代青森市長としての活動と晩年
〔1647〕

◇男一匹夢と行と運―沖縄特攻戦線を生き抜いた私が見た未来　藤木相元著　ネコ・パブリッシング　2002.6　238p　19cm　1300円　Ⓘ4-87366-273-7　Ⓝ289.1
　内容　第1章 松下幸之助氏との出会いで生き方が変わる　第2章 "弾よけ"の民間人と沖縄戦で知った命の尊さ　第3章 望郷の念さえ忘れなければ、いつでもどこでも生き抜ける　第4章 特攻帰り集団が『南西会』を結成、世直しに燃える　第5章 特攻帰りのクソ度胸で次々と世直しを進める　第6章 得度を受け、ついに沖縄での骨拾いを実現する　　　　　　　　　　　　　　　　〔1648〕

◇密貿易島―わが再生の回想　大浦太郎著　那覇　沖縄タイムス社　2002.6　204p　19cm　1800円　Ⓘ4-87127-155-2　Ⓝ289.1
　内容　第1章 自由貿易の自然発生　第2章 台湾脱出　第3章 与那国島交易の始動　第4章 交易の

124　　「沖縄」がわかる本　6000冊

歴史・地理　　　　　　　　　　　　　　　　　　　　　　　　　　　　　　　　　　　伝記

展開　第5章 阪神への初航海　第6章 与那国島の変貌　第7章 阪神への再航海　第8章 神戸港脱出　第9章 沖縄航海　第10章 密貿易の終息　〔1649〕

◇命かじり―古堅実吉回想録　古堅実吉著　那覇　琉球新報社　2002.8　334p　20cm〈肖像あり〉1905円　①4-89742-047-4　Ⓝ289.1
〔1650〕

◇美麗島まで　与那原恵著　文藝春秋　2002.11　252p　20cm　1600円　①4-16-359180-X　Ⓝ289.1
＊沖縄、台湾、二つの島で揺れる思い。「沖縄人」として生きたある家族の物語。　〔1651〕

◇宮古島人間風土記　続　砂川玄徳著　〔平良〕　宮古毎日新聞社　2002.12　456p　22cm〈製作・発売：沖縄タイムス社出版部（那覇）　肖像あり〉1500円　①4-87127-603-1　Ⓝ281.99
〔1652〕

◇阿波根昌鴻―その闘いと思想　佐々木辰夫著　スペース伽耶　2003.3　243p　21cm〈発売：星雲社　年譜あり　文献あり〉2200円　①4-434-02964-9　Ⓝ289.1
内容 1 阿波根昌鴻さんを追悼する（断じて権力に屈しない闘争精神―阿波根さんの生涯から学ぶもの　沖縄における反戦平和運動の先駆者―平和の種火を燃やしつづけたその人生）　2 伊江島コミューン（反戦・平和の灯をかかげる農民　乞食口説をうたう農民たち　島ぐるみ闘争前夜　ほか）　3 阿波根昌鴻　その闘いと思想（沖縄戦後運動史における卓越した位置　「戦中時代」から「闘争時代」への思想的発展の契機　伊江島土地闘争のなかで　ほか）　〔1653〕

◇与座弘晴の世界―「読書新聞」創刊　城間字誌編集委員会編　浦添　浦添市字城間自治会　2003.5　26p　30cm　（むかし城間シリーズ3）　Ⓝ289.1
〔1654〕

◇戦火を駆けぬける青春と活学　比嘉廣好著　那覇　新星出版　2003.6　382p　22cm〈文献あり　英語併載〉2500円　①4-902193-02-7　Ⓝ289.1
〔1655〕

◇沖縄ウミンチュ―一人追い込み漁に生きる　仲村善栄語り, 天空企画編　河出書房新社　2003.7　173p　20cm　1300円　①4-309-01566-2　Ⓝ289.1
内容 第1章 一人追い込み漁（一人追い込み漁　本部町　アギヤー　サバニ船団　糸満売り　戦争へ）　第2章 「たびうみ」へ（戦後から　「たびうみ」へ　「鉄漁」とアメリカー　アギヤーの頭領に　善栄、病に倒れる　沖縄、日本に復帰）　第3章 チャーガンジューヤーサー（赤土汚染　沖縄海洋博　陸に上がるウミンチュたち　ウミンチュの行方　チャーガンジューヤーサー（お元気ですか））　〔1656〕

◇田場盛義履歴書―沖縄初の外交官　又吉盛清

編集・執筆　宜野湾　國吉美恵子（製作）　2003.7　245p　22cm〈肖像あり〉①4-87215-153-4　Ⓝ289.1
〔1657〕

◇察度王ものがたり　新里恒彦作, 座間味春深絵　中城村（沖縄県）　むぎ社　2003.9　133p　22cm　1500円　①4-944116-23-3　Ⓝ289.1
〔1658〕

◇海にかける虹―大田中将遺児アキコの歳月　青山淳平著　日本放送出版協会　2003.10　237p　19cm　1600円　①4-14-080817-9　内容 第1章 戦後（海軍壕の遺骨　仕事がほしい　ほか）　第2章 ニュージーランド（はじめての日本人　ポフツカワ　ほか）　第3章 沖縄（ろう人形になった父　反戦教師　ほか）　第4章 償い（フェザーストン　虜囚ノ辱メ　ほか）　〔1659〕

◇資料集我如古楽一郎　資料集我如古楽一郎編集委員会編　東風平町（沖縄県）　沖縄県東風平町教育委員会　2003.10　254p　22cm〈我如古楽一郎生誕130周年記念　肖像あり　年譜あり〉Ⓝ289.1
〔1660〕

◇追想・末次一郎―国士と言われた男　那覇　末次一郎先生沖縄県顕彰事業期成会　2003.10　269p　27cm〈肖像あり　年譜あり〉Ⓝ289.1
〔1661〕

◇略歴人名ファイル　2004年2月版　沖縄タイムス社編　那覇　沖縄タイムス社　2004.2　99p　21cm　（沖縄タイムス・ブックレット13）　1000円　①4-87127-513-2　Ⓝ281.99
＊本書は2002年11月から2004年1月までの14カ月間で『沖縄タイムス』紙面で紹介された人物の略歴をまとめている。　〔1662〕

◇八重山人の肖像―1994-2003　今村光男写真, 石盛こずえ文　石垣　南山舎　2004.5　243p　22cm〈他言語標題：Portraits of Yaimapitwu〉2800円　①4-901427-10-5　Ⓝ281.99
〔1663〕

◇足跡―山川家の人々　山川烈磊著　宜野湾　徳山会　2004.5　360p　31cm〈付属資料：1枚　「還暦―山川文信歌集」（1958年刊）および「護郷隊」（1968年刊）の復刻を含む　肖像あり　年表あり〉288.3
〔1664〕

◇沖縄人物シネマ―会った人、すれちがった人　牧港篤三著　那覇　ボーダーインク　2004.6　223p　19cm〈年譜あり〉1600円　①4-89982-061-5　Ⓝ281.99
〔1665〕

◇琉球史の女性たち　岡田輝雄著　那覇　新星出版　2004.7　135p　21cm　1238円　①4-902193-08-6　Ⓝ281.99
〔1666〕

◇マルスの原からパルナッソスへ―英文学の高

「沖縄」がわかる本 6000冊　　125

伝記 歴史・地理

峰に挑んだ沖縄少年 米須興文著 影書房
2004.12 277p 20cm 〈年譜あり〉 2500円
Ⓘ4-87714-324-6 Ⓝ289.1
　内容　第1幕 放たれた「いくさの犬」(日本一草深い
田舎 大戦が始まった そのころ島の少年は 忍
び寄る戦局の暗雲 敗戦直後 「引き揚げ」) 第
2幕 英語・英文学世界への旅立ち(太平洋を渡る雁
アンダーグラジュエイト・コースの時代 大学人
となる 研究者人生を目指して) 第3幕 ルビコ
ンのむこう(荒野を越えて 文学研究の気象変化
新たなる頁をめくる サイド・ショー) 二世紀
にわたる奇しき因縁 〔1667〕

◇ある日本兵の二つの戦場―近藤一の終わらな
い戦争 内海愛子, 石田米子, 加藤修弘編 社
会評論社 2005.1 399p 21cm 〈付属資
料:別冊1〉 2800円 Ⓘ4-7845-0557-1
　内容　第1部 近藤一の証言(証言―戦争に向きあい
ながら今を生きる 「近藤さんの戦争」を見つめ、
考えるために) 第2部 近藤一さんの歩みと証言
をめぐって(近藤一さんの忘れられない人々・忘
れられない時 近藤一さんと出あって―加害・被
害への向きあい方 山西省の人々の記憶・記録の
中の独混四旅十三大隊) 〔1668〕

◇国家を超えた思想伊波普猷 西銘圭蔵著 京
都 ウインかもがわ 2005.1 103p 19cm
〈発売:かもがわ出版(京都) 年譜あり〉
1000円 Ⓘ4-87699-862-0 Ⓝ289.1 〔1669〕

◇義人・謝花昇略伝―自由民権運動の父 人物
史伝 東風平町(沖縄県) 東風平町歴史民
俗資料館 2005.3 98p 21cm 〈編集:浦崎
栄徳 肖像あり 年譜あり〉 Ⓝ289.1 〔1670〕

◇拝啓沖縄で暮らしています。 秋馬ユタカ著
飯塚書店 2005.4 213p 19cm 1400円
Ⓘ4-7522-6005-0 Ⓝ281.99
　内容　旅路の果てに―岩間かえ 終わりなきダン
ス―中西裕子, 山口優子 一年暮らせたら、一生住
めばいい―高橋健 空っぽの心に、八重山は……―
小林あい子 那覇市安里1・4・8―幸願勇人, 石田
令子 転調、沖縄にて―川崎巽也 幸せかな、二重
生活―城田さち 織姫は島に来た―及川暁子 僕
の居場所―速水貴弘 NO NEED CONTROL―
堀口絵梨 LOVEライフin沖縄―寺沢裕子、ニー
ル・ドナルドリード 〔1671〕

◇咸姓外間家門中誌 咸姓外間家門中誌編さん
委員会編 〔出版地不明〕 咸姓外間家門中
誌編さん委員会 2005.4 399p 31cm
Ⓝ288.3 〔1672〕

◇笹森儀助展図録―辺境からのまなざし 明治
の青森が生んだ不屈の士魂 青森県立郷土館
編 青森 青森県立郷土館 2005.7 101p
30cm 〈会期・会場:2005年7月26日―9月4日
青森県立郷土館 年譜あり〉 Ⓝ289.1 〔1673〕

◇瀬長フミと亀次郎―届かなかった獄中への手

紙 内村千尋編著 南風原町(沖縄県) あ
けぼの出版 2005.11 319p 19cm 〈肖像
あり 年譜あり〉 1800円 Ⓝ289.1 〔1674〕

◇沖縄ストーリーズ 砂守勝巳著 ソニー・マ
ガジンズ 2006.1 223p 15cm (ヴィ
レッジブックス+) 630円 Ⓘ4-7897-2736-
X Ⓝ281.99
　内容　満月の浜辺から マコとケンの北谷物語 キャ
ンプ・シュワブの恋 牧志の茶屋 いっちゃん
の沖縄体験 たぶ美の話 〔1675〕

◇沖縄県令上杉茂憲 寺崎房子著, 齊藤公夫編
〔仙台〕 寺崎房子 2006.1 196p 21cm
〈肖像あり〉 Ⓝ289.1 〔1676〕

◇母ナビー―百歳を生き抜いた母と子の書簡集
仲本静〔著〕, 仲本政博編著 〔那覇〕
〔仲本政博〕 2006.6 184p 22cm 〈肖像あ
り〉 4000円 Ⓝ289.1 〔1677〕

◇沖縄の島守―内務官僚かく戦えり 田村洋三
著 中央公論新社 2006.7 526p 16cm
(中公文庫) 〈年表あり 文献あり〉 1190円
Ⓘ4-12-204714-5 Ⓝ289.1 〔1678〕

◇波乱人生 金城興太郎著 〔出版地不明〕
金城興太郎 2006.8 299p 21cm 〈製作・
発売:沖縄タイムス社出版部(那覇)〉 1714
円 Ⓘ4-87127-623-6 Ⓝ289.1 〔1679〕

◇比嘉春潮顕彰事業報告集―ふるさとを愛した
篤学・反骨の研究者 西原町(沖縄県) 比
嘉春潮顕彰碑建立期成会 2006.9 192p
26cm 〈年譜あり 著作目録あり〉 Ⓝ289.1
〔1680〕

◇琉球・沖縄歴史人物伝―親子で学ぶ沖縄人の
生き方 新城俊昭編著 那覇 沖縄時事出版
2007.1 232,17p 24cm 〈付録:琉球・沖縄
歴史人物事典 文献あり 発売:沖縄学販
(那覇)〉 1429円 Ⓘ978-4-903042-04-6
Ⓝ281.99 〔1681〕

◇回想80年―沖縄学への道 外間守善著 那覇
沖縄タイムス社 2007.3 312p 19cm 〈他
言語標題:80 years reminiscences 肖像あ
り 著作目録あり〉 1905円 Ⓘ978-4-87127-
176-9 Ⓝ289.1 〔1682〕

◇伊波普猷批判序説 伊佐眞一著 影書房
2007.4 270p 20cm 2800円 Ⓘ978-4-
87714-368-8 Ⓝ289.1
　内容　1 同時代への姿勢(沖縄学の体系化と源流意
識 時局と沖縄研究 戦時下のなかで) 2 沖縄
戦の衝撃(明治の記憶 日本近代史への視線) 3
敗戦と沖縄学(戦中から戦後へ 『沖縄歴史物語』
の語るもの) 〔1683〕

126 「沖縄」がわかる本 6000冊

歴史・地理　　　　　　　　　　　　　　　　　　　　　　　　　　　伝記

◇母への遺書―沖縄特攻林市造　多田茂治著
　福岡　弦書房　2007.5　209p　19cm　〈文献
　あり〉　1600円　①978-4-902116-83-0
　Ⓝ289.1　　　　　　　　　　　　　　　〔1684〕

◇ハイサイおばあ！―沖縄・農連市場のなんく
　るないさ人生　松井優史著　竹書房　2007.7
　255p　19cm　1200円　①978-4-8124-3207-5
　Ⓝ281.99
　内容 第1章 ガッパイおばあ―長男がいなくなっ
　たさぁ　第2章 順子おばあ―旦那がマグロ漁船に
　乗って死んださぁ　第3章 スミおばあ―スミの子
　るんるんのキセキ!?　第4章 キクおばあ―殴られ
　て日本語わからずグラシアス！　第5章 悦子お
　ばあ―車のなかで生活、楽しかったよ　第6章 静
　江おばあ―チラシは無駄、そのぶんサービスしな
　さい　第7章 米子＆初子おばあ―シメられてあの
　夏　第8章 正子おばあ―農連バブルとバセドー病
　第9章 勝代おばあ―小便も凍らせて飲んださぁ
　　　　　　　　　　　　　　　　　　　〔1685〕

◇沖縄県民斯ク戦ヘリ―大田實海軍中将一家の
　昭和史　田村洋三著　光人社　2007.7
　561p　16cm　（光人社NF文庫）〈年譜あ
　り〉　981円　①978-4-7698-2537-1　Ⓝ289.1
　内容 落合海将補　白南風の家　岩尾の身　白い
　挙手　民の子にて候　武人とその妻　戦雲暗く
　家の中の海軍　文武二道　川原石の家　幻の二
　連特　八連特司令官　八連特戦記　ムンダの苦闘
　コロンバンガラで　海軍歩兵少将　大ナル過失
　沖根司令官　秋水ヲ払ヒテ　沖縄戦　前線へ送る
　夕　小禄の死闘　沖縄県民斯ク戦ヘリ　大田中将
　の死　必死モングリ　とん　火番森に塔を　それ
　ぞれの沖縄　大田中将の遺産　　　　　〔1686〕

◇ナツコ―沖縄密貿易の女王　奥野修司著　文
　藝春秋　2007.10　459p　16cm　（文春文
　庫）〈肖像あり　年譜あり　文献あり〉　752
　円　①978-4-16-771747-6　Ⓝ289.1
　内容 序章 五十年目の追憶　第1章 黄金の海に浮
　かぶ島　第2章 ヤマトへ　第3章 小さな商人　第
　4章 華僑のパートナー　第5章 八重山の「母」　第
　6章 香港商売　第7章 本部十人組の頭領　第8章
　夏子逮捕　第9章 破船　第10章 夢の途上　終章
　娘の回想　　　　　　　　　　　　　　〔1687〕

◇琉球おもろ学者鳥越憲三郎　山口栄鉄著　那
　覇　琉球新報社　2007.10　258p　19cm
　〈肖像あり　年譜あり　著作目録あり〉　発
　売：琉球プロジェクト（那覇）〉　2381円
　①978-4-89742-085-1　Ⓝ289.1
　内容 第1章 「鳥越おもろ」成立の背景　第2章 新
　しい史観の提唱　第3章 おもろ路を往く　第4章
　文学・詩歌の発生　第5章 宗教改革者としての鳥
　越　第6章 琉球その後　付録　　　　　〔1688〕

◇不屈―瀬長亀次郎日記　第1部（獄中）　瀬長
　亀次郎〔著〕,琉球新報社編著　那覇　琉球
　新報社　2007.11　358p　20cm　〈年譜あり

発売：琉球プロジェクト（那覇）〉　1667円
①978-4-89742-087-5　Ⓝ289.1　　　〔1689〕

◇沖縄独立を夢見た伝説の女傑照屋敏子　高木
　凛著　小学館　2007.12　255p　20cm　〈年
　譜あり　文献あり〉　1500円　①978-4-09-
　379780-1　Ⓝ289.1
　内容 沖縄に男あり　母なる海　セレベス島への
　駆け落ち　照屋家　祖国　海の女王　台風ござん
　なれ　クロコデールストア　愛と哀しみと　世替
　わり　糸満の一万坪　美しいバラの花は野茨の根
　の上に咲く　　　　　　　　　　　　　〔1690〕

◇沖縄列伝―戦後史の証言者たち　琉球新報社
　編著　琉球新報社　2008.7　398p
　21cm　〈年表あり　発売：琉球プロジェクト
　（那覇）〉　2190円　①978-4-89742-094-3
　Ⓝ281.99　　　　　　　　　　　　　　〔1691〕

◇沖縄カミさん繁盛記―沖縄芸人妻と魅惑の女
　性たちbest26　椎名誠監修,宮良ミキ,宮城一
　春著,笑築過激団責任編集　沖縄　笑築過激
　団　2008.8　244p　26cm　〈発売：沖縄教販
　（那覇）〉　1429円　①978-4-900374-99-7
　Ⓝ281.99　　　　　　　　　　　　　　〔1692〕

◇笹森儀助書簡集　笹森儀助書簡集編纂委員会
　編　青森　東奥日報社　2008.11　372,18p
　22cm　〈肖像あり　年譜あり〉　5000円
　①978-4-88561-091-2　Ⓝ289.1　　　〔1693〕

◇愛蔵と泡盛酒場『山原（やんばる）船』物語
　下川裕治著　双葉社　2008.12　270p　19cm
　1600円　①978-4-575-30099-4　Ⓝ289.1
　内容 第1章 チェンマイ　第2章 沖縄・屋我地島
　第3章 東京　第4章 中野　第5章 タイへ　第6章
　ガジュマル　　　　　　　　　　　　　〔1694〕

◇河野覚兵衛伝―山川港の豪商 鹿児島と奄
　美・琉球をつないだ男　松下尚明著　鹿児島
　あさんてさーな　2009.4　156p　15cm　952
　円　①978-4-902212-30-3　Ⓝ288.3　〔1695〕

◇不屈―瀬長亀次郎日記　第2部（那覇市長）
　瀬長亀次郎〔著〕,琉球新報社編著　那覇
　琉球新報社　2009.4　419p　20cm　〈年譜あ
　り　発売：琉球プロジェクト（那覇）〉　2190
　円　①978-4-89742-100-1　Ⓝ289.1　〔1696〕

◇琉球芸能・文化の恩人徐葆光の足跡―琉球王
　朝の黄金時代をしのぶ　徐葆光記念事業期成
　会編　浦添　徐葆光記念事業期成会　2009.5
　139p　26cm　非売品　Ⓝ289.2　　　〔1697〕

◇昭和天皇の艦長―沖縄出身提督漢那憲和の生
　涯　惠隆之介著　産経新聞出版　2009.9
　283p　20cm　〈文献あり　年譜あり　発売：
　日本工業新聞社〉　1800円　①978-4-8191-
　1069-3　Ⓝ289.1

「沖縄」がわかる本　6000冊　**127**

内容 第1章 少年時代（賢母と恩師 校長排斥ストライキ事件） 第2章 ハイカラ海軍士官（黄金の日々 明治青年のロマン 航海術の権威 海軍難役と大正の暗雲） 第3章 反骨政治家（怒涛の昭和 沖縄丸の船頭 しのよぶる暗影） 第4章 有終の美（試練 悠久の大義へ）　〔1698〕

◇原郷の奄美―ロシア文学者昇曙夢とその時代 田代俊一郎著 福岡 書肆侃侃房 2009.11 215p 19cm 〈年譜あり 文献あり〉 1800円 Ⓘ978-4-86385-009-5 Ⓝ289.1
内容 村背負い、海眺める 少年に刻まれた「神降り」 「海の向こう」への憧憬 函館・鹿児島を結ぶ幕末史 「義は西郷隆盛にあり」 ロシア語漬けの寄宿舎生活 内村鑑三に傾倒した記念 双方向のジャーナリズム 新しい翻訳文体の模索 「道の島」ゆえの空白 近代日本の底流に脅威論 日露に共通する不安感 トルストイ「非戦論」の衝撃 手にマメのない奴は… 文学を捨て「民衆の中へ」 二重写しのロシアと奄美 時代への好奇心と観察眼 上代文化の生きた宝庫 明治維新をつくった黒糖 書かれざる生活記録 戦争協力への抑止力として 消えた数千冊の蔵書 哀切な「シマウタ」のように 命をかけた復帰運動 『大奄美史』のための旅路 明日のための原郷　〔1699〕

◇那覇軍港に沈んだふるさと 上原成信編著 『那覇軍港に沈んだふるさと』刊行委員会 2009.12 236p 19cm 〈年表あり 発売：高文研〉 1500円 Ⓘ978-4-87498-432-1 Ⓝ289.1
内容 第1章 三つ児の魂・沖縄（垣花ものがたり 沖縄から東京へ 電電公社に入社 東京沖縄県人会での活動 沖縄・一坪反戦地主会関東ブロックの闘い） 第2章 経済格差と沖縄経済の自立（なぜ経済格差が生まれるのか 「ソフトパワー」としての想像力―基地のない風景を思い描くこと） 第3章 上原成信を取り巻く人々（カマジサー上原成信 わが先輩山城文盛さんのこと） 追悼 良友・国場幸太郎を偲ぶ CICの拉致と拷問―国場幸太郎 著『沖縄のあゆみ』より 資料　〔1700〕

◇「沖縄核密約」を背負って―若泉敬の生涯 後藤乾一著 岩波書店 2010.1 400,18p 20cm 〈文献あり 年譜あり 索引あり〉 3600円 Ⓘ978-4-00-022403-1 Ⓝ289.1
内容 第1章 越前の片田舎から世界へ（一九三〇‐一九六〇）（篤農家の長男として 越前今立地方の風土 ほか） 第2章 一九六〇年代日米関係の激流へ（一九六〇‐一九六七）（アメリカ研究留学 オピニオン・リーダー会見記 ほか） 第3章 内閣総理大臣特使として（一九六七‐一九七二）（佐藤政権と「沖縄問題」 沖縄返還と核問題 ほか） 第4章 著述への退路（一九七二‐一九九四）（一九七〇年代の著述活動 東南アジア訪問と反日運動 ほか） 第5章 余命尽きるとも（一九九四‐一九九六）（沖縄県知事大田昌秀と若泉敬 後期戦中派の終焉―池田富士夫と若泉敬 ほか）　〔1701〕

◇美麗島まで―沖縄、台湾家族をめぐる物語 与那原恵著 筑摩書房 2010.2 341p 15cm （ちくま文庫 よ23-1）〈文献あり 年表あり〉 950円 Ⓘ978-4-480-42683-3 Ⓝ289.1
内容 第1章 朝保と夏子の東京 第2章 台湾での第一歩 第3章 児玉町の家 第4章 石垣島に暮らす台湾の人々 第5章 沖縄、台湾、二つの終戦 第6章 オランダ屋敷の客人たち　〔1702〕

◇〈近代沖縄〉の知識人―島袋全発の軌跡 屋嘉比収著 吉川弘文館 2010.3 222p 19cm （歴史文化ライブラリー 292）〈文献あり 年譜あり〉 1700円 Ⓘ978-4-642-05692-2 Ⓝ289.1
内容 沖縄学の群像―プロローグ 知識人・全発の誕生 文明開花から植民地時代へ（幼少時代から第七高造士館時代まで 国家観と民族観の相克―太田朝敷、伊波普猷との認識の相違 京都帝国大学法科学生時代） 教育と南島研究の時代（帰郷後の全発の活動 昭和戦前期の郷土研究への沈滞） 戦時体制と沖縄方言論争（総動員体制期における言論 戦時体制下、戦場での全発） 戦後を生きる全発（沖縄民政府時代 戦後の活動） 沖縄近現代史とは何か―エピローグ　〔1703〕

◇条約派提督海軍大将谷口尚真―筆録『鶏肋』に見る生き方 谷口尚真〔著〕,武部健一編 カゼット出版 2010.3 218p 19cm 〈文献あり 発売：星雲社〉 1500円 Ⓘ978-4-434-14245-1 Ⓝ289.1
内容 第1章 『鶏肋』の序 第2章 第二艦隊司令長官時代 第3章 呉鎮守府司令官時代 第4章 第一艦隊兼聯合艦隊司令長官時代 第5章 呉鎮守府司令長官（第二期）時代 第6章 軍令部長および軍事参議官時代 第7章 予備役以降　〔1704〕

◇笑う！ うちなー人物記 ボーダーインク編 那覇 ボーダーインク 2010.4 193p 18cm （ボーダー新書）〈「でーじな人たち」（1991年刊）の増訂 文献あり〉 1000円 Ⓘ978-4-89982-182-3 Ⓝ281.99　〔1705〕

◇ある医介輔の記録―沖縄西表島 親盛長明著 石垣 親盛長明 2010.6 415p 22cm 〈年表あり〉 1500円 Ⓘ978-4-901427-21-0 Ⓝ289.1　〔1706〕

◇激動期を走る 仲本安一著 那覇 琉球新報社 2010.8 203p 19cm 〈発売：琉球プロジェクト（那覇）〉 1238円 Ⓘ978-4-89742-113-1 Ⓝ289.1　〔1707〕

◇愛郷者伊波普猷―戦略としての日琉同祖論 石田正治著 那覇 沖縄タイムス社 2010.9 640p 22cm 〈索引あり〉 6800円 Ⓘ978-4-87127-199-8 Ⓝ289.1　〔1708〕

◇沖縄近代林業の父園原咲也と木曽山林学校 手塚好幸編著 〔塩尻〕 〔手塚好幸〕 2010.11 303p 27cm Ⓝ289.1　〔1709〕

歴史・地理　　　　　　　　　　　　　　　　　　　　　　　　　　　　伝記

◇松山（まちやま）御殿（うどぅん）の日々―尚
順の娘・茂子の回想録　知名茂子著，尚弘子
監修　那覇　ボーダーインク　2010.12
173p　19cm　1500円　①978-4-89982-192-2
Ⓝ288.3
　内容　1 松山御殿の日々（松山御殿に生まれて　弓
場の思い出　アンメーとアナーのこと　ほか）　2
松山御殿の食卓（松山御殿の年中行事　思い出す
ままに）　3 琉球料理への誘い―尚順男爵の時代
新報料理講習会第五百回記念（『琉球新報』二〇〇
九年四月十二日付）　4 松山御殿の語彙ノート―
知名茂子氏の使用語彙を中心に　5 松山御殿の料
理レシピ（イタミロクジュウ　干しロクジュウ揚
げ　カラシジー　ほか）　　　　　　　　〔1710〕

◇我以外皆我が師―稲嶺惠一回顧録　稲嶺惠一
著，琉球新報社編　那覇　琉球新報社　2011.
1　463p　20cm　〈年譜あり〉　発売：琉球プ
ロジェクト（那覇）　2267円　①978-4-
89742-119-3　　　　　　　　　　　　　〔1711〕

◇学問と現実の津梁―戦後沖縄を生きて　宮里
政玄著　那覇　琉球新報社　2011.2　270p
20cm　〈発売：琉球プロジェクト（那覇）〉
1600円　①978-4-89742-122-3　Ⓝ289.1
　　　　　　　　　　　　　　　　　　　〔1712〕

◇沖縄苗字のヒミツ　武智方寛著　那覇　ボー
ダーインク　2011.3　205p　18cm　（ボー
ダー新書 007）　1000円　①978-4-89982-
201-1　Ⓝ288.1　　　　　　　　　　　　〔1713〕

◇蔡温の言葉―琉球宰相が残した物語り　佐藤
亮編著　那覇　ボーダーインク　2011.4
184p　19cm　〈文献あり〉　1600円　①978-4-
89982-204-2　Ⓝ289.1　　　　　　　　　〔1714〕

◇ひとすじに生きる―新垣善春回想録　新垣善
春〔ほか著〕，新垣善春回想録刊行委員会編
〔那覇〕　〔新垣善春回想録刊行委員会〕
2011.4　430p　19cm　〈年表あり　年譜あ
り〉　1500円　　　　　　　　　　　　　〔1715〕

◇煌めいて女性たち　大城貴代子，垣花みち子，
渡久地澄子著　那覇　琉球新報社　2011.8
116,10p　20cm　〈年表あり　発売：琉球プロ
ジェクト（那覇）〉　1429円　①978-4-89742-
130-8　Ⓝ281.99　　　　　　　　　　　　〔1716〕

◇不屈―瀬長亀次郎日記　第3部　日本復帰へ
の道　瀬長亀次郎〔著〕，琉球新報社編著
那覇　琉球新報社　2011.8　487p　20cm
〈発売：琉球プロジェクト（那覇）〉　2362円
①978-4-89742-132-2　Ⓝ289.1　　　　　〔1717〕

◇上杉茂憲―沖縄県令になった最後の米沢藩主
童門冬二〔著〕　祥伝社　2011.9　224p
18cm　（祥伝社新書 248）　〈並列シリーズ
名：SHODENSHA SHINSHO　文献あり〉

760円　①978-4-396-11248-6　Ⓝ289.1
　内容　第1章 取り残された沖縄―「琉球処分」に
揺れる、日清両属の王国　第2章 上杉県令、沖縄
へ―官章に抗した米沢藩主を待ち受けていたもの
第3章 沖縄全土をくまなく歩く―「沖縄本島巡回
日誌」の世界　第4章 立ちはだかる「旧慣温存」―
新政府は、なぜ琉球の旧制度を容認したのか　第
5章 中央政府に上申書を提出―政府要人に伝わっ
た、沖縄の現実　第6章 志半ばでの解任―上杉茂
憲が沖縄に蒔いた種　終章 沖縄に灯した、小さ
な火　　　　　　　　　　　　　　　　　〔1718〕

◇前村幸秀小伝―久米島が生んだ事業家　久米
島町（沖縄県）　久米島町　2012.1　139p
20cm　〈文献あり〉　Ⓝ289.1　　　　　　〔1719〕

◇琉球戦国列伝―駆け抜けろ！　古琉球の群星
たち！：歴史ビジュアル　上里隆史著者・監
修　那覇　ボーダーインク　2012.3　119p
21cm　〈年表あり〉　1500円　①978-4-89982-
221-9　Ⓝ281.99　　　　　　　　　　　　〔1720〕

◇ウミンチュの娘　今井恒子著　角川書店
2012.3　225p　19cm　〈発売：角川グループ
パブリッシング〉　1500円　①978-4-04-
110131-5　Ⓝ289.1　　　　　　　　　　　〔1721〕

◇昇曙夢著作年譜（稿）　長谷部宗吉編　札幌
かりん舎　2012.3　184p　27cm　①978-4-
902591-14-9　Ⓝ289.1　　　　　　　　　〔1722〕

◇祖姓家譜―支流（小谷家）　〔出版地不明〕
小谷良弘　2012.6　236p　26cm　〈折り込2
枚　和装〉　25000円　Ⓝ288.3　　　　　〔1723〕

◇蔡温―シンポジウム記録と資料集成　沖縄県
緑化推進委員会編　那覇　琉球書房　2012.6
374p　22cm　〈複製を含む　別冊付刊行：メ
ディア・エクスプレス　年譜あり　文献あ
り〉　①978-4-905237-08-2　Ⓝ289.1　〔1724〕

◇魂還り魂遷り皇国護らん―沖縄に散った最後
の陸軍大将牛島満の生涯　将口泰浩著　海竜
社　2012.7　222p　20cm　〈文献あり　年譜あ
り〉　1600円　①978-4-7593-1246-1　Ⓝ289.1
　内容　摩文仁の丘　武人への道　いざ戦地に立つ
北満のおやじ　チェスト行け部隊　日米開戦　沖
縄決戦前夜　日本軍の迷走　死闘　特攻　撤退
玉砕　　　　　　　　　　　　　　　　　〔1725〕

◇波瀾万丈―沖縄戦で九死に一生を得た、我が
妻（ひめゆり学徒隊）の生涯　仲真良盛著
松戸　仲真良盛　2012.7　187p　20cm　〈奥
付の本タイトル：波乱万丈　制作：那覇出版
社（南風原町）〉　Ⓝ289.1　　　　　　　〔1726〕

◇奄美が生んだロシア文学者「昇曙夢」―シン
ポジウム・企画展の記録　鹿児島県立奄美図
書館編　奄美　鹿児島県立奄美図書館
2013.3　100p　30cm　〈会期・会場：平成23

「沖縄」がわかる本 6000冊　　129

年12月11日　鹿児島県立奄美図書館4階研究室ほか　年譜あり　Ⓝ289.1　　　〔1727〕

◇大浜方栄活動の記録―おもと会50年史　おもと会理事長大浜方栄記念集　大浜方栄監修　那覇　おもと会　2013.4　262p　31cm〈年表あり〉　Ⓝ289.1　　　　　　〔1728〕

◇魂の命ずるままに―おもと会理事長大浜方栄記念集　おもと会50年史　大浜方栄著　那覇　おもと会　2013.4　180p　31cm〈年譜あり〉　Ⓝ289.1　　　　　　〔1729〕

◇追悼高橋俊三―沖縄とともに　沖縄国際大学総合文化学部日本文化学科編　宜野湾　沖縄国際大学総合文化学部日本文化学科　2013.5　158p　21cm〈著作目録あり〉　非売品　Ⓝ289.1　　　　　　〔1730〕

◇ベン・ブルベンの丘をめざして―沖縄英文学者の半生と文学・文化批評　米須興文著　那覇　出版舎Mugen　2013.6　311p　22cm　2800円　Ⓘ978-4-905454-08-3　Ⓝ289.1　　　　　　〔1731〕

◇沖縄で自分史・記念誌をつくる―読まれるための10のポイント　高橋哲朗著,沖縄自分史センター監修　那覇　沖縄探見社　2013.8　62p　21cm〈年表あり〉　600円　Ⓘ978-4-9904533-6-7　Ⓝ280.7　　　　〔1732〕

◇コザから吹く風―中根章の奔流の軌跡　徳田友子著　那覇　ボーダーインク　2013.9　261p　20cm〈年譜あり〉　1800円　Ⓘ978-4-89982-244-8　Ⓝ289.1
内容 第1章 戦場を生きて　第2章 収容所での生活　第3章 軍作業時代　第4章 大衆運動への目覚め　第5章 ヤマトで沖縄問題を訴える　第6章 平和運動の始まり　第7章 政治家になる　第8章「比謝川をそ生させる会」　第9章 落選から、再び県議会へ　第10章 奔走の日々は続く　〔1733〕

◇沖縄の絆・父中将から息子へのバトン―大田實と落合畯　三根明日香著　かや書房　2013.12　289p　19cm〈文献あり〉　1800円　Ⓘ978-4-906124-73-2　Ⓝ289.1
内容 序章 父に知らせたい叙勲　第1章 ペルシャ湾掃海派遣部隊・落合指揮官誕生！　第2章 掃海屋の悩みと誇り　第3章 子だくさんの海軍軍人―大田實の人となり　第4章 沖縄の絆・大田中将から畯（しゅん）へのバトン　第5章 蛙の子は蛙―畯のネイビーへの道　第6章 ペルシャ湾へ！　錨は上げたが五里霧中　第7章 掃海隊総員、大奮闘　第8章 防人たちの栄光　終章 海の父子鷹〔1734〕

◇戦後沖縄の復興本土復帰、そして発展へ―地元経済人として歩んだ76年の生涯　故宮里辰彦遺稿・資料集　宮里勉編　〔出版地不明〕　宮里美子　2014.1　11,507p　30cm〈年譜あ

り〉　非売品　Ⓝ289.1　　　　　〔1735〕

◇沖縄の心―瀬長亀次郎回想録　瀬長亀次郎著　新装版　新日本出版社　2014.4　269p　20cm〈初版のタイトル：瀬長亀次郎回想録　年譜あり〉　1800円　Ⓘ978-4-406-05787-5　Ⓝ289.1
内容 第1章 沖縄県民の心を国政に　第2章 暗黒、反動、戦火に生きて　第3章 たたかいの始まり　第4章 軍事監獄的支配に抗して　第5章 祖国への道　第6章 日本共産党と国政革新　〔1736〕

◇我、遠遊の志あり―笹森儀助風霜録　松田修一著　ゆまに書房　2014.4　374p　20cm（ゆまに学芸選書ULULA 10）〈文献あり　年譜あり〉　2200円　Ⓘ978-4-8433-4391-3　Ⓝ289.1
内容 第1章 おいたち、役人時代　第2章 農牧社時代　第3章 貧旅行　第4章『千島探験』　第5章『南島探験』　第6章 奄美大島時代　第7章 大陸時代　第8章 市長時代、晩年　第9章 対談―笹森儀助の思想　〔1737〕

◇世の光地の塩―沖縄女性初の法曹として80年の回顧　大城光代著　那覇　琉球新報社　2014.9　337p　21cm〈年譜あり　発売：琉球プロジェクト（那覇）〉　2300円　Ⓘ978-4-89742-174-2　Ⓝ289.1　　　〔1738〕

◇沖縄県人物・人材情報リスト　2015　日外アソシエーツ株式会社編　日外アソシエーツ（制作）　2014.11　493,18p　30cm　Ⓝ281.　〔1739〕

◇命の架け橋Dr.上村昭栄物語　保里安則マンガ　中城村（沖縄県）　海秀会上村病院　2014.11　80p　21cm〈発売：新星出版（那覇）〉　926円　Ⓘ978-4-905192-57-2　Ⓝ289.1　　　　　　〔1740〕

◇社会を拓いた女たち―沖縄　高里鈴代,山城紀子著　那覇　沖縄タイムス社　2014.12　239p　19cm　1500円　Ⓘ978-4-87127-218-6　Ⓝ281.99　　　　　〔1741〕

◇あなたの知らない九州・沖縄地方の名字の秘密　森岡浩著　洋泉社　2014.12　270p　18cm（歴史新書）〈索引あり〉　900円　Ⓘ978-4-8003-0468-1　Ⓝ288.1
内容 序章 九州・沖縄地方の名字とは（名字とは何か？　九州・沖縄地方の名字の特徴）　第1章 八県別 名字のランキングと特色（福岡県編　佐賀県編　長崎県編　熊本県編　大分県編　宮崎県編　鹿児島県編　沖縄県編）　第2章 九州・沖縄地方の名字秘話（天孫降臨と姓の種類　系図が語る天皇家と阿蘇家の関係　海人アヅミ一族とその末裔　なぜ大分県は珍しい名字構成か？　九州の海賊・松浦党 ほか）　第3章 八県別 名家・旧家（福岡県の名家・旧家　佐賀県の名家・旧家　長

歴史・地理　　　　　　　　　　　　　　　　　　　　　　　　　地誌・紀行

崎県の名家・旧家　長崎県の名家・旧家　熊本県
の名家・旧家　大分県の名家・旧家　宮崎県の名
家・旧家　鹿児島県の名家・旧家　沖縄県の名家・
旧家　　　　　　　　　　　　　　　　　　　〔1742〕

◇大城盛俊が語る私の沖縄戦と戦後―軍隊は住
民に銃を向けた　大城盛俊著，『私の沖縄戦
と戦後』刊行委員会編　〔出版地不明〕
『私の沖縄戦と戦後』刊行委員会　2014.12
87p　21cm〈印刷：耕文社（大阪）〉800円
Ⓘ978-4-86377-037-9　Ⓝ289.1
[内容]１平和な沖縄に戦争がやってきた（明るく
平和だった沖縄　日本軍がやって来た　ほか）　２
米軍支配下の沖縄に生きる（米兵による収容　診
療所で　ほか）　３単身で本土に（はじめて本土へ
大阪で暮らし始める　ほか）　４沖縄戦を語り伝え
る（大田昌秀先生との出会い　声を失って　ほか）
　　　　　　　　　　　　　　　　　　　　〔1743〕

◇絵で読む琉球人物史　仲村顕文, 安室二三雄
絵　那覇　沖縄文化社　2015.4　125p
21cm　1480円　Ⓘ978-4-902412-25-3
Ⓝ281.99　　　　　　　　　　　　　　　〔1744〕

◇カザンミ―東風平恵典遺稿・追悼集　東風平
恵典編，東風平恵典遺稿・追悼集編集委
員会編　〔出版地不明〕　カザンミ刊行会
2015.4　194p　21cm〈年譜あり　著作目録
あり〉　非売品　Ⓝ289.1　　　　　　　〔1745〕

◇追憶伊江朝雄　伊江朝雄顕彰会編　〔出版地
不明〕　伊江朝雄顕彰会　2015.7　259p
19cm〈年譜あり〉　Ⓝ289.1　　　　　　〔1746〕

◇たじろがず沖縄に殉じた荒井退造―戦後70年
沖縄最後の警察部長が遺したもの　菜の花街
道荒井退造顕彰事業実行委員会著　宇都宮
下野新聞社　2015.9　211p　19cm　1300円
Ⓘ978-4-88286-595-7
[内容]第1章　講演会記録　第2章　特別書簡　第3
章　特別寄稿　第4章　既刊本再録　第5章　資料編
終章　本誌編集にあたり　　　　　　　　〔1747〕

◇山路愛山とその同時代人たち―忘れられた日
本・沖縄　伊藤雄志著　丸善プラネット
2015.10　215p　22cm〈発売：丸善出版〉
3400円　Ⓘ978-4-86345-263-3　Ⓝ210.04
[内容]第1章　日本国民性論によって日本を理解で
きるのか？　第2章　ドイツ教育学は近代日本の
国家主義教育を助長したのか？　第3章　自己犠牲
としての武士道とは何だったのか？　第4章　天照
大神信仰は建国以来不変だったのか？　第5章　沖
縄史と日本史の接点としての源為朝渡琉伝説　第
6章　沖縄には忘れられた日本が残っているのか？
第7章　日本は海で囲まれた孤立した島国だったの
か？　第8章　沖縄から見える新しい日本の「女
の歴史」　　　　　　　　　　　　　　　〔1748〕

◇まちかんてぃ！　動き始めた学びの時計―待
ちかねていたよ！　沖縄の夜間中学に通うお

ばぁ、おじぃのメッセージ　珊瑚舎スコーレ
編著　高文研　2015.10　220p　21cm
1700円　Ⓘ978-4-87498-581-6　Ⓝ281.99
[内容]１生きることは学ぶこと―聞き書き「まち
かんてぃ」より（今、学びの時！　疎開生活の中で
戦場の彷徨・戦後の苦難　身売り、奉公に出されて
沖縄の離島から　南洋群島、海外から　聞き
書き「まちかんてぃ」の一二年）　２「聞き書き」
の向こうに見えるもの　３「学校で学ぶ」という
こと　　　　　　　　　　　　　　　　　〔1749〕

◇父・大田實海軍中将との絆―自衛隊国際貢献
の嚆矢となった男の軌跡　三根明日香著　潮
書房光人社　2015.12　259p　16cm　（光人
社NF文庫　みN-921）〈「沖縄の絆・父中将か
ら息子へのバトン」（かや書房　2013年刊）の
改題　文献あり〉　760円　Ⓘ978-4-7698-
2921-8　Ⓝ289.1
[内容]序章　父に知らせたい叙勲　第1章　ペルシャ
湾掃海派遣部隊・落合指揮官誕生！　第2章　掃
海隊の悩みと誇り　第3章　子だくさんの海軍軍人
―大田實の人となり　第4章　沖縄の絆・大田中将
から峻へのバトン　第5章　蛙の子は蛙―峻のネイ
ビーへの道　第6章　ペルシャ湾へ！　錨は上げた
が五里霧中　第7章　掃海隊総員、大奮戦　第8章
防人たちの栄光　終章　海の父子鷹　　　〔1750〕

地誌・紀行

◇東御廻り等関連拝所総合調査　1　沖縄県教
育庁文化課編　那覇　沖縄県教育委員会
1995.3　52p　30cm　（沖縄県文化財調査報
告書　第118集）　Ⓝ291.99　　　　　　〔1751〕

◇沖縄の都市と農村　山本英治〔ほか〕編　東
京大学出版会　1995.12　335p　22cm　7828
円　Ⓘ4-13-056047-6　Ⓝ291.99
[内容]第1章　沖縄振興開発の展開と問題　第2章
産業構造と就業構造の変動　第3章　地域問題―社
会関係変化との関連で　第4章　都市・農村関係の
変化と特質　第5章　那覇市の都市形成とその構造
第6章　都市社会の構造と特質―那覇市の「自治会」
組織を中心に　第7章　那覇における郷友会の機能
第8章　北部農村の過疎化と社会・生活変動　第9
章　基地の中での農村自治と地域文化の形成
　　　　　　　　　　　　　　　　　　　　〔1752〕

◇南島志―現代語訳　新井白石〔著〕，原田禹
雄訳注　宜野湾　榕樹社　1996.4　284,9p
22cm　（琉球弧叢書　2）〈発売：緑林堂書
店〉　4800円　Ⓘ4-947667-32-X　Ⓝ291.99
　　　　　　　　　　　　　　　　　　　　〔1753〕

◇沖縄文化論―忘れられた日本　岡本太郎著
中央公論社　1996.6　261p　16cm　（中公
文庫）　680円　Ⓘ4-12-202620-2　Ⓝ291.99
[内容]沖縄の肌ざわり　「何もないこと」の眩暈　八

「沖縄」がわかる本 6000冊　**131**

地誌・紀行　　　　　　　　　　　　　　　　　　　　　　　　　歴史・地理

重山の悲歌　踊る島　神と木と石　ちゅらかさの
伝統　結語　神々の島久高島　本土復帰にあたっ
て　　　　　　　　　　　　　　　　　　　〔1754〕

◇〈太陽雨〉の降る街で―オキナワンうちあた
いコラム　新城和博著　那覇　ボーダーイン
ク　1996.7　274p　19cm　1456円　①4-
938923-46-7　Ⓝ291.99
　内容　1 島を確かめる　2 空の上の『明解沖縄辞
典』3 コラム あまくま道ゆらり（CDライナーノー
ツ書評 まんが中毒記―それぞれの愛読書 シ
マーショートコラム）　4『島々独立走者』のウォー
ミングアップ　　　　　　　　　　　　　〔1755〕

◇新琉球―地域文化論グラフィティー　現代お
きなわ若者教養講座　チームT・A「地域科
学」研究室'95編著　那覇　ボーダーインク
1996.9　201p　19cm　1456円　①4-938923-
48-3　Ⓝ291.99　　　　　　　　　　　〔1756〕

◇沖縄の都市空間　堂前亮平著　古今書院
1997.4　183p　22cm　〈各章末：参考文献〉
2500円＋税　①4-7722-1042-3　Ⓝ291.99
　内容　第1章 沖縄の都市研究の意味するもの　第
2章 沖縄の都市化と都市形成　第3章 沖縄におけ
る社会集団と都市空間　第4章 沖縄の伝統的商業
空間　第5章 島嶼都市空間論　　　　　　〔1757〕

◇南島のくらし―あたたかい島の人びと　市川
健夫監修・著　小峰書店　1997.4　55p
29cm　（ふるさとのくらし日本のまちとむら
8）　2800円＋税　①4-338-13808-4
　内容　1 亜熱帯の風土とくらし　2 沖縄県の農業
3 与那国島のくらし　4 与那国島の四季　5 本土
とことなる南島の歴史　6 南島の文化　〔1758〕

◇郷土資料事典―ふるさとの文化遺産　47（沖
縄県）　北九州　ゼンリン　1998.4　159p
26cm　〈発売：人文社〉　①4-7959-1097-9
Ⓝ291.02　　　　　　　　　　　　　　　〔1759〕

◇南島の地名　第5集（1998年）　南島地名研究
センター編　那覇　ボーダーインク　1998.5
80p　21cm　1200円　①4-938923-59-9
Ⓝ291.99　　　　　　　　　　　　　　　〔1760〕

◇ペリー日本遠征記図譜　豆州下田郷土資料館
編　京都　京都書院　1998.6　255p　15cm
（京都書院アーツコレクション 86 絵画 8）
〈他言語標題：U.S. Japan expedition in
1854　編集：アートダイジェスト〉　1000円
①4-7636-1586-6　Ⓝ291.09
　内容　図版（那覇の市長 宮廷の通辞 那覇の街角
竹村から那覇を望む 那覇近郊の村 ほか）　本文
（ペリー提督日本遠征記―抜粋　博物学研究報告
書―抜粋）　　　　　　　　　　　　　　〔1761〕

◇司馬遼太郎の風景　6　沖縄・先島への道/奥
州白河・会津のみち　NHK「街道をゆく」

プロジェクト著　日本放送出版協会　1999.3
203p　22cm　（NHKスペシャル）　1800円
①4-14-080403-3　Ⓝ910.268
　内容　1 沖縄・先島への道（原倭人の風姿を求めて
（沖縄本島）　最果ての先島諸島へ（石垣島）　地
上の楽園（竹富島）　黒潮の始発駅（与那国島））
2 奥州白河・会津のみち（会津の宿命　奥州の輝
き　儒教の光　悲劇への助走　儒教の陰　容保と
顔真卿）　　　　　　　　　　　　　　　〔1762〕

◇大正・昭和琉球諸島地形図集成　地図資料編
纂会編　柏書房　1999.11　2冊（解題とも）
46×63cm　〈解題（47p 26cm）　解題の著
者：清水靖夫ほか〉　70000円　①4-7601-
1825-X　Ⓝ291.99　　　　　　　　　　〔1763〕

◇沖縄八重山の研究　法政大学沖縄文化研究所
沖縄八重山調査委員会著　相模書房　2000.2
407p　27cm　〈年表あり　文献あり〉　26000
円　①4-7824-0003-9　Ⓝ291.99
　内容　古文書による八重山の基礎的研究　八重山
の村と農耕―18世紀後半～19世紀後半期　離島と
いう社会生活空間とその変貌　八重山における糸
満漁民の出漁と移住―石垣島の漁民集落形成と漁
業活動を中心として　八重山における近代化と民
俗宗教の変容　八重山の叙事伝承とその背景　『八
重山文化』とその時代　八重山歌謡の展開―“生
産叙事”“巡行叙事”を視点として　「踊番組」に
見る八重山芸能の受容と展開　沖縄八重山染織文
化史研究序論〔ほか〕　　　　　　　　　〔1764〕

◇沖縄を知る事典　「沖縄を知る事典」編集委
員会編　日外アソシエーツ　2000.5　510p
22cm　〈発売：紀伊國屋書店〉　8500円　①4-
8169-1605-9　Ⓝ291.99
　内容　主要項目編（琉球史　近代沖縄の抵抗運動
沖縄戦の特質　沖縄戦と占領　米軍占領下と沖縄
の女性 ほか）　用語解説編（沖縄の行事・祭り　沖
縄の方言・ことわざ　沖縄の料理・食べもの　沖
縄の動物　沖縄の植物 ほか）　　　　　　〔1765〕

◇沖縄の世界一・日本一―定番!?びっくり!?の
137項目　沖縄タイムス社編　那覇　沖縄タ
イムス社　2000.6　77p　21cm　（沖縄タイ
ムス・ブックレット 10）　800円　①4-
87127-510-8　Ⓝ291.99
　内容　これが沖縄の世界一　100の指標からみた沖
縄のすがた　長寿・健康・食べ物の日本一　家庭
と子どもの日本一　教育に関する日本一　豊かな
自然の日本一　日本一早くやってくる　日本一の
産地です　あの町この村の日本一　経済に関する
日本一　水とエネルギーの日本一　県民性をかい
ま見る日本一　事件・事故―こんな日本一は嬉し
くない　日本一あれこれ　　　　　　　　〔1766〕

◇大琉球展―シマ・島・海 九州・沖縄サミッ
ト開催記念特別展　沖縄県立博物館編　那覇
沖縄県立博物館　2000.7　63p　30cm　〈会
期：2000年7月11日―8月27日〉　Ⓝ291.99

132　　「沖縄」がわかる本 6000冊

歴史・地理　　　　　　　　　　　　　　　　　　　　　　　　　地誌・紀行

〔1767〕

◇首里の地名―その由来と縁起　久手堅憲夫著
　第一書房　2000.10　464p　20cm　（南島文
　化叢書 22）〈文献あり〉4300円　Ⓘ4-8042-
　0717-1　Ⓝ291.99　　　　　　　　　　　〔1768〕

◇日本歴史地名大系　第48巻　沖縄県の地名
　平凡社　2002.12　837p　27cm〈付属資料：
　地図1枚（袋入）：沖縄県全図＋8p：月報 46〉
　22000円　Ⓘ4-582-49048-4　Ⓝ291.0189
　　内容 総論　琉球国　那覇市　沖縄島南部　沖縄
　島中部　沖縄島北部　伊是名島・伊平屋島　慶良
　間諸島　久米島・渡名喜島・粟国島　宮古諸島　八
　重山諸島　大東諸島　文献解題用語解説　行政区
　画変遷・石高一覧　紀年対照表　索引（五十音順
　索引・難読地名一覧）　　　　　　　　　　〔1769〕

◇沖縄を深く知る事典　「沖縄を知る事典」編
　集委員会編　日外アソシエーツ　2003.2
　493p　22cm〈発売：紀伊國屋書店〉8500円
　Ⓘ4-8169-1756-X　Ⓝ291.99
　　内容 日本・アメリカとの相剋から見える沖縄（沖
　縄の「近代」に関する項目　「沖縄戦」に関する項目
　ほか）　「女性」から見える沖縄（国家・男社会へ
　の従属とスキマ　米軍占領下の女性 ほか）　「離
　島」から見える沖縄　「ことば」から見える沖縄
　（沖縄言語共同体・ミクロ言語　「沖縄」の思考・
　所作・リズム ほか）　コラム　　　　　　〔1770〕

◇沖縄コンパクト事典　琉球新報社編　最新版
　那覇　琉球新報社　2003.3　458p　18cm
　2300円　Ⓘ4-89742-050-4　Ⓝ291.99〔1771〕

◇薩摩と琉球　横山健堂編著, 鳥居龍蔵, 吉田
　博, 伊波月城共著　復刻版　宜野湾　榕樹書
　林　2003.8　416p　図版38枚　23cm〈原本：
　中央書院1914年刊　折り込み1枚〉15000円
　Ⓘ4-947667-91-5　Ⓝ291.99　　　　　　〔1772〕

◇南島の地名　第6集（2005年・仲松弥秀先生カ
　ジマヤー記念号）　南島地名研究センター編
　西原町（沖縄）　南島地名研究センター
　2005.8　227p　21cm〈発売：ボーダーイン
　ク（那覇）　年譜あり　著作目録あり〉2000
　円　Ⓘ4-89982-096-8　Ⓝ291.99　　　〔1773〕

◇地名を歩く―奄美・沖縄の人・神・自然　南
　島地名研究センター編著　増補改訂　那覇
　ボーダーインク　2006.10　260p　19cm
　1800円　Ⓘ4-89982-113-1　Ⓝ291.99〔1774〕

◇小さな町小さな旅九州・沖縄――一度は訪ねて
　おきたい日本の町100選　宮川透写真　山と
　溪谷社　2007.4　167p　22cm　1800円
　Ⓘ978-4-635-60156-6　Ⓝ291.9
　　内容 巻頭エッセイ 馬渕公介のボクの選んだあの
　町この町　海の小京都・杵築から国東半島の磨崖仏
　へ　柳川―懐かしさとハイカラが溶け込む水郷の

町　秋月―四季折々に趣のある筑前の小京都　筑
後吉井―情緒たっぷり, 白壁土蔵造りの町並み　伊
万里―鍋島藩窯の歴史と共に受け継がれてきた文
化の華　呼子―名物, おもしろ朝市の町。海の幸
がおいしい　大村―キリシタン大名を生んだ千年
の歴史　島原―水があふれる, 歴史と信仰の城下
町　平戸―南蛮貿易の歴史と共に、今もキリスト
教の信仰が息づく島〔ほか〕　　　　　　　〔1775〕

◇琉球と沖縄の名称の変遷　小玉正任著　那覇
　琉球新報社　2007.5　303p　19cm〈発売：
　琉球プロジェクト（那覇）〉1857円　Ⓘ978-
　4-89742-081-3　Ⓝ291.99　　　　　　　〔1776〕

◇沖縄の戦跡と軍事基地―美ら海・美ら島・命
　どぅ宝　平和のためのガイドブック　新版
　「沖縄の戦跡と軍事基地」編集委員会編　新
　版　大阪　かりゆし出版企画　2007.6
　135p　21cm　1200円　Ⓘ978-4-902248-02-9
　Ⓝ291.99
　　内容 沖縄の基礎知識　沖縄戦　沖縄の主な戦跡
　沖縄の米軍基地と自衛隊　県民のたたかい　沖縄
　を通して21世紀を考える　　　　　　　　〔1777〕

◇美しい日本のふるさと　九州・沖縄編　産業
　編集センター企画・編集, 清永安雄撮影　産
　業編集センター　2008.10　269p　21cm
　2000円　Ⓘ978-4-86311-017-5　Ⓝ291.9
　　内容 福岡県　佐賀県　長崎県　熊本県　大分県
　宮崎県　鹿児島県　沖縄県　　　　　　　〔1778〕

◇沖縄県の地理　仲田邦彦著　糸満　編集工房
　東洋企画（発売）　2009.10　226p　26cm
　〈文献あり〉1143円　Ⓘ978-4-938984-68-7
　Ⓝ291.99
　　内容 第1章 地理学を学ぶ前に（すべての人は地
　理学者　沖縄の地理学研究の歩み　沖縄県の地
　域的特性）　第2章 沖縄県の自然地理（地形　気
　候　土壌　動植物）　第3章 沖縄県の人文地理（人
　口・面積・島嶼　行政区分　村落と都市　経済の概
　況　農林水産業　工業　商業　観光・リゾート産
　業　貿易　地域開発と環境問題　政治　文化　交
　通　移民と出稼ぎ　軍事基地　沖縄県の地名　沖縄
　の風水思想）　第4章 沖縄県の地誌（沖縄本島北
　部　沖縄本島中部の市町村　沖縄本島南部の市町
　村　宮古諸島　八重山諸島）　　　　　　〔1779〕

◇九州地方―都道府県別日本地理　福岡県・佐
　賀県・長崎県・熊本県・大分県・宮崎県・鹿
　児島県・沖縄県　小松陽介, 伊藤徹哉, 鈴木厚
　志監修　ポプラ社　2010.3　231p　29cm
　（ポプラディア情報館）〈他言語標題：
　KYUSHU REGION　並列シリーズ名：
　POPLARDIA INFORMATION LIBRARY
　索引あり〉6800円　Ⓘ978-4-591-11593-0
　Ⓝ291.9
　　内容 九州地方の地図（九州地方　福岡県　佐賀県
　長崎県　熊本県　大分県　宮崎県　鹿児島県　沖
　縄県　日本全図）　九州地方のすがた（福岡県　佐

「沖縄」がわかる本 6000冊　**133**

地誌・紀行　　　　　　　　　　　　　　　　　　　　　　　　歴史・地理

賀県　長崎県　熊本県　大分県　宮崎県　鹿児島
県　沖縄県）　　　　　　　　　　　　　　〔1780〕

◇琉球の地名と神名の謎を解く　平良恵貴著
糸満　アント出版（印刷）　2010.4　526p
21cm　Ⓝ291.99　　　　　　　　　　　〔1781〕

◇沖縄研究―仙台から発信する沖縄学　宮城学
院女子大学附属キリスト教文化研究所編　仙
台　宮城学院女子大学附属キリスト教文化研
究所　2010.10　285p　21cm　〈文献あり〉
1905円　Ⓘ978-4-900866-36-2　Ⓝ291.99
内容　グスク研究覚書　大平聡著　奥州人の琉球漂
着と送還　菊池勇夫著　大清時憲書のなかの「琉
球」高田紀代志著　沖縄の近代はどのように描か
れてきたのだろうか　割田聖史著　戦後沖縄の政
治と政党　今林直樹著　沖縄に戻れなかったフィ
リピン人たち　杉井信幸　太陽（テダ）の宇宙　犬飼
公之著　沖縄県における流通システムの再編成と
ヤンバル地域への影響　土屋純著　沖縄のクモた
ちの冬越し　田中一裕著　沖縄の御嶽（ウタキ）の
イメージについての実証的な研究　松浦光和, 豊澤
弘伸著

◇日本図誌大系　九州　2（熊本県　宮崎県　鹿児
島県　沖縄県）　山口恵一郎, 佐藤侊, 沢田清,
清水靖夫, 中島義一編　普及版　朝倉書店
2011.9　426p　31cm　23000円　Ⓘ978-4-
254-16852-5　Ⓝ291.08
内容　熊本県（熊本（熊本空港・健軍・江津湖）　川
尻（百貫石・飽田・天明）ほか）　宮崎県（宮崎（宮
崎神宮・平和塔・宮崎大橋・赤江・宮崎空港）　青
島・内海（折生迫・こどものくに・鬼の洗濯岩・鵜
戸神宮）ほか）　鹿児島県（鹿児島（鴨池・谷山・
下伊敷）　桜島・垂水（袴腰・古里・海潟）ほか）
沖縄県（那覇（首里・真和志・小禄・那覇空港・浦
添・宜野湾・西原・与那原・南風原）　糸満・具志
頭・知念（豊見城・東風平・大里・玉城・佐敷・喜
屋武崎・摩文仁・戦跡記念公園）ほか）〔1783〕

◇現代沖縄事典　〔琉球新報社編集局〕〔編〕
日本図書センター　2011.10　797p　27cm
〈琉球新報社1992年刊の複製　年表あり　索
引あり〉　36000円　Ⓘ978-4-284-50276-4
Ⓝ291.99　　　　　　　　　　　　　　〔1784〕

◇沖縄県謎解き散歩　下川裕治, 仲村清司編著
新人物往来社　2012.2　295p　15cm　（新
人物文庫　201）　952円　Ⓘ978-4-404-04146-
3　Ⓝ291.99
内容　第1章　沖縄県ってどんなとこ？（東南アジア
に似ている沖縄のライフスタイル　住んでみたい
理想郷!?―ランキングで見る沖縄　ほか）　第2章
歴史・人物編（琉球はなぜ沖縄と呼ばれたか　最
初の琉球王朝はいつ誕生したのか　第3章
宗教・民俗編（グスクは信仰の場だった？　御嶽
には沖縄の神がいる？　ほか）　第4章　食べもの・
飲みもの編（沖縄豆腐の歴史―本土以上に豆腐好
き!?　似て非なる中華そばと沖縄そば　ほか）　第
5章　地理・自然・生物編（首里城はなぜ西を向い

ているのか　沖縄には、八丈島の人が開拓した島
があるってホント？　ほか）　　　　　　〔1785〕

◇私の日本地図　8　沖縄　宮本常一著, 香月洋
一郎編　未來社　2012.4　291,5p　19cm
（宮本常一著作集別集）〈同友館　1970年刊の
再刊　索引あり〉　2200円　Ⓘ978-4-624-
92493-5　Ⓝ291.09
内容　沖縄と私　那覇　那覇から摩文仁まで　糸
満　保栄茂　慶良間・粟国　久米島をまわる　基
地付近の町　津堅島　浜比嘉島　伊江島へ　琉球
博物館　沖縄雑感　　　　　　　　　　〔1786〕

◇日本と琉球の歴史景観と地理思想　髙橋誠一
著　吹田　関西大学東西学術研究所　2012.
10　358p　27cm　（関西大学東西学術研究
所研究叢刊　42）〈発行所：関西大学出版部
索引あり〉　5500円　Ⓘ978-4-87354-549-3
Ⓝ291.018
内容　総論　日本と琉球の歴史景観と地理思想　東
アジア世界としての古代飛鳥と広域的都市計画
風水都市としての紫香楽宮と方格地割　長崎唐人
屋敷の景観と構造―中国風囲郭街区への改造　琉
球における石敢當―那覇市首里地区を事例として
那覇市壺屋地区の曲線道路と石敢當　石敢當の伝
播と拡散にみる琉球と日本―奄美諸島を中心とし
て　今帰仁城近接地からの集落移動と格子状集落
今泊の形成―土地所有からみた分析　琉球の歴史
的集落今泊の景観と保全　奄美大島龍郷町の集落
と石敢當　神の島、古宇利島の集落と伝統的地理
思想―集落としての再認識と強調　日本における
天妃信仰の展開とその歴史地理学的側面　〔1787〕

◇都道府県別日本の地理データマップ　7　九
州・沖縄地方　有川政秀, 座安政侑監修　新
版　小峰書店　2012.11　79p　29cm　〈共通
の付属資料が「1」にあり　文献あり〉　3600
円　Ⓘ978-4-338-27707-5　Ⓝ291.08　〔1788〕

◇日本の地誌　10　九州・沖縄―福岡県・佐賀
県・長崎県・熊本県・大分県・宮崎県・鹿児
島県・沖縄県　野澤秀樹, 堂前亮平, 手塚章編
朝倉書店　2012.11　656p　図版16p　27cm
〈索引あり〉　25000円　Ⓘ978-4-254-16770-2
Ⓝ291.08　　　　　　　　　　　　　　〔1789〕

◇沖縄を知る本―現地の記者が伝える　吉岡攻
監修　WAVE出版　2014.3　143p　29cm
〈年表あり　索引あり〉　5500円　Ⓘ978-4-
87290-997-5　Ⓝ291.99　　　　　　　　〔1790〕

◇夢うつつ―琉球風画帖　ローゼル川田文・画
那覇　ボーダーインク　2014.6　93p　15×
21cm　1800円　Ⓘ978-4-89982-258-5
Ⓝ291.99
内容　琉球風画帖戦前編（「長虹堤」幻想―石造りの
海中道路　筍崖夕照―波上と龍脈の丘　北明治橋
―風光明媚な水辺の空間　那覇市街―大陸的な赤
瓦の街　首里の坂道―松に映える冊封使の列　ほ

134　「沖縄」がわかる本　6000冊

歴史・地理　　　　　　　　　　　　　　　　　　　　　地誌・紀行

か）　琉球風画帖戦後編（国際通り　桜坂界隈―復興期のエネルギー　パラダイス　タイムスリップした原風景　樋川の路地―路地集落の見果てぬ夢　トビキ村から―コザへのオマージュ　ほか）　　　　　　　　　　　　　　　〔1791〕

◇ペリー提督日本遠征記　上　M・C・ペリー〔著〕,F・L・ホークス編纂,宮崎壽子監訳　KADOKAWA　2014.8　643p　15cm（［角川ソフィア文庫］［I300-1]）〈「ペリー艦隊日本遠征記　上」（万来舎　2009年刊）の改題〉1360円　Ⓘ978-4-04-409212-2　Ⓝ291.09
　内容　ペリー艦隊、日本へ　大西洋を越えて―ノーフォーク～セント・ヘレナ島　喜望峰をめざして―セント・ヘレナ島～喜望峰～モーリシャス　インド洋を東南アジアへ―モーリシャス～セイロン～シンガポール　中国海域へ入る―シンガポール～香港～黄埔～広東　中国を離れ琉球へ―マカオ・香港～上海～那覇　大琉球島那覇への初訪問　大琉球島奥地踏査　琉球王宮を訪問　ボニン（小笠原）諸島の踏査　ふたたび大琉球島那覇　第一回日本訪問・浦賀―江戸湾の一〇日間1　第一回日本訪問・久里浜上陸―江戸湾の一〇日間2　第一回日本訪問・日本を発つ日―江戸湾の一〇日間3　　　　　　　　　　　　　　　　　　〔1792〕

◇ペリー提督日本遠征記　下　M・C・ペリー〔著〕,F・L・ホークス編纂,宮崎壽子監訳　KADOKAWA　2014.8　570p　15cm（［角川ソフィア文庫］［I300-2]）〈「ペリー艦隊日本遠征記　下」（万来舎　2009年刊）の改題〉1360円　Ⓘ978-4-04-409213-9　Ⓝ291.09
　内容　三度目の琉球訪問　中国海域のペリー艦隊―香港・マカオ・広東　四度目の琉球訪問　日本再訪　横浜上陸　日米和親条約（神奈川条約）の調印　江戸湾を離れ下田へ―条約の発効　下田滞在、箱館へ　箱館訪問　松前藩との会見、下田で付加条項合意　琉球と協約を結ぶ―日本遠征の終了　日米和親条約の批准交換　　　　　　　〔1793〕

◇蝦夷志　南島志　新井白石著,原田信男校注　平凡社　2015.11　445p　18cm　（東洋文庫）　3300円　Ⓘ978-4-582-80865-0
　内容　蝦夷志　『蝦夷志』の図版について　南島志　『南島志』の図版について　　　〔1794〕

《沖縄の紀行・案内記》

◇沖縄―平和のためのガイドブック　自然・島々,歴史・文化,戦跡・基地　沖縄県歴史教育者協議会編　堺　クリスタル出版企画　1995.4　237p　19cm〈発売：あけぼの出版社（南風原町）〉1300円　Ⓝ291.99　〔1795〕

◇蝶の島―沖縄探蝶紀行　三木卓著　小学館　1995.8　202p　16cm　（小学館ライブラリー

715）　760円　Ⓘ4-09-460715-3　Ⓝ915.6
　＊おーい海、おーい雲、沖縄の幸を心ゆくまで味わいながら作家と写真家はチョウを求めて、野を行き、山を行く…。著者初の本格書き下ろし紀行。　　　　　　　　　　　　〔1796〕

◇シマ・ナイチャーの見聞録―沖縄移住者の見たり聞いたり　岡正弘著　那覇　ボーダーインク　1995.10　226p　19cm　1500円　Ⓝ291.99　　　　　　　　　　　　〔1797〕

◇癒しの島々　船井幸雄文,テラウチマサト写真　PHP研究所　1995.11　143p　18cm　1400円　Ⓘ4-569-55004-5　Ⓝ291.99
　内容　ヒーリング・アイランド　宮古島（すばらしい景色が見えてきた　すばらしい生命、躍動しよう　良心で素敵な島から学びましょう　癒しの島で、本物体験　耳を澄ませば、宇宙の声が聴こえる）　ヒーリング・アイランド　カウアイ島（神、宇宙、自然が迫ってくる　慈愛の声を聴きましょう!!）　　　　　　　　　　　　　　　　　　〔1798〕

◇沖縄：心の風景―英語で語る　澤田清〔著〕,澤田英語学院出版部〔著〕　〔南風原町（沖縄）〕　那覇出版社　1997　151p　21cm〈他言語標題：Okinawa：landscape of minds　英文併載　年表あり　文献あり〉1048円　Ⓘ4-89095-054-0　Ⓝ291.99　〔1799〕

◇Koza―ひと・まち・こと　写真がとらえた1970年前後　あなたが歴史の目撃者　沖縄市平和文化振興課編　沖縄　沖縄市　1997.3　207p　31cm〈おもに図　年表あり　発売：那覇出版社（南風原町）〉1800円　Ⓘ4-89095-083-4　Ⓝ291.99　　　　〔1800〕

◇忍従の沖縄と大和人　長谷川忠男著　近代文芸社　1997.5　274p　20cm　1500円　Ⓘ4-7733-6053-3　Ⓝ291.99
　内容　戦艦大和とヤマトゥンチュ　南部戦跡と鯨のヒレ　Aサインと姉妹校　オリオンビールとビジネスガール　有難迷惑と親切心（紙一重）　四天皇と企業系列　観光事業の現状と今後の動向　賃金格差　男二人の生き方　守礼之門と過密住宅〔ほか〕　　　　　　　　　　　　　　　　　〔1801〕

◇のんびリズム伊平屋島―沖縄㊙アイランド　海の学校　伊平屋村漁業協同組合,今井輝光著　三心堂出版社　1997.7　199p　21cm　1190円　Ⓘ4-88342-126-0　Ⓝ291.99
　内容　カラーページ―伊平屋はたのしさ満喫の秘島!!　おもしろたのしい海の学校　きれいな島と空気―満喫体験記（海の学校　体験漁業　海鮮料理　ブックコレクション）　　　〔1802〕

◇沖縄式風力発言―ふぇーぬしまじま講演集　池澤夏樹著　那覇　ボーダーインク　1997.8　285p　19cm　1500円　Ⓘ4-938923-56-4　Ⓝ914.6

「沖縄」がわかる本 6000冊　　135

地誌・紀行　　　　　　　　　　　　　　　　　　　歴史・地理

内容 平和の素（沖縄島・那覇市）　沖縄の言葉（沖縄島・那覇市）　人と自然の関係（南大東島）　ハワイイについて（渡名喜島）　書物の力（沖縄島・那覇市）　ジャック・マイヨール（粟国島）　北海道の話（渡嘉敷島）　戦争の起源（沖縄島・知念村）　沖縄は日本を救うか（ヤマト・東京）　　〔1803〕

◇ケービンの跡を歩く　金城功著　那覇　ひるぎ社　1997.10　222p　18cm　（おきなわ文庫 81）　900円　Ⓝ291.99　　　　　〔1804〕

◇沖縄の文化と自然を訪ねて―平成10年度JA東京ママさん大学　JA東京女性組織協議会〔1998〕　30p　30cm　〈共同刊行：JA東京グループ〉Ⓝ291.99　　　　　　　　〔1805〕

◇沖縄わが故郷　石川文洋写真・文　ルック　1998.4　77p　26cm　（報道カメラマン石川文洋写真集「戦争と平和」　第1巻）〈他言語標題：Okinawa,my native land〉2200円　Ⓘ4-947676-70-1　Ⓝ291.99　　〔1806〕

◇好きになっちゃった沖縄―元気をくれる南の島々のフリーク旅　下川裕治、ゼネラルプレス編・著,下川裕治責任編集　双葉社　1998.4　189p　21cm　（アジア楽園マニュアル）1500円　Ⓘ4-575-28817-9　Ⓝ291.99　　内容 第1章 南の国の沖縄を体験しちゃう　第2章 いまどき沖縄物語　第3章 沖縄で神様にご対面　第4章 沖縄音楽ストリート　第5章 沖縄を食べつくす　第6章 沖縄味覚の不思議ゾーン　第7章 沖縄なんでも体験隊は行く　第8章 沖縄の楽しいはまり方　　　　　　　　　　〔1807〕

◇沖縄観光ガイド　沖縄本島編　玉盛映世〔ほか〕編　改訂版　那覇　りゅうぎん国際化振興財団　1998.7　251p　19cm〈他言語標題：Okinawa tour guide　英文併記　発売：丸正印刷（西原町）〉1300円　Ⓘ4-947654-07-4　Ⓝ291.99　　　　　　　　　〔1808〕

◇南の風―沖縄・宮古・八重山諸島　大塚勝久写真集　大塚勝久写真・文　那覇　琉球新報社　1998.7　151p　24×31cm　〈他言語標題：Southern breeze〉4400円　Ⓘ4-89742-004-0　Ⓝ291.99　　　　　　　　　〔1809〕

◇アルセスト号朝鮮・琉球航海記　ジョン・マクロード著,大浜信泉訳　宜野湾　榕樹書林　1999.3　220p　22cm　〈折り込1枚〉3800円　　　　　　　　　　〔1810〕

◇島の時間―九州・沖縄謎の始まり　赤瀬川原平著　平凡社　1999.3　231p　16cm　（平凡社ライブラリー）　740円　Ⓘ4-582-76283-2　Ⓝ915.6　　内容 韓国にいちばん近い島―対馬　お言わずの島―沖ノ島　水イカの生きている島―五島　樹齢七千年の生きる島―屋久島　飛び道具の島―種子

島　緑のパンチパーマをかけた島―奄美大島　西方浄土の島―西表島　日本最西端の島―与那国島　風水明媚な沖縄首里城―沖縄本島　真珠買いの集まる島―対馬〔ほか〕　　　　　　　　〔1811〕

◇好きになっちゃった沖縄の離島―南国モードの島々ぽっかり気まま旅　下川裕治,ぷれすアルファ編・著　双葉社　1999.4　189p　21cm　（アジア楽園マニュアル）　1500円　Ⓘ4-575-28948-5　Ⓝ291.99　　内容 第1章 沖縄本島周辺に散らばる15の島物語（タッチューに登る　伊江島の宿　軽貨物で島観光 ほか）　第2章 八重山諸島で島の風に吹かれてみる（人気のタクシー運転手　石垣島で山に登る　石垣島の巨食民宿 ほか）　第3章 島の暮らし探検隊、宮古諸島を行く（難解メニューに挑む　島豆腐をつくる　陸の海草を宮古で探せ ほか）　第4章 ディープでのほほん、那覇の1日（富士家のぜんざい　沖縄のもずく料理　そばのカタログ的考察 ほか）　　　　　　　　　　〔1812〕

◇沖縄旅の雑学ノート―路地の奥の物語　岩戸佐智夫著　ダイヤモンド社　1999.6　224p　19cm　1600円　Ⓘ4-478-94149-1　Ⓝ291.99　　内容 第1章 街へ（波の上のステーキハウス　履物　言葉 ほか）　第2章 沖縄食物誌（日々の愛しき食べ物たちのこと　公設市場と料理　沖縄そばに関する勝手な推測 ほか）　第3章 出会いと物語（やちむん　幽霊と暮らす保　三丁目のおばちゃん ほか）　第4章 島の奥（ユタとの出会い　失われた南の楽園　蘭嶼島―アジアの原風景の中で ほか）　　　　　　　　　　　　　〔1813〕

◇海の学校―沖縄　伊平屋村漁業協同組合,今井輝光著　三心堂出版社　1999.7　167p　21cm　（のんびリズム伊平屋島 2）　1429円　Ⓘ4-88342-281-X　Ⓝ291.99　　内容 ブルーツーリズム体験記　30年間持ち続けた夢　アートツーリズム体験記　アートツーリズム　海の学校応援団　　　　　　〔1814〕

◇沖縄・奄美にいってみる　鹿子狂之介編・著　えあ社　1999.9　302p　22cm　（南へ 1）〈発売：南方新社（鹿児島）　付属資料：図1枚　文献あり〉2667円　Ⓘ4-931376-97-5　Ⓝ291.99　　内容 第1章 中年オジさん二人組旅に行く（沖縄本島団体ツアー客ウォッチング旅　奄美大島サタヤめぐりフムフム旅）　第2章 南の島の風土を語る黒糖とハブ（砂糖がつくる南の島の風景　ハブが語る南の島の風土）　第3章 私の旅は人との出逢い旅（旅のはじめに―事前調査で楽しむ南の島の旅　旅と酒―酒は人間修業の場である　私の旅の記録―見る旅から人に逢いに行く旅に）　〔1815〕

◇沖縄謎とき散歩―海洋に育まれた輝かしい琉球の歴史を訪ねて　青柳悠友著　廣済堂出版　1999.9　269p　19cm　1600円　Ⓘ4-331-50700-9　Ⓝ291.99　　内容 第1章 那覇―四百年王朝の繁栄と屈辱（那覇

136　「沖縄」がわかる本 6000冊

歴史・地理　　　　　　　　　　　　　　　　　　　　　　　　　　地誌・紀行

の公設市場―原色の魚とブタの全身を食べるということ・那覇市　那覇港―風雲児とその後に来た薩摩隼人の素顔・那覇市 ほか）　第2章　島尻地方―「鉄の暴風」が吹いた神話と伝説の聖地（旧海軍司令部壕―「県民ニ対シ後世特別ノ御高配ヲ賜ランコトヲ」・豊見城村　糸満の漁民―世界の海へ出漁した海洋民族・糸満市 ほか）　第3章　本島中南部―謎を秘めた城壁と「戦世」の傷跡（浦添ようどれ―古都の王墓に眠る悲劇の王・尚寧・浦添市　浦添城跡―沖縄の歴史はここから始まった・浦添市 ほか）　第4章　本島中北部―王家の先祖は北から南下した（三府龍脈碑記―十八世紀の首里遷都論の仕掛人はだれか・名護市　程順則一寺子屋の教科書を中国から持ち帰った「名護聖人」・名護市 ほか）　第5章　南の島々―その抵抗と伝説と幻（島の貝殻物語―「日本人の南方起源説」の起点になった島・宮古島　張水御岳―島産み伝説と竜宮伝説・宮古島 ほか）　〔1816〕

◇沖縄旅行記　川上ちはる著　新風舎　1999.9　123p　19cm　1300円　①4-7974-1067-1　Ⓝ291.99
　内容　沖縄本島編（牧志のまちぐゎー　ポーク玉子とは？　奥武島ハーリー　戦争のつめあと ほか）離島編（宮古島　与那国島　石垣島　波照間島 ほか）　〔1817〕

◇海の人々からの遺産　ジャック・マイヨール著　翔泳社　1999.9　159p　22cm〈他言語標題：Heritage des peuples de la mer〉1800円　①4-88135-776-X　Ⓝ295.963
　内容　第1部 海に沈んだ秘宝―バハマ諸島の謎　第2部 海底の神秘へ―与那国島の海底遺跡に触れて　第3部 地球最後の楽園を訪ねて―マルケサス諸島探訪　〔1818〕

◇ヤポネシア俳句紀行　久田幽明著　那覇　ひるぎ社　1999.12　381p　19cm　2800円　Ⓝ291.9　〔1819〕

◇ンパンパッ！　おきなわ白書　新城和博著　那覇　ボーダーインク　2000.1　265p　19cm　（うちあたいコラム 3）　1600円　①4-938923-86-6　Ⓝ291.99
　内容　1 流れゆく風景をつかまえて　2 たったひとりの「あの子」たちのために―沖縄・カルチャー・コンプレックス雑感（おきなわ県産本と言葉　オキナワの音楽　沖縄の物語を巡って　書評）　3 ゲット・バック・トゥ・オキナワ―忘れさせない島・沖縄　4 「おきなわ島々共和国」をゆく　〔1820〕

◇好きになっちゃった沖縄マガジン　双葉社　2000.5　114p　29cm　（双葉社スーパームック）　933円　①4-575-47258-1　Ⓝ291.99　〔1821〕

◇沖縄絵本　戸井昌造著　平凡社　2000.6　274p　16cm　（平凡社ライブラリー）〈付属資料：CD1枚（8cm）〉　1600円　①4-582-

76348-0　Ⓝ291.99
　内容　本島を歩く（屋根の上のシーサー　かやぶきの家　ハリアー・パッド基地 ほか）　島めぐり（天の岩戸―伊平屋島　神アシャギ―伊是名島　耕す老人とはるかイエタッチュー―古宇利島 ほか）　付録 奄美列島の旅（与論島の高倉―与論島　二等船室にて―沖永良部島　草を運ぶ老婆―徳之島 ほか）　〔1822〕

◇沖縄スタイル―「異国」を知る・見る・食べる・遊ぶ　天空企画編　光文社　2000.6　201p　16cm　（知恵の森文庫）　552円　①4-334-78008-3　Ⓝ291.99
　内容　衣 食 住 遊 働 拝 番外編　〔1823〕

◇沖縄　落合大海著　改訂増補版　宿毛　キリン館　2001.1　95p　19cm　（ミニ授業書シリーズ）　800円　Ⓝ291.99　〔1824〕

◇沖縄「歴史の道」を行く―新歴史ロマン　新城俊昭監修, 座間味栄議著　中城村（沖縄県）むぎ社　2001.3　312p　26cm　2500円　①4-944116-19-5　Ⓝ291.99　〔1825〕

◇沖縄的人生―南の島から日本を見る　上野千鶴子〔ほか著〕, 天空企画編　光文社　2001.7　265p　16cm　（知恵の森文庫）533円　①4-334-78104-7　Ⓝ291.99
　内容　第1章 ヤマトンチュから見たオキナワ（上野千鶴子）　第2章 南島へのナビゲーターたち（宮里千里）　第3章 響きあう沖縄の歌（仲宗根幸市）　第4章 おばぁの島ハーブ（吉江真理子）　第5章 半径100メートルの一日（唄者という生き方（森田純一）　沖縄ミッドナイト・ランブラー（高岡隆浩）　アメリカじょーぐー（小林千花）　マチヤグヮーのおばぁ（中元英機）　エイサーシンカの人々（島袋美由紀）　島外人として（ジョーンズ, バイロン）基地雇用員のリアル・タイム（西銘牧子）〕〔1826〕

◇沖縄ハマる読本　双葉社　2001.7　114p　29cm　（双葉社スーパームック）　933円　①4-575-47377-4　Ⓝ291.99　〔1827〕

◇沖縄チャンプルー事典　嘉手川学編　山と渓谷社　2001.10　199p　21cm　1600円　①4-635-45003-1　Ⓝ291.99　〔1828〕

◇沖縄巡礼の旅路　加来宣幸著　福岡　西日本新聞社　2002.3　164p　19cm　（人権文化・教育叢書―巡礼いのちの旅路 第1巻）　1000円　①4-8167-0544-9　Ⓝ291.99
　内容　第1章 宮古・八重山の人びと―離島苦の重層を越えて（沖縄県平良市への路―宮古島の初夜　伊良部島の御岳詣で―サンゴと海の潮）　第2章 宮古島・旧蔵の日々に─ンカイ・中日・ウークイ（上野村のンカイの夜　迎え日の宴席で ほか）　第3章 最西端の『はて』国境―南の島・与那国（海神と浦野の墓地群　「長い夏」と「短い冬」ほか）　〔1829〕

◇孤独な旅人　沖縄編　ヤマノカラス著　新風

「沖縄」がわかる本 6000冊　137

地誌・紀行　　　　　　　　　　　　　　　　　　　　　　　　　　歴史・地理

舎　2002.4　39p　19cm　900円　Ⓘ4-7974-
2012-X　Ⓝ291.09
＊あなたは世紀を越える瞬間にどこで、誰と、ど
んな風に過ごしていましたか？ 例えばこんなス
トーリー。独りっきりの24時間沖縄の旅。
〔1830〕

◇新・好きになっちゃった沖縄―南風アイラン
ド未体験（楽）旅　下川裕治,ぷれすアルファ
編・著　双葉社　2002.5　191p　21cm　（好
きになっちゃったアジア）〈シリーズ責任表
示：下川裕治責任編集〉1500円　Ⓘ4-575-
29388-1　Ⓝ291.99
内容 第1章 リピーターも知らない牧志公設市場
界隈の裏　第2章「沖縄新メニュー」に息づく大
きな誤解　第3章「巨食」とわかっても挑む沖
縄料理の王道　第4章 これが正しい沖縄観光コー
ス　第5章 つきあってわかる沖縄人の???　第6章
オバァと生きる沖縄の人々の「オバァ本位制」　第
7章 泊まって住んでみたら、やっぱり「沖縄」だっ
た　第8章 たまにはディープな沖縄を離れたい。
で？
〔1831〕

◇海と島の景観散歩―沖縄地図紀行　大木隆志
著　那覇　ボーダーインク　2002.6　171p
22cm　2600円　Ⓘ4-89982-027-5　Ⓝ291.99
内容 1 沖縄諸島 (1)（荒波とたたかう双子火山―
グスク山・硫黄岳（硫黄鳥島）　海ギタラ・陸ギタ
ラの立つ崖と海―城崎（伊是名島）ほか）　2 沖
縄諸島 (2)（裾礁と堡礁の美しい離島西銘崎・御神
崎（久米島）　柱状節理の露出した浜―畳石（奥武
島）ほか）　3 沖縄本島・大東諸島（本島北端の山
岳御岳―辺戸御岳（沖縄本島北部）　桂林に似たカ
ルスト盆地―大堂盆地（沖縄本島中部）ほか）
4 宮古諸島（山稜と岩堤―野原岳（宮古島中部）　灯
台と観光道路をのせる長蛇の岬―東平安名岬（宮
古島南部）ほか）　5 八重山諸島（海ぎわを行く
牧場続きの道―伊原間海岸（石垣島）　水牛車の行き
交う観光の島―西屋敷〜北岬（竹富島）ほか）
〔1832〕

◇沖縄美味のナ・ン・ダ!?　沖縄ナンデモ調査
隊著　双葉社　2002.6　311p　15cm　（双
葉文庫）　552円　Ⓘ4-575-71213-2　Ⓝ291.
99
内容 第1章 コンビニエンスストアーなじみの店
で発見したオキナワ　第2章 スーパーマーケット
―常備しておきたい沖縄の味のもと　第3章 市場
―公設市場で見つけた気になる沖縄素材たち　第
4章 沖縄菓子屋―小腹が空いたおやつどき3時の
危険地帯　第5章 健康食品―長寿社会を支える沖
縄の秘密兵器　第6章 食い物屋・飲み屋―世界に
類をみない個性的なひと皿　第7章 沖縄の食卓―覗
いてみたい沖縄伝承の味　第8章 沖縄食材お持ち
かえり―こだわりの味を再現実験してみる
〔1833〕

◇沖縄の熱い風　Mari著　文芸社　2002.6
70p　20cm　600円　Ⓘ4-8355-3622-3
Ⓝ291.99

内容 ひめゆり平和祈念資料館―鎮魂の部屋にて
荒崎海岸　沖縄県平和祈念資料館　平和の礎―魂
魄の塔　健児の塔　アブラチラガマ（糸数の壕）
佐喜真美術館　嘉手納―「安保の見える丘」から
シムクガマ　伊江島―ヌチドゥタカラ（命こそ宝）
の家　伊江島 芳魂の塔　種まき―謝花悦子さん
の話から　一万人のエイサー祭り
〔1834〕

◇沖縄ナンクル読本　下川裕治,篠原章編著
講談社　2002.7　578p　15cm　（講談社文
庫）　781円　Ⓘ4-06-273469-9　Ⓝ291.99
内容 プロローグ 片思い〜沖縄病という病　第1
章 沖縄ミステリー・ワールド　第2章 沖縄暮らし
第3章 オバァという宇宙　第4章 那覇・コザ二都
物語　第5章 島酒に酔いしれる　第6章 沖縄B級
料理指南＆大衆食堂の考察　第7章 音の島、歌の
島　第8章 私的ウチナーグチ辞典（十題）　第9章
沖縄―昨日・今日・明日　エピローグ 羽田引っ越
し計画
〔1835〕

◇黒潮海道を行く―沖縄〜鹿児島カヤック1000
キロ　野元尚巳著　福岡　葦書房　2002.8
233p　19cm　1700円　Ⓘ4-7512-0846-2
Ⓝ291.99
内容 序章 カヤックに夢をのせて　第1章 沖縄・
宜野湾から奄美大島まで（沖縄本島　与論島 ほ
か）　第2章 奄美大島からトカラ列島・口之島ま
で（奄美大島　横当島 ほか）　第3章 トカラ列島・
口之島から薩摩半島・磯海岸まで（口之島　屋久
島 ほか）
〔1836〕

◇シマ・ナイチャーの沖縄散歩　はやかわゆき
こ絵と文　那覇　沖縄タイムス社　2002.9
103p　24cm　1700円　Ⓘ4-87127-156-0
Ⓝ291.99
〔1837〕

◇週刊ユネスコ世界遺産　no.100　日光の社寺
/琉球王国のグスク及び関連遺産群―新指定4
講談社　2002.11　34,24p　30cm　533円
Ⓝ290.9
〔1838〕

◇誇れる郷土ガイド　九州・沖縄編　古田陽
久,古田真美監修　広島　シンクタンクせと
うち総合研究機構　2002.11　128p　21cm
（ふるさとシリーズ）　2000円　Ⓘ4-916208-
62-5　Ⓝ291
内容 九州・沖縄地方の概観（九州・沖縄地方の地
勢　九州・沖縄地方の交通基盤　九州・沖縄地方
の地域整備の基本方向性　日本海国土軸,西日本
国土軸,太平洋新国土軸）　福岡県　佐賀県　長崎
県　熊本県　大分県　宮崎県　鹿児島県　沖縄県
九州・沖縄地方の関連情報源（国際機関・外国機
関　中央官庁・地方自治体　各種団体・研究機関
等　博物館・図書館・資料室等　通信社・新聞社・
テレビ局　資料・ニュースレター・リーフレット
書籍　インターネット）　キーワード解説　コラ
ム（太宰府　伊万里・有田焼（伊万里市・有田町ほ
か）　長崎のキリスト教関連遺産群　別府の温泉
地獄群　綾の照葉樹林帯　奄美群島国定公園　世
界遺産・屋久島　世界遺産・琉球王国のグスク及

歴史・地理　　　　　　　　　　　　　　　　　　　　　　　　　　　　地誌・紀行

び関連遺産群　西表国立公園　新たな世界遺産の
発掘）　　　　　　　　　　　　　　　　〔1839〕

◇週刊日本遺産　no.8　琉球王国のグスク　朝
日新聞社　2002.12　35p　30cm　（朝日ビ
ジュアルシリーズ　v.3）　533円　Ⓝ291.09
　　　　　　　　　　　　　　　　　　　　〔1840〕

◇神々の伝説―沖縄の聖地　長田昌明著　那覇
わらべ書房　2002.12　231p　21cm〈背の
タイトル：おきなわ神々の伝説〉　1800円
Ⓘ4-9900914-4-2　Ⓝ291.99　　　〔1841〕

◇オキナワ散歩日和―ルーズパッカーin沖縄
サカタルージ編　双葉社　2003.2　141p
21cm　1200円　Ⓘ4-575-29512-4　Ⓝ291.99
　内容　第1章　ルージのゆるゆる沖縄合宿所『月光
　荘』の巻（沖縄が熱いらしい　合宿所的『月光荘』
　暮らし　ほか）　第2章　食って飲んでダラダラ歩く
　沖縄的毎日の巻（驚愕満腹の大衆食堂　1日1食！
　沖縄そば　ほか）　第3章　これぞ正しい「ルーズな
　観光」なのダ！の巻（寂しさ番長のいんぶビーチ
　北谷フリマのムダ遣い　ほか）　第4章　島がボクを
　呼んでいる！本島脱出計画の巻（渡嘉敷島のアメ
　リカ村？　座間味島のウミガメを救え！　ほか）
　　　　　　　　　　　　　　　　　　　　〔1842〕

◇沖縄地球散歩　入江孝一郎著　移動教室出版
事業局　2003.2　224p　19cm　780円　Ⓘ4-
901398-18-0　Ⓝ291.99　　　　　〔1843〕

◇おきなわデータ算歩―庶民のけーざいデータ
100　伊波貢著　那覇　沖縄タイムス社
2003.2　214p　19cm　1400円　Ⓘ4-87127-
157-9　Ⓝ291.99
　内容　食生活の窓　生活・消費の窓　学校教育の
　窓　人と自然の窓　交通の窓　産業の窓　住環境
　の窓　金融の窓　　　　　　　　　　　〔1844〕

◇沖縄島々旅日和―宮古・八重山編
Coralway編集部編　新潮社　2003.4　127p
21cm　（とんぼの本）　1300円　Ⓘ4-10-
602101-3　Ⓝ291.99
　内容　石垣島　西表島　与那国島　波照間島　小
　浜島　黒島　竹富島　宮古島　多良間島　水納島
　池間島　　　　　　　　　　　　　　　〔1845〕

◇326とナツの旅日記　ナカムラミツル〔著〕
ワニブックス　2003.4　64p　19cm〈付属
資料：1冊：旅のしおり＋ポストカード12枚
外箱入り〉　1714円　Ⓘ4-8470-1505-3
Ⓝ291.99
　内容　キャラクター紹介　西表島の巻　石垣島の
　巻　沖縄本島の巻　沖縄本島二日目の巻　さいご
　の日　おまけ　326の思い出　　　　　〔1846〕

◇新・好きになっちゃった沖縄の離島―暮らす
ように楽しむ南国ののんびり旅　下川裕治,
ゼネラルプレス編・著　双葉社　2003.6
191p　21cm　（好きになっちゃったアジア）

〈シリーズ責任表示：下川裕治責任編集〉
1500円　Ⓘ4-575-29573-6　Ⓝ291.99
　内容　第1章　八重山に吹く優しい熱気に脱帽（石
　垣行き071便に乗る　南の島で味わうそば屋の洗
　礼　ほか）　第2章　宮古の謎の深さになごんじゃう
　（宮古島の暮らしに浸ってみる　宮古そばの定義解
　明に乗り出す　ほか）　第3章　沖縄本島周辺の島々
　でまどろむ（東陽バスに1時間体験記　西銘荘のオ
　バァと行く三線教室　ほか）　第4章　沖縄がぎっし
　り那覇の1日（那覇のこだわり食堂　手軽で便利な
　土産品　ほか）　　　　　　　　　　　　〔1847〕

◇オキナワなんでも事典　池澤夏樹編　新潮社
2003.7　439p　16cm　（新潮文庫）　743円
Ⓘ4-10-131819-0　Ⓝ291.99
＊『沖縄いろいろ事典』から11年。CD‐ROM、
　WEBと成長してきた事典がついに文庫になっ
　た。垂見健吾のあたたかい写真、池沢夏樹をは
　じめ102名もの執筆者によるエッセイ。それらは
　なによりも雄弁に沖縄を語る。祭り、芸能、音
　楽、伝統、祈り、食、アメリカ…どこから読んで
　も面白く、行ったことがなくても楽しく、食べた
　ことがなくてもおいしい。沖縄を知り尽くす旅
　にひとしい一冊。　　　　　　　　　　　〔1848〕

◇こげぱん沖縄ぶらり旅日記　たかはしみき著
ソニー・マガジンズ　2003.8　101p　22cm
980円　Ⓘ4-7897-2039-X　Ⓝ291.99
　内容　旅日記・那覇　旅日記・南部（糸満市・豊見
　城市）　旅日記・中部　旅日記・北部　旅日記・石
　垣島　旅日記・由布島・西表島・竹富島　やさぐ
　れ4コマまんが・南国編　　　　　　　〔1849〕

◇沖縄魂の古層に触れる旅　立松和平著
NTT出版　2004.1　234p　20cm　1800円
Ⓘ4-7571-5045-8　Ⓝ915.6
　内容　第1章　日本でも外国でもない時の「沖縄」
　（苦しい船旅　祖先の見た海　ほか）　第2章　A
　サイン・バー（仕事を求む　砂糖キビ畑で見られる
　ほか）　第3章　国である与那国島（国である島―与
　那国島　援農隊のはじめ　ほか）　第4章　大城立裕
　さんのこと（カクテル・パーティー　沖縄文学と
　日本という国）　　　　　　　　　　　〔1850〕

◇沖縄島々風便り―本島と周辺の島編
Coralway編集部編　新潮社　2004.4　125p
21cm　（とんぼの本）　1300円　Ⓘ4-10-
602115-3　Ⓝ291.99
　内容　慶良間列島座間味島―クジラが帰ってきた海
　渡嘉敷島―幻のタコ捕り漁　渡名喜島―海と太陽
　と子どもたちの水上運動会　粟国島―美しいソテ
　ツのおいしい味噌　久米島（元気な久米島　沖
　縄角力に男の人生を賭ける　サンゴ礁に隠された
　異次元空間、発見された日本一の海底鍾乳洞　砂浜
　にウミガメを呼びもどせ久米島ウミガメ館　久米
　島紬の里ユイマール館）　オーハ島―矜持を持っ
　て生きる島〔ほか〕　　　　　　　　　〔1851〕

◇週刊日本の街道　no.100　琉球王国への海の
道　講談社　2004.5　34,23p　30cm　533円
Ⓝ291.08　　　　　　　　　　　　　　〔1852〕

「沖縄」がわかる本　6000冊　　139

地誌・紀行　　　　　　　　　　　　　　　　　　　　　　　　　　　　　歴史・地理

◇琉球諸島　田村修著　三条　田村修　2004.6
　51p　11cm　（さんまご掌中本）　Ⓝ291.99
　　　　　　　　　　　　　　　　　　　　　〔1853〕

◇ヌーヤルバーガーなんたることだ─沖縄カル
　チャーショック　浦谷さおり文・絵　吹田
　西日本出版社　2004.7　211p　21cm　1400
　円　Ⓘ4-901908-04-9　Ⓝ291.99
　内容 第1部 沖縄カルチャーショック─住む（暑く
　て青いとこ　アパートを決めるまで　老人とコー
　ク　生活道具の揃えかた　電話代は500円　ほか）
　第2部 旅する沖縄─うまいものさがし（玉城村を懐
　かしみつつ南部エリアをめぐる旅　本部ネタ検証
　の旅　ミンチの日　がんばるやんばるドライヴィ
　ン　そしていつもの那覇）　　　　　　　〔1854〕

◇琉球弧あまくま語り　中村喬次著　鹿児島
　南方新社　2004.9　248p　19cm　1800円
　Ⓘ4-86124-022-0　Ⓝ291.9
　内容 第1章 コラム 南風駘蕩（四季さまざまの
　あ・と・乱・だ・む）　第2章 はみんぐ・ぱあと（神
　様の思し召し　チーバンブー　ほか）　第3章 南風
　の旅（奄美のアヤナギ　美しく、長きもの　ほか）
　第4章 島尾敏雄追想（島尾敏雄一周忌　カゲロウ
　島の文学碑　ほか）　　　　　　　　　　〔1855〕

◇沖縄空感　v.6　那覇　沖縄タイムス社
　〔2005〕　143p　19cm　〈発売：沖縄教販（那
　覇）〉　286円　Ⓘ4-87127-706-2　Ⓝ291.99
　　　　　　　　　　　　　　　　　　　　　〔1856〕

◇沖縄・先島への道　司馬遼太郎著　朝日新聞
　社　2005.2　237p　19cm　（街道をゆく ワ
　イド版 6）　1000円　Ⓘ4-02-250106-5
　Ⓝ915.6
　内容 那覇・糸満（那覇へ　沖縄について　那覇で
　ほか）　石垣・竹富島（石垣島　宮良殿内　竹富島
　へ　ほか）　与那国島（与那国島へ　南国食堂　小
　さな魚市　ほか）　　　　　　　　　　　〔1857〕

◇沖縄ビーチ大全─完全保存版　富山義則写
　真・本文　洋泉社　2005.5　255p　23cm
　2900円　Ⓘ4-89691-908-4　Ⓝ291.99
　内容 本島北部　本島中部　本島南部　八重山列
　島　宮古列島　慶良間列島＆本島周辺諸島
　　　　　　　　　　　　　　　　　　　　　〔1858〕

◇沖縄拝所巡り300　比嘉朝進著　南風原町
　（沖縄県）　那覇出版社　2005.6　322p
　19cm〈「沖縄の拝所300」（沖縄総合図書1998
　年刊）の改訂〉　1429円　Ⓘ4-89095-156-3
　Ⓝ291.99
　　　　　　　　　　　　　　　　　　　　　〔1859〕

◇アジアン・ジャパニーズ 3　小林紀晴著
　新潮社　2005.6　411p　16cm　（新潮文庫）
　〈他言語標題：Asian Japanese〉　743円
　Ⓘ4-10-143923-0　Ⓝ292.09
　内容 ISLANDS─八重山・宮古冬の終わり（始
　まりの海 Taiwan→Ishigaki　太平洋のオキナ

ワ　ほか）　MOUNTAIN─諏訪大祭の故郷（山へ
Suwa　記憶の大木　ほか）　SEA─那覇・座間味・
与論春の海（再びの沖縄 Naha　雨の日のコーヒー
ほか）　OKINAWA─沖縄真夏に向かう（盆地色
コザの宿 Koza　ほか）　　　　　　　　　〔1860〕

◇沖縄・奄美《島旅》紀行　斎藤潤著　光文社
　2005.7　243p　18cm　（光文社新書）　720
　円　Ⓘ4-334-03316-4　Ⓝ291.99
　内容 第1章 八重山、その果てへ（与那国島─辺境
　中の辺境の、世界に一番近い島　由布島─この島
　をハワイにするんだ！　ほか）　第2章 宮古の島々
　（宮古島─海を眺めつづけたら七年がたっていま
　した　多良間島─この島の海の素晴らしさを思い
　知ったさ ほか）　第3章 奄美の島々（奄美大島─
　私には、ずっと南への憧れがありました　与路島
　─わしらのご先祖さまが一生懸命植えたものなん
　だ ほか）　第4章 八重山の島々（竹富島─素足ツ
　アーは、一人でも催行するつもりです　竹富島─
　伝統と文化の島にふさわしい産品　ほか）　第5章
　沖縄本島と周辺の島々（備瀬─このフクギ並木は
　ビシンチの誇りです　渡名喜島─シマノーシを
　一緒に見ていったらいいさ ほか）　　　　〔1861〕

◇オキナワ宿の夜はふけて　カベルナリア吉田
　文・写真　東京書籍　2005.7　173p　21cm
　1600円　Ⓘ4-487-80050-1　Ⓝ291.99
　内容 民宿げっとう（那覇）─旅の始まりと終わり
　が混ざり合う沖縄旅人たちの交差点　ゲストハウ
　スFREEDOM（宜野湾）─人生にふとська оказ「自
　由の宿」で夜を明かそう　民宿 嘉陽荘（コザ）─
　あったかオバアと一緒にコタツゆんたく（ミニラ
　イブ付）　なごゲストハウス（名護）─海が目の前
　に広がる宿で僕は何かを考えるのをやめた　なき
　じんゲストハウス結家（今帰仁）─予想を超えた
　くつろぎにもう1泊したくなった　屋我地荘（屋我
　地島）─空と海と犬と三線それだけあれば言うこ
　となし　やんばるくいな荘（辺土名）─庭先の小屋
　に籠り囲炉裏を囲んで終わる1日　海山木（奥）─
　極上のメシとダジャレが彩る南の島だけど北の宿
　うたごえペンションまーみな〜（読谷）─涼しい
　歌声に身を任せて素直な気持ちになってみようか
　民宿南海（名護）─天下泰平ご主人と笑って笑って
　1泊2日 ほか〕　　　　　　　　　　　　　〔1862〕

◇沖縄力検定─沖縄の七十七不思議　沖縄文化
　を愛する会編　ジャニス　2005.7　176p
　18cm　〈発売：メディアパル〉　840円　Ⓘ4-
　89610-740-3　Ⓝ291.99
　内容 第1章 自然・生物（沖縄で桜はどの方角から
　どの方角の順に咲いていく？　次のうち鳥でない
　のは？　第2章 食（タコライスってどんな
　料理？　沖縄でポークといえば？　ほか）　第3
　章 文化（高級な沖縄の織物「芭蕉布」の原料「芭
　蕉」は何の仲間？　村落の祭祀を司る神女でな
　いのは？　第4章 生活（次のうちで、（沖
　縄での）売り上げが日本一なのは？　スーパーな
　どで売っている紙パック牛乳の容量は？　ほか）
　第5章 地理（次のなかで那覇から最も遠い都市は
　どこ？　沖縄の島々で沖縄本島の次に大きいの
　は？　ほか）　　　　　　　　　　　　　〔1863〕

140　「沖縄」がわかる本　6000冊

歴史・地理　　　　　　　　　　　　　　　　　　　　　地誌・紀行

◇沖縄手づくり紀行　森南海子著　海竜社
2005.8　195p　19cm　1800円　Ⓘ4-7593-
0885-7　Ⓝ291.99
　内容　沖縄・旬・紀行（空を見、桜を見上げて　「テー
　ゲー」の味わい　墓が華やぐ清明祭　野太い風格
　―クルジナ　静かに祈る日　ほか）　沖縄・手ぬ華
　仕事（斜め巻きのいたわり　手ぬ華の心意気　生
　涯のふだん着　風土が生み、人の手で育ったもの
　素肌に風をまとう―ウシンチー　ほか）　〔1864〕

◇このようなやり方で300年の人生を生きてい
く―あたいのルンルン沖縄一人旅　小川てつ
オ著　京都　キョートット出版　2005.8
135p　21cm　1000円　Ⓘ4-9902637-0-7
Ⓝ291.99　　　　　　　　　　　　　〔1865〕

◇なんだこりゃ～沖縄！―マンガ・映画・雑誌
の中の〈味わい深く描かれた沖縄〉を求めて
わうけいさお著　那覇　ボーダーインク
2005.11　291p　19cm　1600円　Ⓘ4-89982-
100-X　Ⓝ291.99　　　　　　　　　〔1866〕

◇荒木センチメンタル沖縄―1971-2005　荒木
経惟著　アートン　2005.12　213p　31cm
〈おもに図〉3800円　Ⓘ4-86193-025-1
Ⓝ291.99
＊荒木が並べた沖縄の色と体臭と、死、現実。1971
　年から続く長い「沖縄私小説」。　　　　〔1867〕

◇アジア帰りに沖縄ふらり　下川裕治著　双葉
社　2005.12　221p　19cm　1600円　Ⓘ4-
575-29868-9　Ⓝ292.09
　内容　第1章　バンコク発台北経由沖縄通い婚（バン
　コク・台北―那覇―台北の空港で、タイから琉球に
　ワープする。バンコク発沖縄行きの平坦な道のり
　那覇―沖縄通い婚は流れ流れて桜坂。ゲイバーを
　眺めて呟く「やっぱり沖縄ははずさない」）　第2
　章　アジアの流儀にうなだれる（バンコク―禁煙を
　訴えるパッケージがリアルすぎて陳列販売禁止に
　なった？　タイ煙草戦争　香港・韓国・バンコク・
　上海・ビルマ・沖縄―『出前一丁』、回転ラーメン、
　石焼きカレーライスに酢鶏…アジア新日本料理の
　誤解と盗作　ほか）　第3章　沖縄行く人も多い…でも
　やめられない沖縄行き（伊良部島―名産品は咳き
　込むほど甘いうずまきパンの伊良部島は、違法着
　火剤でバーベキュー　那覇・名護・石垣島―妻よ
　りも友だちの絆優先の沖縄男が約束に遅れた理由
　は「向かい風が強かった」　ほか）　第4章　移住―
　それぞれの壁（バンコク―日本をもち込み、疑心
　暗鬼。老人たちの「ひとり相撲」というバンコク
　ロングステイの壁　沖縄各地―沖縄移住者の片思
　いに、「無責任な親切心」で応えるウチナーンチュ
　の壁）　　　　　　　　　　　　　　〔1868〕

◇沖縄聖地巡礼　中川角司〔著〕　明窓出版
2006.1　188p　19cm　1238円　Ⓘ4-89634-
177-5　Ⓝ291.99
＊沖縄の東西南北をまず巡礼、そして軸立ての結び
　をつくることからスピリチュアル・ツアーは始
　まった。神人（カミンチュ）さんと共に巡り、本
　当に大事なことを知り、地球に欠かせない力、光、

愛をリアルに体験した3週間。それは「沖縄の神
様に御挨拶して移住しよー！」というライトな
巡礼の筈だった…。沖縄聖地77ヶ所巡礼と、無
名の聖者S先生との出会い。WEBアクセス12万
件の感動の記録。　　　　　　　　　〔1869〕

◇もっと好きになっちゃった沖縄―癒しの国の
体あたり紀行　下川裕治, 好きになっちゃっ
た編集部編著　双葉社　2006.3　191p
21cm　1600円　Ⓘ4-575-29882-4　Ⓝ291.99
　内容　1　ときには暴走する沖縄食進化論（すき焼き
　を食す　大東寿司天ぷら　ほか）　2　店にはまる沖
　縄フリークの王道（うまんちゅ市場　コザの屋台料
　理　ほか）　3　おもしろ安いが沖縄観光の真髄（ド
　ミトリー体験　コザ格安ホテル　ほか）　4　生活に
　分け入った困惑と自戒（沖縄で部屋探し　模合に
　参加する　ほか）　　　　　　　　　〔1870〕

◇沖縄・奄美を歩く　立松和平著, 黒古一夫編
勉誠出版　2006.4　322p　22cm　（立松和
平日本を歩く　第6巻）　2600円　Ⓘ4-585-
01176-5　Ⓝ915.6　　　　　　　　　〔1871〕

◇沖縄トリップ―おいしいごはんと手づくり旅
日記　イコマユキコ絵・文　新風舎　2006.5
135p　19cm　（ラセ）　1200円　Ⓘ4-7974-
8227-3　Ⓝ291.99
　内容　1　沖縄ごはんを食べつくそう！　2　旅立ち
　の前に　3　アートを楽しもう　4　沖縄ごはんを食
　べつくそう！　5　歴史と文化を訪ねて　6　おや
　どでの出会い　　　　　　　　　　　〔1872〕

◇沖縄にとろける　下川裕治著　双葉社
2006.5　278p　15cm　（双葉文庫）〈2001年
刊の増訂〉590円　Ⓘ4-575-71316-3　Ⓝ291.
99
　内容　沖縄カツ丼はチャンポンだったか　インス
　タントラーメンを食べにいく　沖縄式自動販売機、
　裏街道をゆく　南の島のサービス論　ルートピア
　お替り自由という愛の踏み絵　歩かないウチナー
　ンチュとの虚しい戦い　非合法島豆腐、沖縄の島々
　に君臨す　放っておいてくれない居酒屋物語　沖
　縄式ビーチパーティーの顛末　頼りない男たちの
　いるビーチ　宮古島に敷かれる泡盛本位制　カビ
　の匂いを求めて那覇ホテル放浪記　風の島・沖縄
　の石敢合当　沖縄そばを食べてアジアに向かう
　　　　　　　　　　　　　　　　　　〔1873〕

◇沖縄人力紀行―徒歩以上クルマ未満の速度で
日本を視る　藤本亘著　彩図社　2006.6
190p　19cm　1200円　Ⓘ4-88392-538-2
Ⓝ291.99
　内容　「沖縄に行きたい病」を治すための自転車旅
　初体験の暑さに戸惑いながらの旅支度　人力で、
　自転車で行く理由　自転車旅の喜怒哀楽は道路
　から　道路は誰のものだ？　自転車でガソリンス
　タンドに寄る　米軍基地の大きさを体験する　高
　価なホテルと無料のテントとの落差　沖縄らしさ
　を実感する街　沖縄県に対する印象を更新〔ほか〕
　　　　　　　　　　　　　　　　　　〔1874〕

「沖縄」がわかる本　6000冊　　141

地誌・紀行　　　　　　　　　　　　　　　　　　　　　　　　　　歴史・地理

◇沖縄自転車！　カベルナリア吉田文・写真
東京書籍　2006.7　199p　21cm　1600円
Ⓘ4-487-80117-6　Ⓝ291.99
内容　北に向かうほどに、なぜか南の風が吹き始め
た―本島一周その(1)西海岸縦断那覇～恩納～名
護～本部　「やんばる」の大自然に弄ばれ、坂をひ
たすら上った―本島一周その(2)やんばる越え本
部～辺戸岬・奥～安波　リゾートとは違う、「もう
一つの沖縄」に戸惑う―本島一周その(3)東海岸
縦断安波～辺野古～海中道路～コザ　底抜けの明
るさが、ゴールを目指す背中を押した―本島一周
その(4)南部一周コザ～知念～糸満～那覇　沖縄
最北の島旅は、上陸前からハプニングだらけ！―
本島周辺の島へ・その(1)伊平屋島　橋の向こう
に2つの島静けさは嵐の前ぶれか!?―本島周辺の島
へ・その(2)屋我地島・古宇利島　やってしまっ
たそのあとは、長寿の村で仕切り直し―本島・一
本奥の道へ・その(1)大宜味工芸ロード　三食そ
ばを食べまくろう！　と意気込んだのは最初だけ!?
―本島・一本奥の道へ・その(2)本部半島そば街
道　冬の終わりのリゾート島で、自転車旅人は僕
ひとり―本島周辺の島へ・その(3)久米島　確か
に小島に来たはずが、地平線まで一本道！―本島
辺の島へ・その(4)粟国島　那覇を出て、ふと気
づけば辺りは島景色―本当周辺の島へ・その(5)
奥武島＆南部縦断　初日から大酒の洗礼！　果た
してゴールできるのか!?―宮古島一周　まっ平ら
な孤島の旅は、予想外の山あり谷あり―多良間島
一周　そそり立つ山の向こうで、絵にも描けない
美ら海が待つ―石垣島一周　7年越しのリベンジ
なるか!?ジャングル島へいざ突撃！―石垣島周辺
の島へ・その(1)西表島　ついにここまで来た！
西の端っこ目指して、もうひと走り―石垣島の周
辺の島へ・その(2)与那国島・黒島　〔1875〕

◇沖縄中部・北部―人と自然が出会う島　生活
情報センター　2006.7　93p　21cm　（シ
ミュレーションガイドブックtabigoro）　476
円　Ⓘ4-86126-288-7　Ⓝ291.99
内容　リアルシミュレーションガイド（南国沖縄
ラブ日記―二人っきりの初めての沖縄　うちなん
ちゅのおすすめスポット巡り―同級生に会いに
来ちゃった　とっておきの時間を家族で過ごそう
―コウタの飛行機初めて体験）　Inside Nothern
Part Data（FOOD―沖縄料理からハンバーガー
まで、おすすめレストランガイド　STAY―最新
リゾートホテルから、カップル向け隠れ家的ヴィ
ラまで　ACTIVITY―アクティブに遊べる面白
レジャースポット　ART―一度は行きたい美術館
や街散策　RELAX―女の子だけ至福の時。身体
だけでなく心から美しくなる）　〔1876〕

◇沖縄のうわさ話　tommy編　那覇　ボー
ダーインク　2006.7　297p　19cm　1500円
Ⓘ4-89982-107-7　Ⓝ291.99　〔1877〕

◇もっと好きになっちゃった沖縄の離島―癒し
の国の体あたり紀行　下川裕治責任編集,下
川裕治＋好きになっちゃった編集部編著　双
葉社　2006.7　191p　21cm　1600円　Ⓘ4-
575-29909-X　Ⓝ291.99

内容　1 流れる「島風」にホッ 八重山の島々、西
東（スナック体験記 台風9号でケガ 石垣牛を買
う ほか） 2 やっぱり「不思議？」宮古諸島の流
儀って（ミルク酒を飲む 宮古島でライブ 宮古
島のゲストハウス ほか） 3 沖縄本島周辺の島々
―離島度の濃さに完敗（フェリーが運休 ナビィ
の恋の「？」 ダイビング屋台 ほか）　　〔1878〕

◇24365沖縄　24365沖縄研究会著　集英社イ
ンターナショナル　2006.7　317p　21cm
〈他言語標題：24 hours 365 days Okinawa
発売：集英社〉　2500円　Ⓘ4-7976-7146-7
Ⓝ291.99
内容　0 源―沖縄の根源を探る。 1 環―沖縄の
風土を探る。 2 暮―本土とはあらゆる面で異な
る沖縄の日常。次代の暮らしのヒントがたくさん
隠されている。 3 業―沖縄の特色を活かした産
業づくり。 4 興―興行（イベント、まつり）が軸
となる。 5 繋―過去～現在～未来をつなぐ。街
をつなぐ。　　　　　　　　　　　　　　〔1879〕

◇「裏」の沖縄「表」の沖縄　夏石弓車著
シーコースト・パブリッシング　2006.8
190p　21cm　1500円　Ⓘ4-902888-03-3
Ⓝ291.99
内容　第1章 沖縄本島　第2章 宮古諸島　第3章
石垣島　第4章 西表・波照間島　第5章 与那国島
第6章 南大東島　第7章 奄美・トカラ　旅行行程
　　　　　　　　　　　　　　　　　　　〔1880〕

◇お笑い米軍基地―基地に笑いでツッコむうち
なー（沖縄）的日常　小波津正光著　グラフ
社　2006.8　126p　21cm　952円　Ⓘ4-
7662-0994-X　Ⓝ291.99
内容　ハイサイ、ぽってかすーです！ 1 基地の
町へGO！ 2 潜入、米軍基地！ 3 チャンプ
ルーな沖縄 わったー（俺たち）は沖縄芸人集団や
さ わん（俺）のこと　　　　　　　　　　〔1881〕

◇転勤・出張族のための九州・沖縄学　日本経
済新聞社西部支社編　日本経済新聞社
2006.11　280p　19cm　1300円　Ⓘ4-532-
16576-8　Ⓝ291.9
内容　1 これだけは知っておこう、ビジネスマン
必須知識 2 快適な活動のための交通情報 3 街
の魅力がいっぱい 4 豊かな食の楽しみ 5 人を
連れて行きたい行楽スポット 6 祭りとともにあ
る暮らし 7 生活の中に息づく“習慣” 8 風土
をより知るちょっといい話 9 土産・特産物こぼ
れ話　　　　　　　　　　　　　　　　　〔1882〕

◇沖縄通い婚―2泊3日のウチナー暮らし　下川
裕治編　徳間書店　2006.12　252p　15cm
（徳間文庫）　552円　Ⓘ4-19-892524-0
Ⓝ291.99
内容　1 海、人、酒に癒されて（沖縄に“堕ちる”
沖縄病歴三十年 土産は食材段ボールひと箱分 ほ
か） 2 私たちも通ってます（人と出会う沖縄（水
野美紀） (有)石川商店那覇事務所（いしかわじゅ
ん） ウチナーンチュの魅力（益子直美）） 3「非

142　「沖縄」がわかる本　6000冊

歴史・地理　　　　　　　　　　　　　　　　　　　　　　　　　　地誌・紀行

日常」から「日常」へ（重度の八重山病、症状は「穏やかになる」　島唄に導かれ…　沖縄は太陽　ほか）　　　　　　　　　　　　　　〔1883〕

◇オキナワ・チャンプルー　いで・ゆふ著　新風舎　2006.12　95p　19cm　1100円　Ⓝ4-289-00474-1　Ⓝ291.99

内容　おばあと仏壇　ウチナーとヤマトゥー　母は強し、女は強し　かつて、ここは戦場だった　やちむんあれこれ　「ゆんたく」と「なんでかねー」　ウチナーンチュとの交際術　だからよー〔1884〕

◇沖縄のいま、むかし　安斎育郎文・監修　新日本出版社　2006.12　32p　27cm　（語り伝える沖縄　ビジュアルブック　第1巻）　1800円　Ⓝ4-406-03329-7　Ⓝ291.99

内容　本屋さんの「沖縄コーナー」―沖縄コーナーがある訳　日本の最西端の県・沖縄　空の玄関・那覇空港「めんそ〜れ」：沖縄的メッセージ　おや？空港のとなりに基地が？　こんなすごい子もいる！―そろばん日本一　沖縄県ってどんな県？―沖縄県の基本データ　沖縄県のいま　沖縄県のむかし　　　　　　　　　　　　〔1885〕

◇沖縄哀歌　成沢未来著　里文出版　2007.1　141p　20cm　〈年譜あり〉　1500円　Ⓝ978-4-89806-264-7　Ⓝ291.99

内容　平安座島　嘉手納基地　さとうきび畑　ひめゆり学徒隊　集団自決　国際通り　摩文仁ヶ丘　南風原陸軍病院　沖縄県民ヌ戦ヘリ　憲法第九条　　　　　　　　　　　　　　〔1886〕

◇水平線を超えろ―史上初沖縄宮崎シーカヤック単独航海　杉健志郎著　東洋出版　2007.5　262p　19cm　1429円　Ⓝ978-4-8096-7547-8　Ⓝ291.99

内容　出航　水納島へ　伊江島へ　古宇利島へ　沖縄最北端・辺戸岬へ　与論島へ　沖永良部島へ　再挑戦　徳之島へ　請島へ（奄美諸島）〔ほか〕　　　　　　　　　　　　　　〔1887〕

◇海と島の思想―琉球弧45島フィールドノート　野本三吉著　現代書館　2007.6　606p　20cm　3800円　Ⓝ978-4-7684-6949-1　Ⓝ291.9

内容　1　人類史の基層文化（安田ケ島と安田のシヌグ　「てるしの」の島・伊平屋ほか）　2　戦争の記憶・いのちの記憶（あけみおの島・屋我地　君南風と「立神」の棲む島　ほか）　3　古代信仰と女性原理（タケオバナの島・伊計　ナビィの恋・あぐに　ほか）　4　暮らしの思想・祈りの思想（離島の輝き・鳩間島　「星砂」の島・竹富　ほか）　5　原初的世界との共生（屋久島と「千尋の滝」　神々のふるさと・宮古島　ほか）　　　〔1888〕

◇沖縄へこみ旅―mensore Okinawa　カベルナリア吉田著　交通新聞社　2007.7　191p　21cm　1200円　Ⓝ978-4-330-94707-5　Ⓝ291.99

内容　1章　海も道路も空も大パニック　交通篇　2

章　衝撃！　オキナワ動物園　動物篇　3章　今日もどこかで天変地異　気象篇　4章　住めば都だオキナワンハウス　建物篇　5章　なんだか落ち着かない食卓　食べ物篇　6章　街中バミューダトライアングル　街角篇　7章　安さの向こうに驚愕の一夜　安宿篇　　　　　　　　　　　　〔1889〕

◇フェーヌカジ―南の風　みのり著　新風舎　2007.7　1冊（ページ付なし）　13×19cm　〈おもに図〉　1300円　Ⓝ978-4-289-02285-4　Ⓝ291.99
＊沖縄に4年間在住中、カメラ片手にビーチを歩き撮りためた写真集。地元の人しか訪れないビーチの、観光ではわからないのんびりとした空気が伝わってくる。　　　　　　　〔1890〕

◇こげぱん沖縄ぶらり旅日記もっと　たかはしみき著　主婦と生活社　2007.11　112p　21cm　〈「こげぱん沖縄ぶらり旅日記」（2003年刊）の改訂〉　900円　Ⓝ978-4-391-13535-0　Ⓝ291.99

内容　旅日記　那覇　旅日記　南部（糸満市・豊見城市）　旅日記　中部　旅日記　北部　旅日記　石垣島　旅日記　由布島・西表島・竹富島　やさぐれ4コマまんが　南国編　描きおろし旅日記　おまけの旅日記（沖縄へ新婚旅行）　　　　　　〔1891〕

◇オキナワを歩く―学生は何を見何を感じたか　沖縄戦跡巡礼の3日間　元白梅学徒隊員沖縄戦を語る　岡本貞雄監修、中山きく証言、岡本貞雄監修　ノンブル社　2007.12　61p　21cm　（いのちをみつめる叢書　別巻　1）　980円　Ⓝ978-4-903470-25-2　Ⓝ291.99　　　　　　　　　　　　　　〔1892〕

◇沖縄24時間―ウチナーンチュの世界を訪ねて　カベルナリア吉田, ヒヤ小林著　ダイヤモンド社　2008.1　358p　21cm　（旅の雑学ノート）　1500円　Ⓝ978-4-478-00382-4　Ⓝ291.99

内容　恋する沖縄―スナックの夜は更けて　昭和のオキナワ(1)瑞泉の思い出　深夜劇場「沖縄映画特集」　昭和のオキナワ(2)寮生アルバイト体験記　スポーツ「なぜ沖縄で人は走るのか」　沖縄の伝統と未来が宙に舞う「エイサー」　昭和のオキナワ(3)高校野球と具志堅用高　朝のニュースワイド「新聞」　昭和のオキナワ(4)ナナンマルその後　朝のワイドショー「沖縄流生活術」〔ほか〕　　　　　　　　　　　　〔1893〕

◇ふる里点描―写真集　vol.1　松島昭司〔写真〕　〔出版地不明〕　松島昭司　2008.1　216p　21cm　1429円　Ⓝ291.99　〔1894〕

◇沖縄に住む　vol.7　那覇　食の王国社, 丸善〔発売〕　2008.2　95p　30cm　900円　Ⓝ978-4-903593-07-4

内容　連載エッセイ　第1特集　キューバに学ぶ農的沖縄生活―アメリカによる経済封鎖という逆境の中で、如何にしてキューバは世界的な「有機農

「沖縄」がわかる本　6000冊　　143

業と医療の国」となったのか、その現状を徹底取材　おきなわ乗馬倶楽部　第2特集「琉球薬膳」王家の食養生―医食同源の思想のもと、ときには医師による食療養の指導もあったという琉球宮廷の食卓。尚弘子氏の監修で、その料理の数々を再現　シリーズ：地球に優しい建材/日本月桃株式会社　エコ素材『月桃』物語　エコクリオリティで脱CO2/株式会社りゅうせき建設　ぴたホーム「クリエル」　壮大な大琉球絵巻を再現した、琉球料理の粋　琉球料理「首里天桜」　武器は若さと度胸とデザイン　有限会社スタブランニング　シリーズその1：動き出すリゾートプロジェクト　読谷プロジェクト　リゾート地に暮らす　特選最新不動産物件特集―『沖縄に住む』が自信を持ってオススメする沖縄特選物件情報〔ほか〕　　　〔1895〕

◇統計・資料で見る日本地図の本　第8巻　九州・沖縄　こどもくらぶ編　岩崎書店　2008.4　59p　29cm　3200円　Ⓘ978-4-265-02798-9　Ⓝ291　　　　　　　　　　　〔1896〕

◇もっと知りたい! 本当の沖縄　前泊博盛〔著〕　岩波書店　2008.5　95p　21cm　（岩波ブックレット no.723）　580円　Ⓘ978-4-00-009423-8　Ⓝ291.99
　内容 プロローグ―沖縄は問いかける　第1章　キーワードで読む沖縄の歴史　第2章　データで読む沖縄の実像　第3章　裏から見る「沖縄問題」　エピローグ―沖縄の今を感じる「現場」を歩く　　　　　　　　　　　　　　　　　　　　〔1897〕

◇沖縄に住む　vol.8　那覇　食の王国社、丸善〔発売〕　2008.5　95p　29×21cm　900円　Ⓘ978-4-903593-08-1
　内容 連載エッセイ　第1特集 食育菜園のある暮らし　農的生活を沖縄で!　パーマカルチャー的生き方のススメ　南島料理レシピ：島食材のサラダ　シリーズ：沖縄県DATA 沖縄県内の農産物直売所一覧　スローフードな沖縄（6）海ぶどう　沖縄食紀行：おばんざい菜々津　シリーズ：地球に優しい企業　環境先進企業の現状と未来　南の島の医療人：おくずみ歯科クリニック・奥ната守彦氏　オキナワ歴史散歩：豊見城市〔ほか〕　　〔1898〕

◇観光コースでない沖縄―戦跡/基地/産業/自然/先島　新崎盛暉、謝花直美、松元剛、前泊博盛、亀山統一、仲宗根將二、大田静男著　第4版　高文研　2008.6　319p　19cm　〈他言語標目：Another Okinawa〉1900円　Ⓘ978-4-87498-404-8　Ⓝ291.99
　内容 1 日本にとって沖縄とは何か　2 沖縄戦の跡をたどる　3 軍事基地をあるく　4 沖縄の産業・経済：自立への道　5 沖縄の自然：危機と再生　6 宮古の歴史と風土　7 八重山の歴史と風土　　　　〔1899〕

◇旅するキーワード沖縄―沖縄うんちくガイド　下川裕治監修, 旅するキーワード取材班編著　双葉社　2008.7　143p　21cm　1600円　Ⓘ978-4-575-30056-7　Ⓝ291.99

アジア系から本土系への沖縄そば脱アジア論　軟化傾向に反旗を翻す豆腐は、冷奴を拒絶する　豆腐が入らなければ、チャンプルーとはいえない　天ぷらはおかずではなく、スナックである　無口になって味わう "てびち" の作法!?　一家に1台シリシリー器は沖縄県民の基本　食べれば元気になるイカ墨汁はクスイムン　『沖縄美ら海水族館』は午後4時入館がベスト　シャッターが下りなくなる御嶽はひとつではない　ビーチでは泳がず、服を着たまま "浸かる"〔ほか〕　　　〔1900〕

◇ゆくる―小早川渉写真集　小早川渉写真・文　糸満　編集工房東洋企画　2008.7　1冊（ページ付なし）　22cm　〈発売：沖縄教販（那覇）〉1429円　Ⓘ978-4-938984-51-9　Ⓝ291.99　　　　　　　　　　　　　　〔1901〕

◇琉球王国のグスク　東京地図出版　2008.7　1冊　21cm　（地図で旅する日本の世界遺産6）　1500円　Ⓘ978-4-8085-8112-1　Ⓝ291.99
　内容 琉球のグスク（グスクとは　琉球の歴史　首里城跡ほか）　琉球文化を知る（伝統の食・現代の食　織物・染物　漆芸・陶芸 ほか）　沖縄を訪ねる（識名園から首里城へ　本島中部　本島北部）　　　　　　　　　　　　　　　　　　〔1902〕

◇沖縄イメージを旅する―柳田國男から移住ブームまで　多田治著　中央公論新社　2008.8　285p　18cm　（中公新書ラクレ）〈文献あり〉880円　Ⓘ978-4-12-150287-2　Ⓝ291.99
　内容 序章 方法としてのツーリスト　第1章 戦前の沖縄観光―1879 - 1940　第2章 大正・昭和初期の南島ブーム　第3章 戦跡観光と沖縄病―1954 - 1971　第4章 万博がつくった沖縄イメージ―沖縄海洋博1975　第5章 キャンペーン的リアリティの浸透―1972 - 1979　第6章 ツーリストの目線の逆用―1980 - 2000　第7章 基地とリゾート、二重の現実―1995 - 2000　第8章 大田昌秀の「沖縄の心」からモンパチの「琉球の心」へ―2000 - 現在　第9章 八重山の現在―移住ブームとミニバブルのなかで　終章 沖縄と日本　　　　　　　〔1903〕

◇値段でわかる沖縄庶民ライフ―豚の耳から離婚慰謝料まで　吉田直人著　イカロス出版　2008.10　245p　21cm　1600円　Ⓘ978-4-86320-113-2　Ⓝ291.99
　内容 第1章 正体確認も含めて食材編―食べ物が口に合うかを考える前に口を食べ物に合わせよう。　第2章 食堂へどうぞ外メシ編―料理はもちろん文化であるがお笑いネタの宝庫でもある。　第3章 お飲物はいかがですか編―島独特の液体は人を元気にもするしアル中にもする。　第4章 お住まいはありますか編―住所不定からあの世の住居まで少し幅を広げて不動産考。　第5章 南国暮らしの装い編―島の空気を着る感覚でいいというがそれではナンボ物だろう。　第6章 笑ってナンボの暮らし編―それでも本人たちは一生懸命なウチナーンチュの日常生活。　第7章 乗り物依存症の島で

歴史・地理　　　　　　　　　　　　　　　　　　　　　　　　地誌・紀行

動く編―タバコ自販機ヘクルマ、コンビニヘタクシー、歩かない文化。　第8章 月収はおいくらですか編―働いてみれば楽園なんて勘違いだと一瞬でわかるはず。　第9章 癒されながら学ぶ編―伝統文化を学んでも若い女の子は落ちないがオバァにはモテる。　第10章 仕事より遊びが優先編―プレイは陸海空の3次元だが年金ママの人生も入れると4次元。　　　　　　　　　　　〔1904〕

◇沖縄―新風土記　岩波書店　2008.11　64p　19cm　（岩波写真文庫　復刻版―山田洋次セレクション）〈下位シリーズの責任表示：山田洋次［選］　原本：1958年刊〉700円　①978-4-00-028280-2　Ⓝ291.99
　内容 沖縄の政治組織　沖縄島（那覇市　戦後の歩み　島尻地方　中頭地方　国頭地方　周辺の島々）　その他の島々（宮古島　石垣島その他）　沖縄の舞踊　沖縄の祭礼　　　　　〔1905〕

◇ふしぎがいっぱい！ ニッポン文化　4　沖縄地方のふしぎ文化　こどもくらぶ編・著　旺文社　2009.3　47p　29cm〈索引あり〉3200円　①978-4-01-071912-1　Ⓝ291
　内容 データページ　沖縄県　各地のニッポン文化Q&A（すがた　沖縄県の広さはどれくらい？　最南端 自由に訪れることができる場所で、日本でいちばん南にあるところはどこ？　気候と方言 沖縄の方言で、「うりずん」とは何？　サンゴ サンゴの正体は？　ヤンバルクイナ ヤンバルクイナの鳥らしくない特徴は？　豚 沖縄で「声以外はすべて食べられる」といわれる動物とは？　長寿 沖縄には、長生きする人が多いのはなぜ？　パインアップル どのようにしてパインアップルは沖縄に伝わった？　グスク 沖縄の「グスク」が建てられた目的は？　琉球王国 首里城の建築様式に影響をあたえたのは、どこの国？　ほか）　　　　　　　　　　　　　　　　〔1906〕

◇沖縄琉球王国ぶらぶらぁ散歩　おおき・ゆうこう、田名真之著　新潮社　2009.3　125p　21cm　（とんぼの本）〈文献あり　年表あり〉1400円　①978-4-10-602185-5　Ⓝ291.99
　内容 第1章 琉球王国のあけぼの（沖縄の創世神アマミキョ　アマミキョ国造りの軌跡　琉球七嶽 ほか）　第2章 神の国から人の国へ（戦国時代の幕開け グスク時代　源氏の血筋と言われる伝説の王 舜天王統 ほか）　第3章 琉球最初の統一王国（戦国時代を制した親子 第一尚氏王統　有力按司のクーデター未遂事件 護佐丸・阿麻和利の乱 ほか）　第4章 強大な王国の誕生（四百年続いた安定王統 第二尚氏王統　農民から王様へ駆け抜けた男 尚円 ほか）　第5章 琉球王国の終わり（薩摩に狙われた宝の国 首里城陥落　日本開国の橋頭堡になった琉球 ペリー来琉 ほか）　　〔1907〕

◇ゆんたく・パーリィー　当間泰子著　文芸社　2009.4　127p　19cm〈新風舎2007年刊の増訂〉1300円　①978-4-286-06292-1　Ⓝ291.99
　内容 四月病　英語上達の奥義　バーゲンハンター

チャボ　運動神経　コレクション　けだものの王者？　母なる大地　自己流エステ　ダンパチ、クゥーシ〔ほか〕　　　　　　　　　　〔1908〕

◇ちゅらねこ!!―沖縄の自由なねこたち　阿朗写真　TOKIMEKIパブリッシング　2009.4　127p　21cm〈発売：角川グループパブリッシング〉1300円　①978-4-04-895107-4　Ⓝ645.7
　内容 しまのちゅらねこたち　ちゅらねこ・ぼくの住処　ちゅらねこ・ぼくの特技　せ～らと船の仲間たち　ちゅらねこの寝顔　港のねこ「ぴょん」　ちゅらねこ変顔選手権！　ちゅらねこの日常　これがちゅらねこ毛並み流行2009　ちゅらねこはきゅうと　桜坂さんちゃん物語　ちゅらねこはミステリアス　幸福のちゅらねこしっぽ　ちゅらねこは仲良し　ちゅらねこ・誰の瞳？　　〔1909〕

◇オキナワを歩く―学生は何を見何を感じたか　沖縄戦跡巡礼の3日間　2　元梯梧学徒隊員沖縄戦を語る　岡本貞雄監修, 稲福マサ, 吉川初枝証言, 岡本貞雄監修　ノンブル社　2009.5　61p　21cm　（いのちをみつめる叢書　別巻2）　980円　①978-4-903470-39-9　Ⓝ291.99　　　　　　　　　　　　　　　　〔1910〕

◇沖縄の離島45―島のめぐみの食べある記　伊藤麻由子写真・文　オレンジページ　2009.6　199p　21cm　（Orange page books）　1500円　①978-4-87303-632-8　Ⓝ291.99
　内容 本島周辺エリア―本島から橋つながりの島や、船でちょっと出掛ける島　慶良間諸島エリア―海遊びを満喫できる、本島近くの島々　久米島周辺エリア―本島からやや西に離れた、個性的な島々　大東諸島エリア―本島から東に遠く離れた、絶海の孤島　八重山エリア―最西端で独特の文化を持つ、八重山地方の島々　宮古エリア―八重山のやや本島寄り、宮古島を中心とする島々〔1911〕

◇子連れで楽しむ沖縄―地元ママが作った　沖縄子育て情報うぃ編　那覇　沖縄子育て情報うぃず　2009.7　182p　21cm〈『うぃず！』特別編集号　索引あり　発売：ボーダーインク（那覇）〉1300円　①978-4-89982-160-1　Ⓝ291.99　　　　　〔1912〕

◇ひたすら歩いた沖縄みちばた紀行　カベルナリア吉田著　彩流社　2009.8　288p　21cm　2000円　①978-4-7791-1459-5　Ⓝ291.99
　内容 第1章 那覇を歩く　第2章 本島中部　第3章 本島北部　第4章 本島南部　第5章 宮古諸島　第6章 八重山諸島　　　　　　〔1913〕

◇沖縄南の島の私の隠れ家　稲嶺恭子執筆・編集　ダイヤモンド・ビッグ社　2009.11　127p　21cm　（地球の歩き方books）〈索引あり　発売：ダイヤモンド社〉1500円　①978-4-478-07102-1　Ⓝ291.99
　内容 北部エリア（橋を渡って海の向こうへ―小さ

「沖縄」がわかる本 6000冊　**145**

地誌・紀行　　　　　　　　　　　　　　　　　　　　　　　　　　歴史・地理

な離島めぐり　深緑の森を抜け、最北端を目指す
―やんばる東海岸　素朴な海沿いの集落を訪れる
―本部半島シーサイド　中部エリア（夕日の美し
い静かな隠れ里―ざわわの村読谷）　南部エリア
（大自然で神様を感じる―スピリチュアルスポッ
トへ）　那覇エリア（猫に誘われてすーじ小に迷い
込む―那覇路地裏散歩　琉球の歴史を感じる―城
下町・首里を歩く）　　　　　　　　　　〔1914〕

◇島からの風に吹かれて―南西諸島と西新宿の
沖縄料理屋から　桑原政昭文　那覇　ボー
ダーインク　2009.12　152p　21cm　〈写真：
嘉納辰彦〉　1300円　①978-4-89982-169-4
Ⓝ291.99　　　　　　　　　　　　　　　〔1915〕

◇私の地域自慢―第2回沖縄・提案―百選事業
沖縄県対米請求権事業協会編　那覇　沖縄県
対米請求権事業協会　2010.1　375p　22cm
（事業実績報告書　平成21年度）〈発売：編集
工房東洋企画（糸満）〉　952円　①978-4-
938984-74-8　Ⓝ291.99　　　　　　　　〔1916〕

◇オキナワを歩く―学生は何を見何を感じたか
沖縄戦跡巡礼の3日間　3　元瑞泉学徒隊員沖
縄戦を語る　岡本貞雄監修、宮城巳知子証言、
岡本貞雄監修　ノンブル社　2010.2　60p
21cm　（いのちをみつめる叢書　別巻 3）
980円　①978-4-903470-44-3　Ⓝ291.99
　　　　　　　　　　　　　　　　　　　〔1917〕

◇沖縄の島へ全部行ってみたサー　カベルナリ
ア吉田著　朝日新聞出版　2010.3　319p
15cm　（朝日文庫　よ17-1）〈東京書籍2004
年刊の再構成〉　880円　①978-4-02-261659-3
Ⓝ291.99
内容　慶良間諸島その（1）渡嘉敷（とかしき）島―
青すぎる海を見た瞬間、細かい悩みごとが全て
消えた　慶良間諸島その（2）座間味（ざまみ）島・
阿嘉（あか）島・慶留間（げるま）島―リゾートの
島々も奥に行くほどトンチンカン　栗国（あぐに）
島―ロマンスの島のはずが、あぐにヌーオバ
アに一杯食わされた　久米島とその仲間たち　久
米島・渡名喜（となき）島・奥武（おう）島（久米島
町）・オーハ島―人口1万人の"大島"の目の前に、
人口10人以下の"小島"が浮かぶ　沖縄本島の島
その（1）伊是名（いぜな）島・伊平屋（いへや）島・
野甫（のほ）島―沖縄でいちばん北の島も、やっ
ぱり南の島だった　本島北部の島その（2）古宇利
（こうり）島・水納（みんな）島・伊江島―船に乗る
前から、島旅はもう始まっていた　本島北部の島
その（3）瀬底島・屋我地（やがじ）島・宮城島（大
宜味村）―橋でつながる3つの島、三者三様の"島
らしさ"　海中道路でつながる島　平安座（へんざ）
島・浜比嘉（はまひが）島・宮城島（与勝諸島）・伊
計島―"海の中"を歩いて歩いて、4つの島にたど
り着いた　本島南部の島　南部の島　津堅島・
奥武（おう）島（旧・玉城村）―噂を信じちゃいけ
ないよ！島は事前に聞いた話と、なんとなく違っ
ていた　南大東島・北大東島―島にたどり着くか
どうかは五分五分？　絶海の孤島は半端じゃなく

遠かった〔ほか〕　　　　　　　　　　　〔1918〕

◇沖縄学入門―空腹の作法　勝方＝稲福恵子、
前嵩西一馬編　京都　昭和堂　2010.4
371p　21cm　〈年表あり　索引あり〉　2300円
①978-4-8122-0974-5　Ⓝ291.99
内容　1 歴史（三人の「琉球人」―史料を読む　「方
言論争」をたどりなおす―戦時下沖縄の文化・開
発・主体性 ほか）　2 芸術・思想・文化（琉球舞
踊と身体―舞踊技法研究の魅力　沖縄の宝―沖縄
音楽における伝統と革新 ほか）　3 言語・文学・
表象（沖縄のわらべ歌で学ぶウチナーグチ　山之
口獏「会話」を読む―近代沖縄文学の葛藤 ほか）
4 社会・政治（周縁社会の人の移動と女性の役割
―奄美・沖永良部島民のアイデンティティと境界
性　「集団自決」と沖縄戦―戦場における「国民
道徳」と「従属する主体」 ほか）　　　　〔1919〕

◇ご利益別沖縄の拝所　座間味栄議著　中城村
（沖縄県）　むぎ社　2010.5　211p　20cm
2100円　①978-4-944116-32-4　Ⓝ291.99
　　　　　　　　　　　　　　　　　　　〔1920〕

◇沖縄県の山　林秀美、西野美和子、玉城庸次、
与儀豊、伊波卓也、おりべえりあ、松島昭司、
大武美緒子、羽根田治、谷崎樹生著、『沖縄県
の山』編纂会〔編纂〕　改訂版　山と溪谷社
2010.7　107p　21cm　（新・分県登山ガイド
46）　1900円　①978-4-635-02396-2　Ⓝ291.
99
内容　与那覇岳　塩屋富士～ネクマチヂ岳　本部
富士　デーサンダームイ　安和岳　嘉津宇岳　古
巣岳　名護岳　熱田岳　石川岳〔ほか〕　〔1921〕

◇沖縄時間―美ら島暮らしは、でーじ上等！
鳥居美砂著　PHP研究所　2010.7　159p
19cm　〈写真：ダニエル・ロペス〉　1400円
①978-4-569-79014-5　Ⓝ291.99
内容　春―うりずんの季節（うりずんの風　お墓で
ピクニック、清明祭 ほか）　夏―カーチベーの季
節（海はビーチ・パーティ会場　音楽で街おこし、
栄町市場 ほか）　秋―ミーニシの季節（名月に琉
球王朝を想う　民謡酒場か、民謡スナックか ほ
か）　冬―トゥンジービーサの季節（那覇のど真ん中
に引っ越し　沖縄の光と陰 ほか）　　　　〔1922〕

◇オキナワを歩く―学生は何を見何を感じたか
沖縄戦跡巡礼の3日間　4　元積徳学徒隊員沖
縄戦を語る　岡本貞雄監修、仲里ハル、名城文
子証言、岡本貞雄監修　ノンブル社　2011.2
60p　21cm　（いのちをみつめる叢書　別巻
4）　980円　①978-4-903470-53-5　Ⓝ291.99
　　　　　　　　　　　　　　　　　　　〔1923〕

◇沖縄伝統旅行―わたしたちのニライカナイを
求めて。　東雲薫文・写真　TOKIMEKIパ
ブリシング　2011.2　139p　15×21cm
〈発売：角川グループパブリッシング〉　1400
円　①978-4-04-899014-1　Ⓝ291.99

146　　「沖縄」がわかる本　6000冊

歴史・地理　　　　　　　　　　　　　　　　　　　　　　　地誌・紀行

[内容] 旅は沖縄県立博物館から。—おもろまち今昔　世界遺産を訪ねて。(総論　首里城　ほか)　伝統工芸に触れる。(総論　那覇市伝統工芸館　ほか)　琉球料理をたしなむ。(総論　美榮　ほか)　あめりか世は今も。(総論　コザ　ほか)　臺灣的故事(総論　新垣旬子　ほか)　　　　　　〔1924〕

◇新書沖縄読本(とくほん)　下川裕治、仲村清司著・編　講談社　2011.2　406p　18cm　(講談社現代新書 2092)〈タイトル：新書沖縄読本　文献あり〉900円　①978-4-06-288092-3　Ⓝ291.99
[内容] 第1部 沖縄人のいま(伝説化する長寿の島—肥満率まさかの日本一へ　「イチャリバチョーデー」—鉄器の不足が築いた温和な県民気質　ほか)　第2部 沖縄という場(「社交街」という異空間—沖縄の夜を泳ぐ　老舗・京都観光ホテルはなぜ廃業したか?—現代沖縄ホテル事情　ほか)　第3部 沖縄と日本(沖縄ブームは終わったのか　年金特例に関わる　ほか)　第4部 離島にて(八重山諸島の人たちの「沖縄観」—八重山ヒジュルーの真相　離島の離島　ほか)　第5部 沖縄から遠く離れて(鶴見の沖縄社会　沖縄の移民がたくましい理由　ほか)　　　　　　　〔1925〕

◇沖縄伝承話の旅—ガイドブック　中部篇　沖縄伝承話資料センター編　那覇　フォレスト　2011.3　129p　21cm　1200円　①978-4-9903112-7-8　Ⓝ291.99　　　　〔1926〕

◇沖縄の島を自転車でとことん走ってみたサー　カベルナリア吉田著　朝日新聞出版　2011.4　319p　15cm　(朝日文庫 よ17-2)〈『沖縄自転車!』(東京書籍2006年刊)の改題、加筆・修正〉880円　①978-4-02-264600-2　Ⓝ291.99
[内容] 山あり谷ありの600km！まずは本島をグリル制覇する—沖縄本島一周　沖縄最北の島旅は、上陸前からハプニングだらけ！—本島周辺の島へ・その1 伊平屋(いへや)島　橋の向こうに2つの島　静けさは嵐の前ぶれか!?—本島周辺の島へ・その2 屋我地(やがじ)島・古宇利(こうり)島　やってしまったそのあとは、気を取り直して再び出発！—本島・一本奥の道へ　大宜味(おおぎみ)工芸ロード　美ら海に囲まれた小島を、気軽に日帰り一周の旅—本島周辺の島へ・その3 瀬底(せそこ)島　冬の終わりのリゾート島で、自転車旅人は僕ひとり—本島周辺の島へ・その4 久米島　確か小島に来たはずが、地平線まで一本道！—本島周辺の島へ・その5 粟国(あぐに)島　初日から大酒の洗礼！果たしてゴールできるのか!?—宮古島一周　まっ平らな孤島の旅は、予想外の山あり谷あり—多良間(たらま)島一周　そそり立つ山の向こうで、絵にも描けない美ら海が待つ—石垣島一周　7年越しのリベンジなるか!?ジャングル島へいざ突撃！—石垣周辺の島へ・その1 西表島　ついにここまで来た！西の端っこ目指して、もうひと走り一石垣周辺の島へ・その2 与那国島　旅は終わった？と思ったら最後の悪あがき—石垣周辺の島へ・その3 黒島　　　　　　　　　　〔1927〕

◇沖縄のはなし—読み語り読本　新城俊昭著　糸満　編集工房東洋企画　2011.4　80p　19×26cm　1000円　①978-4-938984-85-4　Ⓝ291.99　　　　　　　　　　〔1928〕

◇カベルナリア吉田の沖縄バカ一代　カベルナリア吉田文・写真　北杜　林檎プロモーション　2011.4　222p　21cm〈奥付のタイトル：沖縄バカ一代〉1300円　①978-4-947653-90-1　Ⓝ291.99
[内容] 沖縄バッタもん天国　飛び出し注意21連発!!　沖縄爆裂ネーミングセンスの世界(スナック編)　その他の店&商品編　迷宮の看板インフォメ　子ども源語パラダイス！　かつてのムフフ社交街も、今や脱力標語天国！　真栄原で看板ウォッチング　「やっぱり母ちゃんのホーミーは美味いなー」って、ええッ!?渡嘉敷島でホーミー(お○○こ？)捕って、しかも食べてきたよーん！　おお漫湖、お前はなぜ漫湖なの!?衝撃名前の謎を探して漫湖1DAY WALK　怪しすぎるバー「なめくじ」にヌメヌメと潜入〔ほか〕　〔1929〕

◇沖縄人世界一周！ 絆をつなぐ旅!!　長濱良起著　糸満　編集工房東洋企画　2011.5　243p　19cm　1400円　①978-4-938984-89-2　Ⓝ290.9　　　　　　　　　　〔1930〕

◇ぶらりニッポンの島旅　管洋志著　講談社　2011.7　325p　15cm　(講談社文庫)　838円　①978-4-06-276988-4
[内容] 軍艦島　西表島　竹富島　与那国島　波照間島　礼文島　佐渡島　伊豆大島　八丈島　青ヶ島　屋久島　真鍋島　壱岐島　小豆島　天草下島　与論島　伊平屋島　奄美大島　加計呂麻島・与路島　　　　　　　　　　〔1931〕

◇オキナワマヨナカ　カベルナリア吉田著　アスペクト　2011.7　207p　21cm　1600円　①978-4-7572-1945-8　Ⓝ291.99
[内容] 第1章 那覇(国際通り　首里　松山　上之蔵通り—前島　栄町　開南—与儀　桜坂　おもろまち)　第2章 糸満・名護(糸満　名護)　第3章 基地の街(北谷　金武　コザ　嘉手納)　第4章 社交街(与那原　真栄原)　第5章 宮古・石垣(宮古島平良市街　石垣市730通り～美崎町)　〔1932〕

◇写真と童話で訪れる沖縄とメタボリックシンドローム　槇野博史写真・文　メディカルレビュー社　2011.9　93p　22cm〈イラストレーション：坂内たく、橋本賢三〉2000円　①978-4-7792-0793-8　Ⓝ291.99　〔1933〕

◇一九七七・沖縄をゆく　田畑久美子著　文芸社　2011.10　137p　19cm　1100円　①978-4-286-10954-1　Ⓝ291.99　　　　〔1934〕

◇立教大学JICE主催「沖縄フィールド・トリップ」活動報告書　2010　立教大学キリスト教教育研究所　2011.11　60p　26cm〈会期：2010年度．3月7日—3月10日　共同刊

地誌・紀行　　　　　　　　　　　　　　　　　　　　歴史・地理

行：沖縄フィールド・トリップ参加メンバー
折り込1枚）Ⓝ291.99　　　　　　　　〔1935〕

◇スージン小（グヮー）探訪　金武町教育委員
会編　金武町（沖縄県）　金武町教育委員会
2012.2　43p　30cm　（金武町の歴史と文化
第6集）Ⓝ291.99　　　　　　　　　　〔1936〕

◇南島の自然誌―変わりゆく人―植物関係　山
田孝之著　京都　昭和堂　2012.2　389p
22cm　〈索引あり　文献あり〉5300円
Ⓘ978-4-8122-1168-7　Ⓝ291.99
内容 自然誌の探求への道　第1部 海がさえぎる
自然誌（八重山における植物の命名と分類　八重山
における植物相の活用　東カロリン諸島プンラッ
プ島における人 - 植物関係）　第2部 知の体系と
しての自然誌（八重山の民俗的植物知識）　第3部
移り変わる自然誌（伝統的植物知識の維持と変容
儀礼が支える伝統的自然知―波照間島の事例から
自然誌の動態と伝統の連続性―結びにかえて）
〔1937〕

◇南方写真師タルケンおじいの沖縄島旅案内
垂見おじい健吾著　文藝春秋　2012.3　127p
21cm　1350円　Ⓘ978-4-16-374190-1
Ⓝ291.99
内容 01「首里城」から、はいさい！　02 那覇
のまちぐゎあ散歩　03 水族館へ行こう　04 アメ
リカぁドライブ　05 手仕事のおみやげを買いに
06 祈りと想いの場所へ　07 呑んで唄って、指笛
ふいて　08 海あしび～、森あっちゃ～　〔1938〕

◇オキナワを歩く―学生は何を見何を感じたか
沖縄戦跡巡礼の3日間 5　元なごらん学徒隊
員沖縄戦を語る　岡本貞雄監修，岡本貞雄監
修，大城信子，上原米子証言　ノンブル社
2012.6　60p　21cm　（いのちをみつめる叢
書 別巻5）980円　Ⓘ978-4-903470-66-5
Ⓝ291.99　　　　　　　　　　　　　〔1939〕

◇沖縄自然ガイドブック―豊かな自然を体験し
よう！　屋比久壮実著，アクアコーラル企画
編集部編　宜野湾　アクアコーラル企画
2012.8　96p　21cm　1800円　Ⓘ978-4-
9904413-2-6　Ⓝ291.99　　　　　　〔1940〕

◇沖縄幻視行　波田野直樹著　連合出版
2012.9　318p　19cm　〈文献あり〉2200円
Ⓘ978-4-89772-272-6　Ⓝ291.99
内容 プロローグ 沖縄への飛行　1 浮島散歩　2
聖なる井戸　3 沖縄の聖域へ　4 沖縄戦をたどる
5 沖縄島の最南部をあるく　6 琉球石灰岩のこと
7 琉球・沖縄史点描　8 国際通りあたり　9 せめ
ぎあうイメージ　10 久高島へ　エピローグ 鶴見
リトル沖縄から　　　　　　　　　　〔1941〕

◇さらにひたすら歩いた沖縄みちばた紀行　カ
ベルナリア吉田著　彩流社　2013.2　246p
21cm　1800円　Ⓘ978-4-7791-1862-3

Ⓝ291.99
内容 第1章 那覇・浦添を歩く（意地でも国際通り
から始める那覇の旅　おもろまち周辺も意地でも
歩く 天久～安謝 ほか）　第2章 本島中部を歩く
（メリークリスマス・イン・コザ！　砂辺の夜 ほ
か）　第3章 宮古・八重山を歩く（宮古島 平良市
街3泊4日　久々に竹富島へ ただし日帰りか）
第4章 本島南部・北部を歩く（海に面していない
小さな街の、激変ぶりに驚いた！　東風平　パワー
スポット大流行で、聖地は上へ下への大騒ぎ 斎
場御嶽 ほか）　　　　　　　　　　　〔1942〕

◇沖縄・奄美の小さな島々　カベルナリア吉田
著　中央公論新社　2013.7　286p　18cm
（中公新書ラクレ 460）860円　Ⓘ978-4-
12-150460-9　Ⓝ291.99
内容 本島周辺（瀬底島―巨大リゾート騒動に揺れ
た、美ら海の島　今度こそ伊是名島―王様が生ま
れた島（其の壱）　伊平屋島・野甫島―王様が生ま
れた島（其の弐）ほか）　宮古・八重山（池間島―
インシャ（海人）の島の旧正月にお邪魔！　下地
島―パイロット訓練場の島を歩く　多良間島―宮
古でも八重山でもない孤高の島（其の一）　奄美（加
計呂麻島―30の集落に、30通りの島の表情がある
請島―ハブに遭うかもしれない奄美の小さな島（其
の壱）　与路島―ハブに遭うかもしれない奄美の
小さな島（其の弐））　　　　　　　　〔1943〕

◇カベルナリア吉田の沖縄バカ一代 2　カベ
ルナリア吉田文・写真　北杜　林檎プロモー
ション　2013.9　191p　21cm　〈奥付のタイ
トル：沖縄バカ一代〉1300円　Ⓘ978-4-
906878-23-9　Ⓝ291.99
内容 沖縄・街角のんき写真館　かべるっちの沖
縄スキマ観光　かべるっちの沖縄大実験　島旅雑
誌『島へ。』大人気？ 連載『沖縄ぶちくん百科 目
がテンサー！』傑作選　沖縄レア＆珍品CD大集
合!!　沖縄あるある研究所　　　　　〔1944〕

◇島猫と歩く那覇スージぐゎー　仲村清司著
双葉社　2013.9　375p　19cm　〈別タイト
ル：島猫と歩く那覇路地〉1600円　Ⓘ978-4-
575-30575-3　Ⓝ645.7
内容 第1章 春爛漫の島猫街道を分け入って港町
ぶらり（壺屋界隈　天ぷら坂 ほか）　第2章 光こ
ぼれる潮風の小径で君を想う（黄金通り　おもろ
まち）　第3章 御嶽遍路を重ねて市場の迷路で惑
う（天久墓地街道　泊～安里～牧志路地裏 ほか）
第4章 石塀古道を抜けて王城の花園をそぞろ歩く
（いしまち通り　浮島通り～神里原界隈 ほか）
〔1945〕

◇沖縄県の歴史散歩　沖縄県の歴史散歩編集委
員会編　山川出版社　2014.1　349p　19cm
（歴史散歩 47）〈新版 1994年刊の改訂　文
献あり　年表あり　索引あり〉1200円
Ⓘ978-4-634-24647-8　Ⓝ291.99
内容 首里を歩く　那覇・浦添を歩く　島尻を歩
く　中頭を歩く　国頭を歩く　宮古を歩く　八重
山を歩く　　　　　　　　　　　　　〔1946〕

148　　「沖縄」がわかる本　6000冊

歴史・地理　　　　　　　　　　　　　　　　　　　　　　　　　　地誌・紀行

◇いまこそ、沖縄─沖縄に親しむ50問50答　行田稔彦著　新日本出版社　2014.2　173p　19cm　1600円　Ⓘ978-4-406-05776-9　Ⓝ291.99
内容　第1章　沖縄の青い海・青い空・白い砂　第2章　世界遺産「琉球王国のグスク」─グスクを訪ね、琉球王国の栄華を思い、歴史のロマンを語りましょう　第3章　沖縄戦…“命どぅ宝（ヌチドゥタカラ）”─沖縄戦の跡をたどり「いのちの尊さ」を心に刻む旅をしましょう　第4章　基地の島沖縄─基地を訪ね、目と耳と心で日本の今を知り、世界の平和を考えましょう　第5章　“チャンプルー文化”…沖縄の魅力と力強さ─チャンプルー文化の魅力を実感し、毎日の暮らし方を見つめましょう　〔1947〕

◇ウチナーあるある　ウチナーあるある研究会著,南原明美画　TOブックス　2014.3　159p　18cm　1200円　Ⓘ978-4-86472-238-4　Ⓝ291.99
内容　第1章　ウチナー「歴史と風土」あるある　第2章　ウチナー「カルチャー」あるある　第3章　ウチナー「人」あるある　第4章　ウチナー「言葉」あるある　〔1948〕

◇沖縄戦跡・慰霊碑を巡る─アメリカに「日本本土侵攻」を断念させた壮絶な決戦場沖縄。この地に建てられている慰霊碑・塔を訪う人々のためのガイドブックです！　嶺井政治,伊филリ陽夫監修,三荻祥編著　明成社　2014.3　130p　21cm　〈文献あり〉　1200円　Ⓘ978-4-905410-28-7　Ⓝ291.99
内容　摩文仁地区　八重瀬地区　米須地区　山城地区　真栄里・西原地区　嘉数地区　〔1949〕

◇沖縄・高江やんばるで生きる　森住卓写真　高文研　2014.4　138p　15×21cm　2000円　Ⓘ978-4-87498-542-7　Ⓝ291.99
内容　やんばる・高江で生きる人びと　米軍基地と隣り合わせの日々　辺野古の海を守れ！　解説　忘れられた山村・高江　撮影後記にかえて　やんばる・高江を知ってください　〔1950〕

◇沖縄ビーチ大全505　富山義則著　マガジンハウス　2014.4　192p　22cm　2722円　Ⓘ978-4-8387-2649-3　Ⓝ291.99
内容　本島北部─98ビーチ　本島中南部─73ビーチ　慶良間諸島─23ビーチ　本島周辺の島─48ビーチ　宮古列島─63ビーチ　八重山列島─112ビーチ　まだまだ続く魅惑のビーチ88　〔1951〕

◇めんそーれ沖縄！─新天地沖縄と物外館の思い出　エルニーニョ深沢著　那覇　蛙ブックス　2014.5　176p　21cm　〈文献あり〉　700円　Ⓘ978-4-907464-03-5　Ⓝ291.99　〔1952〕

◇ていねいに旅する沖縄の島時間　かいはたみち著　アノニマ・スタジオ　2014.7　141p　21cm　〈発売：[KTC中央出版]〉　1600円

Ⓘ978-4-87758-726-0　Ⓝ291.99
内容　1　島の選び方と遊び方（八重山諸島　宮古諸島　ほか）　2　八重山諸島（石垣島　竹富島　ほか）　3　宮古諸島（宮古島　池間島・来間島　ほか）　4　島みやげ（石垣島のおみやげ　八重山諸島のおみやげ　ほか）　〔1953〕

◇週末沖縄でちょっとゆるり　下川裕治著　朝日新聞出版　2014.8　303p　15cm　（朝日文庫　し19-6）　680円　Ⓘ978-4-02-261806-1　Ⓝ291.99
内容　第1章　沖縄そば─食べるそばを求めて国道58号を北上する　第2章　カチャーシー─カメおばぁが教えてくれる本土の人間の限界　第3章　LCC─台風欠航で揺られる沖縄フリークの胸のうち　第4章　琉球王国と県庁─沖縄のタブーに潜む琉球王朝の血　第5章　波照間島─天文おたくのパイパティローマという居場所　第6章　農連市場─「午前三時の湯気」の現在を撮る　第7章　コザ─世替わりを重ねた街の人生の栄枯盛衰　第8章　沖縄通い者がすすめる週末沖縄　第9章　在住者がすすめる週末沖縄　〔1954〕

◇ニッポン放浪MAP沖縄版　ルーフトップ/ロフトブックス編集部　2014.8　183p　21cm　1900円　Ⓘ978-4-907929-01-5　Ⓝ291.99
内容　第1章　沖縄本島（亜熱帯の自然の中を行く─やんばるバス途中下車の旅　山盛りのごはんとニンジンが待っていた!!─キャロットアイランド津堅島　やんばるの川へ漕ぎ出す！─慶佐次カヌーでマングローブを探検！）　第2章　本島周辺の離島（おじゃりやれ、うふあがり島─南大東島の独自文化を追跡せよ!!　昔ながらの集落景観と雄大な自然─2つの顔を持つ渡名喜島　沖縄最北端の島々を行く─伊平屋・野甫・伊是名　原チャリ女子一人旅）　第3章　宮古諸島（走りに走って20時間！─ママチャリで宮古島を一周しました　ミステリアスな樹木に出会う─まぁ〜るい多良間島ぐるり旅）　第4章　八重山諸島（見るだけじゃもったいない！─波照間島ムシャーマに参加してきました　与那国馬から伝統芸能まで─日本最西端・与那国島で島カルチャー体験　1日で島の自然を遊び尽くす─西表島ジャングルツアー）　〔1955〕

◇新編ヤポネシア私行　関根賢司著　おうふう　2014.10　275p　19cm　3000円　Ⓘ978-4-273-03760-4　Ⓝ291.09
内容　1　関東（大工の息子─自分史断片　北海道と風土記と─一九七一　ほか）　2　沖縄（京都にて　国家・沖縄・物語─一九七五　詩仙堂のすすき─一九七七　ほか）　3　関西（第三の人生─一九九三　関西いみこもり空間─一九九三　ほか）　4　静岡（わが沖縄・わが鎮魂─二〇〇五　ほか）　5　関東（嘉徳の海─二〇〇七　生前葬始末記─二〇一二　ほか）　〔1956〕

◇沖縄のハ・テ・ナ!?　沖縄ナンデモ調査隊著　双葉社　2014.11　295p　15cm　（双葉文庫　お-21-04）　〈文献あり〉　630円　Ⓘ978-4-575-71425-8　Ⓝ291.99
内容　第1章　沖縄式セーカツ文化の極意　第2章

「沖縄」がわかる本 6000冊　149

沖縄流マンブクうまうまの素顔　第3章 沖縄的さーふーふー酒場めぐり　第4章 沖縄式ウートートーあの世学　第5章 驚愕の沖縄エイガ&オンガク烈伝　第6章 沖縄シャカイの摩訶不思議　第7章 まだまだあった沖縄マル秘散歩道　第8章 知られざる沖縄ホントの歴史　　　　　　〔1957〕

◇沖縄県民（ウチナーンチュ）のオキテ　書浪人善隆，伊藤麻由子原作，瀬田まいこ漫画　KADOKAWA　2014.12　127p　21cm〈文献あり〉1000円　①978-4-04-601037-7　Ⓝ291.99
　内容 第1章 日常のオキテ（傘は差しません　テレビ大好き ほか）　第2章 グルメのオキテ（沖縄そばにこだわりあり　みそ汁はおかず!? ほか）　第3章 夏のオキテ（泳ぎよりビーチパーティー　お盆は実家に全員集合 ほか）　第4章 コミュニケーションのオキテ（泡盛にこだわりあり　コミュニケーションツール　ウコンにこだわりあり ほか）　〔1958〕

◇南島地名周遊　州崎治郎著，長瀬瑞己編　〔出版地不明〕　〔州崎治郎〕　〔2015〕　52p　30cm　1080円　Ⓝ291.99　　　　〔1959〕

◇沖縄「地理・地名・地図」の謎―意外と知らない沖縄県の歴史を読み解く！　安里進監修　実業之日本社　2015.1　198p　18cm（じっぴコンパクト新書 220）〈文献あり〉800円　①978-4-408-45531-0　Ⓝ291.99
　内容 第1章 王国を支えた中心都市―首里城と首里の街（聖なる道すなわち歪んでいる　平城京も平安京も南向きなぜ首里城正殿は西向きに立つ？ ほか）　第2章 今も昔も移住者にやさしい一活気ある街―那覇今昔物語（那覇は「ナーファ」か「ナワ」か議論百出した時代がある　国際通りはなぜたくさんの墓に囲まれているのか ほか）　第3章 石器時代から現代まで続く一知られざる沖縄本島「オキナワ」はいつから沖縄になったのか？　「沖縄人はテーゲー」とは言わせない乾隆検地と琉球国之図の精密さを見よ！ ほか）　第4章 最西端から最南端まで―個性あふれる島々（ギザギザのある島と丸い島，移動を続ける島！　沖縄の島々にまつわる不思議　久米島の六角形の畳石は地下深くまで続いているほか）　第5章 なぜここまで違うのか？―地名の由来（沖縄の名字のほとんどは地名から来ている!?　金城、大城、新城、玻名城…「城」がつく地名が多いのはなぜ？ ほか）　〔1960〕

◇沖縄の法則　沖縄の法則研究委員会編　泰文堂　2015.1　174p　18cm（リンダブックス）〈文献あり〉950円　①978-4-8030-0635-3　Ⓝ291.99
　内容 1 習慣・伝統・文化編　2 地域・交通編　3 グルメ編　4 芸能・タレント編　5 方言編　6 学校生活編　7 上京者、移住者、観光客編　〔1961〕

◇ぼくの〈那覇まち〉放浪記―追憶と妄想のまち歩き・自転車散歩　新城和博著　那覇　ボーダーインク　2015.5　221p　19cm

1600円　①978-4-89982-278-3　Ⓝ291.99
　内容 すーじ小の角を曲がって―2007〜2009（開南のバス停から街に出かけたころ　むつみ橋通りの空き地　ボーダーとして電柱通り　与儀に隠れていた小さな川の名前 ほか）　那覇の町を後ろ向きに漕いで渡る―2011〜2014（壺川ホウホウ　松川の橋を渡る　今はない岬めぐり―オキナワノタキ　そこに町家があった ほか）　〔1962〕

◇よっしーくっにーの沖縄・離島見聞録　よっしー、くっにー著　福岡　櫂歌書房　2015.5　7,266p　21cm〈発売：［星雲社］〉1500円　①978-4-434-20694-8　Ⓝ291.99
　内容 新人賞　宝島　座間味島　もらおうねえ　伊江島　伊平屋島・野甫島　水納島　津堅島　久高島　粟国島〔ほか〕　　　　　〔1963〕

◇ウチナーあるある　2　普天間伊織著，がじゅまる画　TOブックス　2015.6　143p　18cm　1200円　①978-4-86472-393-0　Ⓝ291.99
　内容 第1章 ウチナー「カルチャー」あるある　第2章 ウチナー「グルメ」あるある　第3章 ウチナー「言葉」あるある　第4章 ウチナー「雑学」あるある　　　　　　　　　　　　　〔1964〕

◇沖縄女ひとり旅　ひらがさとこ原作，金谷ヨーコ漫画　KADOKAWA　2015.7　127p　21cm　1100円　①978-4-04-601226-5　Ⓝ291.99　　　　　　　　　　　〔1965〕

◇今日も沖縄日和　マガジンハウス　2016.3　99p　23cm　（MAGAZINE HOUSE MOOK）　556円　①978-4-8387-5081-8　Ⓝ291.99　　　　　　　　　　　〔1966〕

《地域の紀行・案内記》

◇石垣島　白井祥平著　下関　新日本教育図書　1995.8　143p　21cm　2000円　①4-88024-180-6　Ⓝ291.99
　内容 石垣島ガイド　海洋生物　陸上生物　　　　　　　　　　　　　　　　　　〔1967〕

◇宮古の戦争と平和を歩く　平良　宮古郷土史研究会　1995.11　40,18p　19cm〈巻末：戦争史略年表・参考文献〉Ⓝ291.99　〔1968〕

◇「八重山の川の名」をアイヌ語で考える　井上文夫著　津山　美作出版社　1995.12　41p　19cm〈付属資料：図5枚〉Ⓝ291.99　〔1969〕

◇南の島のはなし　新城俊昭著　中城村（沖縄県）　むぎ社　1996.1　151p　20cm（若太陽文庫 1）　1166円　①4-944116-06-3　Ⓝ291.99
　内容 南の島のはなし（島の遺産　守姉の教え　港　野面積みの石垣　星砂の秘密 ほか）　沖縄のはなし（沖縄のはなし―中身汁　沖縄のはなし―ゴー

歴史・地理　　　　　　　　　　　　　　　　　　　　　　　地誌・紀行

ヤーチャンブルー　沖縄のはなし―芭蕉紙　沖縄
のはなし―デイゴ　昔も今も沖縄人　ほか）
〔1970〕

◇ぎのわんの西海岸―土地利用・地名・海（イ
ノー）・自然　宜野湾市教育委員会文化課編
宜野湾　宜野湾市教育委員会　1996.3　129p
30cm　（口承民俗文化財記録保存調査報告
書）　Ⓝ291.99
〔1971〕

◇宮古、平良市調査報告書　1　宜野湾　沖縄
国際大学南島文化研究所　1996.3　108p
26cm　（地域研究シリーズ　no.23）　Ⓝ291.
99
〔1972〕

◇与論島を出た民の歴史　森崎和江, 川西到著
福岡　葦書房　1996.5　233p　20cm　〈たい
まつ社1971年刊の増訂〉　2884円　Ⓘ4-7512-
0635-4　Ⓝ291.97
内容　ある帰郷　はじめての募集　三池炭鉱と口
之津　異郷の風　移住への疑問　三年間無給のく
らし　口之津での子供たち　与論人の抵抗　離島
苦を嗳るもの　渇の上〔ほか〕　　　　　　〔1973〕

◇字誌たくし―浦添市字沢岻　沢岻字誌編集委
員会編　浦添　沢岻字誌編集委員会　1996.5
337,66p　図版12枚　27cm　（付（図2枚））
Ⓝ291.99
〔1974〕

◇大久米島展―しぜん・ひと・もの　特別展
沖縄県立博物館編　那覇　沖縄県立博物館
1996.7　147p　30cm　〈会期：1996年7月30
日～9月1日　久米島関係歴史年表：p139～
142〉　Ⓝ291.99
〔1975〕

◇密林のなかの書斎―琉球弧北端の島の日常
稲垣尚友著　梟社　1996.11　305p　20cm
〈発売：新泉社〉　2575円　Ⓘ4-7877-6310-5
Ⓝ291.97
内容　三日おくれで光由に本をおくる　民宿たい
ら荘の落成祝い　ワタンジェの家つくりの加勢
臥蛇島沖への出漁　夜闇の散歩　貴子が早々と餞
別をもって来てくれる　マエノハマに流れ寄るも
の　イタチで学校を建てる　ウンドウジイの命日
「本を光由に送るちゃなあ」　桃太郎の翁たち〔ほ
か〕
〔1976〕

◇宮古、平良市調査報告書　2　宜野湾　沖縄
国際大学南島文化研究所　1997.3　213p
26cm　（地域研究シリーズ　no.24）　Ⓝ291.
99
〔1977〕

◇宮古、平良市調査報告書　3　宜野湾　沖縄
国際大学南島文化研究所　1997.3　137p
26cm　（地域研究シリーズ　no.25）　Ⓝ291.
99
〔1978〕

◇熱汗山脈―八重山列島単独登頂の記録　高橋
敬一著　宇都宮　随想舎　1997.5　86p
21cm　1300円　Ⓘ4-938640-94-5　Ⓝ291.99

〔1979〕

◇南の島の便り―やぶれナイチャーの西表島生
活誌　岩崎魚介著　浦添　沖縄出版　1997.6
211p　21cm　1600円　Ⓘ4-900668-65-6
Ⓝ291.99
〔1980〕

◇珊瑚礁の彼方へ―久米島ダイビング紀行　下
江淳介著　国分寺　新風舎　1997.7　142p
19cm　1400円　Ⓘ4-7974-0303-9　Ⓝ291.99
内容　天国の島　海への憧れ　珊瑚礁　空・海・
大地　島の鼓動　イーフビーチ　水中散歩　ニラ
イ・カナイ　久米島の残像　　　　　　　　〔1981〕

◇南大東島自然ガイドブック―オオコウモリと
水辺の島を歩く　大沢夕志, 大沢啓子著　川
越　大沢夕志　1997.7　64p　21cm　〈発売：
ボーダーインク（那覇）〉　800円　Ⓘ4-
938923-54-8　Ⓝ291.99
内容　島の生い立ちと地形　島の気候　島の地質
島の湖沼　島の歴史　島の産業　島の哺乳類　島
の鳥類　島のさまざまな動物たち　島の植物　島
を歩く　島へ行く　　　　　　　　　　　　〔1982〕

◇八重山100%活用読本　石垣　南山舎　1998.
5　128p　21cm　1095円
内容　1 野山で遊ぼう　2 海で遊ぼう　3 キャン
プをしよう　4 スポーツをしよう　5 モノ作りを
しよう　6 八重山を知ろう　7 公共施設などを活
用しよう　8 目的別フリースペースいろいろ　9
お稽古ごとをしよう　　　　　　　　　　　〔1983〕

◇西表島ヤマネコ騒動記　横塚眞己人著　小学
館　1998.5　251p　15cm　（小学館文庫）
〈「追いかけて、イリオモテヤマネコ」（宝島
社1994年刊）の改題〉　457円　Ⓘ4-09-
411071-2　Ⓝ291.99
〔1984〕

◇かりゆしぬいぜな村―伊是名区公民館落成記
念誌　西江弘孝編・著　〔伊是名村（沖縄
県）〕　伊是名区公民館建設期成会　1998.8
201p　30cm　〈奥付のタイトル（誤植）：かり
ゆしのいぜな村〉　2000円　Ⓝ219.9　〔1985〕

◇八重山ひとり旅　たけざわまさり〔著〕　明
窓出版　1998.8　180p　19cm　1200円
Ⓘ4-938660-87-3　Ⓝ291.99　　　　　　　〔1986〕

◇南風に吹かれて―「釧路」より「八重山」の
島々へ　青地久恵著　大阪　大阪文学学校
1998.9　268p　20cm　〈共同刊行：葦書房
発売：星雲社〉　1600円　Ⓘ4-7952-7139-9
Ⓝ291.99
内容　石垣島　竹富島　西表島　与那国島　波照
間島　黒島　　　　　　　　　　　　　　　〔1987〕

◇宮古、平良市調査報告書　4　宜野湾　沖縄
国際大学南島文化研究所　1999.3　76p
26cm　（地域研究シリーズ　no.26）　Ⓝ291.

「沖縄」がわかる本　6000冊　　**151**

地誌・紀行　　　　　　　　　　　　　　　　　　　　　　　　　　　　　　　歴史・地理

99　　　　　　　　　　　〔1988〕

◇八重山、竹富町調査報告書　1　宜野湾　沖
縄国際大学南島文化研究所　1999.3　86p
26cm　（地域研究シリーズ　no.27）　Ⓝ291.
99　　　　　　　　　　　〔1989〕

◇島からの贈り物―空、花、そして海　野村弘
子,鳥谷裕著　〔読谷村（沖縄県）〕　野村弘
子　1999.5　107p　22cm　〈発売：ボーダー
イング（那覇）〉　1800円　Ⓘ4-938923-75-0
Ⓝ291.99　　　　　　　　　　　〔1990〕
　内容　そろそろ夢を…（夢）　南の島の奇跡―海に
　入る前に（INTRODUCTION　大地で感じる島
　の香り）　海への誘い（モルディブ、ポナペ、慶良
　間諸島、渡嘉敷島　沖縄本島）

◇八重山ジャンルごと小事典　崎原恒新著　那
覇　ボーダーインク　1999.8　272p　19cm
1800円　Ⓘ4-938923-80-7　Ⓝ291.99
　内容　村と島　地名　御嶽・拝所・寺社・墓　井
　戸　遺跡・貝塚　人物　各種団体　郷友会・同窓
　会　学校　定期刊行物・記念誌　金石文（記念碑）
　自治体・官公庁・各種公共施設　まつり・神・芸
　能　動植物（天然記念物・市町の花木など）　その
　他　　　　　　　　　　　〔1991〕

◇ベスマ！―まりこ先生とゆりちゃんの波照間
島日記　二宮真理子,新本百合子著　那覇
ボーダーインク　1999.12　177p　21cm
1600円　Ⓘ4-938923-84-X　Ⓝ291.99　〔1992〕

◇八重山、竹富町調査報告書　2　宜野湾　沖
縄国際大学南島文化研究所　2000.3　174p
26cm　（地域研究シリーズ　no.28）　Ⓝ291.
99　　　　　　　　　　　〔1993〕

◇生命めぐる島・奄美―森と海と人と　ホライ
ゾン編集室編　〔鹿児島〕　南日本新聞社
2000.6　139p　21cm　〈製作・発売：南日本
新聞開発センター（鹿児島）〉　1905円　Ⓘ4-
944075-64-2　Ⓝ291.97　　　〔1994〕

◇八重山列島釣り日記―石垣島に暮らした1500
日　高橋敬一著　宇都宮　随想舎　2000.6
247p　19cm　1400円　Ⓘ4-88748-043-1
Ⓝ291.99
　内容　沖縄へ―石垣島1　牧草の島―黒島　時の止
　まった島―竹富島　紺碧の海に囲まれた日本最西
　端の島―与那国島　サトウキビ畑と珊瑚の海―石
　垣島2　東京都の亜熱帯島―小笠原諸島　マング
　ローブと密林の島―西表島　最果ての島―破照間
　島　絶海の孤島―仲ノ神島　サトウキビの島へ―
　フィリピンネグロス島　　　　〔1995〕

◇ハイサイ、島の生きものたち―石垣島、西表
島の旅　美馬百子著　新風舎　2000.9　42p
16cm　（新風選書）　580円　Ⓘ4-7974-1359-
X　Ⓝ291.99

　内容　動く貝殻　南国のサルたち　太郎の気持ち
　バンナ森林公園　朝の散歩　いざ西表へ　いにし
　え　酢は必需品　泳ぐヤママヤー　星の子どもた
　ち　エピローグ　　　　　　　〔1996〕

◇八重山、竹富町調査報告書　3　宜野湾　沖
縄国際大学南島文化研究所　2001.3　111,
42p　26cm　（地域研究シリーズ　no.29）
Ⓝ291.99　　　　　　　　　　　〔1997〕

◇んすむら　川上哲也著,池間敏夫監修　平良
川上哲也　2001.3　180p　30cm　〈西原村立
て125周年記念〉　非売品　Ⓝ291.99　〔1998〕

◇宮古島八重干瀬―海の上の花ばたけ　美峰
2001.6　39p　31cm　（沖縄探検シリーズ
no.1）　1500円　Ⓘ4-901428-01-2　〔1999〕

◇日本最西端与那国島―海底のロマンス　美峰
2001.7　47p　31cm　（沖縄探検シリーズ
no.2）　1500円　Ⓘ4-901428-02-0　〔2000〕

◇交響する島宇宙日本最西端どぅなんちまの地
名と風土　与那国町史編纂委員会事務局編
与那国町（沖縄県）　与那国町　2002.3
484p　31cm　（与那国島町史　第1巻）　6667
円　Ⓝ291.99　　　　　　　　　　　〔2001〕

◇八重山、竹富町調査報告書　4　宜野湾　沖
縄国際大学南島文化研究所　2002.3　121p
26cm　（地域研究シリーズ　no.30）　Ⓝ291.
99　　　　　　　　　　　〔2002〕

◇日本南端八重山離島―島唄の風　美峰
2002.3　46p　31cm　（沖縄探検シリーズ
no.3）　1500円　Ⓘ4-901428-03-9　〔2003〕

◇八重山ネイチャーライフ―シマの暮らしと生
き物たち　深石隆司著　那覇　ボーダーイン
ク　2002.8　194p　19cm　1600円　Ⓘ4-
89982-029-1　Ⓝ291.99
　内容　第1章　キャンプの日々（島は闇の中で　鹿川
　キャンプ　落水崎の幻の大魚　ほか）　第2章　シマ
　の暮らし（台風のちゴキブリ　イラブチャーと乗合
　バス　ウムザ猟　ほか）　第3章　シマの生き物（ウ
　ミガメ　HOPPY　水底からのきらめき　ほか）
　　　　　　　　　　　〔2004〕

◇西表島フィールドガイド　横塚眞己人写真・
著　人類文化社　2002.9　303p　19cm
（ニッポン里山探検隊シリーズ　3）　〈発売：
桜桃書房　付属資料：1枚〉　1900円　Ⓘ4-
7567-1930-9　Ⓝ291.99
　内容　西表島のロケーション　フィールドへでる
　前に知っておこう　西表島のフィールド　海へ行っ
　てみよう　マングローブへ行ってみよう　森へ
　行ってみよう　道路ぎわで観察してみよう　西表
　島の生き物471種図鑑　西表島の天然記念物
　　　　　　　　　　　〔2005〕

歴史・地理　　　　　　　　　　　　　　　　　　　　　地誌・紀行

◇イリオモテ島―原色のパラダイス　横塚眞己
人著　新装版　下関　新日本教育図書
2002.11　142p　21cm　2000円　①4-88024-
283-7　Ⓝ291.99
　内容 観光　マリンスポーツ　野生動物　野鳥
植物　祭
〔2006〕

◇週刊日本遺産　no.25　西表島・竹富島　朝
日新聞社　2003.4　35p　30cm　（朝日ビ
ジュアルシリーズ　v.3）　533円　Ⓝ291.09
〔2007〕

◇名城を歩く　14　首里城―琉球王国の栄華を
物語る真紅の世界遺産　PHP研究所　2004.
2　50p　29cm　（歴史街道スペシャル）〈折
り込み1枚〉　514円　Ⓝ291.09
〔2008〕

◇ゆらしい島のスローライフ　金丸弘美著　学
習研究社　2004.2　175p　19cm　（絵：唐仁
原教久）　1300円　①4-05-402312-6　Ⓝ291.
97
〔2009〕

◇南島紀行　斎藤たま作, 杉田徹写真　福音館
書店　2004.3　440p　17cm　（福音館文庫）
800円　①4-8340-0592-5　Ⓝ291.97
　内容 種子島（海の上にはすわらん　バシガシワ
ほか）　屋久島（トビウオトレタカ　えびっどーん
よ ほか）　喜界島（名瀬の一日　かまらん ほか）
奄美大島（泥染め　機織り ほか）　徳之島（海の
途　赤羽ガッタ ほか）
〔2010〕

◇読谷山風土記　渡久山朝章〔著〕　糸満　金
城印刷　2004.3　162p　21cm〈発売：編集
工房東洋企画(那覇)〉　953円　①4-938984-
29-6　Ⓝ291.99
〔2011〕

◇西表島の巨大なマメと不思議な歌　盛口満著
どうぶつ社　2004.4　221p　19cm　1500円
①4-88622-325-7　Ⓝ291.99
　内容 1 巨大マメ、モダマとは？　2 海岸でマメ
を拾う　3 西表島をもっと知りたい　4 南の島の
マメの分布　5 島の自然と人々の暮らし　6 島に
伝わる不思議な歌
〔2012〕

◇石垣島・西表島を歩く―八重山諸島旅日記
久保田鷹光著　碧天舎　2004.9　147p
19cm〈文献あり〉　1000円　①4-88346-832-1
Ⓝ291.99
　内容 1 旅のはじめに　2 自然を探して（計画と準
備　石垣島の旅　西表島の旅）　3 石垣島・西表
島の動植物について（マングローブ　亜熱帯の植
物や小動物）　4 旅の終わりに
〔2013〕

◇波照間島―祭祀の空間　写真集　コルネリウ
ス・アウエハント, 静子・アウエハント撮影,
静子・アウエハント編　宜野湾　榕樹書林
2004.9　110p　30cm〈解説：中鉢良護〉
2500円　①4-89805-105-7　Ⓝ291.99　〔2014〕

◇消えゆく島読多は平安の都言葉なり　中原上
枝著　〔神戸〕　友月書房　2005.2　59p
19cm　①4-87787-249-3　Ⓝ291.97　〔2015〕

◇与論島―琉球の原風景が残る島　髙橋誠一,
竹盛窪著　京都　ナカニシヤ出版　2005.4
208p　21cm　1900円　①4-88848-943-2
Ⓝ291.97
　内容 1 与論という島（与論町役場にて　パーマカ
ルチャーの竹 ほか）　2 与論島のシニグ祭（シニ
グ（シヌグ）という祭祀　シニグ（シヌグ）とウン
ジャミ ほか）　3 サアクラ集団の語るもの（与論
島のサアクラ　サアクラと集落の成立 ほか）　4
与論島に残る琉球の原風景（西区・朝子・城は与
論のふるさと　風水思想と琉球の地理観 ほか）
〔2016〕

◇新南島風土記　新川明著　岩波書店　2005.
12　265p　15cm　（岩波現代文庫　社会）
1000円　①4-00-603126-2　Ⓝ291.99
　内容 与那国島　波照間島　黒島　新城島　鳩間
島　西表島　小浜島　竹富島　石垣島　〔2017〕

◇宮古の歴史と文化を歩く　2006　沖縄県歴史
教育者協議会宮古支部編　〔宮古島〕　沖縄
県歴史教育者協議会宮古支部　2006.6　144p
21cm〈文献あり〉　500円　Ⓝ291.99　〔2018〕

◇沖縄南部―人と自然が出会う島　生活情報セ
ンター　2006.7　93p　21cm　（シミュレー
ションガイドブックtabigoro）　476円　①4-
86126-287-9　Ⓝ291.99
　内容 リアルシミュレーションガイド（南国沖縄
ラブ日記―二人っきりの初めての旅行　うちなん
ちゅうのおすすめスポット巡り―学生時代に戻って
さわいじゃお　とっておきの時間を家族で過ごそ
う―コウタの飛行機初めて体験）　Inside Noth-
ern Part Data（FOOD―沖縄料理から海辺のカ
フェまで、おすすめレストランガイド　STAY―
シティーリゾートホテルから、国際通り激近長便
利ホテル　ACTIVITY―アクティブに遊べる面
白レジャースポット　ART――一度は行きたい美術
館や街散策）
〔2019〕

◇住んでびっくり！　西表島―日本最後の秘境
ニッポン楽楽島めぐり　山下智菜美著　双葉
社　2006.10　237p　21cm　1600円　①4-
575-29917-0　Ⓝ291.99
　内容 第1章　西表島　生活編（拾ったりもらったり
―身軽でいたい西表島移住のはじまり　NTTも
びっくり―一家が地図に載っていない!? ほか）　第
2章　西表島の生きもの・自然編（「モズク採りに
行った？」―おじい、おばあの頼りになるジンブ
ン　恐怖の毒餌―放し飼いのかわいいペットが危
ない!? ほか）　第3章　西表島　ご近所編（日々、も
らいものの嵐、パイン66個をもらい、愕然　恐る
べしご近所の目！―プライバシーに関するびっく
り ほか）　第4章　西表島のイベント（海神祭―メ
インイベントはハーリー　豊年祭―豊作を祝う夏
のお祭り ほか）
〔2020〕

「沖縄」がわかる本 6000冊　153

地誌・紀行　　　　　　　　　　　　　　　　　　　　　　　　　　　　　　　　　歴史・地理

◇八重山、与那国島調査報告書　1　宜野湾
沖縄国際大学南島文化研究所　2007.3　71p
26cm　（地域研究シリーズ　no.34）　Ⓝ291.
99
　内容　近代八重山諸島におけるマラリア有病地の
　地理的性格　崎浜靖著　与那国島における伝統工
　芸従事者への聞き取り調査　1　片本恵利著　新城
　（上地島）の古謡　杉本信夫著　　　　　〔2021〕

◇美しい島へ　新倉万造写真、松木圭三文　梛
出版社　2007.9　1冊（ページ付なし）
22cm　1600円　①978-4-7779-0848-6
Ⓝ291.97　　　　　　　　　　　　　　　〔2022〕

◇沖縄の宮古島100の素顔―もうひとつのガイ
ドブック　沖縄の宮古島100の素顔編集委員
会編　東京農業大学出版会　2008.1　164p
19cm　1600円　①978-4-88694-064-3
Ⓝ291.99
　内容　1 宮古島ってどんなところ？　2 宮古島
　のサンゴと海　3 宮古島の植物　4 宮古島の動物
　5 宮古島の農業　6 宮古島の遺跡と文化財　7 宮
　古島の暮らし　8 宮古島の食　9 宮古島周辺の
　島々の魅力　10 宮古島の概要　　　　　〔2023〕

◇公務員ウージ―宮古島の文物を平易に綴った
珠玉のエッセー集　久貝克博［著］　ヤシの
実ブックス　2008.1　182p　19cm　1500円
①978-4-9903693-6-1　Ⓝ291.97　　　〔2024〕

◇宮古の自然と文化　第2集　ミラクルに輝く
八つの島々　宮古の自然と文化を考える会編
著　那覇　宮古の自然と文化を考える会
2008.3　200p　21cm　〈発売：ボーダーイン
ク（那覇）〉　1400円　①978-4-89982-135-9
Ⓝ291.99
　内容　自然：宮古の歴史を見てきた生き物たち　諸
　喜田茂充、藤田喜久、成瀬貫著　宮古諸島の不思議
　な動物相　太田英利、高橋亮雄著　宮古諸島の鳥類
　研究史と鳥類相　嵩原建二著　宮古島におけるエ
　ネルギー作物 “サトウキビ” の増産と循環型社会
　の形成　川満芳信著　宮古島の地下水保全と農業
　との共生　前里和洋著　文化：沖縄人のルーツを
　たずねて　土肥直美著　宮古島の水の文化　渡久山
　章著　宮古・アーグの魅力　杉本信夫著　宮古の
　模合　波平勇夫著　ニコライ・A　ネフスキーと宮
　古　漢那昭著　宮古の戦争遺跡　山本正昭著　解題
　垣花豊順著　　　　　　　　　　　　　〔2025〕

◇八重山、与那国島調査報告書　2　宜野湾
沖縄国際大学南島文化研究所　2008.3　105p
26cm　（地域研究シリーズ　no.35）　Ⓝ291.
99
　内容　与那国のわらべうた再創造ノート　杉本信夫
　著　第二次世界大戦前の与那国島における祖納の
　集落特性　堂前亮平著　与那国方言の動詞継続相
　のアクセント対立　西岡敏著　　　　　〔2026〕

◇沖永良部島100の素顔―もうひとつのガイド

ブック　沖永良部島100の素顔編集委員会編
東京農業大学出版会　2008.11　220p　19cm
2000円　①978-4-88694-119-0　Ⓝ291.97
　内容　自然　農業　漁業　起業　歴史　民俗　文
　化　食文化　施設　教育・福祉　島と人々
　　　　　　　　　　　　　　　　　　　〔2027〕

◇南大東島の人と自然　中井精一、東和明、ダニ
エル・ロング編著　鹿児島　南方新社
2009.2　243p　21cm　（南大東島シリーズ
1）　2400円　①978-4-86124-147-5　Ⓝ291.
99
　内容　口絵　南大東島の海の魅力　プロローグ「南
　大東島」のなりたち、魅力、未来　第1部　南大東
　島の歴史と文化（製糖業―シュガーアイランド、南
　大東の開発と景観　漁業―基幹産業への昇格をめ
　ざして　言語景観―南大東島ことばが作り上げる
　言語景観 ほか）　第2部　南大東島の自然（湿地の
　生物―南大東島の湿地周りの生物　コウモリ―絶
　海の孤島に生きるコウモリ　植物―後世に残すべ
　き南大東島の貴重な植物 ほか）　第3部　南大東島
　の遊び方　　　　　　　　　　　　　　〔2028〕

◇発見！　あぐに島自然ガイドブック　宮城邦
治監修、屋比久壮実写真・文　粟国村（沖縄
県）　粟国村　2009.3　95p　21cm　Ⓝ291.
99　　　　　　　　　　　　　　　　　　〔2029〕

◇与那国島総合調査報告書　2009　沖縄県立博
物館・美術館編　那覇　沖縄県立博物館・美
術館　2009.3　69p　30cm　〈他言語標題：
Survey reports on natural history, history
and culture of Yonagunijima Island　文献
あり　年表あり〉　Ⓝ291.99　　　　　〔2030〕

◇日本一長い村トカラ―輝ける海道の島々　長
嶋俊介、福澄孝博、木下紀正、升屋正人〔著〕
福岡　梓書院　2009.7　267p　21cm　1905
円　①978-4-87035-349-7　Ⓝ291.97
　内容　第1章　火の道の島々：火山列島トカラ　第2
　章「火の道」生活の島々　第3章　黒潮と文化道：ヤ
　マトと琉球の狭間　第4章　黒潮と交通　第5章　情
　報の道　第6章　生命の道：渡瀬線を越えて　第7章
　島々と暮らし：口之島　第8章　島々と暮らし：中之
　島　第9章　島々と暮らし：臥蛇島　第10章　島々と
　暮らし：平島　第11章　島々と暮らし：諏訪之瀬島
　第12章　島々と暮らし：悪石島　第13章　島々と暮
　らし：小宝島　第14章　島々と暮らし：宝島　第15
　章　トカラ周辺の火山と島々　第16章　トカラ以南
　の島々との繋がり　第17章　トカラ以北の島々と
　の繋がり　第18章　トカラ・海道で見た天体　第
　19章　トカラ：火山観察の科学　第20章　火山島の
　防災　　　　　　　　　　　　　　　　〔2031〕

◇Futenma 360°―the welcome book to
Ginowan city　オフィスユニゾン編、三枝克
之主筆　宜野湾　biblio unizon　2010.6
191p　15×16cm　〈本文は日本語〉　1500円
①978-4-9905054-0-0　Ⓝ291.99　　　〔2032〕

154　「沖縄」がわかる本　6000冊

歴史・地理 　　　　　　　　　　　　　　　　　　　　　　　地誌・紀行

◇海のクロスロード八重山（やいま）—2010年
度沖縄県立博物館・美術館博物館特別展　沖
縄県立博物館・美術館編　那覇　沖縄県立博
物館・美術館　2010.9　91p　30cm〈会期・
会場：2010年9月24日―11月23日　沖縄県立
博物館・美術館　年表あり〉Ⓝ291.99〔2033〕

◇八重山風土記—コラム「不連続線」2002〜
2009　砂川哲雄著　石垣　南山舎　2011.1
244p　19cm　（やいま文庫 11）　1800円
Ⓘ978-4-901427-22-7　Ⓝ291.99
　内容　沖縄の歴史と未来　八重山の豊年祭（プー
リィ）　八重山の歌とタノール　とぅがにぞーさー
フェスタ　八重山出身ミュージシャンの活躍　八
重山人頭税廃止百年記念事業　教育の森文庫　八
重山の作家群像　人頭税シンポジウム　成人式と
若者〔ほか〕　　　　　　　　　　　　　〔2034〕

◇ネイチャーツアー西表島　安間繁樹著　秦野
東海大学出版会　2011.6　261p　21cm
Ⓘ978-4-486-01831-5　Ⓝ291.99
　内容　第1章 島を知ろう—西表島の概要　第2章
集落周辺と道路に沿って　第3章 海岸で遊ぶ　第
4章 マングローブを見る　第5章 山と渓流　第6
章 これだけは見たい会いたい　　　　　〔2035〕

◇宮古の自然と文化　第3集　躍動する宮古の
島々　宮古の自然と文化を考える会編　那覇
宮古の自然と文化を考える会　2011.12
273p　21cm〈文献あり　発売：新星出版
（那覇）〉　1905円　Ⓘ978-4-905192-09-1
Ⓝ291.99
　内容　自然　洞穴が語る宮古の自然　大城逸朗著
宮古のサンゴ礁　梶原健次、松本尚著　宮古群島
の植物と自然　横田昌嗣著　ヤギの神秘　砂川勝徳
著　マクガンあんちーかんちー　藤田喜久著　宮
古諸島の野鳥たち　久貝勝盛、仲地邦博著　宮古よ
もやま話　中西康博著　文化　ツバメの方言名と
その由来、及び各地におけるツバメ観　渡久山章
著　「宮古人」を考える　下地和宏著　太平山小
考　糸数兼治著　近世先島の土地制度　平良勝保著
宮古島市平良字西里方言の音韻　具志澤一著　宮
古島西原の年中行事をめぐって　上原孝三著　宮
古の御嶽と神々　本永清著　解題　垣花豊順著
　　　　　　　　　　　　　　　　　　　〔2036〕

◇石垣島で台湾を歩く—もうひとつの沖縄ガイ
ド：八重山発の地域教材　国永美智子、野入
直美、松田ヒロ子、松田良孝、水田憲志編著
那覇　沖縄タイムス社　2012.3　141p
21cm〈年表あり　文献あり〉1500円
Ⓘ978-4-87127-203-2　Ⓝ291.99
　内容　第1部「台湾」をテーマにした石垣島の歩
き方　第2部 八重山のことをあまり知らないあな
たへ　第3部 八重山に生きる台湾系住民　第4部
植民地台湾へ渡った沖縄の人びと　第5部 人びと
をつなぐ海、分かつ海　資料編　　　　　〔2037〕

◇糸数字誌　糸数字誌編集委員会編　南城　糸

数公民館　2012.3　472p 図版〔11〕枚
31cm〈年表あり〉Ⓝ291.99　　　　　　〔2038〕

◇ぎのわんの地名　内陸部編　沖縄県宜野湾市
教育委員会文化課編　宜野湾　沖縄県宜野湾
市教育委員会文化課　2012.3　408p　30cm
（市民民俗芸能調査報告書）Ⓝ291.99〔2039〕

◇武智志穂と行くかわいい石垣島・八重山諸島
武智志穂著　朝日新聞出版　2012.9　93p
21cm　1600円　Ⓘ978-4-02-250988-8
Ⓝ291.99
　内容　石垣島（街並み　自然　バンナ公園 ほか）
西表島（カヌー＆トレッキング　ピナイサーラの滝
西表島モンスーン ほか）　竹富島（街並み　御嶽
とシーサー　竹富民芸館 ほか）　小浜島（街並み
BOB's CAFE/民宿みやら　はいむるぶし ほか）
　　　　　　　　　　　　　　　　　　　〔2040〕

◇Naha Okinawa—地元誌『モモト』がつくっ
た那覇市公式ガイドブック　那覇市経済観光
部観光課監修　糸満　編集工房東洋企画
2013.2　32p　30cm〈共同刊行：モモト編集
部〉　267円　Ⓘ978-4-905412-14-4　Ⓝ291.99
　　　　　　　　　　　　　　　　　　　〔2041〕

◇夕凪（ゆーどぅりぃ）の島—八重山歴史文化
誌　大田静男〔著〕　みすず書房　2013.8
260p　20cm〈年表あり〉3600円　Ⓘ978-4-
622-07735-0　Ⓝ291.99
　内容　第1部（アーマンの末裔　海と山をつなぐも
の　人世・ヤマト世　カミゴト　士族と百姓の祭
礼　唄は国境を越え　留魂の碑）　第2部（八重山
のハンセン病　八重山教員思想事件と青春群像）
　　　　　　　　　　　　　　　　　　　〔2042〕

◇久米島生活—自然を活かし、自然に生きる
渡辺直子著　繊研新聞社　2013.9　175p
26cm　1800円　Ⓘ978-4-88124-291-9
Ⓝ291.99
　内容　プロローグ 久米島そもそも　第1章 癒しが
いっぱい　第2章 働く、久米島　第3章 久米島じ
まん　第4章 味な久米島　第5章 個性派店めぐり
　　　　　　　　　　　　　　　　　　　〔2043〕

◇年収150万円一家森川さんちの沖縄屋久島お
値打ち旅　森川弘子著　KADOKAWA
2013.10　139p　21cm　（メディアファクト
リーのコミックエッセイ）　1000円　Ⓘ978-
4-04-066008-0　Ⓝ726.1
　内容　1章 母子2人の沖縄旅（取れるかな？　離
島をどうするか問題　初めてのLCC ほか）　2章
親子3人ふたたびの沖縄（ふたたびのLCCチケッ
ト手配　どうする離島？　憧れのパン屋へGO！
ほか）　3章 キッチン付きの宿で屋久島ロングス
テイ！（行き先決めと宿選び　どうやって行こ？
1泊めの宿探し ほか）　　　　　　　　　〔2044〕

◇石垣宮古ぐだぐだ散歩　カベルナリア吉田著

「沖縄」がわかる本 6000冊　155

地誌・紀行　　　　　　　　　　　　　　　　　　　　　　　　　　歴史・地理

◇イカロス出版　2014.4　221p　21cm　1600
円　Ⓘ978-4-86320-858-2　Ⓝ291.99
　[内容] 西里&下里、ときどきイーザト　久松　平良
→上野　伊良部諸島　池間島　来間島　大神島　多
良間島　与那国島　竹富島 [ほか]　　　　　〔2045〕

◇イリオモテのターザン―恵勇爺と泡盛談　水
田耕平著　第3版　石垣　南山舎　2014.4
198p　19×26cm　1350円　Ⓘ978-4-901427-
33-3　Ⓝ291.99　　　　　　　　　　　　〔2046〕

◇世界遺産　今帰仁城跡　糸満　編集工房東洋
企画モモト編集室　2014.12　40p　30cm
（別冊モモト）〈文献あり〉600円　Ⓘ978-4-
905412-38-0
　＊世界遺産・今帰仁城跡スペシャル！ 山北文化と
歴史、グスク周辺ガイドなど今帰仁城跡の魅力
満載。　　　　　　　　　　　　　　　　　〔2047〕

◇北海道人のための南の島ガイドブック―石垣
島、竹富島、小浜島、波照間島、黒島、西表
島、屋久島、沖縄本島　舘浦あざらし責任編
集　札幌　海豹舎　2015.1　132p　21cm
1200円　Ⓘ978-4-901336-31-4　Ⓝ291.99
　[内容] 石垣島　八重山全般　黒島　竹富島　西表
島　波照間島　屋久島　沖縄本島　　　　　〔2048〕

《旅のガイドブック》

◇新・おきなわ観光名所100選　那覇　琉球新
報社　1995.6　109p　26cm　1000円
Ⓝ291.99　　　　　　　　　　　　　　　〔2049〕

◇沖縄・宮古・石垣　地図の本編集部編　日地
出版　1995.7　132p　19cm　（地図の本
12）　810円　Ⓘ4-527-00012-8　Ⓝ291.99
　＊那覇・首里・糸満・沖縄戦跡・玉泉洞・沖縄市・
本部・万座毛・辺戸岬・近海の離島・宮古島・石
垣島。　　　　　　　　　　　　　　　　　〔2050〕

◇マップちゃんの沖縄　日地出版　1995.8
128p　19cm　（地図の本―マップちゃん
29）　910円　Ⓘ4-527-00136-1　Ⓝ291.99
　　　　　　　　　　　　　　　　　　　　〔2051〕

◇沖縄県―ニューエスト　97　昭文社　1996.7
103p　26cm　2000円　Ⓘ4-398-66047-X
　＊県下全市町村図・全市中心図・1/10万広域図。詳
細地番・バス路線・町名索引・施設索引。実走
調査による目標物満載の地図。交差点名・信号
機・歩道橋などの現在地確認のための情報。スー
パー・コンビニなどの暮らしに役立つ情報。一
方通行・ガソリンスタンド・銀行などのビジネス
便利情報。　　　　　　　　　　　　　　〔2052〕

◇沖縄―宮古・八重山・与論　2版11刷　昭文
社　1997.1　255p　19cm　（エアリアガイド
42）　1190円　Ⓘ4-398-10042-3　Ⓝ291.99
　[内容] 那覇・首里　本島南部　本島中部　本島北部

本島周辺の島々　宮古・八重山　インフォメーショ
ン　　　　　　　　　　　　　　　　　　〔2053〕

◇沖縄　2版6刷　昭文社　1997.1　143p
21cm　（エアリアマップ―マップルガイド
43）　952円　Ⓘ4-398-12093-9　Ⓝ291.99
　＊那覇・首里・南部戦跡・西海岸・名護・慶良間列
島・久米島・宮古島・石垣島・西表島・与論島。
　　　　　　　　　　　　　　　　　　　　〔2054〕

◇沖縄―与論　2版9刷　昭文社　1997.1
391p　19cm　（エアリアマップ―旅・王・国
42）　1333円　Ⓘ4-398-14292-4　Ⓝ291.99
　[内容] 沖縄本島(那覇　首里　中部　中部　北部
名護・本部　やんばる)　本島周辺の島々(慶良
間列島　久米島　宮古島　石垣島　西表島　波照
間島　与那国島　南北大東島　与論島)〔2055〕

◇沖縄与論　11版　昭文社　1997.1　239p
26cm　（車で行って遊んで泊まる　36）
1905円　Ⓘ4-398-15186-9　Ⓝ291.99　〔2056〕

◇沖縄・離島―自分で旅する人へ、情報全網羅
実業之日本社　1997.5　194p　21cm　（ブ
ルーガイド・ムック―旅まる）　480円　Ⓘ4-
408-02724-3　Ⓝ291.99　　　　　　　　〔2057〕

◇ウォーキングマップ沖縄・南西諸島　法研
1997.10　126p　21cm　（歩く旅ガイド）
1100円　Ⓘ4-87954-194-X　Ⓝ291.99
　[内容] 那覇・首里　沖縄中部・南部　沖縄本島北
部　本島周辺の小島　宮古・石垣　八重山の島々
　　　　　　　　　　　　　　　　　　　　〔2058〕

◇旅まる沖縄・離島　1998　実業之日本社編著
実業之日本社　1998.5　202p　21cm　（ブ
ルーガイド・ムック）　457円　Ⓘ4-408-
02761-8　Ⓝ291.99　　　　　　　　　　〔2059〕

◇沖縄まちず　福岡人文社企画・編集　2訂版
福岡　福岡人文社　1999.1　63p　30cm
1286円　Ⓘ4-89223-129-0　Ⓝ685.78　〔2060〕

◇沖縄―与論　昭文社　1999.7　399p　21cm
（上撰の旅　28）　1200円　Ⓘ4-398-15228-8
Ⓝ291.99
　[内容] 那覇・首里　本島南部　本島中部　本島北
部　慶良間・久米島　宮古島・八重山諸島　大東
島・与論　　　　　　　　　　　　　　　〔2061〕

◇ひとり歩きの沖縄・奄美―“観る旅”“歩く旅”
のガイドブック　JTB　2000.2　367p　21
×14cm　（ひとり歩きシリーズ）　1350円
Ⓘ4-533-03023-8
　[内容] 南海の小さな大国琉球王国　沖縄・奄美十景
沖縄・奄美遊歩術　沖縄・奄美の基礎知識　沖縄
本島南部　沖縄本島中部　沖縄本島北部　宮古諸
島　八重山諸島　奄美諸島　知っておくと役立つ
情報　　　　　　　　　　　　　　　　　〔2062〕

◇沖縄のあるきかた　北九州　ゼンリン

156　「沖縄」がわかる本　6000冊

歴史・地理　　　　　　　　　　　　　　　　　　　　　地誌・紀行

2000.5　191p　21cm　（福袋—大きな字の
本）　1200円　Ⓘ4-432-90466-6　Ⓝ291.99
〔2063〕

◇ディープ沖縄—現地スタッフが教える沖縄ガ
イド　アスキー　2000.7　223p　21cm
1600円　Ⓘ4-7561-3447-5　Ⓝ291.99　〔2064〕

◇熱烈！沖縄ガイド　篠原章編著　宝島社
2000.7　253p　16cm　（宝島社文庫）〈「ハ
イサイ沖縄読本」（1993年刊）の改訂〉695円
Ⓘ4-7966-1865-1　Ⓝ291.99
　内容　1　沖縄“超”観光—いちばん楽しくもっとも
ディープなツアーガイド（STREET　MUSIC
ENTERTAINMENT　FOOD&DRINK）　2
沖縄移住計画—“おきなわ病”治療のための完全無
比な処方箋（SOCIETY&COMMUNICATION
対談・宮本亜門VS篠原章　LIVING　LAN-
GUAGE　SHOPPING）
〔2065〕

◇沖縄　2001　弘済出版社　2001.1　143p
26cm　（旅の手帖情報版）　933円　Ⓘ4-330-
62500-8　Ⓝ291.99　〔2066〕

◇沖縄—南西諸島　山と渓谷社　2001.4　353p
18cm　（J guide 21 21）　980円　Ⓘ4-635-
01091-0　Ⓝ291.99
　内容　那覇・首里・本島南部　沖縄市・西海岸・名
護・本部　本島リゾートホテル　慶良間列島・久
米島　宮古・石垣・西表島・与那国島　奄美・与
論　離島リゾートホテル　〔2067〕

◇沖縄やえやまguide book—南国世界果報体験
石垣　南山舎　2001.5　149,107p　21cm
〈発売：キョーハンブックス〉1200円　Ⓘ4-
87641-386-X　Ⓝ291.99
　内容　うごく　みる　あそぶ　たべる　のむ　か
う　とまる　実用　〔2068〕

◇沖縄攻略ガイド　2001年版　ソフトバンク
パブリッシング　2001.6　147p　26cm
（Softbank mook—べる@まが）〈付属資料：
CD-ROM1枚（12cm）〉838円　Ⓘ4-7973-
1552-0　Ⓝ291.99　〔2069〕

◇沖縄で会いましょう　スターツ出版　2001.7
136p　29cm　（スターツムック）〈「オズマ
ガジン」特別編集　「ぽけーっと沖縄」の改
訂版〉838円　Ⓘ4-88381-269-3　Ⓝ291.99
〔2070〕

◇癒しの島・沖縄northパーフェクトガイド
マガジンハウス　2001.9　130p　29cm
（Magazine House mook）　1200円　Ⓘ4-
8387-8335-3　Ⓝ291.99　〔2071〕

◇沖縄　弘済出版社　2001.12　120p　29cm
（散歩の達人mook—さんぽな都市シリーズ）

838円　Ⓘ4-330-65201-3　Ⓝ291.99　〔2072〕

◇沖縄・離島情報　v.42（平成14年春号）　長
坂町（山梨県）　林檎プロモーション（発売）
2002.2　240p　21cm　457円　Ⓘ4-947653-
42-6　Ⓝ291.99　〔2073〕

◇沖縄　JTB　2002.4　191p　21cm　（るる
ぶ楽楽）　1100円　Ⓘ4-533-04206-6　Ⓝ291.
99
　内容　旅のプランニング　（沖縄歩き楽楽カレン
ダー　沖縄を遊びつくす50のヒント　ほか）　那
覇・首里（那覇　首里　ほか）　沖縄本島（本島南
部・クルマでまわる南部戦跡　浦添・宜野湾・北
谷　ほか）　本島周辺の島々（慶良間諸島　久米島
ほか）　〔2074〕

◇宮古・石垣・西表島　2002-2003年版　昭文
社　2002.5　143p　26cm　（マップルマガ
ジン）　781円　Ⓘ4-398-24063-2　Ⓝ291.99
〔2075〕

◇沖縄で遊ぼ　2002-2003　JTB　2002.6
126p　21cm　（JTBのmook—るるぶっく）
867円　Ⓘ4-533-04284-8　Ⓝ291.99　〔2076〕

◇裏ワザ！沖縄のすごし方—これを知らな
きゃ楽しめない　大野益弘と平成暮らしの研
究会著　河出書房新社　2002.8　223p
15cm　（Kawade夢文庫—大満足！の旅ガイ
ド 3）　476円　Ⓘ4-309-49448-X　Ⓝ291.99
　内容　1　沖縄の真の魅力と底力をまるごとリサー
チ（この意外な現実を知れば沖縄がもっと楽しく
なる　沖縄ならではの豊かな自然と戯れる術　ほ
か）　2　沖縄本島をとことん遊びつくす秘策（美し
さはピカイチ！大感激の特選ビーチ　雰囲気とう
まさを堪能する伝統の味&盛り上がれる店　ほか）
3　魅惑の島々を誰よりも満喫する裏ワザ（海も最
高だけど島内もすごい！久米島&慶良間諸島の
マル秘知識　独特の習慣に出会える！宮古諸島
のマル秘知識　ほか）　4　ずっとお得でロスのない
とっておきトラベル術（パーフェクトな沖縄旅行
はこのプランニングから　あなたの事情と予算に
合った沖縄旅行の賢い予約法）　〔2077〕

◇わくわく歩き石垣・西表・宮古・那覇　実業
之日本社　2002.12　113p　26cm　（ブルー
ガイド情報版）　838円　Ⓘ4-408-03417-7
Ⓝ291.99　〔2078〕

◇沖縄　2003-2004年版　リクルート　2003.3
208,27p　26cm　（クチコミじゃらんシリー
ズ）〈発売：昭文社〉838円　Ⓘ4-398-
29003-6　Ⓝ291.99　〔2079〕

◇沖縄—どっぷりウチナー体感　ブルーガイド
編集部編　実業之日本社　2003.4　103p
19cm　（ブルーガイド1泊2泊 18）　714円
Ⓘ4-408-05488-7　Ⓝ291.99
　内容　那覇・本島南部　本島中部　本島北部

「沖縄」がわかる本 6000冊　**157**

地誌・紀行　　　　　　　　　　　　　　　　　　　　　　　　　　歴史・地理

〔2080〕

◇沖縄で遊びた〜い！　レブン著　メイツ出版　2003.5　128p　19cm　1300円　Ⓘ4-89577-612-3　Ⓝ291.99
　内容　ほんとうの夏を探しに離島への旅に出る　目的別ディープ体験珠玉4コース　那覇・首里　中部　沖縄食めぐり　南部　北部　琉球の風土・文化をまるごと体験！　伝統芸能めぐり　島々
〔2081〕

◇おきなわ観光大事典　'03　那覇　おきなわ大事典,(那覇)閣文社〔発売〕　2003.6　126p　26×21cm　500円　Ⓘ4-87619-888-8
　内容　特集1　海あそび　碧い海は楽しさ無限大!!—体験ダイビング特集(美ら海・あくありうむ　Cカードを取ろう！　ベストダイビングポイント5　おすすめショップ一覧　沖縄未知との遭遇　ほか)　特集2　地域密着情報—観光案内所が選んだオススメスポット最新エリア情報！(国際通り特集　那覇広域　那覇新都心　南部広域　浦添・西原　ほか)　特集3　沖縄料理大全集
〔2082〕

◇わくわく歩き沖縄海あそび楽園リゾート　実業之日本社　2003.7　130p　26cm　(ブルーガイド情報版)　876円　Ⓝ291.99
〔2083〕

◇沖縄ビューティトラベルガイド—沖縄を旅するだけでキレイになる！　ジャーガルスタンダード編著　大阪　プロジェクト・シュリ　2003.7　127p　19cm　〈発売：創英社〉　1400円　Ⓘ4-9901407-1-0　Ⓝ673.96
　内容　1　リゾートホテルの最新エステ案内—エステティシャンで選んだ厳選10ホテル(ザ・ブセナテラス　カヌチャベイホテル&ヴィラズ　ほか)　2　3泊4日、完全美容旅メニュー—ストレス解消・美白・肌トラブルの3コース(タイムスケジュールつき)("ストレス解消"コース　"美白"コース　ほか)　3　カラダの中と外から美しくなる琉球食材30選—美白・肌ツヤ・シミ・そばかす・便秘・角化防止…(ゴーヤー　サンニン　ほか)　4　ちゅらさんの美容法—9人の琉球美人(24歳〜74歳)に聞きました！(上原知子さん(45歳・ヴォーカリスト)照屋玉乃さん(27歳・会社員)　ほか)　5　琉球コスメ厳選カタログ—旅に出られないあなたのために…(スキンケア　ボディ&ヘアケア　ほか)
〔2084〕

◇沖縄を旅する　JTB　2003.10　110p　26cm　(るるぶ情報版　九州27)　857円　Ⓘ4-533-04934-6　Ⓝ291.99
〔2085〕

◇ハッピー沖縄　ハッピー沖縄取材班編・著　双葉社　2003.10　199p　21cm　(ガールズ・トラベラーズ・ファイル)　1500円　Ⓘ4-575-29622-8　Ⓝ291.99
　内容　第1章　琉球スタイルなビューティを極める　第2章　のほほんオキナワあっちこっち遊び　第3章　美味なる島で食いだおれたい　第4章　オキナ

ワン・カルチャーに夢中　第5章　伝統からブランドまで、お買い物しよう　第6章　泊まる沖縄、暮らす沖縄、旅する沖縄
〔2086〕

◇沖縄　JTB　2003.12　127p　19cm　(ポケットガイド)　762円　Ⓘ4-533-05046-8　Ⓝ291.99
　内容　本島南部　本島中部　本島北部　宮古島諸島　八重山諸島
〔2087〕

◇沖縄　2版　昭文社　2004.1　159p　18cm　(まっぷるぽけっと)　600円　Ⓘ4-398-12300-8　Ⓝ291.99
　内容　ここだけははずせない沖縄のツボ　開業！沖縄都市モノレール(ゆいレール)　沖縄本島おすすめドライブコースBest4　目的別必見スポット逆引き索引　那覇市内線バスルートマップ　ここが見どころ(那覇・首里　南部　中部　ほか)　おいしいものを食べよう(沖縄料理　沖縄そば　ステーキハウス　ほか)　おみやげを探そう(野菜&果物・ドリンク　伝統菓子・伝統工芸　着る・飾る　ほか)　宿泊インフォメーション
〔2088〕

◇クチコミ沖縄の本　2004-2005年版　リクルート　2004.2　174,2?p　26cm　(クチコミじゃらん430)　〈発売：昭文社〉790円　Ⓘ4-398-29032-X　Ⓝ291.99
〔2089〕

◇沖縄・ロングステイ　ゼネラル・プレス,キョーハンブックス〔発売〕　2004.4　119p　21cm　1500円　Ⓘ4-87641-493-9
　＊日本でありながら亜熱帯に属する島、沖縄。あたたかい気候とおおらかな県民気質で、時間ものんびり流れます。ここ数年、沖縄移住を夢見る人も増えてきましたが、まずはロングステイで島の暮らしを体験してみてはいかがでしょう。ウイークリーマンションやリゾートホテルなど、長期滞在にぴったりの物件紹介、介護休暇や沖縄暮らしのコツなどを満載。この1冊で、沖縄暮らしがぐぐっと現実的になるはずです。〔2090〕

◇うりひゃー！沖縄—行っちゃえ！知っちゃえ！おまかせガイド　アジア光俊文、よねやまゆうこ絵　光文社　2004.4　257p　16cm　(知恵の森文庫)　743円　Ⓘ4-334-78283-3　Ⓝ291.99
　内容　第1章　行きたい沖縄　第2章　健康・美食の島　第3章　定番、裏番、超裏番！　第4章　沖縄土産のすすめ　第5章　歴史文化の交差点　第6章　沖縄散歩道　第7章　トホホな沖縄
〔2091〕

◇ぞっこん・沖縄—女の子ひとり旅読本　しかくらかおる、チマヌねっとわーく編著　実業之日本社　2004.4　156p　21cm　1400円　Ⓘ4-408-01722-1　Ⓝ291.99
　内容　第1章　沖縄へ渡る　第2章　沖縄で泊まる　第3章　沖縄にハマる　第4章　沖縄で恋する　第5章　那覇を楽しむ　第6章　宮古を楽しむ　第7章　八重山を楽しむ
〔2092〕

◇沖縄・宮古・八重山　2004　近畿日本ツーリ

歴史・地理　　　　　　　　　　　　　　　　　　　　　　　　　地誌・紀行

スト出版センター　2004.5　133p　26cm
（ツーリスト情報版　国内 254）　781円
Ⓘ4-87638-754-0　Ⓝ291.99
〔2093〕

◇沖縄・奄美　JTB　2004.6　167p　21cm
（アイじゃぱん 50）　1000円　Ⓘ4-533-
05258-4　Ⓝ291.99
内容 沖縄本島　宮古諸島　八重山諸島　奄美諸
島
〔2094〕

◇沖縄で癒す　主婦の友社　2004.6　129p
30cm　（主婦の友生活シリーズ―エフ・トラ
ベル）　933円　Ⓘ4-07-242950-3　Ⓝ291.99
〔2095〕

◇歩く沖縄―街歩きマップ＆ガイド　ゼネラ
ル・プレス　2004.7　71p　30cm〈発売：
キョーハンブックス〉　905円　Ⓘ4-87641-
473-4　Ⓝ291.99
内容 特集 沖縄おばぁに会える7店　ゆいレール
全駅・超詳細周辺マップ　那覇中心部　本島南部
本島中部　やんばる
〔2096〕

◇沖縄―宮古・石垣・西表島　昭文社　2004.7
（2刷）　367p　21cm　（にっぽんの旅 20）
1400円　Ⓘ4-398-13540-5　Ⓝ291.99
内容 沖縄本島　宮古・石垣・西表島
〔2097〕

◇男の旅路沖縄奄美　JTBパブリッシング
2004.10　255p　21cm　1429円　Ⓘ4-533-
05579-6　Ⓝ291.99
内容 沖縄本島　本島周辺の離島　宮古諸島　八
重山諸島　奄美諸島
〔2098〕

◇沖縄ナビ―沖縄の旅の秘訣をとことんガイド
いのうえちず, 西中里美共著, 沖縄スタイル編
枻出版社　2004.11　296p　21cm　1500円
Ⓘ4-7779-0232-3　Ⓝ291.99
内容 第1部 沖縄を遊ぶ（できればタダで遊びた
い　シーズン別お楽しみ　海で遊ぶ？ 何して遊
ぶ？　ディープな遊び案内）　第2部 沖縄を知る
（グルメ情報省略の食べ物ガイド　イマドキの沖
縄カルチャーにひたる　意外と知らない沖縄の歴
史　ちょっとディープに沖縄）　第3部 沖縄を旅
する（お得な沖縄旅行術　行かうー！　沖縄！）
〔2099〕

◇大好き沖縄情報まっぷ―オリジナル　豊見城
アオバ沖縄　2004.12　55,55p　30cm〈左右
同一ページ付　印刷・発売：新星出版（那
覇）〉　952円　Ⓘ4-902193-14-0　Ⓝ291.99
〔2100〕

◇沖縄極上100ビーチ　コセキチエコ著　ソ
ニー・マガジンズ　2005.2　347p　15cm
（ヴィレッジブックス＋）　800円　Ⓘ4-
7897-2421-2　Ⓝ291.99
内容 沖縄本島・南部　沖縄本島・中部　沖縄本
島・北部　沖縄本島・周辺離島　慶良間諸島　宮

古諸島　八重山諸島
〔2101〕

◇沖縄上手な旅ごはん―美ら島に遊び, うま店
で食べる　さとなお著　文藝春秋　2005.6
231p　16cm　（文春文庫plus）　571円
Ⓘ4-16-766037-7　Ⓝ291.99
内容 那覇2泊3日、究極なる旅ごはん　エメラル
ド・グルクン（本島・那覇）　美ら海の美らウニ
（本島・那覇）　もぐりの沖縄そば（宮古島）　透
明度100%の島豆腐（宮古島）　石垣島やきにく天
国（石垣島）　南の島に雪が降る―岩手～石垣、泡
盛ものがたり（石垣島）　モーズク春ですねぇ（小
浜島）　灼熱ムンチャーズ（小浜島）　自分史上最
高ビーチ＆ビール（波照間島）
〔2102〕

◇どこでもいっしょトロと行く沖縄―pokepi
in Okinawa　シーコースト・パブリッシン
グ編　シーコースト・パブリッシング
2005.6　95p　26cm〈発売：朝日新聞社〉
1200円　Ⓘ4-02-190301-1　Ⓝ291.99
内容 沖縄マリン＆厳選スポット紹介　那覇シティ
まるごと紹介　本島南部紹介　本島中部紹介　本
島北部紹介　沖縄交通情報
〔2103〕

◇あしばな～！―おきなわアウトドア父ちゃん
のおすすめスポット紹介　當銘由治著　那覇
ボーダーインク　2005.7　137p　19cm
1200円　Ⓘ4-89982-095-X　Ⓝ291.99〔2104〕

◇熟年沖縄ゆとりの旅　ブルーガイド編集部編
第2版　実業之日本社　2006.1　175p　21cm
（ブルーガイド―てくてく歩き）　1160円
Ⓘ4-408-01879-1　Ⓝ291.99
内容 沖縄の歴史が育む伝統工芸　南国沖縄を楽
しむための厳選ゆったりモデルコース＆アドバイ
ス　那覇・首里　中・北部　南部　ホテルガイド
旅の準備と沖縄事典
〔2105〕

◇子どもとでかける沖縄あそび場ガイド
2006-2007　ちゅらママ隊著　メイツ出版
2006.3　128p　21cm　1300円　Ⓘ4-89577-
985-8　Ⓝ291.99
内容 どうぶつ大好き　あおぞら大好き　かいも
の大好き　みずあそび大好き　べんきょう大好き
テーマパーク大好き　しぜん大好き　おとまり大
好き　まだまだあるよ
〔2106〕

◇入門おとなの沖縄ドリル　比嘉政夫監修　ダ
イヤモンド・ビッグ社　2006.3　95p　26cm
〈発売：ダイヤモンド社〉　1000円　Ⓘ4-478-
07991-9　Ⓝ291.99
内容 インタビュー うちな～んちゅになる法、教え
ます。（フリーアナウンサー・吉澤直美さん）　エッ
セイ　「だからよ。」「であるわけさあ。」「なんでか
ねえ。」沖縄3大無責任言葉にみるスローワードの
極意（情報伝達芸人・藤木勇人さん）　沖縄爆笑物
語 僕が沖縄に、何度も行く理由（フリーライター・
カベルナリア吉田さん）　うちなーへの第一歩！
まずは小手調べの30問　おとなの沖縄ドリル（ノ
ンセクション　歴史　沖縄戦と米軍基地　史跡と

「沖縄」がわかる本 6000冊　　159

地誌・紀行　　　　　　　　　　　　　　　　　　　　　　　　　　　　歴史・地理

世界遺産　うちなあぐち　ほか）　　　〔2107〕

◇沖縄のおさんぽ―なつかしい島に帰りましょ
う。　プロジェ・ド・ランディ著　竹書房
2006.4　143p　15×21cm　1800円　①4-
8124-2690-1　Ⓝ291.99
　内容　那覇　首里　栄町市場　桜坂　壺屋　牧志
公設市場　浮島通り　農連市場　ニューパラダイ
ス通り　コザ　宜野湾　読谷・恩納　本部・名護
石垣島　　　　　　　　　　　　　　　〔2108〕

◇無敵の沖縄―イラストレイテッド　まのとの
ま著　アスペクト　2006.4　127p　21cm
1500円　①4-7572-1235-6　Ⓝ291.99
　内容　食　南部　那覇・首里　中部　本部半島周
辺　北部　楽　　　　　　　　　　　〔2109〕

◇親子であそぼう！　沖縄こだわり徹底ガイド
キジムナー著　メイツ出版　2006.5　144p
21cm　（子連れ旅行ガイド）　1500円　①4-
7804-0056-2　Ⓝ291.99
　内容　那覇空港　パイナップルハウス　DUNK
DIVING School&Services　いじゅの花　アジア
食堂　漫湖水鳥・湿地センター　国際通り　てん
ぶす那覇　おきなわ屋　ステーキハウス88・国際
通り店〔ほか〕　　　　　　　　　　〔2110〕

◇沖縄・宮古・八重山　山と溪谷社　2006.7
159p　19cm　（たびんぐ 16）　952円　①4-
635-01736-2　Ⓝ291.99
　内容　那覇・首里　沖縄南部　沖縄中部・北部　慶
良間・久米島　宮古・八重山　　　　〔2111〕

◇るるぶふたたび沖縄　JTBパブリッシング
2006.7　92p　26cm　（るるぶ情報版　九州
9）　743円　①4-533-06375-6　Ⓝ291.99
　　　　　　　　　　　　　　　　　　〔2112〕

◇沖縄ロハス―自然の恵みを生かした暮らしの
スタイル　天空企画編　山と溪谷社　2006.8
207p　21cm〈他言語標題：Uchina
LOHAS〉1500円　①4-635-28066-7　Ⓝ291.
99
　内容　大地の恵み（沖縄野菜―秘められた沖縄の底
力　農とともに暮らす　パーマカルチャーって一
体何なんだろう　ほか）　風と海の恵み（風土とシ
ャツ「かりゆしウェア」　マングローブ再生のロー
ドマップ　泡瀬干潟の海歩人（ウミアッチャー）
自然の恵みを生かす（ウチナースローフード　循
環型社会の礎―ゴミを自然に返すために　ナチュ
ラルな沖縄には「凄い」がある　ほか）〔2113〕

◇沖縄・那覇完全攻略マップ＆ガイド　2007
山と溪谷社　2007.2　114p　26cm　（J
guide magazine）　648円　①978-4-635-
92670-6　Ⓝ291.99　　　　　　　　〔2114〕

◇沖縄マリンパラダイス　JTBパブリッシング
2007.3　112p　26cm　（るるぶ情報版　九州
22）　838円　①978-4-533-06618-4　Ⓝ291.

99　　　　　　　　　　　　　　　　　〔2115〕

◇沖縄・石垣・宮古　改訂新版　JTBパブリッ
シング　2007.4　223p　21cm　（るるぶ楽
楽 23）　900円　①978-4-533-06652-8
Ⓝ291.99
　内容　旅の組立方　那覇・首里　西海岸リゾート
エリア　やんばる　南部　離島　　　〔2116〕

◇沖縄・南西諸島　山と溪谷社　2007.4　159p
21cm　（歩く地図Nippon　歩いてみたい街が
ある 18）　1080円　①978-4-635-01698-8
Ⓝ291.99
　内容　沖縄本島南部　沖縄本島中部　沖縄本島北
部　慶良間・久米島　宮古・八重山　奄美諸島　資
料編　　　　　　　　　　　　　　　〔2117〕

◇るるぶ沖縄ベストテン　JTBパブリッシング
2007.4　93p　26cm　（るるぶ情報版　九州
13）　743円　①978-4-533-06683-2　Ⓝ291.
99　　　　　　　　　　　　　　　　　〔2118〕

◇おきなわ旅ガイド　本島編　編集工房東洋企
画編　那覇　編集工房東洋企画　2007.7
86p　16cm　1500円　①978-4-938984-44-1
Ⓝ291.99　　　　　　　　　　　　　〔2119〕

◇サーベイ沖縄　おきなわサーベイ委員会監修
昭文社　2008.1　299,43p　21cm　1524円
①978-4-398-13747-0
　内容　巻頭特集企画（観光コンシェルジュ宮国さん
のおすすめ！本島満喫ベストスポット10　離島満
喫ベストスポット5　見て感激、遊んで満喫　美ら
海ビーチセレクション本島エリア　チャンブルー
かあオキナワンスイーツまで　琉球グルメ大全集
ウチナーンチュのイチ押しはココ！沖縄そば大満
足の10杯）　那覇・首里エリア　中部エリア　南
部エリア　やんばるエリア　慶良間・久米島エリ
ア　宮古島と周辺の島エリア　石垣島と周辺の島
エリア　巻末特集企画　サーベイ委員がオススメ
するイチ押しスポット23　　　　　　〔2120〕

◇島田紳助のすべらない沖縄旅行ガイドブック
島田紳助著　幻冬舎　2008.3　119p　19cm
1100円　①978-4-344-01467-1　Ⓝ291.99
　内容　沖縄とは　行くなら、季節は夏以外にない！
日程は、できれば3泊4日で行け！　沖縄にはこれ
を持っていけ！　沖縄本島3泊4日の旅　『女の
子を誘い出したいなら、一緒にプランを作れ！』
『カップルなら、つきあいの深さで行き先を変え
ろ！』『ここで決めたい』と考えている男は、3
泊目が勝負だ！』　宮古島3泊4日の旅　『沖縄の
食べものに期待するな』『沖縄で絵を描くこと』
『男同士で行くなら、何でも冒険になる』　『南の
島』　石垣島3泊4日の旅　『1人旅は若いマシン
のセッティング、中古マシンのメンテナンスの場
ではない』　『TOMURU』だからこそ、ファン
と出会える』　　　　　　　　　　　〔2121〕

◇オキナワ体験ガイド　改訂第10版　京都　ユ

160　「沖縄」がわかる本　6000冊

歴史・地理　　　　　　　　　　　　　　　　　　　　　　　　　　地誌・紀行

ニプラン　2008.7　117p　21cm　762円
①978-4-89704-254-1　Ⓝ291.99
内容 1 沖縄の自然　2 沖縄の歴史　3 沖縄と戦
争　4 沖縄の米軍基地と安保条約　5 沖縄の文化・
伝統・暮らし　6 沖縄体験学習　　　　　〔2122〕

◇おとなのvacances―ガイドブックを閉じる旅
v.4　沖縄　ソニー・マガジンズ　2008.7
126p　29cm　（Sony magazines deluxe）
1314円　①978-4-7897-7048-4　Ⓝ291.99
　　　　　　　　　　　　　　　　　　　〔2123〕

◇歩いてみよう！　おきなわ軽便鉄道マップ
おきなわ散策はんじゃ会編　那覇　ボーダー
インク　2008.8　131p　21cm　1400円
①978-4-89982-137-3　　　　　　　　　〔2124〕

◇沖縄　ブルーガイド編集部編　第3版　実業
之日本社　2008.12　18,191p　21cm　（ブ
ルーガイド―プチ贅沢な旅 15）　1100円
①978-4-408-05534-3　Ⓝ291.99
内容 那覇・首里・南部　リゾート　中部・北部
島の旅　旅の準備　　　　　　　　　　　〔2125〕

◇週末ゆるり旅沖縄編―自分をリセットする、
心地よい場所探し　マーブルブックス編
マーブルトロン　2009.4　125p　20cm
（Marble books）〈索引あり　発売：中央公
論新社〉1600円　①978-4-12-390225-0
Ⓝ291.99
内容 はじめての沖縄　海　南部　中部　北部
食べる　買う　島　泊まる　　　　　　　〔2126〕

◇るるぶ沖縄ドライブベストセレクト　'10
JTBパブリッシング　2009.4　24,111p
26cm　（るるぶ情報版 九州 15）　876円
①978-4-533-07446-2　Ⓝ291.99　〔2127〕

◇お笑い沖縄ガイド―貧乏芸人のうちなーリ
ポート　小波津正光著　日本放送出版協会
2009.5　222p　18cm　（生活人新書 290）
700円　①978-4-14-088290-0　Ⓝ291.99
内容 オープニング　沖縄Q&A　ヤンバル芸人と
行く沖縄リゾートの旅　Aサインと伝説のロックン
ローラー　灼熱の日米ビーチ決戦　観光の島　お
笑い米軍基地ヒストリー　不動産屋の話―移住計
画者に捧ぐ　沖縄お笑い芸人への道　スピリチュ
アル・オキナワ〔ほか〕　　　　　　　　〔2128〕

◇ちょこ旅沖縄＋離島―ぐるぐるてくてく島め
ぐり　松鳥むう著　アスペクト　2009.5
127p　21cm　〈索引あり〉1429円　①978-4-
7572-1668-6　Ⓝ291.99
内容 東御廻り（南城）　漁師さん家へれっつら、
ゴー!?（奥武島）　世界遺産と伝統さんぽ（首里）
陶房へ行こう。&波照間岬へドライブ（読谷）　手
作り市とまーさむん（本部）　美ら海までチャリ
で行こう（本部）　のんびり島時間（瀬底島）　戦
争を感じる（伊江島）　ぐるっと1周ドライブ（や

んばる）　海と動物の楽園!?へ（宮古島）　石垣島
ドライブ（石垣島）　ジャングルと星空ツアー（西
表島）　海も陸もダイナミック（与那国島）　目指
せ！最南端（波照間島）　牛と海でひたすらボ〜ッ
竹富島でお泊まり（竹富島）　　　　　　〔2129〕

◇沖縄旅行―自然＋クラフト＋カフェめぐり
ミクロプレス編著　東京地図出版　2009.6
143p　21cm　（おんなのたび 2）〈索引あ
り〉1560円　①978-4-8085-8546-4　Ⓝ291.
99
内容 第1章 島カフェめぐり（やんばるの森カフェ
ェ散歩　Cafeハコニワ　ほか）　第2章 沖縄・ク
ラフトめぐり（沖縄のやきものと出会う　大嶺工
房　ギャラリーで見つけた沖縄の新しい器　ほか）
第3章 アメリカントリップ（基地のレストラン
でモーニング　AWASE MEADOWS RESTAU-
RANT　外人住宅のお店1 Ploughmans Lunch
Bakery　ほか）　第4章 島ごはん（赤瓦の家で島ご
はん 沖縄そばの店 しむじょう　琉球茶房 あし
びうなぁ　ほか）　第5章 島散歩と、離島の旅（車
で渡る離島に行こう 古宇利島&屋我地島　伊計
島　ほか）　　　　　　　　　　　　　　〔2130〕

◇1 dayドライブ沖縄―美ら島をめぐる魅惑の
16ルート　岡山　KG情報　2009.9　152p
28cm　1143円　Ⓝ291.99　　　　　　　〔2131〕

◇沖縄さんぽ　昭文社　2010.3　111p　18cm
（ことりっぷ）〈並列シリーズ名：Co-trip
索引あり〉800円　①978-4-398-15351-7
Ⓝ291.99
内容 島カフェ（美ら海カフェで午後のひととき
静かな森カフェの時間　ほか）　乙女ドライブ（神
様のいる場所へおじゃまします　猫に導かれて路
地裏へ　ほか）　おいしい幸せ（赤瓦のオウチで沖
縄ごはん　島野菜の乙女ごはん　ほか）　気になる
モノ（沖縄民芸品　作家さんの工房におじゃまし
ました　ほか）　　　　　　　　　　　　〔2132〕

◇沖縄フィールド・トリップ報告書―1-4,
March,2010　八木正言, 逸見敏郎編　立教大
学キリスト教教育研究所　2010.5　26p
26cm　〈言語語標題：Okinawa field trip
report〉Ⓝ291.99　　　　　　　　　　　〔2133〕

◇沖縄のおさんぽ　松永多佳倫著　メディア
ファクトリー　2010.6　142p　15×21cm
1400円　①978-4-8401-3415-6
内容 那覇　牧志公設市場　農連市場　首里　栄
町市場　桜坂　グランドオリオン通り　竜宮通り
パラダイス通り　十貫瀬通り〔ほか〕　〔2134〕

◇沖縄　大人の街歩き編集部編　成美堂出版
2010.9　191p　22cm　（大人の街歩き 16）
〈並列シリーズ名：SEIBIDO TRAVEL
GUIDE JOY OF CITY WALKING　索引
あり〉1048円　①978-4-415-30765-7
Ⓝ291.99
内容 特集 至福の沖縄リゾート　特集 おなかい

地誌・紀行　　　　　　　　　　　　　　　　　　　　　　　　歴史・地理

っぱい沖縄ごはん　特集 青い空と海を駆ける―
爽快沖縄ドライブルート　特集 沖縄伝統芸能の
世界　特集 ビーチ&アクティビティ―紺碧の海
と空を独占したい　特集 沖縄ショッピング天国
をゆく　シティガイド 那覇街歩き　シティガイ
ド コザ街歩き　シティガイド 名護街歩き　エリ
アガイド 離島への旅　　　　　　　　　〔2135〕

◇開運!!沖縄パワスポ散歩　まのとのま著　徳
間書店　2011.4　143p　21cm　1200円
Ⓘ978-4-19-863158-1　Ⓝ291.99
　内容 首里城とその周辺(首里城　首里森御嶽 ほ
か)　本部半島・名護(瀬底島　瀬底土帝君 ほか)
北部(やんばる　比地大滝 ほか)　中部(金武観音
寺 アマミチューの墓 ほか)　南部(久高島 場
天御嶽 ほか)　　　　　　　　　　　　〔2136〕

◇お得に遊ぶ・沖縄　2011-2012最新版　リク
ルート　2011.4　154p　29cm　(Recruit
special edition―じゃらんムックシリーズ)
800円　Ⓘ978-4-86207-366-2　　　〔2137〕

◇沖縄島あそび　vol.01(2011-2012)　特集：
おきなわ海あそび　北杜　林檎プロモーショ
ン　2011.6　192p　21cm　〈『沖縄・離島情
報』別冊　索引あり〉　524円　Ⓘ978-4-
947653-91-8
＊沖縄県全島＋ヨロン島、宿泊情報全847軒。モデ
ルコース&テーマ別オススメプラン52件。
　　　　　　　　　　　　　　　　　　　〔2138〕

◇ファミリーで楽しむ！　沖縄子連れ(得)徹底
ガイド　エー・アール・ティ著　メイツ出版
2011.6　128p　21cm　〈索引あり〉　1500円
Ⓘ978-4-7804-0984-0　Ⓝ291.99
　内容 那覇エリア(那覇空港 NAHA HAR-
BOUR DINER ほか)　南部エリア(沖縄県平
和祈念資料館　ひめゆり平和祈念資料館 ほか)
中部エリア(北谷アメリカンビレッジ　沖縄こど
もの国 ほか)　北部エリア(道の駅許田　ネオ
パークオキナワ名護自然動植物公園 ほか)　離島
エリア(クラブメッド石垣島カビラ　石垣島鍾乳
洞 ほか)　　　　　　　　　　　　　　〔2139〕

◇旅ボン 沖縄編　ボンボヤージュ著　主婦と
生活社　2011.8　159p　21cm　1300円
Ⓘ978-4-391-14078-1
　内容 1日目 国際通りと涙のスタンプラリー　2日
目 のんびりゆったり水牛車に揺られて　3日目 嵐
の南国リゾート　4日目 日本最西端の感動は、ヤ
ギ汁と共に…　5日目 ねむい人も合流。みんなで
シーサー作り体験　6日目 さわやかな青空の下、
日本最南端へ！　7日目 アウトドア100% カヤッ
ク&ジャングル探検　後日 沖縄再訪記は…
　　　　　　　　　　　　　　　　　　　〔2140〕

◇沖縄パワースポットの歩き方―幸せと変化を
引き寄せる神秘と癒しの島　知名藤枝著　中
経出版　2011.8　159p　19cm　1400円
Ⓘ978-4-8061-4145-7　Ⓝ291.99

　内容 プロローグ 神秘と癒しの島沖縄を訪れる前
に　やんばるの森―パワフルな癒しのエネルギー
にあふれた聖なる森　備瀬―安らぎとインスピ
レーションが舞い降りる木洩れ日の並木道　部瀬
名岬―女神のエネルギーがチャクラを刺激する美
ら海　今帰仁城跡―古の濃いエネルギーを残し、
天と地をつなぐ世界遺産　渡嘉敷島―「始まり」
をうながすポジティブなエネルギーの島　名護―
宇宙とつながり、変化のエネルギーに満ちた観光
拠点　幸せと変化を引き寄せるパワースポットの
歩き方　　　　　　　　　　　　　　　〔2141〕

◇沖縄の歩き方―本島&慶良間　2012-13　地
球の歩き方編集室著作編集　ダイヤモンド・
ビッグ社　2012.1　161,15,23p　26cm　(地
球の歩き方mook 国内 3)〈発売：ダイヤモ
ンド社〉　914円　Ⓘ978-4-478-04220-5〔2142〕

◇沖縄　2版 昭文社　2012.3　159p　18cm
(ことりっぷ)〈索引あり〉　800円　Ⓘ978-4-
398-15415-6　Ⓝ291.99
　内容 沖縄をさくっと紹介します　とっておきの楽
園ステイ　那覇・首里　本島中部　本島北部　本
島南部　本島周辺離島　myことりっぷ〔2143〕

◇ビームスの沖縄。―GUIDE BOOK for
HAPPY TRAVELER　ビームス　2012.3
183p　21cm〈他言語標題：Beams EYE on
OKINAWA　索引あり　発売：スペース
シャワーネットワーク〉　1600円　Ⓘ978-4-
906700-30-1　Ⓝ291.99
　内容 1 Highlight―沖縄が大好き！　2 Favorite
―沖縄のとっておきアドレス　3 Catalog―メイ
ド・イン・オキナワ　4 Crusing―うちな～気分で、
街歩き　SUPPLEMENT 1 Dictionary―沖縄が
もっと好きになる90のキーワード　SUPPLE-
MENT 2 GUIDE line OKINAWA―沖縄ハッ
ピーマップ　　　　　　　　　　　　　〔2144〕

◇沖縄　JTBパブリッシング　2012.4　159p
20cm　(ココミル 九州 4)〈索引あり〉
800円　Ⓘ978-4-533-08559-8　Ⓝ291.99
　内容 旅のプロローグ 青い海に癒されながらま
ずは沖縄の観光に出かけましょう(那覇・首里　
本島北部　本島中部　本島南部)　スローな暮らし
の中で育まれたうちな～の味をご案内します　大
切な人へ贈りたくなる南国のおみやげを探しませ
んか　リゾート気分で過ごせる私にぴったりのホ
テル探し　はじめての沖縄トラベルインフォメー
ション　　　　　　　　　　　　　　　〔2145〕

◇石垣・竹富・西表・宮古島　2版 昭文社
2012.5　143p　18cm　(ことりっぷ)〈索引
あり〉　800円　Ⓘ978-4-398-15416-3　Ⓝ291.
99
　内容 石垣・宮古の島々をさくっと紹介します　南
の楽園の楽しみ方　石垣島　石垣島から行く離島
宮古島　　　　　　　　　　　　　　　〔2146〕

◇ありんくりん・沖縄公式ブック

TOKIMEKIパブリッシング　2012.6　128p　21cm〈発売：角川グループパブリッシング〉　1400円　①978-4-04-899073-8　Ⓝ291.99
＊「すば」「沖縄食堂」「泡盛」「カフェ」etc.ウチナーンチュが通いつめる109店。〔2147〕

◇沖縄・離島情報　2012‐13コンパクト版　北杜　林檎プロモーション　2012.7　232p　21×15cm　524円　①978-4-906878-02-4
内容 絶海の孤島・南北大東島　謎のドラム缶風呂in与那国島　ブレックファーストで素敵な朝の沖縄　カベルナリア吉田のオキナワ大調査！（第三回）沖縄に自由の女神はいくつある！ そして全部見たら幸せになれるのか？　おきなわあいうえお　沖縄本島　本島周辺の島々　宮古諸島　八重山諸島　飛行機・船情報〔2148〕

◇沖縄　高城剛著　セブン＆アイ出版　2012.9　111p　19cm　（ネクストラベラー　素敵な星の旅行ガイド Vol.01）　1800円　①978-4-86008-611-4　Ⓝ291.99
内容 沖縄絶景スポット、第1位「ワルミ大橋」　外国人住宅街がカフェヴィレッジに「港川ステイツサイドタウン」　沖縄一のパワースポットと言えば！「備瀬崎」　地元産柑橘類をリミックス「やちむん喫茶のウルトラみかん生ジュース」　メジャーな真栄田岬のすぐ隣、秘密の入り江「裏真栄田」　カフェ街道のお店で一番のお気に入り「Cafeハコニワ」　お子様と一緒の方にオススメの離島「伊計島」　手作りデニムをオーダーメイド「Double Volante」　沖縄で一番の天然酵母のパン、最高の野草ピザ「山甌」　畳で雑魚寝を楽しめる小さな宿「マチャン・マチャン」〔ほか〕〔2149〕

◇るるぶやんばる沖縄北部　JTBパブリッシング　2013.3　93p　26cm　（るるぶ情報版―九州 17）　800円　①978-4-533-08943-5　Ⓝ291.99〔2150〕

◇沖縄ドライブベストプラン　'14　昭文社　2013.4　1冊　26cm　（マップルマガジン）　857円　①978-4-398-27298-0　Ⓝ291.99〔2151〕

◇あたらしい沖縄旅行　セソコマサユキ著　WAVE出版　2013.7　159p　21cm　1500円　①978-4-87290-631-8　Ⓝ291.99
内容 1 中部（ippe coppe PORTRIVER MARKET ほか）　2 北部（たま木工商店　カフェこくう ほか）　3 那覇（soi ピパーチキッチン ほか）　4 南部（うつわ＋喫茶BONOHO Parlour de jujumo ほか）〔2152〕

◇沖縄サイクリングガイド―自転車で楽しむ沖縄の旅　イカロス出版　2013.12　126p　21cm　1429円　①978-4-86320-813-1　Ⓝ291.99
内容 第1章 南部（独特の文化を感じるコザと基地めぐり―那覇市中心部←→コザ周回　感動的な景色を味わう南部イーストコース―那覇市中心部←→南城市知念周回　市街地をめぐる観光系サイクリング―那覇市中心部←→沖縄市往復　戦跡を訪ねる南部ウエストコース―那覇市中心部←→糸満市周回）　第2章 中部（アメリカの空気漂う金武から山間部を抜け名護へ―恩納村仲泊←→名護市中心部往復　勝連半島の先の太平洋に浮かぶ美しい島々へ―真栄田岬←→伊計島往復　ライダーたちに人気の西海岸ルート58―恩納村仲泊←→名護市中心部往復　アメリカと沖縄の文化ちゃんぽんコース―那覇市中心部←→恩納村仲泊周回）　第3章 北部（大自然を堪能する脚応えたっぷりな一日―国頭村奥間←→国頭村奥周回　島々をめぐる半日の冒険サイクリング―名護市中心部←→古宇利島往復　本島北部をエネルギッシュに駆けまわる―国頭村奥間←→東村高江周回　沖縄の魅力あふれる半島を一周―本部半島一周　マングローブ林を行く―慶佐次）　第4章 本島近くの離島（伊江島――周のんびりめぐり　久高島―神が宿る神秘の地　伊平屋島―琉球文化の宝庫を訪ねて）〔2153〕

◇沖縄のいろは　［2014］　昭文社　2014.1　24,129p　26cm　（マップルマガジン―沖縄 03）　800円　①978-4-398-27415-1　Ⓝ291.99〔2154〕

◇石垣・竹富・西表島　第7版　実業之日本社　2014.2　159p　21cm　（ブルーガイド―てくてく歩き 21）　1000円　①978-4-408-05718-7　Ⓝ291.99
内容 旅の準備のアドバイス　八重山の島じま（石垣島　竹富島　小浜島　黒島　新城島　西表島　鳩間島　波照間島　与那国島）　八重山をもっと楽しむ〔2155〕

◇沖縄　［2014］　JTBパブリッシング　2014.3　223p　21cm　（楽楽 楽しい旅でニッポン再発見―九州 5）　880円　①978-4-533-09551-1　Ⓝ291.99
内容 那覇・首里　中部　北部　南部　沖縄本島のリゾートホテル　離島〔2156〕

◇沖縄・那覇　第9版　実業之日本社　2014.3　157p　21cm　（ブルーガイド―てくてく歩き 15）　980円　①978-4-408-05722-4　Ⓝ291.99
内容 那覇・首里　本島中部・北部　本島南部　宿泊ガイド　旅のプランニング〔2157〕

◇沖縄＆離島お得技ベストセレクション　晋遊舎　2014.4　97p　29cm　（晋遊舎ムック―お得技シリーズ 007）〈他言語標題：OKINAWA & Islands OTOKUWAZA Best Selection〉743円　①978-4-86391-932-7〔2158〕

◇TRAVEL・STYLE沖縄　2015　成美堂出版　2014.4　24,168p　26cm　（SEIBIDO MOOK―Guide Series）　900円　①978-4-415-11173-5〔2159〕

地誌・紀行　　　　　　　　　　　　　　　　　　　　　歴史・地理

◇やさしい沖縄　2014/2015　宝島社　2014.4
15,111p　26cm　（e-MOOK―宝島
TRAVEL GUIDE 沖縄）　840円　Ⓘ978-4-
8002-2363-0
〔2160〕

◇リンネル沖縄　宝島社　2014.6　143p
19cm　（女子旅ガイド）　1000円　Ⓘ978-4-
8002-2768-3　Ⓝ291.99
内容 とっておきの沖縄旅　リンネルSELEC-
TION GOOD LOCATION BEACH　暮らす
ように楽しむ最旬沖縄スタイル　やさしい沖縄再
発見リンネル沖縄エリアガイド　島文化をぎゅっ
と凝縮伝統もトレンドも楽しめる―那覇　南国の
大自然を満喫―北部　アメリカンカルチャーにふ
れる―中部　海に古民家、原風景が息づく―南部
ゆったりいやされる、とっておきのお宿―小さく
て心地いいホテル　一日1組限定の宿　〔2161〕

◇大塚寧々の沖縄案内―幸せ島時間　大塚寧々
著　宝島社　2014.7　111p　20cm　1450円
Ⓘ978-4-8002-2507-8　Ⓝ291.99
内容 1 Activity―遊ぶ　2 Gourmet―食べる
3 my lovely pottery,glass……―雑貨を買う　4
Cafe,Sweets,Bread―カフェ、スイーツ、パン
5 Stay―ホテルライフ　Nene's Private（リゾー
トでのファッション　旅のしたく）　Souvenir of
Okinawa―沖縄みやげ
〔2162〕

◇沖縄　2版　昭文社　2014.7　144p　15cm
（Poketa）　648円　Ⓘ978-4-398-12369-5
Ⓝ291.99
内容 那覇市内定番お手軽モデルコース　美ら海
目指してシーサイドドライブ　沖縄で食べたいモ
ノ大集合　沖縄みやげセレクション　楽園ビーチ
セレクション　ひとめでわかるマリンアクティビ
ティ　世界遺産早わかりガイド　楽園リゾートに
チェックイン　宿泊情報　Poketa沖縄アクセスガ
イド　那覇空港をフル活用　沖縄ドライブきほん
ナビ
〔2163〕

◇沖縄　昭文社　2014.8　247p　19cm
（tab！ tte 20）　1100円　Ⓘ978-4-398-
12440-1　Ⓝ291.99
内容 tabitte NOTES（沖縄本島1周ぶらり旅1日
目那覇・中部西海岸―ロマンいっぱいの首里城や
万座毛の絶景を満喫！　沖縄本島1周ぶらり旅2
日目沖縄美ら海水族館・北部―北部地域ならでは
の食べ物や豊かな自然を体験　沖縄本島1周ぶら
り旅3日目中部東海岸・首里―グスクや海中道路
とともにあの人気店たちを満喫　沖縄本島1周ぶ
らり旅最終日南部・那覇―南部の聖地やカフェで
心ゆくまで思い出づくり　沖縄離島フォトギャラ
リー―個性豊かな島々を感じるスロー旅へようこ
そ　お祭り写真集―今なお色濃く残る、沖縄なら
ではの伝統にフォーカス）　tabitte PLANNING
GUIDE（tabitte流旅のつくり方　ベストシーズン
はのがさない！ tabitte calendar　知っトク！沖
縄マメ知識）　tabitte TRAVEL GUIDE（沖縄
本島　本島周辺の島々　宮古島と周辺の島々　石
垣島・西表島と周辺の島々）
〔2164〕

◇石垣島に行きたい　中西康治写真　ファミ
マ・ドット・コム　2014.10　95p　21cm
1000円　Ⓘ978-4-907292-33-1　Ⓝ291.929
〔2165〕

◇石垣・宮古・竹富・西表島　JTBパブリッシ
ング　2014.12　143p　21cm　（楽楽 楽し
い旅でニッポン再発見―九州 6）　880円
Ⓘ978-4-533-10076-5　Ⓝ291.99
内容 石垣・竹富・西表島（石垣島　竹富島　小浜
島　黒島　波照間島　西表島）　宮古島（宮古島の
人気ビーチ　八重干瀬で体験ダイビング　シーカ
ヤックで鍾乳洞へ　宮古島ドライブコース　平良
タウン　平良タウンのグルメ　宮古そば　宮古郷
土料理　宮古島の観光スポット　伊良部島・下地
島　多良間島　宮古島の宿）
〔2166〕

◇ホテル日航アリビラのスタッフがおすすめす
る沖縄・読谷の笑顔に出会う旅　ホテル日航
アリビラ編集室編著　英治出版　2014.12
159p　18cm　800円　Ⓘ978-4-86276-183-5
Ⓝ291.99
内容 1 歩く（読谷村村長・石嶺傳實　"海の種"代
表・金城浩二 ほか）　2 感じる（ガラス工房主宰・
おおやぶみよ　版画家・名嘉睦稔 ほか）　3 食べ
る（大木海産物店店主・上地利美　手づくりパン
工房おとなりやオーナー・齊藤隆之 ほか）　4 触
れあう（読谷漁業協同組合・前田晃　きゆな食品
合同会社"鶴亀堂ぜんざい"店主・喜友名秀樹 ほ
か）　5 ほほえむ（"JAおきなわ"女性部会長・仲
宗根悦子　読谷村元村長・安田慶造 ほか）
〔2167〕

◇九州沖縄　8版　昭文社　2015　15,86,85p
21cm　（ツーリングマップル 2015）〈縮尺：
1：140000、1：250000　左右同一ページ付〉
1800円　Ⓘ978-4-398-65625-4　Ⓝ685.78
内容 巻頭 旅のおすすめスポット　広域図（プラ
ンニングマップ）　本図　都市詳細図・観光図　市
区町村索引　施設索引　フェリー運賃表　高速道
路料金検索　高速道路網図　ユースフル・インフォ
メーション
〔2168〕

◇沖縄　2015-16　この一冊で沖縄旅は完璧
「最新・沖縄MAP」　ダイヤモンド・ビッグ
社　2015.1　33,160p　26cm　（地球の歩き
方MOOK―Cheers！ 5）〈発売：ダイヤモ
ンド社〉　917円　Ⓘ978-4-478-04686-9〔2169〕

◇OKINAWA―COFFEE&BAKERY　エムオ
ン・エンタテインメント　2015.2　181p
21cm　1200円　Ⓘ978-4-7897-3645-9
内容 LIFE STYLE　GOOD TRAVEL　EAT
BAKERY　CULTURE　OKINAWA MAP
〔2170〕

◇＆TRAVEL沖縄　2016　朝日新聞出版
2015.3　24,167p　26cm　（ASAHI
ORIGINAL　通巻542号）　900円　Ⓘ978-4-

164　「沖縄」がわかる本　6000冊

歴史・地理　　　　　　　　　　　　　　　　　　　　　　　　　地誌・紀行

02-278208-3　Ⓝ291.99　　　　　〔2171〕

◇るるぶもっと沖縄を旅する　JTBパブリッシング　2015.3　127p　26cm　（るるぶ情報版—九州 22）　880円　Ⓘ978-4-533-10199-1　Ⓝ291.99　　　　　　　　　　　〔2172〕

◇沖縄ちゅら海ドライブ　'16　昭文社　2015.4　20,31,119p　26cm　（まっぷるマガジン—沖縄 05）　900円　Ⓘ978-4-398-27664-3　Ⓝ291.99　　　　　　　　　　　〔2173〕

◇るるぶ沖縄ドライブ　'16　JTBパブリッシング　2015.4　16,24,117p　26cm　（るるぶ情報版—九州 15）　930円　Ⓘ978-4-533-10278-3　Ⓝ291.99　　　　　〔2174〕

◇あたらしい離島旅行　セソコマサユキ著　WAVE出版　2015.5　159p　21cm　（NEW TRIP）　1500円　Ⓘ978-4-87290-745-2　内容 1 宮古諸島（モジャのパン屋（パン/宮古島）soraniwa hotel&cafe（カフェ、宿/伊良部島）ほか）　2 八重山諸島（あやふぁみ（カフェ、雑貨、工房/波照間島）Le Lotus Bleu（宿/石垣島）ほか）　3 瀬戸内海の島（Paysan（パン、カフェ/大島）こまめ食堂（カフェ/小豆島）ほか）　4 五島・奄美の島（くじらカフェ（カフェ/与論島）半泊・大丈夫村！（カフェ、宿/福江島）ほか）　　　　　　　　　　　　　　〔2175〕

◇トリコガイド沖縄　2016最新版　枻出版社　2015.5　143p　26cm　（エイムック 3097）　1000円　Ⓘ978-4-7779-3573-4　〔2176〕

◇るるぶ沖縄ベスト　'16　JTBパブリッシング　2015.6　9,23,111p　26cm　（るるぶ情報版—九州 13）　780円　Ⓘ978-4-533-10478-7　Ⓝ291.99　　　　　〔2177〕

◇沖縄へでかけよう　[2015]　昭文社　2015.7　36,151p　26cm　（まっぷるマガジン—沖縄 04）　880円　Ⓘ978-4-398-27744-2　Ⓝ291.99　　　　　　　　　　　〔2178〕

◇沖縄を旅する　2015-2016　主婦の友社　2015.7　8,129p　26cm　（主婦の友生活シリーズ）　1000円　Ⓘ978-4-07-401064-6　Ⓝ291.99　　　　　　　　　　　〔2179〕

◇やえやまシマタビガイドブック　[2015]　石垣　南山舎　2015.7　224p　20cm　〈発売：キョーハンブックス〉　1200円　Ⓘ978-4-87641-697-4　Ⓝ291.99　内容 石垣島　竹富島　西表島　小浜島　黒島　鳩間島　新城島　波照間島　与那国島　八重山の楽しみかた　シマタビへ出発の前に　　〔2180〕

◇るるぶこどもと行く沖縄　'16　JTBパブリッシング　2015.7　9,6,119p　26cm　（るるぶ情報版—九州 14）　840円　Ⓘ978-4-

533-10495-4　Ⓝ291.99　　　　　〔2181〕

◇ことりっぷMagazine　Vol.5（2015Summer）こころうるおう沖縄の森カフェ、海カフェへ　昭文社　2015.7　143p　30cm　（ことりっぷmook）　630円　Ⓘ978-4-398-27700-8〔2182〕

◇バスグラフィック　Vol.24　夏休みはこの一冊を持って沖縄へ!!バス王国沖縄　ネコ・パブリッシング　2015.7　106p　30cm　（NEKO MOOK 2342）〈他言語標題：BUS GRAPHIC〉1700円　Ⓘ978-4-7770-1842-0　　　　　　　　　　　　　〔2183〕

◇石垣・宮古—竹富・西表島　3版　昭文社　2015.8　151p　21cm　（たびまる 30—今度の旅はまるごと楽しい！）　900円　Ⓘ978-4-398-11680-2　Ⓝ291.99　内容 石垣島　八重山諸島　宮古島　那覇　　　　　　　　　　　　　　　〔2184〕

◇沖縄　4版　昭文社　2015.8　215p　21cm　（たびまる 29—今度の旅はまるごと楽しい！）　900円　Ⓘ978-4-398-11679-6　Ⓝ291.99　内容 沖縄本島　沖縄の離島　　〔2185〕

◇沖縄・うるま市—持って行こう!!持って遊ぼう!! ガイドブック　〔うるま〕　沖縄県うるま市経済部商工観光課　2015.8　19p　21cm　　　　　　　　　　　　　　　　〔2186〕

◇じゃらん沖縄　2016　リクルートホールディングス　2015.11　32,222p　29cm　639円　Ⓘ978-4-86207-551-2　Ⓝ291.99　〔2187〕

◇沖縄ベストスポット　[2016]　昭文社　2016.1　30,16,111p　26cm　（まっぷるマガジン—沖縄 03）　800円　Ⓘ978-4-398-27814-2　Ⓝ291.99　　　　　〔2188〕

◇るるぶ沖縄　'16　JTBパブリッシング　2016.1　1冊　26cm　（るるぶ情報版—九州 8）　840円　Ⓘ978-4-533-10822-8　Ⓝ291.99　〔2189〕

◇石垣・宮古　竹富島・西表島　'16-'17　昭文社　2016.2　32,143p　26cm　（まっぷるマガジン—沖縄 02）　850円　Ⓘ978-4-398-27828-9　Ⓝ291.99　　　　　〔2190〕

◇るるぶ石垣宮古竹富島西表島　'16〜'17　JTBパブリッシング　2016.2　1冊　26cm　（るるぶ情報版—九州 12）　840円　Ⓘ978-4-533-10856-3　Ⓝ291.99　　　　　〔2191〕

◇沖縄　'17　昭文社　2016.3　1冊　26cm　（まっぷるマガジン—沖縄 01）　850円　Ⓘ978-4-398-27842-5　Ⓝ291.99　　　　　〔2192〕

「沖縄」がわかる本 6000冊　　**165**

地誌・紀行 歴史・地理

◇沖縄ベストスポットmini ［2016］ 昭文社
2016.3 30,16,111p 18cm （まっぷるマガ
ジン―沖縄 03） 800円 Ⓣ978-4-398-
27970-5 Ⓝ291.99 〔2193〕

◇石垣 竹富 西表島 宮古 JTBパブリッシン
グ 2016.4 142p 21cm （マニマニ―九
州 6） 850円 Ⓣ978-4-533-10948-5
内容 石垣 竹富 西表島 宮古の "イマ"をのぞき見
私の好きな5SCENE ISHIGAKIJIMA いま、気
になる石垣島観光 STANDARD SPOT CAT-
ALOG 石垣島 mytrip＋more！もっと行きたい
ところ・したいこと MIYAKOJIMA いま、気
になる宮古島観光 STANDARD SPOT CAT-
ALOG 宮古島
〔2194〕

◇沖縄 JTBパブリッシング 2016.4 158p
21cm （マニマニ―九州 5） 850円
Ⓣ978-4-533-10947-8
内容 沖縄の "イマ"をのぞき見 私の好きな
5SCENE（Ploughman's Lunch Bakery い な
みね 古宇利島ほか） OKINAWA いま、気
になる沖縄観光（シーサイドカフェでRelax の
んびり。沖縄時間@美ら海ビーチ 南国の草花
に囲まれるカフェ ほか） STANDARD SPOT
CATALOG 那覇・首里/中部/西海岸リゾート/
美ら海水族館周辺/やんばる/南部 〔2195〕

《修学旅行案内》

◇沖縄―修学旅行のしおり 〔那覇〕 沖縄県
1995.2 65p 26cm 〈共同刊行：沖縄ビジ
ターズビューロー〉 Ⓝ291.99 〔2196〕

◇ハイサイ沖縄！―私たちのメッセージ 和光
小学校、行田稔彦編 星林社 1996.10 223p
21cm 2000円 Ⓣ4-915552-27-6 Ⓝ374.46
内容 1章 ちいさな語り部となって―子どもの思
いは、教師の思いを遙かに超えて 2章 歩いた・
見た・聞いた・考えた―証言者のコースをたどる
3章 遠くて近い島「沖縄」―私たちが、今、一番
身近にしなければならない島「沖縄」 4章 地球
時代を生きる子どもたちの学習 〔2197〕

◇沖縄修学旅行ハンドブック―学び・調べ・考
えよう 安仁屋政昭監修, 平和・国際教育研
究会編 平和文化 1997.6 63p 21cm 〈文
献あり〉 600円 Ⓣ4-938585-73-1 Ⓝ219.9
内容 1 沖縄の自然・文化と歴史 2 沖縄戦 3 米
軍支配と土地闘争・復帰運動 4 基地の島・沖縄
〔2198〕

◇沖縄修学旅行 新崎盛暉〔ほか〕著 第2版
高文研 1999.5 278p 19cm 〈年表あり〉
1300円 Ⓣ4-87498-219-0
内容 1 沖縄が知っている戦争 2 基地の島・沖
縄 3 亜熱帯・沖縄の自然 4 沖縄の歴史をたど

る 5 沖縄の暮らしと文化 6 キイワードで読む
沖縄現代史 〔2199〕

◇戦争と沖縄 池宮城秀意著 岩波書店
2002.12 205p 18cm （岩波ジュニア新
書）〈第48刷〉 780円 Ⓣ4-00-500019-3
内容 1 ひめゆり学徒隊 2 戦争と沖縄（学童疎
開船の悲劇 アメリカ軍の上陸まで ほか） 3 沖
縄の歴史から（沖縄という島 琉球王朝の成立 ほ
か） 4 近代日本のなかの沖縄（廃藩置県と琉球処
分 県政初期のころ ほか） 5 日本復帰まで（収
容所の生活 戦後の混乱 ほか） 〔2200〕

◇九州・沖縄 日本修学旅行協会監修 金の星
社 2003.3 95p 30cm （事前に調べる修
学旅行パーフェクトガイド） 3900円 Ⓣ4-
323-06467-5 Ⓝ291.9
内容 長崎（長崎市街 長崎周辺・佐世保 島原周
辺） 福岡・佐賀・熊本（熊本 北九州 福岡） 沖
縄（那覇市街 南部 北部） 〔2201〕

◇沖縄修学旅行 新崎盛暉, 仲地哲夫, 村上有
慶, 目崎茂和, 梅田正己著 第3版 高文研
2005.1 278p 19cm 〈年表あり〉 1300円
Ⓣ4-87498-333-2 Ⓝ219.9
内容 1 沖縄が知っている戦争 2 基地の島・沖
縄 3 亜熱帯・沖縄の自然 4 沖縄の歴史をたど
る 5 沖縄の暮らしと文化 6 キイワードで読む
沖縄現代史 〔2202〕

◇沖縄修学旅行ガイドブック―ふれあい感動体
験 ふきのとう書房 2005.7 64p 21cm
〈発売：星雲社〉 750円 Ⓣ4-434-06559-9
Ⓝ291.99
内容 1章 琉球・沖縄の歴史と沖縄戦・戦跡を学
ぶ（琉球・沖縄の歴史概観 事前学習の内容と方
法 沖縄戦とは何だったのか ほか） 2章 現代の
沖縄と私たちの課題―基地・環境・平和について
考える（米軍基地の歴史と現状 美ら海に米軍基
地建設 米軍ヘリ墜落と事故・事件 ほか） 3章
人・文化・自然とふれあう感動体験（こんな修学
旅行がしたい 3泊4日モデルコース いろんな体
験ができる沖縄 ほか） 沖縄知っ得情報 〔2203〕

◇沖縄に学ぶ子どもたち 和光小学校・和光鶴
川小学校「沖縄に学ぶフォーラム2006」委員
会編, 丸木政臣, 行田稔彦監修 大月書店
2006.6 221p 19cm 1600円 Ⓣ4-272-
41171-3 Ⓝ374.46
内容 第1章 私たちの中に生きつづける沖縄 第
2章 沖縄の語り部たち 第3章 沖縄で学び育つ子
どもたち 沖縄学習旅行の二〇年 第4章 沖縄で
ひろがり、つながる 沖縄を歌う―命どう宝（沖
縄に捧げる歌）・わたしのウチナー 〔2204〕

◇修学旅行のための沖縄案内 大城将保, 目崎
茂和著 高文研 2006.11 94p 21cm 〈年
表あり〉 1100円 Ⓣ4-87498-372-3 Ⓝ291.
99
内容 1 亜熱帯・サンゴ礁の島じま（サンゴ礁の海

166 「沖縄」がわかる本 6000冊

歴史・地理　　　　　　　　　　　　　　　　　　　　　　　　　　　　　　地誌・紀行

と島　サンゴ礁の生き物たち　ほか）　2　琉球王国の時代（沖縄と本土　日本人のルーツ・港川人　ほか）　3　沖縄戦—戦火に焼かれた島（平和の発信地「平和の礎」　アジア太平洋戦争と沖縄　ほか）　4　「基地の島」の戦後史（日本から切り離された沖縄　ゼロからの出発　ほか）　5　暮らしの中に生きる沖縄文化（「琉球」と「沖縄」　沖縄語のルーツ　ほか）
〔2205〕

◇これだけは知っておきたい琉球・沖縄のこと—琉球・沖縄のことをもっとよく知るための問題集　新城俊昭著　第3版　那覇　沖縄時事出版　2007.4　72p　26cm〈年表あり　発売：沖縄学販（那覇）〉　524円　①978-4-903042-05-3　Ⓝ291.99
〔2206〕

◇もっと楽しめる自主研修・修学旅行ワークブック沖縄本島編　京都　ユニプラン　2008.9　72p　26cm　505円　①978-4-89704-255-8
内容　1　事前学習をしよう—沖縄のことどのくらい知ってる？　2　班づくりとテーマの決定—みんなで、テーマを決めよう　3　下調べをしよう—来訪候補地のリストを作ろう　4　コースづくりと行程計画—来訪地と交通手段を選択し、コースと行程計画を決定しよう　5　自主研修・修学旅行のしおり—早めに準備して、ゆとりをもって出発しよう！　6　自主研修感想ノート—ワークシート　自主研修・修学旅行日誌　7　発表会の準備—ふりかえり・ワークシート
〔2207〕

◇新・沖縄修学旅行　梅田正己, 松元剛, 目崎茂和著　高文研　2013.11　255p　19cm〈年表あり〉　1300円　①978-4-87498-529-8　Ⓝ219.9
内容　1　沖縄戦—沖縄に刻まれた戦争（ひめゆり学徒が体験したこと　“日米最後・最大の戦闘”—沖縄戦　ほか）　2　基地の島・沖縄（沖縄国際大学に墜落した巨大ヘリ　市民、報道陣を排除した米軍　ほか）　3　亜熱帯・沖縄の自然（琉球弧の島じま　「高島」と「低島」　ほか）　4　琉球・沖縄の歴史（日本人の起源を語る化石人骨の“宝庫”　貝塚時代から交易社会の時代へ　ほか）　5　沖縄の暮らしと文化（沖縄のことば　地名と家と街　ほか）
〔2208〕

◇エデュケーショナル・ツーリズム推進事業報告書　〔那覇〕　沖縄県　2014.3　1冊　30cm〈事業受託者：オリエンタルコンサルタンツ・近畿日本ツーリスト共同企業体〉　Ⓝ374.46
〔2209〕

◇修学旅行で行ってみたい日本の世界遺産　5　広島と九州・沖縄の世界遺産　本田純, 小松亮一, 清野賢司著　新版　岩崎書店　2014.3　55p　29cm　3000円　①978-4-265-08340-4　Ⓝ709.1
内容　世界遺産紹介（原爆ドーム　厳島神社　屋久島　琉球王国のグスク及び関連遺産群）　総合学習コーナー（日本の戦争遺跡　地方都市の空襲

日本の巨樹・巨木　沖縄の歴史—沖縄戦まで　沖縄の基地問題　開発と環境破壊）　修学旅行・社会科見学ガイド（原爆ドーム・厳島神社と周辺ガイド　屋久島周辺ガイド　琉球王国のグスク及び関連遺産群、周辺ガイド）
〔2210〕

◇事前学習に役立つみんなの修学旅行　6巻　沖縄　上原静監修　小峰書店　2014.4　44p　26cm　2500円　①978-4-338-28406-6
内容　沖縄ってどんなところ？　テーマ別に見る沖縄の旧跡1　琉球王国のおもかげをめぐろう！　テーマ別に見る沖縄の旧跡2　太平洋戦争、地上戦の爪あと　テーマ別に見る沖縄の名所1　沖縄の自然・文化を体験！　沖縄の行事を知ろう！　沖縄のグルメ、お菓子　沖縄の小物　沖縄マメじてん
〔2211〕

◇平和学習に役立つ戦跡ガイド　3　オキナワ　平和学習に役立つ戦跡ガイド編集委員会編　汐文社　2014.7　47p　27cm〈文献あり　年表あり　索引あり〉　2500円　①978-4-8113-2084-7　Ⓝ210.75
内容　戦争のつめあとを見学する（旧海軍司令部壕　糸数アブチラガマ　斎場御嶽　シムクガマ　榮橋　ほか）　資料館などで学ぶ（平和祈念公園　平和祈念公園周辺ガイドMAP　沖縄県平和祈念資料館　ひめゆり平和祈念資料館　対馬丸記念館　ほか）
〔2212〕

社会科学

政治・経済・社会一般

◇女性カメラマンがとらえた沖縄と自衛隊　石
川真生写真・文　高文研　1995.5　238p
21cm　2060円　Ⓘ4-87498-159-3　Ⓝ392.1
〔2213〕

◇命どぅ宝　沖縄発　櫛田博基著　ロマン書房
牧志店　1995.9　148p　19cm　1200円
内容 六十二才で沖縄へ　沖縄での一期一会　行
きどまり感覚からの脱出　沖縄の社会と政治経済
の現況　今世紀末での日本と沖縄　沖縄の未来と
あるべき姿　沖縄の目指す方向　沖縄県人の県民
性と気質　沖縄本島の離島の現況　戦後五十年、
本土の制度疲労と沖縄　多角的に見た沖縄の哀史
六十二歳は、人生三度目の成人式　　　　〔2214〕

◇燃える沖縄揺らぐ安保―譲れるものと譲れな
いもの　知花昌一著　社会批評社　1996.3
206p　19cm　1500円　Ⓘ4-916117-15-8
Ⓝ302.199
内容 第1部 「時」をえて、今、燎原の火のごと
く（初めて日本政府にノー　復帰後の軍用地の強
奪　「被告」は日本政府　米軍支配下での沖縄の屈
辱　沖縄犠牲に国栄える）　第2部 譲れるものと
譲れないもの（勝利感あふれる八年間の裁判　沖
縄と日の丸・天皇　チビチリガマの追体験　中・
高校生のチビチリガマ見学記　人々との出会いと
交流）　　　　　　　　　　　　　　　〔2215〕

◇沖縄の心の原点　大木田守著　東京書籍
1996.5　237p　19cm　1400円　Ⓘ4-487-
75471-2　Ⓝ302.199
内容 二人の知事　大田知事の心　沖縄の心　和
の国の風土　那覇まつりに見たもの　"アメリカ
世"から"ヤマト世"へ　基地のなかの"おきなわ"
"日本円"様のお通り　復帰の素顔5・15の光と
影　問い直す"祖国"の意味〔ほか〕　　〔2216〕

◇焼きすてられた日の丸―基地の島・沖縄読谷
から　知花昌一著　増補　社会批評社
1996.5　251p　19cm　1600円　Ⓘ4-916117-
21-2　Ⓝ302.199
内容 第1章 日の丸を焼く　第2章 読谷、わが青
春　第3章 読谷の反基地運動と基地沖縄　第4章
チビチリガマ「集団自決」と沖縄戦　第5章 裁か

れる日の丸　　　　　　　　　　　　　　〔2217〕

◇沖縄の時代　松島朝彦著　那覇　ひるぎ社
1996.5　167p　18×10cm　（おきなわ文庫）
880円
内容 時代の予感　沖縄の時代　時代の心と体
〔2218〕

◇いま語る沖縄の思い　井上澄夫編　技術と人
間　1996.7　270p　20cm　2060円　Ⓘ4-
7645-0109-0　Ⓝ312.199
内容 インタビューについて　なにか変わるかも
しれない　一番つまんないのは沖縄県であり続け
ること　もう日本でなくてもいいんじゃないか…
根本的なところは非武装の実現　立派な日本人な
んかになりたくねえや　沖縄には日本総体に対す
る深い不信感がある　自分たちのことは自分たち
でやっていく　軍隊はあなたを守ると信じていま
すか　人を踏んづけといて自分たちは平和だとい
うあの無神経さ　これは「沖縄問題」ではない〔ほ
か〕　　　　　　　　　　　　　　　　　〔2219〕

◇拒絶する沖縄―日本復帰と沖縄の心　大田昌
秀著　近代文芸社　1996.7　350p　19cm
〈サイマル出版会1971年刊の新装版〉　1800円
Ⓘ4-7733-5745-2　Ⓝ312.199
内容 第1部 拒絶する沖縄（復帰運動の転換点
「一体化」とは何か　沖縄経験と平和憲法　日米共
同声明と沖縄の将来　ほか）　第2部 沖縄の問題・
日本の問題（参政権をめぐる歴史的差別　国政参
加の原理と現実　第四の琉球処分　沖縄復帰と日
本人教育　ほか）　　　　　　　　　　　〔2220〕

◇沖縄と地域自立　国連・憲法問題研究会
1996.7　51p　26cm　（国連・憲法問題研究
会連続講座報告　どうする「日本」連続講座
第6集）　400円　　　　　　　　　　　　〔2221〕

◇反国家の兇区―沖縄・自立への視点　新川明
著　社会評論社　1996.9　399p　20cm
〈1971年刊の増訂〉　2884円　Ⓘ4-7845-0484-
2　Ⓝ312.199
内容 幻像としての「日本」　内なる「辺境」から
―喜舎場永珣著『八重山古謡』にふれて　大江健
三郎への手紙　情念の叛乱　一人の表現者　「非
国民」の思想と論理―沖縄における思想の自立に
ついて　沖縄近代史研究の一視点―謝花昇・伊波
普猷をめぐって　「復帰」思想の葬送―謝花昇論

168　「沖縄」がわかる本　6000冊

社会科学　　　　　　　　　　　　　　　　　　　　　政治・経済・社会一般

ノート　「狂気」もて撃たしめよ―謝花昇論ノート2　新たなる処分への文化的視座　"想像力"を問われる闘争　「憲法幻想」の破砕　「復帰」思想の虚妄　「差別告発」から「反逆」の持続へ　「反国家の兇区」としての沖縄　　　　　　　　〔2222〕

◇沖縄・安保・天皇　憲法みどり農の連帯編　BOC出版部　1996.10　167p　21cm　1200円　Ⓘ4-89306-059-7　Ⓝ312.199　〔2223〕

◇沖縄報告　復帰前（1969年）　朝日新聞社編　朝日新聞社　1996.11　337p　15cm　（朝日文庫）　720円　Ⓘ4-02-261169-3　Ⓝ302.199
内容　第1部　島ちゃび　第2部　ひと　第3部　くらし　第4部　こころ　第5部　叫び　　　　〔2224〕

◇沖縄報告　復帰後（1982〜1996年）　朝日新聞社編　朝日新聞社　1996.11　374p　15cm　（朝日文庫）　720円　Ⓘ4-02-261170-7　Ⓝ302.199
＊1972年の「復帰」から二十余年。この間に、いったい何が変わり、何が変わらなかったのか？　朝日新聞の特別取材班による、復帰後10年、20年の節目ごとの報告と、1995年・1996年の最新レポートとで問い直す、沖縄と日本国の実情。　　　　　　　　　　　　　　　〔2225〕

◇ヤマトンチューのための沖縄問題・基礎知識　畠基晃著　亜紀書房　1996.11　264p　20cm　1900円　Ⓘ4-7505-9620-5　Ⓝ312.199
内容　第1部　沖縄の振興開発（総論　沖縄の地勢と歴史　沖縄の経済と産業　ほか）　第2部　沖縄の基地問題（在沖米軍の現況　基地返還の推移　米軍用地の提供と返還後の跡地利用）　第3部　少女暴行事件以後の基地問題の推移（少女暴行事件と沖縄の基地問題の展開　地位協定の運用改善　基地の整理・統合・縮小―事件後　ほか）　〔2226〕

◇沖縄へのメッセージ―琉球新報連載　那覇　琉球新報社　1997.2　125p　21cm　1000円
内容　沖縄の方向性を探るヒントに　あらためて沖縄から考える　在沖米海兵隊は消えゆく運命　日本の倫理的体力の衰弱　かぎは日米安保の枠の外に　沖縄では政治が見える　「琉球独立」を本気で考える日　民益重視の論陣が劇的迫力　女性たちが創る沖縄の21世紀　永続可能な社会をめざして〔ほか〕　　　　　　　　　　　　〔2227〕

◇沖縄へのメッセージ―琉球新報連載　那覇　琉球新報社出版部　1997.2　125p　21cm　971円　Ⓝ312.199　　　　　　〔2228〕

◇沖縄独立宣言―ヤマトは帰るべき「祖国」ではなかった　大山朝常著　現代書林　1997.4　206p　19cm　1600円＋税　Ⓘ4-87620-935-9　Ⓝ312.199
内容　序章　「ウチナーンチュ」の怒り　第1章　基地の街・沖縄の実態　第2章　虐げられつづけてきた沖縄　第3章　沖縄戦、その悲劇　第4章　幻影だった「祖国復帰」　第5章　いまこそ沖縄の「独立」を　　　　　　　　　　　　　　　　〔2229〕

◇琉球弧ものがたり―自立と共生をめざして　太田武二〔ほか〕著　蕨　実践社　1997.4　99p　21cm　800円　Ⓘ4-916043-16-2　Ⓝ395.39　　　　　　　　　　　　〔2230〕

◇戦後日本の平和意識―暮らしの中の憲法　和田進著　青木書店　1997.5　269p　19cm　2300円　Ⓘ4-250-97015-9
内容　序　沖縄が問いかけるもの　第1部　日本国憲法の平和主義原理　第2部　日本における平和意識の展開　第3部　「二つの戦後」と平和意識の変容と深化　　　　　　　　　　　〔2231〕

◇冷戦後の日本と沖縄―その自立・共生・平和の展望　日本平和学会1996沖縄研究集会報告集　佐久川政一、鎌田定夫編　谷沢書房　1997.6　311p　20cm　3000円　Ⓘ4-924347-48-5　Ⓝ312.199
内容　第1部　日米安保「再定義」とアジア太平洋・沖縄（冷戦後の世界システムとアメリカ戦略　日米安保再定義と自立化へ向けて）　第2部　分科会（沖縄の自立と平和、内発的発展の条件　沖縄の戦後五十年と今後の課題）　　　　　　　　　　　　　　　　〔2232〕

◇「沖縄」批判序説　高良倉吉著　那覇　ひるぎ社　1997.7　178p　18cm　（おきなわ文庫）　900円
内容　第1章　「政治」に思うこと（沖縄の「日の丸」「君が代」問題　日本と沖縄、それぞれの課題　ほか）　第2章　「文化」に思うこと（「遺産」逸した沖縄の痛切　幻の首里城、沖縄の「顔」に　ほか）　第3章　「視点」を求めて（沖縄は「よく見える」か　皮相な沖縄独立論を排す　ほか）　第4章　「琉球の風」覚書（ドラマづくりの体制　制作する者の思い　ほか）　　　　　　　〔2233〕

◇激論・沖縄「独立」の可能性　「沖縄独立の可能性をめぐる激論会」実行委員会編　京都　紫翠会出版　1997.10　250p　20cm　1600円　Ⓘ4-916007-25-5　Ⓝ312.199　〔2234〕

◇沖縄の自己検証―鼎談・「情念」から「論理」へ　真栄城守定、牧野浩隆、高良倉吉編著　那覇　ひるぎ社　1998.2　159p　18cm　（おきなわ文庫）　900円
内容　1　昨今の沖縄の状況を憂う　2　アメリカ統治時代の意味を考える　3　沖縄戦体験を深化させるための視点　4　日本復帰後の何が問題だったのか　5　沖縄の「今」を冷徹に見つめる視点とは　6　「主体的」であるための知識人の姿勢　7　沖縄が沖縄であるための条件とは　　　　〔2235〕

◇復帰二十五年の回想　宮里松正著　那覇　沖縄タイムス社　1998.4　312p　20cm　2400円　Ⓘ4-87127-125-0　Ⓝ312.199　〔2236〕

◇世界が変わる沖縄が変わる―平和への提言二〇と沖縄維新二〇　嘉数学著　那覇　ボーダーインク　1998.6　155p　19cm　1000円

「沖縄」がわかる本　6000冊　　169

政治・経済・社会一般　　　　　　　　　　　　　　　　　　社会科学

①4-938923-65-3　Ⓝ304　　　　　　〔2237〕

◇民族と国家、そして地球　本多勝一著　朝日
新聞社　1998.6　223p　19cm　（貧困なる
精神 M集）　1100円　①4-02-257257-4
内容 民族と国家、そして地球　「沖縄県民」か主
権か　琉球の独立　沖縄と「国」側勝訴　沖縄に続
いて住民投票条例を　「喜納昌吉＆チャンプルー
ズ」コンサートに寄す　喜納昌吉の思想　戦場カ
メラマン―石川文洋とベトナム　沖縄戦の洞窟か
ら聞こえる叫び声『GAMA―月桃の花』）「琉球
独立」を本気で考える日　　　　　　　〔2238〕

◇沖縄独立のすすめ　吉田孝一著　文芸社
1998.8　149p　19cm　1200円　①4-88737-
129-2　Ⓝ312.199
内容 第1章 なぜ沖縄独立なのか　第2章 沖縄独
立を阻むもの　第3章 独立は可能か　第4章 独立
は維持されるか　第5章 沖縄独立宣言　〔2239〕

◇沖縄の青春―米軍と瀬長亀次郎　佐次田勉著
京都　かもがわ出版　1998.9　186p　19cm
1500円　①4-87699-414-5　Ⓝ395.39
内容 第1章 カメジローの生い立ち（医者を志した
少年時代　科学的社会主義との出会い ほか）　第
2章 カメさんの背中に乗って祖国へ（「この連中は
県民の味方ではない」とカメジロー　屈辱への旅
立ち―「平和」条約第三条 ほか）　第3章 人民に
宣誓しても米軍には…（祖国復帰の署名、三カ月で
七二％　先祖の頭蓋骨までかみくだいての土地強
奪 ほか）　第4章 土地なき民は亡ぶ―土地防衛闘
争（“金は一時、土地は万年”が農民の心　“鬼のよ
うな米兵の蛮行を許すな” ほか）　第5章 不正に
頭を下げない政治（“勝ち目のないゲームだった”
と高等弁務官　アメリカへの“クリスマスプレゼ
ント”だね ほか）　　　　　　　　　〔2240〕

◇沖縄「韓国レポート」　宮里一夫著　那覇
ひるぎ社　1998.10　169p　18cm　（おきな
わ文庫 86）　900円　Ⓝ302.21　　〔2241〕

◇新・沖縄レポート―'95～'98　比嘉良彦著
那覇　ひるぎ社　1998.10　202p　18cm
（おきなわ文庫 85）　900円　Ⓝ312.199
　　　　　　　　　　　　　　　　　　〔2242〕

◇水攻めの沖縄―囚われの島・沖縄の日本人
沖縄問題調査会著　青木書店　1998.10
260p　19cm　〈1957年刊の複製〉1500円
Ⓝ395.39　　　　　　　　　　　　　〔2243〕

◇風の記憶―日出生台・沖縄/フォト・ドキュ
メント'96～'97 1996―1997　『風の記憶』
刊行会編　福岡　海鳥社　1998.11　127p
26cm　2500円　①4-87415-253-8　Ⓝ395.39
内容 「守り育てし」山河への目覚めを　舞台はめ
ぐる　もう泣き寝入りはしてはならない　日出生
台の大地から　日出生台の空は青く　ドキュメン
ト日出生台・沖縄1995～97年　風（日出生台・沖
縄・韓国　日出生台―砲声の内と外）　〔2244〕

◇アジア諸地域の社会変動―沖縄と東南アジア
戸谷修著　御茶の水書房　1999.2　327p
22cm　6400円　①4-275-01744-7　Ⓝ302.
199
内容 第1部 沖縄（沖縄振興開発計画の推移と今後
の課題　開発に伴う沖縄の社会変動―産業構造・
就業構造の変化を中心　激動期沖縄の人口・家
族とその推移　沖縄の郷友会とその機能）　第2部
東南アジア（中部ジャワ農村社会とその変化―ジャ
ワ農村の20年　バリ村落におけるデサ・アダット
（慣習村）とその変化　スバク―その構造と機能
複合民族国家マレーシアにおける種族間の摩擦・
対立とその課題）　　　　　　　　　〔2245〕

◇反戦と非暴力―阿波根昌鴻の闘い　伊江島反
戦平和資料館「ヌチドゥタカラの家」写真,
亀井淳文　高文研　1999.2　124p　21cm
1300円　①4-87498-214-X　Ⓝ312.199
内容 沖縄の縮図・伊江島　貧しかった幼少年期
移民体験で得たもの　「一灯園」から伊江島へ　戦
争がやってくる　地獄の戦場　渡嘉敷島での経験
変わり果てた伊江島へ　朝鮮戦争と米戦略　土地
取り上げの手口〔ほか〕　　　　　　〔2246〕

◇沖縄のこれから―平和な島をめざして　新崎
盛暉著　ポプラ社　1999.3　182p　20cm
（21世紀知的好奇心探求読本 8）　1400円
①4-591-06036-5
内容 プロローグ 基地の島・沖縄のねがい　1 沖
縄の基地はどのようにしてできたか　2 基地と自
然とくらし　3 いまもつづく、日本の戦争協力　4
平和への道　　　　　　　　　　　　〔2247〕

◇70年安保・沖縄闘争論　清水丈夫著　『清水
丈夫選集』刊行委員会　1999.4　469p
19cm　（清水丈夫選集 第2巻）〈発行所：前
進社〉2200円　Ⓝ309.31　　　　　　〔2248〕

◇沖縄を読む　情況出版編集部編　情況出版
1999.4　310p　21cm　〈年表あり　文献あ
り〉2600円　①4-915252-34-5　Ⓝ312.199
内容 第1部 沖縄の歴史（沖縄の歴史を読む　沖縄
闘争―その歴史と展望 ほか）　第2部 戦争・安保・
基地・国家（ローカル政府からの異議申立―国家
の問題としての日本・沖縄　虚偽としての冷戦と
日米安保 ほか）　第3部 「南島」の思想（「南島」
の思想　南のざわめき・他者の眼差し―沖縄文学
の可能性 ほか）　第4部 1969・72年 沖縄闘争の
中から（火にかけた鍋＝沖縄　沖縄＝国家を越え
る無限旋律 ほか）　　　　　　　　　〔2249〕

◇沖縄からの告発―うないとして、人間として
桑江テル子著　具志川　ゆい出版　1999.5
279p　19cm　1800円　①4-946539-06-9
Ⓝ312.199　　　　　　　　　　　　　〔2250〕

◇日本の社会構造―沖縄を介して　山田隆夫著
相模原　青山社　1999.10　248p　21cm
2381円　①4-88359-034-8　Ⓝ312.199〔2251〕

社会科学　　　　　　　　　　　　　　　　　　　　　　政治・経済・社会一般

◇ウチナーンチュは何処へ—沖縄大論争　大田
昌秀〔ほか〕著　蕨　実践社　2000.1　259p
19cm〈年表あり〉1800円　Ⓘ4-916043-35-9
Ⓝ312.199
　内容 第1部 沖縄を平和な島に、日本に民主主義
を（基地依存の経済から脱却し、自立する「平和な
沖縄」か　沖縄問題の解決は日本の民主化がカギ
です　九七歳タンメーは琉球の風に生きる）　第
2部 沖縄のグランドデザインを考える（稲嶺県政
は新たな同化主義だよ　日常の中に問題解決の仕
組みをどうつくるか　経済振興だけが価値なのか
ほか）　第3部 沖縄の自立・独立をなぜ主張する
のか（琉球民族の"自立・独立"可能性　沖縄アイ
デンティティの行方　日本国憲法ではない沖縄の
理念を ほか）　　　　　　　　　　　　　〔2252〕

◇沖縄と日本本土　渡久山長輝著　労働教育セ
ンター　2000.3　158p　22cm　1500円
Ⓘ4-8450-0347-3　Ⓝ312.199　　　　　〔2253〕

◇醜い日本人—日本の沖縄意識　大田昌秀著
新版　岩波書店　2000.5　330p　15cm
（岩波現代文庫 社会）　1100円　Ⓘ4-00-
603014-2　Ⓝ312.199
　内容 第1章 醜い日本人（日本にとって沖縄とは
何か　歴史的な差別と偏見　無知とエゴイズム）
第2章 沖縄戦と核基知（沖縄戦における犠牲の意味
核基地—なぜ沖縄だけが　基地労働者の役割）　第
3章 沖縄のアメリカ人（解放者から占領者へ　高
等弁務官・人と政治）　第4章 醜さの根源（琉球処
分の実相　沖縄の軍事基地化の発端　老獪な日本
外交）　　　　　　　　　　　　　　　　　〔2254〕

◇沖縄・統合と反逆　新川明著　筑摩書房
2000.6　266p　20cm　2900円　Ⓘ4-480-
85764-8　Ⓝ312.199
　内容 第1章 国家統合と通貨—「守礼門」新札を
どう読むか（ジャーナリズムの目線　「熱い思い」
の中身ほか）　第2章 自分史の中の「反復帰」論
（「反復帰」論と「独立」論　憧れの「祖国」へ ほ
か）　第3章 大城立裕論ノート（50年代の状況と
『琉大文学』『沖縄文学』の創刊とその周辺 ほか）
第4章 新同化主義」批判序説（「沖縄の未来」と
『沖縄の自己検証』批判　「現実主義」の実体—著
者たちの空論 ほか）　　　　　　　　　　　〔2255〕

◇負けて勝つとは—沖縄・伊江島からの手紙
榎本恵著　日本基督教団出版局　2000.7
192p　19cm　1600円　Ⓘ4-8184-0379-2
Ⓝ312.199
　内容 第1部 この青空は続いているのに（石の声
を聞く　海の彼方から　最も大いなるもの ほか）
第2部 「シマンチュ通信」より（足の裏で聖書を
読む　自然の声に耳をすます　出会いの中から考
える ほか）　第3部 負けて勝つとは（負けて勝つ上の
キリスト—伊江島平和アシュラムの実践から　負
けて勝つとは）　　　　　　　　　　　　　〔2256〕

◇沖縄イニシアティブ—沖縄発・知的戦略　大
城常夫, 高良倉吉, 真栄城守定編著　那覇　ひ

るぎ社　2000.9　195p　18cm　（おきなわ
文庫 91）　900円　Ⓝ312.199　　　　　〔2257〕

◇地域から問う国家・社会・世界—「九州・沖
縄」から何が見えるか　石川捷治, 平井一臣
編　京都　ナカニシヤ出版　2000.10　275p
22cm　2800円　Ⓘ4-88848-594-1　Ⓝ318.29
　内容 プロローグ 「九州・沖縄」論の地平 1 歴
史を往復する（地域・女性たちの闘い—三池CO闘
争小史　「戦後革新」を乗り越える試み—京築住
民の会　ナガサキとアジア）　2 開発から自立へ
（戦後開発政治の転換点—志布志湾開発問題と地
域政治過程　開発と地域の自立—奄美群島と奄振
環境問題と自治—福岡県宗像市を事例として ほ
か）　3 国境を越えて（東アジア安全保障共同体の
構想—「九州・沖縄」から考える世界秩序　地域
から問う平和戦略の構築—新ガイドライン安保体
制と「九州・沖縄」　地域時代への模索—ポーラ
ンドにおけるユーロリージョンの視点からみた沖
縄）　エピローグ 地域自立の時代へ　　　〔2258〕

◇復帰30年安保50年　平和運動研究会編　労働
大学　2002.4　52p　21cm　（平和な21世紀
をつくる 2002）　476円　Ⓝ302.199　〔2259〕

◇アメラジアンの子供たち—知られざるマイノ
リティ問題　S.マーフィ重松著, 坂井純子訳
集英社　2002.5　237p　18cm　（集英社新
書）　720円　Ⓘ4-08-720143-0　Ⓝ369.44
　内容 第1部 アメラジアンのディアスポラ（Hapa:
新人種—アメリカにおけるアメラジアン　アジア
におけるアメラジアン　日本のアメラジアン）　第
2部 沖縄におけるアメラジアン（基地の陰に生ま
れて　アメラジアン問題再登場　アメラジアンの
人権問題）　　　　　　　　　　　　　　　〔2260〕

◇琉球共和国—汝、花を武器とせよ！　竹中
労著　筑摩書房　2002.5　559p　15cm
（ちくま文庫）　Ⓘ4-480-03712-8　Ⓝ302.199
　内容 沖縄、ニッポンではない—我観・京太郎琉
球史　わが革命的探険旅行　メモ沖縄1969　メモ
沖縄1970　吾ら、ケマダに拮抗しうるか？　『沖
縄決戦』を撃て！　コザ—モトシンカカランヌー
『倭奴へ』—沖縄上映運動報告　琉球情歌十二考
—嘉手苅林昌の世界〔ほか〕　　　　　　　〔2261〕

◇沖縄新時代宣言—復帰30年　沖縄問題のタ
ブーを解く　木下義昭監修, 黒木正博, 早川俊
行著　世界日報社　2002.8　256p　19cm
〈文献あり〉1400円　Ⓘ4-88201-076-3
Ⓝ312.199
　内容 第1章 米軍基地問題のタブーを解く　第2章
沖縄の社会・経済問題を考える　第3章 沖縄でが
んばる自衛隊　第4章 安全保障政策をどうすべき
か　第5章 「沖縄と日米安保」を聞く　第6章 対
談（沖縄県知事 稲嶺恵一/世界日報社社長・主筆
木下義昭）　　　　　　　　　　　　　　　〔2262〕

◇青い空とアダン—沖縄から見る私たちの未来
森木亮太著　具志川　ゆい出版　2002.9

「沖縄」がわかる本 6000冊　　171

政治・経済・社会一般　　　　　　　　　　　　　　　　　　　　社会科学

229p　19cm　1500円　Ⓘ4-946539-18-2
Ⓝ302.199
内容　第1章　私はなぜ沖縄に移住し、沖縄にこだ
わり続けるのか！(はじめての沖縄　音楽に期待
する世界平和への思い　ほか)　第2章　私が観る沖
縄の「光」と「陰」(沖縄の「光」と「陰」　本土
復帰当時の沖縄　ほか)　第3章　「沖縄型経済」が
日本を救う(基地経済の虚像と実像　「沖縄型経
済」とは　ほか)　終章　沖縄を平和の要石に一文
化の違いを超えて(外務省改革についての一試案
「有事法制」ではなく「国交の樹立」を　ほか)
　　　　　　　　　　　　　　　　　　　　〔2263〕

◇複数の沖縄―ディアスポラから希望へ　西成
彦,原毅彦編　京都　人文書院　2003.3
437p　21cm　〈執筆：西成彦ほか　文献あ
り〉　3500円　Ⓘ4-409-24067-6　Ⓝ302.199
内容　暴れるテラビアの筋肉に触れる　1　非対称
な出会い(地域自立と石垣島　水兵たちと島人た
ち、あるいは"治外法権"の系譜学―琉球=沖縄に
おける蒸気軍艦の衝撃をめぐって　ほか)　2　海と
人の動線(海南小記逍遙―反・陸地主義へ　沖縄
県の海外出漁　ほか)　3　漂うひと、流れる歌(基
地、都市、うた―沖縄とプエルトリコの人々の経
験から　いくつもの「故郷」へ/いくつもの「故
郷」から　ほか)　4　島々のプレゼンス(越境の前
衛、林義巳と「復帰運動の歴史」―歴史記述と過
去のはばたき・きらめき・回生　奄美―"島尾の
棘"を抜く　ほか)　　　　　　　　　　　〔2264〕

◇沖縄問題の起源―戦後日米関係における沖縄
1945-1952　ロバート・D.エルドリッヂ著
名古屋　名古屋大学出版会　2003.6　332,
32p　22cm　〈文献あり〉　6800円　Ⓘ4-8158-
0459-1　Ⓝ312.199
内容　第1章　沖縄問題への視座　第2章　沖縄をめ
ぐる戦略的議論一九四二‐一九四六―国家安全保
障の模索　第3章　米国国務省の戦後計画と沖縄一
九四二‐一九四六―「領土不拡大」原則の実現へ
第4章　SWNCCでの沖縄に関する議論一九四五‐
一九四七―信託統治問題をめぐる対立と交渉　第
5章　日本政府の講和条約準備作業と沖縄の地位に
関する見解一九四五‐一九四九　第6章　米国政府
内の沖縄政策の形成―NSC一三の成立一九四七‐
一九四九　第7章　対日講和条約と第三条一九四九
‐一九五一―米国の戦略と日本の要請、そして国
際承認の問題　終章　第三条の限界―批准と「実
際的措置」への逃避　　　　　　　　　　〔2265〕

◇ウチナーンチュときどき日本人　照屋寛徳著
具志川　ゆい出版　2003.7　271p　20cm
1500円　Ⓘ4-946539-20-4　Ⓝ312.199
内容　第1章　ウチナーンチュときどき日本人(ウ
チナーンチュときどき日本人　黄金の花か徒花か
国家の大事沖縄の小事　ほか)　第2章　どうする沖
縄どこへいく日本(終らぬ沖縄の戦後処理　政治
とカネ　政治家のあり方を考える　ほか)　第3章
もう一つの国会論戦―質問主意書から(もう一つ
の国会論戦―質問主意書から　質問主意書リスト
戦時遭難船舶犠牲者の洋上慰霊祭・遺族補償等に

関する質問主意書　ほか)　　　　　　　　〔2266〕

◇沖縄からアジアが見える　比嘉政夫著　岩波
書店　2003.7　215,7p　18cm　(岩波ジュニ
ア新書)〈第6刷〉　780円　Ⓘ4-00-500327-3
内容　第1章　日本のなかの琉球列島(地方独自の
ことば―方言のこと　ことばの類似と相違―沖縄
の内と外と　ほか)　第2章　中国大陸の文化と沖縄
(中国大陸三〇〇〇キロを歩く―歴史の再現　琉
球にもたらされた中国文化　ほか)　第3章　東南ア
ジアへのまなざし(音への郷愁―島嶼と大陸　文
化の個性、多様性を生み出すもの　ほか)　第4章
染織・布・をなり神―女性の地位・役割・象徴(女
性の仕事・役割　妹の力、をなり神信仰とアジア
ほか)　　　　　　　　　　　　　　　　　〔2267〕

◇新！おきなわキーワード　はぁぷう団編著
那覇　ボーダーインク　2003.10　300p
19cm　1500円　Ⓘ4-89982-052-6　Ⓝ302.
199　　　　　　　　　　　　　　　　　　〔2268〕

◇グローバリゼーションの中の沖縄―国際シン
ポジウム　波平勇夫〔ほか〕著　宜野湾　沖
縄国際大学広報委員会　2004.3　113p
21cm　(沖国大ブックレット no.12)〈他言
語標題：Okinawa in globalization　発売：
編集工房東洋企画(那覇)　シリーズ責任表
示：沖縄国際大学広報委員会/編〉　500円
Ⓘ4-938984-30-X　Ⓝ312.199
内容　新しい世界システムと沖縄問題　グローバ
リゼーション、世界秩序、そして人権―沖縄の行方
を考える　北朝鮮の核問題と沖縄　沖縄の米軍基
地の行方―普天間飛行場返還問題を通して　EUの
視点からみた沖縄のカルチュラル・アイデンティ
ティと自立性　東アジアの安全保障と韓国―沖縄
はどう捉えられているか　全体討論/パネルディ
スカッション　　　　　　　　　　　　　〔2269〕

◇土地連のあゆみ―創立五十年史　新聞集成編
1　土地連五十周年記念誌編集委員会編　那
覇　沖縄県軍用地等地主会連合会　2004.3
901p　27cm　〈背のタイトル：土地連五十年
のあゆみ〉　Ⓝ395.39　　　　　　　　　　〔2270〕

◇土地連のあゆみ―創立五十年史　新聞集成編
2　土地連五十周年記念誌編集委員会編　那
覇　沖縄県軍用地等地主会連合会　2004.3
932p　27cm　〈背のタイトル：土地連五十年
のあゆみ〉　Ⓝ395.39　　　　　　　　　　〔2271〕

◇喜納昌吉と、沖縄と日本―蹂躙(米軍)によ
る傷痕いまだ癒えず　松井久明編　現代人文
社　2004.12　87p　21cm　(Genjinブック
レット 45)〈発売：大学図書〉　800円　Ⓘ4-
87798-229-9　Ⓝ312.199　　　　　　　　〔2272〕

◇平和の礎　特集号　大田昌秀参議院議員国会
活動3年間を振り返る―2001～2004　大田昌
秀事務所編　那覇　大田昌秀後援会　2005.1

172　　「沖縄」がわかる本　6000冊

社会科学　　　　　　　　　　　　　　　　　　　　　政治・経済・社会一般

119,90p　26cm　〈年譜あり〉　Ⓝ310.4　〔2273〕

◇次代の選択―沖縄発！　東アジア共同体　大
城浩詩著　福岡　閣文社　2005.4　198p
21cm　〈文献あり〉　1500円　Ⓘ4-87619-089-5
Ⓝ304
　内容　第1章 世界情勢を知る（情報社会の落とし穴
避けるべき「戦争ケインズ主義」　ほか）　第2章
北朝鮮の位置付け（北朝鮮に対する過剰報道　単
なるメッセンジャーと化すマスコミ　つくられる
虚像　北朝鮮をどう見るか）　第3章 東アジアの
同根性を知る（変化しにくい共通点　共通の地名
でわかること　ほか）　第4章 展望・東アジア共同
体（平和先進国の模索　相互友好教育協定の必要
性　ほか）　　　　　　　　　　　　　　　〔2274〕

◇無意識の植民地主義―日本人の米軍基地と沖
縄人　野村浩也著　御茶の水書房　2005.4
268,2p　19cm　〈文献あり〉　1700円　Ⓘ4-
275-00374-8　Ⓝ312.199
　内容　序章「悪魔の島」から聴こえる他者の声、
そして、日本人　第1章 植民地主義は終わらない
―日本人という植民者　第2章 文化の爆弾　第3
章 共犯化の政治　第4章 日本人と無意識の植民
地主義　第5章 愛という名の支配：「沖縄病」考
第6章「希望」と観光テロリズム　終章 沖縄人は
語りつづけてきた―二〇〇四年八月一三日、米軍
ヘリ墜落事件から考える　　　　　　　　　〔2275〕

◇人類館―封印された扉　演劇「人類館」上演
を実現させたい会編著　大阪　アットワーク
ス　2005.5　455p　21cm　〈年表あり〉　2200
円　Ⓘ4-939042-11-1　Ⓝ316.81　　　　〔2276〕

◇地域の自立 シマの力　上　新崎盛暉, 比嘉政
夫, 家中茂編　コモンズ　2005.7　371p
22cm　（沖縄大学地域研究所叢書 5）〈文献
あり〉　3200円　Ⓘ4-86187-006-2　Ⓝ302.199
　内容　実践の知をどう創るか―解題と論点の整理
第1部 地域に学ぶ科学技術（現場からの学問の捉
え直し―なぜ、いま水俣学か　やわらかい技術の必
要性　ほか）　第2部 開発と環境のせめぎあい（生
活の質をめぐって―「自然の本源的優越性」のた
めの実践的覚書　それはもちますか？―われわれ
はいかなる開発をめざすのか　ほか）　第3部 市場
主義を超える開発と援助（「二一世紀の開発」論に
向けて　地域と余所者の支援　ほか）　第4部 琉球
弧・島嶼生態系の視点（ユーザーを意識した知識
生産―開発と環境の両立をめざす科学とは？　生
物多様性の保全における種認識の功罪―琉球列島
の両性爬虫類を対象とした研究とその保全策が示
唆するもの　ほか）　　　　　　　　　　　〔2277〕

◇沖縄―平和への道―基地なしに生きる選択
糸数慶子著　資料センター本郷　2005.8
94p　21cm　800円　Ⓝ395.39　　　　　〔2278〕

◇「沖縄のこころ」への旅―「沖縄」を書き続
けた一記者の軌跡　稲垣忠彦　高文研
2005.9　257p　19cm　〈年表あり　文献あ

り〉　1800円　Ⓘ4-87498-350-2　Ⓝ312.199
　内容　「旅」のはじめに「寅さん」を眠らせた　大
江さんと「畏怖する」詩人　「名もない」とは何だ
ヤマトンチューになり切れぬ　沖縄戦を背負い続
け　立ち上がる女性　沖縄の「権利宣言」　市民・
大学人が結集　漂流する沖縄　対談「沖縄学」と
は何か　ルポ「そして辺野古で」―くじけぬ人び
と　沖縄は問い、問われつづける　　　　　〔2279〕

◇米国統治下沖縄の社会と法　中野育男著　専
修大学出版局　2005.9　310p　21cm　3200
円　Ⓘ4-88125-165-1　Ⓝ318.299
　内容　序章 異民族統治下の法システム　第1章 米
国統治下の沖縄経済　第2章 公的扶助の形成　第
3章 児童福祉の端緒　第4章 公衆衛生の推進　第
5章 住民福祉の制度　第6章 高齢者の所得保障
第7章 健康保障の蹉跌　第8章 社会保険統合化の
試み　　　　　　　　　　　　　　　　　　〔2280〕

◇愚直―辺野古からの問い：沖縄、非暴力の心
大西照雄著　那覇　なんよう文庫　2005.10
231p　19cm　1524円　Ⓝ395.39　　　　〔2281〕

◇近代日本社会と「沖縄人」―「日本人」にな
るということ　冨山一郎著　日本経済評論社
2006.1　309p　21cm〈1995年刊（第2刷）を
原本としたオンデマンド版〉　3200円　Ⓘ4-
8188-1645-0　Ⓝ361.65　　　　　　　　〔2282〕

◇土地連のあゆみ―創立五十年史　通史・資料
編　土地連五十周年記念誌編集委員会編　那
覇　沖縄県軍用地等地主会連合会　2006.3
963p　図版17枚　27cm　〈背のタイトル：土
地連五十年のあゆみ　年表あり〉　Ⓝ395.39
　　　　　　　　　　　　　　　　　　　　〔2283〕

◇新沖縄独立論―琉球共和国夢から現実へ　屋
良朝助著　那覇　文化経済社　2006.6　63p
19cm　Ⓝ302.199　　　　　　　　　　　〔2284〕

◇環境のモデルノロジー―自然・基地・社会・
学術等の環境を考える 沖縄からの発信 日本
社会心理学会第49回公開シンポジウム報告
中村完編著　京都　北大路書房　2006.9
124p　21cm　1900円　Ⓘ4-7628-2526-3
Ⓝ361.4
　内容　第1部 住みよい環境のあり方を探る―社会
心理学的アプローチ（快適な日々の生活の追求と
素晴らしい自然環境の保全―いかにして"超"楽
天主義を克服するか　基地と生活環境　大人の社
会規範的行動と子どもの教育環境　高齢者の社会
活動推進に向けて―大阪府における高齢者ボラン
ティア実態調査からみえてきたこと　ディスカッ
ション―指定討論者及びフロアの質疑応答）　第2
部 心理学の未来への提言―特別寄稿（Wellbeing
をめざす社会心理学の実践　心理学に期待する）
　　　　　　　　　　　　　　　　　　　　〔2285〕

◇地域の自立 シマの力　下　新崎盛暉, 比嘉政
夫, 家中茂編　コモンズ　2006.10　408p

「沖縄」がわかる本 6000冊　　173

政治・経済・社会一般　　　　　　　　　　　　　　　　　　　　　社会科学

22cm　（沖縄大学地域研究所叢書 7）〈下の
サブタイトル：沖縄から何を見るか沖縄に何
を見るか　文献あり〉3500円　①4-86187-
025-9　Ⓝ302.199
　内容 実践としての学問、生き方としての学問—解
題と論点の整理　第1部 沖縄から見えてくること
—近代 “アイデンティティ・国家” と学問（沖縄か
ら何が見えるか　沖縄をめぐる/に発する「文化」
の状況　沖縄がはらむ民衆思想—ピープルネス・
サブシステンス・スピリチュアリティ　沖縄のア
イデンティティを語ること、そして語りなおすこ
と—「沖縄研究」の現在について）　第2部 海から
の視点—島嶼社会におけるヒト・モノ・ネットワー
ク（琉球・沖縄史をはかるモノサシ—陸の農業と海
の交易　漁撈・海運・商活動—海面利用をめぐる
海人と陸人の琉球史　海面利用と漁業権　村落基
盤の資源管理—村の自立にむけて）　第3部 学問
における実践とは—ローカリティ・当事者性の視
点から（民際学における当事者性—仲間、出戻り、
そしてよそ者　学問の実践と神の土地　社会人類
学徒としての実践—琉球列島からの視点）　第4部
記憶すること・記録すること—語られなかったこ
とのリアリティ（記憶を掘りおこす旅—個人史を
越えた基層文化へ　記録すること記憶すること—
沖縄戦の記憶をめぐって　語るという行為の表と
蔭　記憶/記録のゆくえ—想起と抗争そして「問
いかけ」をめぐって）　　　　　　　　　〔2286〕

◇沖縄/地を読む時を見る　目取真俊著　〔横
　浜〕　世織書房　2006.11　373p　19cm
　2600円　①4-902163-26-8　Ⓝ312.199
　内容 沖縄の選択—米同時テロを超えて　沖縄の
歴史体験を声に—教科書問題に淡白な県民　無責
任の果てに　新たな戦争の世紀へ　傷ついた海の
生命　選択のゆくえ—名護市長選を受けて　二つ
の平和—醜悪さ漂う参戦意識の欠如　「軍が守っ
てくれる」は幻想　日本の中の「特殊な場所」　再
び「捨て石」にさせない—復帰30年〔ほか〕
　　　　　　　　　　　　　　　　　　　〔2287〕

◇沖縄の脱軍事化と地域的主体性—復帰後世代
　の「沖縄」　明治大学軍縮平和研究所共同研
　究プロジェクト　畠山大、熊本博之編　明治
　大学軍縮平和研究所　2006.11　334p　21cm
　（徳馬双書 1）〈文献あり　発売：西田書店〉
　2800円　①4-88866-439-0　Ⓝ312.199
　内容 第1章 意思表明の自由にむけて—辺野古に
おける不正義の描出とケイパビリティの実現　第
2章 安全保障の当事者としての地方自治の可能性
—「脱軍事化」に向けた沖縄の道州制論議の文脈
から　第3章 自治と司法の地域的自律—地域自ら
決定したルールを治めるためには　第4章 基地の
ない未来を目指して—地域の特性を生かした街づ
くりと自立　第5章 コミュニテイ形成の契機とし
ての「沖縄」　第6章 沖縄経済論の脱軍事化と地
域的主体性　　　　　　　　　　　　　　〔2288〕

◇主役は沖縄沖縄が決める　下地幹郎著　那覇
　下地ミキオ後援会　2006.11　440p　19cm
　〈発売：沖縄教販（那覇）〉1143円　①4-

900374-71-7　Ⓝ312.199　　　　　　　〔2289〕

◇オキナワ、イメージの縁　仲里効著　未來社
　2007.4　258p　20cm　2200円　①978-4-
　624-11195-3　Ⓝ312.199
　内容 回帰する声、転位のトポス　「フィフィ」と
「火」の精神譜　言葉が法廷に立つ時　死に至る
共同体　反乱する皮膚　エネミーの考古学　明る
すぎる喪の風景　エディポスたちはオナリの夢を
みたか　巡礼と朱の×印　漂流と迂回、あるいは
始まりにむかっての旅　繁茂する群島　コマ虫た
ちの叛乱　　　　　　　　　　　　　　　〔2290〕

◇「沖縄問題」とは何か—対論　読売新聞西部
　本社文化部編、仲里効、高良倉吉著　福岡　弦
　書房　2007.8　235p　19cm〈年表あり〉
　1800円　①978-4-902116-90-8　Ⓝ312.199
　　　　　　　　　　　　　　　　　　　〔2291〕

◇労働者の力で沖縄を奪還しよう—07年9・29
　県民大会の階級的地平をふまえ、沖縄—本土
　を貫く大闘争を　那覇　革共同沖縄県委員会
　2008.5　88p　21cm　300円　Ⓝ312.199
　　　　　　　　　　　　　　　　　　　〔2292〕

◇インパクション　163　特集・沖縄 何が始
　まっているのか　インパクト出版会編　イン
　パクト出版会　2008.5　223p　21cm　1300
　円　①978-4-7554-7169-8
　内容 基地と振興の中で抵抗運動を再考するため
に　沖縄10年—何が始まっているのか　「沖縄十
年」を考えるための予備ノート　悼みと政治—言葉
にできない思いへの言葉にならない思い　軍隊の
ある社会で凝視すべき身体の言葉—軍事化という
過程に関する小考　狂気と隣り合わせの会話　平
和教育とウチナーンチュ・アイデンティティ　沖
縄人という身体的監獄からみえる「これから」—
「狂気」と「野蛮」の日本人　米軍ヘリ墜落キャン
パスが「いま」投げかけるもの　ある春の日々—
植民地主義との小さな戦い〔ほか〕　　　〔2293〕

◇沖縄・問いを立てる　1　沖縄に向き合う—
　まなざしと方法　屋嘉比収、近藤健一郎、新城
　郁夫、藤澤健一、鳥山淳編　社会評論社
　2008.7　237p　19cm　1800円　①978-4-
　7845-0575-3　Ⓝ302.199
　内容 1 座談会 沖縄の現実と沖縄研究の現在をめ
ぐって（個人史のなかの沖縄研究　「しまくとぅ
ばの日」の政治性と歴史性　「立ち止まる」沖縄
研究 ほか）　2 問いを立てる（方言札—ことばと
身体（シリーズ第2巻）　撹乱する島—ジェンダー
的視点（シリーズ第3巻）　友軍とガマ—沖縄戦の
記憶（シリーズ第4巻）ほか）　3 沖縄研究ブック
レビュー（沖縄に向き合う—まなざしと方法（シ
リーズ第1巻）　方言札—ことばと身体（シリーズ
第2巻）　撹乱する島—ジェンダー的視点（シリー
ズ第3巻）ほか）　　　　　　　　　　　〔2294〕

◇沖縄・問いを立てる　2　方言札—ことばと
　身体　近藤健一郎編　社会評論社　2008.8

174　「沖縄」がわかる本 6000冊

社会科学　　　　　　　　　　　　　　　　　　　　政治・経済・社会一般

215p　19cm　1800円　①978-4-7845-0576-0
Ⓝ302.199
内容 はじめに 方言札―ことばと身体　1 近代沖縄における方言札の出現　2「南嶋詩人」、そして「国語」―八重山地域における近代学校/"声"と"文字"の相克　3 近代沖縄における公開音楽会の確立と音楽観　4 翻訳的身体と境界の憂鬱　5 沖縄教職員会史再考のために―六〇年代前半の沖縄教員における渇きと怖れ　6 沖縄移民のなかの「日本人性」―近代化と徴兵制から移民を考える
〔2295〕

◇島の未来へ―沖縄・名護からのたより　浦島悦子著　インパクト出版会　2008.8　249p　19cm　1900円　①978-4-7554-0189-3
Ⓝ395.39
内容 第1章 あぁ、名護市長選! 極私的回顧　第2章 在日米軍再編の中で(在日米軍再編と地元の苦悩 依存と自立の葛藤の中で　ご先祖さまも見ている)　第3章 ふるさとを壊すもの(絶望を洗い流して この悲鳴が聞こえないか 沖縄は敵国?)　第4章 ジュゴンとともに未来へ(違法調査とでたらめアセスの中止を! 安倍首相の辞任 教科書問題県民大会 ジュゴン訴訟が明らかにしたもの 移設措置協議会の茶番劇と報道 「審査不可能」な、お粗末方法書 基地の液状化にあらがう「すべての在沖海兵隊の撤退を」緊急女性集会 市民としてできること)
〔2296〕

◇沖縄・問いを立てる　3　攪乱する島―ジェンダー的視点　新城郁夫編　社会評論社　2008.9　229p　19cm　1800円　①978-4-7845-0577-7　Ⓝ302.199
内容 1「集団自決」をめぐる証言の領域と行為遂行　2 沖縄と東アジア社会をジェンダーの視点で読む―移動、戦争、「語ることができる/できない」記憶の問いかけ　3 戦後沖縄と強姦罪　4 沈黙へのまなざし―大城立裕「カクテル・パーティー」におけるレイプと法　5 一九九五・二〇〇四の地層―目取真俊「虹の鳥」論　6 母を身籠もる息子―目取真俊「魂込め」論
〔2297〕

◇沖縄・問いを立てる　4　友軍とガマ―沖縄戦の記憶　屋嘉比収編　社会評論社　2008.10　205p　19cm　1800円　①978-4-7845-0578-4　Ⓝ302.199
内容 はじめに 友軍とガマ―沖縄戦の記憶　1 戦後世代が沖縄戦の当事者となる試み―沖縄戦地域史研究の変遷、「集団自決」、「強制的集団自殺」　2 座間味島の「集団自決」―ジェンダーの視点から(試論)　3「ひめゆり」をめぐる語りのはじまり　4 ハンセン病患者の沖縄戦　5 日本軍の防諜対策とその帰結としての住民スパイ視
〔2298〕

◇沖縄・問いを立てる　6　反復帰と反国家―お国は?　藤澤健一編　社会評論社　2008.11　227p　19cm　1800円　①978-4-7845-0580-7　Ⓝ302.199
内容 はじめに 反復帰と反国家―「お国は?」　1"無国籍"地帯、奄美諸島　2 国家に抵抗した沖縄

の教員運動―「日本教育労働者組合八重山支部事件」の歴史的評価　3 五〇年代沖縄における文学と抵抗の「裾野」―『琉大文学』と高校文芸　4 語りえない記憶を求めて―大城立裕「二世」論　5「反復帰・反国家」の思想を読みなおす
〔2299〕

◇沖縄・問いを立てる　5　イモとハダシ―占領と現在　鳥山淳編　社会評論社　2009.1　185p　19cm　1800円　①978-4-7845-0579-1　Ⓝ302.199
内容 1 現代沖縄における「占領」をめぐって――一九四九年、占領者の記録から(「善政」と「忘れられた島」「教化」される「民主主義」 ほか)　2 琉球大学とアメリカニズム(占領者のまなざし 布令大学の誕生 ほか)　3 占領と現実主義(現実主義とその破綻 妥協へと導く者のまなざし ほか)　4「復帰」後の開発問題(米軍占領期の「復興計画」「復帰」後の開発 ほか)　5 集団就職と「その後」(移住者 集団就職者たちのUターン ほか)
〔2300〕

◇新都道府県クイズ　6　九州・沖縄　北俊夫監修　国土社　2009.3　85p　27×21cm　2800円　①978-4-337-27026-8
内容 福岡県　佐賀県　長崎県　熊本県　大分県　宮崎県　鹿児島県　沖縄県
〔2301〕

◇北の風南の風―部落、アイヌ、沖縄。そして反差別　竹内渉著　大阪　解放出版社　2009.11　231p　19cm〈年表あり〉1500円　①978-4-7592-6728-0　Ⓝ316.81
内容 北の風(ニシヌカジ・フェースカジ)南の風(アイヌの自然と文化 アイヌの解放を支えた人たち アイヌの歴史と解放運動)　部落、アイヌ、沖縄。そして反差別(自己紹介―部落に生まれて 大学で アイヌ問題との出会い 登別アイヌ共同墓地破壊事件 非当事者として 沖縄との出会い 部落解放運動との出会い 部落、アイヌ、沖縄。そして反差別)
〔2302〕

◇沖縄論―平和・環境・自治の島へ　宮本憲一、川瀬光義編　岩波書店　2010.1　267,20p　22cm〈年表あり 索引あり〉3900円　①978-4-00-022402-4　Ⓝ312.199
内容 第1部 米軍基地撤去と自立経済は可能か(「沖縄政策」の評価と展望 米軍再編と沖縄 基地維持財政政策の変貌と帰結)　第2部 鍵としての環境問題(環境問題から看た沖縄 米軍基地跡地利用の阻害要因 米軍基地の跡地利用開発の検証 米国における軍事基地と環境法)　第3部 産業と自治の展望(沖縄の産業政策の検証 地方自治体と安全保障政策 沖縄の自治の未来)〔2303〕

◇徹底討論沖縄の未来　大田昌秀、佐藤優著　芙蓉書房出版　2010.1　215p　19cm(沖縄大学地域研究所叢書)〈シリーズの編者: 沖縄大学地域研究所〉1600円　①978-4-8295-0474-1　Ⓝ312.199
内容 講演「沖縄党」の知力・政治力(佐藤優)(大田昌秀先生について 左翼と右翼、保守と革新 沖

「沖縄」がわかる本 6000冊　　175

政治・経済・社会一般　　　　　　　　　　　　　　　　　社会科学

縄のマスコミは全体主義なのか　「沖縄大使」への
疑問　沖縄の学生は自信を持て）　講演 沖縄戦か
ら考える（大田昌秀）（沖縄の慰霊祭は六月二三日
でいいのか　沖縄戦はいつ始まって、いつ終わっ
たのか　「沖縄戦は醜さの極致」　軍との共死を
強いられた住民　戦う前から勝敗は決まっていた
沖縄戦は本土防衛のための「捨て石」作戦　軍の道
連れにされた住民たち　国民の生命・財産より戦
闘の勝利を優先するのが軍隊の本質　沖縄戦の教
訓とは何か　石垣島事件に見る有事の実態）　対
談 沖縄の未来を語る（大田昌秀・佐藤優）（イメー
ジ操作の恐ろしさ　知力によって生き残る　琉球
は異国という意識をもつこと　非戦闘員への配慮
なし　「国土隊」の恐るべき性格　沖縄戦の特質
とは何か ほか）　　　　　　　　　　　　　〔2304〕

◇ちゃあすがくぬ沖縄（うちなあ）―いれいたか
　し遺稿　いれいたかし著, いれいたかし遺
　稿刊行委員会編　那覇　出版舎Mugen
　2010.2　197p　20cm　〈年譜あり〉　1714円
　Ⓘ978-4-9904879-1-1　Ⓝ304
　内容 遺稿ちゃあすがくぬ沖縄（うちなあ）（為装
　国家日本を生養として生く（わが「復帰」論の始末
　記）　ケラマの血はまだ乾かない（自己教科書で語
　り継ごう）　「靖国」から子息を取り戻そう（母は
　窓を開けて待っている）　当事者能力を失った日
　本の政治（どこに美しい国があるか ほか）　追
　悼いれいたかし（戦後思想の鋭鋒（川満信一）　唸
　るように語り続けた先輩（宮里千里）　大我の愛
　（伊禮みちか）　孝庵より（小尹綾子）ほか）
　　　　　　　　　　　　　　　　　　　　〔2305〕

◇沖縄（ウチナー）―抵抗と希望の島　鎌田慧
　著　七つ森書館　2010.4　390p　20cm
　2500円　Ⓘ978-4-8228-1008-5　Ⓝ302.199
　内容 1 辺野古住民の抵抗（「辺野古に基地はつく
　らせない」　非暴力直接行動 ほか）　2 痛憤の島
　（ウチナーとヤマトのつながり　怒りの沖縄 ほ
　か）　3 海どう宝・石垣島（空港建設を拒否　島お
　こし ほか）　4「復帰の祭典」海洋博の傷痕（荒廃
　の海　二人の区長 ほか）　5 海洋博そのあ
　と（農民を追い出した用地買収　皇太子訪沖阻止
　闘争 ほか）　　　　　　　　　　　　　　〔2306〕

◇沖縄をめぐる百年の思想―河上肇・伊波普
　猷・瀬長亀次郎・沖縄イニシアティブ・小林
　よしのり　西銘圭蔵著　那覇　ボーダーイン
　ク　2010.4　179p　19cm　〈文献あり　年表
　あり〉　1500円　Ⓘ978-4-89982-181-6
　Ⓝ312.199　　　　　　　　　　　　　　〔2307〕

◇沖縄の自己決定権―地球の涙に虹がかかるま
　で　喜納昌吉著　未來社　2010.5　227p
　19cm　〈年譜あり　年表あり〉　1400円
　Ⓘ978-4-624-30114-9　Ⓝ312.199
　内容 第1部 音楽家、市民運動家、そして政治家へ
　（喜納少年の生い立ち　音楽家への道　復帰前、復
　帰後の沖縄　喜納昌吉、スターになる　市民運動
　家として世界を駆けめぐる　政治家への道）　第
　2部 日本のなかの沖縄、その歴史と社会（沖縄侵

略四〇〇年　天皇制をめぐって　日本国憲法の問
題点と日米安保　グローバルビジョンの構築に向
けて　沖縄の役割と可能性）　第3部 沖縄の自己
決定権とはなにか（「うるの会」結成から解散まで
参議院議員として今後やるべき仕事　沖縄の自立
へ向けて　沖縄の最終選択としての自己決定権）
　　　　　　　　　　　　　　　　　　　　〔2308〕

◇沖縄―変わらぬ現実　渡部允著　横浜　エ
　イ・シー・ビー　2010.7　438p　22cm
　2000円　Ⓘ978-4-9905336-0-1　Ⓝ312.199
　　　　　　　　　　　　　　　　　　　　〔2309〕

◇誰が日本を支配するのか!?　沖縄と国家統合
　佐藤優, 魚住昭責任編集　マガジンハウス
　2010.8　238p　19cm　1333円　Ⓘ978-4-
　8387-2157-3　Ⓝ312.1
　内容 1「普天間問題」の本質とは何か―沖縄の声
　に耳をすませば　2 渡瀬夏彦氏への手紙　3 密約
　問題と普天間問題―鳩山時代から私たちは何を学
　ぶか（密約問題　普天間問題）　4 ホロウェイで
　読み解く鳩山首相辞任と辺野古基地問題（「おば
　あ」の叫び　初めに叫びがある　鳩山前首相の功
　罪　急進的指導者の運命　旧体制派の力　「抑止
　力」物神崇拝　重なって砕ける5つの波　菅内閣
　の発足と「反乱」の行方）　　　　　　　　〔2310〕

◇ウシがゆく―植民地主義を探検し、私をさが
　す旅　知念ウシ著　那覇　沖縄タイムス社
　2010.9　289p　19cm　1800円　Ⓘ978-4-
　87127-642-9　Ⓝ302.199　　　　　　　　〔2311〕

◇沖縄発―復帰運動から40年　川満信一著　世
　界書院　2010.9　252p　18cm　（情況新書
　004）　〈年表あり〉　1300円　Ⓘ978-4-7927-
　2109-1　Ⓝ312.199
　内容 第1部 復帰運動の時代をふり返る（反復帰論
　から自立の思想へ―近代国家を超える沖縄からの
　視線　転換期に立つ沖縄闘争―復帰のスローガン
　を捨てよ！）　第2部 沖縄自立への憲章草案（琉球
　の自治と憲法　琉球共和社会憲法C私（試）案　往
　復書簡沖縄自治をめぐる対話　反復帰の思想資源と「琉
　球共和社会/共和国憲法（私・試案）」の意義）　第
　3部 アジア・朝鮮・異場からのまなざし（「在日」
　「差別」「祖国」を越えて　済州島の海風―四・三
　済州島虐殺事件六〇周年集会に参加して　異場の
　思想とは何か）　　　　　　　　　　　　　〔2312〕

◇要石：沖縄と憲法9条　C.ダグラス・ラミス
　著　晶文社　2010.10　258p　20cm　1900
　円　Ⓘ978-4-7949-6754-1　Ⓝ312.199
　内容 1 戦争論（実戦中毒と千メートル眼差し　積
　極的平和？　「テロ」の定義とは？ ほか）　2 ア
　メリカの諸戦争と日本の憲法（ファルージャから
　二つの報道　9条に関する9テーゼ　イラク派兵と
　憲法9条 ほか）　3 沖縄・基地・差別（「日本」と
　いうあり方　植民地としての軍基地　沖縄・米軍
　基地・改憲問題 ほか）　　　　　　　　　〔2313〕

◇「沖縄問題」とは何か―「琉球処分」から基
　地問題まで　藤原書店編集部編　藤原書店

176　「沖縄」がわかる本　6000冊

社会科学　　　　　　　　　　　　　　　　　　　政治・経済・社会一般

2011.2　273p　20cm〈執筆：大城立裕ほか　年表あり〉2800円　①978-4-89434-786-1　Ⓝ312.199

内容「琉球処分」とは何か　いまだに続く「琉球処分」 大城立裕著　「琉球処分」という負の遺産 西里喜行著　沖縄独立 平恒次著　歴史から見た沖縄の独立と「自治」 沖縄は日本の植民地である 松島泰勝著　チヤースガ、ウチナー（どうする沖縄）！ 金城実著　沖縄は日本ではない 島袋マカト陽子著　琉球問題へ 高良勉著　「琉球自治共和国連邦独立宣言」をなぜ発したか 石垣金星著　「琉球政府」という歴史的経験 増田寛也著　今に生きる復帰前の民衆自治の成果 下地宏著　琉球の平和思想と龍宮神ジュゴン 海勢頭豊著　「境界」としての沖縄　境界研究からみた「沖縄」 岩下明裕著　沖縄とパレスチナから考える「占領」と「独立」 早尾貴紀著　それは日本問題である 後田多敦著　沖縄に向き合う 久岡学著　徳之島移設案と「琉球処分」 前利潔著　奄美から見た民族自決問題 新元博文著　「辺境」をつくり出すのは誰か？ 西川潤著　「沖縄問題」は「南北問題」 勝俣誠著　沖縄米軍基地と日米安保 私たちに近づくな 川満信一著　本土メディアの歪んだ報道 屋良朝博著　「新・沖縄密約」を情報公開せよ 真喜志好一著　普天間・辺野古は安保に必須ではない 佐藤学著　近代日本と沖縄の「位置」 櫻庭淳著　「現実主義」からみた沖縄問題 中葉義彦著　約四十年、何も変わっていない 三木健著　沖縄県民は生け贄？ 上原成信著　日米の軍事基地はヤマトへ 照屋みどり著　沖縄問題は日琉米中問題である 武者小路公秀著〔2314〕

◇大田昌秀さん講演会報告集　大田昌秀〔述〕,「沖縄から本土を問う大田昌秀講演会」実行委員会編　富山　「沖縄から本土を問う大田昌秀講演会」実行委員会　2011.4　97p　21cm〈会期・会場：2010年10月24日 富山国際会議場メインホール　背・表紙の責任表示：「沖縄から日本を問う大田昌秀講演会」実行委員会,背・表紙の出版者：「沖縄から日本を問う大田昌秀講演会」実行委員会　年表あり〉500円　Ⓝ312.199

内容富山で平和を語る　大田昌秀述　〔2315〕

◇沖縄とヤマト―沖縄問題は沖縄の問題ではありません　日本退職教職員協議会　2011.4　147p　30cm〈共同刊行：憲法理念の教育基本法の会〉Ⓝ312.199　〔2316〕

◇佐藤優のウチナー評論　佐藤優著　那覇　琉球新報社　2011.8　349p　19cm〈発売：琉球プロジェクト（那覇）〉1714円　①978-4-89742-131-5　Ⓝ312.199　〔2317〕

◇ブータンから考える沖縄の幸福　沖縄大学地域研究所編　芙蓉書房出版　2011.9　196p　19cm〈沖縄大学地域研究所叢書〉1800円①978-4-8295-0537-3　Ⓝ302.2588

内容第1章 ブータン日記　第2章 ブータンで出

会った若者社会　第3章 ブータンの教育におけるGNH　第4章 ブータン王国における社会経済開発のバランスと格差社会　向田めぐみさんに聞くブータンの看護・助産医療の現状　特別寄稿 チベット仏教と私　〔2318〕

◇沖縄から撃つ！―「噂の眞相」休刊、あれから7年：Okinawa 2004-2011　岡留安則著　集英社インターナショナル　2011.10　230p　19cm〈発売：集英社〉1300円　①978-4-7976-7220-6　Ⓝ312.1

内容第1章 「政権交代」前後の沖縄で急速に高まった期待度　第2章 普天間移設で鳩山政権の紆余曲折と辺野古回帰で挫折！　第3章 鳩山・小沢のダブル辞任で管総理が登場し、深まる混迷度　第4章 政権交代の立役者・小沢一郎追放で菅・仙谷の右旋回開始　第5章 前代未聞の東日本大震災で政治も原発政策も根底から崩壊へ　第6章 福島第一原発事故と沖縄米軍基地の相関関係を衝く！　第7章 「米軍基地」と「福島原発大事故」に見る官僚制国家の悲劇―あとがきに代えて　〔2319〕

◇祖国復帰は沖縄の誇り　椛島有三,仲村俊子著,日本会議事業センター編　明成社　2012.1　48p　21cm〈復帰40周年記念〉600円①978-4-905410-05-8　Ⓝ312.199

内容世界と日本の誇り沖縄（日本会議事務総長・椛島有三）　沖縄・祖国復帰への祈り―沖縄返還協定批准反対運動を乗り越えて（初代沖縄防衛協会婦人部長・元小学校教諭・仲村俊子）〔2320〕

◇沖縄道―沖縄問題の本質を考えるために　宮城能彦著　ザメディアジョン・エデュケーショナル　2012.2　232p　18cm〈発売：ザメディアジョン（広島）〉838円　①978-4-86250-209-4　Ⓝ312.199

内容第1章 沖縄問題を考えるために（ふたつの顔の沖縄―沖縄移住者、赴任者のための沖縄理解入門　沖縄人（うちなーんちゅ）のアイデンティティ―琉球処分から日本復帰、そして現在）　第2章 「県民感情」を理解できなければ沖縄問題は解決できない―「沖縄対大和」という対立を超えて（沖縄対大和という図式　沖縄の県民感情とは何か ほか）　第3章 沖縄問題の「議論」ができるようになるために（我々は同情してもらうために日本に「復帰」したのではない　私の自衛隊アレルギーが消えるまで ほか）　第4章 足もとから考える沖縄（2010年、尖閣諸島領海侵犯が沖縄にもたらすもの　2010年、争点なき沖縄県知事選挙 ほか）　第5章 沖縄2011年秋―イデオロギーに囚われずに沖縄を語るということ（確かに決断できない日本だけど―ケビン・メア『決断できない日本』を読む　子どもと現場教師不在の教科書採択騒動―中学校「公民」の教科書を比べてみる）　〔2321〕

◇琉球独立への道―植民地主義に抗う琉球ナショナリズム　松島泰勝著　京都　法律文化社　2012.2　263p　21cm　2800円　①978-4-589-03394-9　Ⓝ312.199

内容第1章 琉球コロニアリズムの歴史　第2章

政治・経済・社会一般　　　　　　　　　　　　　　　　　社会科学

太平洋島嶼国・地域の脱植民地化と琉球　第3章　南アジア地域とスコットランドの独立と琉球　第4章　国連と琉球　第5章　琉球ナショナリズムの形成　第6章　「琉球自治論」の批判的検討　第7章　琉球自治共和国連邦の将来像　　〔2322〕

◇闘争する境界―復帰後世代の沖縄からの報告　知念ウシ, 與儀秀武, 後田多敦, 桃原一彦著　未来社　2012.4　227p　19cm　1800円　①978-4-624-41093-3　Ⓝ312.199
　内容　第1部（「基地は本土へ返そう」　「本土へ移してください」　普天間基地の軍開き　猫と本と植民地主義 ほか）　第2部（お正月に家出した　極私的沖縄連休の過ごし方　普天間の空・普天間の大地は私たちのもの　世界のウチナーンチュ大会 ほか）　　〔2323〕

◇報道されない沖縄―沈黙する「国防の島」　宮本雅史著　角川学芸出版　2012.4　199p　19cm　〈文献あり　発売：角川グループパブリッシング〉　1400円　①978-4-04-653257-2　Ⓝ395.39
　内容　序章　遺棄―置き去りにされた「国防の島」　第1章　祈り―悲願の祖国復帰　第2章　葛藤―教育とイデオロギーの戦場　第3章　決断―基地をめぐる「世論」の行方　第4章　依存―暮らしのなかにある基地　第5章　活用―基地を使う　終章　交渉―沖縄の過去・現在・未来　　〔2324〕

◇沖縄からの風―「日本復帰」40年を問い直す：インタビュー＆講演集　アジェンダ・プロジェクト編　京都　アジェンダ・プロジェクト　2012.5　143p　21cm　〈「アジェンダ　未来への課題」別冊　執筆：大田昌秀ほか　年表あり〉　1000円　①978-4-434-16655-6　Ⓝ312.199
　内容　「復帰」四〇年を問い直す―沖縄で広がりを見せつつある「独立論」　自分の命を守ると思って沖縄の現状を見てください　苦しくとも真実を語ることで、平和を貫き、命の大事さを世界に広めようと思います　物言わぬ民は滅びる―普天間からの訴え　沖縄に基地はいらない、もう沖縄は後戻りしないです　沖縄の民意には日本を変える力がある　沖縄問題の決定権は、政府ではなく沖縄にあるのです　「沖縄戦の図」には、時空を超えて、沖縄戦の本質を今に伝える力を感じます　平和と命を守るために、皆の力をつなげてがんばっています　民衆の力で政権を変えることができるという自負を日本の民衆はもっと持つべきです　闘いは面白く、闘いは夢を持って、そしてスクラムを組んで楽しく　　〔2325〕

◇沖縄とヤマト―「縁の糸」をつなぎ直すために　小森陽一編著, 新崎盛暉, 伊波洋一, 石川真生, 我部政明証言　京都　かもがわ出版　2012.5　262p　19cm　1800円　①978-4-7803-0536-4　Ⓝ395.39
　内容　1　問題提起　途切れた「縁の糸」をつなぎ直すために（小森陽一）　2　沖縄の証言1　戦後民衆史から見る沖縄（新崎盛暉）　3　沖縄の証言2　普

天間は日米安保を映す鏡（伊波洋一）　4　沖縄の証言3　写真から見える沖縄人、日本人（石川真生）　5　沖縄の証言4　アジア共同体の要、沖縄（我部政明）　6　ヤマトの受け止め　「沖縄」の歴史認識を検証する（小森陽一）　　〔2326〕

◇創立30周年記念誌　創立30周年記念誌編集委員会編　沖縄　沖縄市軍用土地等地主会　2012.5　140p　31cm　〈年表あり　年譜あり〉　Ⓝ395.39　　〔2327〕

◇3.11後の自衛隊―迷走する安全保障政策のゆくえ　半田滋著　岩波書店　2012.7　71p　21cm　（岩波ブックレット）　560円　①978-4-00-270843-0
　内容　はじめに　3・11は転機なのか　第1章　大震災とその後の自衛隊　第2章　「トモダチ作戦」とは何だったのか　第3章　変貌する海外派遣　第4章　迷走する政治主導―解決しない普天間問題　おわりに　「人助け」をする自衛隊へ　　〔2328〕

◇この国はどこで間違えたのか―沖縄と福島から見えた日本　徳間書店出版局編　徳間書店　2012.11　309p　19cm　〈執筆：内田樹ほか　年表あり〉　1600円　①978-4-19-863509-1　Ⓝ304
　内容　どこまでも属国根性（内田樹）　「ムラ」の瓦解は早い（小熊英二）　物語の中に答えはない（開沼博）　自治踏みにじる原発（佐藤栄佐久）　神話にすがる日本人（佐野眞一）　カネの切れ目は好機（清水修二）　「なつかしい」未来を求めて（広井良典）　徹底的な破滅から光（辺見庸）　　〔2329〕

◇〈復帰〉40年の沖縄と日本―自立の鉱脈を掘る　西谷修編　せりか書房　2012.12　192p　19cm　2000円　①978-4-7967-0319-2　Ⓝ302.199
　内容　「擬制の終焉」―沖縄「復帰」四〇年　内的境界と自立の思想的拠点―ワンタマギルーの眉間の槍は抜かれたか？　異族の論理―死者的位相　不服従の拠って立つ地点―沖縄「軍用地」をめぐる対立を考える　「非国 - 民」の思想の潜勢力―詩的想像力再考　"自立" とダイグロシアの詩学　　〔2330〕

◇未来を共創する智恵―沖縄大学土曜教養講座が問う日本の課題　沖縄大学地域研究所編集　芙蓉書房出版　2013.5　267p　21cm　（沖縄大学地域研究所叢書）　1900円　①978-4-8295-0586-1　Ⓝ312.199
　内容　日本復帰四〇年を問う―沖縄の政治・行政の変容と今後の展開可能性（復帰前・復帰後の琉球・沖縄の政治・行政・労働運動等の状況　昨今の日本・沖縄の政治・行政状況等　今後の沖縄の政治・行政等はどうあるべきか）　子どもの居場所から問い直す―"復帰四〇年" の地域社会（一条の光、教育と子どもたちに沖縄の未来を託した屋良朝苗　沖縄市の障がい乳幼児の取り組み―本土との連携を生かして　学童保育から見る復帰四〇年の子どもと地域　沖縄の子どもと貧困―児童相

178　　「沖縄」がわかる本　6000冊

社会科学　　　　　　　　　　　　　　　　　　　　　　　　政治・経済・社会一般

談所からの視点　「当事者がつくる」居場所の提言）　“復帰四〇年”と沖縄大学―地域に根ざす学びの場をめざして（講演「地域社会における大学の存在意義」　自由な大学生活）「復帰」四〇年・持続可能なシマ社会へ―琉球列島の環境問題からの提案（シンポジウムの趣旨　『琉球列島の環境問題』刊行の趣旨についての若干の補足　シンポジウムのハイライトか）　　　　　〔2331〕

◇沖縄ワジワジー通信　金平茂紀著　七つ森書館　2013.6　269p　19cm　1800円　Ⓘ978-4-8228-1374-1　Ⓝ219.9
　内容　1章 沖縄ワジワジー通信（この国の倫理を象徴する、弱者押しつけの基地問題　民衆の力による変革はエジプトとつながる　震災危機が隠す「正当化」や「復権」は看過できない ほか）　2章 沖縄ニューヨーク徒然草（9・11で身分確認が厳しく、多言語対応に日本語なし　「多様性」か「強さ」か、大統領選の大テーマは人種　米大統領選のTV討論、注目浴びた“副大統領”対決 ほか）　3章 沖縄との対話（NYからは沖縄と日本がはっきりみえた　「基地を持って帰ってください」　今年を沖縄の最悪の年にはさせない）　　　〔2332〕

◇クロスロード・オキナワ―世界から見た沖縄、沖縄から見た世界　鎌倉英也，宮本康宏著　NHK出版　2013.8　348p　20cm　2200円　Ⓘ978-4-14-081600-4　Ⓝ219.9
　内容　プロローグ 十字路としての「オキナワ」　第1章 「オキナワ」はどう見られてきたか―歴史のクロスロードを訪ねて　第2章 沖縄では何がおきているのか―普天間・辺野古・高江の「現在」　第3章 アメリカの戦略台頭する中国―軍事安全保障のクロスロード　第4章 「オキナワ」へのまなざし―オーストラリア・グアムの現場から　第5章 新たなクロスロードを求めて―二一世紀の「万国之津梁」への模索　エピローグ 「オキナワ」と「フクシマ」―あとがきにかえて　　　〔2333〕

◇沖縄の自立と日本―「復帰」40年の問いかけ　大田昌秀，新川明，稲嶺惠一，新崎盛暉著　岩波書店　2013.8　219p　19cm　2100円　Ⓘ978-4-00-025909-5　Ⓝ312.199
　内容　「復帰」四〇周年は未来を切り拓く決断の年（「復帰」とは何だったのか　日本にとって沖縄とは何か ほか）　「祖国」意識と「復帰」思想を再審する（「祖国」を幻視する　「建白書」にみる “負” の思想 ほか）　東アジアの平和と沖縄（東アジアの中の沖縄―前近代から近代へ　戦後日米関係の中の沖縄 ほか）　新たな沖縄振興について（沖縄振興の歴史　基地と経済をめぐる問題 ほか）　座談会 沖縄の自立と日本の自立を考える（「復帰」四〇年をどう見るか　基地撤去と経済的自立の可能性 ほか）　　　　　　　　　〔2334〕

◇シランフーナーの暴力―知念ウシ政治発言集　知念ウシ著　未来社　2013.9　255p　19cm　〈別タイトル：知らんふりの暴力〉2200円　Ⓘ978-4-624-41094-0　Ⓝ312.199
　内容　第1部 知らないふりは暴力であり、攻撃である（沖縄の米軍基地へ核査察を　基地の「平等

負担」　アメリカで在沖米軍基地の日本「本土」お引き取り論を語る　「県外移設」と「琉球独立」 ほか）　第2部 沖縄で生まれ、沖縄で生きる（祖母と幻想　だけど「愛」は泣いている　沖縄の「日本復帰」後に育つということ　日常生活のなかの軍事主義―ソウル国際平和会議報告 ほか）　　　　　　　　　　　　　　　〔2335〕

◇占領者のまなざし―沖縄/日本/米国の戦後　田仲康博編　せりか書房　2013.12　230p　21cm　2400円　Ⓘ978-4-7967-0328-4　Ⓝ312.199
　内容　第1章 『八月十五夜の茶屋』をめぐる “まなざし” の政治学　第2章 ブギウギから演歌の女王へ―美空ひばりのアメリカと占領下沖縄　第3章 占領者のまなざしをくぐりぬける言葉―『琉大文学』と検閲　第4章 冷戦とジェンダー―米軍占領下沖縄における家政学教育　第5章 兵士たちの武装「放棄」―反戦兵士たちの沖縄　第6章 笑う/笑われる―形のない占領の在り方　第7章 「原子力の日光でひなたぼっこ」伝説の現在―文芸評論家から現代美術批評へ、そして沖縄展へ　第8章 占領に抗う―東村高江のヘリパッド建設反対闘争　第9章 ふたつの祝祭―大阪万博とコザ暴動　　　　　　　　　　　　　　　　〔2336〕

◇モモト　Vol.17―臺灣×琉球　懐かしくて新しい台湾　糸満　東洋企画　2014.1　77p　30cm　952円　Ⓘ978-4-905412-24-3
　内容　仲программ長治、祖父・父の足跡を辿る旅―台北～基隆築郷　大人のための台×琉基礎講座　激動の台湾を生きたウチナーンチュの物語　琉球見聞録　八重山の台湾　台湾と沖縄をつなぐ人々　てんもり食堂　沖縄みーなりちちなり　島ぬ新背達　琉球いきもの雑学事典　仲村清司「細道の奥の…」　モモト編集部通信・糸らぼ通信　モモトカフェ　　　　　　　　　　　　　　　〔2337〕

◇佐藤優の沖縄評論　佐藤優著　光文社　2014.3　287p　16cm　（光文社知恵の森文庫 tさ6-1）〈「佐藤優のウチナー評論」（琉球新報社 2011年刊）の改題〉680円　Ⓘ978-4-334-78641-0　Ⓝ312.199
　内容　誰ももう「フィルター」　色眼鏡（上）　暴力性は国家の本質　色眼鏡（中）　官僚が税を “収奪” 色眼鏡（下）　「誠心」文科相動かす　沖縄の勝利　琉球・沖縄史を設けよ　大学入試科目　保守派のまなざし批判　右翼評論家による大江健三郎氏擁護（上）　「悲劇」追体験が生む力　右翼評論家による大江健三郎氏擁護（下）　官僚の「罠」にはまるな 米軍基地問題について沖縄は対案を出してはならない（上）　超党派で米に「直訴」を 米軍基地問題について沖縄は対案を出してはならない（下）　理性を重視か疑うか 左翼と右翼（上）〔ほか〕　　　　　　　　　　　　　　　〔2338〕

◇島嶼地域の新たな展望―自然・文化・社会の融合体としての島々　藤田陽子，渡久地健，かりまたしげひさ編　福岡　九州大学出版会　2014.4　382p　22cm　（琉球大学国際沖縄

「沖縄」がわかる本 6000冊　　179

政治・経済・社会一般　　　　　　　　　　　社会科学

研究所ライブラリ）〈索引あり〉3600円
①978-4-7985-0130-7　Ⓝ361.7
内容「新しい」島嶼学―過去を振り返り、未来を見据える　第1部 環境・文化・社会の融合体としての島嶼（島嶼社会の可能性と生物・文化多様性　ブーゲンヴィル島（パプアニューギニア）の言語文化多様性―その次世代継承に向けての取り組み　島おこしと観光―「観光地」と「生活空間」の両立は可能か　ハワイにおける再生可能エネルギーの政策展開　太平洋島嶼の漁村における海洋管理責任と女性の役割―原点からの再考　太平洋島嶼における地域主体型の漁業管理とその意義　パラオにおける自然共生型地域計画）　第2部 琉球・沖縄からの発信（戦後沖縄における食事・栄養と食環境の変遷　沖縄におけるソーシャル・キャピタルと健康　離島における教育の情報化と広域連携の効果　島嶼地域における環境と社会インフラ　消滅危機言語の教育可能性を考える―多様な琉球諸語は継承できるか　奄美・沖縄のサンゴ礁漁撈文化―漁場知識を中心に　沖縄から島嶼地域の海岸防災を考える　離島の地理的特性が地方団体の経営効率性に与える影響　沖縄および太平洋島嶼の水利用と水源管理　自然・文化・社会の融合体としての島嶼地域と「新しい島嶼学」の展望）
〔2339〕

◇琉球新報が伝える沖縄の「論理」と「肝心（ちむぐくる）」　琉球新報社論説委員会編著　高文研　2014.5　111p　21cm〈年表あり〉1200円　①978-4-87498-544-1　Ⓝ312.199
内容教科書検定意見撤回を求める県民大会（2007年9月）　普天間基地の早期閉鎖、県外移設を求める県民大会（2010年4月）　鳩山首相来県、「県内移設」に回帰（2010年5月）　仲井真知事、「県外移設」へと転換して再選（2010年11月）　田中沖縄防衛局長、「犯す前に…」発言（2011年11月）　オスプレイ配備に反対する県民大会（2012年9月）　オスプレイ強行配備（2012年10月）　続発する米兵による女性暴行事件（2012年10月）　全41市町村長の「建白書」提出、東京行動（2013年1月）　安倍首相に建白書手交、直接要請（2013年1月）〔ほか〕
〔2340〕

◇沖縄を越える―民衆連帯と平和創造の核心現場から　新崎盛暉編著　凱風社　2014.6　267p　19cm　1700円　①978-4-7736-3806-6　Ⓝ312.199
内容抵抗運動の新たな地平　米田綱路 聞き手　抵抗の根っこにある歴史認識　構造的沖縄差別と「オール沖縄」　求められる根源的なパラダイムシフト　民衆運動の新しい地平を創ろう　新崎盛暉、崎原盛秀、山城博治述　沖縄から見た尖閣問題　私にとっての韓国　国境を低くして、東アジアの平和を実現しよう　白永瑞、新崎盛暉述　沖韓民衆連帯の歴史と現場　高橋年男、都裕史、豊見山雅裕 ほか述　新たな東アジア像の創造のために　新崎盛暉、鳥山淳、若林千代 ほか述
〔2341〕

◇オール沖縄vs.ヤマト―政治指導者10人の証言　山田文比古著　青灯社　2014.6　201p　19cm　1400円　①978-4-86228-072-5

Ⓝ312.199
内容1 オール沖縄の異議申し立て　2 革新の拒否の論理　3 保守の容認の心理　4 沖縄のサイレントマジョリティ　5 沖縄独立論　6 ウチナーとヤマト　7 新たな安保闘争か　8 中国との関係　9 基地の強制的共存のシステム　10 保革政治構造の変動　11 怒りの矛先
〔2342〕

◇琉球共和社会憲法の潜勢力―群島・アジア・越境の思想　川満信一、仲里効編　未来社　2014.6　306p　19cm　2600円　①978-4-624-01192-5
内容第1部 原点から、架橋と越境（琉球共和社会憲法C私(試)案　琉球共和社会憲法私案の経緯―共和国と共和社会はどう違うのか　対談：近代国家終えんへの道標　リアリズムのユートピア―川満信一「琉球平和社会憲法C私(試)案」を読む　ノモスの消失点、到来する共同体―「死者的視点」から「異場の思想」まで）　第2部 アリーナで、交差と交響（「孤島苦」と「流動苦」―「琉球共和社会憲法私案」の根拠と可能性　疲れた口笛　琉球共和社会憲法私(試)案について思う　沖縄・再び戦場の島にさせないために―沖縄基地問題の現状とこれからの闘い）　第3部 未来へ、潜像と顕像（川満信一さんへ―「琉球共和社会憲法C私(試)案」をめぐって　琉球共和社会研究会　群島響和社会 "平行"憲法・断章　数多くの憲法私案を）
〔2343〕

◇琉球独立論―琉球民族のマニフェスト　松島泰勝著　バジリコ　2014.7　290p　19cm　1800円　①978-4-86238-211-5　Ⓝ312.199
内容第1部 琉球小史（琉球王国の成り立ち　植民地となった近代琉球　戦時下の琉球と米軍統治時代　「復帰」という名の琉球再併合）　第2部 なぜいま独立なのか（植民地の実態　琉球のナショナリズム　琉球独立論の系譜　琉球独立論は暴論か）　第3部 琉球独立への道（骨くされ根性の克服　日本および国際社会への訴求　多角的な国際関係構築による安全保障　琉球の未来）〔2344〕

◇沖縄、脱植民地への胎動　知念ウシ、輿儀秀武、桃原一彦、赤嶺ゆかり著　未来社　2014.8　252p　19cm　2200円　①978-4-624-41098-8　Ⓝ312.199
内容第1部（知念ウシ　輿儀秀武　桃原一彦）　第2部（知念ウシ　赤嶺ゆかり　桃原一彦）　第3部（石田雄　知念ウシ）　〔2345〕

◇沖縄差別と闘う―悠久の自立を求めて　仲宗根勇著　未来社　2014.9　233p　19cm　1800円　①978-4-624-41099-5　Ⓝ312.199
内容第1部 憲法危機のなかの沖縄自立（ガッティンナラン！ 政府主催「主権回復・国際社会復帰を記念する式典」　普天間基地返還合意―辺野古移設を強行する安倍「壊憲」政権　「朝鮮特需」下の沖縄の少年 ほか）　第2部 自立・沖縄の夢とうつつと（「沖縄自立」の夢遠く　琉球共和国憲法F私(試)案(部分)　琉球共和国の理念と前提 ほか）　第3部 状況のなかの自立思想（沖縄少数派通信　復帰十年に思う―不可視の "国境" のなかから

180　「沖縄」がわかる本　6000冊

社会科学　　　　　　　　　　　　　　　　　　　　　　　　　政治・経済・社会一般

復帰十年の軌跡―表層と深層を考える　ほか）
〔2346〕

◇沖縄の傷という回路　新城郁夫著　岩波書店
2014.10　235p　20cm　2600円　①978-4-
00-061002-5　Ⓝ302.199
　内容　1「集団自決」という傷をめぐって（沖縄の
傷という回路　反復帰反国家論の回帰―岡本恵徳
の思想を読む　聴く思想史―屋嘉比収を読み直す
故郷で客死すること―『名前よ立って歩け - 中屋
幸吉遺稿集』論）　2　回帰する傷たち（「死にゆく
母」のまなざし　音の輪郭―高橋悠治の音楽とイ
トーターリの身体パフォーマンスを繋ぐ場所　山
城知佳子の映像を読む―汀の眼、顔以る手、顔のな
かの顔）　3　他者の傷を迎える（「不安定の弧」の
対位法―沖縄にアラブ民衆蜂起を引き寄せる　琉
球共和社会憲法試案という企てと脱国家―沖縄と
広島と難民）　　　　　　　　　　　　　　〔2347〕

◇沖縄の不都合な真実　大久保潤, 篠原章著
新潮社　2015.1　221p　18cm　（新潮新書
601）〈文献あり〉　740円　①978-4-10-
610601-9　Ⓝ312.199
　内容　序章　沖縄はこれからどうなるのか　第1章
普天間問題の何が問題なのか　第2章　高まる基地
への依存　第3章「基地がなくなれば豊かになる」
という神話　第4章　広がる格差、深まる分断　第5
章「公」による「民」の支配　第6章　本土がつくっ
たオキナワイメージ　第7章「沖縄平和運動」の
実態と本質　第8章　異論を封殺する沖縄のジャー
ナリズム　第9章「構造的沖縄差別論」の危うさ
〔2348〕

◇そうだったのか「沖縄！」　仲村覚著・責任
編集, 仲村俊子, 石井望, 江崎孝共著　示現舎
2015.2　157p　19cm　〈文献あり〉　926円
①978-4-9905787-9-4　Ⓝ312.199　〔2349〕

◇ワセダアジアレビュー　No.17（2015）　特集
東アジアから1968年をみつめなおす/沖縄か
ら問い直すアジアのデモクラシー　めこん,
早稲田大学アジア研究機構事務所　2015.2
111p　28×21cm　925円　①978-4-8396-
0288-8
　内容　機構長コラム「こんな筈ではなかった」　フ
ィールドから Photo Essay 沖縄をめぐる一九六
八年前後の社会運動とその後　巻頭論文　一九六八
年と権力の偶然性　第一特集　東アジアから1968
年をみつめなおす（東アジアから1968年をみつめ
なおす　消費社会と六八年五月―ボードリヤール
対吉本隆明　文革を乗り越えて）　第二特集　沖縄
から問い直すアジアのデモクラシー（「沖縄から
問い直すアジアのデモクラシー」について　琉
球共和社会憲法（試案）」への道程　記念トーク
セッション　『永続敗戦論』を沖縄からみつめな
おす　方法としてのゾミア―リヴァイアサンを内
破する野生のデモクラシー）　論文（中国現代政治
思想の再検討―新左派とリベラル派の論争を中心
に　過去によって現在を貫く：マシミリアノ・ト
ンバ『マルクスの時間』）　次世代研究者　朝鮮・韓
国製造業における地域特化および局地化　書籍紹

介　フィールドエッセイ 台湾から見る韓国と沖
縄　　　　　　　　　　　　　　　　　　　〔2350〕

◇抗う島のシュプレヒコール―OKINAWAの
フェンスから　山城博明著　岩波書店
2015.3　157p　21cm　〈年表あり〉　2200円
①978-4-00-061035-3　Ⓝ312.199
　内容　1　フェンスから―基地植民地の実態（米兵少
女暴行事件糾弾県民大会―1995年10月21日　相次
ぐ米軍戦闘機事故　沖国大ヘリ墜落事件―2004年
8月13日　教科書検定意見撤回県民大会―2007年
9月29日　"世界一危険な基地"普天間、配備され
るオスプレイ　あらたな闘争、辺野古をめぐって）
2 抗う島―復帰は何をもたらしたのか（復帰前夜、
爆発した沖縄の怒り　復帰、沖縄処分ふたたび）
3 魂（マブイ）の響き（「集団自決」の傷跡　遺骨
収集）　　　　　　　　　　　　　　　　　〔2351〕

◇「強欲チャンプル」沖縄の真実―すべては
"軍命による集団自決"から始まった　大高未
貴著　飛鳥新社　2015.3　263p　18cm
1111円　①978-4-86410-373-2　Ⓝ312.199
　内容　序章　日本の「マサダ砦」沖縄（座間味・渡嘉
敷そして尖閣・沖縄）　第1章　戦士の休息（台風襲
来と共に　戦後スモッグの闇は晴れたか？　教科
書見直しと軍命令 ほか）　第2章　真実と真実の狭
間（渡嘉敷島の真実　沖縄戦バイブル『鉄の暴風』
制作の黒幕　戦後沖縄メディアの原点 ほか）　第
3章　迷宮の島（真実の歴史を残すために　梅澤元
隊長の苦悩　絶望を救った一通の手紙 ほか）　第
4章　二人の生き証人（修羅となり、地獄を生きた
人　愛するがゆえの撲殺　軍官民共生共死という
虚構 ほか）　終章　2014年「琉球独立」のはじま
り（普天間基地が本当に危険な理由　報じられな
い沖縄反基地運動の兵とスピーチ　沖縄政治の同
調圧力）　　　　　　　　　　　　　　　　〔2352〕

◇日本復帰と反復帰―戦後沖縄ナショナリズム
の展開　小松寛著　早稲田大学出版部
2015.5　338p　22cm　（早稲田大学学術叢
書 43）〈「戦後沖縄における帰属論争と民族
意識」(2013年刊）の改題、大幅に加筆、修正
文献あり　索引あり〉　6900円　①978-4-657-
15707-2　Ⓝ312.199
　内容　戦後沖縄の帰属論争とは何か　第1部　日本
復帰（屋良朝苗の日本復帰運動の原点―1953年の
全国行脚　日本復帰の論理―民族・平和・国家・
天皇　「本土並み」復帰をめぐる日本 - 沖縄間の
交渉過程　1970年前後における琉球政府による尖
閣諸島問題への対応）　第2部　反復帰（反復帰論の
淵源―1950年代の『琉大文学』を中心に　反復帰
論の構造と特質　反復帰論における日本側知識人
の影響―ヤポネシアとアナキズム　反復帰論と沖
縄独立論）　日本と沖縄、国家と民族　　　〔2353〕

◇沖縄本土メディアが伝えない真実　古木杜恵
著　イースト・プレス　2015.8　301p
18cm　（イースト新書 055）〈文献あり〉
907円　①978-4-7816-5055-5　Ⓝ312.199
　内容　特別対談　佐野眞一×古木杜恵「ノンフィク

「沖縄」がわかる本 6000冊　181

政治・経済・社会一般　　　　　　　　　　　　　　　　　　　社会科学

ション作家が見た “本土vs.沖縄” のルーツ」（これまでとはまったく違う「翁長知事誕生」の流れ　大田昌秀に聞いた基地移設問題の舞台裏　ほか）　第1章 軍事記者が見た「本土vs.沖縄」二〇年史（にわかに忙しくなった軍事記者の動き　「辺野古移設」の原点　ほか）　第2章「辺野古受け入れ」の不都合な真実（「犯す前に、これから近しますよと言いますか」　繰り返される「ヘイトスピーチ」　ほか）　第3章「普天間移設」の誤謬と欺瞞（訪米要請行動に込められた意図　沖縄の「自己決定権」を認めよ　ほか）　第4章「沖縄神話」の崩壊、「オール沖縄」の深層（日本政府が慰留していた在沖海兵隊の撤退　「基地は経済の阻害要因」のウソ　ほか）　〔2354〕

◇あれは何の足音だ？―全体主義国家への危機　宮里政充著　名古屋　ブイツーソリューション　2015.9　177p　18cm　〈発売：星雲社〉　800円　①978-4-434-20992-5　Ⓝ312.199

内容 沖縄は独自の道を　アゴヒゲの少年と沖縄　あれは何の足音だ？　やっぱり犀だ！　風景が変わる　悲観しているひまはない　抑止力神話を疑わ　沖縄は発信し続ける　憎しみと報復の連鎖を食い止めよう―「憲法九条」こそ最強の武器だ　安倍政権を拒否する沖縄は　問答無用で沖縄を切り捨てる　辺野古移設が唯一の道ではない―もう一度抑止力神話を問い直す　沖縄はしたたかに、粘り強く抵抗を続ける　民主主義が崩れていく―国会図二法案撤回の運動を　本土はどう呼応するか　琉球方言に未来はあるか　「飛び立つ蝶」考　「美しく」はなりたくない―百田氏らの報道圧力発言の裏にあるもの　戦争から戦後へ―私の戦争体験　〔2355〕

◇琉球独立宣言―実現可能な五つの方法　松島泰勝〔著〕　講談社　2015.9　278p　15cm　（講談社文庫 ま74-1）　690円　①978-4-06-293196-0　Ⓝ312.199

内容 第1章 もう独立しかない！（なぜ米軍基地ができたのか　なぜ独立しなければならないのか　独立したら中国は琉球を侵略するのか　琉球人と日本人とは異なる民族！　独立運動は世界の潮流）　第2章 どのように独立するのか（琉球の民族独立運動　非暴力による独立運動　法と人の合意による独立　世界の小国から学ぶ）　第3章 そもそも琉球の歴史とは（琉球国を否定する日本政府　瀬長亀次郎と米軍統治時代　照屋敏子の琉球独立）　第4章 独立したらどうなる？（島嶼国、小国であっても発展できるのか　独立後の琉球経済　非武装中立の連邦共和国へ　パラオ共和国から学ぶ）　第5章 琉球独立宣言　〔2356〕

◇時論・評論―ベトナム・沖縄　鎌田隆著　大阪　シイーム出版　2015.9　411p　21cm　2593円　①978-4-916100-31-3　〔2357〕

◇知る沖縄　木村司著　朝日新聞出版　2015.9　191p　21cm　〈文献あり〉　1300円　①978-4-02-251298-7　Ⓝ395.39

内容 第1章「普天間から辺野古」の基地問題とは何か（普天間基地返還のそもそもの理由　くり

返される米軍の事件　ほか）　第2章 押さえておきたい「沖縄と米軍基地」の基礎知識（沖縄の基地負担を数字で見る　米軍の事件・事故に影響を及ぼす「日米地位協定」　ほか）　第3章「沖縄戦」を知らずして理解は深まらない（沖縄戦終結の日を「慰霊の日」に　なぜ、沖縄が激戦地になったのか？　ほか）　第4章 米軍占領下から本土復帰の流れ（「屈辱の日」と呼ばれる4月28日　米軍占領下での沖縄の暮らし　ほか）　終章 沖縄のこれから―（沖縄独立論と琉球の歴史　沖縄の米軍は、本当に「抑止力」になっているのか　ほか）　〔2358〕

◇私の沖縄日記―2012.11-2014.1　鬼原悟〔著〕　〔広島〕　しおまち書房　2015.10　207p　19cm　①978-4-906985-05-0　Ⓝ312.199　〔2359〕

◇沖縄と本土―いま、立ち止まって考える辺野古移設・日米安保・民主主義　翁長雄志, 寺島実郎, 佐藤優, 山口昇, 朝日新聞取材班著, 朝日新聞出版編　朝日新聞出版　2015.10　142p　21cm　1200円　①978-4-02-251321-2　Ⓝ395.39

内容 基調講演 沖縄のあるがままを見てもらいたい　翁長雄志 沖縄県知事　パネリストからの提言　パネル討論 いま、沖縄と本土を考える―辺野古移設・日米安保・民主主義　シンポジウムを受けて　ルポ 基地移設問題をめぐる沖縄県と日本政府のやりとり2013・2015 朝日新聞取材班　資料　翁長雄志発言録2014・2015　〔2360〕

◇戦う民意　翁長雄志著　KADOKAWA　2015.12　231p　19cm　1400円　①978-4-04-103596-2　Ⓝ395.39

内容 第1章 日本政府との攻防（圧倒的な民意の表明　普天間周辺住民も移設に反対　ほか）　第2章 この国を問う（沖縄はどうするのですか　相反する立ち位置のバランス　ほか）　第3章 品格ある安保体制を（すれ違う本土との安保観　時代によって変わる基地の意味　ほか）　第4章 苦難の歩み、希望への道（慰霊碑に込めた平和への願い　侵略と差別の歴史　ほか）　第5章 アジアへ、世界へ（基地は沖縄経済最大の阻害要因　跡地利用の巨大な経済効果　ほか）　〔2361〕

◇オキナワ論―在沖海兵隊元幹部の告白　ロバート・D・エルドリッチ著　新潮社　2016.1　191p　18cm　（新潮新書 651）　700円　①978-4-10-610651-4　Ⓝ312.199

内容 第1章 国立大学から海兵隊へ（日本人留学生との出会い　JETプログラム四期生として来日　ほか）　第2章 米軍基地再編の失敗と政権交代（政権交代とは何だったのか　普天間の重要な基地機能　ほか）　第3章 トモダチ作戦と防災協力の展開（阪神淡路大震災での原体験　災害対応での日米協力の研究　ほか）　第4章 沖縄のメディアと活動家との闘い（「不当逮捕」「映像公開」「解雇」の顛末　外国メディアと地元メディアの対応　ほか）　第5章 沖縄問題の解決へ向けて（「基地の75%が集中」「高い犯罪率」という虚構　「基地負担」だけ

182　「沖縄」がわかる本　6000冊

社会科学　　　　　　　　　　　　　　　　　　　　　　　　　　　　政治・行政

の偏った議論　ほか）　　　　　〔2362〕

◇沖縄　抵抗主体をどこにみるか─「処分」、徴
　兵忌避、移民・出稼ぎ労働者と宮城与徳
　佐々木辰夫著　スペース伽耶, 星雲社〔発売〕
　2016.1　129p　21cm　1000円　①978-4-
　434-21656-5
　内容　1「処分」抵抗・救国運動、アジア反帝人民
　連帯のめばえ（「琉球処分」　「処分」論争　アジ
　アの国際秩序の再編　ほか）　2 いわゆる本部（桃
　原）徴兵忌避事件から伊江島闘争へ（沖縄におけ
　る徴兵拒否　徴兵忌避の原因・特徴　政治的背景
　ほか）　3 移民・出稼ぎ労働者と宮城与徳（沖縄に
　おける移民・出稼ぎの背景　明治三〇年代　いわ
　ゆる戦争景気から蘇鉄地獄へ　ほか）　〔2363〕

政治・行政

◇衆議院沖縄及び北方問題に関する特別委員会
　審議概要　自第129回国会（常会）至第131回
　国会（臨時会）〔衆議院〕特別委員会第一調
　査室　1995.4　90p　30cm　Ⓝ314.1452
　　　　　　　　　　　　　　　　　　〔2364〕

◇安保条約と地位協定─沖縄問題の根源はこれ
　だ　南風原町（沖縄県）　那覇出版社　1995.
　12　254p　21cm　1200円
　内容　第1部 日本国憲法（抜粋）　第2部 日米安保
　条約　第3部 地位協定　第4章 安保条約関連の法
　律　第5部 沖縄　　　　　　　　　　〔2365〕

◇衆議院沖縄及び北方問題に関する特別委員会
　審議概要　自第132回国会（常会）至第135回
　国会　臨時会　衆議院特別委員会第一調査室
　沖縄及び北方問題に関する特別委員会担当
　1996.2　157p　30cm〈年表あり〉Ⓝ314.
　1452　　　　　　　　　　　　　　　〔2366〕

◇沖縄権利宣言　照屋寛徳著　宜野湾　サザン
　プレス　1997.1　278p　19cm〈著者の肖像
　あり〉1500円　Ⓝ310.4　　　　　　〔2367〕

◇衆議院沖縄及び北方問題に関する特別委員会
　審議概要　自第136回国会（常会）至第139回
　国会　臨時会　衆議院特別委員会第一調査室
　沖縄及び北方問題に関する特別委員会担当
　1997.2　133p　30cm〈年表あり〉Ⓝ314.
　1452　　　　　　　　　　　　　　　〔2368〕

◇参議院沖縄及び北方問題に関する特別委員会
　審議要録　第126回国会（常会）－第139回国
　会（臨時会）　参議院第一特別調査室　1997.
　2　151p　30cm　Ⓝ314.1552　　　〔2369〕

◇琉球政府行政機構変遷図─1952.4.1─1972.5.
　14　沖縄県公文書館編　南風原町（沖縄県）
　沖縄県公文書館　1998.2　91p　30cm　①4-

901075-01-2　Ⓝ318.299　　　　　　〔2370〕

◇日本の一国二制度─沖縄を国際自由都市・フ
　リーポートに　平良朝男著　本の泉社
　1998.3　238p　19cm　1800円　①4-88023-
　167-3
　内容　序章　第1章 世界の現状と課題　第2章 日
　本の果たすべき役割　第3章 沖縄県の果たすべき
　役割と経済社会開発の方向─国際交流、国際貢献、
　国際ビジネス、国際観光・保養のキーストーンの
　形成をめざして　第4章 具体的提案　　〔2371〕

◇戦いすんで日が昇る　上巻　仲里嘉彦監修
　浦添　春夏秋冬社　1998.12　187p　21cm
　1429円　Ⓝ318.299　　　　　　　　〔2372〕

◇戦いすんで日が昇る　下巻　仲里嘉彦監修
　浦添　春夏秋冬社　1999.2　325p　21cm
　Ⓝ318.299　　　　　　　　　　　　〔2373〕

◇参議院沖縄及び北方問題に関する特別委員会
　審議要録　第140回国会─第145回国会　参
　議院第一特別調査室　1999.12　107p　30cm
　Ⓝ314.1552　　　　　　　　　　　〔2374〕

◇戦後初期沖縄諸政党の独立論─失敗した民族
　主体性回復の試み　林泉忠〔著〕, 富士ゼロッ
　クス小林節太郎記念基金編　富士ゼロックス
　小林節太郎記念基金　2000.4　22p　26cm
　〈富士ゼロックス小林節太郎記念基金1997年
　度研究助成論文〉非売品　Ⓝ312.199〔2375〕

◇九州・沖縄サミット首脳会合消防特別警戒記
　録誌　沖縄県文化環境部消防防災課編　〔那
　覇〕　沖縄県　2001.3　180p　30cm
　　　　　　　　　　　　　　　　　　〔2376〕

◇沖縄よ、主張せよ！─くじらは汗をかく　下
　地幹郎著　〔出版地不明〕　〔下地幹郎〕
　2001.5　220p　19cm　Ⓝ310.4　　〔2377〕

◇衆議院沖縄及び北方問題に関する特別委員会
　審議要録　第147回国会（常会）－第150回国
　会　臨時会　衆議院調査局第一特別調査室
　2001.5　156p　30cm　Ⓝ314.1452　〔2378〕

◇衆議院沖縄及び北方領土問題に関する特別委
　員会審議要録　第147回国会─第150回国会
　衆議院調査局第一特別調査室　2001.5　156p
　30cm　Ⓝ314.1452　　　　　　　　〔2379〕

◇沖縄県警察史　第3巻（昭和後編）　沖縄県警
　察史編さん委員会編　那覇　〔沖縄県〕警察
　本部　2002.3　1490p　22cm〈付属資料：2
　枚　文献あり〉Ⓝ317.7　　　　　　〔2380〕

◇衆議院沖縄及び北方問題に関する特別委員会
　審議要録　第151回国会─第153回国会　衆
　議院調査局第一特別調査室　2002.5　126p

「沖縄」がわかる本 6000冊　　**183**

政治・行政　　　　　　　　　　　　　　　　　　　　　　　　　社会科学

30cm　Ⓝ314.1452　　　　　　　　〔2381〕

◇衆議院沖縄及び北方問題に関する特別委員会
審議要録　第154回国会—第155回国会　衆
議院調査局第一特別調査室　2003.3　181p
30cm　〈表紙のタイトル：沖縄及び北方問題
に関する特別委員会審議要録〉　Ⓝ314.1452
〔2382〕

◇参議院沖縄及び北方問題に関する特別委員会
審議要録　第146回国会—第154回国会　参
議院第一特別調査室　2003.9　114p　30cm
Ⓝ314.1552　　　　　　　　　　　〔2383〕

◇沖縄総合事務局30年資料集　内閣府沖縄総合
事務局編　〔那覇〕　〔内閣府沖縄総合事務
局〕　2004.3　327p　30cm　〈年表あり〉
〔2384〕

◇琉球政府文書目録　第1編（総務局）　沖縄県
文化振興会公文書管理部編　〔南風原町（沖
縄県）〕　沖縄県公文書館　2005.3　304,14p
31cm　Ⓝ318.299　　　　　　　　　〔2385〕

◇戦後六十年沖縄の政情—自由民主党沖縄県連
史　自由民主党沖縄県連史編纂委員会編　那
覇　自由民主党沖縄県支部連合会　2005.12
847p　27cm　〈年表あり　文献あり〉　14286
円　Ⓘ4-9902806-0-1　Ⓝ315.1　　〔2386〕

◇琉球政府文書目録　第2編（企画局）　沖縄県
文化振興会公文書管理部編　〔南風原町（沖
縄県）〕　沖縄県公文書館　2006.3　312p
31cm　Ⓝ318.299　　　　　　　　　〔2387〕

◇琉球政府文書目録　第3編（主税局）　沖縄県
文化振興会公文書管理部編　〔南風原町（沖
縄県）〕　沖縄県公文書館　2006.3　438p
31cm　Ⓝ318.299　　　　　　　　　〔2388〕

◇琉球獨立黨文書資料集　琉球独立党教育出版
局東京新宿区支局編輯　築地電子活版
2006.6　150p　19cm　〈附・七〇年代關聯資
料類〉　1800円　Ⓘ4-903636-00-3　Ⓝ312.199
内容 独立十訓　琉球独立党綱領　被抑圧民族と
しての自覚を　野底土南著　祖国独立の世界にお
ける地位　野底土南著　關聯資料沖縄文化を武器
として　當山安一著　關聯資料沖縄の現在と《琉球
文化村》構想　名護宏明述　關聯資料沖縄の宗教概
観　知名定寛著　　　　　　　　　〔2389〕

◇琉球政府文書目録　第4編（法務局 1 本局
（内部部局・支分部局）編）　沖縄県文化振興
会公文書管理部編　〔南風原町（沖縄県）〕
沖縄県公文書館　2007.3　164p　30cm
Ⓝ318.299　　　　　　　　　　　　〔2390〕

◇琉球政府文書目録　第6編（農林局 1 内部部
局編）　沖縄県文化振興会公文書管理部編

〔南風原町（沖縄県）〕　沖縄県公文書館
2007.3　470p　30cm　Ⓝ318.299　〔2391〕

◇琉球政府文書目録　第6編（農林局 2 支分部
局・附属機関編）　沖縄県文化振興会公文書
管理部編　〔南風原町（沖縄県）〕　沖縄県
公文書館　2007.3　253p　30cm　Ⓝ318.299
〔2392〕

◇平和の礎　特集号2　大田昌秀参議院議員国
会活動後半3年間を振り返る—2005～2007
大田昌秀事務所編　那覇　大田昌秀事務所
2007.8　149,84p　26cm　〈共同刊行：大田昌
秀後援会　年譜あり〉　310.4　　　〔2393〕

◇戦後沖縄の政治家たち—人物列伝　仲本安一
著　那覇　琉球新報社　2009.5　131p
19cm　〈年表あり　発売：琉球プロジェクト
（那覇）〉　952円　Ⓘ978-4-89742-103-2
Ⓝ312.8　　　　　　　　　　　　　〔2394〕

◇翻訳の政治学—近代東アジア世界の形成と日
琉関係の変容　與那覇潤著　岩波書店
2009.12　317,5p　22cm　〈文献あり　索引あ
り〉　7600円　Ⓘ978-4-00-024770-2　Ⓝ311.3
内容 序論「同じであること」と翻訳の政治　第
1部「人権問題」前夜—「琉球処分」期の東アジ
ア国際秩序（外交の翻訳論—F.H.バルフォアと一
九世紀末東アジア英語言論圏の成立　国境の翻訳
論—「琉球処分」は人種問題か、日本・琉球・中
国・西洋　国民の翻訳論—日本内地の言説変容）
第2部「民族統一」以降—「沖縄人」が「日本人」
になるとき（統合の翻訳論—「日琉同祖論」の成
立と二〇世紀型秩序への転換　革命の翻訳論—沖
縄青年層の見た辛亥革命と大正政変　帝国の翻訳
論—伊波普猷と李光洙、もしくは国家と民族のあ
いだ）　結論　翻訳の哲学と歴史の倫理　〔2395〕

◇政治はどう動くか—九州・沖縄・山口の国会
議員14人に聞く　舟槻格致著　福岡　書肆侃
侃房　2010.6　255p　19cm　1500円
Ⓘ978-4-86385-031-6　Ⓝ312.1　　〔2396〕

◇徐勝の東アジア平和紀行—韓国、台湾、沖縄
をめぐって　徐勝著　京都　かもがわ出版
2011.2　295p　19cm　1700円　Ⓘ978-4-
7803-0415-2　Ⓝ312.2
内容 1 旅のはじまり、はるかな旅　2 魂よ、よみ
がえれ（アジアのにおい—沖縄自立・独立への力
台湾民衆闘争の足跡をたどって　延辺朝鮮族と高
句麗史をめぐる韓中葛藤　ほか）　3 東アジア、平
和への旅（東アジアの平和を求める旅　人権とト
ラウマ　靖国の闇を照らしだすキャンドルの灯　ほ
か）　4 東アジアの和解と平和へ（朝鮮半島の危機
を超えて　朝鮮半島の行方と日本　「韓国併合」
一〇〇年を契機に、日本の東アジア侵略を問う）
〔2397〕

◇世界史のなかの中国—文革・琉球・チベット
汪暉著,石井剛,羽根次郎訳　青土社　2011.2

社会科学　　　　　　　　　　　　　　　　　　　政治・行政

351p　20cm　2800円　①978-4-7917-6586-7
Ⓝ312.22
　内容　第1章 中国における一九六〇年代の消失—脱政治化の政治をめぐって（中国と一九六〇年代の終焉　脱政治化の政治と党‐国体制の危機　脱政治化の政治と現代社会 ほか）　第2章 琉球—戦争の記憶、社会運動、そして歴史解釈について（北海道から琉球へ　琉球の戦争記憶　戦争/冷戦と琉球アイデンテイテイの政治性 ほか）　第3章 東西間の「チベット問題」—オリエンタリズム、民族区域自治、そして尊厳ある政治（オリエンタリズムの二種類の幻影　植民地主義とナショナリズムの変奏　民族区域自治と「多元一体」の未完成性 ほか）　　　　　　　　　　〔2398〕

◇アメリカ政治史の基本—植民地時代からオバマ大統領、沖縄問題まで　向井洋子著　岡山大学教育出版　2011.9　169p　21cm（ASシリーズ　第1巻）〈年表あり　索引あり　文献あり〉2000円　①978-4-86429-091-3
Ⓝ312.53
　　　　　　　　　　　　　　　　　　　〔2399〕

◇沖縄から提唱する世界連邦政府　比嘉厚夫著　那覇　ボーダーインク　2011.10　208p　17cm〈文献あり　の改訂版〉1400円　①978-4-89982-215-8　Ⓝ313.16
　内容　第1部 世界統合理論の構築（世界政府運動と西欧の統合　地域統合理論の再検討　地域統合理論から世界統合理論へ）　第2部 世界共通の思想的基盤を求めて（既存宗教の歴史と課題　宗教統合の問題点　魂の存在　霊界の認識　既存宗教の限界を越えて）　第3部 世界連邦政府の創設に向けて（宗教と科学　環境破壊による地球の危機　世界連邦政府創設のための条件）　〔2400〕

◇現代日本政治史　3　高度成長と沖縄返還—1960〜1972　中島琢磨著　吉川弘文館　2012.3　308p　19cm〈年表あり　文献あり〉2100円　①978-4-642-06437-8　Ⓝ312.1
　内容　第1章 池田政権の発足（池田の経済政策構想　政策での対決　「実力者内閣」）　第2章 戦後復興の実現（安定政権への展望　経済外交と国内政治　政権のほころび　東京オリンピックの成功）　第3章 沖縄返還の提起（佐藤内閣の発足　沖縄返還問題の進展　一九六八年の日本政治）　第4章 沖縄返還交渉（「核抜き・本土並み」返還の表明　沖縄返還交渉の進展　核兵器の撤去問題）　第5章 長期政権の終焉（「七〇年安保」　佐藤四選後の諸問題　沖縄返還の実現）　　　　　　　〔2401〕

◇基地も原発もいらない—新自由主義と闘う沖縄　革共同沖縄県委員会編著　前進社　2012.4　95p　21cm〈沖縄「復帰」40年　年表あり〉500円　①978-4-88139-188-4
Ⓝ312.199　　　　　　　　　　　　〔2402〕

◇沖縄県警察40年の歩み　那覇　沖縄県警察本部　2013.3　246p　31cm〈年表あり〉
Ⓝ317.7　　　　　　　　　　　　　〔2403〕

◇沖縄民警察の鼓動—1945-1954年　新垣佳宏著　〔出版地不明〕　〔新垣佳宏〕　2013.3　250p　22cm〈文献あり　年表あり〉Ⓝ317.7　　　　　　　　　　　　　　　　〔2404〕

◇民族の悲劇—沖縄県民の抵抗　瀬長亀次郎著　新装版　新日本出版社　2013.4　217p　18cm　1200円　①978-4-406-05690-8
Ⓝ312.199
　内容　1 基地権力者の意志は法なり　2 講和条約第三条のからくり　3 スキャップ指令と占領政策　4 ふきすさぶ反共旋風　5 略奪はこうしてやる　6 島ぐるみのたたかい　7 「赤い市長」の出現　8 新しい情勢　　　　　　　　　　〔2405〕

◇近代沖縄の政治構造　大田昌秀著　オンデマンド版　勁草書房　2013.6　558,9p　21cm（keiso C books）〈印刷・製本：デジタルパブリッシングサービス　年表あり　索引あり〉7600円　①978-4-326-98087-1　Ⓝ312.199　　　　　　　　　　　　　〔2406〕

◇民主党政権失敗の検証—日本政治は何を活かすか　日本再建イニシアティブ著　中央公論新社　2013.9　304p　18cm（中公新書2233）〈年表あり〉900円　①978-4-12-102233-2　Ⓝ312.1
　内容　序章 民主党の歩みと三年三ヵ月の政権　第1章 マニフェスト—なぜ実現できなかったのか（捻出できなかった財源　小沢が実現困難なマニフェストを作ったのか　マニュフェストが失敗した原因）　第2章 政治主導—頓挫した「五策」（政務三役のリーダーシップ　閣僚委員会の混乱　国家戦略局の挫折　幹部官僚人事と行政刷新会議　「五策」はなぜ崩れたか）　第3章 経済と財政—変革への挑戦と挫折（低迷した経済、悪化した財政　予算改革　成長戦略と増税）　第4章 外交・安保—理念追求から現実路線へ（普天間基地問題　漁船衝突事件　尖閣「国有化」　異なる二つの潮流）　第5章 子ども手当—チルドレン・ファーストの蹉跌（「子ども手当」という社会構想　「子ども手当」の迷走　民意とすれ違った保育政策）　第6章 政権・党運営—小沢一郎だけが原因か（幻の政府与党一元化　リーダーシップとフォロワーシップ）　第7章 選挙戦略—大勝と惨敗を生んだジレンマ（二〇〇七年と二〇〇九年の勝因　二〇一〇年の参院選と「ねじれ国会」　二度の惨敗とこれから）　終章 改革政党であれ、政権担当能力を磨け〔2407〕

◇沖縄・北方のキーワード　衆議院調査局第一特別調査室（沖縄及び北方問題に関する特別委員会担当）　2014.3　118p　30cm　Ⓝ312.199　　　　　　　　　　　　　〔2408〕

◇自然と歴史が結んだ絆—竹富町・弘前市と斜里町との交流の歴史　村上隆広編著　斜里町（北海道）　斜里町立知床博物館　2014.3　81p　30cm〈年表あり〉Ⓝ318.211　〔2409〕

◇沖縄現代政治史—「自立」をめぐる攻防　佐

「沖縄」がわかる本　6000冊　185

政治・行政　　　　　　　　　　　　　　　　　　　　　　　　　社会科学

道明広著　吉田書店　2014.4　223p　22cm
〈年表あり　索引あり〉2400円　①978-4-
905497-22-6　Ⓝ312.199
　内容　第1章 返還後の沖縄「統治構造」の形成（沖
縄返還前後の「自立論」　返還後の沖縄と「開発庁
方式」の定着）　第2章 「国際都市形成構想」をめ
ぐる政治力学（大田県政の登場と「国際都市形成構
想」「政府対沖縄」の政治過程　「国際都市形成
構想」の終焉）　第3章 保守県政下の沖縄（「掌握
される」沖縄　米軍再編下の沖縄　民主党と沖縄）
第4章 与那国自立構想をめぐる政治（与那国自立
構想の形成　与那国自立構想の展開　与那国島自
衛隊基地新設問題）　終章 「沖縄対政府」関係と
は何か（中国の台頭と沖縄　「統治」の正当性と
は）　　　　　　　　　　　　　　　　　　〔2410〕

◇民主党政権とは何だったのか──キーパーソン
たちの証言　山口二郎, 中北浩爾編　岩波書
店　2014.7　317,15p　20cm　〈年表あり〉
2400円　①978-4-00-024873-0　Ⓝ312.1
　内容　第1章 政権交代準備/2009年8月30日以前
（政権準備とマニフェストの土台づくり　「コンク
リートから人へ」と財源の検討　二〇〇九年選挙
への取り組みと政権準備の過程）　第2章 鳩山政
権と民主党政治の開始/2009年8月30日～2010年6
月8日（成立プロセス　政治主導とその難航　マニ
フェストの実行と予算編成　東アジア共同体・普
天間・地球温暖化）　第3章 菅内閣と民主党政治
の試練/2010年6月8日～2011年9月2日（鳩山政権
からの移行と党内対立の激化　消費増税　地域主
権改革　東日本大震災と原発事故　尖閣諸島中国
漁船衝突事件と日韓関係）　第4章 野田政権と民
主党政治の終焉/2011年9月2日～2012年12月26日
（消費税率引き上げの顛末　原発再稼働と脱原発
政策　尖閣国有化と日中の緊張　対朝鮮半島外交
衆議院解散と民主党政権の終焉）　終章 民主党政
権の失敗と可能性（失敗の岐路　政策的成果と限
界　統治システム改革のなかの民主党政権　政党
デモクラシーのこれから）　　　　　　　〔2411〕

◇われ、沖縄の架け橋たらん　國場幸之助著
K&Kプレス　2014.7　212p　20cm　1300円
①978-4-906674-60-2　Ⓝ312.199
　内容　第1章 普天間基地を県外へ　第2章 沖縄で、
保守であること　第3章 「復帰っ子」として生ま
れて　第4章 強大化する中国にどう立ち向かうか
第5章 李登輝元総統の教え　第6章 沖縄と本土の
距離を縮めるために　特別インタビュー 「慰霊
の日」に沖縄を問い直す　　　　　　　　〔2412〕

◇サトウキビ畑から来た大臣──郵政と沖縄をめ
ぐる連立政権の三年三カ月　下地幹郎著
〔三芳町（埼玉県）〕　　日本評論社サービスセ
ンター　2014.10　262p　20cm　〈発売：日本
評論社〉1700円　①978-4-535-58661-1
Ⓝ312.1
　内容　第1章 少数政党の政権交代（亀井の拒否権
財政引き締めか大型財政出動か ほか）　第2章 絡
み合う普天間と郵政（郵政民営化見直しを世に問う
「最低でも県外」宣言まで ほか）　第3章 ねじれ国

会の綱渡り（菅政権下の参院選敗北　ストッパー
としての国民新党 ほか）　第4章 政界再編か郵政
法案か（野田内閣の実務ライン　復興財源として
の郵政株浮上 ほか）　第5章 沖縄選出大臣の挑戦
（新しい国民新党　松下大臣の死 ほか）〔2413〕

◇民主党沖縄県連のあゆみ　1996年─2014年
那覇　民主党沖縄県総支部連合会　2014.10
79p　26cm　〈年表あり〉Ⓝ315.1　　〔2414〕

◇政治団体の収支報告書の要旨─平成二十六年
公表 沖縄県選挙管理委員会資料　〔那覇〕
沖縄県選挙管理委員会　2014.11　139p
30cm　Ⓝ315.199　　　　　　　　　　　〔2415〕

◇現代政治論──解釈改憲・TPP・オリンピック
浅野一弘著　同文舘出版　2015.1　166p
21cm　〈索引あり〉2700円　①978-4-495-
46521-6　Ⓝ312.1
　内容　支配の類型をめぐる争点　政党組織をめぐる
争点　政治倫理をめぐる争点　解釈改憲をめぐる
争点　TPPをめぐる争点　モスクワ・オリンピッ
クをめぐる争点　海岸漂着物をめぐる争点 1　海
岸漂着物をめぐる争点 2　安倍政権をめぐる争
点　沖縄県名護市長選挙をめぐる争点　第47回衆
議院議員総選挙をめぐる争点　　　　　　〔2416〕

◇豊中市・沖縄市の都市間交流の新たな展開に
関する調査・研究─豊中市・沖縄市兄弟都市
提携40周年事業　とよなか都市創造研究所編
豊中　とよなか都市創造研究所　2015.3
71p　30cm　（とよなか都市創造研究所研究
報告書 TIUM report）〈年表あり〉500円
Ⓝ318.263　　　　　　　　　　　　　　　〔2417〕

◇いのちの民主主義を求めて　内山秀夫著, 内
山秀夫遺稿集刊行委員会編　影書房　2015.4
491,11,33p　22cm　〈著作目録あり　年譜あ
り〉4200円　①978-4-87714-456-2　Ⓝ311.
04
　内容　第1章 自画像あるいは私の精神史　第2章
政治学を語る　第3章 未完の革命としての戦後民
主主義　第4章 一身にして二生・一人にして両身
──福沢を座標軸として考える　第5章 沖縄、沖縄
の人々、そして私たち　第6章 追悼─同学の師友
を偲んで　第7章 社会を凝視する"時評"─憲法、
戦争、教育　第8章 エッセー　　　　　　〔2418〕

◇安倍政権は、どうして沖縄をいじめるのか！
──沖縄第三者委員会報告書を読み解く　花輪
伸一, 真喜志好一, 安部真理子, 三宅俊司著
七つ森書館　2015.12　206p　21cm　1600
円　①978-4-8228-1547-9
　内容　第1章 公有水面埋立法とは、どんな法律で
しょうか（公有水面埋立法について詳しく知りま
しょう　環境アセスメントの問題点は、「事業内容
を後出し」していることです　沖縄県はどのよう
な審査をしたのでしょうか　第三者委員会とは、
どんな委員会なのでしょうか）　第2章 なぜ辺野
古なのでしょうか？─「埋立の必要性」を検証し

186　　「沖縄」がわかる本 6000冊

社会科学　　　　　　　　　　　　　　　　　　　　　　　　　　　　　　　　政治・行政

ましょう（普天間の危険性の除去のために、辺野古への移設が唯一の解決策なのでしょうか　辺野古の軍事空港・軍港建設計画は、1966年に計画されていました　第三者委員会の報告書を読みましょう）　第3章 辺野古埋立は、国土利用上「適正かつ合理的」なのでしょうか（沖縄県の審査結果は正しかったのでしょうか　第三者委員会は、どのように検証したのでしょうか　辺野古埋立の利益と不利益を比べてみましょう　これが、第三者委員会の結論です　政府の対応は法治国家にあるまじきものです）　第4章 環境保護は適正でしょうか（辺野古・大浦湾の特徴　第三者委員会報告書での論点　総合的に判断してみましょう）　第5章 アセス法、公有水面埋立法の観点から（公有水面埋立法と環境影響評価法について　公有水面埋立法の「免許」と「承認」の関係　承認取消に対する国の対応について）　〔2419〕

◇第二の「戦後」の形成過程―1970年代日本の政治的・外交的再編　福永文夫編　有斐閣　2015.12　268p　22cm〈他言語標題：Japan's Postwar History Revisited　索引あり〉　4500円　①978-4-641-14914-4　Ⓝ312.1
　内容 第1章 一九七〇年代日本の政治的・外交的再編　第2章 一九七〇年の日本の политика―新たな日本への問い掛けに応えて　第3章 福田外交の起源―佐藤政権末期の日本外交　第4章 国際交流基金の設立―日米関係の危機と日本外交の意識変容　第5章 田中角栄首相と東南アジア　第6章 三木武夫の国交正常化前の対中認識　第7章 非核三原則の規範化――九七〇年代日本外交への道程　第8章 屋良朝苗県政と米軍基地問題――九六八～一九七六年　第9章 一九七〇年代オーストラリアの対日外交　第10章 サミット外交と福田・大平の「世界の中の日本」像　〔2420〕

◇宝の海をまもりたい 沖縄・辺野古　いんやくのりこ著　現代思潮新社　2016.1　161p　19cm　1400円　①978-4-329-00496-3
　内容 プロローグ 陸と海が出会う場所で　1 宝の海をまもりたい　2 むかし、王国があった　3 さかいめの島　4 基地の島　5 オール沖縄の胎動　6 ほんとうの豊かさを沖縄から　エピローグ―万国津梁の鐘が鳴る　〔2421〕

◇辺野古の弁証法―ポスト・フクシマと「沖縄革命」　山口泉著　沖縄 オーロラ自由アトリエ　2016.1　140p　19cm　1800円　①978-4-900245-16-7
　内容 序章 死の国からも、なお語られ得る「希望」はあるか？　1 二〇一一年―「県民大会バス無料券」の記憶から　2 二〇一二年―彼らから遺贈されたはずの世界で　3 二〇一三年―「戦後日本」の果てに　4 二〇一四年―遥かなる邦　5 二〇一五年―辺野古の弁証法　終章 その余波や、余光すらも―「沖縄革命」とは、何か？　〔2422〕

◇安保法制の正体―「この道」で日本は平和になるのか　西日本新聞安保取材班編著　明石書店　2016.2　246p　19cm　1600円　①978-

4-7503-4307-5
　内容 第1章 若者が語る安保―沖縄から　第2章 積極的平和主義の先に―欧米諸国からの警告　第3章 国防を問う―変貌する自衛隊　第4章 基地、その足元で―迫る沖縄知事選　第5章 日米同盟を問う―11・16沖縄知事選　第6章 戦争報道と平和　第7章 中村哲がつくる平和―戦乱のアフガンから　第8章 安保法案、この道の先は　〔2423〕

◇沖縄は「不正義」を問う―第二の"島ぐるみ闘争"の渦中から　琉球新報社論説委員会編著　高文研　2016.2　221p　19cm　1600円　①978-4-87498-590-8
　内容 特別評論―2014～15年（慰霊の日―不戦のための言論守りたい（社会部長・松永勝利/2014年6月23日）　翁長・菅会談―沖縄に民主主義を適用せよ（編集局長・潮平芳和/2015年4月5日）　再点検・普天間問題―今こそ「足跡」消す時だ（報道本部長・松元剛/2015年4月26日）　ほか）　琉球新報社説―2014年（沖縄の自己決定権―民意の力で尊厳回復を（1月3日）　名護市長選挙、稲嶺氏再選―誇り высокий歴史の審判（1月20日）「建白書」を破棄するのか―沖縄の総意を後世に残せ（2月9日）　ほか）　琉球新報社説―2015年（対話拒否―安倍政権は知事と向き合え（1月8日）　上保安官「馬乗り」―決して許されない行為だ（1月25日）　辺野古検証委員会―作業阻止へあらゆる手段を（2月8日）　ほか）　辺野古代執行訴訟第1回口頭弁論 翁長雄志沖縄県知事「陳述書」全文　〔2424〕

◇危険な沖縄―親日米国人のホンネ警告　ケント・ギルバート, ロバート・D.エルドリッチ著　産経新聞出版, 日本工業新聞社〔発売〕　2016.2　261p　19cm　1300円　①978-4-8191-1276-5
　内容 序章 沖縄は被害者意識を、本土は加害者意識を捨てよ！　第1章 沖縄は二紙がつぶれたら正常化する　第2章 そもそも沖縄問題は存在しない　第3章 本当は解決を望んでいない基地問題　第4章 「翁長」「中国」「沖縄」の関係　第5章 「日米同盟を維持」は不愉快　第6章 平和安全法制と「トモダチ作戦」　第7章 アメリカは靖国に口を出すべきでない　第8章 日本の品格は外交の武器になる　〔2425〕

◇日本を守る沖縄の戦い―日本のジャンヌダルクかく語りき　我那覇真子著　アイバス出版, サンクチュアリ出版〔発売〕　2016.2　245p　19cm　1400円　①978-4-86113-616-0
　内容 第1章 日本を守る沖縄の戦い（国連人権理事会における沖縄県知事へのカウンタースピーチ 私はなぜ保守活動家になったのか　ほか）　第2章 沖縄の異常なジャーナリズム（名護市長選の裏側「和をもって貴しとなす」の意味　ほか）　第3章 左翼と沖縄（沖縄における左翼活動の歴史 左翼活動がもたらした重大な罪　ほか）　第4章 私のプロフィール（今の私を育てた父、そして沖縄 大きな影響を受けた『西国立志編』　ほか）　第5章 沖縄の自助論（日本の復興は、沖縄から 沖縄の真正保守が考える日本の復興　ほか）　〔2426〕

「沖縄」がわかる本 6000冊　**187**

政治・行政   社会科学

《地方自治・地方行政》

◇沖縄県議会史　第13巻　資料編　10　群島議
　会 1　沖縄県議会事務局編さん　那覇　沖縄
　県議会　1995.3　59,581p　22cm　非売品
　Ⓝ318.499　　　　　　　　　　　　　　　〔2427〕

◇沖縄県議会史　第14巻　資料編　11　群島議
　会 2　沖縄県議会事務局編さん　那覇　沖縄
　県議会　1996.3　61,635p　22cm　非売品
　Ⓝ318.499　　　　　　　　　　　　　　　〔2428〕

◇那覇市議会史　第3巻 上 資料編 2　議会の
　活動—アメリカ統治期　那覇市議会事務局議
　会史編さん室編　那覇　那覇市議会　1996.3
　823p　27cm　Ⓝ318.499　　　　　　　　〔2429〕

◇沖縄戦後選挙史　第4巻　沖縄戦後選挙史編
　集委員会編　那覇　沖縄戦後選挙史発行委員
　会　1996.7　2冊（別巻とも）　27cm〈第3巻
　までの出版者：沖縄県町村会　別巻（273p）：
　選挙結果調〉Ⓝ318.499　　　　　　　　　〔2430〕

◇西原町子ども議会会議録　〔西原町（沖縄
　県）〕　〔西原町〕　〔1997〕　73p　26cm
　〈憲法・地方自治法施行・児童福祉法制定50
　周年記念〉Ⓝ318.299　　　　　　　　　　〔2431〕

◇那覇市議会史　第4巻 資料編 3　新聞にみる
　議会　戦前期　那覇市議会事務局議会史編さ
　ん室編　那覇　那覇市議会　1997.3　654p
　27cm　Ⓝ318.499　　　　　　　　　　　　〔2432〕

◇具志川市議会史　第3巻（資料編 2）　議会の
　活動　具志川市議会事務局議会史編さん室編
　具志川　具志川市議会　1997.10　833p
　27cm　Ⓝ318.499　　　　　　　　　　　　〔2433〕

◇沖縄県の情報公開・個人情報保護制度—平成
　8年度運用状況報告書　那覇　沖縄県総務部
　文書学事課行政情報センター　1997.10
　126p　30cm　Ⓝ318.599　　　　　　　　　〔2434〕

◇名瀬市議会五十年史　名瀬市議会五十年史編
　さん委員会編　名瀬　名瀬市議会　1997.11
　519p　図版17枚　27cm　Ⓝ318.497　　　〔2435〕

◇那覇市議会史　第3巻 下 資料編 2　議会の
　活動—復帰後　那覇市議会事務局議会史編さ
　ん室編　那覇　那覇市議会　1998.3　1083p
　27cm　Ⓝ318.499　　　　　　　　　　　　〔2436〕

◇南風原町議会史　議会関係資料編　南風原町
　議会史編纂委員会編　南風原町（沖縄県）
　南風原町議会　1998.6　21冊　21×30cm
　Ⓝ318.499　　　　　　　　　　　　　　　〔2437〕

◇南風原町議会史　予算関係資料編　南風原町
　議会史編纂委員会編　南風原町（沖縄県）

◇南風原町議会　1998.6　5冊　21×30cm
　Ⓝ318.499　　　　　　　　　　　　　　　〔2438〕

◇沖縄県町村会五十年のあゆみ　沖縄県町村会
　編　那覇　沖縄県町村会　1998.11　304p
　27cm　非売品　Ⓝ318.299　　　　　　　〔2439〕

◇伊是名村議会史　伊是名村議会史編纂委員会
　編　伊是名村（沖縄県）　伊是名村議会
　1999.3　328p　27cm　Ⓝ318.499　　　　〔2440〕

◇伊平屋村議会史　伊平屋村議会史編纂委員会
　編　伊平屋村（沖縄県）　伊平屋村議会
　1999.7　369p　27cm　Ⓝ318.499　　　　〔2441〕

◇沖縄県議会史　第16巻　資料編　13　群島議
　会 4　沖縄県議会事務局編さん　那覇　沖縄
　県議会　2000.3　801p　22cm　非売品
　Ⓝ318.499　　　　　　　　　　　　　　　〔2442〕

◇那覇市議会史　第5巻 資料編 4［1］　那覇
　市議会事務局議会史編さん室編　那覇　那覇
　市議会　2000.3　763p　27cm　Ⓝ318.499
　内容　議会の記録—アメリカ統治期（合併前）
　　　　　　　　　　　　　　　　　　　　〔2443〕

◇まちづくりの軌跡と新たなる挑戦—手法と実
　践そして夢の実現へ　仲里嘉彦監修　浦添
　春夏秋冬社　2000.4　263p　22cm　（21世
　紀北谷町の展望）　Ⓝ318.699　　　　　〔2444〕

◇沖縄行政機構研究史録—宝島の可能性は限り
　なく　照屋栄一編　豊見城村（沖縄県）　照
　屋栄一　2000.5　280p　31cm〈「ライフ・
　ワーク50年」記念〉非売品　Ⓝ318.299
　　　　　　　　　　　　　　　　　　　　〔2445〕

◇沖縄の繁栄を夢見て—使命感に燃えた半世紀
　余　宮城豊著　浦添　宮城豊　2001.1
　761p　22cm〈付属資料：1枚　肖像あり〉
　Ⓘ4-87215-121-6　Ⓝ318.299　　　　　〔2446〕

◇沖縄県議会史　第17巻　資料編　14 立法院
　1　沖縄県議会事務局編さん　那覇　沖縄県
　議会　2001.3　1099p　22cm　非売品
　Ⓝ318.499　　　　　　　　　　　　　　　〔2447〕

◇具志川市議会史　第2巻（資料編 1）　議会の
　法規・組織　具志川市議会事務局議会史編さ
　ん室編　具志川　具志川市議会　2001.3
　731p　27cm　Ⓝ318.499　　　　　　　　〔2448〕

◇双頭の沖縄—アイデンティティー危機　伊高
　浩昭著　現代企画室　2001.4　369p　20cm
　2800円　Ⓘ4-7738-0107-7　Ⓝ318.299
　内容　プロローグ　アイデンティティー分裂症　第
　1章　大田県政の盛衰　第2章　稲嶺県政で右旋回
　第3章　大田昌秀は語る　第4章　宴のあと　エピ
　ローグ　「双頭」はつづく　　　　　　　〔2449〕

188　「沖縄」がわかる本 6000冊

社会科学　　　　　　　　　　　　　　　　　　　　　　　　　　　　　　　政治・行政

◇南風原町議会史　南風原町議会史編纂委員会編　南風原町(沖縄県)　南風原町議会　2001.7　1242p　31cm　Ⓝ318.499　〔2450〕

◇南風原町議会史　議会関係資料編　第14巻 1　南風原町議会史編纂委員会編　南風原町(沖縄県)　南風原町議会　2001.8　64p　21×30cm　Ⓝ318.499　〔2451〕

◇心水の如く—那覇市政十六年の回想　親泊康晴著　那覇　沖縄タイムス社　2002.1　321p　20cm〈肖像あり〉2600円　Ⓘ4-87127-300-8　Ⓝ318.299
　內容 第1期 試行錯誤の連続(初めての市長選—激戦覚悟の上で出馬を決意　「憲法九条の碑」建立—平和都市建設の立場から ほか)　第2期 味方は市民・有権者(第二十五代市長に就任—二期目へ市民が後押し　尚家文化財寄贈—二千点超す琉球王朝の粋 ほか)　第3期 市民生活の安定に全力(第二十六代市長に就任—戦後初の無投票当選に パイロット自治体—安謝に福祉複合施設を建設 ほか)　第4期 市民に支えられた十六年(四期目に就任—与野党一体で難局に臨む　市制七十五周年記念事業—王家秘宝を一堂に ほか)　〔2452〕

◇伊江村議会史　伊江村議会史編纂委員会編　伊江村(沖縄県)　伊江村議会　2002.3　639p　27cm　Ⓝ318.499　〔2453〕

◇沖縄県議会史　第18巻　資料編　15 立法院2　沖縄県議会事務局編さん　那覇　沖縄県議会　2002.3　941p　22cm　非売品　Ⓝ318.499　〔2454〕

◇豊見城村議会史　第1巻(資料編)　豊見城村議会史編集委員会編　豊見城村(沖縄県)　豊見城村　2002.3　665p　27cm　Ⓝ318.499　〔2455〕

◇恐怖人事—稲嶺県政の不思議な行政手法　佐久田繁編著　那覇　月刊沖縄社　2002.4　240p　21cm　1500円　Ⓘ4-87467-218-3　Ⓝ318.299　〔2456〕

◇自治の挑戦—これからの地域と行政　宜野湾　沖縄国際大学公開講座委員会　2003.3　291p　19cm　(沖縄国際大学公開講座 12)〈発売：編集工房東洋企画(那覇)　シリーズ責任表示：沖縄国際大学公開講座委員会/編〉1500円　Ⓘ4-938984-25-3　Ⓝ318.299　〔2457〕

◇沖縄県議会史　第19巻　資料編　16 立法院3　沖縄県議会事務局編さん　那覇　沖縄県議会　2003.3　709p　22cm　非売品　Ⓝ318.499　〔2458〕

◇那覇市議会史　第5巻　資料編 4〔2〕　那覇市議会事務局議会史編さん室編　那覇　那覇市議会　2003.3　1029p　27cm　Ⓝ318.499
　內容 議会の記録—アメリカ統治期(合併後)　〔2459〕

◇沖縄県政要覧　1　全国地方新聞協会　2003.6　1冊　21×30cm　40000円　Ⓝ318.299　〔2460〕

◇おきなわ自治物語—聞き書き　那覇　沖縄県町村会　2004.2　376p　21cm　Ⓝ318.299　〔2461〕

◇沖縄県議会史　第20巻　資料編　17 立法院4　沖縄県議会事務局編さん　那覇　沖縄県議会　2004.3　805p　22cm　非売品　Ⓝ318.499　〔2462〕

◇其志川市議会史　別巻　写真集・年表　其志川市議会事務局議会史編さん室編　其志川　其志川市議会　2004.3　625p　27cm〈年表あり〉Ⓝ318.499　〔2463〕

◇那覇市議会史　第4巻　資料編 3〔2〕　新聞にみる議会　アメリカ統治期(合併前)　那覇市議会事務局議会史編さん室編　那覇　那覇市議会　2004.3　795,133p　27cm　Ⓝ318.499　〔2464〕

◇金武町議会史　金武町議会史編纂委員会編　金武町(沖縄県)　金武町議会　2004.12　538p　27cm〈年表あり〉Ⓝ318.499　〔2465〕

◇沖縄県議会史　第21巻　資料編　18 立法院5　沖縄県議会事務局編さん　那覇　沖縄県議会　2005.3　1187p　22cm　非売品　Ⓝ318.499　〔2466〕

◇豊見城市議会史　第2巻(年表編)　豊見城市議会史編集委員会編　豊見城　豊見城市　2005.3　510p　27cm　Ⓝ318.499　〔2467〕

◇ひらら—村・町・市—行政97年　平良市,平良市教育委員会(事務局社会教育課)編〔平良〕　平良市　2005.9　128p　30cm〈共同刊行：平良市教育委員会　年表あり〉Ⓝ318.299　〔2468〕

◇沖縄自治州あなたはどう考える？—沖縄自治州基本法試案　濱里正史,佐藤学,島袋純編〔西原町(沖縄県)〕　沖縄自治研究会　2005.10　119p　21cm　953円　Ⓝ318.299〔2469〕

◇琉球自治州の構想—自立をめざして　那覇　琉球自治州の会　2005.10　153p　21cm　667円　Ⓘ4-89095-158-X　Ⓝ318.299
　內容 自治：琉球自治州の骨格(大村博著)　平和：琉球自治州の平和政策(石川元平著)　経済：環境循環型経済社会をめざして(嘉数学著)　文化：道州制と沖縄自立の思想(奥平一著)　付論論文：道州制に関する沖縄文化思案(金城実著　歴史の教訓(経済対策(本村安彦著　沖縄の民族自決を求め

「沖縄」がわかる本 6000冊　　189

政治・行政　　　　　　　　　　　　　　　　　　　　　　　　　社会科学

る県民運動の必要性（大村博著　沖縄の民意とそ
の課題〈大村博著〉）　　　　　　　　　　〔2470〕

◇県行政に係る基本的な計画の策定等を議会の
議決事件とすることについて─調査報告書
沖縄県議会事務局政務調査課編　那覇　沖縄
県議会事務局　2006.3　114p　30cm
Ⓝ318.4　　　　　　　　　　　　　　　〔2471〕

◇宜野湾市議会史　活動編　宜野湾市議会事務
局編　〔宜野湾〕　宜野湾市議会　2006.3
523p　27cm〈年表あり〉Ⓝ318.499〔2472〕

◇宜野湾市議会史　資料編　宜野湾市議会事務
局編　〔宜野湾〕　宜野湾市議会　2006.3
523p　27cm　Ⓝ318.499　　　　　　　〔2473〕

◇具志川市議会史　第5巻（資料編4）　議会の
記録　うるま市議会事務局内うるま市具志川
市議会史編さん室編　〔うるま〕　うるま市
議会　2006.3　993p　27cm　Ⓝ318.499
　　　　　　　　　　　　　　　　　　　〔2474〕

◇リージョンの時代と島の自治─バルト海オー
ランド島と東シナ海沖縄島の比較研究　古城
利明編　八王子　中央大学出版部　2006.3
442p　22cm　（中央大学学術シンポジウム
研究叢書5）　4500円　①4-8057-6160-1
Ⓝ318.93892
　内容　オーランドと沖縄─比較の視点と枠組み　1
部　島の自然環境（オーランド・沖縄の自然地理と
その変遷　オーランド島と沖縄諸島における生物
的自然の比較検討）　2部　国際関係のなかの島（非
武装地域オーランド─孤立主義からリージョンの
平和づくりへ　グローバル化・地域化への応答─
沖縄県および与那国町の場合　東アジアの安全保
障と沖縄自治構想─グローバリゼーションのなか
の沖縄）　3部　島の経済と自治（オーランドと沖縄
─財政と経済・産業構造の比較　オーランドの自治
の法制度と統治機構　オーランドの自治について
日本政府の対沖縄政策について考える）　4部　島
のアイデンティティと戦略（旧世代国際行為体とし
てのオーランド─マルティプルアイデンティティ
ズの獲得戦略に向けて　島のアイデンティティと
言語─沖縄とオーランドの歴史から学ぶ　島アイ
デンティティの構成と「いるべき場所」─沖縄と
いう「問い」　「女たち」の自立、「シマ」の自立）
─グローバル・ジェンダー・ポリティクス　深層
のアウトノミア─オーランド・アイデンティティ
と島の自治・自立　　　　　　　　　　　〔2475〕

◇沖縄の道州制Q&A─全国の道州制の先行モ
デルとして　藤中寛之編　〔那覇〕　沖縄の
道州制Q&A編集委員会　2006.10　120p
21cm　800円　Ⓝ318.18　　　　　　　〔2476〕

◇琉球の「自治」　松島泰勝著　藤原書店
2006.10　344p　20cm〈文献あり　年表あ
り〉2800円　①4-89434-540-4　Ⓝ318.299
　内容　第1部　開発によって島々は自立したのか（石

垣島の開発史　西表島の開発史　ほか）　第2部　琉
球の開発と密接に結びつく米軍基地（琉球の開発
と米軍基地　米軍基地の経済学）　第3部　島々の
「経世済民」（琉球弧の経済学　八重山諸島におけ
る「経世済民」の実践）　第4部　琉球の真の自治
とは何か（琉球独立を巡る動き　世界の独立運動
と琉球はは）　　　　　　　　　　　　　　〔2477〕

◇「沖縄の道州制問題に関する調査研究」報告
書　那覇　南西地域産業活性化センター
2007.3　138p　30cm〈平成18年度自主研究
文献あり〉Ⓝ318.18　　　　　　　　　〔2478〕

◇沖縄県議会史　第22巻　資料編　19　議員名
鑑　沖縄県議会事務局編さん　那覇　沖縄県
議会　2007.3　411p　22cm〈年表あり〉非
売品　Ⓝ318.499　　　　　　　　　　　〔2479〕

◇豊見城市議会史　第3巻（資料編2）　豊見城
市議会史編集委員会編　豊見城　豊見城市
2007.3　510p　27cm　Ⓝ318.499　　〔2480〕

◇那覇市議会史　第2巻　資料編　1　議会の法
規・組織　那覇市議会事務局議会史編さん室
編　〔那覇〕　那覇市議会　2007.10　17,
650p　27cm　Ⓝ318.499　　　　　　　〔2481〕

◇道州制について考えるシンポジウム─報告書
那覇　沖縄経済同友会　2008.2　122p
30cm〈会期・会場：平成19年10月15日　ロワ
ジールホテル那覇3F天妃の間　文献あり
年表あり〉Ⓝ318.18　　　　　　　　　〔2482〕

◇具志川市議会史　第4巻（資料編3）　新聞集
成　うるま市議会事務局内うるま市具志川市
議会史編さん室編　〔うるま〕　うるま市議
会　2008.2　547,8p　27cm　Ⓝ318.499
　　　　　　　　　　　　　　　　　　　〔2483〕

◇沖縄ラプソディー〈地方自治の本旨〉を求め
て　宮城康博著　御茶の水書房　2008.10
228p　21cm　1600円　①978-4-275-00577-9
Ⓝ318.299
　内容　第1部　こどもたちへ（青空─あのころ、名
護市民が経験したこと　ニヌファブシ─沖縄の歴
史と現在について　ハーメルンの笛吹き─新基地
建設計画の十年　なんかおかしい─憲法と沖縄と
米軍基地について）　第2部　沖縄から／沖縄へ（逆
格差論は死なず─「地域の礎」が耐える時代の嵐
「汗水節」は歌えない─北部振興策とは何か　構造
改革の聖域─防衛費をめぐる憂鬱　ラディカル・
デモクラシー─自治を生きるために）　第3部　地
球の万人へ（地球は利害関係者で満杯─開かれた
合意形成システム＝環境影響評価　名付けの政治
─隠蔽と露見のレトリック　ゆで蛙のモノローグ
─分断を超えて　われらはみな、アイヒマンの息
子─悪をなすことへの平凡な道のりについて　日
米軍事再編に抵抗する「地方自治の本音」─沖縄・
名護市・岩国市）　資料編（炭坑のカナリアの歌声
─「島田懇談会」事業批判　名護市総合計画・基

190　　「沖縄」がわかる本　6000冊

社会科学　　　　　　　　　　　　　　　　　　　　　　　　　　政治・行政

本構想の「視点」と「主旨」）　　　　〔2484〕

◇那覇市議会史　第4巻　資料編3［3］　新聞
に見る議会―アメリカ統治期（合併後）　那
覇市議会事務局議会史編さん室編　〔那覇〕
那覇市議会　2009.1　46,664,125p　27cm
Ⓝ318.499　　　　　　　　　　　　　　〔2485〕

◇沖縄の道州制論議の現状と課題に関する調査
研究―沖縄道州制懇話会の「第1次提言」を
中心に　平成20年度　那覇　沖縄道州制懇話
会　2009.3　255p　21cm　（（社）沖縄県対
米請求権事業協会・助成シリーズ　no.36）
1000円　Ⓝ318.18　　　　　　　　　　〔2486〕

◇道州制シンポジウム―報告書　藤中寛之編
那覇　沖縄経済同友会　2009.3　116p
30cm　〈会期・会場：平成20年12月12日　沖縄
ハーバービューホテルクラウンプラザ2F彩
海の間〉　Ⓝ318.18　　　　　　　　　　〔2487〕

◇豊見城市議会史　第4巻（通史編）　豊見城市
議会史編集委員会編　豊見城　豊見城市議会
2009.3　279p　26cm　Ⓝ318.499　　　〔2488〕

◇沖縄「自立」への道を求めて―基地・経済・
自治の視点から　宮里政玄, 新崎盛暉, 我部政
明編著　高文研　2009.7　238p
19cm　〈執筆：大城肇ほか〉　1700円　Ⓘ978-
4-87498-425-3　Ⓝ318.299
内容「属国」からの脱却をめざして　第1部　沖縄
「独立論」と沖縄経済（沖縄「独立」への道　「独
立」とは遠い沖縄経済の現実　問われている「自
立」を担う気概　独立共和国・日本琉球連邦・沖
縄州）　第2部　沖縄の基地を問い直す（沖縄を米ア
ジア戦略の中心と見る「神話」　オバマ政権のア
メリカ―経済と対外政策の変化　「基地のない沖
縄」の国際環境）　第3部　沖縄振興開発の効果を
疑う（沖縄経済の特異性はどうしてつくられたか
「基地依存」の実態と脱却の可能性　沖縄振興体制
で奪われた沖縄の主体性）　第4部　持続可能な発
展の可能性をさぐる（辺野古新基地は沖縄自然破
壊のとどめを刺す　問われる沖縄の「自治の力」
脱依存の企業マインド―ものづくり取材の現場
から　世界につながる沖縄の自治　基地のない沖
縄をめざして）　資料　　　　　　　　　〔2489〕

◇沖縄読谷村「自治」への挑戦―平和と福祉の
地域づくり　橋本敏雄編著　彩流社　2009.8
302p　22cm　〈年表あり〉　2800円　Ⓘ978-4-
7791-1452-6　Ⓝ318.299
内容序章　読谷村のプロフィール　第1章　戦後村
づくりの展開―「基地」との闘いを中心に　第2章
福祉行政の現状と課題　第3章　高齢者の生活実態
と住民福祉活動　第4章　子ども会活動にみる「地
域づくり」の試み　第5章　平和教育の土壌として
の地域社会と学校　第6章　住民自治組織の可能性
―字行政区の現状と課題　　　　　　　〔2490〕

◇具志川市議会史　第1巻（通史編）　うるま市

具志川市議会史編さん室編　〔うるま〕　う
るま市議会　2010.1　675p　27cm　〈文献あ
り　年表あり〉　Ⓝ318.499　　　　　　〔2491〕

◇具志川市議会史　補遺　うるま市具志川市議
会史編さん室編　〔うるま〕　うるま市議会
2010.1　502p　27cm　〈第2巻（資料編1（議
会の法規・組織）），第3巻（資料編2（議会の
活動））の補遺〉　Ⓝ318.499　　　　　〔2492〕

◇那覇市議会史　第4巻　資料編3［4］　新聞
にみる議会―復帰後　那覇市議会事務局議会
史編さん室編　〔那覇〕　那覇市議会　2010.
2　73,764,11p　27cm　Ⓝ318.499　　〔2493〕

◇沖縄の『特例型』道州制の諸課題に関する調
査研究―沖縄が発信する新しい道州制のかた
ちと沖縄州のすがた　沖縄道州制懇話会編
〔那覇〕　沖縄道州制懇話会　2010.3　181p
21cm　（（社）沖縄県対米請求権事業協会・
助成シリーズ　no.39）　1000円　Ⓝ318.18
　　　　　　　　　　　　　　　　　　　〔2494〕

◇沖縄と地方分権・道州制―第3回沖縄・提案
―百選事業　書いて残そう島々の言葉―琉球
諸語継承事業　第3回沖縄・提案―百選事業
沖縄県対米請求権事業協会編, 沖縄県対米請
求権事業協会編　那覇　沖縄県対米請求権事
業協会　2010.3　271p　21cm　（事業実績
報告書　平成21年度）〈発売：編集工房東洋
企画（糸満）〉　952円　Ⓘ978-4-938984-78-6
Ⓝ318.299
内容第1部　共通テーマ「沖縄と地方分権・道州
制」（審査総合評価コメント対米協会新規事業運営
委員会委員長　依存体質から地方分権・道州制を
考える　沖縄自立化へのアクションその2　経済
自立化をめざして　ほか）　第2部　共通テーマ「書
いて残そう島々の言葉！」（国頭語　八重山語　沖
縄語　参考資料）　　　　　　　　　　〔2495〕

◇沖縄21世紀ビジョン―みんなで創るみんなの
美ら島未来のおきなわ　那覇　沖縄県
2010.3　116p　30cm　Ⓝ318.299　　〔2496〕

◇那覇市議会史　第1巻　通史編　那覇市議会の
歩み　那覇市議会事務局議会史編さん室編
〔那覇〕　那覇市議会　2011.3　698p　27cm
Ⓝ318.499　　　　　　　　　　　　　　〔2497〕

◇沖縄の振興―沖振法の期限切れを見据えて
衆議院調査局第一特別調査室（沖縄及び北方
問題に関する特別委員会担当）　2011.3
122p　30cm　Ⓝ318.699　　　　　　　〔2498〕

◇沖縄からの報告―基地・経済・地域―地方自
治の模索　高嶺善伸著　那覇　琉球新報社
2011.5　285p　21cm　〈文献あり　発売：琉
球プロジェクト（那覇）〉　1429円　Ⓘ978-4-

政治・行政　　　　　　　　　　　　　　　　　　　　　　社会科学

89742-127-8　Ⓝ318.299　　　　　　〔2499〕

◇21世紀沖縄の自治と自立の構想　那覇　沖縄
大学　2011.5　6,294p　21cm　（（社）沖縄
県対米請求権事業協会・助成シリーズ no.
43）　1000円　Ⓝ318.299　　　　　〔2500〕

◇沖縄の現状と新たな振興　衆議院調査局第一
特別調査室（沖縄及び北方問題に関する特別
委員会担当）　2011.12　113p　30cm
Ⓝ318.699　　　　　　　　　　　　　〔2501〕

◇沖縄県議会史　第1巻　通史編 1　沖縄県議
会事務局編さん　〔那覇〕　沖縄県議会
2012.2　601p　22cm　〈年表あり〉　非売品
Ⓝ318.499　　　　　　　　　　　　　〔2502〕

◇日本の地域社会とメディア　地域社会と情報
環境研究班〔編〕　吹田　関西大学経済・政
治研究所　2012.3　146p　21cm　（研究双
書 第154冊）　①978-4-901522-35-9　Ⓝ318
内容 地域社会における民間放送局の歴史と課題
黒田勇著　メディアに描かれる「南国宮崎」　森津
千尋著　戦後沖縄における新聞ジャーナリズムの
営為と思想 吉岡至著　地域社会とメディア 深井
麗雄著　東日本大震災後27局誕生した「臨時災害
放送局」の現状と課題 市村元著　　　〔2503〕

◇那覇市議会史　別巻　年表　那覇市議会事務
局議会史編さん室編　〔那覇〕　那覇市議会
2012.3　539p　27cm　Ⓝ318.499　〔2504〕

◇日本地方自治の群像　第3巻　佐藤俊一著
成文堂　2012.12　362p　20cm　（成文堂選
書 56）　3700円　①978-4-7923-3307-2
Ⓝ318.2
内容 第1章 農本主義者・山崎延吉の農村自治論
と農村計画論、農民道論（農村自治論から農村計画
論へ　農村計画論から農民道論へ）　第2章 台湾
議会設置請願運動から台湾地方自治連盟結成へ──
林献堂を中心に（台湾総督府の専制と地方制度の
変遷　台湾文化協会と台湾議会設置請願運動　台
湾民衆党から台湾地方自治連盟へ）　第3章 大山
朝常のコザ市政と沖縄独立宣言（復帰前沖縄の統
治機構とコザ市政　沖縄独立論の系譜と大山の沖
縄独立宣言）　第4章 岩手県沢内村・"生命行政"
の創成と継承─深澤晟雄村長たち（深澤村政─"生
命行政"の創成　久保・太田村政─"生命行政"の
継承）　第5章 岩根邦雄・生活クラブ生協と政治
的代理人の思想（生活クラブからクラブ生協の形
成と発展　政治的代理人の思想と生活者ネット）
　　　　　　　　　　　　　　　　　〔2505〕

◇石川市議会史　第1巻　資料編 1　うるま市
議会議会史編さん室編　〔うるま〕　うるま
市議会　〔2013〕　777p　27cm　Ⓝ318.499
　　　　　　　　　　　　　　　　　〔2506〕

◇石川市議会史　第2巻　資料編 2　うるま市
議会議会史編さん室編　〔うるま〕　うるま

市議会　〔2013〕　651p　27cm　〈年表あ
り〉　Ⓝ318.499　　　　　　　　　　〔2507〕

◇沖縄県議会史　第2巻　通史編 2　沖縄県議
会事務局編さん　〔那覇〕　沖縄県議会
2013.3　539p　22cm　〈文献あり　年表あ
り〉　非売品　Ⓝ318.499　　　　　　〔2508〕

◇議会のしおり─沖縄県議会へようこそ　〔那
覇〕　沖縄県議会　〔2014〕　6p　30cm
　　　　　　　　　　　　　　　　　〔2509〕

◇「沖縄振興体制」を問う─壊された自治とそ
の再生に向けて　島袋純著　京都　法律文化
社　2014.1　312p　22cm　〈年表あり　索引
あり〉　4800円　①978-4-589-03553-0
Ⓝ318.299
内容 序章 戦後日本政治の根源的病理と沖縄　第
1章「復帰」の内実を問う─沖縄の人権・自治と米
軍基地　第2章 冷戦終了とグローバリーゼーショ
ン　第3章 基地問題の争点化と非争点化　第4章
沖縄振興体制による自治の破壊　第5章 道州制議
論と自治の展望　終章 沖縄の自治の挑戦〔2510〕

◇自治体改革の今─沖縄の事例を中心にして
宜野湾　沖縄国際大学公開講座委員会
2014.3　307p　19cm　（沖縄国際大学公開
講座 23）　〈文献あり　年表あり　発売：編
集工房東洋企画（糸満）〉　1500円　①978-4-
905412-30-4　Ⓝ318.299
内容 沖縄の発展可能性と戦略 富川盛武著　琉球
政府と沖縄県 黒柳保則著　市町村合併と自治体
改革 古謝景春著　那覇市繁多川公民館の試みか
ら　大城喜江子,南信乃介著　中核市・那覇の未来
を拓く 翁長雄志著　地方制度改革の現状 佐藤学
著　議会改革の現状と課題 前津榮健著　行政評
価と自治体財政 平剛著　国と地方のあり方 照屋
寛之著　　　　　　　　　　　　　　〔2511〕

◇沖縄県議会史　第3巻　通史編 3　沖縄県議
会事務局編さん　〔那覇〕　沖縄県議会
2014.3　441p　22cm　〈年表あり〉　非売品
Ⓝ318.499　　　　　　　　　　　　　〔2512〕

◇沖縄21世紀ビジョン実施計画─前期：平成24
年度─平成28年度　改訂版　那覇　沖縄県
2014.5　446,137p　30cm　Ⓝ318.299〔2513〕

◇50年の歩み─那覇市民憲章2014　那覇市民
憲章推進協議会編　〔那覇〕　那覇市民憲章
推進協議会　2014.6　77p　30cm　〈年表あ
り〉　Ⓝ318.299　　　　　　　　　　〔2514〕

◇10万人を超す命を救った沖縄県知事・島田叡
TBSテレビ報道局『生きろ』取材班著　ポプ
ラ社　2014.8　221p　18cm　（ポプラ新書
039）　〈文献あり〉　780円　①978-4-591-
14125-0　Ⓝ318.299
内容 第1章 赴任直後に県政を再生　第2章 移動

192　「沖縄」がわかる本　6000冊

社会科学　　　　　　　　　　　　　　　　　　　　　　　　　　　政治・行政

を続ける県庁を指揮　第3章　島田叡という人間を作ったもの　第4章　名選手から異色の官僚へ　第5章　今をもって県庁を解散する　第6章　島田叡の目指した道　　　　　　　　　　　　　　〔2515〕

◇沖縄県知事選ドキュメント　2014　沖縄タイムス社編　那覇　沖縄タイムス社　2014.11　111p　21cm　（沖縄タイムス・ブックレット 16）　1000円　①978-4-87127-516-3　Ⓝ318.499　　　　　　　　　　　　　　〔2516〕

◇勝連町議会史　上巻　資料編 1　うるま市議会議会史編さん室編　〔うるま〕　うるま市議会　2015.3　650p　図版［11］枚　27cm　Ⓝ318.499　　　　　　　　　　　　　　〔2517〕

◇勝連町議会史　下巻　資料編 2　うるま市議会議会史編さん室編　〔うるま〕　うるま市議会　2015.3　432p　図版［13］枚　27cm　〈年表あり〉　Ⓝ318.499　　　　　　〔2518〕

◇沖縄県の情報公開・個人情報保護制度―運用状況報告書　平成25年度　那覇　沖縄県総務部総務私学課行政情報センター　2015.3　51p　30cm　Ⓝ318.599　　　　　　〔2519〕

◇沖縄の殿様―最後の米沢藩主・上杉茂憲の県令奮闘記　高橋義夫著　中央公論新社　2015.5　251p　18cm　（中公新書 2320）　880円　①978-4-12-102320-9　Ⓝ318.299　内容 序章　雪国と南島　第1章　沖縄の発見　第2章　沖縄本島巡回　第3章　教育と予算　第4章　刑法と慣習　第5章　上杉県令の改革意見　第6章　政治的刺客　第7章　辻遊廓　第8章　県費留学生　第9章　那覇八景　　　　　　　　　　　　〔2520〕

《外交》

◇安保条約と地位協定―沖縄問題の根源はこれだ　那覇出版社編集部編　南風原町（沖縄県）　那覇出版社　1995.12　254p　21cm　1200円　Ⓝ395.3　　　　　　　　　〔2521〕

◇ヤマトンチュの大罪―日米安保の死角を撃つ!!　小川和久著　小学館　1996.2　190p　18cm　1100円　①4-09-380601-2　Ⓝ319.1053　内容 第1章　ウチナンチュの悲劇　第2章　沖縄を救うシナリオ　第3章　錯覚だらけの日米安保　第4章　無知という名の日本の罪　第5章　「一人前の国」になる条件　終章　日本が信頼される日　　　　　　　　　　　　　　　　〔2522〕

◇安保「再定義」・地位協定・沖縄問題資料集　労働者教育協会編　学習の友社　1996.2　112p　26cm　（学習資料 6）〈監修：畑田重夫〉　1500円　①4-7617-1511-1　Ⓝ392.1076　内容 第1部　いま、日米安保条約を問う　第2部　資

料編（アメリカの東アジア戦略と日米安保の実態　基地撤去・地位協定見直しを要求する沖縄のたたかい　安保関連基本資料）　　　　　　〔2523〕

◇軍事同盟―日米安保条約　山本皓一〔撮影〕,松本利秋〔著〕　クレスト社　1996.2　188p　20cm　1800円　①4-87712-036-X　Ⓝ392.1076　内容 第1章　かくて安保条約は結ばれた　第2章　冷戦終結は安保をどう変えたか　第3章　キー・ストーンとしての沖縄　第4章　"仮想敵国"北朝鮮　第5章　米軍兵士の"恋人"たち　第6章　基地によって生活する人々　第7章　孤立する米軍兵士　第8章　地位協定のどこが問題か　第9章　"思いやり"予算の実態　第10章　冷戦後の安保「再定義」　　　　　　　　　　　　　　　　〔2524〕

◇日米安保「再定義」を読む　派兵チェック編集委員会編　社会評論社　1996.6　109p　21cm　（社会評論社ブックレット 1）　850円　①4-7845-0482-6　Ⓝ392.1　内容 1部　「新安保」のめざすもの（日米安保「再定義」の意味―集団的自衛権をめぐる憲法論議　日米安保から国連安保へ―なぜ日米安保はグローバル化するのか　新たなる"国家総動員体制"―軍事体制を強化する有事立法研究　ACSAは軍人主導の協定―アジア全域をにらむガイドラインの見直し）　2部　地域から「新安保」への闘いを!（沖縄から―たてまえの「連帯」を越え、地域を越えた基地強化を!　普天間から岩国へ―思いやり予算による基地強化　日米地位協定とは何か―神奈川から　軍隊の暴力性―犠牲を強いられた女性と子どもたち　「新安保」と対決する新たな反安保運動を!―私たちと沖縄はどう結びあえるのか）　　　　　　　　　　　　　〔2525〕

◇安保問題のすべて―安保大改悪と日米共同宣言　畑田重夫編著　学習の友社　1996.6　111p　21cm　（学習の友ブックレット 3）　900円　①4-7617-0403-9　Ⓝ392.1076　内容 第1部　徹底解明!　日米安保共同宣言（21世紀への転換点に立って　アメリカの世界支配の「2つの道具」　戦後50年と沖縄県民のたたかい　「基地ころがし」「エビ・タイ返還」で安保体制を守りぬくアメリカ　安保の拡大・強化を誓約した「同盟宣言」　新「思いやり」協定とほう大な財政負担　「ガイドライン」見直しと有事対策　物品・役務相互提供協定の危険なシナリオ　新「防衛計画の大綱」と新「中期防」　有事立法策動と集団的自衛権論議　基地も核兵器も軍事同盟もない日本と世界をめざして）　第2部　見る・読む　これが日米安保・地位協定だ!　　　　　　　　　〔2526〕

◇日米関係のなかの沖縄　我部政明著　三一書房　1996.8　237p　20cm　2300円　①4-380-96268-7　Ⓝ319.1053　内容 1章　日本からの分離へ　1945年 - 1949年　2章　日本の講和と沖縄　1950年 - 1958年　3章　沖縄の米軍基地と日本の安全保障　1960年 - 1966年　4章　沖縄施政権返還の内側　1967年 - 1972年　5章　戦後五十年目の沖縄とアメリカ　1995年

「沖縄」がわかる本 6000冊　　193

政治・行政　　　　　　　　　　　　　　　　　　　　　社会科学

〔2527〕

◇「安保」が人をひき殺す—日米地位協定＝沖縄からの告発　森口豁, 米軍人・軍属による事件被害者の会著　高文研　1996.9　212p　19cm　1236円　Ⓘ4-87498-181-X　Ⓝ395.3
　内容　1 沖縄からの訃報　2 北谷町・一月七日の惨事　3 立ち上がる被害者たち　4 法廷でのたたかい　5 強いられた沈黙　6 地位協定の壁
〔2528〕

◇最新安保情報—日米安保再定義と沖縄　浅井基文他編　社会批評社　1996.9　254p　19cm　1751円　Ⓘ4-916117-23-9　Ⓝ395.3
　内容　巻頭インタビュー 「象のオリ」空白の六カ月間—知花昌一さんに聞く　第1章 日米安保関係の新展開と日本の進路　第2章 安保体制下の日米共同作戦　第3章 沖縄の米軍基地と地位協定　第4章 在日米軍基地の現状と地位協定　第5章 日米安保再定義と新防衛計画の大綱
〔2529〕

◇日米安保解消への道　都留重人著　岩波書店　1996.12　210p　18cm　（岩波新書）　650円　Ⓘ4-00-430476-8　Ⓝ392.1076
　内容　序章 沖縄の主張　第1章 日米安保の成り立ち　第2章 冷戦終結で迎えた転機　第3章 日本の安全は「核の傘」のおかげか　第4章 在日米軍「安あがり」論について　第5章 安定化装置としての役割　第6章 米国の世界戦略と日本　第7章 「びんのふた」説への疑問　第8章 日米安保の解消をめざして
〔2530〕

◇沖縄と日米安保・日本国憲法　京都　立命館大学人文科学研究所　1996.12　116p　21cm　（立命館土曜講座シリーズ 1）　1000円　Ⓘ4-947720-00-X　Ⓝ395.39
〔2531〕

◇安保「再定義」と沖縄—アジアの視点から　剣持一巳編　緑風出版　1997.3　236p　19cm　2060円　Ⓘ4-8461-9702-6　Ⓝ392.1076
　内容　序論 日米安保「再定義」下の沖縄　第1部 浮上する安保「再定義」と沖縄（日米安保体制の変遷と沖縄　日米安保体制と沖縄民衆の闘い　沖縄に海兵隊はいらない　朝鮮半島有事と日米安保—事前協議の空洞化　「インタビュー構成」七二年返還から何も変わらない—照屋秀伝氏に聞く）　第2部 アジアにとって日米安保「再定義」とは（朝鮮半島と日米安保共同宣言, 沖縄　中国からみる日米安保　東南アジアから見た「日米安保共同宣言」）
〔2532〕

◇日米安保と極東有事　田村重信著　南窓社　1997.3　229p　20cm　1957円　Ⓘ4-8165-0206-8　Ⓝ392.1076
　内容　いま日本を取り巻くこれだけの危機　曲解された日米安保体制　自民党安保調査会の提言　普天間基地返還とSACO最終報告　今後のガイドライン見直しのポイント　極東有事への対応
〔2533〕

◇安保・沖縄問題と集団的自衛権　上田耕一郎著　新日本出版社　1997.5　254p　20cm　2100円　Ⓘ4-406-02514-6　Ⓝ392.1076
　内容　1 情勢の特徴と国政革新への展望　2 安保共同宣言と集団的自衛権　3 沖縄の原点＝占領下の土地強奪　4 占領継続の構造を解明した沖縄基地調査報告書の意義
〔2534〕

◇分析と資料日米安保と沖縄問題　東海大学平和戦略国際研究所編　社会評論社　1997.5　335p　22cm　4200円　Ⓘ4-7845-0491-5　Ⓝ395.39
　内容　第1章 沖縄と国民国家の論理—グローバルな視野で再検討　第2章 「基地抜き本土並み」をめぐるギャップ—沖縄米軍基地と日米関係　第3章 沖縄米軍基地問題解決へのシナリオ—日本側が備えるべきカード　第4章 軍用跡地利用阻む縦割り行政の壁—在沖米軍基地行政の現状と課題　第5章 基地の重圧軽減に向け継続的努力を—沖縄米軍基地問題の経緯と現状　第6章 despite 沖縄における在日米軍の行動範囲—沖縄基地問題の法的争点　第7章 21世紀の国際都市形成構想—沖縄自立のシナリオ　第8章 「一国二制度」の創設望む地元—沖縄経済自立化への道　第9章 沖縄県民のアイデンティティー—精神的活性化の道を辿る　提言と討論（提言 沖縄基地問題に対する斬新な処方箋　レジュメ 沖縄米軍基地問題解決の条件 ほか）　資料　〔2535〕

◇日米地位協定逐条批判　地位協定研究会著　新日本出版社　1997.6　453p　20cm　4200円　Ⓘ4-406-02519-7　Ⓝ395.3
　内容　1 日本の国土を提供する根拠条項—第2, 4条　2 「排他的使用権」を容認する反国民的規定—第3条　3 出入国と移動, 民間施設使用を保障する条項—第5, 9条　4 米軍の優先使用, 協力を義務化—第6〜8条, 10条, 21〜23条　5 税金の免除などの経済的特権供与—第11〜15条, 19, 20条　6 米軍に日本の法律は適用されないのか—第16条　7 野放しにされる米軍犯罪—第17条　8 きわめて不十分な損害救済のしくみ—第18条　9 米軍のいすわり支える「思いやり予算」—第24条　10 基地の存続・強化を任務とする日米合同委員会—第25条
〔2536〕

◇いくさ世・沖縄—日米安保崩壊序曲　吉岡攻編著　現代書館　1997.8　310p　20cm　2200円　Ⓘ4-7684-6717-2　Ⓝ312.199
　内容　序章 麒麟—「返還」の落とし穴　第1章 発端—最初も同じ事件　第2章 波紋—揺れる日米安保　第3章 いくさ世—「文」をもって「武」を制す　第4章 傷痕—「いっぺい まちかんてい そうみたん」　第5章 アメ—植民地「オキナワ」　第6章 ムチ—かけ違ったままのボタン　第7章 小休止—小さな戦果　終章 反転—走る首相補佐官
〔2537〕

◇日米同盟の再活性化—同盟の内政的側面と地域的課題 第3回ワークショップ報告書　平和・安全保障研究所　1997.9　17p　30cm　〈共同刊行：ニューヨーク市立大学ラルフバ

194　「沖縄」がわかる本　6000冊

社会科学　　　　　　　　　　　　　　　　　　　　　　　　　　政治・行政

ンチ国連研究所〉 Ⓝ319.1053　〔2538〕

◇平和のうちに安全に生きる権利―安全保障ってなんだろう？　沖縄基地調査報告書（第2次）第40回日弁連人権擁護大会シンポジウム第2分科会　日本弁護士連合会第40回人権擁護大会シンポジウム第2分科会実行委員会編　日本弁護士連合会第40回人権擁護大会シンポジウム第2分科会実行委員会　1997.10　142p　30cm〈会期・会場：1997年10月22日海峡メッセ（下関）〉395.3　〔2539〕

◇これが米軍への「思いやり予算」だ！―「日米安保」読本　派兵チェック編集委員会編著　社会評論社　1997.10　142p　21cm　1200円　Ⓘ4-7845-0495-8　Ⓝ395.39
内容1 ガイドライン安保と「思いやり予算」　2 写真と統計で見る「思いやり予算」　3 米軍基地のある地域と「思いやり予算」　4 資料〔2540〕

◇秋霜五〇年―台湾・東京・北京・沖縄　郭承敏著　那覇　ひるぎ社　1997.11　227p　18cm　（おきなわ文庫 82）　900円　Ⓝ319.1022　〔2541〕

◇グローバル安保体制が動きだす―あたらしい安保のはなし　森英樹，渡辺治，水島朝穂編　日本評論社　1998.12　412p　21cm　2800円　Ⓘ4-535-51120-9　Ⓝ392.1076
内容序論 日米安保は本当に必要なのか　第1部 いまなぜ安保体制が動くのか　第2部 新ガイドライン関連法制の法的検討　第3部 日米安保体制のあゆみをふりかえる　第4部 新しい安保体制と憲法　第5部 沖縄から考える21世紀の平和　第6部 日米安保のない日本と世界〔2542〕

◇日米行政協定の政治史―日米地位協定研究序説　明田川融著　法政大学出版局　1999.2　412,16p　22cm　7700円　Ⓘ4-588-32702-X　Ⓝ395.3
内容序論　第1章 日米行政協定の原型　第2章 講和の代償としての安保体制　第3章 行政協定による補完　第4章 基地を担わされる側の力　第5章 日米行政協定の改定へ―日米地位協定の形成　むすび 沖縄返還と地位協定の適用―公表された「五・一五メモ」との関連で〔2543〕

◇沖縄と台湾　沖縄県文化振興会公文書管理部史料編集室編　〔那覇〕　沖縄県教育委員会　2000.3　61p　30cm　（沖縄県史ビジュアル版 6（近代 1））〈他言語標題：Okinawa and Taiwan　中・英文併記〉Ⓝ319.10224　〔2544〕

◇九州・沖縄サミット―21世紀への希望のかけ橋　外務省大臣官房国内広報課　2000.4　11p　19×26cm　〔2545〕

◇2000年九州・沖縄サミットガイド―ミレニア

ム開催記念完全版　産經新聞メディックス　2000.5　206p　30cm〈他言語標題：Kyusyu Okinawa summit guide 2000　英文併記〉1500円　Ⓘ4-87909-672-5　Ⓝ333.66　〔2546〕

◇九州・沖縄サミット―特別資料　日本経済教育センター　2000.6　26p　29cm　〔2547〕

◇サミット・沖縄からの報告　沖縄タイムス社編　那覇　沖縄タイムス社　2000.8　55p　29cm　952円　Ⓘ4-87127-144-7　Ⓝ319.9
内容世界のリーダー沖縄に集結　NGOの取り組み　海外メディア「OKINAWA」を報道　県主催歓迎レセプション　首相主催歓迎夕食会　首脳たちの交流　首脳たちのプロフィール　沖縄への思い道半ば　サミット・452日の全記録　プレイベント〔ほか〕〔2548〕

◇沖縄サミット―緊急写真グラフ　那覇　琉球新報社　2000.8　55p　28cm　1200円　Ⓝ333.66　〔2549〕

◇沖縄県教育委員会・中国第一歴史档案館歴代宝案に関する交流10周年記念誌　沖縄県文化振興会公文書管理部史料編集室編　〔那覇〕　沖縄県教育委員会　2000.10　198p　26cm　Ⓝ319.1022　〔2550〕

◇九州・沖縄サミット宮崎外相会合記念記録誌　宮崎県サミット協力推進協議会事務局企画・編集　〔宮崎〕　宮崎県サミット協力推進協議会　2000.10　292p　31cm〈他言語標題：Kyushu-Okinawa Summit 2000 Miyazaki Meeting of Foreign Ministers　会期：平成12年7月12日―13日　英文併記〉Ⓝ319.9　〔2551〕

◇九州・沖縄サミット宮崎外相会合　宮崎県サミット協力推進協議会事務局企画・編集　宮崎　宮崎県サミット協力推進協議会　2000.10　120p　30cm〈他言語標題：Kyushu-Okinawa Summit 2000 Miyazaki Meeting of Foreign Ministers　会期：平成12年7月12日―13日　英文併記〉Ⓝ319.9　〔2552〕

◇沖縄報告―サミット前後　朝日新聞社編　朝日新聞社　2000.10　366p　15cm　（朝日文庫）〈年表あり〉660円　Ⓘ4-02-261313-0　Ⓝ395.39
内容五年が過ぎて「普天間」が残った　突きつけられた選択肢　揺れる名護の町　名護の群像　むしばむ基地　こころの系譜　アメリカの光と影　通り過ぎたサミット　「沖縄問題」の今、これから〔2553〕

◇九州・沖縄サミット首脳会合沖縄開催記録誌―写真集　〔那覇〕　沖縄県サミット推進県民会議　2000.11　73p　30cm　Ⓝ333.66　〔2554〕

「沖縄」がわかる本 6000冊　195

政治・行政　　　　　　　　　　　　　　　　　　　社会科学

◇日米関係と沖縄—1945-1972　宮里政玄著
岩波書店　2000.12　384p　22cm　9800円
Ⓘ4-00-001764-0　Ⓝ319.1053
内容 第1章 米国軍部による排他的統合　第2章
平和条約第3条と潜在主権　第3章 奄美返還と
1954年の民事指令　第4章 強硬政策　第5章 沖縄
統治の「正常化」　第6章 ケネディ新政策　第7
章 返還交渉に向けて　第8章 沖縄返還交渉　終
章 結語　補論—普天間飛行場返還合意の政治過
程　　　　　　　　　　　　　　　　　〔2555〕

◇21世紀の展望—九州・沖縄サミット記念国際
シンポジウム報告書　国際交流基金編　国際
交流基金　2001.10　104p　30cm〈他言語
標題：Perspectives of 21st century　英文
併記〉　Ⓝ319　　　　　　　　　　　〔2556〕

◇逆転—アメリカ支配下・沖縄の陪審裁判　伊
佐千尋著　岩波書店　2001.10　499p　15cm
（岩波現代文庫 社会）　1200円　Ⓘ4-00-
603045-2　Ⓝ327.953
内容 第1部 被害者と加害者たち（発端　ウィリ
アムス一等兵とオズボーン伍長 ほか）　第2部 裁
判（陪審員への厳しい注意 “白い影”の男 ほか）
第3部 陪審評議（紛糾また紛糾　一対十の絶望的
戦い ほか）　第4部 判決（“見せしめ”の刑　神の
みぞ知る）　　　　　　　　　　　　　〔2557〕

◇日米安保を考え直す　我部政明著　講談社
2002.5　206p　18cm　（講談社現代新書）
660円　Ⓘ4-06-149608-5　Ⓝ392.1076
内容 第1章 日米安保の「非対称性」とは何か（条
約のかたち　日米地位協定）　第2章 対称性への
バランス・シート—対等を求める動き（在日米軍
は日本を守るのか　事前協議制と安保　地位協定
の見直し要求）　第3章 安保は日本外交をどう変
えたか「甘やかし」の対日政策　日本のなかの沖
縄）　第4章 日米安保はどう変わるか（新ガイドラ
インと「有事」　前方展開基地としての沖縄・日
本）　　　　　　　　　　　　　　　　〔2558〕

◇琉球王国の崩壊—大動乱期の日中外交戦　明
治初期英字新聞琉球資料集成　山口栄鉄編訳
宜野湾　榕樹書林　2002.10　238p　21cm
（沖縄学研究資料 4）〈付属資料：1枚〉3000
円　Ⓘ4-947667-85-0　Ⓝ319.1022　〔2559〕

◇日米軍事同盟史研究—密約と虚構の五〇年
小泉親司著　新日本出版社　2002.11　444p
22cm　4200円　Ⓘ4-406-02958-3　Ⓝ392.
1076
内容 1 日米軍事同盟の出発（五〇年代）　2 日米
軍事同盟体制の成立（六〇年代）　3 アメリカの軍
事分担路線と沖縄返還（七〇年代）　4 西側軍事同
盟への跳躍（八〇年代）　5「日米安保宣言」と自
衛隊の海外派兵（九〇年代）　6「戦争をする国」
への本格的蠢動（二〇〇〇年代）　　〔2560〕

◇アメリカの戦争と在日米軍—日米安保体制の
歴史　藤本博,島川雅史編著　社会評論社

2003.7　282p　19cm　2300円　Ⓘ4-7845-
1430-9　Ⓝ392.1076
内容 1 朝鮮戦争と講和・安保条約—在日米軍・米
軍基地との関連で（アジア・太平洋国家としての
アメリカ　在日米軍・米軍基地 ほか）　2 ヴェト
ナム戦争と在日米軍・米軍基地（アメリカの「自由
世界援助計画」と日米安保体制の変容—日本の戦
争協力の位置　ヴェトナム戦争期における在日米
軍・米軍基地の役割とその特徴 ほか）　3 一九七
〇年代・一九八〇年代の日米関係（日米関係におけ
る沖縄　日米安全保障条約改定 ほか）　4 フィリ
ピンの米軍基地問題—植民地時代から一九九二年
まで（植民地時代の基地問題　第二次世界大戦と
一九四七年基地協定 ほか）　5「ポスト冷戦」戦
略から「デモクラシーのグローバリズム」への展
開—アメリカの一極覇権と国益第一主義（湾岸戦
争—「冷戦」の終結と「ポスト冷戦」の始まり　フ
ロム・ザ・シー—「機動遠征軍」による「海から」
の攻撃 ほか）　　　　　　　　　　　〔2561〕

◇奄美返還と日米関係—戦後アメリカの奄美・
沖縄占領とアジア戦略　ロバート・D.エルド
リッヂ著　鹿児島　南方新社　2003.8
333p　20cm〈文献あり〉3600円　Ⓘ4-
931376-93-2　Ⓝ319.1053
内容 第1章 返還前の米国の奄美・沖縄政策　第
2章 奄美復帰運動とその影響　第3章 日本政府と
「奄美・沖縄問題」　第4章 アイゼンハワー政権
と奄美返還の決定　第5章 日米の交渉と「奄美返
還協定」　　　　　　　　　　　　　〔2562〕

◇日本外交のアイデンティティ　長谷川雄一編
南窓社　2004.1　282p　22cm　（国際関係
学叢書 8）　3600円　Ⓘ4-8165-0320-X
Ⓝ319.1
内容 第1章 日米関係における「ペリー」の記憶
第2章 戦争賠償と日本の世論—占領・講和期にお
ける戦争賠償論の形成と展開　第3章 ODA政策
にみる戦後日本外交の「規範」と「アジア」と「内
政不介入」　第4章 米軍事基地と沖縄—一九四五
年から今日まで　第5章「戦略文化」と戦後日本の
テロ対策　第6章 戦後 戦後日米関係における日本外交
のアイデンティティ　第7章 戦後日中関係　第8
章 戦後日本における安全保障政策とアイデンティ
ティ　　　　　　　　　　　　　　　　〔2563〕

◇日米地位協定の考え方・増補版—外務省機密
文書　琉球新報社編　高文研　2004.12
212p　21cm　3000円　Ⓘ4-87498-335-9
Ⓝ395.3
内容 第1条 米軍人等の定義　第2条 施設区域の
提供、返還、共同使用　第3条 施設区域内外の管
理　第4条 返還施設・区域の原状回復・補償　第
5条 船舶・航空機等の出入・移動　第6条 航空交
通　第7条 公益事業の利用　第8条 気象業務の提
供　第9条 米軍人等の出入国　第10条 運転免許
証及び車両〔ほか〕　　　　　　　　　〔2564〕

◇日米不平等の源流—検証「地位協定」　琉球
新報社・地位協定取材班著　高文研　2004.

196　「沖縄」がわかる本　6000冊

社会科学　　　　　　　　　　　　　　　　　　　　政治・行政

12　286p　19cm〈年表あり〉1800円　①4-
87498-334-0　Ⓝ395.3

内容　1 米軍ヘリ墜落事故―「主権なき国家」の実
態　2 日米地位協定とは何か　3 米軍優位の「増
補版」　4 検証 日米不平等の源流　5 識者が読
み、語る―機密文書と地位協定　6 緊急フォーラ
ム「日米地位協定を考える」　　　　　　〔2565〕

◇戦争はペテンだ―バトラー将軍にみる沖縄と
日米地位協定　吉田健正著　七つ森書館
2005.4　263p　19cm　2000円　①4-8228-
0597-2　Ⓝ395.39

内容　第1章 戦争はいかがわしい商売だ　第2章
スメドレー・D.バトラー将軍　第3章 キャンプ・
バトラーと在沖米軍基地　第4章 「軍事植民地」
と日米地位協定　第5章 「良き隣人」たち　第6
章 産軍政による現代の戦争　　　　　　〔2566〕

◇これでいいのか日本の外交・防衛―「危険な
日米基軸外交」から「憲法に立脚した平和政
策」へ　しもみち直紀著　大村書店　2005.5
351p　19cm　2000円　①4-7563-3029-0

内容　第1部 これでいいのか日本の外交・防衛―
検証・大田昌秀議員の国会論戦に見る憲法九条（国
会論議でただした驚くべき事実　自衛隊派遣あり
きの特別措置法　「戦争をする国」めざして有事
法制　海外派兵のためには憲法改正が避けられな
い　米軍の再編は自衛隊の改編に　世界の平和と
安定へ日本独自の外交を　問われる「米務省」の
もとでの日本外交）　第2部 憲法に立脚した外交・
防衛へ（現代の戦争を総括する憲法前文と第九条
日本主導によるアジアの平和構築へ　これからの
わが国の外交・防衛政策）　　　　　　　〔2567〕

◇21世紀の安全保障と日米安保体制　菅英輝，
石田正治編著　京都　ミネルヴァ書房
2005.7　376p　22cm　（Minerva人文・社会
科学叢書 107）　4200円　①4-623-04305-3
Ⓝ319.8

内容　第1部 アジア太平洋の安全保障と日米安保
（なぜ冷戦後も日米安保は存続しているのか　ア
メリカ軍事戦略下の日米安保 ほか）　第2部 ヨー
ロッパの安全保障とNATO（NATOの東方拡大と
欧州の安全保障―コソヴォ空爆からイラク戦争へ、
アメリカの影　コソヴォ危機と人道的介入論）　第
3部 安全保障の原点から考える（国家の安全と国
民の安全　平和主義の社会的次元 ほか）　第4部
地域から安全保障を考える（いま「九州・沖縄」か
ら平和を創る―「非核神戸方式」と地域・自治体
の平和力　沖縄ジャーナリズムに見る安保と憲法
ほか）　　　　　　　　　　　　　　　〔2568〕

◇日米永久同盟―アメリカの「属国」でなにが
悪い！　「米軍再編・日米安保強化」時代を
考える　長尾秀美著　光文社　2005.12
289p　19cm　（Kobunsha paperbacks 72）
〈文献あり〉952円　①4-334-93372-6
Ⓝ319.1053

内容　序章 迷走する日本外交　第1章 在日米軍は

鬼か？　第2章 1908年米大西洋艦隊来航　第3章
なぜ彼らは日本に来たのか？　第4章 なぜ日本
は大歓待したのか？　第5章 同盟とはなにか？
第6章 国連中心主義という無策　第7章 日米永久
同盟構築　　　　　　　　　　　　　　〔2569〕

◇同盟漂流　上　船橋洋一著　岩波書店
2006.2　421p　15cm　（岩波現代文庫 社
会）　1200円　①4-00-603128-9　Ⓝ319.1053

内容　第1章 普天間飛行場　第2章 東京　第3章
ガルフストリーム　第4章 朝鮮半島　第5章 イン
ディペンデンス　第6章 沖縄　第7章 ワシントン
第8章 最後の基地　第9章 海上浮体　第10章 気
球　　　　　　　　　　　　　　　　　〔2570〕

◇同盟漂流　下　船橋洋一著　岩波書店
2006.3　465,18p　15cm　（岩波現代文庫 社
会）　1200円　①4-00-603129-7　Ⓝ319.1053

内容　第11章 コンフルエンス　第12章 ナイ・イ
ニシアティブ　第13章 核危機　第14章 レイプ
第15章 海兵隊　第16章 中台危機　第17章 海軍
第18章 日米リンク　第19章 日米中三国志　第20
章 逆ピラミッド　　　　　　　　　　　〔2571〕

◇沖縄を狙う中国の野心―日本の海が侵される
日暮高則〔著〕　祥伝社　2007.1　249p
18cm　（祥伝社新書）〈年表あり　文献あ
り〉760円　①4-396-11060-X　Ⓝ319.1022

内容　第1章 日本近海を中国は飲み込もうとして
いる　第2章 東シナ海はなぜ狙われるのか　第3
章 東シナ海問題の"核心"尖閣諸島　第4章 なぜ、
中国は「尖閣」を自分のものと言うのか　第5章
全世界の華人に広まった「釣魚島を守れ」の運動
第6章 中国の海洋進出と領土的野心を暴く　第7
章 日本の海は韓国もロシアも狙っている　第8章
起こりうるシナリオと日本の対応　　　〔2572〕

◇中台関係・日米同盟・沖縄―その現実的課題
を問う 沖縄クエスチョン2006　橋本晃和，
マイク・モチヅキ，高良倉吉編　冬至書房
2007.5　173p　21cm　1500円　①978-4-
88582-145-5　Ⓝ319.2

内容　セッション1 総括的な論点と展望（歴史から
見た沖縄・中国・台湾の相互関係　東アジアの中
の日中関係　中国に関しての日米同盟のジレンマ
「日本イニシアティブ」の戦略的構築）　セッショ
ン2 経済と安全保障（アジアの経済的連結と安全
保障における沖縄の地政学的可能性　東アジア経
済統合とその沖縄への影響　中国のエネルギー戦
略と日中関係）　セッション3 危機管理と台湾有
事（米中の危機管理と日米同盟：課題と意味　中
国は軍事力で台湾を「解放」できるか　中台戦争、
日米同盟、沖縄）　　　　　　　　　　〔2573〕

◇新安保体制下の日米関係　佐々木隆爾著　山
川出版社　2007.7　107p　21cm　（日本史
リブレット 67）〈文献あり〉800円　①978-
4-634-54670-7　Ⓝ319.1053

内容　1 日米安保体制の発足（日米関係の現代史と
は　基軸となった軍事的関係 ほか）　2 安保条約

「沖縄」がわかる本 6000冊　　197

政治・行政　　　　　　　　　　　　　　　　　　　　　　　社会科学

の改定（安保改定交渉の開始　新安保条約の調印
ほか）　3　ベトナム戦争と沖縄返還協定（ベトナム
戦争の拡大　日韓条約の締結　ほか）　4　アジアの
変容と日米関係の再編（アメリカの対ソ戦略強化
と日本の誘引　日米軍事協力の加速　ほか）　5　米
軍再編下の日本（九・一一事件　ブッシュ・ドク
トリン　ほか）　　　　　　　　　　　　〔2574〕

◇戦後日米関係と安全保障　我部政明著　吉川
弘文館　2007.8　334,8p　22cm　8000円
①978-4-642-03779-2　Ⓝ319.1053
内容　序　二一世紀の米軍再編　1　安保改定までの
政治過程（米統合参謀本部における沖縄保有の検
討・決定過程　日米安保改定への道　日米安保改
定　安保改定への条件）　2　沖縄返還前後の政治
過程（地位協定と沖縄　「思いやり予算」の原型
米軍基地の行方）　3　変質する日米関係（日米同盟
の原型　アメリカの東アジア戦略への議会の関与
日米安保体制の三段階　自衛隊派遣の危険性　沖
縄から見た日米安保　日米同盟の変質）　〔2575〕

◇「日米同盟」と戦争のにおい―米軍再編のほ
んとうのねらい　新原昭治著　学習の友社
2007.8　183p　21cm　（シリーズ世界と日
本21 33）〈年表あり〉1429円　①978-4-
7617-1235-8　Ⓝ319.1053
　　　　　　　　　　　　　　　　　　〔2576〕

◇米軍再編と日米安全保障協力―同盟摩擦の中
で変化する沖縄の役割　沖縄平和協力セン
ター監修, 上杉勇司編　福村出版　2008.5
297p　22cm　〈年表あり〉3800円　①978-4-
571-40020-9　Ⓝ392.53
内容　序論　沖縄問題の解決のために　第1部　米軍
再編と米国の世界（グローバル）戦略　第2部　米軍
再編と米国の東アジア戦略　第3部　在日米軍再編
協議　第4部　米軍再編と日米同盟　第5部　米軍再
編と沖縄　資料　　　　　　　　　　　〔2577〕

◇中国がたくらむ台湾・沖縄侵攻と日本支配―
侵略と強奪と独裁の現代史を読む　宮崎正弘
著　ベストセラーズ　2008.10　253p　20cm
1600円　①978-4-584-13100-8　Ⓝ319.22
内容　中国が日本を飲み込むシナリオは馬鹿馬鹿
しいか？　侵略と強奪と独裁のパラノイア　北
朝鮮は中国の経済植民地、韓国は反日の先兵―朝
鮮半島はこれからも荒れる　現代版「中ソ対立」
がはじまった　チベットはいかにして侵略された
か　ウイグル人は東トルキスタン独立を勝ち取れ
るか？　インド周縁諸国からアフリカまで露骨
に触手を伸ばす　東アジア共同体からはじまるア
ジア覇権構想　台湾は北京に飲み込まれるのか？
尖閣諸島、沖縄が中国領になる日　米中が再度結
託する悪夢のシナリオ　中国経済が闇に沈没する
と浮上してくる新しい戦争　　　　　　〔2578〕

◇誇りあれ、日本よ―李登輝・沖縄訪問全記録
完全保存版　日本李登輝友の会編　まどか出
版　2009.4　158p　22cm　1700円　①978-
4-944235-46-9　Ⓝ319.10224
内容　第1章　沖縄に届いた台湾からの風（ご来県を

契機に　李登輝総統について　ほか）　第2章　旅の
軌跡―九月二十二日から二十五日までの動き（九
月二十二日　那覇空港　平和祈念公園　ひめゆりの
塔　李登輝学校日本校友会歓迎会　九月二十三日
沖縄コンベンションセンター劇場講演会　歓迎レ
セプション　ほか）　第3章　沖縄からのメッセージ
講演録（台湾が直面する内外の危機　学問のす
めと日本文化の特徴　ほか）　第4章　李登輝元総統
が結んだ日台の絆（一人感涙にむせぶ　李登輝先
生をお迎えして　ほか）　第5章　尖閣諸島は日本領
（「尖閣発言」の衝撃　馬英九総統の中華民国尖閣
領有論の捏造根拠）　　　　　　　　　〔2579〕

◇他策ナカリシヲ信ゼムト欲ス―核密約の真実
若泉敬著　新装版　文藝春秋　2009.10
631p　21cm　〈文献あり〉1800円　①978-4-
16-372190-3　Ⓝ319.1053
内容　"孤独なる闘い"の始まり　「沖縄が還るま
で戦後は終らない」　隠密のホワイトハウス訪問
一九六七年日米首脳会談　幕間の一九六八年　ニ
クソン政権への移行期　総理の"核抜き"裁断　佐
藤総理・岸元首相とニクソン大統領　"政治的ホッ
トライン"の開設　"西部ホワイトハウス"サンク
レメンテへの旅　沖縄の核、そして繊維　ニクソ
ン大統領の"最後通牒"　佐藤首相の対案を携えて
ホワイトハウスでの極秘折衝　キッシンジャー補
佐官と合作した脚本　核抜き、本土並み、七二年
返還　絡みつく繊維　「後世史家の批評にまつの
み」　歴史の闇の奥深く　　　　　　　〔2580〕

◇日米安保50年　西部邁, 宮崎正弘著　海竜社
2010.1　287p　19cm　〈他言語標題：The
Japan-U.S.security treaty　年表あり〉
1600円　①978-4-7593-1109-9　Ⓝ319.1053
内容　第1章　日米安保体制のもと、独立の気概を
失った日本　第2章　安保闘士から見た、六〇年安
保の真相　第3章　七〇年安保を経て、日本人に染
み付いた平和主義　第4章　戦略的発想を持たず、
迷走する日本外交　第5章　急接近する米中時代、
日本の生き筋を模索する　第6章　核武装によって
実現する、日本の自立と防衛　エピローグ　対等
な日米関係の構築に向けて　　　　　　〔2581〕

◇沖縄の海兵隊はグアムへ行く―米軍のグアム
統合計画　吉田健正著　高文研　2010.2
159p　19cm　〈文献あり〉1200円　①978-4-
87498-436-9　Ⓝ392.53
内容　序章　米軍再編とグアム　1　米国の軍事拠
点・グアム　2　「SACO」合意から「米軍再編ロー
ドマップ」へ　3　在沖海兵隊グアム移転への経過
4　海兵隊移転を含んだグアム軍事拠点構想　5　グ
アム住民はどう見ているか　　　　　　〔2582〕

◇日米中トライアングルと沖縄クエスチョン―
安全保障と歴史認識の共有に向けて　沖縄ク
エスチョン 2009　橋本晃和, マイク・モチヅ
キ, 高良倉吉編　冬至書房　2010.3　142p
21cm　1500円　①978-4-88582-169-1
Ⓝ319.1053
内容　第1セッション　Fostering Shared History

198　「沖縄」がわかる本　6000冊

社会科学　　　　　　　　　　　　　　　　　　　　　　　　　　　　　政治・行政

（東アジアにおける平和戦略への示唆　日本人の民意の変容と「歴史認識」　「過去の共有」と「歴史問題」―「沖縄問題」の克服のために　なぜ、歴史問題なのか　「壮大すぎる夢なのか？」歴史の共有とアジア・太平洋共同体　日米関係における歴史問題と安全保障の連関）　第2セッション Promoting Common Security（未来へ続く歴史―東アジアの二十～二十一世紀史に向けて　東アジア共同体と日本の近代―福沢諭吉の「脱亜」論をめぐって　ブッシュ政権後の米中関係　ブッシュ後のアメリカのアジア・太平洋戦略）　追悼・小島朋之先生

◇密約―日米地位協定と米兵犯罪　吉田敏浩著　毎日新聞社　2010.3　287p　20cm　〈文献あり〉　1700円　Ⓘ978-4-620-31985-8　Ⓝ395.3
　Ⓒ内容Ⓒ第1章 密約の闇　第2章 閲覧禁止　第3章 秘密交渉　第4章 米兵犯罪の実像　第5章 不起訴のからくり　第6章 法律を超える密約　第7章 軍事優先　第8章 人命と日米同盟　第9章 海外派兵と地位協定
〔2584〕

◇沖縄と日米安保―問題の核心点は何か　塩川喜信編　社会評論社　2010.4　158p　21cm（ちきゅう座ブックレット 1）　1200円　Ⓘ978-4-7845-1476-2　Ⓝ319.1053
　Ⓒ内容Ⓒ日米同盟50年、日本のメディアの驚くべき「変質」　「日米密約」の背景国民を欺き続けた自民党外交　アメリカの世界戦略と日本　沖縄からの発信（民主党政権下の沖縄自治・自立・独立の声　米軍基地問題・植民地の意識はまだ消えず）資料篇（日本国とアメリカ合衆国との間の安全保障条約（旧日米安保条約）　日本国とアメリカ合衆国との間の相互協力及び安全保障条約（一九六〇年六月二三日批准書交換）　条約第6条の実施に関する交換公文（岸・ハーター交換公文）　ほか）
〔2585〕

◇日米安保再編と沖縄―最新沖縄・安保・自衛隊情報　小西誠著　社会批評社　2010.4　246p　19cm　1600円　Ⓘ978-4-916117-87-8　Ⓝ392.53
　Ⓒ内容Ⓒ序論 鳩山政権と米軍普天間飛行場の移転問題　第1章 検証 冷戦後の日米安保体制　第2章 日米安保再編と中国脅威論　第3章 米軍態勢下の自衛隊の沖縄重視戦略　第4章 日米安保体制下の沖縄海兵隊　第5章 アメリカのアジア太平洋戦略と日米安保　第6章 新たな反安保論の形成に向かって　結語 普天間飛行場を即時閉鎖せよ　日米安保関係資料
〔2586〕

◇幻想の抑止力―沖縄に海兵隊はいらない　松竹伸幸著　京都　かもがわ出版　2010.6　110p　19cm　900円　Ⓘ978-4-7803-0372-8　Ⓝ395.39
　Ⓒ内容Ⓒ第1章 辞書にない言葉＝「抑止力」（先制攻撃とは異なる考え方である　自衛力とも大きく異なる　もともとの核抑止概念を見る　近郊と覇権をめぐる破綻の歴史　抑止を克服する国連の集団安全保障）　第2章 海兵隊は「殴り込み」部隊（海兵隊の概要　主任務は前進基地の奪取と上陸作戦

大規模軍事介入の先兵としての役割　任務にふさわしい編成と装備　前進配備の必要性をめぐる矛盾）　第3章 沖縄の海兵隊は抑止力なのか（日本防衛という意味での抑止力ではない　抑止力どころか軍事介入の部隊になる危険　台湾海峡と朝鮮半島の事態への対処は　「沖縄＝抑止力」論は沖縄戦の再現　北東アジア集団安全保障機構を）
〔2587〕

◇なぜ日本にアメリカ軍の基地があるのか　松本健一著　牧野出版　2010.7　239p　18cm　1500円　Ⓘ978-4-89500-135-9　Ⓝ319.1053
　Ⓒ内容Ⓒ序章 占領されていた日本　1章 アメリカ軍基地は半永久的か　2章 有事駐留という理想　3章 独立国とはいえない今の日本、独立していた昔の日本　4章 アメリカ軍の基地が日本にある理由　5章 国家的まやかしからの脱出　付録 「日米同盟：未来のための変革と再編」全文、「日米安全保障条約（新）」全文
〔2588〕

◇沖縄返還・日中国交正常化・日米「密約」―外交証言録　栗山尚一著、中島琢磨、服部龍二、江藤名保子編　岩波書店　2010.8　274p　22cm　〈年譜あり〉　4800円　Ⓘ978-4-00-022406-2　Ⓝ319.1053
　Ⓒ内容Ⓒ第1章 沖縄返還と外務省―条約局の立場　第2章 佐藤・ニクソン共同声明―核兵器と戦闘作戦行動　第3章 日中国交正常化―交渉の舞台裏　第4章 アジアとの関係・歴史認識問題　第5章 戦後日本外交とは何だったのか　終章 日米「密約」との葛藤―非核三原則とアメリカ核政策の間
〔2589〕

◇「日米安保」とは何か　藤原書店編集部編　藤原書店　2010.8　448p　20cm　〈執筆：塩川正十郎ほか　年表あり〉　3600円　Ⓘ978-4-89434-754-0　Ⓝ392.1076
　Ⓒ内容Ⓒ1 歴史からみた日米安保　2 日米安保における日本の主体性？　3 東アジアの平和を阻む日米安保？　4 東アジアの安定に寄与する日米安保？　5 外からみた日米安保　6 日米安保の半世紀を振り返る
〔2590〕

◇志ある外交戦略―普天間問題と日米同盟の将来　谷内正太郎著　大阪　國民會館　2010.9　70p　21cm（國民會館叢書 86）　400円　Ⓝ319.1
〔2591〕

◇日米安保Q＆A―「普天間問題」を考えるために　「世界」編集部編、水島朝穂、古関彰一、屋良朝博、明田川融、前泊博盛、久江雅彦、半田滋著　岩波書店　2010.9　67p　21cm（岩波ブックレット no.792）　〈年表あり〉　560円　Ⓘ978-4-00-270792-1　Ⓝ392.1076
　Ⓒ内容Ⓒ第1章 日米安保を根底から考え直す―思考停止の「同盟」からの脱却　第2章 日米安保を知るためのQ＆A（安保って何ですか？　一九六〇年の安保「改定」によって何が変わったのでしょうか？　平和憲法と安保条約はどういう関係にありますか？　なぜ米軍基地は沖縄に集中して

「沖縄」がわかる本 6000冊　　199

政治・行政　　　　　　　　　　　　　　　　　　　　　　　　　　　社会科学

いるのですか？　安保とセットでよく耳にする「日米地位協定」とはどんなものですか？　「密約」で何が秘密にされてきたのですか？　思いやり予算とは、何でしょうか？　アメリカは日米安保をどう位置づけているのですか？　新旧ガイドラインとは何を取り決めたものでしょうか？日米安保再定義の目的は何でしょうか？　北朝鮮の核ミサイルに対し、安保の枠組みでどういう対応が考えられてきたのですか？　アフガン侵攻、イラク戦争への日本の協力は、安保によって義務づけられていたのですか？　米軍再編によって日米安保はどうなるのでしょうか？）　〔2592〕

◇ふたつの嘘―沖縄密約「1972-2010」　諸永裕司著　講談社　2010.12　318p　20cm〈文献あり〉　1800円　①978-4-06-216685-0Ⓝ319.1053
内容 第1部　「夫の嘘」と「国の嘘」―西山太吉の妻啓子（十字架　暗転　傷口　離婚　再生　逆風）　第2部　「過去の嘘」と「現在の嘘」―弁護士小町谷育子（衝突　封印　反骨　記憶　宿題　告白　追求　判決）　判決　　　　　　〔2593〕

◇21世紀の「万国津梁」形成に向けた国際交流促進方策調査報告書　〔那覇〕　国建2011.3　19,218p　30cm〈内閣府・平成22年度沖縄振興総合調査〉　Ⓝ319.1　〔2594〕

◇中国が沖縄を獲る日　黄文雄著　ワニ・プラス　2011.4　205p　18cm　（ワニブックス〈plus〉新書　051）〈発売：ワニブックス〉760円　①978-4-8470-6034-2　Ⓝ319.1022
内容 第1章　尖閣ばかりか沖縄まで固有領土と主張する中国（尖閣ショックが提起したさまざまな問題　尖閣諸島が固有の領土という中国の根拠　ほか）　第2章　権謀術数の中国に騙されるな（恫喝外交は中国の常套手段　歴史捏造は中国の得意技　ほか）　第3章　軍事力と経済力で世界の覇権を狙う中国（世界第二位に躍り出た経済大国・中国　世界中の資源を漁る中国　ほか）　第4章　日本は中国にどう対処していけばいいのか（「反日」強硬派でないと中国を治められない　内憂外患を抱える中国　ほか）　　　　　　　　　　〔2595〕

◇日米同盟論―歴史・機能・周辺諸国の視点竹内俊隆編著　京都　ミネルヴァ書房2011.11　453p　22cm〈索引あり〉　7000円①978-4-623-06151-8　Ⓝ319.1053
内容 日米「同盟」関係をめぐって　第1部　時間軸　日米同盟の前史と日米安保の歴史（知的交流に見る戦前・戦後初期日米関係の断絶と継続　占領期の日米関係　日米同盟の成立から沖縄返還まで　沖縄返還後における日米関係の周期的変動）　第2部　機能軸　日米同盟の政策的な影響（国内問題としての日米同盟―基地問題の軌跡と現状　経済摩擦と日米関係　広報文化外交としての原子力平和利用キャンペーンと1950年代の日米同盟　日米防衛装備・技術協力　「核の傘」をめぐる日米関係）第3部　地理軸　東アジアにおける日米同盟（アメリカから見た日米同盟　中国から見た日米同盟　沖縄返還をめぐる韓国外交の展開と北朝鮮の反応

台湾から見た日米同盟　ASEAN地域フォーラムと日米同盟―東アジア地域安全保障へのインプリケーション）　中国の台頭と日米同盟の対応〔2596〕

◇日本帝国と委任統治―南洋群島をめぐる国際政治：1914-1947　等松春夫著　名古屋　名古屋大学出版会　2011.12　290,38p　22cm〈索引あり　文献あり〉　6000円　①978-4-8158-0686-6　Ⓝ319.1074
内容 第1章　國際聯盟の委任統治制度　第2章　南洋群島の取得から委任統治へ　一九〇〇‐三〇　第3章　國際聯盟脱退と南洋群島委任統治の継続　一九三一‐三五　第4章　南洋群島とドイツ植民地回復問題　一九三三‐三九　第5章　ポスト・ワシントン体制の模索と南洋群島　一九三四‐三九　第6章　大東亜共栄圏と南洋群島　一九三九‐四五　第7章　繰り返される歴史　一九四二‐四七―戦後処理と南洋群島　　　　　　　　　〔2597〕

◇アメリカの戦争と日米安保体制―在日米軍と日本の役割　島川雅史著　第3版　社会評論社　2011.12　494p　19cm　2800円　①978-4-7845-1485-4　Ⓝ392.1076
内容 第1部　在日米軍基地と日米安保体制（前進配備の意味―在日米軍をめぐる「ふたつの問題」　沖縄・小笠原返還交渉　一九六七年―基地自由使用・核兵器と事前協議1　沖縄返還交渉　一九六九年―基地自由使用・核兵器と事前協議2　核兵器の「持ち込み」と「通過」―秘密協定と既成事実　在日米軍基地と核戦争態勢―最近の研究から　ほか）　第2部　アメリカの戦争と日米安保体制（朝鮮戦争と戦後日本　ベトナム戦争（1）―「アメリカの威信」と low intensity warfare　ベトナム戦争（2）―在日米軍の行動　情報収集艦プエブロ拿捕事件（一九六八年）―マクナマラと「アメリカの威信」　「EC‐121事件」（一九六九年）と「マヤグエス事件」（一九七五年）―キッシンジャーと「アメリカの威信」　ほか）〔2598〕

◇日米安保・沖縄返還・天安門事件―外交証言録　中島敏次郎著，井上正也，中島琢磨，服部龍二編　岩波書店　2012.1　272p　22cm〈年譜あり〉　5700円　①978-4-00-024288-2Ⓝ319.1053
内容 解題「外交証言録」に見る戦後日本外交（井上正也）　第1章　旧安保条約から新安保条約へ―条約課事務官時代を中心に　第2章　沖縄返還交渉―条約課長時代　第3章　佐藤・ニクソン共同声明―条約課長・駐英公使時代　第4章　日米安保の変容と国際政治―条約局長・アメリカ局長・駐シンガポール大使時代　第5章　中曽根政権と日本外交―外務審議官・駐オーストラリア大使時代　第6章　天安門事件―駐中国大使時代　終章　尖閣諸島と戦後外交　　　　　　　　　　　〔2599〕

◇日本の国防―米軍化する自衛隊・迷走する政治　久江雅彦著　講談社　2012.1　189p18cm　（講談社現代新書　2139）　720円①978-4-06-288139-5　Ⓝ392.1076

200　　「沖縄」がわかる本　6000冊

社会科学　　　　　　　　　　　　　　　　　　　　　　　　　　　　　　　政治・行政

[内容] 序章 冷戦の落とし子　第1章 防衛省と自衛隊—巨大組織の内側　第2章 湾岸トラウマをこえて　第3章 同盟強化か、自衛隊の米軍化か　第4章 普天間問題とは何か—日米同盟のアキレス腱　第5章 尖閣諸島は守れるのか　　　〔2600〕

◇これでいいのか日米安保—「日米同盟」の本質　労働者教育協会編　学習の友社　2012.10　135p　21cm　（シリーズ世界と日本21　39）〈年表あり〉1143円　①978-4-7617-1241-9　Ⓝ319.1053

[内容] 第1章 日米安保の足どりと現段階（日米安保のいま　日米安保の足どり）　第2章 日米安保体制のしくみ（日米安保のしくみと日本経済・国民生活—安保条約第二条　日米安保のしくみと基地国家日本—安保条約第六条、日米地位協定 ほか）　第3章 沖縄と基地問題（いま、沖縄と日本では？　沖縄米軍基地問題の歴史 ほか）　第4章 日米安保と日本国民のたたかい（基地国家日本の成立と労働者・国民のたたかい　日米安保体制の確立と社会運動の高揚 ほか）　第5章 非核非同盟の日本とこれからのアジア（紛争の「平和的解決」は不可逆的な流れ　米国と日本の支配層はなぜここまで日米安保にこだわるのか ほか）　　　〔2601〕

◇太平洋・島サミット沖縄県支援事業実施報告書　第6回　沖縄県文化観光スポーツ部交流推進課編　〔那覇〕　沖縄県文化観光スポーツ部交流推進課　2012.10　100p　30cm　〈会期：平成24年5月25日—26日　表紙のタイトル：太平洋・島サミット〉Ⓝ319.9〔2602〕

◇安保戦略改造論—在日米軍の存在は沖縄のため　久間章生著　創英社/三省堂書店　2012.11　270p　20cm　1500円　①978-4-88142-562-6　Ⓝ392.1076

[内容] 第1章 この国のかたち（防衛省昇格の意味　メチャクチャにした普天間基地移設—民主党政権の功罪 ほか）　第2章 防衛と憲法問題を整理する（シンプルに考えたい集団的自衛権　政争の具にしてはならない新テロ特措法 ほか）　第3章 変わっていく国際地図（噴出する領土問題　行き詰まった国連中心主義 ほか）　第4章 新しい防衛政策の提言（時代に合った「専守防衛論」　専守防衛を貫くミサイル防衛 ほか）　特別編 在日米軍の存在意義　　　〔2603〕

◇外交証言録湾岸戦争・普天間問題・イラク戦争　折田正樹著、服部龍二、白鳥潤一郎編　岩波書店　2013.2　272p　22cm　〈年譜あり〉5900円　①978-4-00-025780-0　Ⓝ319.1

[内容] 外務省入省まで　東南アジア・石油危機・日ソ関係—在英大使館、アジア局、条約局、在ソ大使館　一九八〇年代の日米関係—OECD、大蔵省主計局、条約課長、在米大使館参事官　天安門事件—宇野首相秘書官　冷戦の崩壊—海部首相秘書官（1）　湾岸戦争—海部首相秘書官（2）　対ソ外交とアジア外交—海部首相秘書官（3）、在香港総領事　防衛計画の大綱と沖縄米軍—条約局長、北米局長（1）　普天間返還合意への道—北米局長（2）

天皇訪欧とデンマーク—駐デンマーク大使（兼駐リトアニア大使）　イラク戦争と歴史和解　常任理事国入りを目指して　外交官生活四〇年　　　〔2604〕

◇日中戦争の可能性と開戦時の見通し—尖閣諸島・国家安全法・国防動員法　ケイエムコンサルティング総合研究所著　ケイエムコンサルティング　2013.2　51p　30cm　1900円　Ⓝ319.1022　　　〔2605〕

◇本当は憲法より大切な「日米地位協定入門」　前泊博盛編著　大阪　創元社　2013.3　397p　図版16p　19cm　（「戦後再発見」双書2）〈文献あり〉1500円　①978-4-422-30052-8　Ⓝ395.3

[内容] 1 日米地位協定Q&A（日米地位協定って何ですか？　いつ、どのようにして結ばれたのですか？　具体的に何が問題なのですか？　なぜ米軍ヘリの墜落現場を米兵が封鎖できるのですか？　その法的根拠は何ですか？　東京大学にオスプレイが墜落したら、どうなるのですか？　オスプレイはどこを飛ぶのですか？　なぜ日本政府は危険な軍用機の飛行を拒否できないのですか？　また、どうして住宅地で危険な低空飛行訓練ができるのですか？　ひどい騒音であきらかな人権侵害が起きているのに、なぜ裁判所は飛行中止の判決を出さないのですか？　どうして米兵が犯罪をおかしても罰せられないのですか？　米軍が希望すれば、日本全国どこでも基地にできるというのは本当ですか？　現在の「日米地位協定」と旧安保条約時代の「日米行政協定」は、どこがちがうのですか？ ほか）　2 外務省機密文書「日米地位協定の考え方」とは何か　資料編「日米地位協定」全文と解説　　　〔2606〕

◇沖縄が中国になる日　惠隆之介著　育鵬社　2013.4　230p　19cm　〈共同刊行：扶桑社　文献あり　発売：扶桑社〉1300円　①978-4-594-06788-5　Ⓝ319.1022

[内容] 第1章 沖縄に迫る中国　第2章 中国に貢ぎ続けた琉球史　第3章 沖縄政策を迷走させる虚言　第4章 オスプレイ反対の本当の理由　第5章 日米分断を謀る地元マスコミ　第6章 反米・反日に徹する沖縄教育界　第7章 沖縄と祖国を守るために　　　〔2607〕

◇沖縄パワーとは何か—私家版　宮里政玄著　〔出版地不明〕　沖縄対外問題研究会　2013.5　159p　19cm　Ⓝ319.1053　　　〔2608〕

◇対米従属を問う—北方領土・沖縄・マスメディア　鳩山由紀夫、金平茂紀、屋良朝博著　旬報社　2013.5　62p　21cm　800円　①978-4-8451-1317-0　Ⓝ319.1053

[内容] 1 いま、北方領土・沖縄を語る　2 ロシア・アメリカ取材経験から北方領土と沖縄を考える　3 つくりだされる本土と沖縄の温度差　4 北方領土・沖縄・マスメディア　付録 鳩山由紀夫元総理沖縄・宜野湾市講演「今語る『県外移設』の真実」

「沖縄」がわかる本　6000冊　　201

政治・行政　　　　　　　　　　　　　　　　　社会科学

〔2609〕

◇終わらない〈占領〉—対米自立と日米安保見直しを提言する！　孫崎享,木村朗編　京都法律文化社　2013.6　234,9p　21cm〈執筆：G.マコーマックほか　年表あり〉2400円　①978-4-589-03524-0　Ⓝ319.1053
　[内容]第1部 戦後史における日米関係の実相—いまも続く事実上の占領（日米関係の実相—終わらない「占領」　属国問題　戦後日本における沖縄の位置　自衛隊の歴史と米軍との関係史　）第2部 政権交代と普天間基地問題の変遷—対米自立の模索と挫折（日本は本当に民主国家・独立国家なのか—対米従属から対米自立への転換を　民主党政権と米軍再編—未だ占領下の日本・沖縄）　第3部 米軍再編と在日米軍基地から見える本質—「目下の同盟」と「軍事植民地」（米国が用意する日本の対中国参戦態勢の口実—「接近阻止・領域拒否」概念と「エアシー・バトル」を中心に　沖縄密約と秘密保全法　米軍再編と沖縄米軍基地　岩国から見えるもの）　第4部 煽られる領土問題の深層—米国による東アジア分断政策の影（尖閣諸島にどう対処すべきか　日韓領土問題と戦後アジア秩序—二つのシステムの併走と未決の歴史問題　北方領土問題について考える—問題解決を遠ざけている者どもを一掃せよ）　〔2610〕

◇戦前期領土問題資料集　第4巻　日韓合邦小史　大東島誌　百瀬孝編・解説　クレス出版　2013.8　232,346,4p　22cm〈文献あり　讀賣新聞社 明治四十三年刊の複製　昭和四年刊の複製〉16000円　①978-4-87733-777-3　Ⓝ319.1　〔2611〕

◇中国が沖縄を奪う日　惠隆之介著　幻冬舎ルネッサンス　2013.8　195p　18cm　（幻冬舎ルネッサンス新書 め-1-1）838円　①978-4-7790-6085-4　Ⓝ319.1022
　[内容]第1章 すでに70%完了している!?中国の沖縄略奪計画　第2章 つぎつぎと伸びてくる侵攻の触手　第3章 中国はなぜ執拗に沖縄を手に入れたがるのか？　第4章 習近平に操られる沖縄の親中派　第5章 沖縄戦後史のウソ　第6章 知られざる沖縄の"親中"ぶり　第7章 中国が沖縄・南西諸島を占領する日—日本は"今"何をすべきか　〔2612〕

◇日米関係をめぐる動向と展望—総合調査報告書　国立国会図書館調査及び立法考査局　2013.8　138p　30cm　（調査資料 2013-1）〈年表あり〉①978-4-87582-751-1　Ⓝ319.1053
　[内容]解説　日米関係を考える三つの視点 河野勝著　「2012年アメリカ大統領選後の日米関係の展望」国際政策セミナー記録　基調講演プレゼンテーション資料　日米関係緊密化の重要性 アンドリュー・オロス述　日米関係をめぐる諸相　米国世論に見るアジア観 高木綾著　基地問題をめぐる視点 樋山千冬著　沖縄米軍の訓練移転をめ

ぐる諸問題 鈴木滋著　中国からみた日米関係 鎌田文彦著　〔2613〕

◇「戦後」と安保の六十年　植村秀樹著　日本経済評論社　2013.9　283p　20cm（同時代史叢書）〈文献あり〉2600円　①978-4-8188-2289-4　Ⓝ319.1053
　[内容]序章 日本の長い「戦後」　第1章 「戦後」という時代の始まり　第2章 講和とその代償—日米安保体制の構築　第3章 五五年体制下の平和と安全　第4章 六〇年安保—条約改定と密約　第5章 揺れる「戦後」　第6章 「日米防衛協力」の時代へ　第7章 日米安保の再定義　終章 日本の平和と安全—終わらない「戦後」へ　〔2614〕

◇日中反目の連鎖を断とう—北京大学講義録　浅野勝人著　NHK出版　2013.11　223p　20cm〈文献あり〉1600円　①978-4-14-081619-6　Ⓝ319.1022
　[内容]第1章 不折騰＝ゴタゴタするな—北京大学講義・第1回（2011年11月10日）日中関係総論—築こう！ 明るい日中両国の未来　第2章 二等辺三角形の構築—北京大学講義・第2回（2012年5月31日）外交・安保政論—不可分のパートナー　第3章 日本の人口が14人になる—北京大学講義・第3回（2012年7月10日）経済政策論—協調すれば共に繁栄　第4章 尖閣を「脅威の島」にするな—北京大学講義・第4回（2013年7月16日）的外れの「嫌中(国)論」—足りない相互理解の努力　第5章 長江と隅田川—北京大学講義・第5回（2013年7月16日）公害列島の再生に学ぶ！—克服すべき最優先課題　第6章 不可欠な反日教育の是正—北京大学講義・第6回（2013年9月26日）歴史教育を考える—反日の助長より協調の推進　第7章 草創と守文と訓れが難き—北京大学講義・第7回（2013年9月26日）教養講座—中国古典から学ぶ多くのこと　〔2615〕

◇迫りくる沖縄危機　惠隆之介著　幻冬舎ルネッサンス　2014.8　186p　18cm　（幻冬舎ルネッサンス新書 め-1-2）778円　①978-4-7790-6104-2　Ⓝ319.1022
　[内容]第1章 習近平は一発の銃弾も使わずに沖縄を制圧する（2020年、軍事力で中国軍が米軍を越える　世界が大中華帝国に支配される日!? ほか）　第2章 琉球独立運動は県知事選後に加速する（自民党幹部が恐れる沖縄県知事選とは？　左翼のヒーロー、翁長雄志という人物像 ほか）　第3章 米軍基地が中国軍基地に変わる日（米軍が消えた南シナ海で誰が中国の無法を止めるのか？　太平洋に出たい中国にとって日本は邪魔な蓋 ほか）　第4章 反日化する沖縄（米軍の誤算—沖縄に叩き込んだ反日教育　韓国の「恨」とよく似た沖縄の反日感情 ほか）　第5章 沖縄を、日本を守るために（翁長氏のガリバー化を阻止せよ！　選挙が近づくにつれ県外の隣人が増える沖縄の異常 ほか）　〔2616〕

◇2020年日本から米軍はいなくなる　飯柴智亮〔著〕,小峯隆生聞き手　講談社　2014.8　172p　18cm　（講談社＋α新書 668-1C）

202　「沖縄」がわかる本 6000冊

社会科学　　　　　　　　　　　　　　　　　　　　政治・行政

800円　①978-4-06-272864-5　Ⓝ319.1053
[内容] 同床異夢の日米同盟（米国にとって「日米同盟」とは　米国の国益に拉致問題は関係なし）　第1章　米軍が日本から撤退する理由（背に腹は替えられない米軍　米軍の戦術はアウトレンジが基本　ほか）　第2章　在日米軍撤退の行程表（中国は負け戦はやらない　沖縄米軍の命運は、中台関係が握る　ほか）　第3章　米軍なしで日本は中国に勝つ！（撤退こそ米軍の基本方針　米軍のいない日本は中国にどう映るのか？　ほか）　〔2617〕

◇よし、戦争について話をしよう。戦争の本質について話をしようじゃないか！―オリバー・ストーンが語る日米史の真実 2013年来日講演録広島 長崎 沖縄 東京　オリバー・ストーン、ピーター・カズニック、乗松聡子著　金曜日　2014.8　189p　21cm　1000円　①978-4-906605-96-5　Ⓝ319.1053
[内容] 広島編　なぜ原爆が落とされたのか（第8回平和首長会議でのオリバー・ストーンの講演（2013年8月5日 広島国際会議場にて）―「ヒロシマ」と「ナガサキ」が二度と起こらないように　8・6ヒロシマ平和へのつどい2013 パネルディスカッション（2013年8月5日広島・ゲバントホールにて）―勝者も敗者も歴史でウソをつく　原水爆禁止2013年世界大会 オリバー・ストーンとピーター・カズニックの講演（2013年8月6日広島県立総合体育館にて）―悲しみを超えて）　長崎編　自分たちの歴史を知らない日本人（アメリカン大学・立命館大学の学生とのセッション（2013年8月8日 長崎原爆被災者協議会にて）―加害者でもある日本　原水爆禁止2013年世界大会オリバー・ストーンの講演（2013年8月9日 長崎市民会館体育館にて）―「歴史」を学ぶことの意味とは）　東京編　真実が最良のプロパガンダ（『アジア太平洋ジャーナルジャパン・フォーカス』『週刊金曜日』合同インタビュー（2013年8月11日 東京都内にて）―語られない米国の暗部　外国特派員協会での会見時の質疑応答（2013年8月12日 外国特派員協会にて）―世界を変える時間はある）　沖縄編 米軍基地が居座ることの愚かさ（稲嶺進名護市長訪問（2013年8月14日 沖縄県名護市長室にて）―「闘う人fighter」との出会い　琉球新報創刊120年記念オリバー・ストーン 基地の島OKINAWAを語る（2013年8月14日）（全ての国で抵抗運動を　米国に幻想を抱いてはいけない））　〔2618〕

◇虚像の抑止力―沖縄・東京・ワシントン発安全保障政策の新機軸　新外交イニシアティブ編、柳澤協二、屋良朝博、半田滋、マイク・モチヅキ、猿田佐世〔執筆〕　旬報社　2014.8　193p　19cm〈年表あり〉1400円　①978-4-8451-1360-6　Ⓝ395.39
[内容] 普天間基地問題にどう向き合うか―元防衛官僚の視点から　海兵隊沖縄駐留と安全保障神話―沖縄基地問題の解決にむけて　日米の盲目的な主従関係が招く沖縄支配　抑止力と在沖米海兵隊―その批判的検証　座談会 沖縄基地問題の分水嶺―抑止力・集団的自衛権・県知事選　豊かな外交チャンネルの構築を目指して―新外交イニシア

ティブの取り組み　〔2619〕

◇いま沖縄で起きている大変なこと―中国による「沖縄のクリミア化」が始まる　惠隆之介著　PHP研究所　2014.9　221p　20cm　1500円　①978-4-569-82032-3　Ⓝ312.199
[内容] 第1章 沖縄の「反日」を徹底的に利用する中国―動き始めた「沖縄のクリミア化」戦略（「主権回復の日」を機に高まった反日の動き　北京が沖縄の反日運動の拠点となった　ほか）　第2章 被害者史観が生んだ「仮想空間」を超えて―琉球王国の実相とアメリカ統治の意味（反日教育と反米教育で座標軸を喪失　庶民は農奴と化していた原始共産主義社会　ほか）　第3章 沖縄の島々に忍び寄る中国の影―狙われているのは尖閣諸島だけではない（厭戦気分に浸っている場合ではない　中国にとって戦略上重要な「宮古島」「石垣島」　ほか）　第4章 沖縄県知事の伝家の宝刀「基地カード」―「たかりのDNA」を断ち切れ！（普天間問題に翻弄され続ける日本政府　「基地カード」を切って条件闘争を繰り広げる沖縄県知事　ほか）　第5章 沖縄の運命を決する県知事選の行方―自民・親中路線加速化の危機（現職・仲井眞知事は三選を果たせるか？　「保守のホープ」から「オール沖縄のリーダー」へ　ほか）　〔2620〕

◇東アジア共同体と沖縄の未来―沖縄、日本、東アジア―いまなぜ東アジア共同体なのか沖縄を平和の要石に　東アジア共同体研究所編、鳩山友紀夫、進藤榮一、稲嶺進、孫崎享、高野孟著　花伝社　2014.9　81p　21cm〈友愛ブックレット〉〈発売：共栄書房〉800円　①978-4-7634-0714-6　Ⓝ312.199
[内容] 第1章 沖縄を平和の要石に（鳩山友紀夫）　第2章 東アジア共同体の中で琉球・沖縄を考える（進藤榮一）　第3章 訪米で見えてきた普天間移設の課題（稲嶺進）　第4章 安倍政権下で何が起こっているのか（高野孟）　第5章 集団的自衛権の本当の狙い（孫崎享）　〔2621〕

◇日米安保条約と事前協議制度　信夫隆司著　弘文堂　2014.9　270p　22cm（日本大学法学部叢書 第35巻）〈文献あり　年表あり　索引あり〉3800円　①978-4-335-46033-3　Ⓝ392.1076
[内容] 序章　第1章 安保改定交渉の開始　第2章 核持ち込み密約の謎　第3章 朝鮮議事録の怪　第4章 沖縄返還交渉の実相　終章　〔2622〕

◇日本はなぜ、「基地」と「原発」を止められないのか　矢部宏治著　集英社インターナショナル　2014.10　285p　19cm〈発売：集英社〉1200円　①978-4-7976-7289-3　Ⓝ319.1053
[内容] 1 沖縄の謎―基地と憲法　2 福島の謎―日本はなぜ、原発を止められないのか　3 安保村の謎1―昭和天皇と日本国憲法　4 安保村の謎2―国連憲章と第2次大戦後の世界　5 最後の謎―自発的隷従とその歴史的起源　〔2623〕

「沖縄」がわかる本　6000冊　203

政治・行政　　　　　　　　　　　　　　　　　　　　社会科学

◇沖縄県青年海外協力隊を支援する会設立20周
年記念誌―20年の軌跡　確かな世界のために
万国津梁を築く　沖縄県青年海外協力隊を支
援する会編　浦添　沖縄県青年海外協力隊を
支援する会　2014.12　108p　30cm〈タイト
ルは奥付による　年表あり〉Ⓝ333.8〔2624〕

◇日米安保と事前協議制度―「対等性」の維持
装置　豊田祐基子著　吉川弘文館　2015.3
284,5p　22cm〈文献あり　年表あり　索引あ
り〉7000円　①978-4-642-03843-0　Ⓝ392.
1076
　内容 序章　事前協議制度とは何か―適用除外事項
とその意味（「非対称」な協力関係　対等性の担保
としての事前協議　秘密の「討論記録」ほか）　第
1章　事前協議制度の背景（安保条約の成立　事前
協議の争点化　米国と事前協議）　第2章　安保改
定と事前協議制度（日米対等を目指して　事前協
議制度のジレンマ　条約区域をめぐる交渉 ほか）
第3章　「あいまい合意」の形成―核搭載艦船の寄
港をめぐって（日米「パートナーシップ」の深層
で　「討論記録」の解釈をめぐって　「非核」の選
択 ほか）　第4章　沖縄返還と事前協議―制度「有
効化」をめぐる交渉（施政権変換の背景　変換条
件の模索　日米の交渉戦略と基地態様 ほか）　第
5章　事前協議回避の制度化（危機下の日米安保と
事前協議　空母母港化と事前協議　棒路騒動をめ
ぐって ほか）　終章　事前協議制度の役割（新冷戦
と日米役割補完の深化　安保再定義と新ガイドラ
イン　事前協議制度が果たした役割　幻想の維持
装置として）〔2625〕

◇なぜ、いま東アジア共同体なのか　東アジア
共同体研究所編、鳩山友紀夫、進藤榮一、高野
孟、中島政希、島袋純著　花伝社　2015.4
269p　20cm〈発売：共栄書房〉2000円
①978-4-7634-0736-8　Ⓝ319.2
　内容 二一世紀は「アジア力」の世紀　第1章　東
アジア共同体へ具体的な提案をしよう（友愛の理
念　東アジア共同体構想　既存の共同体とその活
用　平和の共同体を）　第2章　リベラル派の二一
世紀大戦略としての「東アジア共同体」構想（リ
ベラル派の安保戦略の原型を辿る　安倍政権の時
代錯誤が日本の孤立と破滅を招く　日本のモノづ
くりをユーラシアの活力と結合する）　第3章　政
治史の中で考える東アジア共同体構想（日米同盟
と日中協商　「普通の国」論の命運　米中協商と
東アジア共同体　補論　沖縄の自己決定権と東
アジア共同体―スコットランド独立投票から沖縄が
学ぶもの〔2626〕

◇帝国か民主か―中国と東アジア問題　子安宣
邦著　社会評論社　2015.4　205p　19cm
（SQ選書 01）1800円　①978-4-7845-1538-
7　Ⓝ319.2202
　内容 第1部（いま「中国」が問われている―台湾学
生 “民主的決定” の意味するところ　なぜこの中国
の自己認識が問われるのか―汪暉の「現代中国論」
を読む　中国と “帝国” 的視野―「琉球」をなぜ語
るのか―汪暉『世界史のなかの中国』を読む　中

国と “帝国” の経験―中国で『世界史の構造』を読
むこと　帝国と儒教と東アジア―「東アジア問題」
を今了する のか　ソウルで私はこう語った―東
アジアと普遍主義の可能性　ソウルからの問いに
答えて―東アジアの市民的連帯を求めて）　第2部
（「アジア」という抵抗線は可能か―竹内好「方法
としてのアジア」を再考する　戦後日本論―沖縄
から見る　近代日本の国家形成と儒教　日本知識
人と中国）〔2627〕

◇シリーズ日本の安全保障　4　沖縄が問う日
本の安全保障　遠藤誠治, 遠藤乾編集代表
島袋純, 阿部浩己責任編集　岩波書店　2015.
4　320,2p　20cm　2900円　①978-4-00-
028754-8　Ⓝ393.08
　内容 序論　沖縄が問う日本の安全保障　1　すれ違
う安全保障像（安保をめぐる日本と沖縄の相克　戦
後沖縄の平和憲法）　2　近代領域国家の狭間で（沖
縄がつむぐ「非武の安全保障」思想　基地と抵抗）
3　基地問題の実相と構造（法による暴力と人権の
侵害　米軍基地と財政　在沖米軍の存在理由）　4
沖縄発の構造転換は可能か（アメリカ政治と在沖
米軍基地　人権の国際的保障が変える沖縄　沖縄
自律の構想と東アジアの構造転換）〔2628〕

◇「見えない壁」に阻まれて―根室と与那国で
ボーダーを考える　舛田佳弘, ファベネッ
ク・ヤン著　名古屋　国境地域研究センター
2015.7　75p　26cm　（ブックレット・ボー
ダーズ No.2）〈文献あり　発売：北海道大
学出版会（札幌）〉900円　①978-4-8329-
6813-4　Ⓝ319.1
　内容 1　閉ざされた「国境」のしま・与那国　2　台
湾への届かぬ夢　3　「国境」と呼べないまち・根
室　4　北方領土問題の現場―外交と返還運動の狭
間〔2629〕

◇歴史とプロパガンダ―日米開戦から占領政
策、尖閣問題まで　有馬哲夫著　PHP研究
所　2015.8　239p　20cm　1700円　①978-
4-569-82582-3　Ⓝ319.1053
　内容 第1章　偽りのリメンバー・パールハーバー―
機密解除文書が明らかにした日米開戦の真相　第
2章　スキャンダラスなヤルタ会議―かくもいいか
げんだったローズヴェルト　第3章　原爆投下は必
要なかった―作られたアメリカの公式見解　第4
章　占領軍のブラックな心理的占領―メディアと
教育がターゲットだった　第5章　国家誕生と同時
に始まった中国の侵略―日本を非難する資格があ
るか　第6章　米中・日中国交正常化と尖閣列島―
歴史的事実よりプロパガンダ〔2630〕

◇日本はなぜ米軍をもてなすのか　渡辺豪著
旬報社　2015.10　230p　19cm　1500円
①978-4-8451-1426-9　Ⓝ319.1053
　内容 第1章　「従属」の源流（「もてなし機関」の
前史　間接占領に順応　特別調達庁の発足　ごま
かしの再軍備　「孤立」後も従属）　第2章　「豊
かさ」とともに（「基地問題」とイデオロギー　砂
川闘争の教訓　「思いやり」の強要　補償型政治

社会科学　　　　　　　　　　　　　　　　　　　　政治・行政

の「進化」　平和と安全のための振興策　「アメとムチ」政策の罪）　第3章　平和憲法を抱きしめて（「基地政策」のメンタリティー　「土民軍」としての矜持　もてなしの極限　世論の深層　中国コンプレックス）　　　　　　　　　　　　〔2631〕

◆領土問題

◇尖閣諸島魚釣島―写真・資料集　惠忠久著　那覇　尖閣諸島防衛協会　1996.10　139p　26cm　2000円　Ⓝ319.1022　　　〔2632〕

◇尖閣諸島どうする日本　江戸雄介著　恒友出版　1996.12　217p　19cm　1442円　Ⓘ4-7652-6115-8　Ⓝ319.1022
　内容　第1章　中国の横暴をなぜ許す　第2章　尖閣は一八八五年より日本領土　第3章　日本政府と国民は自虐症　第4章　なぜ、日本だけが戦争犯罪者なのか　第5章　中国の仮想敵国は日本　第6章　領土を守れずして何の独立国　　　　　〔2633〕

◇誰か祖国を思わざる―政治家の使命とは何か　西村眞悟著　クレスト社　1997.5　251p　20cm　〈肖像あり〉　1600円　Ⓘ4-87712-055-6　Ⓝ319.1　　　　　　　　　　　　〔2634〕

◇尖閣諸島尖閣上陸―日本領有の正当性　牧野清, 仲間均共著　石垣　尖閣諸島を衛る会　1997.7　148p　21cm　〈年表あり〉　1000円　Ⓝ319.1022　　　　　　　　〔2635〕

◇甲午戦前釣魚列嶼帰属考―奥原敏雄諸氏への反証　呉天穎著, 水野明監訳青山治世訳　北京　外文出版社　1998　141p　26cm　〈年表あり〉　Ⓘ7-119-02115-X　Ⓝ210.1822〔2636〕

◇釣魚臺群島（尖閣諸島）問題　研究資料匯編　浦野起央, 劉甦朝, 植榮邊吉編修　刀水書房　2001.9　499p　21cm　〈中文併載　共同刊行：励志出版社（香港）〉　5700円　Ⓘ4-88708-288-6　Ⓝ319.1022　　　　〔2637〕

◇尖閣列島・釣魚島問題をどう見るか―試される二十一世紀に生きるわれわれの英知　村田忠禧著　川口　日本僑報社　2004.6　73,50p　18cm　〈中文併記〉　1300円　Ⓘ4-931490-87-5　Ⓝ319.1022　　　　　　　　〔2638〕

◇日本の国境　山田吉彦著　新潮社　2005.3　206p　18cm　（新潮新書）　680円　Ⓘ4-10-610107-6
　内容　第1章　海洋国家日本の肖像（この国のかたち　領土とは何か　ほか）　第2章　日本の国境を行く（沖ノ鳥島　石垣島　大東諸島　根室・羅臼）　第3章　領土紛争最前線から（尖閣諸島　対馬　竹島　北方領土）　第4章　「日本の海」を守る（世界の領有権紛争　中国が狙う南シナ海に浮かぶ島々　ほか）　　　　　　　　　　　　　　　　　〔2639〕

◇尖閣海底資源は沖縄の財産―「沖縄問題」を

解決する鍵は東シナ海にある！　金城宏幸著　那覇　ボーダーインク　2005.4　107p　19cm　1000円　Ⓘ4-89982-088-7　Ⓝ319.1022　　　　　　　　　　　　　　〔2640〕

◇尖閣諸島・琉球・中国―日中国際関係史　分析・資料・文献　浦野起央著　増補版　三和書籍　2005.5　290,34p　22cm　〈年表あり　文献あり〉　10000円　Ⓘ4-916037-79-0　Ⓝ319.1022
　内容　1章　日本、中国、台湾の主張および学説　2章　地形的検証　3章　歴史的検証　4章　琉球の歴史的経緯　5章　日本の尖閣列島領有経過　6章　米軍の琉球支配　7章　尖閣諸島をめぐる事件　8章　領有権の法理　増補　尖閣諸島をめぐる最近の動向　　　　　　　　　　　　　　〔2641〕

◇日本の領土―北方領土・竹島・尖閣諸島のすべて　エス・ビー・ビー編纂　政治経済研究会　2005.7　572p　31cm　〈年表あり　文献あり〉　48000円　Ⓘ4-903091-00-7　　　　　　　　　　　　　　　　　　〔2642〕

◇ニッポン人なら読んでおきたい竹島・尖閣諸島の本　別冊宝島編集部編　宝島社　2005.11　135p　21cm　（別冊宝島）　857円　Ⓘ4-7966-4980-8　Ⓝ210.1821　　　〔2643〕

◇日本人が行けない「日本領土」―北方領土・竹島・尖閣諸島・南鳥島・沖ノ鳥島上陸記　山本皓一著　小学館　2007.6　286p　21cm　〈年表あり　文献あり〉　1800円　Ⓘ978-4-09-389706-8　Ⓝ329.23
　内容　第1部　北方領土―択捉島・国後島（小泉首相の北方領土視察　ゴルバチョフ大統領への「直訴状」　ほか）　第2部　竹島（武装警察官に歓声をあげる女性観光客　日本製の観光船が「韓国人を独島に運ぶ」皮肉　ほか）　第3部　尖閣諸島（世界でも稀な日本の国境政策　年に一度の上陸チャンス　ほか）　第4部　南鳥島・沖ノ鳥島（マリンブルーの海に浮かぶ"航空母艦"　島民の病死・離島で無人島に　ほか）　　　　　　　　〔2644〕

◇尖閣諸島灯台物語―国を守る　殿岡昭郎編・著　高木書房　2010.5　307p　20cm　〈年表あり〉　1714円　Ⓘ978-4-88471-083-5　Ⓝ319.1022
　内容　序章　尖閣諸島の由来　第1章　中国武装漁船群の襲来　第2章　小林楠though大と日本青年社　第3章　灯台建設　第4章　攻防　第5章　紛糾　第6章　尖閣灯台の国家擁護　終章　尖閣灯台が照らすもの　　　　　　　　　　　　　　　　　　〔2645〕

◇中国「海洋覇権」の脅威―今ここにある「亡国の危機」にいかに対処するか　平松茂雄, 古澤忠彦, 山本皓一著,『明日への選択』編集部編　日本政策研究センター　2010.10　63p　21cm　500円　Ⓘ978-4-902373-33-2　Ⓝ319.1022

「沖縄」がわかる本　6000冊　　205

政治・行政　　　　　　　　　　　　　　　　　　　　　　社会科学

内容 アジア全域に迫る中国「海洋覇権」の脅威
平松茂雄著　何が「安全保障」論議に欠けている
のか 古澤忠彦著　尖閣諸島は日本領土 『明日へ
の選択』編集部著　今、「国境の島」が危ない 山
本皓一著　　　　　　　　　　　　　　　〔2646〕

◇尖閣諸島が危ない　防衛システム研究所編
内外出版　2010.11　134p　21cm〈年表あ
り〉　900円　①978-4-931410-80-0　Ⓝ319.
1022
内容 1 中国の覇権主義　2 海洋正面(黄海・東シ
ナ海・台湾・南シナ海)での覇権　3 南シナ海の
支配　4 東シナ海正面での活動　5 尖閣諸島をめ
ぐる確執　6 尖閣諸島争奪戦　7 わが国のとるべ
き対応　　　　　　　　　　　　　　　　〔2647〕

◇尖閣戦争――米中はさみ撃ちにあった日本　西
尾幹二、青木直人〔述〕　祥伝社　2010.11
251p　18cm　(祥伝社新書 223)〈並列シ
リーズ名：SHODENSHA SHINSHO〉　760
円　①978-4-396-11223-3　Ⓝ319.1022
内容 序章 尖閣事件が教えてくれたこと(沖縄は
中国の海になった　起こるべくして起こった事件
ほか)　1章 日米安保の正体(中国の息の長い戦略
的、かつ野心的な計画　南シナ海で現実に起こっ
ていること ほか)　2章 「米中同盟」下の日本(中
国の経済発展につぎこまれた日本のお金　中国経
済最大のピンチだった天安門事件 ほか)　3章 妄
想の東アジア共同体構想(米中両国の締めつけに
抵抗しなかった自民党政権　中曽根康弘の大罪 ほ
か)　4章 来るべき尖閣戦争に、どう対処するか
(勝手に自分から土俵を割った日本　日本にも切
れる外交カードはある ほか)　　　　　〔2648〕

◇沖縄危機と日本有事――普天間基地移設・尖閣
問題・中国の脅威 これでいいのか!〈日本の
外交・安全保障〉　惠隆之介著　明成社
2010.11　64p　21cm　524円　①978-4-
944219-97-1　Ⓝ392.1076
内容 現行憲法の交戦権否定は独立の否定　米軍
普天間飛行場の移設問題とは　深刻な日本の現状
米軍撤退が招いたフィリピンの没落　脅かされ
る沖縄　事なかれ主義の日本はこれでいいのか?
中国の戦略　中国の戦術目標三戦について　マス
コミの嘘(世論戦)　沖縄にあった悪い因子〔ほか〕
　　　　　　　　　　　　　　　　　　　〔2649〕

◇中国はなぜ尖閣を取りに来るのか　藤岡信
勝、加瀬英明編、藤岡信勝、茂木弘道、加瀬英
明、石平、田久保忠衛、平松茂雄、川村純彦、佐
藤守、西尾幹二、高市早苗著　自由社　2010.
12　335p　19cm　1500円　①978-4-915237-
59-1　Ⓝ319.1022
内容 基礎知識編(検証ドキュメント「2010年9月
の尖閣事件」　尖閣諸島は日本固有の領土である)
本質究明編(ひれ伏す日本 嵩にかかる中国　中国
の狙いは清朝版図の復活)　日本防衛編(尖閣で日
中戦わば、自衛隊は勝つ　中国の「日本自治区」
化はすでに進行している)　　　　　　　〔2650〕

◇誰にでも解る尖閣諸島と亡国の憲法第九条
工藤隆哉著　創栄出版　2010.12　150p
21cm〈文献あり　発売：星雲社〉　1238円
①978-4-434-15302-0　Ⓝ392.1076
内容 1 日本国を取り巻く現状　2 日本国憲法制
定の隠された真実　3 日本人としてのアイデン
ティティー　4 日本の政治と北方領土　5 竹島と
尖閣諸島　6 日本国の対応　7 亡国の憲法第九条
8 わが国の防衛　9 わが国の抱える防衛の問題点
10 スイスの国防　　　　　　　　　　　〔2651〕

◇「普天間問題」にみる国家の危機と自立の時
代　丸淳一著　知道出版　2011.1　201p
20cm　1400円　①978-4-88664-222-6
Ⓝ319.1
内容 第1章 「普天間問題」の核心　第2章 「普
天間問題」は日本人の国際感覚を問う　第3章 人
間は善か悪か?　第4章 日本に米軍基地がある
意味　第5章 日米同盟と対米従属の根底にあるも
の　第6章 対米従属から対等な日米同盟へ向けて
第7章 尖閣諸島問題と国家の危機　　　〔2652〕

◇尖閣を守れ!――日本固有の領土 尖閣問題の
基本が分かるQ&A　日本会議事業センター
編　明成社　2011.2　56p　21cm〈年表あ
り〉　600円　①978-4-944219-30-8　Ⓝ319.
1022
内容 尖閣諸島とはどういう島ですか?　　なぜ、
尖閣諸島を守ることが大事なのですか?　中国漁
船不法衝突事件を詳しく教えてください。　尖閣
諸島が日本固有の領土である根拠について詳しく
教えてください。　かつて日本人が尖閣諸島で経
済活動をしていたと聞きましたが、そうですか?
中国はもともと、尖閣諸島を日本領と見なしてい
たのですか?　なぜ、中国は尖閣を中国領と言い
出したのですか?　いま、尖閣諸島周辺の海はど
うなっているのですか?　中国のみならず台湾
も尖閣諸島の領有を主張し、違法操業や抗議活動
をするのはなぜですか?　なぜ、海上保安庁は中
国漁船の不法行為を止められないのですか?〔ほ
か〕　　　　　　　　　　　　　　　　　〔2653〕

◇海洋資源大国 日本は「海」から再生できる
――国民も知らない海洋日本の可能性　山田吉
彦著　海竜社　2011.2　205p　19cm　1300
円　①978-4-7593-1139-6
内容 序章 尖閣事変勃発――今こそ、日本人の「覚
悟」が問われている　第1章 海洋国家・日本の広
大な海域(日本の海は世界で六番目に広い　サン
フランシスコ平和条約と日本の領土　日本の海は
世界で四番目に大きい)　第2章 日本の島々を見
捨ててはならない(豊かな自然の恵みが息づく島
なぜ尖閣諸島は中国に狙われるのか　北方領土返
還のチャンスを見逃すな　竹島奪還に及び腰でよ
いのか)　第3章 海洋開発が切り拓く資源大国へ
の道(膨大な化石燃料・鉱物資源が眠る日本の海
海洋開発に本腰を入れ始めた日本政府　日本が資
源輸入国から脱却するのは近い　中国の「東シナ
海ガス田開発」に潜む真意)　第4章 海洋発電が
日本の未来を明るくする(海が作り出すエレクト

206　「沖縄」がわかる本 6000冊

社会科学　　　　　　　　　　　　　　　　　　　　　　　　　　　　　　政治・行政

リック・パワー　洋上風力発電という新たな選択
肢と水温度から電気を作り出す）　第5章　海
を守り、海とともに生きる（海洋基本法を活用し、
海の守りを固めよ　沿岸の海洋安全保障を強化せ
よ　海洋開発への積極的な取り組み）　〔2654〕

◇日本の国境問題—尖閣・竹島・北方領土　孫
崎享著　筑摩書房　2011.5　231p　18cm
（ちくま新書　905）〈並列シリーズ名：
CHIKUMA SHINSHO〉760円　①978-4-
480-06609-1　Ⓝ319.1
内容　第1章　血で血を洗う領土問題—私がみた現
代世界の国境紛争　第2章　尖閣諸島をめぐる日中
の駆け引き—戦後の尖閣諸島史　第3章　北方領土
と米ロの思惑—大国の意図に踊る日本　第4章　日
米同盟は役に立つのか—米国にとっての日本領土
第5章　領土問題の平和的解決—武力を使わせない
知恵　第6章　感情論を超えた国家戦略とは—より
よい選択のために　　　　　　　　　　　　〔2655〕

◇「尖閣諸島問題」にみる国家存亡の危機　丸
淳一著　知道出版　2011.6　219p　20cm
1400円　①978-4-88664-228-8　Ⓝ319.1022
内容　第1章　尖閣諸島事件で露出する国家的危機
第2章　なぜ中国は尖閣諸島を自国領土にしたいの
か　第3章　尖閣諸島は紛れもない日本の領土　第
4章　中国の領有権主張には根拠がない　第5章　日
本の領土は侵攻されている　第6章　中国の日本占
領計画　第7章　日米安保条約は日本の後ろ盾にな
りうるか　第8章　日本国憲法が日本をダメにして
いる　第9章　ふたたび問う、人の心は善か悪か　第
10章　日本の未来を拓く道　　　　　　　　〔2656〕

◇日本国境戦争—21世紀・日本の海をめぐる攻
防　山田吉彦著　ソフトバンククリエイティ
ブ　2011.7　245p　18cm　（ソフトバンク
新書）730円　①978-4-7973-6368-5
内容　第1章　仕組まれた衝突—尖閣事件の全容（日
中衝突は偶発事故ではない　中国の海上警備方針
の転換　2010年、中国は海洋強国への道を歩き出
した　ほか）　第2章　日本国境戦争10年の攻防（日
本人の愛国心を読み間違った中国　日本は国境問
題を抱えた紛争当事国　北朝鮮工作船との戦い　ほ
か）　第3章　尖閣、竹島、北方領土—日本の海はこ
うして守れ！（与那国島の防空識別圏見直し　与
那国島と台湾は同じ文化・経済圏　台湾の本音は
親日　ほか）　　　　　　　　　　　　　　〔2657〕

◇ゲーム理論から見た尖閣諸島・沖縄基地問題
井沢開理著　東京図書出版　2011.9　184p
19cm〈発売：リフレ出版〉1200円　①978-
4-86223-512-1　Ⓝ319.1022
内容　第1章　ゲーム理論について　第2章　尖閣諸
島問題とその記述態度　第3章　日本は中国に対
してどう対応すればよいのか　第4章　尖閣諸島問
題の対応策はこれだ！　第5章　沖縄基地問題の
解決策はこれだ！　第6章　対応策の更なる補足
第7章　ゲーム理論とその応用　第8章　「ゲーム理
論」対「ある理念」　　　　　　　　　　　〔2658〕

◇日本の領土問題—北方四島、竹島、尖閣諸島

保阪正康,東郷和彦〔著〕　角川書店　2012.
2　239p　18cm　（角川oneテーマ21 A-
150）〈文献あり　発売：角川グループパブ
リッシング〉762円　①978-4-04-110162-9
Ⓝ319.1
内容　まえがき　なぜ今、領土問題を考えるのか
第1部　外交交渉から見た領土問題（二十五年間の
交渉に敗北した北方領土問題　新しい議論が期待
される竹島問題　武力衝突の危険をはらむ尖閣諸
島問題）　第2部　対談　領土問題を解決に導く発想
と手がかり（領土問題を考える前提　現実的対応
が求められる北方領土　日韓共存、交流の道を探
る竹島　抑止力と対話が必要な尖閣諸島）　あと
がき　領土をどう考えるか　　　　　　　　〔2659〕

◇日本の「国境問題」—現場から考える　岩下
明裕編　藤原書店　2012.3　367p　23cm
（別冊『環』　19）〈執筆：岩下明裕ほか〉
3300円　①978-4-89434-848-6　Ⓝ319.1
内容　総論　国境から世界を包摂する　岩下明裕著
「境界自治体」とは何か　古川浩司著　境界＝「見
えない壁」を見つめて　本間浩昭著　島嶼と境界
佐藤由紀著　世界の島嶼国境　長嶋俊介著　日本
島嶼学会の歩みと国境離島への考え方　鈴木勇次
著　千島と根室　「北方領土」とは何か　黒岩幸
子著　「占守島の戦い」再考　井潤裕著　密漁の
海で　本田良一著　「国境」と呼べない街・根室
長谷川俊輔著　占領下・勇留島からの決死の脱出
鈴木寛和著　樺太と稚内　向う岸の雲の下　天
野尚樹著　「中継点」-「端」-「中継点」　中川善
博著　国境標石物語　相原秀起著　朝鮮半島と北
部九州・対馬　朝鮮を囲む四つのボーダー　松原
孝俊著　福岡・釜山超広域経済圏構想　加峯隆義
著　日韓観光交流に生きる国境の島・対馬　新井
直樹著　対馬市の国境交流構想　財部能成著　韓
国から最も近い日本・対馬　金京一著　台湾と八
重山　八重山台湾交流史　松田良孝著　「与那国・
自立へのビジョン」断想　上妻毅著　南西諸島に
おける自衛隊配備問題　佐道明広著　与那国町の
将来展望　外間守吉著　与那国・中国・台湾の三角
貿易構想　吉川博也著　竹富町における海洋政策
小浜啓市著　大東島　大東島の歴史に連なる兄弟
たち　山上博信著　ボロジノからボロジノへ　木村
崇著　小笠原　ディアスポラの島々と日本の「戦
後」　石原俊著　越境してきた小笠原ことば　ダニ
エル・ロング著　「南洋踊り」が物語る歴史　小西
潤子著　国境と小笠原　渋谷正昭著　生態学から
みた小笠原　可知直毅著　潮目のまなざし　南谷奉
良著　チリ地震津波の体験　今村圭介著　〔2660〕

◇尖閣を獲りに来る中国海軍の実力—自衛隊は
いかに立ち向かうか　川村純彦著　小学館
2012.8　223p　18cm　（小学館101新書
139）720円　①978-4-09-825139-1　Ⓝ319.
1022
内容　序章　緊迫する尖閣諸島海域　第1章　増強著
しい中国海軍　第2章　中国海軍の狙い　第3章　中
国の「南シナ海聖域化」戦略　第4章　日中自衛隊
の実力　第5章　中国海軍と海上自衛隊の真の実力
第6章　中国との有事にどう対処すべきか　第7章

政治・行政　　　　　　　　　　　　　　　　　　　　　　　　　社会科学

日中尖閣沖海戦　　　　　　　　　〔2661〕

◇国境の島を発見した日本人の物語—教科書が
教えない領土問題　藤岡信勝,自由主義史観
研究会編著　祥伝社　2012.8　266p　19cm
1400円　①978-4-396-61428-7　Ⓝ329.23
　内容 序章 国境の島々と日本人の領土意識　第1
　章 竹島—時代とともに名を変えた紛争の島　第2
　章 樺太—北の守りと樺太探検に命をかけた男た
　ち　第3章 北方領土・千島列島—北方領土・千島
　列島を学ぶ授業　第4章 小笠原諸島—欧米から領
　土を取り戻した幕末のサムライたち　第5章 南鳥
　島—冒険家水谷新六が開拓した絶海の孤島　第6
　章 沖ノ鳥島—最南端の小島は日本のダイヤモン
　ド　第7章 尖閣諸島—古賀辰四郎が追いかけた鳥
　と夢　　　　　　　　　　　　　　　〔2662〕

◇尖閣諸島売ります　栗原弘行著　廣済堂出版
2012.9　155p　19cm 〈他言語標題：
SENKAKU ISLANDS FOR SALE　文献
あり 年表あり〉1200円　①978-4-331-
51671-3　Ⓝ319.1022
　内容 第1章 なぜ栗原家が尖閣諸島の所有者なの
　か　第2章 栗原家とは何者なのか？　第3章 石
　原慎太郎氏と大平正芳首相　第4章 これまで尖閣
　諸島を売らなかった理由　第5章 栗原家はなぜ、
　東京都を売却先と考えたのか？　第6章 尖閣諸
　島の可能性　　　　　　　　　　　　〔2663〕

◇「尖閣」列島—釣魚諸島の史的解明　井上清
著　新版　第三書館　2012.10　153p　18cm
950円　①978-4-8074-1209-9　Ⓝ219.9
　内容 日本の学校で教えられない「尖閣の真実」
　（「石垣島も西表島も中国領に」と提案した明治政
　府　「尖閣」の名は領有宣言5年後に初めて命名
　された　キーワードは「領土問題の存在」 江戸
　時代のベストセラーの中でも、「中国領」）『「尖
　閣」列島』のあらすじ（なぜ釣魚諸島問題を再論
　するか　日本政府などは故意に歴史を無視してい
　る　釣魚諸島は明の時代から中国領として知られ
　ている　清代の記録も中国領と確認している　日
　本の先覚者も中国領と明記している　ほか）
　　　　　　　　　　　　　　　　　　〔2664〕

◇決定版！ 尖閣諸島・竹島が日本領土である
理由がわかる本　別冊宝島編集部編　宝島社
2012.10　111p　21cm 〈文献あり〉838円
①978-4-8002-0345-8　Ⓝ319.1022
　内容 第1章 尖閣諸島が日本の領土である理由（尖
　閣諸島はいつ日本の領土になったのか—日本が尖
　閣諸島を領土に編入したのは1895年（明治28）1月
　14日　尖閣諸島の位置を知ろう！—尖閣諸島最大
　の島は魚釣島で石垣島の北西170キロほどに位置
　する ほか）　第2章 竹島が日本の領土である理
　由（竹島はいつ日本の領土になった？ 1—日本の領
　土に正式に編入したのは1905年それ以前から日本
　の島としての認識はあった　竹島はいつ日本の領
　土になった？ 2—竹島を領土としていた江戸幕府
　司法権も行政権も行使 ほか）　第3章 尖閣諸島
　をめぐる国境問題（なぜ、中国は尖閣諸島周辺の資

源が欲しいのか？—豊かな工業国となった中国は
エネルギー資源を欲している　尖閣諸島が軍事的
に重要というのはどういうことか？—潜水艦の拠
点として尖閣諸島は絶好の位置 ほか）　第4章 竹
島をめぐる国境問題（韓国は竹島を取ってどうし
たいのか—李承晩が植えつけた反日感情が竹島へ
の執着を生んでいる　韓国は竹島をどのように利
用しているのか—要塞化され、軍と警察により固
められている ほか）　　　　　　　　〔2665〕

◇日本の国境を直視する　1　尖閣諸島—南鳥
島 沖ノ鳥島 与那国島　山本皓一写真・文
ベストセラーズ　2012.10　222p　21cm
〈年表あり〉1600円　①978-4-584-13450-4
Ⓝ329.23
　内容 燃え上がる日本の領土　第1部 尖閣諸島（無
　人の海から有人の海へ　歴史が証明する日本の領
　有権　尖閣諸島には日本人が住んでいた　尖閣諸
　島上陸記　石原都知事の尖閣諸島購入計画　尖閣
　実効支配の工程表　尖閣領有権を狙う中国　真夏
　の尖閣諸島攻防戦）　第2部 南鳥島 沖ノ鳥島（南
　鳥島—自衛隊が駐留する最南東端の島　沖ノ鳥島
　—16センチの最南端の島が守る海洋利権）〔2666〕

◇日本再興へ！—皇室を守り、尖閣・沖縄を防
衛し、中国の脅威に如何に立ち向かうか　中
西輝政,椛島有三著　明成社　2012.10　63p
21cm　740円　①978-4-905410-15-7　Ⓝ392.
1076
　内容 「日本人の心」こそ国を守る最後の砦 本当の
　沖縄の魂を見据えて国難に当たろう（京都大学名
　誉教授・中西輝政）　国難に立ち向かう強い日本
　を創るために 日本人のエネルギーの結集軸はど
　こにあるか（日本会議・事務総長・椛島有三）（万
　世一系と皇位継承　沖縄・尖閣の防衛を推し進め
　よう　経済戦略と軍事戦略による沖縄・尖閣の危
　機　憲法改正への道）　　　　　　　〔2667〕

◇尖閣武力衝突—日中もし戦わば　井上和彦著
飛鳥新社　2012.10　235p　19cm　1143円
①978-4-86410-196-7　Ⓝ392.22
　内容 1 中国人民解放軍の戦力分析（中国軍の戦力
　分析—なぜ国防費の伸びが脅威なのか　世界は中
　国の軍事力をどう見ているのか—もっとも好戦的
　な軍隊のひとつ　中国陸軍の実力—わが国が最も
　警戒すべき戦力は？ ほか）　2 東シナ海波高し
　（急増する中国軍機へのスクランブル発進—エス
　カレートする挑発行為　活発化する中国海軍の活
　動—長期間の外洋訓練の狙いは何か　中国が尖閣
　諸島の領有を主張するホントの理由—実力行使は
　避けられない ほか）　3 中国といかに戦うか（中
　国による尖閣諸島侵攻のシナリオ—超法規的対応
　を準備せよ！—四六万人体制
　の構築　南西諸島防衛のお寒い現状—刻一刻と
　迫る中国の侵略 ほか）　　　　　　　〔2668〕

◇「尖閣問題」とは何か　豊下楢彦著　岩波書
店　2012.11　290,5p　15cm 〈岩波現代文
庫—学術 273〉〈文献あり 年表あり〉1020
円　①978-4-00-600273-2　Ⓝ319.1

社会科学　　　　　　　　　　　　　　　　　　　　　　　　　　　政治・行政

内容　序章　「領土問題」の歴史的構図　第1章　忘れられた島々　第2章　米国の「あいまい」戦略　第3章　「尖閣購入」問題の陥穽　第4章　領土問題の「戦略的解決」を　第5章　「無益な試み」を越えて　第6章　日本外交の「第三の道」を求めて〔2669〕

◇領土問題をどう解決するか—尖閣、竹島、千島　志位和夫著　新日本出版社　2012.11　123p　21cm　952円　①978-4-406-05657-1　Ⓝ319.1

内容　第1部　提言と発言（外交交渉による尖閣諸島問題の解決を（提言）　領土問題をどう解決するか—ニコニコ動画のインタビュー　尖閣問題　冷静な外交交渉こそ唯一の解決の道—外国特派員協会での講演と質疑　どうする尖閣、竹島、千島問題—「週刊朝日」のインタビュー　歴代自民党政権の日ロ領土交渉方針の根本的再検討を（提言））　第2部　「綱領教室」の講義から（三つの領土に関わる紛争問題と日本共産党の立場—第一回・「綱領教室」の講義から）　第3部　資料（尖閣諸島問題　日本の領有は歴史的にも国際法上も正当—日本政府は堂々とその大義を主張すべき　領土に関する紛争問題と日本共産党の立場—日本共産党第五回中央委員会総会への幹部会報告から）〔2670〕

◇領土問題に関する一考察—尖閣列島が日本領の証拠　亀田壽夫著　〔川崎〕　山椒出版社　2012.11　99p　21cm　1800円　Ⓝ319.1〔2671〕

◇領土問題、私はこう考える！—孫崎享、山田吉彦、鈴木宗男ほか識者たちの提言　畠山理仁構成　集英社　2012.11　190p　19cm　1200円　①978-4-08-781516-0　Ⓝ319.1

内容　孫崎享「領土問題で紛争をするのはバカバカしい」　山田吉彦「日本政府は領土問題解決のためにその『活用法』を考え、国際社会を味方につけよ」　鈴木宗男「今、北方領土問題解決に絶好のチャンスが来ている」　一色正春（sengoku38）「日本という国は、これからも国民にウソをつき続けるのか」　日本青年社「灯台の整備をすることで、日本国家だけでなく、世界に貢献できたと思っている」　石平「"すべてが中国である"という「中華思想」は、中国人以外誰も理解できない」　伊藤祐靖「尖閣の絶景の場所に日の丸を揚げ、海保の制服組に「国民による強い意志」の存在を伝えたかった」　仲間均「日本人の生活の跡を中国人に見せる尖閣諸島ツアーをやりたい」　中村繁夫「日中貿易が止まれば、世界から笑われる」と気づかせよう」　山本皓一「竹島の実効支配の変貌ぶりを見よ。やった韓国、やるもやったり。そして日本は無策すぎた」　小田嶋隆「『弱腰』は悪くない。『金持ちケンカせず』でいいじゃないか」　小川岩夫「韓国に7ヵ月半抑留。奴隷になったような体験だった」〔2672〕

◇尖閣激突—日本の領土は絶対に守る　山田吉彦, 潮匡人著　扶桑社　2012.11　238p　18cm　1000円　①978-4-594-06721-2　Ⓝ319.1022

内容　第1章　全検証「尖閣上陸・第二の敗戦」—誰が、何を間違えたのか（迷走する日中関係　公開された「尖閣上陸映像から、何がわかるか　海上で制圧するタイミングは確実にあった　ほか）　第2章　尖閣にオスプレイが投入される日（映らなかった海上自衛隊　映らなかった現場の抵抗　もう「特例」では済まない　ほか）　第3章　尖閣を中国に奪われないために（野田総理の「想定を超えた」日中関係の悪化　野田内閣に「秘策」はあるのか　激しい中国の外交攻勢　ほか）〔2673〕

◇尖閣諸島問題—領土ナショナリズムの魔力　岡田充著　町田　蒼蒼社　2012.11　246p　21cm　1900円　①978-4-88360-113-4　Ⓝ319.1022

内容　第1章　最悪の日中関係（尖閣諸島国有化への抗議行動勃発　国有化で危険水域に　懸念される経済への影響）　第2章　過去をふりかえる（日本領土論のいかがわしさ　米国の曖昧戦略—戦後秩序の論点　「棚上げ」の歴史と記憶）　第3章　国際関係のなかの尖閣諸島問題（中国に内在する論理を解明する　日中関係—強まる相互不信　対中ポジション探る米国）　第4章　領土と国家の相対化（台湾と両岸関係　日米中の均衡ある発展を　境界を越える意識と文化）　資料　日中台が各々領有権を主張する根拠〔2674〕

◇第二次尖閣戦争　西尾幹二, 青木直人〔著〕　祥伝社　2012.11　244p　18cm　（祥伝社新書 301）　800円　①978-4-396-11301-8　Ⓝ319.1022

内容　1章　正念場を迎えた日本の対中政策（現実となった二年前の予言　中国による日本世論分断作戦ほか）　2章　東アジアをめぐるアメリカの本音と思惑（クリントン発言に見るアメリカの真意　米中の対決は、あり得ないというこれだけの理由　ほか）　3章　東アジアをじわじわと浸潤する中国（戦前の中国ウォッチャーが見た中国人の本質　じわじわ台湾を侵蝕することに成功した中国　ほか）　4章　やがて襲いくる中国社会の断末魔（庇護されてきた中国経済、これから迎える正念場　すでに撤退を始めた欧米企業　ほか）　5章　アメリカを頼らない自立の道とは（石原発言の真意はどこにあったか　鳩山政権の誕生に慌てたアメリカ　ほか）〔2675〕

◇1時間でわかる「尖閣諸島・竹島」問題　別冊宝島編集部編　宝島社　2012.12　222p　16cm　（宝島SUGOI文庫 Aへ-1-169）〈「ニッポン人なら読んでおきたい竹島・尖閣諸島の本」（2005年刊）の改訂・改題　文献あり〉　619円　①978-4-8002-0558-2　Ⓝ210.1821

内容　第1章　尖閣諸島の歴史的経緯（江戸時代以前の尖閣諸島はどちらに属していたのか　明治新政府は尖閣諸島をどう認識していたのか　ほか）　第2章　資源と民族主義で対立する「尖閣領有問題」（尖閣諸島をめぐる事件・騒動史　「保釣」サイトに書かれた尖閣諸島　ほか）　第3章　竹島の歴史的背景（竹島問題とは　江戸時代までの鬱陵島　ほ

「沖縄」がわかる本　6000冊　**209**

政治・行政　　　　　　　　　　　　　　　　　　　　社会科学

か）　第4章 GHQ時代から現在にいたる「竹島紛
争」（占領期における竹島をめぐる争奪戦　李承晩
政権下で韓国が実効支配　ほか）　第5章 各国の専
門家の意見（愛国主義か？ 軍国主義か？ 歴史問
題と釣魚島事件についての感情　釣魚島領有権問
題に対する台湾独立派の姿勢　ほか）　　　〔2676〕

◇尖閣、竹島、北方四島―激動する日本周辺の
　海　中名生正昭著　増補新版　南雲堂
　2012.12　209p　19cm〈文献あり　索引あ
　り〉1400円　①978-4-523-26514-6　⑧319.1
　内容 総論 尖閣諸島、竹島、北方四島についての考
　察―「小さな島」と「大きな島」をめぐる争い　第1
　部 尖閣諸島　第2部 竹島　第3部 北方四島　第4
　部 北方四島以外の支配領土　付 幕末から戦前ま
　での日露領土問題条約集　第5部 日露―北を彩っ
　た人たち　第6部 提言・北方領土のあるべき姿
　　　　　　　　　　　　　　　　　　　　　〔2677〕

◇それで、どうする！ 日本の領土これが答え
　だ！　小川和久著　アスコム　2012.12
　223p　18cm　（2時間でいまがわかる！）
　952円　①978-4-7762-0763-4　⑧319.1
　内容 第1章 それで、どうする！ 日本の領土、こ
　れが問題だ！　第2章 それで、どうする！ 尖閣、
　これが答えだ！　第3章 それで、どうする！ 北
　方領土、これが答えだ！　第4章 それで、どうす
　る！ 竹島、これが答えだ！　第5章 それで、ど
　うする！ 日本の海の「戦争力」、これが答えだ！
　第6章 それで、どうする！ 日本の領土、これが答
　えだ！　　　　　　　　　　　　　　　　　〔2678〕

◇燃え上がる国境の島・尖閣諸島、竹島の歴史
　と真実　山本皓一著　宝島社　2012.12
　216p　18cm　（宝島社新書 364）〈「国境の
　島が危ない！」（2010年刊）の改題、加筆改訂
　年表あり〉800円　①978-4-8002-0445-5
　⑧319.1
　内容 第1章 「尖閣」「与那国」南方領土の歴史と
　暗雲　第2章 蹂躙されかねない日本の主権　第3
　章 リトル韓国・対馬　第4章 対馬に駐屯する武
　装自衛隊の勇姿　第5章 掠奪された遙かなる竹島
　第6章 南海の孤島・沖ノ鳥島と南鳥島がもたらす
　恩恵　第7章 遠ざかる「北方領土」　第8章 領土
　を疎かにする国は亡ぶ　　　　　　　　　　〔2679〕

◇検証尖閣問題　孫崎享編　岩波書店　2012.
　12　230p　19cm　1600円　①978-4-00-
　025875-3　⑧319.1022
　内容 1 尖閣諸島にどう対処すべきか（「尖閣諸島
　は日本固有の領土で何ら問題ない」という日本側の
　考え方は国際的に通用するだろうか　尖閣問題は
　軍事的に解決が可能か　尖閣問題で如何に平和的
　な解決を目指すか）　2 日中両国の主張を検討す
　る（領土紛争とは？ 国際司法裁判所の役割とは？
　キーワードは「現状維持」　座談会 棚上げによる
　解決は可能か）　3 座談会 外交力が試されている
　4 座談会 国境問題を解決する道はどこにあるか
　　　　　　　　　　　　　　　　　　　　　〔2680〕

◇30分でわかる尖閣と竹島―日中・日韓問題が
　マンガと図解でスッキリ！　井野誠一監修
　イースト・プレス　2012.12　127p　20cm
　〈文献あり〉648円　①978-4-7816-0881-5
　⑧319.1022
　内容 日本VS中国 尖閣諸島問題―マンガでわか
　る領土問題1 なぜ起きた？ 尖閣問題（尖閣諸島
　の位置―行政上は沖縄県石垣市　総面積はわずか
　6.3km2―5つの島と3つの岩礁の諸島　古賀辰四
　郎の開拓―日本人が生活していた　日中の主張が
　正反対―排他的経済水域　日中漁業協定は無視―
　日本の領海に侵入する中国船 ほか）　日本VS韓
　国 竹島問題―マンガでわかる領土問題2 なぜ起
　きた？ 竹島問題（小さな島を巡る大きな争い―竹
　島ってどこにあるの？　日本人が住むことがで
　きない島―竹島の人々の生活　2つの国がこだわ
　る―竹島の豊富な水産資源　日韓が竹島をめぐっ
　て火花を散らす―排他的経済水域の主張　一体何
　が狙いなのか!?―韓国の「海底地名戦略」 ほか）
　　　　　　　　　　　　　　　　　　　　　〔2681〕

◇習近平が仕掛ける尖閣戦争　宮崎正弘著　並
　木書房　2012.12　231p　19cm　1500円
　①978-4-89063-299-2　⑧319.1022
　内容 プロローグ タカ派に引きずられる習近平
　第1章 暗愚な帝王と独裁国家　第2章 尖閣戦争シ
　ミュレーション　第3章 「経済制裁」で大損するの
　は中国だ　第4章 中国バブルは音をたてて崩壊中
　第5章 矛盾をすり替えるペテン師　第6章 「日中
　友好」のまぼろし　第7章 中国人のホンネは日本へ
　の憧れ　第8章 日本勝利の展望はあるのか？　エ
　ピローグ 微笑から強面へ　　　　　　　　〔2682〕

◇尖閣を守れない自衛隊　北村淳著　宝島社
　2012.12　223p　18cm　（宝島社新書 370）
　800円　①978-4-8002-0486-8　⑧319.1022
　内容 序章 戦わずして自衛隊に勝つ中国人民解放
　軍　第1章 中国「第二砲兵隊」による弾道ミサイル
　攻撃の脅威　第2章 空自が追尾しきれない長距離
　巡航ミサイル攻撃の脅威　第3章 中国本土上空か
　ら攻撃するミサイル爆撃機の脅威　第4章 攻撃原
　潜から発射される長距離巡航ミサイルの脅威　第
　5章 尖閣諸島獲得のための「宮古島占領」　第6章
　中国の軍事的恫喝に屈しないために　第7章 "国
　亡戦略"から"国防戦略"へ　巻末 中国人民解放
　軍による宮古島無血占領タイムライン　〔2683〕

◇尖閣問題。真実のすべて　石平著　海竜社
　2012.12　223p　18cm　952円　①978-4-
　7593-1284-3　⑧319.1022
　内容 第1章 尖閣諸島は間違いなく日本の領土だ！
　第2章 「尖閣問題」で振り返る降参と屈辱の対中
　外交40年　第3章 「尖閣国有化」をめぐる日中の
　攻防とその行方　第4章 侵略国家中国の海洋覇権
　戦略　第5章 実効支配強化で尖閣を死守せよ！―
　特別対談（山田吉彦×石平）　第6章 日米共同で対
　中政策を進めよ！―特別対談（岡崎久彦×石平）
　　　　　　　　　　　　　　　　　　　　　〔2684〕

◇中国が耳をふさぐ尖閣諸島の不都合な真実―

210　「沖縄」がわかる本　6000冊

社会科学　　　　　　　　　　　　　　　　　　　　　　　　政治・行政

石垣市長が綴る日本外交の在るべき姿　中山義隆著　ワニブックス　2012.12　189p　18cm　（ワニブックス｜PLUS｜新書 092）〈年譜あり〉　800円　Ⓘ978-4-8470-6537-8　Ⓝ319.1022

内容　第1章 尖閣諸島は石垣市に属する─領土編入の歴史と生活（入門編）（まずは知ってほしい尖閣諸島の基礎知識　年表で振り返る尖閣諸島の歴史　ほか）　第2章 中国は尖閣諸島を侵略する─石垣市から見た日本の危機（中国と台湾が主張する領有権の根拠とは何か？　中国と台湾はなぜ“急に”領有権を主張し始めたのか？　ほか）　第3章 尖閣諸島の実効支配強化を急げ─地域から国を守る（国は尖閣諸島のために何をやってきたか　法を犯して支配を強めても世界への アピールにはならない ほか）　第4章 尖閣諸島が握る日本の未来─教育が描く平和と安定（教育が領土問題に果たす役割　日本人が知らない沖縄の「戦後」教育 ほか）　おわりに　尖閣国有化から見えてきた日本と石垣の未来のこと　　　　　　　　　〔2685〕

◇日本の領土問題と海洋戦略─尖閣諸島、竹島、北方領土、沖ノ鳥島　中内康夫、藤生将治、高藤奈央子、加地良太共著　草加　朝陽会　2013.1　113,3p　21cm　（Gleam books）〈年表あり　文献あり〉　953円　Ⓘ978-4-903059-38-9　Ⓝ319.1

内容　第1章 日本の領土をめぐる問題（概説）　第2章 尖閣諸島　第3章 竹島　第4章 北方領土　第5章 沖ノ鳥島　第6章 日本の海洋政策　〔2686〕

◇「尖閣」で試される日本の政治家たち　大下英治著　竹書房　2013.1　221p　18cm　（竹書房新書 005）　880円　Ⓘ978-4-8124-9326-7　Ⓝ319.1022

内容　第1章 石原慎太郎が火を点けた　第2章 怒る中国、揺れる永田町　第3章 都知事、購入宣言の波紋　第4章 尖閣に立つ　第5章 国有化という爆弾　第6章 新政権は日中衝突を避けられるか　〔2687〕

◇尖閣問題の核心─日中関係はどうなる　矢吹晋著　花伝社　2013.1　260,64p　20cm 〈年表あり　発売：共栄書房〉　2200円　Ⓘ978-4-7634-0656-9　Ⓝ319.1022

内容　序章 尖閣国有化は何を引き起こしたか─私の備忘録から　第1章 尖閣交渉経緯の真相─「棚上げ合意」は存在しなかったか　第2章 中国側の怒り　第3章 尖閣をめぐる日中の見解の対立点　第4章 パンドラの箱を開けた後で─私の尖閣論　第5章 日中相互不信の芽は復交の原点に潜んでいる　第6章 日中不信と米中蜜月＝チャイメリカ　第7章 岡田充著『尖閣諸島問題─領土ナショナリズムの魔力』（蒼蒼社）を推す　第8章 日米安保条約は尖閣諸島を守る保証となりうるか　第9章 中国共産党第一八回全国代表大会を読み解く　第10章 矢吹氏に聞く─尖閣問題をどう解決するか　〔2688〕

◇対論！ 日本と中国の領土問題　横山宏章, 王雲海著　集英社　2013.1　222p　18cm　（集英社新書 0675）　740円　Ⓘ978-4-08-720675-3　Ⓝ319.1022

内容　第1部 国際情勢からみた尖閣諸島問題（尖閣諸島領有問題の背景　国有化をめぐって　漁船衝突事件　海洋資源の問題　覇権主義　棚上げ問題　台湾について　国際社会への発信 ほか）　第2部 国内情勢からみた尖閣諸島問題（デモの光景　反日デモの歴史　孫文について　権力システムとしての中華思想　拡大する中国の課題　領土問題に対する日本の姿勢 ほか）　第3部 グローバル経済と日中の課題（日本企業と中国市場　政治的思惑と日本企業　経済とイデオロギー　超格差社会　難しい貧富の差の是正　貧富の差と国民性 ほか）　〔2689〕

◇われわれ日本人が尖閣を守る　加瀬英明監修　保存版　高木書房　2013.1　95p　26cm　〈年表あり〉　952円　Ⓘ978-4-88471-096-5　Ⓝ319.1022

内容　第1部 中国の実像と日本の実態（中国の「離島帝国主義」　中国の沖縄工作の狙い─「尖閣棚上げ論」の欺瞞と禍根　侵略問題こそ中共が抱えている最大の弱点 ほか）　第2部 尖閣諸島灯台攻防物語（先駆けとなって守り続けた二十七年（主な項目）　台湾、中国、尖閣諸島の領有権を突然主張　昭和四十七年九月、日中国交正常化 ほか）　第3部 いかにして日本を守るか（尖閣問題を日本国家目覚めの好機とする　中国とどう付き合うか　尖閣問題とチベット問題の共通点 ほか）　〔2690〕

◇日本の領土問題の「今」と「未来」がわかる本─日本を揺るがす戦後最大の危機尖閣諸島・竹島・北方領土……　晋遊舎　2013.1　111p　26cm　（晋遊舎ムック）〈年表あり〉　933円　Ⓘ978-4-86391-677-7　〔2691〕

◇日本の外交力─普天間、尖閣と抑止力　岸本正人著　毎日新聞社　2013.2　356p　19cm　〈年表あり〉　2000円　Ⓘ978-4-620-32187-5　Ⓝ319.1

内容　第1章 日米の事件─「普天間の迷走」　第2章 日中の事件─尖閣諸島沖衝突事件への対応　第3章 日本外交の類型と普天間、尖閣事件　第4章 日本外交と抑止力　第5章 日本外交と戦争　第6章 国際貢献と日本外交　〔2692〕

◇台湾海峡紛争と尖閣諸島問題─米華相互防衛条約参戦条項にみるアメリカ軍　毛里一著　彩流社　2013.3　164p　20cm 〈年表あり〉　1800円　Ⓘ978-4-7791-1884-5　Ⓝ319.530224

内容　第1章 米華相互防衛条約（条約提案以前の状況　国民政府からの条約提案 ほか）　第2章 条約下の米国と国民党政府の関係（第一次台湾海峡危機における軍事作戦協力　米・中国共産党政府会談と国民党政府 ほか）　第3章 第二次台湾海峡危機の勃発（一九五八年七月までの中国共産党政府情勢と中東情勢　米・中国共産党政府会談の中断と国民党政府 ほか）　第4章 八・二三砲撃戦の

政治・行政　　　　　　　　　　　　　　　　　　　　　　　　社会科学

開始と米華共同コミュニケの発表（八月二三日から一〇月二五日までの砲撃戦の状況　国民党政府の米国への協力要求　ほか）　第5章　米華相互防衛条約の終焉（米ソ中、三極構造の現出　米中国交樹立と米華相互防衛条約の破棄）　〔2693〕

◇最前線尖閣・沖縄―離島侵略！　日米は守れるのか!?　完全分析　自衛隊・アメリカ軍全戦力　ホビージャパン　2013.3　95p　26cm（ホビージャパンMOOK 463）　1143円Ⓘ978-4-7986-0470-1　〔2694〕

◇尖閣一触即発―中国の圧力を跳ね返すことが出来るのか　山田吉彦, 井上和彦著　実業之日本社　2013.4　223p　19cm　1200円Ⓘ978-4-408-10959-6　Ⓝ319.1022
内容 プロローグ　次のステップは漁民による尖閣諸島上陸　第1章　尖閣諸島を巡る駆け引きの真実　第2章　浮足立つ中国首脳部　第3章　尖閣諸島を諦めたら、日本人すべての生活が奪われる　第4章　したたかな中国の侵略計画　第5章　領土、領海を守らなければ、日本の未来はない　〔2695〕

◇だから日本人は騙される―尖閣・竹島問題でわかった歴史のウソ　黄文雄著　経済界2013.6　191p　18cm（経済界新書 039）800円　Ⓘ978-4-7667-2049-5　Ⓝ319.1022
内容 第1章　尖閣諸島をめぐる日本の真実（条約をも書き換える強盗国家中国　中国の国家存立を支える2つのテコ　ほか）　第2章　竹島問題を韓国が解決できない理由（反日韓国のナショナリズム「事大」は韓国の不易流行　ほか）　第3章　だから日本人は騙される（日本人は、なぜ中国人の正体が見えないのか？　日本の対外戦争を問う　ほか）　第4章　今こそ「虚構の歴史」を打ち砕け！（条約から紐解く竹島問題　「カイロ宣言」の真実　ほか）　〔2696〕

◇日中領土問題の起源―公文書が語る不都合な真実　村田忠禧著　花伝社　2013.6　245p22cm〈発売：共栄書房〉2500円　Ⓘ978-4-7634-0668-2　Ⓝ319.1022
内容 第1章　はじめに―冷静、客観的視点の大切さ　第2章　琉球・中国・日本の関係　第3章　琉球三十六島をめぐって　第4章　東アジアの激動と琉球王国　第5章　徳川から明治へ　第6章　西村捨三の1885年　第7章　日清戦争の大勝に乗じて密かに領有する　第8章　講和条約案の大枠は1月に決まっていた　第9章　日本政府の基本的見解を検証する　〔2697〕

◇北方領土・竹島・尖閣、これが解決策　岩下明裕著　朝日新聞出版　2013.7　253p18cm（朝日新書 414）〈文献あり〉780円Ⓘ978-4-02-273514-0　Ⓝ319.1
内容 序章　日本をとりまく海域―虚構と現実　第1章　領土問題―日米同盟の従属変数　第2章　領土交渉―教訓と解決に向けた視座　第3章　北方領土問題―二島とαを求めて　第4章　竹島問題―忘れ去られた「かえれ海」　第5章　尖閣問題―海鳥た

ちと「生活圏」　終章　危機と岐路の狭間　〔2698〕

◇尖閣防衛戦争論―緊急提言　中川八洋著PHP研究所　2013.7　246p　19cm　1500円Ⓘ978-4-569-81277-9　Ⓝ319.1022
内容 第1部「風前の灯」尖閣を守れるか、非常事態の日本（"全地球の大中華＝世界覇権"をめざす中国　尖閣諸島をただちに要塞化せよ　自衛隊法の全面改正なしには、尖閣の喪失は不可避　対中「尖閣」限定戦争の準備を急げ！　ロシアとシナを「分断」し「封じ込め」、そして「包囲」せよ）第2部 "赤い工作員"孫崎享の解剖（中国の尖閣侵攻を手引きする嘘宣伝　虚言と脅迫を駆使する恐怖の煽動術　北方領土の奪還を妨害する"情報ペテン師"）　〔2699〕

◇領土問題から「国境画定問題」へ―紛争解決論の視点から考える尖閣・竹島・北方四島名嘉憲夫著　明石書店　2013.7　312p19cm（明石選書）〈文献あり〉1800円Ⓘ978-4-7503-3840-8　Ⓝ329.23
内容 第1部　現在（国境画定問題の現状はどのようなものか？）　第2部　過去（国境線の伸張　イタリア、ドイツ、日本の国境画定過程の比較　"国民国家"の国境画定　帝国の膨張期における尖閣諸島、竹島、久米赤島、沖ノ鳥島、南西諸島の編入過程）第3部　未来（紛争解決論からのアプローチ　国境画定問題の解決とポスト近代の多層多元的統治システムを目指して）　〔2700〕

◇尖閣衝突は沖縄返還に始まる―日米中三角関係の頂点としての尖閣　矢吹晋著　花伝社2013.8　230p　22cm〈発売：共栄書房〉2500円　Ⓘ978-4-7634-0674-3　Ⓝ319.1053
内容 1 沖縄返還協定と尖閣問題（尖閣衝突は沖縄返還に始まる）　2 敗戦・沖縄占領から返還へ（米国による沖縄の戦後処理構想　占領下沖縄の残存主権とは何か―ダレス方程式の形成と展開）3 沖縄返還協定をめぐって（なぜ尖閣問題か―沖縄返還協定の米上院公聴会　沖縄国会における尖閣論議　沖縄返還交渉の欠陥―中島敏次郎『外交証言録』を評す）　4 アメリカの日本学と戦後日本（朝河貫一の人脈―ブレイクスリーとボートン）　〔2701〕

◇混迷の日米中韓緊迫の尖閣、南シナ海―年報「アジアの安全保障2013・2014」　西原正監修, 平和・安全保障研究所編　朝雲新聞社2013.8　263p　21cm　2233円　Ⓘ978-4-7509-4035-9
内容 第1部　展望と焦点（悪化する東アジアの国際関係　軍民両用技術をめぐる日本の動向と将来への展望　集団的自衛権問題―解釈の見直しは必至か　北朝鮮と核実験を厳しくなった国連制裁措置　東シナ海の小さな戦争）　第2章　アジアの安全保障環境（2012年4月〜2013年3月）（日本　アメリカ　ロシア　中国　朝鮮半島　東南アジア　南アジア　中央アジア　南西太平洋）　〔2702〕

◇尖閣を奪え！　中国の海軍戦略をあばく―マ

社会科学　　　　　　　　　　　　　　　　　　　　　　　　政治・行政

ハン理論で読み解く中国のシーパワー　福山隆著　潮書房光人社　2013.8　237p　19cm　〈文献あり〉　1900円　①978-4-7698-1551-8　Ⓝ392.21

内容　第1部　中国の海軍戦略（中国が海洋進出する必然性　米国が採用したマハンの海軍戦略　中国海軍戦略の変遷　中国海軍の近代化　対介入戦略　南太平洋島嶼諸国攻略戦略　「真珠の首飾り」戦略とマラッカ海峡打通戦略　砲艦外交に倣う軍事外交　マハンの門下生の中米は激突する宿命　米国の対中国新戦略）　第2部　釣魚島問題処理要綱—中国から見た尖閣諸島問題（釣魚島問題の位置づけ　釣魚島問題処理要綱）　〔2703〕

◇どうなるの？　日本の領土—尖閣・竹島・北方領土　ゆかちゃんの学習ノート　武内胡桃作,かなき詩織画　ハート出版　2013.9　126p　21cm　〈文献あり〉　1300円　①978-4-89295-922-6　Ⓝ319.1

内容　1章　領土ってなあに？（領土について考える前に　国として大切なこと　国の誇り　考え方の違う国　自分の意見を持つこと）　2章　どうして中国は日本の店や車を壊すの？（いじめっ子にはみんなで力を合わせて　日本の主張と中国の主張）　3章　どうして韓国は大人げない主張をするの？（力で奪われた竹島）　4章　どうしてロシアは領土を返さないの？（戦争で奪われた北方領土　勝ち負けの話）　〔2704〕

◇日中海戦はあるか—拡大する中国の海洋進出と、日本の対応　夏川和也監修　きずな出版　2013.10　350p　21cm　2800円　①978-4-907072-09-4　Ⓝ319.1022

内容　序章　尖閣諸島は我が国の固有の領土—なぜ中国は反対するのか　第1章　中国海軍の現状—その戦略はいかにつくられるか　第2章　海上自衛隊の現状—周辺諸国の軍事力概観　第3章　海上自衛隊と中国海軍の実力—対潜戦、対空戦、対水上戦を予測する　第4章　中国の海洋進出のシナリオ—紛争の抑止と対処　第5章　日中海戦はあるか—最悪の事態に備える　〔2705〕

◇郷土とアジアの政治文化・国際関係—アジアのアイデンティティを考える　山崎功著　成文堂　2013.10　161p　21cm　〈索引あり〉　2000円　①978-4-7923-3316-4　Ⓝ319.1023

内容　第1部　現代日本とアジア主義の過去・現在（佐賀とアジア主義　副島八十六とアジア　日本＝南方関係史　田中丸善蔵（玉屋創業二代）と南洋群島進出　大衆メディアにみる昭和南進と南洋・南島イメージ　戦後日本の琉球（沖縄）イメージから南（ヤマト）と南方（東南アジア）の関係を考える—日本は南の島になにを投影してきたのか）　第2部　アジアの政治社会を考える（東ティモール革命の光と影　東南アジアの法原理・政治原理と日本　近代における東南アジア的な「民族」と「国家」の創成　モール化・中間層・格差とプレマン文化　東南アジアのアイデンティティとナショナリズム）　〔2706〕

◇シミュレーション！　自衛隊「尖閣・竹島防衛戦」　別冊宝島編集部編　宝島社　2013.10　189p　16cm　（宝島SUGOI文庫　Aヘ—1-178）〈2012年刊の改訂　年表あり〉　657円　①978-4-8002-1715-8　Ⓝ392.1076

内容　第1章　日中戦争・仮想シミュレーション "尖閣防衛戦"はこうなる！（尖閣を守れ！　尖閣諸島とその位置関係　尖閣防衛戦TIME TABLE　ほか）　第2章　日韓戦争・仮想シミュレーション "竹島防衛戦"はこうなる！（竹島を守れ！　竹島防衛戦TIME TABLE　「開戦6日前—開戦」竹島紛争はこうして起きる！　ほか）　第3章　歴史を知ればわかる尖閣・竹島問題（「尖閣問題」とは中国との資源戦争だ　「竹島問題」とは韓国の暴力の歴史だ）　〔2707〕

◇尖閣問題Q&A—事実を知って、考えよう　岸本和博著　第三書館　2013.11　203p　19cm　1600円　①978-4-8074-1369-0　Ⓝ319.1022

内容　序　尖閣諸島予備知識（「尖閣諸島（釣魚島）は日本の領土」とする主張を支持する国は世界にいくつあるのでしょうか？　鳩山元首相が香港のテレビ局のインタビューに答えて、「中国から見れば尖閣諸島を盗んだと言うふうに思われても仕方がない」とした発言は正しいですか？　ほか）　1　尖閣諸島（釣魚島）問題（尖閣諸島（釣魚島）は、どこにあるのですか？　そしてその概況は？　日本名の「尖閣諸島」は、いつ誰が命名したのですか？　その古文献も発見もされていますか？　ほか）　2　排他的経済水域・大陸棚と「衡平」（そもそも排他的経済水域とは、何のことですか？　現状での日本と中国との排他的経済水域の面積は違うのですか？　ほか）　3　日中友好と「善」（国際司法裁判所が言う「衡平」については理解しましたが、次に「善」とはどういうことなのでしょうか？　つまり中国との日中友好が、国際司法裁判所が言う「善」なのでしょうか？　ほか）　〔2708〕

◇日本人のための尖閣諸島史　斎藤道彦著　双葉社　2014.1　207p　18cm　（双葉新書080）〈文献あり〉　800円　①978-4-575-15429-0　Ⓝ319.1022

内容　第1章　尖閣諸島の歩んできた道（尖閣諸島はどこにある？　尖閣諸島の資源と自然　ほか）　第2章　中国側の主張の検証1—日本の領有化以前（前近代、無主の地はたくさん存在した　「順風相送」は航海法について書かれた本に過ぎない　ほか）　第3章　中国側の主張の検証2—日本領有化以降（日本による尖閣諸島領有の経緯　日本側の蹉跌は批判点になりうるか？　ほか）　第4章　尖閣問題の現在と中国共産党（二十一世紀日本の中国エピゴーネン批判　中国政府と尖閣問題の現在　ほか）　〔2709〕

◇尖閣問題総論　齋藤道彦著　創英社／三省堂書店　2014.3　473p　19cm　〈文献あり　索引あり〉　2200円　①978-4-88142-843-6　Ⓝ319.1022

内容　1　尖閣諸島問題をめぐる歴史　2　「尖閣諸

「沖縄」がわかる本　6000冊　**213**

政治・行政　　　　　　　　　　　　　　　　　　　　　社会科学

島＝中国領」論の系譜　3　中国「党国家主義」と「近代国家」の枠組み　4　日本のマスコミ論調と尖閣シミュレーション　5　結論　〔2710〕

◇侵される日本—われわれの領土・領海を守るために何をすべきか　山田吉彦著　PHP研究所　2014.3　254p　19cm　1500円　①978-4-569-81731-6
[内容]素晴らしき島国根性　第1部　狙われた日本の海と領土（尖閣諸島を死守せよ　尖閣諸島は日本人の「夢の島」　奪われた島・竹島　呼び戻そう、祖先が築いた北方領土　狙われる国土　日本の「海の幸」争奪戦）　第2部　日本の海と領土を守るために（東シナ海を平和にする日台協力　海峡管理が日本を守る　外国人が開拓し、日本人が暮らす島）　迫りくる脅威に目を向けろ　〔2711〕

◇波よ鎮まれ—尖閣への視座　沖縄タイムス「尖閣」取材班編　旬報社　2014.4　280p　19cm　〈年表あり〉　1600円　①978-4-8451-1348-4　Ⓝ319.1022
[内容]第1部　沖縄発「中央」から視座を取り戻す（座談会　目線を中央から取り戻す　「中国船は怖い」「中国漁船とのトラブルで困っている」という構図にあてはめたいのでしょう（上原亀一（八重山漁協組合長））　俺たちは日本に復帰する前から長年、この海を守ってきた。どんな仕打ちに遭ってもがんばってきた（具志堅用治（はえ縄漁船船長））　領土問題というよりは、台湾漁船や中国漁船とのすみ分けか、共存できる環境を整えてもらいたい（比嘉幸秀（一本釣り漁師））　ほか）　第2部　台湾発　国越える視座（越境者の視点で尖閣問題を捉え直す　黒潮に沿った一つの家族として台湾漁民も共存共栄を望んでいる。生存のために—（黄一成（中華民国全国漁会理事長））　管理は日本といっしょにするほうがいい。台湾の漁民だけでは乱獲してしまうだろうから（張金波（宜蘭県近海漁業協会理事長））　有権争いという政治問題で、蘇澳と石垣の友好が損なわれてはならない。争いを棚上げして、資源を共有できるようにしてほしい（陳春生（蘇澳区漁会理事長））　ほか）　〔2712〕

◇自衛隊、動く—尖閣・南西諸島をめぐる攻防　勝股秀通著　ウェッジ　2014.5　198p　18cm　1200円　①978-4-86310-126-5　Ⓝ392.1076
[内容]第1章　弾を撃たない戦争がはじまった（シナリオ1—忍び寄る中国潜水艦の脅威　確実に広がる「中国の海」　シナリオ2—崩壊する日本の防衛態勢　自衛隊が恐れる中国の挑発　尖閣諸島で「威力偵察」する中国）　第2章　尖閣諸島（S）事態—自衛隊VS.中国軍（着々と手を打つ中国と無策な日本　中国の巧妙な尖閣占領戦略　自衛隊の尖閣防衛作戦）　第3章　南西諸島（N）事態—自衛隊の離島防衛戦略（演習「鎮西2013」　日本のA2AD戦略を撃ち破れるか　南西諸島をめぐる将来戦bの様相と課題）　第4章　内なる敵—自衛隊が動けない（手足を縛られた現場の苦悩　現場から目を背ける法制度）　最終章　日米同盟の危機—エピローグに代えて（尖閣諸島局地戦の現実と恐

怖　新ガイドライン策定が同盟の命綱）　〔2713〕

◇領土・領海・領空　平田恵子文・イラスト　JP生きがい振興財団　2014.6　67p　21cm　〈年表あり〉　Ⓝ319.1　〔2714〕

◇尖閣反駁マニュアル百題　いしゐのぞむ著　福岡　集広舎　2014.6　413p　図版7枚　21cm　〈著作目録あり　発売：[自然食通信社]〉　2000円　①978-4-916110-98-5　Ⓝ319.1022
[内容]第1部　なぜ今、尖閣前史か（尖閣空島政策は軍備増強の陰謀だ　五月十日に尖閣前史の記念式典を　ほか）　第2部　現代の諭説に駁す（井上清『「尖閣」列島、釣魚諸島の史的解明』高橋庄五郎『尖閣列島ノート』　ほか）　第3部　史料百題指南（明國史料　清國史料　不特定史料　チャイナ側が無視する史料）　第4部　附録・論文・尖閣南北航路説（明治元年、尖閣の西側の分界線　分界線前史　ほか）　〔2715〕

◇尖閣問題—平和的解決を　日本中国友好協会編　本の泉社　2014.6　70p　21cm　（日中友好ブックレット　1）　〈年表あり〉　540円　①978-4-7807-1167-7　Ⓝ319.1022
[内容]1　尖閣問題の平和的解決めざすアピール　2　尖閣諸島とは　3　漁船衝突事件と「国有化」　4　尖閣諸島をめぐる歴史　5　日本、中国、アメリカ、東南アジアの動向　6　平和的な話し合いで解決を　寄稿　沖縄から見る尖閣諸島問題　〔2716〕

◇領土喪失の悪夢—尖閣・沖縄を売り渡すのは誰か　小川聡、大木聖馬著　新潮社　2014.7　189p　18cm　（新潮新書　580）　〈年表あり〉　700円　①978-4-10-610580-7　Ⓝ319.1022
[内容]第1章「尖閣棚上げ論」というフィクション（真の懸案は尖閣問題　76年後に「オレの領土」　ほか）　第2章　沖縄独立論の陰に中国の存在（日米同盟の「弱い環」　動き出した独立学会　ほか）　第3章　パワーゲームの中の尖閣と沖縄（沖縄の地政学的価値　中国海軍の味わった屈辱　ほか）　第4章　中国こそ昭和史に学べ（ポイント・オブ・ノーリターン　ドイツに幻惑された日本　ほか）　〔2717〕

◇ワケありな日本の領土　沢辺有司著　彩図社　2014.8　221p　19cm　〈文献あり〉　1200円　①978-4-8013-0016-3　Ⓝ319.1022
[内容]第1章　ワケありな尖閣諸島（尖閣諸島の施政権—尖閣諸島は国際法上は沖縄県に属する　激化する日中の攻防—中国漁船衝突事故で尖閣問題が緊迫化　尖閣諸島の歴史—日清戦争の最中に日本が領有を宣言　ほか）　第2章　ワケありな竹島（竹島問題の基礎知識—竹島を自国領と主張する韓国　竹島の歴史—日本は江戸時代に竹島を利用していた　竹島の日本編入—竹島が日本領になった経緯　ほか）　第3章　ワケありな北方領土（北方領土とはどんな場所か？—終戦時にロシアに奪われた日本の領土　北方領土の歴史—第二次世界大戦までは日本領だった　ソ連による北方領土占領—ソ連侵

214　「沖縄」がわかる本　6000冊

社会科学　　　　　　　　　　　　　　　　　　　　　　　　　政治・行政

攻の裏には「極東密約」があった ほか〕〔2718〕

◇敗戦・沖縄・天皇─尖閣衝突の遠景　矢吹晋著　花伝社　2014.8　315,9p　20cm　〈発売：共栄書房〉　2400円　①978-4-7634-0709-2　Ⓝ319.1053

　内容 第1部 講和条約と沖縄・尖閣問題（戦後冷戦枠組の成立　全面講和から片面講和へ　なぜ沖縄の軍事占領が継続されたのか─豊下楢彦氏の講和論の虚妄　「天皇外交」はあったのか　沖縄返還協定と尖閣問題）　第2部 朝河史学に学ぶ天皇制（日本史における天皇制─朝河史学・断章　明治憲法の「天皇主権」論と戦争への道　歴史家朝河貫一、平和への最後の闘い　「国民性の弱点」が日本の民主主義を葬る─ウォーナー宛書簡を読む　マッカーサー占領行政を叱る─新生日本の展望（朝河絶筆））〔2719〕

◇地図と年表で見る日本の領土問題─ビジュアル版　浦野起央著　三和書籍　2014.8　110p　26cm　1400円　①978-4-86251-159-1

　内容 巻頭 日本の領土問題は「いま」　第1章 そもそも領土・領海・領空とは何か？　第2章 尖閣諸島問題 海洋の権益と資源を狙う中国　第3章 竹島問題 韓国の実効支配が続く　第4章 北方領土問題 ロシアからの返還は実現するか？　第5章 日本の国境防衛〔2720〕

◇自衛隊は尖閣紛争をどう戦うか　西村金一,岩切成夫,末次富美雄〔著〕　祥伝社　2014.8　236p　18cm　（祥伝社新書 378）　800円　①978-4-396-11378-0　Ⓝ392.1076

　内容 第1章 尖閣諸島争奪戦のシナリオ（もし日中戦わば）（争奪戦シナリオと尖閣　平時から本格的武力紛争に至るまで（平時のシナリオ　情勢緊迫（中国偽装漁民の尖閣上陸）シナリオ）　本格的武力紛争（中国軍の尖閣上陸　日本の尖閣奪回米軍参戦）　日本の尖閣確保及び維持　争奪戦シナリオの結論）　第2章 海上戦力（海における戦いの歴史　軍艦とは　軍海艦艇の分類　日本の護衛艦とは　旧世代の艦艇と新世代の艦艇　艦艇の各種戦闘能力　空母の保有　AIP潜水艦とその運用　最近注目すべき各国海軍艦艇の活動）　第3章 航空戦力（尖閣紛争シナリオに登場した戦闘機など　戦闘機とその性能を知る基準　戦闘機の用途別分類　戦闘機の世代別分類　戦闘機の戦闘空対空ミサイル　空対艦ミサイル　航空戦力まとめ）　第4章 地上戦力（地上軍兵器の種類　戦車とは　攻撃する戦車と防御部隊が戦えば　戦後の主要日本戦車　中国の戦車　水陸両用車　地上軍装備のミサイル・ロケット　火砲）　第5章 弾道ミサイル（弾道ミサイルの種類　中国の弾道ミサイル）〔2721〕

◇国際法学者がよむ尖閣問題─紛争解決への展望を拓く　松井芳郎著　日本評論社　2014.12　201p　21cm　〈文献あり　年表あり　索引あり〉　2200円　①978-4-535-52094-3　Ⓝ319.1022

　内容 序章 領域紛争における国際法の役割　第1

章 尖閣諸島にかかわる日中関係の歴史　第2章 サンフランシスコ平和条約の領土規定　第3章 中国側の主張　第4章 日本による先占の主張　第5章 伝統的な東アジア世界秩序と国際法　第6章 日本の権原の「凝固」　終章 紛争解決に向けて国際法に何ができるか〔2722〕

◇史料徹底検証尖閣領有　村田忠禧著　花伝社　2015.1　208p　22cm　〈発売：共栄書房〉　2000円　①978-4-7634-0727-6　Ⓝ319.1022

　内容 第1章 琉球国から沖縄県へ　第2章 西村捨三と沖縄県　第3章 国標建設中止の経緯　第4章 「たび重なる調査」はなかった　第5章 戦勝に乗じた領有行為　第6章 事実を尊重する精神の大切さ〔2723〕

◇環りの海─竹島と尖閣国境地域からの問い　琉球新報,山陰中央新報著　岩波書店　2015.2　202,8p　19cm　〈文献あり　年表あり〉　1800円　①978-4-00-024954-6　Ⓝ319.1021

　内容 序章 翻弄される国境の民　第1章 不穏な漁場─苦悩する漁業者たち（竹島─乱獲と密漁　尖閣─「国有化」がもたらしたもの）　第2章 対岸のまなざし─中国・台湾・韓国の人々の思い（中国─「反日」感情への距離　台湾─領有権より漁業権　韓国─歴史の相克、変化の胎動）　第3章 絡み合う歴史─「対立」の背景を探る（領土編入以前─航路漁場で利活用　領土編入期─実業家主導で領土に　戦後から冷戦へ─米国が残した曖昧さ　国交回復期─苦肉の外交と先送り　国連海洋法条約以後─境界めぐり衝突）　第4章 世界のアプローチに学ぶ─対立を乗り越えるために（南沙諸島─「紛争回避」を目指して　ペドラ・ブランカ島─第三者による解決　オーランド諸島─住民自治を基礎に　アルザス・ロレーヌ地方─争いの火種を共同管理）　第5章 踏み出す一歩─人・地域をつなぐ試み〔2724〕

◇尖閣問題の起源─沖縄返還とアメリカの中立政策　ロバート・D・エルドリッヂ著,吉田真吾,中島琢磨訳　名古屋　名古屋大学出版会　2015.4　338,25p　22cm　〈文献あり　索引あり〉　5500円　①978-4-8158-0793-1　Ⓝ319.1053

　内容 序章 尖閣問題とアメリカの「中立政策」　第1章 尖閣諸島の歴史　第2章 アメリカの占領・統治下の沖縄と尖閣諸島　第3章 国連ECAFEの調査と尖閣問題の起源　第4章 沖縄返還交渉とアメリカの「中立政策」　第5章 沖縄返還協定と日本国内および関係諸国の反応〔2725〕

◇海上保安レポート　2015　特集 離島周辺や遠方海域における海上保安庁の活躍　海上保安庁編　日経印刷,全国官報販売協同組合〔発売〕　2015.5　127p　30cm　898円　①978-4-86579-008-5

　内容 TOPICS 海上保安の一年　特集 離島周辺や遠方海域における海上保安庁の活躍　海上保安庁の任務・体制　1 治安の確保　2 生命を救う　3 青い海を守る　4 災害に備える　5 海を知る　6

「沖縄」がわかる本　6000冊　　215

政治・行政　　　　　　　　　　　　　　　　　　　　社会科学

交通の安全を守る　7　海をつなぐ　目指せ！　海
上保安官　　　　　　　　　　　　　　〔2726〕

◇暗闘尖閣国有化　春原剛著　新潮社　2015.8
446p　16cm　（新潮文庫　す-26-3）　670円
Ⓘ978-4-10-135393-7　Ⓝ319.1022
|内容| 第1章　一触即発（官邸騒乱　対日ハラスメ
ント　五条適用　ほか）　第2章　爆弾発言（石原発
言の波紋　地権者との交渉　ヘリテージの理由
ほか）　第3章　秘密工作（隠密会議　賃貸借契約
穀然対応　ほか）　第4章　頂上会談（水一杯の会談
石原の対米観　領土演説　ほか）　第5章　最終決断
（立ち話サミット　「首相特使」　野田・石原結託
論　ほか）　第6章　政争勃発（置き土産　レーダー
照射　領空侵犯　ほか）　　　　　　　　〔2727〕

◇尖閣から日本列島へ赤い触手新地政学の時代
杉本嘉朗著　ルネッサンス・アイ　2015.8
199p　19cm　〈文献あり　発売：白順社〉
1300円　Ⓘ978-4-8344-0173-8　Ⓝ319.1022
|内容| 第1章　尖閣諸島の編入　第2章　紛争の勃発
第3章　地図と文献　第4章　日本の領土であること
に疑いの余地はあるか　第5章　政治問題・軍事上
の問題としての尖閣　第6章　領土奪取とプロパガ
ンダ　第7章　日本の針路　　　　　　　〔2728〕

《平和運動》

◇戦争にこだわる　島袋哲著　宜野湾　緑林堂
書店　1995.10　126p　19cm　980円　Ⓘ4-
947667-30-3　Ⓝ319.8　　　　　　　　〔2729〕

◇核・安保・沖縄―日本の政府は何をしてきた
か　渡辺洋三〔著〕　岩波書店　1996.11
62p　21cm　（岩波ブックレット　no.415）
400円　Ⓘ4-00-003355-7　Ⓝ319.8　　〔2730〕

◇のむぎ沖縄平和太鼓の旅　のむぎ「沖縄平和
太鼓の旅」実行委員会編　平和文化　1996.
11　159p　21cm　1545円　Ⓘ4-938585-67-7
Ⓝ395.39
|内容| 第1章　沖縄と連帯する「平和太鼓の旅」　第
2章　沖縄と勇気、太鼓と勇気、
感動と生き方―参加者の感想　第4章　未来を担い、
明日の日本をつくる若者たち　　　　　　〔2731〕

◇わが「平和への船旅」―南十字と安保・沖縄
尾形憲著　第三書館　1997.3　297p　20cm
2000円　Ⓘ4-8074-9703-0　Ⓝ319.8
|内容| 第1部　ピースボート十四年の船旅から（出会
いの board・ピースボートの門出（'83）　大学のキャ
ンパスでは学べないもの（'84）　四十年ぶりの南
十字星（'85）　ほか）　第2部　星の話と「大学とは
何か」、そして「平和こそすべて」（星の話　私が
出会った "学生" たち　一日外来講師あれこれ　ほ
か）　　　　　　　　　　　　　　　　　〔2732〕

◇月桃の花―感想文集　戦後50年目にしてはじ
めての "沖縄県民映画"　大分　沖縄と日出

生台をむすぶ大分県女性の会　1997.8　28p
26cm　Ⓝ319.8　　　　　　　　　　　〔2733〕

◇1990年代・平和への願望　中村文子編・著
那覇　でいご印刷（印刷）　1997.8　224p
21cm　Ⓝ319.8　　　　　　　　　　　〔2734〕

◇平和をつくる―「新ガイドライン安保」と沖
縄闘争　天野恵一編　インパクト出版会
1998.6　255p　19cm　（PPブックス 2）
〈発売：イザラ書房〉　2000円　Ⓘ4-7554-
0078-3　Ⓝ392.1076
|内容| 第1部　「戦争国家・社会」化とどう闘うか
（抵抗線をつくるために―新ガイドライン安保と
日本国家　ちょっと待て、ガイドライン―緊急動
議―議会進行に異議あり！　ほか）　第2部　沖縄・
「怒り」の抵抗力（第一回公開審理レポート―実質
審理の実現に向けた地主たちの怒り　米軍用地特
別措置法改悪は沖縄特別差別の有事立法である―
収容委員会公開審理レポート　ほか）　　〔2735〕

◇小さな島からの大きな問い―キリストとオキ
ナワにこだわる一牧師の平和論　平良修著
新教出版社　1998.7　194p　19cm　2000円
Ⓘ4-400-41543-0　Ⓝ319.8
|内容| 1　基地と沖縄（キリスト者の平和行動　自衛
隊と教会　ほか）　2　沖縄の戦後、そして今（「慰霊
の日」所感　沖縄戦跡の慰霊碑に欠けているもの
ほか）　3　沖縄と天皇制（私たちと「日の丸・君が
代」・天皇制　天皇来沖の嵐の中で　ほか）　4　沖
縄の明日（沖縄の独立について　戦争・基地・命・
沖縄）　　　　　　　　　　　　　　　　〔2736〕

◇反戦運動の思想―「新ガイドライン安保」を
歴史的に問う　天野恵一著　論創社　1998.
12　432p　20cm　2500円　Ⓘ4-8460-0053-2
Ⓝ319.8
|内容| 序　「正義の戦争」と反戦―被害者意識と加
害者意識　1　反戦・非武装の「原理」　2　湾岸戦
争とPKO法―メディア時評録（1）　3　カンボジア
PKOと「死者」―メディア時評録（2）　4　憲法・
国連・自衛隊―メディア時評録（3）　5　沖縄闘争
と「新ガイドライン安保」―メディア時評録（4）
　　　　　　　　　　　　　　　　　　　〔2737〕

◇沖縄経験〈民衆の安全保障〉へ　天野恵一著
社会評論社　2000.6　254p　19cm　〈年表あ
り〉　2000円　Ⓘ4-7845-1408-2　Ⓝ319.8
|内容| 沖縄 "経験" について―「まえがき」にかえ
て　1　"非武装国家" 化から "民衆の安全保障" づ
くりへ　2　"占領民主主義" の神話と現実―原爆・
天皇制・「安保」・「国体」・新憲法　3　反戦運動の
渦中から　森・石原発言をめぐって―「あとがき」
にかえて　　　　　　　　　　　　　　　〔2738〕

◇沖縄シンポジウム報告集―日米の冷戦政策と
東アジアの平和・人権　京都　国際シンポジ
ウム「東アジアの冷戦と国家テロリズム」日
本事務局　2000.9　294p　21cm　〈会期：
1999年11月26-29日　年表あり　発売：みず

216　「沖縄」がわかる本　6000冊

社会科学　　　　　　　　　　　　　　　　　　　　　　　　政治・行政

のわ出版（神戸）〉　1500円　Ⓘ4-944173-10-5
Ⓝ319.2
内容 1 総論「東アジアの冷戦体制を越えて」（東
アジアにおける日本・朝鮮・沖縄一軍事化の1955
年を中心に　東アジア経済危機と人権　台湾現代
史新詮 ほか）　2 主題「東アジア冷戦体制の構造
と日本」（天皇制と東アジア　台湾におけるアメリ
カの五十年一民族の「分離と対峙」を画策した歴
史　米国主導の東アジア同盟秩序と朝鮮半島の平
和一軍事同盟強化による勢力均衡論を越えてアジ
ア的展望へ ほか）　3 主題「冷戦下、東アジア民
衆の受難と闘い 1」（1950年代の沖縄一米軍政下の
民衆闘争の発展　アイヌ民族の歴史と文化　駐韓
米軍犯罪と女性 ほか）　4 主題「冷戦下、東アジ
ア民衆の受難と戦い 2」（朝鮮戦争の捕虜問題　基
地・軍隊と沖縄の女性運動一長期軍隊駐留下にお
ける構造的暴力と女性　沖縄の米軍基地と環境破
壊 ほか）　　　　　　　　　　　　　　〔2739〕

◇沖縄県平和祈念資料館総合案内一平和の心を
世界へ　糸満　沖縄県平和祈念資料館
2001.3　168p　30cm〈他言語標題：
Okinawa Prefectural Peace Memorial
Museum　年表あり〉Ⓝ319.8　　〔2740〕

◇資料館学習の手引き　沖縄県平和祈念資料館
編　糸満　沖縄県平和祈念資料館　2001.3
65p　30cm〈年表あり〉Ⓝ319.8　〔2741〕

◇ひめゆり学園　ひめゆり平和祈念資料館編
糸満　ひめゆり平和祈念資料館　2002.3
60p　26cm（ひめゆり平和祈念資料館資料
集 2）Ⓝ377.3　　　　　　　　　　　〔2742〕

◇沖縄県平和祈念資料館ワークブック　糸満
沖縄県平和祈念資料館　2003.3　47p　30cm
〈付属資料：解答・解説（7p）　年表あり〉
Ⓝ319.8　　　　　　　　　　　　　　　〔2743〕

◇アジア・太平洋地域の平和協力および総合安
全保障に関する研究調査報告書一沖縄におけ
るエネルギー総合安全保障に関する長期的研
究　那覇　南西地域産業活性化センター
2004.3　143p　30cm〈平成15年度沖縄電力
（株）特別受託事業〉Ⓝ319.8　　　　〔2744〕

◇ひびけ平和のうたごえ一米軍占領下の沖縄の
うたごえ運動 2004年日本のうたごえ祭典in
おきなわ　沖縄のうたごえ運動編集委員会企
画・編集　南風原町（沖縄県）　あけほの出版
2004.10　132p　21cm〈会期・会場：2004年
11月20日〜23日　沖縄コンベンションセン
ター大展示棟ほか〉762円　Ⓝ319.8　〔2745〕

◇東アジアの平和のために国境を越えたネット
ワークを一沖縄での市民協議の試み　伊藤成
彦編　岩波書店　2004.12　63p　21cm
（岩波ブックレット no.641）　480円　Ⓘ4-
00-009341-X　Ⓝ319.21

内容 朝鮮半島に平和を　おわりに一六者会議に
ついて　　　　　　　　　　　　　　　〔2746〕

◇「反テロ戦争」と日本一イラク戦争と囚われ
の9条　板垣雄三, 島袋陽子著, 第9条の会・
オーバー東京編　第9条の会・オーバー東京
2004.12　53p　21cm（あーてぃくる9ブッ
クレット 9）〈会期：2004年10月31日　文京
区民センター　発売：影踏房〉400円　Ⓘ4-
87714-326-2　Ⓝ319.27
内容「反テロ戦争」と日本　板垣雄三述　ドバイ
から見た日本人人質報道を語る　板垣雄三述　在
日沖縄人の発言　島袋陽子述　　　　　〔2747〕

◇沖縄・反戦平和意識の形成　与那国暹著　新
泉社　2005.4　301p　20cm〈年表あり　文
献あり〉2800円　Ⓘ4-7877-0501-6　Ⓝ319.8
内容 序章 琉球史にみる「非武」　第1章 反戦平
和意識の原点　第2章 ベトナム戦争と反戦反基地
闘争　第3章 基地被害と反戦反基地闘争　第4章
日米共同声明をめぐる大衆運動　第5章「沖縄返
還協定」をめぐる大衆運動　第6章 復帰と自衛隊
配備反対闘争　第7章 沖縄に生きる平和憲法　第
8章 反戦平和運動の実践　終章 反戦平和運動の
未来　　　　　　　　　　　　　　　　〔2748〕

◇もう戦争は、いや一戦跡、基地、平和、沖縄
一見て歩きの記録　岸本重夫著　那覇　ボー
ダーインク　2005.4　349p　19cm〈文献あ
り〉1800円　Ⓘ4-89982-084-4　Ⓝ319.8
　　　　　　　　　　　　　　　　　　〔2749〕

◇オキナワを平和学する！　石原昌家, 仲地
博,C.ダグラス・ラミス編　京都　法律文化
社　2005.9　265p　21cm〈他言語標題：
Doing peace studies in Okinawa　執筆：
比屋根照夫ほか　文献あり〉2200円　Ⓘ4-
589-02847-6　Ⓝ319.8
内容 沖縄国際大学構内米軍ヘリ墜落事件　第1部
脈々と流れる「無戦世界」の思想（無戦論の系譜
琉球・沖縄の平和思想―「非暴力」の視点からほ
か）　第2部 基地オキナワの六〇年目が問うこと
（9・11以後の米国の軍事戦略と沖縄　代理署名訴
訟一平和を訴えた裁判 ほか）　第3部 沖縄戦体験
の真実が問うこと（沖縄戦体験のジレンマ一沖縄
戦体験記録のダブルスタンダード　旧軍飛行場用
地問題を通して考える国民保護法と補償 ほか）
第4部 沖縄がめざす平和社会（自治体の平和施策
地域の戦争体験・戦争遺跡掘り起し運動 ほか）
第5部「オキナワを平和学する」世代間座談会
　　　　　　　　　　　　　　　　　　〔2750〕

◇反戦平和の手帖一あなたしかできない新しい
こと　喜納昌吉,C.ダグラス・ラミス著　集
英社　2006.3　237p　18cm（集英社新書）
700円　Ⓘ4-08-720334-4　Ⓝ319.8
内容「現実的な戦争」は存在するか？　第1部 戦
後六〇年を語る（ハイサイおじさんと戦争の狂気
一喜納昌吉が見た戦後世界（〜一九七二年、沖縄復

「沖縄」がわかる本 6000冊　217

政治・行政　　　　　　　　　　　　　　　　　　　　　　　　社会科学

帰まで）「戦争をしません」から「戦争は禁止されています」まで—ダグラス・ラミスが見た戦後世界（〜一九七二年、沖縄復帰まで）　二〇世紀の社会運動を振り返る—沖縄の本土復帰以後）　第2部　私たちに何ができるか（もう間にあっていない問題の解決策　一般常識としての反戦平和）
〔2751〕

◇ひめゆり学園（女師・一高女）の歩み—ひめゆり平和祈念資料館開館20周年記念特別企画展　図録　ひめゆり平和祈念資料館企画・執筆　糸満　沖縄県女師・一高女ひめゆり同窓会立ひめゆり平和祈念資料館　2009.6　86p　30cm〈会期・会場：2009年6月1日〜2010年3月31日　ひめゆり平和祈念資料館第6展示室　年表あり　文献あり〉Ⓝ377.3　〔2752〕

◇戦争記憶の継承—語りなおす現場から　松尾精文,佐藤泉,平田雅博編著　社会評論社　2011.3　383p　22cm　（青山学院大学総合研究所研究叢書）〈青山学院大学総合研究所創立20周年記念特別研究プロジェクト〉3200円　Ⓘ978-4-7845-1503-5　Ⓝ319.8
|内容| 序章　戦争記憶を記憶する　第1章　沖縄戦「集団自決」をめぐる「記憶」の抗争—一九四五年三月二十五日夜の出来事　第2章　沖縄県の戦争体験者のいま—戦争体験の捉え方の変化に注目して　第3章　戦争記憶の戦後世代への継承—心理学の視点から　第4章　映画に見る朝鮮戦争の記憶—米・韓・日の比較において　第5章　加害記憶の伝達と継承を支える方法とは何か？—「博物館」をめぐる「歴史戦争」の場から　第6章　ロンドンの帝国戦争博物館　第7章　戦争の記憶と戦争犯罪追及—公衆の追憶と公的追及の狭間について　第8章　いま「戦争」を語ること　第9章　学生たちは戦争記憶とどのように向き合ったか　補章　私たちは戦争体験をどのように受けとめ、引き継げばよいのか—学内公開フォーラムの記録から　〔2753〕

◇平和学ゼミ調査実習報告書　2010年度　沖縄国際大学総合文化学部社会文化学科平和学ゼミナール編　〔宜野湾〕　沖縄国際大学総合文化学部社会文化学科平和学ゼミナール　2011.3　236p　30cm〈奥付のタイトル：実習報告書　指導教員：鳥山淳　文献あり〉Ⓝ319.8
|内容| 伊江島・本部合宿調査　「基地に消えた村」調査　〔2754〕

◇平和学ゼミ調査実習報告書　2011年度　沖縄国際大学総合文化学部社会文化学科平和学ゼミナール編　〔宜野湾〕　沖縄国際大学総合文化学部社会文化学科平和学ゼミナール　2012.3　190p　30cm〈奥付のタイトル：実習報告書　指導教員：鳥山淳　文献あり〉Ⓝ319.8
|内容| 伊佐浜土地接収　毒ガス移送とコザ暴動　嘉間良の戦前・戦中・戦後　〔2755〕

◇フクシマと沖縄—「国策の被害者」生み出す構造を問う　前田哲男著　高文研　2012.5　205p　19cm〈年表あり〉1600円　Ⓘ978-4-87498-479-6　Ⓝ319.8
|内容| 1　フクシマとオキナワ—「国策被害」という共通点　2　被爆国・日本の"核をめぐる奇妙な同居"—核の「軍事利用」と「平和利用」　3　佐世保から始まった「核」を考える旅—原潜寄港反対闘争と異常放射能事件　4　オキナワの地に立って見えるもの—今もつづく「琉球処分」の歴史を読み解く　5　"核の実験場"ビキニで何が起きたか—「放射能の恐怖」との出会い　6　除染は不可能に近い—マーシャル諸島の現状が教えること　7　太平洋に拡がる「核の植民地主義」—「核の実験場」を「核のゴミ捨て場」に　8　海に浮かぶ原子炉—日本に"常駐"しているアメリカの原子力艦船　終章　「脱原発」と「脱基地」への道—「日本人の核意識」を変えられるか　〔2756〕

◇沖縄の風よ薫れ—「平和ガイド」ひとすじの道　糸数慶子著　高文研　2013.5　191p　21cm〈年表あり〉1600円　Ⓘ978-4-87498-514-4　Ⓝ312.1
|内容| 写真で見る糸数慶子活動記録—沖縄の議員として、母として　1　私の"目覚め"への道　2　夫婦対談・議員と新聞記者と—二人三脚の40年　3　対談：孫崎享氏×糸数慶子・沖縄の果たす役割—中国・韓国・アメリカとの関係をどう作っていくのか　4　座談会：若い女性と語る夢・うない（女性）の力で未来をひらく—女性・子どもが生きやすい沖縄をめざして　〔2757〕

◇地域安全政策調査研究報告—アジア太平洋地域の中の沖縄　沖縄県知事公室地域安全政策課調査・研究班編　〔那覇〕　〔沖縄県知事公室地域安全政策課調査・研究班〕　2014.3　221p　30cm〈他言語標題：Regional security policy research report　年表あり〉Ⓝ319.8　〔2758〕

◇戦争するってどんなこと？　C.ダグラス・ラミス著,伊丹はるみ編　平凡社　2014.7　223p　19cm　（中学生の質問箱）1400円　Ⓘ978-4-582-83666-0
|内容| 第1章　日本は戦争できないの？　第2章　戦争ってどんなことするの？　第3章　どうして戦争はなくならないの？　第4章　日本が戦争できる国になったらどうなるの？（なにがどう変わるの？　どんな戦争をすることになるの？）　第5章　沖縄から考えるってどういうこと？　第6章　軍事力で国は守れないの？（軍隊があるほうが危ないの？　非暴力抵抗で国が守れるの？）　〔2759〕

◇やんばるからの伝言　伊佐真次著,森住卓写真　新日本出版社　2015.2　127p　20cm　1500円　Ⓘ978-4-406-05860-5　Ⓝ395.39
|内容| プロローグ　やんばるの森から　十人十色の座り込み　心をゆさぶる力　本土並み？　高江に来ないか！　時代は変わる　長続きのコツ　ス

218　　「沖縄」がわかる本　6000冊

社会科学　　　　　　　　　　　　　　　　　　　　　　　　　　　　　　　　　　　　法律

ラップ訴訟―仮処分決定　対峙を強いられる現場　非暴力のお手本に〔ほか〕　　　　　　　　　〔2760〕

◇地域安全政策調査研究報告書―アジア太平洋地域の中の沖縄　平成26年度　沖縄県知事公室地域安全政策課調査・研究班編　〔那覇〕沖縄県　2015.3　223p　30cm〈他言語標題：Regional security policy research report　年表あり〉Ⓝ319.8　　〔2761〕

◇世界の危機を救う世界連邦―沖縄から平和を考える　下地恒毅著　幻冬舎メディアコンサルティング　2015.4　172p　19cm〈発売：幻冬舎〉1200円　①978-4-344-97208-7　Ⓝ319.8
内容 第1章 戦争と本土復帰に翻弄されたある沖縄人の半生（日本男児の心意気　狂いだした歯車　絶望の淵 ほか）　第2章 何が戦争・紛争の危険因子なのか（風化する戦争の悲惨さ　日本人は戦争に陥りやすい気質　変わらない日本のシステム ほか）　第3章 戦争を起こさないための知恵（戦争を避けるための多様なエネルギーの開発　太陽エネルギーを最大限利用せよ　地球そのものがエネルギー体であることに注目 ほか）　　　〔2762〕

◇平和は「退屈」ですか―元ひめゆり学徒と若者たちの五〇〇日　下嶋哲朗著　岩波書店　2015.5　239p　15cm（岩波現代文庫―社会 286）〈2006年刊に新稿「平和は「退屈」ですか―一〇年後の現在」を付し、再刊〉860円　①978-4-00-603286-9　Ⓝ319.8
内容 第1章 こうして平和が嫌いになった　第2章「いのちの仕事」とは―元ひめゆり学徒隊員との出会い　第3章 青春のジェノサイドの現場に立って―戦死した多くのいのちに「私」一人のいのちが重なる　第4章 若者たちが考える「犬死に」―言葉の置きかえは優しさといえるか　第5章 平和を鍛える―戦争の記憶は継承できる　第6章 戦争体験を学ぶ「楽しみ」　平和は「退屈」ですか――一〇年後の現在　　　　　　　　　　〔2763〕

◇軍国教師から沖縄・平和運動へ―中村文子の生涯　吉田賢治著　福岡　西日本新聞社　2015.6　175p　19cm〈年表あり〉1500円　①978-4-8167-0902-9　Ⓝ319.8
内容 第1章 軍国教師への道（ソテツ地獄　師範学校に合格 ほか）　第2章 沖縄戦を追体験（アンマーが犠牲に　名前を変える ほか）　第3章 米軍政下の沖縄（屈辱の日　映画「ひめゆりの塔」 ほか）　第4章 1フィート運動を展開（海洋博の陰でトートーメー ほか）　第5章 草の根は叫ぶ（平和の礎　少女暴行事件再び ほか）　　　〔2764〕

◇戦争はさせない―デモと言論の力　鎌田慧著　岩波書店　2015.10　198p　19cm〈年表あり〉1800円　①978-4-00-061070-4　Ⓝ319.8
内容 第1章 安倍政権の危険すぎる手口（戦争しか見えない一本道政治家　安倍政権下、攻勢に曝される報道　市民運動と報道）　第2章 さようなら

原発、さようなら戦争―新しい広場をつくる（「いのち」をキーワードにした新しい運動　フクシマの前と後―戦後七〇年、事故後四年　怒りをあらたに、あらゆる再稼動を止めよう！―二〇一五年八月、川内原発ゲート前より）　第3章 戦争のリアルを見つめる（陸羯南とジャーナリズム―国益と民益のあいだ　山田風太郎『同日同割』誤断の証明　歴史記録の金字塔―村山常雄『シベリアに逝きし人々を刻す』）　第4章 闘うひとびとと出会う（同じ構図の、原発と沖縄―菅原文太さんとの対話　沖縄で出会ったひとたち　エロスと反逆―瀬戸内寂聴さんのいき方）　　　　〔2765〕

法律

◇破防法がやってきた―新安保時代の有事体制　破防法研究会編　アール企画　1996.7　191p　21cm（ムック・コンドル no.4）〈発行：星雲社〉1339円　①4-7952-4575-4　Ⓝ326.81
内容 破防法団体適用に反対する　オウムと破防法―破防法は粉砕できる　破防法をめぐる憲法状況　なぜ悪法は法ではないのか　日本安保条約と破防法―世界史の錯誤の産物　公安調査庁と治安警察　TBSオウム報道について―「放送労働者通信」より　決意の証し・県民投票―新安保時代と基地・沖縄　ここまできた有事体制―湾岸戦争と朝鮮危機　　　　　　　　　　〔2766〕

◇法廷のなかの人生　佐木隆三著　岩波書店　1997.2　197p　18cm（岩波新書）631円　①4-00-430487-3
内容 雪の日の判決　「自己同化」の自白　微罪でない微罪　大法廷の小事件　こだわる証言　被害者の事情　法廷の“賓客”たち　沖縄のアメリカ兵　被告人と弁護人　「殺意」の存在〔ほか〕　　　　　　　　　　　　　　　　　〔2767〕

◇明日の法律家へ　伊藤真の司法試験塾, 法学館編　日本評論社　1997.5　244p　21cm　1700円　①4-535-51087-3
内容 薬害エイズ訴訟（寺町東子）　沖縄からの発言（村上有慶）　国際社会と日本国憲法（浅井基文）　激動の時代の刑事裁判と弁護人の役割―当番弁護士制度とオウム裁判を通して考える（寺井一弘）　私が検察官のころ（佐藤道夫）　新たな核時代における平和と憲法―ヒロシマ・オキナワ・ベルリン そしてチェルノブイリの現場から（水島朝穂）　君は知っているか―4000人もいるフィリピン残留日本人 30000人もいる日本・フィリピン混血児（西田裕志）　検察官の使命（馬場浩一）　落ちこぼれた者の生き方（中坊公平）　隠されていた危険―ここが危ない日本の原発（平井憲夫）　〔2768〕

◇苦悩する裁判官―米軍統治下における裁判　兼島方信著　南風原町（沖縄県）　那覇出版社　1998.11　255p　19cm　1500円　①4-89095-114-8　Ⓝ327.124
内容 裁判所制度　コザの女給殺し事件　死刑判

「沖縄」がわかる本　6000冊　　219

法律　　　　　　　　　　　　　　　　　　　　　　　　社会科学

決　ユミ子ちゃん強姦殺人事件　キャラウェイ旋風　結審にいたらず　暴力団組長に無罪判決　家庭裁判所　少年事件　米軍統治下での裁判　宮田嘉信海軍大佐のこと　付・九州一円放浪記
〔2769〕

◇法の科学―民主主義科学者協会法律部会機関誌年報　28（1999）　民主主義科学者協会法律部会編　日本評論社　1999.7　223p　21cm　2500円　Ⓘ4-535-05028-7
　内容　巻頭言「不透明」ということを考える　シンポジウム「現代市民社会」論の射程　コロキュウム「自己決定権」の諸相　地球環境問題と法戦略（地球環境問題と国内法　国際法の観点から）沖縄問題と日本市民社会（国制史的観点からみた「沖縄問題」　地域の公共的意志と国家意思形成―沖縄住民投票を素材として）　盗聴立法と憲法論　研究ノート　紛争処理と法の一般性は両立するか？　研究動向（刑法学の方法・試論　環境保全と「共同体的所有」の法理論）　書評　資料　学会活動の記録（1998・1999）
〔2770〕

◇沖縄から有事法＝戦争法を考える　照屋寛徳著　具志川　ゆい出版　2002.7　101p　19cm　600円　Ⓘ4-946539-19-0　Ⓝ393.21
　内容　「戦争に備える」ことの意味　「有事関連法」は自衛隊のための法律　「備えあれば憂いなし」？　「テロ」や「武装不審船」は言い訳に過ぎない　日本を攻めてくる国があるのか　有事法＝戦争法はどんなものか　曖昧な「武力攻撃」　戦争へのステップ周辺事態から有事へ　米軍の情報で有事になる　有事（戦争）を決めるのは「総理大臣」〔ほか〕
〔2771〕

◇有事法制は、怖い―沖縄戦が語るその実態　大田昌秀著　那覇　琉球新報社　2002.12　279p　20cm〈年表あり〉1905円　Ⓘ4-89742-048-2　Ⓝ393.21
　内容　第1章　沖縄を通して見る有事法制（戦前の「有事法制」による悪影響　「有事」下の沖縄事情　有事＝戦時法制下の住民の悲劇）　第2章「有事法制」の狙いは何か？（「有事法制」立法化の背景　政府の防衛についての基本的考え方と有事三法案　有事法制に対する批判）　第3章　有事法制に替えて「非戦法制」を（軍隊は、国民の生命・財産を守れるのか　なぜ戦争を防げなかったのか　再び「戦争への道」を突進する政府　何を以って有事法制に替えるか）
〔2772〕

◇沖縄調停協会連合会三〇年史　沖縄調停協会連合会三〇年史編纂委員会編　那覇　沖縄調停協会連合会　2003.3　216p　27cm〈年表あり〉非売品　Ⓝ327.5
〔2773〕

◇行政書士会那覇支部創立20周年記念誌　那覇　沖縄県行政書士会那覇支部創立20周年記念事業実行委員会　2003.7　50p　30cm　Ⓝ327.17
〔2774〕

◇「正義」の再構築に向けて―国際刑事裁判所の可能性と市民社会の役割　恵泉女学園大

学，恵泉女学園大学大学院編，上村英明，齊藤小百合，東澤靖監修　現代人文社　2004.3　134p　21cm〈発売：大学図書〉1800円　Ⓘ4-87798-160-8　Ⓝ329.7
　内容　近年の最も重要な国際法の発展としての国際刑事裁判所　国際刑事裁判所は今や現実化した国際刑事裁判所の可能性と課題―2002年11月9日国際シンポジウムより　国際刑事裁判所の設立と弁護士の役割　国際刑事裁判所設置に向けたNGO取組み　民衆法廷の思想と実践―アフガニスタン国際戦犯民衆法廷　「国際刑事裁判所規程」と沖縄における駐留米軍の意味―「日米地位協定」を新たな国際法から考える
〔2775〕

◇法学―沖縄法律事情　新城将孝，三谷晋，小森雅子，武市周作編　那覇　琉球新報社　2005.4　295p　21cm（沖縄大学地域研究所研究叢書）2300円　Ⓘ4-89742-067-9　Ⓝ320
　内容　第1講「やってはいけないこと」あるいは法とは何か―大学生と飲酒　第2講　軍隊と9条　第3講　日の丸焼却と表現の自由　第4講　航空機の騒音と法　米軍機の騒音はなぜ止まらないのか　第5講　知事と訴訟　第6講　日本が抱える領域問題―尖閣諸島問題　第7講　国際法からみた米兵引渡問題　第8講　サンゴの白化と国際法　第9講　門中と当事者能力　第10講　事実上の後見人　第11講　契約および消費者保護の法　第12講　家族＝婚姻・離婚と法　第13講　ベンチャー「1円」企業と商法（会社法）　第14講　法的責任とその負担　第15講　沖縄における飲酒運転と刑罰　第16講　フリーター、パラサイト・シングルを社会保障法からみてみると　第17講「キセツ」を労働法から見てみると
〔2776〕

◇ばやーくるしゃーうらん―わたしは殺していない　宮古島の下地フジ子冤罪事件　下地フジ子支援文集編集委員会編著　城辺町（沖縄県）　下地フジ子　2005.7　213p　21cm　1500円　Ⓝ327.6
〔2777〕

◇刑事法廷証言録　吉川経夫編著　京都　法律文化社　2005.11　207p　19cm　3800円　Ⓘ4-589-02889-1
　内容　1　警察法福島駅事件　2　群馬県教祖勤評反対闘争事件　3　沖縄密約事件　4　武蔵野爆取事件　5　大田立看板事件　6「君が代」伴奏命令拒否事件に対する被処分者のための意見書
〔2778〕

◇ドキュメント　靖国訴訟―戦死者の記憶は誰のものか　田中伸尚著　岩波書店　2007.6　248,10p　19cm　1900円　Ⓘ978-4-00-002359-7
　内容　第1章　国境を超えた靖国訴訟（「自治会・神社分離」訴訟と靖国訴訟　靖国訴訟に何が託されたのか　アジア訴訟）　第2章　沖縄から靖国を問う（沖縄戦跡での「法廷」　沖縄戦の実相と靖国への合祀　資料が明かした合祀の実体）　第3章　司法の責務とは何か（躊躇する司法から自覚する司法へ　「追悼の自由」に踏みこんだ高裁判決　長かった最高裁判決の「補足意見」）　第4章　なぜ合

220　「沖縄」がわかる本　6000冊

社会科学　　　　　　　　　　　　　　　　　　　　　　　　　　　　　　　　　法律

祀取消し訴訟なのか（合祀取消し訴訟へ　気づき
から「決意」へ　韓国・台湾遺族からの合祀取消
し　国家と一体化した靖国の対応の不思議）　第
5章　戦死者の記憶は誰のものか（遺族の感情と靖
国問題　戦死者の記憶と追ища　政教分離から「自
由」へ　国家による真の追悼とは）　　　〔2779〕

◇更生保護おきなわ—沖縄県更生保護制度施行
50周年　写真で綴る50年のあゆみ　沖縄県更
生保護協会編　那覇　沖縄県更生保護協会
2008.2　103p　30cm　非売品　Ⓝ326.56
〔2780〕

◇法学—沖縄法律事情　pt.2　新城将孝, 小西
吉呂, 川崎和治, 春田吉備彦編著　那覇　琉球新
報社　2008.3　282p　21cm　（沖縄大学地
域研究所研究叢書　第13巻）〈発売：琉球プ
ロジェクト（那覇）〉2286円　Ⓘ978-4-
89742-092-9　Ⓝ320
〔2781〕

◇明治期宮古島の旧慣調査資料　宮古島市教育
委員会文化振興課編　宮古島　宮古島市教育
委員会　2008.3　51p　26cm　（宮古島市史
資料 1—柳田國男筆写本「宮古島近古文書」
の翻刻シリーズ 1）　Ⓝ322.1999　〔2782〕

◇法の風景 列島の光と影　斎藤幸光著　民事
法研究会　2008.8　207p　21cm　1600円
Ⓘ978-4-89628-480-5
内容 釧路・原野商法を行く　法廷・権利のための
闘争＝Ｎ氏の訴訟　生命の現場・自死に向き合う
人間の居場所・多重債務の実相　戦争と占領・沖
縄本島中部（基地編）　戦争と占領・沖縄本島南部
（地霊編）　島国日本の交通路・日本商船隊の現在
日伯移民とその子孫・SAUDADE（サウダージ）
足尾旧松木村・収奪の山河　神戸・震災の列島で
法の風景の片隅で・子どもたちによろしく
〔2783〕

◇戦前期沖縄県令達令規目録—暫定版　令達
集・令規集収録編　青嶋敏編　刈谷　青嶋敏
2009.3　76p　30cm　Ⓝ320.9199　〔2784〕

◇うまんちゅ法律講座　沖縄国際大学公開講座
委員会編　宜野湾　沖縄国際大学公開講座委
員会　2010.3　301p　19cm　（沖縄国際大
学公開講座 19）〈発売：編集工房東洋企画
（糸満）〉1500円　Ⓘ978-4-938984-75-5
Ⓝ320.4
内容 日本国憲法の原点を考える 井端正幸著　裁
判員裁判について 吉井広幸, 渡邉康年著　刑事裁
判の変貌 小西由浩著　不況と派遣労働者 大山盛
義著　個人情報保護法制定の意義と概要 前津榮
健著　グレーゾーン金利廃止と多重債務問題 田
中稔著　会社法の課題 坂本達也著　歴代那覇地
裁・那覇家裁所長から裁判所行政を考える 西川
伸一著　日本の立法過程：政治学の観点から 芝
田秀幹著　郷土の法学者佐喜眞興英の生涯 稲福
日出夫著　　　　　　　　　　　　　　　〔2785〕

◇法学—沖縄法律事情　part 3　新城将孝, 仲
地博, 小西吉呂, 春田吉備彦編著　那覇　琉球新
報社　2011.5　293p　21cm　（沖縄大学地
域研究所研究叢書　第16巻）〈発売：琉球プ
ロジェクト（那覇）〉2286円　Ⓘ978-4-
89742-126-1　Ⓝ320
〔2786〕

◇大江・岩波沖縄戦裁判勝利の記録　大江健三
郎・岩波書店沖縄戦裁判支援連絡会編　大阪
大江健三郎・岩波書店沖縄戦裁判支援連絡会
2011.10　194p　26cm〈年表あり〉Ⓝ326.
25
〔2787〕

◇近代日本最初の「植民地」沖縄と旧慣調査—
1872-1908　平良勝保著　藤原書店　2011.11
375p　22cm〈索引あり〉6800円　Ⓘ978-4-
89434-829-5　Ⓝ322.1999
〔2788〕

◇沖縄県矯正百三十年史　渡嘉敷唯正, 水野益
継監修　那覇　沖縄矯正友の会　2011.12
599p　27cm〈年表あり　発売：新星出版
（那覇）〉Ⓝ326.5
〔2789〕

◇沖縄県矯正施設の軌跡と未来写像—別冊・写
真集：ビジュアルに描く矯正実景　沖縄県矯
正130年史写真集編纂委員会編　那覇　沖縄
矯正友の会　2011.12　99p　27cm〈「沖縄県
矯正百三十年史」の別冊・写真集　年表あり
発売：新星出版（那覇）〉Ⓝ326.52　〔2790〕

◇沖縄近代法の形成と展開　田里修, 森謙二編
宜野湾　榕樹書林　2013.2　490p　22cm
〈執筆：波平恒男ほか　年表あり〉15000円
Ⓘ978-4-89805-166-5　Ⓝ322.1999
内容 問題の枠組み　問題の設定 森謙二, 田里修
著　琉球処分論 波平恒男著　沖縄近代法と旧慣
戦前期沖縄県の令達集・令規集について 青嶋敏著
近代沖縄における内法の成立化と内法の変遷 平良
勝保著　沖縄近代法の形成期における土地制度・
地方制度　地割についての諸問題 田里修著　沖
縄県土地整理事業の推進体制 牧田勲著　「沖縄近
代法」期における地方制度の位置 矢野達雄著　旧
慣温存と〈家〉制度　沖縄における家と身分制 森
謙二著　近代沖縄における戸籍法の施行 金城善
著　国家体制の受容と地域独自性の相克 奥山
恭子著　親族構成をめぐる若干の考察 林研三著
史料明治十六年沖縄県地割調査　　　　　〔2791〕

◇法的支援ネットワーク—地域滞在型調査によ
る考察　吉岡すずか著　信山社　2013.3
228p　22cm　（学術選書 87—法社会学）
〈索引あり〉8800円　Ⓘ978-4-7972-5887-5
Ⓝ327.1
〔2792〕

◇南風原事件DNA鑑定と新しい冤罪　木谷明,
佐藤博史, 岡島実編著　現代人文社　2013.11
12,227p　19cm〈発売：大学図書〉2000円
Ⓘ978-4-87798-563-9　Ⓝ326.26　〔2793〕

「沖縄」がわかる本　6000冊　**221**

法律　　　　　　　　　　　　　　　　　　　　社会科学

《憲法》

◇まんが 日本国憲法　石ノ森章太郎漫画・監修, 浦田賢治監修　講談社　1996.10　238p
19cm　1500円　Ⓘ4-06-208441-4
内容 まんが 日本国憲法　日本国憲法Q&A　日本国憲法ができるまで　日本国憲法　〔2794〕

◇憲法政治―軌跡と展開　吉田善明, 県幸雄, 仲地博編著　敬文堂　1996.12　422p　21cm
4120円　Ⓘ4-7670-0029-7
内容 1 日本国憲法50年の軌跡と展開　2 平和主義　3 政治機構の歴史と展開　4 人権の50年　5 戦後50年と改憲論　〔2795〕

◇日本国憲法 平和的共存権への道―その世界史的意味と日本の進路　星野安三郎, 古関彰一著　高文研　1997.2　287p　19cm　2060円　Ⓘ4-87498-185-2
内容 1 第九条は死んだのか　2 日本国憲法の「平和主義」の構造　3 第九条をめぐる裁判の軌跡　4 PKO協力法と有事立法　5 沖縄の叫びをどう受けとめるか　6 二一世紀の憲法をめざして〔2796〕

◇沖縄から見た平和憲法―万人が主役　高良鉄美著　未來社　1997.8　221p　19cm　〈文献あり〉　1700円　Ⓘ4-624-30094-7　Ⓝ219.9
内容 1 万人（うまんちゅ）が主役　2 沖縄からの憲法メッセージ　3 沖縄から民が見える―日本国民の憲法意識を問う　4 「国民主権」のレッスン―県民投票で沖縄の声は届いたか　5 若者と平和憲法―一流大生への憲法意識アンケート〔2797〕

◇人間を護る―自由人権協会創立50周年記念　自由人権協会編　信山社出版　1997.11　353p　22cm　7000円　Ⓘ4-7972-5518-8　Ⓝ323.143
内容 沖縄調査報告書―土地問題　外国人と政治活動　薬害と製薬会社・国の責任　司法修習生と国籍要件　協定永住者に対する退去強制と人道の考慮　生命・健康被害と特別犠牲の補償　教育評価の特質と裁判　私的団体に対する人権規定の効力　公立学校教員と国籍　精神障害者の拘禁〔ほか〕　〔2798〕

◇憲法第九条の復権―沖縄・アジアの視点から考える　内田雅敏著　樹花舎　1998.1　376p　18cm　〈発売：星雲社〉　2000円　Ⓘ4-7952-5037-5　Ⓝ323.14　〔2799〕

◇ドキュメント「日本国憲法」　浦部法穂, 中北龍太郎編著　日本評論社　1998.5　286p　21cm　2000円　Ⓘ4-535-51148-9
内容 序論「事実」から憲法を考える　長沼ナイキ基地訴訟―自衛隊違憲判決から四分の一世紀　砂川事件―勝利した砂川闘争　地位協定―米兵による事件・事故　沖縄における米軍用地強制使用―戦後日本の構造的沖縄差別　沖縄県知事代理署名拒否裁判―国益と県益との鋭い対立　国労バッジ

事件―"職場に思想をもちこんではいけない"　夫婦別姓問題―国立大学教授の通称使用をめぐって　部落地名総鑑事件―労働者を奪う企業の差別体質を糺す　外国人の権利―続く差別と新しい局面〔ほか〕　〔2800〕

◇オキナワと憲法―問い続けるもの　仲地博, 水島朝穂編　京都　法律文化社　1998.6　229,12p　21cm　2700円　Ⓘ4-589-02077-7　Ⓝ323.14
内容 沖縄―憲法を問う地　占領―沖縄戦と占領下の沖縄　国家―沖縄が問う「国民国家」　平和―沖縄が問う平和主義　人権　統治―誰のための機構か？　自治―分権化への可能性　オキナワと憲法―問い続けるもの　〔2801〕

◇平和憲法と新安保体制　憲法研究所, 上田勝美編　京都　法律文化社　1998.6　297p　20cm　2800円　Ⓘ4-589-02084-X　Ⓝ323.142
内容 平和憲法50年と新安保体制　日米安保の再定義と新ガイドライン　「日米安全保障共同宣言」と日本の国際貢献論　沖縄をめぐる政治と平和憲法　海外派兵の諸形態と動向　有事法制と人権―有事法制研究の状況　平和憲法と危機管理―国家緊急権容認論の批判　近現代史と「国由主義史観」　小選挙区制と政党・議会政治の現況　憲法議連の登場と憲法改正手続の法理〔ほか〕〔2802〕

◇日本国憲法の逆襲　佐高信編　岩波書店　2001.3　262p　19cm　1400円　Ⓘ4-00-001768-3
内容 石原莞爾か、石橋湛山か―憲法をめぐる現代の思想状況　引き回された世代（ゲスト 田原総一朗）　日本人にはもったいない！（ゲスト 辛淑玉）　「ぞうきん」のように使わなきゃ（ゲスト むのたけじ）　「原器」としての日本国憲法（ゲスト 河野義行）　「人権派」は反省できない人たちだ（ゲスト 宮崎学）　市民のパワーってすごい！（ゲスト 上原公子）　「個々人運動」が求められている（ゲスト 田中康夫）　弱い人を守るのが憲法だ（ゲスト 原田正純）　「憲法番外地」沖縄から（ゲスト 喜納昌吉）　改憲派はポンポンだ（ゲスト 辻元清美）　やわらかく手をつないで（ゲスト 落合恵子）　空想とロマンの「現実主義」（ゲスト C・ダグラス・ラミス）　〔2803〕

◇Q&A 日本国憲法のよみ方　弓削達監修, 反改憲ネット21編　明石書店　2001.11　125p　21cm　1000円　Ⓘ4-7503-1493-5
内容 第1部 Q&A 憲法ってなに（憲法が変わっても、生活は変わらない？　そもそも憲法って何？　いまの憲法は時代に合わない？　ほか）　第2部 こんなにある憲法違反（自衛隊・安保条約と憲法第九条　ガイドライン関連法と憲法　日米安保条約と沖縄　ほか）　第3部 実行しよう日本国憲法（いま必要なのは、改憲ではなく、憲法の実行　憲法改悪反対の声を国民の多数派に）　〔2804〕

◇それぞれの人権―くらしの中の自由と平等　憲法教育研究会編　第2版　京都　法律文化

222　「沖縄」がわかる本 6000冊

社会科学　　　　　　　　　　　　　　　　　　　　　　　　　　　　　　　　法律

社　2002.2　238,21p　21cm　2700円　①4-589-02541-8

内容 1 人権を考える（近代的人権概念の成立　明治憲法の外見的人権　人権の歴史的展開 ほか）　2 人権各論（子どもと学校　子どもの権利　大学人と学問の自由 ほか）　資料篇（統治機構　非武装平和主義）　〔2805〕

◇ドキュメント　憲法を獲得する人びと　田中伸尚著　岩波書店　2002.4　273p　21cm　1900円　①4-00-022724-6

内容 毎月二日は基地の前で　私は裁判官になりたい　教員として、母として　「神主の娘」の意見陳述　遺族が求めた合祀取り下げ　揺れる心で「アイヌ宣言」　在日だけど、日本社会の一員だから　死刑囚養母の不安と勇気　朝鮮人被爆者の遺骨にきく　自治体の「平和力」こそが武器　沖縄に基地があるかぎり　「開かずの扉」を開けるまで　〔2806〕

◇武力信仰からの脱却—第九条で二一世紀の平和を　伊藤成彦著　影書房　2003.9　298p　19cm　2600円　①4-87714-308-4

内容 序章　有事法制は平和憲法体制を根底から破壊する！　第1章　武力信仰からの脱却を　第2章　憲法第九条はどこから来て、どのようにして空洞化されたか　第3章　対米軍事協力「新ガイドライン関連法」批判　第4章　第九条をめぐるトピックス　第5章　憲法調査会は何をしているか　第6章　二〇世紀の反省、二一世紀への展望　終章　有事法制が開示したもの—日本国憲法前文・第九条の人類史的な位置と意味　〔2807〕

◇全国お郷ことば・憲法9条　坂井泉編　合同出版　2004.5　140p　21cm〈付属資料：CD1〉1400円　①4-7726-0318-2

内容 北海道・東北　関東　信越・北陸　東海　近畿　中国・四国　九州　沖縄　〔2808〕

◇沖縄差別と平和憲法—日本国憲法が死ねば、「戦後日本」も死ぬ　大田昌秀著　BOC出版　2004.10　459p　22cm　3800円　①4-89306-146-1　⑤219.9　〔2809〕

◇憲法九条の戦後史　田中伸尚著　岩波書店　2005.6　247,6p　18cm　（岩波新書）　780円　①4-00-430951-4

内容 プロローグ　元国防族のレジスタンス　第1章　非戦国家の再軍備—一九四五〜一九五四年　第2章　反戦の民衆を支えた九条—一九五五〜一九六三年　第3章　広がる九条の「世界」—一九六四〜一九七七年　第4章　沖縄　届かぬ九条　第5章　右傾化に抗して—平和市民の登場—一九七八〜一九八九年　第6章　危機の一〇年1—一九九〇〜一九九二年　第7章　危機の一〇年2—一九九三〜一九九九年　第8章　「どこへ行く？」—二〇〇〇年〜　エピローグ　国際社会と九条—国家中心の安全保障観から市民中心の創る平和主義へ　〔2810〕

◇あごら　302号　いま憲法を考える　あごら

新宿編　BOC出版部　2005.8　184p　21cm　1300円　①4-89306-155-0

内容 特集 いま憲法を考える（5・27集会の記録から）　それぞれの立場から「憲法」を想う　資料あたらしい憲法のはなし（一九四七年八月二日文部省発行）　めじゃーなりすとのめ「性暴力」の視点から問い直す基地、軍隊、沖縄戦　窓 "あごら" の「めがね」　読書室—「現代日本女性史」「『核』に立ち向かった人びと」「検証・憲法第九条の誕生」ほか　試写室—「亀も空を飛ぶ」　TOPICS—教科書から消えた慰安婦・強まるジェンダーバッシングほか　会と催し—「女たちの戦争と平和資料館」開館・今年も嵐山に集うほか　あごらのあごら—介護の中でも読んでます・地域の活動に生かしていますほか　〔2811〕

◇シリーズ憲法9条　第1巻　9条を知っていますか　歴史教育者協議会編　汐文社　2006.1　47p　26cm　2000円　①4-8113-8056-8

内容 1 日本はほんとうに戦争をしない国ですか　2 戦争をしないと決めたのはどうしてですか　3 9条を、人々はどう受けとめましたか　4 戦争をしないのに、なぜ自衛隊があるのですか　5 自衛隊はどんな軍備をもっていますか　6 なぜアメリカ軍の基地があるのですか　7 なぜ、いまも戦争が絶えないのですか　8 核戦争がおきたら、どうなるのですか　9 国際連合は、平和のために役立っていますか　10 憲法9条を変えなければいけないのですか　〔2812〕

◇憲法九条はなぜ制定されたか　古関彰一著　岩波書店　2006.4　55p　21cm　（岩波ブックレット　No.674）　480円　①4-00-009374-6

内容 1 憲法九条の発案者をめぐって　2 なぜ九条は必要と考えたか　3 九条を可能にした沖縄の基地化　4 私たちの九条観を問う　5 歴史から何を学ぶべきか　6 軍事力で平和は生み出せない　〔2813〕

◇憲法「私」論—みんなで考える前にひとりひとりが考えよう　水島朝穂著　小学館　2006.5　271p　19cm　2000円　①4-09-387616-9

内容 第1章　ドイツと日本の戦後六〇年　第2章「北の国」の平和　第3章　ヒロシマからのメッセージ　第4章　オキナワの挑戦と憲法　第5章　自衛隊はどこへいくのか　第6章　アジアと日本の過去・現在・未来　第7章　いま、憲法をどう考えるのか　第8章　大切な一票を考えるために〔2814〕

◇平和的生存権の弁証　小林武著　日本評論社　2006.7　8,289p　21cm　6000円　①4-535-51516-6

内容 第1章　市民平和訴訟における弁証（平和的生存権の歴史的意義と法的構造）　第2章　イラク平和訴訟における弁証（平和的生存権論の今日的意義）　第3章　沖縄問題と平和的生存権（沖縄が問う平和的生存権　沖縄職務執行命令訴訟の憲法論—反戦地主の補助参加にかんする意見書）　第4章

法律　　　　　　　　　　　　　　　　　　　　　　　社会科学

平和的生存権論の併走理論と裁判運動（市民平和
訴訟における納税者基本権論　裁判運動と市民平
和訴訟）　資料　名古屋・市民平和訴訟における証
言（付・各判決抄出）　　　　　　　　　　〔2815〕

◇市民講座　いまに問う憲法九条と日本の臨戦
体制　纐纈厚著　凱風社　2006.11　156p
19cm　1200円　①4-7736-3103-1
　[内容]第1部　軍事化する日本社会（戦後日本の軍事
法制―「臨戦国家」への道　「臨戦国家」日本の
登場―歯止め無き軍拡の連鎖と米軍再編　総保守
化する日本政治のゆくえ―深まる軍事と資本の連
携）　第2部　軍事化に抗う憲法九条（軍事化する現
代日本と日米同盟―どこで、なぜ踏み誤ったのか
憲法改悪と「自衛軍」の創設―米軍再編に絡む危
険な動き　軍事化に歯止めかける憲法九条―「茶
色の朝」を迎えないために）　　　　　　　〔2816〕

◇武力で平和はつくれない―私たちが改憲に反
対する14の理由　市民意見広告運動編　合同
出版　2007.4　126p　21cm　1000円
①978-4-7726-0383-6
　[内容]非武装のままで、侵略されたらどうするの
か？　北朝鮮の核や中国の軍拡に備えるのは当
然ではないか？　戦後日本の平和は、憲法9条で
はなく、安保体制のおかげではないのか？　テロ
が頻発しているのだからテロ対策は必要ではない
か？　押し付けられた憲法を変えるのはあたり
まえではないか？　家庭同様、国を守るためには
戸締りが必要ではないか？　子どもたちに「愛国
心」を教えるのはあたりまえではないか？　国が
戦死者を祀るのはあたりまえではないか？　非
武装ということは、自衛隊の役割を認めないとい
うことか？　米軍再編は沖縄県民の負担を軽減
するのではないか？　国民投票法案は、「立法の
不作為」を解消するために必要ではないか？　専
守防衛を堅持するためにも、自衛隊の海外派兵禁
止を憲法に明記すべきではないか？　領土は最
大の国益問題だ。ロシア・中国・韓国の横暴を制
裁すべきではないか？　北朝鮮は内政・外交とと
もに「悪の帝国」。徹底的な制裁が必要ではない
か？　　　　　　　　　　　　　　　　　　〔2817〕

◇憲法九条を沖縄・アジアから見つめる　思
想・良心・信教の自由研究会編　いのちのこ
とば社　2008.8　157p　21cm　953円
①978-4-264-02695-2　Ⓝ323.142
　[内容]座談会―沖縄とアジアから平和を考える　憲
法九条の過去・現在そして未来―東アジアの平和
に焦点をあてて　アジアの平和に対する日本の責
任―台湾から見て　カトリック教会と平和　都立
高校が直面している現実と私―一人のキリスト者
として　　　　　　　　　　　　　　　　　〔2818〕

◇ケースメソッド憲法　市川正人著　第二版
日本評論社　2009.7　267p　21cm　2400円
①978-4-535-51714-1
　[内容]沖縄と安保条約―沖縄県知事署名等代行職
務執行命令訴訟　アイヌ新法と先住権―アイヌ新
法制定　定住外国人の地方参政権―在日韓国人地
方参政権訴訟　企業の政治献金―〇七年度政治資

金収支報告　「自然の権利」と自然享有権―アマミ
ノクロウサギ訴訟　住基ネットとプライバシーの
権利―住民基本台帳ネットワーク（住基ネット）の
本格稼働　内閣総理大臣の靖国神社公式参拝と政
教分離―小泉総理の靖国神社参拝　宗教法人と税
制―問われる宗教法人優遇税制　表現の自由とわ
いせつ―加納典明逮捕事件　人種差別撤廃条約と
差別的表現の規制―人種差別撤廃条約の批准〔ほ
か〕　　　　　　　　　　　　　　　　　　〔2819〕

◇憲法と沖縄を問う　井端正幸、渡名喜庸安、仲
山忠克編　京都　法律文化社　2010.7
187p　21cm　2000円　①978-4-589-03277-5
Ⓝ323.14
　[内容]総論　沖縄と基地（2つの法体系と基地問題
「国家の安全保障」と「人間の安全保障」の間で
軍用地の強制収用問題）　沖縄と自然保護　沖縄・
平等・家族　内心の自由と沖縄靖国訴訟　表現・
歴史・民主政―教科書検定と沖縄の「民意」　知る
権利と防衛情報―那覇市情報公開決定取消訴訟事
件　沖縄における生存権　学問の自由・教育権・
学習権　沖縄の雇用・失業問題　沖縄における地
方自治　沖縄における自治の実践―県民投票・市
民投票　国家主権と人権　　　　　　　　　〔2820〕

◇平和憲法と人権・民主主義　憲法研究所,上
田勝美編　京都　法律文化社　2012.10
354p　22cm　〈著作目録あり〉　7200円
①978-4-589-03453-3　Ⓝ323.14
　[内容]1　平和憲法の歴史と現状（日本国憲法施行六
五年と憲法運動　改憲論の動向―近年の動きを中
心に　ほか）　2　人権をめぐる諸問題（人権体系に
おける生命権の再定位　日の丸・君が代と内心の
自由　ほか）　3　民主主義をめぐる諸問題（民主主
義思想の現在　議会制民主主義と選挙制度　ほか）
4　恒久平和に向けて（「沖縄問題」と日米軍事同盟
からの脱却　冷戦後の平和共存への展望　ほか）
　　　　　　　　　　　　　　　　　　　　〔2821〕

◇憲法の力　三宅義子,纐纈厚編　日本評論社
2013.5　243p　19cm　1800円　①978-4-
535-51973-2
　[内容]憲法を生かそう！―私たちは今どこにいる
のか　今、憲法が危ない！―私たちがなすべきこ
と　改憲潮流―グローバリゼーション・監視社会・
格差　世界から見た日本国憲法　どうなる、どう
する憲法のゆくえ―国防軍化する自衛隊と国防思
想喚起の動きのなかで　格差社会の中の貧困と差
別―改革の処方箋を求めて　沖縄返還から四〇年、
この国はどう変わったのか　女性史から見た自衛
官合祀拒否訴訟―憲法20条と24条　　　　〔2822〕

◇憲法と、生きる　東京新聞社会部編　岩波書
店　2013.12　199p　19cm　1800円　①978-
4-00-022797-1
　[内容]第1章　一九五〇年代の攻防（女性と若者立
ち上がる　判決に教わった九条　大衆の熱気　経
済へ　学者の気骨）　第2章　救われた人生（声失っ
た市議　学資保険一三年の闘い　国籍の違う姉妹
権力に遠慮しない　福祉の村は今―生命の行政）
第3章　沖縄の怒り（日本国憲法を求めて　「本土

224　「沖縄」がわかる本　6000冊

社会科学　　　　　　　　　　　　　　　　　　　　　　　　　　　法律

復帰」後の現実　「沖縄人は虫けらなのか」）　第4章 九条の二一世紀（魔法の言葉　「護憲」消える永田町　経済のグローバル化　ネット世論　未来へのバトン）　第5章 不戦のとりで（特高のキリスト教弾圧　軍国主義教えた国民学校　憲法を書き展示する会）　第6章 福島の希望（福島の詩戦争　抵抗　故郷）　　　　　　　　　〔2823〕

◇「戦争する国」への暴走を止める―九条の会憲法学習会記録　前泊博盛, 渡辺治〔述〕　九条の会　2013.12　84p　21cm〈会期：2013年10月6日〉400円　Ｎ323.149
内容 沖縄の視点から見た安保・憲法の現状 前泊博盛述　安倍政権の新たな改憲戦略に立ち向かう 渡辺治述　　　　　　　　　　　〔2824〕

◇クリスチャンとして「憲法」を考える　朝岡勝, 片岡輝美, 内藤新吾, 崔善愛, 岡田明, 饒平名長秀, 坪井節子著, クリスチャン新聞編　いのちのことば社　2014.2　87p　21cm　（21世紀ブックレット 52）　850円　Ｉ978-4-264-03192-5　Ｎ323.14
内容 「信じたように生きる」者となる　国家権力を縛り, 私たちの権利を守るもの　憲法改悪と原発問題　「憲法」は語る。人権とは何かを　学校の中で憲法を考える　戦後憲法と沖縄　日本国憲法は子どもたちの将来を支えるもの　　〔2825〕

◇なぜ憲法改正か!?―反対・賛成・中間派もまず, 読んでみよう！　清原淳平著　善本社　2014.5　173p　21cm　1100円　Ｉ978-4-7939-0467-7
内容 第1章 憲法は, なぜ改正されなければいけないのか！　第2章 大震災対策, 尖閣事件などの侮りは, 憲法問題！　第3章 憲法改正の必要箇所を指摘し, 問題提起する！　第4章 独立国の体裁をなしていない日本国憲法！　第5章 第九条を, どう改正するか　第6章 憲法を学ぶ人のために　　　　　　　　　　　　　　　〔2826〕

◇憲法を求める沖縄捨てる日本　照屋寛徳著うるま　ゆい出版　2014.5　293p　19cm　1500円　Ｉ978-4-946539-33-6　Ｎ323.14　　　　　　　　　　　　　　　　　　　〔2827〕

◇子どもたちを再び戦場に送るな―語ろう, いのちと平和の大切さ　村山士郎著　新日本出版社　2014.9　93p　21cm　1100円　Ｉ978-4-406-05818-6
内容 1 許せない「解釈九条改憲」（子どもたちを再び戦場に送るな　「戦争のできる国づくり」をすすめる安倍首相　戦後民主教育を敵視する安倍「教育改革」　沖縄・竹富町教委は, なぜ育鵬社の教科書を拒否したか　子どもたちも主権者国民）　2 子どもたちが綴った平和憲法（憲法には日本人の戦争体験がつまっている　広島・長崎の悲劇を繰り返さない　戦争の加害体験を学ぶ　「戦争の放棄」を空文化してはならない　世界で戦争は止まないが―平和を愛する世界へ）　3 子どもたちと平和を語り合う―それでも子どもは未来志向（「死

に損ない」と罵倒した中学生と「ことば育ち」　高校生・大学生は憲法九条をどう捉えているか　歴史を受け継ぎ, 次の世代に伝える　お母さんが提起した平和運動―憲法九条にノーベル平和賞を）　　　　　　　　　　　　　　　　　　　〔2828〕

◇「戦争する国」許さぬ自治体の力―集団的自衛権・沖縄新基地を考える　小林武, 晴山一穂, 稲嶺進, 稲葉暉, 岡庭一雄編著　自治体研究社　2014.11　110p　21cm　1111円　Ｉ978-4-88037-625-7　Ｎ323.148
内容 第1部 「戦争する国」許さぬ自治体の力（「戦争する国」づくりを許さないために―日本国憲法と地方自治の観点に立って　平和を守る自治体首長の思い　今憲法が生きる地方自治体を一憲法と地方自治の危機の中で）　第2部 平和を守る自治体と憲法（憲法第8章による地方自治保障の意義　平和を守る自治体の役割　自治体の「平和事務」の可能性　沖縄における米軍基地と自治体の「平和事務」）　　　　　　　　　　　　〔2829〕

◇はじめて学ぶ憲法教室　第4巻　憲法9条と沖縄　菅間正道著　新日本出版社　2015.2　27,4p　27cm〈編集協力：茂手木千晶, イラスト：どいまき　文献あり　索引あり〉2500円　Ｉ978-4-406-05882-7　Ｎ323.14
内容 1 世界一危険な基地　2 普天間基地問題が浮上した理由　3 アメリカ軍が関係する事件や事故　4 横浜米軍機墜落事件　5 「あんな飛行機さえ落ちてこなければ…」　6 日本に米軍基地があるのはなぜ？　7 アメリカ国内での基地被害　8 基地問題は国民全体の課題　9 「戦争をする国」への足がかり　10 「武力による平和」か「武力によらない平和」か　11 憲法9条の理念をいま一度　　　　　　　　　　　　　　　　　　〔2830〕

◇憲法のポリティカ―哲学者と政治学者の対話高橋哲哉, 岡野八代著　白澤社, 現代書館〔発売〕　2015.3　253p　19cm　2200円　Ｉ978-4-7684-7958-2
内容 1 改憲問題と立憲主義（なぜ憲法問題にかかわるようになったか　「安倍的なもの」　これは憲法ではない）　2 日本国憲法九条をめぐる問題（立憲主義には九条こそが似合う　戦争と天皇制　憲法問題としての沖縄　九条を無効化する集団的自衛権の行使容認）　3 憲法をめぐる思想的課題（人道的介入のジレンマ　死刑の論理と憲法　誰が憲法をつくるのか　日本国憲法一〇〇年の市民革命）　　　　　　　　　　　　　　　〔2831〕

◇平和憲法の深層　古関彰一著　筑摩書房2015.4　269p　18cm　（ちくま新書）　860円　Ｉ978-4-480-06827-9
内容 第1章 平和憲法を見直す（三つの憲法の外見　三つの憲法と人権規定　三つの憲法）　第2章 憲法九条の深層（発案者は誰か, それはなんのためか　GHQのタイムリミット　「戦争の放棄」から「平和主義」へ　天皇制・沖縄そして九条　「芦田修正」とはなんだったのか）　第3章 知られざる「平和憲法」（戦後憲法への模索　東

「沖縄」がわかる本 6000冊　225

経済　　　　　　　　　　　　　　　　　　　　　　　　　社会科学

京帝国大学憲法研究委員会の発足）　第4章　憲法研究会案の意義（浮かび上がった地下水脈　憲法研究会案の誕生　GHQの研究会案への評価　鈴木安蔵の政府草案への評価と批判　憲法研究会案は、なぜ陰に追いやられてきたのか）　第5章　深層から見えてきた「平和」（「平和」に飢えていた頃　「押し付け」の実像　戦争と平和の間で　七〇年目を迎える「平和憲法」）　　　　　〔2832〕

◇安倍流改憲にNOを！　樋口陽一, 山口二郎編　岩波書店　2015.7　227p　19cm　1700円　Ⓘ978-4-00-022086-6　Ⓝ323.149
　内容　日本国憲法という文化を創り続けよう　第1部　安倍流政治の何が問題なのか（「戦後レジームからの脱却」への道程—なぜ自民党は変質してしまったのか　軍事優先の安全保障政策の不毛—「抑止力の強化」で低下する日本の安全）　第2部　9条以外の改憲ならよいのか（緊急事態条項—トロイの木馬か、ただの木馬か　環境権「加憲」という罠　「財政の健全性」規定—人類史の到達点に逆行する反民主性）　第3部　平和と民主主義をどう取り戻すか（沖縄　未完の「復帰」と「自治」「戦争ができる国」へ向けて　「女性が輝かされる」日本　最高権力者の「表現の自由」　憲法平和主義の系譜vs.「積極的平和主義」）　第4部　安倍流改憲の何が問題なのか（まっとうな憲法改正論議の条件　安倍流改憲は日本をどこに連れて行くのか）　　　　　　　　　　　　　　　　〔2833〕

経済

◇東アジア経済圏における九州・沖縄　ヨーゼフ・クライナー〔ほか〕編著　那覇　ひるぎ社　1995.1　221p　21cm　（地球科学叢書11）〈付：参考文献〉2000円　Ⓝ332.19
　　　　　　　　　　　　　　　　　　　〔2834〕

◇沖縄経済論　富永斉著　那覇　ひるぎ社　1995.5　164p　21cm　（地域科学叢書12）〈各章末：参考文献〉2000円　Ⓝ332.199
　　　　　　　　　　　　　　　　　　　〔2835〕

◇戦後沖縄経済の軌跡—脱基地・自立経済を求めて　久場政彦著　那覇　ひるぎ社　1995.8　577p　21cm　4000円
　内容　第1章　アメリカ軍政下の住民生活と行財政組織　第2章　琉球の財政　第3章　琉球の通貨問題　第4章　米軍事基地と市民生活　第5章　新しい沖縄を求めて　第6章　復帰後の諸問題　第7章　経済対談　　　　　　　　　　　　　　　　〔2836〕

◇戦後沖縄経済の軌跡—脱基地・自立経済を求めて　久場政彦著　那覇　ひるぎ社　1995.8　577p　22cm　Ⓝ332.199　　　　〔2837〕

◇沖縄・大交易ルネッサンス　吉川博也, 緒方修編著　社会評論社　1996.6　219p　19cm　1751円　Ⓘ4-7845-0483-4　Ⓝ332.199

内容　プロローグ　新交易時代の担い手たち　第1部　大交易ルネッサンス　夢をかたちに—ラジオ沖縄・シンポジウム（新交易時代へのアクション）　第2部　辺境の逆転—地域国家の提案（国際的な地域共同体形成へ　沖縄・福建省経済圏の提案　共生経済圏構想と実現化戦略　辺境の逆転　地域国家の提案—中心・周辺論、従属理論を超えて）　　〔2838〕

◇再考沖縄経済　牧野浩隆著　那覇　沖縄タイムス社　1996.12　293p　19cm　2330円　Ⓘ4-87127-113-7　Ⓝ332.199
　内容　第1章　沖縄経済にとって、いま何が問題か　第2章　地域開発政策の転換と沖縄経済　第3章　南の国際交流拠点への一視点　第4章　「国際都市」の陥穽—昨今の県経済に寄せて　　　〔2839〕

◇127万人の実験　沖縄タイムス社編　那覇　沖縄タイムス社　1997.7　167p　26cm　1900円　Ⓘ4-87127-117-X　Ⓝ332.199
　内容　プロローグ　基地跡利用の課題を探る　第1部　軍用地と経済　第2部　軍用地と跡利用　第3部　跡利用への課題　第4部　インタビュー　〔2840〕

◇沖縄経済の課題と展望　宜野湾　沖縄国際大学公開講座委員会　1998.3　412p　19cm　（沖縄国際大学公開講座6）〈発売：那覇出版社（南風原町）〉1500円　Ⓘ4-89095-107-5　Ⓝ332.199　　　　　　　　　　　　〔2841〕

◇アジアの経済と社会—「ソーシャル・アジア」を求めて　初岡昌一郎, 蛯名保彦編著　明石書店　1998.6　250p　19cm　2600円　Ⓘ4-7503-1053-0
　内容　東アジア経済社会発展の課題—市場経済と市民社会の相克　「ソーシャル・アジア」と社会的コモンスペースを求めて—統合型地域協力のための基礎的諸条件とは何か　日本経済の再生と東アジア—「東アジア産業集積地域ネットワーク」の提唱　東アジアと日本の中小企業　東アジア国際分業と沖縄—沖縄FTZをネットワーク型「部品」産業の拠点に　市民社会確立のための基礎的改革と地域協力の社会的側面　期待される労働組合の役割とその課題　植民地前夜の朝鮮・台湾社会　二つの総督府権力—武断統治と生物学政治　植民地からの解放と二つの開発独裁　　　〔2842〕

◇沖縄経済の幻想と現実　来間泰男著　日本経済評論社　1998.6　409p　20cm　3000円　Ⓘ4-8188-0982-9　Ⓝ332.199
　内容　序章　復帰後の沖縄経済—導入と論点の整理　第1章　復帰後の沖縄経済の動向　第2章　沖縄経済の特質　第3章　「全県フリーゾーン構想」の問題点　第4章　アメリカ軍基地と沖縄経済　終章　沖縄経済の課題　　　　　　　　　　〔2843〕

◇経済統制下の県民生活資料—県民はどのように戦争への道に駆り立てられたか　貯蓄編　久手堅憲俊, 安仁屋政昭編　南風原町（沖縄県）　あけぼの出版　1999.3　128p　22×

社会科学　　　　　　　　　　　　　　　　　　　　　　　　　　　　　　　　経済

31cm　（戦時資料　第2集）〈複製〉7000円
Ⓝ332.106
内容　昭和十五年度国民貯蓄実績（国民貯蓄奨励資料　第4輯）　昭和十六年度國民貯蓄奨励方策（沖繩縣昭和16年刊）　　　　　　　　　　　〔2844〕

◇経済統制下の県民生活資料―県民はどのように戦争への道に駆り立てられたか　物価編　久手堅憲俊, 安仁屋政昭編　南風原町（沖縄県）　あけぼの出版　1999.3　272p　22×31cm　（戦時資料　第1集）〈複製〉8000円　Ⓝ332.106
内容　沖縄縣經濟便覽（那覇警察署經濟生活相談所昭和18年刊）　統制經濟物價便覽（沖縄縣昭和15年刊）　　　　　　　　　　　　　〔2845〕

◇私の見た沖縄経済―ある日銀マンの沖縄へのラブレター　沼波正著　那覇　ひるぎ社　2000.9　187p　18cm　（おきなわ文庫 90）　900円　Ⓝ332.199　　　　　　　　〔2846〕

◇情報産業と沖縄―新産業形成の可能性をさぐる　沖縄国際大学産業総合研究所創立10周年記念フォーラム　報告書　〔宜野湾〕　沖縄国際大学産業総合研究所〕　〔2001〕　27p　30cm〈会期：平成12年12月2日　主催：沖縄国際大学産業総合研究所〉Ⓝ332.199〔2847〕

◇いま沖縄から日本が変わる―実践提言録　西銘一著　心泉社　2001.7　203p　20cm　1714円　Ⓘ4-916109-31-7　Ⓝ332.199
内容　第1部　いま、なぜ沖縄か―「地方の時代」を代表する、人と自然と歴史　第2部　ニッポン大変革への先導プラン―アジア社会・経済の中核として　第3部　自然環境と「心」の時代を発信する独自な精神文化がいま日本の財産に　第4部　新時代を拓く、根こそぎ改革22カ条（政治・経済関係　社会・健康関係　文化・観光関係）　〔2848〕

◇浦添商工会議所設立10周年記念誌　浦添商工会議所設立10周年記念誌編纂特別委員会編　浦添　浦添商工会議所　2002.3　183p　30cm〈背のタイトル：設立十周年記念誌　年表あり〉　Ⓝ330.66　　　　　　〔2849〕

◇沖縄島嶼経済史―一二世紀から現在まで　松島泰勝著　藤原書店　2002.4　458p　22cm　5800円　Ⓘ4-89434-281-2　Ⓝ332.199
内容　第1章　アジア型世界秩序における島嶼経済の位置付け（一二世紀～一八七九年）（海洋と島嶼　中国型華夷秩序と琉球経済　日本型華夷秩序と琉球　琉球型華夷秩序の形成）　第2章　近代国家日本の中の沖縄経済（一八七九～一九四五年）（近代沖縄における島嶼経済問題　近代沖縄社会の内発的発展　近代沖縄における経済思想）　第3章　米軍統治下の島嶼経済（一九四五～一九七二年）（島嶼経済の問題とその解決策　復帰前の沖縄軍事基地と島嶼経済　米軍統治下における経済思想）　第4章　日本本土復帰と島嶼経済（一九七二～二〇〇

〇年）（復帰後沖縄経済の構造　本土復帰後における沖縄の経済思想　二一世紀に向けた沖縄経済発展のための政策提言）　　　　　　〔2850〕

◇現代沖縄経済論―復帰30年を迎えた沖縄への提言　内田真人著　那覇　沖縄タイムス社　2002.4　191p　21cm　1860円　Ⓘ4-87127-152-8　Ⓝ332.199　　　　　　　　　〔2851〕

◇検証「沖縄問題」―復帰後30年経済の現状と展望　百瀬恵夫, 前泊博盛著　東洋経済新報社　2002.5　224p　20cm〈文献あり　年表あり〉1500円　Ⓘ4-492-21126-8　Ⓝ332.199
内容　序章　主役なき経済の悲劇　第1章　「沖縄振興開発計画」の検証　第2章　「安保維持装置」としての沖縄振興策　第3章　パラサイト（寄生）経済としての沖縄経済　第4章　比較検証「大田県政」と「稲嶺県政」　第5章　「基地経済」と地域振興　第6章　沖縄的産業の自立化と比較優位産業の振興　終章　日本のなかの「沖縄問題」　〔2852〕

◇経済特区・沖縄から日本が変わる―日本再生への実験が始まった　松井政就著　光文社　2002.11　151p　19cm　（Kobunsha paperbacks 3）〈他言語標題：A new dawn in offshore Okinawa〉667円　Ⓘ4-334-93303-3　Ⓝ332.199
内容　特区の素顔（名護、宜野座　沖縄県庁、中城湾）　アイルランドの成功に学ぶ　特区が抱える問題　どこもかしこも特区の不思議　依存型経済からの脱出　基地問題を考える　リゾートとカジノ　楽園とその文化　　　　　　　　　〔2853〕

◇地域特性の数量的評価と沖縄の様相　沖縄国際大学産業総合研究所編　泉文堂　2003.8　262p　21cm　（沖縄国際大学産業総合研究所叢書 2）〈文献あり〉2800円　Ⓘ4-7930-0229-3　Ⓝ332.199
内容　第1部　地域特性の数量的評価（都市化水準（人口構造からみた）　財政の自立水準　地域経済の成熟水準　就業環境の充実水準　家計のゆとり水準　ほか）　第2部　沖縄の地域特性の様相と考察（人口構造から見た都市化水準　市町村レベルでみる地域経済構造　高齢化と老人福祉　沖縄における家計の特徴―那覇市を中心とした考察　医療サービス・健康からみた地域類型　ほか）　　　　　　　　　　　　　　　　〔2854〕

◇様々な視点から学ぶ経済・経営・環境・情報―新しい時代を生きるために　宜野湾　沖縄国際大学公開講座委員会　2004.3　266p　19cm　（沖縄国際大学公開講座 13）〈発売：編集工房東洋企画（那覇）　シリーズ責任表示：沖縄国際大学公開講座委員会／編〉1500円　Ⓘ4-938984-31-8　Ⓝ332.107
内容　テーゲー経済学序説―環境・経済・豊かさを語る　キャッシュ・フロー情報の利用　IT時代の情報管理モデル　食糧生産と地理学―米と小麦生産を中心に　日本社会経済の再生―地域分権化・地

「沖縄」がわかる本　6000冊　　227

経済　　　　　　　　　　　　　　　　　　　　　　　　　社会科学

域活性化・全国ネットワーク化　長期不況と日本経済のゆくえ―構造改革路線を考える　タイの観光産業の現状とマーケティング活動　久米島の環境　ヨーロッパ公企業論―タバコ産業の場合　マーケティングの心とビジネス　自動車システムから学ぶ人間の生き方　　　　　　　　　　　〔2855〕

◇沖縄・一九三〇年代前後の研究　川平成雄著　藤原書店　2004.12　276p　22cm〈年表あり〉3800円　①4-89434-428-9　Ⓝ332.199　　　　　　　　　　　　　　　　　　　〔2856〕

◇データで見る沖縄―沖縄の社会や暮らしそして地域の動き　2005　照屋学著, 徳永紅氏郎, 長嶺五子編　浦添　ニライ・カナイ研究所　2005.4　135p　30cm　1500円　①4-9902134-2-4　Ⓝ332.199　　　　　〔2857〕

◇沖縄における地域内格差と均衡的発展に関する研究　沖縄国際大学産業総合研究所編著　泉文堂　2007.2　253p　21cm　（沖縄国際大学産業総合研究所叢書　4）〈文献あり〉2800円　①978-4-7930-0298-4　Ⓝ332.199　　内容　第1部　沖縄県内における各種格差の状況（沖縄県における1人当たり市町村民所得の分布と平準度　離島経済と自治体財政の概況　米軍基地の立地と自治体間の財政力格差　県内中小企業と本土企業との格差及び県内格差）　第2部　沖縄県内における観光・情報・金融産業の現状と課題（オセアニア地域の観光の現状とそこから沖縄が学べるもの―オーストラリアのゴールドコーストとニュージーランドのクライストチャーチ地域の観光の現状と戦略的リゾート開発　沖縄観光における電子商取引と情報発信の現状　沖縄における情報通信関連企業の誘客集積の現状と課題―政策の取り組みと地域特性を中心に　沖縄金融特区の可能性―金融システム設計の視点から）　第3部　沖縄県内における人材育成について（沖縄県の経営者のマーケティング・マインド　産業構造の高度化と人的資源問題―シンガポールの事例から　沖縄県における学校教育の情報化について）　　〔2858〕

◇グローバル時代における地域経済　宜野湾　沖縄国際大学公開講座委員会　2007.3　280p　19cm　（沖縄国際大学公開講座　16）〈会期・会場：2006年6月24日～11月4日　沖縄国際大学　文献あり　発売：編集工房東洋企画（那覇）〉1500円　①978-4-938984-43-4　Ⓝ332.199　　内容　ベトナムに進出したウチナーンチュ企業　鎌田隆著　二一世紀沖縄の社会経済の自立に向けて　大城保著　変革の時代における働き方　名嘉座元一著　エジプトの観光経済　村上了太著　成長する中国の開発戦略　新垣勝弘著　消費社会と政策　名城敏著　フラワービジネスと産業戦略　小川護著　ケルトの虎, アイルランド　呉錫畢著　グローバル時代における地域経済　野崎四郎著　〔2859〕

◇図説沖縄の経済　大城郁寛執筆代表　那覇　編集工房東洋企画　2007.8　193p　19cm

1000円　①978-4-938984-45-8　Ⓝ332.199　　　　　　　　　　　　　　　　　　　〔2860〕

◇どうなる沖縄経済どうする沖縄経済　高良守著　伊丹　牧歌舎　2007.9　201p　20cm〈文献あり　著作目録あり　発売：星雲社〉1200円　①978-4-434-10938-6　Ⓝ332.199　　内容　序章　ゆらぐ沖縄県産品 "シークヮーサー考"（シークヮーサー問題の経緯　文献等によるシークヮーサーの定義　ほか）　第1章　沖縄自由貿易地域論（沖縄自由貿易地域の陥穽　条文同士のバッティング　ほか）　第2章　保護政策のゆくえ（保護政策が自国産業を滅ぼす　県単一JAおきなわが意味するもの　ほか）　第3章　沖縄の自立経済に向けて（米国同時多発テロの教訓　モノづくりの意義　ほか）　終章　どうなる沖縄経済どうする沖縄経済（仕組まれた沖縄の経済政策　ケインズ経済学への誤解　ほか）　　　　　　　　〔2861〕

◇環境・経済と真の豊かさ―テーゲー経済学序説　呉錫畢著　日本経済評論社　2008.2　253p　22cm〈文献あり〉2800円　①978-4-8188-1978-8　Ⓝ332.199　　内容　1　環境・経済と沖縄（環境と経済　沖縄の経済発展への道）　2　環境の経済評価入門（環境の価値と評価手法　生ビールから環境価値をはかる）　3　環境はいくらか（バッズ（赤土汚染）の損害評価グッズ（サンゴ礁）の経済評価）　4　環境と沖縄の観光経済（ピノキオ観光と地域発展　アイルランドから見る沖縄の観光経済　内発的発展による沖縄の経済発展）　真の豊かさとテーゲー経済学序説　　　　　　　　　　　　　〔2862〕

◇県内市町村の地域特性と政策的課題に関する調査研究―報告書　那覇　南西地産業活性化センター　2009.3　4,107p　30cm（平成20年度自主研究事業）Ⓝ332.199　　〔2863〕

◇沖縄の発展とソフトパワー　富川盛武編著　那覇　沖縄タイムス社　2009.10　239p　21cm〈文献あり〉1905円　①978-4-87127-196-7　Ⓝ332.199　　内容　沖縄の発展とソフトパワー　富川盛武著　沖縄の人口問題　富川盛武著　沖縄の米軍基地と経済　富川盛武著　沖縄の環境分析　富川盛武著　沖縄の特区　富川盛武, 名護宏雄著　アジアのダイナミズムと沖縄の観光　富川盛武著　沖縄の観光資源とロングステイ　宮森正樹著　沖縄文化の産業化　富川盛武, 當銘栄一著　沖縄の21世紀ビジョン　上原良幸, 富川盛武著　発展への方向と戦略　富川盛武著

◇島嶼沖縄の内発的発展―経済・社会・文化　西川潤, 松島泰勝, 本浜秀彦編　藤原書店　2010.3　387p　22cm　5500円　①978-4-89434-734-2　Ⓝ332.199　　内容　島嶼ネットワークの中の沖縄　沖縄から見た島嶼ネットワーク構築　嘉数啓著　辺境島嶼・琉球の経済学　松島泰勝著〈島嶼・平和学〉から見た沖縄　佐藤幸男著　沖縄とアジア　周辺における

社会科学　　　　　　　　　　　　　　　　　　　　　　　　　　　　　　　　　　経済

内発的発展　鈴木規之著　泡盛とタイ米の経済史　宮田敏之著　現代中国の琉球・沖縄観　三田剛史著　内発的発展の可能性　沖縄の豊かさをどう計るか？　西川潤著　沖縄・その平和と発展のためのデザイン　照屋みどり著　返還軍用地の内発的利用　真喜屋美樹著　文化的特性とアイデンティティ　「うない(姉妹)」神という物語　勝方＝稲福恵子著　エキゾチシズムとしてのパイナップル　本浜秀彦著　奄美・沖永良部島民のエスニシティとアイデンティティ　高橋孝代著　沖縄の将来像　沖縄自立構想の歴史的展開　仲地博著　国際人権法からみた沖縄の「自己決定権」　上村英明著　沖縄の将来像　西川潤, 松島泰勝著　　　　〔2865〕

◇復帰後の沖縄経済の構造変化と政策課題に関する調査研究─調査報告書　那覇　南西地域産業活性化センター　2010.3　103p　30cm　〈平成21年度自主研究事業〉Ｎ332.199
　　　　　　　　　　　　　　　　　　〔2866〕

◇軍事環境問題の政治経済学　林公則著　日本経済評論社　2011.9　280,4p　21cm　4400円　①978-4-8188-2175-0
　内容　はじめに─軍事環境問題とは何か　第1章　いま、なぜ軍事環境問題が重要なのか　第2章　軍用機騒音問題　第3章　軍事基地汚染問題　第4章　環境再生としての軍事基地跡地利用　第5章　軍事の公共性から環境の公共性へ　補論1　軍事技術の発展と経済　補論2　沖縄における軍事環境問題　おわりに─環境経済学の視点からの若干の考察
　　　　　　　　　　　　　　　　　　〔2867〕

◇地方は復活する─北海道・鹿児島・沖縄からの発信　松本源太郎, 村上了太, 菊地裕幸編著　日本経済評論社　2011.11　356p　22cm　4000円　①978-4-8188-2187-3　Ｎ332.107
　内容　北海道・鹿児島・沖縄からの地域再生　第1部　地域の歴史とグローバリゼーション(北海道・鹿児島・沖縄の歴史的位置　沖縄に即して考える「地域個性と経済学」　北海道農業とドイツ人招聘農家　近世末～近代初頭の歴史から見た鹿児島の地域性　アジアの経済統合と沖縄)　第2部　地域における産業振興(ネットワーク・観光と地域づくり　沖縄における長期滞在型観光と地域づくり　ほか)　第3部　まちづくりの課題と行財政(都心における大規模再開発事業─札幌・JRタワーと都心環境　中心市街地活性化策の実態と問題点─まちづくり3法との関連で　地方分権と自治体財政)　　　　　　　　　　　　〔2868〕

◇沖縄県民はなぜ日本一所得が低いのか─問題と解決策は　金城利憲著　北谷町　沖縄の農業問題を考える支援の会　2012.4　36p　21cm　350円　①978-4-86192-301-2
　内容　私は石垣牛に賭ける　沖縄県民の所得、日本一低いのはなぜか─その解決策は　食料自給率の向上には何から着手すべきか　競争力のある日本の農作物TPPは農家を救う　農林中金の役目　TPPを考える日本の農業品質面で勝機　新聞寄稿に見る農業問題　沖縄の農業・畜産の問題点と改善すべき点　　　　　　　　　　　　　〔2869〕

◇ドキュメント沖縄経済処分─密約とドル回収　軽部謙介著　岩波書店　2012.4　248,5p　20cm　〈文献あり　年表あり〉2500円　①978-4-00-022419-2　Ｎ332.199
　内容　第1部　密約交渉(「タナボタを阻止せよ」　回収ドル争奪戦)　第2部　「経済処分」(円切り上げ断行　通貨確認　すれ違う本土と沖縄)　〔2870〕

◇沖縄けいざい風水─沖縄経済・社会の動きが不思議と解るハンドブック　2　おきぎん経済研究所編著　那覇　琉球新報社　2012.8　260p　21cm　〈発売：琉球プロジェクト(那覇)〉1486円　①978-4-89742-136-0　Ｎ332.199
　　　　　　　　　　　　　　　　　　〔2871〕

◇ひずみの構造─基地と沖縄経済　琉球新報社編著　那覇　琉球新報社　2012.8　210p　18cm　(新報新書)　〈発売：琉球プロジェクト(那覇)〉933円　①978-4-89742-148-3　Ｎ332.199　　　　　　　　　　　〔2872〕

◇沖縄アンダンテ　高橋眞知子著　學藝書林　2012.12　189p　19cm　1800円　①978-4-87517-093-8　Ｎ332.199
　内容　沖縄アンダンテ(龍潭池の鯵　ヤモリとあんばん　クワン草　占いおばさん　ほか)　演奏の合間に(虜になって　チュニジアの鳥天使と女将　北の国の子どもたち─リトアニア共和国　蝙蝠の芝居　ほか)　　　　　　　　　　　〔2873〕

◇米国軍政下の奄美・沖縄経済　三上絢子著　鹿児島　南方新社　2013.9　455p　22cm　〈布装　索引あり〉8800円　①978-4-86124-279-3　Ｎ332.197
　内容　第1部　研究目的および奄美群島の概要と米軍統治下における政策(研究目的および奄美群島の概要　米軍統治下における奄美群島の行政　ほか)　第2部　米軍統治下における非正規交易の形成過程─米軍統治下の非正規交易の形成過程と実態像(口之島における非正規交易組織　米軍統治下における奄美と沖縄との間の非正規交易─与論島と国頭村奥集落を中心として　ほか)　第3部　商業圏の形成と展開(豊かさの原点を「市場」経済にみる　米軍統治下における商業空間　ほか)　第4部　米軍統治下における人口動態(奄美群島における日本復帰運動　米軍統治下における奄美諸島と沖縄諸島との間の人の移動と非正規交易　ほか)
　　　　　　　　　　　　　　　　　　〔2874〕

◇沖縄県企業立地ガイド─アジアと日本を繋ぐビジネスHUB　経済特区沖縄　那覇　沖縄県商工労働部企業立地推進課　2014.3　26p　30cm　　　　　　　　　　　　　　　　〔2875〕

◇沖縄経済入門　沖縄国際大学経済学科編, 宮城和宏監修　宜野湾　沖縄国際大学経済学科　2014.4　184p　26cm　〈文献あり　発売：編集工房東洋企画(糸満)〉1500円　①978-4-

「沖縄」がわかる本 6000冊　　229

経済　　　　　　　　　　　　　　　　　　　　　　　　　　社会科学

905412-28-1　Ⓝ332.199　　　　〔2876〕

◇沖縄を取り巻く経済状況—沖縄に流れている俗説は果たして正しいのか　宜野湾　沖縄国際大学公開講座委員会　2015.3　335p　19cm　（沖縄国際大学公開講座 24）〈沖縄国際大学経済学部提供講座　文献あり　発売：編集工房東洋企画（糸満）〉1500円　Ⓘ978-4-905412-39-7　Ⓝ332.199
　内容　横断的問題解決手法　浦本寛史著　沖縄経済論　宮城和宏著　沖縄の雇用労働問題　名嘉座元一著　沖縄経済と観光　湧上敦夫著　沖縄の基地経済　前泊博盛著　大学の社会的責任　村上了太著　アブダクションを用いた製品設計のための方法論の検討　金城敬太著　地域資産としての沖縄の文化的景観　崎浜靖著　沖縄における金融状況　安藤由美著　沖縄における交通産業の生成と発展　梅井道生著　　　　　　　　　　　　〔2877〕

◇翁長知事・県議会は撤回せよ謝罪せよ　又吉康隆著　読谷村（沖縄県）　ヒジャイ出版　2015.3　84p　21cm　1000円　Ⓘ978-4-905100-08-9　Ⓝ332.199　　　〔2878〕

◇沖縄の覚悟—基地・経済・"独立"　来間泰男著　日本経済評論社　2015.6　441p　19cm　3200円　Ⓘ978-4-8188-2388-4　Ⓝ332.199
　内容　第1部　沖縄経済論—基地と経済を中心に（二一世紀の入口で沖縄経済を考える　まやかしの北部振興策 ほか）　第2部　沖縄経済論—書評（基地返還反対の経済論（書評・牧野浩隆著『再考 沖縄経済』）　経済振興策への批判的対応（書評・高橋明善著『沖縄の基地移設と地域振興』）ほか）　第3部　琉球独立論（琉球独立論者の皆さんに捧げる沖縄経済の現実から「独立」を考える）　第4部　経済学は地域個性にどう向き合うべきか（内田真人「沖縄らしさと市場原理」を読む　沖縄の「地域個性」と経済学）　　　　　　　　　　〔2879〕

◇沖縄経済ハンドブック　2015年度版　沖縄振興開発金融公庫企画調査部調査課編　那覇　沖縄振興開発金融公庫企画調査部調査課　2015.9　173p　19cm　Ⓝ330.59　　〔2880〕

《人口・土地》

◇どうなる沖縄の地価動向　照屋学著, 徳永紅氏郎, 長嶺五子編　浦添　ニライ・カナイ研究所　2004.12　124p　26cm　2200円　Ⓘ4-9902134-1-6　Ⓝ334.6　　　　〔2881〕

◇沖縄の人口問題と社会的現実　若林敬子著　東信堂　2009.5　230p　22cm〈索引あり〉3200円　Ⓘ978-4-88713-908-4　Ⓝ334.3199　　　　　　　　　　　　〔2882〕

◇ゆがふしまづくり沖縄県人口増加計画—沖縄21世紀ビジョン　〔那覇〕　沖縄県企画部企

画調整課　〔2014〕　10p　30cm　　〔2883〕

◇戦後沖縄の生殖をめぐるポリティクス—米軍統治下の出生力転換と女たちの交渉　澤田佳世著　大月書店　2014.2　377,15p　22cm〈文献あり〉6500円　Ⓘ978-4-272-35040-7　Ⓝ334.3199
　内容　第1部　沖縄の出生力転換を理解する理論と方法（沖縄の出生力転換を捉える理論的枠組み—ジェンダーの視点から出生力を歴史化する　沖縄の出生力転換をジェンダーの視点から調査する—出生力の歴史化と女性の生殖経験の中心化）　第2部　米軍統治と沖縄の生殖をめぐるポリティクス（戦後沖縄の出生力転換と女性をとりまく社会構造　人口と中絶ポリティクス——九五〇年代沖縄の「人口問題」と優生保護法をめぐる攻防　冷戦と沖縄の家族計画——九六〇年代沖縄の生殖をめぐるポリティクス　ヤミ中絶から避妊へ—家族計画普及活動と出生抑制手段の転換）　第3部　女たちの人生と生殖をめぐる家父長制的交渉（教育と就労のライフコース—その多様性/蛇行性と女性の意志　結婚の経験と動機—晩婚化と恋愛結婚の主流化　子どもを産むこと/もう産まないということ—生殖をめぐる女性の交渉と経験　ジェンダー化された育児の場—女性の「連帯」と男性の「主体的無関心」）　　　　　　　　　〔2884〕

◇沖縄県人口増加計画—沖縄21世紀ビジョンゆがふしまづくり　那覇　沖縄県　2014.3　62,44p　30cm　Ⓝ334.3199　　　〔2885〕

◇沖縄県および県内市町村の人口動向と将来推計人口に関する調査研究—調査報告書　那覇　南西地域産業活性化センター　2015.8　58,42p　30cm〈平成27年度自主研究事業〉Ⓝ334.2　　　　　　　　　　　〔2886〕

《移民・植民》

◇うるまからの出発—コロニア・オキナワ入植四十周年記念誌　コロニア・オキナワ入植40周年記念誌編纂委員会編　〔サンタクルス〕　コロニア・オキナワ入植40周年記念誌編纂委員会　1995.11　273,70p　図版13枚　27cm　Ⓝ334.467　　　　　　　　　〔2887〕

◇前堂盛松日記—アルゼンチン・ウルグアイ移民資料　上　具志川市史編さん室編　〔具志川〕　具志川市教育委員会　1996.3　184p　26cm　（具志川市史編集資料 9）　Ⓝ334.51　　　　　　　　　　　　〔2888〕

◇日本移民の地理学的研究—沖縄・広島・山口　石川友紀著　宜野湾　榕樹書林　1997.2　607p　22cm　20000円　Ⓘ4-947667-37-0　Ⓝ334.51
　内容　序論（本研究の目的及び対象　本研究の仮説及び研究法　研究史及び本研究の意義　本論文の

社会科学　　　　　　　　　　　　　　　　　　　　　　　　経済

構成）　総論（アジアからの主要移民　日本からの
移民　移民会社）　各論（契約及び自由・契約移民
時代、特に契約移民送出の中心地域（瀬戸内）から
の移民　自由・契約移民時代、特に自由移民送出
の中心地域（沖縄県）からの移民　ハワイ及びブラ
ジルにおける日本移民）　　　　　　　　　〔2889〕

◇米軍に土地を奪われた沖縄人—ブラジルに
　渡った伊佐浜移民　石田甚太郎著　新読書社
　1997.4　178p　19cm　1200円　Ⓘ4-7880-
　5012-9　Ⓝ334.462
　内容　1　ブラジルはいい国ですよ—沖縄からの移
　民　2　働き続けた四十年　3　なじめない異郷　5
　財産は子どもたち　5　乳をしぼり野菜を作る　6
　私のアメール　7　コストラに賭ける　8　少し若い
　世代　9　ブラジルに生きる　10　出稼ぎ一家の行
　方　11　ブラジルか日本か　12　二人の指導者
　　　　　　　　　　　　　　　　　　　　　〔2890〕

◇前堂盛松日記—アルゼンチン・ウルグアイ移
　民資料　下　前堂盛松〔著〕,具志川市史編
　さん室編　具志川　具志川市教育委員会
　1998.3　99p　26cm　（具志川市史編集資料
　10）　Ⓝ334.51　　　　　　　　　　　　〔2891〕

◇沖縄移住地—ボリビアの大地とともに　具志
　堅興貞著,照井裕翻　那覇　沖縄タイムス社
　1998.6　330p　19cm　2300円　Ⓘ4-87127-
　126-9　Ⓝ334.51
　内容　第1章　沖縄脱出　第2章　コロニア入植　第
　3章　農協職員として　第4章　組合長就任　第5
　章　搾油工場落成　第6章　職員慰安旅行　第7章
　CAICO20周年祭　第8章　大洪水　第9章　入植40
　周年祭　第10章　土地問題終結　　　　　〔2892〕

◇沖縄県の「満州開拓民」の研究—その入植ま
　で　那覇　沖縄女性史を考える会　1999.3
　132p　30cm　〈沖縄県対米請求権事業協会平
　成10年度地域振興研究助成報告書　年表あ
　り〉　Ⓝ611.24225　　　　　　　　　　〔2893〕

◇具志川市の海外移民—第3回世界のウチナー
　ンチュ大会　具志川市編　〔具志川〕　具志
　川市　2001.10　31p　30cm　〈会期：2001年
　11月5日　世界のぐしちゃーんちゅ歓迎記念
　年表あり〉　Ⓝ334.51　　　　　　　　　〔2894〕

◇旧南洋群島と沖縄県人—テニアン　沖縄県文
　化振興会公文書管理部史料編集室編　〔那
　覇〕　沖縄県教育委員会　2002.2　80p
　30cm　（沖縄県史ビジュアル版 9（近代 2））
　〈他言語標題：Okinawans and the Nanyo
　Gunto　英文併記　年表あり〉　Ⓝ334.5199
　　　　　　　　　　　　　　　　　　　　　〔2895〕

◇八重山の台湾人　松田良孝著　石垣　南山舎
　2004.7　229p　19cm　（やいま文庫 8）〈文
　献あり〉　1800円　Ⓘ4-901427-13-X　Ⓝ334.
　5224

　内容　序章　台湾人コミュニティー　第1章　八重山
　へ　第2章　台湾ではない「日本」で　第3章　大量
　帰化　第4章　「日本人」と「台湾人」　終章　遠回
　り　　　　　　　　　　　　　　　　　　　〔2896〕

◇糸満市海外渡航者名簿—戦前期　糸満市教育
　委員会総務部文化課編　〔糸満〕　糸満市教
　育委員会　2006.3　444p　21×30cm　（糸
　満市史研究資料 9）　Ⓝ334.51　　　　　〔2897〕

◇忘れ得ぬ人々—ブラジル沖縄移民の秘話　宮
　城松成著　那覇　沖縄タイムス社　2006.4
　175p　22cm　1200円　Ⓘ4-87127-174-9
　Ⓝ334.51　　　　　　　　　　　　　　　〔2898〕

◇ふるさと離れて　南風原町史編集委員会編
　南風原町（沖縄県）　沖縄県南風原町　2006.
　7　405p　30cm　（南風原町史　第8巻（移
　民・出稼ぎ編））　Ⓝ334.51　　　　　　〔2899〕

◇ボルネオに渡った沖縄の漁夫と女工　望月雅
　彦著　再刊　ヤシの実ブックス　2007.7
　210p　19cm　〈ボルネオ史料研究室2001年刊
　の補正　文献あり〉　1500円　Ⓘ978-4-
　9903693-0-9　Ⓝ334.5199　　　　　　　〔2900〕

◇植民者へ—ポストコロニアリズムという挑発
　野村浩也編著　京都　松籟社　2007.11
　508p　19cm　〈文献あり〉　3200円　Ⓘ978-4-
　87984-253-4　Ⓝ361.5
　内容　第1部　植民者とはだれか（日本人という植民
　者　植民への欲望—“他者”の“領有”と日本人の言
　説政治　責任としての抵抗—ファノン、レヴィナ
　ス、李良枝を中心に）　第2部　野蛮と癒し—欲望
　される植民地から（帝国を設けて、何がてけない
　のか？　「観光立県主義」と植民地都市の「野蛮
　性」—沖縄の土地・空間をめぐる新たな記述段階
　太平洋を横断する植民地主義—日米両国の革新派
　と「県外移設論」をめぐって）　第3部　抵抗の記
　述にむけて（同定と離脱—清田政信の叙述を中心
　にして　この、平穏な時期に—東京タワージャッ
　クにおける富村順一の「狂気」をめぐって　植民
　地主義後の植民地主義—Colonialism after colo-
　nialism）
　　　　　　　　　　　　　　　　　　　　　〔2901〕

◇出稼ぎと移民　1　総括編・地域編　名護市
　史編さん委員会編　名護　名護市　2008.3
　370p　26cm　（名護市史　本編 5）　Ⓝ334.
　51　　　　　　　　　　　　　　　　　　〔2902〕

◇出稼ぎと移民　2　出稼ぎ＝移民先編　上
　名護市史編さん委員会編　名護　名護市
　2008.3　482p　26cm　（名護市史　本編 5）
　Ⓝ334.51　　　　　　　　　　　　　　　〔2903〕

◇出稼ぎと移民　3　出稼ぎ＝移民先編　下
　名護市史編さん委員会編　名護　名護市
　2008.3　337p　26cm　（名護市史　本編 5）
　Ⓝ334.51　　　　　　　　　　　　　　　〔2904〕

「沖縄」がわかる本　6000冊　　231

経済　　　　　　　　　　　　　　　　　　　　　　　　　　　　社会科学

◇出稼ぎと移民　4　戦後編・展望　名護市史
編さん委員会編　名護　名護市　2008.3
187,23p　26cm　（名護市史　本編 5）〈文献
あり〉　Ⓝ334.51　　　　　　　　　　〔2905〕

◇初期在北米日本人の記録　布哇編　第34冊
布哇沖縄縣人寫眞帖─附・布哇と沖縄風景
奥泉栄三郎監修　比嘉武信編　文生書院
2008.10　1冊（ページ付なし）　30cm
（Bunsei Shoin digital library）〈上原松
1951年刊の電子復刻版〉20686円　Ⓘ978-4-
89253-413-3　Ⓝ334.45　　　　　　　〔2906〕

◇「国民国家」日本と移民の軌跡─沖縄・フィ
リピン移民教育史　小林茂子著　学文社
2010.3　360p　22cm　〈文献あり　索引あり〉
6500円　Ⓘ978-4-7620-1985-2　Ⓝ334.51
内容 第1部 沖縄における移民教育の展開（1910
年代までの地域にみる「風俗改良」の態様─移民
教育の地域的普及を中心に　1920年代における海
外沖縄移民の実態と移民教育の組織的展開　沖縄
の移民教育としての『島の教育』（1928年）の再評
価─とくに「大正自由教育」の影響による多面性
に注目して　開洋会館（1934年）の機能変化と村
の移民送出状況の背景─1920年代後半から1930
年代半ばまでの移民教育事情　「南進」政策によ
る移民教育の変容─移民教育かた植民教育への変
質）　第2部 フィリピンにおける沖縄移民の自己
意識の形成（フィリピン・ダバオにおける沖縄移民
の自己意識の形成過程　沖縄移民の生活実態と郷
友会的社会による「沖縄人としてのアイデンティ
ティ」形成─「仲間喜太郎日記」（1937年）を中心
に　フィリピン・ダバオの日本人学校における沖
縄移民二世の自己意識）　　　　　　　〔2907〕

◇出稼ぎと移民　別冊（資料編）　名護市史編
さん委員会編　名護　名護市　2010.11
685p　27cm　（名護市史　本編 5）　3000円
Ⓝ334.51　　　　　　　　　　　　　〔2908〕

◇ウチナーンチュの生き方を探る─私の南米取
材記　山城興勝著　那覇　琉球新報社
2010.12　214p　19cm　〈年表あり　発売：琉
球プロジェクト（那覇）〉1200円　Ⓘ978-4-
89742-121-6　Ⓝ334.51　　　　　　　〔2909〕

◇世界に羽ばたいたウラシーンチュたち　浦添
市立図書館編　〔浦〕　浦添市教育委員会
2011.9　78p　30cm　（浦添市移民史　ビ
ジュアル版　その1（海外移民編））〈年表あ
り　文献あり　英語併載〉Ⓝ334.51　〔2910〕

◇東アジアの間地方交流の過去と現在─済州と
沖縄・奄美を中心にして　津波高志編　彩流
社　2012.3　491,7p　22cm　（琉球大学人の
移動と21世紀のグローバル社会 5）〈文献あ
り〉4500円　Ⓘ978-4-7791-1674-2　Ⓝ334.
521
＊在日済州人をインターローカル（間地方的）な内

なる視点から捉え直し、その移動と交流の過去
と現在を問う。合わせて、琉球弧の島々の周辺
地域との交流史も取り上げ、島の目線で東アジ
アにおける人の移動と交流の構図を描く。
　　　　　　　　　　　　　　　　　　〔2911〕

◇人の移動、融合、変容の人類史─沖縄の経験
と21世紀への提言　我部政明、石原昌英、山
里勝己編　彩流社　2013.3　400,15p　22cm
（琉球大学　人の移動と21世紀のグローバル
社会 8）〈索引あり〉4000円　Ⓘ978-4-
7791-1677-3　Ⓝ334.4
内容 第1部 基調講演　第2部 中国・台湾班　第
3部 ハワイ・アメリカ班　第4部 タイ・ラオス班
第5部 太平洋・島嶼班　第6部 移民班　第7部 若
手セッション　　　　　　　　　　　　〔2912〕

◇躍動する沖縄系移民─ブラジル、ハワイを中
心に　町田宗博、金城宏幸、宮内久光編　彩流
社　2013.3　293p　22cm　（琉球大学　人の
移動と21世紀のグローバル社会 10）〈索引
あり〉3000円　Ⓘ978-4-7791-1709-1
Ⓝ334.462
内容 第1章 戦後沖縄県における海外移民の歴史
と実態─日本復帰前の状況を中心に　第2章 ウチ
ナーンチュの越境的ネットワークと紐帯─「チム
グクル」とウチナーグチをめぐって　第3章 海外
における沖縄アイデンティティの地域間比較─第
5回世界のウチナーンチュ大会参加者アンケートを
中心に　第4章 沖縄県系経営者ネットワークの形
成と展開─WUBというビジネス組織　第5章 日
系コロニアの social 基盤と「ブラジル沖縄県人会」
─サンパウロの状況を中心に　第6章 ブラジル沖
縄コロニア語─その発生と特徴　第7章 サンパウ
ロ市における沖縄県系人の四十九日のミサ─ブラ
ジルにおける沖縄の民間信仰の継承の一事例につ
いて　第8章 ブラジルの石敢当─沖縄出身者の魔
除け　第9章 ハワイのユタ─沖縄のカミガミと異
郷のカミガミ　第10章 ハワイに送られた捕虜た
ち─新聞二紙に見られる捕虜関係記事紹介　終章
フォーラム「海外日系紙記者のみた移民社会」─
第5回世界のウチナーンチュ大会開催期間の中で
　　　　　　　　　　　　　　　　　　〔2913〕

◇もうひとつのウラシーンチュたちの体験─渡
航・戦争・戦後　浦添市立図書館編　〔浦添〕
浦添市教育委員会　2013.3　100p　30cm
（浦添市移民史　ビジュアル版　その2（アジア
太平洋・国内編））〈他言語標題：Another
experience of the Urashinchus　年表あり
文献あり　英語併記〉334.51　　　　〔2914〕

◇「南洋紀行」の中の沖縄人たち　仲程昌徳著
那覇　ボーダーインク　2013.6　249p
19cm　2000円　Ⓘ978-4-89982-240-0
Ⓝ334.5199　　　　　　　　　　　　〔2915〕

◇沖縄と「満洲」─「満洲一般開拓団」の記録
沖縄女性史を考える会編　明石書店　2013.8
786p　22cm　〈文献あり〉10000円　Ⓘ978-

232　　「沖縄」がわかる本　6000冊

社会科学　　　　　　　　　　　　　　　　　　　　　　　　　　　　　　　　　　経済

4-7503-3867-5　Ⓝ334.5199

内容 第1章 「一般開拓団」の調査を通して　第2章 小山子九州村（開拓団第七次）　第3章 伊漢通開拓団（集団第九次）　第4章 恩納開拓団・今帰人開拓団・南風原開拓団（集合第一次）　第5章 青雲開拓団（集団第十二次）　第6章 上頭站越来開拓団（集団第十三次）　第7章 他県の開拓団に在籍した県人　第8章 新聞報道に見る送出が実現しなかった村　資料 戸別状況表　　　〔2916〕

◇写真で見るブラジル沖縄県人移民の歴史─1908-2008　宮城あきら, 山城勇他著　Sã o Paulo　ブラジル沖縄県人会　2014　386p　29cm〈他言語標題：1 sé culo de histó ria em fotos 移民100周年記念　翻訳：宮原ジャネほか　付属資料：62p：笠戸丸沖縄県人移民325名名簿及び簡単な足跡　ポルトガル語併記〉Ⓘ9788588246225　Ⓝ334.462
〔2917〕

◇浦添市移民史　証言・資料編　浦添市移民史編集委員会編　〔浦添〕　浦添市教育委員会　2014.3　550p　30cm　Ⓝ334.51　〔2918〕

◇眉屋私記　上野英信〔著〕　福岡　海鳥社　2014.11　544p　20cm〈潮出版社 1984年刊の再刊〉4500円　Ⓘ978-4-87415-924-8　Ⓝ334.51

内容 嘉例吉の渡波屋　出関　砂の牢　銭の鎖　ダーメ・ルス　悲しき外人兵　浮き世灘　黄白人種宣言　皇紀二千六百年　鶴屋炎上　波も音立てな　　　〔2919〕

◇畑人の戦みち─満洲へ渡った沖縄人の物語　源河朝良著　那覇　あけぼの出版　2014.11　500p　19cm　1800円　Ⓘ978-4-903536-07-1　Ⓝ916　〔2920〕

◇浦添市移民史　本編　浦添市移民史編集委員会編　〔浦添〕　浦添市教育委員会　2015.3　603p　30cm〈折り込 2枚　年表あり〉Ⓝ334.51　〔2921〕

◇南米大陸55年の道程─屋宜宜太郎の軌跡と移民の現在　新崎盛文著　〔那覇〕　沖縄タイムス社（発売）　2015.7　201p　19cm〈年譜あり〉1500円　Ⓘ978-4-87127-664-1　Ⓝ334.5199　〔2922〕

◇ウチナーンチュが見た戦前・戦時下の台湾・フィリピン─戦後70年伝え残す記憶　沖縄県平和祈念資料館平成27年度第16回特別企画展　沖縄県平和祈念資料館編　糸満　沖縄県平和祈念資料館　2015.10　68p　30cm〈会期：平成27年10月9日─12月10日　文献あり〉Ⓝ334.5199　〔2923〕

◇沖縄それぞれの満州─語り尽くせぬ記憶　沖縄満州会十五周年記念誌　沖縄満州会記念誌

委員会編　〔那覇〕　沖縄満州会　2015.11　301p　26cm〈年表あり〉1852円　Ⓘ978-4-908598-00-5　Ⓝ334.5199　〔2924〕

《経営》

◇沖縄の企業と人脈　琉球新報社編集局政経部編　那覇　琉球新報社　1998.12　269p　21cm　2000円　Ⓘ4-89742-019-9　Ⓝ335.2199

内容 国和会　りゅうせきネットワーク会議　琉鵬会　琉展会　拓伸会　百添会　金秀グループ　米和会　かりゆしグループ　オークスグループ〔ほか〕　　　〔2925〕

◇沖縄のオンリーワン企業─斬新なアイディア、ユニークな生き方で夢を創り上げる十二の企業と人　伊敷豊著　那覇　ボーダーインク　1999.2　245p　19cm　1600円　Ⓘ4-938923-74-2　Ⓝ335.35

内容 第1章 「沖縄」にこだわって（ぜんざいデリバリー／ぜんざいの富士家─「ぜんざいビジネス」はじめました　伝統工芸品・物産品・卸小売り／ゆいまーる沖縄─「沖縄」にこだわって仕事しています ほか）　第2章 未来を見つめる企業（樽貯蔵泡盛／ヘリオス酒造─ブランドは宝物　アメリカン・イタリアンファーストフード／ピザハウス・ジュニア─沖縄を映すアメリカン・イタリアン ほか）　第3章 チャレンジが夢を育てる（パソコンPOS「Win - POS」／レイメイコンピューター─1プラス1は無限　事務代行サービス／ザ・総務部─もしもし、「ザ・総務部」です ほか）　〔2926〕

◇沖縄のオンリーワン企業　2　伊敷豊著　那覇　ボーダーインク　2000.4　249p　19cm〈「2」のサブタイトル：ニッチ・マーケット発見！〉1600円　Ⓘ4-938923-88-2　Ⓝ335.35　〔2927〕

◇ローカル企業活性化論─経営理念との相関　上間隆則著　森山書店　2000.7　202p　22cm　3300円　Ⓘ4-8394-1919-1　Ⓝ335.2199　〔2928〕

◇羅針盤─新しい世紀に対応する商工会議所を目指して　沖縄商工会議所21世紀記念誌　沖縄　沖縄商工会議所　2001.1　374p　27cm　Ⓝ330.66　〔2929〕

◇沖縄企業活性化論─経営理念と人的資源管理の視座　上間隆則著　森山書店　2003.5　339p　22cm〈文献あり〉3800円　Ⓘ4-8394-1975-2　Ⓝ335.2199

内容 第1部 本論（沖縄企業の生成と変遷過程　企業家の意識と行動特性　経営理念　政策理念と経営理念　経営国際化戦略 ほか）　第2部 実態調査研究（沖縄企業と他地域企業との比較　沖縄県における企業体質の形成要因　実態調査にみる沖縄

経済　　　　　　　　　　　　　　　　　　　　　　　　　　　社会科学

企業および経営者の概況　不況下における沖縄企業の選択）　　　　　　　　　　　　　〔2930〕

◇金城祐子さんのはたらくココロエ──周囲の期待に応えるコツ、教えます！　はたらくココロエ編集部編　宙出版　2005.5　159p　19cm　1200円　Ⓘ4-7767-9158-7
　内容　仕事は選ぶのではなく、まず飛び込んでみる。"なんくるないさ"が行動力の原点。　受け身で慣れるのではなく、主体的に変えていく。新鮮さは自分を変える大きなチャンス。　働いていない自分は想像できない。3日でも1日でも、働いた分だけ自分が変わる。　相手に心を配り、相手の心に残るサービスを。派遣で身につけた顧客対応の基本で。　私がしたい仕事はこれじゃない。そう言えたことが、その後の自分のがんばりを支えています。　"復帰っ子"としての自覚と周囲の目。自分の成長を意識することで、何かをしたいという思いが、強く、大きくなっていく。　なぜ沖縄にラム酒がないの？ささいな日常の中にも疑問を持つこと。そこには、かつてない物語が隠されています。　棒読みの初プレゼンは、バーテンダーの実演付きでラム酒の魅力をアピール。　もうやめます。そう言うのは簡単なこと。自分の限界を感じた時にこそ、周囲の支えを見つめ直してみる。　自分がやめたら誰がやるの？自信や説得力には、私の仕事だと言える自覚が必要でした。〔ほか〕　　　　　　　　　　〔2931〕

◇沖縄で夢の島暮らしを実現しよう！──移住・起業の成功術　沖縄・夢実現プロジェクト編　ジャニス　2005.7　128p　21cm　〈発売：メディアパル〉　1500円　Ⓘ4-89610-741-1　Ⓝ335.2199
　内容　第1章　自営業で沖縄に暮らす──移住者10人に聞きました（手作りの「ちんすこう」がネット通販で大ブレイク──製菓製造・販売　中西夕美絵さん　沖縄で商売をするならアイデア勝負　コーヒーの移動販売からスタート──コーヒー販売　清川勝朗さん　ほか）　第2章　失敗しない沖縄移住のこつ──楽園生活を送るために（沖縄で快適な家を探す方法──移住するための、はじめの関門　移住にまつわるマネー事情──移住には意外とお金が掛かる　ほか）　第3章　沖縄で起業するためのポイント──思い通りの仕事を手に入れる（起業を考え始めたら準備すること──心が決まったら、できることからとりかかろう　事業計画書を作ろう──事業計画書は、船出に必要な羅針盤　ほか）　第4章　沖縄自由自在──暮らしに役立つデータベース（UJIターンを支援する市町村　沖縄の真実の姿が浮かび上がる!?沖縄県ものしりデータ）　　〔2932〕

◇沖縄に学ぶ成功の法則──伊敷流沖縄ビジネスの心　伊敷豊著　那覇　沖縄スタイル　2006.5　315p　21cm　〈発売：樹出版社〉　1800円　Ⓘ4-7779-0548-9　Ⓝ335.2199
　内容　第1章　想いを形に　第2章　スキマに商機あり　第3章　現場で考える　第4章　斬り込む　第5章　妥協しないこだわり　第6章　仕事は道楽　　　　　　　　　　　　　　　　〔2933〕

◇南の島のたったひとりの会計士　屋宮久光著　扶桑社（発売）　2006.11　219p　20cm　1300円　Ⓘ4-594-05253-3　Ⓝ336.97
　内容　南の島から　神秘の森からの贈り物　会計士、故郷へ帰る　ギャップ　真っ直ぐではない道　人間辞めてもいいですか？　走り出せ！満天の星のもと　シマ文化発信の拠点に　加計呂麻島とにらめっこ　支えあうシマッチュ　きょらじま（美しい島）への道しるべ　挑戦──夢への誘い　　　　　　　　　　　　　　　　〔2934〕

◇沖縄ビジネスウーマン！──〈インタビュー〉仕事・生き方・沖縄の未来　内海＝宮城恵美子著　那覇　ボーダーインク　2007.3　207p　19cm　1500円　Ⓘ978-4-89982-120-5　Ⓝ335.2199　　　　　　　　　　　　〔2935〕

◇おきなわ就活塾　重田辰弥著　メディア21　2008.2　214p　19cm　〈発売：新宿書房〉　1800円　Ⓘ978-4-88008-382-7　Ⓝ336.42
　内容　第1部　おきなわ就職最前線（沖縄出身者はどう見られるか？　雇用データあれこれ　父兄の影響力　高校生の職場実習　入社・退社）　第2部　私の就職・転職・独立（私の生い立ち──満州・奄美・沖縄　わが青春の懊悩　会社創業　よりよき沖縄ベンチャー育成のために）　〔2936〕

◇沖縄における市民の意見が通る社会づくり──市民アクターであるNPO・NGO・市民団体の活動および他のアクターとの関係性　鈴木規之編　〔西原町（沖縄県）〕　鈴木規之　2008.3　202p　30cm　（琉球大学法文学部人間科学科社会学専攻社会学コース「社会学実習」調査報告書　2006年度）　〈文献あり〉　Ⓝ335.89　　　　　　　　　　　　〔2937〕

◇沖縄20社創業秘話　島尻雅彦〔著〕　那覇　ぴぴ　2008.7　220p　22cm　〈発売：沖縄教販（那覇）〉　1429円　Ⓘ978-4-900374-95-9　Ⓝ332.8　　　　　　　　　　　　　　〔2938〕

◇本土に負けない沖縄企業　吉崎誠二著　芙蓉書房出版　2008.8　206p　20cm　（シリーズ志の経営　2）　1800円　Ⓘ978-4-8295-0427-7　Ⓝ335.2199
　内容　観光・旅行ビジネスの進化を担う──沖縄ツーリスト・東良和（観光の島沖縄　沖縄の観光産業の礎を作った偉大な父、東良恒　家庭環境と幼少時代──大人になるまで生きられないと思った　ほか）　本土に負けないものづくり技術──海邦ベンダー工業・神谷弘隆（母の影響を強く受けた幼少期から中学時代　中学校を出てすぐに就職　覚悟を決めて本土へ渡る　ほか）　沖縄における専門学校教育と人財づくり──KBC学園グループ・大城真徳（企業と人材採用　平成二〇年春は"改革元年"　少年時代　ほか）　　　　　　　〔2939〕

◇沖縄県経営者協会50周年記念誌　那覇　沖縄県経営者協会　2009.6　79p　30cm　〈他言

語標題：Okinawa Employers' Associations 50th anniversary history　年表あり〉Ⓝ330.66　〔2940〕

◇沖縄型ビジネスモデル構築事業報告書　平成24年度　健康食品産業　那覇　沖縄県商工労働部経営金融課　2013.3　173p　30cm Ⓝ335.35　〔2941〕

◇沖縄型ビジネスモデル構築事業報告書　平成25年度　沖縄県菓子製造業　那覇　沖縄県商工労働部中小企業支援課　2014.3　227p　30cm Ⓝ335.35　〔2942〕

◇沖縄上等企業に学ぶ最高のチームのつくり方―日本人が忘れたリーダーシップ　下所諭著　中央経済社　2014.6　183p　21cm〈文献あり〉2200円　Ⓘ978-4-502-09770-6 Ⓝ336.3 内容 第1章 日本企業に不足するチームワーク　第2章 最高のチームをつくる原則　第3章 変革と家族意識を両立する企業―沖縄製粉株式会社　第4章 価値観の「語り部」を育てる企業―株式会社琉球光和　第5章 絆を強くする 出会えば兄弟　第6章 「心」を一つにする　第7章 外に学ぶチャンプルー文化　〔2943〕

◇中小企業100の支援　平成26年度　沖縄県産業振興公社編　那覇　沖縄県商工労働部中小企業支援課　2014.8　384p　21cm Ⓝ335.35　〔2944〕

◇若年者定着支援実践プログラム事業周知広報冊子―ワカテ×未来×カイシャ 社員を大切にする経営者へ贈る本 育成と定着21の事例集　平成26年度　那覇　沖縄県商工労働部雇用政策課　2015.2　34p　30cm〈沖縄県委託事業〉　〔2945〕

◇九州の百年企業　田中滋幸著　福岡　海鳥社　2015.6　208p　21cm　1700円　Ⓘ978-4-87415-947-7 ＊九州・沖縄で創業百年を超える長寿企業は241社。そのなかの22社の経営者に会い、存続し成長する企業の秘密を探る。業態を変化させた企業、お客様第一の企業…。信念を持つ経営者たちの存在と熱い思いが語る混迷の時代へのヒント。　〔2946〕

《金融》

◇沖縄投資環境ガイドブック　日本貿易振興会投資交流部対日投資課　2000　141p　30cm Ⓝ338.921　〔2947〕

◇対沖縄投資のご案内　日本貿易振興会〔2000〕　1冊（ページ付なし）　30cm Ⓝ338.921　〔2948〕

◇キャラウエイ旋風―琉球政府金融検査部長回顧録　外間完和著　那覇　ひるぎ社　2000.4　307p　21cm　2800円　Ⓝ338.2199　〔2949〕

◇金融特区と沖縄振興新法　名護市国際情報通信・金融特区創設推進プロジェクトチーム, 大和証券グループ金融特区調査チーム編　商事法務　2002.5　159p　19cm　2100円　Ⓘ4-7857-0996-0 Ⓝ338.3 内容 第1章 金融特区とは　第2章 沖縄振興特別措置法と金融特区　第3章 金融特区創設に伴う税制措置　第4章 金融特区の創設にむけて―沖縄県名護市の取組み　第5章 海外の金融特区　第6章 金融特区の活用事例　第7章 我が国における金融特区の今後の方向　〔2950〕

◇最近10年間の沖縄公庫の歩み―創立30周年：データブック　沖縄振興開発金融公庫企画調査部編　那覇　沖縄振興開発金融公庫企画調査部　2003.3　202p　30cm〈年表あり〉Ⓝ338.67　〔2951〕

◇戦後沖縄通貨変遷史―米軍統治時代を中心に　山内昌尚著　那覇　琉球新報社　2004.4　67p　30cm　1600円　Ⓘ4-89742-058-X Ⓝ337.2199　〔2952〕

◇沖縄金融専門家会議―金融特区の実現に向けた20の視点　国際情報通信・金融特区促進協議会編　沖縄タイムス　2004.7　302p　19cm〈会期・会場：2004年2月19-20日 万国津梁館　年表あり〉2200円　Ⓘ4-87127-167-6 Ⓝ338.04 内容 挨拶　基調講演（金融特区をどう生かす 資本市場の現状と金融特区）　プレゼンテーション（オンライン取引の可能性 沖縄金融特区発展の方向性 金融が持続可能な社会と価値の実現に向けて果たす役割 国際金融センターと金融教育 アジアからグローバルへ アジア債券市場構想の現状と沖縄の可能性 ARTによる地震リスクの移転 証券化―商品と発行の仕組み デリバティブ取引きの現状と今後の展開について 中小企業融資専門ファンドの創設）　パネルディスカッション（金融技術革新と沖縄への応用）　付録 会議後の金融動向　〔2953〕

◇名護金融特区の現状と展望―学術フロンティア推進事業国際シンポジウム　吹田　関西大学法学研究所　2005.3　176p　26cm〈会期・会場：2004年7月3日 関西大学尚文館1階マルチメディアAV大教室ほか〉Ⓘ4-906555-27-6 Ⓝ338.3 内容 名護市の金融センター構想（阪上允博述）　金融特区税制・キャプティブ保険・PASDAQ構想（比嘉盛樹述）　名護金融特区とアジア債券市場構想（近藤健彦述）　名護金融特区：ビジネスモデルの可能性（大垣尚司述）　銀行規制と市場規律（滝川敏明述）　アイルランドのIFSCはなぜ成功したか（村井正述）　Tax competition: from Dublin docks to CCCTB

財政　　　　　　　　　　　　　　　　　　　　　　　　　　社会科学

（Peter Schonewille述）　　　　　　〔2954〕

◇第2回沖縄金融専門家会議─新たな金融ビジネスの可能性と金融特区の更なる活性化を考える　沖縄県, 名護市, 国際情報通信・金融特区促進協議会編　那覇　琉球新報社　2005.10　286p　19cm〈他言語標題：Okinawa financial experts meeting　会期・会場：2005年3月3-4日　万国津梁館　年表あり〉2200円　①4-89742-071-7　Ⓝ338.04
内容　第1回会議のプログレスレポート：沖縄発！全国版中小企業ローン資産担保証券市場構想（小西龍治述　海洋リゾート型プライベートバンキングの発展に向けて（富樫直記述　沖縄における電子手形実証実験の取り組み状況（安里昌利述　沖縄の金融特区に関する取り組み状況について（伊川征一述　プライベートバンキングの本質について（フィリップ・ゴードンレノックス述）　電子マネー：沖縄におけるモバイル電子マネー（佐藤一夫述　パーソナルゲートウェイとしてのケータイ（牧俊夫述　東京三菱銀行の総合カード・電子マネー戦略（村田隆一述）　アセットマネジメント：個人資産の運用シフトと地域経済活性化（澤上篤人述　資産運用ビジネスにおける業務アウトソースの可能性とその意義（堀江貞之述）〔2955〕

◇沖縄海邦銀行55年史　那覇　沖縄海邦銀行　2006.12　448p　27cm〈年表あり〉Ⓝ338.61　　　　　　　　　　　　　　　　〔2956〕

◇沖縄銀行五十年史　沖縄銀行50年史編纂委員会編　那覇　沖縄銀行　2007.7　763p　31cm〈年表あり〉Ⓝ338.61　〔2957〕

◇沖縄クレジット・サラ金被害をなくす会10年の歩み　那覇　沖縄クレジット・サラ金被害をなくす会10周年記念誌編集委員会　2007.10　82p　30cm〈年表あり〉Ⓝ338.7〔2958〕

◇沖縄県信用保証協会創立50周年記念誌　沖縄県信用保証協会編　那覇　沖縄県信用保証協会　2012.3　152p　31cm〈他言語標題：Credit Guarantee Corporation of Okinawa-ken since 1961 50th anniversary　背のタイトル：創立50周年記念誌〉Ⓝ338.63〔2959〕

◇最近10年間の沖縄公庫の歩み─創立40周年データブック　沖縄振興開発金融公庫企画調査部編　那覇　沖縄振興開発金融公庫企画調査部業務企画課　2013.3　241p　30cm〈年表あり〉Ⓝ338.67　　　　　　　　〔2960〕

◇沖縄返還と通貨パニック　川平成雄著　吉川弘文館　2015.2　206p　21cm　2100円　①978-4-642-08266-2　Ⓝ337.3
内容　プロローグ ニクソン・ショックと沖縄返還　1 ドル支配体制の揺らぎ　2 沖縄返還前夜─コザ反米騒動　3 ニクソン・ショックの波紋　4 ドル

通貨確認─ドルから円へ　5 ドルの凋落と沖縄返還　エピローグ 米軍と日本政府に追われて〔2961〕

◇万国津梁産業人材育成事業事業報告書　平成26年度　〔那覇〕　沖縄県産業振興公社　2015.3　197p　30cm　（沖縄県商工労働部産業政策課委託業務報告書 平成26年度）Ⓝ338.92　　　　　　　　　　　　　　　〔2962〕

財政

◇復帰20年・沖縄県市町村財政の分析　沖縄県町村議会議長会編　那覇　沖縄県町村議会議長会　1997.3　530p　26cm　Ⓝ349.2199　　　　　　　　　　　　　　　　〔2963〕

◇資料　6　大蔵省財政史室編　東洋経済新報社　1998.4　552p　21cm　（昭和財政史 昭和27～48年度 18）　14000円　①4-492-81418-3
内容　解説　資料（IMF・GATT体制と日本　日本の為替管理・対外経済政策）　　　　　〔2964〕

◇江戸の財政改革　童門冬二著　小学館　2002.11　330p　15cm　（小学館文庫）　571円　①4-09-403533-8
内容　羽地朝秀（琉球王朝摂政）　早川八郎左衛門（出羽国村山郡尾花沢ほか代官）　保科正之（高遠城主・幕府老中）　松平定信（白河藩主・幕府老中）　細川重賢（肥後藩主）　堀平太左衛門（肥後藩大奉行）　　　　　　　　　　　　　　　〔2965〕

◇琉球列島における公共部門の経済活動　池宮城秀正著　同文舘出版　2009.3　250p　22cm　（明治大学社会科学研究所叢書）〈文献あり 索引あり〉4800円　①978-4-495-43941-5　Ⓝ349.2199
内容　第1章 緒論　第2章 琉球政府の予算政策　第3章 琉球政府の租税政策　第4章 政府間財政関係と市町村財政　第5章 日本国民としての教育と教育財政　第6章 軍事基地の安全保持と米国援助　第7章 復帰運動の高揚と日本政府援助　〔2966〕

◇地方分権の10年と沖縄, 震災復興　日本地方財政学会編　勁草書房　2012.3　238p　22cm　（日本地方財政学会研究叢書 第19号）　4500円　①978-4-326-50364-3　Ⓝ349.04
内容　第1部 地方分権の10年と沖縄、震災復興（地方分権、この10年─基調講演「地方分権改革を顧みて思う」　沖縄と地方財政　地震・原発災害からの復興と地方自治（2011年9月10日開催）─特別講演「『お金の世界』から『いのちの世界』へ」）　第2部 研究論文（2000年代における投資的経費に関する研究　生活保護に対する地方交付税の財源保障─大阪府門真市における交付税単価と実額単価に

236　「沖縄」がわかる本　6000冊

社会科学　　　　　　　　　　　　　　　　　　　　　　　　　　　　社会

よる分析　特別交付税の算定ルールと果たしている役割　条件不利地域における公立病院維持と地域医療の提供についての財政分析―隠岐広域連合の運営実態に見る都道府県の役割と意義　英国ブレア政権の医療改革による医療PFIの現状と課題　ドイツ・エコ税をめぐる州政府の対応―シュレーダー政権における連邦参議院の議論を中心に　ビルド・アメリカ債の意義とその効果）　第3部　書評（金澤史男『近代日本地方財政史研究』持田信樹・堀場勇夫・望月正光『地方消費税の経済学』）第4部　学会報告（日本地方財政学会佐藤賞選考結果　学会記事）　　　　　　　　　　　　〔2967〕

◇出納事務局事務概要　資料編　那覇　沖縄県出納事務局会計課　2013.11　115p　30cm　Ⓝ349.3　　　　　　　　　　　　　　　　　　〔2968〕

◇出納事務局事務概要　那覇　沖縄県出納事務局会計課　2014.12　57p　30cm　Ⓝ349.3　　　　　　　　　　　　　　　　　　〔2969〕

◇地方交付税算定状況―市町村分　平成26年度　沖縄県企画部市町村課編　那覇　沖縄県企画部市町村課　2015.3　206p　30cm　Ⓝ349.5　　　　　　　　　　　　　　　　〔2970〕

◇国と沖縄県の財政関係　池宮城秀正編著　清文社　2016.2　148p　21cm　2000円　Ⓘ978-4-433-40775-9　　　　　　　　　　　　内容第1章　序論―国と地方の財政関係　第2章　沖縄県経済の実情　第3章　歳出構造　第4章　歳入構造　第5章　地方税　第6章　地方交付税　第7章　国庫支出金　第8章　地方債　第9章　内閣府沖縄担当府県予算―沖縄振興予算　第10章　基地関係収入と市町村財政　終章―まとめ　　　〔2971〕

統計

◇100の指標からみた沖縄県のすがた―平成13年度　沖縄県企画開発部企画調整室編　那覇　沖縄県対米請求権事業協会　2001.8　198p　21cm　（対米協研究シリーズ no.6）〈シリーズ責任表示：沖縄県対米請求権事業協会編〉300円　　　　　　　　　　　〔2972〕

◇沖縄市町村のカルテ　沖縄本島北部・中部編　照屋学著　浦添　ニライ・カナイ研究所　2006.6　126p　30cm　1000円　Ⓘ4-9902134-4-0　351.99　　　　　　　　　〔2973〕

◇沖縄市町村のカルテ　沖縄本島南部・宮古・八重山・離島編　照屋学著　浦添　ニライ・カナイ研究所　2006.6　112p　30cm　1000円　Ⓘ4-9902134-5-9　Ⓝ351.99　〔2974〕

社会

◇筑紫哲也の「世・世・世」―おきなわ版「多事争論」　パート1　筑紫哲也著　那覇　沖縄タイムス社　1995.6　183p　19cm　1480円　Ⓝ304　　　　　　　　　　　　〔2975〕

◇国際社会においてウチナー、ウチナーンチュに期待するもの　小玉正任〔述〕　都市経済研究所　1996.1　13,5p　26cm　（都市経済研究レビュー）　Ⓝ302.199　　　〔2976〕

◇沖縄を学ぶ―沖縄からアジアが見える、日本が見える　東京都荒川区教育委員会　1996.3　40p　30cm　（成人講座記録集 平成7年度―国際理解講座特集）　Ⓝ302.199　　〔2977〕

◇大阪ウチナーンチュ―フォト・ドキュメンタリー　太田順一著　大阪　ブレーンセンター　1996.3　163p　26cm　1942円　Ⓘ4-8339-0526-4　Ⓝ361.7　　　　　　　　　　内容寄らてぃ遊ばな　美ら島の踊り　ダライコの唄　海風吹く路地　　　　　　　〔2978〕

◇沖縄の時代　松島朝彦著　那覇　ひるぎ社　1996.5　167p　18cm　（おきなわ文庫 77）880円　Ⓝ304　　　　　　　　　　〔2979〕

◇続 うちなぁぐちフィーリング　儀間進著　那覇　沖縄タイムス社　1996.8　298p　19cm　1524円　　　　　　　　　　　内容味わい深い語り口　くぃ（声）ちちゅん（聞く）　みーゆんかーみーらんかー　沖縄の笑いてーげー考　沖縄大和口　続沖縄大和口　恥ずかしい言葉　遊びぃちゅなさん　ゆーしじとーん〔ほか〕　　　　　　　　　　　　　　〔2980〕

◇沖縄若夏の記憶　大石芳野著　岩波書店　1997.6　175p　22cm　1900円　Ⓘ4-00-022358-5　Ⓝ302.199　　　　　　　内容七色の海　海原での出逢い　平和な島　織りロマン　あけずば　ガジュマル　六月の太陽　236095個の石　被害と加害　南十字星〔ほか〕　　　　　　　　　　　　　　〔2981〕

◇南の島の便り―やぶれナイチャーの西表島生活誌　岩崎魚介著　浦添　沖縄出版　1997.6　211p　21cm　1600円　Ⓘ4-900668-64-8　　内容第1章　島の暮らしはエキサイティング　第2章　島の裏側を覗いてみれば　第3章　南風に吹かれながら　第4章　美味なヤツは喰うに限る　第5章　神々のすがた　第6章　島の歴史（体温）に触れる　　　　　　　　　　　　　　　〔2982〕

◇これからの沖縄　吉川英男文, 伊集盛彦写真　長崎　沖縄経済文化振興会　1997.7（重版）413p　31cm〈文献あり　年表あり〉30000円　Ⓝ302.199　　　　　　　　　　〔2983〕

「沖縄」がわかる本 6000冊　**237**

社会　　　　　　　　　　　　　　　　　　　　　　　　　　社会科学

◇筑紫哲也の「世・世・世」―おきなわ版「多
事争論」　パート2　筑紫哲也著　那覇　沖
縄タイムス社　1997.7　200p　18cm　1500
円　Ⓘ4-87127-119-6　Ⓝ304
　内容 1 おきなわ版「多事争論」(独特　6・23　元
気　沖縄そば　小指　日付　反響　質問　ほか)
2 対論―1996・沖縄の歩むべき道は(大城立裕　筑
紫哲也)　　　　　　　　　　　　　　　　〔2984〕

◇パイヌカジ―沖縄・鳩間島から　羽根田治著
山と渓谷社　1997.8　255p　19cm　1600円
Ⓘ4-635-31004-3　Ⓝ302.199
　内容 序章　バッカスの島　第1章　島に還る日　第
2章　豊饒の海　第3章　仙境の島より　　〔2985〕

◇社会を見つめて41年―有村の眼　1968-1979
年　有村善一著,石原昌家監修,柳瀬吉雄編
〔宜野湾〕　有村善一著作集刊行委員会
1997.9　411,19p　22cm〈肖像あり　製作・
発売：榕樹書林(宜野湾)〉　Ⓘ4-947667-43-5
Ⓝ302.199
　内容 第三の世替わりの中で　　　　　　〔2986〕

◇社会を見つめて41年―有村の眼　1980-1984
年　有村善一著,石原昌家監修,柳瀬吉雄編
〔宜野湾〕　有村善一著作集刊行委員会
1997.9　381,19p　22cm〈肖像あり　製作・
発売：榕樹書林(宜野湾)〉　Ⓘ4-947667-44-3
Ⓝ302.199
　内容 「地域が主役」とは　　　　　　　〔2987〕

◇社会を見つめて41年―有村の眼　1985-1996
年　有村善一著,石原昌家監修,柳瀬吉雄編
〔宜野湾〕　有村善一著作集刊行委員会
1997.9　387,19p　22cm〈肖像あり　製作・
発売：榕樹書林(宜野湾)〉　Ⓘ4-947667-45-1
Ⓝ302.199
　内容 希望の持てる21世紀へ　　　　　　〔2988〕

◇沖縄を意識しはじめた日　宮良當治著
MBC21　1998.2　206p　18cm〈発売：東京
経済　文献あり〉　1200円　Ⓘ4-8064-0575-2
Ⓝ302.199
　内容 第1章　沖縄を意識しはじめた日　第2章　石
垣島を訪れて　第3章　沖縄南部・中部をめぐる
第4章　沖縄に思うこと　　　　　　　　〔2989〕

◇石垣島スクーター遊々記　青井志津худож著　四谷
ラウンド　1998.12　257p　19cm　1400円
Ⓘ4-946515-25-9　Ⓝ302.199
　内容 第1章　はるばる日本最南端へ　第2章　石垣
島スクーター・ライフ　第3章　南国の輝き、石垣
の女性たち　第4章　八重山歴史探訪　第5章　豊か
なる神々の祭　第6章　石垣島からのラブレター
　　　　　　　　　　　　　　　　　　　〔2990〕

◇Feel in Okinawa―ハイサイ沖縄　沖縄時事
出版編　那覇　沖縄学販　1999.6　31p

26cm〈発売：桐原書店〉　500円　Ⓘ4-342-
41210-1
　内容 沖縄を体験する(The Ocean in Okinawa―
サンゴ礁の海にもぐる　Listen to Okinawa―
沖縄を聴く　Eat in Okinawa―市場を探検する
ほか)　沖縄を知る(Crossroads of Asia―アジ
アの交差点　The Ryukyu Kingdom―琉球王国
と江戸幕府　Himeyuri Students―ひめゆり学徒
ほか)　沖縄の友だち(The Dirt of Koshien―
甲子園の土　Students' Action for the Future
―高校生県民投票　Let's Meet in Okinawa―沖
縄で会おう！)　　　　　　　　　　　　〔2991〕

◇筑紫哲也の「世・世・世」―おきなわ版「多
事争論」　パート3　筑紫哲也著　那覇　沖
縄タイムス社　1999.8　183p　18cm　1500
円　Ⓘ4-87127-138-2　Ⓝ304
　内容 1 おきなわ版「多事争論」(命どぅ宝―可能
性を秘める人口増　年号―「有事」に状況の差な
し　琉人治琉―香港に学べ―国二制度　歴史の起
点―「もののけ」は消えたか　他者の目―芸術を
新鮮に見、育てる　誤解―なぜ「集団自決」なの
か　舞天―笑い武器に民意を代弁　鐘銘―受け止
め方はさまざま　ほか)　2 ひとり対談　二つの世
界のはざまで　　　　　　　　　　　　　〔2992〕

◇ナビィの恋―沖縄・永遠の愛してるランド
藤田正, イエス・ビジョンズ編　データ・ハ
ウス　1999.11　189p　21cm〈他言語標題：
Nabbie's love〉　1200円　Ⓘ4-88718-551-0
Ⓝ302.199
　内容 第1章　沖縄は女が支える　第2章　沖縄とい
う故郷　第3章　のんびりと、でもしっかりと　第
4章　ナビィの恋　第5章　ウチナーの原点　第6章
心の旅を求めて　　　　　　　　　　　　〔2993〕

◇恋人と暮らす沖縄―男が女になって女を愛す
る　蔦森樹著　ミスター・パートナー
2000.2　219p　19cm〈発売：星雲社〉　1500
円　Ⓘ4-434-00061-6　Ⓝ302.199
　内容 第1章　東京の女友達　第2章　男だ女だとう
るさいかぎり　第3章　沖縄の恋人　第4章　これも
また沖縄　第5章　沖縄で環七を思い出す　第6章
食わず嫌いの沖縄　第7章　情けないけど、あるの
は愛と感謝だけ　第8章　美男美女の島　第9章　せ
めてビーチでは楽しみたい　第10章　沖縄へ来る
かも　　　　　　　　　　　　　　　　　〔2994〕

◇沖縄の素顔―和英両文100 Q&A　新崎盛暉
編　テクノマーケティングセンター　2000.3
239p　21cm〈他言語標題：Profile of
Okinawa　発売：テクノ　年表あり〉　1429
円　Ⓘ4-88538-601-2　Ⓝ302.199
　内容 地理と自然　歴史　社会　基地　生活　文
化　未来へ　　　　　　　　　　　　　　〔2995〕

◇マイノリティからの展望　慶応義塾大学経済
学部編　弘文堂　2000.4　239p　21cm
(市民的共生の経済学 2)　2800円　Ⓘ4-

238　「沖縄」がわかる本　6000冊

社会科学　　　　　　　　　　　　　　　　　　　　　　　　　　　　　　　　　　　社会

335-40002-0

|内容| 第1部 マイノリティの発生と構造（日本中世における被差別民の存在形態　ショアーのあとで―ユダヤ人解放の論理と倫理）　第2部 マイノリティの現在（精神病者の受難と再生　障害者の自立と通所施設 ほか）　第3部 マイノリティと市民的共生（現代日本における異文化共生―アイヌ民族問題を中心に　近代沖縄における同化と自立―太田朝敷・伊波普猷を中心に ほか）　第4部 21世紀への展望（マイノリティと想像力　不平等・差別・格差のなかの経済学―市民的関係性を求めて）　　　　　　　　　　　　　　　　　　　〔2996〕

◇沖縄で暮らす!!　太田息吹著　増補改訂　同時代社　2000.5　207p　19cm　1500円　①4-88683-429-9　Ⓝ302.199

|内容| 1 夢の実現へ（沖縄をめざして　沖縄移住―私の経緯）　2 体感！沖縄（沖縄移住メモ　マイペースでいこう！）　3 沖縄にて（今なぜ沖縄か　福祉の現場より　沖縄で暮らす）　4 それぞれの沖縄（遠藤和郎さん　武村佳映さん ほか）　5 資料から見る沖縄（沖縄県のイメージなどに関する県民意識調査　100の指標から見た「沖縄県の姿」　市町村の自慢や誇り）　　　　　　〔2997〕

◇ひめゆり忠臣蔵　吉田司著　増補新版　太田出版　2000.7　349p　20cm　2000円　①4-87233-531-7　Ⓝ302.199

|内容| 増補新版のための序文―「神の国」と「ガイドライン忠臣蔵」再び　第1部 六年ぶりの『沖縄独立』試論―ウチナンチューよ、反逆せよ！　第2部 白い傷痕のブルース―初版のための反語的"沖縄への友情の手紙"　第3部 沖縄宙ぶらりん物語―米国へ留学した軍国ボーイたちの「昨日の敵は今日の友」についての大研究　第4部 ひめゆり忠臣蔵―永遠に平和する心についての大研究　第5部 傷だらけのブルース―改版にあたっての"筆の不徳"の物語　第6部 われらの時代の「南与那国（ハイ・ドゥナン）」―"禁じられた帰郷"をめぐる与那国情話　　　　　　　　　　　〔2998〕

◇沖縄の友への直言―害虫ウリミバエ根絶と沖縄暮らしの体験から　伊藤嘉昭著　高文研　2000.9　154p　19cm　1200円　①4-87498-245-X　Ⓝ302.199

|内容| 第1章 沖縄をほめるヤマトンチュを信用するな　第2章 他県の人の理解をこえる沖縄の複雑さ　第3章 沖縄の複雑さ―文化の扱い方の問題　第4章 知的近親交配を排す　第5章 ウリミバエ根絶事業で私がめざしたこと　第6章 沖縄の果実・野菜・ハーブ・料理への提言　第7章 沖縄観光の問題点いくつか　第8章 自然を守らずに沖縄の将来はない　第9章 再び、知的近親交配を排す　　　　　　　　　　　　　　　　　　　〔2999〕

◇爆笑沖縄移住計画　仲村清司著　夏目書房　2000.10　301p　19cm　1600円　①4-931391-75-3　Ⓝ302.199

|内容| 沖縄を眺める　沖縄に住む　沖縄を食う　沖縄を知る　沖縄を歩く　沖縄を遊ぶ　沖縄を考える　　　　　　　　　　　　　　　　〔3000〕

◇お母さん、中学になったらできているかな　村山節子著　文芸社　2000.10　238p　19cm　1200円　①4-8355-0661-8　Ⓝ312.199

|内容| 国際交流in沖縄（USA編）　モノレールの話　ハブの話　長寿の話　国際交流in沖縄（アジア編）　入学式の話　普天間基地跡地利用―私の具体案一九九七年九月　神戸へ　サミットの話　　　　　　　　　　　　　　　〔3001〕

◇沖縄のナ・ン・ダ!?　沖縄ナンデモ調査隊著　双葉社　2001.1　293p　15cm　（双葉文庫）476円　①4-575-71184-5　Ⓝ302.199

|内容| 第1章 沖縄流セーカツの進化論　第2章 沖縄式ケンコー術の謎　第3章 沖縄的ツルツル満腹の妙　第4章 沖縄式シャカイ学のすすめ　第5章 沖縄流セーシン浄化法　第6章 沖縄的カチャーシー体質　　　　　　　　　　　　　　〔3002〕

◇沖縄/草の声・根の意志　目取真俊著　横浜世織書房　2001.9　301p　20cm　2200円　①4-906388-87-6　Ⓝ302.199　　〔3003〕

◇沖縄元気力　編集室りっか編　東京書籍　2001.9　167p　21cm　1900円　①4-487-79671-7　Ⓝ302.199

|内容| 沖縄は特別な土地―ヤマトの目（村の暮らし（池沢夏樹）　追い詰めない・追い詰められない（椎名誠）ほか）　「沖縄が好きです」アンケート（宮本亜門・高倉健・大地康雄・宇崎竜童・田崎真也・チチ松村・ゴンザレス三上）　現代沖縄を解剖する（なぜ今、沖縄が元気なのか？（真栄城守定））　沖縄から見えるもの―ウチナーの目（歴史の一員として、沖縄の音楽を発展させたい（照屋林賢）　南国のゆったりした気分を伝えるウチナーヤマト口にこだわる（藤木勇人）ほか）　沖縄の元気な食卓（手軽に楽しめるチャンプルーのバリエーション―ラッキョウチャンプルー・タマナーチャンプルー・チキナーチャンプルー　ゴーヤーチャンプルー ほか）　　　　　　〔3004〕

◇爆笑沖縄凸凹夫婦　仲村清司著　夏目書房　2001.11　273p　19cm　1600円　①4-931391-89-3　Ⓝ302.199　　〔3005〕

◇読めば宮古！―あららがまパラダイス読本　さいが族編著　那覇　ボーダーインク　2002.4　197p　19cm　1500円　①4-89982-022-4　Ⓝ302.199　　〔3006〕

◇三十にして起つ！―見つけてしまった第二のふるさと、始めてしまった第二の人生。　岡田清美著　文芸社　2002.5　150p　19cm　952円　①4-8355-3804-8　Ⓝ302.199

|内容| 第1章 移住への道（人生は旅　沖縄移住のわけ ほか）　第2章 お引っ越し（マンスリーマンション　アパートを探す ほか）　第3章 魅力満載・沖縄（沖縄の魅力に迫る）　第4章 第二のふるさとに暮らす（カルチャーショック　暮らしの必需品 ほか）　　　　　　　　　　　　〔3007〕

「沖縄」がわかる本　6000冊　　239

社会　　　　　　　　　　　　　　　　　　　　　　　　　　　　社会科学

◇沖縄からは日本が見える　永六輔〔著〕　光文社　2002.7　201p　16cm　（知恵の森文庫）　476円　Ⓘ4-334-78172-1　Ⓝ302.199
　内容　1章 おばあちゃんの沖縄　2章 おじいさんの沖縄　3章 オバサンの沖縄　4章 観光する人の沖縄　5章 ウチナーとヤマト　6章 創る人の沖縄　　　　〔3008〕

◇沖縄文化論―忘れられた日本　岡本太郎著　新版　中央公論新社　2002.7　203p　図版32枚　20cm　（中公叢書）　1800円　Ⓘ4-12-003296-5　Ⓝ302.199
　内容　沖縄の肌ざわり　「何もないこと」の眩暈　八重山の悲歌　踊る島　神と木と石　ちゅらかさの伝統　結語　神々の島、久高島　本土復帰にあたって　　　　〔3009〕

◇沖縄・共同体の夢―自治のルーツを訪ねて　安里英子　宜野湾　榕樹書林　2002.8　218p　19cm　1600円　Ⓘ4-947667-83-4　Ⓝ302.199
　内容　第1章 村落共同体の夢と可能性（「無政府の事実」と『シマの話』「久高島土地憲章」と土地総有制の現代的意義）　第2章 シマのくらし（沖縄の近代と共同店　ユイ（相互扶助）について）　第3章 女性と祭祀（海人と神人の世界　沖縄の女性原型）　第4章 環境と自治（環境問題からみた戦後沖縄の自治とアイデンティティ　沖縄の水問題とダム開発 ほか）　第5章 自治の未来（日本の沖縄政策　新しい価値体系の提案）　〔3010〕

◇暮らしたい！沖縄―楽園で住む・働く・遊ぶためのヒント　ゆいま〜る隊編著　情報センター出版局　2002.8　159p　21cm　1700円　Ⓘ4-7958-2103-8　Ⓝ302.199
　内容　沖縄の素顔を知る　沖縄の文化　沖縄の慣習　沖縄人気質　祭り・芸能　沖縄の自然　海あそび　沖縄の気候　沖縄の住宅　沖縄の食　伝統工芸　家を探す　仕事を探す　ウチナー語辞典　年中行事カレンダー　　〔3011〕

◇道ゆらり―南風〈みちくさ〉通信　新城和博著　那覇　ボーダーインク　2002.8　297p　19cm　1600円　Ⓘ4-89982-028-3　Ⓝ302.199
　内容　道ゆらり（沖縄の休日　堅くて柔らかいもの　刑務所の隣りの小学校　笑うヤールーの夜　ドライブは「天久開放地」で ほか）　小金言葉を集めよう（「鼻くそは海の味がする」の巻　「ちむがある」の巻　「あんしが卵やまーさんどー」の巻　「気合より、るぐゎい」の巻　「ドックン・ロール・ネバー・ダイ！」の巻 ほか）　〔3012〕

◇100歳すぎてもスゴイ生きる力　志茂田景樹文,Yori Shimoda写真　KIBA BOOK　2002.10　135p　21cm　1238円　Ⓘ4-916158-73-3
　内容　上原ヒロさん（沖縄）　田場天龍さん（沖縄）　翁長カマドさん（沖縄）　渡嘉敷ツルさん（沖縄）　遠藤ミサヲさん（福岡）　古賀フミコさん（福岡）

川上久氏さん・川上米穂さん（高知）　関野セツさん（愛媛）　須谷福造さん（滋賀）　峯岸登さん（東京）〔ほか〕　　　　〔3013〕

◇沖縄―孤高への招待　伊高浩昭著　海風書房　2002.11　287p　20cm　〈発売：現代書館〉　2000円　Ⓘ4-7684-8878-1　Ⓝ302.199
　内容　第1章 肥沃な島の耕作者（真剣勝負を挑む怒りの人・目取真俊　ユートピア世界の語り部・又吉栄喜 ほか）　第2章 音楽こそ平和の脈拍（地球ファシズムを告発するミュージシャン・喜納昌吉　琉球民族主義の隠し味を効かせる作曲家・普久原恒勇 ほか）　第3章 琉球弧に根差す詩魂（情念にアンガージュマンする大隠・川満信一　文化主導の社会創造を掲げる独立家・高良勉 ほか）　第4章 地の塩の賢者（反骨のキリスト者・平良修　平和ガイドの草分け・糸数慶子 ほか）　第5章 迷路を照らす知性（日米沖関係を追究する学者・宮里政玄　安保体制をえぐる気鋭の学究・我部政明）　　　　〔3014〕

◇沖縄オバァ烈伝　沖縄オバァ研究会編　双葉社　2003.1　364p　15cm　（双葉文庫）　648円　Ⓘ4-575-71239-6　Ⓝ361.42
　内容　第1章 オバァはハタ迷惑なのだの巻　第2章 オバァは元気なのだの巻　第3章 オバァはアッパレなのだの巻　第4章 オバァはおちゃめなのだの巻　第5章 オバァは色っぽいのだの巻　第6章 オバァは哲学なのだの巻　　〔3015〕

◇味くーたー沖縄―！がいっぱい!!　ブードゥーハウス著　小学館　2003.3　223p　19cm　1300円　Ⓘ4-09-840082-0　Ⓝ302.199
　内容　味くーたー言葉がいっぱい！　宵っぱりがいっぱい！　神様がいっぱい！　車がいっぱい！　巨大墓がいっぱい！　ワラバーがいっぱい！　ナチグスイがいっぱい！　祭がいっぱい！　台風がいっぱい！　基地がいっぱい！　同名さんがいっぱい！　魔除けがいっぱい！　遺跡がいっぱい！―祝・世界遺産登録　　〔3016〕

◇東京の沖縄人―インタビュー 東京で暮らし沖縄を思う若きウチナーンチュたち　新垣譲著　那覇　ボーダーインク　2003.3　275p　19cm　1600円　Ⓘ4-89982-037-2　Ⓝ302.199
　内容　伊志嶺安昭　喜納理香子　知念雅美　上間さちえ　金城勇二　伊良皆誠　宮国優子　鈴木洋子　与那覇育子　もとむらまりこ　新崎克子　宮平直樹　沙織（仮名）　豊島律子　奥間剛（仮名）　宮里剛成　　　　〔3017〕

◇もうひとつの沖縄―日本論―その母性と父性　上地安男著　新風舎　2003.9　154p　19cm　1200円　Ⓘ4-7974-3144-X　Ⓝ361.42
　内容　1「母性」論としての「甘え」理論の評価と批判　2 日本文化の「父性」「母性」とは　3「母性」「父性」についての類型論の試み　4 沖縄文化は「母性」原形文化である　5 日本文化の特

240　　「沖縄」がわかる本　6000冊

社会科学　　　　　　　　　　　　　　　　　　　　　　　　　　　　　　　社会

徴について　6　「母性」及び「父性」と子育ての
関係　7　現代社会は「父性」過剰時代である
〔3018〕

◇書けば宮古！―あららがまパラダイス読本
パニパニッと天然色!!　さいが族編著　那覇
ボーダーインク　2003.10　239p　19cm
1500円　①4-89982-054-2　Ⓝ302.199〔3019〕

◇おきなわ：世の間で―筑紫哲也の多事争論か
わら版・完結編　筑紫哲也著　那覇　沖縄タ
イムス社　2004.2　293p　20cm〈年表あ
り〉　1700円　①4-87127-164-1　Ⓝ304
内容　サミット―過剰な期待は幻滅生む　学生―
思考鍛える厳しい現実　今浦島―石垣島の人口増
に驚き　島唄―見直される「辺境」の力　点検―
賞讃の反面、窮屈だとも　公表―「公」であれば
「公」に返す　交渉―アメが先かムチが先か　別
れ―無心貫いたネーネーズ　多数と少数―大事な
もの損ねる選択　群像―個性引き出した「時代」
〔ほか〕　　　　　　　　　　　　　　　　　〔3020〕

◇沖縄でテレビを創る―1980-2004　玉城朋彦
著　那覇　メディア・エクスプレス　2004.3
741p　21cm〈他言語標題：Fieldnote of
TV production in Ryukyu〉2000円
Ⓝ302.199　　　　　　　　　　　　　　　〔3021〕

◇沖縄が長寿でなくなる日―〈食〉、〈健康〉、
〈生き方〉をみつめなおす　沖縄タイムス
「長寿」取材班編　岩波書店　2004.6　197p
19cm　1800円　①4-00-022377-1　Ⓝ302.
199
内容　第1章　食は、いま　第2章　生活習慣の変化
第3章　本当に癒しの島か　第4章　ゼロからの復興
第5章　お年寄りは幸せ？　第6章　新しい生き方
〔3022〕

◇沖縄移住計画―セカンドライフは、スローで
いこう！　溝口恵美、秋葉文子共著　学習研
究社　2004.7　189p　19cm　1700円　①4-
05-402491-2　Ⓝ302.199
＊年金、月15万円からの憧れ楽園生活。沖縄の暮
らしには、今あなたが持っていないものがたくさ
んあります。そんな充実したセカンドライフを
楽しんでいる方々は、毎日60人を越え、年間2万
人強！　今のうちから準備しておくことで、もっ
ともっと充実した第二の人生があなたの手に入
るはず。まずはこの本をきっかけにして、ご自
分の目で見て、体験して、それを確かめてくださ
い。　　　　　　　　　　　　　　　　　　〔3023〕

◇沖縄時間―なんくるないさぁ　本物のスロー
ライフの見つけ方　岸朝子著　大和出版
2004.8　183p　19cm　1400円　①4-8047-
6110-1　Ⓝ302.199
内容　序章　東京生まれの東京育ち。でも故郷は沖
縄です　1章　ゆるゆる沖縄―南の島の時間はゆっ
くり流れるのです　2章　テーゲー主義でいこう！
―沖縄人はみんな楽天家なのです　3章　ごはん食

べてくさぁ―沖縄のスローフードを訪ねる　4章
理想のスローエイジング―沖縄じゃ、オジィオバァ
が一番元気　5章　岸流「ナンクル暮らし」―わた
くしのとっておき健康法　　　　　　　　　〔3024〕

◇「チャンプルーな沖縄」にはまる本　美ら島
探検隊著　青春出版社　2004.8　217p
15cm　（青春文庫）　543円　①4-413-09298-
8　Ⓝ302.199
内容　その1　チャンプルーな沖縄のディープな食
の世界（ご飯が3つも4つもついてくる？　沖縄
の食堂ならではの注文ルール　味噌汁は脇役にあら
ず！　沖縄の味噌汁はビックリでタップリ　ほか）
その2　チャンプルーな沖縄の癒しのマル秘美らス
ポット（星が海でまたたく?!夜ごと光り輝く奇跡の
ビーチ　南十字星が見られる日本最南端の島　ほ
か）　その3　チャンプルーな沖縄のちょっと奇妙
な日常生活（沖縄の居酒屋は深夜0時に開店するっ
てホント？　コンビニでおにぎりを買うと「温
めますか？」と聞かれる　ほか）　その4　チャンプ
ルーな沖縄の不思議なカルチャー（口の開いたシー
サーと、閉じたシーサーには意味がある？　う
かつに立ち入れない場所「御嶽」とは　ほか）　そ
の5　チャンプルーな沖縄の歌って踊って伝統芸能
（最初は廃品で作られていた「カンカラ三線」の
誕生秘話　沖縄民謡の代表「安里屋ユンタ」に歌
われた悲劇　ほか）　　　　　　　　　　　〔3025〕

◇浮世真ん中―沖縄・話のはなし　上原直彦著
那覇　沖縄タイムス社　2004.9　301p
19cm　1429円　①4-87127-169-2　Ⓝ302.
199　　　　　　　　　　　　　　　　　　　〔3026〕

◇片道で沖縄まで―憧れの沖縄移住を簡単に実
現する方法　友清哲取材文　インフォバーン
2004.9　245p　19cm　1200円　①4-901873-
27-X　Ⓝ302.199
内容　第1章　移住歴三～五年（人間関係、仕事上の
トラブル、震災…何もかも捨てて亡命同然に沖縄へ
突然の沖縄移住を果たした浜っ子はホテル勤務で
安定した日々を送る!?　ほか）　第2章　移住歴十年
以上（「三カ月」のつもりが二十年！気が付けば那
覇で飲み屋の大将に　地道な土産物屋のバイトか
ら始めいまや国際通り随一の実業家に！　ほか）
第3章　沖縄移住番外編（同じ“境遇”の被写体を追
い続ける混血のウチナー・カメラマン　那覇での
三年間のOL体験いま東京から振り返ると…）　第
4章　琉球国王の末裔（県庁秘書室から沖縄を見守
る！“琉球国王の末裔”との一問一答）　　〔3027〕

◇住まなきゃわからない沖縄　仲村清司著　新
潮社　2004.12　365p　16cm　（新潮文庫）
〈「爆笑沖縄移住計画」（夏目書房2000年刊）の
改題〉590円　①4-10-116341-3　Ⓝ302.199
内容　沖縄を眺める　沖縄に住む　沖縄を食う
沖縄を知る　沖縄を歩く　沖縄を遊ぶ　沖縄を考
える　　　　　　　　　　　　　　　　　　〔3028〕

◇プロジェクト・ニライカナイ―新しい平和運
動と沖縄の自己改革にむけて　嘉数学著　那
覇　ボーダーインク　2005.2　189p　19cm

「沖縄」がわかる本　6000冊　　241

社会　　　　　　　　　　　　　　　　　　　　　　　　　　　　社会科学

1000円　Ⓘ4-89982-079-8　Ⓝ302.199〔3029〕

◇周縁世界の豊穣と再生―沖縄の経験から、日常の意識化へ向けて　花園大学人権教育研究センター編　批評社　2005.3　247p　19cm（花園大学人権論集 12）　1800円　Ⓘ4-8265-0415-2　Ⓝ302.199
内容 有事法制と沖縄―有事法制を先取りした沖縄体験の教訓から　イラク爆撃訓練中の米軍ヘリが大学に墜落したとき　沖縄・この二年間の激変　沖縄と本土　小さくされた人々の中に神を見た―わたしを変えた釜ヶ崎　キャンパス・セクハラ―私たちを取り巻くもの　吉田稔麿論―部落史及び明治維新史研究の視点から　世間「考」　わが人権意識の遍歴〔3030〕

◇週刊日本の町並み　no.26　沖縄・竹富島　学習研究社　2005.4　34p　30cm（学研グラフィック百科）　533円〔3031〕

◇だれも沖縄を知らない―27の島の物語　森口豁著　筑摩書房　2005.7　334p　19cm〈解題：宮台真司〉　1900円　Ⓘ4-480-86366-4　Ⓝ302.199
内容 1 南へ、果ての島々（ニライの海に弥勒の神が舞う―黒島　生まり島かなさ…島の人口、ただいま七人一水納島（宮古）ほか）　2 封印された時間（笑顔の少年、それぞれの四一年―伊是名島　絶海の孤島に微笑む「嫌日」米軍人の銅像―南大東島 ほか）　3 清ら海はどこに（宙に舞った「振興策」―下地島　つづく埋め立て "美ら海"の誇りどこへ―平安座島 ほか）　4 辺境の有事（"沖縄の苦難"語る三本の滑走路―伊江島　復帰三十余年いまだ還らぬ「沖縄の空」―与那国島 ほか）　5 いま、島に吹く風（真夜中の島ホームに島唄が流れる―石垣島　幻の秘祭 女が神になったとき―久高島 ほか）〔3032〕

◇南の島で、暮らそうか！　バンガートめぐみ著　角川書店　2005.7　220p　18cm（角川oneテーマ21）　895円　Ⓘ4-04-710009-9
内容 プロローグ『南の島』へようこそ　第1章『南の島』を知ろう（『南の島』の時間を楽しむ　『南の島』での生活事情　島を選ぶ際のポイント　移住の前に島暮らしを体験）　第2章『南の島』での仕事（起業派　就職派）　第3章『南の島』の住まい（住まいを探す　引越し時のポイント）　付録『南の島』のデータブック〔3033〕

◇うっちん党宣言―時評・書評・想像の〈おきなわ〉　新城和博著　那覇　ボーダーインク　2006.1　297p　19cm〈他言語標題：Declaration of "Ucchin-too" party〉　1600円　Ⓘ4-89982-101-8　Ⓝ302.199
内容 1 類型的沖縄人失格考（望郷の模合　人生で、たった3度のカチャーシー ほか）　2 うっちん党宣言～道ゆらり―ためいきまじりの21世紀（うっちん党宣言　世界は狭く、ご近所は遠い ほか）　3 あんなしかんなし書評（沖縄戦イメージ乱反射する沖縄 ほか）　4 本当にあったンパッ・

フィクション（クリントン広場の代は更けて　天久解放戦線異状なし ほか）〔3034〕

◇沖縄学―ウチナーンチュ丸裸　仲村清司著　新潮社　2006.2　334p　16cm（新潮文庫）〈「ザ・ウチナーンチュ」（双葉社平成14年刊）の改題〉　514円　Ⓘ4-10-116342-1　Ⓝ302.199
内容 1章 なにかと「なんぎー」なウチナーンチュ気質　2章 灼熱南風の島・沖縄の「コレが平均的県民像」　3章 ビミョーなバランス感覚でつじつまが合う沖縄人の行動様式　4章 一見、時代錯誤？でも理にかなった沖縄版暮らしの知恵　5章 独自の時間感覚さえ刷り込んだウチナーンチュのDNA　6章 食べ物からみえてくるウチナーンチュの体内嗜好　7章 老若男女、どっからどーみてもウチナーンチュ　8章 僕は大阪生まれの「ウチナーンチュ二世」〔3035〕

◇沖縄・離島のナ・ン・ダ!?　沖縄ナンデモ調査隊著　双葉社　2006.3　286p　15cm（双葉文庫）　600円　Ⓘ4-575-71311-2　Ⓝ302.199
内容 宮古・八重山（温故知新の離島セーカツ術　酔いどれ満腹！ 島の青袋　離島式ナルホド自然の法則　離島式ブンカ人類学的進化論　歴史と祭りが伝える島ライフ）　本島周辺の島々（本島に近い島の日常セーカツ　近くて遠いからの島的シャカイ学）〔3036〕

◇ニッポンってなんやねん？―響きあう周縁文化と私　花園大学人権教育研究センター編　批評社　2006.3　235p　19cm（花園大学人権論集 13）　1800円　Ⓘ4-8265-0439-X　Ⓝ316.1
内容 沖縄から有事法制下の日本が見える　海と平和のための辺野古闘争・この一年間　エッジとしての沖縄から―九・四と八・一三のコンディション　デルタ ニッポンって何やねん？―浪速の歌う巨人・パギやんギター漫談　子どもの人権　死者の出家―葬儀と戒名　セクシュアリティ研究の現在―「性的指向」概念を中心に　部落問題の動向を読む〔3037〕

◇沖縄ダークサイド　野村旗守編　宝島社　2006.4　253p　16cm（宝島社文庫）〈2004年刊の増訂　年表あり〉　657円　Ⓘ4-7966-5246-9　Ⓝ302.199
内容 序章 現実、そして沖縄的こころについて　第1章 男たちの沖縄　第2章 女たちの沖縄　第3章 逆説の沖縄　第4章 基地の島、「本土」と「アジア」の真ん中で　終章 ふたたび、沖縄的こころについて〔3038〕

◇オバァの喝！―続・沖縄オバァ烈伝　沖縄オバァ研究会編　双葉社　2006.5　382p　15cm（双葉文庫）〈2001年刊の増訂〉　667円　Ⓘ4-575-71315-5　Ⓝ361.42
内容 第1章 オバァは今日もやらかしていた　第2章 沖縄のオバァは深化していた　第3章 オバァ、

242　「沖縄」がわかる本　6000冊

社会科学　　　　　　　　　　　　　　　　　　　　　　　　　　　　　　　　社会

あなたは正しかった　第4章 ご当地名物オバァ、ここに登場　第5章 炸裂するオバァお笑いバトル　第6章 こうして「オバァ」はつくられる〔3039〕

◇オジィの逆襲―沖縄オバァ烈伝番外編　沖縄オバァ研究会オジィ調査室編　双葉社　2006.10　366p　15cm　〈双葉文庫〉〈2002年刊の増訂〉686円　①4-575-71322-8　Ⓝ361.42
　内容　第1章 ロクジューあまりのネーネーのオッパイ　第2章 オジィは年金をもらうと三日は帰らない　第3章「オバーや、死ぬるばーい？」　第4章 おまえは絶対、オジィの血を引いてるね　第5章 孫も知っている「家」でいちばんエライ人　第6章「人は一日一食は食べないとだめだよー」〔3040〕

◇沖縄社会と日系人・外国人・アメラジアン―新たな出会いとつながりをめざして　安藤由美, 鈴木規之, 野入直美編　クバプロ　2007.2　263p　21cm　〈会期・会場：平成17年11月26日―27日　琉球大学　文部科学省科学研究費補助金・研究成果公開促進費事業〉3000円　①978-4-87805-081-7　Ⓝ302.199
　内容　沖縄のディアスポラの状況 鈴木規之著　沖縄における「ディアスポラ」―沖縄からの研究報告：沖縄の日系人・外国人の来沖、定住とネットワーク 野入直美著　沖縄社会への定住過程と自治体サービス 鈴木規之著　異質性と向き合う社会での権利問題 崎濱佳代著　ルーツとしての沖縄 石川友紀著　ディアスポラの記憶としての「世界のウチナーンチュ」 金城宏幸著　交差する視点―ネットワーク化の現場からの声：共にhappyに暮らすために 国吉サオリ著　本土社会と沖縄社会の包摂原理の違い 田島久美著　沖縄で生きる、沖縄でつながる 又吉パトリシア著　自治体に寄せられる声、自治体が発信しようとしていること 國吉薫著〔3041〕

◇沖縄田舎暮らし―自然・人々とつながる人生創造　浅野誠著　宜野湾　アクアコーラル企画　2007.3　175p　21cm　1800円　①978-4-9901917-5-7　Ⓝ302.199〔3042〕

◇地域形成の思想　大坪正一, 内田真木編著　調布　アーバンプロ出版センター　2007.3　213p　22cm　1800円　①978-4-89981-163-3　Ⓝ361.7
　内容　地域形成の理念・思想とその研究について 大坪正一著　伊波普猷の沖縄と日本の関係論 内田司著　野入浩と沖縄 北爪真佐夫著　伊波普猷のシマ社会論 内田司著　「リビングストン傳」と有島武郎の帝国主義理解 内田真木著　コミュニティ・ビジネスの基底 石井和平著　山村留学の今日的意義 甲斐陽輔著　地域づくりにおける人間発達の思想 大坪正一著〔3043〕

◇オバァのあっぱれ人生指南―沖縄オバァ烈伝　比嘉淳子, 沖縄オバァ研究会編　双葉社　2007.4　219p　19cm　1400円　①978-4-

575-29967-0　Ⓝ361.42
　内容　第1章 平成の世にこそオバァは伝えたい　第2章 オバァがつぶやく親ゴコロ　第3章 オバァの苦言は耳にアツイ!!　第4章 オバァに続けば生きやすい!?　第5章 オバァに盗む人生切り抜け術　第6章 オバァに学ぶ男と女のキビ　第7章 オバァが語る「見えない世界」〔3044〕

◇沖縄・うむいの風土　いれいたかし著　那覇　沖縄タイムス社　2007.6　321p　19cm　2381円　①978-4-87127-179-0　Ⓝ302.199〔3045〕

◇働きながら沖縄で暮らす法　溝口恵美子著　学習研究社　2007.7　160p　21cm　〈他言語標題：How to enjoy your life in Okinawa〉1500円　①978-4-05-403504-1　Ⓝ302.199
　内容　1 あなたは本当に沖縄で暮らせますか？　2 飲食店で働きながら沖縄暮らし　3 琉球文化に触れながら沖縄暮らし　4 自分の店を立ち上げて沖縄暮らし　5 企業で働きながら沖縄暮らし　6 美しい離島で沖縄暮らし　7 私たちも、沖縄暮らしエンジョイ中！　8 Okinawa Basic Data〔3046〕

◇私たちの沖縄移住―移住者たちの夢の沖縄スタイル　沖縄スタイル編集部編　枻出版社　2007.11　171p　15cm　（枻文庫）680円　①978-4-7779-0893-6　Ⓝ302.199
　内容　沖縄本島の暮らし（夢はシンプルに海辺の一戸建てで暮らすこと　夢と現実のちょうど中間が本部町だった　風向き次第で西へ東へと自由に旅をする　海が中心の暮らしは20年たっても変わらない　那覇から近い海と緑が広がる南部で小さな田舎暮らし　沖縄だから実現した沖縄農的生活　古き良き暮らし築50年以上の再生民家　こだわりから生まれた仕事と生活　ライフスタイルを求めてやんばるの村（村）へ）　離島の暮らし（島に誘われて巡り合えた海のある生活　海人を追いかけて移動する旅人から島の住民へ　親子で沖縄移住、それぞれの夢が集う石垣の宿　日本最南端の酪農牧場スタイル　南の島での楽しい生活に胸躍る毎日　計画してから4年、こうして私たちは南の島に宿を持った）〔3047〕

◇誇りある沖縄へ　小林よしのり企画・編著　小学館　2008.6　236p　19cm　（Clickシリーズ）1000円　①978-4-09-387792-3　Ⓝ302.199
　内容　第1章 沖縄のメディアと同調圧力（全国に拡大する沖縄マスコミの論調　小林よしのりを呼んで兄弟の縁が切れた ほか）　第2章 沖縄は国家の「被害者」か「当事者」か（ひめゆり学徒は「騙され学徒隊」でいいのか？　「日本無謬論」に拍手する保守オヤジ ほか）　第3章 沖縄は誰のものか（「琉球」に対する複雑な感情　琉球王府が離島に課した人頭税 ほか）　第4章 少女暴行事件と沖縄の「怒り」（「セカンドレイプ」のひと言で言論封殺　何でも米軍基地のせいにする左翼の論理 ほか）　第5章『沖縄ノート』をいかに乗り越える

「沖縄」がわかる本 6000冊　　243

社会　　　　　　　　　　　　　　　　　　　　　　　　　　　　　社会科学

か（曽野綾子の事実認定を受け入れていた昔の左翼　大江健三郎を訴えたのは保守派の作戦？　ほか）　　　　　　　　　　　　　　〔3048〕

◇燦々オキナワ—沖縄暮らし3000日　緒方修著，ももココロマンガ　現代書館　2008.9　214p　19cm　1600円　Ⓘ978-4-7684-6975-0　Ⓝ302.199

　内容　第1章 沖縄・不思議島（やぶ 他力本顔 ほか）　第2章 島々巡礼（バナ→ファナ→ハナ（花）モノレール ほか）　第3章 沖縄・噂の真相（「事実と数字」で見る沖縄 沖縄の新聞 ほか）　第4章 沖縄「新星」発見（多幸感 豚 ほか）　〔3049〕

◇沖縄力の時代　野里洋著　ソフトバンククリエイティブ　2009.3　236p　18cm　（ソフトバンク新書 099）〈年表あり〉730円　Ⓘ978-4-7973-5090-6　Ⓝ302.199

　内容　第1章 ウチナーンチュとヤマトゥンチュ（ウチナーンチュの情念が込められた呼び方　「君はマンチャーか」 ほか）　第2章 アメリカ世からヤマトゥぬ世（歌がわが心を代弁してくれた　日本ではなくなった沖縄 ほか）　第3章 怒りのマグマと経済のジレンマ（また米兵による少女暴行事件 歯止めがかからない米兵絡みの事件、事故 ほか）　第4章 リゾート開発で狙われる島々（瀬底島のビーチにリゾートホテル計画　親会社が破綻して建設工事は一時中断 ほか）　第5章 南に輝く不思議島（注目される沖縄と注目されない沖縄 歌謡曲の「北」志向はもう古い ほか）　〔3050〕

◇「むら」と「まち」—共存の形を探る　沖縄大学地域研究所「まちとむらの関係形成」班編　那覇　沖縄大学地域研究所　2009.3　167p　26cm　（沖縄大学地域研究所研究彙報 第4号）Ⓝ361.7　　　　　　〔3051〕

◇このシマに、ず〜っと住み続けるために　那覇　コミュニティおきなわ「システム思考研究会」　2009.3　149p　21cm　（（社）沖縄県対米請求権事業協会・助成シリーズ no.35）〈文献あり〉Ⓝ361.98　〔3052〕

◇沖縄幻想　奥野修司著　洋泉社　2009.7　238p　18cm　（新書y 219）〈文献あり〉760円　Ⓘ978-4-86248-294-5　Ⓝ302.199

　内容　第1章 沖縄の自然を食い荒らす者たち（目の前が海で坪一五万なら安いか 今回は三度目のバブル崩壊 ほか）　第2章 観光政策、ただいま迷走中（観光客一〇〇〇万人構想に欠けている準備 水不足はダム建設では解決しない ほか）　第3章 補助金は沖縄に何をもたらしたか（補助金漬けの島 もらった補助金でなぜ新たな産業を興せなかったのか ほか）　第4章 健康の島、長寿の島幻想（沖縄＝長寿県のイメージはいかにして定着したか 「クスイムン」という思想 ほか）　第5章 沖縄人気質（沖縄人の結束力を支えた門中制度 貧しさがユイマールを生んだ ほか）　　　〔3053〕

◇幻想の島沖縄　大久保潤著　日本経済新聞出版社　2009.7　332p　20cm　〈文献あり〉1800円　Ⓘ978-4-532-16707-3　Ⓝ302.199

　内容　第1章 特別な配慮　第2章 官 高民低　第3章 暮らしにくさの理由　第4章 アメとムチ　第5章 殺す側の視点　第6章 広がる副作用　第7章 沖縄VS日本という構図　第8章 自立へ　〔3054〕

◇まちなみ保存地区における空き屋活用の実践的法社会学研究—沖縄県・波照間島でのアクション・リサーチから　高村学人〔著〕，第一住宅建設協会編　第一住宅建設協会　2009.10　77p　30cm　（調査研究報告書）非売品　Ⓝ365.31　　　　　　　　　〔3055〕

◇新時代のシマづくり—地域の声を生かすには　平成21年度　一村一島編　〔那覇〕　沖縄対米請求権事業協会　2010.3　172p　21cm　（（社）沖縄県対米請求権事業協会・研究シリーズ no.40）〈共同刊行：コミュニティおきなわ〉Ⓝ361.98　　　　　　〔3056〕

◇オバァの人生指南—沖縄オバァ烈伝「黄金言葉」　比嘉淳子，沖縄オバァ研究会編　双葉社　2010.6　317p　15cm　（双葉文庫 おー24-04）〈『オバァのあっぱれ人生指南』（2007年刊）の加筆、訂正〉667円　Ⓘ978-4-575-71364-0　Ⓝ361.42

　内容　第1章 平成の世にこそオバァは伝えたい　第2章 オバァがつぶやく親ゴコロ　第3章 オバァの苦言は耳にアツイ!!　第4章 オバァに続けば生きやすい!?　第5章 オバァに盗む人生切り抜け術　第6章 オバァに学ぶ男と女のキビ　第7章 オバァが語る「見えない世界」　巻末おまけ章 沖縄オバァが伝授する言い伝え・おまじない　〔3057〕

◇ウチナー・パワー—沖縄回帰と再生　天空企画編　コモンズ　2010.7　199p　19cm　〈執筆：眞喜志敦ほか〉1800円　Ⓘ978-4-86187-071-2　Ⓝ302.199

　内容　プロローグ 夢幻琉球　第1章 大地の恵みと豊かな自然に種を播く（長寿を取り戻す食べ方と生き方 長寿の源 島野菜 「アグー」と「あぐー」の不思議—ホンモノの琉球在来豚を守る ほか）　第2章 ウチナーンチュの底力（村落共同体の象徴としての共同売店 小さな集落の底ヂカラ ガマフヤーのウムイ—沖縄戦遺骨収集ボランティアの活動 ほか）　第3章 先人たちの祈り、そしていま（アイデンティティーと独立 郷土月刊誌『青い海』のころ—伝説の雑誌と編集人・津野創 安田のシヌグと回帰する時間 ほか）　〔3058〕

◇沖縄へ一歩く、訊く、創る　鈴木耕著　リベルタ出版　2010.8　222p　19cm　〈文献あり〉1500円　Ⓘ978-4-903724-22-5　Ⓝ302.199

　内容　第1章 沖縄を思う　第2章 沖縄へ返せ　第3章 沖縄を歩く　第4章 沖縄に訊く　第5章 沖縄を伝える　第6章 沖縄に創る　第7章 沖縄を読む　〔3059〕

社会科学　　　　　　　　　　　　　　　　　　　　　　　　　　　　　　　社会

◇沖縄を聞く　新城郁夫〔著〕　みすず書房
2010.12　237p　20cm　2800円　①978-4-
622-07570-7　Ⓝ302.199
　内容　第1章 受信される沖縄—ソクーロフ『太陽』
　第2章 沖縄の政治的主体化と対抗暴力—『沖縄イ
　ニシアティブ』と『希望』　第3章 植民地の男性セ
　クシュアリティ—豊川善一『サーチライト』　第
　4章 米軍沖縄統治とクィア・ポリティクス—『八
　月十五夜の茶屋』　第5章 大東亜という倒錯—大
　城立裕『朝、上海に立ちつくす』　第6章 母を身
　篭もる息子—目取真俊『魂込め』　第7章 沖縄を
　聞く—大江健三郎『沖縄ノート』　　　　〔3060〕

◇金なし、コネなし、沖縄暮らし！—ゼロから
はじめる南国生活マニュアル 必須トピック
完全網羅 離島情報も満載！　吉田直人著
改訂版　イカロス出版　2010.12　317p
21cm　1600円　①978-4-86320-370-9
Ⓝ302.199
　内容　金なし、コネなし、沖縄暮らし！のススメ
　沖縄暮らしの基礎知識—沖縄という島を知る　沖
　縄で暮らすための準備と計画—行く前に考えてお
　くべきこと　ゼロからはじめる沖縄暮らし—快適
　に暮らすためのコツ 島を自由に歩きまわる—沖
　縄での「足」を考える　沖縄の遊びかた—遊ばな
　ければ来た意味がない　沖縄暮らしの食生活—食
　べものがおいしければ暮らしは快適　沖日交流実
　践講座—ウチナーンチュ気質の基礎知識　働きな
　がら暮らす—沖縄における仕事事情　離島編
　　　　　　　　　　　　　　　　　　　　〔3061〕

◇越境するタイ・ラオス・カンボジア・琉球
鈴木規之,稲村務編　彩流社　2011.3　416,
7p　22cm　（琉球大学人の移動と21世紀の
グローバル社会 3）〈並列シリーズ名：
Human Migration and the 21st Century
Global Society Project UNIVERSITY OF
THE RYUKYUS　索引あり〉3800円
①978-4-7791-1672-8　Ⓝ361.5
　内容　第1部 タイにおける開発と市民社会、ジャパ
　ナイゼーション（グローバル化の中でのタイ社会
　の変動と文化変容—市民社会化とジャパナイゼー
　ションの視点から　タイにおける市民社会化の流
　れと社会開発 ほか）　第2部 ラオス—グローバル
　化の渦中で（ラオスの大学と琉球大学との教育・
　医療における協力ネットワークの形成 ラオスと
　沖縄、附属小学校を拠点にした教育開発協力を展
　望して—教育学部の役割と附属学校の使命 ほか）
　第3部 カンボジア—境を越える（カンボジア華人
　のエスニシティ—一九九六年から二〇一〇年まで
　の変化を中心に　カンボジアの土器作り—民族考
　古学的調査の覚書）　第4部 琉球とシャム（琉球と
　パタニ—琉球との交流から女王の支配時期まで）
　　　　　　　　　　　　　　　　　　　　〔3062〕

◇新時代のシマづくり—地域の声を生かすには
2010年度 都市部編　〔那覇〕　コミュニ
ティおきなわ　2011.3　182p　21cm
（（社）沖縄県対米請求権事業協会・研究シ

リーズ no.44）〈共同刊行：沖縄県対米請求
権事業協会　文献あり〉500円　Ⓝ361.98
　　　　　　　　　　　　　　　　　　　　〔3063〕

◇沖縄の住宅の地方性に関する実証的研究—伝
統的半戸外空間を適用した南島型公営住宅
鈴木雅夫著　住宅総合研究財団　2011.6
61p　30cm　（研究 no.1041）〈他言語標
題：A research paper on the regional
features of houses in Okinawa　著作目録
あり　発売：丸善出版〉1000円　①978-4-
88331-057-9　Ⓝ365.3　　　　　　　　〔3064〕

◇社会調査演習調査報告書　平成24年度　〔宜
野湾〕　沖縄国際大学経済学部　〔2012〕
55p　30cm　（社会調査演習 2012年度）
〈担当教員：上江洲薫〉Ⓝ361.91　　　〔3065〕

◇脅かされる国境の島・与那国—尖閣だけが危
機ではない！　三荻祥著　明成社　2012.1
48p　21cm　（述：崎原孫吉ほか）524円
①978-4-905410-02-7　Ⓝ302.199
　内容　自衛隊部隊の駐留を求める町議会—中国の
　脅威に備え、島の経済を再建するための最良の選
　択だ（崎原孫吉氏（前与那国町議会議長）・糸数健
　一氏（与那国町議会議員））　苦境に立つ漁業の現
　場—減り続ける島の人口、育たぬ後継者。それで
　も育った島が一番いい。（上地常夫氏（前与那国漁
　業協同組合組合長））　与那国は必ず変わる！—
　戦争・軍隊への強いアレルギーを持つ沖縄。しか
　し状況は着実に前進している。（金城信浩氏（与那
　国防衛協会会長））　日本最西端・与那国島取材レ
　ポート 国境の島の人々に国土防衛の気概を見た！
　—与那国の人々の思いに、我々も応えなければな
　らない（三荻祥（「大学の使命」編集長））　天皇皇
　后両陛下の行幸啓を待ち望む与那国の人々（三荻
　祥（「大学の使命」編集長））　与那国王朝の支配以前
　に起源をもつ与那国独自の伝統行事—マチリ（邑
　祭）（三荻祥（「大学の使命」編集長））　　〔3066〕

◇世界のウチナーンチュと沖縄—第6回沖縄 ・
提案—百選事業：第1部共通テーマ　沖縄県
対米請求権事業協会編　那覇　沖縄県対米請
求権事業協会　2012.1　272p　21cm　（事
業実績報告書 平成23年度）〈発売：琉球プ
ロジェクト（那覇）〉952円　①978-4-
9903145-4-5　Ⓝ302.199　　　　　　　〔3067〕

◇ホスト社会沖縄と日系人・外国人—多文化化
から多文化共生への可能性：琉球大学法文学
部社会学専攻社会学コース「社会学実習」
2009年度調査報告書　鈴木規之編　〔西原町
（沖縄県）〕　鈴木規之　2012.3　285p
30cm〈文献あり〉Ⓝ361.5　　　　　　〔3068〕

◇沖縄県民意識調査報告書　2011　琉球新報社
編　那覇　琉球新報社　2012.4　87p　30cm
〈調査期間：2011年11月1日—11月24日　発
売：琉球プロジェクト（那覇）〉952円

「沖縄」がわかる本　6000冊　　245

社会　　　　　　　　　　　　　　　　　　　　　　　　　　社会科学

①978-4-89742-141-4　Ⓝ361.9199　〔3069〕

◇沖縄の社会構造と意識―沖縄総合社会調査による分析　安藤由美, 鈴木規之編著　福岡　九州大学出版会　2012.4　323p　22cm〈文献あり　索引あり〉6000円　①978-4-7985-0063-8　Ⓝ361.9199

[内容]沖縄総合社会調査2006の概要　1部 社会学からみた沖縄（沖縄の家族意識―全国データとの比較を通して　沖縄における開発・発展をめぐる県民の意識―沖縄総合社会調査2006を中心として　沖縄における外国人に対する意識　ショッピングモールと沖縄イメージ―郊外化と観光の浸透にともなう県民の生活実感）　2部 社会福祉学からみた沖縄（沖縄都市における地域生活と社会参加　沖縄県民の社会参加活動と地域帰属意識―沖縄県におけるソーシャル・キャピタルとSocial Determinants of Healthへの考察　精神障がい者に対する沖縄県在住者の意識　子育て支援状況に対する意識よりみる沖縄県の今後の課題―地域で支えあえる体制作りを中心にして　沖縄県における車社会からの脱却―公共交通機関の構築を目指して）　3部 マスコミ学からみた沖縄（沖縄県民の政治傾向とマス・メディア接触）　総括　〔3070〕

◇変貌する沖縄離島社会―八重山にみる地域「自治」　杉本久未子, 藤井和佐編　京都　ナカニシヤ出版　2012.6　249p　22cm〈索引あり〉3600円　①978-4-7795-0623-9　Ⓝ361.7

[内容]第1部 離島の「文化」と地域力（現代与論島に見る地域住民組織の社会的現実―琉球と薩摩の間で　地域におけるナショナルなもの―与那国の対外戦略　離島における地域課題の解決方途としてのガバナンス―鳩間島の島興しを事例として　伝統行事, 祭祀の継承と地域の持続性―波照間島の学校の取り組みを事例として　ほか）　第2部 離島社会を解読する（八重山群島における人口変動と離島振興事業　石垣市における移住ブーム―地価・経済分析を中心に　沖縄離島の高齢者を支える公的制度―八重山圏域の介護保険料較差を検討する　沖縄における自治公民館と公民館事業の展開―「最大動員システム」による人材育成の課題　ほか）　〔3071〕

◇沖縄移住ガイド―住まい・職探しから教育まで実用情報満載！　吉田直人著　イカロス出版　2012.7　157p　21cm　1400円　①978-4-86320-630-4　Ⓝ302.199

[内容]1 沖縄入門イロハのイ　2 引越し前に準備しておくこと　3 まずは住む場所を探そう　全部本物！THE物件サンプルin16市町村　4 快適生活の必須アイテム　5 豊かな食生活を楽しむ　6 働く人のための基礎知識　7 ウチナーの趣味を持つ　8 子どもを難関大に入れたいなら　9 ウチナーチュを知る　10 月いくらで暮らせるか　〔3072〕

◇消費生活相談の事例と40年の変遷―沖縄県消費者センター沖縄企画・編集　那覇　沖縄県県民生活センター　2013.2　174p　30cm

〈年表あり〉Ⓝ365.89　〔3073〕

◇ガイドブックには載っていない沖縄裏の歩き方　神里純平著　彩図社　2013.8　223p　19cm〈他言語標題：Okinawa Underground Guide Book〉1300円　①978-4-88392-935-1　Ⓝ302.199

[内容]第1章 沖縄夜の歩き方（沖縄 繁華街別傾向と対策　これでモテる！松山攻略法　ほか）　第2章 沖縄アンダーグラウンド（沖縄の裏カジノで一攫千金!?　裏社会のドン, 沖縄ヤクザの実態　ほか）　第3章 沖縄の特殊な事情（県民所得と米軍基地　在日米軍兵士たちの素顔　ほか）　第4章 沖縄B級ガイド（沖縄のベストシーズンはいつ？　国道58号線, 沖縄本島縦断の旅　ほか）　〔3074〕

◇報徳守礼之邦―天の時・地の利・人の和を集めて　天願貞信著　大阪　風詠社　2013.10　123p　19cm〈文献あり〉発売：星雲社〉1000円　①978-4-434-18299-0　Ⓝ361.98

[内容]序章 ウチナーンチュ（琉球人）へのエール　第1章 報徳守礼之邦　第2章 報徳守礼之邦の優位性と特異性　第3章 21世紀のありたいわが邦　第4章 都市農村交流ビジネス産業　第5章 少子高齢化時代の新たな公共社会　第6章 世界の交流のメッカ　〔3075〕

◇沖縄における階層格差と人権　〔大津〕〔岸政彦〕〔2014〕36p　30cm（龍谷大学人権問題研究委員会助成研究プロジェクト最終報告書　2013年度）　〔3076〕

◇ぼくの沖縄〈復帰後〉史　新城和博著　那覇　ボーダーインク　2014.1　198p　18cm（ボーダー新書　009）〈年表あり〉1000円　①978-4-89982-248-6　Ⓝ302.199

[内容]一九七〇年代―「車は左 人は右」, じゃあ沖縄は？（一九七二年―ドルから円への通貨交換　一九七五年―「ダイナハ」オープン　ほか）　一九八〇年代―「ヤマトンチューになりたくて, なりきれない」（一九八一年―具志堅用高, 敗れる！　一九八一～八二年―断水326日　ほか）　一九九〇年代―「オータ」と「アムロ」の時代（一九九〇年―大田昌秀革新県政誕生　一九九一年―喜納昌吉, 紅白出場　ほか）　二〇〇〇年代以降―「苦渋の決断」はもういらない（二〇〇〇年―「沖縄サミット」開催　二〇〇一年―ドラマ「ちゅらさん」ブーム　〔3077〕

◇沖縄ルール―リアル沖縄人になるための49のルール　都会生活研究プロジェクト「沖縄チーム」著　KADOKAWA　2014.3　160p　19cm〈増刷（初刷2009年）〉952円　①978-4-04-602860-0

[内容]交通編　買い物編　食べ物編　街なか編　言葉・人間関係編　番外編　〔3078〕

◇持続と変容の沖縄社会―沖縄的なるものの現在　谷富夫, 安藤由美, 野入直美編著　京都　ミネルヴァ書房　2014.5　304p　22cm〈索

246　「沖縄」がわかる本　6000冊

社会科学　　　　　　　　　　　　　　　　　　　　　　　　　　　　　　　社会

引あり〉 4500円 ①978-4-623-07034-3
Ⓝ302.199
内容 第1部 沖縄社会の基礎構造（沖縄的なるもの
を検証する　本土移住と沖縄再適応　成人期への
移行とUターン　ウチナーンチュの生活世界　沖
縄大卒者のローカル・トラック）　第2部 葛藤と生
成の沖縄社会（沖縄的共同体の外部に生きる―ヤ
ンキー若者たちの生活世界　琉球華僑―顔の見え
ないエスニック・マイノリティ　本土出身者の移
住をめぐる選択と葛藤　沖縄ハンセン病者の排除
と移動―療養所というある時代における沖縄のハンセン
病問題の位相）　第3部 基地・都市・離島（名護市
辺野古と米軍基地　軍民境界都市としてのコザ―
暴動の記憶とアイデンティティ　戦後沖縄都市の
形成と展開―コザ市にみる植民地都市の軌道　西
表島戦後開拓集落の地域形成―出身母村との親密
関係）　　　　　　　　　　　　　　　　　〔3079〕

◇これが沖縄の生きる道　仲村清司, 宮台真司
著　亜紀書房　2014.10　333p　19cm
1500円　①978-4-7505-1415-4　Ⓝ302.199
内容 第1章 沖縄の両義性―「明るい沖縄」と「暗
い沖縄」（「明るい沖縄」という楽しさ　故郷喪
失者の愛憎　ほか）　第2章 多様なる「われわれ」
に向けて―運動論の再構築（「われわれ」による動
員　「友／敵」概念とアイデンティティ・ポリティ
クス　ほか）　第3章 これが沖縄の生きる道―"恨
みベース"から"希望ベース"の未来構想へ（沖縄
の若者の政治意識　複雑な知恵をどう伝承するか
ほか）　第4章 国境に生きる人々の知恵―沖縄戦
の悲劇を繰り返す（基地返還アクションプログラ
ムと国際都市形成構想を再考する　熟議民主主
義とファシリテーター　ほか）　　　　　〔3080〕

◇奄美の奇跡―「祖国復帰」若者たちの無血革
命　永田浩三著　WAVE出版　2015.7
335p　20cm　〈文献あり　年表あり〉 1700円
①978-4-87290-752-0　Ⓝ309.02197
内容 第1章 敗戦から軍政へ　第2章 奄美のルネ
ッサンス　第3章 復帰運動始まる　第4章 弾圧の
なかで　第5章 立ち上がる奄美のひとびと　第6
章 運動は全国に広がっていく　第7章 奄美と沖
縄の連帯　第8章 悲願達成「奄美の奇跡」〔3081〕

◇生きること、それがぼくの仕事―沖縄・暮ら
しのノート　野本三吉著　増補改訂版　社会
評論社　2015.8　287p　19cm　〈著作目録あ
り〉 2000円　①978-4-7845-1137-2　Ⓝ304
内容 1 共存と生命力（生きること、それがぼくの
仕事　キミよ、歩いて考えろ　神々－人類滅亡史序曲）　2 子どもといのち（子どもにとっ
ての憲法・教育基本法　「子どもの島・沖縄」への
夢　学び合いの環境をどうつくるか　生きている
実感　"子ども"という宇宙と出会う話）　3 時代
の記録（時代に向かい合う精神―記録文学の祖型
を掘る　記憶を掘りおこす旅―個人史を越えた基
層文化へ　時代を記録し創造すること）　4 信頼
と生活力（生きぬくこと、それが君の仕事　信頼で
きる社会は可能か　安心・安全・信頼の構造　100
人の村に、たった一人の大学生）　最終講義 生活

の思想・野本三吉という生き方　　　　　〔3082〕

◇ガイドブックには載っていない本当は怖い沖
縄の話　神里純平著　彩図社　2015.9
205p　19cm　〈文献あり〉 1200円　①978-4-
8013-0096-5　Ⓝ302.199
内容 第1章 観光客が行かない裏名所（沖縄の心霊
スポット―本当は怖い沖縄の霊域　沖縄遊郭の歴
史―独自の発祥を持つ辻遊郭　ほか）　第2章 本当
は怖い沖縄の文化と歴史（沖縄の刺青文化―手の
甲に入れるハジチという刺青　ユタとノロ―沖縄
の民間信仰とユタ　ほか）　第3章 沖縄とアメリカ
の危険な関係（日本とアメリカの力関係―日米地
位協定とYナンバー　米兵の素顔―私が知り合っ
た怖い米兵　ほか）　第4章 本当は怖い沖縄の生活
（沖縄の台風―沖縄に来る台風の凄まじさ　沖縄
の食文化―長寿県でなくなりつつある沖縄　ほか）
　　　　　　　　　　　　　　　　　　　　〔3083〕

◇地域活性化助成事業実施事業成果報告書　平
成26年度　沖縄県対米請求権事業協会編　那
覇　沖縄県対米請求権事業協会　2015.11
90p　30cm　〈奥付のタイトル：地域活性化助
成事業〉 361.98　　　　　　　　　　　〔3084〕

◇対米請求権地域振興事業・対米請求権市町村
軍用地跡地利用対策事業実績報告書　平成26
年度　沖縄県対米請求権事業協会編　那覇
沖縄県対米請求権事業協会　2015.12　381p
30cm　Ⓝ361.98　　　　　　　　　　　〔3085〕

◇大学的沖縄ガイド―こだわりの歩き方　沖縄
国際大学宜野湾の会編　京都　昭和堂
2016.3　294,4p　21cm　2300円　①978-4-
8122-1518-0
内容 第1部 沖縄ナウ（米軍基地―基地の値段　沖
縄の宿泊産業が変わっていく　沖縄の環境―環境
問題とエコツーリズム　摩文仁―平和祈念資料館、
平和の礎、林立する慰霊塔）　第2部 沖縄を楽し
む（祭り・年中行事にみる沖縄文化の歴史と現在―
ハーリー、綱引き、エイサー　ウシオーラセー（闘
牛）　沖縄空手の変遷　沖縄でのスポーツ）　第3
部 琉球王国の世界（沖縄を掘る―旧石器時代の人
骨ザックザック　グスク―奄美・沖縄のグスクを
歩く　首里城　墓―死者の家、玉御殿、亀甲墓）
第4部 沖縄アラカルト（「歓迎」を表す島言葉―琉
球語への誘い　沖縄の芸能　沖縄を味わう　沖縄
を歌う―三線、島唄からロック、ポピュラー）
　　　　　　　　　　　　　　　　　　　　〔3086〕

《文化事情》

◇戦後沖縄とアメリカ―異文化接触の50年　照
屋善彦, 山里勝己, 琉球大学アメリカ研究会編
那覇　沖縄タイムス社　1995.11　563p
19cm　4200円
内容 アメリカ文化と戦後沖縄　60年代の裁判移
送問題にみる法文化摩擦　PL480と1960年代及び
その後の沖縄畜産の展開　琉球大学における一般

「沖縄」がわかる本 6000冊　　247

社会　　　　　　　　　　　　　　　　　　　　　　　　　　　　　　　　　社会科学

教育制度—アメリカ的教育理念と大学設置基準の
狭間で　戦後日本の刑事司法に見るアメリカ憲法
の影響　戦後沖縄住民の衣生活にみるアメリカ統
治の影響（第1報）—「沖縄人とアメリカ人の服色
嗜好調査」の分析を中心に　沖縄の食生活にみる
アメリカ統治の影響—アメリカの食文化の受容と
変容　外人住宅の建設とその内容について　第二
次世界大戦直後の沖縄県における家畜導入の実態
について　沖縄戦後小説の中のアメリカ　復帰後
20年間の対米国に関する意識の変化〔ほか〕
　　　　　　　　　　　　　　　　　　　　　〔3087〕

◇異文化接触と変容　宜野湾　沖縄国際大学公
開講座委員会　1999.3　413p　19cm　（沖
縄国際大学公開講座 8）〈発売：編集工房東
洋企画（那覇）〉　1500円　Ⓘ4-938984-10-5
Ⓝ361.5
　内容　源氏物語と異文化—「辺境」からの創造　中
世神話と異文化—養蚕をめぐる貴女の物語　大城
立裕—内包される異文化　イスラムとユダヤの出
会い　ことばと異文化接触　沖縄の異文化家族—
エスニシティーへの理解と言語習得・教育の諸問
題　アフリカ系アメリカ人の文学と沖縄文学—二
重意識の問題を中心に　大学における国際化と文
化的交流　バルザックの世界と異文化—アジアの
国々をめぐる想像の産物　日本とドイツ一人の交
流　文学における異文化接触　　　　　　〔3088〕

◇沖縄ポップカルチャー　天空企画編　東京書
籍　2000.7　301p　21cm　2300円　Ⓘ4-
487-79536-2　Ⓝ302.199
　内容　沖縄では、基地を見るか、海を見ていた。
ストリートミュージシャンという生き方—旅芸人
里国隆の生涯　カルチュラル・ハイ—沖縄精神の
止揚　反転するマイノリティ—沖縄をみる海外
の目　戦争、トートーメー、女性　うるまインタ
ビュー　インフォーマルエコノミー万歳!!沖縄
チナー公設市場・血と骨　泡盛考　うるまインタ
ビュー　沖縄にはどこにも絶対負けないらしさが
ある。　沖縄映画史〔ほか〕　　　　　　〔3089〕

◇南島の魂—私の沖縄文化論　勝連繁雄著　具
志川　ゆい出版　2000.9　309p　19cm
1800円　Ⓘ4-946539-12-3　Ⓝ302.199〔3090〕

◇赤瓦と芭蕉布とB軍票　宜志政信著　具志川
ゆい出版　2001.8　263p　19cm　1600円
Ⓘ4-946539-15-8　Ⓝ302.199
　内容　ザ・沖縄雑記　沖縄・東西南北　暮らしの中
で　先人達の知恵　仕事の中で　今時のこと　芭
蕉布とB軍票　　　　　　　　　　　　　〔3091〕

◇開発と環境の文化学—沖縄地域社会変動の諸
契機　松井健編　宜野湾　榕樹書林　2002.
12　378p　22cm　8500円　Ⓘ4-947667-87-7
Ⓝ361.5
　内容　第1部 開発と環境という問題野（人間・環境
系の沖縄的特質　振興開発と環境—「開発」の捉え
方を見直す　生成するコモンズ—環境社会学にお
けるコモンズ論の展開）　第2部 せめぎあう開発
と環境（竹富島と小浜島の比較環境史—町並み保

存運動とリゾート誘致への序曲　第一牧志公設市
場のゆくえ—観光化による市場の変容　農地の変
化と軍用地の影響—沖縄県読谷村の事例　泡瀬の
アイデンティティと復興期成会　地域開発にとも
なう「物語」の生成と「不安」のコミュニケーショ
ン—海中道路と石油基地の島・平安座から　「離
島苦」の歴史的消失—サンゴ礁の海をめぐる暮ら
しと開発）　　　　　　　　　　　　　　〔3092〕

◇沖縄時間がゆったり流れる島　宮里千里著
光文社　2003.5　241p　18cm　（光文社新
書）〈文献あり〉　700円　Ⓘ4-334-03197-8
Ⓝ302.199
　内容　第1章 個人情報満載の新聞広告　第2章 並
ばない文化と当日券文化　第3章 台風でも結婚
披露宴だけは　第4章 ニライカナイと沖縄の神々
第5章 お墓の新築祝い　第6章 先祖と一緒にご飯
を食べる　第7章 オバァ限定・長寿社会　第8章
オバァたちの名前が凄い　第9章 高すぎでも低す
ぎでもない人生　第10章 なくてはならないもの
第11章 受け入れる文化　　　　　　　　〔3093〕

◇オキナワドリーム—青い空、蒼い海の彼方か
ら見えてくるもの　天空企画編　光文社
2003.8　238p　16cm　（知恵の森文庫）
629円　Ⓘ4-334-78238-8　Ⓝ302.199
　内容　魔物と死者とのご近所づきあい（加門七海）
映画「オキナワンドリームショー」を夢みた頃（高
嶺剛）　夢のプロセス（Kiroro）　琉球デイドリー
ム（ジェームス天願）　「画廊沖縄」のウチナーアー
トのリアリズム（上原誠勇）　クラブ「火の玉ホー
ル」ストーリー（前森喜一）　おばぁのユメ（漫画）
（大城美千恵）　オキナワイトゴーズオン（KEN
子）　"オキナワ・ブランド"発信都市（謝花寛営）
ウチナーンチュとして生きる（比嘉光龍）　オー
シャン・ビューの光と影（松元裕之）　りんけんの
アジマァドリーム（照屋林賢）　　　　　〔3094〕

◇沖縄チャンプルー文化創造論　比嘉佑典著
具志川　ゆい出版　2003.10　286p　22cm
2800円　Ⓘ4-946539-21-2　Ⓝ302.199〔3095〕

◇沖縄に立ちすくむ—大学を越えて深化する
知：「ちゅらさん」「ナビィの恋」「モンパチ」
から読み解く〈沖縄〉の文化の政治学　岩渕
功一、多田治、田仲康博編　せりか書房
2004.3　198,5p　21cm〈文献あり〉　2300円
Ⓘ4-7967-0254-7　Ⓝ361.5
　内容　1 プロローグ なぜ "沖縄" なのか（沖縄に立
ちすくむ一本書プロジェクトの経緯と問題関心
沖縄へ、沖縄から／沖縄へ—ポストコロニアルとメ
ディア研究）　2 三つの報告をめぐって—メディ
アと消費される "沖縄"（『ちゅらさん』における
沖縄の表象・生産・受容—報告1　映画『ナビィ
の恋』における沖縄の「他者性」—報告2 ほか）
3 セッションをめぐって—誰が "沖縄" を語るの
か（方法としての沖縄—沖縄セッションについて
消費される沖縄—セッション抄録 ほか）　4 エピ
ローグ "沖縄" 文化研究を開くために（枠をはみだ
している他者—テクスト／方法論／学問の政治　沖

248　「沖縄」がわかる本　6000冊

社会科学　　　　　　　　　　　　　　　　　　　　　　　　　　　　　社会

縄を語ることの政治学にむけて―沖縄をめぐる言
説　ほか）　　　　　　　　　　　　　　〔3096〕

◇沖縄イメージの誕生―青い海のカルチュラ
ル・スタディーズ　多田治著　東洋経済新報
社　2004.10　179p　21cm　〈文献あり〉
2300円　Ⓘ4-492-22253-7　Ⓝ302.199
内容　はじめに　イメージをとらえる視点　第1部
「開発」としての沖縄海洋博（オリンピックと万博
による国土と国民の「開発」　沖縄の「開発」と海
洋博）　第2部　沖縄海洋博の中に入る（「海」をめ
ぐるイメージ・ポリティックス　観光リゾートと
しての沖縄イメージの誕生　ビジュアル・メディ
アとしての海洋博）　第3部　海洋博と沖縄社会の
変容（復帰後の沖縄社会と海洋博世論　海洋博か
ら沖縄キャンペーンへ―沖縄の観光リゾート化の
プロセス）　　　　　　　　　　　　　〔3097〕

◇沖縄あーあー・んーんー事典　宮里千里著
那覇　ボーダーインク　2005.3　285p
19cm　1600円　Ⓘ4-89982-078-X　Ⓝ302.
199　　　　　　　　　　　　　　　　〔3098〕

◇沖縄チャンプラ亭　仲村清司著　双葉社
2005.11　253p　19cm　1300円　Ⓘ4-575-
29852-2　Ⓝ302.199
内容　僕が翻弄された沖縄のフシギ―沖縄五目ワン
ダー定食の巻（人づきあい　元気なオバァ　名字
ほか）　僕が味わった沖縄飯のカルチャーショッ
ク―沖縄満腹マーサマン定食の巻（思案六歩の真
夏の沖縄そば　宮古島を席巻するアララガマなそ
ば　汎亜細亜的簡易食のソーミンチャンプルー　ほ
か）　僕を取り巻く沖縄の日常のおかしみ―沖縄
流カチャーシー定食の巻（沖縄の街角観察編　ブ
ンカ人類学的沖縄編　日常的沖縄ごはん事典　ほか）
　　　　　　　　　　　　　　　　　　〔3099〕

◇竜宮歳事記―どんとの愛した沖縄　小嶋さち
ほ〔著〕　角川書店　2006.1　156p　15cm
（角川文庫）　〈マーブルトロン2001年刊の増
訂〉　667円　Ⓘ4-04-381301-5　Ⓝ302.199
内容　「どんとの沖縄宣言」どんとからの手紙　竜
宮さいじ記　小嶋さちほのオキナワカレンダー　ど
んとツアー　どんとの愛した沖縄のスポットを巡
る旅　どんとのおみやげ（町田康＆小嶋さちほ）
　　　　　　　　　　　　　　　　　　〔3100〕

◇八重山の地域性　沖縄国際大学南島文化研究
所編　那覇　編集工房東洋企画　2006.3
355p　19cm　（南島文化研究所叢書 1）
1500円　Ⓘ4-938984-40-7　Ⓝ302.199
内容　石垣島における農業の地域特性　小川護著
近代八重山諸島とマラリア　崎浜靖著　石垣島の
都市　堂前亮平著　石垣島の漁業　澤田裕之著　石
垣島の地形　河名俊男著　八重山の大気環境　新垣
武著　八重山方言の特徴　高橋俊三著　石垣方言
の敬語概略　西岡敏著　八重山舞踊の成立　狩俣恵
一著　作曲家としての宮良長包と八重山の音楽　杉
本信夫著　八重山と台湾の歴史的関係　藤波潔著
ピノキオ観光と地域発展の可能性　呉錫畢著　今

日を生きる人々の自己実現とアイデンティティ形
成のプロセス　片本恵利著　戦後八重山の国語教
育　渡辺春美著　八重山地域の学校図書館活動　山
口真也著　　　　　　　　　　　　　　〔3101〕

◇沖縄のうわさ話―白版　tommy編　那覇
ボーダーインク　2008.2　284p　19cm
1500円　Ⓘ978-4-89982-138-0　Ⓝ302.199
　　　　　　　　　　　　　　　　　　〔3102〕

◇移動する人びと、変容する文化―グローバリ
ゼーションとアイデンティティ　白水繁彦編
御茶の水書房　2008.3　190p　21cm　〈他言
語標題：Globalization and cultural
transformation〉　2400円　Ⓘ978-4-275-
00560-1　Ⓝ361.5
内容　1　変容エージェントによる文化の創出―ハ
ワイ沖縄系コミュニティにおける事例研究　2　オ
キナワン・ハワイアン・スタイル―ハワイにおける
沖縄系移民と先住民系文化の交差　3　ハワイのオ
キナワ料理の創造―女性団体出版のクックブック
にみる文化変容　4　ハワイのアメラジアン―「越
境」と「ローカル化」を繋ぐアイデンティティ　5
ハワイにおける中国系コミュニティの文化変容―
エスニック・フェスティバルを中心に　6　新世代
の日系ブラジル芸能人―そのキャリア戦略とエス
ニック・アイデンティティ　7　グローバリゼーション
とローカリティ―東京・月島の「もんじゃ」の
事例　8　都市祝祭を担う人々―移動・定住・文化
の「創造」　　　　　　　　　　　　　〔3103〕

◇風景の裂け目―沖縄、占領の今　田仲康博著
せりか書房　2010.4　286,13p　20cm　〈年表
あり〉　2400円　Ⓘ978-4-7967-0295-9
Ⓝ302.199
内容　第1章　占領の文化、文化の占領　第2章　琉
球大学とアメリカニズム　第3章　他者のまなざし
第4章　風景の政治学　第5章　祝祭空間「オキナワ」
―クリントン演説をめぐって　第6章　メディアに
表象される沖縄　第7章　まなざしの政治学　第8
章　沖縄を生きる　　　　　　　　　　〔3104〕

◇沖縄のうわさ話　金　「沖縄のうわさ話」
ウェブサイト管理人tommy編　那覇　ボー
ダーインク　2011.7　286p　19cm　1500円
Ⓘ978-4-89982-207-3　Ⓝ302.199　　〔3105〕

◇Popの交錯する地勢―アメリカ/ウォーホル
と沖縄のポップ文化誌　山城雅江著　学術出
版会　2013.5　442p　22cm　（学術叢書）
〈文献あり　索引あり〉　発売：日本図書セン
ター〉　5600円　Ⓘ978-4-284-10395-4
Ⓝ361.5
内容　第1部　Pop/pop（ウォーホルの出版物
Pop Artとアメリカ六〇年代　イフェクト・効果
物量のアメリカと沖縄文学　キーワード「沖縄ポッ
プ」1）　第2部　デモクラシー（アメリカ、マスの
時代　表面/surface　すべて・みんな/everything
米琉親善　キーワード「沖縄ポップ」2）　第3部
アメリカ/沖縄（写真とアメリカ　マシーン・機

「沖縄」がわかる本　6000冊　　249

社会　　　　　　　　　　　　　　　　　　　　　　　　　　　社会科学

械　アメリカ的　写真映像と沖縄キーワード「沖縄ポップ」3）　　　　　　　　　　〔3106〕

◇八重山の社会と文化　古川純編　石垣　南山舎　2015.5　292p　19cm　（やいま文庫16）〈文献あり〉1800円　Ⓘ978-4-901427-36-4　Ⓝ302.199

内容　島の歴史　八重山諸島を探る　島袋綾野著　「オヤケアカハチ」の乱とはなにか　古川純著　八重山の人頭税時代　はいの眺著　明和大津波の痕跡を探る　島袋綾野著　字石垣地域住民の戦争　森永用朗著　八重山共和国　古川純著　「出版許可綴」にみる米軍政下の八重山　山根頼子著　台湾と八重山　台湾と八重山　松田良孝著　歴史を「資産」に　松田良孝著　島に生きる　竹富島の「うつぐみ」と祭り　はいの眺著　波照間島の苦悩と誇り　はいの眺著　国境の島・与那国島　はいの眺著　都会と田舎の話　はいの眺著　島で本を出す　はいの眺著　祭祀行事と芸能　お正月の風景とお椀の中にみるルーツ　山根頼子著　シュクプンを果たす　飯田泰彦著　「世」の表現　飯田泰彦著　復興の歌声　飯田泰彦著　八重山の現在　尖閣列島をめぐること　山根頼子著　回顧・尖閣列島をめぐること　山根頼子著　八重山教科書問題の問題点　はいの眺著　『夕凪の島』著者大田静男の予言　はいの眺著　八重山─歴史の曲がり角　砂川哲雄著　新空港と八重山の未来　はいの眺著　軍隊は住民を守らない　大田静男著　インタビュー　尖閣列島戦時遭難者遺族会会長・慶田城用武さん　古川純述　竹富町教育長・慶田盛安三さん　古川純述　　　　　　　　　　　　　〔3107〕

◇沖縄の芸術と文化─1999-2009　コラム「大弦小弦」より　真久田巧著　那覇　出版舎Mugen　2015.9　582p　21cm　2315円　Ⓘ978-4-905454-16-8　Ⓝ304　〔3108〕

《家族》

◇ガジュマルの木の下で─26人の子どもとミワ母さん　名取美和文,奥野安彦写真　岩波書店　2002.11　44p　26cm　（岩波フォト絵本）　1700円　Ⓘ4-00-115351-3　Ⓝ369.43
＊「大きな家族」として生きる─タイでHIV感染孤児と暮らす「ミワ母さん」の物語。　〔3109〕

◇沖縄版相続税の実際─トートーメー（位牌）に相続財産がついてくる！　歴史的慣習を基にした、沖縄独自の相続体系を実務的に解説　山内婧著　改訂版　〔那覇〕　山内婧　2007.5　256p　21cm〈製作・発売：沖縄タイムス社出版部（那覇）〉1800円　Ⓘ978-4-87127-626-9　Ⓝ336.985　〔3110〕

◇沖縄出身の税理士が書いたズバリ！　沖縄の人のための相続・贈与─沖縄の事例満載＆節税対策付　山内婧著　〔那覇〕　キャリア総研　2011.9　284p　19cm〈制作・発売：沖縄タイムス社出版部（那覇）〉1500円

Ⓘ978-4-87127-645-0　Ⓝ336.985

内容　相続税が大変だ！─はじめに　第1章　沖縄の相続・贈与の事例　第2章　相続（税）・贈与（税）を正しく理解しよう！　第3章　相続税のしくみと、計算方法を理解しよう！　第4章　相続財産・贈与財産はいくらで評価されるの？　第5章　トラブルを回避する遺言書の書き方　第6章　相続・贈与の発生から、諸手続き方法を知っておこう　第7章　これで安くなる！　相続・贈与の節税対策から事業承継まで　　　　　　　　　〔3111〕

◇相続でもめないためのエンディングノート─子孫に伝えたい家系の話　沖縄版　山内婧著　〔出版地不明〕　相続サポートセンター　2014.4　153p　26cm〈発売：沖縄タイムス社出版部（那覇）〉1200円　Ⓘ978-4-87127-655-9　Ⓝ324.77　〔3112〕

《労働》

◇米軍基地と労働運動─占領下の沖縄　南雲和夫著　京都　かもがわ出版　1996.11　78p　21cm　1165円　Ⓘ4-87699-274-6　Ⓝ366.62199　〔3113〕

◇沖縄階級闘争─全軍労ストライキ（1972）と米軍キセンバル演習実力阻止闘争（1974～77）　竹田誠著　名古屋　現代文化研究社　2001.3　238p　22cm　8000円　Ⓝ366.66　〔3114〕

◇熱きこころで─労働組合運動と社会福祉活動に生きて　前原穂積著　〔那覇〕　〔前原穂積〕　2005.1　549p　27cm　Ⓝ366.62199　〔3115〕

◇アメリカ占領下沖縄の労働史─支配と抵抗のはざまで　南雲和夫著　神戸　みずのわ出版　2005.8　158p　21cm〈年表あり〉2200円　Ⓘ4-944173-34-2　Ⓝ366.62199　〔3116〕

◇沖縄仕事図鑑─沖縄のほぼ全仕事301職種　那覇　冒険王　2008.4　384p　21cm〈折り込1枚〉1300円　Ⓘ978-4-990403-40-9　Ⓝ366.29　〔3117〕

◇米国統治下沖縄の職業と法　中野育男著　専修大学出版局　2009.7　185p　21cm〈索引あり〉2800円　Ⓘ978-4-88125-228-4　Ⓝ366.2199

内容　第1章　米国統治下沖縄の職業教育（職業教育の焦土から復活　職業教育の発展　職業教育法制の展開　職業教育と生徒の急増対策　職業教育の実態）　第2章　米国統治下沖縄の労災補償（軍労働傷害賠償　労基法の制定と災害補償　労災保険法制　労災保険の実施状況）　第3章　米国統治下沖縄の失業保障（失業保障の制度形成　失業保障の実態　失業保険法及び関係法令の改正経過　失業

250　「沖縄」がわかる本　6000冊

社会科学　　　　　　　　　　　　　　　　　　　　　　　　　　　　社会

保険と基地経済）　第4章　米国統治下の沖縄にお
ける職業紹介（沿革と背景　職業紹介法制の整備
職業紹介の実態）　第5章　米国統治下沖縄の職業
訓練（技能労働力の不足　職業補導　職業訓練法
の成立　軍関係離職者の成立　軍関係離職者の転
職訓練）
〔3118〕

◇沖縄における若年就業の可能性　沖縄国際大
学総合研究機構沖縄経済環境研究所編　宜野
湾　沖縄国際大学総合研究機構沖縄経済環境
研究所　2012.3　277p　19cm〈文献あり〉
発売：編集工房東洋企画（糸満）　1500円
Ⓘ978-4-905412-04-5　Ⓝ366.2199　〔3119〕

◇全軍労・沖縄闘争―比嘉豊光写真集　比嘉豊
光著　那覇　出版舎Mugen　2012.5　352p
26cm〈他言語標題：Struggles of Zengunro
and Okinawa〉　4200円　Ⓘ978-4-905454-02-
1　Ⓝ366.66　〔3120〕

◇全軍労・全駐労結成50周年記念誌　全軍労・
全駐労結成50周年記念誌編集委員会編　宜野
湾　全駐留軍労働組合沖縄地区本部　2014.
10　150p　30cm〈年表あり〉Ⓝ366.628
〔3121〕

◇沖縄県キャリアセンターのあゆみ―2003-
2014　沖縄県労働商工部雇用政策課編　那
覇　沖縄県労働商工部雇用政策課　2015.3
97p　30cm〈共同刊行：沖縄県キャリアセン
ター　年表あり〉Ⓝ366.29　〔3122〕

◇沖縄からの報告　林文彬作　朴子　林文彬
2015.7　175p　21cm〈他言語標題：來自沖
繩的報告　中国語併記〉Ⓘ978-957-43-2619-
8　Ⓝ366.29　〔3123〕

◇経営危機の実態と闘い抜いた労組30年の記録
―蘇ったラジオ局　ラジオ沖縄再生への途
〔工藤幸男〕〔著〕　　〔出版地不明〕　工藤幸
男　2015.9　115p　26cm〈年表あり〉非売
品　Ⓝ366.628　〔3124〕

《女性》

◇アジア・女性・沖縄が問う日本　安斎育郎
〔ほか〕著　京都　かもがわ出版　1996.5
63p　21cm　（かもがわブックレット　93）
550円　Ⓘ4-87699-243-6　Ⓝ304
内容　第1部「戦後50年」の日本を読み解く（問
題提起(1)「四分の一」を切り捨てた日本の近代
問題提起(2)中国は日本の侵略をどう見ているか
問題提起(3)北京世界女性会議の視点から　問題
提起(4)日弁連「戦後50年・平和と人権に関する
宣言」）　第2部　問われる日本人の戦後責任　第3
部「戦前」との連続性を断つために　まとめ　戦
後50年をへた私たちの課題　〔3125〕

◇沖縄の女たち―女性の人権と基地・軍隊　高
里鈴代著　明石書店　1996.8　247p　19cm
〈年表：p237〜247〉　1880円　Ⓘ4-7503-
0805-6　Ⓝ367.2199　〔3126〕

◇時代を彩った女たち―近代沖縄女性史　琉球
新報社編　那覇　ニライ社　1996.9　525p
22cm〈監修：外間米子　発売：新日本教育
図書　近・現代沖縄女性史年表：p487〜
525〉　3914円　Ⓘ4-931314-20-1　Ⓝ367.2199
内容　当間モウシ―商腕たくましく　山城ウシ―
婦人会誕生のきっかけに　大城カメ―ノロからキ
リスト者へ　比嘉トル―キリスト教の道へ　宮平
ウタ―座間味の守り神　久場ツル―琉装から和装
へ　国吉カナ―行商一代、海外へも　上原愛子―
ハジチの伝道者〔ほか〕　〔3127〕

◇オキナワ女たちは今　ゆいまーるセミナー編
ドメス出版　1997.1　200p　19cm　1545円
Ⓘ4-8107-0447-5　Ⓝ367.2199
内容　マザーランドの彼方から　キーストーン・
アイランドの女たち　離婚率日本一の内実　女た
ちの怒り　働く女たち　海と女―沖縄のWID問題
沖縄の希望と輝き　やんばる賛歌　子どもの問題
は大人の問題　'95〜'96オキナワの女たち
〔3128〕

◇なは・女のあしあと―那覇女性史　近代編
那覇市総務部女性室那覇女性史編集委員会編
ドメス出版　1998.9　502p　22cm　3500円
Ⓘ4-8107-0485-8　Ⓝ367.2199
内容　第1章　那覇の概要　第2章　家庭・社会と女た
ち　第3章　働く女たち　第4章　海外移民　第5章
県外出稼ぎ　第6章　教育　第7章　風俗改良　第8
章　チージ（辻遊郭）　第9章　戦争と女たち
〔3129〕

◇ヤマト嫁―沖縄に恋した女たち　吉江真理子
著　毎日新聞社　1999.3　279p　19cm
1500円　Ⓘ4-620-31291-6　Ⓝ367.2199
内容　第1章　来間島・聖域と開発―神に呼ばれた
花嫁　第2章　与那国島・建前と本音―島が認めた
バンの味　第3章　黒島・個人と共同体―祭りの絵
本　第4章　浦添市・偏見と超越―米軍基地とボラ
ンティア　第5章　伊江島・自立と依存―自立の白
い百合　第6章　名護市・破壊と再生―ヤンバルの
森がよみがえるとき　〔3130〕

◇オキナワ・海を渡った米兵花嫁たち　澤岻悦
子著　高文研　2000.6　217p　19cm　1600
円　Ⓘ4-87498-239-5　Ⓝ367.4
内容　序章　基地・沖縄―もう一つの側面　1　戦後
初期の「渡米花嫁」たち　2　国際結婚にみる人生模
様　3　米軍と沖縄　4　アンケート調査に見る「米
兵花嫁」像　5　ああ、アメリカ…　6　若い女性た
ちは、いま　〔3131〕

◇沖縄女性史　伊波普猷著　平凡社　2000.11
358p　16cm　（平凡社ライブラリー）　1200
円　Ⓘ4-582-76371-5　Ⓝ367.2199

「沖縄」がわかる本　6000冊　　251

社会　　　　　　　　　　　　　　　　　　　　　　　　　　　　社会科学

[内容] 沖縄女性史（古琉球に於ける女子の位地　尾類の歴史）　女性史関連論集（伊波普猷と家族　古琉球の女性と男性　近代沖縄の女性と男性）　〔3132〕

◇なは・女のあしあと―那覇女性史　戦後編　那覇市総務部女性室編　那覇　琉球新報社事業局出版部　2001.3　594p　22cm　3000円　①4-89742-039-3　Ⓝ367.2199　〔3133〕

◇なは・女のあしあと―那覇女性史　前近代編　那覇市総務部女性室編　那覇　琉球新報社事業局出版部　2001.3　295p　22cm　1800円　①4-89742-038-5　Ⓝ367.2199　〔3134〕

◇おばぁが笑ってⅤ　第1集　週刊レキオ編集部編　那覇　週刊レキオ社　2002.1　219p　26cm　1500円　①4-901754-00-9　Ⓝ367.2199　〔3135〕

◇山姥たちの物語―女性の原型と語りなおし　水田宗子, 北田幸恵編　學藝書林　2002.3　299p　19cm　2800円　①4-87517-058-0
[内容] 1 山姥の起源を探る（山姥の舞―能楽「山姥」にみる女たちの芸能の伝統　魔女と山姥の『マクベス』―サイクル・リサイクルする物語の力　中国の「山姥」伝説　アイヌ民族の女性の誇りをつむぐ―創生神話と精神世界　沖縄の女性原型―族母としてのノロと弾圧されるユタ）　2 山姥を語りなおす（山姥探訪―女性の抵抗をめぐって　一葉と小町伝説―「山姥」への旅　山姥の歌―与謝野晶子の短篇「故郷の夏」を読む　「女詩人」と「山姥」的なるもの―高群逸枝論　「神話の娘」は「老いたる鬼女」へと―詩人・永頼清子　山姥は笑っている―円地文子と津島佑子）　〔3136〕

◇おきなわ女性学事始　勝方=稲福恵子著　新宿書房　2006.12　253p　20cm　〈年譜あり　文献あり　年表あり〉　2800円　①4-88008-360-7　Ⓝ367.2199
[内容] 序章 越境する沖縄女性　第1章 女性学とは何か？　第2章 沖縄女性史概観―古層と儒教と近代の併存　第3章「沈黙」を語る　第4章 幻の女性作家・久志芙沙子　第5章 消費される沖縄女性　第6章「おきなわ女性学」へ　〔3137〕

◇ポストコロニアリズムとジェンダー　菊地夏野著　青弓社　2010.4　350p　20cm　3000円　①978-4-7872-3313-4　Ⓝ368.4
[内容] 第1部 売買春・売春とフェミニズム（売買春をめぐる「自由意志対強制」の神話―一九九〇年代社会学の論争から　戦争と女性―ポストコロニアル・フェミニズムと沖縄・「慰安婦」）　第2部 軍事占領期沖縄の性暴力と売買春（軍事占領社会における売春管理―売春禁止の法律と住民弾圧　Aサイン制度のポリティクス―女性の「自由」の裏側で　挿入される国家と女性の分断―反売春運動の軌跡と売春女性の痕跡）　第3部 日本軍「慰安婦」問題（英雄と売春婦を構築するナショナリズム―スピヴァクのサバルタン論から　関する力

と触発する力と―女性国際戦犯法廷・番組改竄問題　「慰安婦」問題とフェミニズム―女性の表象のプリズム　ほか）　〔3138〕

◇沖縄おんな紀行―光と影　もろさわようこ著　影書房　2010.12　259p　20cm　2200円　①978-4-87714-411-1　Ⓝ367.2199
[内容] 1（沖縄おんな紀行　沖縄の旅　ふたたび・沖縄おんな紀行　ほか）　2（わが女性史と沖縄　元始女性考―沖縄の祭祀風俗を通して）　3（海洋博とおんな　復帰十年目の沖縄　沖縄からの問い　ほか）　4（おきなわと私―極私的体験をとおして）　〔3139〕

◇まるざーフェスティバル―10周年記念誌　〔石垣〕　石垣市女性団体ネットワーク会議　2010.12　273p　26cm　〈年表あり〉　Ⓝ367.2199　〔3140〕

◇沖縄軍人妻の研究　宮西香穂里著　京都　京都大学学術出版会　2012.11　311p　22cm　（プリミエ・コレクション 22）　〈文献あり　索引あり〉　3600円　①978-4-87698-237-0　Ⓝ367.4
[内容] 第1部 米軍と沖縄社会との接触（米海兵隊の世界　米軍の家族支援制度　米軍基地と地域社会との交流）　第2部 出会い、結婚、葛藤（9名の男女の紹介　独身時代から出会いまで　結婚生活）　第3部 米軍と沖縄社会の間で揺れ動く夫婦（米軍基地と地元の反基地運動との狭間にて　異動をめぐる夫婦の思い―沖縄における退役軍人の妻を中心に　離婚　軍人妻たちのネットワーク形成）　〔3141〕

◇軍隊は女性を守らない―沖縄の日本軍慰安所と米軍の性暴力：第10回特別展カタログ　アクティブ・ミュージアム「女たちの戦争と平和資料館」編　アクティブ・ミュージアム「女たちの戦争と平和資料館」　2012.12　54p　30cm　〈会期：2012年6月23日―2013年6月30日　折り込2枚　年表あり〉　1800円　Ⓝ369.37　〔3142〕

◇沖縄ジェンダー学　第1巻　「伝統」へのアプローチ　喜納育江編著　大月書店　2014.3　277,11p　22cm　（琉球大学国際沖縄研究所ライブラリ）　〈索引あり〉　3400円　①978-4-272-35051-3　Ⓝ367.2199
[内容] 沖縄とジェンダー―伝統としての「祈り」　1（男系原理と女性の霊威　前近代琉球の家族・夫婦・親子をめぐる権力関係　琉球芸能における女形　琉球諸語のことわざの表現形式にみる女性　しまくとぅば意識と活動にみられる男女差）　2（近代と非近代のあいだ―石牟礼道子のまなざしの射程　抑圧された記憶の回帰―目取真俊の「魂込め」を読む）　3（「沖縄的身体」の所在―舞踊と文学における言葉の接点）　補論（台湾の植民地化と先住民女性の抵抗　インド女性の伝統と社会運動）　〔3143〕

252　「沖縄」がわかる本 6000冊

社会科学　　　　　　　　　　　　　　　　　　　　　　　　　　　　　　社会

◇沖縄ジェンダー学　第2巻　法・社会・身体
の制度　喜納育江, 矢野恵美編著　大月書店
2015.2　313,11p　22cm　（琉球大学国際沖
縄研究所ライブラリ）〈索引あり〉3400円
Ⓘ978-4-272-35052-0　Ⓝ367.2199
内容　沖縄におけるジェンダーと「制度」―「暴力
の記憶」を超えるために　1（アメラジアンの子ど
もを育てる―シングルマザーのライフヒストリー
制度未整備状況下の福祉援助実践―戦後沖縄にお
ける島マスの活動　尿失禁ケアと女性の身体をめ
ぐる医療の課題―沖縄の事例を中心に　女/他者
という創造力―宮良瑛子と沖縄女流美術家協会）
2（刑事手続における強姦罪等の判決告罪化―米
兵女子中学生暴行事件とフィンランド刑法改正を
踏まえて　沖縄におけるDVの現状と課題―ノル
ウェー・スウェーデンからの示唆　女性に対する
暴力の背景―貧困問題と社会的支援　法の理論の
暴力―児童虐待の責任を問うこと）　3（法制度と
ジェンダー―「ヤマトゥンチュ」から見た沖縄と
DV）　補論（米国における性的少数者の法的権利
身体芸術とオリエンタリズム―交錯するエスニシ
ティとジェンダー）　　　　　　　　　　〔3144〕

◇男女共同参画社会づくりに関する県民意識調
査報告書　沖縄産業計画編　那覇　沖縄産業
計画　2016.1　201p　30cm〈委託元：沖縄
県子ども生活福祉部平和援護・男女参画課〉
Ⓝ367.2199　　　　　　　　　　　　　　〔3145〕

《事件・犯罪》

◇戦後50年犯罪史　比嘉朝進編著　〔那覇〕
風土記社　1995.1　224p　18cm〈発売：タ
ウンズ〉1000円　Ⓝ368.6　　　　　　〔3146〕

◇ひめゆりの怨念火　知念功著　インパクト出
版会　1995.10　238p　19cm〈発売：イザラ
書房〉2000円　Ⓘ4-7554-0049-X　Ⓝ327.6
内容　ひめゆりの怨念火　ひめゆりへの道　怨念
火は消えず　　　　　　　　　　　　　〔3147〕

◇沖縄における米軍の犯罪　福地曠昭著　同時
代社　1995.11　269p　19cm　1600円　Ⓘ4-
88683-338-1　内容　第1部　沖縄における米軍の犯罪　第2部　日
米地位協定を衝く　第3部　資料　　　〔3148〕

◇沖縄から「日本の主権」を問う―沖縄米兵少
女暴行事件と安保日米地位協定の内実　沖縄
問題編集委員会編　リム出版新社　1995.12
151p　21cm　（時代を読むbooklet 2）　880
円　Ⓘ4-89800-101-7　Ⓝ395.39
内容　第1部　沖縄の鬱積した怒りが爆発―米兵に
よる少女暴行事件　第2部　沖縄から「日本の主権
を」問う―安保条約　日米地位協定の内実　第3部
基地を抱える沖縄県民の苦悶―日米安保　在沖米
軍の重圧　　　　　　　　　　　　　　〔3149〕

◇沖縄の怒り―コザ事件・米兵少女暴行事件
伊佐千尋著　文藝春秋　1996.6　296p
16cm　（文春文庫）〈『炎上』（1986年刊）の
改訂〉480円　Ⓘ4-16-739606-8　Ⓝ913.6
内容　朝帰り　目撃　焦躁　失点　返還　刺傷
年玉　謝罪　騒擾罪　欺瞞　離任　棄却　〔3150〕

◇沖縄占領米軍犯罪事件帳―Ryukyuanぷーた
ぎなサナガベッチの時代　天願盛夫編著　具志
川　ぐしかわ文具店　1999.4　389p　19cm
Ⓝ368.6　　　　　　　　　　　　　　　〔3151〕

◇琉球の事件―明治・大正期の弁護士前島清三
郎の視た事件　谷脇和幸著　島袋和幸
2000.4　142p　19cm〈発行所：ルンビニ
社〉Ⓝ368.6　　　　　　　　　　　　　〔3152〕

◇防犯―創立50周年記念誌 平成16年　沖縄県
防犯協会連合会創立50周年記念事業実行委員
会「記念誌発行部会」編　那覇　沖縄県防犯
協会連合会　2005.10　237p　31cm〈奥付
のタイトル：県防連創立50周年記念誌　年表
あり〉Ⓝ317.78　　　　　　　　　　　〔3153〕

◇あごら　317号―少女暴行事件に想う　「沖
縄の声」を聞いてください　あごら新宿編
BOC出版部　2008.3　112p　21cm　1000円
Ⓘ978-4-89306-172-0
内容　詩　川　巻頭言　これはニッポン（人）の問題
3・23集大会に六千人　雨中に燃えあがった沖縄
の怒り　緊急女性集会から　本当の平和がほしい
「危険な隣人はいらない！」　総括　九五年以後、
沖縄の情況はどう変わったか　インタビュー　本
土も応分の基地負担を（東門美津子・沖縄市長）
「少女暴行」の根源に憤る　座談会　根源を断つに
は、基地問題にどう立ち向かうか　窓　レイプさ
れ続けるヤポネシア（沖縄をふくむ日本）　会と催
し　読書室　　　　　　　　　　　　　〔3154〕

◇凌辱されるいのち―沖縄・尊厳の回復へ　安
里英子著　御茶の水書房　2008.10　268p
20cm　2400円　Ⓘ978-4-275-00802-2
Ⓝ302.199
内容　第1章　凌辱される生命（由美子ちゃん事件
中屋幸吉とジェット機墜落事故　ほか）　第2章　日
米軍事一体化と自治の破壊（沖縄再編合意と自治・
民主主義の否定　政府の沖縄切り捨てと「島ぐる
み」の闘い　ほか）　第3章　生命の連鎖・沖縄の島
じま（島が命・宮古・池間島の神々の誕生と再生
伝統社会にみる自然観と自治　ほか）　第4章　生命
の連帯・韓国と沖縄（祈りは、民族・宗教をこえて
沖縄・女性たちの闘い―韓国「ピース・キャンプ
二〇〇一」の報告から　ほか）　第5章　ユイ（相互
扶助）の回復は可能か（逆格差論とユイ　戦後沖縄
の共同店の変容と可能性について（コメント）　ほ
か）　　　　　　　　　　　　　　　　　〔3155〕

◇日米密約裁かれない米兵犯罪　布施祐仁著
岩波書店　2010.4　175,2p　19cm　1500円

「沖縄」がわかる本 6000冊　　253

社会　　　　　　　　　　　　　　　　　　　　　　　　　　　　　社会科学

①978-4-00-024272-1　Ⓝ395.39
[内容] 第1章 密約が人を踏みにじる　第2章 地位
協定の虚構と闇　第3章 米側裁判権を最大化する
カラクリの数々　第4章 返されない沖縄　第5章
日米安保と密約　資料 日米合同委員会刑事裁判
管轄権分科委員会において合意された事項
〔3156〕

◇避難ママ—沖縄に放射能を逃れて　山口泉著
オーロラ自由アトリエ　2013.3　249p
19cm　1400円　①978-4-900245-15-0
Ⓝ369.36
[内容] 序詞 世界をうしなった後で　Aさん（三九
歳）—出会ってきた子どもたちの命の痛みを背負って
　Bさん（三九歳）—危機と困難を経て強まる関
係性　Cさん（四六歳）—沖縄のすべてと向き合い
ながら「避難」を生きたい　Dさん（四〇歳）—炉
心溶融のさなかの出産から、第二の故郷・沖縄へ
Eさん（六二歳）—「命てんでんこ」の言葉を嚙み
しめて　Fさん（三七歳）—「3・11」以後の人生
が、その前より良い人生だったと思いたい　終章
避難とは、究極の「闘い」である　　　　〔3157〕

《福祉》

◇いそとせ　沖縄県遺族連合会記念誌部会編
那覇　沖縄県遺族連合会　1995.12　621p
27cm　〈終戦五十周年記念　年表：p605〜
618〉　Ⓝ369.37　　　　　　　　　　　〔3158〕

◇沖縄の援護のあゆみ　沖縄県生活福祉部援護
課編　那覇　沖縄県生活福祉部援護課
1996.3　285,239p　27cm　〈沖縄戦終結50周
年記念　巻末：沖縄戦・援護関係書籍〉
Ⓝ369.37　　　　　　　　　　　　　　　〔3159〕

◇今あらためて広島・長崎・沖縄から　町田
町友会とともに生きる会　1997.6　73p
21cm　〈ひばくのこころでシリーズ 5〉
Ⓝ369.37　　　　　　　　　　　　　　　〔3160〕

◇地域文化と福祉サービス—鹿児島・沖縄から
の提案　鹿児島国際大学地域総合研究所編
日本経済評論社　2001.3　247p　22cm
3000円　①4-8188-1338-9　Ⓝ369.02197
[内容] 序章 島唄が聞こえる—鹿児島と沖縄の地域
福祉活動　第1章 市町村障害者計画とノーマライ
ゼーションの具現化　第2章 介護保険と「街」づ
くり　第3章 鹿児島県における老人保健福祉計画
の達成度　第4章 少子化地域における子育て支援
第5章 加計呂麻島の高齢者のインフォーマル・ネッ
トワークと社会参加　第6章 子育て調査—合計特
殊出生率全国1位の和泊町　第7章 始良町社会福
祉協議会のあり方検討会の活動　　　　　〔3161〕

◇恩納村民の戦時物語—結成五十周年記念
「恩納村民の戦時物語」編集委員会編　恩納
村（沖縄県）　恩納村遺族会　2003.8　495p
31cm　〈年表あり〉　5000円　①4-89095-141-5

Ⓝ369.37　　　　　　　　　　　　　　　〔3162〕

◇生命輝け—米軍占領下におかれた沖縄の社会
福祉　前原穂積著　南風原町（沖縄県）　あ
けぼの出版　2003.12　296p　22cm　〈年表あ
り　文献あり〉　2500円　Ⓝ369.02199　〔3163〕

◇近世・近代沖縄の社会事業史　末吉重人著
宜野湾　榕樹書林　2004.3　270,9p　21cm
（沖縄学術研究双書 2）　〈年表あり〉　2800円
①4-947667-93-1　Ⓝ369.02199　　　　〔3164〕

◇おきなわ福祉の旅—それぞれの現場・地域で
の出会いの中で　加藤彰彦著　那覇　ボー
ダーインク　2005.1　119p　19cm　（ボー
ダーブックス 7）　1000円　①4-89982-077-1
Ⓝ369.02199
[内容] おきなわ福祉の旅（平和と福祉をつなぐ「土
の宿」　夏休みに現場実習　孤独な少年の実像　家
族再生の切り札　福祉オンブズマン導入　愛楽園
で自分と向き合う学生　「戦後何年」刻む活動　増
える独居老人の孤独死　中高年の組踊に感動の渦
地域で子育て支援　ほか）　資料　　　　〔3165〕

◇ボランティアのための聞き書きの手引き　島
袋和幸著　沖縄の軌跡　2007.3　59p　21cm
Ⓝ369.14　　　　　　　　　　　　　　　〔3166〕

◇地域におけるソーシャル・エクスクルージョ
ン—沖縄からの移住者コミュニティをめぐる
地域福祉の課題　加山弾著　有斐閣　2014.
11　271p　22cm　〈他言語標題：Social
Exclusion as a Matter of Community
Welfare　文献あり　索引あり〉　4700円
①978-4-641-17403-0　Ⓝ369.7
[内容] 地域福祉研究とソーシャル・エクスクルー
ジョン　第1部 "理論編"—文化的排除に対する援
助のアプローチ（地域福祉研究における問題分析
型立論—ソーシャル・インクルージョン志向の視
座　地域福祉課題としてのソーシャル・エクスク
ルージョン　多文化共生の援助—多文化主義的な
インクルージョン—多文化主義的な援助の萌芽的実
践から）　第2部 "事例編"—A市B区における沖縄
人コミュニティの形成と排除（沖縄の移民コミュ
ニティ形成史（1）—経済的困窮・社会主義思想・
同化教育　沖縄の移民コミュニティ形成史（2）—
渡航から就労、定着へ　近年までの沖縄人移住者
コミュニティの展開と排除（1）—ポストコロニア
ル状況における隔絶と排除　近年までの沖縄人移
住者コミュニティの展開と排除（2）—A市B区地
域福祉計画策定期間における質的調査から　ロー
カル・ガバナンスと問題解決力の醸成—「琉球の
自治」論をめぐって　ディアスポラへの援助デザ
イン）　　　　　　　　　　　　　　　　〔3167〕

◇シリーズ戦争孤児　3　沖縄の戦場孤児—鉄
の雨を生きぬいて　平井美津子編　汐文社
2015.1　55p　27cm　〈文献あり　索引あり〉
3000円　①978-4-8113-2087-8　Ⓝ369.37
[内容] 孤児たちの再会　沖縄の孤児院　孤児院に

社会科学　　　　　　　　　　　　　　　　　　　　　　　　社会

なった民家　血の水を飲んで　オホンマー、あり
がとう　孤児とひめゆりの少女たち　孤児を世話
した女性たち　沖縄厚生園の誕生　愛隣園と孤児
たち　島マスさんとチムグリサンのこころ　私は
誰？　なんで生かされてきたのかね　〔3168〕

◇いっぽいっぽの挑戦―沖縄の貧困・差別・平
和と向きあうソーシャルワーク　繁澤多美,
高木博史編著　大阪　福祉のひろば　2015.8
108p　21cm　1200円　Ⓝ369.14　〔3169〕

◇戦後北谷の保健福祉のあゆみ―図録　平成26
年度北谷町公文書館企画展　北谷町公文書館
編　北谷町（沖縄県）　北谷町公文書館
2015.9　28p　30cm　〔3170〕

◆高齢者福祉

◇真相「医者のひそひそ話」　大浜方栄著
エール出版社　1996.4　215p　19cm　1359
円　Ⓘ4-7539-1494-1　Ⓝ369.263　〔3171〕

◇長寿の争奪―点検・老人デイケア　沖縄タイ
ムス社編　那覇　沖縄タイムス社　1998.3
70p　21cm　（沖縄タイムス・ブックレット
2）　880円　Ⓘ4-87127-502-7　Ⓝ369.263
〔3172〕

◇一緒につくろう長寿社会―市町村における高
齢者の生きがい対策　平成12年度　市町村政
策研究会〔編〕　那覇　沖縄県対米請求権事
業協会　2001.3　178p　21cm　（対米協研
究シリーズ no.5）〈シリーズ責任表示：沖
縄県対米請求事業協会・沖縄地域ネットワー
クセンター［編］　文献あり〉　300円　Ⓝ369.
26　〔3173〕

◇百歳と語る　鈴木信著　新興医学出版社
2006.10　89p　21cm　1200円　Ⓘ4-88002-
489-9　Ⓝ367.7

内容　百歳を訪ねて　私が生かしておるのよ　明
治の教育ママ　人の定め　「神様」と「ご先祖様」
もっと生きたい　甲種不合格　百年の夢　無言の
叫び　あやかり文化　台風を楽しむ　沖縄初の百
寿カップル　夫婦よりそって百歳に、一升瓶に2合
の米　ろうそくが消えるように　百歳でプロポー
ズ　「命果報（ぬちがふう）」　頼まれたことは
断らない　はなしの人生　長生きしてはずかしい
神が歩かせている　コーヒーの木　ウートートー
百寿者の健康　〔3174〕

◇北谷町老人クラブ連合会創立40周年記念誌
北谷町老人クラブ連合会創立40周年記念事業
実行委員会編　北谷町（沖縄県）　北谷町老
人クラブ連合会　2007.12　408p　30cm
〈タイトルは奥付による　年表あり〉　Ⓝ369.
26　〔3175〕

◇沖縄で学ぶ福祉老年学　金城一雄、國吉和子、
山代寛編著　学文社　2009.11　206p　26cm

〈索引あり〉　2100円　Ⓘ978-4-7620-2004-9
Ⓝ369.26

内容　人口高齢化と高齢社会　高齢者の家族・世帯
の動向　高齢期の経済生活「人生の階段」を通して
高齢期の所得保障―ゆらぐ年金制度の今後　老年
医学　老年栄養学　高齢期のコミュニケーション、
社会的ネットワーク、サクセスフル・エイジング
高齢者の社会参加活動　高齢者とレク・スポーツ
高齢者と認知症　高齢者に対する支援のあり方―
ケアマネジメントの視点から　介護保険制度の改
正とケアマネジメントへの影響　高齢社会におけ
るターミナルケア　死生学　〔3176〕

◇ソーシャル・キャピタルと地域の力―沖縄か
ら考える健康と長寿　イチロー・カワチ,
等々力英美編　日本評論社　2013.8　239p
22cm　〈文献あり　索引あり〉　4700円
Ⓘ978-4-535-58606-2　Ⓝ367.7

内容　高齢社会におけるソーシャル・キャピタル
第1部　高齢社会を乗り切る地域の力（ソーシャル・
キャピタルと高齢者の健康　食環境と食習慣―日
本人若年女性を例にして　ソーシャル・ネットワー
ク―認知症予防の観点から　経済格差とソーシャ
ル・キャピタル）　第2部　沖縄のソーシャル・キャ
ピタルと健康・長寿（戦後沖縄の体重転換と社会
経済的要因―経済・身体活動、食事・栄養転換と
関連して　沖縄男性の平均寿命の相対的低下をど
のように説明するか　沖縄のソーシャル・キャピ
タルと疾病の変遷　沖縄における青少年の危険行
動とソーシャル・キャピタル　ほか）　〔3177〕

◇第6次なは高齢者プラン―那覇市高齢者保健
福祉計画（平成27年度改定）及び介護保険事
業計画（第6期）地域の中で支えあい、高齢者
がいきいきと、安心して暮らせるまち　那覇
那覇市福祉部ちゃーがんじゅう課　2015.3
151p　30cm　Ⓝ369.26　〔3178〕

◆障害者福祉

◇八重山における総合的障害者施策への提言―
ユニバーサルデザインのまちづくりと関連さ
せて　平成17年度　沖縄大学谷口正厚研究室
〔編〕　那覇　沖縄大学　2006.3　134p
21cm　（（社）沖縄県対米請求権事業協会・助
成シリーズ no.25）　500円　Ⓝ369.27〔3179〕

◇せいしんしょうがいしゃの皆サマの、ステキ
すぎる毎日　嶋守さやか著　新評論　2006.9
245p　19cm　（脱力・ファンタスティポ系
社会学シリーズ）〈背のタイトル：しょうが
いしゃの皆サマの、ステキすぎる毎日〉
2000円　Ⓘ4-7948-0708-2　Ⓝ369.28

内容　第1章　さんぴん茶茶茶、ウ・チナー―PSW
事前実習研究調査の巻（舞台暗転―沖縄上陸、前
夜　秋山教授登場編―実習指導担当教員、決定　サ
キちゃん登場―ナゴマ駅前の居酒屋、そして宮古
空港で　ほか）　第2章　アンビリー・ばぶる、こん
がらまった！―二〇〇五年・夏、PSW実習研究

「沖縄」がわかる本　6000冊　　255

社会　　　　　　　　　　　　　　　　　　　　　　　　　　　社会科学

調査の巻 (本番実習研究スタート！—悲鳴、落命、どん底の悲しみに落ちて　台風九号、台所戦争勃発！—生活の主導権、完全に奪われる　しょうがいしゃの皆サマの日常—センター「ひらら」、台風編 ほか)　第3章 超・特急、そして陽はまたのぼる—二〇〇五年・冬、PSW実習研究調査の巻 (時は過ぎて、ハッピー・クリスマス！—再会、そしてメンバーさん一人ひとりの、それぞれの変化　金銭管理が権利擁護？—しょうがいしゃの皆サマの、自立の問題　しょうがいしゃの皆サマの、ある冬の宮古での出来事—カラオケ、薬、宮古島の聖子ちゃん、グランドゴルフ編 ほか)　〔3180〕

◇それぞれの歩幅で—発達支援を考える　琉球新報社編著　那覇　琉球新報社　2011.12　208p　18cm　(新報新書 3)〈発売：琉球プロジェクト (那覇)〉933円　Ⓘ978-4-89742-135-3　Ⓝ369.28　〔3181〕

◇粟国村—精神保健福祉活動 精神保健福祉巡回相談35周年記念誌　沖縄県中央保健所, 粟国村編　〔那覇〕　沖縄県中央保健所　2012.3　94p　30cm〈共同刊行：沖縄県粟国村　年表あり〉Ⓝ369.28　〔3182〕

◇第4次沖縄県障害者基本計画—平成26年度—平成33年度　那覇　沖縄県子ども生活福祉部障害福祉課　2014.3　49p　30cm　Ⓝ369.27　〔3183〕

◇沖縄における精神保健福祉のあゆみ—沖縄県精神保健福祉協会創立55周年記念誌　北村毅編著　南風原町 (沖縄県)　沖縄県精神保健福祉協会　2014.3　22,494p　27cm〈文献あり　年表あり〉非売品　Ⓝ369.28　〔3184〕

◇なは障がい者プラン—第4次那覇市障がい者計画及び第4期那覇市障がい福祉計画　那覇　那覇市福祉部障がい福祉課　2015.3　107p　30cm　Ⓝ369.27　〔3185〕

◇沖縄の精神医療　小椋力著　中山書店　2015.6　207p　20cm　(精神医学の知と技)〈文献あり　年表あり〉3800円　Ⓘ978-4-521-74170-3　Ⓝ369.28
内容 第1章 沖縄県の概要　第2章 沖縄県の医療　第3章 沖縄の民俗信仰とシャマニズム　第4章 沖縄の精神医療の歴史と現状　第5章 沖縄における地域精神医療の歩み　第6章 沖縄における予防精神医療の歩み　第7章 沖縄の精神医学・医療における国際交流　〔3186〕

◆児童福祉

◇アメラジアン—もうひとつの沖縄　上里和美著　京都　かもがわ出版　1998.7　234,9p　19cm　1800円　Ⓘ4-87699-398-X　Ⓝ369.44
内容 第1章 アメラジアンに学校を ("ハーフ" でなく "ダブル" として育てること　アメラジアンに学校を ほか)　第2章 彷徨う子どもたち (ふま

れてもふまれても　奪われていた教育権 ほか)　第3章 アメラジアンの背景 (まだ見ぬ父への手紙　見抜かれ始めた基地の "マジック" ほか)　第4章 アメラジアンの旅立ち (ミッシェルの大統領への手紙　沖縄県が動いた！ ほか)　〔3187〕

◇若者たちへ過去、そして未来—沖縄・韓国・アメリカの旅から、戦争と暴力、そしていのちについて考える　毛利正道著　日本図書刊行会　1999.3　139p　20cm〈発売：近代文芸社〉950円　Ⓘ4-8231-0398-X　Ⓝ369.37
内容 若者たちへ　過去、そして未来—沖縄・韓国・アメリカの旅から、戦争と暴力、そしていのちについて考える (軍曹の父に生まれて　今も「占領」されている沖縄　きたない戦争のための基地 「私たちは毎日が沖縄の少女の生活だった」 ほか)　2 資料—高校生の感想文 (分かりたい 「自殺すればよかった」と言った気持ち　自分の手を上げない気持ちが分かった　日本人として思うことがあった　多くの人の人生を丸ごと破壊するもの ほか)　〔3188〕

◇アメラジアンスクール—共生の地平を沖縄から　照本祥敬編　蘆薈書房　2001.6　195p　19cm〈執筆：セイヤーミドリほか　発売：星雲社〉1600円　Ⓘ4-434-00958-3　Ⓝ369.44
内容 1「声」サイレント・マイノリティからの脱出—座談会 アメラジアン・スクールの「これまで」と「これから」　2「挑戦」つながりあい、ささえあう (アメラジアンの親として　アメラジアン・スクールがめざすもの　アメラジアンの教育権を考える)　3「対話」共生する社会にむけて (「アメラジアン」という表象　エンパワメントの試練　共生する社会への射程)　〔3189〕

◇沖縄県における保育サービス供給の実証分析—「沖縄県における保育サービス市場研究会」報告書　沖縄県における保育サービス市場研究会〔著〕　内閣府経済社会総合研究所　2004.4　79p　30cm〈文献あり〉Ⓝ369.42　〔3190〕

◇沖縄の保育・子育て問題—子どものいのちと発達を守るための取り組み　浅井春夫, 吉葉研司編著　明石書店　2014.3　307p　19cm　2300円　Ⓘ978-4-7503-3983-2　Ⓝ369.42
内容 第1章 沖縄の保育・子育て問題　第2章 沖縄の認可外保育園 (施設) の現状と課題　第3章 沖縄の学童保育の実態と課題　第4章 実践記録 沖縄の子育てと家族支援—ファミリーサポートセンターの現場から　第5章 基地を抱える自治体・地域の保育問題—米軍と地域をともにする中で子育てをするということ　第6章 沖縄の乳幼児における平和教育の模索　第7章 沖縄の平和論—子どもとの対話をとおして　第8章 沖縄保育の歴史—沖縄における保育問題の形成過程　第9章 実践記録 タロウとの出会いから道がひろがった保育の世界　第10章 取材から見えてきた保育現場の課題　第11章 子ども・子育て支援新制度と沖縄保

256　　「沖縄」がわかる本　6000冊

社会科学　　　　　　　　　　　　　　　　　　　　　　　　　　　　　教育

育の課題―保育と学童保育のいまとこれからを考
える　　　　　　　　　　　　　　　　　　〔3191〕

◇子ども生活福祉行政の概要　平成26年度　沖
縄県子ども生活福祉部福祉政策課編　那覇
沖縄県子ども生活福祉部福祉政策課　2015.3
255p　30cm　Ⓝ369.11　　　　　　　〔3192〕

◇那覇市子ども・子育て支援事業計画―平成27
年4月―平成32年3月　〔那覇〕　那覇市こど
もみらい部こども政策課　2015.3　79p
30cm　Ⓝ369.4　　　　　　　　　　　〔3193〕

《災害》

◇フォーラム島しょにおける危機管理報告集―
自然災害の教訓とその対応システムを考える
喜屋武臣市編　那覇　亜熱帯総合研究所
1998.3　129p　30cm〈他言語標題：
Proceedings of emergency management in
the small islands　英文併記〉Ⓝ369.3
　　　　　　　　　　　　　　　　　　　〔3194〕

◇犠牲のシステム福島・沖縄　高橋哲哉著　集
英社　2012.1　222p　18cm　（集英社新書
0625C）〈文献あり〉740円　①978-4-08-
720625-8　Ⓝ369.36
　内容　第1部　福島（原発という犠牲のシステム　犠
　牲のシステムとしての原発、再論　原発事故と震
　災の思想論）　第2部　沖縄（「植民地」としての沖
　縄　沖縄に照射される福島）　　　　　　〔3195〕

◇フクシマ・沖縄・四日市―差別と棄民の構造
土井淑平著　編集工房朔　2013.11　262p
19cm　〈発売：星雲社〉1700円　①978-4-
434-18676-9　Ⓝ369.36
　内容　第1章　フクシマ―放射能汚染と原発難民（高
　濃度汚染地帯の二百万人と放射能汚染水の大量流
　出　ふるさとを追われた十六万人の原発難民　ほ
　か）　第2章　沖縄―軍事植民地と構造的差別（オス
　プレイの沖縄配備と普天間基地の辺野古移設　ア
　メリカの帝国主義的膨張と太平洋制覇の落とし子
　ほか）　第3章　四日市―植民地型開発と産業公害
　（日本の公害と四日市の悲劇　内なる帝国主義と
　植民地型開発　ほか）　資料　四日市公害（四日市コ
　ンビナート　四日市コンビナートと労働市場　ほ
　か）　　　　　　　　　　　　　　　　　〔3196〕

◇災害時におけるこころのケア活動マニュアル
〔那覇〕　沖縄県　2014.3　20,44,32p　31cm
〈ルーズリーフ〉Ⓝ498.39　　　　　　　〔3197〕

◇米軍との自然災害対処協力―沖縄からの提言
独立行政法人国際交流基金日米センター助成
事業「日米同盟マネージメント：在日米軍と
の自然災害対処協力」　那覇　沖縄平和協力
センター　2014.4　46p　30cm〈共同刊行：
The Japan Foundation Center for Global

Partnership〉　　　　　　　　　　　　〔3198〕

教育

◇沖縄・学童たちの疎開　琉球新報編集局学童
疎開取材班著　那覇　琉球新報社　1995.5
296p　19cm　Ⓝ372.199　　　　　　　〔3199〕

◇沖縄のお友達へ　与那原町学童疎開史編集委
員会編　与那原町（沖縄県）　与那原町教育
委員会　1995.8　36p　26cm〈初版：大野国
民学校昭和21年刊〉372.199　　　　　〔3200〕

◇与那原の学童集団疎開　第1部（体験集）　ム
ギメシヒトツ　ココフタツ　与那原町学童疎
開史編集委員会編　与那原町（沖縄県）　与
那原町教育委員会　1995.8　301p　26cm
〈年表：p298～300〉372.199　　　　　〔3201〕

◇揺れるデイパック―沖縄新教育事情　琉球新
報文化部著　那覇　琉球新報社　1995.11
332p　19cm　1500円　Ⓝ372.199　　〔3202〕

◇国子監と琉球人留学生―中国最高学府に学ん
だ琉球の若人　首里城公園企画展　海洋博覧
会記念公園管理財団編　〔那覇〕　海洋博覧
会記念公園管理財団　1997.3　20p　30cm
〈年表あり〉Ⓝ372.199　　　　　　　　〔3203〕

◇こどもの叫び親の悩み　那覇　沖縄県教育委
員会　1997.3　105p　26cm　（「こころの電
話」相談事例　第2集）〈共同刊行：沖縄県立
教育センター〉Ⓝ375.23　　　　　　　〔3204〕

◇与那原の学童集団疎開　第2部（資料集）　沖
縄の疎開資料目録　与那原町学童疎開史編集
委員会編　与那原町（沖縄県）　与那原町教
育委員会　1998.3　504p　26cm　Ⓝ372.199
　　　　　　　　　　　　　　　　　　　〔3205〕

◇こどものいる風景―沖縄社会を見つめる　沖
縄タイムス社編　那覇　沖縄タイムス社
1998.6　134p　21cm　（沖縄タイムス・ブッ
クレット 3）　1000円　①4-87127-503-5
Ⓝ367.6199　　　　　　　　　　　　　〔3206〕

◇わたしたちの「沖縄問題」―沖縄の高校生が
調べた・書いた・考えた　森弘達編著　那覇
ボーダーインク　1998.8　199p　19cm　〈文
献あり〉1500円　①4-938923-67-X
　内容　政治・経済における総合学習―今、沖縄問
　題を考える地域教材の活用（沖縄学習の意義　授
　業実践）　わたしたちの「沖縄問題」―沖縄の高
　校生が調べた、書いた、考えた（安保条約と在日
　米軍の存在意義　米軍の犯罪と人権　嘉手納の騒
　音問題―健康被害の側面から　沖縄の基地経済―

「沖縄」がわかる本 6000冊　**257**

教育　　　　　　　　　　　　　　　　　　　　　　　　社会科学

軍用地料と基地従業員 ほか）　　　　〔3207〕

◇青空教室からの出発―戦後校舎のうつり変わり　沖縄県文化振興会公文書館管理部史料編集室編　〔那覇〕　沖縄県教育委員会　1999.1　53p　30cm　（沖縄県史ビジュアル版 3（戦後 2））〈他言語標題：History of the postwar development of school buildings and facilities　英文併記〉　Ⓝ372.199 〔3208〕

◇戦後沖縄教育の軌跡　嘉納英明著　南風原町（沖縄県）　那覇出版社　1999.5　325p　19cm　1500円　Ⓘ4-89095-123-7　Ⓝ373.2　内容 第1部 沖縄の教育委員会制度の研究（沖縄の教育委員会制度に関する研究（1）―推薦制教委の生成・改正過程　補稿 復帰後の地方都市における教育委員選出の実際　沖縄の教育委員会制度に関する研究―公選制教委の成立と制度運用をめぐる諸問題の検討　沖縄の教育委員会制度をめぐる歴史的動態―教育税制度の創設と制度運用をめぐる諸問題の検討）　第2部 沖縄文教・外国語学校の研究（沖縄文教・外国語学校の創立過程と教員養成の実態　国吉眞質氏・沖縄文教学校附属初等学校教官時代を語る）　第3部 沖縄の教育隣組・子ども会の研究（戦後沖縄の「教育隣組」運動―具志川市の事例から　沖縄子どもを守る会と「教育隣組」運動　沖縄子どもを守る会・沿革史）　補稿 実践報告 沖縄大学における教育実践の試み―山吉剛「教育法」における特別講義をとおして 〔3209〕

◇にだてい―平良市教育行政に携わった1000日の足跡 私家版　川上哲也著　平良　川上哲也　1999.7　152p　21cm　Ⓝ372.199〔3210〕

◇新しい人間教育の探究―阿波根直誠教授退官記念論文集　琉球大学教育学部教育学教室編　西原町（沖縄県）　琉球大学教育学部教育学教室　2000.3　137p　26cm〈年譜あり　著作目録あり〉Ⓝ371.04　内容 高嶺秀夫の科学的側面に関連した実物教授論の一背景についての研究（阿波根直誠著）　児童の「読みの条件」がストーリー理解に及ぼす効果（石川清治、松元さおり著）　イギリスにおける school boardの委員選出に関する研究（佐久間正夫著）　日常生活の美学化（野間慎二著）　戦後授業研究における学習集団研究の成果と課題（藤屋幸男著）　「生涯学習体系への移行」に向けての制度論的アプローチ 6（井上講四著）　アラメジアンの教育権運動（1）（照本祥敬著）　学級における子どもの資源と地位ヒエラルヒー（西本裕輝著）　「親友関係」における社会的交換について（芳澤毅著）　　　　　　　　　　　　　〔3211〕

◇近代沖縄教育史の視角―問題史的再構成の試み　藤澤健一著　社会評論社　2000.4　272,9p　21cm〈文献あり〉3600円　Ⓘ4-7845-0766-3　Ⓝ372.199　内容 メタヒストリーとしての近代沖縄教育史研究―序にかえて　第1部 問題構成―課題と方法（戦

後教育学との結節点―課題　ナショナルヒストリーと「沖縄人」―方法）　第2部 近代沖縄教育史研究批判―学説史と展望（学説史の概括　近代沖縄教育史研究批判の基礎視角―価値前提としての“復帰運動”“国民教育論”“Nation”　近代沖縄教育史研究の限界とその克服のために）　第3部 近代沖縄教育制度史（「特別の教育制度論」―政策意図　『沖縄対話』『沖縄県用尋常小学読本』の解読―教育内容　「同化」の論理と教員像―運営実態（1）　初等・師範教育制度における人的組織構成―運営実態（2））　　　　　　〔3212〕

◇那覇市教育史　資料編　那覇市教育委員会編　那覇　那覇市教育委員会　2000.7　1206p　27cm　Ⓝ372.199　　　　　　　〔3213〕

◇農業教育は滅びない　比嘉秀善著　南風原町（沖縄県）　那覇出版社　2000.10　559p　22cm　3500円　Ⓘ4-89095-131-8　Ⓝ375.6　内容 第1章 農業教育の歩み　第2章 農業教育の研究と実践　第3章 農業教育とのかかわり　第4章 農学徒の誇りと行動　第5章 社会・教育時評“新聞投稿で見る”　第6章 校務論“その歩みを探る”　第7章 金剛交“理想的に生きる”　第8章 地域にも関わって“社会への参加”　　　〔3214〕

◇那覇市教育史写真集―写真で見る那覇市教育のあゆみ　那覇市教育委員会編　那覇　那覇市教育委員会　2001.3　246p　31cm　Ⓝ372.199　　　　　　　　　　　　　　〔3215〕

◇名嘉睦稔版画・沖縄・島の色　NHK「課外授業ようこそ先輩」制作グループ,KTC中央出版編　名古屋　KTC中央出版　2001.5　201p　20cm　（課外授業ようこそ先輩 別冊）　1400円　Ⓘ4-87758-208-8　内容 土地の顔　土地の言葉　土地の神「竜」を描く　森の中で体に「自然」を感じよう　「想像で描く」版画制作　最後にすばらしいできばえ 〔3216〕

◇山原船がきた海辺の町―地域と関わる沖縄発総合学習 大好き与那原湾　宮城アケミ著　民衆社　2001.7　193p　21cm　2600円　Ⓘ4-8383-0836-1　Ⓝ375.3　内容 1 この地域にしかない誇りを伝えたい―地域に生きる人との出会い（喜舎場さんとの出会い―クラス全員で　村吉さんとの出会い―「山原船探検隊」の活動　町長さんに手紙を渡そう―「ゆかいな探検隊」の活動　知念教育長さんも山原船をつくっている―「れきし探検隊」の活動）　2 家族を巻き込んだ探検隊（洋人くんのおじいちゃんも山原船をつくっている―「山原探検隊」の活動　舞さんのおばあちゃんが伝えたもの―「与那原探検隊」の活動）　3 馬車スンチャーと軽便鉄道（気は優しくて力持ちの馬車スンチャー―「馬車スンチャー探検隊」の活動　昔、沖縄にも汽車が走っていた―「わんぱく探検隊」の活動　軽便鉄道のレールに出会った―「昔を調べる探検隊」の活動）　4 総合学習の発表会を終えて（総合学習の

社会科学　　　　　　　　　　　　　　　　　　　　　　　　　　　　　　教育

文集をつくろう　活用された「山原船ソング」—
六年生の創作劇「わした島沖縄(うちなー)」の場
面二)　　　　　　　　　　　　　　　　　　　〔3217〕

◇沖縄における教育の課題　宜野湾　沖縄国際
大学公開講座委員会　2002.2　390p　19cm
(沖縄国際大学公開講座 11)〈発売：編集工
房東洋企画(那覇)　シリーズ責任表示：沖
縄国際大学公開講座委員会/編〉1500円
Ⓘ4-938984-21-0　Ⓝ372.199　　　〔3218〕

◇那覇市教育史　通史編　那覇市教育委員会編
那覇　那覇市教育委員会　2002.3　1169p
27cm　Ⓝ372.199　　　　　　　　　　〔3219〕

◇まいぶんへいこう！—児童・生徒版総合案内
〔西原町(沖縄県)〕　沖縄県立埋蔵文化財セ
ンター　2002.3　14p　30cm　　　〔3220〕

◇占領下の子ども文化展〈1945～1949〉—メ
リーランド大学所蔵プランゲ文庫「村上寿世
記念児童書コレクション」に探る　沖縄県本
土復帰30周年記念第3回企画展　沖縄県平和
祈念資料館編　〔糸満〕　沖縄県平和祈念資
料館　2002.10　22p　30cm　　　　〔3221〕

◇教育行政のあゆみ—復帰後三十年　沖縄県教
育委員会編　那覇　沖縄県教育委員会
2003.3　1223p 図版〔11〕枚　22cm〈年表
あり〉非売品　Ⓝ373.2　　　　　　〔3222〕

◇女性と研究環境—沖縄女性研究者の研究環境
に関する実態と意識調査 沖縄女性科学研究
者問題の模索　沖縄女性研究者の会編　与那
城町(沖縄県)　沖縄女性研究者の会　2004.
1　135p　30cm〈他言語標題：Women and
their work environment〉1000円　Ⓝ377.
13　　　　　　　　　　　　　　　　　〔3223〕

◇近代沖縄における児童文化・児童文学の研究
齋木喜美子著　風間書房　2004.1　323p
22cm　11000円　Ⓘ4-7599-1409-9　Ⓝ379.3
　　　　　　　　　　　　　　　　　　〔3224〕

◇壺屋初等学校日誌(1946年)　那覇教育史研
究会編　那覇　沖縄大学地域研究所　2004.3
310p　21cm　(沖縄大学地域研究所地域研
究叢書 第2巻)〈責任表示(誤植)：那覇教育
史研究所〉Ⓝ372.199　　　　　　　〔3225〕

◇子どもとつくる豊かな学び—美ら島・チャン
プルーからの発信　安野功監修, 琉球大学教
育学部附属小学校著　明治図書出版　2004.7
174p　21cm　2160円　Ⓘ4-18-603010-3
Ⓝ375.1　　　　　　　　　　　　　　〔3226〕

◇沖縄学童集団疎開—宮崎県の学事記録を中心
に　三上謙一郎著　宮崎　鉱脈社　2004.12
261p　19cm　(みやざき文庫 32)　1800円

Ⓘ4-86061-123-3　Ⓝ372.199
〔内容〕第1章 学童疎開はどのように行われたか—記
録にみる沖縄学童集団疎開(一)(沖縄への疎開命
令　宮崎県の受け入れ体制　集団学童来る)　第
2章 疎開学童はどのような生活を送ったか—記録
にみる沖縄学童集団疎開(二)(国策としての疎開
飢えと寒さの中で　自給自足の体制)　附章 疎開
体験の記録と調査報告(疎開体験の記録　学童疎
開を追う)　　　　　　　　　　　　　　〔3227〕

◇子どもたちが安心して楽しく過ごせる地域づ
くり—大人が変われば、子どもも変わる　平
成16年度　沖縄地域政策研究会〔編〕　那覇
沖縄県対米請求権事業協会　2005.3　262p
21cm　(社)沖縄県対米請求権事業協会・
研究シリーズ no.23)〈文献あり〉400円
Ⓝ371.31　　　　　　　　　　　　　〔3228〕

◇沖縄の教育復興経験と平和構築　浦添　国際
協力機構沖縄国際センター　2005.3　11,
118p　30cm〈文献あり〉Ⓝ372.199〔3229〕

◇子ども理解と実践的指導力の向上を目指した
「教育実践ボランティア」に関する実践—報
告書 9　琉球大学教育学部教育実践総合セ
ンター編　西原町(沖縄県)　琉球大学教育
学部教育実践総合センター　2005.3　22p
30cm　(フレンドシップ事業報告書 平成16
年度)　Ⓝ373.7　　　　　　　　　　〔3230〕

◇沖縄/教育権力の現代史　藤澤健一著　社会
評論社　2005.10　282p　22cm〈文献あり〉
3700円　Ⓘ4-7845-0791-4　Ⓝ372.199
〔内容〕序文 沖縄教育史への招待　第1章 現代沖縄
教育史の想像力—課題と方法　第2章 四・二八の
蹉跌—一四五年から一九五〇年後　第3章 忘
却の教育史—一九五〇年代　第4章 回避される差
異性—一九六〇年代前半　第5章「国民化」の教育
実践—一九六〇年代後半から一九七〇年前後　沖
縄支配の教育権力—結語に代えて　　　　〔3231〕

◇いつかは、誰かが—行政側から見た沖縄の主
任制闘争　前田功著　宜野湾　前田功
2005.10　247p　20cm　Ⓝ373.2　〔3232〕

◇近代沖縄における教育と国民統合　近藤健一
郎著　札幌　北海道大学出版会　2006.2
336,6p　22cm〈文献あり〉5800円　Ⓘ4-
8329-6541-7　Ⓝ372.199　　　　　〔3233〕

◇相思樹の木陰から—環境整備のあゆみ　沖縄
沖縄県立総合教育センター　2006.3　105p
30cm〈年表あり〉Ⓝ370.76　　　　〔3234〕

◇沖縄の平和学習とオルタナティブ教育—沖縄
における同化と交流のゆらぎ　柳下換著　明
石書店　2006.11　361p　22cm〈文献あり
年表あり〉3600円　Ⓘ4-7503-2461-2
Ⓝ371.5

「沖縄」がわかる本 6000冊　　259

教育　　　　　　　　　　　　　　　　　　　　　　　　**社会科学**

内容 序章 教育という違和感（違和感というゆらぎ 「自由」から「平和」への方法序説 ほか） 第1章 脱・国家教育の試み（もう1つの学びの場系譜（オルタナティブ教育） オルタナティブ教育 ほか） 第2章 平和学習リソース（今回の学習リソースの位置づけとその目的 沖縄編学習リソース「同化と交流のゆらぎ」 ほか） 第3章 波乗りの仕方（琉球の陶器 鉄人28号・鉄腕アトム、そして暴力批判 ほか）　　　　　　　〔3235〕

◇壺屋初等学校日誌（1947年）　那覇教育史研究会編　那覇　沖縄大学地域研究所　2006.12　315p　21cm　（沖縄大学地域研究所地域研究叢書 第8巻）　Ⓝ372.199〔3236〕

◇沖縄の「シマ社会」と青年会活動　山城千秋著　エイデル研究所　2007.3　297p　21cm〈年表あり　文献あり〉2857円　①978-4-87168-424-8　Ⓝ379.35

内容 序章 集落と青年を結ぶ学習の視角 第1章 戦後青年会における文化活動の今日的再評価 第2章 地域の共同性をつくる青年の生活・文化共有の過程分析 第3章 地方分権下の共同体自治をつくる民俗文化の伝承と集落行事の役割 第4章 伝統の創造による共同性の再構築 第5章 離島に暮らす青年の労働・生活と集落自治 第6章 都市に再生するシマ社会の構図―疑似共同体としての郷友会 終章 集落の維持可能な発展と青年の学習〔3237〕

◇日米文化の架け橋となって―アメリカの小学生と日本文化教育　山里米子著　新風舎　2007.7　188p　19cm　1550円　①978-4-289-02152-9

内容 1 私が「日本文化及び日本語教育基礎概念図」を構築するまでの道のり 2 授業中に観察したアメリカの子どもたち 3 一碗の中の人間性 4 日米の比較に見る教育観、人間観、価値観 5 日米の子どもたちから学んだこと 6 沖縄県の国際理解教育に求められているもの 7 沖縄にしかない教育資源、それは「守礼の邦・沖縄」の「イチャリバ兄弟の心」です　　　　　〔3238〕

◇丸木政臣教育著作選集　第5巻（わが教育の原点）　丸木政臣著　澤田出版　2007.8　397p　22cm〈年譜あり　著作目録あり　発売：民衆社〉3600円　①978-4-8383-0971-9　Ⓝ370.8

内容 母しゃんの子守唄（峠の別れ 他人の水 寺入りの頃 ホタル火の海 ほか） わが教育の原点（私の戦争体験 戦後沖縄体験 平和の原点・沖縄）　　　　　　　　　　　　　　〔3239〕

◇那覇教育史研究　資料編　那覇　沖縄大学地域研究所「那覇教育史研究班」　〔2008〕　56,32p　30cm　（沖縄大学地域研究所彙報 第7号（2008年度））　Ⓝ372.199

内容 連合教育員会の制度 那覇教育史年表補遺 改訂版 那覇地区教育年報 第1号（1954-1955年合併号）　　　　　　　　　　　　　〔3240〕

◇沖縄超暴力思想がつくるオルタナティブ教育―琉球悲劇の根源　柳下換著　明石書店　2008.8　525p　22cm〈文献あり〉6800円　①978-4-7503-2835-5　Ⓝ371.5

内容 第1章 オルタナティブ教育から、教育のオルタナティブへ 第2章 「暴力」とは何か 第3章 「悲劇」とは何か 第4章 琉球悲劇の根源 第5章 沖縄超暴力 第6章 沖縄超暴力思想〔3241〕

◇イクサユーヌワラビ―戦時下の教育と子どもたち 沖縄県平和祈念資料館第10回特別企画展　沖縄県平和祈念資料館編　糸満　沖縄県平和記念資料館　2009.10　33p　30cm〈会期・会場：平成21年10月10日―12月13日 沖縄県平和祈念資料館　年表あり〉Ⓝ372.199〔3242〕

◇琉大物語―1947-1972　山里勝己著　那覇　琉球新報社　2010.2　284p　19cm〈他言語標題：A narrative history of Ryudai　発売：琉球プロジェクト（那覇）〉1714円　①978-4-89742-110-0　Ⓝ377.21〔3243〕

◇沖縄女性研究者育成の視点からみる大学院教育の問題点と課題　沖縄女性研究者の会報告書　〔うるま〕　沖縄女性研究者の会　2010.2　381p　30cm〈財団法人東海ジェンダー研究所研究助成 沖縄女性研究者の会協同研究報告〉3000円　Ⓝ377.9〔3244〕

◇沖縄子ども白書―地域と子どもの「いま」を考える　「沖縄子ども白書」編集委員会編　那覇　ボーダーインク　2010.3　320p　21cm　2000円　①978-4-89982-179-3　Ⓝ367.6199

内容 戦後の子どもたち アメリカ統治下の子ども行政 渡真利源吉著 復帰後の児童福祉 安里和子著 基地被害と子ども 森本雅人著 沖縄の学力問題 奥平一著 子どもと家庭 沖縄は子育てしやすいのか 吉葉研司,金城智代著 現在のゆいまーる子育て 興座初美著 沖縄の子どもたちの放課後 知花聡著 家計と教育支援 田嶋正雄著 子どもと社会 誰がこの子らを救うのか？ 山内優子著 県内の非行の現状と課題 砂川恵正著 母子生活支援施設からみた母子家庭の子どもたち 知念和江著 養護施設の現状と課題 花城安夫著 子どもと遊び 子どもにとって遊びとは 清水肇,山本隆著 子どもの遊びと暮らしの変化 大城和喜,上江田常実,清水肇著 子どもたちの遊びと暮らしを考える 山本隆,大城和喜,清水肇著 子どもと放課後 山城康代著 子どもと健康・医療 子どもの健康 仲宗根正著 子どもの食生活 野原正子著 子どもたちの体力と運動能力 山城眞紀子著 子どもの在宅医療の現状 福峯静香著 親が語る発達障害児の現在 新垣道代著 子どもと教育 「心の教室」相談員から見た子どもたち 大浜明美著 子どもの変われる力をサポート 喜瀬乗進著 平和教育の現状 平良夏芽著 ダブルの教育をめざすアメラジアンスクール 早田充著 子どもの

260　「沖縄」がわかる本　6000冊

社会科学　　　　　　　　　　　　　　　　　　　　　　　　　　　　　　　　　　教育

読書環境 大田利津子著　子どもと基地　読谷の子どもと基地 宮城信夫著　名護市辺野古の子どもと生活環境 森谷翠，西川朋美著　沖縄の「異文化」居住地区 嘉納英明著　　　　　　　〔3245〕

◇伊江常雄教育関係資料目録　〔出版地不明〕齋木喜美子 2010.3　539p　30cm〈年譜あり〉　Ⓝ372.199　　　　　　　　〔3246〕

◇わすれまい！─変転沖縄・その戦後　宮城鷹夫著　近代文藝社　2010.11　353p　20cm〈年表あり〉 2280円　①978-4-7733-7730-9 Ⓝ372.199

内容 第1章 変則のまま、戦後教育の流れ　第2章 混乱する沖縄の教育　第3章 沖縄の学力低下を問う　第4章 日の丸掲揚と復帰運動　第5章 米国民政府との教育折衝、泣き笑い　第6章 公選制教育委員の功罪　第7章 新しい教育への期待と不安　第8章 大学はどうだったか　　　　〔3247〕

◇戦後沖縄教育運動史─復帰運動における沖縄教職員会の光と影　奥平一著　那覇　ボーダーインク　2010.12　292p　21cm〈年表あり〉 2000円　①978-4-89982-193-9 Ⓝ372.199

内容 第1章 米軍支配下の沖縄教育　第2章 立ち上がる住民　第3章 国民教育の胎動　第4章 日の丸と国民教育　第5章 錯綜する国民教育　第6章「国民教育」運動の挫折　結論　　　〔3248〕

◇知のふるさと納税活動記録　〔西原町（沖縄県）〕〔琉球大学生涯学習教育研究センター〕　〔2011〕　8p　41×28cm（2つ折28×21cm）　（琉球大学生涯学習教育研究センター離島支援プロジェクト 宮古編）〔3249〕

◇琉球王国時代の初等教育─八重山における漢籍の琉球語資料 高橋俊三著　宜野湾　榕樹書林　2011.3　322p　21cm　2800円　①978-4-89805-157-3 Ⓝ376.2199

内容 第1章 琉球王国時代の初等教育（初等教育の制度と教材　漢籍の琉球語訳）　第2章 『二十四孝』『三字經俗解』『小学一之巻』の言語（文体　文法）　第3章 『二十四孝』『三字經俗解』『小学一之巻』の校注・訳注（竹原家文書一〇二『二十四孝』の校注　竹原家文書一〇三『二十四孝』の訳注　竹原家文書『三字經俗解』の訳注 ほか）　　　　　　　　　　〔3250〕

◇沖縄おこし・人生おこしの教育　浅野誠著　宜野湾　アクアコーラル企画　2011.9　279p　19cm〈標題紙・奥付のタイトル（誤植）：沖縄おこし・人生おこしの教育へ〉 1800円　①978-4-9904413-1-9 Ⓝ372.199　〔3251〕

◇知のふるさと納税　〔西原町（沖縄県）〕〔琉球大学生涯学習教育研究センター〕　〔2012〕　8p　41×28cm（2つ折28×21cm）　（琉球大学生涯学習教育研究センター離島支援プロジェクト　八重山編）　〔3252〕

◇子どもがやる気になる教育論　名城政一郎著　PHP研究所　2012.3　191p　19cm　1200円　①978-4-569-80107-0 Ⓝ376.3199

内容 第1章 そこにいるだけで子どもが変わる─沖縄尚学の人間力教育（すべてにおいて超常識、だからこそできることがあります　ジャンプして体育館の天井に手が届きますか？ ほか）　第2章 未来から逆算して子どもの教育を考える─わが子を浦島太郎にしないために（「勝ち組」と「負け組」を分けずに、みんなを成功させる　あなたは何を基準に人の能力を判断していますか？ ほか）　第3章 ポジティブサイコロジーを教育に活かす─親が子どもにできること（親がポジティブサイコロジーを実践すれば子どもは伸びる　成功とは「できないこと」が「できるようになる」ことです ほか）　第4章 家庭でできるグローバル教育─子どもを成功させる親のかかわり方（人は人のためにがんばると何倍もの力が発揮できます　子どもを全面的に受け入れてください ほか）　第5章 経済学から教育を考える（沖縄的メンタリティへの疑問 教える素晴らしさに出会い、学問で人が変わることを実感 ほか）　　　　　〔3253〕

◇激震・沖縄の教育─「凡事徹底」県教育長ドキュメント　仲村守和著　〔出版地不明〕「激震・沖縄の教育」刊行委員会　2012.7　357p　22cm〈年譜あり〉　発売：沖縄タイムス社出版部（那覇）〉 1429円　①978-4-87127-648-1 Ⓝ372.199　　〔3254〕

◇身近なことから世界と私を考える授業　2 オキナワ・多みんぞくニホン・核と温暖化 開発教育研究会編著　明石書店　2012.7　139p　26cm〈年表あり〉 1600円　①978-4-7503-3631-2 Ⓝ379

内容 1 沖縄から考える平和（沖縄について知る 沖縄の文化と歴史を知る 「オバア自慢の爆弾鍋」 沖縄戦について知る　「学徒隊」を通して沖縄戦を考える　シミュレーション「あなたの運命は？」を通して「強制集団死」を考える　平和を発信するロールプレイ「基地はどこへ」を通して沖縄の未来を考える）　2「多みんぞくニホン」を生きる（「多みんぞくニホン」をことばと数字で体感しよう　日本に住んでいる外国人　在日コリアンの年表から学ぶ　ビンくんに何がおきたのか？）　3 核と温暖化─マーシャルと日本（フォトランゲージ─マーシャルを知ろう！　ビキニとロンゲラップで何がおこったか？　日本と原子力─広島・長崎から第五福竜丸、そして福島　バーチャルインタビュー─マーシャルと私たち）　〔3255〕

◇戦後米国の沖縄文化戦略─琉球大学とミシガン・ミッション　小川忠著　岩波書店　2012.12　295,29p　20cm〈文献あり〉 3200円　①978-4-00-025874-6 Ⓝ377.21

内容 はじめに 米国の対沖縄文化戦略としての琉球大学　第1章 琉球大学前史─米国文化人類学と米国軍政　第2章 琉球大学の設立　第3章 反米闘

「沖縄」がわかる本 6000冊　**261**

争の拠点としての琉球大学　第4章「日米新時代」の琉球大学―米国の政策転換　第5章　復帰後の国立琉球大学　おわりに　意図せざる結果　〔3256〕

◇糸満市の教育　平成25年度　〔糸満〕　糸満市教育委員会　〔2013〕　103p　30cm　〈折り込1枚　年表あり〉　Ⓝ373.2　〔3257〕

◇疎開の中にあった差別を見つめる―戦後65年シンポジウム：全国疎開学童連絡協議会創立25周年記念　全国疎開学童連絡協議会　2013.3　94p　26cm　〈年表あり〉　Ⓝ372.106
　内容 沖縄疎開学童の苦難　沖縄疎開学童が受け続けた差別　山内幸夫述　対馬丸撃沈で六日間の漂流　平良啓子述　障害児の学童疎開　官立東京聾唖学校の集団疎開　伊藤政雄述　東京の障害児教育と学童疎開　飯塚希世述　10人が亡くなった「学童疎開」　松本昌介述　在日韓朝鮮人の疎開と敗戦後の差別体験　創氏改名を強いられた子どもたちの疎開　小林奎介述　在日朝鮮人の　疎開と敗戦後の差別体験　徐龍達述　〔3258〕

◇教育行政のあゆみ―復帰後四十年　那覇　沖縄県教育委員会　2013.3　1162p　22cm　〈年表あり〉　非売品　Ⓝ373.2　〔3259〕

◇国境の島の「反日」教科書キャンペーン―沖縄と八重山の無法イデオロギー　仲新城誠著　産経新聞出版　2013.3　213p　19cm　〈年表あり　発売：日本工業新聞社〉　1300円　①978-4-8191-1204-8　Ⓝ373.2
　内容 第1章　石垣の政権交代（16年ぶりの保守政権誕生　石垣市の「平和教育」ほか）　第2章　教科書と「反日」イデオロギー（誰が教科書を選ぶのか　玉津の大改革　ほか）　第3章　暴走する県教委（国会でも言及　「正しい歴史観」とは何か　ほか）第4章　"沖縄世論"はこうして作られる（連日のネガティブキャンペーン　無記名投票なのに実名で報道　ほか）　第5章　法をねじ曲げる無法左翼たち（文科省は逆転不採択認めず　あげた拳を下ろせない県教委　ほか）　〔3260〕

◇戦後沖縄の特殊教育人物史　特殊教育人物史編集委員会編　那覇　比嘉興文堂（印刷）2013.3　120p　21cm　〈文献あり〉　Ⓝ378.02199　〔3261〕

◇第36回九州地区学校図書館研究大会沖縄県学校図書館協議会設立50周年記念大会沖縄大会要項　〔八重瀬町（沖縄県）〕　九州地区学校図書館協議会　2013.8　122p　30cm　〈会期：平成25年8月1日―2日　タイトルは表紙による〉　Ⓝ017.0219　〔3262〕

◇第36回九州地区学校図書館研究大会（沖縄大会）沖縄県学校図書館協議会設立50周年記念大会研究集録　〔八重瀬町（沖縄県）〕　九州地区学校図書館協議会　2013.10　48p　30cm　〈会期：平成25年8月1日―2日　タイトルは奥付による〉　Ⓝ017.0219　〔3263〕

◇近代沖縄教育と「沖縄人」意識の行方―沖縄県教育会機関誌『琉球教育』『沖縄教育』の研究　照屋信治著　広島　溪水社　2014.2　336p　22cm　〈文献あり〉　4300円　①978-4-86327-253-8　Ⓝ372.199
　内容 第1章　日清戦争後における沖縄教育論の形成―『琉球教育』における新田義尊の編集とそれへの対応　第2章　一九〇〇年前後の沖縄県教育会の内と外―太田朝敷の「新沖縄」構想　第3章　一九一〇年代の『沖縄教育』誌上の「新人世代」の言論―親泊朝擢の編集期を中心に　第4章　一九二〇年代から一九三〇年代初頭における「県文化運動の機関」誌への志向―又吉康和・国吉真哲・比嘉重徳の編集期を中心に　第5章　一九三〇年代における「郷土」の把握―島袋源一郎の編集期を中心に　第6章　総力戦体制下における「沖縄方言論争」とその帰結―有銘興昭の編集期を中心に　〔3264〕

◇沖縄から考える「伝統的な言語文化」の学び論　村上呂里，萩野敦子編，大城貞俊，辻雄二，田場裕規〔著〕　広島　溪水社　2014.2　292p　22cm　〈文献あり　年表あり〉　4800円　①978-4-86327-250-7　Ⓝ375.8
　内容 序章　「伝統的な言語文化」の学び論―沖縄から考える　第1章　「伝統的な言語文化」と地域―国語教科書の実際と沖縄における学びの可能性　第2章　昔話の学びの創造―「物言う魚」を教材とした学びの提案として　第3章　国語科における沖縄古典芸能の教材化の視点と意義―「伝統的な身体文化」と「伝統的な言語文化」　第4章　伝統と記憶の交差する場所―文学表現にみられる記憶の言葉と伝統文化の力　第5章　沖縄の「伝統的な言語文化」の教材化の歴史と学びの構想―『おもろさうし』を中心に　終章　"根"から"普遍"への道を求めて　〔3265〕

◇沖縄県における平和教育の実態調査―平和形成教育の可能性　那覇　沖縄平和協力センター　2014.3　125p　21cm　（（社）沖縄県対米請求権事業協会・助成シリーズ　no.50）〈平成25年度地域振興助成研究　年表あり　文献あり〉　Ⓝ375　〔3266〕

◇沖縄平和学習論―教えることを手がかりにして　柳下換著　宜野湾　榕樹書林　2014.4　232p　21cm　2800円　①978-4-89805-173-3　Ⓝ375　〔3267〕

◇ものごとを多面的にみる　名桜大学編　名護　名桜大学　2014.11　308p　21cm　（名桜叢書　第1集）〈文献あり〉　2000円　①978-4-905454-12-0　Ⓝ377.28
　内容 寄稿　サンゴ礁の生物を多面的に観る　西平守孝著　沖縄をみる　オモロいぞ、沖縄・ヤンバル　照屋理著　台湾から見えてくる東アジア世界と沖縄　菅野敦志著　『平家物語』に描かれている「鬼が島」　小番達著　沖縄観光とホスピタリティ　朴在徳著　なぜ与儀公園にピンクの幟が立っている

社会科学　　　　　　　　　　　　　　　　　　　　　教育

のでしょう　稲垣絹代著　高齢者の看取りケア　佐
和田重信著　「看取り難民ゼロ」を目指して　大城
凌子著　ハンセン病による差別・偏見の苦しみか
らの解放を目指して　伊波弘幸著　学生と教職員
の協働が生んだ名桜大学における学生・学習支援
のかたち　大城真樹著　沖縄からみる　さまざま
な日本語　伊藤孝行著　人権教育はいま…　板山勝
樹著　未来社会における自己意識　金城亮著　コ
ミュニケーションツールとしての会計　仲尾次洋
子著　ソーシャルワークの価値と役割　竹沢昌子
著　世界トップスプリンターは、地面をけらずに
走っている!?　小賦肇著　身体活動を測る　東恩納
玲代著　人類の進歩についての一考察　金城祥教著
みんなでつなぐ命のリレー　清水かおり著　あな
たの健康な人生の伴走者として　比嘉憲枝著　心
を癒すフットケア　鬼頭和子著　瀬名波榮喜第四
代学長退任記念講演録　私とイギリス・ロマン派
詩人たち　〔3268〕

◇創立40周年記念誌―沖縄教弘のあゆみ2013
那覇　日本教育公務員弘済会沖縄支部
2015.1　83p　30cm　〈奥付のタイトル：公益
財団法人日本教育公務員弘済会創立40周年記
念誌　年表あり〉　Ⓝ370.6　　　　　〔3269〕

◇沖縄の子どもと地域の教育力　嘉納英明著
エイデル研究所　2015.4　239p　21cm　〈文
献あり　索引あり〉　2800円　Ⓘ978-4-87168-
559-7　Ⓝ371.3
　内容　序章　本研究の課題と方法　第1章　集落にお
　ける教育力の土台形成―学事奨励会の成立と機能
　（前史）　第2章　学事奨励会の再生と教育隣組の
　結成　第3章　集落における子育ての共同事業―公
　民館幼稚園　第4章　集落の教育文化力の形成―字
　公民館図書館・文庫の設置、学習支援の事例研究
　終章　研究の成果と課題　　　　　　　〔3270〕

◇再生の島　奥野修司著　文藝春秋　2015.5
394p　16cm　（文春文庫 お28-4）〈「不登校
児再生の島」（2012年刊）の改題、加筆訂正〉
750円　Ⓘ978-4-16-790370-1　Ⓝ371.5
　内容　プロローグ　ゴンの告白　不倶戴天の敵　宇
　宙人の涙　ぼくには友達がいない　ふたつの顔を
　もつ少年　筋金入りの不登校児　なが―い夏休み
　ユウスケを連れ戻せ　センターの誕生　いまだ変
　身の途上　親が変われば子供も変わる　不良少年
　の奇跡　最後の三〇〇〇メートル　　　〔3271〕

◇占領下の奄美・琉球における教員団体関係史
料集成　第6巻　宮古群島/八重山群島　編集
復刻版　不二出版　2015.12　1冊　31cm
〈布装　「宮古教育」（宮古教育會宣傳部
1947年刊）の複製　「教育時報」（宮古教育會
1950～1951年刊）の複製ほか〉　Ⓘ978-4-
8350-7843-4　Ⓝ372.199
　内容　宮古教育　教育時報　新世代　　〔3272〕

◇占領下の奄美・琉球における教員団体関係史
料集成　第7巻　沖縄群島　編集復刻版　不
二出版　2015.12　1冊　31cm　〈布装　「新

教育」（沖縄教育連合會　1948～1951年刊）の
複製　「新教育ニュース」（沖縄教育連合會
1951年刊）の複製〉　Ⓘ978-4-8350-7844-1
Ⓝ372.199
　内容　新教育　新教育ニュース　　　　〔3273〕

《学校教育》

◇家永・教科書裁判―裁かれる日本の教育　第3
次訴訟　地裁編　第5巻　沖縄戦の実相　教科
書検定訴訟を支援する全国連絡会編　2版
ロング出版　1995.7　351p　22cm　〈発売：
城北高速印刷　付（33p 21cm）〉　3200円
Ⓘ4-916061-04-7　Ⓝ375.9
＊訴訟記録シリーズ第1弾。沖縄出張法廷記録完全
　収録。沖縄戦での"天皇の軍隊""集団自決"の検
　定をめぐって。(家永側証人)大田昌秀・金城重明・
　安仁屋政昭・山川宗秀、(国側証人)曽野綾子・一
　冨襄の5氏の証言・意見書など。　　　　〔3274〕

◇自由研究―沖縄の素材を生かした　浦添　沖
縄出版　1996.7　3冊　31cm　全12800円
Ⓘ4-900668-59-1
　内容　生活科　理科　社会科　家庭科　国語
　　　　　　　　　　　　　　　　　　　〔3275〕

◇調べ学習に役立つ宇宙から見た日本の地理と
産業　6　九州・沖縄地方　成田喜一郎監修
あかね書房　1998.4　39p　31cm　〈索引あ
り〉　3150円　Ⓘ4-251-07996-5
　内容　衛星画像ができるまで　衛星画像のガイド・
　九州・沖縄地方の位置　九州・沖縄地方の気候と
　自然　鉄の産出と発達してきた北九州市　アジ
　アの国々に近い福岡市　クリークが広がる筑紫平
　野　昔から干拓が行われてきた有明海　観光や漁
　業に利用される長崎県の複雑な海岸　いまだ復旧
　の終わらない雲仙岳　外輪山と内輪山にかこまれ
　た阿蘇山〔ほか〕　　　　　　　　　　　〔3276〕

◇宮古教科書検定訴訟を支援する会31年の軌跡
宮古教科書検定訴訟を支援する会編　平良
宮古教科書検定訴訟を支援する会　1998.10
112p　26cm　〈年表あり〉　Ⓝ375.9　〔3277〕

◇教師になるあなたへ―ティー茶―ホッとタイム
ム　新城俊昭著　中城村（沖縄県）　むぎ社
2001.12　231p　20cm　（若太陽文庫 9）
1200円　Ⓘ4-944116-20-9　Ⓝ370.49
　内容　新学期は葉書で担任あいさつ　友達紹介　教
　室美化は天井から　学級日誌の活用　学級週刊誌
　を作ろう　点呼の意味　輪を作ろう―ゲームでク
　ラス作り　心に残る教え　自分探し　沖縄返還の
　日―五月十五日はどのようにして決められたのか
　〔ほか〕　　　　　　　　　　　　　　　〔3278〕

◇沖縄・生活指導を切り拓く　沖縄生活指導研
究会編　国土社　2001.12　211p　21cm
2500円　Ⓘ4-337-79002-0　Ⓝ375.2

「沖縄」がわかる本　6000冊　　263

教育　　　　　　　　　　　　　　　　　　　　　　　　社会科学

[内容] 第1章 沖縄における生活指導教師のあゆみをたどる―沖生研第一世代へのインタビューから（インタビューをどのように行ったか 実践を仲間と共に創る大切さ―富田哲さんと沖生研 ほか）第2章 子どもの権利・平和的共生の生活指導実践（楽しい授業は、現実世界との対話から（小学校・総合的学習）子どもと親と教師と（小学校・学級集団づくり）ほか）第3章 変革期の教育に挑む（新自由主義的教育改革と教科外活動 地域共同体から学校文化を問う―シマの可能性 ほか）補章 沖縄生活指導研究会のあゆみ（沖縄生活指導研究会誕生から草創期まで（七一～七五年）『おきなわの教育実践』の発刊と沖生研（七六～八三年）ほか）　　　　　　　　　　　　　〔3279〕

◇たまうつ先生―「楽校」づくりへの道　川上哲也著　文芸社　2003.4　165p　20cm〈折り込1枚〉1000円　①4-8355-5542-2　Ⓝ376.3199

[内容] 第1章 『たまうつ先生』の誕生（新米校長として着任 校区の「西原」という地域 ほか）第2章 海、山からの贈りもの（入学記念にバナナ植樹 伝統漁法「バラジャン漁」物語 ほか）第3章 地域が育む伝統文化（地域史「んすむら」発刊 方言は文化の風 ほか）第4章 心を耕す『たまうつの里』（『たまうつの里』造成の経緯 癒しの『鶏遊舎』ほか）第5章 学校から「楽校」へ（おらが学校だ 文武両道の勧め）　　　　　〔3280〕

◇春秋会二十周年記念誌　沖縄県高等学校長春秋会編　那覇　沖縄県高等学校長春秋会　2005.5　165p　27cm〈年表あり〉Ⓝ374.3
　　　　　　　　　　　　　　　　　　　　　〔3281〕

◇沖縄県の高等学校教育―学力向上対策を中心として　宇田津一郎、又吉孝一編著　学事出版　2006.12　159p　21cm　1600円　①4-7619-1291-X　Ⓝ376.4199

[内容] 沖縄県学力向上対策のあゆみ 沖縄県の学力向上対策の取り組み（高等学校教育課・県立学校教育課の取り組み 県高等学校長協会・県教頭会等の取り組み ほか）学力向上を支える主な教育活動（進路指導 部活動 ほか）今後の学力向上に向けての課題と展望 本県高等学校教育関係資料　　　　　　　　　　　　　　　　　〔3282〕

◇沖縄のうねり―「集団自決」軍命削除の教科書検定抗議 写真集2007.9.29県民大会　那覇　琉球新報社　2007.10　60p　29cm〈発売：琉球プロジェクト（那覇）〉857円　①978-4-89742-086-8　Ⓝ375.932
　　　　　　　　　　　　　　　　　　　　　〔3283〕

◇1000の子どもに1000の可能性―民間人校長の子どもの可能性を開く授業づくり　横山芳春著　ジアース教育新社　2007.12　238p　21cm　1700円　①978-4-921124-82-3　Ⓝ374

[内容] 第1章 民間人校長になるまで 第2章 民間人校長から見た学校・教師の不思議 第3章 宇栄原小学校に赴任、そして一年目の取り組み 第4

章 二年目の取り組み、表現活動で心を開く子どもたち 第5章 三年目の取り組み 葛藤は越えられるか 第6章 環境教育への取り組み 第7章 三年間の挑戦、そしてその先へ　　　　〔3284〕

◇挑まれる沖縄戦―「集団自決」・教科書検定問題報道総集　沖縄タイムス社編　那覇　沖縄タイムス社　2008.1　422p　20cm　2381円　①978-4-87127-182-0　Ⓝ375.932

[内容] プロローグ（強制された死―集団死の実相徹底取材「闇」に迫る―「文科省の自作自演」確信 ドキュメント9・29教科書検定意見撤回を求める県民大会）1 ドキュメント挑まれる沖縄戦（兆候―戦後60年目の節目に 検証―改めて沖縄戦を問う 応酬―「集団自決」裁判 ほか）2 ルポ・証言（ルポ 証言）エピローグ 人々が立ち上がり得たもの　　　　　　　　　　〔3285〕

◇教科書検定―沖縄戦「集団自決」問題から考える　石山久男著　岩波書店　2008.8　71p　22cm（岩波ブックレット no.734）480円　①978-4-00-009434-4　Ⓝ375.932

[内容] 第1章 教科書はこうしてつくられる 第2章 沖縄戦「集団自決」問題―二〇〇六年度検定はどう行われたか 第3章 よりよい教科書づくりのために　　　　　　　　　　　　〔3286〕

◇学力ってなに―「最下位」の衝撃を超えて　沖縄タイムス社編　那覇　沖縄タイムス社　2008.10　125p　21cm（沖縄タイムス・ブックレット 15）1000円　①978-4-87127-515-6　Ⓝ372.199　　　　　〔3287〕

◇沖縄の学力―教育担当記者の述懐　市村彦二著　那覇　新星出版　2009.11　186p　21cm　1429円　①978-4-902193-86-2　Ⓝ372.199
　　　　　　　　　　　　　　　　　　　　　〔3288〕

◇占領下沖縄・奄美国語教科書研究　吉田裕久著　風間書房　2010.2　184p　22cm〈索引あり〉5500円　①978-4-7599-1779-6　Ⓝ375.98

[内容] 序章 研究の目的と方法、特色と意義 第1章 沖縄本島における国語教科書 第2章 八重山における国語教科書 第3章 宮古島における国語教科書 第4章 奄美大島における国語教科書 終章 研究の総括と課題　　　　　　　　〔3289〕

◇沖縄・学力向上のための提言―島を育てる学力をめざして　三村和則著　那覇　ボーダーインク　2010.8　215p　19cm　1500円　①978-4-89982-185-4　Ⓝ372.199　　〔3290〕

◇小学生のエイサー振付ベスト7　仲宗根達也著　小学館　2011.4　63p　26cm（教育技術mook―よくわかるDVDシリーズ）1900円　①978-4-09-105878-2　Ⓝ375.492〔3291〕

◇沖縄県教育情報化推進計画―平成24年度―平成28年度　那覇　沖縄県教育庁総務課

264　「沖縄」がわかる本　6000冊

社会科学　　　　　　　　　　　　　　　　　　　　　　　　　　　　　教育

2012.3　38p　30cm　　　　　　〔3292〕

◇県立高等学校編成整備計画—平成24年度—平成33年度　〔那覇〕　沖縄県教育委員会
2012.3　48p　30cm　　　　　　〔3293〕

◇県立特別支援学校編成整備計画—平成24年度—平成33年度　〔那覇〕　沖縄県教育委員会
2012.3　42p　30cm　　　　　　〔3294〕

◇どうする「最下位」沖縄の学力　西本裕輝著
那覇　琉球新報社　2012.11　91p　21cm
1429円　①978-4-89742-154-4　⑥375.2
内容 第1章 沖縄の子どもたちの学力—全国学力調査の結果から　第2章 なぜ沖縄の子どもたちの学力は低いのか—基本的生活習慣の欠如　第3章 沖縄の子どもたちの体力　第4章 沖縄の子どもたちのモラル　第5章 沖縄の子どもたちの学力向上のために
〔3295〕

◇学校教育における指導の努力点　平成25年度—平成27年度　那覇　沖縄県教育委員会
2013.1　141p　30cm　⑥375.1　　〔3296〕

◇危機管理マニュアル—児童生徒等の安全確保対策　沖縄県教育委員会編　〔那覇〕　沖縄県教育委員会　2013.3　140p　30cm　⑥374
〔3297〕

◇十五の春—沖縄離島からの高校進学　沖縄タイムス南部総局著　那覇　沖縄タイムス社
2013.3　349p　21cm　1905円　①978-4-87127-209-4　⑥376.4199　　〔3298〕

◇立ち上がった戦後の沖縄の教師たち—教公二法（案）反対・阻止運動の記録　濱元朝雄著
那覇　沖縄タイムス社出版部（発売）　2013.5　187p　19cm　1200円　①978-4-87127-651-1　⑥373.2　　〔3299〕

◇沖縄の教師像—数量・組織・個体の近代史
藤澤健一編、藤澤健一、近藤健一郎、照屋信治、松田ヒロ子著　宜野湾　榕樹書林　2014.3
435,5p　21cm　（沖縄学術研究双書 8）〈年譜あり　著作目録あり　文献あり〉　4800円
①978-4-89805-172-6　⑥374.3　　〔3300〕

◇家永三郎生誕100年—憲法・歴史学・教科書裁判　家永三郎生誕100年記念実行委員会編
日本評論社　2014.3　127p　21cm〈年譜あり〉　1000円　①978-4-535-52043-1　⑥375.9
内容 家永三郎の学問と歴史認識 鹿野政直著　家永教科書裁判の現代的意義 加藤文也著　教育への政治介入に対するたたかいと家永三郎さん 平井美津子著　教科書制度をめぐるたたかいと安倍「教育再生」政策 俵義文著　教科書裁判の思想 尾山宏著　教科書裁判の今日的意義 新井章著　教科書裁判と国民の教育権 堀尾輝久著　憲法・教育法と教科書裁判 永井憲一著　教科書検定訴訟

を支援する歴史学関係者の会 峰岸純夫著　教科書裁判と女性史 西村汎子著　沖縄と教科書裁判 田港朝昭著　エピソードで綴る教科書裁判の意義 浪本勝年著　思想家・家永三郎さんと一教師の出会い 浅羽晴二著　教科書裁判から学んだこと 和田哲子著　学生連が目指していたのは 斉藤佳典著　髙嶋〈横浜〉裁判と家永裁判を結ぶ現在点 髙嶋伸欣著　教科書裁判と戦後補償裁判 大森典子著　家永三郎先生の国際的評価 笠原十九司著　この先の日本と世界を見据えて 小田直寿著　家永三郎先生の学問と思想を捉え直す 君島和彦著
〔3301〕

◇沖縄の学力追跡分析—学力向上の要因と指導法　山崎博敏、西本裕輝、廣瀬等編著　協同出版　2014.4　145p　22cm　1500円　①978-4-319-00262-7　⑥372.199
内容 序章 研究の目的と方法　第1章 児童生徒の小学校から中学校までの学力の変化　第2章 沖縄県の子どもたちの学力の推移：正答率30%未満の子どもたちに着目して　第3章 低学力を脱した子どもの生活と学習：上昇者と停滞者を分ける要因の分析　第4章 中学生の学力の規定要因：指導法と小学校時代の学力・学習習慣の影響　第5章 学力に及ぼす家庭と学校の影響に関する回帰分析　第6章 過去の学力の定着状況がその後の学力に及ぼす影響：分析の方法と結果　第7章 沖縄県の小・中学校における国語科の指導の在り方　第8章 沖縄県の小・中学校における算数・数学科の指導の在り方　第9章 沖縄の学校教育の在り方について　図表編
〔3302〕

◇教職の道に生きて—出会いに学ぶ 回想録
津留健二著　那覇　ボーダーインク　2014.11　263p　22cm　2000円　①978-4-89982-263-9　⑥372.199　　〔3303〕

◇海からの贈り物—海洋県沖縄における学校給食からの食育　森山克子著　協同出版
2015.3　128p　21cm　（海を活かした教育に関する実践研究シリーズ 2）〈文献あり〉
1700円　①978-4-319-00270-2　⑥374.97
内容 特別対談 海を通して守り伝えるもの　昆布ロードと沖縄—教育プログラムへの食育展開の提案　第1章 実践編（就学前食育（「子どもシェフクラブ」3歳児から生涯にわたる食育活動の資料　実施内容（メニューと調理技術）　料理レシピ　アンケート結果　子どもシェフクラブ導入指導計画書）　義務教育の食育（学校給食から伝えたい郷土料理　学校給食からお弁当づくり　簡単郷土ごはんのすすめ））　第2章 理論編「知育・徳育・体育の基礎となる食育」　第3章 海洋教育と食育の関連性の研究（学校給食から海洋県沖縄の食文化を伝える研究　学校教育計画における海に関わる指導計画実例　校外学習における活動実施計画書）
〔3304〕

◇教育研究員研究報告書—幼・小・中　平成26年度　第102期・第103期　〔那覇〕　那覇市立教育研究所　2015.3　77p　30cm　（紀要445号）　⑥376.076　　〔3305〕

「沖縄」がわかる本　6000冊　　265

教育　　　　　　　　　　　　　　　　　　　　　　　　　　　　　　　社会科学

◇沖縄で教師をめざす人のために　上地完治,
西本裕輝編　協同出版　2015.7　304p
21cm　2200円　Ⓘ978-4-319-00275-7
Ⓝ372.199
　内容 第1部 子どもの学ぶ力を育てる　第2部 教
師という存在　第3部 学校に求められること　第
4部 沖縄の教育の諸課題　第5部 沖縄の子どもを
取り巻く厳しい環境と支援の手　第6部 沖縄の教
育行政と歴史　第7部 沖縄で育つ豊かな学び
〔3306〕

◆学校記念誌

◇創立九十周年記念誌　〔沖縄県立沖縄水産高
等学校〕記念誌部編　〔糸満〕　沖縄県立沖
縄水産高等学校　1995.3　313p　図版44枚
31cm〈年表あり〉Ⓝ376.48　　　　　〔3307〕

◇潮―1946-1996 創立50周年記念誌　沖縄県
立糸満高等学校〔著〕　糸満　創立五十周年
記念事業期成会　1996.3　442p　27cm〈年
表あり〉Ⓝ376.48　　　　　　　　　〔3308〕

◇比謝の流れはとこしえに―県立農林42期回想
録　県立農林第四十二期回想録編集委員会編
沖縄　沖縄県立農林学校第42期同期生会
1996.6　923p　22cm　6000円　Ⓝ377.3
〔3309〕

◇首里高等女学校百周年記念誌　首里高等女学
校創立百周年記念事業編集部編　〔那覇〕
旧沖縄県立首里高等女学校瑞泉同窓会
1996.12　107p　図版11枚　25cm〈標題紙・
背・表紙のタイトル：創立百周年記念誌〉
Ⓝ376.48　　　　　　　　　　　　〔3310〕

◇比謝川の絆―沖縄県立農林学校農科第三十八
期林科第十九期昭和十六年十二月卒　沖縄県
立農林学校第三十八期同期会誌「比謝川の
絆」編集実行委員会編　沖縄　沖縄県立農林
学校農科第三十八期同期会　1996.12　678p
27cm〈年表あり〉Ⓝ377.3　　　　　〔3311〕

◇日本一をめざした日々―那覇市立石嶺中学校
の挑戦　仲間一著　南風原町（沖縄県）　那
覇出版社（製作）　1997.11　255p　21cm
1800円　Ⓘ4-89095-089-3　Ⓝ374.43〔3312〕

◇喜名小学校創立50周年記念誌　50周年記念誌
編集委員会編　読谷村（沖縄県）　喜名小学
校創立50周年記念事業期成会　1998.2
199p　30cm〈背・表紙のタイトル：創立50
周年記念誌〉Ⓝ376.28　　　　　　〔3313〕

◇名護市立三原小学校創立50周年記念誌　名護
市立三原小学校創立50周年記念事業期成会記
念誌部編　名護　名護市立三原小学校創立50
周年記念事業期成会　1998.2　285p　31cm

〈標題紙等のタイトル：創立五十周年記念
誌〉Ⓝ376.28　　　　　　　　　　〔3314〕

◇まていだの学校　平良　平良市教育委員会学
校教育課　1998.9　223p　30cm〈学制改革
中学校創設50周年記念〉Ⓝ372.199　〔3315〕

◇城岳―写真が語る88年　県立第二中学校・県
立那覇高校創立88周年記念誌　88周年記念
誌編集委員会編　〔那覇〕　県立第二中学
校・那覇高等学校創立88周年事業期成会
1999.5　275p　31cm　Ⓝ376.48　〔3316〕

◇琉球大学五十年史　琉球大学開学50周年記念
史編集専門委員会編　西原町（沖縄県）　琉
球大学　2000.12　1228p　31cm　Ⓝ377.28
〔3317〕

◇琉球大学50年史写真集　琉球大学開学50周
年記念誌編集専門委員会写真集編集小委員会
編　西原町（沖縄県）　琉球大学　2000.12
287p　31cm　Ⓝ377.28　　　　　　〔3318〕

◇創立60周年記念誌　記念誌編集委員会編　石
垣　石垣市立川原小学校　2001.12　123p
30cm　Ⓝ376.28　　　　　　　　　〔3319〕

◇宮良小学校創立百周年記念誌　創立百周年記
念誌作成委員会編　石垣　石垣市立宮良小学
校創立百周年記念事業期成会　2002.3　556p
図版41枚　27cm〈付属資料：CD1枚
（12cm）　標題紙等のタイトル：創立百周年
記念誌〉Ⓝ376.28　　　　　　　　〔3320〕

◇創立20周年記念誌　〔名護〕　沖縄県立名護
商業高等学校　2002.3　103p　30cm〈編集
責任：兼次俊夫〉Ⓝ376.48　　　　〔3321〕

◇沖縄国際大学三十年史　資料編　沖縄国際大
学三十年史編集委員会編　宜野湾　沖縄国際
大学　2003.2　512p　27cm〈年表あり〉
Ⓝ377.28　　　　　　　　　　　　〔3322〕

◇沖縄国際大学三十年史　本編　沖縄国際大学
三十年史編集委員会編　宜野湾　沖縄国際大
学　2003.2　779p　27cm　Ⓝ377.28〔3323〕

◇夢雄飛―与那城町立平安座小中学校創立百周
年記念誌　記念誌編集委員会編　与那城町
（沖縄県）　与那城町立平安座小中学校創立
百周年記念事業期成会　2003.3　320p
27cm〈付属資料：1枚〉Ⓝ376.28　〔3324〕

◇沖縄国際大学の歩み―創立30周年記念写真集
1972-2003　宜野湾　沖縄国際大学　2003.3
99p　31cm〈年表あり〉Ⓝ377.28　〔3325〕

◇はしもと―学校の歩みと卒業生名簿等を中心
に　〔下地町（沖縄県）〕　下地町立下地中

社会科学　　　　　　　　　　　　　　　　　　　　　　　　　　　　教育

学校　2005.3　152p　30cm〈創立57周年・
校舎新築記念〉Ⓝ376.38　　　　　　〔3326〕

◇創立百周年記念誌　〔沖縄県立沖縄水産高等
学校〕記念誌部編　〔糸満〕　沖縄県立沖縄
水産高等学校　2005.3　267p　図版30枚
31cm〈年表あり〉Ⓝ376.48　　　　〔3327〕

◇翔―卒業五十周年記念誌　那覇高等学校八期
生〔著〕,記念誌班編集委員会編　〔出版地
不明〕　那覇高校8期生記念事業実行委員会
2006.2　262p　31cm〈年表あり〉①4-
87215-192-5　Ⓝ376.48
　　　　　　　　　　　　　　　　　　〔3328〕

◇世紀の潮よるところ―沖縄県立糸満高等学校
創立60周年記念誌　1945年度（昭和20年度）-
2005年度（平成17年度）　沖縄県立糸満高等
学校創立60周年記念誌編集委員会編　糸満
沖縄県立糸満高等学校創立60周年記念事業期
成会　2006.3　542p　図版〔15〕枚　31cm
〈年表あり〉Ⓝ376.48　　　　　　　〔3329〕

◇琉球大学同窓会創立50周年記念誌　西原町
（沖縄県）　琉球大学同窓会　2006.6　361p
31cm〈年表あり〉Ⓝ377.28　　　　〔3330〕

◇ともる岳―創立50周年記念誌　〔石垣〕　石
垣市立明石小学校　2006.12　235p　27cm
〈年表あり〉Ⓝ376.28　　　　　　　〔3331〕

◇夢希望―天願小学校創立100周年記念誌　天
願小学校創立100周年記念事業期成会記念誌
編集委員会編　うるま　天願小学校創立100
周年記念事業期成会記念誌編集委員会
2007.3　370p　31cm〈年表あり〉Ⓝ376.28
　　　　　　　　　　　　　　　　　　〔3332〕

◇普天間小学校百年記念誌　〔普天間〕　宜野
湾市立普天間小学校創立百周年記念事業期成
会　2007.5　397p　31cm〈標題紙等のタイ
トル：百年記念誌　発行所：宜野湾市立普天
間小学校　年表あり〉Ⓝ376.28　　　〔3333〕

◇35年の歩み　後援会創立35周年記念事業委員
会編　宜野湾　沖縄国際大学後援会　2007.8
251p　30cm〈年表あり〉Ⓝ377.21　〔3334〕

◇南秀―南秀同窓会沖縄支部創立50周年記念誌
南風原町（沖縄県）　南秀同窓会沖縄支部
2008.6　329p　31cm　Ⓝ376.48　　〔3335〕

◇小さな大学の大きな挑戦―沖縄大学50年の軌
跡　沖縄大学五〇年史編集委員会編著　高文
研　2008.6　226p　31cm〈年表あり〉1600
円　①978-4-87498-403-1　Ⓝ377.28
　[内容]プロローグ　1　沖縄初の私立大学　2　学園
民主化の嵐の中で　3　大学存続への道のり　4　地
域に根ざす大学をめざして　5　今も続く模索と挑
戦　　　　　　　　　　　　　　　　　〔3336〕

◇世界雄飛―与那国町立久部良中学校創立五十
周年記念誌　創立五十周年記念事業期成会記
念誌委員会編　与那国町（沖縄県）　与那国
町立久部良中学校　2008.10　255p　31cm
〈年表あり〉Ⓝ376.38　　　　　　　〔3337〕

◇農林魂は永遠に―県立農林同窓会会誌完結編
〔沖縄県立農林学校同窓会〕同窓会会誌編集
委員会編　〔那覇〕　沖縄県立農林学校同窓
会　2009.10　741p　27cm〈奥付の出版者
（誤植）：沖縄県立農林学校同会　年表あり〉
Ⓝ377.3　　　　　　　　　　　　　　〔3338〕

◇目で見る養秀百三十年　国学創建二百十年沖
縄県立第一中学校・首里高等学校創立百三十
周年記念事業実行委員会編,養秀同窓会編
那覇　養秀同窓会　2010.12　163p　31cm
〈年表あり〉Ⓝ376.48　　　　　　　〔3339〕

◇創立130周年記念誌―石垣市立石垣小学校
石垣　石垣小学校創立130周年記念事業期成
会　2012.3　105p　30cm〈年表あり〉
Ⓝ376.28　　　　　　　　　　　　　〔3340〕

◇沖縄県立浦添看護学校閉校記念誌　「沖縄県
浦添看護学校閉校記念誌」編集委員会編　那
覇　沖縄県福祉保健部医務課　2012.3　176p
31cm〈背・表紙のタイトル：閉校記念誌
年表あり〉Ⓝ492.907　　　　　　　　〔3341〕

◇輝跡―我が青春の小禄高校　創立50周年記念
誌沖縄県立小禄高等学校　沖縄県立小禄高等
学校創立50周年記念事業期成会記念誌編集委
員会編　那覇　沖縄県立小禄高等学校創立50
周年記念事業期成会記念誌編集委員会
2012.11　174p　30cm〈年表あり〉Ⓝ376.
48　　　　　　　　　　　　　　　　　〔3342〕

◇国立沖縄工業高等専門学校創立十周年記念誌
国立沖縄工業高等専門学校編　名護　国立沖
縄工業高等専門学校　2013.7　139p　30cm
〈年表あり〉Ⓝ377.3　　　　　　　　〔3343〕

◇創立118周年記念誌―名護市立真喜屋小学
校・幼稚園　名護市立真喜屋小学校創立118
周年記念事業期成会記念誌部編　名護　名護
市立真喜屋小学校創立118周年記念事業期成
会　2013.12　144p　30cm〈奥付のタイト
ル：真喜屋小学校創立118周年記念誌　年表
あり〉Ⓝ376.28　　　　　　　　　　　〔3344〕

《社会教育》

◇村づくりと公民館　神田嘉延著　高文堂出版
社　2002.4　294p　21cm　2667円　①4-
7707-0688-X　Ⓝ601.19　　　　　　　〔3345〕

「沖縄」がわかる本　6000冊　**267**

教育   社会科学

◇おきなわの社会教育―自治・文化・地域おこ
　し　小林文人, 島袋正敏編　エイデル研究所
　2002.7　303p　21cm　3048円　Ⓘ4-87168-
　339-7　Ⓝ379.02199　　　　　　　〔3346〕

◇地域共創・未来共創―沖縄大学土曜教養講座
　500回の歩み　沖縄大学地域研究所編集　芙
　蓉書房出版　2012.11　203,7p　21cm　（沖
　縄大学地域研究所叢書）〈索引あり〉1700円
　Ⓘ978-4-8295-0566-3　Ⓝ379.5
　　內容 沖縄大学土曜教養講座五〇〇回の歩み　土
　曜教養講座を語る―五〇〇回記念座談会　土曜教
　養講座五〇〇回に寄せて（「源遠流長」―源遠ければ
　流れ長し　私と土曜講座　新生沖縄大学の"証"）
　土曜教養講座選集（「琉球列島とアジアの社会人
　類学」―女（ウナイ）と男（キキー）そして世界観
　「沖縄から地球サミットまで」）　沖縄大学地域研
　究所共同研究班一覧　　　　　　　　　〔3347〕

◇国立沖縄青少年交流の家創立40周年記念誌
　国立青少年教育振興機構国立沖縄青少年交流
　の家編　渡嘉敷村（沖縄県）　国立青少年教
　育振興機構国立沖縄青少年交流の家　2013.3
　58p　30cm　〈奥付のタイトル：創立40周年
　記念誌　年表あり〉Ⓝ379.3　　　　　〔3348〕

◇沖縄のシマ社会への社会教育的アプローチ―
　暮らしと学び空間のナラティヴ　末本誠著
　福村出版　2013.8　368p　22cm　〈索引あ
　り〉5000円　Ⓘ978-4-571-41052-9　Ⓝ379.
　02199
　　內容 第1部　前提（問題としての集落と日常の生
　活的実践　研究対象としての沖縄集落　字公民館
　の成立過程と集落の生活的実践―教育制度論的前
　提）　第2部　シマ社会（地域課題の変遷とシマ社
　会―地域社会教育論的アプローチ　字誌づくりの
　意味世界―エスノメソドロジー的解釈の試み　字
　誌と住民の沖縄戦体験記録―その社会的ダイナミ
　ズム　集落芸能の社会教育的意義―村踊りと青年
　集落の生活的実践と「個」―「人生の出来事」研
　究から）　第3部　総括（沖縄社会教育とは何か）
　　　　　　　　　　　　　　　　　　　〔3349〕

268　「沖縄」がわかる本　6000冊

民俗

民俗一般

◇沖縄船漕ぎ祭祀の民族学的研究　白鳥芳郎,
秋山一編　勉誠社　1995.2　294,256p
30cm　30000円　①4-585-03030-1
　内容　第1部 研究編―沖縄における船漕ぎ祭祀の
民族学的研究（綜論 沖縄爬龍船祭祀の歴史的展
開―中国の龍舟競渡とのかかわり　沖縄本島南部
における、巴龍船祭祀海神祭にみる爬龍船（ハー
リー）競漕と海神祭祀―沖縄本島中部・平安座島
を中心として　シヌグ・ウンジャミと船漕ぎ儀礼
八重山の船漕ぎ儀礼―星表島祖納村のシチィ（節
祭）ほか）　第2部 映像資料編―映像にみるハー
リー・船漕ぎ祭祀の地域性（船漕ぎ祭祀の分布図―
沖縄本島・西表島・宮古島　糸満―糸満の沿革お
よび糸満ハーレーの位置づけ　名城―名城のハー
リー行事　平安座―平安座の海神祭における爬龍
船（ハーリー）競漕　根路銘―ウンガミ祭とハー
リー競漕　祖納―西表祖納のシチィ（節祭））
　　　　　　　　　　　　　　　　　　　〔3350〕

◇南日本の民俗文化―小野重朗著作集　8　南
島の古歌謡―増補　小野重朗著　第一書房
1995.5　393p　22cm　5800円　①4-8042-
0087-8　Ⓝ382.19　　　　　　　　　　〔3351〕

◇ふるさと沖縄の民具　上江洲均文, 徳元葉子
写真　那覇　沖縄文化社　1995.6　94p
19cm　Ⓝ383.93　　　　　　　　　　　〔3352〕

◇花綵列島―民俗と伝承　高城隆著　木犀社
1995.8　303p　20cm　2266円　①4-89618-
014-3　Ⓝ380.4
　内容　花綵列島の島々　パナリ焼のことなど　刺青
から見た沖縄文化論　デイゴ　沖縄ユタ論争　み
みらくの島　古琉球研究の諸問題　累卵の時代―
新聞に見る山梨と沖縄　『星見様』の研究―沖縄・
多良間島の星伝承　民話世界への傾斜〔ほか〕
　　　　　　　　　　　　　　　　　　　〔3353〕

◇南日本の民俗文化―小野重朗著作集　7　南
島歌謡―改訂　琉球歳時記　手抄片六篇　小
野重朗著, 小野重郎著, 小野重郎著　第一書房
著　第一書房　1995.11　330p　22cm〈文
献あり〉　①4-8042-0095-9　Ⓝ382.19　〔3354〕

◇うすれゆく島嶼文化―歌謡と自然認識の世界

大山了己著　那覇　ひるぎ社　1995.12
240p　21cm　2000円
　内容　第1章 八重山の島々　第2章 各島の自然に
関連する民俗音楽　第3章 島人たちの自然環境認
識　第4章 自然認識の分類　第5章 自然に関する
音楽の構造　第6章 島人達のさけび　　〔3355〕

◇南日本の民俗文化―小野重朗著作集　9　農
耕儀礼の研究―増補　小野重朗著　第一書房
1996.7　443p　22cm　5632円　①4-8042-
0106-8　Ⓝ382.19　　　　　　　　　　〔3356〕

◇九州・沖縄の民俗　大島暁雄, 松崎憲三, 宮本
袈裟雄, 安田宗生編　三一書房　1996.11　8
冊（セット）　26cm　（日本民俗調査報告書
集成）　206000円　①4-380-96587-2
　内容　福岡県　佐賀県　長崎県　大分県　熊本県
宮崎県　鹿児島県　沖縄県　　　　　　〔3357〕

◇九州・沖縄の民俗　沖縄県編　大島暁雄〔ほ
か〕編　三一書房　1996.11　1082p　27cm
（日本民俗調査報告書集成）〈複製〉　①4-
380-96595-3　Ⓝ382.19
　内容　沖縄の民俗資料　第1集　琉球政府文化財保
護委員会編（昭和45年刊）　糸満の民俗　沖縄県教
育委員会編（昭和49年刊）　宮古諸島学術調査研究
報告　地理・民俗編　琉球大学沖縄文化研究所編
（昭和41年刊）　沖縄民俗　第4,10,17号　琉球大
学民俗研究クラブ編（1961〜1969年刊）　〔3358〕

◇民族学者 鳥居龍蔵―アジア調査の軌跡　田
畑久夫著　古今書院　1997.5　263p　19cm
2900円　①4-7722-1448-8
　内容　第1章 調査・研究への道とその時代　第2章
台湾での人類学的調査　第3章 西南中国における
人類学的調査　第4章 貴州でのミャオ族調査　第
5章 雲南・四川でのロロ（イ）族調査　第6章 ライ
フワークとしての満州・蒙古　第7章 北方文化を
求めたシベリア・樺太（サハリン）　付論 中国雲
貴高原中部のイ族―生業形態を中心に　　〔3359〕

◇シマの見る夢―おきなわ民俗学散歩　赤嶺政
信著　那覇　ボーダーインク　1998.4
208p　19cm　1600円　①4-938923-63-7
Ⓝ382.199　　　　　　　　　　　　　　〔3360〕

◇民俗学から原日本を見る　下野敏見著　吉川

弘文館　1999.1　389,9p　21cm　9000円
Ⓝ4-642-07541-0
内容　第1部　民俗学から歴史を見る（民俗学から古代史を探る　民具学・民族学から畠遺跡を見るほか）　第2部　民俗学から内侍を見る（里村八幡神社の祭礼と内侍舞い　成川神舞いと内侍舞い　ほか）　第3部　民俗学から琉球・トカラを見る（トカラは琉球かヤマトか　琉球の火の神とヤマトの火の神　ほか）　第4部　民俗学から原日本を見る（村に入り来る人びと─南九州の巡回来訪者達　西南日本の民家と民俗神　ほか）　〔3361〕

◇アニミズムという希望─講演録・琉球大学の五日間　山尾三省著　野草社　2000.9
397p　20cm　〈発売：新泉社　文献あり〉
2500円　Ⓝ4-7877-0080-4　Ⓝ163.3
内容　第1話　土というカミ　第2話　山に向かって　第3話　小さき愛さ　第4話　家族について　第5話　新しい自然神話　第6話　私は誰か　第7話　存在するものの知慧　第8話　ユウナの花　第9話　水というカミ　第10話　ついの栖　第11話　「出来事」というカミ　第12話　静かな心　第13話　びろう葉帽子の下で　第14話　回帰する時間　第15話　日月燈明如来　〔3362〕

◇九州地方の民俗地図　2　熊本・大分・宮崎・鹿児島・沖縄　東洋書林　2000.9　1冊
23cm　（都道府県別日本の民俗分布地図集成第13巻）〈複製〉30000円　Ⓝ4-88721-363-8
Ⓝ382.19
内容　熊本県の民俗地図─熊本県文化財調査報告書　大分県の民俗地図─大分県文化財調査報告書続・大分県の民俗地図─大分県文化財調査報告書　宮崎県民俗地図─宮崎県文化財調査報告書　鹿児島県民俗分布地図─民俗文化財緊急調査報告書　沖縄県民俗分布図─民俗文化財緊急調査報告書　〔3363〕

◇心意と信仰の民俗　筑波大学民俗学研究室編　吉川弘文館　2001.12　309p　21cm　8500
円　Ⓝ4-642-07547-X
内容　1　民俗学的研究法（伝承の世界と歴史的世界との交錯　「朝鮮民俗学」と植民地社会─今村鞆と村山智順の場合　日本の現代民話再考─韓国・中国との比較から　まぼろしの国際共同研究）　2　幸福・終末観（宝は田から─飯豊山信仰と「お福田」　福の神の誕生─沖永良部島における殺害の変容と生業の変化　歴史と宮田民俗学─不二道の「ふりかわり」論をめぐって　法螺の怪─地震鯰と災害の民族のために）　3　カミの民俗誌（草墳にあらわれる祖霊認識のあり方─韓国の南西海岸と島嶼地域を中心に　胞衣のフォークロア─胞衣の境界性　家のフォークロア─沖縄・宮古の場合　民俗学の老人論─宮田登の継承と発展）　〔3364〕

◇招き猫の文化誌　菊地真、日本招猫倶楽部編　勉誠出版　2001.12　140p　21cm　（museo　8）　1200円　Ⓝ4-585-09073-8
内容　第1章　招き猫の起源（招き猫の起源　映画「青べか物語」の招き猫　ほか）　第2章　日本古典

の猫（王位を招く猫　落語にでてくる猫たち　ほか）　第3章　中国古典の猫（中国昔話の猫　中国古典で活躍する猫　ほか）　第4章　狛犬・シーサーと招き猫（沖縄のシーサー　義足を着けた狛犬さん　ほか）　第5章　招き猫情報（招き猫イベントカレンダー　招き猫ミュージアムガイド　ほか）　〔3365〕

◇民俗宗教と日本社会　宮家準著　東京大学出版会　2002.4　268,7p　21cm　3800円
Ⓝ4-13-010405-5
内容　1　民俗宗教とは何か（今なぜ民俗宗教か─民俗宗教の概念の再検討　民俗宗教の自然観　祭りの要素と構造　民俗宗教と生活）　2　民俗宗教の社会学（民俗宗教の組織　日本宗教の社会史　宗教社会学の歴史）　3　民俗宗教の変化（民俗宗教とその変容─沖縄県宮古島保良　祭りの持続と変容─東京都府中大国魂神社の暗闇祭　伝統的民俗の再生─解脱会の思想と行動）　〔3366〕

◇日本を問いなおす─いくつもの日本　1　赤坂憲雄、中村生雄、原田信男、三浦佑之編　岩波書店　2002.10　283,9p　19cm　2800円
Ⓝ4-00-026821-X
内容　総論（日本像の転換をもとめて─方法としての「いくつもの日本」へ）　多様性の発見（日本列島の人類史　ボカシの地域とは何か　ほか）　境界を超えて（蝦夷とアイヌ　琉球文化圏と琉球王国の形成　ほか）　見いだされた日本（近代日本の自己認識　「狭義の日本人」と「広義の日本人」─山路愛山『日本人民史』をめぐって　ほか）〔3367〕

◇呪術の知とテクネー─世界と主体の変容　斎藤英喜編　森話社　2003.5　274p　19cm
（叢書・文化学の越境　10）　2800円　Ⓝ4-916087-36-4
内容　"呪術"学へのインビテーション─序にかえて　1　シャーマニズムの「現在」─座談会　2　人をつなぐ夢─沖縄の民間巫者の夢解釈　3　与えられたことば─宮古島狩俣における神歌の継承　4　いざなぎ流の呪術世界─「呪唱の祭文」と「取り分け」儀礼をめぐって　5　いざなぎ祭文の誕生　6　大阪の神降ろし─ダイサンをめぐる語りから　7　地神盲僧と朝鮮の経巫─『地神経』の流伝と盲僧の起源伝承をめぐって　〔3368〕

◇柳田国男と海の道─『海南小記』の原景　松本三喜夫著　吉川弘文館　2003.6　308p
22cm　〈肖像あり〉　7000円　Ⓝ4-642-07550-X　Ⓝ382.19
内容　第1部　柳田国男と海の道（柳田国男の九州東海岸の旅　柳田国男の奄美大島の旅　柳田国男の琉球の旅　柳田国男の石垣島の旅　『古琉球』の誘惑）　第2部　ささやかなる旅（二人の「炭焼小五郎」譚　新四郎屋敷のこと　南の島の姥捨山　佐渡の椰子の実─佐渡と柳田国男）　〔3369〕

◇日本全国　離島を旅する　向一陽著　講談社　2004.7　307p　18cm　（講談社現代新書）
780円　Ⓝ4-06-149727-8

民俗　　　　　　　　　　　　　　　　　　　　　　　　　　　　　民俗一般

内容 第1章 沖縄の島（与那国島―日本列島の最西端　波照間島―日本の最南端 ほか）　第2章 奄美の島（与論島―平穏を取り戻した癒しの島　沖永良部島―超猛烈台風の記憶 ほか）　第3章 九州近海の島（屋久島―森と水の島　種子島―鉄砲伝来、宇宙基地 ほか）　第4章 日本海の島（隠岐諸島―昔も今も風待ち港　佐渡島―花の島、トキの島 ほか）　第5章 東京の離島（伊豆大島―東京の離れ座敷　三宅島―在りし日の山頂 ほか）〔3370〕

◇暖かい地域のくらし　小泉武栄監修, 目崎茂和著　旺文社　2005.4　47p　26cm　（ビジュアル学習日本のくらし―くらべてわかる日本各地のさまざまな生活と知恵）　3000円　Ⓝ4-01-071894-3
　内容 第1章 南の暖かい島のくらし（亜熱帯型気候の沖縄　南の島の住まいとくらし　南の島のごちそう　南の島の農業や漁業　沖縄の古い文化と伝統工芸　沖縄の信仰や祭りと風習）　第2章 太平洋沿岸の暖かい地域のくらし（黒潮が運んでくる南の気候　冬も暖かい土地でのくふう　冬も暖かい土地の農業や漁業　冬も暖かい土地の祭りと風習）　第3章 もっと知りたい、こんなこと（暖かい地域のくらしQ&A）〔3371〕

◇沖縄の民具と生活　上江洲均著　宜野湾　榕樹書林　2005.11　297p　22cm　（琉球弧叢書 11―沖縄民俗誌 1）〈奥付のタイトル（誤植）：沖縄の民俗と生活〉　4800円　Ⓝ4-89805-114-6　Ⓝ383.93〔3372〕

◇辺境を歩いた人々　宮本常一著　河出書房新社　2005.12　224p　19cm　1800円　Ⓝ4-309-22438-5
　内容 近藤富蔵（流され人　近藤重蔵と最上徳内 ほか）　松浦武四郎（えぞ地の探検　おいたちと諸国めぐり ほか）　菅江真澄（じょうかぶりの真澄　浅間山の噴火 ほか）　笹森儀助（幕末の世に生まれて　牧場の経営 ほか）〔3373〕

◇魂の民俗学―谷川健一の思想　大江修編　冨山房インターナショナル　2006.3　285p　19cm　2300円　Ⓝ4-902385-22-8
　内容 谷川民俗学の濫觴　民俗学とは何か　柳田への異論　神観念の変遷　妣なる常世　白鳥伝説　編集者時代を経て旅へ　南島の世界　歌の発見　海人の世界　民俗学と地名　海やまのあいだ　沖縄と地名と…〔3374〕

◇谷川健一全集　第5巻（沖縄 1）　南島文学発生論　谷川健一著　谷川健一著　冨山房インターナショナル　2006.10　466,19p　23cm　〈付属資料：8p：月報 no.3〉　6500円　Ⓝ4-902385-30-9　Ⓝ380.8
　内容 「言問ふ」世界　呪言（クチ）の威力　「畏きもの」への対応　神託の本源　ノロの呪力　現つ神と託女　日光感精神話とユタの呪詞　宇宙詩としての呪詞　叙事詩の説話性　冥府からの召還　挽歌の定型　挽歌から相聞歌へ　村の創世神話　神話と伝説の間　祖神のニーリ　宮古島の「英雄時

代」　「まれびと論」の破綻　諺の本縁譚　神意をヨム言葉　海神祭の由来　太陽（テダ）が穴　青の島とあろう島　蓋齧と蓋結　アマミキョの南下　鍛冶神の死〔3375〕

◇舟と港のある風景―日本の漁村・あるくみるきく　森本孝著　農山漁村文化協会　2006.11　388p　19cm　2762円　Ⓝ4-540-06239-5
　内容 下北の海辺を歩く　糸満の海辺を歩く　南西諸島の船について　奥丹後の海辺を歩く　明るさが漂う闇の魚市　沖家室の海辺を歩く　家船漁師の思い出　越前の海辺を歩く　丹後、越前、能登の磯の村　島根の丸木舟―神がみの国を往きかった素朴な木舟　漁民たちの舟と海　飛島の海辺を歩く　祭り・行事と魚　渚のくらし　舟と港のある風景〔3376〕

◇沖縄の珍事件簿―沖縄の民俗　長田昌明著　増補改訂版　南城　わらべ書房　2007.5（4刷）　192p　21cm　1500円　Ⓝ4-9900914-8-5　Ⓝ302.199〔3377〕

◇潜入！ ニッポン不思議島　諸島文化・民俗研究会編著　宝島社　2007.5　230p　15cm　（宝島社文庫）〈『別冊宝島「ニッポン「不思議島」異聞」』改訂・改題書〉　600円　Ⓝ978-4-7966-5826-3
　内容 聖地・人魚神社と禁断の秘祭に潜入―新城島（沖縄県八重山諸島）　謎の土俗集団 "クロ" を追って―K島　野生島に潜む悪魔　海とジャングルの危険―奄美大島（鹿児島県奄美群島）　"神様だらけ" の島　東京都に残る原始の秘境―青ヶ島（東京都・伊豆諸島）　よそ者を警戒する島―大神島（沖縄県宮古諸島）　風待ち港の遊女たち―大崎下島（広島県大崎群島）、渡鹿野島（三重県志摩諸島）　棄て去られた島の叫び―軍艦島（長崎県）　絶海、孤島、フィリピンパブ―南大東島（沖縄県大東諸島）　"通り池" 潜水調査ドキュメント　池底と外海とが繋がる不思議―下地島（沖縄県・宮古諸島）〔3378〕

◇声とかたちのアイヌ・琉球史　吉成直樹編　森話社　2007.6　435p　20cm　（叢書・文化学の越境 15）　3500円　Ⓝ978-4-916087-77-5　Ⓝ382.11
　内容 1 アイヌ口承文学における生存のユニット―ウエペケレが提起するアイヌ・和人関係　2 物語人称と神話叙述―"聖伝" にみる　3 『紙本著色箱館湾シベツ図屏風』4 アイヌ社会と三つ巴紋　5 アイヌ・ヤマト・琉球民俗の比較―拝み手と火の神をめぐって　6 東アジアにおける琉球語・アイヌ語・日本語諸方言の比較研究　7 古琉球末期のオモロ―尚寧王の君子擦り百果報事を中心に　8 勝連おもろの近現代と「脱沖入日」9 奄美・沖永良部島の近現代と「脱沖入日」〔3379〕

◇鳥居龍蔵のみた日本―日本民族・文化の源流を求めて　田畑久夫著　古今書院　2007.7　342p　19cm　3800円　Ⓝ978-4-7722-5211-9
　内容 第1章 日本列島を中心とした鳥居龍蔵のフ

「沖縄」がわかる本 6000冊　**271**

ィールドサーヴェイの特色 第2章 大和におけるフィールドサーヴェイ 第3章 信濃におけるフィールドサーヴェイ 第4章 日向におけるフィールドサーヴェイ 第5章 武蔵野におけるフィールドサーヴェイ 第6章 沖縄におけるフィールドサーヴェイ 第7章 北千島におけるフィールドサーヴェイ 第8章 朝鮮半島におけるフィールドサーヴェイ 〔3380〕

◇谷川健一全集 第6巻（沖縄2） 沖縄・辺境の時間と空間—他 谷川健一著 谷川健一著 冨山房インターナショナル 2007.8 514,10p 23cm 〈付属資料：8p：月報 no.6〉 6500円 ①978-4-902385-45-8 ⑳380.8
内容 沖縄・辺境の時間と空間 孤島文化論（抄録） 沖縄、その危機と神々 沖縄問題は終わったか 宮古島の神と森を考える 「古琉球」以前の世界 与那国と宮古の歴史伝承の影に 「琉球国王の出自」をめぐって 『おもろさうし』が遺したもの 〔3381〕

◇琉球民俗誌 金関丈夫著 新装版 法政大学出版局 2008.5 294p 19cm 3000円 ①978-4-588-27051-2
内容 1（南島の古代 琉球通信 八重山の民家 ほか） 2（八重山群島の古代文化—宮良博士の批判に答う 琉球の言語と民族の起源—服部教授の論考に答える 八重山本『大和歌集』） 3（琉球の旅 与論の旅） 〔3382〕

◇谷川健一全集 第8巻 沖縄 谷川健一著 冨山房インターナショナル 2008.8 506,11p 23cm 〈付属資料：8p：月報 no.9〉 6500円 ①978-4-902385-61-8 ⑳380.8
内容 海の群星 神に追われて（魂の危機 南島の巫女への道 洞窟の女神 悪霊とたたかう少女 神の森） 北国からの旅人—沖縄との出会い（命がけの南島探検—笹森儀助の生涯 人頭税廃止に立ちあがった—中村十作の決意 北国からの旅人たち） 琉球弧 女たちの祭（八重山諸島 宮古諸島 沖縄諸島 奄美諸島） 〔3383〕

◇日本の民俗 12 南島の暮らし 湯川洋司,古家信平,安室知企画編集 古家信平,小熊誠,萩原左人著 吉川弘文館 2009.2 280p 20cm 3000円 ①978-4-642-07879-5 ⑳382.1
内容 沖縄の民俗（地理と歴史 地域の民俗の歴史 ほか） 1 生儀礼にみる擬死と再生（模擬葬式の発見 模擬葬式のとらえかた ほか） 2 門中と祖先祭祀（近世士族門中の成立 明治以降における門中の普及と変化 ほか） 3 肉食の民俗誌（豚のいる暮らし 肉食の知識と技術 ほか） 〔3384〕

◇日本民俗学の開拓者たち 福田アジオ著 山川出版社 2009.8 102p 21cm （日本史リブレット 94） 800円 ①978-4-634-54706-3
内容 1 野の学問、民俗学 2 菅江真澄 3 鳥居龍蔵 4 山中共古 5 柳田国男 6 折口信夫 7 宮本常一 8 瀬川清子 9 アカデミック民俗学への道と研究者群像 〔3385〕

◇日本の民俗 9 祭りの快楽 古家信平,俵木悟,菊池健策,松尾恒一著 吉川弘文館 2009.9 264p 19cm 3000円 ①978-4-642-07876-4
内容 祭りの快楽（芸能の継承と創造—沖縄の盆行事から 演者の快楽と戸惑い—空也念仏踊りの事例から 民俗芸能の公開と保護） 1 華麗なる祭り（祭りを見る目と民俗学 村の祭りの持続と変化 祭りの広がり 「おまつり」の現在） 2 祭りに集う（祭りの担い手たち 祭りを支える 祭りの変貌） 3 祭りと表象（鎮魂の呪術とその展開—ヲコと熱狂 演じる人びと—農村歌舞伎の世界 神仏・精霊との対話と呪術—高知県物部の民俗といざなぎ流 職能者の祭儀と呪術—奄美、沖縄の木霊・船霊をめぐる祭祀と呪法） 〔3386〕

◇日本民族の起源 金関丈夫著 新装版 法政大学出版局 2009.10 397p 19cm 3800円 ①978-4-588-27055-0
内容 1（日本民族の系統と起源 日本人の体質 日本人の生成 ほか） 2（沖縄県那覇市外城嶽貝塚より発見された人類大腿骨について 沖の島調査見学記 根獅子人骨について（予報）ほか） 3（三焦 『頓医抄』と「欧希範五臓図」 琵琶骨 ほか） 〔3387〕

◇谷川健一全集 第10巻（民俗2） 女の風土記 埋もれた日本地図（抄録） 黒潮の民俗学（抄録） 谷川健一著 冨山房インターナショナル 2010.1 574,27p 23cm 〈付属資料：8p：月報 no.14 索引あり〉 6500円 ①978-4-902385-84-7 ⑳380.8
内容 女の風土記（太陽の巫女 媛あわれ ほか） 埋もれた日本地図（抄録）（大王崎紀行 八重山民謡誌 ほか） 黒潮の民俗学（抄録）（阿波—粟の信仰と海人族の足音 大和—三輪山・香具山・二上山 ほか） 民俗紀行（青と白の幻想 流されびと ほか） 旅の手帖（真野の萱原 北上から下北半島へ ほか） 〔3388〕

◇柳田國男と成城・沖縄・國學院—日本人へのメッセージ 高見寛孝著 塙書房 2010.2 216p 19cm （塙選書 109） 〈文献あり〉 2300円 ①978-4-8273-3109-7 ⑳380.1
内容 1 柳田國男と成城 2 歴史主体者としての常民 3 柳田國男と沖縄 4 沖縄と『先祖の話』 5 沖縄研究と比較民俗学 6 柳田國男と國學院大学 〔3389〕

◇ものづくり今昔—自然の恵みを活かす 博物館企画展 沖縄県立博物館・美術館編 那覇 沖縄県立博物館・美術館 2010.2 79p 21cm 〈会期・会場：2010年2月16日—3月28日 沖縄県立博物館・美術館 文献あり〉 ⑳383.93 〔3390〕

◇みんぞく 第22号 平安座島民俗調査報告書 平安座村落民俗調査報告書編集委員会編 宜

民俗　　　　　　　　　　　　　　　　　　　　　　　　　民俗一般

野湾　沖縄国際大学総合文化学部社会文化学科アジア文化ゼミ　2010.3　328p　30cm　Ⓝ382.199　　　　　　　　　　　〔3391〕

◇民俗研究　第38号　2009年度　宜野湾　沖縄国際大学総合文化学部社会文化学科稲福研究室　2010.3　137p　30cm〈文献あり〉　Ⓝ386.199
　内容　久米島・仲地・山里の六月ウマチー調査報告　　　　　　　　　　　　　　　　　〔3392〕

◇島の想像力―神話・民俗・社会　浅見克彦，山本ひろ子編　岩田書院　2010.7　163p　21cm　1900円　Ⓘ978-4-87294-639-0　Ⓝ382.1
　内容　琉球王権儀礼と久高島　小山和行著　群島のヘテロトピア　上野俊哉著　島の穿孔と境域のコスモロジー　浅見克彦著　孤島の姫神考　山本ひろ子著　　　　　　　　　　　　　　〔3393〕

◇南日本の民俗文化誌　12　南から見る日本民俗文化論　下野敏見著　鹿児島　南方新社　2010.7　266p　図版16p　22cm　3500円　Ⓘ978-4-86124-185-7　Ⓝ382.197　〔3394〕

◇乙父の民俗―群馬県多野郡上野村　東京学芸大学民俗調査ゼミナール2009年度調査報告書　東京学芸大学岩田研究室編　〔小金井〕　東京学芸大学地域研究室　2010.9　141p　22cm　Ⓝ382.133　　　　　　　〔3395〕

◇みんぞく　第23号　今帰仁村今泊調査報告書　沖縄国際大学アジア文化人類学ゼミ編　宜野湾　沖縄国際大学総合文化学部社会文化学科アジア文化人類学ゼミ　2011.3　194p　30cm〈文献あり　年表あり〉　Ⓝ382.199　　　　　　　　　　　　　　　　　〔3396〕

◇民俗研究　第39号　2010年度　宜野湾　沖縄国際大学総合文化学部社会文化学科稲福研究室　2011.3　127p　30cm〈年表あり〉　Ⓝ386.199
　内容　石垣島白保の調査報告　　　　　〔3397〕

◇雑器・あきない・暮らし―民俗技術と記憶の周辺　朝岡康二著　慶友社　2011.8　501p　21cm　（考古民俗叢書）　12000円　Ⓘ978-4-87449-141-6
　内容　1　職人と職人・道具と民具（職人を考える　「諸職」あるいは「職人」とその用具　ほか）　2　ものとわざの伝播（箱輪―火を熾す装置　アルミ鍋の受容）　3　くらしの場の変容と記憶（沖縄の「町」の形成　八重山の村落の変遷　ほか）　4　記録された技術（宮古・八重山の『鍛冶例帳』からみる材料鉄と鉄器加工技術　宮古・八重山の『鍛冶例帳』からみる鉄製品）　5　もの・わざ・からだと資料化（仕事と身体―デジタル画像の利用　セラ・コレクションとその背景　ほか）　　　　　〔3398〕

◇蛇―不死と再生の民俗　谷川健一著　冨山房インターナショナル　2012.1　205p　19cm　2400円　Ⓘ978-4-905194-29-3
　内容　第1章　蛇巫の誕生とゆくえ（蛇巫の誕生　龍の文様の渡来　信州の蛇信仰と九州山地　琉球・朝鮮の三輪山伝説　蛇を祀る　蛇と百足　蛇と雷毒蛇の神罰　真臘国の蛇王）　第2章　蛇と海人の神（倭の水人の信仰　死と再生の舞台　蝮の由来　海蛇―海を照らす神しき光　龍蛇神をめぐる神事　かんなび山の龍蛇信仰　龍蛇の末裔　潜水の方言スム　潜り海人と海蛇　古代海人と蛇の入墨　蛇の神と地名　ウズ―海蛇類の総称　蛇と虹　蛇と不死　口笛と龍神）　　　　　　〔3399〕

◇みんぞく　第24号　本部町瀬底島調査報告書　沖縄国際大学アジア文化人類学ゼミ編　宜野湾　沖縄国際大学総合文化学部社会文化学科アジア文化人類学ゼミ　2012.3　221p　30cm　Ⓝ382.199　　　　　　　〔3400〕

◇民俗研究　第40号　2011年度　宜野湾　沖縄国際大学総合文化学部社会文化学科南島民俗研究室　2012.3　103p　30cm〈折り込1枚〉　Ⓝ386.199
　内容　石垣島川平の調査報告　　　　　〔3401〕

◇南日本の民俗文化誌　11　南日本の民俗文化誌　下野敏見著　鹿児島　南方新社　2012.5　320p　図版16p　22cm　3500円　Ⓘ978-4-86124-233-5　Ⓝ382.197
　内容　日本のおとずれ神　ホゼの頃　トシドンの棲む島　佐易漁村の観音丸　長島の山の神祭り　南日本の石神を訪ねて　シオ祭りと環境保護の伝統　知覧フィールドノート余録抄　牧の神と牛馬の民俗　めずらしい瀬風呂と岩穴風呂　将棋名人羽生氏のルーツを尋ねて　タタラと塩竃と板碑、古鏡　南九州市不思議ものがたり　南日本のハン・屋号・垣根　南日本の儀礼食物　南日本の鍛冶儀礼　南日本の鍛冶技術　　　　　　　　　　　〔3402〕

◇谷川健一全集　7　沖縄3　谷川健一著　冨山房インターナショナル　2012.6　580,27p　23cm〈付属資料：8p：月報　no.22　索引あり〉　6500円　Ⓘ978-4-905194-39-2　Ⓝ380.8
　内容　甦る海上の道・日本と琉球　太陽の洞窟―琉球の宇宙観　あかるい冥府―琉球の他界観　渚の思想　南島へのまなざし　古代日本と琉球　久高島の周辺　海の来訪神―南島を中心に　西から東へ　『古事記』と琉球　沖縄の日本兵　証言の意味するもの　日宋貿易と日琉交易　東アジアのなかの沖縄　　　　　　　　　　〔3403〕

◇権力　赤坂憲雄編　普及版　朝倉書店　2012.8　222p　21cm　（現代民俗誌の地平2）　2900円　Ⓘ978-4-254-50532-0
　内容　総論　権力をめぐる民俗誌は可能か　第1章　狩猟・市場経済・国家―帝国戦時体制下における軍部の毛皮市場介入　第2章　民俗としてのムラの選挙と民主主義―甲州からの事例報告　第3章　ム

「沖縄」がわかる本　6000冊　　273

民俗一般　　　　　　　　　　　　　　　　　　　　　　　民俗

ラと農協をめぐる有機的関係と主導権―ある甘藷
生産集団の活動誌　第4章　戦時下の郷土食研究を
どう評価するか　第5章　民謡を出現させた権力と
メディア―「能登麦屋節」を中心として　第6章
芸能のポピュラリティーと演者の実践―浪曲師・
天龍三郎の口演空間の獲得史　第7章　同族神の地
政学―地主と大将軍　王権にまなざされた
島―沖縄・久高島　第9章　「民俗誌」というささ
やかな初志について・ノート―その幻想のありか
と来歴にまつわる、極私的考察　　　　　　　〔3404〕

◇アイヌ・沖縄の歴史と文化―福山市人権平和
資料館企画展：図録　福山市人権平和資料館
編　福山　福山市人権平和資料館　2012.12
90p　30cm〈会期：2008年9月17日―11月4
日ほか　年表あり〉Ⓝ382.11　　　　　　　〔3405〕

◇みんぞく　第25号　東村・平良調査報告書 1
沖縄国際大学アジア文化人類学ゼミ編　宜野
湾　沖縄国際大学総合文化学部社会文化学科
アジア文化人類学ゼミ　2013.3　253p
30cm〈年表あり〉Ⓝ382.199　　　　　　　〔3406〕

◇海南小記　柳田国男〔著〕　新版　角川学芸
出版　2013.6　283p　15cm（［角川ソフィ
ア文庫］［SP J-102-12]）〈改版：角川書店
1972年刊　発売：角川グループホールディン
グス〉667円　Ⓘ978-4-04-408314-4　Ⓝ382.
19
内容　海南小記（からいも地帯　穂門の二夜　海
ゆかば　ひじりの家　水煙る川のほとり　地の島
佐多へ行く路　いれずみの南北　三太郎坂　今何
時ですか　ほか）　与那国の女たち　南の島の清水
炭焼小五郎が事　阿遅摩佐の島　　　　　　〔3407〕

◇日本近世生活絵引　奄美・沖縄編　『日本近
世生活絵引』奄美・沖縄編編纂共同研究班編
横浜　神奈川大学日本常民文化研究所非文字
資料研究センター　2014.3　207p　30cm
〈神奈川大学日本常民文化研究所非文字資料
研究センター研究成果報告書　Report,
research center for nonwritten cultural
materials,institute for the study of
Japanese folk culture,Kanagawa
University〉〈他言語標題：Pictopedia of
everyday life in early modern Japan
focusing on Amami and Okinawa　文献あ
り〉非売品　Ⓘ978-4-904124-18-5　Ⓝ382.11
　　　　　　　　　　　　　　　　　　　　〔3408〕

◇神と肉―日本の動物供犠　原田信男著　平凡
社　2014.4　252p　18cm　（平凡社新書）
860円　Ⓘ978-4-582-85730-6
内容　序章　生命と儀礼　第1章　沖縄の動物供犠か
ら　第2章　中国大陸・朝鮮半島の動物供犠　第3
章　日本における動物供犠の痕跡　第4章　野獣の
供犠と農耕　第5章　家畜の供犠と農耕　終章　人
身御供・人柱と首狩り　　　　　　　　　　〔3409〕

◇辺境のフォークロア―ポスト・コロニアル時
代の自然の思考　金子遊著　河出書房新社
2015.1　213p　20cm　2500円　Ⓘ978-4-
309-22619-4　Ⓝ380.1
内容　第1章　琉球・奄美考（アレクサンドル・ソクー
ロフと奄美群島　ニコライ・ネフスキーと宮古島
天皇裕仁と折口信夫の「若水の話」　ソクー
ロフいよる島尾ミホ）　第2章　樺太・蝦夷・東北考
（サハリン半島の年代記――二九八年・一七三〇
年　チェーホフのサハリン島――八九〇年　シュ
テルンベルクとニヴフ族――八八九年・一八九七
年　ネフスキーのアイヌ・フォークロア――九〇
六年・一九一九年・一九二六年　ネフスキーと東
北のオシラ様――九一〇年・一九二二年　オロッ
コ/ウィルタ族の悲劇――九二六年・一九五五年）
第3章　ボニン＝小笠原考―混淆する南洋の入り口
（小笠原―ジャック・ロンドンと瀬川清子　小笠
原―北原白秋のカナカ人）　第4章　マリアナ・南
洋考（マリアナ群島―鈴木経勲の南進論　松岡静
雄―ミクロネシアの民族誌　サテワヌ島―土方久
功とカナカ族）　　　　　　　　　　　　　〔3410〕

◇沖縄ジェンダー学　第3巻　交差するアイデ
ンティティ　喜納育江編著　大月書店
2016.2　266,11p　21cm　（琉球大学国際沖
縄研究所ライブラリ）　3400円　Ⓘ978-4-
272-35053-7
内容　響き合う「他者」の物語―境域、あるいはク
ロスロードとしての島嶼　1（世界の始まり/終わ
りとしての島嶼―呂則之『荒地』と崎山多美『ゆ
らてぃくゆりてぃく』米軍占領下沖縄の女性と民
事陪審裁判　刺青師としての女性たち―フィリピ
ン、台湾、そして沖縄）　2（オキナワ系アメリカ
人のチャンプルー精神とハパ・アイデンティティ
アルゼンチンにおける沖縄系移民女性のライフヒ
ストリー―コミュニティ形成への貢献）　3（ディ
アスポラの沖縄人アイデンティティの現在―ジェ
ンダー、社会運動、そしてレズビアンであること
について）　補論（伝承文学「ハーマナラウの物語」
に見るハワイのジェンダー再考　神話、伝説、そ
して歴史―ニューメキシコの文化的記憶における
ムヘロタス）　　　　　　　　　　　　　　〔3411〕

◇日本はどのように語られたか―海外の文化人
類学的・民俗学的日本研究　桑山敬己編　京
都　昭和堂　2016.3　437,14p　21cm　5000
円　Ⓘ978-4-8122-1534-0
内容　日本研究の内と外　第1部　英語圏人類学の
日本研究（文化人類学と『菊と刀』のアフターライ
フ―二一世紀におけるリベラリズムと文化概念と
の新たな対話　エンブリー『須恵村』のRe‐View
（再見/再考）―日本農村研究の古典をいま読み直
す　ビアズレーらによるVillage Japanの宗教観
―愚直なまでの民族誌的記述から見えること「沖
縄」を描くということ―戦後英語圏民族誌のポリ
ティカル・エコノミー　米海軍『民事ハンドブッ
ク』シリーズの作成過程にみるアメリカの対日文
化観　西洋の人類学的言説にみるアイヌ　語られ
る「日本人女性」―英語圏フェミニスト人類学者が
描く「女性的なる日本」　日本の捕鯨問題と応用

274　　「沖縄」がわかる本　6000冊

民俗　　　　　　　　　　　　　　　　　　　　　　　　　　　　　　　民間伝承

人類学―クジラを語った一二人の文化人類学者）
第2部　英語圏民俗学の日本研究（「日本」民俗学以
前の事――一九世紀イギリスにおけるfolkloreの誕
生と日本）　第3部　東アジア圏人類学の日本研究
（中国大陸における文化人類学的日本研究―清末・
民国初期から現在まで　台湾における日本語の日
本文化/日本人論―「ポストインペリアル」な読解
の試み　韓国における日本文化論の再生産―韓国
の大学の学科目と研究者育成の分析から）〔3412〕

民間伝承

◇チピヤクカムイ　鮫どんとキジムナー　藤村
久和日本語、鈴木小百合英語、本多豊國絵、ラ
ボ教育センター日本語、鈴木小百合英語、本多
豊國絵　ラボ教育センター　1995.11（6刷）
47p　30cm　（Sounds in kiddyland series
25）〈他言語標題：Chippiyak Kamui　付属
資料：8p　英文併記〉4-924491-81-0
Ⓝ388.1　　　　　　　　　　　　　　　　　〔3413〕

◇沖縄の魔除けとまじない―フーフダ（符札）
の研究　山里純一著　第一書房　1997.1
283,5p　20cm　（南島文化叢書 18）〈索引
あり〉3000円　Ⓘ4-8042-0125-4　Ⓝ387
内容　序　呪符研究小史と本書の構成　第1章　沖縄
のフーフダ（符札）　第2章　八重山博物館所蔵のま
じない資料　第3章　佐喜真興英収集のまじない資
料　第4章　暮しの中のまじない　　　　　〔3414〕

◇沖縄の御願ことば辞典　高橋恵子著　那覇
ボーダーインク　1998.1　368p　20cm〈文
献あり　索引あり〉3600円　Ⓘ4-938923-58-
0　Ⓝ387
内容　第1章　神仏と悪霊　第2章　聖所と墓　第3
章　加護と霊障　第4章　運勢・予兆　第5章　禁忌
第6章　諭しと占い　第7章　聖職者と衆生　第8章
信仰と御願　第9章　魔除け・まじない言葉
　　　　　　　　　　　　　　　　　　　　〔3415〕

◇沖縄の迷信大全集1041　むぎ社編集部編著
中城村（沖縄県）　むぎ社　1998.2　171p
21cm〈文献あり〉1905円　Ⓘ4-944116-12-8
Ⓝ387.9199
内容　ムヌシラシ（物知らせ）　まじないと卜占
タブー（禁忌）　ニービチ（結婚）　出産　死　葬
制　マブイワカシ　墓　その他　　　　　　〔3416〕

◇沖縄の宇宙像―池間島に日本のコスモロジー
の原型を探る　松居友著　洋泉社　1999.10
331p　20cm〈文献あり〉2200円　Ⓘ4-
89691-420-1　Ⓝ387
内容　第1章　化け物に関する考察　第2章　死に関
する考察　第3章　誕生と死、境界を超える　第4
章　ニライカナイはどこにあるか　第5章　天界の
神々と宇宙像　第6章　天界の正月と宇宙像　第7
章　この世の正月・ミャークヅツ　第8章　シャマ

ニズムと天界の船旅・ユークイ　第9章　厄除けと
生け贄の祈願　　　　　　　　　　　　　　〔3417〕

◇在地伝承の世界　西日本　岩瀬博、福田晃、渡
辺昭五編　三弥井書店　2000.3　379p
21cm　（講座日本の伝承文学　第8巻）　5800
円　Ⓘ4-8382-3068-0
内容　総論（西日本の在地伝承）　文学伝承（秦河
勝―中河内における中世太子伝の異伝　安倍晴明
京の小町伝説と御霊信仰―能『通小町』生成の基
層　ほか）　宗教伝承（ノロ・ツカサの神歌―奄美・
沖縄の宗教伝承　ユタ・カンカカリヤーの神語り
―巫祖神話の生成をめぐって　九州の神楽祭文―
九州山地の神楽祭文と山の神祭文　ほか）　芸能伝
承（畿内の一人翁　出雲の大黒　『大頭舞之系図』
が語るもの―九州への伝来と伝播のあり方　ほか）
口頭伝承（安芸・石見の田植歌　肥前の語り手　奄
美の唄者）　　　　　　　　　　　　　　　〔3418〕

◇沖縄の祖先崇拝と自己アイデンティティ　安
達義弘著　福岡　九州大学出版会　2001.2
283p　27cm〈折り込4枚〉8400円　Ⓘ4-
87378-670-3　Ⓝ387
内容　序章　問題の所在―「沖縄人」であるという
こと　第1章　士族文化の成立　第2章　士族文化の
拡散　第3章　「物語想型」の成立　第4章　沖縄的
自己アイデンティティの成立　終章　祖先崇拝と
沖縄的自己アイデンティティ　　　　　　　〔3419〕

◇琉球神道記・袋中上人絵詞伝　弁蓮社袋中
著、原田禹雄訳注　宜野湾　榕樹書林　2001.
7　2冊（セット）　26cm　25000円　Ⓘ4-
947667-73-7
内容　琉球神道記（三界の事　過去七仏の事　釈
迦八相の事　釈迦如来の昔の縁の事　ほか）　『琉
球神道記』袋中上人自筆稿本影印　袋中上人絵詞
伝（降誕首末　降誕奇瑞　幼少帰敬　入寺教養　ほ
か）　訳注袋中上人絵詞伝　　　　　　　　〔3420〕

◇県別河童小事典　47　和田寛編著　堺　河童
文庫　2002.11　40p　26cm　Ⓝ388.1
内容　沖縄県　　　　　　　　　　　　　　〔3421〕

◇葬儀と墓の現在―民俗の変容　国立歴史民俗
博物館編　吉川弘文館　2002.12　264p
19cm　2800円　Ⓘ4-642-07794-4
内容　第1部　葬儀と墓の変容（奄美・沖縄の葬送
文化―その伝統と変容　樹木葬とニソの杜―樹下
の死・森神・他界観　東北地方の葬送儀礼―山形
県米沢地方を中心として　葬儀の進出と葬儀の
変容―松本市を事例として　大型公営斎場の登場
と地域の変容　清めの作法―明治から平成へ　葬
儀と食物―赤飯から饅頭へ　葬送儀礼の変容―そ
の意味するもの）　第2部　討論　葬儀と墓の行く方
（沖縄の洗骨改葬　葬祭業者と葬祭場　葬儀のか
たち　葬送の新しい兆し　赤飯と清め　お骨の行
く方　私の霊魂観）　　　　　　　　　　　〔3422〕

◇沖縄と本土の信仰に見られる他界観の重層性
福寛美著　DTP出版　2003.5　406p　21cm

「沖縄」がわかる本　6000冊　　**275**

2800円 ①4-901809-22-9 Ⓝ387 〔3423〕

◇暮らしの中の御願—沖縄の癒しと祈り　高橋恵子著　那覇　ボーダーインク　2003.8　260p　20cm　2400円　①4-89982-050-X　Ⓝ387

内容 1 御願と暮らし（御願ことばと女性の役割（ウグァン）　御願のこころ（ウグァンブスク）ほか）　2 供養と癒し（清明・先祖供養（シーミー）お盆・先祖供養（シチグゥチ）ほか）　3「お知らせ」と災い（生きた人の遺念（イチイニン）　口は災いの元（クチナン・クチグトゥ）ほか）　4 霊力と呪力（霊力の高い生まれ（サーダカンマリ）　分を越えた御願（タングィーソーグイ）ほか）
〔3424〕

◇琉球民俗の底流—古歌謡は何を語るか　吉成直樹著　古今書院　2003.12　227p　19cm　2800円　①4-7722-8036-7 Ⓝ387

内容 1 ニライ・カナイ信仰をめぐる問題群（海上他界としてのニライ・カナイ　地下他界としてのニライ・カナイ　ほか）　2 来訪神信仰をめぐる問題群（すで水と来訪神　来訪神とはどのような存在か　ほか）　3 御岳信仰をめぐる問題群（古代の葬所　天上の神　ほか）　4 オナリ神信仰をめぐる問題群（男性が祈願する儀礼とその系譜　オナリ神信仰は本当に古いか　ほか）
〔3425〕

◇ふるさとの民話—語り伝えたい　30（沖縄）世界文化社　2004.3　38p　29cm〈付属資料：CD1枚（12cm）〉838円　Ⓝ388.1

内容 七わの白ん鳥（梶原まゆみ文,石部虎二絵）月にのぼったアカナー（松谷みよ子文,儀間比呂志版画）
〔3426〕

◇呪符の文化史—習俗に見る沖縄の精神文化　山里純一著　三弥井書店　2004.6　350,3p　22cm　5800円　①4-8382-3130-X Ⓝ387

内容 呪符木簡と沖縄のフーフダ：日本の呪符木簡　沖縄のフーフダ　「急急如律令」の呪句　「墓中符」・石敢當：墓中符　石敢當　沖縄の石製呪符　習俗と呪符：沖縄の習俗と呪符　呪符ウティンジカビ　資料「呪符集」：多良間島の「玉黄記」　久米島に伝わる呪符資料　与那国島に伝わる呪符資料
〔3427〕

◇シーサーみつけた！—週刊レキオ「私のシーサー」特別バージョン　週刊レキオ社編　那覇　週刊レキオ社　2005.1　95p　19cm　762円　①4-901754-03-3　Ⓝ387.02199
〔3428〕

◇琉球の死後の世界—沖縄その不思議な世界　崎原恒新著　中城村（沖縄県）　むぎ社　2005.1　351p　20cm〈文献あり〉1800円　①4-944116-24-1　Ⓝ387.02199　〔3429〕

◇オバァが拝む火の神と屋敷の御願—沖縄その不思議な世界　座間味栄議著　中城村（沖縄県）　むぎ社　2006.4　243p　20cm　2000

円　①4-944116-25-X　Ⓝ387.02199 〔3430〕

◇不知火海と琉球弧　江口司著　福岡　弦書房　2006.8　254p　21cm〈文献あり〉2200円　①4-902116-60-X　Ⓝ382.19
〔3431〕

◇沖縄の魔よけとまじない—家と家族を守るムンヌキムン　沖縄その不思議な世界　座間味栄議著　中城村（沖縄県）　むぎ社　2006.9　210p　20cm　2000円　①4-944116-26-8　Ⓝ387.02199
〔3432〕

◇シャーマンと預言　石巌怪著　フォレスト出版　2007.12　238p　20cm〈文献あり〉1400円　①978-4-89551-403-4　Ⓝ163.9

内容 第1章 シャーマニズムとは何か　第2章「超越」した存在がなぜ見え、なぜ聞こえるのか　第3章 集霊と復活と転生　第4章 沖縄戦　第5章 英霊たちの復活　第6章 再びの集霊…沖縄へ　第7章 シャーマンの預言
〔3433〕

◇知識資源の陰と陽　クリスチャン・ダニエルス編　弘文堂　2007.12　322p　21cm（資源人類学 03）　5000円　①978-4-335-51093-9

内容 序 知識資源の陰と陽　1 知識資源をめぐって（ドドスの腸占い—牧畜民の遊動に関わる情報と知識資源の形成をめぐって　ジャワ系マレー人とその「知識資源」　知識資源としての手話）　2 知識の動態（資源としてのレトリック　知識を共有する、秘匿する、隠蔽する、忘却する—記憶と記録をめぐる覚書　「資本としての知識」から「資源としての知識」への視点の移行がもたらすもの）　3 資源にならない知識（祖先は「知識資源」か？—南タイのムスリム・仏教徒混住地域の事例から　資源にならない知識について—沖縄の歌謡知識「神歌」の例）
〔3434〕

◇祖先からの知らせと御願—家族力の高さを誇る日本文化から生まれた心理学　又吉正治著　改訂・増補版　〔那覇〕　日本文化の心理学と家族療法研究会　2008.2　192p　21cm（まぶい分析学講義 第2巻）〈発売：編集工房東洋企画（糸満）〉1500円　①978-4-938984-48-9　Ⓝ387.02199　〔3435〕

◇媽祖等にみる海事信仰の文化と伝播—日本・琉球・中国・韓国における民間文化交流の研究　神戸　甲南大学総合研究所　2008.3　77p　21cm（甲南大学総合研究所叢書 96）非売品　Ⓝ387.022

内容 高嶺徳明と天后聖母（俗称媽祖）辻田忠弘,新垣敏雄,辻田登美子著　沖縄祭祀の秘儀性にみる独自性 高阪薫著　媽祖信仰の形成と伝播 胡金定著　江戸時代の紀行文にみる琉球 真栄平房昭著　韓国における龍宮信仰 金貞恵著 〔3436〕

◇沈黙の神々　2　佐藤洋二郎著　松柏社　2008.9　220p　19cm　1600円　①978-4-7754-0153-8

民俗　　　　　　　　　　　　　　　　　　　　　　　　　　　　　　　　　　民間伝承

入間高麗郷—埼玉・高麗　安産神・下照姫—鳥取・伯耆　不詳一座・伊勢松下社—三重・伊勢夫姫伝説・対馬和多都美—長崎・対馬　女神が降臨した土地・久高島—沖縄・琉球　哀しみの長門忌宮—山口・長門　熊野を背負う・吉野水分—和歌山・吉野　下町の太宰府・亀戸天神—東京・亀戸　変幻する女・比売大神—大分・国東　笑い合う神々・佐太神社—島根・鹿島〔ほか〕〔3437〕

◇皇位・トートーメー継承の理論と実際—女性優位・男系原理と男女平等 家族力の高さを誇る日本文化から生まれた心理学　又吉正治著　〔那覇〕　日本文化の心理学と家族療法研究会　2008.9　168p　21cm（まぶい分析学講義 第3巻 上）〈発売：編集工房東洋企画（糸満）〉　1500円　①978-4-938984-55-7　Ⓝ387.021
　内容 第1章『人間』の性質（人間の心の構造　多世代伝承（継降）ほか）　第2章 人間『関係』の性質（『男』と『女』の『心』の違い　『男』と『女』の『性』の違い ほか）　第3章『家系』の性質（皇位、トートーメーとは何か？　継承問題と心理学 ほか）　第4章 女性優位・男系原理（なぜ女は継承しない、できないのか？　継承問題について回るもの ほか）〔3438〕

◇沖縄の拝みは宇宙と神と先祖の架け橋　崎山美江子著　那覇　沖縄教販（発売）　2009.12　221p　19cm　1429円　①978-4-86365-026-8　Ⓝ387.02199
〔3439〕

◇コワいほど当たる！ 琉球推命—愛・お金・仕事の命運を生年月日が推算！　島袋千鶴子著　マキノ出版　2010.5　130p　21cm　1333円　①978-4-8376-7130-5　Ⓝ148.6
　内容 第1章 琉球推命のすべてを明かす（琉球推命とは　四柱推命とは ほか）　第2章 あなたの本質と恋愛を占うデストニーシンボル（デストニーシンボルの求め方　サンゴ（育成型）の本質と恋愛 ほか）　第3章 あなたの仕事運と金運を占うサクセスシンボル（サクセスシンボルの求め方　サンゴ（育成型）の仕事運と金運 ほか）　第4章 あなたの先祖や前世の影響を占うルーツシンボル（ルーツシンボルの求め方　サンゴ（育成型）の魂のルーツ ほか）〔3440〕

◇涙があふれてもいいじゃない。—17万人の未来を変えた「沖縄ユタ」の教え　はる著　扶桑社　2010.9　215p　19cm　1300円　①978-4-594-06276-7　Ⓝ147
　内容 第1章 沖縄ユタ・はる、その波乱の半生（ユタ、その神秘の力　はるの半生）　第2章 鑑定ルームで起きた奇跡（ドアを開けるのはあなた自身　鑑定秘話　はるのリアル鑑定ルーム）　第3章 今日は昨日の続きじゃない（"切り口"を変えられる人が幸せになれる「心の時代」とは？　不況って本当？ ほか）〔3441〕

◇トートーメーの民俗学講座—沖縄の門中と位牌祭祀　波平エリ子著　那覇　ボーダーイン

ク　2010.12　223p　19cm〈文献あり〉1600円　①978-4-89982-194-6　Ⓝ387
　内容 第1章 村の聖地はどこにあるのか　第2章 生活空間と方角　第3章 門中の人々　第4章 トートーメーについて　第5章 位牌継承と禁忌　第6章 これからの位牌継承〔3442〕

◇沖縄備瀬—あの世につながる聖空間　中畑充弘著　新典社　2010.12　190p　19cm（新典社選書 38）〈文献あり〉1400円　①978-4-7879-6788-6　Ⓝ387.02199
　内容 1 備瀬の聖域と空間世界（備瀬の概観　祭祀集団とユタ　祭祀儀礼と聖空間）　2 備瀬の葬墓制と時間世界（葬儀・墓制をふくめた「葬制」　マブイゴメと備瀬外死—境界をめぐって　死後の世界—他界観と再生観）〔3443〕

◇トートーメーQ&A—おそれない！ 悩まない！ 沖縄その不思議な世界　座間味栄議著　中城村（沖縄県）　むぎ社　2011.6　203p　20cm〈文献あり〉2000円　①978-4-944116-34-8　Ⓝ387.02199〔3444〕

◇ユタとスピリチュアルケア—沖縄の民間信仰とスピリチュアルな現実をめぐって　浜崎盛康編著, 宮城航一, 安次嶺勲, プロハスカ・イザベル〔著〕　那覇　ボーダーインク　2011.7　233p　19cm〈文献あり〉1800円　①978-4-89982-210-3　Ⓝ387.02199〔3445〕

◇ウスリの心でいまを生きよう—あなたの人生を照らす沖縄ユタ"導きの言葉"　照屋全明著　光文社　2011.9　199p　19cm　1300円　①978-4-334-97665-1　Ⓝ163.9
　内容 第1章 沖縄に根づいている「ユタ」という存在（沖縄のことわざ「医者半分、ユタ半分」　血筋で継承される、ユタとしての能力 ほか）　第2章 私が「ユタ」になった理由（祖母から受け継いだ「ユタ」としての資質と「ユタになれ」という声　先生との出会いと修行の日々 ほか）　第3章 伝えたい言葉「仕事」「お金」について（運命、人生のこと　進路、独立、転職に迷っている人へ ほか）　第4章 伝えたい言葉「恋愛」「結婚」について（恋愛に悩める人へ　いつも恋愛が「うまくいかない」理由 ほか）　第5章 幸せな人生を送るために（スピリチュアルとの向き合い方　ご先祖様は子孫に「祟る」ことなどしない ほか）〔3446〕

◇沖縄シャーマニズムの近代—聖なる狂気のゆくえ　塩月亮子著　森話社　2012.3　462p　22cm〈索引あり　文献あり〉5800円　①978-4-86405-033-3　Ⓝ387.02199
　内容 1 シャーマニズム研究史（従来のシャーマニズム研究　最近のシャーマニズム研究　沖縄のシャーマニズム研究）　2 沖縄シャーマニズムの社会史（沖縄の弾圧史—ジュリとの比較から　カミダーリに対する社会的評価の変遷　カウンセラーによるユタの肯定的評価　文化表象としての沖縄シャーマニズム　再魔術化する社会と沖縄シャー

「沖縄」がわかる本 6000冊　**277**

マニズム文学　聖なる狂気へのまなざし─玉木一兵試論）　3 村落共同体のなかの沖縄シャーマニズム（調査地概況─沖縄県国頭郡本部町字備瀬女性の両義性　ユタの活動　ユタの災因論の変化神人のユタ化　仏教の浸透とユタの対応　死生観の変化とユタ）　4 沖縄シャーマニズムの新たな諸相（脱魂体験にみるユタの世界観　精神医療の普及とユタの対応　ユタの世界観の拡大　ユタによる沖縄アイデンティティの創出　カミダーリ・ネットワークの出現　ネオ・シャーマニズムとの比較　社会病理と沖縄シャーマニズム　観光と沖縄シャーマニズム）　　　　　　　　　〔3447〕

◇ほんとうは怖い沖縄　仲村清司著　新潮社　2012.7　262p　16cm　（新潮文庫　な-50-3）　490円　①978-4-10-116343-7　Ⓝ147.6
内容 第1章 私のデージ怖〜い体験（こうして僕引っ越した　生き霊　魂を落とした人　女の子カジョーラー　那覇の迷宮空間・三越裏）　第2章 沖縄にいると、なにか見えてくる（見えないものが見える人　ユタ　ヒヌカン　トイレの神様　線香　キジムナーとケンムン）　第3章 ウートゥー異次元空間（口難口事にご用心　家相　海御嶽　墓の中）　第4章 激戦地・沖縄の怖〜い戦跡スポット（豊見城城海軍司令部壕　米兵の幽霊　新都心　南部戦跡・糸数壕）　第5章 よく出る心霊スポット（瀬長島　斎場御嶽　大山貝塚　七つ墓　久高島　識名坂）　　　　　　　　　　〔3448〕

◇幸せを呼ぶおきなわ開運術─おまじない・縁起物・ご利益スポット　比嘉淳子 ＋ 「おきなわ開運術」編集部編著　那覇　ボーダーインク　2012.8　166p　19cm　1500円　①978-4-89982-228-8　Ⓝ387.02199　　〔3449〕

◇石垣島川平の宗教儀礼─人・ことば・神　澤井真代著　森話社　2012.11　449p　22cm　〈文献あり　索引あり〉　6800円　①978-4-86405-042-5　Ⓝ387.02199
内容 序章（琉球列島、儀礼における「ことば」の先行研究　石垣島川平の神役と儀礼）　第1章 ツカサと神（先行研究　川平のツカサの就任過程 ほか）　第2章 マユンガナシと共同体（マユンガナシ儀礼とカンフツの概要　成員によるカンフツの習得 ほか）　第3章 儀礼への参加者とことば（歌・唱え言・発話の継起と連関　儀礼の場における発話 ほか）　第4章 今日の儀礼とツカサ（儀礼の変化と女性神役　獅子舞の担い手 ほか）　資料編　　　　　　　　　　　　　　　　　〔3450〕

◇琉球風水福を招く家づくり墓づくり　田仲花朱, 虹水著　中城村（沖縄県）　むぎ社　2013.1　193p　20cm　（沖縄その不思議な世界）　2000円　①978-4-944116-39-3　Ⓝ148.5
内容 福を招く家づくり（家づくりの前に　土地選びのコツ　絶対さけなければならない土地　さけてほしい土地　フンシー（風水）のよい屋敷地 ほか）　福を招く墓づくり（家は借りられるが、墓は借りられない　墓づくりの吉日の選び方　良い墓

地を選ぶために　墓の方位判断　墓の寸法 ほか）　　　　　　　　　　　　　　　〔3451〕

◇妖怪の日本地図　6　九州・沖縄　千葉幹夫監修, 千葉幹夫, 粕谷亮美文, 石井勉絵　大月書店　2013.3　40p　21×22cm　〈文献あり　年表あり　索引あり〉　1800円　①978-4-272-40876-4　Ⓝ387.91
内容 福岡県の妖怪たち　佐賀県の妖怪たち　長崎県の妖怪たち　熊本県の妖怪たち　大分県の妖怪たち　宮崎県の妖怪たち　鹿児島県の妖怪たち　沖縄県の妖怪たち　ニンギョギョ！　　〔3452〕

◇沖縄マジムン図鑑─みんなのまわりにいる、あんなマジムン、こんなマジムン　比嘉淳子著　主婦の友社　2013.3　95p　21cm　〈他言語標題：The world of ”MAJIMUN”〉　1400円　①978-4-07-287065-5　Ⓝ387.9199
内容 マジムン編（キーヌシィと森のマジムンの物語　動物が正体のマジムン　人間が正体のマジムン　「道具」だってマジムンに！）　神様編（ホームセキュリティ神様　五穀豊穣の神様　沖縄を守る大御所神様たち）　　　　　〔3453〕

◇風水でゼッタイ変わるあなたの運命─琉球ユタはるが教える　はる著　ロングセラーズ　2013.10　210p　19cm　1300円　①978-4-8454-2298-2　Ⓝ148.5
内容 1 沖縄風水のパワーをあなたに　2 氣エネルギーでツキを呼ぶ　3 あなたの部屋の運氣をアップする　4 この風水で結婚体質に変える　5 婚活・妊活に成功する　6 美しくお金を稼いで豊かになる　7 風水で仕事・人間関係が楽しくなる　　　　　　　　　　　　　　　〔3454〕

◇ユタ神誕生　福寛美著　鹿児島　南方新社　2013.11　154p　19cm　1500円　①978-4-86124-278-6　Ⓝ147.4
内容 ユタ　Y氏の成巫前　Y氏の成巫　霊視　Y氏の霊的な体験　霊能力　風　森　海　シマ（集落）〔ほか〕　　　　　　　　　〔3455〕

◇ユタ─遥かなる神々の島　琉球弧シャーマンの世界　葉月まこ著　鹿児島　南方新社　2014.3　147p　19cm　1200円　①978-4-86124-291-5　Ⓝ163.9
内容 自己紹介─奄美のユタ　葉月まこ　神ダーリィ　霊夢・正夢の世界　神上げ─成巫式　不思議体験　私の初仕事　救い─神の仕事　人魂について　神仲間の体験　旅での不思議体験　ノロとユタについて　神の月　私の神流れ　さいごに　　　　　　　　　　　　　　　　〔3456〕

◇文化の語り部遊びの伝承者たち─NPO法人・沖縄児童文化福祉協会10年の歩み 2001-2011　10年の歩み編集委員会編　那覇　沖縄児童文化福祉協会　2014.3　170p　26cm　〈発売：ゆい出版（うるま）〉　1500円　①978-4-946539-32-9　Ⓝ384.55　　〔3457〕

民俗　　　　　　　　　　　　　　　　　　　　　　　風習

◇おきなわ妖怪さんぽ―マジムン・幽霊は、君
のすぐそばにいた!?　小原猛と琉球怪団著
那覇　ボーダーインク　2014.4　95p　21cm
1500円　①978-4-89982-253-0　Ⓝ387.9199
〔3458〕

◇チジウガミ―私の霊拝みの記録　山内昌勝著
那覇　ボーダーインク　2014.6　232p
19cm　2000円　①978-4-89982-257-8
Ⓝ387.02199
内容　序章　霊拝み実施の理由　第1章　霊拝みの御
待ち願い　第2章　霊拝みの拝所　第3章　補充の霊
拝み　第4章　神様御披露目の解き拝み　第5章　神
様の御仕立て　第6章　霊拝みのグイス　第7章　霊
拝みを終えて
〔3459〕

◇琉球妖怪大図鑑　上　小原猛著, 三木静絵
那覇　琉球新報社　2015.2　125p　21cm
〈発売：琉球プロジェクト（那覇）〉　1480円
①978-4-89742-177-3　Ⓝ387.9199　〔3460〕

◇幸せな人生を手に入れるおまじない―琉球ユ
タはるが教える　はる著　ロングセラーズ
2015.3　179p　19cm　1300円　①978-4-
8454-2351-4　Ⓝ147.1
内容　第1章　目に見えない世界からあなたは護ら
れている　第2章　あなたの背後霊さんに力を発揮
してもらう方法　第3章　恋愛・結婚、健康、金運、
人間関係がうまくいくおまじない　第4章　琉球ユ
タ直伝幸せ術　第5章　魔除け・開運のための「ネ
イル」と「パワーストーン」　第6章　あなたの人
生の中ではあなたが主人公
〔3461〕

◇古代学の風景―折口信夫・琉球・日本　保坂
達雄著　岩田書院　2015.7　245p　21cm
3000円　①978-4-87294-916-2　Ⓝ382.1
内容　1　琉球・日本―歴史伝承と信仰・祭祀　芸
能　2　折口学の宇宙　3　柳田民俗学一班　4　説話
の世界　5　文芸と修辞　6　研究史略述　7　書評と
紹介
〔3462〕

風習

◇宮城真治民俗調査ノート　宮城真治〔著〕,
名護市史編さん室編　増補改訂版　名護　名
護市史編さん室　1995.3　317p　21×30cm
〈宮城真治資料 8〉〈共同刊行：名護市教育
委員会〉Ⓝ382.199
〔3463〕

◇八重山民俗関係文献目録　石垣市史編集委員
会編　石垣　石垣市　1995.3　534p　22cm
2500円　Ⓝ382.199
〔3464〕

◇宮良殿内・石垣殿内の膳符日記―近世沖縄の
料理研究史料　金城須美子編著　福岡　九州
大学出版会　1995.6　769p　19×27cm〈参
考文献：p7〉20600円　①4-87378-400-X

Ⓝ383.8
内容　宮良殿内『祭之時膳符日記』石垣殿内『膳
符日記』
〔3465〕

◇琉球料理　沖縄県観光文化局文化振興課編
那覇　沖縄県　1995.11　118p　26cm〈付：
参考文献〉Ⓝ383.8
〔3466〕

◇近世先島の生活習俗　玉木順彦著　那覇　ひ
るぎ社　1996.2　202p　18cm　（おきなわ文
庫 76）〈参考文献：p199～201〉880円
Ⓝ382.199
〔3467〕

◇日本文化の深層と沖縄―国際日本文化研究セ
ンター共同研究報告　山折哲雄編　京都　国
際日本文化研究センター　1996.12　151p
26cm　（日文研叢書 12）〈各章末：参考文
献〉Ⓝ382.199
〔3468〕

◇沖縄の昔面影―怪談・綺談の話ぐゎー　金城
和彦著　南風原町（沖縄県）　那覇出版社
1997.3　277p　20cm　1500円　①4-89095-
081-8　Ⓝ382.199
〔3469〕

◇沖縄都市近郊・南風原町兼城の文化と社会
国際基督教大学人類学研究室編　三鷹　国際
基督教大学人類学研究室　1997.8　105p
26cm　（文化人類学調査実習報告書 第11
輯）〈1996年度沖縄県島尻郡南風原町兼城〉
Ⓝ382.199
〔3470〕

◇南島文化への誘い　宜野湾　沖縄国際大学公
開講座委員会　1998.3　363p　19cm　（沖
縄国際大学公開講座 7）〈発売：那覇出版社
（南風原町）〉　1500円　①4-89095-112-1
Ⓝ382.199
〔3471〕

◇正しい「甘え」が心を癒す―沖縄文化に見る
日本人の心の源流　又吉正治著　文芸社
1998.8　279p　20cm　1500円　①4-88737-
132-2　Ⓝ382.199
内容　第1章　人間性善説―アニミズムと祖先崇拝
（人間性善説文化と人間性悪説文化での子育て法
のちがい　沖縄の年中行事等に現れる祖先崇拝思
想　ほか）　第2章　「甘え」と人間関係（米国、日
本、沖縄で異なる、許される「甘え」の程度　親
に甘えられなかった者は、子を甘えさせることが
できない　甘えの対象が自立されているかで人生
が変わる　ほか）　第3章　種々様々の現象（霊前に
報告をしてから子を叱ると親子とも冷静になれる
五つのコンプレックス―エディプス、アジャセ、
チャッチ・ウシクミ、テーゲー、カミダーリ　男
の「女に甘えたい病」　ほか）　第4章　性善説文化
としての祖先崇拝（「甘えたくても甘えられない」
状況の先祖から子への伝達が先祖の祟り　祖先崇
拝の三つの心は良い人間の究極の姿　奇数番目の
子は母親に似、偶数番目の子は父親に似る　ほか）
〔3472〕

「沖縄」がわかる本 6000冊　**279**

風習　　　　　　　　　　　　　　　　　　　　　　　　　　　　　　民俗

◇文化学の脱＝構築―琉球弧からの視座　松井健著　宜野湾　榕樹書林　1998.9　232,6p　22cm　（琉球弧叢書 5）　3800円　①4-947667-52-4　Ⓝ382.199　　　　　〔3473〕

◇沖縄―衣と食の文化誌　第61回企画展　高崎　群馬県立歴史博物館　1998.10　95p　30cm　Ⓝ383.1　　　　　　　　　　　　　　　〔3474〕

◇南方文化の探究　河村只雄〔著〕　講談社　1999.3　560p　15cm　（講談社学術文庫）　1400円　①4-06-159370-6　Ⓝ382.199
内容 第1章 琉球文化の探究　第2章 八重山文化の探究　第3章 宮古文化の探究　第4章 奄美の島々　第5章 慶良間の島々　第6章 粟国・渡名喜紀行　第7章 伊平屋の島々　第8章 中頭の島々　第9章 国頭の島々　　　　　　　　〔3475〕

◇奄美与論島の社会組織　加藤正春著　第一書房　1999.3　319p　20cm　（南島文化叢書20）〈文献あり〉　3500円　①4-8042-0690-6　Ⓝ384.1　　　　　　　　　　　　〔3476〕

◇沖縄　音楽之友社　1999.5　119p　23cm　（先生のための音楽修学旅行シリーズ 1）　1800円　①4-276-32200-6　Ⓝ382.199
内容 亜熱帯の島々、沖縄―自然と風土　人の暮らしを見る沖縄の衣食住　芸能と音楽の島沖縄　沖縄の歴史を知る　沖縄で学ぶ戦争　基地から見える沖縄の、今　沖縄のキーワード60の言葉　沖縄予習帳　　　　　　　　　　　〔3477〕

◇ハングルと唐辛子―沖縄発・東アジア行ったり来たりの文化論　津波高志著　那覇　ボーダーインク　1999.9　216p　19cm　1600円　①4-938923-83-1　Ⓝ382.199　〔3478〕

◇民俗文化の現在―沖縄・与那国島の「民俗」へのまなざし　原知章著　同成社　2000.2　234p　22cm　4500円　①4-88621-191-7　Ⓝ382.199
内容 序章　第1章 伝承の正規化―口承伝承の持続と変容　第2章 フンチをめぐる実践と言説―民俗的知識の持続と変容　第3章 儀礼と社会変動―死者儀礼の持続と変容　第4章 媒介されるアイデンティティ―『琉球の風』の制作と受容をめぐって　　　　　　　　　　　　　　〔3479〕

◇東アジアにおける沖縄民俗の地位―沖縄国際大学公開講座　竹田旦著　宜野湾　沖縄国際大学公開講座委員会　2000.3　58p　21cm　（沖縄ブックレット no.6）　〈発売：ボーダーインク（那覇）　シリーズ責任表示：沖縄国際大学公開講座委員会／編　会期：1999年8月4日〉　500円　①4-938923-95-5　Ⓝ382.199　　　　　　　　　　　　　〔3480〕

◇島からのことづて―琉球弧聞き書きの旅　安渓遊地,安渓貴子編著　福岡　葦書房　2000.

4　270p　21cm　2200円　①4-7512-0768-7　Ⓝ382.199
内容 第1章 日本のある島で　第2章 南島の人と自然　第3章 橋をかける　第4章 地の者として　第5章 見えない世界　　　〔3481〕

◇南方世界との交流―第2回海の道南へ西へ　日本図書センター　2000.4　197p　31cm　（日本民俗写真大系 5）〈シリーズ責任表示：網野善彦〔ほか〕監修〉　12000円　①4-8205-2877-7　Ⓝ382.199　　　　　〔3482〕

◇石垣島、死者の正月　青井志津著　四谷ラウンド　2000.6　225p　19cm　1400円　①4-946515-51-8　Ⓝ385.6
内容 はじめに　埋葬から生への旅　第1章 死者の居場所　第2章 島々のレクイエム　第3章 いのちの遍歴　第4章 この海の青さとともに　〔3483〕

◇沖縄の家・門中・村落　北原淳,安和守茂共著　第一書房　2001.2　301,18p　22cm　〈文献あり〉　12000円　①4-8042-0725-2　Ⓝ384.1
内容 序章 沖縄のヤー・門中・村落理解の方法論的試論　第1章 ヤー（家）の二元的構造と門中・村落　第2章 村落共同体とその山林管理慣行の形成　第3章 国頭の村落文化の変容―伝統文化の保存・保全の視点から　第4章 ヤー相続慣行とシャーマニズム　第5章 門中内的家（ヤー）観念のありかた　第6章 家（ヤー）と門中の継承関係　第7章 「門中化」と家（ヤー）観念　第8章 「門中化」と祖先観念　　　　　　　　　　　　　　〔3484〕

◇韓国と沖縄の社会と文化　沖縄・韓国比較社会文化研究会編　第一書房　2001.3　295p　20cm　（Academic series new Asia 37）　3800円　①4-8042-0726-0　Ⓝ382.199　〔3485〕

◇沖縄展―響きあう風土と文化　復帰30周年記念　上江州均監修,朝日新聞社事業本部大阪企画事業部編　朝日新聞社　c2002　56p　30cm　〈会期・会場：2002年9月5日―10日　大丸ミュージアムKYOTOほか　文献あり〉　Ⓝ382.199　　　　　　　　〔3486〕

◇琉球むらものがたり―琉球王朝を支えた村里…　亀島靖,沖縄県観光事業協同組合共著　恩納村（沖縄県）　多幸山琉球村　〔2002〕　212p　21cm　〈発売：沖縄教販（那覇）　年表あり〉　1143円　①4-900374-17-2　Ⓝ382.199　　　　　　　　　　　　〔3487〕

◇沖縄文化の拡がりと変貌　渡邊欣雄著　宜野湾　榕樹書林　2002.2　349p　22cm　（琉球弧叢書 8）　5800円　①4-947667-79-6　Ⓝ382.199
内容 序章 沖縄文化の拡がりと変貌　第2章 大南島（沖縄調査記）：はじめての沖縄　第3章 世界のなかの沖縄　第4章 中華文明と沖縄　第5章 文化変化と沖縄　第6章 沖縄村落とその変貌　〔3488〕

280　　「沖縄」がわかる本　6000冊

民俗　　　　　　　　　　　　　　　　　　　　　　　　　　　　　　風習

◇琉球列島民俗語彙　酒井卯作編著　第一書房　2002.4　627p　22cm　9500円　Ⓘ4-8042-0732-5　Ⓝ382.199　〔3489〕

◇「鬼子」と誕生餅─初誕生儀礼の基礎的研究（九州・沖縄編）　近藤直也著　岩田書院　2002.4　543p　22cm　3800円　Ⓘ4-87294-247-7　Ⓝ385.2　内容 序章「初誕生初歩きの原理」の発battle─福島県下における初誕生儀礼の事例から　第1章　福島県下における初誕生儀礼　第2章　佐賀県下における初誕生儀礼　第3章　長崎県下における初誕生儀礼　第4章　熊本県下における初誕生儀礼　第5章　大分県下における初誕生儀礼　第6章　宮崎県下における初誕生儀礼　第7章　鹿児島県下における初誕生儀礼　第8章　沖縄県下における初誕生儀礼　第9章　初誕生儀礼の研究史　〔3490〕

◇琉球・アジアの民俗と歴史─国立歴史民俗博物館比嘉政夫教授退官記念論集　記念論集刊行会編　宜野湾　榕樹書林　2002.7　542p　22cm　〈肖像あり　著作目録あり〉　15000円　Ⓘ4-947667-81-8　Ⓝ382.199　内容 第1部 家族と社会（沖縄の名前と社会─閉鎖的名前体系の一事例として　家普請の模合─明治中期の久米島具志川間切西銘村の事例から　『葬経』の親族理論─『葬経』で知る中国と沖縄 ほか）　第2部 女性と祭祀（久高島、男と女の民俗誌・序説　歴史と構造─波照間島のプーリン/アミジ゙ワー　カミンチュを語ること─スーザン・セレドの「女性の霊的優越の脱本質化」は正しい戦略か？ ほか）　第3部 歴史と文化（沖縄の焼物における伝統の問題─工芸の人類学のために　『鍛冶例帳』にみられる鉄製品　地頭の初地入に関する史料─地頭火の神信仰をめぐって ほか）　〔3491〕

◇沖縄ぬちぐすい事典─保存版 沖縄から伝える健康と長寿　尚弘子監修　大阪　プロジェクト・シュリ　2002.11　237,16p　19cm　〈発売：創英社　文献あり〉　2800円　Ⓘ4-9901407-0-2　Ⓝ383.8199　内容 アーサ　アガリクス　あきのわすれぐさ　アジクーター　アシティビチ　アバサー　アマガシ　アロエ　泡盛　アンダ〔ほか〕　〔3492〕

◇沖縄の食材・料理─長寿日本一を支える沖縄の食文化　宮城重二監修, 仲本玲子, 小畑耕行共著　プロジェクト首里実行委員会/レイ・アンド・レイ　2003.1　135p　19cm　〈発売：東邦出版〉　1500円　Ⓘ4-8094-0296-7　Ⓝ383.8199　内容 第1部 沖縄の食材（文化・風土・歴史と食材　天然食材─文化・風土に根ざした食材　加工食材─歴史・風土から生まれた先人の知恵　調味料─天然素材を生かした独特の使用と味わい）　第2部 沖縄の料理（ポピュラーな沖縄料理　簡単な単品料理─酒の肴に）　特別編 泡盛の魅力（酒について　泡盛について　泡盛の楽しみ方）　〔3493〕

◇沖縄の神と食の文化　赤嶺政信監修　青春出版社　2003.4　187p　18cm　（プレイブックスインテリジェンス）〈文献あり　年表あり〉　700円　Ⓘ4-413-04055-4　Ⓝ382.199　内容 第1章 沖縄の神々と祭り（沖縄人にとっての神とは　オナリ神と神事を司る神女 ほか）　第2章 死と儀式としきたり（沖縄の歳時記　門中という親族組織 ほか）　第3章 刻まれた琉球の足跡（琉球の夜明け（琉球が残した「城」と「英雄」たち ほか）　第4章 沖縄料理と泡盛のルーツ（沖縄料理の特徴　長寿の島の四大食材 ほか）　第5章 日本語のなかのウチナーグチ（日本語と沖縄語　沖縄語の特徴）　〔3494〕

◇シーサーあいらんど　SHISA編集委員会著　那覇　沖縄文化社　2003.9　126p　21cm　〈年表あり〉　1428円　Ⓘ4-902412-00-4　Ⓝ382.199　〔3495〕

◇笑う沖縄ごはん─オキナワ・スローフードの秘密　沖縄ナンデモ調査隊編　双葉社　2003.12　190p　19cm　1500円　Ⓘ4-575-29623-6　Ⓝ383.8199　内容 ゆし豆腐　豚肉料理　ウチナー野菜　沖縄味再発見　沖縄弁当（沖縄料理の隠し味　沖縄食堂　おやつ天国　一銭マチャーグヮー　オキコラーメン　本土復帰の味　戦前生まれの知恵　沖縄モズク　沖縄─台湾─福建・食の道　カシジェー島マース　カツオ節　沖縄『食』風景　〔3496〕

◇池間民俗語彙の世界─宮古・池間島の神観念　伊良波盛男著　那覇　ボーダーインク　2004.2　134p　19cm　（ばさないbooks 2）〈年表あり　文献あり〉　1200円　Ⓘ4-89982-056-9　Ⓝ382.199　内容 第1章 池間民俗語彙の世界（抄）　第2章 池間島の神観念（抄）（ナナティン（七天）の神々　聖地タカビラをめぐって　池間古層の神々）　第3章 池間ウパルズ御岳由来記　付録 池間島の歴代ツカサ年表（戦後）　〔3497〕

◇民俗知識論の課題─沖縄の知識人類学　渡邊欣雄著　第2版　凱風社　2004.3　284p　21cm　〈文献あり〉　3300円　Ⓘ4-7736-2813-8　Ⓝ382.199　内容 第1部 知識論（民俗的知識の動態的研究─沖縄の象徴的世界再考　知識と文化─沖縄の慣例的知識）　第2部 親族論（沖縄社会研究の回顧と展望：1964～1983　Descent理論の系譜─概念再考 ほか）　第3部 風水論（風水思想と沖縄の世界観研究・序説─象徴空間と神秘力の測定法　風水の比較文化誌─東アジアのなかの沖縄風水知識考）　第4部 歌謡論（地方神歌（ウムイ）の伝承性─民俗的知識の動態的研究補遺　地方神歌（ウムイ）の社会性─歌謡伝承と民俗知識の周辺 ほか）　第5部 要約と結論　〔3498〕

◇波照間─南琉球の島嶼文化における社会＝宗教的諸相　コルネリウス・アウエハント著, 中鉢良護訳・解説, 静子・アウエハント, 比嘉政夫監修　宜野湾　榕樹書林　2004.9　550,

「沖縄」がわかる本 6000冊　281

風習　　　　　　　　　　　　　　　　　　　　　　　　　　　　　　　　　民俗

28p　22cm〈他言語標題：Hateruma　文献あり〉12000円　Ⓘ4-89805-104-9　Ⓝ382.199　　　　　　　　　　　　　　　　　　　　〔3499〕

◇九州地方の漁村・漁撈習俗　2　長崎県教育委員会, 沖縄県教育委員会, 佐賀県教育委員会編　東洋書林　2004.10　598p　23cm　（日本の漁村・漁撈習俗調査報告書集成　第11巻）〈シリーズ責任表示：大兎暁雄監修　複製〉28000円　Ⓘ4-88721-631-9　Ⓝ384.36
内容 長崎県の海女（海士）―海女（海士）民俗文化財特定調査　糸満の民俗―糸満漁業民俗資料緊急調査　有明海の漁撈習俗―佐賀県文化財調査報告書第11集　　　　　　　　　　　　　　　　〔3500〕

◇泡盛の文化誌―沖縄の酒をめぐる歴史と民俗　萩尾俊章著　那覇　ボーダーインク　2004.12　202p　21cm〈文献あり　年表あり〉1600円　Ⓘ4-89982-069-0　Ⓝ383.885〔3501〕

◇沖縄のくらし　上江洲均監修, 吉田忠正文・写真　ポプラ社　2005.3　48p　27cm　（沖縄まるごと大百科　2）　2800円　Ⓘ4-591-08471-X　Ⓝ382.199
内容 沖縄の市場（那覇の市場を探検しよう　色とりどりの魚がならぶ魚屋さん　ほか）　沖縄の食べもの（栄養たっぷり！沖縄の家庭料理　どこがちがう？沖縄の「島どうふ」　ほか）　沖縄の住まい（緑の木ぎにかこまれた赤瓦の家　魔物から家を守るシーサーと石敢当　ほか）　沖縄の祭りと行事（沖縄の小学校の1年間の主な行事　運動会と学芸会ではどんなことをする？　ほか）　〔3502〕

◇沖縄のことばと文化　前原信喜監修, 吉田忠正文・写真　ポプラ社　2005.3　48p　27cm　（沖縄まるごと大百科　4）　2800円　Ⓘ4-591-08473-6　Ⓝ382.199
内容 沖縄のことば（まずあいさつから始めよう　家族のよび方と敬語を学ぼう　方角や時をあらわすことば　ほか）　沖縄の昔話と芸能（沖縄にはどんな昔話がある？　沖縄のわらべ歌をうたってみよう　三線に挑戦してみよう　ほか）　沖縄の工芸（沖縄の主な工芸とその産地　美しい王朝風の型染め・紅型　琉球かすりができるまで　ほか）　〔3503〕

◇風水・暦・陰陽師―中国文化の辺縁としての沖縄　三浦國雄著　宜野湾　榕樹書林　2005.3　250p　22cm　（琉球弧叢書　10）〈年譜あり〉4500円　Ⓘ4-89805-106-5　Ⓝ382.199　　　　　　　　　　　　　〔3504〕

◇魂込めと魂呼ばひ―「ヤマト・琉球」比較文化論　宮城喜久蔵著　那覇　ボーダーインク　2005.3　298p　19cm〈文献あり〉1500円　Ⓘ4-89982-080-1　Ⓝ382.199　　〔3505〕

◇子乞い―沖縄孤島の歳月　森口豁著　新装普及版　凱風社　2005.4　269p　19cm　1500

円　Ⓘ4-7736-2906-1　Ⓝ382.199
内容 プロローグ　闇のトゥバラーマ　第1幕　島分け　第2幕　シマ興し　第3幕　世願い　第4幕　島の生と死　第5幕　南島のリズム　第6幕　子どもたちの秋　エピローグ　幻影　　　　　　　　〔3506〕

◇沖縄問題　石田朗著　岩波出版サービスセンター（製作）　2005.5　85p　22cm　（石田朗著作集　第8巻）〈附・北海道調査〉2400円　Ⓘ4-87648-299-3　Ⓝ382.199
内容 柳田国男と沖縄　柳田国男と沖縄（補遺）沖縄人はどこからきたか　沖縄復帰とその農業　　　　　　　　　　　　　　　　　〔3507〕

◇食在南海―八重山の食十二カ月　石垣愛子著　味の手帖　2005.7　293p　21cm　1905円　Ⓘ4-9902370-0-5　Ⓝ383.8199
内容 八重山の正月風景　正月と泡盛　野ウサギの嘉弥真島へ　凪と風　人頭税　南の島の冬景色　干潟アンパル　八重山の味噌　冬の海　シーサー　〔ほか〕　　　　　　　　　　〔3508〕

◇沖縄生活誌　高良勉著　岩波書店　2005.8　211p　18cm　（岩波新書）　700円　Ⓘ4-00-430966-2　Ⓝ382.199　　　　　　　　　　　〔3509〕

◇日本・中国・沖縄における民間文化交流の研究　神戸　甲南大学総合研究所　2006.3　97p　21cm　（甲南大学総合研究所叢書　85）〈文献あり〉非売品　Ⓝ382.199
内容 高嶺徳明と麻酔術　辻田忠弘, 新垣敏雄, 辻田登美子著　琉球にみる媽祖信仰と伝承　高原薫著　チョンダラー系歌謡をめぐる予備的考察　久万田晋著　海外情報からみた中国と琉球　真栄平房昭著　琉球方言に見る福建方言　胡金定著　〔3510〕

◇神々の食　池澤夏樹文, 垂見健吾写真　文藝春秋　2006.6　187p　16cm　（文春文庫）667円　Ⓘ4-16-756107-7　Ⓝ382.199
内容 匂い立つ豆腐　グルクンの大変身　滴る透明な液体　共に食べる　シシマチの一日　ビールは風土　久高島のイラブー　御殿山のそば　黒糖の深い味　最も贅沢な果物〔ほか〕　〔3511〕

◇九州2・沖縄―大分・宮崎・鹿児島・沖縄　農文協編　農山漁村文化協会　2006.7　196p　21cm　（伝承写真館日本の食文化　12）1524円　Ⓘ4-540-06235-2　Ⓝ383.8195
内容 大分（「山の豊」と「海の豊」―大いなる「豊の国」大分の食　伝承写真館　大分の食と暮らしほか）　宮崎（天孫降臨神話が身近に生きている日向の国の食　伝承写真館　宮崎の食と暮らしほか）　鹿児島（「海上の道」の到達地, 光あふれる鹿児島の食　伝承写真館　鹿児島の食と暮らし　ほか）　沖縄（「命が宝」―世界に冠たる長寿の島・沖縄の食　伝承写真館　沖縄の食と暮らし　ほか）　　　　　　　　　　　　　　　　〔3512〕

◇食べる、飲む、聞く沖縄美味の島　吉村喜彦著　光文社　2006.7　208p　18cm　（光文

民俗　　　　　　　　　　　　　　　　　　　　　　　　　　　　　風習

社新書）　700円　①4-334-03363-6　Ⓝ383.
8199
　内容 プロローグ　マチグヮーの二階から　第1章
宮廷料理　第2章　神さまと食べる　第3章 ネガティブをポジティブに　第4章 アメリカから、南米から　第5章 フルーツのくに、山原へ行こう　第6章
泡盛ルネッサンス　第7章 与那国花酒紀行　エピローグ 生きることは食うことや　　　　　〔3513〕

◇ウルマの風―the light and shadow of the
Okinawan islands　松田建一著　〔高知〕
高知新聞社　2006.10　226p　22cm 〈文献
あり　発売：高知新聞企業（高知）〉3048円
①4-87503-365-6　Ⓝ382.199　　　　〔3514〕

◇沖縄の風習と聖書―沖縄の年中行事　那覇出
版社編　南風原町（沖縄県）　那覇出版社
2006.11　160p　21cm〈他言語標題：The
customs and the Old Testament of
Okinawa〉1400円　①4-89095-168-7
Ⓝ382.199　　　　　　　　　　　　　〔3515〕

◇近世八重山の民衆生活史―石西礁湖をめぐる
海と島々のネットワーク　得能壽美著　宜野
湾　榕樹書林　2007.1　316p　22cm 　（琉
球弧叢書 13）〈文献あり〉4800円　①978-
4-89805-123-8　Ⓝ382.199
　内容 第1章 八重山の島々をつないだ舟（地船・村
公用船・百姓持合之船　剝舟の消長 ほか）　第2
章 一五世紀後半～一七世紀のネットワーク（一五
世紀後半の物と人の移動　一五世紀と一八世紀を
つなぐ考証）　第3章 一八世紀～二〇世紀のネット
ワーク（近世八重山における通耕と「村」　海
を超える通耕 ほか）　第4章 ネットワークの諸相
（「かせぎ」と商売のネットワーク　救済と配分の
ネットワーク ほか）　第5章 近世八重山の人頭税
制における粟納（近世八重山の粟納　上納殻を中
心にした黒島近世史 ほか）　　　　　　〔3516〕

◇久米島の民俗文化　上江洲均著　宜野湾　榕
樹書林　2007.2　243p　22cm 　（琉球弧叢
書 14―沖縄民俗誌 2）〈年譜あり〉3800円
①978-4-89805-124-5　Ⓝ382.199
　内容 1 総論 久米島の民俗文化（岩礁の神の道
稲作とムラと地名の民俗　稲作儀礼 ほか）　2 久
米島民俗考（名前の民俗―現代久米島の名字　久
米のきみはゑ考　久米島の「イエ」 ほか）　3 古
記録にみる久米島（「家記」にみる琉球王国末の社
会　家普請の模合―明治中期の久米島具志川間切
西銘村の事例から　宮古讒書事件の流刑人たち―
前島尻与人波平恵教の娘メガを中心に ほか）
　　　　　　　　　　　　　　　　　　　〔3517〕

◇沖縄市の伝承をたずねて　中北部編　沖縄市
立郷土博物館編　〔沖縄〕　沖縄市教育委員
会　2007.3　302p　30cm（沖縄市文化財
調査報告書 第32集）〈収録地域：登川・知
花・松本・明道・美里・越来・城前・嘉間
良・住吉・室川・安慶田・東・宮里・照屋・

御殿敷・白川・嘉良川・宇久田・大工廻・青
那志〉Ⓝ382.199　　　　　　　　　　〔3518〕

◇記憶の中の風景―沖縄1960年―1975年　豊
島貞夫著　那覇　琉球新報社　2007.3
135p　20×21cm〈発売：琉球プロジェクト
（那覇）〉1714円　①978-4-89742-079-0
Ⓝ382.199　　　　　　　　　　　　　〔3519〕

◇藤木勇人の沖縄妄想食堂　藤木勇人著　主婦
と生活社　2007.10　127p　19cm　1400円
①978-4-391-13412-4　Ⓝ383.8199
　内容 1 ウチナー料理の真実　2 ウチナー野菜は
ヌチグスイ　3 アメリカ世のおきみやげ　4 甘い
もん、今むかし　5 ウチナーアルコール事情　6
おまけユンタク　　　　　　　　　　　〔3520〕

◇風に聞いた話―竜宮の記憶　垂見健吾写真,
三枝克之編・文　角川書店　2008.3　238p
21cm〈発売：角川グループパブリッシング〉
2400円　①978-4-04-883995-2　Ⓝ382.199
＊季節ごとの豊かな風の名前をもつ南西諸島。耳
をすませば聞こえてくる、風たちが語りかける
島々の神話といにしえより連綿と続く島人のい
となみや歳時記を美しい写真とともに織りなす、
ビジュアル版・亜熱帯風土記。　　　　〔3521〕

◇沖縄民俗辞典　渡邊欣雄、岡野宣勝、佐藤壮
広、塩月亮子、宮下克也編　吉川弘文館
2008.7　582,74p　23cm〈年表あり〉8000
円　①978-4-642-01448-9　Ⓝ382.199
＊歴史時代から薩摩入り、米軍統治時代を経て現
代まで。歴史遺産や、信仰、年中行事、芸能、方
言、料理、自然、移民、基地、観光…。独自で豊
かな文化を育んできた沖縄社会のすべてを網羅
した多彩な九五〇項目を収録。　　　　〔3522〕

◇〈池間民族〉考―ある沖縄の島びとたちが描
く文化の自画像をめぐって　笠原政治著　風
響社　2008.10　254p　20cm〈文献あり
年表あり〉2500円　①978-4-89489-108-1
Ⓝ382.199
　内容 沖縄、宮古、そして池間島　「われら池間
民族」 移住民を送り出した島　聖なる森　「海
洋民族」という自己認識をめぐって　古い祈願と
新しい祈願　ミャークヅツ行事　習俗、名称の断
片　「池間民族論」の内と外　この辺で話をひと
まず締めくくろう　池間島の話あれこれ〔3523〕

◇沖縄市の伝承をたずねて　東西部編　沖縄市
立郷土博物館編　〔沖縄〕　沖縄市教育委員
会　2008.10　312p　30cm（沖縄市文化財
調査報告書 第35集）〈収録地域：古謝・桃
原・大里・泡瀬・高原・比屋根・与儀・中央
（センター）・胡屋・上地（中の町）・園田・久
保田・諸見里・山内・南桃原・山里〉Ⓝ382.
199　　　　　　　　　　　　　　　　〔3524〕

◇上地のバーキづくり―與志平朝蒲氏製作バー
キ調査報告書　沖縄市立郷土博物館編　〔沖

「沖縄」がわかる本 6000冊　　283

縄〕 沖縄市教育委員会 2008.12 95p
30cm （沖縄市文化財調査報告書 第36集）
Ⓝ383.93 〔3525〕

◇野山がコンビニ―沖縄島のくらし 当山昌
直,安渓遊地編 那覇 ボーダーインク
2009.2 108p 21cm （聞き書き・島の生活
誌 1） 1000円 Ⓘ978-4-89982-152-6
Ⓝ382.199 〔3526〕

◇沖縄祝い事便利帳 座間味栄議著 中城村
（沖縄県） むぎ社 2009.2 177p 20cm
1500円 Ⓘ978-4-944116-30-0 Ⓝ385
内容 出産から誕生祝いまで―カーウリーからタ
ンカーユーエーまで（カーウリー（川下り） ウバ
ギー（産飯）とイヤワレー（胞衣笑い） ほか） ト
ゥシビー（生年祝い）―ジューサンユーエーから
カジマヤーまで（ジューサンユーエー（十三祝い）
ニジューグヌユーエー（二十五歳）、サンジュー
シチヌユーエー（三十七歳） ほか） ニービチ（婚
礼）―エングミからニービチスージまで（エングミ
（縁組み） サキムイ（酒盛り―婚約） ほか） 家
づくりの儀礼―ヤシチヌウグヮン（地鎮祭）から
シースビーユーエー（新築祝い）まで（ヤシチヌウ
グヮン（お祓い・地鎮祭） ティンダティ（手斧立
て・起工式） ほか） 墓づくりの儀礼―墓づくり
の前からシースビーユーエー、三十三周年祝いまで
（墓づくりの前に 墓づくりの日取り ほか） 祝
い事小百科（のし袋と氏名の書き方 いろいろな
祝い事には ほか） 〔3527〕

◇九州・沖縄食文化の十字路 豊田謙二著 築
地書館 2009.3 141p 21cm 〈文献あり〉
1600円 Ⓘ978-4-8067-1380-7 Ⓝ383.819
内容 1章 韓国の薬膳（医女チャングムの医術と薬
膳 伝統食の基本的特徴 ほか） 2章 食と焼酎の
アンサンブル（壱岐の食と麦焼酎 仏教文化大分の
焼酎と食 ほか） 3章 食文化の十字路（海藻 麺
ほか） 4章 薩摩焼酎の時代史（自家用酒醸造の禁
止 苛税反対の大演説会 ほか） 〔3528〕

◇おきなわの暮らしに役立つマナーブック 那
覇 RBC iラジオ 2009.3 72p 30cm
〈発売：沖縄教販（那覇）〉 476円 Ⓘ978-4-
86365-013-8 Ⓝ385.9 〔3529〕

◇よくわかる沖縄のお墓―つくり方・選び方
金城一著 那覇 ボーダーインク 2009.6
89p 21cm 〈文献あり〉 1000円 Ⓘ978-4-
89982-157-1 Ⓝ385.6 〔3530〕

◇南島旅行見聞記 柳田国男著, 酒井卯作編
森話社 2009.11 265p 20cm 2900円
Ⓘ978-4-86405-003-6 Ⓝ382.199
内容 出発～大阪（一九二〇年十二月十三日～十二
月十五日） 九州（一九二〇年十二月十五日～一九
二一年一月三日） 沖縄本島（一九二一年一月五日
～一月二十一日） 宮古（一九二一年一月二十二
日～二十三日） 八重山（一九二一年一月二十三
日～一月三十日） 宮古（一九二一年一月三十一日

～二月一日） 沖縄本島（一九二一年二月二日～二
月七日） 奄美～帰京（一九二一年二月七日～三月
一日） 〔3531〕

◇沖縄肉読本 編集工房東洋企画編 糸満 編
集工房東洋企画（発売） 2010.1 175p
21cm 1800円 Ⓘ978-4-938984-73-1
Ⓝ383.8199 〔3532〕

◇海と山の恵み 早石周平, 渡久地健編 那覇
ボーダーインク 2010.2 110p 21cm （聞
き書き・島の生活誌 4―沖縄島のくらし 2）
1000円 Ⓘ978-4-89982-175-5 Ⓝ382.199
内容 第1章 本部町備瀬・サンゴ礁の海と魚と漁
（サンゴ礁の地形・魚・漁 シクシキ（アイゴ稚
魚の網漁）のこと ほか） 第2章 名護市グスクヤ
マ・ヤマは切り方があるんだ（空中写真の禿げ山
サトウキビからイモ、そして炭焼き ほか） 第3
章 那覇市旭町・市場の思い出（鉄工所のこと 市
場のこと ほか） 第4章 国頭村奥間・与那原岳に
試験場があった頃（父親と山へ 樟脳の話 ほか）
第5章 国頭村安田・ウメさんの山歩き（ウメさん
の歩いてきた山 ハブの夢 ほか） 〔3533〕

◇田んぼの恵み―八重山のくらし 安渓遊地,
盛口満編 那覇 ボーダーインク 2010.2
110p 21cm （聞き書き・島の生活誌 3）
1000円 Ⓘ978-4-89982-174-8 Ⓝ382.199
内容 第1章 西表島祖納・ヤマネコは神の使い 第
2章 西表島祖納・神司として島をまもる 第3章
波照間島・天水田と畑 第4章 竹富島・日本最南端
のお寺で 第5章 鳩間島・海上を通う田仕事 第
6章 石垣市川平・数少ない稲作地 〔3534〕

◇沖縄市の伝承をたずねて 本格昔話編 沖縄
市立郷土博物館編 〔沖縄〕 沖縄市教育委
員会 2010.3 320p 30cm （沖縄市文化
財調査報告書 第38集） Ⓝ382.199 〔3535〕

◇黒潮源流が刻んだ島・どぅなん国境の西を限
る世界の、生と死の位相（トポロジー） 与
那国町史編纂委員会事務局編 与那国町（沖
縄県） 与那国町 2010.3 683p 31cm
（与那国島町史 第2巻（民俗編）） Ⓝ382.199
〔3536〕

◇まるごとわかるふるさとおもしろ食べもの百
科 第5巻 九州・沖縄 向笠千恵子監修
日本図書センター 2010.3 56p 31cm
〈文献あり 索引あり〉 4400円 Ⓘ978-4-
284-20154-4 Ⓝ383.81
内容 福岡県 佐賀県 長崎県 熊本県 大分県
宮崎県 鹿児島県 沖縄県 〔3537〕

◇奄美沖縄の火葬と葬墓制―変容と持続 加藤
正春著 宜野湾 榕樹書林 2010.4 337,5p
22cm （琉球弧叢書 21） 〈文献あり〉 5600
円 Ⓘ978-4-89805-143-6 Ⓝ385.6 〔3538〕

◇名越左源太の見た幕末奄美の食と菓子 今村

規子著　鹿児島　南方新社　2010.5　263p　19cm　〈文献あり〉　1800円　Ⓘ978-4-86124-181-9　Ⓝ383.8197　〔3539〕

◇沖縄の親族・信仰・祭祀―社会人類学の視座から　比嘉政夫著　宜野湾　榕樹書林　2010.6　294,8p　22cm　（琉球弧叢書 22）〈並列シリーズ名：RYUKYUKO LIBRARY　年譜あり　索引あり〉　4800円　Ⓘ978-4-89805-144-3　Ⓝ382.199　〔3540〕

◇石垣島海人のしごと　西野嘉憲著　岩波書店　2010.7　163p　22cm　〈文献あり〉　2800円　Ⓘ978-4-00-005059-3　Ⓝ384.36　
内容　第1章 石垣島の海人　第2章 ニンガチカジマーイ　第3章 カーチバイ　第4章 海人三郎　第5章 ミーニシ　取材後記 命と向き合う、海人のしごと　〔3541〕

◇沖縄・戦後子ども生活史　野本三吉著　現代書館　2010.8　478p　20cm　〈文献あり〉　3600円　Ⓘ978-4-7684-3507-6　Ⓝ384.5　
内容　第1部 戦時下の子どもと暮らし　第2部 福祉対策と子どもの暮らし　第3部 復興期の子どもと暮らし　第4部 文化環境と子どもの暮らし　第5部 社会環境と子どもの暮らし　第6部 生活環境と子どもの暮らし　〔3542〕

◇尚王朝の興亡と琉球菓子―琉球大学〈菓子講座〉講義録　益山明著　那覇　琉球新報社　2010.9　164p　19cm　〈文献あり〉　発売：琉球プロジェクト（那覇）〉　1505円　Ⓘ978-4-89742-117-9　Ⓝ383.8199　〔3543〕

◇沖縄の鍛冶屋―沖縄市立郷土博物館第38回企画展　沖縄　沖縄市立郷土博物館　2010.10　75p　30cm　〈文献あり〉　Ⓝ384.3　〔3544〕

◆柳田国男と琉球―『海南小記』をよむ　酒井卯作著　森話社　2010.12　314p　20cm　2800円　Ⓘ978-4-86405-018-0　Ⓝ382.199　
内容　からいも地帯　穂門の二夜　海ゆかば　ひじりの家　水煙る川のほとり　地の島　佐多へ行く路　いれずみの南北　三太郎坂　今何時ですか〔ほか〕　〔3545〕

◇いくさ世をこえて―沖縄島・伊江島のくらし　蛯原一平,安渓遊地編　那覇　ボーダーインク　2011.2　114p　21cm　（聞き書き・島の生活誌 6）　1000円　Ⓘ978-4-89982-198-4　Ⓝ382.199　〔3546〕

◇うたいつぐ記憶―与那国島・石垣島のくらし　安渓貴子,盛口満編　那覇　ボーダーインク　2011.2　118p　21cm　（聞き書き・島の生活誌 5）　1000円　Ⓘ978-4-89982-197-7　Ⓝ382.199　〔3547〕

◇沖縄市の伝承をたずねて　笑い話編　沖縄市立郷土博物館編　〔沖縄〕　沖縄市教育委員会　2011.3　117p　30cm　（沖縄市文化財調査報告書 第40集）　Ⓝ382.199　〔3548〕

◇沖縄学事始め　泉武著　同成社　2011.7　229p　20cm　〈文献あり〉　2400円　Ⓘ978-4-88621-570-3　Ⓝ382.199　
内容　第1章 沖縄本島から（浦添・首里　本島山原地域　久高島　津堅島　粟国島・慶留間島）　第2章 宮古諸島から（宮古島狩俣　池間島　多良間島　伊良部島）　第3章 八重山諸島から（竹富島　波照間島　西表島）　第4章 沖縄全般にかかわること　第5章 島に生きる―沖縄の生死観　〔3549〕

◇魂振り―琉球文化・芸術論　高良勉著　未来社　2011.7　327p　20cm　〈他言語標題：TAMAFURI〉　2800円　Ⓘ978-4-624-60112-6　Ⓝ382.199　
内容　第1部 琉球文化論（世界遺産論　文化遺伝子論　琉球文化論）　第2部 琉球芸術論（絵画批評・展評　写真批評　琉球芸能批評）　第3部 比較文化論（琉球文化と日本文化　アイヌ民族文化と琉球文化　サハリン（樺太）紀行　韓国紀行　中国紀行　台湾紀行　フィリピン紀行　インドネシア紀行　ブラジル紀行）　〔3550〕

◇八重山鳩間島民俗誌　大城公男著　宜野湾　榕樹書林　2011.8　428,10p　22cm　（琉球弧叢書 25）　6400円　Ⓘ978-4-89805-155-9　Ⓝ382.199　〔3551〕

◇琉球弧―海洋をめぐるモノ・人、文化　国立歴史民俗博物館,松尾恒一編　岩田書院　2012.3　317p　図版 8p　21cm　（歴博フォーラム民俗展示の新構築）〈文献あり〉　3200円　Ⓘ978-4-87294-745-8　Ⓝ382.199　
内容　『琉球弧―海洋をめぐるモノ・人、文化』趣旨とテーマ　松尾恒一著　日本文化の中の琉球弧　小熊誠著　大陸・東南アジアとの交流と現在　東アジア世界における八重山地方の民俗　石垣博孝著　沖縄と中国福建の中元節・お盆の異同　何彬著　コラム海の向こうの端午節、海を渡った端午　王媛著　八重山諸島の先史時代　島袋綾野著　島嶼をめぐるモノと人　海域交流史からみた琉球弧　真栄平房昭著　近世琉球の生業と島産品　得能壽美著　豊かさの原点が「市場」経済にみえる　三上絢子著　コラム島はいつも青春　篠原徹著　島嶼の生活と祈り　奄美の宇宙　ヨーゼフ・クライナー著　コラム祈りと感謝の力　西田テル子著　混沌と秩序の神語り　川崎史人著　石垣島の女性宗教者と地域の現在　澤井真代著　東シナ海周辺地域における「聖母」としての媽祖信仰　本間浩著　龍船競争の東アジア　西表島の稲作儀礼と龍船競争　松尾恒一著　一九四五年前後の台湾における端午の龍舟競漕　黃麗雲著　古代中国の龍船とその展開　荒見泰史著　映像解説　「西表島祖納稲の祭り―豊年祭節祭」「西表島干立節祭」　松尾恒一著　民族展示の新構築シリーズの趣旨　小池淳一著　〔3552〕

風習　　　　　　　　　　　　　　　　　　　　　　　　　　　民俗

◇海の狩人沖縄漁民―糸満ウミンチュの歴史と
　生活誌　加藤久子著　現代書館　2012.3
　238p　20cm　（叢書・沖縄を知る）　2300円
　Ⓘ978-4-7684-5681-1　Ⓝ384.36
　内容　第1章　糸満漁業と海人の妻たちの経済活動
　（マチグヮーの女たち　サンゴ礁の海と漁業の発展
　夫婦別財のワタクサー経済　糸満売りの発生と裏
　面史　糸満漁民の東南アジア出漁と移民）　第2章
　古層糸満集落の形成と「門」集団の機能（漁村と
　しての糸満集落の形成　王府時代の糸満漁民の出
　漁形態　地割制下における漁村集落の拡張）　第
　3章　漁民共同体としての門と海の祭祀（門の誕生
　と漁村糸満の骨格　糸満ハーレーと門　門御願と
　漁民組織）　第4章　八重山における糸満漁民の出
　漁と移住（糸満漁民と共同体社会　琉球処分と糸
　満漁民　異端としての糸満漁民集落　八重山で操
　業される多様な糸満漁法　カツオ漁業の隆盛と衰
　退）　第5章　八重山漁業の発展と「雇い子制」の
　形成（石垣ヤトゥイングヮの独自な生成　『住所
　寄留簿』にみる雇い子の実相　雇い子が語る涙と
　習得のライフヒストリー　米占領下における人身
　売買と裁判）　　　　　　　　　　　　　　〔3553〕

◇やんばる古country風俗圖繪―古き佳き時代えの憧
　憬　神山清政絵・文　復刻増補版　〔那覇〕
　池宮商会　2012.4　85p　31cm〈折り込１
　枚〉　4762円　Ⓘ978-4-87180-023-5　Ⓝ382.
　199　　　　　　　　　　　　　　　　　　　〔3554〕

◇シマに生きる―沖縄の民俗社会と世界観　泉
　武著　同成社　2012.5　366p　22cm〈文献
　あり〉　7500円　Ⓘ978-4-88621-594-9
　Ⓝ382.199
　内容　序章　研究の方向と沖縄民俗モノグラフィー
　第1章　中城湾をめぐる島（1）―津堅島の民俗から
　第2章　中城湾をめぐる島（2）―久高島の民俗から
　第3章　池間島の民俗から　第4章　多良間島の民俗
　から　第5章　竹富島の民俗から　第6章　シマに生
　きること―シマを貫く普遍性と原理性　　　〔3555〕

◇針突（はじち）―琉球の記憶　山城博明写真,
　波平勇夫解説　〔出版地不明〕　山城博明
　2012.5　113p　21cm〈発売：琉球プロジェ
　クト（那覇）〉　1200円　Ⓘ978-4-905192-22-0
　Ⓝ383.7　　　　　　　　　　　　　　　　　〔3556〕

◇さすらいの沖縄伝承男（マン）　カベルナリ
　ア吉田著　北杜　林檎プロモーション
　2012.6　199p　21cm　1400円　Ⓘ978-4-
　906878-00-0　Ⓝ382.199
　内容　第1章　カラダを張って受け継ぎます！（沖
　縄角力　クイチャー　南風ぬカンター棒　唐…
　（小林流）　世冨慶エイサー）　第2章　海山の恵み
　に感謝（苧麻績み　石巻落とし漁法　伝統民具作
　り　サトウキビ刈り　ワラビ細工　ムンツァン捕
　り）　第3章　そこに音楽がある風景（三板　民謡酒
　場のステージに立つ）　第4章　美味しくいただき
　ましょう！（伝統行事料理　ムーチー作り　豆腐
　作り　沖縄そば打ち　琉球料理を作る（中身の吸
　物、クーブイリチー）　スツウブナカのカマボコ

作り）　第5章　素晴らしき手仕事の世界（八重山凧
作り　漆喰シーサー作り　金細工の指輪作り　琉
球玩具「イーリムン」を作る）　　　　　〔3557〕

◇沖縄暮らしの家族ごはん　伊藤麻由子著　双
　葉社　2012.6　257p　15cm　（双葉文庫
　いー48-01）　600円　Ⓘ978-4-575-71389-3
　Ⓝ383.8199
　内容　第1章　沖縄本島の島ごはん　第2章　八重山
　の実家ごはん　第3章　がちまやーの食めぐり　第
　4章　伝統とまちぐわー探訪　　　　　　　〔3558〕

◇沖縄側から見た奄美の文化変容　津波高志著
　第一書房　2012.10　263,10p　20cm　（南島
　文化叢書 26）　3500円　Ⓘ978-4-8042-0784-
　1　Ⓝ382.197　　　　　　　　　　　　　　〔3559〕

◇アロマザリングの島の子どもたち―多良間島
　子別れフィールドノート　根ケ山光一著　新
　曜社　2012.12　192p　20cm　2200円
　Ⓘ978-4-7885-1317-4　Ⓝ385.2
　内容　序章　多良間島というフィールド　第1章　島
　の子育ての背景　第2章　島の子どもと大人　第3
　章　アロマザリングの息づく島　第4章　島の子育
　て・子別れから何が見えるか　第5章　私たちの現
　在と未来の子育て　　　　　　　　　　　〔3560〕

◇阿波根の民俗　糸満　糸満市教育委員会
　2013.3　56p　26cm〈年表あり〉Ⓝ382.199
　　　　　　　　　　　　　　　　　　　　　〔3561〕

◇賀数の民俗　糸満　糸満市教育委員会
　2013.3　47p　26cm〈年表あり〉Ⓝ382.199
　　　　　　　　　　　　　　　　　　　　　〔3562〕

◇兼城の民俗　糸満　糸満市教育委員会
　2013.3　50p　26cm〈年表あり〉Ⓝ382.199
　　　　　　　　　　　　　　　　　　　　　〔3563〕

◇北波平の民俗　糸満　糸満市教育委員会
　2013.3　45p　26cm〈年表あり〉Ⓝ382.199
　　　　　　　　　　　　　　　　　　　　　〔3564〕

◇座波の民俗　糸満　糸満市教育委員会
　2013.3　64p　26cm〈年表あり〉Ⓝ382.199
　　　　　　　　　　　　　　　　　　　　　〔3565〕

◇潮平の民俗　糸満　糸満市教育委員会
　2013.3　58p　26cm〈年表あり〉Ⓝ382.199
　　　　　　　　　　　　　　　　　　　　　〔3566〕

◇武富の民俗　糸満　糸満市教育委員会
　2013.3　55p　26cm〈年表あり〉Ⓝ382.199
　　　　　　　　　　　　　　　　　　　　　〔3567〕

◇照屋の民俗　糸満　糸満市教育委員会
　2013.3　56p　26cm〈年表あり〉Ⓝ382.199
　　　　　　　　　　　　　　　　　　　　　〔3568〕

◇旧天久村農民の生活　金城勇徳編著　那覇
　若水クリニック　2013.11　252p　21cm

286　　「沖縄」がわかる本　6000冊

民俗　　　　　　　　　　　　　　　　　　　　　　　　　　　　　　　　　祭礼・年中行事

〈年譜あり　文献あり　発売：新星出版（那覇）〉　1143円　①978-4-905192-44-2　Ⓝ382.199　〔3569〕

◇辻と侏儺の物語—琉球の花街　浅香怜子著　宜野湾　榕樹書林　2014.2　120p　21cm（がじゅまるブックス 6）〈文献あり〉900円　①978-4-89805-171-9　Ⓝ384.9　〔3570〕

◇黒潮と南方文化　徳井賢著　文芸社　2014.2　133p　19cm　1100円　①978-4-286-13982-1　Ⓝ385.6　〔3571〕

◇沖縄—自然・文化・社会　九学会連合沖縄調査委員会編　オンデマンド版　弘文堂　2014.3　662p　27cm〈印刷・製本：デジタルパブリッシングサービス〉20000円　①978-4-335-05009-1　Ⓝ382.199　〔3572〕

◇日本人は、どんな肉を喰ってきたのか？　田中康弘著　枻出版社　2014.4　175p　21cm　1500円　①978-4-7779-3161-3　
[内容]　第1章 南の島のカマイ—西表島（沖縄県八重山郡）　第2章 秘境の村の猪猟—椎葉村（宮崎県東臼杵郡）　第3章 山中の鹿肉のレストラン—宇目（大分県佐伯市）　第4章 畑荒らしのハクビシン—穴内（高知県安芸市）　第5章 貉と呼ばれる狸・穴熊—長湯温泉（大分県竹田市）　第6章 厳寒の礼文島のトド猟—礼文島（北海道礼文郡）〔3573〕

◇時代の風音—笑い流しの「落穂拾い」　宮城鷹夫著　那覇　ボーダーインク　2014.5　253p　19cm〈文献あり〉920円　①978-4-89982-254-7　Ⓝ382.199　〔3574〕

◇ソテツをみなおす—奄美・沖縄の蘇鉄文化誌　安渓貴子,当山昌直編　那覇　ボーダーインク　2015.3　170p　21cm〈文献あり〉2000円　①978-4-89982-270-7　Ⓝ382.199〔3575〕

◇ユナンダキズマむかしの暮らし　謝敷正市著,本永清監修,生涯学習部生涯学習振興課編　宮古島　宮古島市教育委員会　2015.3　137p　26cm（宮古島市史資料 6）　Ⓝ382.199　〔3576〕

◇糧は野に在り—現代に息づく縄文的生活技術　かくまつとむ著　農山漁村文化協会　2015.3　310p　19cm〈文献あり〉2700円　①978-4-540-14196-6　Ⓝ384.35　
[内容]　奄美の海幸彦・山幸彦（シイの実ごはん　ガサム捕り　ハブ捕り　ナリ味噌）　熊野、森棲みの暮らし（どんぐり餅　蜂ゴバ　シシ垣　シシ犬）　現存する伝統の狩りと漁（コド漁　カジカ漁へボ追い　越網猟）　〔3577〕

◇海を読み、魚を語る—沖縄県糸満における海の記憶の民族誌　三田牧著　コモンズ　2015.3　327p　22cm〈文献あり〉3500円

①978-4-86187-123-8　Ⓝ384.36
[内容]　序章 糸満へ　第1章 糸満という町の記憶　第2章 魚に刻まれた記憶—アンマーたちの魚売り　第3章 イノーの記憶—埋め立てられゆく海を読む　第4章「海を読む」知識と技術の進歩　第5章 天気を読んだ記憶　終章 海とともにある暮らしの記憶が問いかける　〔3578〕

◇想像の沖縄—その時空間からの挑戦　第5回沖縄研究国際シンポジウム報告書　ローザ・カーロリ編　第5回沖縄研究国際シンポジウム実行委員会　2015.6　216p　26cm〈他言語標題：Imagined Okinawa　会期・会場：2006年9月14日—16日　ヴェネツィア・カ・フォスカリ大学　文献あり　発売：新宿書房〉3500円　①978-4-88008-456-5　Ⓝ382.199　
[内容]　日本語論文（ジェンダー的視点から見た沖縄の宗教　抵抗と同化のはざま—尚泰の場合　『おもろさうし』の比喩表現　皇軍の本質を露わにした沖縄戦とその後の問題　沖縄女性における近代の受容：久志芙沙子の「同化」のかたち　『りゅう子の白い旗』をめぐって　『椿説弓張月』に描かれた沖縄　近世琉球人が異国で観た芸能　社会改良主義と『義人謝花昇伝』沖縄イメージ、その発生と展開—"想像の沖縄"と、方法としてのツーリスト　『南島イデオロギーの発生』批判—南島研究を中心に）　英語論文（言語、祭礼、アイデンティティ：小浜島の場合　ジェノヴァ・キョッソーネ東洋美術館所蔵の琉球漆器について　琉球言語の将来　琉球祭祀における虚構と現実　琉球の諸エスノレクト—言語学的ステータス、社会的地位、瀬危度、資料入手可能性　首里王府から見る琉球使節の江戸参府　揺れ動く琉球人像—中国と日本の狭間で）　〔3579〕

◇琉球弧の葬墓制—風とサンゴの弔い　平成27年度沖縄県立博物館・美術館特別展　沖縄県立博物館・美術館編　那覇　沖縄県立博物館・美術館　2015.9　64p　30cm〈他言語標題：Funeral ceremony and grave tradition of Ryukyu Islands　会期：平成27年9月25日—11月23日　文献あり〉Ⓝ385.6　〔3580〕

祭礼・年中行事

◇火の神・山の神　高見乾司著　福岡　海鳥社　1995.8　263p　22cm（九州の土俗面考 1）2600円　①4-87415-126-4　Ⓝ386.1　
[内容]　第1章 異界への招待　第2章 火の山　第3章 火の祭り　第4章 鬼面考　第5章 山の神と仮面　〔3581〕

◇「おなりかみ」とイザイホー　崎間敏勝著　与那原町（沖縄県）　琉球文化歴史研究所　1996.1　145p　19cm（シリーズ「琉球の文化と歴史の考察」第14号）1200円　Ⓝ386.

「沖縄」がわかる本 6000冊　　287

祭礼・年中行事　　　　　　　　　　　　　　　　　民俗

199　　　　　　　　　　　　　　　〔3582〕

◇沖縄県の祭り・行事—沖縄県祭り・行事調査
報告書　沖縄県教育庁文化課編　那覇　沖縄
県教育委員会　1997.3　249p　30cm　（沖
縄県文化財調査報告書　第127号）　Ⓝ386.
199　　　　　　　　　　　　　　〔3583〕

◇暮らしと祈り—琉球弧・宮古諸島の祭祀世界
奥濱幸子著　那覇　ニライ社　1997.4
221p　22cm　〈文献あり〉　2000円　Ⓘ4-
931314-25-2　Ⓝ386.199
Ⓘ内容Ⓘ神の島—大神島　生命根の神・ウハルズ御岳
—池間島　ユークイの拝所は今…—池間島　ダツ
マス神願いのある島—伊良部島　さつま芋へ対す
る神願い—伊良部島　佐良浜の浜神願いから—伊
良部島　来間井泉への祈願　来間島の暮らし—来
間島　スマフサリャ～龍宮開き願い—来間島　フ
タッジ御岳　仲屋マブナリの霊魂—多良間島　ウ
ヤーンを抱いて　狩俣の祖神祭から—宮古島〔ほ
か〕　　　　　　　　　　　　　〔3584〕

◇エイサー—沖縄の盆踊り　宜保榮治郎著　南
風原町（沖縄県）　那覇出版社　1997.11
288p　21cm　〈文献あり〉　1900円　Ⓘ4-
89095-090-7　Ⓝ386.8199　　　　〔3585〕

◇エイサー　那覇　沖縄県文化環境部文化国際
局文化振興課　1998　119p　26cm　Ⓝ386.
8199　　　　　　　　　　　　　〔3586〕

◇沖縄を識る—琉球列島の神話と祭り　比嘉政
夫著　佐倉　歴史民俗博物館振興会　1998.3
73p　21cm　（歴博ブックレット 4）　762円
Ⓘ4-916202-05-8　Ⓝ386.199　　　〔3587〕

◇エイサー360度—歴史と現在　沖縄市企画部
平和文化振興課編　沖縄　沖縄全島エイサー
まつり実行委員会　1998.3　359p　21cm
1800円　Ⓘ4-89095-111-3　Ⓝ386.8199
　　　　　　　　　　　　　　　　〔3588〕

◇石敢當　小玉正任著　那覇　琉球新報社
1999.6　345p　19cm　2000円　Ⓘ4-89742-
022-9　Ⓝ387　　　　　　　　　〔3589〕

◇沖縄民俗文化論—祭祀・信仰・御嶽　湧上元
雄著　宜野湾　榕樹書林　2000.1　584,5p
23cm　Ⓘ4-947667-63-X　Ⓝ386.199
Ⓘ内容Ⓘ第1章 久高島・イザイホー　第2章 年中祭
祀　第3章 民間信仰　第4章 御岳祭祀と伝承　第
5章 エッセイ・他　　　　　　　〔3590〕

◇日本人の魂の原郷・沖縄久高島　比嘉康雄著
集英社　2000.5　222p　18cm　（集英社新
書）　660円　Ⓘ4-08-720034-5　Ⓝ386.199
Ⓘ内容Ⓘ序章 久高島の祭祀世界　第1章 魂の発見
第2章 守護神の成立　第3章 海神からの贈り物
第4章 神々の鎮まる場所　第5章 巫女の力　第6
章 久高島祭祀の風景　第7章 自然から紡ぎ出し

た物語　第8章 誕生・結婚、そして死　終章 崩れ
ゆく母たちの神　　　　　　　　〔3591〕

◇櫻井満著作集　第10巻　道の島の祭り　櫻井
満著,伊藤高雄〔ほか〕編　おうふう　2000.
11　423p　22cm　15000円　Ⓘ4-273-03140-
X　Ⓝ910.23
Ⓘ内容Ⓘ序説 シラとメラと—民族文化の東漸　第1
部 沖縄・奄美の祭りと伝承（南島覚書—八重山の
穂利祭から　道の島　イザイホーの意義　午年の
秘儀 イザイホー　セジたかき島のまつり　古代
の原像 イザイホーの行方　人生—名の民俗倫理
補遺 久高ノ安泉ナヘさん聞書抄　大和村とノロ
祭りと　ノロ祭りの幻想—オーホリを調査して
祖霊とともに—奄美大島大和村の盆行事から）　第
2部 熊野・伊勢の祭りと伝承（熊野民俗誌　古座
の河内舟祭付御舟歌　熊野地方の信仰の基盤—船
祭を通して　船祭りの系譜　三山の祭り　五十鈴
川と伊勢神宮　心の御柱　伊雑宮御田植祭　伊雑
宮御田植祭　穂落祭）　第3部 民俗の諸相（傀儡子
から文楽へ　日本の婚礼　日負の鶴　十五夜と秋
祭り 卜占　まれびと—神と人との間）　〔3592〕

◇年中行事と由来　〔東風平町（沖縄県）〕
東風平町歴史民俗資料館　〔2001〕　50p
26cm　Ⓝ386.199　　　　　　　〔3593〕

◇砂川村のナーバイ祭祀調査報告　城辺町史編
纂委員会編　再版　城辺町（沖縄県）　城辺
町教育委員会　2001.3　54p　26cm　（城辺
町史資料 no.1）　Ⓝ386.199　　　〔3594〕

◇演者たちの「共同体」—東京エイサーシンカ
をめぐる民族誌的説明　小林香代著　風間書
房　2001.3　247p　22cm　〈文献あり〉　7800
円　Ⓘ4-7599-1259-2　Ⓝ386.8199　〔3595〕

◇綱曳き調査報告書　〔東風平町（沖縄県）〕
東風平町教育委員会　2003.3　63p　30cm
Ⓝ386.199　　　　　　　　　　〔3596〕

◇沖縄（うちなー）の年中行事—琉球の島々に
息づいている神々の心　渡具知綾子著　南風
原町（沖縄県）　那覇出版社（制作）　2003.5
293p　31cm　13000円　Ⓘ4-89095-136-9
Ⓝ386.199　　　　　　　　　　〔3597〕

◇沖縄の祭祀と民俗芸能の研究　大城學著　砂
子屋書房　2003.11　1161p　23cm　（弧琉
球叢書 6）　〈奥付のタイトル（誤植）：沖縄の
祭祀と民族芸能の研究　文献あり〉　15000円
Ⓘ4-7904-0752-7　Ⓝ386.199　　〔3598〕

◇祭祀と空間のコスモロジー—対馬と沖縄　鈴
木正崇著　春秋社　2004.2　568,44p　23cm
〈文献あり〉　18000円　Ⓘ4-393-29904-3
Ⓝ386.193
Ⓘ内容Ⓘ第1部 対馬（木坂の祭祀と村落空間　青海の
祭祀と村落空間　仁位の祭祀と村落空間　吉田の
祭祀と村落空間　ほか）　第2部 沖縄（波照間島の

神話と儀礼　近親相姦の神話　神観念と祭祀組織　来訪神祭祀　ほか）　　　　　　〔3599〕

◇沖縄の綱引き習俗調査報告書　沖縄県教育庁文化課編　那覇　沖縄県教育委員会　2004.3　318p　30cm　（沖縄県文化財調査報告書　第143集）〈文献あり〉Ⓝ386.199　〔3600〕

◇日本の祭り　no.2　九州・沖縄　1　朝日新聞社　2004.6　32p　30cm　（週刊朝日百科）　533円　　　　　　　　　　　〔3601〕

◇日本の祭り　no.11　九州・沖縄　2　朝日新聞社　2004.8　32p　30cm　（週刊朝日百科）　533円　　　　　　　　　　　〔3602〕

◇日本の祭り　no.18　九州・沖縄　3　朝日新聞社　2004.10　32p　30cm　（週刊朝日百科）　533円　　　　　　　　　　　〔3603〕

◇沖縄のうたきとアジアの聖なる空間―文化遺産を活かしたまちづくりを考える　平成15年度沖縄国際フォーラム報告書　国際交流基金　2004.11　159p　21cm〈会期：2004年3月23日―28日〉①4-87540-061-6　Ⓝ386.199
　内容　視察報告（沖縄本島、竹富島、及び沖縄宣言作成過程）：ラポルトゥール・ノート（秋枝ユミイザベル、服部くみ恵著）　基調講演：無形文化遺産条約の思想と構造（河野俊行著）　学術的・専門的見地、人類学的・歴史的視点から「聖なる空間」のもつ意味や無形遺産の価値の検証：うたき（御嶽）の文化遺産としての意義（神野善治著　グスクから御嶽へ（安里進著　カンボジアのアニミズム信仰に儀礼に見られる人間性の関わり（アン・チュリアン著　変化する環境下におけるイフガオ族文化遺産の保護（ジョイスリン・マナンハーヤ著　台湾の無形文化遺産（趙綺芳著　沖縄の祭祀空間と伝統芸能（大城学著）　各国および沖縄県内の取り組みと、行政機関による支援の紹介：うたき（御嶽）は沖縄の、そして世界の宝（益田兼房著　アカ・ハニ族の口承伝統と記録・継承活動（東出紀子著　文化存続のための聖なる空間の保存（陳永龍著　竹富島の伝統芸能継承の取り組み（上勢頭同子著　沖縄各地のまちづくりの現場より（備瀬ヒロ子著　歴史を活かしたまちづくりに関する国土交通省の支援（藤岡啓太郎著　有形・無形文化遺産継承に対する行政の支援（萩尾俊章著　世界遺産条約と無形文化遺産条約（ハーブ・ストーベル著）　総括講演：無形文化遺産、およびその有形文化遺産・自然遺産との関連性（リックス・スミーツ著）　　　　　　　　　　〔3604〕

◇日本の祭り　no.26　九州・沖縄　4　朝日新聞社　2004.11　32p　30cm　（週刊朝日百科）　533円　　　　　　　　　　　〔3605〕

◇琉球祭祀空間の研究―カミとヒトの環境学　伊従勉著　中央公論美術出版　2005.4　780p　図版30枚　26cm〈年表あり〉43000円　①4-8055-0484-6　Ⓝ386.199
　内容　第1部　琉球祭祀文化における環境の見え方・

見方（祭祀世界の風景―「腰当て」と「お通し」　女がカミになる島への古代的な視角の再検討―王国東部・久高島の研究史と本書の方法　沖縄本島周辺の年中祭祀祭場―歴史資料と現代の祭場にみる実態）　第2部　地方の祭祀世界（伊是名島―祭祀の遙操性と守護性　久米島―稲祭祀の仮設祭場　久米島の火神　久高島、祭場の赤い天蓋と白い天幕）　第3部　王宮と東方の聖地―国家的聖地の環境（聖なる島への国家的視覚の形成―琉球王国御新下り儀礼にみる久高島の意味　聞得大君の就任儀礼の変貌―御新下り儀礼と御初地入り　琉球王国国家祭祀における首里城と斎場御嶽のアナロジーの起源について―三庫理の真相をめぐって　琉球王権の場所―首里城正殿唐破風の誕生とその改修について）　　　　　　　　　　　　　　〔3606〕

◇読んで知る・ぎのわんの綱引き―市内民俗芸能調査報告書　沖縄県宜野湾市教育委員会文化課編　宜野湾　沖縄県宜野湾市教育委員会文化課　2005.12　297p　30cm　Ⓝ386.199　　　　　　　　　　　　　　　　〔3607〕

◇沖縄の祭祀伝承の研究―儀礼・神歌・語り　畠山篤著　藤沢　瑞木書房　2006.2　916,6p　23cm〈発売：慶友社〉16190円　①4-87449-046-8　Ⓝ386.199
　内容　第1章　イザイホーと名付け（久高島）　第2章　琉球の穀物起源伝承と穀物儀礼（久高島）　第3章　カンジャナシー（久高島）　第4章　ヨーカ日（久高島）　第5章　正月の神人の婚（久高島・野甫島）　第6章　シヌグのチョンジャマ（トンザマ）（伊平屋島）　第7章　ヤガン折目（粟国島）　第8章　ヤガン折目の由来譚と儀礼（粟国島）　第9章　カムス（伊良部島）　第10章　正月綱と爬龍船漕ぎ（黒島）　　　　　　　　　　　　　　　　〔3608〕

◇知念村の御嶽と殿と御願行事　知念村文化協会学術部編　南城　南城市知念文化協会　2006.6　325p　21cm〈文献あり　発売：新星出版（那覇）〉1714円　①4-902193-44-2　Ⓝ386.199　　　　　　　　　　　〔3609〕

◇伊江島の村踊―重要無形民俗文化財　伊江村教育委員会,伊江島の村踊歌詞歌意検討委員会編　〔那覇〕　沖縄県伊江村教育委員会　2007.3　206p　30cm〈民俗文化財伝承・活用等事業（伊江島の村踊記録刊行事業）〉Ⓝ386.8199　　　　　　　　　　　〔3610〕

◇沖縄祭りと年中行事　上江洲均著　宜野湾　榕樹書林　2008.2　243p　22cm　（琉球弧叢書　16―沖縄民俗誌　3）　3800円　①978-4-89805-127-6　Ⓝ386.199　　〔3611〕

◇伊芸のスナヒチ　金武町教育委員会編　金武町（沖縄県）　金武町教育委員会　2008.3　67p　30cm　（金武町の歴史と文化　第3集）Ⓝ386.199　　　　　　　　　　　〔3612〕

◇約束の島、約束の祭―祈り踊る沖縄島人が僕

祭礼・年中行事　　　　　　　　　　　　　　　　　　　　　　　　　　　　　民俗

にくれたもの　箭内博行著　情報センター出
版局　2008.6　367p　19cm　1500円
①978-4-7958-4872-6　N386.199
内容　南の島の出会い―一種子取祭・竹富島　人は
風、我は風ぐるま―マンダラー・竹富島　フリー
ターからの船出―横浜～八重山諸島　国境のカメ
ラマン―久部良ハーリー・与那国島　最南端の祭
へ―ミシャーマ・波照間島　海幸山幸―白保獅子
舞・石垣島　白保　タナドゥイの向こう側―一種子
取祭再訪・竹富島　神とツカサと島人―マチリ・
与那国島　故郷のユーに酔う―節祭・西表島　祖
納　ヤマングたちへ残すもの―十六日祭・石垣島
平久保　若者たちのプライド　一枚の写真
〔3613〕

◇写真で追う池間島のミャークヅツ―島最大の
イベント　上里武, 本村満, 吉浜朝栄共著, 本
村満編　南城　本村満　2008.7　282p
21cm　〈背のタイトル：池間島のミャークヅ
ツ〉1000円　N386.199　　　　　　　〔3614〕

◇沖縄暮らしのしきたり読本　御願・行事編
比嘉淳子, チームくがに編著　双葉社　2008.
9　159p　19cm　1300円　①978-4-575-
30069-7　N386.199
内容　序章　旧暦の暮らしと御願・行事（旧暦で行
う御願・行事　旧暦1日・15日のヒヌカン御願行事
ほか）　1章　旧暦行事に伝わる意味・いわれ（カジ
マーイの頃（旧暦1～3月）　カーチーベーの頃（旧
暦4～6月）ほか）　2章　レッツ・トライ！御願と
おまじない（御願の心得　グイスを知ろう　ほか）
3章　御願としきたりQ&A（ヒヌカンに関する質問
御願全般に関する質問　ほか）　　　　　〔3615〕

◇よくわかる御願（ウグワン）ハンドブック
「よくわかる御願ハンドブック」編集部編
増補改訂　那覇　ボーダーインク　2009.8
166p　19cm　1400円　①978-4-89982-161-8
N386.199　　　　　　　　　　　　　　〔3616〕

◇琉球の国家祭祀制度―その変容・解体過程
後田多敦著　那覇　出版舎Mugen　2009.11
320p　22cm　3048円　①978-4-9904879-0-4
N386.199
内容　序章　琉球の国家祭祀制度の変容・解体過程
研究の意義　第1章　琉球国の国家祭祀制度　第2
章「琉球処分」と国家祭祀制度　第3章　石垣島の
国家祭祀―二度にわたる変容過程　終章　川平の
祭祀をめぐる記憶と伝承　付・川平の祭祀関連資
料―「後田多朝吉ノート」抄　　　　　　〔3617〕

◇沖縄の年中行事―方法と供え物　御願のグイ
ス　高橋恵子著　南風原町（沖縄県）　那覇
出版社　2009.12　263p　19cm　1400円
①978-4-89095-176-5　N386.199　〔3618〕

◇都道府県別日本の祭り・行事調査報告書集成
12　九州地方の祭り・行事　2（大分・沖縄）
大分県立宇佐風土記の丘歴史民俗資料館, 沖

縄県教育委員会編　海路書院　2010.7　537p
23cm　〈調査解説：植木行宣, 菊池健策　大分
県立宇佐風土記の丘歴史民俗資料館平成7年
刊と沖縄県教育委員会平成9年刊の複製合本〉
30000円　①978-4-86259-151-7　N386.1
内容　大分県の祭礼行事―大分県祭礼行事民俗調
査報告書　沖縄県の祭り・行事―沖縄県祭り・行
事調査報告書　　　　　　　　　　　　　〔3619〕

◇宮古島の信仰と祭祀　岡本恵昭著　第一書房
2011.1　469,5p　図版4p　22cm　〈文献あ
り〉8000円　①978-4-8042-0780-3　N386.
199　　　　　　　　　　　　　　　　　〔3620〕

◇沖縄宮古島下地民俗誌―1974-1976　フィール
ドワークの記録　高橋泉著　横浜　まほろば
書房　2011.2　293p　21cm　〈文献あり〉
3500円　①978-4-943974-21-5　N386.199
〔3621〕

◇沖縄の法事と心　松久宗清, 松久宗貴著
〔那覇〕　佐久田出版　2011.9　171p　26cm
〈年表あり　発売：月刊沖縄社（那覇）〉
2000円　N385.7　　　　　　　　　　　〔3622〕

◇那覇大綱挽40周年記念誌　那覇大綱挽四〇周
年記念誌編集委員会著　那覇　那覇大綱挽保
存会　2011.11　140p　30cm　〈背・表紙のタ
イトル：第41回那覇大綱挽40周年記念誌　年
表あり〉1000円　N386.199　　　　　〔3623〕

◇知ろう！おどろう！日本のおどり　3　中
国・四国・九州・沖縄のおどり　日本フォー
クダンス連盟（日本民踊委員会）監修　鈴木
出版　2013.3　47p　31cm　〈索引あり〉
3000円　①978-4-7902-3268-1　N386.81
内容　中国地方（鳥取県　貝殻節　島根県　関乃五
本松節　キンニャモニャ　岡山県　備中松山踊り
広島県　田楽ばやし　三原やっさ踊り　山口県　下
関平家踊り）　四国地方（徳島県　阿波おどり　香
川県　一合まいた　ちゃんちゃん踊り　愛媛県　木
山音頭　高知県　よさこい節）　九州地方（福岡県
芦屋はねそ　佐賀県　鹿島一声浮立　長崎県　あ
のこ節　熊本県　山鹿灯篭踊り　大分県　津久見扇
子踊り　宮崎県　ばんば踊り　鹿児島県　鹿児島お
はら節　鈴かけ馬踊り）　沖縄地方（沖縄県　安里
屋ユンタ）　　　　　　　　　　　　　　〔3624〕

◇歴史のなかの久高島―家・門中と祭祀世界
赤嶺政信著　慶友社　2014.2　454p　22cm
〈考古民俗叢書〉〈文献あり　索引あり〉
9500円　①978-4-87449-143-0　N386.199
内容　序論　本研究の課題と方法（本研究の課題と
方法　歴史のなかの久高島）　第1部　久高島の家・
門中と祭祀世界（久高島の家と地割制　久高島の
祖霊観念・祖先祭祀と家の態様　久高島の門中の
実態とその特徴　久高島の祭祀組織の特徴　久高
島の村落の祭祀世界と門中）　第2部　久高島の祭
祀と国家制度（イザイホウと国家制度　八月行事

290　　「沖縄」がわかる本　6000冊

民俗　　　　　　　　　　　　　　　　　　　　　　　　　　　　　　伝説・民話

と国家制度　ナーリキ（名付け）と国家制度　門中化現象に見る久高島の社会史）　　　　　〔3625〕

◇久米島謝名堂の神祭り　大山須美著　那覇　沖縄国際平和研究所（制作）　2014.6　214p　21cm　〈文献あり　年表あり〉　Ⓝ386.199
〔3626〕

◇来夏世―祈りの島々八重山　大森一也著　新装版　石垣　南山舎　2014.8　206p　27×27cm　2900円　Ⓘ978-4-901427-31-9　Ⓝ386.199
〔3627〕

◇知っておきたい沖縄の法事と供養―仏壇ごとのしきたりと方法　高橋恵子著　那覇　ボーダーインク　2014.11　209p　19cm　1800円　Ⓘ978-4-89982-262-2　Ⓝ385.7　〔3628〕

◇みたい！しりたい！しらべたい！日本の祭り大図鑑　2　先祖とともにすごす祭り　松尾恒一監修・著　京都　ミネルヴァ書房　2014.12　31p　27×22cm　2800円　Ⓘ978-4-623-07232-3
[内容]灯ろうの祭り（青森・青森ねぶた祭　青森・弘前ねぷたまつり）　先祖の霊をむかえる祭り（沖縄・アンガマ　千葉・鬼来迎）　先祖を供養する祭り（東京・佃島の盆踊り　秋田・西馬音内盆踊り）　先祖を送りだす祭り（京都・五山送り火　山梨・吉田の火祭り）
〔3629〕

◇みたい！しりたい！しらべたい！日本の祭り大図鑑　3　豊作・豊漁を願い感謝する祭り　松尾恒一監修・著　京都　ミネルヴァ書房　2015.1　27×22cm　2800円　Ⓘ978-4-623-07233-0
[内容]豊作を願う祭り（三重・正月堂修正会　静岡・蛭ヶ谷の田遊び）　広島・塩原の大山供養田植　収穫を感謝する祭り（沖縄・豊年祭〈西表島〉　沖縄・豊年祭〈黒島〉　鹿児島・秋名アラセツ行事〈奄美大島〉）　漁況を願う祭り（神奈川・船おろし　宮城・塩竃みなと祭り　北海道・アシリチェプノミ　大分・ホーランエンヤ）　くらしのなかの身近な祭り（大みそかの習慣　新年の行事）
〔3630〕

◇日本の祭り　6　九州・沖縄編　『日本の祭り』編集室編　理論社　2015.3　87p　29cm　〈文献あり〉　3400円　Ⓘ978-4-652-20079-7　Ⓝ386.1
[内容]福岡県（博多祇園山笠　鷽替えと鬼すべ　博多どんたく　ほか）　佐賀県（唐津くんち　母ヶ浦の面浮立　伊万里トンテントン　ほか）　長崎県（長崎くんち　ヘトマト　長崎ペーロン　ほか）　熊本県（八代妙見祭　牛深ハイヤ祭り　おんだ祭り　ほか）　大分県（本場鶴崎踊大会　修上鬼会　日田祇園祭　ほか）　宮崎県（高千穂の夜神楽　宮崎神宮祭　西都古墳まつり　ほか）　鹿児島県（市来の七夕踊り　豊玉姫神社の水車からくり）　沖縄県（那覇大綱挽まるく　糸満ハーレー　首里城祭　ほか）
〔3631〕

◇絵でみる御願365日　むぎ社編著　中城村（沖縄県）　むぎ社　2015.4　179p　20cm　1600円　Ⓘ978-4-944116-45-4　Ⓝ386.199
〔3632〕

◇沖縄しきたり歳時記　稲福政斉著　那覇　ボーダーインク　2015.9　176p　19cm　〈文献あり〉　1600円　Ⓘ978-4-89982-282-0　Ⓝ386.199
[内容]春（新たな年の新たなしきたり―ソーグヮチ　お茶の子さいさいとはいかず―ウチャヌク　ほか）　夏（立入禁止の季節です―ヤマドゥミ　田畑の虫から体の虫まで―アブシバレー・ムシバレー　ほか）　秋（いますが如くにウトゥイムチ―シチグヮチ　そろそろお帰りいただきたく―ヨーカビー・シバサシ　ほか）　冬（やはり牛でなければ―シマクサラシ　旧暦の危機迫る―旧暦二〇三三年問題　ほか）
〔3633〕

伝説・民話

◇日本の民話　12　九州　2　沖縄　有馬英子，遠藤庄治編　ぎょうせい　1995.2　342p　20cm　〈新装版〉　1600円　Ⓘ4-324-04327-2　Ⓝ388.1
〔3634〕

◇沖縄の艶笑譚　続　青山洋二〔ほか〕共著　南風原町（沖縄県）　那覇出版社　1995.7　219p　19cm　（那覇出版文庫）　1280円　Ⓝ388.199
〔3635〕

◇沖縄の名言―残しておきたい昔言葉　続　青山洋二監修　西原町（沖縄県）　郷土出版　1996.1　100p　26cm　Ⓝ159.8　〔3636〕

◇沖縄・糸満市の昔話　立命館大学説話文学研究会編　糸満　糸満市教育委員会　1996.3　324p　26cm　〈折り込みあり〉　Ⓝ388.199
〔3637〕

◇民話の原風景―南島の伝承世界　福田晃，岩瀬博編　京都　世界思想社　1996.5　318p　20cm　（Sekaishiso seminar）　〈各章末：参考文献〉　2500円　Ⓘ4-7907-0605-2　Ⓝ388.199
[内容]1　総論（南島説話の伝承世界）　2　南島説話の性格（民間神話と呪詛　本格昔話の成立　伝説と史譚の位相　ほか）　3　南島説話の伝承社会（南島説話の民俗社会―喜界島の民間説話を通して　南島説話と儀礼―粟国島のヤガン折目を例として　ほか）　4　南島説話の比較（南島説話と本土　南島説話と韓国―屋良漏池伝説と沈清伝　南島説話と中国―人類起源の物語）
〔3638〕

◇大木・牧原・長田の民話　読谷村教育委員会，〔読谷村立〕歴史民俗資料館編　〔読谷村（沖縄県）〕　読谷村教育委員会　1996.7

「沖縄」がわかる本　6000冊　　291

伝説・民話　　　　　　　　　　　　　　　　　　　　　　　　　　　　　民俗

350p　27cm　（読谷村民話資料集 13）〈参
考文献：p348～349　共同刊行：歴史民俗資
料館〉Ⓝ388.199　　　　　　　　　〔3639〕

◇山本川恒翁昔ばなし　山本川恒〔述〕，遠藤
庄治〔ほか〕編　名護　嘉数絹江　1996.9
279p　22cm〈トーカチ記念　山本川恒の肖
像あり〉Ⓝ388.199　　　　　　　　〔3640〕

◇琉球弧の民話　松谷みよ子, 米屋陽一責任編
集　童心社　1996.11　78p　26cm　（民話
の手帖）〈叢書の編者：日本民話の会〉1880
円　Ⓘ4-494-01089-8　Ⓝ388.199
内容　詩 沖縄に関するコラージュ風な改行術　民
話 アンジ・ニチェー　琉球弧の神と人と自然
島々の語り　オキナワを受け継ぐ　随想　現代民
話考─琉球弧　　　　　　　　　　　〔3641〕

◇海原の平家伝承─奄美説話の原像　高橋一郎
著　三弥井書店　1998.5　332,12p　20cm
2800円　Ⓘ4-8382-9040-3　Ⓝ388.197
内容　第1章 海・山そして天空への眼差し　第2章
語り継がれた異人と豪傑たち　第3章 変奏する伝
承と暮らし　第4章 暮らしのなかの語り　第5章
伝承の拠点　第6章 伝承の行方　第7章 神祀るシ
マと人　第8章 伝承と歴史の隔たりと媒介
　　　　　　　　　　　　　　　　　〔3642〕

◇南島説話生成の研究─ユタ・英雄・祭儀　山
下欣一著　第一書房　1998.5　594,8p
22cm　8000円　Ⓘ4-8042-0143-2　Ⓝ388.
199　　　　　　　　　　　　　　　〔3643〕

◇沖縄・奄美の説話と伝承　東喜望著　おうふ
う　1999.4　232p　21cm　2200円　Ⓘ4-
273-03059-4　Ⓝ388.199
内容　古層のムラの民俗誌─異郷から原郷の発見
へ　薩南諸島の疫病と琉歌─疱瘡と呪　徳之島の
伝説と昔話　南島の霊洞文化と太陽信仰　渡名喜
島の実話・伝説・昔話　波照間島出身の英傑と黒
人・渡海伝承　西表島・祖納の豪族伝承　与那国
島の伝説とその背景　失われた集落・浦添小湾の
民話　　　　　　　　　　　　　　　〔3644〕

◇大湾・古堅の民話　沖縄県読谷村教育委員
会, 歴史民俗資料館編　〔読谷村（沖縄県）〕
読谷村　1999.11　351p　27cm
（読谷村民話資料集 14）〈共同刊行：歴史民
俗資料館〉Ⓝ388.199　　　　　　　〔3645〕

◇琉球神話と古代ヤマト文学　永藤靖著　三弥
井書店　2000.3　280p　20cm　2800円
Ⓘ4-8382-9052-7　Ⓝ388.199　　　〔3646〕

◇沖縄の民話　遠藤庄治再話,玉盛映事, ジェー
ン・A.ヒッチコック英訳,沖縄広報センター
編　第3版　那覇　りゅうぎん国際化振興財
団　2000.5　199p　27cm〈他言語標題：
Folktales of Okinawa　英文併記　年表あり

発売：丸正印刷（西原町）〉1500円　Ⓘ4-
947654-05-8　Ⓝ388.199　　　　　〔3647〕

◇沖縄県の民話　日本児童文学者協会編　オン
デマンド版　偕成社　2000.7　236p　22cm
（県別ふるさとの民話）〈原本：1983年刊
文献あり〉3600円　Ⓘ4-03-050960-6
Ⓝ388.199
内容　祭りやならわしのおこり：花のカジマヤー
ハーリーのはじまり　ワラシンブ長者　ものいう
牛　アカインコの話　神さまと島だての話：天の
神と竜宮の神　ミルクとサーカ　海の赤牛と三人
きょうだい　サルになった金もち　生きかえったむ
すめ　南の海につたわる話：クマの子, ジュウコ
ウ　ふたりの男とかしこい妻　野底マーペ　竜宮
みやげのサバニ　ふしぎな男たち：鉄の男チョー
フグン　竜の目をなおした男　モーイ親方　ネコ
の脈をあてた男　ゆかいな話おもしろい話：浜端
じいさんとキジムナー　三つのねがいごと　ヒョ
ウタンからハチ　軍人と床屋　かまわん, かまわ
ん　解説1：いまも生きている民話（「ふるさとの
民話」編集委員会者）　資料：沖縄県の民話地図
解説2：沖縄県の民話について（安里和子, 遠藤庄
治者）　　　　　　　　　　　　　　〔3648〕

◇八重山・石垣島の伝説・昔話　1　福田晃, 山
里純一, 村上美登志編　三弥井書店　2000.7
185p　20cm　（琉球の伝承文化を歩く 1）
〈付属資料：1枚〉1500円　Ⓘ4-8382-4081-3
Ⓝ388.199
内容　大浜・宮良・白保の歴史と暮らし（石垣島の
風景　シマジマの集落　シマジマの歴史　大浜・
宮良・白保の暮らしと伝承）　大浜・宮良・白保
の伝説・昔話（人魚と津波　津波とウス石　石に
なった花嫁　天人の田地　ほか）　　〔3649〕

◇21世紀に残したい沖縄の民話21話─あなたが
選んだ　遠藤庄治文, 安室二三雄絵　那覇
琉球新報社　2000.7　55p　22×31cm
1800円　Ⓘ4-89742-028-8
内容　カシャとコラマタ─多良間村　ハエとスズ
メ─国頭村　雀の親孝行─浦添市　鷲とミーバイ
─与那原町　十二支の由来─伊江村　カジマヤー
の始まり─具志川市　八つで死ぬ運─本部町　塩
吹臼─伊平屋村　姉と弟─沖縄市　子ぬ方星の由
来─石垣市〔ほか〕　　　　　　　　〔3650〕

◇八重山昔話　喜舎場孫正著　石垣　ミル出版
2002.1　186p　20cm　1500円　Ⓝ388.199
　　　　　　　　　　　　　　　　　〔3651〕

◇たまぐすくの民話　遠藤庄治編　玉城村（沖
縄県）　玉城村教育委員会　2002.3　402p
図版11枚　31cm　Ⓝ388.199　　　〔3652〕

◇伝説と昔物語─王朝時代から語り継がれた民
俗哀史　新ガイドブック─沖縄本島市町村歴
史・名所・旧跡紹介　第3弾改訂版　那覇
沖縄トラベルサービス　2002.11　204p
21cm　1200円　Ⓝ388.199　　　　〔3653〕

292　　「沖縄」がわかる本　6000冊

民俗　　　　　　　　　　　　　　　　　　　　　　　　伝説・民話

◇渡具知・比謝・比謝矼の民話　読谷村教育委員会, 歴史民俗資料館編　読谷村（沖縄県）読谷村教育委員会　2003.3　341p　27cm〈読谷村民話資料集 15〉〈共同刊行：歴史民俗資料館　文献あり〉Ⓝ388.199　〔3654〕

◇声の神話―奄美・沖縄の島じまから　真下厚著　藤沢　瑞木書房　2003.9　277,9p　22cm〈発売：慶友社〉3900円　Ⓘ4-87449-041-7　Ⓝ388.199
内容　第1部　声の神話をめぐって（声の神話の生態―宮古諸島からの素描　声の神話の形態―奄美・沖縄の呪詞と説話　声の神話の表現―宮古島の呪詞・説話から　ほか）　第2部　説話の伝播と伝承（奄美・沖縄地方の民話の特質―「島」の文化　始祖神話伝承の形成―宮古島上比屋御岳伝承をめぐって　神婚神話伝承の形成―宮古島漲水御岳伝承を中心に　ほか）　第3部　声の神話の社会（神役・巫者と声の神話―宮古諸島から　女性神役の人生史―伊良部島・宮古島の女性たち　女性神役の就任と社会―竹富島のカンツカサたち　ほか）　〔3655〕

◇南島民間神話の研究　山下欣一著　第一書房　2003.9　537,7p　22cm〈文献あり〉9000円　Ⓘ4-8042-0748-1　Ⓝ388.199　〔3656〕

◇西表島・黒島・波照間島の伝説・昔話　狩俣恵一, 丸山顕徳編　三弥井書店　2003.11　247p　20cm（琉球の伝承文化を歩く 2）1800円　Ⓘ4-8382-4082-1　Ⓝ388.199
内容　西表島・黒島・波照間島の歴史と暮らし（西表島の歴史と暮らし　黒島の歴史と暮らし　ほか）　西表島の昔話（大竹祖納堂の話1　慶来慶田城の話　ほか）　黒島の昔話（保里御岳　大男アビフル　ほか）　波照間島の昔話（石カンパーと石カンブヤー　波照間の新生　ほか）　方言共通語対訳（大竹祖納堂の話2/語り手・那根弘（西表島祖納）　母猫と子猫（猫ユンタの話）/語り手・宮良屋真多（西表島美原）　ほか）　〔3657〕

◇妖鬼化　1　関東・北海道・沖縄編　水木しげる著　ソフトガレージ　2004.1　142p　19cm　1600円　Ⓘ4-86133-004-1
内容　関東（赤城山の百足神　灯無蕎麦　足洗邸　ほか）　北海道（オッケルイペ　熊神　コロポックル　ほか）　沖縄（アカナー　イチジャマ　遺念火　ほか）　〔3658〕

◇本部町の民話　上巻（昔話編）　遠藤庄治編　本部町（沖縄県）　本部町教育委員会　2004.3　439p　31cm　Ⓝ388.199　〔3659〕

◇沖縄の伝説散歩　長嶺操, 徳元英隆著　那覇　沖縄文化社　2004.11　101p　19cm　951円　Ⓘ4-902412-03-9　Ⓝ388.199　〔3660〕

◇ふる里の民話―「うちな〜口」で語り聞かせる　沖縄の昔話　八木政男方言監修, 長田昌明編著　与那原町（沖縄県）　わらべ書房　2005.3　208p　21cm〈付属資料：CD1枚

（12cm）英語併記〉2000円　Ⓘ4-9900914-6-9　Ⓝ388.199　〔3661〕

◇本部町の民話　下巻（伝説編）　遠藤庄治編　本部町（沖縄県）　本部町教育委員会　2005.3　523p　31cm　Ⓝ388.199　〔3662〕

◇週刊日本の伝説を旅する　22　沖縄　世界文化社　2005.7　35p　30cm　533円　〔3663〕

◇歴史・伝説にみる沖縄女性　比嘉朝進編著　南風原町（沖縄県）　那覇出版社　2005.11　189p　19cm　1324円　Ⓘ4-89095-159-8　Ⓝ388.199　〔3664〕

◇おきなわのHな昔話　松田米雄著　うるま　ゆい出版　2005.12　124p　19cm　900円　Ⓘ4-946539-25-5　Ⓝ388.199
内容　昔むかし（ノミとシラミの大冒険　ノミの大冒険　ほか）　ああ勘違い（かさぎらちとぅらせーにーぶやーとみんくじらー　ほか）　おかしな夫婦（くすり塗ってやろうかぁ　いそーさぐむい　ほか）　大きいことはいいことだ（マギタニとホーの歯　ウフダニの話　ほか）　恋の手ほどき（茄子と唐辛子　茄子のアク抜き　ほか）　〔3665〕

◇ねこと犬とさるのたからもの　沖縄昔ばなし　大学再話コース再話, 小澤俊夫監修　川崎　小澤昔ばなし研究所　2005.12　91p　17cm（子どもに贈る昔ばなし 1）　800円　Ⓘ4-902875-01-2　Ⓝ388.199
内容　おもちごろごろ　十二支のはじまり　さる長者　兄弟のなかなおり　わらしべ長者　妹のきもと茶の木　多良間真牛　せんすの寿命　魚のおんがえし　かまきりとくもとなるふし　ねこと犬とさるのたからもの　米寿由来　〔3666〕

◇テードゥン昔ムヌンガタイ　竹富町（沖縄県）　たきどぅん　2006.4　94p　15×22cm（竹富島文庫 2）　Ⓝ388.199　〔3667〕

◇「りゅうきゅう」のはなし　和来龍文, 仲村悦子絵　第2版　那覇　ボーダーインク　2006.10　36p　19×25cm〈他言語標題：The story of Ryukyu　英訳：辺土小枝子英語併記〉1800円　Ⓘ4-89982-111-5　Ⓝ388.199　〔3668〕

◇沖縄むかしむかし　沖縄県子どもの本研究会編　〔那覇〕　沖縄県子どもの本研究会　2007.6　108p　21cm（子どもに語る沖縄の民話 1）　952円　Ⓘ978-4-9903112-1-6　Ⓝ388.199
内容　くらー（すずめ）の話　親不孝な蛙　こうもりのふた心　ムカデと鶏と龍　かまきりの仲人　猿の生肝　はえとすずめ　犬の足　雀の酒づくり　のみとしらみの競争　犬と猫と宝物　十二支のはじまり　みるくがなしとさーかがなし　潮吹き臼　火正月の話　継子と井戸掘り　亀の恩返し　ハー

「沖縄」がわかる本 6000冊　　293

伝説・民話   民俗

リーのはじまり　城間仲と泥棒　白銀堂由来　歌
う骸骨　クスケー由来　クモのお化け　池城親方
と逆立ち幽霊　モーイと幽霊　　　　　　〔3669〕

◇白銀岩の由来─絵本　金城善文, 安室二三雄,
大城美千恵絵　那覇　フォレスト　2007.8
61p　22×30cm　2000円　①978-4-9903112-
2-3　Ⓝ388.199
　内容　根人に伝わる物語　金城善文　大城美千恵
　絵　『遺老説伝』にある物語　金城善文　安室二
　三雄　絵　　　　　　　　　　　　　　　〔3670〕

◇タルガニとぅマナビダル─他　うちなあぐち
昔話　日本語訳付　比嘉清文　糸満　南謡出
版　2008.11　74p　19cm　〔うちなあ昔話
シリーズ─うちなあぐちしさびら物語小シ
リーズ　2〕　1300円　Ⓝ388.199　〔3671〕

◇遠藤庄治著作集　第1巻　沖縄の民話研究
遠藤庄治著, 遠藤庄治著作集編集委員会編
宜野湾　沖縄伝承話資料センター　2010.4
431p　27cm　〈制作発売：フォレスト（那
覇）〉　4000円　①978-4-9903112-5-4　Ⓝ388.
199
　内容　琉球の宗教儀礼と日本神話　沖縄民話の特
　質　沖縄民話調査の課題　沖縄の民話を子どもた
　ちの中に　宮古民話の特質について　再話の方法
　「沖縄の昔話」の特質　伝説　沖縄から日本の民
　話を考える　沖縄の始祖伝承─宮古諸島圏の文献
　説話　沖縄の始祖伝承　「かさじぞう」を考える
　沖縄の民話の分布　沖縄の来
　訪神話　沖縄民話の表現　地域史と民話　記紀
　神話と琉球神話　沖縄の伝承と子どものかかわり
　沖縄の口承文芸における伝説の位置　昔話、受容
　と別用　赤犬子の伝説　昔話・伝説研究の現在と
　展望　2　沖縄　唐話「葫蘆［トン］の裁判」につ
　いて　沖縄民話と韓国神話の比較資料　琉球王国
　の英雄群像　普天満宮伝説考　沖縄民話への誘い
　沖縄の妖怪と人間を脅かす異類　羽衣伝説の比較
　検討　沖縄の祖神伝承　沖縄の民話と芸能
　　　　　　　　　　　　　　　　　　　　〔3672〕

◇おきなわの怪談　徳元英隆文, 安室二三雄絵
那覇　沖縄文化社　2010.8　122p　19cm
951円　①978-4-902412-18-5　Ⓝ388.199
　内容　我如古の化け猫　伊江島ハンドー小　歌うし
　ゃれこうべ　久嘉喜鮫殿とキジムナー　無鼻の断
　崖　真嘉比道の逆立ち幽霊　大和の幽霊船　十貫
　瀬の七つ墓　牡馬のたたり　美女に化けた豚　耳
　切り坊主　識名坂の遺念火　鼈の精　真玉橋の人
　柱　宿屋の猫　鬼嫁のはなし　宮古島のガマク婆
　妻の霊魂　石垣島の崎枝鬼　　　　　　　〔3673〕

◇豊見城の王様わんおうそ─ハーリー由来物語
豊見城　豊見城市商工会青年部　2010.12
16p　30cm　Ⓝ388.199　　　　　　　　〔3674〕

◇大浜の民話　1　教育部市史編集課編　〔石
垣〕　石垣市教育委員会　2012.3　74p
26cm　（石垣市史研究資料 5）　500円

Ⓝ388.199　　　　　　　　　　　　　　　〔3675〕

◇口承神話伝説の諸相　丸山顕徳著　勉誠出版
2012.3　396,7p　22cm　〈索引あり〉　9800円
①978-4-585-22027-5　Ⓝ388.199
　内容　第1編　沖縄地方の口承神話（沖縄諸島の起源
　神話　沖縄の天空神話（沖縄の神話と伝説）　第
　2編　近畿地方の民話（歪められた民話　奈良県内
　の調査報告）　第3編　神話研究と日本人論（古代神
　話と海山　神話・説話と日本人の心）　　〔3676〕

◇大浜の民話　2　市史編集課編　〔石垣〕
石垣市教育委員会　2013.3　79p　26cm
（石垣市史研究資料 6）　500円　Ⓝ388.199
　　　　　　　　　　　　　　　　　　　　〔3677〕

◇かでなの民話　『かでなの民話』編集委員会
編　嘉手納町（沖縄県）　嘉手納町教育委員
会　2013.3　490p　図版［10］枚　27cm
〈文献あり〉　Ⓝ388.199　　　　　　　　〔3678〕

◇沖縄の伝承遺産を拓く─口承神話の展開　福
田晃著　三弥井書店　2013.6　379p　20cm
（［三弥井民俗選書］）　2800円　①978-4-
8382-9086-4　Ⓝ388.199
　内容　1　ノロ（祝女）ユタ（巫者）のなかの口承神話
　2　沖縄の英雄説話（鉄・王権・説話─琉球国の誕生
　鉄人英雄譚─「チョウハグン親方」の誕生　「馬
　の家」英雄譚─「高良大夫」の伝承系譜）　3　沖
　縄の民間説話（神話・説話・昔話の間　神話・伝
　説・史譚の間）　4　昔話採訪論（奄美・徳之島を訪
　ねる　八重山・竹富島小浜島を訪ねる　「八重山
　諸島の昔話」を歩く　「南島 "奄美・沖縄" の昔話」
　を歩く）　5　昔話採訪の五〇年─あとがきにかえて
　　　　　　　　　　　　　　　　　　　　〔3679〕

◇うちなあぬ古噺（いふぁなし）─ペエクウぬ
碁　他二話　比嘉清作・文　糸満　南謡出版
2013.7　80p　19cm　〈日本語訳付〉　1300円
Ⓝ388.199
　内容　ペエクウぬ碁　打ち紙ぬ由来　花子物語　2
　（花子ぬ夢）　　　　　　　　　　　　　〔3680〕

◇伊江島の民話─いーじまぬんかしばなし　第
1集　生塩睦子監修　伊江村（沖縄県）　伊江
村教育委員会　2014.3　55p　27cm　Ⓝ388.
199　　　　　　　　　　　　　　　　　　〔3681〕

◇新しい日本の語り　10　むぬがたいの会の語
り　日本民話の会編　むぬがたいの会編, 樋
口淳責任編集　悠書館　2014.4　227p
20cm　1800円　①978-4-903487-77-9
Ⓝ388.1
　内容　1　島々の語り（波照間の新生（八重山・波照間
　島）　津波を呼ぶ人魚（八重山・波照間島）　ほか）
　2　那覇の語り（みるく神とさーか神（那覇市）　十
　二支のはじまり（那覇市）　ほか）　3　本島中南部の
　語り（天女の息子（宜野湾市）　普天満権現の由来
　（宜野湾市）　ほか）　4　本島北部・山原の語り（ク
　バがさ地蔵（恩納村）　寄木の運定め（本部町）　ほ

294　「沖縄」がわかる本 6000冊

民俗　　　　　　　　　　　　　　　　　　　　　　　　　　　　　　　　伝説・民話

か〕　　　　　　　　　　　　　　〔3682〕

◇沖縄の由来ばなし　徳元英隆文, 安室二三雄
絵　那覇　沖縄文化社　2014.4　126p
21cm〈文献あり〉1364円　①978-4-902412-
23-9　Ⓝ388.199　　　　　　　　〔3683〕

◇沖縄の民話　伊波南哲編　未來社　2015.7
223p　19cm　〈〈新版〉日本の民話 11〉
2000円　①978-4-624-93511-5　Ⓝ388.199
内容 金の瓜の種子　のみとしらみ　千鳥の歌
アカナーの話　小牛になった花嫁　雀と蠅　鬼が
島　白銀堂物語　みみずの涙　鬼餅　宝の箱　強
力太郎　海神　おほん坂　親友の情　宝剣治金丸
猿の王国　旅の老人　棄て子　天女のお母さん
鼻のとびら　亀の恩返し　大虎退治　わにざめの
話　頓智小僧　大蛇の精　魔法使いの坊さん　わ
るだくみ　桑の杖　不思議なつぼ　人食い島　雀
と雲雀　くしゃみ　人魚の歌　石になった男　亀
になった男　すずめとかわせみ　厄病神　かっこ
う鳥　無人島に流された男　　　　〔3684〕

《民謡》

◇胡屋・仲宗根のわらべ歌　沖縄市立郷土博物
館編　沖縄　沖縄市教育委員会　1995.3
25p　26cm　〈沖縄市文化財調査報告書 第
19集〉〈表紙の書名：わらべうた〉Ⓝ767.7
　　　　　　　　　　　　　　　　〔3685〕

◇「しまうた」流れ─琉球弧の民謡入門　仲宗
根幸市著　那覇　ボーダーインク　1995.8
193p　19cm〈参考文献リスト：p191〉1600
円　Ⓝ767.5199　　　　　　　　　〔3686〕

◇八重山の心─トゥバラーマと人生　西原洋子
編著　国文社　1995.11　135p　20cm〈英
語書名：The soul of Yaeyama 英文併記
折り込み1枚〉1854円　①4-7720-0417-3
Ⓝ388.9199　　　　　　　　　　　〔3687〕

◇うすれゆく島嶼文化─歌謡と自然認識の世界
大山了己著　那覇　ひるぎ社　1995.12
240p　21cm　2000円　Ⓝ767.5199　〔3688〕

◇歌謡　古橋信孝, 三浦佑之, 森朝男編　勉誠社
1996.7　254p　21cm　〈古代文学講座 9〉
3800円　①4-585-02048-9
内容 古事記と六国史の歌謡　古代歌謡の様態　奈
良・平安の諸歌謡　和歌を囲繞するもの　琉球の
古謡　歌謡の鑑賞　　　　　　　　〔3689〕

◇沖縄新民謡の系譜　大城学著　那覇　ひるぎ
社　1996.8　245p　18cm　〈おきなわ文庫
78〉　980円　Ⓝ767.5199　　　　〔3690〕

◇琉球古典音楽の源流─屋嘉比、知念、欽定、
安室工工四の比較研究　宮城嗣幸著　南風原

町（沖縄県）　那覇出版社　1996.10　796p
22cm　9800円　①4-89095-075-3　Ⓝ767.
5199　　　　　　　　　　　　　　〔3691〕

◇琉球列島島うた紀行　第1集　奄美諸島・沖
縄北部・沖縄中部　仲宗根幸市編著　那覇
琉球新報カルチャーセンター　1997.4　195p
23cm〈発売：琉球新報社（那覇）　文献あ
り〉1800円　①4-89742-005-9　Ⓝ388.9199
　　　　　　　　　　　　　　　　〔3692〕

◇宮古のフォークロア　ニコライ・A.ネフス
キー著, リヂア・グロムコフスカヤ編, 狩俣繁
久〔ほか〕共訳　砂子屋書房　1998.2　378p
23cm　〈弧琉球叢書 3〉　7500円　Ⓝ388.
9199　　　　　　　　　　　　　　〔3693〕

◇琉球列島島うた紀行　第2集　八重山諸島・
宮古諸島　仲宗根幸市編著　那覇　琉球新報
カルチャーセンター　1998.2　201p　23cm
〈発売：琉球新報社（那覇）〉1900円　①4-
89742-006-7　Ⓝ388.9199
内容 八重山民謡（鷲ぬ鳥節　鷲ぬ鳥ユンタ　赤馬
節　しゅうら節 ほか）　宮古の民謡（トーガニア
ヤグ（古謡トーガニ）　四586ぬ主　池間ぬ主　古見
ぬ主 ほか）　　　　　　　　　　〔3694〕

◇「しまうた」を追いかけて─琉球弧の民謡・
フィールドワークとエッセイ　仲宗根幸市著
那覇　ボーダーインク　1998.3　319p
19cm　1800円　①4-938923-62-9　Ⓝ388.
9199
内容 序章「しまうた」の世界　第1章「しまう
た」に魅せられて　第2章 流れ行く「しまうた」
─琉球弧の民謡研究　第3章「しまうた」民俗雑
感─沖縄・奄美の不思議な話　　　〔3695〕

◇沖縄のわらべうた─絵本　儀間比呂志作　那
覇　沖縄タイムス社　1999.1　50p　23×
26cm　〈他言語標題：Children's songs of
Okinawa　英文併記　年譜あり〉2400円
①4-87127-134-X
内容 とぅとぅ前　若木売り　ベーベーの草刈いが
牛もぅもぅ　三村のアングヮー　ちんなん　キジ
ムン　壺屋の徳利小　ハーリー　でいごの花〔ほ
か〕　　　　　　　　　　　　　　〔3696〕

◇わかりやすい歌三線の世界─古典の魂　勝連
繁雄著　具志川　ゆい出版　1999.6　316p
19cm　2000円　①4-946539-07-7　Ⓝ388.
9199　　　　　　　　　　　　　　〔3697〕

◇琉球列島島うた紀行　第3集　沖縄本島周辺
離島・那覇・南部　仲宗根幸市編著　那覇
琉球新報カルチャーセンター　1999.11
244p　23cm〈発売：琉球新報社（那覇）〉
2000円　①4-89742-007-5　Ⓝ388.9199
内容 久米島の民謡　粟国島の民謡　渡名喜島の

「沖縄」がわかる本 6000冊　　295

伝説・民話　　　　　　　　　　　　　　　　　　　　　　　　　　民俗

民謡　伊江島の民謡　伊是名島の民謡　伊平屋島
の民謡　那覇・南部の民謡　沖縄本島一円の民謡
〔3698〕

◇南島歌謡の研究　狩俣恵一著　藤沢　瑞木書
房　1999.12　495,12p　22cm　〈発売：慶友
社　付属資料：CD1枚（8cm）〉13800円
Ⓘ4-87449-031-X　Ⓝ388.9199
　内容　序章　研究史と本書の立場　第1章　ニライカ
ナイの伝承　第2章　御嶽と祭祀伝承　第3章　南島
の呪言と呪詞　第4章　南島の物語歌謡　終章　南
島歌謡の発生
〔3699〕

◇宮古島狩俣の神版—その継承と創成　内田順
子著　京都　思文閣出版　2000.2　283p
22cm　〈文献あり〉6600円　Ⓘ4-7842-1036-9
Ⓝ388.9199
〔3700〕

◇歌三線の世界—古典の魂　勝連繁雄著　改訂
具志川　ゆい出版　2000.9　323p　19cm
〈年表あり〉2000円　Ⓘ4-946539-11-5
Ⓝ388.9199
〔3701〕

◇沖縄島唄紀行　藤田正文,大城弘明写真　小
学館　2001.7　133p　21cm　（Shotor
travel）　1600円　Ⓘ4-09-343170-1　Ⓝ388.
9199
　内容　1　島の姿（南の花と歌三線—花（すべての人
の心に花を）　夏の疾風、太鼓の響き—七月エイ
サー　大いに泣いて、大いに笑って—テーゲー　ほ
か）　2　島の流れ（人の世と大宇宙をつなぐ歌—
てぃんさぐぬ花　祝いと祭りと御先祖様—年中行
事口説　宮廷の風雅と老人の舞—かぎやで風節　ほ
か）　3　島の人生（子は神、神はいつもそこに—童
神—天の子守り唄　忍ぶ恋の潮時—月ぬマビロー
マ　燃え上がる恋と遊びの変奏曲—遊び仲風　ほ
か）
〔3702〕

◇民謡の旅—沖縄北部（やんばる）12市町村　や
んばるの歌と文化を訪ねる　第2版　南風原
町（沖縄県）　沖縄フェース出版　2001.10
186p　26cm　1429円　Ⓝ388.9199　〔3703〕

◇嗣周・歌まくら　宮城嗣周著　改訂版　南風
原町（沖縄県）　那覇出版社　2002.10　347p
19cm　2300円　Ⓝ388.9199　〔3704〕

◇沖縄島唄読本　沖縄ナンデモ調査隊編　双葉
社　2003.3　167p　21cm　1300円　Ⓘ4-
575-29513-2　Ⓝ388.9199
　内容　第1章　じっくり染みてる唄の島（島人仲間入
りのツボ　オバァの乱舞　ほか）　第2章　曲に寄り
添い、唄に酔う（唐船ドーイ　テーゲー'95　ほか）
第3章　うっかり手が出る島唄ワールド（島唄攻略
法　マイ三線を手に入れる　ほか）　第4章　肝心—
ちむぐくる島の唄（肝、愛さ、情　島唄嫌いの世代
ほか）
〔3705〕

◇やんばるの祭りと神歌　名護市史編さん室編
再版　名護　名護市教育委員会　2003.3

◇宮古の歌謡　新里幸昭著　那覇　沖縄タイム
ス社　2003.4　358p　22cm　〈付・宮古歌謡
語辞典〉3800円　Ⓘ4-87127-159-5　Ⓝ388.
9199
〔3707〕

◇奄美・沖縄哭きうたの民族誌　酒井正子著
小学館　2005.6　255p　21cm　1900円
Ⓘ4-09-626231-5　Ⓝ388.9199
　内容　序章　風に哭く　第1章　歌の小宇宙＝シマ
第2章　徳之島の“供養歌”と“哀惜歌”　第3章　沖
永良部島のクォイ　第4章　沖縄諸島の葬送歌　第
5章　与那国島のカディナティ　第6章　琉球弧の死
生観　終章　韓国の哭きうた
〔3708〕

◇宮古芸能の系譜　平良重信著　宮古島　重信
民謡研究所　2006.12　235p　22cm　Ⓝ388.
9199
〔3709〕

◇精選八重山古典民謡集　1　當山善堂制作・
編著者,通事安京,宮城信勇監修　西原町（沖
縄県）　丸正印刷　2008.5　271p　22cm
〈歌詞（歌意・解説・語意）附〉4762円　Ⓘ4-
9904297-0-2　Ⓝ767.5199
〔3710〕

◇現代仮名遣いで易しく読める沖縄の古典音楽
歌詞118　國吉眞正,船津好明著　〔川崎〕
沖縄語教育研究所　2009.6　83p　27cm
Ⓝ388.9199
〔3711〕

◇恋するしまうた恨みのしまうた　仲宗根幸市
著　那覇　ボーダーインク　2009.7　174p
18cm　（ボーダー新書 002）　900円
Ⓘ978-4-89982-162-5　Ⓝ388.9199　〔3712〕

◇精選八重山古典民謡集　2　當山善堂制作・
編著,通事安京,宮城信勇監修　〔那覇〕
〔當山善堂〕　2009.11　337p　22cm　〈歌詞
（歌意・解説・語意）附〉5714円　Ⓘ4-
9904297-4-5　Ⓝ767.5199
〔3713〕

◇琉球歌謡論　玉城政美著　砂子屋書房
2010.3　548p　22cm　（弧琉球叢書 8）　〈著
作目録あり　年譜あり〉8000円　Ⓘ978-4-
7904-1206-9　Ⓝ388.9199
〔3714〕

◇唄者の肖像　高桑常寿著　東京キララ社
2011.4　1冊（ページ付なし）　31cm　〈他言
語標題：Musicians of Islands　英文併記
訳：小林由紀,Daniel Long　発売：河出書房
新社〉3800円　Ⓘ978-4-309-90907-3
Ⓝ388.9199
＊遙か古、沖縄が琉球王朝だった時代から歌い継が
れてきた島唄。その島唄を現代に引き継ぐ「唄
者」110余名を4×5版大型カメラで撮った肖像写
真…。
〔3715〕

◇精選八重山古典民謡集　3　當山善堂制作・

296　「沖縄」がわかる本　6000冊

民俗　　　　　　　　　　　　　　　　　　　　　　　　　　　　伝説・民話

編著, 宮城信勇監修　那覇　文成印刷　2011.
5　319p　22cm　6000円　①978-4-904777-
03-9　Ⓝ767.5199
　　　　　　　　　　　　　　　　　　〔3716〕

◇とぅばらーまの世界　大田静男著　石垣　南
山舎　2012.9　237p　21cm　1900円
①978-4-901427-27-2　Ⓝ388.9199　〔3717〕

◇西表島の民謡　竹富町（沖縄県）　西表島エ
コツーリズム協会　2013.3　27p　21×30cm
　　　　　　　　　　　　　　　　　　〔3718〕

◇八重山のわらべうた　竹富町（沖縄県）　西
表島エコツーリズム協会　2014.3　27p
21cm　　　　　　　　　　　　　　　　〔3719〕

◇歌の原初へ―宮古島狩俣の神歌と神話　居駒
永幸著　おうふう　2014.4　372p　20cm
（明治大学人文科学研究所叢書）　4500円
①978-4-273-03752-9　Ⓝ388.9199
　[内容]第1章 神歌と神話（狩俣の祭祀と神歌体系―
タービ・フサ・ニーラーグの様式から　ユーヌヌ
ス神話と神歌 ほか）　第2章 神歌の表現（タービ
の叙事構造―「フニンダギツカサのタービ」を中心
に　シダティムトゥのタービ四種―女性神役ユー
ヌヌスからの聞き取りを通して ほか）　第3章 神
歌の現在（神話の生成 神話の森―宮古島狩俣の祭
祀から　狩俣の伝承世界とアーグ ほか）　第4章
神歌のゆくえ 他（樹に成った神女　神歌のゆくえ
ほか）　　　　　　　　　　　　　　〔3720〕

◇唄者武下和平のシマ唄語り　武下和平著,清
眞人聞き手　大阪　海風社　2014.7　204p
21cm　（南島叢書 96）　2000円　①978-4-
87616-029-7　Ⓝ388.9199
　[内容]第1部 誌上シマ唄入門教室（シマ唄基礎知識
シマ唄誌上教室）　第2部 祝い唄・教訓唄・シマ誉
め唄（祝い唄　教訓唄　シマ誉め唄　奄美シマ唄
を日本全国に知らしめる彗星 それが夫にとって
の武下さんの唄声だった）　第3部 唄者への道―
武下和平回想録（二人の唄者との出会い　「武下
流」の創立は山田さんが勧めてくれたことだった
奄美を出た人々の望郷の想いこそがシマ唄を育て
る　言葉の力を信じ遊ぶ、それが奄美の文化）
　　　　　　　　　　　　　　　　　　〔3721〕

自然科学

自然科学一般

◇子どもとはじめる自然〈冒険〉図鑑　10　南の島を旅する─沖縄自然フィールドガイド　花井正光他著，村田行他写真　岩波書店　1995.3　79p　26cm　1700円　Ⓘ4-00-115300-9　Ⓝ402.91
＊日本の南端，西表島の自然を徹底ガイド。
〔3722〕

◇発見いっぱい！ 沖縄島─親と子の自然ガイド　いじゅの会著　浦添　沖縄出版　1995.7　247p　19cm　2600円　Ⓘ4-900668-52-4　Ⓝ402.9199
〔3723〕

◇日本の川を調べる　6　九州・沖縄の川とくらし　犬井正監修・執筆　土田良一執筆　理論社　1996.3　47p　27cm　（日本を調べる本）　3000円　Ⓘ4-652-08216-9
〔3724〕

◇日本の自然─地域編　8　南の島々　中村和郎〔ほか〕編　岩波書店　1996.6　216p　27cm　〈参考書・引用文献：p199～209〉　4300円　Ⓘ4-00-007938-7　Ⓝ402.91　〔3725〕

◇那覇市の自然観察ハンドブック─探検しよう身近な自然　沖縄県公衆衛生協会企画・編集　那覇　那覇市環境保全課　〔1999〕　29p　21cm
〔3726〕

◇ぎのわん自然ガイド　宜野湾市教育委員会文化課編　宜野湾　宜野湾市教育委員会　2002.3　213p　21cm　（宜野湾市史　第9巻　資料編　8　自然・解説編）　Ⓝ402.9199〔3727〕

◇親子で楽しむ沖縄の自然たんけん　沖縄県マルチメディア教育研究会編著　日本標準　2002.5　119p　20×22cm　1429円　Ⓘ4-8208-0000-0　Ⓝ460.7
内容 自然へとびだそう！　ヤンバルにすむ，たいせつななかまたち　ヤンバルの山にのぼろう　鳥と友だちになろう　県民の森を歩いてみよう　草花で遊ぼう　自然のものを食べよう「山の幸」　オオゴマダラってどんなチョウ？　ホタルの森へ出かけよう　セミを観察しよう〔ほか〕〔3728〕

◇八重山の自然歳時記　大仲浩夫著　石垣　南山舎　2003.4　126p　19cm　（やいま文庫3）　1200円　Ⓝ402.9199
〔3729〕

◇自然の示唆と人生─野生からのメッセージ　高良鉄夫著　南風原町（沖縄県）　那覇出版社　2004.4　311p　21cm　1500円　Ⓘ4-89095-147-4　Ⓝ402.9199
〔3730〕

◇沖縄の自然　宮城勉監修，渡辺一夫文・写真　ポプラ社　2005.3　47p　27cm　（沖縄まるごと大百科　1）　2800円　Ⓘ4-591-08470-1　Ⓝ402.9199
内容 沖縄の島じまの地形と気候（南の国沖縄へようこそ　長い夏と短い春の南の島　ほか）　楽しい沖縄の海辺（海の楽しみがある島じま　サンゴ礁ってなに？　ほか）　沖縄の植物・動物（沖縄でよく見られる花と木　沖縄だから見られる生き物）　ヤンバルの森に行こう（生き物の命をささえるイタジイの森　ヤンバルの森の沢であそぼう）　沖縄の自然を守る（石垣島のサンゴを守る　ヤンバルの森を守る　ほか）
〔3731〕

◇いつまでも残しておきたい日本の森─森を守ることは人類を救うこと　福嶋司著　リヨン社，二見書房〔発売〕　2005.8　287p　21cm　2000円　Ⓘ4-576-05126-1
内容 沖縄・九州の森（ヤンバル（沖縄県北部）残された亜熱帯の自然林「ヤンバルの森」　屋久島（屋久島西側）亜熱帯から亜寒帯までの特徴的な垂直植生帯　ほか）　四国・中国の森（石鎚山（愛媛県）中国大陸との関係を残すソハヤキ要素の森　高縄山（愛媛県）低地型タイプのブナ林　ほか）　近畿・北陸の森（芦生（京都府）枝から根を出すアシウスギの不思議　石動山（石川県）400年の歳月を経て再生した低地のブナ林　ほか）　東海・関東の森（赤石岳（長野県）地形と対応して分布するイヌブナ，ブナ，ツガなどの森　富士山　南と北で分布高度が異なる垂直分布帯　ほか）　東北・北海道の森（小国（山形県）マタギによる自然との共生の姿　蔵王（山形県，宮城県）樹氷は繊細な氷の芸術　ほか）
〔3732〕

◇沖縄における亜熱帯・島嶼研究の展望─亜熱帯総合研究所「研究可能性調査」5年間の軌跡　〔那覇〕　亜熱帯総合研究所　2006.3　1冊　30cm　〈平成17年度内閣府委託調査研

自然科学　　　　　　　　　　　　　　　　　　　　　　　　地学

究〉 Ⓝ402.9199　　　　　　　　〔3733〕

◇尖閣研究—高良学術調査団資料集　上　尖閣
諸島文献資料編纂会編　那覇　データム・レ
キオス　2007.10　385p　26cm　Ⓘ978-4-
9903775-0-2　Ⓝ402.9199　　　　〔3734〕

◇尖閣研究—高良学術調査団資料集　下　尖閣
諸島文献資料編纂会編　那覇　データム・レ
キオス　2007.10　389p　26cm〈年表あり〉
Ⓘ978-4-9903775-0-2　Ⓝ402.9199　〔3735〕

◇人類の旅—港川人の来た道　沖縄県立博物館
新館開館記念展　那覇　沖縄県立博物館・美
術館　2007.11　63p　30cm〈他言語標題：
Great journey of the humankind〉Ⓝ469.2
　　　　　　　　　　　　　　　　〔3736〕

◇沖縄の自然歳時記—季節と生きものたち　安
座間安史著　那覇　沖縄文化社　2008.8
109p　19cm　951円　Ⓘ978-4-902412-15-4
Ⓝ402.9199　　　　　　　　　　〔3737〕

◇すばる—そのこころ　與那嶺正秀著　南風原
町（沖縄県）　那覇出版社（制作）　2008.9
342p　22cm〈年表あり〉Ⓝ304　〔3738〕

◇天然記念物緊急調査報告書—サンゴ礁　沖縄
県教育委員会編　那覇　沖縄県教育委員会
2009.3　142p　30cm　（沖縄県天然記念物
調査シリーズ　第45集）Ⓝ452.8　　〔3739〕

◇尖閣研究—尖閣諸島の自然・開発利用の歴史
と情報に関する調査報告　沖縄県における地
域振興・島おこしの一助として　那覇　尖閣
諸島文献資料編纂会　2011.5　279p　21cm
（(社)沖縄県対米請求権事業協会・助成シ
リーズ　no.42）　1200円　Ⓝ402.9199〔3740〕

◇国指定史跡今帰仁城跡附シイナ城跡の自然—
自然調査報告書　〔沖縄県今帰仁村教育委員
会〕社会教育課文化財係編　〔今帰仁村（沖
縄県）〕　沖縄県今帰仁村教育委員会　2012.
3　125p　図版9p　30cm　（今帰仁村文化財
調査報告書　第31集）〈文献あり〉Ⓝ402.
9199　　　　　　　　　　　　　　〔3741〕

◇今帰仁村の自然　今帰仁村教育委員会社会教
育課文化財係編　今帰仁村（沖縄県）　今帰
仁村教育委員会　2012.3　64p　26cm　（今
帰仁村文化財ガイドブック　vol. 3）　Ⓝ402.
9199　　　　　　　　　　　　　　〔3742〕

◇琉球列島の自然講座—サンゴ礁・島の生き物
たち・自然環境　琉球大学理学部「琉球列島
の自然講座」編集委員会編著　那覇　ボー
ダーインク　2015.3　207p　19cm　1800円
Ⓘ978-4-89982-272-1　Ⓝ402.9199　〔3743〕

数学

◇藁算—琉球王朝時代の数の記録法　栗田文子
著　慶友社　2005.11　212p　22cm〈撮影：
工藤員功〉4500円　Ⓘ4-87449-238-X
Ⓝ410.2199
　内容　結びと藁算（わらざん）（萩尾俊章）ファイ
　ンダーの向こうに見えたもの（工藤員功）　沖縄結
　縄と出会って（栗田文子）　図版（標準数記標　米
　穀数記標　本島南部木材に関する記標・先島貢納
　布の記標　沖縄本島の数標　藁算の読み方　ほか）
　　　　　　　　　　　　　　　　〔3744〕

天文

◇Okinawa四季の星座　伊舎堂弘〔ほか〕著,
沖縄星観の会編　中城村（沖縄県）　むぎ社
1995.3　152p　26cm　2816円　　〔3745〕

地学

◇沖縄でも地震は起きる　加藤祐三著　那覇
ボーダーインク　1995.8　189p　19cm
1500円
　内容　序 阪神大震災が起きた　第1部 沖縄でも地
　震は起きる　第2部 地盤を考える　第3部 各地の
　地震災害に学ぶ　第4部 地学エッセイ　〔3746〕

◇琉球地震列島—「地震がない」は迷信　加藤
祐三著　南風原町（沖縄県）　那覇出版社
1995.12　215p　19cm　（那覇出版文庫）
1200円　Ⓝ453.2199
　内容　1 沖縄には地震がないか　2 沖縄にも火山
　がある　3 いくつもある沖縄の地震　4 阪神大震
　災で何が起きたか　5 津波による被害　6 沖縄で
　地震が起きたら　7 地震に備えを　　〔3747〕

◇沖縄の島じまをめぐって　沖縄地学会編著
増補版　築地書館　1997.11　228p　19cm
（日曜の地学　14）〈索引あり〉1800円
Ⓘ4-8067-1033-4　Ⓝ455.199
　内容　島のくに・沖縄　島じまの地形めぐり　沖
　縄島—琉球列島の背骨　宮古島—山のない島　石
　垣島—カヘイ石と変成岩の島　西表島—ヤマネコ
　の島　久米島—金のとれる島　与那国島—台湾の
　見える島　伊平屋・伊是名島—琉球石灰岩のない
　島じま　慶良間列島と渡名喜島—沈没した島じま
　〔ほか〕　　　　　　　　　　　　〔3748〕

◇おきなわの石ころと化石—島じまの地層めぐ
り　沖縄県高等学校地学教育研究会編著
〔那覇〕　編集工房東洋企画　2001.7　150p
21cm　2500円　Ⓘ4-938984-19-9　Ⓝ456.

気象　　　　　　　　　　　　　　　　　　　　　　　　　自然科学

9199　　　　　　　　　　　　　　　　〔3749〕

◇日本の地形　7　九州・南西諸島　貝塚爽平
〔ほか〕編　町田洋〔ほか〕編　東京大学出
版会　2001.12　355p　27cm　〈文献あり〉
6200円　Ⓘ4-13-064717-2　Ⓝ454.91
　内容 1　総説（九州の地形・地質の概要と地形区分
および研究史　南西諸島の地形・地質の概要と地形
区分および研究史　ほか）　2　北部および中部九州
（別府・島原地溝帯　別府・島原地溝帯中心部の
火山群―活動を続ける多数の火山　ほか）　3　南部
九州（鹿児島地溝　鹿児島地溝の火山群　ほか）　4
南西諸島（南西諸島周辺の海底　琉球外弧　ほか）
5　九州・南西諸島の地形発達史（大地形の発達史
九州における第四紀の氷河性海面変化と気候変動
の影響　ほか）　　　　　　　　　　　　〔3750〕

◇島嶼地域における危機管理に関する研究―沖
縄における1960年チリ地震津波の証言と被害
実態分析　那覇　亜熱帯総合研究所　2002.3
76p　30cm　〈平成13年度RIS自主研究事業〉
Ⓝ453.4　　　　　　　　　　　　　　　〔3751〕

◇琉球弧の成立と生物の渡来　木村政昭編著
那覇　沖縄タイムス社　2002.3　206p
31cm　〈付属資料：1枚〉8200円　Ⓘ4-87127-
151-X　Ⓝ456.9199　　　　　　　　　　〔3752〕

◇島を歩いた見た―大城逸朗退職記念　大城逸
朗〔著〕　宜野湾　大城逸朗　2003.3　58p
30cm　〈著作目録あり〉Ⓝ456.9199　　〔3753〕

◇沖縄地方の地震活動―1995年～2003年
〔那覇〕　沖縄気象台　2004.3　237p　30cm
〈付属資料：CD-ROM1枚（12cm）〉Ⓝ453.
2199　　　　　　　　　　　　　　　　〔3754〕

◇長谷川コレクション琉球列島産化石資料一覧
沖縄県立博物館編　那覇　沖縄県立博物館
2004.4　63p　30cm　Ⓝ457.89　　　　〔3755〕

◇琉球列島ものがたり―地層と化石が語る二億
年史　神谷厚昭著　那覇　ボーダーインク
2007.3　189p　21cm　〈文献あり〉2000円
Ⓘ978-4-89982-116-8　Ⓝ456.9199　　〔3756〕

◇軽石―海底火山からのメッセージ　加藤祐三
著　八坂書房　2009.4　264p　19cm　2400
円　Ⓘ978-4-89694-930-8
　内容 1章　海岸に漂着した軽石　2章　西表海底火
山　3章　軽石に関わる用語　4章　火山ガス　5章
軽石の性質と判別法　6章　北海道駒ヶ岳　7章　福
徳岡ノ場　8章　西表島群発地震　9章　遺跡から出
てくる軽石　10章　漂流できなかった変わり種材
木状軽石　　　　　　　　　　　　　　〔3757〕

◇日本地方地質誌　8　九州・沖縄地方　日本
地質学会編　朝倉書店　2010.7　619p
27cm　〈文献あり　索引あり〉26000円
Ⓘ978-4-254-16788-7　Ⓝ455.1

　内容 1　序説　2　第四紀テクトニクス　3　新生界
4　中・古生界　5　火山　6　深成岩　7　変成岩　8
海洋地質　9　環境地質　10　地下資源―火山島弧
の恵み　　　　　　　　　　　　　　　〔3758〕

◇地層と化石が語る琉球列島三億年史　神谷厚
昭著　那覇　ボーダーインク　2015.4
200p　18cm　（ボーダー新書 12）〈（2007
年刊）の改訂　年表あり〉1000円　Ⓘ978-4-
89982-277-6　Ⓝ456.9199
　内容 第1章　青い海・白い砂浜―サンゴ礁の島じ
ま　第2章　サンゴ礁の海から陸へ　第3章　人びと
の暮らしと石―琉球石灰岩について　第4章　赤土
は語る　第5章　琉球石灰岩とウルマ変動　第6章
島尻海の時代　第7章　沖縄の火山活動　第8章　沖
縄の石炭時代　第9章　琉球列島の「動」と「静」
第10章　大東島の大移動　第11章　恐竜時代の沖縄
―プレートがつくった島の土台　　　　〔3759〕

気象

◇沖縄近海で発達する積乱雲の振舞い―主に竜
巻と漏斗雲について　地方共同研究　〔那覇〕
沖縄気象台　1996.3　75p　30cm　Ⓝ451.5
　　　　　　　　　　　　　　　　　　〔3760〕

◇奄美の気象百年―創立百周年記念誌　名瀬測
候所編　名瀬　名瀬測候所　1996.11　194p
31cm　Ⓝ451.9197　　　　　　　　　　〔3761〕

◇石垣島の気象百年―石垣島地方気象台創立百
周年記念誌　石垣島地方気象台編　石垣　石
垣島地方気象台　1996.12　215p　図版10枚
31cm　Ⓝ451.9199　　　　　　　　　　〔3762〕

◇沖縄地方の沿岸波浪特性の解析と沿岸波浪モ
デルの検証　〔那覇〕　沖縄気象台　1999.3
96p　30cm　（地方共同研究成果報告書
平成8・9・10年度）Ⓝ452.5199　　　〔3763〕

◇沖縄天気ことわざ―気象季語から旧暦まで
石島英、正木譲著　那覇　琉球新報社　2001.
3　177p　19cm　1200円　Ⓘ4-89742-036-9
Ⓝ451.9199　　　　　　　　　　　　　〔3764〕

◇台湾地形が影響を及ぼす現象についての解析
的研究―地方共同研究　平成11・12年度　那
覇　沖縄気象台　2001.3　48p　30cm　〈文
献あり〉Ⓝ451.9199　　　　　　　　　〔3765〕

◇気候講演会（沖縄）―地球温暖化が沖縄の
島々へ及ぼす影響　報告書　気象庁　〔2005〕
27p　30cm　〈会期・会場：平成17年7月21日
沖縄県庁講堂〉Ⓝ451.9199
　内容 地球温暖化による海洋変動　平啓介述　温暖
化によって沖縄の気候はどのように変わるのか　楠
昌司述　沖縄県における地球温暖化防止への取り

自然科学　　　　　　　　　　　　　　　　　　　　　　　　　　　　　　　生物

組み　高平兼司述　　　　　　　　　〔3766〕

◇気象・気候からみた沖縄ガイド　真木太一著
大阪　海風社　2012.10　113p　図版16p
19cm　（南島叢書 93）〈文献あり　索引あ
り〉1400円　①978-4-87616-021-1　Ⓝ451.
9199
　内容　沖縄の地理的・地形的特徴　沖縄の気候の
特徴　沖縄の歴史的・文化的特徴　沖縄の詳しい
気象と気候　沖縄の生物と生物多様性　沖縄・八
重山の季節変化と自然　　　　　　　〔3767〕

海洋

◇こんなに美しい日本の海—外国人ダイバーが
撮った豊かな生態系　デイヴィッド・デヴリ
ン写真・文, ハリエット・ベイリー, ティム・
デンプスター文　講談社　1997.6　119p
21cm　（講談社カルチャーブックス）　1600
円　①4-06-198126-9
　内容　1 日本の8つの海ウオッチング（沖縄県・粟
国島＆慶良間列島　鹿児島県・桜島　長崎県・五
島列島　静岡県・伊豆半島 ほか）　2 日本とオー
ストラリア海洋生物比較講座（日本の海、オース
トラリアの海　黒潮と東オーストラリア海流　お
もしろい慶良間のサンゴたち　海藻と魚 ほか）
　　　　　　　　　　　　　　　　　〔3768〕

◇沖縄県における森林水文試験のあゆみ—25年
間の記録　〔名護〕　沖縄県林業試験場
2001.3　31p　30cm　Ⓝ452.9　〔3769〕

◇サンゴとマングローブ—生物が環境をつくる
茅根創, 宮城豊彦著　岩波書店　2002.11
180,4p　19cm　（現代日本生物誌 12）
1900円　①4-00-006732-X
　内容　第1部 サンゴ（白化したサンゴ礁　白保サ
ンゴ礁　サンゴ・サンゴ礁とは　地球温暖化とサ
ンゴ礁 ほか）　第2部 マングローブ（マングロー
ブとの複雑な接点　西表島に行こう　マングロー
ブ生態系とは　マングローブ林と海面変動 ほか）
第3部 討論・サンゴとマングローブは何を問うて
いるのか　　　　　　　　　　　　　〔3770〕

◇東シナ海沖縄トラフ海域の海洋地質学的研究
—平成23年度研究概要報告書 北部沖縄トラ
フ海域　荒井晃作編　つくば　産業技術総合
研究所地質調査総合センター　2012.6　191p
30cm　（地質調査総合センター速報 GSJ
interim report no.58）〈他言語標題：
Marine geological and geophysical studies
East China Sea and Okinawa trough　文
献あり〉Ⓝ452.15　　　　　　　　　〔3771〕

◇恩納村海域サンゴ群集再生実証事業報告書—
サンゴ礁保全再生事業　平成25年度　〔那
覇〕　沖縄県環境生活部自然保護課　2014.3

118p　31cm〈ルーズリーフ〉Ⓝ452.8
　　　　　　　　　　　　　　　　　〔3772〕

◇サンゴ礁保全再生事業報告書　平成25年度
〔那覇〕　沖縄県環境生活部自然保護課
2014.3　1冊　31cm〈ルーズリーフ〉Ⓝ452.
8　　　　　　　　　　　　　　　　　〔3773〕

◇沖縄周辺海域の海洋地質学的研究—平成26年
度研究概要報告書　奄美大島, 徳之島, 沖永良
部島周辺海域　板木拓也編　つくば　産業技
術総合研究所地質調査総合センター　2015.2
113p　30cm　（地質調査総合センター速報
GSJ interim report no.67）〈他言語標題：
Marine geological and geophysical studies
around Okinawa islands　文献あり〉
Ⓝ452.15　　　　　　　　　　　　　〔3774〕

◇西表石垣国立公園石西礁湖及びその近隣海域
におけるサンゴ礁モニタリング調査報告書
平成26年度　富士吉田　環境省自然環境局生
物多様性センター　2015.3　134p　30cm
〈平成26年度重要生態系監視地域モニタリン
グ推進事業（サンゴ礁調査）, 請負者：自然環
境研究センター〉Ⓝ452.8　　　　　〔3775〕

◇南西諸島の天然水—海洋, 気団, 地質および人
間活動の影響　東田盛善著　那覇　ボーダー
インク　2015.10　209p　図版 8p　21cm
1800円　①978-4-89982-284-4　Ⓝ452.9
　　　　　　　　　　　　　　　　　〔3776〕

生物

◇西表島　吉見光治著　文一総合出版　1995.7
120p　20×23cm〈おもに図〉2500円　①4-
8299-3195-7　Ⓝ462.199　　　　　　〔3777〕

◇沖縄やんばるの森—世界的な自然をなぜ守れ
ないのか　伊藤嘉昭著　岩波書店　1995.12
187,5p　19cm　1900円　①4-00-005127-X
Ⓝ462.199　　　　　　　　　　　　　〔3778〕

◇日本のジャングル西表島　松岡達英文・絵
大日本図書　1996.9　47p　31cm　（日本自
然探険の旅 1）　3090円　①4-477-00756-6
＊自然観察描写の第一人者、ナチュラリストの松
岡達英氏が、日本の自然探険に旅立った。その
驚きと不思議発見の日々を、心をこめて描きつ
づった“日本自然探険の旅”。全5巻。　〔3779〕

◇琉球の生きもの—第5回企画展　群馬県立自
然史博物館編　富岡　群馬県立自然史博物館
1998.7　55p　30cm〈会期・会場：平成10年
7月18日—8月30日 群馬県立自然史博物館〉
Ⓝ462.199　　　　　　　　　　　　　〔3780〕

「沖縄」がわかる本 6000冊　　301

生物　　　　　　　　　　　　　　　　　　　　　　　　自然科学

◇農薬なしで害虫とたたかう　伊藤嘉昭, 垣花
広幸著　岩波書店　1998.12　208p　17cm
（岩波ジュニア新書）　640円　Ⓘ4-00-
500311-7
　内容　第1章　殺虫剤万能からの脱出―まえがきに
かえて　第2章　ウリミバエとは？　不妊虫放飼法
とは？　第3章　伊藤、沖縄へ　第4章　垣花、ミ
バエ研究のスタッフに　第5章　虫の大量増殖―週
100万匹の成功へ　第6章　久米島ウリミバエの根
絶―開始から成功まで　第7章　「大ウリミバエ工
場」の設計へ　第8章　国際交流の成功　第9章　超
大量増殖―宮古・沖縄諸島への不妊虫放飼に向け
て　第10章　ウリミバエの配偶者選択と精子競争
第11章　宮古・沖縄・八重山諸島からのウリミバ
エ根絶―事業は終了か　第12章　農薬の使用を減
らすには：基礎と応用―あとがきにかえて
〔3781〕

◇南大東島の自然　奥土晴夫著　那覇　ニライ
社　2000.1　135p　21cm　1800円　Ⓘ4-
931314-40-6　Ⓝ462.199
〔3782〕

◇沖縄・海・海洋危険生物―沖縄における海洋
活動の安全性確立の研究　那覇　海洋危険生
物研究会　2000.3　162p　22cm　（社団法
人沖縄県対米請求権事業協会地域振興研究助
成報告書　平成11年度）　Ⓝ369.34　〔3783〕

◇生命めぐる島・奄美―森と海と人と　ホライ
ゾン編集室編著　住用村（鹿児島県）　奄美
文化財団　2000.6　139p　21cm　（奄美文
庫6）〈原野農芸博物館創設40周年記念〉
1905円　Ⓝ462.197　〔3784〕

◇琉球列島―生物の多様性と列島のおいたち
安間繁樹著　東海大学出版会　2001.10
195p　21cm　（Tokai library）〈文献あり〉
2000円　Ⓘ4-486-01555-X　Ⓝ462.199
　内容　境界線上の生き物たち（世界の動物区分　日
本の生物相　琉球列島の生物相）　琉球列島のお
いたち（海の時代―古生代の琉球列島　火成活動
の時代―中生代の琉球列島　陸塊の時代―第三紀
の琉球列島　ほか）　島の生態学（ヤマネコの棲む
島―西表島　ノグチゲラの棲む島―沖縄島　アマ
ミノクロウサギの棲む島―奄美大島　ほか）
〔3785〕

◇琉球列島の陸水生物　西島信昇監修, 西田睦,
鹿谷法一, 諸喜田茂充編著　東海大学出版会
2003.1　572p　27cm　〈文献あり〉7500円
Ⓘ4-486-01599-1　Ⓝ462.199
　内容　琉球列島の陸水生物の研究史―戦前を中心
に　琉球列島の地史と陸水生物相の歴史的成り
立ち　琉球列島の陸水環境と陸水生物　琉球列島
の陸水環境の人為的攪乱と生物　水生生物の調
査・採集・飼育法　水生植物　原生生物　海綿動物
刺胞動物　扁形動物　紐形動物　袋形動物　軟体
動物　環形動物　節足動物　内肛動物　外肛動物
半索動物　脊索動物　〔3786〕

◇自然とヒト　宜野湾市教育委員会文化課編
宜野湾　宜野湾市教育委員会文化課　2003.3
230p　26cm　（宜野湾市史　第9巻　資料編8
自然・追録編）　Ⓝ462.199　〔3787〕

◇名護の自然　第2集　名護市教育委員会社会
教育課文化財係, 名護市動植物総合調査委員
編　名護　名護市教育委員会　2003.3
229p　19cm　1300円　Ⓝ462.199　〔3788〕

◇骨の学校　2　沖縄放浪篇　盛口満著　木魂
社　2003.6　246p　19cm　1700円　Ⓘ4-
87746-091-8
　内容　1　オデンの中の骨（教室の骨―プロローグ
沖縄の骨―イモリ　オデンの骨―ブタ　指の骨―
ブタ2　ベランダの骨―ウミガメ　お腹の骨―セ
マルハコガメ　移入種の骨―スッポン）　2　フィ
ッシャーの中の骨（フィッシャーの骨―化石ガメ
ヤンバルの骨―トゲネズミ　空飛ぶ骨―化石の鳥
拾えない骨―ハブ　ナゾの骨―シカ）　3　リュ
ックの中の骨（ナベの骨―オオコウモリ　遺跡の骨―
家畜　夕食の骨―魚　五番目の骨―ハリセンボン
屋台の骨―ニワトリ　リュックの骨―エピローグ）
〔3789〕

◇美しい自然があるからみんな元気で生きられ
る。　熊谷溢夫著　石垣　南山舎　2003.8
1冊（ページ付なし）　19cm　2500円
Ⓝ462.199　〔3790〕

◇いのちはみんなつながっている―西表生態学
千石正一著　朝日新聞社　2004.12　203p
15cm　（朝日文庫）　900円　Ⓘ4-02-261460-
9　Ⓝ462.199
　内容　はじめに―ハレとケの間の地　植物の作戦
森と動物の助け合い　獲物を捕らえる　身の守り
方　あぶない動物　陸と海のつながり　現代がこ
わす西表島　西表島の地理的位置　そこにしかい
ない生き物　千石先生への質問　〔3791〕

◇生命あふれる島―奄美群島の自然　いのちの
つながりを調べてみよう　鹿児島　鹿児島県
環境生活部環境保護課　2006.3　30p　30cm
Ⓝ462.197　〔3792〕

◇美ら島の自然史―サンゴ礁島嶼系の生物多様
性　琉球大学21世紀COEプログラム編集委
員会編　秦野　東海大学出版会　2006.7
435p　22cm　〈文献あり〉3600円　Ⓘ4-486-
01731-5　Ⓝ462.199
　内容　第1部　種・進化系統と生物多様性（琉球列島
および周辺島嶼の陸生脊椎動物相―特徴とその成
り立ち　琉球列島を舞台とした維管束植物の進化
―琉球列島におけるニガナ属（キク科）の異種間交
雑と倍数性を中心に　琉球列島の内湾・干潟の動
物の多様性―カニの話しを中心に　ほか）　第2部
生物多様性を生む機構の解明を目指して―生物間
相互作用と環境応答の多様性（サンゴ礁のストレ
ス事情―浅瀬のサンゴの我慢比べ　褐虫藻の多様
性と造礁サンゴのストレス耐性　サンゴの多様性

自然科学　　生物

―分類の難しさと多様性を生む仕組み ほか）　第3部 生物群集・生態系の動態と生物多様性（養分を作る森　マングローブ林は炭素の貯蔵庫　西表島生態系の多様性―イリオモテヤマネコが鍵を握る ほか）　〔3793〕

◇石垣島自然誌　安間繁樹著　晶文社　2007.2　235p　20cm　1800円　①978-4-7949-6705-3　Ⓝ462.199
　内容　1 春、うりずんの頃　2 夏、灼熱の太陽の季節　3 秋、新北風の吹く頃　4 冬、北東の季節風と降り続く雨　5 春、再び　〔3794〕

◇奄美の稀少生物ガイド　1　勝廣光著　鹿児島　南方新社　2007.6　105p　21cm〈「1」のサブタイトル：植物、哺乳類、節足動物ほか〉1800円　①978-4-86124-111-6　Ⓝ462.197　〔3795〕

◇亜熱帯の森　宮崎学著　偕成社　2007.10　39p　29cm　（森の写真動物記 4）　2000円　①978-4-03-526840-6　Ⓝ462.199
　内容　1 西表島　2 カンムリワシ　3 西表島の生きものたち　4 沖縄本島・やんばるの森　5 照葉樹の森　〔3796〕

◇いちむし―書き込み式 沖縄の方言で楽しむ生き物　動物編　屋比久壮実著　宜野湾　アクアコーラル企画　2008.3　127p　21cm　1800円　①978-4-9901917-9-5　Ⓝ462.199　〔3797〕

◇奄美の稀少生物ガイド　2　勝廣光著　鹿児島　南方新社　2008.11　107p　21cm〈「2」のサブタイトル：鳥類、爬虫類、両生類ほか〉1800円　①978-4-86124-145-1　Ⓝ462.197
　内容　鳥類　爬虫類　両生類　昆虫類　陸産貝類　〔3798〕

◇WWFジャパン南西諸島生物多様性評価プロジェクトフィールド調査報告書　WWFジャパン編　世界自然保護基金ジャパン　2009.11　242p　30cm〈他言語標題：WF Japan Nansei Islands biological diversity field research report　背・表紙のタイトル：南西諸島生物多様性評価プロジェクトフィールド調査報告書　文献あり〉Ⓝ468　〔3799〕

◇WWFジャパン南西諸島生物多様性評価プロジェクト報告書　WWFジャパン編　世界自然保護基金ジャパン　2009.11　178p　30cm〈他言語標題：WWF Japan Nansei Islands biological diversity evaluation project report　背・表紙のタイトル：南西諸島生物多様性評価プロジェクト報告書　文献あり〉Ⓝ468　〔3800〕

◇沖縄の生物多様性の現状と課題―シンポジウム　第四五九回沖縄大学土曜教養講座　沖縄・

生物多様性市民ネットワーク編　那覇　沖縄大学地域研究所　2010.10　99p　21cm　（沖縄大学地域研究所ブックレット 10―生物多様性シリーズ 沖縄の豊かな生物多様性を守るため、未来に繋げるため 2nd part2）〈会期・会場：2010年6月6日 宜野湾市中央公民館〉477円　①978-4-863650-16-9　Ⓝ468.04
　内容　地域からの報告：生物の宝庫・やんばるの森の自然と現状 伊波義安述　ヘリパッド建設問題と人々の暮らし 安次嶺現達述　守りたい、大浦湾の自然と暮らし 浦島悦子述　世界の宝・泡瀬干潟の保全 小橋川共男述　豊かな生命が息づく普天間 高橋年男述　残そう！ 素晴らしい沖縄の自然を未来世代に 桜井国俊述　〔3801〕

◇わすれたくない海のこと―辺野古・大浦湾の/山/川/海/　中村卓哉〔著〕　偕成社　2011.3　1冊（ページ付なし）　26cm　1500円　①978-4-03-331900-1　Ⓝ462.199
　＊みんながつながって、ひとつの海をつくっている。生物多様性の海、辺野古・大浦湾。遠浅の海岸にひろがるリーフには、たくさんのスズメダイやチョウチョウウオがむれ、ゆたかな海草の森が太陽の光にてらされて、キラキラとかがやいていた。小学校中学年から。　〔3802〕

◇琉球諸島～マングローブと生き物探しの旅―西表島・小浜島・石垣島・与那国島・宮古島・沖縄本島・南大東島・奄美大島　久保田鷹光著　ブックコム　2011.5　168p　21cm〈発売：東京文献センター（小平）〉1500円　①978-4-925187-85-5　Ⓝ462.199
　内容　1 西表島―2008年7月7日～15日　2 小浜島―2009年12月18日～19日　3 石垣島―2008年7月15日～19日・2009年12月10日～12日　4 与那国島―2009年12月21日～23日　5 宮古島―2010年4月6日～9日　6 沖縄本島―2005年6月21日～29日・2009年2月21日～25日　7 南大東島―2009年2月18日～20日　8 奄美大島―2005年6月30日～7月6日　〔3803〕

◇西表島フィールド図鑑　横塚眞己人写真・著　改訂新版　実業之日本社　2011.9　303p　19cm〈索引あり〉2000円　①978-4-408-32349-7　Ⓝ462.199
　内容　西表島のロケーション　フィールドへでる前に知っておこう　海へ行ってみよう　マングローブへ行ってみよう　森へ行ってみよう　道路ぎわで観察してみよう　西表島の生き物471種図鑑　西表島の天然記念物　〔3804〕

◇波照間島の自然　奥土晴夫写真・文　〔那覇〕　新星出版　2012.4　215p　21cm〈イラスト：奥土文〉1800円　①978-4-905192-21-3　Ⓝ462.199　〔3805〕

◇沖縄やんばるフィールド図鑑　湊和雄写真・文　実業之日本社　2012.8　176p　18cm〈索引あり〉1600円　①978-4-408-32351-0

生物　　　　　　　　　　　　　　　　　　　　　　　　　自然科学

Ⓝ462.199
内容 やんばるの自然（やんばるの自然暦　照葉樹林　渓流環境　マングローブ林　やんばるに生息する天然記念物　レッドデータブックに掲載されている絶滅危惧種　やんばるの歩き方）　やんばるの森の生き物図鑑326種（ほ乳類　鳥類　両生類　爬虫類　その他の動物　昆虫類　植物）　やんばる旅行ガイド（やんばるの自然名所　那覇からやんばるまでのアクセスマップ　やんばる宿泊地・キャンプ場・ガイドツアー　やんばるの玄関口 名護・本部）〔3806〕

◇沖縄の生きものたち―フィールドガイド　沖縄生物教育研究会編著　改訂版　〔嘉手納町（沖縄県）〕　沖縄生物教育研究会　2012.9　287p　19cm〈文献あり　発売：新星出版（那覇）〉　2000円　①978-4-905192-30-5　Ⓝ462.199　　　　　　　　　　　〔3807〕

◇生物多様性おきなわ戦略―概要版　那覇　沖縄県環境生活部自然保護課　〔2013〕　7p　30cm　　　　　　　　　　　　　　　　〔3808〕

◇地域生物多様性保全計画（沖縄県生物多様性地域戦略）策定事業委託業務報告書　平成24年度　〔那覇〕　沖縄県　2013.3　74,4,146p　30cm〈環境省委託業務〉Ⓝ462.199　〔3809〕

◇名蔵アンパルガイドブック―石垣市　名蔵アンパルガイドブック制作委員会編　石垣　石垣市市民保健部環境課　2013.3　132p　21cm〈他言語標題：Amparu guide book　標題紙のタイトル：アンパルガイドブック〉Ⓝ462.199　　　　　　　　　　　　〔3810〕

◇海・山・川のおくりもの目からウロコの大生き物展！―生物多様性ホットスポットJapan　平成25年度沖縄県立博物館・美術館博物館特別展　沖縄県立博物館・美術館編　那覇　沖縄県立博物館・美術館　2013.7　192p　21cm　Ⓝ468　　　　　　　　　〔3811〕

◇こどものとびっきりの笑顔のための、ネイチャー・レシピ―自然体験型活動プログラム集　那覇　沖縄県環境生活部自然保護課　2013.7　24p　21cm〈平成25年度生物多様性プラザ事業〉　　　　　　　　　〔3812〕

◇野生の鼓動を聴く―琉球の聖なる自然遺産　山城博明撮影　高文研　2013.8　186p　19×26cm〈文献あり〉　3800円　①978-4-87498-519-9　Ⓝ462.199
内容 西表島　マリュドゥの滝　イリオモテヤマネコ　サンゴの海　ザトウクジラ　鹿川瀬島（チービシ環礁）　ケラマジカ　下地島の通り池　大神島　宮古島・東平安名崎〔ほか〕　〔3813〕

◇美ら島の生物ウォッチング100　土屋誠編著　秦野　東海大学出版会　2013.10　252p

21cm〈執筆：伊澤雅子ほか　文献あり〉　2800円　①978-4-486-02009-7　Ⓝ462.199
内容 第1章 野外観察の方法　第2章 家の中から庭先、家の回りへ　第3章 水たまり、小川、池の生物　第4章 山地の生物　第5章 洞窟の生物　第6章 海岸の生物　第7章 沖縄の自然保護　〔3814〕

◇いのちつながる徳之島　徳之島虹の会編〔伊仙町（鹿児島県）〕　徳之島虹の会　2013.11　185p　21cm〈他言語標題：Life Linkage-Tokunoshima　文献あり　索引あり　発売：新樹社〉　1800円　①978-4-7875-8636-0　Ⓝ462.199
内容 ふしぎいっぱい徳之島（徳之島は、そもそも、いつごろ誕生したのでしょうか？　アマミノクロウサギは、いつ徳之島にすみついたの？　ほか）　アマミノクロウサギのすむ森（照葉樹の森にひっそりと生きる　アマミノクロウサギのふしぎな生活 ほか）　自然とともに生きる島（森の落ち葉の暖かいベッド　小さな虫たちの大きな国を訪ねる　人里のすてきな自然（三万年前からつづく、植物とのきずな　鳥のさえずりが湧き上がる谷間 ほか）　サンゴの道（サンゴ礁の華麗な脇役たち　忍者・コブシメくんの華麗な変身の術 ほか）　　　　　　　　　　　　　　　　〔3815〕

◇南西諸島の生物多様性、その成立と保全―世界自然遺産登録へ向けて　日本生態学会編，船越公威責任編集　鹿児島　南方新社　2015.4　67p　26cm　（エコロジー講座 8）〈文献あり〉　2000円　①978-4-86124-314-1　Ⓝ468
内容 南西諸島の維管束植物相の成立　南西諸島の爬虫・両生類に見られる多様性・固有性とその保全―近年の研究成果からの警鐘　南西諸島の固有哺乳類の現状と保全に向けた課題　南西諸島の哺乳類、特に食虫類と翼手類について　琉球列島の沿岸生態系を支える海藻・海草類　琉球列島の魚類多様性　　　　　　　　　　　〔3816〕

◇海を歩けば―アジアの生物多様性に魅せられて an Asian perspective on Okinawan marine life　小菅丈治著　那覇　沖縄タイムス社　2015.7　214p　19cm　1800円　①978-4-87127-222-3　Ⓝ462.049　〔3817〕

◇大浦湾の生きものたち―琉球弧・生物多様性の重要地点、沖縄島大浦湾 辺野古の海図鑑　ダイビングチームすなっくスナフキン編集　鹿児島　南方新社　2015.9　123p　21cm〈索引あり〉　2000円　①978-4-86124-320-2　Ⓝ462.199
内容 はじめに・大浦湾について　森・川　マングローブ　干潟　潮間帯　海岸　海草藻場　ユビエダハマサンゴ群集　塊状ハマサンゴ群集　泥場砂地　カレ場　アオサンゴ群集　沖・瀬　おわりに　　　　　　　　　　　　　　　　〔3818〕

◇琉球列島のススメ―身近な魚の自然史研究

304　「沖縄」がわかる本 6000冊

自然科学　　　　　　　　　　　　　　　　　　　　　　　　　　　　　生物

佐藤寛之著　平塚　東海大学出版部　2015.
12　14,362p　19cm　（フィールドの生物学
16）〈索引あり〉2500円　Ⓘ978-4-486-
01997-8　Ⓝ462.199
　内容　沖縄生活のススメ　海モノのススメ　毒モ
ノ、キワモノ体験のススメ　陸モノのススメ　琉
球列島の春夏秋冬　離島のススメ　野外調査のス
スメ　珊瑚舎スコーレ　泡瀬
干潟で環境教育　教材作りのススメ　生涯学習の
ススメ
　　　　　　　　　　　　　　　　　　　〔3819〕

◇奄美群島の自然史学—亜熱帯島嶼の生物多様
　性　水田拓編著　平塚　東海大学出版部
　2016.2　388p　21cm　4500円　Ⓘ978-4-
　486-02088-2
　内容　奄美—その自然の概要　中琉球の動物はい
つどこからどのようにしてやってきたのか？—ヒ
バァ類を例として　奄美群島固有のクワガタムシ
類の自然史　奄美群島における陸産貝類の多様化
パターンと系統地理—沖縄との比較から　奄美大
島で発見されたカンコノキとハナホソガの絶対送
粉共生　居候して暮らす—南西諸島の干潟におけ
る其ета二枚貝類の多様性　ところ変われば宿主も
変わる—盗み寄生者チリイソウロウグモの宿主適
応　しごく身近な野生動物—ヤモリ類の多様性と
出現環境　オーストンオオアカゲラとノグチゲラ
—奄美群島と沖縄島における森林鳥類の分類と保
全について　トゲネズミ類の生息状況、とくにト
クノシマトゲネズミについて—人との出会いと生
物調査　日本一かっこいいオットンガエルの生き
様　ウケユリたんけんたい、奄美の森を行く　交
通事故は月夜に多い—アマミヤマシギの夜間の行
動と交通事故の関係　危機におちいる奄美群島の
止水性水生昆虫たち—湿地環境の消失・劣化と外
来生物の影響　好物は希少哺乳類—奄美大島のノ
ネコのお話　奄美から世界を驚かせよう—奄美大
島におけるマングース防除事業、世界最大規模の
根絶へ　外来哺乳類の脅威—強いインパクトはな
ぜ生じるか？　奄美大島の生態系における微量
元素（重金属類を含む）レベルと分布　与論島の両
生類と陸生爬虫類—残された骨が物語るその多様
性の背景
　　　　　　　　　　　　　　　　　　　〔3820〕

《植物》

◇与那国島の植物　与那国町教育委員会編　与
　那国町（沖縄県）　与那国町教育委員会
　1995.3　336p　26cm　Ⓝ472.199　　〔3821〕

◇「八重山諸島におけるラン科植物等保全対策
　検討調査」調査報告書—平成6年度　自然環
　境研究センター　1995.3　33p　30cm〈環
　境庁委託業務報告書〉Ⓝ479.395
　　　　　　　　　　　　　　　　　　　〔3822〕

◇巨樹紀行—最高の瞬間に出会う　芦田裕文写
　真・文　家の光協会　1997.4　172p　21cm
　2300円　Ⓘ4-259-54497-7
　内容　沖縄県　首里金城の大アカギ・ひんぷんがじ
まる　鹿児島県　蒲生のクス　宮崎県　竹野のホル

トノキ・大久保のヒノキ　長崎県　小長井のオガ
タマノキ　佐賀県　嬉野の大茶樹　熊本県　相良の
アイラトビカズラ　福岡県　黒木のフジ　大分県
日出の大サザンカ・松屋寺のソテツ〔ほか〕
　　　　　　　　　　　　　　　　　　　〔3823〕

◇琉球列島維管束植物集覧　島袋敬一編著　改
　訂版　福岡　九州大学出版会　1997.10
　855p　27cm〈他言語標題：Check list
　vascular flora of the Okinawa Islands　索
　引あり〉18000円　Ⓘ4-87378-522-7　Ⓝ472.
　199　　　　　　　　　　　　　　　　　〔3824〕

◇海と生きる森—マングローブ林　マングロー
　ブを知り、そして守り育てるための本　西原
　町（沖縄県）　国際マングローブ生態系協会
　1998.3　63p　30cm　Ⓘ4-906584-05-5
　Ⓝ471.77　　　　　　　　　　　　　　〔3825〕

◇琉球王国時代の植物標本—ペリーが持ち帰っ
　た植物たち　企画展「琉球王国時代の植物標
　本展」展示会実行委員会編　〔那覇〕　企画
　展「琉球王国時代の植物標本展」展示会実行
　委員会　1998.7　100p　30cm　1700円
　Ⓝ472.199　　　　　　　　　　　　　〔3826〕

◇沖縄を彩る熱帯の花　沖縄都市環境研究会著
　浦添　沖縄出版　1998.10　311p　19cm
　3200円　Ⓘ4-900668-72-9　Ⓝ477　〔3827〕

◇琉球弧・野山の花from Amami—太陽の贈り
　物　大野照好監修, 片野田逸朗写真と文　鹿
　児島　南方新社　1999.6　221p　21cm
　2900円　Ⓘ4-931376-21-5　Ⓝ472.199〔3828〕

◇サトウキビの絵本　すぎもとあきらへん, ス
　ズキコージえ　農山漁村文化協会　2000.3
　36p　27cm　（そだててあそぼう　24）　1800
　円　Ⓘ4-540-99135-3
　内容　1　インドには、かむとくだけるあまい石が
ある！　2　黒い砂糖、赤い砂糖、白い砂糖　3　ジ
リジリ太陽に照らされて、キビはあまくなる　4
あまいだけじゃない。車を走らせ、家までつくる
5　サトウキビの仲間たち（品種紹介）　6　栽培ご
よみ　7　いよいよ、サトウキビづくりに挑戦だ！
8　真夏の太陽で、じょうずにあまくしよう　9
さあ、おまちかねの収穫だ、かじってみよう　10　病
気や虫に気をつけて株の手入れ、苗の保存　11　黒
砂糖をつくってみよう！　12　伝統的な白砂糖の
和三盆やキビ酢に挑戦してみよう　13　キャラメ
ル、コンペイトウ、サーターアンダーギー　14　サ
トウキビのしぼりかすで、紙をすこう！　15　貴
重な薬から、あまいお菓子へ　　　　　　〔3829〕

◇亜熱帯研究プロジェクトの可能性調査予備実
　験—長寿と健康産業を支える研究推進のため
　の予備実験　那覇　亜熱帯総合研究所
　2002.3　25p　30cm〈平成13年度内閣府委
　託調査研究〉Ⓝ471.77　　　　　　　〔3830〕

生物　　　　　　　　　　　　　　　　　　　　　　　　　　　　　自然科学

◇わした島の花びより　宮城かおり著　那覇
　沖縄文化社　2002.3　182p　19cm　1800円
　Ⓝ477
　　　　　　　　　　　　　　　　　　〔3831〕

◇沖縄の蜜源植物—30年の調査記録　嘉弥真国
　男著　〔西原町(沖縄県)〕　嘉弥真国男
　2002.9　295p　19cm　〈製作・発売：沖縄タ
　イムス社(那覇)〉　2381円　Ⓘ4-87127-602-3
　Ⓝ472.199
　　内容　トキワギョリュウ　ヤマモモ　クワノハエノ
　キ　インドゴムノキ　ガジュマル　シマクワ　ハ
　ンクスシノブノキ　ニトベカズラ　ツルソバ　ソ
　バ〔ほか〕
　　　　　　　　　　　　　　　　　　〔3832〕

◇ありんくりんぬちぐすい—沖縄の自然を味わ
　う　金城勇徳著　那覇　週刊レキオ社
　2002.10　229p　19cm　〈文献あり〉　1500円
　Ⓘ4-901754-01-7　Ⓝ471.9
　　　　　　　　　　　　　　　　　　〔3833〕

◇週刊四季花めぐり　8　沖縄花の旅　小学館
　2002.11　41p　30cm　(小学館ウィーク
　リーブック)　533円　Ⓝ472.1
　　　　　　　　　　　　　　　　　　〔3834〕

◇マングローブに関する調査研究報告書　那覇
　亜熱帯総合研究所　2003.3　363p　30cm
　〈付属資料：CD-ROM1枚(12cm)　平成14
　年度内閣府委託調査研究〉Ⓝ471.77　〔3835〕

◇野草の本—沖縄の自然を楽しむ　屋比久壮実
　著　宜野湾　アクアコーラル企画　2005.7
　143p　19cm　(おきなわフィールドブック
　3)　1580円　Ⓘ4-9901917-2-2　Ⓝ472.199
　　　　　　　　　　　　　　　　　　〔3836〕

◇亜熱帯沖縄の花—花ごよみ　〔屋比久壮実〕
　〔著〕　宜野湾　アクアコーラル企画　2006.
　2　199p　21cm　2800円　Ⓘ4-9901917-3-0
　Ⓝ472.199
　　　　　　　　　　　　　　　　　　〔3837〕

◇野生植物食用図鑑—南九州—琉球の草木　橋
　本郁三著　鹿児島　南方新社　2006.4
　239p　21cm　3600円　Ⓘ4-86124-082-4
　Ⓝ471.9
　　　　　　　　　　　　　　　　　　〔3838〕

◇ふるさとの草木—いつまでも残したい　仲村
　昇〔著〕　〔八重瀬町(沖縄県)〕　〔仲村昇〕
　2006.10　132p　30cm　Ⓝ472.199　〔3839〕

◇奄美の絶滅危惧植物　山下弘著　鹿児島　南
　方新社　2006.12　158p　21cm　1905円
　Ⓘ4-86124-099-9　Ⓝ472.197　〔3840〕

◇沖縄植物図譜　〔伊波善勇〕〔著〕，海洋博覧
　会記念公園管理財団編　本部町(沖縄県)
　海洋博覧会記念公園管理財団　2007.3　635p
　26cm　Ⓝ472.199　〔3841〕

◇植物の本—沖縄の野山を楽しむ　屋比久壮実
　著　改訂　宜野湾　アクアコーラル企画

2007.7　126p　19cm　(おきなわフィール
ドブック　1)　1580円　Ⓘ978-4-9901917-7-1
Ⓝ472.199
　　　　　　　　　　　　　　　　　　〔3842〕

◇沖縄島北部東海岸における海草藻場モニタリ
　ング調査報告書　日本自然保護協会　2007.7
　113p　30cm　(日本自然保護協会報告書　第
　97号)　2000円　Ⓝ474.02199　〔3843〕

◇琉球列島産植物花粉図鑑　藤木利之，小澤智
　生著　宜野湾　アクアコーラル企画　2007.9
　155p　28cm　〈他言語標題：The pollen
　flora of Ryukyu,Japan〉　5000円　Ⓘ978-4-
　9901917-8-8　Ⓝ471.3
　＊琉球列島で普通に目にする植物を中心に65科117
　種の花粉形態を掲載。
　　　　　　　　　　　　　　　　　　〔3844〕

◇潮間帯と海藻—沖縄の海の生き物を支える海
　藻・有用な海藻・リーフを支える海藻　久場
　安次著　那覇　新星出版　2008.6　119p
　21cm　1200円　Ⓘ978-4-902193-68-8
　Ⓝ474.02199
　　　　　　　　　　　　　　　　　　〔3845〕

◇ふるさとの草木—沖縄の海辺や野山を彩る
　海辺の草木・野の草木・山の草木　仲村昇著
　八重洲町(沖縄県)　仲村昇　2008.9　101p
　27cm　2500円　Ⓝ472.199　〔3846〕

◇海岸植物の本—沖縄の自然を楽しむ　屋比久
　壮実著　宜野湾　アクアコーラル企画
　2008.12　127p　19cm　(おきなわフィール
　ドブック　5)　1580円　Ⓘ978-4-9904413-0-2
　Ⓝ472.199
　　内容　砂浜で見られる植物　岩礁で見られる植物
　海岸林で見られる植物　よく見られる海岸植物
　お勧めの観察コース　海中道路　久高島/喜屋武
　岬　万座毛/慶佐次湾のヒルギ林　川平湾/東平安
　名崎　和名索引　方言索引　食べられる植物　薬
　用のある植物　毒のある植物　〔3847〕

◇沖縄本島の花—外来植物50在来植物58　仲村
　昇著　八重洲町(沖縄県)　仲村昇　2010.9
　112p　21cm　Ⓝ472.199　〔3848〕

◇さがりばな　横塚眞己人作　講談社　2011.3
　1冊　24×19cm　1400円　Ⓘ978-4-06-
　216832-8
　＊沖縄・西表島の水辺に、一夜だけ花をさかせる、
　まぼろしの花。はかなく美しい営みをおさめた、
　命の循環をつたえる写真絵本。　〔3849〕

◇ヤンバルの森の山菜たち—ヤンバルには、お
　いしくて体によい山菜が盛り沢山！　樋口
　純一郎編著　宜野湾　沖縄環境分析センター
　2011.3　43p　19cm　1000円　Ⓘ978-4-
　9905753-0-4
　　　　　　　　　　　　　　　　　　〔3850〕

◇北大東島の植物図鑑　北大東村教育委員会編
　北大東村(沖縄県)　北大東村教育委員会
　2011.6　100p　30cm　〈編集・執筆：城間盛

306　　「沖縄」がわかる本　6000冊

自然科学　　　　　　　　　　　　　　　　　　　　　　　　　　　　　　　生物

男〉 Ⓝ472.199　　　　　　　　　〔3851〕

◇潮間帯と海藻　2　八重山の海岸を歩く　久場安次著　那覇　新星出版　2012.5　167p　21cm　1200円　Ⓘ978-4-905192-23-7　Ⓝ474.02199　　　　　　　　　　〔3852〕

◇沖縄の海藻と海草―自然環境・養殖・海藻250種　当真武著　那覇　出版舎Mugen　2012.11　433p　30cm　〈文献あり〉5714円　Ⓘ978-4-905454-06-9　Ⓝ474.02199　〔3853〕

◇沖縄本島の絶滅のおそれのある草木　仲村昇著　八重瀬町（沖縄県）　仲村昇　2012.12　139p　21cm　1800円　Ⓝ462.199　〔3854〕

◇雨の日は森へ―照葉樹林の奇怪な生き物　盛口満著　八坂書房　2013.3　215p　19cm　1900円　Ⓘ978-4-89694-152-4　内容 1章 原風景の森　2章 妖怪たちの森　3章 ドングリの森　4章 冬虫夏草の森　5章 つながりの森　6章 いのちの森　　　　　　　〔3855〕

◇奄美群島植物目録　堀田満〔著〕　鹿児島　鹿児島大学総合研究博物館　2013.3　279p　30cm　（鹿児島大学総合研究博物館研究報告no.6）〈他言語標題：Flora of the Amami Islands　文献あり〉Ⓝ472.197　〔3856〕

◇おきなわ野山の花さんぽ　安里肇栄写真文　那覇　ボーダーインク　2013.9　127p　21cm　〈文献あり　索引あり〉1700円　Ⓘ978-4-89982-243-1　Ⓝ472.199　内容 テッポウユリ揺れて　自生する夏咲きエビネ　幻のナゴラン　大型の野生ラン　真っ赤なデイゴは県の花　ハギの花が年二回　花のじゅうたんに寝転んで　黄色いヒガンバナ　大小ホオズキ集合　ユウナの黄色い花〔ほか〕　〔3857〕

◇カサノリの世界―ミクロの映像で生命を見る　石川依久子著　日野　愛智出版　2014.9　109p　21cm　2400円　Ⓘ978-4-87256-378-8　内容 プロローグ（沖縄戦鎮魂の花　貧しい研究室のカサノリ ほか）1章 カサノリという藻類（カサノリって海苔？　カサノリの"カサ" ほか）2章 驚異の巨大核（単核巨大細胞体　単核で形態形成 ほか）3章 カサノリの形（カサの造形　環境は形を変える ほか）4章 カサノリの仲間たち（地中海のカサノリ　南西諸島の仲間たち ほか）5章 生きている化石、カサノリ（岐阜のサイモポリア　古生物学からみたカサノリ）　〔3858〕

◇太陽の花　横塚眞己人写真・文　フレーベル館　2015.3　34p　22×27cm　（ふしぎびっくり写真えほん）1400円　Ⓘ978-4-577-04272-4　Ⓝ479.84　＊日本の南にある、西表島。その島にさくふしぎな花、オオハマボウ。ゆうなという名で親しまれ、地元の人はだれでも知っている花です。その花に、一日じっくりと向きあってみると、見えて

きたのは大きな自然のなかに存在する「つながり」でした。オオハマボウの花のなぞ。そして、そこから見えてくる命のつながりや自然のふしぎを美しい写真で紹介。　　　　　　〔3859〕

《動物》

◇東洋のガラパゴス―奄美の自然と生き物たち　鮫島正道著　〔鹿児島〕　南日本新聞社　1995.2　177p　21cm　（南日本カラーブックス）〈発売：南日本新聞開発センター　引用および参考文献：p173〜174〉2000円　Ⓘ4-944075-04-9　Ⓝ482.197　内容 第1章 東洋のガラパゴス「奄美諸島」　第2章 奄美諸島の島別の特徴と動物相　第3章 奄美諸島の生き物たち　　　　　　　〔3860〕

◇沖縄の海の貝・陸の貝―生態/検索図鑑　久保弘文,黒住耐二著　浦添　沖縄出版　1995.8　263p　21cm　〈参考文献：p249〉2800円　Ⓘ4-900668-51-6　Ⓝ484.038　〔3861〕

◇琉球列島産コオロギ科昆虫に関する研究　大城安弘著　那覇　鳴き虫会　1995.11　131p　30cm　〈文献：p123〜127〉Ⓝ486.4　〔3862〕

◇ウミガメ類生息実態調査報告書　1　那覇　沖縄県教育委員会　1996.3　75p　26cm　（沖縄県天然記念物調査シリーズ　第36集）〈沖縄島及び周辺離島における調査結果〉Ⓝ487.95　　　　　　　　　　　〔3863〕

◇ヤンバルクイナシンポジウム―研究・保護の現状と将来の展望　〔我孫子〕　山階鳥類研究所　1996.3　48p　30cm　〈期日・会場：1995年9月17日　沖縄ハイツ（宜野湾）　各章末：参考文献〉Ⓝ488.5　　　　　〔3864〕

◇ケラマジカ保護対策緊急実態調査報告書　那覇　沖縄県教育委員会　1996.3　201p　26cm　（沖縄県天然記念物調査シリーズ　第35集）Ⓝ489.85　　　　　　　〔3865〕

◇沖縄昆虫野外観察図鑑　東清二編著　浦添　沖縄出版　1996.7　7冊　19cm　全33000円　Ⓘ4-900668-62-1　Ⓝ486.038　内容 第1巻 鱗翅目（チョウ類・ガ類）　第2巻 甲虫目　第3巻 半翅目・双翅目・膜翅目・脈翅目　第4巻 甲虫目・直翅目・その他の昆虫　第5巻 鱗翅目―増補　第6巻 甲虫目―増補　第7巻 半翅目・双翅目・膜翅目・トンボ目・直翅目・その他の昆虫―増補　　　　　　　　　〔3866〕

◇おきなわ蝶物語　安次嶺馨著　那覇　ニライ社　1996.9　106p　21×22cm　〈参考文献：p105　発売：新日本教育図書〉2060円　Ⓘ4-931314-22-8　Ⓝ486.8　内容 プロローグ 蝶きちがいの話　蝶を撮る　蝶

「沖縄」がわかる本　6000冊　**307**

生物　　　　　　　　　　　　　　　　　　　　　　　　自然科学

の名称とイメージ　初恋の蝶―コノハチョウ　深
窓の令嬢―フタオチョウ　目立ちたがりやのおて
んばさん―ツマベニチョウ　おおらかでやさしい
ヤングママ―オオゴマダラ　セーラー服の少女た
ち―モンシロチョウ　井戸端会議のおばさんたち
―シロオビアゲハ〔ほか〕　　　　　　　　〔3867〕

◇クメジマボタル生息実態緊急調査報告書　那
覇　沖縄県教育委員会　1997.3　61p　30cm
〈沖縄県天然記念物調査シリーズ　第37集〉
Ⓝ486.6　　　　　　　　　　　　　　　　〔3868〕

◇サシバ日和―宮島・伊良部　謝花勝一著　那
覇　ひるぎ社　1997.5　157p　18cm　（お
きなわ文庫 79）〈文献あり〉　900円　〔3869〕

◇屋久島の海―世界自然遺産の島　屋比久壮実
写真集　屋比久壮実著　八重岳書房　1997.6
95p　21cm　1905円　Ⓘ4-8412-1183-7
Ⓝ482.197　　　　　　　　　　　　　　　〔3870〕

◇イリオモテヤマネコ　ケイ太飼育日誌―まん
が　池原貞雄監修，比嘉源和原案，日下部由紀
代作画　浦添　沖縄出版　1997.10　125p
22cm　〈年表あり〉　1750円　Ⓘ4-900668-66-4
　　　　　　　　　　　　　　　　　　　　〔3871〕

◇沖縄のホタル―陸生ホタルの飼育と観察　深
石隆司文・写真　浦添　沖縄出版　1997.10
63p　23cm　〈文献あり〉　1800円　Ⓘ4-
900668-67-2　　　　　　　　　　　　　　〔3872〕

◇沖縄の帰化動物―海をこえてきた生きものた
ち　嵩原建二〔ほか〕著　浦添　沖縄出版
1997.12　227p　21cm　〈文献あり〉　3000円
Ⓘ4-900668-68-0　Ⓝ481.7　　　　　　〔3873〕

◇サンゴ礁の世界　白井祥平著　南風原町（沖
縄県）　沖縄高速印刷出版部　1997.12
143p　21cm　〈他言語標題：Coral reef〉
1429円　Ⓘ4-901029-00-2　Ⓝ483.35　〔3874〕

◇偉大なる海の友人ザトウクジラ―宮城清写真
集：ホエールウオッチングガイドin座間味
宮城清，水中造形センター著，舘石昭監修，宮
城清，原田浩，水中造形センター・マリンフォ
トライブラリー写真　水中造形センター
1997.12　79p　18×21cm　1600円　Ⓘ4-
915275-89-2　Ⓝ489.6　　　　　　　　〔3875〕

◇ウミガメ類生息実態調査報告書　2　沖縄県
教育委員会編　那覇　沖縄県教育委員会
1998.3　95p　30cm　（沖縄県天然記念物調
査シリーズ　第38集）〈「2」のサブタイトル：
宮古島及び周辺離島における調査結果〉
Ⓝ487.95　　　　　　　　　　　　　　　〔3876〕

◇南の島の昆虫記　湊和雄著　浦添　沖縄出版

1998.7　231p　21cm　〈他言語標題：Insect
life of the southern island〉　2650円　Ⓘ4-
900668-70-2　Ⓝ486.02199
内容　春を知らせる虫　オオシマオオトラフコガネ
季節によって異なる餌　ルリタテハ　枯れ枝にと
まるサクラ色　ワモンサビカミキリ　雌よりも美
しい雄　リュウキュウハグロトンボ　全身，美しい
金色　キンケビロウドカミキリ　麓に暮らす美し
い青色　アオタテハモドキ　宝石のような輝き　ミ
ドリナカボソタマムシ　おとなしい姿　マルツノ
ゼミ　目立たないための緑色　クロイワゼミ　雌
だけのカラス色　カラスヤンマ〔ほか〕　〔3877〕

◇サンゴ礁は異常事態―保全のキーワードはバ
ランス　土屋誠文，屋比久壮実，植田正恵写真
南風原町（沖縄県）　沖縄マリン出版　1999.
2　125p　21cm　〈文献あり〉　Ⓘ4-901008-
03-X　Ⓝ468.8　　　　　　　　　　　　〔3878〕

◇ウミウシガイドブック―沖縄・慶良間諸島の
海から　小野篤司著　ティビーエス・ブリタ
ニカ　1999.7　183p　21cm　2400円　Ⓘ4-
484-99298-1　Ⓝ484.6
内容　頭楯目　ウズムシウミウシ目　アメフラシ
目　背楯目　嚢舌目　ドーリス目（ドーリス亜目
スギノハウミウシ亜目　タテジマウミウシ亜目
ミノウミウシ亜目）　　　　　　　　　　〔3879〕

◇生態写真で見る沖縄の蝶　具志堅猛編著，知
花聡，上間勝正，塩崎滋久，豊口敬共著　本部
町（沖縄県）　琉宮城蝶々園　1999.8　159p
21cm　〈発売：沖縄県観光産業事業協同組合
（那覇）〉　Ⓝ486.8　　　　　　　　　　〔3880〕

◇沖縄県の探鳥地ガイド―バードウォッチング
にいってみよう　沖縄県立博物館編　〔那
覇〕　東洋企画印刷　1999.8　128p　21cm
1600円　Ⓘ4-938984-12-1　Ⓝ488.2199
　　　　　　　　　　　　　　　　　　　　〔3881〕

◇飛び立つ生命―まちにチョウを増やそう　名
護博物館編　名護　名護博物館　1999.10
32p　21cm　〈第16回企画展〉　Ⓝ486.8〔3882〕

◇南西諸島産有剣ハチ・アリ類検索図説　山根
正気，幾留秀一，寺山守著　札幌　北海道大学
図書刊行会　1999.12　831p　図版14枚
27cm　〈他言語標題：Identification guide to
the aculeata of the Nansei Islands,Japan
英文併記〉　25000円　Ⓘ4-8329-9761-0
Ⓝ486.7　　　　　　　　　　　　　　　〔3883〕

◇ヤンバルクイナの見た夢は―沖縄の野鳥たち
金城吉男写真集　金城吉男〔撮影〕　那覇
琉球新報社　2000.3　71p　26×27cm　2000
円　Ⓘ4-89742-026-1　Ⓝ488.2199　〔3884〕

◇知りたかった動物の名前―今泉吉典先生とイ
リオモテヤマネコ　高橋健文　ポプラ社

308　　「沖縄」がわかる本　6000冊

自然科学　　　　　　　　　　　　　　　　　　　　　　　　　　　　　　　　　　生物

2000.4　139p　20cm　（未来へ残したい日本の自然 2）　1400円　Ⓘ4-591-06434-4

内容 第1章 イリオモテヤマネコとの出会い（イリオモテヤマネコの会議　未知のイリオモテヤマネコ 後頭傍突起へのこだわり ほか）　第2章 動物の名前を知りたいと思った少年（動物が好きな少年 理科標本室で見た牙をむくトラの剥製 動物を知る楽しみを共有できる友 ほか）　第3章 イリオモテヤマネコと西表島の自然（イリオモテヤマネコ論争を一時休戦にして実地調査へ ライハウゼン教授との共同調査 記合給餌法による本調査がはじまった ほか）　　　　　　　　　　〔3885〕

◇マングースとハルジオン―移入生物とのたたかい　服部正策, 伊藤一幸著　岩波書店　2000.10　170,5p　19cm　（現代日本生物誌 11）〈シリーズ責任表示：林良博, 武内和彦編〉1900円　Ⓘ4-00-006731-1　Ⓝ489.54

内容 第1部 マングース（奄美大島の森で 日本に導入されたマングース マングースの実像 マングースとたたかう マングースの将来と固有種の将来）　第2部 ハルジオン（外国から入ってきた植物たち 雑草たちの生きざま 除草剤とたたかうハルジオン 帰化植物と絶滅危惧種の関係 移入植物と生物多様性の保全）　第3部 討議 マングースとハルジオンは何を問うているのか　　〔3886〕

◇ウミガメ類生息実態調査報告書 3 沖縄県教育委員会編　那覇　沖縄県教育委員会　2001.3　102p　30cm　（沖縄県天然記念物調査シリーズ 第40集）〈「3」のサブタイトル：八重山諸島における調査結果〉
　　　　　　　　　　　　　　　　〔3887〕

◇きらめく生命―宮古諸島の野鳥　砂川栄喜著　那覇　ニライ社　2001.5　111p　21cm〈発売：新日本教育図書（下関）〉1800円　Ⓘ4-931314-48-1　Ⓝ488.2199

内容 リュウキュウキンバトの子育て 島の住民たち 夏の訪問者 秋から春の訪問者 珍客 声にならない叫び　　　　　　　　　　〔3888〕

◇ジュゴンの海は渡さない―いのちをつなぐ美ら海を子どもたちに　ジュゴン保護基金編　ふきのとう書房　2001.5　48p　21cm〈発売：星雲社〉600円　Ⓘ4-434-01105-7　Ⓝ489.67

内容 日本最後のジュゴンを救え 沖縄のジュゴン等の保全勧告決議採択―世界自然保護会議（IUCN）総会報告 IUCN総会に向けたNGO、日米両政府のコメント IUCN総会におけるジュゴン等の保全勧告決議（全文）知っておきたい―ジュゴンはどんな動物？ 絶滅の危機！ジュゴン保護は待ったナシ ジュンおばぁとゴンおじぃのはなし　　　　　　　　　　　　〔3889〕

◇八重山列島昆虫記―南の島の虫屋の話　高橋敬一著　宇都宮　随想舎　2001.10　159p　19cm　953円　Ⓘ4-88748-065-2　Ⓝ486.04

〔3890〕

◇島言語でわかる沖縄魚図鑑　悦秀満著　南風原町（沖縄県）　沖縄マリン出版　2002.1　157p　21cm　1900円　Ⓘ4-901008-18-8

内容 湾内・砂泥底に住む魚 海岸近くに寄る魚 サンゴ礁に住む魚 岩礁に住む魚 表層を遊泳する魚 中層を遊泳する魚 底層を遊泳する魚 深海に住む魚 沖合に住む魚　　　　〔3891〕

◇海洋危険生物―沖縄の浜辺から　小林照幸著　文藝春秋　2002.2　246p　18cm　（文春新書）〈文献あり〉720円　Ⓘ4-16-660231-4　Ⓝ481.72

内容 第1章 新たな危険がそこに　第2章 その名もハブクラゲ　第3章 美しき猛毒貝―アンボイナガイ　第4章 光に向かって飛び込む矢―ダツ　第5章 圧倒的な致命傷を負わせるサメ　第6章 食材としての海洋危険生物　　　　　〔3892〕

◇アマミヤマシギのはなし―観察ガイドブック　那覇　沖縄県教育委員会　2002.3　28p　30cm　　　　　　　　　　　　　　〔3893〕

◇琉球列島産昆虫目録　東清二監修, 屋富祖昌子〔ほか〕編　増補改訂版　西原町（沖縄県）　沖縄生物学会　2002.5　570p　31cm　（沖縄県産生物目録シリーズ no.1）〈他言語標題：Check list of the insect of the Ryukyu Islands　「沖縄産昆虫目録」（1987年刊）の増訂　発売：榕樹書林（宜野湾）〉Ⓘ4-947667-84-2　Ⓝ486.02199　　〔3894〕

◇移入動物に関する研究―名護市におけるマングースの分布　名桜大学総合研究所観光環境部門［編］　名護　名桜大学総合研究所観光環境部門　2002.5　72p　21cm　（対米協助成シリーズ no.14）〈シリーズ責任表示：沖縄県対米請求権事業協会・沖縄地域ネットワークセンター［編］　平成13年度地域振興研究助成報告書〉700円　Ⓝ489.54　〔3895〕

◇週刊日本の天然記念物―動物編 1 イリオモテヤマネコ―アジアの野生ネコ　小学館　2002.6　35p　30cm〈付属資料：立体動物模型1体（ホルダー入）〉476円　Ⓝ482.91
　　　　　　　　　　　　　　　　〔3896〕

◇週刊日本の天然記念物―動物編 3 アマミノクロウサギ―日本の野生ウサギ　小学館　2002.7　35p　30cm〈付属資料：立体動物模型1体（ホルダー入）〉810円　Ⓝ482.91
　　　　　　　　　　　　　　　　〔3897〕

◇週刊日本の天然記念物―動物編 4 ジュゴン―日本近海のイルカ・クジラ　小学館　2002.7　35p　30cm〈付属資料：立体動物模型1体（ホルダー入）〉810円　Ⓝ482.91

生物　　　　　　　　　　　　　　　　　　　　　　　　　　　　　自然科学

〔3898〕

◇海の中でにらめっこ―石垣島の海　やまもと
　ひでき写真・文　那覇　ボーダーインク
　2002.8　38p　21×21cm　（写真絵本 2）
　1400円　Ⓘ4-89982-032-1　Ⓝ481.72　〔3899〕

◇ジュゴンデータブック　倉沢栄一著　ティ
　ビーエス・ブリタニカ　2002.9　87p　21cm
　1800円　Ⓘ4-484-02413-6　Ⓝ489.67
　[内容] 名前　分布　生息数　ジュゴンとウミガメ
　分類、大きさ、寿命　潜水能力　泳ぎ　海底の移
　動　ジュゴンとアマモ　食餌〔ほか〕　〔3900〕

◇週刊日本の天然記念物―動物編　20　ヤンバ
　ルクイナ―沖縄の珍鳥・奇鳥　小学館
　2002.11　35p　30cm〈付属資料：立体動物
　模型1体（ホルダー入）〉810円　Ⓝ482.91
　　　　　　　　　　　　　　　　　　　〔3901〕

◇ジュゴンはなぜ死ななければならなかったの
　か　真鍋和子著　金の星社　2002.12　139p
　22cm　（ノンフィクション知られざる世界）
　1200円　Ⓘ4-323-06079-3　Ⓝ489.67
　[内容] プロローグ ジュゴンがあらわれた！　1
　ジュゴンって知ってる？　2 セレナとじゅんいち
　3 人魚といわれたジュゴン　4 ジュゴンのいる海
　5 まっ白い砂浜で　6 アンマンにふいたジュゴン
　の風　7 小さな一歩　8 ジュゴンとともに生きた
　い！　エピローグ ジュゴンはゆめを運ぶ
　　　　　　　　　　　　　　　　　　　〔3902〕

◇リュウキュウヤマガメ・セマルハコガメ生息
　実態調査報告書　太田英利, 濱口寿夫編　那
　覇　沖縄県教育委員会　2003.3　99p　30cm
　（沖縄県天然記念物調査シリーズ　第41集）
　Ⓝ487.95　　　　　　　　　　　　　　〔3903〕

◇折居彪二郎資料「琉球及び大隅列島採集日誌
　（1921）」　折居彪二郎〔著〕　那覇　沖縄
　大学地域研究所　2003.3　160p　30cm
　（沖縄大学地域研究所地域研究叢書　第1巻）
　〈年譜あり〉Ⓝ488.2199　　　　　　　〔3904〕

◇沖縄クモ図鑑―めずらしい沖縄のクモ217
　種！　谷川明男写真・解説　文葉社　2003.
　4　95p　21cm　2600円　Ⓘ4-9980907-9-8
　Ⓝ485.73
　＊沖縄に生息するクモ217種を収録したクモの図鑑。
　　本文の構成はクモを科別に分類し大きさ、分布、
　　形態、生態等を記述した解説部分、クモの雌雄を
　　撮影した写真部分、沖縄県産クモ目録からなり、
　　巻末に和名索引が付く。　　　　　　　〔3905〕

◇週刊日本の天然記念物―沖縄・小笠原ガイド
　ブック編　50　やんばる・小笠原・伊豆諸島
　小学館　2003.6　35p　30cm　810円
　Ⓝ482.91　　　　　　　　　　　　　　〔3906〕

◇エビ・カニガイドブック　2　川本剛志, 奥野

淳兒著　阪急コミュニケーションズ　2003.7
173p　21cm〈正編の出版者：ティビーエ
ス・ブリタニカ　文献あり〉2400円　Ⓘ4-
484-03405-0　Ⓝ485.3
[内容] エビの仲間（クルマエビ科　オトヒメエビ
科　ドウケツエビ科　ほか）　ヤドカリの仲間（ヤ
ドカリ科　ホンヤドカリ科　コシオリエビ科　ほ
か）　カニの仲間（カイカムリ科　トゲカイカムリ
科　アサヒガニ科　ほか）　分類学的ノート（新た
に提唱した和名　久米産の標本が新種の発表に
用いられた十脚甲殻類）　　　　　　　　〔3907〕

◇サツマイモ害虫イモゾウムシの人工飼育法
　下地幸夫〔著〕　那覇　沖縄県ミバエ対策事
　業所　2004.1　73p　30cm　（沖縄県特殊病
　害虫特別防除事業特別研究報告　第3号）
　Ⓝ486.6　　　　　　　　　　　　　　　〔3908〕

◇虫 "自然" は友だち　中村雅雄著　新日本出
　版社　2004.3　189p　19cm　1800円　Ⓘ4-
　406-03071-9
　[内容] 1 虫 "自然" は友だち（ちがう道を選んだ友
　"虫" に学ぶ　小さなアリに大きなドラマが　何千
　の集団も集まりは1頭の女王アリから　ほか）　2
　スズメバチ―怖いだけではない（進化がよく見え
　るハチの仲間　名ハンターたちの必殺技　巧みな
　一級建築士―スズメバチの見事な巣　ほか）　3 ス
　ズメバチ探索紀行（東南アジアにスズメバチを求
　めて　世界に誇る「東洋のガラパゴス」―石垣島・
　西表島へ　亜熱帯の自然と人との出会い―タイワ
　ン　ほか）　　　　　　　　　　　　　〔3909〕

◇西原町の自然―動物・人と自然の関わり　西
　原町教育委員会編　西原町（沖縄県）　西原
　町教育委員会　2004.3　220p　30cm（『西
　原町史』付属刊行物）Ⓝ482.199　　　〔3910〕

◇折居彪二郎資料「琉球採集日誌」（1936年）
　折居彪二郎〔著〕　那覇　沖縄大学地域研究
　所　2004.3　46p　30cm　（沖縄大学地域研
　究所地域研究叢書　第3巻（第1巻補遺））
　Ⓝ488.2199　　　　　　　　　　　　　〔3911〕

◇磯の生き物―沖縄のサンゴ礁を楽しむ　屋比
　久壮実著　宜野湾　アクアコーラル企画
　2004.7　127p　19cm　（おきなわフィール
　ドブック 2）1480円　Ⓘ4-9901917-1-4
　Ⓝ482.199　　　　　　　　　　　　　　〔3912〕

◇沖縄のウミウシ―沖縄本島から八重山諸島ま
　で　小野篤司著　ラトルズ　2004.7　304p
　21cm〈文献あり〉2838円　Ⓘ4-89977-075-8
　Ⓝ484.6
　[内容] 頭楯目　嚢舌目　アメフラシ目　背楯目
　裸鰓目（ドーリス亜目　スギノハウミウシ亜目　タ
　テジマウミウシ亜目　ミノウミウシ亜目）〔3913〕

◇決定版 日本の探鳥地 九州・沖縄編
　BIRDER編集部編　文一総合出版　2005.1

310　「沖縄」がわかる本　6000冊

自然科学　　　　　　　　　　　　　　　　　　　　　　　　　　　　　生物

144p　26cm　（BIRDER SPECIAL）
1600円　Ⓘ4-8299-2200-1
　内容　福岡県　佐賀県　長崎県　熊本県　大分県
宮崎県　鹿児島県　沖縄県
　　　　　　　　　　　　　　　　　　　　　〔3914〕

◇もういちど宙へ―沖縄美ら海水族館人工尾び
れをつけたイルカフジの物語　岩貞るみこ著
講談社　2005.2　191p　20cm　1500円
Ⓘ4-06-352730-1　Ⓝ480.49
　内容　第1章　発病　第2章　母イルカ「フジ」　第3
章　二度の手術　第4章　ブリヂストン　第5章　メ
ンバー集結　第6章　装着訓練　第7章　カウリング
型　第8章　ジャンプできる尾びれを　第9章　総力
戦　第10章　もういちど宙（そら）へ　〔3915〕

◇奇跡のイルカ フジ ビジュアルBook　加藤
文雄写真　講談社　2005.3　1冊　18×20cm
1200円　Ⓘ4-06-352731-X
　＊2002年秋、沖縄美ら海水族館のバンドウイルカ
の「フジ」は、病気で尾びれの75％を失った。イ
ルカの人工尾びれを作ることは可能なのか？　尾
びれを装着することで普通のイルカのような動
きができるようになるのか？　水族館では、フジ
の尾びれをつくり、イルカの尾びれがもつ役割を
科学的に検証することを目的として、株式会社
ブリヂストンの全面的な協力のもと、人工尾び
れプロジェクトを開始した。忘れられない感動
をビジュアルに人工尾びれをつけたイルカ、フ
ジのフォトストーリー。
　　　　　　　　　　　　　　　　　　　　　〔3916〕

◇ジェーン―屋久島、伝説のアオウミガメ
KYT鹿児島読売テレビ著　鹿児島　南方新
社　2005.5　95p　19cm　1200円　Ⓘ4-
86124-047-6　Ⓝ487.95
　　　　　　　　　　　　　　　　　　　　　〔3917〕

◇風化サンゴの生理的効果　周起煥, 佐藤計一
著　風塵社　2005.8　166p　19cm　1905円
Ⓘ4-7763-0014-1
　内容　第1章　風化サンゴと化石サンゴ　第2章　サ
ンゴとマイナスイオン　第3章　機能生理活性マイ
ナスイオン発生　第4章　抗生剤と薬物耐性　第5
章　温熱風化サンゴ砂風呂の生理学的な作用　第6
章　温熱療法による痛み緩和とガン細胞の機能抑
制　第7章　風化サンゴイオン水と生体と治療
　　　　　　　　　　　　　　　　　　　　　〔3918〕

◇沖縄のクワガタムシ　下地幸夫写真・文　那
覇　新星出版　2005.8　54p　21cm　1143円
Ⓘ4-902193-18-3　Ⓝ486.6　　　　　〔3919〕

◇南の島の自然誌―沖縄と小笠原の海洋生物研
究のフィールドから　矢野和成編著　秦野
東海大学出版会　2005.11　310p　21cm
〈文献あり〉3200円　Ⓘ4-486-01692-0
Ⓝ481.72
　内容　マングローブと干潟の生き物　水の中の小
さな仲間―プランクトン　南の海の貝探し　八重
山のマツバガニ　生物学の非常識―サンゴの産卵
調査から見えてきたこと　サンゴ礁の魚とサンゴ
の白化　オニヒトデの大発生　ダイバーに大人気

―オニイトマキエイ　南海の巨大イカ―ソデイカ
電子標識での挑戦―ソデイカの産卵場はどこか〔ほ
か〕　　　　　　　　　　　　　　　　　〔3920〕

◇沖縄のジュゴン保護のために確保すべき生息
環境についてのヒアリング及び文献調査―歴
史文化的側面の調査おこし、他の個体群・飼
育個体との比較から　2004年度（第15期）プ
ロ・ナトゥーラ・ファンド助成活動報告書
北限のジュゴンを見守る会著　〔横須賀〕
北限のジュゴンを見守る会　2005.11　64p
30cm　Ⓝ489.67　　　　　　　　　　〔3921〕

◇オカヤドカリ生息実態調査報告書　2　沖縄
県教育委員会編　那覇　沖縄県教育委員会
2006.3　262p　30cm　（沖縄県天然記念物
調査シリーズ　第43集）　Ⓝ485.3　〔3922〕

◇蝶　猪又敏男編・解説, 松本克臣写真　山と
溪谷社　2006.6　255p　19×12cm　（新装
版山溪フィールドブックス　5）　1600円
Ⓘ4-635-06062-4
　内容　アゲハチョウ科　シロチョウ科　シジミチョ
ウ科　タテハチョウ科　セセリチョウ科〔3923〕

◇沖縄のセミ―生態写真と鳴き声で知る　全19
種　林正美監修, 佐々木健志, 山城照久, 村山
望著　那覇　新星出版　2006.7　63p　21cm
1429円　Ⓘ4-902193-41-8　Ⓝ486.5　〔3924〕

◇南の海の生き物さがし―琉球弧・奄美の海か
ら　太陽の贈り物　宇都宮英之著　鹿児島
南方新社　2006.8　193p　21cm　2600円
Ⓘ4-86124-090-5　Ⓝ482.197　　　　〔3925〕

◇昆虫の本―沖縄の自然を楽しむ　湊和雄著
宜野湾　アクアコーラル企画　2007.4　127p
19cm　（おきなわフィールドブック　4）
1580円　Ⓘ978-4-9901917-6-4　Ⓝ486.02199
　　　　　　　　　　　　　　　　　　　　　〔3926〕

◇聴き歩きフィールドガイド奄美　鳥飼久裕解
説, 上田秀雄音声　文一総合出版　2007.5
79p　19cm　〈音声情報あり　再生要件：サ
ウンドリーダー, 携帯電話〉1400円　Ⓘ978-
4-8299-0127-4　Ⓝ482.197
　内容　奄美の森（アマミノクロウサギ　リュウキュ
ウイノシシ　ほか）　奄美の里（ハロウェルアマガ
エル　リュウキュウアカガエル　ほか）　奄美の海
（ザトウクジラ　シロチドリ　ほか）　静かな生物
（ケナガネズミ　アマミトゲネズミ　オリイコキ
クガシラコウモリ　ハブ　アカマタ　ほか）　奄美
の暮らし（八月踊り　鉦銭シバヤ　ほか）〔3927〕

◇ゲッチョ昆虫記―新種はこうして見つけよう
盛口満著　どうぶつ社　2007.6　213p
19cm　〈年譜あり〉1500円　Ⓘ978-4-88622-
336-4　Ⓝ486.02199
　内容　1　南の島の昆虫ハカセ　2　海のアメンボ　3

「沖縄」がわかる本　6000冊　311

生物　　　　　　　　　　　　　　　　　　　　　　　　　　　　　自然科学

新種発見！　4 虫に名前を残した男　5 僕は一
生追いかける　付 評伝岩崎卓爾
〔3928〕

◇しっぽをなくしたイルカ—沖縄美ら海水族館
フジの物語　岩貞るみこ作　講談社　2007.7
189p　18cm　（講談社青い鳥文庫 265-1）
〈写真：加藤文雄〉600円　Ⓘ978-4-06-
148776-5　Ⓝ489.6
内容 1 獣医師・植田　2 発病　3 ブリヂストン
4 型取り　5 さいしょの人工尾びれ　6 改良　7
古網とフジ　8 新しい目標　9 破損とケガ　10
そらへ
〔3929〕

◇沖縄のトンボ図鑑　尾園暁写真，渡辺賢一，焼
田理一郎，小浜継雄文　ミナミヤンマ・クラ
ブ　2007.8　199p　21cm〈文献あり　発
売：いかだ社〉2800円　Ⓘ978-4-87051-215-
3　Ⓝ486.39
内容 カワトンボ科　ミナミカワトンボ科　ハナ
ダカトンボ科　ヤマイトトンボ科　アオイトトン
ボ科　モノサシトンボ科　イトトンボ科　ヤンマ
科　サナエトンボ科　オニヤンマ科　エゾトンボ
科　トンボ科
〔3930〕

◇蝶はしたたかはてさて人は—自然とつきあ
い、見えてきたこと　中嶋正人著　文芸社
2007.11　346p　19cm　1900円　Ⓘ978-4-
286-03662-5
内容 第1章 季節の蝶たち（春の光を浴びる蝶たち
五月の陽光のもとで—人類の家畜化 ほか）　第2
章 南の蝶・北の蝶（奄美大島だより—ところ変わ
れば　沖縄だより—老いの抵抗 ほか）　第3章 蝶
の基礎講座—変則的副読本（蝶とはなんだ—猪豚
鍋　蝶の生態—潔癖完璧主義の行方 ほか）　第4
章 写蝶は挨拶（コムラサキの着地—コムラサキと
言えば　蝶と交信できたら—忘本走易の徒 ほか）
第5章 自然との付き合い方および昆虫採集のすす
め（トラとともに生きる村—無知は共生を生まな
い　「見ないものは存在しない」の法則—分業シ
ステムの欠陥 ほか）
〔3931〕

◇ホタルの国から—沖縄・久米島のクメジマボ
タル　さとうなおみ，さとうふみやす写真・
文　新日本出版社　2008.2　31p　27cm
（ドキュメント地球のなかまたち）　1400円
Ⓘ978-4-406-05111-8　Ⓝ486.6
＊1993年に発見されたクメジマボタルを知ってい
ますか。沖縄県の天然記念物で絶滅が心配されて
いる世界中で久米島にしかすんでいないホタルで
す。長く孤立した小さな島で、独自の進化を経て
きたホタルが、7種類も棲む島。その久米島の美し
い自然を写真で紹介。ホタルたちを育む自然の
大切さを切実に訴えかけます。
〔3932〕

◇ジュゴン保護対策検討業務報告書　平成19年
度　国立公園協会　2008.3　132,19,3p
30cm〈環境省請負〉Ⓝ489.67
〔3933〕

◇生き物文化誌ビオストーリー　vol.9　特集
豆の生き物文化誌 人と豆の丸い関係　『ビ

オストーリー』編集委員会編　生き物文化誌
学会,（京都）昭和堂〔発売〕　2008.4　127p
23×15cm　1500円　Ⓘ978-4-8122-0836-6
内容 特集 豆の生き物文化誌 人と豆の丸い関係
（マメの栽培化と伝播—食用豆の起源は7,000前に
遡る。各起原地で何がいつ栽培化されたのか　花
を愛でるマメ科植物　染色に用いられるインドの
マメ科植物 ほか）　論点 地球温暖化と生物多様
性 この人 「生き物」から「生き物」をつくる
フィールドレポート1 御嶽をめぐる心やさしき人
びと　フィールドレポート2 タイへ、イネを訪ね
て四半世紀　生き物の命名 名前のちがら　地元
からの発信 やんばるの生き物たちのこと—ヤン
バルクイナの悲鳴が産声に変わる時　論文1 環境
変動と人類の適応戦略—「中世温暖期」とオホー
ツク文化の生物資源の利用を巡って　論文2 愛知
県東三河地方のホトケドジョウ類の地方名—生き
物の多様性の保全　私の観察日記 鷹狩り春秋
〔3934〕

◇ヤンバルクイナ・アガチャーの唄　戸塚学
しゃしん・ぶん　そうえん社　2008.4　1冊
（ページ付なし）　22×28cm　（そうえん
しゃ・写真のえほん 5）　1300円　Ⓘ978-4-
88264-324-1　Ⓝ488.5
＊全世界中で、沖縄島北部の国頭村を中心とした
地域にしか分布していない。絶滅の危機が増大
しているヤンバルクイナの初めての写真えほん。
〔3935〕

◇聴き歩きフィールドガイド沖縄　1　沖縄・
大東諸島　嵩原建二，久高将和解説,上田秀雄
音声　文一総合出版　2008.7　80p　19cm
〈音声情報あり　再生要件：サウンドリー
ダー、携帯電話〉1400円　Ⓘ978-4-8299-
0136-6　Ⓝ482.199
内容 森の音（アカハラダカ/ツミ　ヤンバルクイ
ナ ほか）　人里の音（カイツブリ/ゴイサギ　リュ
ウキュウヨシゴイ ほか）　海の音（ザトウクジラ
クロツラヘラサギ/ミサゴ ほか）　夜の音（オリイ
オオコウモリ　オキナワコキクガシラコウモリ/
リュウキュウユビナガコウモリ ほか）　静かな生
物（ケナガネズミ/オキナワトゲネズミ/リュウキュ
ウヤマガメ　オキナワキノボリトカゲ/クロイワ
トカゲモドキ/キクザトサワヘビ ほか）　人々の
暮らし（エイサー/ウンジャミ　シヌグ/ハーリー
ほか）
〔3936〕

◇屋久島の野鳥—フィールドガイド　尾上和久
写真・文　鹿児島　南方新社　2008.8　121p
21cm　1800円　Ⓘ978-4-86124-141-3
Ⓝ488.2197
〔3937〕

◇沖縄珊瑚海道　中村征夫著　新装版　アスペ
クト　2008.10　1冊（ページ付なし）　17cm
（アスペクトライトボックス・シリーズ）
〈他言語標題：The coralway around
Okinawa islands〉2000円　Ⓘ978-4-7572-
1553-5　Ⓝ482.199
＊沖縄の島々を舞台に、サンゴのめずらしい生態

312　「沖縄」がわかる本 6000冊

自然科学　　　　　　　　　　　　　　　　　　　　　　　　　　　　　　　　　　　　生物

と、サンゴ礁で育まれる無数の生きものたちが織りなす"いのち"の一瞬のドラマを生き生きと写し撮った海中写真集。　　　〔3938〕

◇ママになったエリザベス　宮良隆彦著　サンクチュアリ出版　2008.12　1冊　17×19cm〈付属資料：DVD1〉2000円　①978-4-86113-927-7
＊沖縄のある一軒家に集まってきた捨て猫たち。一緒に暮らし、世話をすることに決めた飼い主の苦悩と喜び。そして、猫の家出、死、出産を通じて、見えてきた命のつながり。猫たちのありのままの姿を撮影し1年間を追ったドキュメンタリー。　　　　　　　　　　　　〔3939〕

◇沖縄の鳴く虫─生態写真と鳴き声で知る 50種　佐々木健志, 山城照久, 村山望著　那覇　新星出版　2009.1　78p　21cm　1429円　①978-4-902193-75-6　Ⓝ486.48　　　〔3940〕

◇奄美の野鳥図鑑　奄美野鳥の会編　文一総合出版　2009.2　335p　19cm〈文献あり　索引あり〉2500円　①978-4-8299-1017-7　Ⓝ488.2197
内容 奄美の固有種紹介　アビ目　カイツブリ目　ミズナギドリ目　ペリカン目　コウノトリ目　カモ目　タカ目　ツル目　チドリ目〔ほか〕〔3941〕

◇GISを利用した那覇市内における鳥類分布変遷の解析及び市内で確認された鳥類の記録　沖縄大学地域研究所編, 嵩原建二, 渡邊康志, 中村和雄, 比嘉邦昭, 上原冨二男著　那覇　沖縄大学地域研究所　2009.3　75p　30cm（沖縄大学地域研究所研究彙報　第5号）Ⓝ488.2199　　　　　　　　　　〔3942〕

◇ヤンバルクイナの生息域外保全と野生復帰環境整備技術開発─環境技術開発等推進費平成18〜20年度最終報告書：研究開発領域：1.基礎研究開発、技術分野：(3)健全な生態系保全及び自然とのふれあいに関する技術等分野　小倉剛, 飯島康夫, 尾崎清明, 長嶺隆, 桑名貴著　〔出版地不明〕　〔小倉剛〕　2009.3　508p　30cm　Ⓝ488.5　　　　〔3943〕

◇南西諸島のササラダニ類　青木淳一著　秦野　東海大学出版会　2009.12　26,222p　27cm〈文献あり　索引あり〉12000円　①978-4-486-01858-2　Ⓝ485.77
内容 第1章 南西諸島のササラダニ類の調査と採集（魅惑の南の島々と愛すべきササラダニ類　今までの研究　調査研究の方法　南西諸島の構成と分布図の作成法　採集記録一覧　各島における採集地点）第2章 新種と未記録種（新種の記載　日本新記録の種）第3章 ササラダニ類の目録と分布図（南西諸島産ササラダニ類目録　各島のササラダニ種数　各種の分布図　分布パターンによる類別）第4章 ササラダニ類の環境選好性と環境診断（環境選好性　環境診断への応用）〔3944〕

◇琉球の蝶─ツマグロヒョウモンの北進と擬態の謎にせまる　伊藤嘉昭著　秦野　東海大学出版会　2009.12　105p　21cm〈文献あり　索引あり〉2800円　①978-4-486-01836-0　Ⓝ486.8
内容 第1章 地球温暖化と亜熱帯性生物の北進（地球温暖化　最近分布が北進した虫たち　ほか）第2章 ヒョウモンチョウとは？　第3章 擬態をめぐる議論（ベーツ氏擬態　ベーツ氏擬態の進化─琉球のシロオビアゲハ　ほか）第4章 愛知県のツマグロヒョウモン（名古屋市・日進市での生活史　ツマグロヒョウモンの愛知県への進出と普通種化　ほか）第5章 ツマグロヒョウモンをめぐる大崎直太氏の見解と私の考え　　　〔3945〕

◇絶滅危惧の生きもの観察ガイド　西日本編　川上洋一著　東京堂出版　2010.2　158p　21cm　2000円　①978-4-490-20677-7
内容 近畿地方（琵琶湖　伊吹山　ほか）中国地方（伯耆大山　弓ヶ浜　ほか）四国地方（剣山　大竜寺山　ほか）九州地方（曽根干潟　糸島半島　ほか）琉球列島（奄美大島　やんばる　ほか）　　　　　　　　　　　　　〔3946〕

◇造礁サンゴ─楽園をつくった偉大な建築家　2009年度博物館企画展　那覇　沖縄県立博物館・美術館　2010.2　56p　30cm〈会期・会場：2010年2月5日〜3月14日　沖縄県立博物館・美術館博物館企画展示室　編集：田中聡　発売：編集工房東洋企画（糸満）〉952円　①978-4-938984-77-9　Ⓝ483.35　　〔3947〕

◇沖縄の野鳥　沖縄野鳥研究会編著　改訂版　那覇　新星出版　2010.5　367p　19cm〈文献あり〉2381　①978-4-902193-91-6　Ⓝ488.2199　　　　　　　　　　〔3948〕

◇琉球列島の鳴く虫たち　大城安弘著　新訂版　那覇　鳴き虫会　2010.10　229p　22cm（琉球列島の昆虫シリーズ 3）〈文献あり〉2500円　Ⓝ486.4　　　　　　　　　〔3949〕

◇ジュゴン─海草帯からのメッセージ　土屋誠, カンジャナ・アドゥンヤヌコソン監修　秦野　東海大学出版会　2010.10　98p　21cm〈文献あり　索引あり〉2400円　①978-4-486-01821-6　Ⓝ489.67
内容 1 キュートなジュゴン（絵本のもくじ　ジュゴンってなに？　ほか）2 ジュゴンを知ろう（ジュゴンは人魚なの？　ジュゴンの指は何？　ほか）3 ジュゴンのくらす海 - 海草生態系（海草のかたち　海草の種類　ほか）4 ジュゴンを守ろう（ジュゴンを守る法律　何がジュゴンを不幸にしたか　ほか）　　　　　　　　　　〔3950〕

◇沖縄美ら海水族館物語─ジンベエとマンタが教えてくれたこと　深光富士男著, 吉田健二漫画, 内田詮三監修　PHP研究所　2010.12　207p　19cm　1500円　①978-4-569-

生物　　　　　　　　　　　　　　　　　　　　　　　　　　　　　自然科学

79219-4　Ⓝ480.76

内容 PHOTO 超巨大水槽「黒潮の海」 マンガ 美ら海がボクに教えてくれたこと インタビュー（内田詮三さん（沖縄美ら海水族館館長） 松本葉介さん（沖縄美ら海水族館魚類課黒潮系係長） 横山季代子さん（沖縄美ら海水族館魚類課教育普及係） 戸田実さん（総合研究センター研究第一課課長））　〔3951〕

◇野鳥の記録与那国島―2002年3月〜2007年1月の678日間の観察記録　宇山大樹著　文一総合出版　2011.2　223p　26cm〈文献あり〉3600円　Ⓘ978-4-8299-1193-8　Ⓝ488.2199

内容 1 与那国島の概況　2 調査の概要（目的 調査方法 ほか）　3 与那国島の鳥類相（特色 与那国島の代表種 ほか）　4 種別調査結果（カイツブリ目　ミズナギドリ目 ほか）　5 調査で記録されなかった種　6 要約　7 資料編（センサス記録代表的な29種の年度別・月別個体数一覧 ほか）　〔3952〕

◇海に暮らす無脊椎動物のふしぎ―歩くホヤ、夜遊びする貝、踊るクモヒトデ…沖縄の海に生きる動物たちのびっくり仰天！ な生き方　中野理枝著, 広瀬裕一監修　ソフトバンククリエイティブ　2011.6　206p　18cm（サイエンス・アイ新書 SIS-208）〈並列シリーズ名：science・i　文献あり 索引あり〉952円　Ⓘ978-4-7973-6300-5　Ⓝ481.72

内容 第1章 無脊椎動物ってなんだろう　第2章 これでも動物？ な無脊椎動物　第3章 無脊椎動物のさまざまな防衛戦略　第4章 ふしぎな動きをする無脊椎動物　第5章 無脊椎動物のさまざまな性のありかた　第6章 家を持つ無脊椎動物　第7章 他人と寄り添って生きる無脊椎動物　第8章 他人に寄生する無脊椎動物　第9章 身近にいるのに見えない無脊椎動物　第10章 ゲノムから解き明かす無脊椎動物の進化の謎　第11章 海で動物観察する方法　〔3953〕

◇みんなの沖縄美ら海水族館　垂見おじい 健吾企画・撮影, かいはたみち編集・文, 沖縄美ら海水族館監修　マガジンハウス　2011.9　111p　21cm（わくわくガイドブック）1300円　Ⓘ978-4-8387-2269-3　Ⓝ480.76

内容 1 美ら海の神秘を体感 スペシャルフロアガイド（水族館の“潜り方” 手で触って楽しめる！ イノーの生き物たち ほか）　2 人気お魚から美味しい魚、危険生物まで 人気お魚ガイド（ジンベエザメ ナンヨウマンタ ほか）　3 知られざる美ら海に潜入！ 水族館の舞台裏（デビューはもうすぐ？ 予備水槽は魚たちの楽屋 ジンベエザメとマンタのお城？ 日本一の海上イケス ほか）　4 みんなの憧れ！ 美ら海お仕事図鑑（みんなの仕事を追っかけ！ 沖縄美ら海水族館の24時間 獣医 ほか）　〔3954〕

◇沖縄宮古の野鳥―亜熱帯の水辺、山野の鳥　砂川栄喜著　那覇　ボーダーインク　2011.9

238p　19cm〈文献あり〉2500円　Ⓘ978-4-89982-209-7　Ⓝ488.2199　〔3955〕

◇海鼠歳時記　1　三浦加代子著　与那原町（沖縄県）　ウエーブ企画　2012.1　192p　21cm（美ら海歳時記シリーズ）　1715円　Ⓘ978-4-903700-01-4　Ⓝ484.97　〔3956〕

◇バタフライアイランドを目指して―創立10周年記念誌　「バタフライアイランドを目指して」編集委員会編　那覇　首里城下にチョウを翔ばそう会　2012.5　157p　31cm〈年表あり〉Ⓝ486.8　〔3957〕

◇ジュゴン―海の暮らし、人とのかかわり　池田和子著　平凡社　2012.6　228p　18cm（平凡社新書 646）〈文献あり〉840円　Ⓘ978-4-582-85646-0　Ⓝ489.67

内容 第1章 ジュゴンと海（セスナから人魚を探せ ジュゴンのいる海 ほか）　第2章 よく食べて、よく育つ―ジュゴンの食生活（発見、ジュゴンのフィーディングトレイル ジュゴンの食べる海草 ほか）　第3章 海の暮らし、一日・一年・一生（じゅんいち君の恋 恋・繁殖 ほか）　第4章 ジュゴンの仲間と進化の歴史（ジュゴンはクジラやイルカとどう違う？ 進化の道のり ほか）　第5章 人とジュゴンのかかわり（ジュゴンの名前 ジュゴンの伝説・文学 ほか）　第6章 絶滅の危機にあるジュゴン（じつはこっそり食べられている ジュゴンの生息数とその危機 ほか）　〔3958〕

◇海鼠歳時記　樹手目篇　三浦加代子著　与那原町（沖縄県）　にぬふぁ星図書館　2012.8　125p　19cm（美ら海歳時記シリーズ）〈背・表紙のタイトル：なまこ歳時記〉1500円　Ⓘ978-4-903700-02-1　Ⓝ484.97　〔3959〕

◇沖縄美ら海水族館が日本一になった理由（わけ）　内田詮三著　光文社　2012.9　229p　18cm（光文社新書 599）　800円　Ⓘ978-4-334-03702-4　Ⓝ480.76

内容 プロローグ 上野動物園を抜いて入場者日本一に　第1章 “世界一”と“世界初”の水族館　第2章 水族館と動物園は何が違うのか　第3章 水族館の舞台裏―水族館を支える人間たち　第4章 “飼育屋”修業時代　第5章 試行錯誤の日々　第6章 水族館も動物園も“悪行”　〔3960〕

◇沖縄のカブトムシ―全6種　下地幸夫著　那覇　新星出版　2012.9　46p　21cm　1000円　Ⓘ978-4-905192-29-9　Ⓝ486.6　〔3961〕

◇沖縄美ら海水族館ガイドブック―「見たい」「聞きたい」「触れたい」。美ら海の世界　沖縄美ら海水族館編　改訂版　本部町（沖縄県）　沖縄美ら島財団　2012.10　213p　21cm〈企画・編集：東洋企画印刷〉905円　Ⓘ978-4-905412-09-0　Ⓝ480.76　〔3962〕

◇ヨロイをまとった生き物―沖縄のカニ・エ

314　「沖縄」がわかる本 6000冊

自然科学　　　　　　　　　　　　　　　　　　　　生物

ビ・オカヤドカリ：沖縄市立郷土博物館第39
回企画展　沖縄　沖縄市立郷土博物館
2012.10　71p　30cm　Ⓝ485.3　　〔3963〕

◇サンゴの海　長島敏春写真・文　偕成社
2013.3　40p　26×21cm　1500円　Ⓘ978-4-
03-332280-3
＊「サンゴはどんな生きもの？」「サンゴにせまる
危機とは？」「サンゴに魚があつまるのはなぜ？」
サンゴは海の生命のふるさと。日本最大のサン
ゴの島、石垣島からサンゴを考える。小学校中
学年から。　　　　　　　　　　　　　　〔3964〕

◇キシノウエトカゲ生息実態調査報告書　沖縄
県教育庁文化財課編　那覇　沖縄県教育委員
会　2013.3　208p　30cm　（沖縄県天然記
念物調査シリーズ　第46集）〈年表あり〉
Ⓝ487.93　　　　　　　　　　　　　　　〔3965〕

◇沖縄昆虫誌　東清二著　宜野湾　榕樹書林
2013.4　272,4p　21cm　（沖縄学術研究双書
6）〈付属資料：8p：月報　no. 74　文献あ
り〉　2800円　Ⓘ978-4-89805-165-8　Ⓝ486.
02199　　　　　　　　　　　　　　　　〔3966〕

◇沖縄県の蝶─記録された島と食草　沖縄昆虫
同好会創立50周年記念誌　西原町（沖縄県）
沖縄昆虫同好会　2013.4　79p　26cm〈執
筆：比嘉正一ほか、編集：野林千枝ほか　付
属資料：DVD-ROM 1枚（12cm）：沖縄県鳥
類食草図鑑〉Ⓝ486.8　　　　　　　　　〔3967〕

◇日本のチョウ　久保田修著，バタフライ・
ウォッチング協会監修　学研教育出版，学研
マーケティング〔発売〕　2013.6　175p
18cm　（生きもの出会い図鑑）　1000円
Ⓘ978-4-05-800016-8
内容　春　本州・四国・九州　春　奄美・沖縄・八重
山　夏　本州・四国・九州　夏　北海道　夏　奄美・
沖縄・八重山　秋　本洲・四国・九州　秋　奄美・
沖縄・八重山　　　　　　　　　　　　　〔3968〕

◇日本のアオウミガメ　亀田和成編　竹富町
（沖縄県）　日本ウミガメ協議会　2013.9
122p　30cm〈他言語標題：Green turtle of
Japan　三井物産環境基金助成事業　英語併
記〉Ⓘ978-4-9907391-0-2　Ⓝ487.95　〔3969〕

◇詳しいハブ対策─気づかない危険の回避を永
遠に　西村昌彦著　那覇　新星出版　2014.3
97p　21cm〈年表あり　発売：琉球プロ
ジェクト（那覇）〉　900円　Ⓘ978-4-905192-
48-0　Ⓝ487.94　　　　　　　　　　　　〔3970〕

◇ハブと海洋危険生物ハンドブック　富原靖
博，新城安哲著　那覇　出版舎Mugen　2014.
3　152p　19cm〈他言語標題：A handbook
of habu and dangerous marine creatures
文献あり〉　1111円　Ⓘ978-4-905454-11-3

Ⓝ487.94　　　　　　　　　　　　　　　〔3971〕

◇ヤンバルクイナ─世界中で沖縄にしかいない
飛べない鳥　江口欣照写真と文　小学館
2014.3　39p　21×24cm　（小学館の図鑑
NEOの科学絵本）　1300円　Ⓘ978-4-09-
726526-9　Ⓝ488.5
＊絶滅の危機に、直面している、貴重な鳥。ヤンバ
ルクイナの子育て。　　　　　　　　　　〔3972〕

◇沖縄のサンゴ礁を楽しむ磯の生き物　屋比久
壮実著　改訂　宜野湾　アクアコーラル企画
2014.7　127p　19cm　（おきなわフィール
ドブック 2）〈文献あり　索引あり〉　1580円
Ⓘ978-4-9904413-3-3　Ⓝ482.199　　　〔3973〕

◇ジュゴンの上手なつかまえ方─海の歌姫を追
いかけて　市川光太郎著　岩波書店　2014.8
117,2p　19cm　（岩波科学ライブラリー
229）〈文献あり〉　1300円　Ⓘ978-4-00-
029629-8　Ⓝ489.67
内容　1 人魚のハナウタ!?（歌うジュゴンに魅せら
れて　ジュゴンはどこにいる？　ほか）　2 鳴き声
を聴きに行く！─タイ編（海の中は音の世界　音
を使って動物を調べる　ほか）　3 ジュゴンに飛び
乗る！─オーストラリア編（バイオロギングがし
たい　オーストラリアへ武者修行　ほか）　4 修業
を終えて、アフリカへ！─スーダン編（スーダン
でジュゴンの調査をすること　砂漠の中のドンゴ
ナーブ村　ほか）　5 ジュゴンの上手な守り方（ウ
ンチを調べてジュゴンの健康診断　船の音の影響
ほか）　　　　　　　　　　　　　　　　〔3974〕

◇沖縄県における平成26年の毒蛇咬症　上江洲
由美子，大城聡子，寺田考紀，盛根信也〔著〕
〔南城〕　〔沖縄県衛生環境研究所〕
〔2015〕　p69-87　30cm〈平成26年度抗毒
素研究報告書　別刷〉　　　　　　　　　〔3975〕

◇イノシシとブタと私たち─平成26年度博物館
企画展　藤田祐樹編　那覇　沖縄県立博物
館・美術館　2015.2　80p　21cm〈会期：平
成27年2月3日─3月15日　編集：藤田祐樹〉
Ⓝ489.83　　　　　　　　　　　　　　　〔3976〕

◇沖縄美ら海水族館100　中村武弘写真，海洋博
公園・沖縄美ら海水族館監修　講談社
2015.6　1冊（ページ付なし）　26cm　（講談
社のアルバムシリーズ─どうぶつアルバム
11）　650円　Ⓘ978-4-06-265638-2　Ⓝ481.
72　　　　　　　　　　　　　　　　　　〔3977〕

◇ノグチゲラの親子─沖縄やんばるの森にすむ
キツツキのおはなし　渡久地豊写真と文　小
学館　2015.7　39p　21×24cm　（小学館の
図鑑NEOの科学絵本）〈文献あり〉　1300円
Ⓘ978-4-09-726585-6　Ⓝ488.86
＊台風で巣の木がたおれてしまいました…野生生
物たちの子育て。沖縄県の鳥。　　　　　〔3978〕

「沖縄」がわかる本　6000冊　　315

医学　　　　　　　　　　　　　　　　　　　　　　　　　　　　　　　　　自然科学

◇「沖縄の海」海中大図鑑—沖縄の海中生物
伊藤勝敏著　第2版　データハウス　2015.9
457p　19cm〈他言語標題：The
Underwater in Okinawa　背・表紙のタイ
トル：沖縄の海　文献あり　索引あり〉2700
円　①978-4-7817-0210-0　Ⓝ482.199
　[内容]　沖縄の生き物「魚類編」(魚類)　沖縄の生
き物「無脊椎動物編」(カイメン　ヒドロ虫　クラ
ゲ・サルパ　ウミトサカ・ヤギ・ウミカラマツ　イ
ソギンチャク　ほか)　ウミガメ「爬虫類」　クジ
ラ・海牛「哺乳類」　海藻「藻類」　〔3979〕

◇ゆかいな聞き耳ずきん—クロツグミの鳴き声
の謎をとく　石塚徹文、岩本久則絵　福音館
書店　2015.9　39p　26cm　(たくさんのふ
しぎ傑作集)〈他言語標題：LET'S
LISTEN TO THE SONGS OF
JAPANESE GREY THRUSH〉1300円
①978-4-8340-8183-1　Ⓝ488.99
＊クロツグミは、なんといって鳴いているのでしょ
うか。その謎がとけた時、クロツグミ1羽1羽の
ゆかいで個性豊かな暮らしぶりが目の前にあら
われてきました。　〔3980〕

◇ハブに注意！　沖縄県監修　第5改訂　〔那
覇〕〔沖縄県〕　2015.10　[4]枚　30cm
〔3981〕

医学

◇夢覚めてなを　山城直明著　国分寺　新風舎
1996.2　189p　19cm〈参考文献：p188〜
189〉1100円　①4-88306-642-8　Ⓝ498.6
　[内容]　オニヒトデ　椰子の実　悲しみの礼拝堂
沖縄医療事情　オヤジ、そして博多人形　日患同
盟と朝日訴訟　春雷　なぜだ　骨肉相食む　出会
い　おつうさん　一本のワラ　比部五病棟強制移
動　二人で耳を　遅き旅立ち　〔3982〕

◇沖縄の疾病とその特性　琉球大学医学部附属
地域医療研究センター編　福岡　九州大学出
版会　1996.9　229p　27cm〈各章末：文
献〉5150円　①4-87378-464-6　Ⓝ493.16
　[内容]　沖縄における地域特性—主として医学の立
場から　衛生統計からみた沖縄県の疫病構造の変
遷　沖縄における保健医療の特性　沖縄における
突然死とその特性　沖縄における高血圧と脳、心、
腎の合併症　琉球大学遺伝性疾患パソコンデータ
ベースの開発とその臨床応用　沖縄の肺癌、特に
扁平上皮癌について　沖縄における炎症性腸疾患
沖縄地方における皮膚疾患　沖縄におけるHTLV
-I感染と肺病変〔ほか〕　〔3983〕

◇亜熱帯地域の公衆衛生—長寿地域沖縄におけ
る50年の経験　吉田朝啓、仲宗根正著　那覇
亜熱帯総合研究所　1997.3　147p　26cm
(RIS研究叢書　1996-1)〈文献あり〉Ⓝ498.

02199　〔3984〕

◇沖縄の疾病像を探る—新しい病理学の試み
岩政輝男、町並陸生編　福岡　九州大学出版
会　1998.2　281p　27cm　7500円　①4-
87378-530-8　Ⓝ491.6
　[内容]　1　腫瘍　2　多発する感染症　3　Helicobac-
ter pylori感染における沖縄の特徴　4　リソソー
ム病と2型糖尿病　5　長寿と気象と免疫—沖縄百
歳老人のリンパ球機能　6　沖縄県は長寿県か
〔3985〕

◇沖縄の歴史と医療史　琉球大学医学部附属地
域医療研究センター編　福岡　九州大学出版
会　1998.3　206p　27cm〈編集：永盛肇ほ
か〉4500円　①4-87378-540-5　Ⓝ498.02199
　[内容]　1部　沖縄(琉球)医史概略　2部　歴史のなか
の医療史(沖縄(琉球)の医療史観　沖縄(琉球)と
中国の文化交流史—中国の詩集に登場する琉球の
詩人　沖縄医療史の黎明期　ほか)　3部　沖縄医療
史の展開(南西諸島人骨格の質質人類学的考察—
骨からみた南西諸島の人びと　高嶺徳明の補唇術
に関する考察　沖縄における歴史・文化と精神医
学・医療　ほか)　〔3986〕

◇沖縄医学史　近世・近代編　稲福盛輝著　那
覇　若夏社　1998.12　277p　22cm　Ⓝ490.
2199　〔3987〕

◇オウシマダニ撲滅記念誌　〔那覇〕　沖縄牧
野ダニ撲滅記念事業推進協議会　2000.3
157p　31cm　Ⓝ498.69　〔3988〕

◇沖縄県における長寿要因—生活習慣病と食生
活との関連—厚生科学研究費補助金(長寿科
学総合研究事業)総合研究報告書　〔西原町〕
(沖縄県)　〔柊山幸志郎〕　〔2001〕
12p　30cm　〔3989〕

◇沖縄感染症対策イニシアティブ(IDI)の具体
的プログラム化に向けた基礎調査—平成13年
度　国際開発センター　2002.3　1冊　30cm
Ⓝ498.6　〔3990〕

◇高めよう沖縄の精神保健福祉　地域精神保健
看護研究会「でいごゼミ」〔編〕　那覇　地
域精神保健看護研究会「でいごゼミ」
2003.4　132p　21cm　(対米協助成シリー
ズ　no.18)〈シリーズ責任表示：沖縄県対米
請求権事業協会・沖縄地域ネットワークセン
ター〔編〕〉300円　Ⓝ498.02199　〔3991〕

◇戦後のひめゆり達と　浦野元幸著　日本文学
館　2003.10　216p　19cm　1200円　①4-
7765-0067-1　Ⓝ498.02199
　[内容]　戦後のひめゆり達と(沖縄の公看活動(沖縄
ウチナア　陸の離島山原　ほか)　復帰前の医療・
本土沖縄を結ぶ(復帰が決まっても　本土並の結
核実態　ほか))　市井の医師だより(万能薬の落

316　「沖縄」がわかる本　6000冊

自然科学　　　　　　　　　　　　　　　　　　　　　　　　　　　　　　　医学

し穴　抵抗力の盛衰　ほか）　　　　〔3992〕

◇子どもの生活習慣形成への社会的支援に関す
　る調査研究―平成15年度　地方自治研究機構
　2004.3　199p　30cm　Ⓝ498.02199　〔3993〕

◇南の島・風疹物語―沖縄を襲った風疹大流行
　西田之昭著　福岡　西田圭一　2005.3　73p
　20cm〈製作：梓書院（福岡）〉Ⓝ498.6
　　　　　　　　　　　　　　　　　　　〔3994〕

◇日本から麻疹がなくなる日―沖縄県はしかゼ
　ロプロジェクト活動の記録　安次嶺馨,知念
　正雄編　日本小児医事出版社　2005.8　261p
　21cm〈年表あり〉2000円　Ⓘ4-88924-150-7
　Ⓝ498.6
　　内容 麻疹の制圧は草の根運動から　わが国にお
　ける麻疹の現状と問題点　沖縄県はしか "0" プロ
　ジェクト　麻疹発生時対応ガイドライン　旧具志
　川市の麻疹予防対策　市町村の予防接種担当職
　員の役割　沖縄県の取り組み　保健所の取り組み
　沖縄県医師会の取り組み　麻疹発生全数報告と検
　査〔ほか〕　　　　　　　　　　　　　〔3995〕

◇喜寿からの再就職―伊良部島・下地島で見た
　もの　としろう,なおこ著　新風舎　2006.12
　157p　19cm　1450円　Ⓘ4-289-01140-3
　Ⓝ498.02199
　　内容 第1章 プロローグ　第2章 カルチャーショ
　ック　第3章 妻の見た伊良部　第4章 友人の見た
　伊良部　第5章 まとめ　第6章 エピローグ
　　　　　　　　　　　　　　　　　　　〔3996〕

◇西表やまねこ診療所―総合病院を飛び出し,
　ボクは島医者になった。　岡田豊著　扶桑社
　2009.6　235p　19cm　1400円　Ⓘ978-4-
　594-05991-0　Ⓝ498.02199
　　内容 第1章 島医者への道　第2章 そして離島医
　療の最前線へ　第3章 絶海の孤島で最善を尽くす
　第4章 ボクの"記憶のカルテ"から　第5章 "ハッ
　見"多い島医者生活　第6章 理想と現実のはざま
　で　　　　　　　　　　　　　　　　　〔3997〕

◇脳を学ぶ　2　写真家,古谷千佳子さんとの
　対話　森岡周,古谷千佳子著　協同医書出版
　社　2010.4　115p　21×21cm〈写真：古谷
　千佳子〉3500円　Ⓘ978-4-7639-1061-5
　Ⓝ491.371　　　　　　　　　　　　　〔3998〕

◇沖縄県医師会史　2　祖国復帰から新会館建
　設まで―1972-2008　沖縄県医師会史編纂
　委員会編　南風原町（沖縄県）　沖縄県医師
　会　2011.3　623p　31cm〈年表あり　文献
　あり〉Ⓝ490.6　　　　　　　　　　　〔3999〕

◇人を不幸にしない医療―患者・家族・医療者
　山城紀子著　岩波書店　2011.7　256p
　15cm　（岩波現代文庫 S227）〈2003年刊の
　加筆〉860円　Ⓘ978-4-00-603227-2　Ⓝ498.

02199
　　内容 第1部 「抑制」ゼロへ（あるひとことがきっ
　かけに　試行錯誤の日々）　第2部 医師はどのよ
　うな働き方をしているのか（医師に何が起きたの
　か　立ち上がる医師たち）　第3部 患者に添って
　（白衣を着ないわけ　施設長のチャレンジ　患者
　がわかるカルテ）　「人を不幸にしない医療」―そ
　の後　　　　　　　　　　　　　　　　〔4000〕

◇沖縄県宮古島医療史　沖縄県宮古島医療史編
　纂委員会編　宮古島　宮古地区医師会
　2011.11　335p　31cm〈年表あり　文献あ
　り〉Ⓝ498.02199　　　　　　　　　　〔4001〕

◇沖縄を豊かにしたのはアメリカという真実
　惠隆之介著　宝島社　2013.9　222p　18cm
　（宝島社新書 401）　762円　Ⓘ978-4-8002-
　1361-7　Ⓝ498.02199
　　内容 第1章 沖縄を長寿の島にしたワニタ・ワー
　ターワース女史　第2章 世界最高峰の看護制度が
　あった沖縄　第3章 沖縄の教育を育てたハンナ米
　海軍少佐　第4章 沖縄産業の父・オグレスビー氏
　第5章 沖縄の金融改革を進めた弁務官P.W.キャラ
　ウェイ　第6章 特別対談 惠隆之介×ケビン・メ
　ア　　　　　　　　　　　　　　　　　〔4002〕

◇おきなわがんサポートハンドブック―〈患者
　必携〉地域の療養情報　沖縄県,沖縄県がん
　診療連携協議会相談支援部会,琉球大学医学
　部附属病院がんセンター編著　第4版　那覇
　沖縄県　2014.3　87p　21cm〈共同刊行：琉
　球大学医学部附属病院がんセンター〉〔4003〕

◇沖縄県若年性認知症実態調査報告書―概要版
　平成25年度　那覇　沖縄県福祉保健部高齢者
　福祉介護課　2014.3　37p　30cm〈委託先：
　認知症の人と家族の会沖縄県支部準備会〉
　　　　　　　　　　　　　　　　　　　〔4004〕

◇八重山病院データでムヌカンゲー　2　上原
　真人著,八重山の医療を守る郡民の会［編］
　那覇　ボーダーインク　2014.4　143p
　19cm　1143円　Ⓘ978-4-89982-250-9
　Ⓝ498.16　　　　　　　　　　　　　　〔4005〕

◇沖縄戦と心の傷―トラウマ診療の現場から
　蟻塚亮二著　大月書店　2014.6　266p
　19cm　1900円　Ⓘ978-4-272-36081-9
　Ⓝ493.74
　　内容 序章 脳のなかの戦争記憶は風化しない　1
　章 私と戦争　2章 トラウマ私論　3章 沖縄戦が
　もたらした社会と時代への影響　4章 「奇妙な不
　眠」からアウシュビッツの訪問まで　5章 沖縄戦
　のトラウマによるストレス症候群　　　〔4006〕

◇こころの支援機関リスト―精神保健福祉社会
　資源ガイド　南風原町（沖縄県）　沖縄県立
　総合精神保健福祉センター　2014.10　40p
　30cm　　　　　　　　　　　　　　　〔4007〕

「沖縄」がわかる本 6000冊　**317**

医学　　　　　　　　　　　　　　　　　　　　　　　　　　　　自然科学

◇奇跡のこども病院—沖縄にこども医療セン
　ターができるまで　「奇跡のこども病院」編
　集委員編　那覇　ボーダーインク　2015.5
　248p　21cm　〈文献あり　年譜あり〉　1500円
　①978-4-89982-279-0　Ⓝ498.16
　[内容]第1部　こども病院ができるまで（全国心臓病
　のこどもを守る会沖縄支部　こども病院があれば
　重症の子どもも助けられる　こどもの医療は将来
　への投資　ついにこども病院が現実に　「こども
　医療センター」の開院とその後）　第2部　こども
　病院へのメッセージ　　　　　　　　　　〔4008〕

《ハンセン病》

◇我が身の望み—聞き書き集　松岡和夫著
　〔名護〕〔松岡和夫〕　1995.3　318p
　21cm　〈監修：渡辺信夫〉　2300円　Ⓝ498.6
　　　　　　　　　　　　　　　　　　　　〔4009〕

◇ニュースキャスター亜紀の宮古島取材記—
　South Wind from Hibiscus Island　武村淳
　著　〔合志町（熊本県）〕　〔武村淳〕
　1996.10　246p　19cm　〈「らい予防法」廃止
　記念　製作：熊本日日新聞情報文化センター
　（熊本）　ハンセン病の歴史：p246〉　1300円
　Ⓝ498.6　　　　　　　　　　　　　　　〔4010〕

◇ハンセン病政策の変遷—沖縄県ハンセン病予
　防協会創立40周年記念出版　犀川一夫著　那
　覇　沖縄県ハンセン病予防協会　1999.3
　288p　27cm　〈付・沖縄のハンセン病政策
　文献あり〉　　　　　　　　　　　　　　〔4011〕

◇沖縄ハンセン病七〇年の痛み—ドキュメン
　ト・ノベル　川口与志子著　文芸社　2000.9
　143p　20cm　〈文献あり〉　1200円　①4-
　8355-0369-4　Ⓝ498.6
　[内容]第1章　ハンセン病との関わり　第2章　沖縄
　におけるハンセン病　第3章　強制収容と死病　第
　4章　患者の手記は語る　第5章　らい予防法は人権
　問題　終章　予防法と後遺症　　　　　　〔4012〕

◇創立70周年記念誌　平良　国立療養所宮古南
　静園　2001.3　185,81p　31cm　〈共同刊行：
　宮古南静園入園者自治会　年表あり〉　Ⓝ498.
　6　　　　　　　　　　　　　　　　　　〔4013〕

◇近現代日本ハンセン病問題資料集成—編集復
　刻版　戦前編　第2巻　1918-1931年　藤野豊
　編・解説　不二出版　2002.6　394p　31cm
　①4-8350-2896-1　Ⓝ498.6
　[内容]保健衛生調査会委員光田健輔沖縄県岡山県及
　台湾出張復命書　本邦癩病叢録　保健衛生調査会
　第四部（癩）議事速記録　各地方ニ於ケル癩部落、
　癩集合地ニ関スル概況　癩防止ニ関する意見　癩
　予防ニ関スル件　癩患者統計　癩患者の告白　財
　団法人身延深敬病院一覧　熊本市琵琶崎待労院の

事業　日本国民に訴ふ　日本に於ける癩問題に関
する私見　神山復生病院（癩病院）　この世の中で
最も不幸な人々は!?　癩ト其ノ救済施設　癩の
根絶策　生松原療養病院案内図　癩予防ニ関スル
法律中改正法律案参考資料　財団法人癩予防協会
趣意書（財団法人癩予防協会寄附行為）　癩の話
癩患者ノ浮浪状態　癩絶滅と大谷派光明会　患者
通信写集　明治四十年法律第十一号中改正法律案
逐条説明　　　　　　　　　　　　　　　〔4014〕

◇近現代日本ハンセン病問題資料集成—編集復
　刻版　戦前編　第4巻　1935年　藤野豊編・
　解説　不二出版　2002.6　332p　31cm
　①4-8350-2898-8　Ⓝ498.6
　[内容]官公立癩療養所長会議　愛のみち　第7号
　昭和八年度事業成績報告書　皇太后陛下の御仁慈
　と癩予防事業　癩予防デーに際して　癩伝染の径
　路　救癩　大島療養所二十五年史　沖縄の癩者を
　救へ!!　風水害記念誌　感謝録　栗生楽泉園　日
　曜学校会報　見よこの悲惨事救を待つ沖縄の癩者
　　　　　　　　　　　　　　　　　　　　〔4015〕

◇近現代日本ハンセン病問題資料集成—編集復
　刻版　戦前編　第5巻　1936-1937年　藤野豊
　編・解説　不二出版　2002.12　413p　31cm
　①4-8350-2900-3　Ⓝ498.6
　[内容]救癩事業雑感　沖縄MTL報告　昭和九年度
　事業成績報告書　癩患者ニ関スル統計　星座　癩
　予防施設概観　癩問題に就て　官公立癩療養所長
　会議　一患者の封書写し　長島愛生園入園者自治
　会会則　癩自由療養村趣意書　長島愛生園患者騒
　擾事件顛末書　長島愛生園患者騒擾事件顛末書附
　属参考書　癩の話　癩の社会的影響　　　〔4016〕

◇近現代日本ハンセン病問題資料集成—編集復
　刻版　戦前編　第6巻　1937-1938年　藤野豊
　編・解説　不二出版　2002.12　386p　31cm
　①4-8350-2901-1　Ⓝ498.6
　[内容]沖縄紀行　患者ノ犯罪ニ関スル件報告　昭
　和十年度事業成績報告書　癩予防施設概観　癩患
　家の指導　草津聖バルナバ医院略史　沖縄MTL
　報告　感謝録　十坪住宅　根絶の途　癩治療研
　究所設立の必要　官公立癩療養所状況　草津町湯
　之沢に於ける癩の統計的考察　昭和十一年度事業
　成績報告書　癩患家の指導　官公立癩療養所長会
　議　鳥取県ノ無癩運動概況　療養の手びき　日本
　癩病小史　　　　　　　　　　　　　　　〔4017〕

◇近現代日本ハンセン病問題資料集成—編集復
　刻版　戦後編　第7巻　癩刑務所・留置所設置
　問題/米軍占領下沖縄・奄美のハンセン病政
　策/解説　藤野豊編・解説　不二出版　2004.
　1　463p　31cm　①4-8350-5194-7　Ⓝ498.6
　　　　　　　　　　　　　　　　　　　　〔4018〕

◇沖縄県ハンセン病証言集　資料編　沖縄県ハ
　ンセン病証言集編集総務局編　名護　沖縄愛
　楽園自治会　2006.3　848p　27cm　〈共同刊
　行：宮古南静園入園者自治会〉　Ⓝ498.6
　　　　　　　　　　　　　　　　　　　　〔4019〕

自然科学　　　　　　　　　　　　　　　　　　　　　　　　　　医学

◇沖縄県ハンセン病証言集　沖縄愛楽園編　沖縄県ハンセン病証言集編集総務局編　名護　沖縄愛楽園自治会　2007.3　603,6p　27cm〈年表あり〉Ⓝ498.6　　　　　　〔4020〕

◇沖縄県ハンセン病証言集　宮古南静園編　沖縄県ハンセン病証言集編集総務局編　宮古島　宮古南静園入園者自治会　2007.3　595p　27cm〈年表あり　文献あり〉Ⓝ498.6〔4021〕

◇近現代日本ハンセン病問題資料集成―編集復刻版　補巻13　生活改善・反差別運動2/戦前期委任統治領「南洋群島」のハンセン病政策/解説　藤野豊・解説　不二出版　2007.5　7,360p　31cm　Ⓘ978-4-8350-5579-4　Ⓝ498.6　　　　　　　　　　　　　〔4022〕

◇隔ての海の岸辺で―長島愛生園便り　尾崎元昭著　宜野湾　榕樹書林　2009.11　254p　20cm　1900円　Ⓘ978-4-89805-139-9　Ⓝ498.6　　　　　　　　　　　　〔4023〕

◇父の三線と杏子の花　伊波敏男著　人文書館　2015.8　301p　20cm　3556円　Ⓘ978-4-903174-32-7　Ⓝ498.6
　内容　わが道を一年代記(二〇〇四年)　命どぅ宝―遠い記憶と過ちの記録、過去を未来へ(二〇〇五年)　時代を紡ぐ糸―永遠の現在(二〇〇六年)　流れに抗いて―また陽は昇る(二〇〇七年)　我らは何者か―沖縄の自己同一性、主体性について(二〇〇八年)　月桃がもう咲く―小さき者の視座から(二〇〇九年)　欺瞞の饗宴を超えて―平和と人権、そして環境を守るために(二〇一〇年)　あの黒い海が―東日本大震災、悲しみと苦しみのむこうに。(二〇一一年)　切実な希い―東北再生・脱原発・沖縄問題と。(二〇一二年)　少年は怒っている―民主主義とは何か平和とは何だろうか(二〇一三年)　"沖縄よ何処へ"―万国の津梁(架け橋)となし。(2014年)　　　　　〔4024〕

◇理性主義と排除の論理―沖縄愛楽園に生きる　下村英視著　那覇　ボーダーインク　2015.9　399p　19cm　3000円　Ⓘ978-4-89982-288-2　Ⓝ498.6　　　　　　　　〔4025〕

《健康法》

◇気がつけば百歳―南の島、沖縄の健康長寿から学ぶこと　秋坂真史著　大修館書店　1995.11　229p　20cm　1648円　Ⓘ4-469-26323-0　Ⓝ498.38
　内容　第1章　百寿者(センテナリアン)の島　第2章　原点にこだわるライフスタイル　第3章　チャンプルー賛歌　第4章　家族の愛に支えられて　第5章　介護の万華鏡　第6章　百寿島の明日・医療の明日　終章　百歳への挑戦　　　　　〔4026〕

◇うちなー健康歳時記　パート3　沖縄県医師会編　浦添　沖縄県医師協同組合,(那覇)　ボーダーインク〔発売〕　1998.6　260p　19cm　1500円
　内容　長寿元年―健康管理は自己責任　肺炎―かぜは肺炎のもと　大震災から一年―県派遣医療班に参加して　応急処置の習得　インフルエンザの予防接種―重症化の阻止が可能　子供の慢性腎炎―集団検尿で早期発見を　男の悩み―勃起不能、四割が心因性　長寿の邦の子供たち―負担大きい先天性心疾患　九九・九%の安全―「効いて当然の麻酔だが…」　検診の「心電図異常」―異常の可能性　離島医療事情雑感―整備された医療設備〔ほか〕　　　　　　　　　　　〔4027〕

◇沖縄の薬草百科―誰にでもできる薬草の利用法　やさしい煎じ方と飲み方　多和田真淳,大田文子共著　復刻版　南風原町(沖縄県)　那覇出版社　1998.9　447p　27cm〈原本:昭和60年刊〉Ⓝ499.87　　　　　〔4028〕

◇入門沖縄の薬草　吉川敏男著　那覇　ニライ社　1998.11　80p　21cm〈発売:新日本教育図書(下関)〉1500円　Ⓘ4-931314-30-9　Ⓝ499.87
　内容　アキノワスレグサ―むくみや黄疸に服用　アサガオ―種子を粉にして下剤に　アジサイ―風邪の引きはじめに　アズキ―豆は利尿剤に　アロエの仲間―便秘改善に少量用いる　イチゴ―婦人病に煎じて服用　イノコズチの仲間―神経痛などに効用　ウイキョウ―食欲低下などに服用　ウコン―肝臓疾患に効用　ウメ―食欲低下や胃弱に〔ほか〕　　　　　　　　　　　　〔4029〕

◇沖縄・食のハーモニー―伝統食が教えるもの　沖縄の食を考える会編　那覇　沖縄タイムス社　1999.3　73p　21cm(沖縄タイムス・ブックレット　6)　800円　Ⓘ4-87127-506-X　Ⓝ498.5　　　　　　　　〔4030〕

◇沖縄の長寿　日本栄養・食糧学会監修,尚弘子,山本茂編　豊中　学会センター関西　1999.6　228p　21cm(健康の科学シリーズ　9)〈発売:学会出版センター〉3000円　Ⓘ4-7622-2904-0　Ⓝ498.5
　内容　1「栄養調査」の功績　2　長寿を支えた沖縄の食生活　3　沖縄の長寿の秘密　4　沖縄の長寿食―食生活の実験的検証　5　沖縄の長寿を支える諸要因　6　沖縄の老人の栄養と看護　7　栄養と健康の"沖縄パラドックス"　8　沖縄長寿の臨床栄養学　9　沖縄の社会と老人―家長権の譲渡を中心に　10　世界の食環境の変容と沖縄の長寿　〔4031〕

◇長寿の要因―沖縄社会のライフスタイルと疾病　柊山幸志郎編　福岡　九州大学出版会　2000.3　390p　27cm〈文献あり〉8000円　Ⓘ4-87378-632-0　Ⓝ498.38
　内容　第1章　沖縄の気候・風土と長寿に関する研究　第2章　沖縄県における長寿要因―生活習慣病と食生活との関連　第3章　沖縄の疾病と疫学　第

医学　　　　　　　　　　　　　　　　　　　　　　　自然科学

4章 沖縄における長寿背景要因―疾病構造とライフスタイルを中心に　第5章 沖縄県の疾病とその特徴　　　　　　　　　　　　　　〔4032〕

◇健康と長寿の島々・沖縄―沖縄の健康食品の素材と薬効を探る　尚弘子監修　大阪　アド・ステイション　2001.3　204p　21cm〈発売：クロスロード〉980円　Ⓘ4-87711-049-6　Ⓝ498.583

[内容] 美ら島・沖縄を知る　健康・長寿の食卓　現代医学も注目する沖縄の健康食品の素材　ウコン　アロエ　ギンネム　ニガウリ（ツルレイシ）　グァバ　クミスクチン　パパイヤ　ヨモギ　黒糖　アガリスク茸　EM（有用微生物群）　黒麹酸（発酵クエン酸）　海洋深層水　珊瑚　塩　もずく　エラブウミヘビ（エラブウナギ）　健康食品産業界の進行を図る沖縄県　　　　　　　　〔4033〕

◇沖縄長寿学序説　秋坂真史著　那覇　ひるぎ社　2001.10　209p　18cm　（おきなわ文庫93）　900円　Ⓝ498.38　　　　　　〔4034〕

◇長寿の邦―対談　吉田朝啓編著　那覇　長寿対談刊行委員会　2001.11　245p　21cm〈折り込み1枚〉1524円　Ⓘ4-901684-00-0　Ⓝ498.38　　　　　　　　　　　　　〔4035〕

◇健康長寿の条件―元気な沖縄の高齢者たち　崎原盛造, 芳賀博編著　ワールドプランニング　2002.3　200p　26cm　3800円　Ⓘ4-948742-44-9　Ⓝ498.38

[内容] 第1章 沖縄の長寿研究の歩み　第2章 長寿の医学的側面　第3章 長寿の社会学的側面　第4章 長寿の心理学的側面　第5章 沖縄高齢者の食生活と運動機能　第6章 健康長寿を支える地域保健活動　　　　　　　　　　　　　〔4036〕

◇おきなわ健康大学―目からウロコの健康講座　第1講座　宮城正照著　那覇　宮城歯科クリニック　2003.10　243p　19cm　1500円　Ⓘ4-89982-051-8　Ⓝ498.3　　　〔4037〕

◇焼酎健康法―生活習慣病が気になり出したら　須見洋行著　実業之日本社　2004.2　205p　19cm　1400円　Ⓘ4-408-32207-5

[内容] 第1章 身体によいお酒、焼酎　第2章 本格焼酎＆泡盛、そこが知りたい　第3章 焼酎で健康になる3つの方法　第4章 焼酎にぴったりの肴、あれこれ　第5章 「焼酎の通」学　第6章 焼酎の研究　第7章 焼酎銘柄厳選リスト　焼酎に関する用語大事典　　　　　　　　　　　　〔4038〕

◇オキナワ式食生活革命―沖縄プログラム　ブラッドリー・ウィルコックス, クレイグ・ウィルコックス, 鈴木信著, 吉岡晶子訳　飛鳥新社　2004.8　368p　19cm　1800円　Ⓘ4-87031-632-3　Ⓝ498.3

[内容] 第1章 現実の楽園・沖縄　第2章 二十五年間の調査（健康に長生きする―沖縄百寿者研究の主要な結果）　第3章 世界一の健康食（沖縄流の健康な食生活のためのガイドライン）　第4章 沖縄流の食事（ぬちぐすい〈食は命の薬〉―健康に長生きする九つのステップ）　第5章 沖縄の薬効のある食品と薬草（薬効のある一〇の食品と薬草　九つの香味食材・香辛料・香草　西欧の薬用効果のある食品や香草）　沖縄プログラムで勧める料理のレシピ　　　　　　　　　　　　〔4039〕

◇おいしいゴーヤを召し上がれ―春夏秋冬を楽しむ健康レシピ＆カラダに効く知識　秋好憲一〔著〕, 今別府靖子料理・レシピ制作　生活情報センター　2004.9　93p　28cm〈奥付の責任表示（誤植）：秋吉憲一〉950円　Ⓘ4-86126-140-6　Ⓝ498.3

[内容] 1 ゴーヤって何？（沖縄の長寿の秘訣は？　ゴーヤとニガウリって同じモノ？　ほか）　2 毎日楽しめる18品レシピ（ゴーヤチャンプル　ゴーヤといかの香梅和え ほか）　3 ゴーヤとカラダの甘い関係（ゴーヤは健康の素　ゴーヤは血液を下げる ほか）　4 ゴーヤで健康になった！（ゴーヤのサプリメントで糖尿病が改善）　医学博士フランク・T・小林先生特別寄稿「医食同源」が意味するもの　　　　　　　　　　　　〔4040〕

◇沖縄発！　琉球温熱という癒し―「冷えないからだ」になる全身療法　血液がキレイになる！「治る力」を高める！　屋比久勝子著　現代書林　2006.8　196p　19cm　1200円　Ⓘ4-7745-0729-6　Ⓝ492.53

[内容] プロローグ　琉球温熱療法のこれまで、現在、そしてこれから　第1章 私が行っている琉球温熱療法とは　第2章 からだを温め、血液をきれいにする琉球温熱療法　第3章 私がすすめる食事と栄養療法　第4章 予防のための琉球温熱療法　第5章 私たちの琉球温熱療法「ゆんたく広場」より　琉球温熱療法早わかりQ&A　　　　　〔4041〕

◇おきなわカロリーブック―沖縄の食卓大公開!!　あなたも必ず食べてます　宇栄原千春著, えいよう相談室編　宜野湾　えいよう相談室　2007.5　101p　19cm　1300円　Ⓘ978-4-9903657-0-7　Ⓝ498.55　　　〔4042〕

◇おばぁから学ぶ健康の智恵　平良一彦著　西原町（沖縄県）　琉大ウェルネス研究センター　2007.7　98p　26cm〈他言語標題：Wisdom of health, learnt from grandma　英語併記　文献あり　発売：新星出版（那覇）〉1143円　Ⓘ978-4-902193-03-9　Ⓝ498.38　　　　　　　　　　　　　　〔4043〕

◇健康食材ゴーヤをおいしく食べる―カラダに効く知識＆春夏秋冬を楽しむ健康レシピ18品目　秋好憲一著　環健出版社　2007.8　126p　19cm　（Kan-ken guidance for promotion of health）〈発売：三冬社〉1200円　Ⓘ978-4-9900533-9-0　Ⓝ498.3　　〔4044〕

◇健康ガイドブック―おきなわ版　岸本義一

320　　「沖縄」がわかる本　6000冊

| 自然科学 | 医学 |

郎, 小宮一郎, 友利知子著　浦添　沖電企業
2007.12　128p　21cm　（KY式赤青ダイ
エット 3）〈発売・印刷：新星出版（那覇）〉
1143円　①978-4-902193-09-1　Ⓝ595.6
〔4045〕

◇暮らしの中の栄養学─沖縄型食生活と長寿
尚弘子著　那覇　ボーダーインク　2008.8
208p　19cm　1600円　①978-4-89982-146-5
Ⓝ498.55　〔4046〕

◇からだの調子を整える美味しい琉球薬膳食
─沖縄発 薬膳ってなに？ 中医学を知れば薬膳
が分かります。　宮國由紀江著　浦添
シィーエスアイ　2011.9　89p　15×21cm
〈発売：沖縄教販（那覇）〉　1300円　①978-4-
86365-041-1　Ⓝ498.583　〔4047〕

◇おきなわ野の薬草ガイド　大滝百合子著　那
覇　ボーダーインク　2012.6　158p　19cm
1700円　①978-4-89982-219-6　Ⓝ499.87
〔4048〕

◇沖縄伝統空手道から学ぶケガをしない体づく
り─quality of lifeメソッド　池原英樹著
那覇　沖縄タイムス社　2012.12　42p
26cm　1000円　①978-4-87127-207-0
Ⓝ498.3　〔4049〕

◇世界一の長寿村に学ぶ「早死に」しない健康
習慣─90代でも70歳に見える！　平良一彦
監修, 我部政美著　主婦と生活社　2012.12
177p　19cm　1200円　①978-4-391-14236-5
Ⓝ498.38
内容　第1章 何を食べると長寿になれるのか？（長
寿村は、緑黄色野菜の摂取量が3倍　シークヮー
サー＆カルシウムで寝たきり防止　動物性たんぱ
く質で筋肉量を増やす ほか）　第2章 90代でも70
歳に見える！ 健康長寿な人の生活習慣（子供や孫
は、未来と自分を繋いでくれる　文句を言わなく
なった奥さんは死亡率が4倍？　物々交換や、労
働交換での助け合い ほか）　第3章 心身ともに健
康で長生きする老いとの付き合い方（芭蕉布の糸
をつなぐ　70代後半で1日平均8700歩　百歳への
道は規則正しい生活から ほか）　〔4050〕

◇沖縄健康の生き方　鈴木信監修, 鈴木信, 鈴木
陽子, クレイグ・ウィルコックス, ブラッド
リー・ウィルコックス著　浦添　「新老人の
会」沖縄支部　2014.4　199p　21cm〈文献
あり〉　1000円　Ⓝ498.38　〔4051〕

◇天恵の島・沖永良部島が生んだ驚異の食材
「シマ桑」─鹿児島県奄美群島　シマ桑普及
研究会編　メディアパル　2014.5　95p
21cm〈タイトルは奥付・背・表紙による.標
題紙のタイトル：天恵の島が生んだ驚異の特
効食材「シマ桑」〉　1300円　①978-4-89610-

826-2　Ⓝ498.3
内容　第1章 奇跡のシマ桑を育む天恵の島へ　第2
章 天然の優良健康食材「シマ桑」完全データ　第
3章 健康長寿生活へ シマ桑マル得活用術　第4章
シマ桑の里 天恵の島へ行ってみよう！　〔4052〕

◇沖縄で腸をケアして健康長寿そしてやがては
穏やかな死　山中伊知郎著　山中企画
2014.11　174p　19cm〈発売：星雲社〉
1200円　①978-4-434-19910-3　Ⓝ498.3
内容　第1章「ぬちぐすい」沖縄野草を食べよう！
第2章 まだまだあるぞ、沖縄の「ぬちぐすい」食
材　第3章 本当に「ポーク」は健康長寿の大敵な
のか？　第4章「チャーガンジュー」な人々　第
5章 ウチナーのお医者さんに「沖縄と健康長寿」
を訊く！　第6章 死ぬのも安心？ 死者と近い島
〔4053〕

◇沖縄ハーブ健康法─病気のデパートだった私
がみつけた病に負けない生き方　安田未知子
著　WAVE出版　2015.3　173p　19cm
1400円　①978-4-87290-730-8　Ⓝ498.3
内容　第1章 病気の連鎖が始まった（二〇代でリ
ウマチを発症　麦は踏まれても生きている　生か
されている私の命）　第2章 沖縄ハーブとの出会
い（沖縄はハーブの宝庫　ハーブで体を整える）
第3章 沖縄料理と母の味（薬食同源 黒髪と美肌
をつくる沖縄食）　第4章 元気をつくる生活習慣
（自分の細胞と話をする　パワーの源は水と大豆
体を健やかに保つコツ）　第5章 前を向く生き方
（病気は人まかせにしない　人生は笑い福い 笑
顔で毎日を過ごす　誰もが誰かに必要な存在）
〔4054〕

◇沖縄の医師が教える糖質コントロール健康法
─メタボ・糖尿病・脂質異常症が劇的に改
善！　安谷屋徳章著　現代書林　2015.7
158p　18cm　1000円　①978-4-7745-1529-8
Ⓝ498.583
内容　沖縄はもはや日本一短命、不健康の島（「健
康長寿の島・沖縄」という幻想　これだけある、
短命、不健康を示すデータ ほか）　第1章 糖質は
ほんとうに必要なのか（あなたはこんなにも糖質
をとっている　「糖質中毒」という病 ほか）　第
2章 実践！ 糖質コントロール（始めてみよう、糖
質コントロール　糖質を減らす ほか）　第3章 糖
尿病のための糖質コントロール（肥満と糖質コン
トロール　糖尿病と糖質コントロール ほか）
〔4055〕

「沖縄」がわかる本 6000冊　**321**

技術・工業

技術・工業一般

◇沖縄の発明くふう―発明立県沖縄を目指して
福島康文著　那覇　沖縄タイムス社　2000.
11　234p　19cm　1800円　Ⓘ4-87127-145-5
Ⓝ507.1　　　　　　　　　　　　　　〔4056〕

◇島嶼地域における再生可能エネルギー―世界
の島々のとりくみ　〔Thomas Lynge
Jensen〕〔著〕,池間健晴訳　那覇　亜熱帯総
合研究所　2001.3　19,165p　30cm〈他言語
標題：Renewable energy on small islands
文献あり〉　Ⓝ501.6　　　　　　　　　〔4057〕

◇工業所有権の活用法―沖縄から見た知的所有
権 特許、実用新案、意匠、商標　那覇　雇
用開発推進機構　2001.3　79p　26cm
Ⓝ507.2　　　　　　　　　　　　　　〔4058〕

◇沖縄地域知的財産推進計画　〔那覇〕　沖縄
地域知的財産戦略本部　2006.3　44p　30cm
Ⓝ507.2　　　　　　　　　　　　　　〔4059〕

◇Okinawa design source―モノづくりとデザ
イン　沖縄県観光商工部商工振興課工芸技術
支援センター監修　南風原町(沖縄県)　沖
縄県観光商工部商工振興課工芸技術支援セン
ター　2009.3　106p　30cm〈沖縄県沖縄デ
ザイン戦略構築促進事業〉　Ⓝ501.83　〔4060〕

◇ものづくりの邦―地場産業力　琉球新報社経
済部編著　那覇　琉球新報社　2011.6
417p　21cm〈発売：琉球プロジェクト(那
覇)〉　1886円　Ⓘ978-4-89742-123-0　Ⓝ509.
2199　　　　　　　　　　　　　　　〔4061〕

◇新エネルギー時代―沖縄の今これから　琉球
新報社編著　那覇　琉球新報社　2013.5
190p　18cm　(新報新書 5)　933円
Ⓘ978-4-89742-158-2　Ⓝ501.6　　　　〔4062〕

◇追跡・沖縄の枯れ葉剤―埋もれた戦争犯罪を
掘り起こす　ジョン・ミッチェル著,阿部小
涼訳　高文研　2014.11　254p　19cm〈文
献あり〉　1800円　Ⓘ978-4-87498-556-4

Ⓝ559.3
内容 第1章 エージェント・オレンジ―半世紀の
嘘　第2章 ヴェトナム戦争と沖縄　第3章 元米兵
が語り始める　第4章 沖縄住民への影響　第5章
文書に残された足跡　第6章 沖縄、エージェント・
オレンジ、レッド・ハット作戦　第7章 普天間飛
行場―汚された沖縄の未来　第8章 決定的証拠の
行方　　　　　　　　　　　　　　　〔4063〕

建設・土木

◇沖縄の土木関係書誌―沖縄(琉球)土木文献
収録集　第1編　浦添　沖縄建設弘済会
1996.4　127,193p　30cm　非売品　Ⓝ510.
92199　　　　　　　　　　　　　　　〔4064〕

◇沖縄県海水淡水化施設建設誌―美しい海から
豊かな水を　沖縄県企業局監修　那覇　沖縄
県企業局　1999.3　288p　図版13枚　31cm
Ⓝ518.15　　　　　　　　　　　　　〔4065〕

◇沖縄の建設産業―企業のトップに聞く　那覇
沖縄建設新聞　1999.8　175p　19cm　(建
設叢書 2)　1500円　Ⓝ510.92199　〔4066〕

◇建設業の未来―今、沖縄に求められているも
の　那覇　沖縄建設新聞　2001.6　159p
19cm　(建設叢書 5)　1500円　Ⓝ510.
92199　　　　　　　　　　　　　　　〔4067〕

◇新聞が見た建設業―沖縄の建設業とその歴史
那覇　沖縄建設新聞　2001.12　166p　19cm
(建設叢書 7)　1500円　Ⓝ510.92199〔4068〕

◇沖縄の土木遺産―先人の知恵と技術に学ぶ
「沖縄の土木遺産」編集委員会編　浦添　沖
縄建設弘済会　2005.5　213p　21cm〈文献
あり　年表あり　発売：ボーダーインク(那
覇)〉　1715円　Ⓘ4-89982-087-9　Ⓝ510.
92199　　　　　　　　　　　　　　　〔4069〕

◇戦後60年沖縄の建設業　那覇　沖縄建設新聞
2006.3　183p　19cm　(建設叢書 9)　1500
円　Ⓝ510.92199　　　　　　　　　　〔4070〕

技術・工業　　　　　　　　　　　　　　　　　　　　　　　　　　　　　　建設・土木

◇あゆみ　4　沖縄県八重山土木事務所編　石垣　沖縄県八重山土木事務所　2012.3　407p　27cm〈年表あり〉Ⓝ510.92199　〔4071〕

◇沖縄県建設産業ビジョン─「人を大切にし、沖縄・日本・アジア等の発展に技術貢献できる建設産業」を目指して　2013　那覇　沖縄県土木建築部土木企画課　2013.3　74p　30cm　Ⓝ510.91　〔4072〕

◇沖縄県建設産業ビジョン─「人を大切にし、沖縄・日本・アジア等の発展に技術貢献できる建設産業」を目指して　概要版　2013　沖縄県土木建築部土木企画課　那覇　沖縄県土木建築部土木企画課　2013.3　18p　30cm　〔4073〕

◇新石垣空港工事誌　沖縄県土木建築部空港課, パシフィックコンサルタンツ株式会社（沖縄支社）編　〔那覇〕　沖縄県　2014.3　568p　31cm〈付属資料：DVD-Video 1枚（12cm）：新石垣空港建設の記録〉Ⓝ517.9　〔4074〕

◇建設論壇　20　2014年度　那覇　沖縄建設新聞　2015.4　189p　18cm　768円　Ⓘ978-4-904102-17-6　Ⓝ510.49
　内容 マチュピチュの職人に学ぶ海外人材育成術　石田達也著　沖縄県土地開発公社について　上原俊次著　宮古のオトーリの教育的効果　仲間勇栄著　沖縄の未来を拓く交通　阿部等著　公共工事と用地取得そして補償コンサルタント　伊波盛武著　沖縄の歴史的建造物の魅力と伝統技術　平良啓著　出会いとチャンスに恵まれて　屋我英樹著　沖縄の振興支える滑走路増設事業　中原正顕著　〔4075〕

《ダム》

◇エコダム宣言─生態系保全新時代　沖縄総合事務局北部ダム事務所編　浦添　沖縄建設弘済会　1997.2　45p　30cm　476円＋税　Ⓝ517.72　〔4076〕

◇山原の大地に刻まれた決意─米国から託された福地ダム建設・もうひとつの「沖縄返還」　高崎哲郎著　ダイヤモンド社　2000.10　219p　20cm〈年表あり〉2000円　Ⓘ4-478-89014-5　Ⓝ517.7
　内容 第1章 隔離された島、沖縄の戦後と水事情（知らされなかった事前調査　「沖縄が返るまで戦後は終わらない」　"しまちゃび"ほか）　第2章 日本政府の調査（ダム技術者・野島虎治　河川行政がない！　野島報告書ほか）　第3章 激論と妥協（復帰までの完成、できず　プライドの激突　東村の不安ほか）　第4章 本土復帰（昭和四七年五月一五日　間借り事務所オープン　少数精鋭の混成事務所ほか）　〔4077〕

◇沖縄における多目的ダムの建設　内閣府沖縄総合事務局北部ダム事務所監修, 沖縄建設弘済会編　名護　内閣府沖縄総合事務局北部ダム事務所　2003.3　531p　31cm〈年表あり〉非売品　Ⓝ517.72　〔4078〕

◇沖縄地方ダム管理フォローアップ定期報告書─新川ダム　〔那覇〕　内閣府沖縄総合事務局　2005.3　1冊　30cm　Ⓝ517.72　〔4079〕

◇沖縄地方ダム管理フォローアップ定期報告書─福地ダム　〔那覇〕　内閣府沖縄総合事務局　2005.3　1冊　30cm　Ⓝ517.72　〔4080〕

◇沖縄地方ダム管理フォローアップ定期報告書─辺野喜ダム　〔那覇〕　内閣府沖縄総合事務局　2006.3　1冊　30cm　Ⓝ517.72　〔4081〕

◇沖縄地方ダム管理フォローアップ定期報告書─安波ダム　〔那覇〕　内閣府沖縄総合事務局　2006.3　1冊　30cm　Ⓝ517.72　〔4082〕

◇沖縄地方ダム管理フォローアップ定期報告書─普久川ダム　〔那覇〕　内閣府沖縄総合事務局　2006.3　1冊　30cm　Ⓝ517.72　〔4083〕

◇我喜屋ダム工事誌　〔那覇〕　沖縄県　2006.3　870p　31cm　非売品　Ⓝ517.72　〔4084〕

◇沖縄地方ダム管理フォローアップ定期報告書─漢那ダム　〔那覇〕　内閣府沖縄総合事務局　2007.3　1冊　30cm　Ⓝ517.72　〔4085〕

◇沖縄地方ダム管理フォローアップ定期報告書─羽地ダム　〔那覇〕　内閣府沖縄総合事務局　2009.3　1冊　30cm〈文献あり〉Ⓝ517.72　〔4086〕

◇沖縄のダム─世界に誇れるダム建設北部ダムの42年　沖縄しまたて協会編, 内閣府沖縄総合事務局北部ダム事務所監修　浦添　沖縄しまたて協会　2014.3　135p　30cm〈年表あり〉Ⓝ517.72　〔4087〕

《上下水道》

◇沖縄市水道通水50周年記念誌　沖縄市水道史編集委員会編　〔沖縄〕　沖縄市水道局　2009.3　271p　30cm〈年表あり〉Ⓝ518.1　〔4088〕

◇私たちと水─資料　那覇　沖縄県企画部地域・離島課　2014.3　21p　26cm　Ⓝ517　〔4089〕

◇沖縄県企業局経営計画─持続可能な安全で安心な水の供給　第9次　〔那覇〕　沖縄県企業局　2014.3　32p　30cm　〔4090〕

「沖縄」がわかる本 6000冊　**323**

建設・土木　　　　　　　　　　　　　　　　　　　　技術・工業

◇沖縄の水—企業局概要　沖縄県企業局編　那
　覇　沖縄県企業局　2014.10　21p　30cm
　　　　　　　　　　　　　　　　　　〔4091〕

《都市工学》

◇沖縄・国際通り物語—「奇跡」と呼ばれた一
　マイル　大濱聡著　具志川　ゆい出版
　1998.1　341p　19cm　1800円　Ⓘ4-946539-
　01-8　Ⓝ518.8
　内容 那覇・戦後の始まり　野中の一本道だった国
　際通り　人々に娯楽を—戦後初の映画館建設　国
　際通りのルーツ　アーニー・パイル国際劇場　国
　際通りに開業した店　密貿易・ウチナーンチュの
　したたかさとエネルギー　「国際通り」誕生　そ
　して、「奇跡の一マイル」と呼ばれた　国際通りを
　めざせ！デパート戦争　さらば国際通り〔ほか〕
　　　　　　　　　　　　　　　　　　〔4092〕

◇いつもごきげんな〜ふぁの街—花・夢・薫る
　国際通り　平成11年度　地域政策研究会〔編〕
　那覇　沖縄県対米請求権事業協会　2000.3
　117p　21cm　（対米協研究シリーズ no.2)
　400円　Ⓝ518.8　　　　　　　　　〔4093〕

◇上妻毅（都市経済研究所常務理事）オーラル
　ヒストリー　上妻毅〔述〕　近代日本史料研
　究会　2006.3　89p　30cm〈奥付のタイト
　ル：上妻毅オーラルヒストリー　肖像あり〉
　Ⓝ518.8　　　　　　　　　　　　　〔4094〕

◇消えたヤシの実一万個—沖縄緑化に賭けた男
　たち　小滝透著　天理　養徳社　2006.11
　233p　19cm　1200円　Ⓘ4-8426-0100-0
　Ⓝ518.85　　　　　　　　　　　　〔4095〕

◇那覇新都心物語—未来の物語をつくる　那覇
　那覇新都心地主協議会　2007.9　115,43p
　26cm〈年表あり〉　Ⓝ518.8　　　〔4096〕

◇廃棄物処理問題解決への視点—一般廃棄物処
　理施設における住民合意形成　平成19年度
　沖縄地域政策研究会〔編〕　那覇　沖縄県対
　米請求権事業協会　2008.3　234p　21cm
　((社)沖縄県対米請求権事業協会・研究シ
　リーズ no.33)　400円　Ⓝ518.52　〔4097〕

◇マリンタウンと共に歩む20年　「マリンタウ
　ン与那原」まちづくり推進協議会編集委員会
　編　〔与那原町(沖縄県)〕　「マリンタウン
　与那原」まちづくり推進協議会　2012.7
　117p　30cm〈年表あり〉　Ⓝ518.8　〔4098〕

◇奇跡の1マイルふたたび—牧志・安里地区第
　一種市街地再開発事業さいおんスクエア完成
　記念誌　〔那覇〕　牧志・安里地区市街地再
　開発組合　2012.12　192p　30cm〈年表あ

り〉　Ⓝ518.8　　　　　　　　　　　〔4099〕

◇世果報むらの歩み—農漁村基盤整備事業写真
　集　復帰40周年写真集　那覇　沖縄県農林水
　産部村づくり計画課　2013.11　215p　30cm
　Ⓝ518.8　　　　　　　　　　　　　〔4100〕

◇沖縄県緑化運動65年史　沖縄県緑化推進委員
　会編　南風原町(沖縄県)　沖縄県緑化推進
　委員会　2014.5　506p　27cm〈年表あり〉
　Ⓝ518.85　　　　　　　　　　　　〔4101〕

《環境工学・公害》

◇川は、訴える—夢のある沖縄の水・環境に向
　けて　寺田麗子著　那覇　ボーダーインク
　1995.11　168p　19cm　（沖縄テレビ「河
　川・環境シリーズ」）　1600円　Ⓝ519.8199
　　　　　　　　　　　　　　　　　　〔4102〕

◇沖縄の心にふれる旅—乱開発拒否宣言　久慈
　力著　三一書房　1996.5　180p　19cm〈折
　り込図1枚　略年表：p175〜180〉　1700円
　Ⓘ4-380-96239-3　Ⓝ519.2199
　内容 第1章 沖縄への熱い思い入れが実現—5月
　18日　第2章 沖縄戦の傷とリゾート開発—5月19
　日　第3章 公共事業が沖縄を食いつぶす—5月20
　日　第4章 宮古島の命の水を守れ—5月21日　第
　5章 宮古人のアララガマ精神と出会う—5月22日
　第6章 国が歪める沖縄の産業—5月23日〔4103〕

◇基地と環境破壊—沖縄における複合汚染　福
　地曠昭著　同時代社　1996.11　225p　19cm
　1553円　Ⓘ4-88683-359-4　Ⓝ519.21
　内容 第1章 基地と環境破壊の実態　第2章 騒音
　被害　第3章 水質汚染　第4章 土壌汚染・山林破
　壊・赤土流出　第5章 復帰前の基地公害〔4104〕

◇環境問題と地域社会—沖縄学探訪　宜野湾
　沖縄国際大学公開講座委員会　1997.3　278p
　19cm　（沖縄国際大学公開講座 2)〈発売：
　ボーダーインク(那覇)　文献あり〉　1456円
　Ⓘ4-938923-93-9　Ⓝ519.2199　　〔4105〕

◇沖縄の環境と平和—生命の声　第十六回日本
　環境会議沖縄大会　那覇　日本環境会議沖縄
　大会実行委員会　1997.7　351p　30cm
　Ⓝ519.2199　　　　　　　　　　　〔4106〕

◇地域に根ざした参加型環境保全・改善システ
　ムの研究　那覇　沖縄総合研究所　1997.8
　136p　30cm　（NIRA研究報告書 no.
　970095)　Ⓝ519.2199　　　　　　〔4107〕

◇沖縄の自然を知る　池原貞雄,加藤祐三編著
　築地書館　1997.10　269p　19cm〈索引あ
　り〉　2400円　Ⓘ4-8067-1149-7　Ⓝ519.8199
　内容 1 沖縄の自然はいま　2 生物の来た道　3

324　「沖縄」がわかる本　6000冊

技術・工業 　　　　　　　　　　　　　　　　　　　　　　　　　　　　　　　　　建設・土木

海と陸のはざまで　4 沖縄の動物　5 沖縄の小さな植物　6 足もとの自然　7 沖縄の自然と人
〔4108〕

◇沖縄やんばる・亜熱帯の森—この世界の宝をこわすな　平良克之写真・説明、伊藤嘉昭生物解説　高文研　1997.11　127p　21cm　2800円　Ⓘ4-87498-197-6　Ⓝ519.8199
内容 写真・説明（やんばる—亜熱帯の森　やんばるの森に棲む生きものたち　やんばるの森が危ない）　生物解説—沖縄やんばるの自然と生物（やんばるにすむ素晴らしい、しかし絶滅間近な生物たち　絶滅危機にある貴重種たち　生態学的調査の不足　貴重種の生存を支える自然の多様性　進む自然破壊—補助金行政のもたらしたもの　やんばるの自然を生かすために）
〔4109〕

◇環境保全・改善活動ハンドブック—パートナーシップによる美ら島づくり　沖縄県対米請求権事業協会編　那覇　沖縄県対米請求権事業協会　1998.7　93p　30cm　（沖縄グラウンドワーク研究会研究活動報告　平成9年度）　Ⓝ519.8199
〔4110〕

◇沖縄の米軍航空機による低周波音公害調査—航空機音圧公害による身体被害の総合的評価にむけて　報告書　那覇　沖縄環境ネットワーク　1999.6　30p　30cm　500円　Ⓝ519.6
〔4111〕

◇環境と文明を考える—21世紀の持続可能な社会経済システムを目指して　沖縄国際フォーラム報告書　国際文化交流推進協会編　国際交流基金アジアセンター　2000.3　167p　30cm　〈会期：1999年10月25日・26日　共催：沖縄県〉　Ⓝ519.22
〔4112〕

◇日本の水環境　7　日本水環境学会編　技報堂出版　2000.10　221p　22cm　5000円　Ⓘ4-7655-3166-X　Ⓝ519.4
内容 1章 自然環境と水環境　2章 歴史の中の水環境　3章 水利用　4章 開発と水環境　5章 水保全
〔4113〕

◇沖縄から世界へ—平和・環境・福祉の21世紀を　国際環境NGOフォーラム報告書　那覇　沖縄環境ネットワーク　2001.1　302p　30cm　〈英文併載〉　Ⓝ519.04
〔4114〕

◇美島（かぎすま）みやこ・ゼロエミッションの推進に向けて　環境省　2001.3　96p　30cm　（環境共生型地域形成のモデル計画策定に関する調査報告書　平成12年度）　Ⓝ519.1
〔4115〕

◇沿岸域の保全と利用に関する社会科学的研究—地域開発と赤土汚染の経済的評価　CVMによる環境の価値診断　那覇　亜熱帯総合研究所　2002.3　29p　30cm　〈平成13年度RIS自主研究事業〉　Ⓝ519.4
〔4116〕

◇ジュゴンの海と沖縄—基地の島が問い続けるもの　ジュゴン保護キャンペーンセンター編　高文研　2002.8　201p　19cm　〈執筆：宮城康博ほか　年表あり〉　1500円　Ⓘ4-87498-288-3　Ⓝ519.8199
内容 第1章 ジャンの海—ある闘いの記録（ジュゴンと日本国憲法　沖縄　日本　世界）　第2章 やんばるの海と山、そして人　第3章 北限のジュゴンを守るために（国連環境計画（UNEP）報告の意義と保護のための行動　国連環境計画（UNEP）のジュゴン保護のための調査報告書翻訳）　第4章 ジュゴンの里に暮らす人々
〔4117〕

◇消えゆく沖縄の山・川・海—環境読本　沖縄県教育文化資料センター環境・公害教育研究委員会編　2版　那覇　沖縄時事出版　2003.1　125p　26cm　〈表紙のタイトル：新編消えゆく沖縄の山・川・海　折り込2枚　文献あり　年表あり　発売：沖縄学販（那覇）〉　1429円　Ⓝ519.2199
〔4118〕

◇ジュゴンが危ない—米軍基地建設と沖縄の自然　亀山統一〔ほか〕著　新日本出版社　2003.12　190p　19cm　1700円　Ⓘ4-406-03039-5　Ⓝ519.8199
内容 1 ジュゴン泳ぐ海と島の自然—基地に脅かされる沖縄の生態系（沖縄の自然環境と開発　普天間基地移設問題の起こりとその背景 ほか）　2 どんな基地が計画されているのか（普天間基地の役割・機能を強化する新海上基地　核の先制攻撃で世界制覇をねらうブッシュ戦略 ほか）　3 米軍新基地おしつけを拒否—名護市民投票と民主主義（「普天間基地返還」って本当？　政府の脅しと県民の勇気—名護市民投票のたたかい ほか）　4 豊かな島に基地はいらない（世界に誇れる沖縄の自然—沖縄の自然は「世界遺産」の価値　普天間基地「県内移設反対」の市政誕生 ほか）
〔4119〕

◇環境問題と地域の自立的発展—離島・へき地を中心にして　神田嘉延編著　高文堂出版社　2004.2　572p　22cm　8381円　Ⓘ4-7707-0709-6　Ⓝ519.2197
内容 序章 課題と方法　第1章 奄美における農林業の変遷と環境問題　第2章 沖永良部の農業の発展と環境問題　第3章 沖縄における環境問題と地域の自立的発展　第4章 沖縄県読谷村における地域の自立的発展　第5章 地域の環境教育実践と自立的発展
〔4120〕

◇沖縄のゴミをなくす本　エフエム沖縄、沖縄のゴミど〜するべきか考える会編　浦添　エフエム沖縄　2006.5　119p　26cm　〈発売：沖縄教販（那覇）〉　1200円　Ⓘ4-900374-64-4　Ⓝ519.8199
〔4121〕

◇南の島の自然破壊と現代環境訴訟—開発とアマミノクロウサギ・沖縄ジュゴン・ヤンバル

「沖縄」がわかる本 6000冊　　325

建設・土木　　　　　　　　　　　　　　　　　　　　技術・工業

クイナの未来　関根孝道著　西宮　関西学院
大学出版会　2007.2　246p　26cm　（関西
学院大学研究叢書 第122編）　2900円
①978-4-86283-006-7　Ⓝ519.819
[内容]第1章 だれが法廷に立てるのか―環境原告適
格の比較法的な一考察　第2章 法廷に立てなかっ
たアミノクロウサギ―世にも不思議な奄美「自然
の権利」訴訟が問いかけたもの　第3章 沖縄ジュ
ゴンと環境正義―辺野古海上ヘリ基地問題と米
国環境法の域外適用について　第4章 沖縄ジュゴ
ンと法の支配―沖縄ジュゴン対ラムズフェルド事
件の米国地裁決定訳と解説　第5章 広域基幹
林道奥与那線と法的諸問題について―世界的遺産
が壊されるしくみと沖縄やんばるへのレクイエム
第6章 沖縄やんばる訴訟控訴審判決と住民訴訟に
おける損害について―いわゆる4号請求における
損益相続で違法な行為による利益を控除できるか
第7章 地域森林計画策定と林道事業をめぐる諸問
題―沖縄北部地域森林計画事例から見たやんばる
破壊と今後の課題について　資料編　〔4122〕

◇人工ゼオライトが沖縄を救う　坂上越朗, 川
上行雄共著　三信図書　2007.4　149p
22cm　（灰から生まれる宝物のはなし その
4）　1429円　①978-4-87921-203-0　Ⓝ519.5
[内容]1 人工ゼオライトが沖縄を救う　2 人工ゼ
オライトが閉鎖性水域の水質浄化に貢献する　3
人工ゼオライトには無限に近い応用例がある　4
溶融スラグから人工ゼオライトを作り地球環境を
救う　5 人工ゼオライト入り農業用生分解性マル
チフィルムについて　6 人工ゼオライトで海の生
き物をにぎやかにする　　　　　　　　　〔4123〕

◇南西諸島における野生生物の有害化学物質調
査（'05〜'07）―WWFジャパン・プロジェク
ト報告書　世界自然保護基金ジャパン
2008.3　55p　30cm　①978-4-915613-15-9
Ⓝ519.4
[内容]南西諸島に生息する水棲生物の有害化学
物質調査―鯨類・ウミガメ類の汚染に関する報告 田
辺信介 ほか著　南西諸島に生息する水棲生物の
有害化学物質調査―魚介類の汚染に関する報告 田
辺信介 ほか著　造礁サンゴ幼若体の褐虫藻獲得
に対する有害化学物質暴露の影響試験に関する調
査報告 渡邉俊樹著　　　　　　　　　　〔4124〕

◇沖縄環境データブック　高橋哲朗著　那覇
沖縄探見社　2009.3　94p　21cm　〈文献あ
り 年表あり〉　900円　①978-4-9904533-0-5
Ⓝ519.2199
　　　　　　　　　　　　　　　　　　　〔4125〕

◇米軍基地と環境問題　世一良幸著　幻冬舎ル
ネッサンス　2010.6　204p　18cm　（幻冬舎
ルネッサンス新書 019）　〈並列シリーズ名：
Gentosha Renaissance Shinsho　文献あり〉
838円　①978-4-7790-6019-9　Ⓝ519.2199
[内容]第1章 日米地位協定と環境問題の現状（日米
地位協定　環境問題はどのように扱われてきたか
地位協定改定に向けた具体的な動き　どんな問題

が起こってきたか）　第2章 米国の軍事施設に対
する法律の適用（米国国内基地に対する環境法規
米国域外基地に対する環境法規）　第3章 ドイツ
と韓国における地位協定（ボン補足協定　米韓地
位協定）　第4章 課題と提案（検討すべき課題　国
内法の適用について　土壌汚染化の主体と費用負
担について　実のある合意へ向けて）　〔4126〕

◇島の自然を守る　島村修著　石垣　南山舎
2011.1　310p　19cm　（やいま文庫 12）
1900円　①978-4-901427-23-4　Ⓝ519.8199
[内容]第1部 島の自然を守る（新石垣空港　白水，
アンパル　宇宙船地球号）　第2部 八重山の自然
と私（野鳥と私　星空と私　ヤシガニと波照間の
食文化 ほか）　第3部 島の調査報告など（マンゲ
山調査報告　安良地区の野鳥の調査報告　八重山
の化石林 ほか）　　　　　　　　　　　〔4127〕

◇島と海と森の環境史　湯本貴和編, 田島佳也,
安渓遊地責任編集　文一総合出版　2011.3
351p　22cm　（シリーズ日本列島の三万五
千年―人と自然の環境史 第4巻）〈文献あり
年表あり 索引あり〉　4000円　①978-4-8299-
1198-3　Ⓝ519.211
[内容]第1部 北海道の人間―自然関係史　第2部
資源認識の変化―乱獲から持続可能な利用へ　第
3部 奄美・沖縄の人間―自然関係史 価値あるもの
の濫獲・絶滅への道　第4部 奄美・沖縄の人間―
自然関係史 政治・経済が自然に与えた圧力　第5
部 奄美・沖縄の人間―自然関係史 持続可能な利
用の模索　第6部 奄美・沖縄の人間―自然関係史
人間と自然のかかわりについて考える　〔4128〕

◇地球の未来をみつめて―アメリカと沖縄から
の発信　水野崇, 渡久山章著　那覇　新星出
版　2011.4　270p　19cm　1429円　①978-
4-905192-03-9　Ⓝ519.81　　　　　　〔4129〕

◇5540―新嘉手納基地爆音差止訴訟記念誌　原
告団スタッフ会議編　沖縄　新嘉手納基地爆
音差止訴訟原告団　2011.9　159p　30cm
〈付属資料：DVD-Video 1枚（12cm）：静か
な夜を返せ　年表あり〉　Ⓝ519.6　〔4130〕

◇サンゴいっぱいの海に戻そう―美ら海振興会
がめざす未来　松井さとし, 吉崎誠二著　芙
蓉書房出版　2011.11　155p　19cm　〈文献
あり〉　1800円　①978-4-8295-0543-4
Ⓝ519.8199
[内容]第1部 サンゴいっぱいの沖縄の海にするた
めに（松井さとし）（いま沖縄の海で何が起こって
いるのか　沖縄のダイビング業界の現状　環境保
護活動の始まり　任意団体からNPO法人へと発展
した美ら海振興会　美ら海振興会の理事たちの奮
闘）　第2部 発展するNPOはどこがちがうか（吉
崎誠二）（美ら海振興会の活動をサポートする企業
発展するNPOに必要なこと―ミッションとリー
ダー）　　　　　　　　　　　　　　　　〔4131〕

◇琉球列島の環境問題―「復帰」40年・持続可

326　「沖縄」がわかる本　6000冊

技術・工業　　　　　　　　　　　　　　　　　　　　　　　　　　　建築

能なシマ社会へ　沖縄大学地域研究所〈「復
帰」40年、琉球列島の環境問題と持続可能
性〉共同研究班編著　高文研　2012.12
308p　21cm〈編集委員：桜井国俊ほか〉
2800円　①978-4-87498-499-4　Ⓝ519.2199
内容 序文 持続可能な琉球列島を求めて　第1章
シマの今昔（地域資源管理と生業の変化　大量生
産・大量消費の生活様式　リゾート開発と環境・
自治　軍事活動による環境問題　公共事業と環境
問題）　第2章 問題群の構造（「豊かな」社会を求
めて… 平和や自治を阻害する「国策」）　第3章
琉球列島の環境史　終章 持続可能な琉球列島へ
の展望　　　　　　　　　　　　　　　　〔4132〕

◇私たちができる地球温暖化対策！─小中（高
学年）─中学生向け　那覇　沖縄県環境生活
部環境政策課　2013.3　7p　30cm〈リーフ
レット〉　Ⓝ519　　　　　　　　　　　　〔4133〕

◇保全利用協定の手引き─みんなで実現する
「沖縄らしい自然と歴史、伝統、文化を大切
にする島」　改定　那覇　沖縄県環境生活部
自然保護課　2013.3　107p　30cm　Ⓝ519.1
　　　　　　　　　　　　　　　　　　　　〔4134〕

◇生物多様性おきなわ戦略　那覇　沖縄県環境
生活部自然保護課　2013.3　142p　30cm
〈文献あり〉　Ⓝ519.8199　　　　　　　　〔4135〕

◇リュウキュウアユに学ぶ！─人と自然の共生
する川づくり　名護博物館編　〔名護〕　名
護博物館　2013.3　10p　30cm〈年表あり〉
Ⓝ519.8199　　　　　　　　　　　　　　〔4136〕

◇沖縄の自然は大丈夫？─生物の多様性と保全
中西希、中本敦、広瀬裕一著　〔西原町（沖縄
県）〕　琉球大学　2015.3　133p　21cm
（シリーズ「知の津梁」琉球大学ブックレッ
ト 2）〈文献あり　発売：沖縄タイムス社
（那覇）〉　1000円　①978-4-87127-661-0
Ⓝ519.8199　　　　　　　　　　　　　　〔4137〕

◇久米島の人と自然─小さな島の環境保全活動
権田雅之、深山直子、山野博哉編著　築地書館
2015.8　149p　19cm〈文献あり〉　1500円
①978-4-8067-1499-6　Ⓝ519.8199
内容 第1章 久米島の姿　第2章 人と自然のかか
わり　第3章「久米島応援プロジェクト」とは　第
4章 地域を知る　第5章 地域コミュニティとのか
かわり　第6章「久米島応援プロジェクト」を振
り返って　第7章 久米島のこれから　　　〔4138〕

建築

◇沖縄県庁舎建設記念誌　那覇　沖縄県総務部
管財課　1995.3　249p　31cm〈監修：沖縄

県総務部管財課　県庁舎関連年表・主要参考
文献：p239～249〉　Ⓝ526.31　　　　　〔4139〕

◇九州・沖縄─火燃ゆる強者どもの城　平井聖
監修　毎日新聞社　1996.10　159p　30cm
（城 8）　2800円　①4-620-60518-2
内容 カラー特集（熊本城　人吉城　小倉城　福
岡城　岡城 ほか）　名城解説・九州・沖縄地方の
城（熊本城　人吉城　八代城　小倉城　福岡城 ほ
か）　　　　　　　　　　　　　　　　　〔4140〕

◇九州地方の民家　2　熊本・宮崎・鹿児島・
沖縄　東洋書林　1999.6　1冊　23cm　（日
本の民家調査報告書集成 第16巻）〈企画協
力：文化庁文化財保護部建造物課　複製〉
28000円　①4-88721-280-1　Ⓝ521.86
内容 熊本県の民家（熊本県民家緊急調査につい
て　調査結果の概要　主要民家の解説）　宮崎県
の民家（調査の概要　宮崎県民家の概要　調査民
家解説）　鹿児島県の民家（調査事業の概要　第2
次調査　第3次調査　主要民家解説）　沖縄県の民
家（沖縄県の民家概説　沖縄の民家調査資料）
　　　　　　　　　　　　　　　　　　　〔4141〕

◇首里城を救った男─阪谷良之進・柳田菊造の
軌跡　野々村孝男著　那覇　ニライ社
1999.10　221p　22cm〈発売：新日本教育図
書〉　2000円　①4-931314-38-4　Ⓝ521.823
内容 1章 首里城正殿の危機　2章 国宝建造物の
名医阪谷の来沖　3章 幸運だった首里城　4章 首
里城正殿大修理　5章 阪谷の「旧首里城図」　6章
国宝指定と沖縄の建造物　7章 阪谷良之進の履歴
と遺族　8章 阪谷新資料の発見　9章 柳田菊造の
履歴と遺族　10章 柳田のガラス乾板写真　終章
阪谷が残したもの　　　　　　　　　　　〔4142〕

◇首里城公園ガイドブック　池宮正治、高良倉
吉監修,沖縄開発庁沖縄総合事務局国営沖縄
記念公園事務所編　那覇　海洋博覧会記念公
園管理財団首里城公園管理センター　2000.3
100p　21cm〈表紙のタイトル：首里城公
園〉　Ⓝ521.823　　　　　　　　　　　　〔4143〕

◇沖縄県近代和風建築総合調査報告書　沖縄県
教育庁文化課編　〔那覇〕　沖縄県教育委員
会　2002.3　179p　30cm　（沖縄県文化財
調査報告書 第141集）　Ⓝ521.6　　　　〔4144〕

◇写真集学校めぐり─沖縄県内の公立小中学校
の校門を撮る　仲西盛光著　〔浦添〕　〔仲
西盛光〕　2002.6　105,7p　21×30cm
Ⓝ526.37　　　　　　　　　　　　　　　〔4145〕

◇甦った首里城─首里城復元期成会記念誌　創
立三十周年記念誌編集委員会編,首里城復元
期成会監修　那覇　首里城復元期成会
2003.7　418p　図版20枚　27cm〈首里城復
元期成会創立30周年　年表あり〉　2000円
Ⓝ521.823　　　　　　　　　　　　　　〔4146〕

「沖縄」がわかる本 6000冊　　**327**

建築　　　　　　　　　　　　　　　　　　　　　　　　　　　技術・工業

◇九州地方の近世社寺建築　2（大分・宮崎・鹿児島・沖縄）　大分県教育委員会〔ほか〕編　東洋書林　2003.9　1冊　23cm　〈近世社寺建築調査報告書集成　第20巻〉〈シリーズ責任表示：村上訒一、亀井伸雄、大和智編　複製　文献あり〉38000円　Ⓘ4-88721-559-2　Ⓝ521.81
　内容　大分県の近世社寺建築（大分県教育庁管理部文化課編（大分県教育委員会昭和62年刊））　宮崎県の近世社寺建築（宮崎県教育庁文化課編（宮崎県教育委員会昭和57年刊））　鹿児島県の近世社寺建築（鹿児島県教育委員会文化課編（鹿児島県教育委員会昭和63年刊））　鹿児島県の近世社寺建築（離島編）（鹿児島県教育庁文化課編（鹿児島県教育委員会平成2年刊））　沖縄県の信仰に関する建造物（沖縄県教育庁文化課、琉球大学工学部建築工学科編（沖縄県教育委員会1991年刊））　〔4147〕

◇沖縄県近代化遺産（建造物等）総合調査報告書　沖縄県教育庁文化課編　〔那覇〕　沖縄県教育委員会　2004.3　248p　30cm　（沖縄県文化財調査報告書　第144集）　Ⓝ523.199　〔4148〕

◇拡張する住宅—沖縄にみる自律的居住環境デザイン　田上健一著　創英社　2004.9　209p　19cm　〈発売：三省堂書店　文献あり〉1600円　Ⓘ4-88142-251-0　Ⓝ527.02199
　内容　はじめに　収縮—住居環境の変容に関わる文脈　第1章　余白—居住環境の変容に関わる文脈　第2章　変容—沖縄の住宅の歴史的系譜　第3章　境界—米式住宅　第4章　余白—ライトインフラとしての住宅　第5章　拡張—拡張するしかけ　第6章　自律—住宅のつくりこみ　第7章　記録—成長のパートナーとしての建築家　第8章　持続—住み続けるために　おわりに　拡張する住宅　〔4149〕

◇オキナワの家　伊礼智著　インデックス・コミュニケーションズ　2004.11　55p　22×23cm　〈くうねるところにすむところ　子どもたちに伝えたい家の本 3）　1600円　Ⓘ4-7573-0276-2　Ⓝ527.04
　＊子どものころ、どんなふうに家ですごしていたか、何が楽しかったか、どこが楽しかったか。建築家が子どものころに住んでいた沖縄の家について描いた絵本。　〔4150〕

◇おきなわ住まいのカタチ—住む人の"想い"をカタチにする建築のプロたち　おきなわ建築webの本　那覇　おきなわ建築web　2004.12　104p　30cm　1500円　Ⓘ4-9902243-0-2　Ⓝ527.02199　〔4151〕

◇日本の家—風土・歴史・ひとが築いた町並みと住まい　4（中国・四国・九州・沖縄）　藤井恵介監修、和田久士写真　講談社　2005.2　155p　25×26cm　3900円　Ⓘ4-06-271074-9　Ⓝ521.86
　内容　中国（倉敷　大原家　ほか）　四国（脇町　吉

田家　ほか）　九州・沖縄（日田　草野本家　ほか）　〔4152〕

◇九州・沖縄の町並み　1　甘木市教育委員会、八女市教育委員会、福岡県浮羽郡吉井町教育委員会、有田町教育委員会、長崎市教育委員会編　東洋書林　2005.8　708p　23cm　（日本の町並み調査報告書集成　第15巻）〈付属資料：図5枚（袋入）　シリーズ責任表示：村上訒一、亀井伸雄、苅谷勇雅、江面嗣人／編　複製　年表あり〉30000円　Ⓘ4-88721-665-3　Ⓝ521.86
　内容　秋月—秋月城下町伝統的建造物群保存対策調査計画報告書　八女福島—八女市福島伝統的建造物群保存対策調査報告書　筑後吉井—吉井町吉井伝統的建造物群保存対策調査報告書　有田内山—有田内山伝統的建造物群保存対策調査報告書　東山手の洋館—伝統的建造物群保存地区保存対策事業報告書　南山手の洋館—伝統的建造物群保存地区保存対策事業報告書　〔4153〕

◇世界遺産グスク—石垣の魅力と謎・序説　城間勇吉編著　那覇　建築技術研究室・間　2005.10　226p　21cm　〈文献あり〉1714円　Ⓘ4-902193-22-1　Ⓝ521.823　〔4154〕

◇九州・沖縄の町並み　2　日南市、日向市教育委員会、椎葉村教育委員会編　東洋書林　2005.11　386p　23cm　（日本の町並み調査報告書集成　第16巻）〈シリーズ責任表示：村上訒一、亀井伸雄、苅谷勇雅、江面嗣人編　複製　年表あり〉33000円　Ⓘ4-88721-666-1　Ⓝ521.86
　内容　日本の町並み調査報告書集成解題（苅谷勇雅著）　飫肥（日南市1980年刊）　美々津（日向市教育委員会1985年刊）　椎葉村十根川地区山村集落（椎葉村教育委員会平成5年刊）　〔4155〕

◇九州・沖縄の町並み　3　出水市教育委員会、鹿児島県知覧町教育委員会、都市科学政策研究所、沖縄県渡名喜村教育委員会編　東洋書林　2006.1　674p　23cm　（日本の町並み調査報告書集成　第17巻）〈シリーズ責任表示：村上訒一、亀井伸雄、苅谷勇雅、江面嗣人編　複製　年表あり〉35000円　Ⓘ4-88721-667-X　Ⓝ521.86
　内容　出水麓—伝統的建造物群保存対策調査報告書　知覧武家屋敷町並み—伝統的建造物群保存対策調査報告書　沖縄県集落景観保存整備計画調査—うつぐみの島・竹富の景観を求めて　渡名喜村渡名喜伝統的建造物群保存対策調査報告書　〔4156〕

◇建築map九州/沖縄　TOTO出版企画・編集　TOTO出版　2008.3　418p　26cm　〈他言語標題：The architectural map of KyushuOkinawa〉2000円　Ⓘ978-4-88706-291-7　Ⓝ520.219

技術・工業　　　　　　　　　　　　　　　　　　　　　　　海洋工学・船舶工学

[内容] 九州/沖縄都市伝説（中洲 - 屋台 - そこにない建築　真の建築教育を目指すワークショップ「伊東塾」ほか）　前衛のニッポン（陶磁器　ヨーロッパ渡来の影響 ほか）　九州/沖縄考現学（焼酎—九州の酒文化　対馬という離島 ほか）　建築家Who's Who？（松岡恭子　福岡地所 ほか）　DATA INDEX（くまもとアートポリス　見学情報 ほか）　　　　　　　　　　　　〔4157〕

◇日本の城　第6集　九州・沖縄編　赤津進編〔松戸〕　〔赤津進〕　2008.7　278p　30cm　非売品　Ⓝ521.823　　　　　　　　　〔4158〕

◇沖縄01外人住宅　岡本尚文著　ライフ・ゴーズ・オン　2008.12　1冊（ページ付なし）29×29cm　〈他言語標題：Okinawa 01 off base U.S. family housing　英語併記〉5250円　①978-4-9904437-0-2　Ⓝ527.02199　　　　　　　　　　　　　　　　　　〔4159〕

◇波照間島の民家と歴史的集落景観—竹富町波照間島伝統的建造物群保存対策調査報告書　石垣　沖縄県竹富町教育委員会　2009.3　202p　30cm　〈文献あり〉Ⓝ521.86　〔4160〕

◇おきなわの家世界のまち—沖縄の建築家が綴るリレーエッセイ集　那覇　沖縄建設新聞　2011.8　111p　21cm　857円　①978-4-904102-06-0　Ⓝ527.02199　〔4161〕

◇失われていく古民家景観を後世に受け継ぐための施策研究　平成23年度　那覇　国建　2012.3　157p　21cm　（（社）沖縄県対米請求権事業協会・助成シリーズ　no.45）　476円　Ⓝ521.86　　　　　　　　〔4162〕

◇子育て世代のための「いい家づくり」完全マニュアル—沖縄より発信　幸せに暮らすための家づくりの知恵大公開　東舟道博保著　新装版　エル書房　2014.2　173p　19cm　〈発売：星雲社〉800円　①978-4-434-18985-2　Ⓝ527

[内容] 序章　年収200万円台の子育て世代でもマイホームが無理なくつくれた！　第1章　知らなければ危険がいっぱい！家づくりに失敗する人がたくさんいる　第2章　沖縄のいい家はこうすれば完成する　第3章　ライフプランから始める家づくりの資金計画　第4章　家づくりにおける最大のハードルは住宅ローン選び　第5章　長く暮らせる家をつくるために　　　　　　　　　　　　〔4163〕

◇沖縄彫刻都市　尾形一郎、尾形優著者・写真、カレン・サンドネス、岡口夏織訳　羽鳥書店　2015.1　157p　21cm　〈他言語標題：Okinawan sculpture city　文献あり　英語併載〉3400円　①978-4-904702-48-2　Ⓝ527.02199　　　　　　　　　　〔4164〕

◇記憶を刻む家づくり—おきなわの風土を楽しむ　照屋寛公著　那覇　ボーダーインク　2015.2　175p　19cm　1500円　①978-4-89982-269-1　Ⓝ527

[内容] リフォーム全国賞と台湾の神　東シナ海を望む家　住み継ぐ家　趣味空間を創る　伝統家屋をヒントにして　桂のキズの話　限りある資源　リフォーム考　建物の健康を考える　大海原を望む家〔ほか〕　　　　　　　　　　　　〔4165〕

◇沖縄・よみがえる民家と集落　永瀬克己著　三協社　2015.8　267p　26cm　〈文献あり〉Ⓝ521.86　　　　　　　　　　〔4166〕

◇沖縄の建築家とつくる家—沖縄で快適に暮らすために　建築ジャーナル編集部編　建築ジャーナル　2016.2　67p　30cm　〈他言語標題：A House You Build with an Architect in Okinawa　索引あり〉1200円　①978-4-86035-101-4　Ⓝ527

[内容] うるまの家/伊佐強（建築工房亥）　大里の家/伊良波朝義（義空間設計工房）　ほるとの木のある家/内田栄司（バウ設計集団）　MR/大嶺亮（ファイブディメンジョン一級建築士事務所）　タナタナノイエ/鹿島祐司（LSD design）　森をクサティにしたセカンドハウス/門口安則（アトリエ・門口）　北谷の家/儀間徹（間＋impression）　H House/金城優（門）　南の家/金城豊＋金城司（門一級建築士事務所）　南上原の家/久志直輝（studio jag1級建築士事務所）〔ほか〕　　　　　〔4167〕

機械工学

◇沖縄県の農業機械　〔那覇〕　沖縄県農林水産部糖業農産課　2014.3　44p　30cm　　　　　　　　　　　　　　　　　　〔4168〕

電気工学

◇沖縄電力30年史　沖縄電力三十年史編集部会編　浦添　沖縄電力　2003.3　467p　31cm　〈付属資料：CD-ROM1枚（12cm）　年表あり〉　Ⓝ540.67　　　　　　　　〔4169〕

海洋工学・船舶工学

◇潮を開く舟サバニ—舟大工・新城康弘の世界　安本千夏著　石垣　南山舎　2003.6　185p　19cm　（やいま文庫　4）〈文献あり〉1650円　Ⓝ552.33　　　　　　　　　　〔4170〕

◇何かのために—sengoku38の告白　一色正春著　朝日新聞出版　2011.2　214p　19cm

金属工学・鉱山工学　　　　　　　　　　　技術・工業

1000円　①978-4-02-330920-3　Ⓝ557.8
内容 これ、わしがやったんや　中途採用で海上保
安官になった　そもそも尖閣諸島とは　事件の始
まりの事件　中国人船長逮捕　東シナ海ガス田の
濁った海面　私が尖閣ビデオを目にした日　世界
に対して面子を失った日本　侵略を開始した中国
なぜビデオが国家機密なのか　私がやらねば　ビ
デオ公開前夜　11月4日、実行　ビデオ公開翌日
私が行った罪証隠滅行為　私がやりました　取り
調べは続く　海上保安庁から脱出　考えるという
こと　ハンドルネームの意味は…　海上保安官人
生が終わった　公開の意味　終結　　　　〔4171〕

◇日本がもっと好きになる尖閣諸島10の物語
山本皓一著　宝島社　2013.10　255p　19cm
〈文献あり〉1300円　①978-4-8002-1738-7
Ⓝ557.84
内容 戦時遭難船「千早丸」の悲劇　ダグラス「桂
号」不時着事件　「阿蘇号」不時着事件と黒岩操
縦士の悲劇　福州漁船遭難事件と「感謝状」　石
垣島ロバート・バウン号事件　宮古島「牡丹社」
事件　密航船「栄丸」遭難事件　学童疎開船「対
馬丸」の悲劇　戦後の尖閣諸島をめぐる3つの小
話　　　　　　　　　　　　　　　　　　〔4172〕

◇沖縄の舟サバニを作る　ダグラス・ブルック
ス著, 俣野広司訳　ビレッジプレス　2014.6
99p　21cm〈他言語標題：BUILDING
SABANI AN OKINAWAN FISHING
BOAT〉1600円　①978-4-89492-195-5
Ⓝ552.33　　　　　　　　　　　　　　〔4173〕

金属工学・鉱山工学

◇沖縄・西表炭坑史　三木健著　日本経済評論
社　1996.10　224p　20cm〈関係年表：
p199〜221〉2266円　①4-8188-0896-2
Ⓝ567.092199
内容 序 孤島の近代民衆史　2 明治期の創成時代
3 大正期の全盛時代　4 昭和期の戦時体制時代　5
戦後の米軍統治時代　　　　　　　　　　〔4174〕

◇西表炭坑一写真集　三木健編著　新装版　那
覇　ニライ社　2003.11　137p　22cm〈発
売：新日本教育図書　初版：ひるぎ社1986年
刊〉2500円　①4-931314-58-9　Ⓝ567.
092199
内容 西表炭坑の始まり　炭坑の移りかわり　坑
夫の労働と生活　炭坑の私立学校　戦後の西表開
発　坑夫たちはいま　掘りおこされる歴史
〔4175〕

◇沖縄巨大プロジェクトの奇跡一石油備蓄基地
（CTS）開発激闘の9年　太田範雄著　アート
デイズ　2004.7　221p　20cm　1600円
①4-86119-029-0　Ⓝ568.6
内容 第1章 自営業への道　第2章 埋立開発計

画の実現へ　第3章 CTS（石油備蓄基地）への道
第4章 沖縄三菱開発の設立と埋立工事　第5章 激
闘！ 誘致・反対派の動き　第6章 CTS反対運動
の終焉　最終章 CTSがもたらした多種多彩な恩
恵　　　　　　　　　　　　　　　　　　〔4176〕

工業

◇九州・沖縄の伝統工業　国土社　1996.4
47p　27cm　（調べよう・日本の伝統工業
7）〈監修：北俊夫〉2500円　①4-337-
26607-0
内容 博多人形　小石原焼　久留米絣　有田焼
唐津焼　波佐見焼　長崎手打刃物　肥後象眼　人
吉・球磨木工　別府竹細工〔ほか〕　　　〔4177〕

《化学工業》

◇沖縄の陶器―技術と科学　カラー　照屋善義
著　〔大里村（沖縄県）〕　〔照屋善義〕
2000.2　213p　26cm　2858円　Ⓝ573.2
〔4178〕

◇沖縄地区における燃料製造のためのサトウキ
ビからのバイオマスエタノール製造技術に関
する技術開発業務報告書―地球温暖化対策技
術開発事業　アサヒビール　2007.3　44p
30cm〈平成18年度環境省委託事業〉Ⓝ575.
15　　　　　　　　　　　　　　　　　　〔4179〕

◇原点回帰―沖縄瓦斯五十年史　沖縄瓦斯創立
五十年史編纂委員会編　那覇　沖縄瓦斯
2010.3　424p　31cm〈年表あり〉非売品
Ⓝ575.34　　　　　　　　　　　　　　　〔4180〕

◇郷土と共に―琉球セメント50年の歩み　1959-
2009　50年史編纂委員会編　浦添　琉球セ
メント　2010.5　331p　27cm〈文献あり
年表あり〉Ⓝ573.8　　　　　　　　　　〔4181〕

◇塩の話　塩屋著　宮古島　パラダイスプラン
2014.9　65p　29cm　680円　①978-4-
9907973-0-0　Ⓝ574.5　　　　　　　　　〔4182〕

《製造工業》

◇久米島紬　安次富長昭, 大城志津子解説, 野久
保昌良撮影, 北村哲郎監修　源流社　2006.7
122p　22cm　（日本の手わざ 第4巻）　2800
円　①4-7739-0605-7　Ⓝ586.47　　　〔4183〕

◇かりゆしウェアヒストリーブック　〔那覇〕
沖縄県商工労働部商工振興課　2013.3　115p
26cm〈他言語標題：Kariyushi wear

技術・工業　　　　　　　　　　　　　　　　　　　　　　　　　　工業

history book　年表あり〕Ⓝ589.213〔4184〕

◇琉球民営煙草デザイン―1951-1972　本土復帰前琉球民営会社のたばこ　渡邉保人執筆　富士　ALITALIA　2014.5　134p　31cm　8500円Ⓝ589.8〔4185〕

◆食品工業

◇黒潮しぶくキビの島―戦後・南大東島糖業復興小史　前原信松,前原寿子著　那覇　前原寿子　1996.2　215p　22cm〔製作：ニライ社　著者の肖像あり　参考文献・年譜：p211～215〕2000円Ⓝ588.1〔4186〕

◇泡盛浪漫―アジアの酒ロードを行く　泡盛浪漫特別企画班編　那覇　ボーダーインク　1996.6　184p　19cm　1600円　内容 第1部 泡盛浪漫―アジアの酒ロードを行く（ルートの設定　検証　発見　発想　黒麹の神秘まとめ）　第2部 考証 泡盛ロード―中国調査をふまえて（蒸留器と竈からみた泡盛の歴史　西南中国の酒と泡盛をつなぐ道　民族調査にみる泡盛の道　ラオスの糯米蒸留酒の製造法について）〔4187〕

◇オリオンビール40年のあゆみ　浦添　オリオンビール　1998.7　305p　29cm〈標題紙・表紙のタイトル：Orion40年のあゆみ〉Ⓝ588.54〔4188〕

◇名護・やんばるの酒―第15回企画展　名護博物館編　名護　名護博物館　1998.10　54p　26cm〈会期：平成10年10月30日―11月22日〉Ⓝ588.5〔4189〕

◇泡盛とともに―佐久本政敦自叙伝　佐久本政敦著　那覇　瑞泉酒造　1998.11　308p　20cm〈肖像あり　年譜あり　著作目録あり〉2500円Ⓝ588.57〔4190〕

◇泡盛の考古学　小田静夫著　勉誠出版　2000.11　198p　18cm（勉誠新書）800円Ⓓ4-585-00265-0Ⓝ588.57　内容 第1章 泡盛とは　第2章 酒のはじまり　第3章 泡盛の誕生　第4章 江戸上りと泡盛酒　第5章 薩摩焼酎の起源　第6章 南蛮焼の軌跡　第7章 黒潮圏の泡盛カーミ〔4191〕

◇決定版泡盛大全　沖縄県酒造組合連合会監修　主婦の友社　2000.12　155p　26cm（主婦の友生活シリーズ）〈発売：角川書店〉1800円Ⓓ4-07-229116-1Ⓝ588.57〔4192〕

◇泡盛百年古酒の夢　大本幸子著　河出書房新社　2001.1　172p　20cm　1300円Ⓓ4-309-26448-4Ⓝ588.57　内容 第1章 伝統の古酒の復興（泡盛酒場開店まで酒蔵を訪ねる）　第2章 泡盛百年古酒発足式　第3章 夢につきあった四人の男（壺を焼く　文字を

書く　三線を弾く　運営実行）　第4章 泡盛酒造場の泡盛事情（戦前の泡盛、現代の泡盛　百四十年の古酒）〔4193〕

◇本格焼酎泡盛ガイド　金羊社　2001.10　143p　26cm（別冊焼酎楽園）〈「焼酎楽園」特別編集　発売：星雲社〉1905円Ⓓ4-7952-6977-7Ⓝ588.57〔4194〕

◇地域発展戦略へのアプローチ―地域におけるアイデンティティ・イノベーション・アメニティの創造に向けて　廣瀬牧人,兪炳強,阿部秀明編著　泉文堂　2001.12　217p　21cm（沖縄国際大学産業総合研究所叢書 北海学園北見大学開発政策研究所叢書）〈（北海学園北見大学開発政策研究所叢書）〉2600円Ⓓ4-7930-0217-XⓂ588.1　内容 島嶼経済の振興と地域イノベーション　砂糖市場の動向と甘味資源政策　沖縄県における農業構造の変化と地域性　甘味資源作物の生産構造―沖縄県のさとうきびを対象に　「製糖業」が沖縄経済に及ぼす波及効果　甘味資源についての経営的側面　甘味資源産業の現状と課題―製糖業・精製糖業7社の財務分析　沖縄県の黒糖製品化に係わるマーケティング戦略　地域イノベーションにおける電子商取引の可能性　甘味資源の地域経済に及ぼすインパクトと関係主体の認知構造の分析　北海道におけるてん菜生産の動向と課題　アメリカの糖業地域戦略　地域マーケティングの意義と課題　北海道の経済構造の現状と経済自立へのイノベーション　産業クラスターと地域イノベーション　湖沼環境再生のための地域イノベーション―網走湖の水質汚濁と浄化システム　循環型地域社会の実現に向けた有機性廃棄物処理と資源化の課題〔4195〕

◇南洋群島の製糖とくらし―沖山策写真アルバムより 写真集　沖山策〔写真〕,具志川市史編さん室編　〔具志川〕　具志川市教育委員会　2002.3　120p　26cm（具志川市史編集資料 13）Ⓝ588.1〔4196〕

◇本格焼酎＆泡盛購入ガイド　2002　フルネット編　フルネット　2002.6　183p　19cm　1500円Ⓓ4-938799-36-7Ⓝ588.57　内容 本格焼酎＆泡盛のミニ知識　本格焼酎＆泡盛の上手な買い方　本格焼酎＆泡盛醸造蔵一覧（39蔵）　本格焼酎＆泡盛が買える店一覧（38店）　近年の販売数量に見る本格焼酎＆泡盛の躍進　銘柄別取扱酒販店一覧（596商品）　本格焼酎＆泡盛醸造蔵名簿（639蔵）〔4197〕

◇泡盛ブック―Okinawan spirits　田崎聡編・著　荒地出版社　2002.8　141p　22cm〈他言語標題：Awamori book〉1800円Ⓓ4-7521-0126-2Ⓝ588.57　内容 沖縄本島北部（山原くいな　まるだい　ほか）　沖縄本島中部（はんたばる　残波　ほか）　沖縄本島南部（咲元　時雨　ほか）　宮古島（千代泉　ニコニコ太郎　ほか）　八重山諸島（於茂登　宮之鶴

「沖縄」がわかる本　6000冊　　331

工業　　　　　　　　　　　　　　　　　　　　　　　　　　　　技術・工業

ほか）　　　　　　　　　　　　　〔4198〕

◇泡盛はおいしい―沖縄の味を育てる　富永麻
子著　岩波書店　2002.11　152p　18cm
（岩波アクティブ新書）　700円　Ⓘ4-00-
700049-2　Ⓝ588.57
　内容　1　泡盛について　2　体験・泡盛づくり　3　泡
盛を包む　4　酒造所の女性たち　5　泡盛の歴史を
刻んだ杜氏―平良恵修氏　6　泡盛の楽しみ方　7
泡盛酒造所全紹介　　　　　　　　　　〔4199〕

◇泡盛「通」飲読本　仲村清司＋酔いどれ泡盛
調査隊編・著　双葉社　2003.6　126p
21cm　1400円　Ⓘ4-575-29548-5　Ⓝ588.57
　内容　第1章　島人に染み入る泡盛濃度　第2章　泡
盛の正しい飲み方を指南する　第3章　オキナワ列
島縦断・泡盛勢力図　第4章　泡盛とはこうつきあ
いたい　第5章　古酒の魅力を知り尽くす　第6章
実用的泡盛「通」飲ガイド　　　　　　〔4200〕

◇沖縄・奄美の文献から見た黒砂糖の歴史　名
嘉正八郎著　那覇　ボーダーインク　2003.
12　228p　21cm〈文献あり　年表あり〉
1800円　Ⓘ4-89982-055-0　Ⓝ588.1
　内容　序章　砂糖の起源　第1章　琉球王国時代の糖
業　第2章　薩摩藩の黒糖政策と「琉球」　第3章　農
村の疲弊と廃藩置県　第4章　近代糖業の発展　第
5章　戦後の糖業　　　　　　　　　　〔4201〕

◇本格焼酎を究める―芋・麦・米から黒糖・泡
盛まで　橋口孝司監修　青春出版社　2004.2
202p　18cm　（プレイブックスインテリジェ
ンス）　700円　Ⓘ4-413-04084-8　Ⓝ588.57
　内容　本格焼酎を識る　本格焼酎を愉しむ　本格
焼酎を味わう（芋　麦　米　黒糖　泡盛）〔4202〕

◇焼酎・泡盛味わい銘酒事典　木村克己著　新
星出版社　2004.10　206p　21cm　1500円
Ⓘ4-405-09122-6　Ⓝ588.57
　内容　1　とっておきの焼酎・泡盛50選（米焼酎10本
麦焼酎7本　ほか）　2　銘酒を彩る伝統の酒器（薩摩
琉球　ほか）　3　デイリー焼酎飲み比べ（白岳しろ
神の河　ほか）　4　焼酎・泡盛味わいのカタログ（米
焼酎　泡盛　ほか）　焼酎に合わせたい珠玉の珍
味（和の珍味　洋の珍味）　　　　　　〔4203〕

◇泡盛収集40余年「異風・奇才・天才」　座間
味宗徳著　那覇　沖縄県泡盛オークション公
社　2004.12　398p　19cm　9975円　Ⓝ588.
57　　　　　　　　　　　　　　　　　〔4204〕

◇本格焼酎＆泡盛人気銘柄ランキング　2005-
2006年版　フルネット編　フルネット
2004.12　243p　21cm　2400円　Ⓘ4-
938799-44-8　Ⓝ588.57　　　　　　〔4205〕

◇本格焼酎＆泡盛名鑑―あなたにピッタリの一
本がここにある　主婦の友社編　主婦の友社
2005.3　223p　21cm　（主婦の友ベスト
books）　1500円　Ⓘ4-07-246020-6　Ⓝ588.

57
　内容　芋焼酎　麦焼酎　米焼酎　黒糖焼酎　その
他の焼酎　泡盛　本格焼酎＆泡盛をもっと楽しく
　　　　　　　　　　　　　　　　　　〔4206〕

◇焼酎・泡盛book　ゆったり焼酎・スッキリ泡
盛の会編　池田書店　2005.7　207p　21cm
1300円　Ⓘ4-262-12913-6　Ⓝ596.7
　内容　焼酎の章（本格焼酎の魅力1　芋焼酎を飲む
―甘くふくよかな香りと深いコク、個性の広がり
も楽しみたい　本格焼酎の魅力2　麦焼酎を飲む―
すっきりした味わいと香ばしさ、熟成したうまさ
も楽しみたい　本格焼酎の魅力3　米焼酎を飲む―
淡麗にしてキレのいい、米ならではの旨さを味わ
う　本格焼酎の魅力4　黒糖焼酎を飲む―南国気分
も漂う、ドライな飲み口、上質な甘さが魅力的な
島酒　ほか）　泡盛の章（泡盛の魅力を知る1　泡盛
を飲む―蒸したような香りと爽やかな甘み、“沖
縄”がたっぷり詰まったうまさ！　泡盛の魅力を
知る2　“沖縄”を飲む　泡盛を楽しむ1　新酒を飲む
―明るく楽しいボトルの詰め込まれた、香り、味
わい、風土の違いを楽しむ　泡盛を楽しむ2　古酒
を飲む―熟して甘く、芳醇でまろやか、口に含ん
だあとの余韻もまた格別　ほか）　　　〔4207〕

◇本格焼酎・泡盛ハンドブック―分かる・楽し
む・見つかる　300語・260銘柄　立山雅夫著、
塚田定清用語監修　日経BP企画　2005.9
238p　18cm〈発売：日経BP出版センター〉
600円　Ⓘ4-86130-120-3　Ⓝ588.57
＊この1冊で「焼酎・泡盛」に関する言葉が分かる、
蘊蓄（ウンチク）を楽しめる、お気に入りの銘柄
が見つかる。　　　　　　　　　　　　〔4208〕

◇焼酎・泡盛ハンドブック　ゆったり焼酎・
スッキリ泡盛の会編　池田書店　2005.10
191p　17×8.5cm　780円　Ⓘ4-262-17232-5
Ⓝ596.7
　内容　おすすめ焼酎カタログ（芋焼酎　麦焼酎　ほ
か）　おすすめ泡盛カタログ（全48蔵新酒カタロ
グ　おすすめ古酒（クース）カタログ）　焼酎・泡
盛の基礎知識（本格焼酎とは？（1）・泡盛は日本を
代表する蒸留酒　本格焼酎とは？（2）・甲類焼酎
と乙類焼酎（本格焼酎）　ほか）　ここで買える！
全国実力派酒販店ガイド　　　　　　　〔4209〕

◇現代糖業技術史―第二次大戦終了以後　甘蔗
糖編　糖業協会編　丸善プラネット　2006.2
397p　22cm〈年表あり〉　発売：丸善出版事
業部〉　7000円　Ⓘ4-901689-48-7　Ⓝ588.1
　内容　総説　沖縄におけるサトウキビの品種改良
と栽培技術の歴史　鹿児島県におけるサトウキビ
栽培技術の変遷と技術開発の歴史　サトウキビ収
穫機械開発の変遷　さとうきびの品質取引　分蜜
糖製造技術の変遷　先端技術　原料糖工場の自動
化　黒糖の製造技術　公害防止　分蜜糖工場の設
備能力査定基準　沖縄・鹿児島県の甘蔗糖工場
　　　　　　　　　　　　　　　　　　〔4210〕

◇焼酎の事典4398　稲保幸著　松戸　しゅる
い研究社、星雲社〔発売〕　2006.7　364p

332　「沖縄」がわかる本　6000冊

技術・工業　　　　　　　　　　　　　　　　　　　　　　　　　　工業

21cm　2000円　Ⓘ4-434-08079-2
内容 泡盛、焼酎のルーツ　泡盛、焼酎の分類　泡盛、焼酎の銘柄　泡盛、焼酎の蔵（醸造所）
〔4211〕

◇泡盛王国　田崎聡著　那覇　食の王国社
2006.8　240p　21cm〈発売：丸善〉2200円
Ⓘ4-903593-00-2　Ⓝ588.57
内容 泡盛全蔵元紹介（伊平屋酒造所　伊是名酒造所　田嘉里酒造所　今帰仁酒造所　山川酒造　龍泉酒造　津嘉山酒造所　ヘリオス酒造　恩納酒造所　崎山酒造廠　ほか）　泡盛全銘柄紹介〔4212〕

◇沖縄県酒造協同組合30年史　那覇　沖縄県酒造協同組合　2007.4　283p　31cm〈年表あり〉Ⓝ588.57
〔4213〕

◇糖業資料目録　西原町立図書館編　西原町（沖縄県）　西原町立図書館　2008.2　5,55p　30cm〈他言語標題：Collection of sugar industry materials〉Ⓝ588.1
〔4214〕

◇知識ゼロからの泡盛入門　日本酒類研究会著　幻冬舎　2008.6　207p　21cm　1300円
Ⓘ978-4-344-90125-4　Ⓝ588.57
内容 第1章 泡盛の基礎知識（名の由来は？　泡盛は乙類焼酎？　甲類焼酎？　ほか）　第2章 泡盛（一般酒・古酒）カタログ（泡盛〔一般酒〕チャート　泡盛〔古酒〕チャート）　第3章 泡盛の故郷を訪ねて　泡盛紀行（伊平屋酒造所　伊是名酒造所　ほか）　第4章 泡盛をもっと楽しむ知識（基本的な飲み方　泡盛を楽しむ料理　ほか）〔4215〕

◇至福の本格焼酎極楽の泡盛─厳選86蔵元　山同敦子著　筑摩書房　2008.9　326p　15cm（ちくま文庫）〈「旨い！　本格焼酎」（ダイヤモンド社2002年刊）の増訂〉900円　Ⓘ978-4-480-42469-3　Ⓝ588.57
内容 第1章 至福の焼酎、極楽の泡盛を造る匠たち─その情熱と誇り（一人きりの焼酎で生まれた渾身の芋焼酎─村尾寿彦（村尾酒造）　芋の可能性を掘り起こし、焼酎の愉しみを広げる─西陽一郎（西酒造）　先祖代々伝わる甕が育む深い味わい─高良武信（高良酒造）　ほか）　第2章 プロたちの焼酎・泡盛賛歌─至福の焼酎、極楽の泡盛はこの10人に聞け（焼酎に託された造り手の魂や夢を伝えたい─鹿児島・南栄「コセド酒店」店主・小瀬戸祐二さん　焼酎は“横酒”。上下関係なしで語れるお酒です─鹿児島・天文館「焼酎天国」女将・浜園幸子さん　明るく楽しく発散できる。焼酎は友達になれる酒─東京・千駄木「伊勢五本店」店主・篠田俊志さん　ほか）　第3章 至福の本格焼酎極楽の泡盛蔵元カタログ─著者厳選の77蔵を紹介（本格焼酎　泡盛）〔4216〕

◇オリオンビール50年のあゆみ─時代を超えて、これからも　オリオンビール株式会社50周年記念誌編集委員会編　浦添　オリオンビール　2008.10　311p　31cm〈年表あり〉Ⓝ588.54
〔4217〕

◇北部製糖株式会社50周年記念誌　浦添　北部製糖　2010.7　356p　27cm〈標題紙のタイトル：五十周年記念誌　年表あり〉Ⓝ588.1
〔4218〕

◇焼酎手帳　SSI監修　東京書籍　2010.8　215p　17cm　1400円　Ⓘ978-4-487-80422-1
内容 芋　麦　米　黒糖　そば　酒粕　清酒　じゃがいも　栗　胡麻　シソ　人参　大根　泡盛
〔4219〕

◇焼酎楽園　Vol.37（2011）─これからどうなる？　本格焼酎・泡盛　特集 本格焼酎・泡盛調査　金羊社, 星雲社〔発売〕　2011.11　95p　26cm　857円　Ⓘ978-4-434-16123-0
内容 特集 本格焼酎・泡盛調査 これからどうなる？　本格焼酎・泡盛　楽園紀行62 村尾酒造　楽園紀行63 佐藤酒造　飲んで納得！ この1本─協力会員蔵の自信作　本格焼酎・泡盛海外輸出の現状と課題　テイスティング・ノート　宮崎西都─諸塚をつなぐ（最終回）力のない人間は知恵を使う　酒造りのフロンティア　私の酒を語る・寿福絹子（寿福酒造場）　この酒に注目！─米焼酎はオールマイティ　本格焼酎・泡盛と『焼酎楽園』が買える酒販店ガイド　メーカーのプロフィール　協力会員蔵紹介〔4220〕

◇焼酎の図鑑─全国の厳選焼酎と泡盛310本を紹介！　日本酒サービス研究会・酒匠研究会連合会監修　マイナビ　2014.2　207p　21cm〈他言語標題：Knowledge of Shochu　索引あり〉1500円　Ⓘ978-4-8399-4865-8　Ⓝ596.7
内容 1 焼酎カタログ　2 焼酎の基礎知識（焼酎の定義　原料で見る焼酎の魅力─芋/麦/米/米麹（泡盛）/黒糖/そば/その他　焼酎ができるまで　蔵元訪問─国分酒造/富田酒造/千曲錦酒造　焼酎chronicle　ほか）　3 焼酎の買い方・飲み方（知って得する焼酎心得─選ぶ・買う・保管する・ラベルを読む　焼酎飲み方講座　GOOD旨くなる!!全国酒器カタログ　今さら聞けない？　焼酎Q&A）〔4221〕

◇沖縄黒糖製造ハンドブック　〔那覇〕　沖縄県黒砂糖協同組合　2015.3　396p　30cm〈文献あり〉Ⓝ588.1
〔4222〕

産業

産業一般・産業政策

◇21世紀沖縄の企業・産業戦略—交易型産業立
県への挑戦 大交易時代の再来を 吉川博也
著 第2版 宜野湾 サザンプレス 1995.9
297p 19cm〈文献あり〉 602.199 〔4223〕

◇沖縄企業録・沖縄県人名録別冊 1996 〔那
覇〕 沖縄タイムス社 〔1996〕 81p
26cm Ⓝ291.99
内容 主要日誌（県内・国内・海外 1994年11月—
1995年10月） 沖縄企業録索引 〔4224〕

◇黒潮文化の郷・アマミパーク—基本構想
〔鹿児島〕 鹿児島県 1996.3 12p 30cm
Ⓝ601.197 〔4225〕

◇沖縄のまちづくり地域おこし—トーク＆レ
ポート 玉城朋彦編 那覇 ボーダーインク
1996.10 283p 19cm 1553円 ①4-
938923-49-1 Ⓝ601.199 〔4226〕

◇沖縄企業録・沖縄県人名録別冊 1997 〔那
覇〕 沖縄タイムス社 〔1997〕 72p
26cm ①4-87127-308-3 291.99
内容 主要日誌（県内・国内・海外 1995年11月—
1996年10月） 沖縄ランキングブック 〔4227〕

◇地域振興と航空政策—モデルケースとしての
沖縄 戸崎肇著 芦書房 1997.7 247p
20cm〈文献あり〉 2600円 ①4-7556-1129-6
Ⓝ601.199
内容 第1章 沖縄経済の現状と現在に至る振興政
策の展開（地域振興とは 沖縄経済の特質と現状
現在進行中の振興政策） 第2章 航空政策と地域
振興（国内航空規制緩和と新航空会社構想の活発
化 インフラとなる空港整備のあり方をめぐって）
第3章 地域振興に関連する諸問題（沖縄をめぐる
観光政策 沖縄における環境問題 県内交通ネッ
トワークの整備 港湾整備の問題） 〔4228〕

◇壮大なる沖縄ロマン・夢を追い求める群像
第1巻 仲里嘉彦監修 浦添 春夏秋冬社
1997.10 616p 22cm Ⓝ601.199 〔4229〕

◇沖縄・自立への設計—南方圏の時代に向けて

宮城辰男編著 同文舘出版 1997.11 189p
22cm〈文献あり〉 2500円 ①4-495-43371-7
Ⓝ601.199
内容 第1部 南方圏と北方圏（地方の時代への胎動
南方圏の時代と沖縄の対応 北方圏の時代と北海
道の対応） 第2部 ボーダーレス時代の発展戦略
（南方圏ネットワークの「キャピタルシティー」の
形成へ向けて 躍動する東アジア経済圏の相互協
力 多国籍企業の立地戦略—対日投資阻害要因と
沖縄FTZの可能性） 第3部 沖縄・自立への設計
（沖縄の開発・回顧と展望 沖縄・自立的発展へ
の課題—産業組織を中心に 企業者精神と沖縄の
経済発展 ほか） 〔4230〕

◇三畳間からの発想 仲里嘉彦著 浦添 春夏
秋冬社 1997.11 394p 22cm Ⓝ601.199
〔4231〕

◇21世紀への道標—国際化の中における沖縄の
産業振興のあり方を探る 沖縄振興開発金融
公庫創立25周年記念・沖縄タイムス創刊50周
年記念国際シンポジウム 講演集 那覇 沖
縄振興開発金融公庫調査部 1998.3 74p
30cm Ⓝ601.199 〔4232〕

◇真正沖縄の創生—産業開発のシュミレーショ
ンプラン 佐藤亮拿著 たま出版 1998.4
269p 19cm 1600円 ①4-88481-717-6
Ⓝ601.199
内容 第1部 人類総懺悔行—真正沖縄の創生にか
けよう 第2部 真正沖縄創生の基盤となる工場の
内容 第3部 マルチアーク関連の特許技術の公開
第4部 新スポット技術の公開 第5部 特許技術公
開で生命システム式科学技術を活かし合おう 第
6部 新技術新商品の紹介 〔4233〕

◇沖縄経済・産業自立化への道 富川盛武, 百
瀬恵夫著 白桃書房 1999.7 215p 22cm
1714円 ①4-561-13125-6 Ⓝ601.199
内容 第1部 自立経済の点検と実現のための戦略
（振興策と経済パフォーマンス 沖縄経済の特徴
と問題点 沖縄経済自立化への道） 第2部 沖縄
の産業振興（沖縄の産業開発の理念 比較優位産
業の振興 沖縄的産業の自立化） 〔4234〕

◇サミットと北部経済の将来展望—国・沖縄県
への提言 仲里嘉彦著 浦添 春夏秋冬社

334 「沖縄」がわかる本 6000冊

産業　　　　　　　　　　　　　　　　　　　　　　　　　産業一般・産業政策

1999.12　221p　22cm　Ⓝ601.199　〔4235〕

◇沖縄21世紀への挑戦　宮本憲一, 佐々木雅幸編　岩波書店　2000.5　288,17p　22cm〈年表あり〉　3000円　Ⓘ4-00-022366-6　Ⓝ601.199　〔4236〕

◇沖縄経済変革のダイナミズム―21世紀：アジア太平洋の中の日本そして沖縄―発展の方向をさぐる　宮城辰男, 植草益, 大城保編著　NTT出版　2000.9　234p　22cm　3600円　Ⓘ4-7571-2048-6　Ⓝ601.199
　内容 第1部 アジア・太平洋地域経済と日本そして沖縄の役割―近隣諸国・地域からの視点　第2部 内なる改革と沖縄の発展方向―沖縄からの視点　第3部 パネル討論 地方の時代をどう創る　第4部 新生沖縄の条件　第5部 21世紀・沖縄へのメッセージ　〔4237〕

◇都道府県別21世紀日本の産業　1　沖縄・鹿児島・宮崎・熊本・長崎・佐賀　目賀田八郎, 北俊夫監修　学習研究社　2001.3　63p　29cm〈索引あり〉　2850円　Ⓘ4-05-500434-6　〔4238〕

◇2001県民フォーラム―平和で安らぎと活力のある沖縄県を目指して 平成13年度　那覇　沖縄県対米請求権事業協会　2001.8　254p　21cm　（対米協研究シリーズ no.7）　300円　Ⓝ601.199　〔4239〕

◇沖縄独立宣言―日本連邦・琉球王国の王様になる？　上野健一著　心泉社　2002.3　208p　19cm　1333円　Ⓘ4-916109-35-X　Ⓝ601.199　〔4240〕

◇沖縄復帰三十周年記念写真集―雄飛する沖縄　内閣府沖縄担当部局編　内閣府　2003.3　107p　30cm〈年表あり〉　Ⓝ601.199　〔4241〕

◇コミュニティビジネス―身の丈経済論のススメ 平成14年度　沖縄地域政策研究会〔編〕　那覇　沖縄県対米請求権事業協会　2003.3　178p　21cm　（対米協研究シリーズ no.16）〈シリーズ責任表示：沖縄県対米請求権事業協会・沖縄地域ネットワークセンター〔編〕〉　400円　Ⓝ601.199　〔4242〕

◇地域づくりを考える―平成14年度　沖縄地域政策研究会〔編〕　那覇　沖縄県対米請求権事業協会　2003.3　140p　21cm　（対米協研究シリーズ no.15）〈シリーズ責任表示：沖縄県対米請求権事業協会, 沖縄地域ネットワークセンター〔編〕　文献あり〉　400円　Ⓝ601.199　〔4243〕

◇沖縄の物産革命―〈わした〉を越えて 自立的発展への方程式　宮城弘岩著　那覇　ボーダーインク　2003.6　260p　19cm　1500円

Ⓘ4-89982-044-5　Ⓝ602.199
　内容 1 なぜ自立出来ないのか, 沖縄経済（沖縄の内発型産業興しの論点 地域からの物産と産業化 ほか）　2 各県の販路開拓（各県の地場産品の展開 一村一品運動の限界 ほか）　3 市場進出計画と挑戦（わしたショップオープン前後 「ショップ」展開と拠点づくり ほか）　4 自立化モデルの確立（内発型産業の可能性, 地域産業の創造への挑戦 主要都市に向けた市場開拓の視点 ほか）　〔4244〕

◇沖縄の度量衡―はかりを通した人々の暮らし 第20回名護博物館企画展　名護博物館編　名護　名護博物館　2003.10　64p　30cm　Ⓝ609.02199　〔4245〕

◇沖縄を、買いましょう。　仲村清司, カラカラ組編著　那覇　プロジェクト・シュリ　2004.8　222p　19cm　（カラカラbooks）　1600円　Ⓘ4-9901407-2-9　Ⓝ602.199
　内容 1 オキナワン・スイーツのトキメキ　2 我が家に簡単オキナワごはん　3 オキナワが香る島味の素　4 オキナワン・サプリの元気力　5 島美人のオキナワン・コスメ　6 今宵もほろ酔い泡盛タイム　7 ココロが笑うオキナワ雑貨　8 島風が届くオキナワン・アート　〔4246〕

◇産業と情報―均衡ある地域発展のために　沖縄国際大学産業総合研究所編　泉文堂　2004.9　269p　21cm　（沖縄国際大学産業総合研究所叢書 3）〈文献あり〉　2800円　Ⓘ4-7930-0296-X　Ⓝ007.35
　内容 第1章 産業クラスターとIT産業　第2章 沖縄県産農産物販売に関わるエレクトロニック・コマース活用の基本要件　第3章 ITサービス市場におけるネットソーシングの有用性　第4章 産学連携・教育機関連携と情報教育について　第5章 生活環境のIT化と電子商取引の動向　第6章 インターネットショップの出店環境と成功要因　第7章 地方だから活きるインターネット通販　〔4247〕

◇奄美と開発―ポスト奄振事業と新しい島嶼開発　鹿児島大学プロジェクト「島嶼圏開発のグランドデザイン」編　鹿児島　南方新社　2004.12　326p　19cm　1800円　Ⓘ4-86124-033-6　Ⓝ601.197
　内容 シンポジウムの記録：奄美研究と開発の接点 奄美研究の過去・現在・未来 島嶼圏開発をめぐる諸問題　各論：農民体質と歴史的背景（前利潔著 滞在型ツーリズムと持続可能な経済発展（坂田裕輔著 奄美・沖縄の水産業（上田不二夫著 赤土・サンゴ礁海浜・水循環（北村良介, 西隆一郎, 地頭薗隆著 沖縄からの奄美研究（堂前亮平著）ポスト奄振事業と新しい島嶼開発（山田誠著）　〔4248〕

◇沖縄総合事務局の仕事　内閣府沖縄総合事務局総務部総務課編　那覇　内閣府沖縄総合事務局総務部総務課　2005　93p　30cm　Ⓝ601.199　〔4249〕

「沖縄」がわかる本 6000冊　**335**

産業一般・産業政策　　　　　　　　　　　　　　　　　　　　　　　　産業

◇沖縄の産業　宮城勉監修, 渡辺一夫文・写真
　ポプラ社　2005.3　47p　27cm　（沖縄まる
　ごと大百科 3）　2800円　Ⓘ4-591-08472-8
　Ⓝ602.199
　内容 沖縄をささえる観光（小さくて大きな沖縄県
　観光客をむかえるととのった施設 ほか）　沖縄の
　農業（沖縄の農業をささえるサトウキビ　沖縄だ
　けのパイナップル栽培 ほか）　沖縄の水産業（魚
　の牧場、パヤオ　エイといい知らせ、定置網漁 ほ
　か）　伝統の産業と新しい産業（伝統の酒「泡盛」
　づくり　粟国島の塩づくり）　沖縄の交通とエネ
　ルギー（海と空でむすぶ沖縄県内の交通　「ゆい
　レール」がかえた那覇市の交通 ほか）〔4250〕

◇沖縄の製造業振興五十年　古波津清昇著　那
　覇　拓伸会　2005.3　310p　22cm　〈年表あ
　り　文献あり　発売：拓南産業（那覇）〉
　2500円　Ⓝ602.199　　　　　　　　　　〔4251〕

◇普天間飛行場＝下地島空港移設が地域繁栄の
　切札―カジノ特区で二万五千都市を目指せ！
　仲里嘉彦著　浦添　春夏秋冬社　2005.4
　190p　21cm　1239円　Ⓝ601.199　〔4252〕

◇Okinawa型産業振興プロジェクト中長期ビ
　ジョン―産業クラスターの成長戦略　〔那
　覇〕　沖縄総合事務局経済産業部　2006.3
　95p　30cm　〈年表あり〉　Ⓝ601.199　〔4253〕

◇「中城村マーケティング基本計画」策定に向
　けた調査事業調査報告書　那覇　南西地域産
　業活性化センター　2006.3　116p　30cm
　〈平成17年度地場産業支援事業〉　Ⓝ602.199
　　　　　　　　　　　　　　　　　　　　〔4254〕

◇現代沖縄・その政策史と課題―経済・社会・
　交通・都市―改革　仲里嘉彦著　浦添　春夏
　秋冬社　2006.8　295p　21cm　1429円
　Ⓝ601.199　　　　　　　　　　　　　　〔4255〕

◇おきなわを元気にする人々　おきぎん経済研
　究所監修・編集　那覇　沖縄銀行　2006.9
　295p　30cm　（おきぎんふるさとシリーズ
　3）　Ⓝ601.199　　　　　　　　　　　〔4256〕

◇沖縄の負担軽減及び振興策に関する資料　衆
　議院調査局第一特別調査室（沖縄及び北方問
　題に関する特別委員会担当）　2007.3　146p
　30cm　〈年表あり〉　Ⓝ601.199　　　〔4257〕

◇「ゆんたく」de IT とくらし―生活目線の
　ネットワーク社会　宜野湾　沖縄国際大学公
　開講座委員会　2008.3　252p　19cm　（沖
　縄国際大学公開講座 17）〈文献あり　発売：
　編集工房東洋企画（糸満）〉　1500円　Ⓘ978-
　4-938984-50-2　Ⓝ601.199
　内容 ユビキタス社会における地域資源を活用し
　た産業づくり　上地哲著　情報化・IT化とディス
　クロージャー　清村英之著　情報関連産業の集積

と人的資源開発　兪炳強著　建設業における原価
企画の展開　木下和久著　メディアとしてのブロ
グ　大井肇著　ウチナー社会にも押し寄せる情報
化の波　伊波貢著　ITによる意思決定支援　平良直
之著　沖縄産マンゴーのブランド力強化と栽培履
歴情報システムの普及要件　廣瀬牧人著　　〔4258〕

◇10年後の沖縄―私の夢―第1回沖縄・提案―
　百選事業　沖縄県対米請求権事業協会編　那
　覇　沖縄県対米請求権事業協会　2009.5
　219p　21cm　（事業実績報告書 平成20年
　度）　952円　Ⓝ601.199　　　　　　　〔4259〕

◇沖縄物産の展海―歴史に学ぶ21世紀の沖縄物
　産　宮城弘岩著　那覇　ボーダーインク
　2010.3　240p　19cm　1500円　Ⓘ978-4-
　89982-178-6　Ⓝ602.199　　　　　　　〔4260〕

◇地域と環境ありんくりん―経済発展と快適環
　境の調和を目指して　宜野湾　沖縄国際大学
　公開講座委員会　2011.3　274p　19cm
　（沖縄国際大学公開講座 20）〈文献あり　年
　表あり　発売：編集工房東洋企画（糸満）〉
　1500円　Ⓘ978-4-938984-86-1　Ⓝ601.199
　内容 新エネルギーとして導入が進む太陽光発電
　新垣武著　持続可能な観光と環境保全　上江洲薫著
　沖縄県における「基地外基地」問題について　友知
　政樹著　沖縄ジュゴン訴訟　砂川かおり著　地域
　の環境保全に活かされる金融　永田伊津子著　島
　嶼型低炭素社会を探る　野崎四郎著　沖縄本島と
　沖永良部島におけるキク類生産の現状と課題　小川
　護著　観光を楽しむための情報技術　根路銘もえ
　子著　沖縄の自然環境と環境問題　名城敏著　コ
　モンズ（入会）と持続可能な地域発展　呉錫畢著
　　　　　　　　　　　　　　　　　　　　〔4261〕

◇離島カルテ―沖縄における今後の離島振興策
　に関する調査報告書別冊　〔那覇〕　国健
　2011.3　156p　30cm　〈平成22年度沖縄振興
　総合調査〉　Ⓝ601.199　　　　　　　　〔4262〕

◇奇跡のモノづくり　江上剛著　幻冬舍
　2011.8　227p　19cm　1200円　Ⓘ978-4-
　344-02042-9
　内容 第1章 革新と伝統から生まれる至高のゴル
　フクラブ―本間ゴルフ　第2章 日本有数のワイン
　会社で個性を極める焼酎造り―メルシャン八代工
　場（八代不知火蔵）　第3章 美と機能を追求する究
　極の磨き屋―山崎研磨工場　第4章 日本製造業の
　空洞化を防ぐ満天の星々―コニカミノルタ　第5
　章 新素材開発から見直される日本のコスト第一
　主義―クラレ　第6章 グローバル化を成功させた
　チャレンジ精神と「ご先祖さま」―キッコーマン
　沖縄編（アンナが咲かせる琉球泡盛という情熱の
　花―宮の華　離島の経済を支えるサトウキビとい
　う単一農産物農業―波照間製糖／シートーヤー）
　　　　　　　　　　　　　　　　　　　　〔4263〕

◇産業を取り巻く情報―多様な情報と産業　宜
　野湾　沖縄国際大学公開講座委員会　2012.3

産業　　　　　　　　　　　　　　　　　　　　　　　産業一般・産業政策

213p　19cm　（沖縄国際大学公開講座 21）
〈文献あり　発売：編集工房東洋企画（糸
満）〉 1500円　Ⓘ978-4-938984-99-1　Ⓝ007.
35
内容 銀行ATMの「こちら」と「むこう」池宮城尚
也著　情報化と行政について　前村昌健著　観光
調査の情報分析と政策への提言　宮森正樹著　パ
ソコンや家電が身振り手振りで操作できる！　小
渡悟著　情報を知識に変えるマネジメント　岩橋
建治著　海外市場における日本製娯楽ソフトの不
正利用状況と消費メカニズム　原田優也著　オリ
オンビールの新製品開発と原価企画　木下和久著
県内企業と決算情報　河田賢一著　　　　〔4264〕

◇沖縄地域産業の未来　関満博編　新評論
2012.8　427p　22cm　5300円　Ⓘ978-4-
7948-0911-7　Ⓝ602.199
内容 沖縄の地域産業　第1部 沖縄地域産業の構
図（沖縄地域産業の基本構造　モノづくり中小企
業の展開　地域資源をベースにする産業文化
女性起業家の取り組み　条件不利を乗り越える地
域の取り組み）　第2部 離島の地域産業の取り組
み（宮古島の地域産業発展　石垣島の地域産業発
展　伊江島の地域産業発展）　第3部 地域産業の
新たな取り組み（情報通信関連産業・金融業と地
域振興　環境変化に合わせ柔軟に変化する商店街
一那覇市中心商店街の生成と発展　産学官連携と
地域産業振興　琉球の風を「売る」一観光産業と
感性文化産業で「未来」を築く）　未来に向かう
沖縄の地域産業　　　　　　　　　　　　〔4265〕

◇おきキャラ—沖縄のキャラクター12人が大集
合！　亜熱帯に生息！　那覇　ゆいワーク
ス　2012.10　63p　21cm〈発売：琉球プロ
ジェクト（那覇）〉 1219円　Ⓘ978-4-
9903145-6-9　Ⓝ601.199　　　　　　　〔4266〕

◇うちなー地域づくり事例・施策集　沖縄県企
画部地域・離島課編　〔那覇〕　沖縄県
2013.3　123p　30cm〈復帰40周年記念事
業〉 Ⓝ601.199　　　　　　　　　　　　〔4267〕

◇沖縄社会基盤づくり40年—未来を担う若者た
ちに伝えたい　「復帰40周年記念誌」編集委
員会監修・編集　浦添　沖縄しまてて協会
2013.3　255p　30cm〈復帰40周年記念誌
年表あり〉 Ⓝ601.199　　　　　　　　〔4268〕

◇近世地方経済史料　第9巻　小野武夫編　オ
ンデマンド版　吉川弘文館　2013.10　6,
408p　22cm〈印刷・製本：デジタルパブ
リッシングサービス〉 13000円　Ⓘ978-4-
642-04318-2　Ⓝ612.1
内容 琉球産業制度資料　前編　　　　〔4269〕

◇近世地方経済史料　第10巻　小野武夫編　オ
ンデマンド版　吉川弘文館　2013.10　460p
22cm〈印刷・製本：デジタルパブリッシン
グサービス〉 14000円　Ⓘ978-4-642-04319-9

Ⓝ612.1
内容 琉球産業制度資料　後篇　　　　〔4270〕

◇仲里嘉彦が描く沖縄のグランドデザイン　仲
里嘉彦著　浦添　万国津梁機構　2013.11
302p　21cm〈背のタイトル：沖縄のグラン
ドデザイン〉 1715円　Ⓝ601.199　　　〔4271〕

◇沖縄島嶼の架橋化と社会変容—島嶼コミュニ
ティの現代的変質　前畑明美著　御茶の水書
房　2013.12　158p　22cm〈文献あり　索引
あり〉 4000円　Ⓘ978-4-275-01051-3
Ⓝ601.199
内容 第1章 戦後日本の島嶼政策　第2章 架橋時
代の到来　第3章 二事例の時間的連続性と島々の
歩み—さらなる離島化　第4章 浜比嘉島における
架橋化に伴う社会変容　第5章 古宇利島における
架橋化に伴う社会変容　第6章 架橋化に伴う島嶼
社会の変容　　　　　　　　　　　　　〔4272〕

◇沖縄の飛躍発展に向けた提言集—万国津梁機
構定期講演会特集　仲里嘉彦監修　第2版
浦添　万国津梁機構　2014.6　344p　21cm
1389円　Ⓝ601.199
内容 激動の復帰前と復帰四十年の検証　仲里嘉彦
述　特例型沖縄単独州制導入で沖縄県の飛躍発展
外間盛善述　オスプレイ配備No 上原康助述　豊
見城市の発展の歴史をふまえ、さらなる発展の取
り組みについて　宜保晴毅述　沖縄の発展可能性
と戦略　富川盛武述　国政に臨むにあたって　國場
幸之助述　国政報告会　宮崎政久述　日米地位協
定の改定に向けて　比嘉幹郎述　大型MICE施設の
マリンタウンへの誘致で東海岸地域のリゾート・
拠点都市づくり　古堅國雄述　大型MICE施設の
マリンタウンへの誘致で東海岸拠点開発の起爆剤
へ　上間明述　フリーゾーンの設定で世界注視の
ドバイに学ぶ　太田範雄述　韓国仁川の経済特区
に学ぶ　太田範雄述　内閣府大臣政務官として安
倍内閣の一年をふりかえる　島尻安伊子述〔4273〕

◇沖縄・台湾フォーラム　〔那覇〕　南西地域
産業活性化センター　2015.3　1冊　30cm
〈平成26年度自主研究事業〉 Ⓝ602.199
　　　　　　　　　　　　　　　　　　　〔4274〕

◇沖縄物産志—附・清国輸出日本水産図説　河
原田盛美著,増田昭子編,高江洲昌哉,中野泰,
中林広一校注　平凡社　2015.3　377p
18cm　（東洋文庫 859）〈布装〉 3100円
Ⓘ978-4-582-80859-9　Ⓝ602.199
内容 沖縄物産志　清国輸出日本水産図説
　　　　　　　　　　　　　　　　　　　〔4275〕

◇沖縄県産業振興基本戦略　平成27年度版
〔那覇〕　沖縄県　2015.3　14p　30cm
　　　　　　　　　　　　　　　　　　　〔4276〕

◇沖縄の業界地図—沖縄ビジネス一挙レビュー
大城淳,豊川明佳編　〔那覇〕　沖縄大学
bizplus　2015.4　108p　30cm〈他言語標

「沖縄」がわかる本 6000冊　**337**

農業　　　　　　　　　　　　　　　　　　　産業

題：Okinawa industry map　発売：沖縄教
販〈那覇〉〉　880円　①978-4-86365-063-3
Ⓝ602.199
〔4277〕

◇沖縄県企業局概要　2015　沖縄県企業局編
那覇　沖縄県企業局　2015.9　21p　30cm
〔4278〕

農業

◇わったあちゃあちゃあ　第1巻　自給自足的
生活神様と自然に帰依して生きる　第2版
豊見城村（沖縄県）　サナジ屋　1995.3
100p　26cm〈電子複写　折り込1枚　和装〉
Ⓝ615
〔4279〕

◇わったあちゃあちゃあ　第2巻　沖縄の農法
農は神様に仕える仕事、国の礎　第2版　豊
見城村（沖縄県）　サナジ屋　1995.5　100p
26cm〈電子複写　折り込1枚　和装〉1000
円　Ⓝ615
〔4280〕

◇担い手問題からみた九州・沖縄農業の課題
〔筑後〕　農林水産省九州農業試験場農村計
画部　1995.9　65p　26cm（九州農業経営
問題研究会資料 no.8）　Ⓝ611.7
〔4281〕

◇新農地制度資料　追巻　沖縄の復帰に伴う農
地制度等　農地制度資料編さん委員会編　農
政調査会　1996.4　514p　26cm　Ⓝ611.2
〔4282〕

◇食卓の危機を問う―沖縄農業と青パパイヤ
浜井義則著　金羊社　1996.10　190p　19cm
〈発売：星雲社〉　1300円　①4-7952-9907-2
Ⓝ612.199
内容 第1章 不老長寿の島―沖縄に学ぶ食の知恵
第2章 医食同源の代表・パパイヤ―沖縄青パパ
イヤの有効成分　第3章 沖縄農業に未来はあるか―
安全で安定した農作物を求めて
〔4283〕

◇農務帳を読む　比嘉武吉著　宜野湾　比嘉武
吉　1997.1　142p　21cm〈発売：緑林堂書
店（宜野湾）〉　2000円　①4-947667-36-2
Ⓝ612.199
内容 農務帳の訳（地面格護―農地の保全　農事手
入―農業経営　耕作致様―農事共同体制　貯―貯
蔵加工 ほか）　農務帳の解説（農務帳の構成　農
務帳の作成と実態調査　農務帳作成の背景につい
て　段畠造成と土壌流失防止について ほか）
〔4284〕

◇沖縄県農業協同組合中央会30年史　創立30
周年記念誌編集委員会編　那覇　沖縄県農業
協同組合中央会　1997.3　329p　図版17枚
26cm〈背のタイトル：JA沖縄中央会三十年
史〉　Ⓝ611.6199
〔4285〕

◇わったあちゃあちゃあ　第3巻　沖縄口教本
―純朴ヌ民ウチナァンチュゥ　サナジ屋編
第2版　豊見城村（沖縄県）　サナジ屋
1997.4　100p　26cm〈電子複写　折り込1枚
和装〉　1000円　Ⓝ615
〔4286〕

◇沖縄農業関係文献目録　3　沖縄農業研究会
30周年記念文献目録編集委員会編　西原町
（沖縄県）　沖縄農業研究会　1997.6　112p
26cm〈創立30周年記念〉Ⓝ610.31
内容 1981年―1990年
〔4287〕

◇展望沖縄の農業　大城喜信著　那覇　琉球新
報社　1997.7　169p　22cm〈文献あり〉
2000円　①4-89742-003-2　Ⓝ612.199
内容 第1章 沖縄農業の現状　第2章 作付面積の
変遷と今後の農業の方向性　第3章 解決すべき自
然制約条件と対策　第4章 農業試験場の取り組み
と主な成果　第5章 持続的農業　第6章 農業振興
と雇用効果　第7章 提言
〔4288〕

◇復帰後の沖縄農地制度資料　沖縄農地制度資
料集成編編集委員会編　〔那覇〕　沖縄県農林
水産部　1998.3　389p　26cm　Ⓝ611.22199
〔4289〕

◇農耕の世界、その技術と文化　5　琉球弧の
農耕文化　渡部忠世監修, 農耕文化研究振興
会編　大明堂　1998.4　170p　22cm〈文献
あり〉3000円　①4-470-04011-8　Ⓝ612
内容 1 奄美諸島における近世―明治期のイネ栽
培の変容過程　2 南西諸島の豆腐をめぐって　3
首里王府の麦の種播き儀礼　4 西表島のサトイモ
類―その伝統的栽培法と利用法　5 西表島の水田
漁撈―水田の潜在力に関する一研究　6 台湾アミ
族の水田稲作
〔4290〕

◇図説九州・沖縄農業の概況　農林水産省九州
農業試験場編　3訂版　西合志町（熊本県）
農林水産省九州農業試験場　1998.10　119p
30cm　Ⓝ612.19
〔4291〕

◇附属農場40周年記念誌　西原町（沖縄県）
琉球大学農学部附属農場　1998.11　169p
30cm　Ⓝ610.76
〔4292〕

◇甘藷の文化誌―琉球の甘藷を考える　比嘉武
吉著　宜野湾　比嘉菊　1998.11　218p
19cm〈発売：榕樹書林（宜野湾）〉　1600円
①4-947667-55-9　Ⓝ616.8
内容 第1章 甘藷の発生起源と栽培起源　第2章
甘藷のヨーロッパ伝播　第3章 甘藷の喜интах峰経由
アジア伝播説の可否　第4章 甘藷のフィリピン伝
播　第5章 甘藷の中国伝播　第6章 甘藷の琉球伝
播　第7章 甘藷の品種発達　第8章 甘藷の呼称変
遷　第9章 琉球語ウムの語源　第10章 甘藷の農
耕文化　第11章 甘藷の食文化　第12章 農業の基
本理念の変化
〔4293〕

◇牧草・飼料作物栽培の手引き　今帰仁村（沖

産業　　　　　　　　　　　　　　　　　　　　　　　　　　　　農業

縄県）　沖縄県畜産試験場　1999.3　117p
30cm　（沖縄畜試資料 no.17）　Ⓝ616.9
　　　　　　　　　　　　　　　　　　〔4294〕

◇南島経済史の研究　山本弘文著　法政大学出
版局　1999.8　232p　22cm〈折り込1枚〉
4300円　Ⓘ4-588-33488-3　Ⓝ611.22199
　内容 第1章 薩摩藩の天保改革と奄美、沖縄　第
　2章 慶長検地と石高制について　第3章 慶長検地
　後の琉球王国の土地制度　第4章 近世久米島の土
　地所有と地代　第5章 近世後期の久米島の土地所
　有　第6章 久高島の土地制度―現状と沿革　第7
　章 琉球王国の街道と継立・通観組織　〔4295〕

◇害虫殲滅工場―ミバエ根絶に勝利した沖縄の
奇蹟　小林照幸著　中央公論新社　1999.11
291p　20cm　2000円　Ⓘ4-12-002956-5
Ⓝ615.86
　内容 土色の虫が来た！　甘い香りと放射能　ハ
　エに背番号　コバルト60、沖縄に到着　「危険、
　サワルナ」　昆虫工場の建設　ハエが飛べない!?
　野菜、本土復帰を果たす　　　　　　〔4296〕

◇有用生物資源の多目的利用のための加工製造
システムの研究開発成果報告書　第2年度
那覇　新エネルギー・産業技術総合開発機構
2000.3　129p　30cm〈平成10年度地域コン
ソーシアム研究開発事業「ベンチャー企業育
成型地域コンソーシアム（中核的産業創造
型）」　共同刊行：南西地域産業活性化セン
ター〉　Ⓝ617.7　　　　　　　　　〔4297〕

◇ワッタア、チャアチャア　第1巻　自給自足
的生活神様と自然に帰依して生きる　チャア
チャア著　第3版　〔糸満〕　サナジ屋出版
2000.7　136p　26cm〈電子複写　和装〉
1500円　Ⓝ615　　　　　　　　　〔4298〕

◇沖縄県農業試験場120周年記念誌―新技術で
拓く21世紀の沖縄農業　那覇　沖縄県農業試
験場　2002.3　263p　31cm　Ⓝ610.76
　　　　　　　　　　　　　　　　　　〔4299〕

◇沖縄のアグリビジネスと産業組織―21世紀沖
縄農業の新たな展開と方向　比嘉堅著　〔宜
野湾〕　比嘉堅　2002.3　312p　19cm〈発
売：編集工房東洋企画（那覇）〉　2000円
Ⓘ4-938984-20-2　Ⓝ612.199　　　〔4300〕

◇農耕・景観・災害―琉球列島の環境史　小林
茂著　第一書房　2003.6　357p　22cm〈文
献あり〉　8000円　Ⓘ4-8042-0747-3　Ⓝ612.
199　　　　　　　　　　　　　　　〔4301〕

◇南からの日本文化　上　佐々木高明著　日本
放送出版協会　2003.9　282p　19cm
（NHKブックス）〈文献あり〉　1120円　Ⓘ4-
14-001980-8　Ⓝ612.199

　内容 第1章 南島文化史研究の軌跡―『海上の道』
　とそれ以後（「海上の道」の意義を考える　南島考
　古学の諸成果 ほか）　第2章 南島の伝統的畑作農
　耕文化とその特色（南島系根栽農耕文化と“根栽=
　雑穀型”文化の流れ―バタン島と台湾山地の農耕
　沖縄における伝統的畑作農耕―イモとアワの冬作
　体系 ほか）　第3章 南西諸島の伝統的稲作農耕技
　術（南西諸島の中世的稲作文化とその地域構造―
　十五世紀を中心に　近世的稲作技術体系の特色 ほ
　か）　第4章 オーストロネシア型稲作とその発展
　―南島農耕文化の基礎を形成したもの（南島におけ
　る冬作農耕システムの発見と在来稲の系譜　オー
　ストロネシア型稲作の特色 ほか）　第5章 新・海
　上の道と南島農耕文化―「南からの日本文化」を
　生み出したもの（「新・海上の道」を考える　南島
　農耕文化へのアプローチ ほか）　　〔4302〕

◇南からの日本文化　下　佐々木高明著　日本
放送出版協会　2003.9　311p　19cm
（NHKブックス）　1160円　Ⓘ4-14-001981-6
Ⓝ612.199
　内容 第6章 バタン島のヤムイモ栽培―伝統的農
　耕の技術と儀礼　第7章 バタン島の伝統的生活文
　化―二つの漂流記による復元　第8章 台湾・ルカ
　イ族の焼畑農耕―“根栽・雑穀型”焼畑の実態　第
　9章 新粟のチマキと豊猟の占い―ルカイ族・パイ
　ワン族のアワ祭り抄　第10章 沖縄本島における
　伝統的畑作農耕―その特色と原型の探求　第11章
　南島における畑作農耕技術の伝統　　〔4303〕

◇農風―沖縄農業・現場からの実践報告　東江
三信著　那覇　メディア・エクスプレス
2003.12　295p　21cm〈発売：榕樹書林（宜
野湾）〉　1800円　Ⓘ4-947667-99-0　Ⓝ612.
199　　　　　　　　　　　　　　　〔4304〕

◇チバリヨー・ウチナー農業　2002年　内閣府
沖縄総合事務局農林水産部統計調査課編　那
覇　沖縄農林水産統計情報協会　2004.3
35p　30cm　　　　　　　　　　　〔4305〕

◇甘藷と野國總管―甘藷の発信基地・嘉手納
伊波勝雄〔ほか〕執筆　嘉手納町（沖縄県）
嘉手納町「野國總管甘藷伝来400年祭実行委
員会」　2004.4　209p　26cm〈年表あり〉
Ⓝ616.8　　　　　　　　　　　　　〔4306〕

◇与那国島サトウキビ刈り援農隊―私的回想の
30年　藤ገ雅之著　那覇　ニライ社　2004.
10　273p　19cm〈発売：新日本教育図書〉
1800円　Ⓘ4-931314-61-9　Ⓝ611.7
　内容 与那国島まで―まえがきに代えて　援農隊
　が始まるまで（1970 - 1973）　沖縄の復帰、日中
　国交回復と台湾断交（1972 - 1975）　第一回援農
　隊と与那国町農協の“破産”（1976）　第二回援農
　隊は宮古島へ（1977）　第四回援農隊と県内募集
　（1978）　初めて農家に住み込み、北海道で説明会
　（1979）　宮良博組合長の提案（1980 - 1985）　農
　協が自前で募集（1986）　与那国町制施行四〇周
　年「与那国まつり」（1988）　高田寿男さんの活躍

「沖縄」がわかる本 6000冊　339

農業　　　　　　　　　　　　　　　　　　　　　　　　　　　産業

（1989以後）　十四年ぶりの与那国島（2003）　付録　　　　　　　　　　　　　　　　　　　　〔4307〕

◇赤土問題の基礎物理化学的視点　小柳元彦監修, 小柳元彦〔ほか〕著　福岡　小柳元彦　2004.11　66p　21cm　〈発売：沖縄タイムス社出版部（那覇）　文献あり〉1429円　①4-87127-616-3　Ⓝ613.52　　　　　　　　〔4308〕

◇ランドファーム事業の実施可能性調査報告書—概要版　那覇　南西地域産業活性化センター　2005.3　34p　30cm　〈平成16年度電源地域振興指導事業〉Ⓝ611.77　　〔4309〕

◇沖縄県信連史　沖縄県信連総務企画部記念史編集室編　那覇　沖縄県信用農業協同組合連合会　2005.8　40,799p　31cm　〈年表あり〉非売品　Ⓝ611.5　　　　　　　　　　〔4310〕

◇沖縄本島南部農業水利事業「事業誌」—ぬちぐすい　地下ダムは豊かな農業の命水　沖縄総合事務局沖縄本島南部農業水利事業所監修〔那覇〕沖縄総合事務局沖縄本島南部農業水利事業所　2006.3　104p　30cm　〈年表あり〉Ⓝ614.3199　　　　　　　　　　〔4311〕

◇記念誌野國總管—野國總管甘藷伝来400年祭記念誌編纂部会編　嘉手納町（沖縄県）沖縄県嘉手納町「野國總管甘藷伝来400年祭実行委員会」2006.3　502p　27cm　〈年表あり〉Ⓝ616.8　　　　　　　　　　　〔4312〕

◇西表島の農耕文化—海上の道の発見　安渓遊地編著　法政大学出版局　2007.3　467,7p　22cm　7300円　①978-4-588-33489-4　Ⓝ612.199
　内容　第1部　稲作の世界—人と自然と神々と（自然・ヒト・イネ—伝統的生業とその変容　南島の農耕文化と「海上の道」「くだ」の力と「つつ」の力—二つの稲作具をめぐって　網主材の農業の伝承と年中行事（山田武男語り・著）崎山村での暮らし（川平永美語り））第2部　畑作—南からの道、北からの道（サトイモ類の伝統的栽培法と利用法　サトイモの来た道（安渓貴子著）ヤマノイモ類の伝統的栽培法と利用法　島びとの語る焼畑　焼畑技術の生態位置づけ　島の作物一覧）第3部　橋をかける—島々の交流をめぐって（与那国農民の生活　高い島と低い島の交流　島で農薬散布が始まった—自然利用の歴史　無農薬枚の産直が始まった—島を出た）　　　　　　　　　　〔4313〕

◇アンゴラ・サトウキビ栽培、砂糖/バイオエタノール製造事業調査報告書—平成18年度地球環境・プラント活性化事業等調査　経済産業省　2007.3　70,30p　30cm　〈委託先：日本貿易振興機構〉Ⓝ617.1　　　　　〔4314〕

◇北の大地・南の列島の「農」—地域分権化と農政改革　原洋之介著　書籍工房早山

2007.6　269p　20cm　（社会科学の冒険 2期 3）〈文献あり　年表あり　発売：図書新聞〉2500円　①978-4-88611-505-8　Ⓝ612.11
　内容　1部　地域分権化と開発のかたち（メゾ・エコノミックスの構築を　北海道と沖縄の開発　東アジア経済連携と地域分権化　ほか）2部　北海道と沖縄の農業（日本文明史のなかの南北の辺境　北海道での農業開拓動励期　農業再編と地帯分化（ほか）3部　「農」の地域性と農政改革（WTO体制下での農業交渉　「自由貿易」という美名のもとでの不公正な貿易体制　世界経済のなかでの農業問題—若干の歴史的展望　ほか）　〔4315〕

◇沖縄の農業と土壌—持続的・発展的な農業をめざして　大城喜信著　南風原町（沖縄県）みつわ福祉会　2007.6　96p　30cm　1143円　Ⓝ612.199　　　　　　　　　　　〔4316〕

◇シマ豆腐紀行—遥かなる〈おきなわ豆腐〉ロード　宮里千里著　那覇　ボーダーインク　2007.8　247p　19cm　1600円　①978-4-89982-127-4　Ⓝ619.6　　　　　〔4317〕

◇農業・産業活性化へのヒント—沖縄の自立に向けて　新城明久著　那覇　新星出版　2007.10　233p　19cm　〈年表あり　文献あり〉1200円　①978-4-902193-07-7　Ⓝ612.199　　　　　　　　　　　〔4318〕

◇南島の畑作文化—畑作穀類栽培の伝統と現在　賀納章雄著　大阪　海風社　2007.10　281p　22cm　（南島叢書 87）〈文献あり〉2800円　①978-4-87616-002-0　Ⓝ616.1
　内容　第1部　伝統的畑作穀類栽培の地域性（南島におけるアワ栽培の地域性　先島諸島におけるアワ用農具の形態と地域性　南島におけるムギ栽培の様相）第2部　今日の伝統的畑作穀類栽培（沖縄諸島渡喜島・粟国島におけるキビ栽培の復活とその背景　八重山諸島石垣島・波照間島におけるキビ栽培の復活とその背景　八重山諸島竹富島におけるアワ栽培の存続とその背景　竹富島におけるアワのモチ「イーヤチ」・「ムチャニ」作りの伝統と変容　宮古諸島伊良部島におけるアワ栽培の存続とその背景　現代南島におけるモロコシ栽培の様相　栽培者からみた現代南島における伝統的畑作穀類栽培の展開）結論　南島における伝統的畑作穀類栽培の「伝統」とその意味　　〔4319〕

◇さとうきび農業の経営分析—農業センサスからみる経営展開　樽本祐助著　農林統計出版　2008.6　192p　21cm　2500円　①978-4-89732-151-6　Ⓝ617.1
　内容　第1章　センサスデータの特徴とさとうきび経営　第1部　さとうきび経営の経営類型（さとうきび経営の経営類型　さとうきび経営の規模を考慮した経営類型と地域的類似性）第2部　土地と労働力, 資源利用からのさとうきび経営の解析（南西諸島農業の担い手としてのさとうきび経営　さとうきびと畜産からみた土地利用の特徴　さとうきび経営における農地利用実態　さとうきび経営

340　「沖縄」がわかる本　6000冊

産業　農業

における労働力構成　さとうきび経営における作業委託　さとうきび経営におけるゆい・手伝いと雇用　さとうきび清算における作業受託　さとうきび経営における堆肥利用　関連する資料および研究）　付録A　決定木分析の結果　　　〔4320〕

◇風・水・土・人―「沖縄農業」現場からの声　石垣盛康著　那覇　ボーダーインク　2009.2　229p　21cm　〈年表あり〉　1400円　Ⓘ978-4-89982-151-9　Ⓝ611.7　　　　　　　〔4321〕

◇島嶼におけるさとうきび生産―その経営方式とバイオマス利用　菊地香著　農林統計出版　2009.2　159p　21cm　2300円　Ⓘ978-4-89732-160-8　Ⓝ617.1
　[内容]　序章　第1章　本土復帰後の農業生産の推移　第2章　沖縄県のさとうきび生産の動向　第3章　機械化一貫作業体系の肥培管理によるさとうきび生産の実態―北大東村を事例に　第4章　島嶼地域のさとうきび肥培管理のあり方と単収の関係―収穫量減少傾向の北大東村を事例に　第5章　集中脱葉施設導入後の伊是名村における地力維持とさとうきび生産　第6章　宮古島市におけるさとうきびの肥培管理の実態と単収―宮国集落を事例として　第7章　宮古島市におけるバイオマスの農業への利活用の可能性　第8章　八重山地域におけるさとうきび農家のバイオマス利用の実態　　　〔4322〕

◇沖縄甘藷ものがたり―「サツマイモ」の伝来と普及のいきさつ　金城鉄男著　農山漁村文化協会　2009.6　123p　19cm　（ルーラルブックス）〈文献あり　年表あり〉　1200円　Ⓘ978-4-540-08292-4　Ⓝ616.8
　[内容]　1　甘藷、琉球国へ伝来す　2　野国総官による甘藷の導入　3　薩摩の武力侵攻と甘藷普及の停滞　4　儀間真常、甘藷の価値を知る　5　真常による甘藷の本格的な普及と拡大　6　琉球国へのさらなる甘藷導入　7　琉球国に導入された甘藷の品種　8　甘藷の栽培技術　9　甘藷の名称と呼び名―蕃薯、カライモ、芋、甘藷、薩摩芋　10　甘藷の日本国内への移入と果たした役割　　　〔4323〕

◇大山タープックヮ―緑と水のおくりもの　伊佐實雄写真・文　那覇　琉球新報社　2009.9　159p　24×30cm　〈発売：琉球プロジェクト（那覇）〉　2381円　Ⓘ978-4-89742-106-3　Ⓝ611.73　　　　　　　　　　　〔4324〕

◇沖縄群島におけるミカンコミバエ根絶確認調査の回想　井上亨〔著〕　小平　日本植物防疫協会植物防疫資料館　2009.10　56p　26cm　（植物防疫資料館史料 14）　Ⓝ615.86　　　　　　　　　　　　　　〔4325〕

◇歴史に学ぶ明日のさとうきび栽培技術　農畜産業振興機構　2010.1　138p　21cm　〈文献あり　年表あり〉　Ⓝ617.1　　〔4326〕

◇稲作の起源・伝来と"海上の道"　上　来間泰男著　日本経済評論社　2010.3　287p

19cm　（シリーズ沖縄史を読み解く 1）　3200円　Ⓘ978-4-8188-2097-5　Ⓝ616.2
　[内容]　第1章　日本人と沖縄人の起源（沖縄の「旧石器時代」　日本の「旧石器時代」　日本人と沖縄人の起源　沖縄人の起源と旧石器時代（まとめ））　第2章　日本と沖縄の縄文時代（日本の縄文時代　沖縄の縄文時代―「貝塚時代」論から「縄文」論へ）　第3章　稲作の起源と伝播―照葉樹林文化論とその批判（照葉樹林文化論の展開　照葉樹林文化論への批判　稲作の起源地―アッサム・雲南説から長江流域説へ　イネの品種群と、稲作の伝播経路―ジャポニカとインディカ　稲作の起源と伝播（まとめ））　　　〔4327〕

◇稲作の起源・伝来と"海上の道"　下　来間泰男著　日本経済評論社　2010.3　319p　19cm　（シリーズ沖縄史を読み解く 1）〈文献あり〉　3400円　Ⓘ978-4-8188-2098-2　Ⓝ616.2
　[内容]　第4章　縄文農耕と水田稲作（人類史における「農耕」の始まり　日本における縄文農耕と縄文稲作　水田稲作の伝来と弥生時代への移行　ほか）　第5章「弥生～平安並行時代」の沖縄（農耕と水田稲作の問題　先島地域と縄文・弥生文化　「弥生～平安並行時代」の沖縄（まとめ））　第6章　稲作は沖縄を通って日本に伝わったか―新旧の「海上の道」をめぐって（柳田国男の「海上の道」論（一九六一年）　松本雅明の「海上の道否定」論（一九七一年）　佐々木高明の「新・海上の道」論（一九七一年／一九七三年）　ほか）　　〔4328〕

◇北海道と沖縄の共生農業システム　仁平恒夫編著　農林統計協会　2011.11　170p　22cm　（共生農業システム叢書　第7巻）〈他言語標題：Symbiotic Agriculture and Rural System in Hokkaido and Okinawa　索引あり〉　2500円　Ⓘ978-4-541-03791-6　Ⓝ612.11
　[内容]　北海道と沖縄の農業　第1編　北海道農業の動向と展開方向（水田地帯における高齢化と担い手の展開方向　道東十勝畑作地域における経営展開と「共生」関係　北海道における農場制酪農の胎動）　第2編　沖縄農業の構造変化と展開方向（亜熱帯島嶼農業の展開と共生の課題）　　〔4329〕

◇沖縄県果樹農業振興計画―目標年度平成32年度　沖縄県農林水産部園芸振興課編　那覇　沖縄県農林水産部園芸振興課　2012.3　22p　30cm　　　　　　　　　　　　　　　〔4330〕

◇復帰後の沖縄農業―フィールドワークによる沖縄農政論　新井祥穂、永田淳嗣共著　農林統計協会　2013.2　186p　21cm　〈文献あり〉　2500円　Ⓘ978-4-541-03905-7　Ⓝ612.199
　[内容]　復帰後の沖縄農業政策への問い　第1部　沖縄農業のマクロ的分析（復帰後の沖縄農業政策と沖縄農業の動態）　第2部　石垣島農業の事例研究（石垣島農業の概要と調査方法　サトウキビ農家

「沖縄」がわかる本 6000冊　**341**

園芸　　　　　　　　　　　　　　　　　　　　　　産業

群の技術選択と経営　パインアップル生産の危機
と再生　土地改良事業の推進と農家の反応）　現
場の適応に注目する意義　　　　　　　〔4331〕

◇世界農林業センサス　2010年第1巻47　沖縄
県統計書　農林水産省大臣官房統計部編　農
林統計協会　2013.3　26,189,12p　31cm
9400円　Ⓘ978-4-541-03882-1　Ⓝ610.59
　　　　　　　　　　　　　　　　　　　〔4332〕

◇沖縄21世紀農林水産業振興計画―前期：平成
24年度―平成28年度　〔那覇〕　沖縄県
2013.3　100,13p　30cm　Ⓝ611.1　〔4333〕

◇沖縄農業―その研究の軌跡と現状　見えてく
る明日の沖縄の農業―学会シンポジウムの記
録　沖縄農業経済学会, 来間泰男編　宜野湾
榕樹書林　2013.6　96p　21cm　（がじゅま
るブックス 5）　900円　Ⓘ978-4-89805-167-
2　Ⓝ612.199
　内容　沖縄農業研究の到達点　来間泰男述　沖縄農
業の文化特性,「共」と「私」磯辺俊彦述　農地
法適用のことなど 石井啓雄述　東南アジア農業
と沖縄農業 原洋之介述　農業経営学の立場から
福仲憲述　農業行政の体験者として 高良亀友述
農村の現場から 山里敏康述　亜熱帯湿潤気候下
の農業技術問題 安谷屋隆司述　復帰後四〇年の
沖縄の農業 仲地宗俊著　　　　　　　　〔4334〕

◇「沖縄シマ豆腐」物語　林真司著　潮出版社
2014.1　222p　19cm〈文献あり〉1400円
Ⓘ978-4-267-01968-5　Ⓝ619.6　　〔4335〕

◇新ゆがふ「むら」づくり―「沖縄21世紀ビ
ジョン」に係る農業農村整備の方向性につい
て　沖縄県農林水産部村づくり計画課, 沖縄
県農林水産部農地水利課, 沖縄県農林水産部
農村整備課編　〔那覇〕　沖縄県農林水産部
村づくり計画課　2014.2　59p　30cm〈共
同刊行：沖縄県農林水産部農地水利課ほか〉
Ⓝ611.15199　　　　　　　　　　　　〔4336〕

◇渡名喜島―地割制と歴史的集落景観の保全
中俣均著　古今書院　2014.3　164p　19cm
（叢書・沖縄を知る）〈文献あり〉2800円
Ⓘ978-4-7722-5275-1　Ⓝ611.22199
　内容　第1章 渡名喜島へ（渡名喜島を知る　沖縄の
「地割制度」　渡名喜島へ　のんびりとした島で）
第2章 渡名喜島の地割制度（渡名喜島の地割制度
地割組の画定　昭和16年の地割組の組成分析　地
割組と渡名喜集落の移動　地割制度の起源説につ
いて　地割遺構その後）　第3章 重要伝統的建造
物群保存地区への選定（景観への注目　「重伝建」
指定へのあゆみ　「重伝建」指定地区における集
落景観保全活動の現状　「島田懇」と渡名喜島の文
化景観保存・修復事業をめぐる外
的状況）　第4章 変わりゆく渡名喜島　〔4337〕

◇沖縄農業の復活　大城喜信著　南城　よんき
産業協会　2014.3　106p　21cm〈文献あり

発売：榕樹書林（宜野湾）〉　1389円　Ⓘ978-
4-89805-174-0　Ⓝ612.199　　　　　〔4338〕

◇沖縄県特定高性能農業機械導入計画　〔那
覇〕　沖縄県　2014.3　42,35p　30cm
Ⓝ614.8　　　　　　　　　　　　　　〔4339〕

◇久米島地域におけるアリモドキゾウムシ駆除
確認調査の記録　〔那覇〕　那覇植物防疫事
務所　2014.3　87p　30cm　Ⓝ615.86〔4340〕

◇沖縄におけるサトウキビ農業自立のための方
策―ハワイにおけるサトウキビプランテー
ションの土地利用転換に学ぶ　那覇　沖縄大
学法経学部小野啓子研究室　2014.3　180p
21cm　（（社）沖縄県対米請求権事業協会・
助成シリーズ no.49）〈平成25年度地域振興
助成研究〉　Ⓝ617.1　　　　　　　　〔4341〕

◇さとうきび栽培指針　那覇　沖縄県農林水産
部糖業農産課　2014.3　87p　30cm　Ⓝ617.
1　　　　　　　　　　　　　　　　　〔4342〕

◇プロジェクト学習の実績　平成26年度　〔名
護〕　沖縄県立農業大学校　2015.3　204p
30cm　Ⓝ610.7　　　　　　　　　　　〔4343〕

園芸

◇沖縄の街づくり・庭づくりに活かすつる植物
―特性と利用法　沖縄都市環境研究会著　浦
添　沖縄出版　1996.2　126p　26cm　2800
円　Ⓘ4-900668-55-9　Ⓝ627
＊本書は、沖縄に生育可能で、かつ最も利用されて
いるつる植物94種について、生育特性、利用法、
仕立て方を写真やイラストを用いてわかりやす
く解説したものである。　　　　　　　〔4344〕

◇沖縄の都市緑化植物図鑑　建設省土木研究所
環境部緑化生態研究室監修, 海洋博覧会記念
公園管理財団　本部町（沖縄県）　海洋博
覧会記念公園管理財団　1997.4　399p
21cm〈他言語標題：Guide book of
landscaping plants in Okinawa　文献あり
索引あり　製作発売：沖縄出版（浦添）〉
4500円　Ⓘ4-900668-63-X　Ⓝ627.7　〔4345〕

◇楽しい沖縄の盆栽づくり―今日から始める
弓削次男, 比嘉正喜著　宜野湾　沖縄出版
2000.8　237p　26cm　4500円　Ⓘ4-900668-
87-7　Ⓝ627.8
　内容　第1章 盆栽の基礎知識（盆栽の心　盆栽道と
芸術性 ほか）　第2章 盆栽の培養管理（盆栽の置
場・棚　盆栽の水やりの管理 ほか）　第3章 沖縄
の盆栽（沖縄の盆栽　沖縄の樹種別培養管理）　第
4章 草もの（草もの）　第5章 資料（沖縄の盆栽樹
種と植えかえ時期　沖縄の草もの適応種 ほか）

産業　　　　　　　　　　　　　　　　　　　　　　　　　　　園芸

〔4346〕

◇ニガウリ（ゴーヤー）の絵本　ふじえだくにみつ, なかやまみすずへん, つちはしとしこえ　農山漁村文化協会　2003.3　36p　27cm　（そだててあそぼう 51）　1800円　Ⓘ4-540-02236-9　Ⓝ626.2
　内容　苦いがおいしい、ニガウリ、ゴーヤー、ツルレイシ　原産地は熱帯アジア。暑い国の野菜　日よけにちょうどいい。どんどんツルを伸ばして実をならす　虫との戦いに勝って、ゴーヤーは沖縄から本土へ！　よくよくみれば形も、長さもいろいろ（品種紹介）　タネをまいても、苗から育ててもいいね（栽培ごよみ）　さあ、タネをまこう！　苗を用意しよう！　畑を用意して、さあ定植だ！　どこにはわそうか？　3本仕立てで摘心、受粉、花はどこにつく？　さあ、収穫だ！　朝に、手ごろな実からもぎとろう！〔ほか〕　　〔4347〕

◇沖縄の山野草と草もの盆栽　宇良宗健著　南風原町（沖縄県）　那覇出版社　2003.8　143p　27cm　2800円　Ⓘ4-89095-140-7　Ⓝ627.8
　内容　第1章　創作草もの盆栽を観賞する（魅惑の山野草　素晴らしい山野草　ほか）　第2章　草もの盆栽を仕立てる（創作草もの盆栽のいろいろな仕立て方　草もの盆栽を創作しての草姿を楽しむ　ほか）　第3章　山野草を楽しむテクニック（草もの盆栽の基礎知識　素材作りのポイント　ほか）　第4章　沖縄の自然と山野草（山野草の自生地の光景　沖縄の山野草83種の栽培法と仕立て方一覧　ほか）　　　　〔4348〕

◇沖縄県北部地域における特産果実の機能性に着目した高付加価値化のための利用技術の開発　農林水産省農林水産技術会議事務局編　農林水産省農林水産技術会議事務局　2008.3　58p　30cm　（研究成果 第467集）〈他言語標題：Development of high-value added technology for special local fruits in northern region of Okinawa〉Ⓝ628〔4349〕

◇沖縄で楽しむ家庭菜園　喜久山守良著　那覇　琉球新報社　2009.3　132p　26cm〈発売：琉球プロジェクト（那覇）〉2000円　Ⓘ978-4-89742-099-8　Ⓝ626.9　　　　　〔4350〕

◇育てておいしいはじめてのゴーヤー＋島やさい図鑑　八月社編　主婦の友インフォス情報社　2009.5　96p　21cm〈文献あり　発売：主婦の友社〉1300円　Ⓘ978-4-07-264319-8　Ⓝ626.2
　内容　ゴーヤーってどんな植物？　ゴーヤーを育てる（ゴーヤーの栽培ごよみ　ゴーヤーの種まきと育苗　ほか）　ゴーヤーでつくる緑のカーテン（「緑のカーテン」はなぜ涼しい？　「緑のカーテン」のある暮し　健康、快適、経済的　ほか）　ゴーヤーを食べる（ゴーヤーをふたつに切る　ゴーヤーのワタをとる　ほか）　沖縄の島やさい（"沖縄の「命

の薬」─ぬちぐすい"　"沖縄の古民家カフェ真壁ちなー"　ほか）　　　　　　　　〔4351〕

◇パパイア特産化事業（平成16～21年度）報告書　沖縄県農業研究センター編　糸満　沖縄県農業研究センター　2010.3　75p　30cm　Ⓝ625.83　　　　　　　　　〔4352〕

◇沖縄産新品種によるハイビスカス産業開発のための研究　那覇　沖縄有用植物研究会　2010.5　120p　21cm　（社）沖縄県対米請求権事業協会・助成シリーズ no.38）〈文献あり〉Ⓝ627.79　　　　　〔4353〕

◇沖縄におけるマンゴー産地の課題と展望─熱帯果樹ブランド化への途　菊地香, 平良英三, 中村哲也共著　農林統計出版　2011.5　169p　21cm　2500円　Ⓘ978-4-89732-220-9　Ⓝ625.84
　内容　第1章　離島における農業の生産・流通システムの構築　第2章　沖縄県におけるマンゴー生産農家の経営意識─アンケート結果を中心に　第3章　マンゴー産地の経営戦略─沖縄本島北部地域を事例に　第4章　沖縄本島北部におけるマンゴー生産農家の品質管理実態　第5章　沖縄本島南部におけるマンゴー生産農家の経営実態　第6章　モバイルNIRによる'KEITT'マンゴー果実の非破壊測定　第7章　キーツ種マンゴーの官能検査と品質の関係　第8章　マンゴーのNIRによる品質評価と消費者の官能評価の関係　第9章　沖縄産マンゴーの県外市場開拓と消費者意識─わしたショップにおけるアンケート調査から　　　　　〔4354〕

◇沖縄北部地域における農業・食品産業の振興に必要な果樹等の安定生産・高付加価値利用技術の確立　農林水産省農林水産技術会議事務局編　農林水産省農林水産技術会議事務局　2011.7　107p　30cm　（研究成果 第482集）〈他言語標題：High-value-adding food technology and improving cultivation technology on special fruits of the northern region of Okinawa for sustainable development of the local agricultural system and food industry〉Ⓝ628　　　　　　　　　〔4355〕

◇育てて、発見！「ゴーヤー」　真木文絵文, 石倉ヒロユキ写真・絵　福音館書店　2014.6　33p　27cm　1200円　Ⓘ978-4-8340-8109-1　Ⓝ626.2
　内容　ゴーヤーってなに？　ゴーヤーはどこで育つの？　ゴーヤーは苦い野菜　ゴーヤーをよく見てみよう　タネをまこう！　ゴーヤーを育ててみよう！　ゴーヤーの花を見てみよう！　花から実へ　葉と茎、まきひげには、ひみつがいっぱい！　こんなに育ったよ！　実を収穫しないと、どうなるの？　タネを見てみよう　いろいろなゴーヤー、外国のゴーヤー　ゴーヤーはどこからやってきたの？　ゴーヤー料理を作ってみよ

「沖縄」がわかる本 6000冊　　343

畜産業　　　　　　　　　　　　　　　　　　　　　　　産業

う！　　　　　　　　　　　　　　〔4356〕

◇沖縄県の園芸・流通　沖縄県農林水産部園芸
振興課、沖縄県農林水産部流通・加工推進課
編　那覇　沖縄県農林水産部流通・加工推進
課　2014.12　145p　30cm　Ⓝ622.199
〔4357〕

《造園》

◇ガイドブック識名園　沖縄出版編集部編　浦
添　沖縄出版　1997.12　53p　21cm　1000
円　Ⓘ4-900668-57-5　〔4358〕

◇名勝「識名園」の創設―琉球庭園の歴史　上
巻　古塚達朗著　那覇　ひるぎ社　2000.5
227p　18cm　（おきなわ文庫）　900円
Ⓝ629.21　〔4359〕

◇名勝「識名園」の創設―琉球庭園の歴史　下
巻　古塚達朗著　那覇　ひるぎ社　2000.5
p228-471　18cm　（おきなわ文庫）　900円
Ⓝ629.21　〔4360〕

◇『愛のシーサー』建立記―沖縄県青少年健全
育成のシンボル　小林永和著　〔小林永和〕
2001.4　217p　21cm　Ⓝ629.62　〔4361〕

◇魅惑の沖縄ガーデニング―南国の花木カタロ
グ・庭づくり実例集　高杉忠監修、シーズラ
イト編　双葉社　2004.7　95p　21cm　1600
円　Ⓘ4-575-29709-7　Ⓝ629.75
内容　情熱の沖縄花木カタログ　リビングガーデ
ン実例集　南国風ガーデニング基礎講座　南国風
庭づくりの脇役たち　ガーデニングを楽しむプラ
ス技　お手本にしたい小物づかいテクニック　植
物園で見つかるガーデニングのヒント　〔4362〕

◇琉球ガーデンbook―沖縄の庭を見直そう
比嘉淳子文、飯塚みどり写真　那覇　ボー
ダーインク　2005.4　110p　21cm　1600円
Ⓘ4-89982-089-5　Ⓝ629.75　〔4363〕

◇沖縄の植栽土壌―豊かな緑と健全な樹木の育
成のために　本部町（沖縄県）　海洋博覧会
記念公園管理財団　2011.10　203p　30cm
〈文献あり〉　Ⓝ629.7　〔4364〕

畜産業

◇豚・この有用な動物　渡嘉敷綏宝著　南風原
町（沖縄県）　那覇出版社　1996.5　166p
22cm　〈参考文献：p161～166〉　2000円
Ⓝ645.5　〔4365〕

◇沖縄の山羊　渡嘉敷綏宝著　再版　南風原町

（沖縄県）　那覇出版社　2000.4　184p
22cm　〈文献あり〉　2100円　Ⓘ4-89095-126-1
Ⓝ645.4　〔4366〕

◇沖縄県家畜衛生試験場八十年史　沖縄県家畜
衛生試験場編　那覇　沖縄県家畜衛生試験場
2003.3　247p　31cm　〈年表あり〉　Ⓝ649.
8199　〔4367〕

◇沖縄県家畜保健衛生所30周年記念誌　〔那
覇〕　沖縄県家畜保健衛生所30周年記念誌編
集委員会　2003.3　114p　31cm　〈年表あ
り〉　Ⓝ649.8199　〔4368〕

◇沖縄のヤギ〈ヒージャー〉文化誌―歴史・文
化・飼育状況から料理店まで　平川宗隆著
那覇　ボーダーインク　2003.8　124p
21cm　1500円　Ⓘ4-89982-046-1　Ⓝ645.4
内容　第1章　ヤギとは　第2章　飼育頭数からみる
ヤギの歴史　第3章　各地のヤギ素描　第4章　ヤギ
の飼育状況　第5章　ヤギのさばき方　第6章　各地
のヒージャーカラヤー　第7章　各地の有名ヤギ料
理店　〔4369〕

◇山羊で町おこし・村おこし　沖縄山羊文化振
興会〔編〕　那覇　沖縄山羊文化振興会
2004.2　130p　21cm　（対米協助成シリー
ズ no.19）〈シリーズ責任表示：沖縄県対米
請求権事業協会・沖縄地域ネットワークセン
ター〔編〕〉　1450円　Ⓝ645.4　〔4370〕

◇かがやけ肉用牛―社団法人沖縄県肉用牛生産
供給公社27年の軌跡　〔石垣〕　沖縄県肉用
牛生産供給公社　2005.2　315p　21cm　〈文
献あり〉　Ⓝ645.3　〔4371〕

◇豚国・おきなわ―あなたの知らない豚の世界
平川宗隆著　南風原町（沖縄県）　那覇出版
社　2005.4　187p　21cm　〈料理監修：西大
八重子〉　1429円　Ⓘ4-89095-153-9　Ⓝ645.5
〔4372〕

◇財団法人沖縄県畜産振興基金公社創立30周年
記念誌　沖縄県畜産振興基金公社編　浦添
沖縄県畜産振興基金公社　2006.3　81p
30cm　〈背・表紙のタイトル：30年のあゆみ
年表あり〉　Ⓝ641.6　〔4373〕

◇チバリヨー・ウチナー畜産業　内閣府沖縄総
合事務局農林水産部統計調査課　那覇　内
閣府沖縄総合事務局農林水産部統計調査課
2006.3　20p　30cm　〔4374〕

◇お苦しみはこれからだ―オキナワの動物病性
鑑定記　又吉正直著　那覇　ボーダーインク
2007.6　305p　19cm　〈文献あり〉　1800円
Ⓘ978-4-89982-124-3　Ⓝ649.04　〔4375〕

◇沖縄でなぜヤギが愛されるのか　平川宗隆著

産業　　　　　　　　　　　　　　　　　　　　　　　　林業

那覇　ボーダーインク　2009.10　149p
18cm　（ボーダー新書 003）〈文献あり〉
900円　①978-4-89982-165-6　Ⓝ645.4
内容 第1章 ヤギとは…（ヤギとはどんな動物か
沖縄でヤギが多く飼われる理由 ほか）　第2章 沖
縄へのヤギの伝来（最古の家畜・ヤギ 日本への伝
来 ほか）　第3章 ヤギの飼養形態と解体（肉用ヤ
ギの飼養形態　ヤギの飼料 ほか）　第4章 沖縄と
東アジアの「ヤギ食文化」（沖縄のヤギ食文化　新
しいヤギ料理の開発に意欲 ほか）　第5章 沖縄の
ヤギ文化あれこれ・各島のヒージャー（瀬底島ヒー
ジャーオーラサイ　ヤギで島興しを・伊平屋島 ほ
か）　　　　　　　　　　　　　　　　　〔4376〕

◇沖縄の在来家畜―その伝来と生活史　新城明
久著　那覇　ボーダーインク　2010.9
151p　21cm〈文献あり〉1600円　①978-4-
89982-189-2　Ⓝ642.199
内容 第1章 在来家畜とは（家畜化の動機　在来家
畜とは何か　一五世紀の琉球各島にみられる家畜
ほか）　第2章 人々と深く関わった在来家畜（馬
豚　山羊 ほか）　第3章 人々に愛された在来家畜
（水牛　琉球犬　猫 ほか）　　　　　　〔4377〕

◇畜産研究センターのあゆみ―移転30周年記念
第5号　沖縄県畜産研究センター編　今帰仁
村（沖縄県）　沖縄県畜産研究センター
2014.3　92p　30cm〈年表あり〉Ⓝ640.76
　　　　　　　　　　　　　　　　　　　〔4378〕

◇八重山群島におけるオウシマダニの撲滅魂
那根元著　〔石垣〕〔那根元〕　2015.1
372p　26cm〈年表あり〉Ⓝ649.4　〔4379〕

◇ステーキに恋して―沖縄のウシと牛肉の文化
誌　平川宗隆著　那覇　ボーダーインク
2015.3　182p　19cm〈文献あり〉1600円
①978-4-89982-274-5　Ⓝ645.3　　　〔4380〕

◇沖縄の人とブタ―産業社会における人と動物
の民族誌　比嘉理麻著　京都　京都大学学術
出版会　2015.3　262p　22cm（プリミエ・
コレクション 52）〈索引あり〉3400円
①978-4-87698-075-8　Ⓝ645.5
内容 第1章 激変する人・ブタの関係と沖縄社会
第2章 ブタと沖縄　第3章 ブタをめぐる両義性の
生成―養豚場立ち退きとブタへの好意　第4章 揺
らぐ嫌悪と好意―養豚の現場で　第5章 脱動物化
されるブタ―近代的食肉産業と屠殺の不可視化
第6章 消費する現場の嗜好性―伝統と技と眼差し
と　第7章 考察と結論　　　　　　　　　〔4381〕

林業

◇沖縄林業の変遷　中須賀常雄編　那覇　ひる
ぎ社　1995.5　188p　26cm〈付：参考文
献〉1500円　Ⓝ652.199　　　　　　　〔4382〕

◇林政八書―意訳　蔡温〔原著〕,中須賀常雄
編著　那覇　編集工房東洋企画（発売）
1997.2　96p　26cm〈文献あり　年表あり〉
1457円　Ⓝ652.199　　　　　　　　　　〔4383〕

◇沖縄県林業試験場50年のあゆみ　名護　沖縄
県林業試験場　2001.3　256p　31cm〈背の
タイトル：五十年のあゆみ〉Ⓝ650.76〔4384〕

◇沖縄のマングローブ研究　沖縄国際マング
ローブ協会編著　那覇　新星出版　2006.2
111p　30cm　1429円　④4-902193-32-9
Ⓝ653.2199　　　　　　　　　　　　　〔4385〕

◇名護・やんばるの樟製造―第23回名護博物館
企画展（3）　名護博物館編　名護　名護博物
館　2006.10　35p　30cm　Ⓝ658.7　〔4386〕

◇国指定天然記念物久米の五枝のマツ天然記念
物再生事業報告書　沖縄県久米島町教育委員
会社会教育課編　〔久米島町（沖縄県）〕
沖縄県久米島町教育委員会　2007.3　17p 図
版3p　30cm　（久米島町文化財調査報告書
第3集）〈文化庁天然記念物保存修理事業〉
Ⓝ653.6　　　　　　　　　　　　　　　〔4387〕

◇やんばる樹木観察図鑑　與那原正勝著　南風
原町（沖縄県）　ぼる3企画　2010.9　360p
21cm　2000円　Ⓝ653.2199　　　　　〔4388〕

◇沖縄林野制度利用史研究　仲間勇栄著　増補
改訂　那覇　メディア・エクスプレス
2011.2　369p　22cm〈初版の出版者：ひる
ぎ社　文献あり　年表あり〉2857円
①978-4-905237-01-3　Ⓝ651.2　　　〔4389〕

◇島社会の森林と文化　仲間勇栄著　那覇　琉
球書房　2012.3　566p　22cm〈共同刊行：
メディア・エクスプレス　文献あり〉3810
円　①978-4-905237-04-4　Ⓝ652.199〔4390〕

◇近代化遺産国有林森林鉄道全データ　九州・
沖縄編　矢部三雄著　〔熊本〕　熊本日日新
聞社　2013.12　210p　26cm〈編集協力：
（財）日本森林林業振興会熊本支部　制作発
売：熊日情報文化センター（熊本）〉2000円
①978-4-87755-475-0　Ⓝ656.24　　〔4391〕

◇うまんちゅの森づくり―未来につなぐ森づく
りをめざして　沖縄県森林・林業アクション
プラン　〔那覇〕　沖縄県農林水産部森林管
理課　2014.9　45p　30cm　Ⓝ651.1　〔4392〕

◇うまんちゅの森づくり―未来につなぐ森づく
りをめざして　沖縄県森林・林業アクション
プラン　概要版　〔那覇〕　沖縄県農林水産部
森林管理課　2014.9　〔4〕枚　30cm　〔4393〕

◇おきなわ福木物語―琉球王朝時代から脈々と

「沖縄」がわかる本 6000冊　　**345**

生きる　仲間勇栄解説, 来間玄次写真, 沖縄県
緑化推進委員会編　浦添　尚学堂　2015.6
102p　26cm　Ⓘ978-4-9908688-0-2　Ⓝ653.
2199
〔4394〕

水産業

◇キラマガツヲ──慶良間の鰹一本釣り　兼島秀
光著　那覇　ボーダーインク　1995.9
141p　20cm　1300円　Ⓝ664.63　〔4395〕

◇日本における海洋民の総合研究──糸満系漁民
を中心として　上巻　中楯興編著　福岡　九
州大学出版会　1996.3　395p　22cm　〈新装
版〉　7210円　Ⓘ4-87378-441-7　Ⓝ661.9
　内容　日本における海洋民としての糸満系漁民　糸
　満市糸満町の地域特性　沖縄産業と水産業
　の位置　糸満漁民の発展　糸満漁民の現況とその
　課題　追込網漁業の生成と発展　糸満漁業生産物
　の商品化構造　糸満漁村における農地移動の形態
　──事例紹介　糸満漁民婦人の家族生活　糸満漁民
　の社会構造──とくに門（ジョー）について〔ほか〕
〔4396〕

◇九州・沖縄「海と魚」の文化──九州水産振興
開発協議会20周年記念　福岡　九州水産振興
開発協議会事務局　1996.10　298p　21cm
Ⓝ622.19
〔4397〕

◇海物語──海名人のはなし：久米島仲里村
〔仲里村〕　企画編集　仲里村（沖縄県）　仲
里村　2000.3　128p　21cm　〈受注者：沖縄
環境分析センター〉　Ⓝ662.199　〔4398〕

◇ウミンチュ見聞録──八重山の海と人々　沖縄
タイムス社編　那覇　沖縄タイムス社
2000.7　78p　21cm　（沖縄タイムス・ブッ
クレット　11）　1000円　Ⓘ4-87127-511-6
Ⓝ661.9
　内容　天然モズク漁──潜水の妙、素手で採取　ウ
　ミガメ漁──亀さお使う伝統漁法　チナカキエー──
　白ひもで魚追い込む　イラブー漁──岩場はう個体
　手づかみ　かご網漁──中にえさ入れ、魚誘う　カ
　ツオのえさ捕り──勘頼りに群れ探す　カツオ一本
　釣り──操業はわずか2隻　カジキ漁──ひたすら待
　ち続ける　石巻落し──指の感触だけが頼り　サ
　メ駆除──海の"猛獣"と格闘〔ほか〕　〔4399〕

◇海人　小林照幸著　毎日新聞社　2003.12
251p　20cm　〈文献あり〉　1700円　Ⓘ4-620-
31665-2　Ⓝ661.9
　内容　三大高級魚を追う　サメの歯の痕跡とジュ
　ゴンの棲む海　石垣島の海　海学校へ　酷寒のサ
　ンゴ礁　目ん玉に突っ込んだ指　食らいついたサ
　メ　ダイナマイト漁　サメに丸呑みされた芝居人
　ジュゴンを見る　台風の海での孤立　イルカ狩り
　海洋博でのジュゴン　再開と辺野古沖のジュゴン

サメ、サーファーを襲う　親子船　辺野古の海で
〔4400〕

◇地場産品開発の実践的研究──糸満のトビウオ
資源の商品開発をケーススタディとして　ト
ビウオ研究会〔編〕　糸満　風水舎　2004.3
130p　21cm　（対米協助成シリーズ　no.20）
〈シリーズ責任表示：沖縄県対米請求権事業
協会・沖縄地域ネットワークセンター〔編〕
平成15年度地域振興助成研究報告書〉　420円
Ⓝ664.68
〔4401〕

◇島ぬいゅ　〔名瀬〕　九州農政局名瀬統計・
情報センター　2005.3　83p　30cm　Ⓝ664.
6
〔4402〕

◇チバリヨーウチナー水産業　2003　内閣府沖
縄総合事務局農林水産部統計調査課編　那覇
沖縄農林水産統計協会　2005.3　29p　30cm
〔4403〕

◇カツオ万歳！──池間島カツオ風土記　川上哲
也著　那覇　沖縄自分史センター　2007.3
221p　19cm　（島人叢書　4）　1238円
Ⓘ978-4-87215-219-7　Ⓝ662.199　〔4404〕

◇オキナワ海人日和　吉村喜彦文・写真　那覇
伽楽可楽　2008.7　207p　19cm　〈発売：創
英社〉　1600円　Ⓘ978-4-903635-06-4
Ⓝ661.9
　内容　世界で一番大きな生きもの──伊良波進・池
　間島・マーマチ　半月の使者・コブシメ──兼次信
　男・石垣島・コブシメ　久高島・海ぶどうの風──西
　銘正順・久高島・海ブドウ　紅毛碧眼のウミアン
　チャー──儀間政夫・沖縄本島・トビイカ　おーい！
　スク──内間待仁・久高島・スク　海が嫌いだった
　海人──池田元・石垣島・アーラミーバイ　心やさ
　しき最年少カジキ漁師──川田智志・与那国島・クロ
　カジキ　古宇利のウニは美味いぞー──照屋弘則・
　古宇利島・シラヒゲウニ　イノー上島　久米島モ
　ズク──渡名喜盛二・久米島・オキナワモズク　伊
　平屋秋晴れ・タコ突き日誌──西銘一雄・伊平屋島・
　ワモンダコ　神さまからの贈り物・イラブー──西
　銘泰男・久高島・イラブー　〔4405〕

◇糸満漁業の展開構造──沖縄・奄美を中心とし
て　市川英雄著　那覇　沖縄タイムス社
2009.9　270p　図版4p　21cm　〈文献あり〉
2286円　Ⓘ978-4-87127-637-5　Ⓝ662.199
〔4406〕

◇知念市場の魚たち──沖縄県南城市知念漁協魚
市場　美ら海市場図鑑　三浦信男著　与那原
町（沖縄県）　ウエーブ企画　2012.1　140p
21cm　〈共同刊行：にぬふぁ星〉　1238円
Ⓘ978-4-903700-00-7　Ⓝ664.6　〔4407〕

◇佐良浜漁師達の南方鰹漁の軌跡──赤銅色のカ
シレーリヤカンパニー　沖縄県における地域

産業　　　　　　　　　　　　　　　　　　　　　　　　　商業・商店街

振興・島おこしの一助として　仲間明典著
〔宮古島〕　宮古島市地域おこし研究所
2012.10　205p　21cm〈奥付のタイトル：宮
古島伊良部・佐良浜漁師たちの南方鰹漁の軌
跡に関する調査　年表あり〉1200円　Ⓝ662.
199　　　　　　　　　　　　　　　　〔4408〕

◇琉球塩手帖　青山志穂著　那覇　ボーダーイ
ンク　2013.7　99p　19cm〈他言語標題：
Ryukyu salt notebook〉1400円　①978-4-
89982-238-7　Ⓝ669　　　　　　　　〔4409〕

◇漁業国日本を知ろう　九州・沖縄の漁業　坂
本一男監修,吉田忠正文・写真　ほるぷ出版
2014.10　47p　28×22cm　2800円　①978-
4-593-58704-9
　内容　第1章 野母崎のアジ漁（アジのまき網漁がは
じまる　長崎漁港ってどんな港？　インタビュー
長崎のアジは鮮度も高く、味もいいです　アジは
どのようにしてとる？　いよいよアジ漁に出発
ほか）　第2章 九州・沖縄のいろいろな漁業（有明
海のノリの養殖　インタビュー こまめに手入れ
をすれば、よいノリがとれます　インタビュー 収
穫は満潮時の前後3時間に　長島町のブリの養殖
インタビュー 私が育てたブリを世界中の人に食
べてもらいたい　ほか）　　　　　　　　〔4410〕

◇おきなわのぎょこう　資料編　沖縄県農林水
産部漁港漁場課整備班編　那覇　沖縄県農林
水産部漁港漁場課　2015.3　95p　30cm
Ⓝ661.9　　　　　　　　　　　　　　〔4411〕

商業・商店街

◇和泊町構造調整対応診断事業報告書　〔鹿児
島〕　鹿児島県商工労働部中小企業課
1999.3　96p　30cm　Ⓝ672.199　〔4412〕

◇仲村清司の独断偏見!!沖縄とっておきの隠れ
家　仲村清司著　〔那覇〕　沖縄スタイル
2007.4　187p　21cm〈発売：枻出版社〉
1600円　①978-4-7779-0737-3　Ⓝ673.97
　内容　絶対、この人に出会って下さい（酒場部門）
絶対、味わって下さい（料理屋部門）　絶対、食べ
て下さい（昼飯部門）　絶対、買って下さい（惣菜
部門）　絶対、お土産にして下さい　絶対、教え
ないで下さい（宿泊部門）　　　　　　　〔4413〕

◇沖縄の市場〈マチグヮー〉文化誌―シシマチ
の技法と新商品から見る沖縄の現在　小松か
おり著　那覇　ボーダーインク　2007.8
204p　21cm〈年表あり〉1800円　①978-4-
89982-126-7　Ⓝ672.199　　　　　　〔4414〕

◇創立百周年記念誌　奥共同店100周年記念事
業実行委員会,奥共同店編　〔国頭村（沖縄
県）〕　奥共同店100周年記念事業実行委員

会　2008.3　718p　27cm〈共同刊行：奥共
同店　年表あり〉3500円　Ⓝ673.78　〔4415〕

◇沖縄の宝もの　中田桃子著　TOKIMEKIパ
ブリッシング　2010.2　125p　21cm〈写
真：阿朗,Link Ship　文献あり　発売：角川
グループパブリッシング〉1300円　①978-4-
04-895150-0　Ⓝ673.7
　内容　沖縄本島（紅型工房守紅―紅型作家・宮城守
男さんを訪ねて　壺屋焼物博物館―ヤチムンを知
る　工芸習衣―伝統工芸品を買う ほか）　石垣島
（石垣島ではじめに訪れたいところ―オーリトー
リ！ 石垣島 みんさー工芸館―ミンサー織りを
知る　石垣の塩―美しい海と山からの贈り物 ほ
か）　なごみのオキナワ 桃子編（海と花と蝶の楽
園竹富島　沖縄のお花はワクワクの素　首里城内
でホッとひといきのお茶の時間 ほか）　〔4416〕

◇沖縄ディープインパクト食堂　カベルナリア
吉田著　アスペクト　2010.6　173p　21cm
1500円　①978-4-7572-1803-1　Ⓝ673.97
　内容　第1章 那覇（金城畜産「豚の丸焼き専門店」
那覇市山下町　山海「ヤギ料理」那覇市東町 ほ
か）　第2章 本島中部（アヒル亭「沖縄家庭料理」
コザ（沖縄市仲宗根）　せい家「日本そば」嘉手納
ほか）　第3章 本島北部（パーラーわかば「沖縄式
パーラー」名護市屋部　琉球料理名護曲レストラン
「ファミリーレストラン」名護市世冨慶 ほか）　第
4章 本島南部（まるみつ冷し物専門店「冷し物一切
＆軽食」糸満　浜珍丁「イラブー＆海産物料理」南
城市佐敷町馬天 ほか）　第5章 宮古＆八重山（と
よみつ「居酒屋」宮古島平良市街　居酒家瑚南「居
酒屋」石垣島美崎町 ほか）　　　　　　〔4417〕

◇沖縄のおみやげノート　中田桃子,一色千里
著　TOKIMEKIパブリッシング　2010.9
127p　21cm〈写真：勅使河原櫂,熊沢鮭,
Link Ship　イラスト：桜井みすず　文献あ
り　発売：角川グループパブリッシング〉
1300円　①978-4-04-895194-4　Ⓝ675.1
　内容　那覇（おみやげグラビア　沖縄すたいる―セ
レクトショップ ほか）　豊見城（豊見城市ウージ
染め協同組合―染織物）　糸満（糸満買いもの紀行
―紅型作家・宮城守男さんと一緒に　紅型作家・
宮城守男さん作品紹介 ほか）　石垣島（石垣島買
いもの紀行）　　　　　　　　　　　　〔4418〕

◇沖縄ウェルネス産業研究会報告書―「万国医
療津梁」と沖縄地域経済の発展　〔那覇〕
内閣府沖縄総合事務局　2010.11　27p
30cm　Ⓝ673.93　　　　　　　　　　〔4419〕

◇19人が語ったマチグヮーの歴史　中嶋栄子,
西野美和子,米谷綾子取材・編集　那覇　ま
ちなか研究所わくわく　2011.3　48p　21cm
〈那覇市地域の力をつなぐまちづくり事業
年表あり〉672.199　　　　　　　　　〔4420〕

◇酔った食った！ 沖縄裏道NOW！　犬養ヒ
ロ,猫拾ブミ,はるやまひろぶみ著　双葉社

交通　　　　　　　　　　　　　　　　　　　　　　　　　　産業

2011.4　231p　15cm　（双葉文庫　い-45-
01）〈2007年刊の加筆・修正〉571円
Ⓘ978-4-575-71375-6　Ⓝ673.97
内容　その1　食堂―なくしたくない食堂がある（那
覇市掲載店だいたいこの辺マップ　2011年1月―
食堂）　その2　沖縄怪・快食紀行（『初めてのお使
い』『なんで怒るの？犬養さん』ほか）　その3　桜
坂―裏道が裏道であるうちに…（桜坂いっちゃー
マップ　2011年1月―桜坂　ほか）　その4　ニュー
ウェイブ―新機軸！でもやはり沖縄です（2011年
1月―ニューウェイブ　若者の地元料理離れはあ
るのか　ほか）　　　　　　　　　　　　　〔4421〕

◇那覇市中心商店街通行量調査報告書　那覇
那覇市経済観光部なはまちなか振興課
2015.2　146p　30cm　Ⓝ672.199
　　　　　　　　　　　　　　　　　　　　〔4422〕

◇那覇市来街者調査報告書　那覇　那覇市経済
観光部なはまちなか振興課　2015.2　159p
30cm　Ⓝ672.199
　　　　　　　　　　　　　　　　　　　　〔4423〕

◇清代中国漂着琉球民間船の研究　岑玲著　宜
野湾　榕樹書林　2015.3　243p　21cm
2800円　Ⓘ978-4-89805-178-8　Ⓝ672.199
　　　　　　　　　　　　　　　　　　　　〔4424〕

◇業界動向調査飲食業報告書―沖縄型ビジネス
モデル構築事業　平成26年度　那覇　沖縄県
商工労働部中小企業支援課　2015.3　155p
30cm　Ⓝ673.97　　　　　　　　　　　　〔4425〕

◇沖縄県買物動向調査報告書　平成26年度　那
覇　沖縄県商工労働部中小企業支援課
2015.3　123p　30cm　Ⓝ675.2　　　　　〔4426〕

◇沖縄ジャズロード　田代俊一郎著　福岡　書
肆侃侃房　2015.10　106p　21cm〈他言語
標題：Okinawa Jazz Road〉1500円
Ⓘ978-4-86385-201-3　Ⓝ673.98
内容　那覇市　浦添市　島尻郡　宜野湾市　沖縄
市　名護市　石垣市　　　　　　　　　　　〔4427〕

《貿易》

◇日本の改革は沖縄から―沖縄フリーポートへ
の提案　レイモンド・オータニ著　世界FTZ
協会日本事務局　1996.9　212p　19cm〈発
売：海苑社（浦和）〉1500円　Ⓘ4-906397-
17-4　Ⓝ678.21
内容　序章　沖縄はいま何を選択すべきか　第1章
沖縄の平和はどのように築かれるか　第2章　沖縄
が秘めている自由貿易の原点　第3章　国際経済都
市「沖縄」への大転換　第4章　日本経済を牽引す
る沖縄フリーポート　第5章　世界的な「観光都市・
沖縄」への展望　　　　　　　　　　　　　〔4428〕

◇全県自由貿易地域の展開に向けて（素案）に
関する全員協議会記録　沖縄県議会事務局議

事課編　那覇　沖縄県議会　1997.9　87p
26cm〈会期：平成9年9月17日〉Ⓝ678.21
　　　　　　　　　　　　　　　　　　　　〔4429〕

◇沖縄全県FTZ（自由貿易地域）の挑戦―ポス
ト香港、アジアの小龍めざす　平野拓也著
同文書院インターナショナル　1998.1　239p
20cm〈文献あり〉1600円　Ⓘ4-8103-8046-7
Ⓝ678.11
内容　第1章　始まり―晴天の霹靂　第2章　暗雲漂
う日本経済　第3章　今、何故、自由貿易地域なのか
第4章　沖縄FTZの挑戦　第5章　沖縄FTZの展望
　　　　　　　　　　　　　　　　　　　　〔4430〕

◇「全県FTZ」感情的反対論―フリー・トレー
ド・ゾーンに異議申す。　真喜志治著　那覇
ボーダーインク　1998.2　101p　19cm
1000円　Ⓘ4-938923-61-0　Ⓝ678.11
内容　「大交易時代」への疑問　歴史的な交流の蓄
積と地理的優位性とは　グローバルなスタンダー
ド化とは　なぜサトウキビなのか　「観光基幹産
業論」の危うさ　全県FTZは、本当にバラ色なの
か　台湾待望論への疑問　沖縄は「制度」の実験
台ではない　沖縄を先兵とするな　感情的「規制
緩和論」　感情的「豊かさ」論　制度がもたらす
「豊かさ」とは　ウチナーンチュにとっての「豊さ
か」とは　感情的「FTZ」論　　　　　　　〔4431〕

◇清代中国琉球貿易史の研究　松浦章著　宜野
湾　榕樹書林　2003.10　303,14p　22cm
8000円　Ⓘ4-947667-97-4　Ⓝ678.21022
　　　　　　　　　　　　　　　　　　　　〔4432〕

◇県産品の対外販路開拓に関する研究調査報告
書―平成18年度自主研究事業　〔那覇〕　南
西地域産業活性化センター　2007.3　79p
30cm　Ⓝ678.21053　　　　　　　　　　　〔4433〕

◇我が歩みし「琉球税関」　呉屋喜一郎著　追
録「改訂版」　南風原町（沖縄県）　那覇出
版社（制作）　2007.7　328p　22cm　非売品
Ⓝ678.3　　　　　　　　　　　　　　　　　〔4434〕

交通

◇沖縄に電車が走る日　ゆたかはじめ著　那覇
ニライ社　2000.12　257p　19cm〈発売：新
日本教育図書（下関）〉1500円　Ⓘ4-931314-
45-7　Ⓝ686.2199
内容　第1部　沖縄の鉄道を求めて（初めて汽車に
乗った琉球人　南の島を汽車が行く　孤島のレー
ルはいま　電車は首里へ上る　ほか）　第2部　沖縄
に電車が走る日（ゆいレールでいこう　街づくり
に背骨を　沖縄が汚れていく　チバリよー路線バ
ス　ほか）　第3部　鉄道が大好き（電車の運転手に
なりたい　痛かった鉄道模型　特別急行の寝台車
ハゲ山のショック　ほか）　　　　　　　　〔4435〕

348　「沖縄」がわかる本　6000冊

産業　　　　　　　　　　　　　　　　　　　　　　　　　　　　　　　　　　　　交通

◇南大東島シュガートレイン—南の島の小さな
鉄道　竹内昭著　岩崎電子出版　2002.8
111p　13×19cm〈他言語標題：Sugar train
おもに図〉1429円　Ⓘ4-9901165-1-8
Ⓝ686.2199
内容 大東糖業専用鉄道とは　思いでの南大東島
車両　在所　西線　南支線　亀池線　一周線　北
支線
〔4436〕

◇ゆいレール駅周辺物語—沖縄都市モノレー
ル・ガイドブック　那覇　沖縄都市モノレー
ル　2003.6　183p　30cm　1239円　Ⓝ686.
9199
〔4437〕

◇図説・沖縄の鉄道　加田芳英著　改訂版　那
覇　ボーダーインク　2003.7　121p　26cm
〈年表あり〉1800円　Ⓘ4-89982-047-X
Ⓝ686.2199
内容 沖縄県鉄道（沖縄県鉄道の足あとをたどる
業績　車輌のはなし　県鉄各駅停車）　沖縄の電
車（ちんちん電車が走っていた　電車の乗客数と
経営　車輌のはなし　思い出の電車通）　馬車鉄
道・トロッコ（各地で活躍した馬車軌道・トロッ
コ）
〔4438〕

◇金十丸、奄美の英雄伝説—戦火をくぐった疎
開船の数奇な運命　前橋松造著　鹿児島　南
方新社　2004.8　383p　20cm〈文献あり〉
2300円　Ⓘ4-86124-024-7　Ⓝ683.2197
内容 トカラの海の嘆き　遠泳の夢を奪った敵潜
水艦　追われて逃げた、悪夢の航海　海底に眠る
商船の墓標　徳之島の岬に立って祈る　不沈船伝
説と名物船長　金十丸の誕生“秘話”　昔をしのぶ
“道の島”の連絡船たち　アメリカ軍政府に接収さ
れて　前代未聞の乗っ取り事件　晴れて奄美航路
に戻る　夢まぼろしか、「金十丸の世紀」〔4439〕

◇南部にレールの夢をのせて—沖縄県南部連合文
化協会10周年記念　第1回文化シンポジウム
〔南風原町（沖縄県）〕　沖縄県南部連合文化
協会　〔2005〕　102p〈会期・会場：
2005年11月19日　南風原中央公民館大ホール
標題紙のタイトル：南部にレールの夢を描け
ば　年表あり〉1000円　Ⓝ686.2199
内容 南部の歴史と風物：やさしさと楽しさと誇
りを求めて　宮城鷹夫著　十一月十九日は「鉄道
電化の日」　特別講演：待望のモノレールが走る
湖城英知述　基調講演：南部を活かすニューケイ
ビン　ゆたかはじめ述　沖縄県鉄道のあしあと　加
田芳英著　与那原駅と糸満駅その跡を回ってみれ
ば　金城功著
〔4440〕

◇おきなわの路面電車—甦れ！チンチン電車
松崎洋作絵, 船越義彰文　那覇　ニライ社
2006.7　46p　27cm〈発売：新日本教育図
書〉1500円　Ⓘ4-931314-65-1　Ⓝ686.9199
内容 通堂　仮屋前　見世前　市場　松田橋　大
門前　久米　西武門　裁判所前　若狭町　潟原
兼久　泊高橋　泊前道　崇元寺　女学校前　坂下

坂下を行く　観音堂へ向けて　観音堂　首里
〔4441〕

◇沖縄・九州鉄道チャンプルー　ゆたかはじ
め, 桃坂豊著　福岡　弦書房　2008.12
155p　21cm〈文献あり〉1900円　Ⓘ978-4-
86329-011-2　Ⓝ686.219
内容 鉄道ばなし（歴史を刻んだ特急「なは」号　鉄
道を歩く　沖縄の鉄道あれこれ　鉄道は海・空・
街へ）　鉄道はジョートー（カートレインの駅弁
ペリー提督の手みやげ　昭和天皇の「お召し列車」
と伊江王子　富士との別れ　ほか）　ゆいレール沿
線観光（ゆいレール各駅アート一覧　沖縄・九州
の鉄道唱歌集）
〔4442〕

◇沖縄軽便（ケイビン）鉄道　松崎洋作絵, ゆた
かはじめ文　福岡　海鳥社　2009.8　94p
26cm　1700円　Ⓘ978-4-87415-741-1
Ⓝ686.2199
内容 沖縄の軽便鉄道（与耶原線　嘉手納線　糸満
線）　沖縄県鉄道概史
〔4443〕

◇飛翔—琉球物流60年史　琉球物流株式会社60
年史編纂委員会編　那覇　琉球物流　2010.
11　199p　31cm〈年表あり〉Ⓝ681.6
〔4444〕

◇宮古島まもる君パーフェクトガイド—あの、
まもる君のすべてがわかる！　宮古島　あ
どびず　2011.6　48p　19cm〈他言語標題：
Miyakojima Mamorukun perfect guide
まもる君勤務地マップ付〉500円　Ⓘ978-4-
9905893-0-1　Ⓝ681.3
〔4445〕

◇船の文化からみた東アジア諸国の位相—近世
期の琉球を中心とした地域間比較を通じて
岡本弘道編　吹田　関西大学文化交渉学教育
研究拠点　2012.1　139p　30cm　（周縁の文
化交渉学シリーズ　5）〈文部科学省グローバ
ルCOEプログラム関西大学文化交渉学教育
研究拠点〉Ⓘ978-4-9905164-8-2　Ⓝ683.22
内容 基調講演　中国帆船による東アジア海域交
流　松浦章述　島嶼国家琉球の船の文化史　船と
琉球史　豊見山和行著　琉球の船舶乗組員からみ
た海域史　深澤秋人著　フィールドから見えるもの
板井英伸著　東アジア諸国の船の文化　阮朝期ベ
トナム（1802-1883年段階）の造船業と船舶　チャ
ン・ドゥック・アイン・ソン著　西村昌也, 上田
新也　訳　朝鮮王朝後期における船の文化　李哲漢,
李恩善著　篠原啓方　訳　近世期における日本の
船の地域的特徴　小嶋良一著　コメント　船舶史
の視点からのコメント　安達裕之著　琉球・沖縄
の視点からのコメント　上江洲均著　近世東ユー
ラシア史の視点からのコメント　上田信著〔4446〕

◇琉球古道—歴史と神話の島・沖縄　上里隆史
著, 富山義則写真　河出書房新社　2012.3
204p　21cm〈他言語標題：Ryukyu Kodo
文献あり〉2200円　Ⓘ978-4-309-22568-5

「沖縄」がわかる本 6000冊　**349**

Ⓝ682.199
内容 第1章 琉球神話と巡礼の道（神々と祈りの島・沖縄 沖縄古来の信仰世界とは ほか） 第2章 海上の道と古琉球（海は「道」である サンゴ礁と港 ほか） 第3章 すべての道は王宮へ通ず（王国道第一号の「綾門大道」 守礼門に隠された秘密 ほか） 第4章 沖縄県の誕生と近代の道（沖縄県の設置と近代道路整備 国頭街道の開通と陸上交通への転換 ほか） 〔4447〕

◇新石垣空港物語―八重山郡民30年余の苦悩と闘いの軌跡 上地義男著 石垣 八重山毎日新聞社 2013.3 263p 21cm〈編集：沖縄自分史センター 年表あり〉1800円 Ⓘ978-4-87215-826-7 Ⓝ687.9199 〔4448〕

◇沖縄の鉄道と旅をする―ケイビン・ゆいレール・LRT ゆたかはじめ著 那覇 沖縄タイムス社 2013.8 256p 19cm 1900円 Ⓘ978-4-87127-210-0 Ⓝ686.2199 〔4449〕

◇四国・九州ライン全線・全駅・全配線 第7巻 宮崎・鹿児島・沖縄エリア 川島令三編著 講談社 2013.11 103p 26cm （〈図説〉日本の鉄道）〈文献あり〉1300円 Ⓘ978-4-06-295166-1 Ⓝ686.218
内容 特集（一度は乗りたい肥薩線 人吉－真幸間 串木野の鉱山列車 名護のネオパークオキナワに復活した沖縄軽便鉄道） 配線図（九州新幹線（新八代）/鹿児島本線（新八代－八代）/肥薩線（八代）/肥薩おれんじ鉄道（八代） 肥薩線（段－鎌瀬）/肥薩おれんじ鉄道（肥後高田－日奈久温泉） 肥薩線（瀬戸石－白石）/肥薩おれんじ鉄道（肥後二見－たのうら御立岬公園） ほか） 駅データ（九州新幹線 肥薩おれんじ鉄道線 鹿児島本線 ほか） 〔4450〕

◇沖縄県の空港 沖縄県土木建築部空港課編 〔那覇〕 沖縄県土木建築部空港課 2014.3 41p 30cm 〔4451〕

郵便

◇占領下・戦後初期沖縄郵便史 斎藤彰男編 倉敷 斎藤彰男 1997.5 160p 26cm Ⓝ693.2199 〔4452〕

◇琉球の郵便物語 金城康全著 那覇 ボーダーインク 1998.5 164p 19cm 1500円 Ⓘ4-938923-66-1 Ⓝ693.2199 〔4453〕

◇沖縄カバー収集の手引き 立川憲吉, 真栄城勇著 日本郵趣協会 1998.9 132p 26cm （郵趣モノグラフ 5） 2600円 Ⓘ4-88963-568-8 Ⓝ693.8 〔4454〕

◇沖縄―1874-1972 立川憲吉・石澤司コレクション 日本郵趣協会 2005.6 12,339p 31cm〈年表あり〉8200円 Ⓘ4-88963-660-9 Ⓝ693.2199 〔4455〕

◇「沖縄」とともに―立川憲吉追悼集 立川憲吉追悼集編集委員会編 日本郵趣協会 2010.10 237p 27cm 5000円 Ⓘ978-4-88963-723-6 Ⓝ693.8 〔4456〕

放送

◇ローカルに徹せよ―ラジオ沖縄35年の歩み ラジオ沖縄35年の歩み編集委員会編 那覇 ラジオ沖縄 1995.7 119p 26cm〈年表：p90～117〉Ⓝ699.067 〔4457〕

◇おちゃめのカンヅメ―琉球放送ラジオふれ愛パレット番外篇 玉城デニー, 富原志乃編著 浦添 沖縄出版 1995.12 259p 21cm〈著者の肖像あり〉1600円 Ⓘ4-900668-54-0 Ⓝ699.67 〔4458〕

◇笑う！ うちなーぐちFAX小全 2 ラジオ沖縄「前田すえこのいいことありそうウィークエンド」沖縄探検隊編 那覇 ボーダーインク 1997.8 291p 19cm〈「2」のサブタイトル：かなりいけてる〉1500円 Ⓘ4-938923-57-2 Ⓝ699.6
内容 りんちゃー 嫉妬深い人 でぃかちゃん でかした みーどぅさぬ ひさしぶり いんとぅまやー 犬と猫 やーいじゃー 内弁慶 やーなれー 家の習慣 すっさー やるな はーえーごんごん 急いで ひやみかち 気合いいれてがんばる まっとーばー 正直者〔ほか〕 〔4459〕

◇笑う！ うちなーぐちFAX小全 3 ラジオ沖縄「前田すえこのいいことありそうウィークエンド」沖縄探検隊編 那覇 ボーダーインク 2000.7 288p 19cm〈「3」のサブタイトル：カンナジ 奥付のタイトル（誤植）：笑う！ うちちなーぐちFAX小全〉1500円 Ⓘ4-89982-001-1 Ⓝ699.6
内容 うたとーん―疲れた うぇーき―裕福な人 やまとぅたび―ヤマトへ行くこと ひんすー―貧乏 いーたん―もらった わしとーたん―忘れてた ちゅらさ―清らかな美しさ にんららん―眠れない なーら―まだ、まだ ちむぐるさん―かわいそう〔ほか〕 〔4460〕

◇琉球放送50年史 琉球放送株式会社50年史編纂委員会編 那覇 琉球放送 2005.4 283p 31cm〈琉球放送50周年記念 年表あり〉Ⓝ699.067 〔4461〕

◇琉球朝日放送10年史―QAB 琉球朝日放送株式会社10年史編纂委員会編 那覇 琉球朝日放送 2008.6 183p 31cm〈年表あり〉

産業　　　　　　　　　　　　　　　　　　　　　　　　　　　　　　　観光

Ⓝ699.067　　　　　　　　　　〔4462〕

◇沖縄テレビ放送50年史　那覇　沖縄テレビ放
送　2010.3　327p　29cm〈他言語標題：
Okinawa Television Broadcasting 50th　年
表あり〉　Ⓝ699.067
　　　　　　　　　　　　　　　〔4463〕

◇沖縄放送研究序説―テレビ報道の現場から
玉城朝彦著　那覇　出版舎Mugen　2010.4
462p　22cm　2800円　Ⓘ978-4-9904879-2-8
Ⓝ699.64　　　　　　　　　　〔4464〕

◇ラ・ラ・ラ、ラジオ沖縄―ローカルに徹せよ
ラジオ沖縄編　那覇　ボーダーインク
2010.7　297p　19cm〈ラジオ沖縄開局50周
年記念〉　1600円　Ⓘ978-4-89982-186-1
Ⓝ699.2199　　　　　　　　　〔4465〕

◇笑って泣いてはんまよ～ティーチャ本　ラジ
オ沖縄編　那覇　フォレスト　2010.12
261p　21cm　1600円　Ⓘ978-4-9903112-6-1
Ⓝ699.67　　　　　　　　　　〔4466〕

◇読むきんくる！―ウチナーンチュも知らない
《沖縄》を伝える　NHK沖縄「沖縄金曜ク
ルーズ」制作班, 津波信一編　那覇　ボー
ダーインク　2012.7　165p　19cm　1500円
Ⓘ978-4-89982-227-1　Ⓝ699.67　〔4467〕

観光

◇おきなわ行事・イベントオールガイド―元気
な365日　ボーダーインク編集部編　那覇
ボーダーインク　1995.5　174p　19cm
1500円　Ⓝ689.2199　　　　　〔4468〕

◇沖縄の魅力再検証―沖縄観光フォーラム'95
レジャー・サービス産業労働組合連合編　第
一書林　1996.3　55p　21cm　（Daiichi
syorin book）　600円　Ⓘ4-88646-118-2
Ⓝ689.2199
　内容　観光産業と環境保全（環境問題の背景、特徴、
本質とは　「持続可能な発展」の考え方　「環境」が
もつ本来の価値とは　モノが売れない時代と新た
なニーズの出現　ほか）　パネル・ディスカッショ
ン　観光客は何を望んでいるのか―沖縄振興への
観光産業の可能性（沖縄の観光リゾートとしての
ブランド化を　今後の沖縄観光を考える四つの視
点　沖縄の真の姿と先行するイメージとのギャッ
プ　読谷村にみる地域固有の開発のあり方　ほか）
　　　　　　　　　　　　　　　〔4469〕

◇香りのまちづくりの具体化に関する研究　那
覇　沖縄大学地域研究所　1997.3　120p
30cm　Ⓝ689.4　　　　　　　〔4470〕

◇よりよき観光地づくりのために―欧米におけ

る観光地づくりと沖縄県（北部）における観
光の展開　日本観光協会　〔1998〕　60p
30cm　1000円　Ⓘ4-88894-077-0　Ⓝ689.4
　内容　第1部　欧米における観光地づくり・地域づ
くり（観光地の特性と分類　都市観光地　山岳リ
ゾート　海浜リゾート　農村リゾート　温泉観光
地）　第2部　沖縄県北部（やんばる）における観光
の展開（北部地域の概要　観光レクリエーション
利用　沖縄県における宿泊余力と開発可能性　沖
縄観光の発展と民間企業の役割）　　〔4471〕

◇九州・沖縄の公共の宿　山と渓谷社　2000.6
223p　21cm　（J guide―宿泊シリーズ）
1500円　Ⓘ4-635-00389-2　Ⓝ689.9
　内容　1 福岡県　2 佐賀県　3 長崎県　4 熊本県
5 大分県　6 宮崎県　7 鹿児島県　8 沖縄県
　　　　　　　　　　　　　　　〔4472〕

◇さらにつかえるおきなわ行事イベントの本
ボーダーインク編集部編　那覇　ボーダーイ
ンク　2000.8　160p　21cm　1600円　Ⓘ4-
89982-002-X　Ⓝ689.2199
　内容　行事・イベントカレンダー　行事・イベン
ト紹介（イベント　年中行事）　行事・イベント会
場MAP（沖縄島北部・周辺離島　沖縄島中南部・
周辺離島　宮古諸島　八重山諸島）　〔4473〕

◇観光産業の活性化戦略と人材育成の研究―ホ
テル業界ヒアリングと観光産業の分析をもと
に　那覇　雇用開発推進機構　2001.3　94p
30cm　Ⓝ689.2199　　　　　　〔4474〕

◇八重山ちゅら花　宮平康弘〔著〕　石垣　宮
平康弘　2002.5　255p　22cm〈年表あり〉
2000円　Ⓝ689.2199　　　　　〔4475〕

◇観光再生―「テロ」からの出発　沖縄タイム
ス社編　那覇　沖縄タイムス社　2002.6
115p　21cm　（沖縄タイムス・ブックレット
12）　1000円　Ⓘ4-87127-512-4　Ⓝ689.2199
　内容　プロローグ　基地沖縄の苦悩　観光再生（痛
みは続く　「風評」ですか？　他地域に学ぶ　変
われるか「沖縄」）　　　　　　　〔4476〕

◇八重山観光の歴史と未来　南の美ら花ホテル
ミヤヒラ創業50周年記念誌編集委員会編　石
垣　宮平観光　2003.8　197p　21cm〈年表
あり〉　2500円　Ⓝ689.2199　　〔4477〕

◇伝統的地場産業の再生・育成に関する研究―
平成15年度　地方自治研究機構　2004.3
191p　30cm　Ⓝ689.4　　　　　〔4478〕

◇八重山にぃふぁいゆー　宮平康弘著　石垣
宮平康弘　2004.7　183p　21cm〈年表あ
り〉　2000円　Ⓝ689.2199　　　〔4479〕

◇沖縄本島南北の交流拠点の形成―シーポート
リゾートシティの実現へ　仲里嘉彦監修　浦
添　春夏秋冬社　2004.7　157p　22cm

「沖縄」がわかる本　6000冊　　351

観光　　　　　　　　　　　　　　　　　　　　　　　　　産業

（21世紀北谷町の展望 2）　1429円　Ⓝ689.4
〔4480〕

◇九州・沖縄　3版　昭文社　2004.7　391p
18cm　（ホテルガイド 10）　1200円　Ⓘ4-
398-14143-X　Ⓝ689.819
内容 福岡　佐賀　長崎　熊本　大分　宮崎　鹿
児島　沖縄　　　　　　　　　　　　　〔4481〕

◇ゆいまーる福祉リゾート革命―雇用創出型・
公共起業の原理　比嘉佑典著　具志川　ゆい
出版　2004.11　150p　19cm　1000円　Ⓘ4-
946539-24-7　Ⓝ689.4　　　　　　　〔4482〕

◇南西諸島の離島地域活性化に関する調査研究
―伊仙町における健康長寿をいかした町おこ
し事業に関する調査研究　報告書　那覇　南
西地域産業活性化センター　2005.3　92p
30cm〈平成16年度自主研究事業〉Ⓝ689.4
〔4483〕

◇安くて良い宿公共の宿九州沖縄　2006年版
昭文社　2006.2　15,135p　26cm　（マップ
ルマガジン M7）　857円　Ⓘ4-398-24707-6
Ⓝ689.819　　　　　　　　　　　　　〔4484〕

◇オキナワ放浪宿ガイド120　山と溪谷社
2006.7　191p　21cm　1200円　Ⓘ4-635-
24213-7　Ⓝ689.8199
内容 エリア別　宿・島ガイド（那覇　本島南部　本
島中部　本島北部　宮古諸島　八重山諸島）　特
集（那覇マチグヮー探訪　ライブハウスで語る沖
縄音楽シーンの30年（上地 "gacha" 一也）　さす
らいのオヤジ "ママ" チャリダー　沖縄本島「縦断」
記（平野悠）　消えゆく沖縄へ「複雑な悲しみ」を
感じる旅（宮台真司）　あんなハブ、こんなハブに
気をつけろ！）　　　　　　　　　　　〔4485〕

◇南西諸島の離島地域に関する調査研究―南の
島への移住に関する基礎調査　報告書　那覇
南西地域産業活性化センター　2007.3　85p
30cm〈平成18年度自主研究事業〉Ⓝ689.
2197　　　　　　　　　　　　　　　　〔4486〕

◇喜璃癒志　福嶋美香著　文々社、飛鳥出版
〔発売〕　2007.8　192p　19cm　1524円
Ⓘ978-4-7801-0020-4
内容 プロローグ　イチャリバチョーデー―1962
～1971（沖乃島観光ホテル　守礼の邦・迎恩の心
ほか）　第1章　海―1972～1986（海洋博　平良朝
敬の帰郷　ほか）　第2章　地―1987～1999（西海岸
リゾートの黎明　かりゆしの丘　ほか）　第3章　空
―2000～2005（初夢　太陽リゾート　ほか）　第4
章　天―2006～20XX（けじめとアメリカ　沖縄マ
リオットリゾート・かりゆしビーチ　ほか）　エピ
ローグ　ニライカナイ―現在と未来（デイゴとウニ
エコツーリズム　ほか）　　　　　　　〔4487〕

◇八重山（やいま）ふがらさ―やいま日記（平成
19年5月～10月）　宮平康弘著　石垣　宮平

康弘　2008.2　236p　21cm〈写真：大塚勝
久〉1500円　Ⓝ689.2199　　　　　　〔4488〕

◇沖縄エコツアーガイドブック　環境ボラン
ティアも含む沖縄本島編　沖縄探見社編　那
覇　沖縄探見社　2010.7　111p　21cm〈文
献あり〉1000円　Ⓘ978-4-9904533-2-9
Ⓝ689.4　　　　　　　　　　　　　　〔4489〕

◇地域社会による文化資産マネジメントとツー
リズム―沖縄県・竹富島の事例研究　池ノ上
真一著　札幌　北海道大学観光学高等研究セ
ンター　2012.3　113p　26cm　（CATS叢書
第6号）〈文献あり〉Ⓝ689.4　　　　〔4490〕

◇沖縄観光とホスピタリティ産業　宮城博文著
京都　晃洋書房　2013.2　193p　22cm〈文
献あり　索引あり〉2800円　Ⓘ978-4-7710-
2427-4　Ⓝ689.2199
内容 序章　「沖縄観光とホスピタリティ産業」を
論ずるにあたって　第1章　地域形成におけるデス
ティネーション研究の検討と課題　第2章　ホスピ
タリティ産業におけるサービス提供過程の課題
第3章　沖縄県におけるホスピタリティ産業の規模
と現状　第4章　沖縄県における宿泊業の発展と日
本の旅行市場　第5章　沖縄県におけるリゾート・
ホテルの形成、及びデスティネーションの発展―
ホテルムーンビーチを中心に　第6章　宿泊業にお
けるサービス・コンセプト実現の仕組み―ザ・テラ
スホテルズを中心に　第7章　沖縄観光の形成と旅
行業の役割―沖縄ツーリストを中心に　終章　沖
縄観光の展望と今後のデスティネーション・モデ
ルの課題　　　　　　　　　　　　　　〔4491〕

◇中国人観光客受入支援事業―世界に通用する
観光人材育成事業　〔那覇〕　沖縄県
2013.3　95p　30cm　Ⓝ689.2199　〔4492〕

◇めんそーれOkinawa外国人観光客接遇マニュ
アル　2013年　春号　那覇　沖縄県　2013.3
108p　30cm　Ⓝ689.2199
内容 知識編　実践編　　　　　　　　〔4493〕

◇奇跡のリゾート星のや竹富島　山口規子写
真, 古関千恵子文　河出書房新社　2013.4
93p　26cm　2500円　Ⓘ978-4-309-24617-8
Ⓝ689.8199
内容 1　星のや竹富島の魅力（竹富島の過去・今・
未来が紡がれる「離島の集落」　ホテルを彩る
職人たち）　2　メイキング―星のや竹富島（地
鎮祭　植物の選別　グック　2010.7.04～2012.05.
31　離島のリゾート建設　ほか）　　　〔4494〕

◇反楽園観光論―バリと沖縄の島嶼をめぐるメ
モワール　吉田竹也著　名古屋　樹林舎
2013.7　414p　19cm　（樹林舎叢書）〈表紙
のタイトル：Counter-science of Tourism
at "Paradise" Sites　文献あり　索引あり
発売：人間社（名古屋）〉1600円　Ⓘ978-4-

352　「沖縄」がわかる本 6000冊

産業　　　　　　　　　　　　　　　　　　　　　　　　観光

931388-73-4　Ⓝ689
[内容] 第1章 観光という問題系　第2章 反科学として
しての観光論　第3章 観光の構造の探究　第4章
地上の楽園の系譜学　第5章 楽園バリの明と暗
第6章 エコツーリズムの逆説　第7章 楽園を生き
なおす日本人　第8章 観光のまなざしの消去　第
9章 楽園観光に抗する島　第10章 明日の楽園観
光論　　　　　　　　　　　　　　　　　　〔4495〕

◇職業としての観光—沖縄ツーリスト55年編
吉崎誠二著　芙蓉書房出版　2013.11　191p
19cm〈他言語標題：Tourism as a
Vocation　文献あり　年表あり〉1900円
①978-4-8295-0605-9　Ⓝ689
[内容] 第1章 沖縄観光の夜明け前(1945年～1958
年)　第2章 沖縄ツーリスト創立と復帰前の沖縄
観光(1958年～1972年)　第3章 観光地としての
沖縄の発展(1972年～1999年)　第4章 沖縄ブー
ムによる観光産業の発展と試練(2000年～2011年)
第5章 新たなステージを迎えた観光地沖縄と沖縄
ツーリスト(2011年～2013年)　第6章 近年の沖
縄観光政策とこれからの沖縄観光の展望　〔4496〕

◇沖縄感動体験プログラム　〔那覇〕　沖縄県
文化観光スポーツ部観光政策課観光文化企画
班　2014.3　14p　30cm〈平成25年度沖縄
感動産業戦略構築事業〉　　　　　　　　〔4497〕

◇観光バリアフリー—まずはここからはじめよ
う　那覇　沖縄県文化観光スポーツ部観光振
興課　2014.3　21p　30cm〈平成25年度誰
にでもやさしい観光地づくり形成事業〉
　　　　　　　　　　　　　　　　　　　　〔4498〕

◇必ず儲かる沖縄観光ビジネス　渡口昇著　幻
冬舎メディアコンサルティング　2014.4
259p　19cm〈他言語標題：Okinawa
Tourism Business　発売：幻冬舎〉1200円
①978-4-344-97039-7　Ⓝ689.2199
[内容] 第1章 沖縄観光ビジネスはなぜ儲かるのか?
(今後ますます増える沖縄観光客　好調を後押し
する要素の数々　ほか)　第2章 観光客がグッとく
る「沖縄らしさ」の共通点(沖縄の強烈な独自性
「チャンプルー」文化　行列のできる沖縄古民家
のソーキそば屋さん　ほか)　第3章 誰でもできる
沖縄観光ビジネス成功の法則(スタートアップ編
営業戦略編　ほか)　第4章 沖縄は無限の可能性を
秘めている(沖縄流の働き方　沖縄に移住し、起
業した人たちの体験談　ほか)　　　　　〔4499〕

◇哀愁のB級ホテル—あなたに伝えたいデイゴ
ホテルの物語　宮城悟著　燦葉出版社
2014.8　244p　19cm　1500円　①978-4-
87925-115-2　Ⓝ689.8199
[内容] プロローグ(一九六六年コザ市　哀愁のB級
ホテル　ほか)　第1章 アメリカホテルの夜は更け
て(悲しきホテルマン　サダムとジョージの不倫
戦争　ほか)　第2章 目指せ世界のB級ホテル(目
からウロコ　涙そうそうエピソード　ほか)　第3
章 コザ・アイデンティティ(コザ・アイデンティ

ティ　まちの魅力　ほか)　エピローグ(コザ暴動
白人街と黒人街　ほか)　　　　　　　　〔4500〕

◇沖縄観光ガイドブック　〔那覇〕　沖縄県
2014.12　34p　30cm〈共同刊行：沖縄観光
コンベンションビューロー〉　　　　　　〔4501〕

◇沖縄の観光・環境・情報産業の新展開　沖縄
国際大学産業総合研究所編　泉文堂　2015.3
283p　21cm　(沖縄国際大学産業総合研究
所叢書)　2900円　①978-4-7930-0325-7
Ⓝ689.2199
[内容] 第1部 沖縄の観光・環境産業(インバウン
ド・ツーリズムと観光客評価　クルーズ客船寄港
の経済波及効果　新たな宿泊ビジネスモデルの沖
縄への導入の可能性　リゾートウエディングの実
態と課題　健康と癒しの場としての島　医療ツー
リズム—タイを中心に　自動車リサイクルシステ
ムの特徴と課題：日韓の比較検討に向けて)　第
2部 沖縄・アジアの情報産業(沖縄県の情報産業
の展開　行政の情報化と電子政府　東南アジアの
概況　ベトナムにおけるIT政策と人材育成　シン
ガポールにおける経済およびIT政策について　台
湾・香港の情報化と人材育成　アジア新中間層の
コンテンツ・シェアリング行動—日本製娯楽コン
テンツの不正利用を中心に)　　　　　　〔4502〕

◇世界に通用する観光人材育成事業事業報告書
—人づくり、島づくり、感動づくり　平成26
年度　〔那覇〕　沖縄県　2015.3　436p
30cm〈受託者：沖縄観光コンベンション
ビューローほか〉Ⓝ689.2199　　　　　〔4503〕

◇島嶼地域における「沖縄型」持続的発展モデル
の構築—学際的国際比較研究を通じて　平
成26年度　宜野湾　沖縄国際大学産業総合研
究所　2015.3　153p　30cm　((公社)沖縄
県対米請求権事業協会・助成シリーズ no.
52)〈研究代表者：仲地健　文献あり〉
Ⓝ689.2199　　　　　　　　　　　　　　〔4504〕

◇"やんばる"地域における外国人観光客受け
入れ対応に関する調査研究—平成26年度　名
護　名桜大学総合研究所　2015.3　176p
30cm　((公社)沖縄県対米請求権事業協会・
助成シリーズ no.53)〈研究代表者：新垣裕
治〉Ⓝ689.2199　　　　　　　　　　　　〔4505〕

◇25億の借金をしても沖縄・瀬長島につくりた
かったもの　近藤康生著　ダイヤモンド社
2015.11　205p　19cm　1500円　①978-4-
478-06752-9　Ⓝ689.2199
[内容] 第1章 銀行に見捨てられた日　第2章 忙し
いニートが旅行会社社長へ　第3章 限界ホテル建
設　第4章 ベッドタウンにリゾートを　第5章 身
を捨ててこそ　第6章 いざ、上場　第7章 今、旅
行業界がやらねばならないこと　　　　〔4506〕

◇地元ガイドが書いた那覇まちまーいの本——

「沖縄」がわかる本 6000冊　353

観光　　　　　　　　　　　　　　　　　　　　　　　産業

緒に歩こう那覇のまち　那覇まちまーいガイ
ド文芸部編著　那覇　ボーダーインク
2015.12　142p　21cm　1600円　①978-4-
89982-293-6　⑩689.2199　　　　　〔4507〕

暮らし

暮らし・生き方

◇なんくるぐらし　照屋林賢, 松村洋著　筑摩
書房　1995.6　221p　19cm　1400円　Ⓛ4-
480-87259-0　Ⓝ302.199
　内容 コザへようこそ　沖縄がきこえてくる（御祝
祭り・祈り・遊び　沖縄気質　海と人間　天の巡
り）　新しい沖縄音楽を創る（洋楽修行　拒否と共
感　音楽を手渡す）　〔4508〕

◇あたたかい土地のくらし―写真と作文でつづ
る南国沖縄の人々の生活　沖縄県・玉城村
次山信男監修, 吉田忠正文・写真　ポプラ社
1999.4　47p　27cm　（新・日本各地のくら
し　1）　2200円　Ⓛ4-591-05914-6　〔4509〕

◇沖縄で暮らしてみた　同時代社編集部編　同
時代社　2001.6　163,44p　19cm　1500円
Ⓛ4-88683-439-6　Ⓝ302.199
　内容 1　暮らす（自分自身で選んだ故郷　時計を見
ない生活へ　音楽家から"染織家"へ ほか）2　聞
く（仕事探し・働き方のスタイル―県外出身者だ
からこそ求められる職もある!?　観光業への就職
―これからの観光業の夢　自分で仕事をつくる―
「オンリー・ワン」の発想で ほか）　3　知る（知元
からみた「移住」(1)―あなたも沖縄県民になれる
よ　地元からみた「移住」(2)―ポイントは気楽に
考えること）　〔4510〕

◇ちゅらおばぁのなんくるないさ―あなたが忘
れてしまった無理しない生き方　平良とみ著
祥伝社　2002.5　171p　19cm　1300円
Ⓛ4-396-41024-7　Ⓝ302.199
　内容 第1章　なんくるないさ（沖縄のこころ　な
んくるないさ　ちゅらさん ほか）　第2章　行逢り
ば兄弟（行逢りば兄弟　モアイ　イイマールー ほ
か）　第3章　命どぅ宝（艦砲の喰エー残サー　命
どぅ宝　シーサー ほか）　〔4511〕

◇南の島に住みたい！　いのうえりえ著　東
洋経済新報社　2002.8　265p　21cm　1500
円　Ⓛ4-492-04182-6　Ⓝ302.197
　内容 第1章　ルポ・人生をオールリセットして島
へ移住した人々の物語―沖縄本島、種子島、奄美
大島、屋久島、宮古島（南の島へ家族と一緒に移
住。豊かな気持ちで暮らせる場所を求めた人々。

好きな人と2人で自分たちらしく暮らしたくて南
の島へ　とにかく憧れの島で暮らしたい！　いて
もたってもいられず、単身で移住 ほか）　第2章
南の島で仕事を獲得する方法（どんな仕事が多い
のか？　南の島で働く上で、心がけておきたいこ
と　仕事の探し方 ほか）　第3章　さあ、準備を始
めよう！　移住実践編（島の選び方　移住のための
相談先の見つけ方　住まいの探し方 ほか）　資料
島へ移住するための生活関連情報　〔4512〕

◇ゆっくりした人生がいい　近藤裕著　毎日新
聞社　2002.11　213p　19cm　1400円　Ⓛ4-
620-31598-2　Ⓝ302.199
　内容 1　魂の源郷を見つけた（「なんでかネ！」「だ
っからヨ！」の文化　「沖縄病」と「ヤマト病」そし
て「琉球病症候群」 ほか）　2　癒しのエネルギー
に満ちあふれた島（海に、地に宿る"いのち"　癒
されるということ ほか）　3　O・KI・NA・WA的
生き方（許し合って生きる　楽しく生きる ほか）
付　O・KI・NA・WA的生き方十ヵ条（O・KI・NA・
WA的生き方十ヵ条　沖縄は薬草の宝島）〔4513〕

◇102歳のロビンソン・クルーソー　渡久地政
滝著, 鈴木信監修　マキノ出版　2003.8
174p　21cm　1400円　Ⓛ4-8376-7017-2
　内容 第1章　十年一日（ラジオなしのラジオ体操
畑はぼくの仕事場で遊び場 ほか）　第2章　昔の
ことはハッキリわからん（明治三十四年一月十七
日、ここで生まれたのさー　徴兵検査に落ち心の
中で「やった―！」 ほか）　第3章　102歳のロビ
ンソン・クルーソー（なにしろ、ひとりはのんき
です　オジィのひとり暮らし実践講座 ほか）　第
4章　テーゲー日記02（今日は寒いので畑仕事は休
業した　三年ぶりに屋根の掃除 ほか）　第5章　無
理せずほがらかナンクルナイサー（こだわらない、
執着しない、怒らない　悲しいものは悲しい、で
も… ほか）　〔4514〕

◇沖縄に恋する―癒しの島へ渡ってみれば　西
野浩史著　WAVE出版　2004.4　215p
19cm　1500円　Ⓛ4-87290-187-8　Ⓝ302.
199
　内容 序章　恋の病は突然に　第1章　青い海に魅せ
られ　第2章　すべてを捨てて　第3章　ちむを染め
る音楽　第4章　やんばるの森に抱かれ　第5章　太
陽の島に恋して　〔4515〕

◇ゆったり…―月9万円沖縄の島で暮らす　島の

暮らし・生き方　　　　　　　　　　　　　　　　　　　暮らし

「不動産・就職」情報がいっぱい！　富山義
則写真, 宣田陽一郎文　祥伝社　2005.3　95p
30cm　1200円　Ⓘ4-396-43009-4　Ⓝ302.
199
〔4516〕

◇いいあんべぇ沖縄島暮らし―沖縄・島々流儀
の暮らし方　沖縄「島」暮らし調査隊編著
双葉社　2005.6　189p　21cm　1500円
Ⓘ4-575-29804-2　Ⓝ302.199
内容 1章 島々流儀の暮らし方1 本島＆周辺の
島々編(那覇市・浦添市　豊見城市・南風原町 ほ
か)　2章 島々流儀の暮らし方2 宮古の島々編(宮
古島市街地(平良市)　宮古島郊外(城辺町・上野
村・下地町)　ほか)　3章 島々流儀の暮らし方3
八重山の島々編(石垣島市街地　石垣島郊外 ほ
か)　4章 移住経験者がおさえた「沖縄暮らし」の
ツボ(週・月貸し物件の活用　賃貸物件探し事情
ほか)
〔4517〕

◇沖縄ナビ　移住編　いのうえちず著, 沖縄ス
タイル編　枻出版社　2005.8　312p　21cm
1500円　Ⓘ4-7779-0382-6　Ⓝ302.199
内容 第1部 沖縄ライフを楽しむ(海のある暮ら
し　サーフィン生活 ほか)　第2部 沖縄で働くナ
イチャー達(自分の店を持つ・起業する　ドリー
ムショップグランプリでお店をオープン ほか)
第3部 沖縄で暮らす前に知りたいこと(沖縄おし
ごと事情　就職覆面座談会 ほか)　第4部 沖縄に
引っ越す(賃貸のおうちを探そう　沖縄ローカル
ルール―賃貸編 ほか)
〔4518〕

◇ニライカナイの日々　森岡尚子写真・文　ピ
エ・ブックス　2006.8　131p　22cm〈他言
語標題：Beautiful days in Niraikanai　絵：
森岡和鼓〉　1600円　Ⓘ4-89444-540-9
Ⓝ590.4
〔4519〕

◇できる！　沖縄離島暮らし―ゼロからはじめ
る南の島生活マニュアル　吉田直人著　イカ
ロス出版　2007.9　237p　21cm　1600円
Ⓘ978-4-87149-984-2　Ⓝ302.199
内容 0 なぜ島で暮らすのか―プロローグに代え
て　1 沖縄の基礎知識―島暮らしに必須　2 島暮
らしの真実―ひとりよがりの妄想はダメ！　3 宮
古島で暮らす―酒飲みとスポーツマン歓迎！　4
石垣島で暮らす―八重山共和国の首都　5 竹富島
で暮らす―ひとしずくの涙, 美しき異国　6 小浜
島で暮らす―なにもないことの豊かさを実感　7
西表島で暮らす―命あふれる最後の秘境　8 波照
間島で暮らす―南十字星きらめく南海の宝石
〔4520〕

◇沖縄に住む―理想のセカンドライフの過ごし
方　原田ゆふ子, 黒川祐子著　角川SSコミュ
ニケーションズ　2008.3　174p　18cm
(角川SSC新書)　740円　Ⓘ978-4-8275-
5034-4　Ⓝ302.199
内容 第1章 沖縄に魅せられる理由　第2章 ライ
フスタイルに合わせた移住先選び　第3章 失敗し

ない移住計画のコツ　第4章 シニア移住者たちの
体験談1―成功への道　第5章 シニア移住者たち
の体験談2―セカンドライフを創造する　沖縄移
住者に役立つ情報・施設のリスト
〔4521〕

◇おんなひとりの沖縄暮らし　岡田清美著　長
崎出版　2008.10　207p　19cm　1500円
Ⓘ978-4-86095-300-3　Ⓝ302.199
内容 第1章 沖縄に住みたい！(単身, 沖縄へ　沖
縄までの道のり ほか)　第2章 沖縄で暮らす！
(沖縄生活のはじまり　沖縄暮らしで見えてきたも
の・身の回り編 ほか)　第3章 沖縄をたのしむ！
(やむことのない沖縄の人気　とにかくたのしむ)
第4章 沖縄が好き！(私の好きな沖縄　私の好き
な沖縄の食べ物 ほか)　終章 沖縄と生きる
〔4522〕

◇Island story―終わらない夏の物語　高橋歩
著　A-Works　2008.11　249p　19cm
1400円　Ⓘ978-4-902256-17-8　Ⓝ302.199
内容 1 DREAM&MONEY　2 FRIENDS&AJITO
3 OCEAN&SKY　4 DEAD OR ALIVE
5 HEAVEN&HELL　6 LOVE&HATE　7
IMAGE&ACTION　8 ZERO TO ONE　9
HELLO&GOOD・BYE
〔4523〕

◇セカンドライフ実践だより―沖縄山原にて
平野宏著　鳥影社　2009.7　193p　19cm
1400円　Ⓘ978-4-86265-195-2　Ⓝ302.199
内容 序章 沖縄に魅せられて　1章 自然とふれあ
う日常生活　2章 自然と遊び季候を楽しむ―山原
の季節と自然　3章 人とのつながりを楽しむ―沖
縄の行事に学ぶ　4章 人の心と生きる原点―沖縄
の人々に学ぶ　5章 自分らしく生きたい　6章 元
気に生きたい　7章 心豊かに生きたい　8章 健康
で長生きしたい
〔4524〕

◇沖縄・宮城島の十二ケ月　川上宏著　北杜
林檎プロモーション　2009.9　284p　19cm
1429円　Ⓘ978-4-947653-83-3　Ⓝ302.199
内容 冬の無い沖縄　沖縄にペットを運ぶ方法　沖
縄に引越しはどうやるの？　「あいのり」のア
ウトローの結婚式　出発準備　出発　到着　沖縄
暮らし　桃原の散歩コース　カヤックで遊ぶ〔ほ
か〕
〔4525〕

◇沖縄アイランドライフ　プレ創刊号　北谷町
(沖縄県)　沖縄インデックス　2009.9
112p　21cm　Ⓝ673.97
〔4526〕

◇A la Okinawa　上馬あおい著　文芸社
2011.8　105p　19cm〈本文は日本語〉1100
円　Ⓘ978-4-286-10746-2　Ⓝ302.199〔4527〕

◇宮古諸島のくらしと風景―平成27年度琉球大
学附属図書館・琉球大学博物館(風樹館)企
画展　[西原町(沖縄県)]　[琉球大学附属
図書館]　[2015]　15p　30cm　〔4528〕

◇沖縄時間　vol.1　自遊舎　2015.1　112p
30cm　(別冊RC fan―1冊まるまる趣味本シ

356　　「沖縄」がわかる本 6000冊

暮らし　　　　　　　　　　　　　　　　　　　　　　暮らし・生き方

リーズ 7）　1000円　　　　　　〔4529〕

◇ゆっくり、沖縄。　マガジンハウス　2015.8
99p　23cm　（MAGAZINE HOUSE
MOOK）　556円　①978-4-8387-5010-8
　　　　　　　　　　　　　　　　〔4530〕

《食》

◇私の好きなすばやー物語―那覇・島尻・中
頭・山原・宮古・八重山all about suba処
すばドゥシの会編　那覇　ボーダーインク
1995.10　127p　21cm　1400円　Ⓝ673.9
　　　　　　　　　　　　　　　　〔4531〕

◇シマのごちそう南遊記―全琉球・まるかじり
の旅　尾竹俊亮著　那覇　ボーダーインク
1998.9　221p　19cm　1600円　①4-938923-
69-6　Ⓝ596.21　　　　　　　　　〔4532〕

◇雑談泡盛―古酒25年　読谷村（沖縄県）　傑
作くん　1999.6　224p　21cm　762円
Ⓝ302.199　　　　　　　　　　　　〔4533〕

◇胃袋で感じた沖縄　さとなお著　コスモの本
1999.6　254p　19cm　1500円　①4-906380-
77-8　Ⓝ596.21
　内容 トフギの謎　ゴーヤー調教　大量食堂「オ
リ生」発「クース」経由「うこん」行　すばの細
道（沖縄そばを攻めてみる　独特すぎるその食感
灰汁vsカンスイ　沖縄そばの秘密）　ひめゆり定
食を食べながら〔ほか〕　　　　　〔4534〕

◇もっと食べたい私の好きなすばやー物語　2
すばドゥシの会'99編　那覇　ボーダーイン
ク　1999.7　113p　21cm〈正編のタイト
ル：私の好きなすばやー物語　年表あり〉
1400円　①4-938923-78-5　Ⓝ673.971
　内容 ジャンル別そば屋紹介（懐かしの食堂系　不
動の人気系　こだわりの手打ち系　チャレンジ
ャー系　郊外大型系　まちの名店系　フラッと系
外で食べる系　居酒屋系）　沖縄そば屋考察1999
そば屋集中エリア　手打ちそば屋分布　木灰そば
の作り方　木灰を使わない手打ちそばの作り方〔ほ
か〕　　　　　　　　　　　　　　〔4535〕

◇シマヌヌジュウリ―奄美の食べものと料理法
藤井つゆ著　新版　鹿児島　南方新社
1999.8　237p　21cm　4800円　①4-931376-
25-8　Ⓝ596.21
　内容 行事の料理　奄美の年中行事　豚の料理
海の恵みの料理　海藻の料理　野菜の料理　その
他の肉料理　わが家の料理　お菓子・餅・飲物　調
味料の作り方　　　　　　　　　　〔4536〕

◇真の栄養学―長寿の食文化を究める　沖縄篇
エム・オー・エー沖縄事業団，エム・オー・
エー健康科学センター，パンアメリカンMOA

財団編　那覇　エム・オー・エー沖縄事業団
1999.12　119p　26cm〈共同刊行：エム・
オー・エー健康科学センターほか　発売：東
方書林〉2000円　①4-924979-55-4　Ⓝ596.
21
　内容 1 沖縄の長寿食文化を若い世代に継承（大自
然の恵みを生かして真心こめた食生活を　自然農
法は心の財産 ほか）　2 真の健康に導く栄養観
3 沖縄の郷土料理（ンムニー　やまいも　ナー
ベーラーンブシー　ゴーヤーチャンプルー ほか）
4 沖縄の風土と生活を語る（縁ある人の幸せを祈
り自然と共に生きる　長寿のもとは自家栽培の新
鮮な野菜 ほか）　　　　　　　　〔4537〕

◇沖縄のうまいもの。　太陽編集部，コロナ・
ブックス編集部編　平凡社　2000.6　126p
22cm　（コロナ・ブックス 82）　1524円
①4-582-63380-3　Ⓝ291.99
　内容「長寿」はぐくむ里、大宜味村へ　医食同源
沖縄風土　原色市場探検　那覇周辺おいしくて元
気になれる10の店　家庭でチャレンジ一気軽に作
れる沖縄料理、完全レシピ付　沖縄美味直送！―
岸朝子さんおすすめの「取り寄せ」ガイド〔4538〕

◇沖縄大衆食堂―オキナワ流儀のカルチャー
ショックなご飯たち　仲村清司，腹ぺこチャ
ンプラーズ著　双葉社　2001.6　142p
21cm　1200円　①4-575-29234-6　Ⓝ596.21
　内容 正統派街道を往く沖縄大衆料理（ゴーヤー
チャンプルー　豆腐チャンプルー　フーチャンプ
ルー ほか）　ボクら戦後生まれのジャンキーご飯
（ポーク玉子　チャンポン　Aランチ ほか）　ク
セになるカルチャーショックな沖縄ご飯（おでん
味噌汁　丼もの ほか）　　　　　〔4539〕

◇沖縄やぎ地獄　さとなお〔著〕　角川書店
2002.9　253p　15cm　（角川文庫）　533円
①4-04-361401-2　Ⓝ596.21
　内容 トフギの謎　ゴーヤー調教　大量食堂　「オ
リ生」発「クース」経由「うこん」行　すばの細道
（沖縄そばを攻めてみる　独特すぎるその食感　灰
汁vsカンスイ　沖縄そばの秘密）　ひめゆり定食
を食べながら　沖縄やぎ地獄　汁物クリーンナッ
プ　豚は一苦い朝食　硬派
でフィクサーな島豆腐　豆腐酔う　キミはタコラ
イスを知っているか　沖縄＝ステーキという幻想
が終わるとき　脳内ネーネーズ　　〔4540〕

◇カフェ100 next―沖縄発、100のカフェpart2
西原町（沖縄県）　チャイルドフッド　2002.
10　119p　19cm　（100シリーズ 4）　648
円　①4-901879-02-2　Ⓝ673.98　〔4541〕

◇居酒屋100―沖縄発、100の居酒屋　西原町
（沖縄県）　チャイルドフッド　2002.11
119p　19cm　（100シリーズ v.5）　648円
①4-901879-03-0　Ⓝ673.98　　　〔4542〕

◇おばぁの畑で見つけたもの―土と海と人が育
てた沖縄スローフード　金城笑子著　女子栄

「沖縄」がわかる本　6000冊　　**357**

暮らし・生き方

暮らし

養大学出版部　2003.4　143p　21cm　1800
円　Ⓘ4-7895-4723-X　Ⓝ596
内容 第1章 若葉　第2章 生育　第3章 実り　第
4章 種まき　第5章 長寿膳と一品料理集〔4543〕

◇沖縄の人だけが食べている　仲村清司著　夏
目書房　2003.7　157p　19cm　1500円
Ⓘ4-86062-005-4　Ⓝ596.21
内容 島豆腐―飛行機代をかけても惜しくない日
本一の豆腐　焼きテビチ―豚足は煮込むだけにあら
ず　スクガラス―漬け汁も使える沖縄塩辛の決
定版　東道盆―まずは目で味わう宮廷料理のオー
ドブル　中味汁とイナムドゥチ―餅はなくとも
目出度汁　ムーチー―書くにはばかられる発祥伝
説　島ニンジン―食えばわかる伝統野菜の実力ぶ
り　インガンダルマー―濡れても食べたい食えない
魚　オオタニワタリ―備えあれば美味ありの救荒
植物　きっぱん―向田邦子さんも愛した神秘の味
〔ほか〕　　　　　　　　　　　　　　　〔4544〕

◇海が見えるお店100　西原町（沖縄県）　チャ
イルドフッド　2003.8　111p　19cm　（100
シリーズ v.7）　648円　Ⓘ4-901879-17-0
Ⓝ673.97　　　　　　　　　　　　　　〔4545〕

◇沖縄料理のチカラ―健康になる、長生きす
る、きれいになる　岸朝子著　PHP研究所
2003.10　187p　18cm　（PHPエル新書）
850円　Ⓘ4-569-62983-0　Ⓝ596.21
内容 第1章 沖縄が長寿県でなくなる!?（崩れゆ
く、南の島の「長寿伝説」　伝統的な沖縄の生活と
は？　ほか）　第2章 大宜味村のヘルシー料理（戦
前の大宜味村　戦後復興と人々の暮らし　ほか）
第3章 健康を育む沖縄の食材と料理（食材―「ヌ
チグスイ」になる食べ物たち　料理―「チャンプ
ル文化」を体現）　第4章 家庭でできる「かんた
ん沖縄料理」（ソーキ汁―骨つき豚三枚肉（スペア
リブ）のお汁　イナムドゥチ―沖縄風豚汁　ほか）
第5章 沖縄に行ったら立ち寄りたいお店（ゆうな
んぎい―沖縄の家庭料理が味わえる老舗　なかむ
ら家―地元サラリーマン御用達のお店　ほか）
〔4546〕

◇カフェ100―沖縄発、100のカフェ。　改訂版
那覇　チャイルドフッド　2004.5　119p
19cm　（100シリーズ v.1）　648円　Ⓘ4-
901879-23-5　Ⓝ673.98　　　　　　　〔4547〕

◇沖縄おばぁに会える店　下川裕治ほか著　ゼ
ネラル・プレス　2004.7　207p　19cm〈発
売：キョーハンブックス〉　1300円　Ⓘ4-
87641-524-2　Ⓝ673.97
内容 おばぁとうまくつきあうための十ヵ条　丸
竹食肉店　大城商店　瑞慶覧食品　屋台のおばぁ
たち　謝花きっぱん店　金城天ぷら屋　山城まん
じゅう　おみやげの店瀬戸　後田多味噌製造所（ほ
か）　　　　　　　　　　　　　　　　　〔4548〕

◇沖縄健康茶読本　那覇　メディアプレス沖縄
〔2005〕　96p　29cm〈発売：ライトプレス

出版社〉　1143円　Ⓘ4-947633-12-3　Ⓝ596.7
内容 厳選沖縄の健康茶16種　身体を元気にする
薬草ライフ入門　手のひらから伝わる沖縄のやさ
しさ　沖縄の茶器いろいろ　世界へ羽ばたく沖縄
県産紅茶の物語　沖縄と紅茶の熱い関係　沖縄の
お茶で楽しむアレンジティー　ゆったりのんびり
茶処紹介　お茶にぴったり！　沖縄のお菓子
〔4549〕

◇わたしの沖縄食紀行　平松洋子著　集英社
2005.10　223p　16cm　（集英社be文庫）
743円　Ⓘ4-08-650098-1　Ⓝ596.21
内容 1 市場へ沖縄の味を探しに　2 おいしさの
つくり手を訪ねて　3 「てぃーあんだ」の味　4
門中の旧正月　5 家庭の味 いつもの味　6 沖縄
に暮らす　　　　　　　　　　　　　　〔4550〕

◇沖縄食堂　生活情報センター　2006.6　143p
21cm　1400円　Ⓘ4-86126-262-3　Ⓝ673.97
内容 東京・横浜で楽しむディープな沖縄　本格
沖縄料理を味わう　島唄に包まれて　南国ダイニ
ング　見て解る沖縄食材図鑑　マチグヮー　沖縄
プラスα　RYUKYU cafe style　東京都内、横浜
の沖縄タウンを歩こう　　　　　　　　〔4551〕

◇沖縄離島の島あそび島ごはん　今村治華著
青春出版社　2006.7　143p　21cm　1460円
Ⓘ4-413-07502-1　Ⓝ596
内容 海の章（南島的釣り時間のススメ　波打ちぎ
わの石垣島を食べましょう）　山の章（タマ子母さ
んに島野菜料理を習う　島の「終冬」で、あんだー
味噌を作りましょう　ほか）　街の章（うけます的
二刀流てんぷら　隅っこの居心地のいい、ぜんざ
い屋 ほか）　時の章（旧家に伝わる「八重山膳符」
で島を味わう　ちゅらさんの島で、キビ刈り＆黒
糖作り　ほか）　　　　　　　　　　　　〔4552〕

◇ホントに旨い沖縄料理店　沖縄スタイル編集
部編　枻出版社　2007.2　171p　15cm
（枻文庫）　680円　Ⓘ978-4-7779-0707-6
Ⓝ673.97
内容 introduction 心躍り、体喜ぶ、沖縄料理店
那覇、昼の沖縄料理店　那覇、夜の沖縄料理店　沖
縄そば店　本島南部の沖縄料理店　本島中部の沖
縄料理店　本島北部の沖縄料理店　全国の沖縄料
理店　　　　　　　　　　　　　　　　　〔4553〕

◇沖縄料理店100―東京版　那覇　チャイルド
フッド　2007.5　111p　19cm　（100シリー
ズ 14）　648円　Ⓘ978-4-901879-19-4
Ⓝ673.971
内容 沖縄料理店の紹介（東京23区）　沖縄を楽し
むためのキーワード集　地域別インデックス　50
音順インデックス　　　　　　　　　　　〔4554〕

◇沖縄うまいもん図鑑　仲村清司著　双葉社
2007.7　230p　15cm　（双葉文庫）〈「沖縄
の人だけが食べている」（夏目書房2003年刊）
の増訂〉　571円　Ⓘ978-4-575-71336-7
Ⓝ596.21

暮らし　　　　　　　　　　　　　　　　　　　　　　　　　　　　　　暮らし・生き方

|内容| まえがきにかえて―僕は沖縄料理で人間に
なりました　日々是、沖縄ごはん―沖縄の人はこ
ういうものを食べている（島豆腐　マコモ　マー
ス煮　ヘチマ　島豚　島ニンジン　ほか）　対談・
仲村清司×玉城良子『月桃庵』店主「人生はチマ
グ―だ！」―沖縄料理の神髄を語り合う　あとが
きにかえて―南北を奔走して知る「食の桃源郷」
沖縄　本書に登場する料理屋・商品リスト
〔4555〕

◇すばナビ―沖縄そばガイド　糸満　編集工房
東洋企画　2008.1　120p　21cm　857円
①978-4-938984-47-2　Ⓝ673.971
|内容| 沖縄のバスガイドが選ぶベスト店　ウサガ
ミソーレ　那覇地区　本島南部　本島中部　本島
北部　　　　　　　　　　　　　　　　　　〔4556〕

◇九州・沖縄おいしいものお取り寄せベストガ
イド　「旅ムック」編集部著　メイツ出版
2008.7　128p　21cm　1500円　①978-4-
7804-0446-3　Ⓝ588.038
|内容| 無着色からしめんたいこ中辛―椒房庵　久山
本店　辛子明太子―稚加榮　献上いわし明太漬―
海幸膳　ふとっぱら明太子―かねふく　手羽めん
たい―やまや　博多めんたい味職人―ドゥイット
ナウ　梅ヶ枝餅―かさの家　鬼瓦アイスもなか―
太宰府参道　天山　辛子めんたい風味めんべい―
山口油屋福太郎　甘熟とまと和ゼリー―てら岡食
品〔ほか〕　　　　　　　　　　　　　　　〔4557〕

◇奇跡のカフェ沖縄「浜辺の茶屋」物語　小林
ゆうこ著　河出書房新社　2008.7　190p
19cm　1500円　①978-4-309-27025-8
Ⓝ673.98
|内容| 第1章　真冬の開店　第2章　次々と起こるの
は奇跡？　第3章　自分と向き合う喫茶店　第4章
ヤマトゥンチュとウチナーンチュ　第5章　さちば
るの庭の散歩道　第6章　神々の里　第7章 “浜辺
の茶屋”の『海楽』　　　　　　　　　　　〔4558〕

◇ペンギン夫婦がつくった石垣島ラー油のはな
し　辺銀愛理文　マガジンハウス　2008.8
135p　21cm〈写真：垂見健吾〉1500円
①978-4-8387-1900-6　Ⓝ588.7
|内容| 1章　沖縄移住までの道のり―北京、東京、南
極（出会いはラー油のふるさと中国　料理当番を
奪い合う新婚生活　ほか）　2章　南の島で生まれた
ペンギン（最初の家に恵まれて、楽しい島暮らし
西表島に通って琉球紙を学ぶ　ほか）　3章　石ラー
誕生のヒミツ（石ラーのデビューは惨敗　運命の
言葉は「もっと作ってください！」ほか）　4章
中身からボトルまでこだわるのがペンギン流（「お
いしいラー油」という斬新な価値観　オジー、オ
バーが手塩にかけた原料　ほか）　5章　マイペース
で楽しく命薬を作りつづける（ペンギンにパワー
とエネルギーをくれた人々　ニセ石ラーに対して
一言　ほか）　　　　　　　　　　　　　　〔4559〕

◇家族で行きたいおいしいお店―子連れだって
外食したい！　沖縄子育て情報うぃず責任

編集　糸満　編集工房東洋企画　2009.1
120p　21cm　952円　①978-4-938984-60-1
Ⓝ673.97
|内容| 特集（誕生会ができる店　個室がある店、貸
切OKの店　特別な日のための店　キッズルーム
のある居酒屋　テイクアウトができる店　ひとり
でくつろげるおすすめカフェ）　エリア別お店情
報（那覇　南部　中部　北部）　マップ　〔4560〕

◇那覇上等なランチ―沖縄・浦添・宜野湾
エー・アール・ティ著　メイツ出版　2009.1
128p　21cm〈索引あり〉1600円　①978-4-
7804-0539-2　Ⓝ673.97
|内容| フランス料理　イタリア料理　和食・琉球料
理　アジア料理　洋食　創作料理・その他　ブッ
フェ　あまいものはベツバラ!!沖縄の名店からス
イーツ紹介　　　　　　　　　　　　　　　〔4561〕

◇沖縄無印美食―かめ～かめ～！　稲嶺恭子
文　TOKIMEKIパブリッシング　2009.1
139p　21cm　（亞州無印美食系列 2）〈写
真：阿朗　文献あり　発売：角川グループパ
ブリッシング〉1500円　①978-4-04-894696-
4　Ⓝ673.971
|内容| 沖縄食堂―禁断の法則　沖縄そばの来た道
沖縄美食物語　「沖縄市場特捜隊」が行く
〔4562〕

◇沖縄の夜飲み夜めし　糸満　編集工房東洋企
画　2009.4　103p　21cm　952円　①978-4-
938984-66-3　Ⓝ673.97　　　　　　　　〔4563〕

◇The沖縄そば―沖縄本島くまなく136杯　糸
満　編集工房東洋企画　2009.4　103p
21cm　952円　①978-4-938984-65-6　Ⓝ673.
971　　　　　　　　　　　　　　　　　　〔4564〕

◇全日本うるまガイド―沖縄を味わう店　ジュ
ネット　2009.7　137p　26cm〈発売：沖縄
教販（那覇）〉952円　①978-4-86365-017-6
Ⓝ673.971　　　　　　　　　　　　　　　〔4565〕

◇沖縄の食文化　外間守善著　〔那覇〕　沖縄
製粉　2010.3　166p　19cm〈印刷：新星出
版（那覇）〉952円　①978-4-902193-89-3
Ⓝ596　　　　　　　　　　　　　　　　　〔4566〕

◇わたぶんぶん―わたしの「料理沖縄物語」
与那原恵著　西田書店　2010.3　157p
18cm　（〈文明の庫〉双書）1200円　①978-
4-88866-523-0　Ⓝ596.21
|内容| ソーミンプットゥルー　ぼうぼう　ビーフ
ン　うからいりちー　みぬだる　すば　じーまみ
豆腐　らふてぇ　上海蟹　刺身〔ほか〕　〔4567〕

◇石垣島ラー油と、おいしいペンギンごはん
辺銀暁峰,辺銀愛理文　マガジンハウス
2010.4　77p　26cm〈写真：垂見健吾　『ペ
ンギンごはんとおいしい石ラー仲間』（主婦

「沖縄」がわかる本 6000冊　　359

暮らし・生き方　　　　　　　　　　　　　　　　　　　暮らし

と生活社2006年刊）の加筆・修正〉1300円
①978-4-8387-2091-0　N596
内容 春ごはん　石ラー友の会　夏ごはん　ペンギン食堂の人気メニューBEST10　秋ごはん　『辺銀食堂』料理長・テツ直伝テツメツコースのおもてなし　『こぺんぎん食堂』直伝　冬ごはん　ペンギン家　オススメ＠島ナビ　　　　　　　〔4568〕

◇九州発食べる地魚図鑑—母なる海の恵みを味わう　大富潤著　鹿児島　南方新社　2011.8
255p　21cm　〈他言語標題：Edible fishes and shellfishes of Kyushu,Southern Japan〉3800円　①978-4-86124-225-0
N596.35　　　　　　　　　　　　　　　〔4569〕

◇オキナワふうどライター嘉手川学のすばナビデラックス　嘉手川学〔著〕　糸満　編集工房東洋企画　2011.9　116p　21cm　900円
①978-4-938984-94-6　N673.971　〔4570〕

◇沖縄食材図鑑—沖縄食材スペシャリスト検定公式テキスト　平成24年度版　食の風, 沖縄・奄美スローフード協会監修, 田﨑聡著　那覇　楽園計画　2012.1　143p　26cm
2500円　①978-4-904427-08-8　　〔4571〕

◇沖縄オバー食堂　円山正史撮影, 平岩モトイ編著　双葉社　2012.4　92p　23cm　1500円
①978-4-575-30405-3　N673.97
＊てびち、ポーク玉子、中味汁、ゴーヤチャンプルー、沖縄カレー、煮付け、沖縄そば…他多数！オバー食堂で出遭う懐かしの味。　〔4572〕

◇古食堂味巡り—オキナワふうどライター嘉手川学の　嘉手川学〔著〕　糸満　編集工房東洋企画　2012.10　128p　21cm　900円
①978-4-905412-08-3　N673.97　〔4573〕

◇Dr.平川の沖縄・アジア麺喰い紀行　平川宗隆著　宜野座村（沖縄県）　楽園計画　2013.
1　294p　19cm　〈文献あり〉1800円
①978-4-904427-10-1　N596.38　〔4574〕

◇泡盛カクテルbook　新垣勝信, 泡盛マイスター協会監修, 塩川学編　那覇　泡盛マイスター協会　2014.3　73p　12cm　200円
①978-4-86365-057-2　N596.7　〔4575〕

◇沖縄カフェブック　2014-15　成美堂出版
2014.3　16,112p　26cm　（SEIBIDO MOOK—Guide Series）　900円　①978-4-415-11183-4　　　　　　　　　　　〔4576〕

◇まんぷく沖縄　てらいまき著, 松永多佳倫案内人　KADOKAWA　2014.5　141p　21cm
（メディアファクトリーのコミックエッセイ—ご当地グルメコミックエッセイ）　1100円
①978-4-04-066727-0　N726.1
内容 麺そー！個性弾ける沖縄そば　焼いても！

揚げても！　うちなんちゅーは鶏が好き　でーじうまい！　でーじカラフル！　魚ね魚!!　腹ペコ万歳！　なんでもあるさー沖縄の食堂　たっぷりうったりパワーが出るよ朝ごはん　身も心も溶ろけそう〜な癒しの空間　沖縄式カフェ　ジャンクな味もまたオツなもの！　アメリカンな沖縄　飲んで歌ってスナック感覚!?おじいおばあもおでんさね飲みだしたら止まらないいちゃりばちょーで一沖縄の夜　　　　　　　　　　　　　　〔4577〕

◇ぴあ沖縄食本　2014→2015　地元食材たっぷりの愛されグルメ162軒！　ぴあ　2014.5
114p　29cm　（ぴあMOOK）　840円
①978-4-8356-2323-8　　　　　　　〔4578〕

◇沖縄カフェ散歩　高橋玲子著　福岡　書肆侃侃房　2014.11　142p　21cm　1300円
①978-4-86385-163-4　N673.98
内容 那覇市（自家焙煎珈琲 宮里屋　自家焙煎珈琲豆販売・カフェさくらや新都心店 ほか）　南部（山の茶屋・楽水　Cafeやぶさち ほか）　中部（Cafe Restaurant "La Vita"　BOULANGERIE Zazou PATISSERIE ほか）　北部（fuu cafe　カフェギャラリー土花土花 ほか）〔4579〕

◇おきなわ食材の店　平成26年度　那覇　沖縄県農林水産部流通・加工推進課　〔2015〕
45p　21cm　　　　　　　　　　　　　〔4580〕

◆沖縄料理のレシピ

◇おいしい沖縄料理　尚承, 高良菊著　柴田書店　1995.7　119p　24cm　2500円　①4-388-05752-5　N596.21　　　　　　　〔4581〕

◇おきなわの山野草料理と暮らし—季節を楽しむ　伊芸秀信, 伊芸敬子著　浦添　沖縄出版　1995.7　94p　19×21cm　〈参考図書：p94〉2400円　①4-900668-50-8　N596.3
内容 早春（山野草の天ぷら七種　ヨモギ入りヒラヤーチー ほか）　春（ワラビとヒカンザクラのちらし寿司　ギシギシの酢みそ和え ほか）　夏（ムカゴ入りごはん　ハママーチ入りスパゲティ ほか）　秋（キクラゲの中華炒め　しめじ入りクチナシごはん ほか）　　　　　　　　〔4582〕

◇珊瑚の島の家庭料理　石垣愛子著　石垣　民宿石垣島　1995.8　51p　21cm　N596.21
　　　　　　　　　　　　　　　　　　　　〔4583〕

◇沖縄元気料理　中村成子著　マガジンハウス　1996.9　100p　20×20cm　1400円　①4-8387-0799-1　N596.21　　　　　　　〔4584〕

◇ヘルシー沖縄料理—子どもと一緒に楽しくつくろう　棚原増美著　浦添　沖縄出版　1996.11　127p　26cm　2720円　①4-900668-56-7　　　　　　　　　　　〔4585〕

◇ゴーヤー料理60選　松本嘉代子著　那覇　月刊沖縄社,（下関）新日本教育図書〔発売〕

360　「沖縄」がわかる本　6000冊

1997.4　110p　21cm　1800円　⑪4-88024-081-8

内容 ゴーヤーケーキ　二色羹　アイスクリーム　ゴーヤームース　シャーベット　ゴーヤーゼリー　ゴーヤージュース　ゴーヤーと豆乳の飲み物　ゴーヤースカッシュ　ゴーヤーのそぼろ煮〔ほか〕 〔4586〕

◇ヘルシー！元気！おしゃれ！おいしいnew沖縄料理—Elegant Okinawa cooking レシピ＆レストランガイド　旭屋出版書籍編集部編集製作　旭屋出版　1998.2　128p　29cm〈索引あり〉2000円　⑪4-7511-0124-2　Ⓝ596.21

内容 ためして、体に効く沖縄料理！　沖縄スタイルのヘルシーデザート　人気の店、評判の店ガイド　沖縄の食材を見る！　「食はクスイムン（薬）」の沖縄を知る　沖縄の庶民の台所　牧志公設市場を訪ねて　沖縄のお酒　泡盛考　沖縄の自然のお茶を飲む　沖縄伝統の器探訪　離島の味　日本全国　沖縄料理が食べられる店ガイド 〔4587〕

◇私が技術一番さん—沖縄手づくりの味　2　沖縄県農山漁村生活研究会編著　浦添　沖縄出版　1998.2　167p　26cm　2850円　⑪4-900668-69-9　Ⓝ596.21

内容 第1章　料理　第2章　菓子類　第3章　加工品 〔4588〕

◇ゴーヤーブック—体にいい苦瓜料理　佐藤洋子監修　那覇　楽園　1998.2　100p　20×20cm〈他言語標題：Goya book　発売：星雲社〉1980円　⑪4-7952-1877-3　Ⓝ596.37

内容 ゴーヤー・キュイジーヌ—ムッシュ千葉のヌーベル・ゴーヤー料理　ゴーヤー・インビテイション—ゴーヤーチャンプルを中心に様々なゴーヤー料理への招待　ゴーヤー・パワー—苦みの時代へ 〔4589〕

◇てぃーあんだ—山本彩香の琉球料理　山本彩香著　那覇　沖縄タイムス社　1998.11　141p　27cm　2300円　⑪4-87127-132-3 〔4590〕

◇沖縄琉球料理—安田ゆう子料理の本　安田ゆう子著　南風原町（沖縄県）　那覇出版社　1999.4　205p　26cm〈背・表紙のタイトル：沖縄料理〉2280円　⑪4-89095-120-2　Ⓝ596.21 〔4591〕

◇珊瑚の島の家庭料理　v.2　石垣愛子著　石垣　民宿石垣島　1999.4　67p　21cm　1400円　Ⓝ596.21 〔4592〕

◇モダン・オキナワン・クッキング　KOJUN,比嘉京子著　ICGミューズ出版,（川崎）タトル商会〔発売〕1999.5　1冊　20×21cm　1600円　⑪4-8053-0615-7

内容 HEALTHY MENU（ゆし豆腐　イカ墨汁

ほか）TRADITIONAL MENU（ゴーヤー（にが瓜）チャンプルー　タマナー（キャベツ）チャンプルー　ほか）DYNAMIC MENU（イラブー汁　チー（血）ほか）HOMEMODE MENU（にんじんサラダ　ヒラヤーチー　ほか）GLOBAL MENU（牛のなかみ汁パリ風　もずくのアベタイザー　ほか）PARTY MENU（シャコ貝の刺身　アカマチ（ハマダイ）とクブシミ（イカ）の刺身　ほか） 〔4593〕

◇沖縄家庭料理入門—おいしさの秘密は「ティーアンラ」　渡慶次富子,吉本ナナ子料理　農山漁村文化協会　2000.3　142p　21cm　1667円　⑪4-540-99321-6　Ⓝ596.21

内容 1 沖縄・食の多面体（なんでも取り込むパワーあふれる庶民の食　長寿を生んだ伝統の食）2 おいしさの秘密はティーアンラにあり（豚肉料理　チャンプルー（豆腐と野菜の炒め物）　イリチー（炒め煮）ほか）　3 南の島のご馳走便り（海の幸をいただきます　野の幸をいただきます　お米をおいしく　ほか） 〔4594〕

◇岸朝子のおいしい沖縄の食卓　岸朝子と豊かな食を拓く会著　同文書院　2000.7　119p　21cm　1600円　⑪4-8103-7727-X　Ⓝ596.21

内容 1 沖縄のおそうざいレシピ（豚肉料理　魚料理　野菜料理　ほか）　2 岸朝子のOKINAWAN ESSAY（元気をもらえる沖縄の市場　ご馳走は品数豊かで彩りも美しく　琉球王朝がよみがえる沖縄の漆器　ほか）　3 沖縄料理の秘密（沖縄の風土と食事　沖縄は日本一の長寿県　なぜ沖縄の人は長寿なのか　ほか） 〔4595〕

◇しあわせの沖縄料理—アンマーたちの元気でおいしいオキナワン・レシピ　岩谷雪美編著　PARCO出版　2000.7　108p　19×20cm　1500円　⑪4-89194-611-3　Ⓝ596.21

内容 1 家庭料理・アンマーの味（沖縄本島アンマー料理（ゴーヤーチャンプル　ナーベーラーンブシー　ほか）　八重山アンマー料理（チンキンドーフ　ジーマミ汁　ほか））　2 ニューニューオキナワンフード（タコス味ゴーヤーチャーハン　タコライス　ほか）　3 庶民派・食堂の味（ソーキ汁　ポークたまご　ほか） 〔4596〕

◇長寿県沖縄の家庭料理—一汁三菜のすすめ　沖縄の食を考える会著,友利知子監修　南風原町（沖縄県）　那覇出版社　2001.6　1冊　26cm　2800円　⑪4-89095-132-6　Ⓝ596.21

内容 主菜（ラフテー　みそ煮豚　鶏手羽の煮込み　ほか）　副菜（まぐろのごま焼き　しめさばのマヨネーズ和え　豚肉の佃煮風　ほか）　主食・汁・他（ジューシー　バジルソース麺　ごま入りジューシー　ほか） 〔4597〕

◇ちゅらさんの沖縄家庭料理—NHK連続テレビ小説　NHK「ちゅらさん」制作班編,尚承料理指導　双葉社　2001.8　79p　26cm（双葉社スーパームック）838円　⑪4-575-47384-7　Ⓝ596.21 〔4598〕

暮らし・生き方　　　　　　　　　　　　　　　　　　　暮らし

◇ちゅらごはん―かんたん！ おいしい！ きれ
いになれる！ 沖縄料理レシピ集 英知出版
2002.1 95p 27cm （Eichi mook） 890
円 Ⓘ4-7542-5360-4
〔4599〕

◇沖縄野菜の本 西大八重子著 ビブロス
2002.6 254p 21cm 2000円 Ⓘ4-8352-
1341-6 Ⓝ596.21
内容 ゴーヤー（苦瓜） パパヤ（パパイア） ナー
ベーラー（へちま） シブイ（冬瓜） ナーシビ（な
す） モーウイ（白瓜） チンクヮー（かぼちゃ）
ハンダマ（水前寺菜） シマナー（高菜） ンジャ
ナ（ほそばわだん）〔ほか〕
〔4600〕

◇おばぁの好きな「沖縄ちゅら料理」 平良と
み編 ソニー・マガジンズ 2002.7 95p
28cm 1500円 Ⓘ4-7897-1896-4 Ⓝ596.21
内容 ゴーヤーチャンブルー（苦瓜炒め） 沖縄
そば ラフテー（豚の角煮） グルクンのから揚
げ（たかさごのから揚げ） 中身汁（もつ煮込み
汁） 足てびち（豚足の煮つけ） クーブイリチ
ャー（昆布炒め） にんじんシリシリ（にんじん
炒め） ソーミンチャンプル（そうめん炒め）
ソーキ汁（骨付きあばら肉の汁）〔ほか〕
〔4601〕

◇沖縄の海菜―日出山みなみの海菜レシピ集
海菜料理クックメール 日出山みなみ著 料
理新聞社 2002.11 87p 26cm 1600円
Ⓝ596.3
〔4602〕

◇沖縄発、山野草のおいしい話―旬をいただく
宿ファームハウスの四季 伊藝秀信、伊藝敬
子著 ふきのとう書房 2003.1 110p
21cm 〈発売：星雲社〉 1500円 Ⓘ4-434-
02743-3 Ⓝ596.37
内容 春（沖縄の桜と日本の桜 「いただきます」
ほか） 夏（沖縄の野菜たち（ゴーヤーの場合）
害虫・雑草考 ほか） 秋（ファームハウス誕生ま
で 野草茶を作る ほか） 冬（沖縄の四季（5）早
春の香りただよう冬 野草と付き合う手作りの妙
ほか）
〔4603〕

◇日出山みなみの新海菜料理…沖縄―伝統の素
材を生かす 日出山みなみ著 料理新聞社
2003.3 87p 26cm 〈発売：農山漁村文化協
会〉 1714円 Ⓘ4-540-02255-5 Ⓝ596.3
内容 沖縄もずく（もずくのサラダ もずくの麺
ほか） あおさ（あおさの汁物 あおさの揚げ物
ほか） 海ぶどう（海ぶどうのサラダ 海ぶどう
の料理） スーナ（スーナのサラダ スーナの料
理） モーイ 昆布（昆布の料理 昆布からとろ
ろ昆布）
〔4604〕

◇家庭の味らくらくレシピ―食べて生き生き沖
縄料理 南風原町（沖縄県） 沖縄マリン出
版 2004.5 47p 21cm 600円 Ⓝ596.21
〔4605〕

◇沖縄野菜おかずレシピ―元気な島野菜たっぷ
り、沖縄のヘルシーごはん 夏梅美智子料理

双葉社 2004.5 79p 26cm （双葉社スー
パームック） 838円 Ⓘ4-575-47637-4
〔4606〕

◇うちで楽しむ沖縄の元気料理―とっておきレ
シピから食材取り寄せまで オレンジページ
2004.6 112p 30cm （オレンジページ
ブックス） 800円 Ⓘ4-87303-291-1
Ⓝ596.21
〔4607〕

◇ゴーヤー、オクラ、とうもろこし、枝豆のお
かず 小川聖子料理 グラフ社 2004.8
64p 26cm （マイライフシリーズ 特集版
no.609） 880円 Ⓘ4-7662-0828-5 Ⓝ596.
37
〔4608〕

◇地元の名店にんじん食堂の沖縄ごはん―健康
長寿の簡単レシピ 実方藤男著、垂見健吾撮
影 学習研究社 2004.9 127p 21cm
1800円 Ⓘ4-05-402493-9 Ⓝ596.21
内容 第1章 一汁三菜の沖縄ごはんのくふう（「イ
リチー」でごはん 「チャンプルー」でごはん 「ン
ブシー」でごはん ほか） 第2章 健康長寿の琉球
伝統料理をいただく（にんじん食堂のくがに定食
琉球伝統料理の盛り合わせ ゴーヤーおさしみ ほ
か） 第3章 泡盛を引き立てる沖縄の味（ミミガー
おさしみ シシカマブク ナンコツソーキ ほか）
〔4609〕

◇体にいい沖縄野菜健康法 緒方修著, 吉川敏
男野菜薬効監修 実業之日本社 2004.9
242p 19cm 1500円 Ⓘ4-408-32240-7
Ⓝ596.37
内容 第1章 沖縄野菜の今 第2章 ヌチグスイの
世界 第3章 毎日の食卓で楽しむ沖縄野菜 第4
章 沖縄のおもてなし 第5章 健康的に酒をたしな
むために 第6章 野菜から生まれる健康食品 付
録 沖縄野菜成分一覧
〔4610〕

◇沖縄料理の新しい魅力―健康・長寿・美・癒
しの創作レシピ 石川幸千代編 旭屋出版
2006.7 99p 30cm （旭屋出版mook）
1800円 Ⓘ4-7511-0589-2
〔4611〕

◇チャンプルーとウチナーごはん 友利知子,
沖縄の食を考える会著 那覇 沖縄タイムス
社 2007.6 75p 26cm 1600円 Ⓘ978-4-
87127-178-3 Ⓝ596.21
〔4612〕

◇沖縄の薬草・野草料理―ウチナーヌチグスイ
料理 西大八重子料理監修 南風原町（沖縄
県） ティガネシア 2007.9 81p 30cm
〈発売：沖縄教販（那覇）〉 1429円 Ⓘ978-4-
900374-85-0 Ⓝ596.21
〔4613〕

◇沖縄発パパッとご飯しっかりご飯 宮城都志
子著 那覇 ボーダーインク 2008.5
111p 26cm 1900円 Ⓘ978-4-89982-142-7
Ⓝ596
〔4614〕

暮らし　　　　　　　　　　　　　　　　　　　　　　　　　　　　　　暮らし・生き方

◇おじぃおばぁが食べてきた沖縄の元気料理
西大八重子著　日東書院本社　2008.6　127p
21cm　1200円　Ⓘ978-4-528-01670-5
Ⓝ596.21
内容　さぁ、沖縄料理を作りましょう！　1 炒め
物・炒め煮・揚げ物　2 煮物　3 和え物・酢の物・
漬け物　4 ごはん物　5 汁物　6 お菓子・飲み物
〔4615〕

◇春夏秋冬いつでも島やさいごはん―かんた
ん、おいしい、きれいになる沖縄野菜レシピ
西大八重子著　エンターブレイン　2008.12
111p　27cm　（Enterbrain mook）　1300円
Ⓘ978-4-7577-4627-5　　　　　　　　〔4616〕

◇伊是名カエの沖縄発簡単レシピ　伊是名カエ
著　糸満　編集工房東洋企画　2009.1　104p
21cm　952円　Ⓘ978-4-938984-61-8　Ⓝ596
内容　第1章 料理と仲良くなれないのはなぜ？（主
力の野菜は6種類　料理と仲良くなれない5つの理
由　理由1、理由5の悩み解決のヒント　理由2の
悩み解決のヒント ほか）　第2章 素材別レシピ集
（冬瓜　キャベツ　玉ねぎ　にんじん ほか）
〔4617〕

◇大琉球料理帖　高木凛著　新潮社　2009.1
127p　21cm　（とんぼの本）〈文献あり〉
1400円　Ⓘ978-4-10-602183-1　Ⓝ596.21
内容　穀類　五穀造醸類　菜類　瓜類　海菜類
苔類　家獣類　魚類　調理之類　介類　果類　東
道盆　琉球の四大食料　　　　　　　　　〔4618〕

◇かんたん、男の沖縄料理―ゴーヤーチャンプ
ルーから創作料理まで　神谷八郎料理制作・
監修　清流出版　2009.3　111p　21cm
1400円　Ⓘ978-4-86029-288-1　Ⓝ596.21
内容　1章 ゴーヤー料理（ゴーヤ豆腐　ゴーヤー
とパインのサラダ ほか）　2章 豚肉料理（テビチ
の唐揚げ八角あん　アグーの焼きしゃぶサラダ ほ
か）　3章 島野菜料理（モーウィの漬物　島らっ
きょうの味噌漬け ほか）　4章 伝統料理（ミヌダ
ル　島らっきょうの塩漬け ほか）　5章 創作料理
（ソフトステーキとなすのチーズ焼き　かじきの
叩きサラダ ほか）　　　　　　　　　　　〔4619〕

◇基本の沖縄ごはん　大庭英子〔著〕　オレン
ジページ　2009.4　103p　30cm　（オレン
ジページブックス―とりあえずこの料理さえ
作れれば 7）　838円　Ⓘ978-4-87303-618-2
Ⓝ596.21　　　　　　　　　　　　　　　〔4620〕

◇枝元なほみの沖縄ごはん　枝元なほみ〔著〕
オレンジページ　2009.6　106p　26cm
（オレンジページブックス）　838円　Ⓘ978-
4-87303-630-4　Ⓝ596.21　　　　　　　　〔4621〕

◇沖縄、島ごはん　森岡尚志写真・文・料理
改訂版　那覇　伽楽可楽　2009.10　111p
28cm　1429円　Ⓘ978-4-903635-07-1

Ⓝ596　　　　　　　　　　　　　　　　　〔4622〕

◇おいしいをお裾分け家庭で楽しむ沖縄りょう
次の味　〔糸満〕　編集工房東洋企画
2010.1　116p　21cm　1800円　Ⓘ978-4-
938984-72-4　Ⓝ596.21　　　　　　　　　〔4623〕

◇オキナワン・ピンチョス―沖縄の伝統食材を
使ったフィンガーフード　食の風監修,田﨑
聡著　那覇　楽園計画　2010.3　93p　26cm
1800円　Ⓘ978-4-904427-05-7　Ⓝ596〔4624〕

◇ailanaさんの島ぐらし、幸せごはん―奄美発
金沢陽子著　主婦の友社　2010.7　95p
26cm〈奥付のタイトル：島ぐらし、幸せご
はん〉1200円　Ⓘ978-4-07-271791-2　Ⓝ596
内容　1 奄美の伝統の味がわが家のごちそう（油ぞ
うめん　鶏飯 ほか）　2 肉のおかずも島のテイス
トで（豚骨の黒みつ煮　塩豚のラグーのペンネ ほ
か）　3 海からの恵みをおいしく食べる（シビまぐ
ろのユッケ　こういかとせん切り野菜の豆板醤マ
リネ ほか）　4 島の野菜と好きな野菜で（焼きな
すのバルサミコソース　へちまのみそいため ほ
か）　5 島の季節の恵みを余さず食べる（しょうが
ジャム　きんかんマーマレード ほか）　〔4625〕

◇伊是名カエのおきなわベジライフ　伊是名カ
エ著　糸満　編集工房東洋企画　2010.7
103p　21cm　952円　Ⓘ978-4-938984-79-3
Ⓝ596.37　　　　　　　　　　　　　　　〔4626〕

◇世界一の長寿村のレシピ　ポプラ社編集部編
ポプラ社　2011.6　95p　26cm　1400円
Ⓘ978-4-591-12475-8　Ⓝ596.21
内容　第1章 長寿村の食堂（長寿の秘訣は薬効成分
にある!?　村の伝統食材に魅せられた「笑味の店」
ほか）　第2章 毎日の長寿レシピ（朝のレシピ（ス
ヌイ（もずく）の味噌汁　ゴーヤーハムサラダ ほ
か）　昼のレシピ（うっちん（ウコン）ポークライ
ス　うっちんくふぁじゅうしい（ウコンの炊き込
みご飯） ほか）　夜のレシピ（イーチョバー（ウイ
キョウ）のひらやーちぃ（チヂミ）　サバのマース
（塩）煮 ほか）　第3章 長寿おかず（マグロと島
らっきょうの山いも包み揚げ　イカとゴーヤーの
かき揚げ ほか）　第4章 長寿小鉢（スヌイ（もず
く）山かけ　パパヤー（パパイヤ）の福神漬け ほ
か）　　　　　　　　　　　　　　　　　〔4627〕

◇私たちが伝えたい琉球料理―おいしく作って
わが家の食卓に　沖縄友の会琉球料理グルー
プ料理製作　浦添　沖縄友の会琉球料理グ
ループ　2011.8（第4刷）　119p　26cm
2381円　Ⓝ596.21　　　　　　　　　　　〔4628〕

◇ゴーヤーバンザイ！―ゴーヤーをもっとおい
しく、味わいつくす本　地球丸　2012.4
111p　18cm　（happy time books）　1250
円　Ⓘ978-4-86067-340-6　Ⓝ596.37
内容　GOYA RECIPE（ゴーヤーチャンプルー
ゴーヤードリンク　アレンジレシピ　おつまみレ

「沖縄」がわかる本 6000冊　　**363**

暮らし・生き方　　　　　　　　　　　　　　　　　　暮らし

シビ）　GOYA EXPO！ ゴーヤーのすべてを公開します（ゴーヤーをおうちで栽培したい　すごいぞ！緑のカーテン　ゴーヤー文化のワールドマップ　医食同源な島野菜大集合　ゴーヤーを使った食品 こんなにあります!! ゴーヤーのライバル　カックロール大解剖！　集まれ！ ゴーヤーグッズ）　　　　　　　　　　　　　　　　〔4629〕

◇体にやさしいおきなわ弁当はじめましょう　那覇　琉球プロジェクト　2013.5　95p　23cm　1350円　①978-4-9903145-7-6　Ⓝ596.4　　　　　　　　　　　　　　　〔4630〕

◇ゴーヤーレシピ―おいしく食べる！ 楽しく育てる！　植松良枝〔著〕　主婦と生活社　2013.6　95p　26cm　980円　①978-4-391-14381-2　Ⓝ596.37
内容 やっぱり知りたい！ おいしいゴーヤーチャンプルーの作り方（ゴーヤーチャンプルー　厚揚げとじゃこのゴーヤー塩チャンプルー　ほか）　1 夏だから、ガツンと食べたい！ パンチのあるゴーヤーおかず（ゴーヤーの肉巻きスティック　シュウマイ風ゴーヤーボート　ほか）　2 煮ても、生でも、炒めても！ もっと知りたいゴーヤーおかず（ゴーヤーの肉詰め煮しょうがあん　ゴーヤーとにら、あさりのチヂミ　ほか）　3 夏のお昼ごはんにもぴったり！ ゴーヤーでひと皿ごはん（ゴーヤーとあさり、ひき肉の塩焼きそば　ゴーヤー入り韓国風のり巻　ほか）　　　　　　　〔4631〕

◇酵素イキイキ！ ローフード革命―ローフードマイスターおすすめスムージー＆ローフード健康レシピ　吉澤直美著、沖縄ローフードプロジェクトレシピ制作,津波真澄訳　西原町（沖縄県）　丸正印刷　2013.8　129p　18×23cm〈発売：沖縄教販（那覇）〉1200円　①978-4-86365-054-1　Ⓝ596　　　　　　　　　　　　　　　　〔4632〕

◇家庭でつくる沖縄行事料理とふるまい料理　家庭料理友の会編　中城村（沖縄県）　むぎ社　2013.12　179p　21cm　1600円　①978-4-944116-41-6　Ⓝ596.4　　　　　　　　　　　　　　　〔4633〕

◇家庭でつくる沖縄の漬物とおやつ　家庭料理友の会編　中城村（沖縄県）　むぎ社　2015.11　179p　21cm　1600円　①978-4-944116-46-1　Ⓝ596.65　　　　　　　　　〔4634〕

◇心を伝える奄美の伝統料理　泉和子著　鹿児島　南方新社　2015.12　260p　21cm　2800円　①978-4-86124-328-8　Ⓝ596.21
内容 行事の料理　肉の料理　海・川の恵みの料理　野菜の料理　お菓子・餅　調味料　〔4635〕

《住》

◇沖縄トイレ世替わり―フール（豚便所）から水洗まで　平川宗隆著　那覇　ボーダーイン

ク　2000.11　216p　19cm〈文献あり〉1600円　①4-89982-006-2　Ⓝ383.9　　〔4636〕

◇南風が通る家　比嘉武著　さくらパブリッシング　2004.3　247p　19cm　1600円　①4-903240-00-2
内容 第1章 沖縄で快適な家をつくる　第2章 沖縄に根ざす「木の家」の記憶　第3章 失敗しない家づくり　第4章 挑戦するハウスビルダー　第5章 「私たちはこんな家を建てました」一百人百家、百家百笑　エピローグ 点を線に、そして面に　　　　　　　　　　　　　　　〔4637〕

◇住まいと集落が語る風土―日本・琉球・朝鮮　森隆男編著　吹田　関西大学東西学術研究所　2014.3　323p　22cm（関西大学東西学術研究所研究叢刊 45）〈発行所：関西大学出版部〉4200円　①978-4-87354-578-3　Ⓝ383.91
内容 対馬の住まい―空間構成と祭祀を中心に　クジラが運んだ文化のかたち―捕鯨を介した交流　奄美諸島における琉球と薩摩　環東シナ海における「格子状集落」をめぐる一考察―薩摩/琉球などの比較を中心に　琉球における集落の形成思想と伝統的集落景観―名護市仲尾次集落と稲嶺集落を事例に　沖縄の共同店に関するノート―国頭村の事例と現代の課題を中心に　保全すべき文化景観としての居住空間―諸施策をめぐって　韓国伝統集住空間構成に関する研究　済州特別自治道建築物美術作品関連制度及び設置現況に対する研究　朝鮮伝統農耕システムの核心とその伝播あるいは変形について―黄海経由の文化交渉の可能性〔ほか〕　　　　　　　　　　　　　　〔4638〕

◇あなたも沖縄でアパート大家さん！―土地なし、知識なしから始めた私の成功体験　臆病者の投資戦略　仲村渠俊信著　那覇　ボーダーインク　2014.9　143p　19cm　1500円　①978-4-89982-261-5　Ⓝ673.99
内容 第1章 沖縄におけるアパート経営を知る（私が考える「メリット」と「デメリット」　沖縄の特徴 ほか）　第2章 物件購入（物件の購入と必要な基礎知識　いざ購入を検討 ほか）　第3章 物件管理（自己管理のすすめ　中古物件購入後のお仕事 ほか）　第4章 安定経営のために（お金の流れを把握する　売却の時は）　第5章 事例集（実際の事例から学ぼう）　　　　　　　〔4639〕

《子育て》

◇うぃず！―沖縄〈子育て・子連れ〉情報　うぃず！ 編集部編著　那覇　ボーダーインク　2001.10　287p　21cm　1500円　①4-89982-019-4　Ⓝ599　　　　　　　〔4640〕

◇犬はだれだ、ぼくはごみだ―わが家の子育て記録　川平朝清著　岩崎書店　2007.12　198p　19cm　1300円　①978-4-265-80166-4

暮らし

暮らし・生き方

[内容] 第1部 沖縄へ（沖縄　長男誕生　次男生まれて歌よみがえる　三男誕生）　第2部 沖縄での日々（小学校時代　アメリカでの生活体験　長男のアメリカ生活）　第3部 東京の暮らし（東京へ　東京での日常　それぞれの生き方）　第4部 わが家の子育て（二人で決めたこと　わが家の子育ての心得　人のために）　　　　〔4641〕

◇Ponpon—おきなわマタニティ＆子育てお役立ちブック　ボーダーインク, ベビードットマム編　那覇　ボーダーインク　2009.8　127p　21cm　1400円　①978-4-89982-164-9　Ⓝ599　　　　〔4642〕

《冠婚葬祭》

◇沖縄の葬式—黒枠広告・社葬などの常識・非常識　佐久田繁編著　那覇　月刊沖縄社　1995.12　251p　21cm　2575円　①4-87467-207-8　Ⓝ385.6　[内容] 1章 黒枠広告ブームの秘密　2章 葬式の経済学　3章 香典・香典返し・七七忌　4章 恥をかいた社葬　5章 遺言・安楽死・生前葬　6章 沖縄の葬祭業界事情　7章 世界の葬式こぼれ話　8章 私はこんな葬式をしたい　9章 葬儀・法事用語事典　10章 イザという時の知識　　　　〔4643〕

◇沖縄の人生儀礼と墓　名嘉真宜勝著　那覇　沖縄文化社　1999.6　94p　19cm　951円　Ⓝ385　　　　〔4644〕

◇沖縄・冠婚葬祭の手引—いざというとき役に立つ本　那覇出版社編集部編　南風原町（沖縄県）　那覇出版社　2003.3（6刷）　227p　19cm　1280円　Ⓝ385　　　　〔4645〕

◇沖縄・暮らしの大百科—冠婚葬祭・年中行事・風水　崎間麗進監修, 那覇出版社編　沖縄　那覇出版社　2004.11　2冊（別冊とも）　31cm〈別冊（111p）：沖縄生活便利帳　文献あり〉　12000円　①4-89095-148-2　Ⓝ382.199　　　　〔4646〕

◇帰依龍照の沖縄の葬式・法事・年中行事—臨終から三十三回忌・年中行事まで　帰依龍照編著　南風原町（沖縄県）　那覇出版社　2007.2　288p　19cm　1429円　①978-4-89095-170-3　Ⓝ385.6　　　　〔4647〕

◇スーコーとトートーメー—ひと目でわかる！沖縄の葬式と法事と位牌　むぎ社編著　中城村（沖縄県）　むぎ社　2007.2　207p　20cm　2000円　①978-4-944116-28-7　Ⓝ385.6　[内容] スーコー（葬儀・ナンカスーコー・ニンチスーコー）（亡くなったときから葬式まで　ナンカスーコーからニンチスーコーまで）　お墓参り（ジュウルクニチー（十六日祭）　シーミー（清明祭）　ほか）　トートーメー（仕立て方からつぎ方）

（トートーメー（イフェー・位牌）　イフェーのまつり方とつぎ方）　スーコー・トートーメーQ&A（死者はすべて逆さまにするわけは？　みそと塩をそなえる理由は？　ほか）　亡くなった後の手続き（国民年金と厚生年金の手続き　健康保険の手続き）　　　　〔4648〕

◇家族（ヤーニンジュー）まるごとお祝い福マニュアル—沖縄暮らしのしきたり読本　比嘉淳子, チームくがに編・著　双葉社　2009.11　167p　19cm　1300円　①978-4-575-30173-1　Ⓝ385.02199　[内容] 1章 家族を結ぶ沖縄伝統の結婚式「ニービチ」　2章 昔ながらの結納といまどきの結婚準備　3章 お年寄りの知恵に学ぶ妊娠・出産・育児　4章 12年に一度巡る生年祝いと長寿祝い　5章 家造りや引っ越しのしきたりと御願　巻末 御願の基本集　　　　〔4649〕

◇ああ、沖縄の結婚式！—抱腹絶倒エピソード　玉城愛, にーびちオールスターズ編　那覇　ボーダーインク　2010.12　189p　19cm　1400円　①978-4-89982-195-3　Ⓝ385.4　[内容] それでは、開宴です！　新郎新婦のご入場です！　新郎新婦をご紹介いたします！　来賓祝辞を賜ります！　乾杯のご発声です！　かぎやで風で幕開けです！　皆様、余興でお楽しみください！　思い出のアルバム～新郎新婦再入場です！　キャンドルサービス～ケーキ入刀です！　花束・記念品贈呈～ご祝辞を賜ります！　ほか　　　　〔4650〕

芸術・芸能

芸術・美術・文化財

◇沖縄の文化財　3　有形文化財　沖縄県教育委員会編　那覇　沖縄県教育委員会　1995.3　173p　26cm　〈英語書名：Cultural properties of Okinawa 英文併記〉　Ⓝ709.199　　　　　　　　　　　　〔4651〕

◇甦る沖縄・戦災文化財と戦後生活資料展―特別展　沖縄県立博物館編　那覇　沖縄県立博物館　1995.6　243p　24×25cm　〈太平洋戦争・沖縄戦終結50周年事業　会期：1995年6月20日～7月30日　沖縄戦後史年表：p232～241〉Ⓝ709.199　　　　　　　　〔4652〕

◇美心画心　古美術に想う　岡信孝著　芸艸堂　1995.9　144p　30cm　4800円　Ⓘ4-7538-0170-5
[内容]古美術との出会い　面　琉球陶器　狛犬　琉球漆器　地方仏　ガラス　自在鉤　李朝木工　李朝民画　岡信孝年譜　付コレクション歴〔4653〕

◇沖縄の文化財　4　無形・民俗文化財編　沖縄県教育委員会編　那覇　沖縄県教育委員会　1996.3　140p　26cm　〈英語書名：Cultural properties of Okinawa 英文併記〉　Ⓝ709.199　　　　　　　　　　　　〔4654〕

◇文化財にみる沖縄の自然・歴史・文化―高校生版　沖縄県教育委員会編　那覇　沖縄県教育委員会　1996.3　108p　26cm　〈沖縄の歴史・文化史略年表：p96～97〉Ⓝ709.199　　　　　　　　　　　　〔4655〕

◇尚家継承文化遺産―かがやく琉球王家の至宝　那覇市文化局歴史資料室編　〔那覇〕　那覇市　1997.2　51p　30cm　〔那覇市制75周年記念　会期・会場：1997年2月14日～23日　那覇市民ギャラリー　尚氏・沖縄史略年表：p47〕Ⓝ702.1999　　　　　　　　〔4656〕

◇沖縄の文化財　5　埋蔵文化財編　沖縄県教育委員会編　那覇　沖縄県教育委員会　1997.3　128p　26cm　〈他言語標題：Cultural properties of Okinawa　英文併記〉Ⓝ709.199　　　　　　　　　　　　〔4657〕

◇首里城公園特別展―琉球王朝の華　〔本部町（沖縄県）〕　〔海洋博覧会記念公園管理財団〕　〔1998〕　46p　30cm　Ⓝ702.1999　　　　　　　　　　　　〔4658〕

◇沖縄から芸術を考える　沖縄県立芸術大学大学院芸術文化学研究科編　宜野湾　榕樹書林　1998.3　520p　23cm　（芸術文化学叢書 1）　5000円　Ⓘ4-947667-49-4　Ⓝ704
[内容]第1部 沖縄に生まれた歌・踊り・ことば（古典女踊りの構造―「諸屯」の場合　「瓦屋節」考―女踊りの原景　沖縄八重山の仮面・仮装の神々―神の文芸を考えるための序章　ほか）　第2部 アジアのなかの沖縄と日本（琉球王朝の茶の湯―受容史における喜安の実像と利休流伝来の一考察　徳川綱誠所要縞麻羽織と沖縄の織物　加賀の工芸　ほか）　第3部 西洋を新しく解釈する（カゼンティーノ地方のロマネスク柱頭彫刻図像研究―サンマルティーノ・ア・ヴァード教区教会堂に関する一考察　セザンヌの時計　十九世紀のベートーヴェン受容―楽譜出版から見えてくるもの）　第4部 美の近代を越えて（シラー美学におけるユートピア的なもの　西田幾多郎の美学思想とギリシャの思惟―『ポイエシスとプラクシス』から　近代美術におけるプリミティヴィズム　ほか）　　〔4659〕

◇幸地学美術論集―止まることなく旅をしよう時は必ず来るよ　沖縄、パリからのマニフェスト　幸地学著　宜野湾　榕樹書林　1998.10　95p　26cm　2500円　Ⓘ4-947667-54-0　Ⓝ704　　　　　　　　　　　　〔4660〕

◇沖縄の文化財　沖縄文化社編　那覇　沖縄文化社　1998.10　102p　19cm　〈年表あり〉Ⓝ709.199　　　　　　　　　　　　〔4661〕

◇日本の国宝　2　朝日新聞社　1999.11　320p　30cm　（朝日百科）〈他言語標題：National treasures of Japan〉Ⓘ4-02-380012-0　Ⓝ709.1
[内容]沖縄　九州　四国　中国　　　〔4662〕

◇沖縄の文化財　2（史跡・名勝編）　沖縄県教育委員会編　3版　那覇　沖縄県立博物館友の会　2000.4　120p　26cm　〈他言語標題：

芸術・芸能　　　　　　　　　　　　　　　　　　　　　　　芸術・美術・文化財

Cultural properties of Okinawa　英語併記
共同刊行：沖縄県教育委員会　年表あり〉
Ⓝ709.199　　　　　　　　　　　　　〔4663〕

◇尚王家と琉球の美展—特別展　熱海　MOA
美術館　2001.10　142p　30cm〈会期：
2001年10月26日—11月21日　年表あり〉
Ⓝ702.1999　　　　　　　　　　　　〔4664〕

◇世界遺産の保存・整備・活用に関する基本指
針　〔沖縄県〕教育庁文化課編　〔那覇〕
沖縄県教育委員会　2002.3　107,15p　30cm
〈委託先：プレック研究所〉Ⓝ709.199〔4665〕

◇沖縄名作の舞台　琉球新報社編　那覇　琉球
新報社　2003.3　208p　24cm　2500円
Ⓘ4-89742-049-0　Ⓝ704　　　　　　〔4666〕

◇国指定史跡今帰仁城跡環境整備報告書　2
今帰仁村教育委員会編　〔今帰仁村（沖縄
県）〕　今帰仁村教育委員会　2003.3　34p
30cm〈災害復旧事業　年表あり〉Ⓝ709.
199　　　　　　　　　　　　　　　　〔4667〕

◇東京国立博物館図版目録—琉球資料篇　東京
国立博物館編　中央公論美術出版　2003.5
265,39p　27cm　7800円　Ⓘ4-8055-0443-9
Ⓝ702.1999
内容 1 絵画　2 文書　3 金工　4 陶磁　5 漆工
6 染織　7 民俗資料　8 古写真　　　〔4668〕

◇鎌倉芳太郎資料集—沖縄県立芸術大学附属図
書・芸術資料館所蔵　ノート篇 第1巻　美
術・工芸　沖縄県立芸術大学附属研究所編
那覇　沖縄県立芸術大学附属研究所　2004.3
826,12p　27cm　Ⓝ702.1999　　　　〔4669〕

◇史跡玉陵整備事業報告書　国建編　那覇　那
覇市教育委員会　2004.3　251p　30cm〈標
題紙・奥付・背・表紙のタイトル（誤植）：重
要文化財玉陵整備事業報告書〉Ⓝ709.199
　　　　　　　　　　　　　　　　　　〔4670〕

◇琉球王朝の秘宝—図録 中国・北京故宮博物
院蔵 沖縄特別展覧会　帰ってきた琉球王朝
の秘宝展実行委員会学術部会編　〔那覇〕
帰ってきた琉球王朝の秘宝展実行委員会
2004.8　103p　30cm〈英語併載　会期・会
場：平成16年8月20日—9月30日　那覇市民
ギャラリー（パレットくもじ6階）　年表あ
り〉　1905円　Ⓝ702.1999　　　　　〔4671〕

◇水の沖縄プロジェクト—水とアートと沖縄/
新しい芸術運動を目指して　浅野春男編著
那覇　ボーダーインク　2005.3　134p
19cm　（ばさないbooks 4）　1300円　Ⓘ4-
89982-083-6　Ⓝ702.1999　　　　　　〔4672〕

◇琉球の美—特別展　宮城篤正監修, 石橋財団

石橋美術館著　久留米　石橋財団石橋美術館
2005.8　89p　26cm〈他言語標題：The
beauty of the Ryukyus　会期・会場：2005
年8月2日—9月11日　石橋美術館別館〉1429
円　Ⓘ4-901834-01-0　Ⓝ702.1999　　〔4673〕

◇なんぶ文芸　第3号（創立10周年記念特集号）
〔南風原町（沖縄県）〕　沖縄県南部連合文化
協会　2005.9　279p　21cm〈第3号のサブ
タイトル：10周年記念南部文化への誘い　折
り込1枚〉1905円　Ⓝ702.1999　　　〔4674〕

◇鎌倉芳太郎資料集—沖縄県立芸術大学附属図
書・芸術資料館所蔵　ノート篇 第2巻　民
俗・宗教　沖縄県立芸術大学附属研究所編
那覇　沖縄県立芸術大学附属研究所　2006.3
855,12p　27cm　Ⓝ702.1999　　　　〔4675〕

◇うるまちゅら島琉球　九州国立博物館編
〔大宰府〕　九州国立博物館　2006.4　247p
30cm（開館記念特別展「美のシリーズ」
第3弾）〈会期・会場：平成18年4月29日—6
月25日 九州国立博物館〉Ⓝ702.1999〔4676〕

◇日本・アジア美術探索　永井信一著, 中森義
宗, 小林忠, 青柳正規監修　東信堂　2006.7
158p　21cm　（世界美術双書）　2300円
Ⓘ4-88713-694-3
内容 1 東北地方　2 奈良・京都　3 韓国　4 中
国　5 インドネシア　6 インド　7 琉球〔4677〕

◇収蔵品目録　1992-2006　海洋博覧会記念公
園管理財団首里城公園管理センター編　那覇
海洋博覧会記念公園管理財団首里城公園管理
センター　2006.7　47p　30cm〈（財）海洋
博覧会記念公園管理財団設立30周年記念〉
Ⓝ702.1999　　　　　　　　　　　　〔4678〕

◇沖縄文化の軌跡—1872-2007 美術館開館記念
展 カタログ　沖縄県立博物館・美術館〔編〕
那覇　沖縄県立現代美術館支援会happ
c2007　407p　30cm〈会期・会場：2007年
11月1日—2008年2月24日　沖縄県立博物館・
美術館　年表あり〉2857円　Ⓘ978-4-87127-
190-5　Ⓝ702.1999　　　　　　　　　〔4679〕

◇県指定史跡宇江城城跡環境整備報告書　1
〔久米島町（沖縄県）〕　沖縄県久米島町教育
委員会　2007.3　101p　図版4p　30cm
Ⓝ709.199　　　　　　　　　　　　　〔4680〕

◇那覇市の文化財　平成18年度　那覇市教育委
員会文化課編　那覇　那覇市教育委員会
2007.3　201p　30cm〈年表あり〉1000円
Ⓝ709.199　　　　　　　　　　　　　〔4681〕

◇宮古島市文化財要覧—宮古島市の文化財　平
成18年度　宮古島市教育委員会編　宮古島

「沖縄」がわかる本 6000冊　　367

芸術・美術・文化財　　　　　　　　　　　　　　　　芸術・芸能

宮古島市教育委員会　2007.3　233,7p
30cm　Ⓝ709.199　　　　　　　　　〔4682〕

◇すぐわかる沖縄の美術　宮城篤正監修, 小林
純子, 宮里正子, 倉成多郎, 平川信幸, 翁長直
樹, 粟国恭子執筆　東京美術　2007.11
159p　21cm　〈年表あり〉2200円　Ⓘ978-4-
8087-0822-1　Ⓝ702.1999
　内容 第1章 漆芸　第2章 染物　第3章 織物　第
4章 焼物　第5章 絵画・デザイン　第6章 建築・
彫刻・民具　　　　　　　　　　　　　　〔4683〕

◇沖縄・プリズム1872-2008　東京国立近代美
術館編　東京国立近代美術館　2008　175p
26cm　〈他言語標題：Okinawa prismed
1872-2008　会期・会場：2008年10月31日―
12月21日　東京国立近代美術館　年表あり〉
Ⓝ702.16　　　　　　　　　　　　　　〔4684〕

◇国指定史跡勝連城跡環境整備事業報告書　4
うるま　沖縄県うるま市教育委員会　2008.3
144p 図版8p 30cm　（うるま市文化財調査
報告書 第6集）Ⓝ709.199　　　　　〔4685〕

◇中城城跡　中城村（沖縄県）　中城村教育委
員会　2008.3　107p　30cm　（中城村の文
化財 第10集―整備事業報告書 1）Ⓝ709.
199　　　　　　　　　　　　　　　　　〔4686〕

◇オキナワ/カワサキ―二つの地をつなぐ人と
文化 企画展解説図録　川崎市市民ミュージ
アム編　川崎　川崎市市民ミュージアム
2008.4　111p　30cm　〈会期：平成20年4月
26日―6月8日　年表あり　文献あり〉
Ⓝ702.1999　　　　　　　　　　　　　〔4687〕

◇沖展60年記念会員作品集―第1回（1949年）-
第60回（2008年）　沖縄文化の杜編　那覇
沖縄タイムス社　2008.7　243p　30cm　〈年
表あり〉2857円　Ⓘ978-4-87127-187-5
Ⓝ702.1999　　　　　　　　　　　　　〔4688〕

◇沖縄の心を―Sakima art museum　佐喜眞
道夫〔著〕　宜野湾　佐喜眞美術館　2008.7
（第2刷）62p 21cm　Ⓝ706.9　　〔4689〕

◇甦る琉球王国の輝き―中国・北京故宮博物院
秘蔵 沖縄県立博物館・美術館開館一周年記
念博物館特別展　那覇　沖縄県立博物館・美
術館　2008.11　235p　30cm　〈会期・会場：
2008年11月1日―12月21日 沖縄県立博物館・
美術館（3F）特別展示室・企画展示室　年表
あり〉Ⓝ702.1999　　　　　　　　　〔4690〕

◇琉球王朝の華―美・技・芸　第2版　〔那覇〕
海洋博覧会記念公園管理財団　2009.3　103p
30cm　Ⓝ702.1999　　　　　　　　　〔4691〕

◇サイバー講座・沖縄世界遺産巡り―平成20年

度特定非営利活動法人文化経済フォーラム
八重瀬町（沖縄県）　文化経済フォーラム
2009.3　209p,p68-75　21cm　（（社）沖縄県
対米請求権事業協会・助成シリーズ no.34）
Ⓝ709.199　　　　　　　　　　　　　〔4692〕

◇残傷の音―「アジア・政治・アート」の未来
へ　李静和編　岩波書店　2009.6　275,18p
22cm　3000円　Ⓘ978-4-00-023026-1
Ⓝ702.2
　内容 死を死なせないこと　音の輪郭―高橋悠治
の音楽とイトー・ターリの身体パフォーマンスを
繋ぐ場所　沖縄で響くリズム、ズレるリズム　皮
膚と反復　石の声―表現行為と回復する力　影の
東アジア―沖縄、台湾、そして朝鮮　残されたや
わらかな部分で―「黙認浜」の物語り（山城知佳子
『OKINAWA COMPLEX Vol.1 - 浦添市イノバ
の海』を観る）　水の身体―三角州から島へ、「霊
性」をめぐって　繰りかえしと語りのしぐさをか
たちにする　記憶されない死　呉夏枝と琴仙姫の
作品における「ポストメモリー」　彼女の語りと
身体―琴仙姫の映像作品をめぐって　　〔4693〕

◇中城城跡　中城村（沖縄県）　中城村教育委
員会　2010.3　100p　30cm　（中城村の文
化財 第12集―整備事業報告書 2）Ⓝ709.
199　　　　　　　　　　　　　　　　　〔4694〕

◇安谷屋正義展―モダニズムのゆくえ　安谷屋
正義〔画〕　那覇　沖縄県立博物館・美術館
2011.1　207p　23×29cm　〈他言語標題：
Masayoshi Adaniya exhibition：the path
of modernism　会期・会場：2011年1月19日
―3月13日 沖縄県立博物館・美術館企画ギャ
ラリー1・2　年譜あり　文献あり〉Ⓝ723.1
　　　　　　　　　　　　　　　　　　　〔4695〕

◇国指定史跡勝連城跡環境整備事業報告書　5
うるま　うるま市教育委員会　2011.3　89p
30cm　（うるま市文化財調査報告書 第13
集）Ⓝ709.199　　　　　　　　　　　〔4696〕

◇首里城のデザイン―首里城公園企画展　〔那
覇〕　海洋博覧会記念公園管理財団　2011.7
48p　30cm　〈会期：平成23年7月8日―平成
24年3月1日〉Ⓝ702.1999　　　　　〔4697〕

◇なんぶ文芸　第4号（2011.盛夏）〔浦添〕
沖縄県南部連合文化協会　2011.7　223p
21cm　〈創立15周年記念特集号　折り込1枚〉
1905円　Ⓝ702.1999　　　　　　　　〔4698〕

◇アート・検閲、そして天皇―「アトミックサン
シャイン」in沖縄展が隠蔽したもの　沖縄
県立美術館検閲抗議の会編　社会評論社
2011.8　361p　21cm　2800円　Ⓘ978-4-
7845-1482-3　Ⓝ706.9
　内容 「アトミックサンシャイン」沖縄展の検閲に
抗議する！ シンポジウム　「九条」企画の質が問

368　「沖縄」がわかる本 6000冊

芸術・芸能　　　　　　　　　　　　　　　　　　　　　　　　　　　　　　芸術・美術・文化財

われた　大浦信行述　もっともっと対話が必要　比
嘉豊光述　「サンシャイン」と「シャドウ」　徐
京植述　わたしはわすれない　白川昌生述　問わ
れる「自画像」　鵜飼哲述　《遠近を抱えて》・天
皇制・沖縄　針生一郎述　沖縄の現実を知らなす
ぎる展覧会　比嘉豊光述　沖縄の現実に抗う表現
新垣安雄述　逆説の鈍色に映えてくるもの　伸里
効述　感情論と制度論を超えるもの　宮田徹也述
生かされなかった「経験」　太田昌国述　検閲問題
とその周辺　シンボルとしての身体、皮膚として
の天皇　古川美佳著　「アトミックサンシャイン」
沖縄展対抗アクションの意味　武居利史著　沖縄
県平和祈念資料館「展示改ざん事件」との関連性
石原昌家著　「大浦信行展」を終えて　上原誠勇
著　《遠近を抱えて》の遠景と近景　北原恵著　天
皇陛下と死刑囚　八鍬瑞子著　アメリカと日本と沖
縄と男の体　嶋田美子著　公共美術館と私たち　細
谷修平著　カミサマの写真は不快か？　大榎淳著
天皇（チン）は玉（タマ）である　桂川寛著　元戦場
カメラマンの視点　石川文洋著　排除事件の構造
小林純子著　美の治安　新城郁夫著　緊急アート
アクション2009出品作・パフォーマンス・トーク
緊急アートアクション2009参加作家と出品作につ
いて　古川美佳著　緊急アートアクション2009パ
フォーマンスについて　古川美佳著　緊急アート
アクション2009ギャラリートークについて　井口
大介著　トーク　キュレーターの権限と権力　遠
藤水城、暮沢剛巳述　アートと公共性　藤井光、清
水知子述　「文化の冷戦」と美術運動　池上善彦、
友常勉述　美術館の二重性とキュレーターの二面
性　堀浩哉、毛利嘉孝、井口大介述　丸木夫妻の「原
爆」と「沖縄」　小沢節子、小倉利丸述　「自己点
検」されるべき天皇制　金城実、古川美佳述　表現
と規範をめぐって　大西赤人、遠藤裕二述　問われ
る美術の「戦後」と「制度」　アライ=ヒロユキ、
宮田徹也述　美術界閉塞、どう打開するか　日夏
露彦、金山明子、桂川寛述　「大浦問題」が衝いた
日本美術の問題性　大浦信行、針生一郎述〔4699〕

◇天城町内文化財悉皆調査報告書　天城町文化
財活性化実行委員会編　天城町（鹿児島県）
天城町文化財活性化実行委員会　2012.3
125p　30cm〈平成23年度文化庁文化遺産を
活かした観光振興・地域活性化事業　文献あ
り〉Ⓝ709.197　　　　　　　　　　　〔4700〕

◇具志川城跡　糸満市教育委員会総務部生涯学
習課編　〔糸満〕　糸満市教育委員会
2012.3　62p　30cm（糸満市文化財調査報
告書　第25集）〈史跡具志川城跡保存修理事
業報告書〉Ⓝ709.199　　　　　　　　〔4701〕

◇国指定史跡今帰仁城跡環境整備報告書　3
今帰仁村教育委員会編　〔今帰仁村（沖縄
県）〕　今帰仁村教育委員会　2012.3　175p
30cm〈年表あり〉Ⓝ709.199　　　　　〔4702〕

◇国指定史跡山田城跡保存管理計画書　沖縄県
恩納村教育委員会編　恩納村（沖縄県）　沖
縄県恩納村教育委員会　2012.3　94p　30cm
〈奥付のタイトル：国指定史跡山田城跡保存

管理計画策定報告書〉Ⓝ709.199　　　〔4703〕

◇史跡『伊礼原遺跡』保存管理計画書　北谷町
教育委員会編　〔北谷町（沖縄県）〕　北谷
町教育委員会　2012.3　96p　30cm　Ⓝ709.
199　　　　　　　　　　　　　　　　〔4704〕

◇首里城に魂を！—国内唯一の赤い城二十年の
ストーリー：首里城公園開園20周年記念特別
展　〔那覇〕　海洋博覧会記念公園管理財団
2012.8　88p　30cm　Ⓝ702.1999　　〔4705〕

◇世界遺産・聖地巡り—琉球・奄美・熊野・サ
ンティアゴ　沖縄大学地域研究所編　芙蓉書
房出版　2013.3　266p　19cm（沖縄大学
地域研究所叢書）　1900円　Ⓘ978-4-8295-
0578-6　Ⓝ709
　[内容] 第1章　世界遺産条約の仕組みと今を知る（世
　界遺産条約の仕組み　日本の世界遺産事情　ほか）
　第2章　琉球王国の世界遺産（世界遺産を詠う　琉
　球・世界遺産の魅力　ほか）　第3章　聖地巡りとし
　ての世界遺産（道の世界遺産熊野古道　サンティ
　アゴ巡礼路）　第4章　新たな世界遺産に向けて（奄
　美・琉球を世界自然遺産へ　四国遍路）　〔4706〕

◇沖縄の世界遺産　高良倉吉監修　JTBパブ
リッシング　2013.3　143p　21cm（楽学
ブックス—文学歴史　17）〈文献あり　年表あ
り〉　1600円　Ⓘ978-4-533-08976-3　Ⓝ709.
199
　[内容] 琉球王国へ　第1章　首里を歩く（首里城　首
　里城マップ　ほか）　第2章　グスクと祈りの聖地へ
　（今帰仁城跡　座喜味城跡　ほか）　第3章　今に息
　づく琉球文化（尚家伝来　王朝の文化遺産　現代に
　花開く沖縄の伝統文化）　第4章　琉球王国を深く
　知るために（琉球王国年表　琉球王国を知るため
　に　ほか）　　　　　　　　　　　　〔4707〕

◇史跡今帰仁城跡附シイナ城跡—保存管理計画
今帰仁村教育委員会社会教育課文化財係編
今帰仁村（沖縄県）　沖縄県今帰仁村教育委
員会　2013.3　153p　30cm〈奥付のタイト
ル：国指定史跡今帰仁城跡附シイナ城跡　文
献あり　年表あり〉Ⓝ709.199　　　　〔4708〕

◇西原町の文化財　西原町教育委員会編　西原
町（沖縄県）　西原町教育委員会　2013.3
59p　30cm　Ⓝ709.199　　　　　　　〔4709〕

◇沖縄・雲に魅せられて—虹のアーティストの
つぶやき　喜屋武貞男著　改訂　パピルスあ
い　2013.11　199p　19cm〈発売：社会評論
社〉　1800円　Ⓘ978-4-7845-9116-9　Ⓝ702.
16
　[内容] 1　芸大への道（一期一会の大事さからルーツ
　について考えてみた　太平洋戦争開戦前までほ
　か）　2　美術教師として（美術品は市民の目に触れ
　るところへ　形而上学について　ほか）　3　造形作
　家の眼（海からの幻想　「パリの憂愁」心ひかれ

「沖縄」がわかる本 6000冊　369

芸術・美術・文化財　　　　　　　　　　　　　　　　　　　　芸術・芸能

る「異邦人」ほか）　4 沖縄往還（なぜ私は沖縄
で絵を描くようになったのか　一族無念の最期を
遂げた中城城について　ほか）　　　　　〔4710〕

◇アーティストのことば─インタヴュー集　比
嘉良治，永山信春，真喜志勉，上原美智子，与
那覇大智〔述〕,Okinawa Artist Interview
Project編　〔出版地不明〕　Okinawa
Artist Interview Project　2014.2　152p
19cm　Ⓝ702.8　　　　　　　　　　　〔4711〕

◇石垣市の文化財　石垣市教育委員会編　石垣
石垣市教育委員会　2014.3　52p　30cm
〈折り込 1枚〉　Ⓝ709.199　　　　　　　〔4712〕

◇国指定史跡島添大里城跡保存管理計画書　南
城　沖縄県南城市教育委員会　2014.3　107p
30cm　Ⓝ709.199　　　　　　　　　　　〔4713〕

◇古道ハンタ道─歴史の道環境整備事業報告書
中城村（沖縄県）　中城村教育委員会　2014.
3　237p　30cm　（中城の文化財　第16集）
〈文献あり〉　Ⓝ709.199　　　　　　　　〔4714〕

◇世界に誇る日本の世界遺産　7　屋久島/琉球
王国　西村幸夫監修　吉田忠正文　ポプラ社
2014.4　47p　29cm〈文献あり　索引あり〉
2850円　①978-4-591-13827-4　Ⓝ709.1
内容 樹齢1000年をこえるスギの原生林─屋久島
（屋久島はどのようにしてできた？　沖縄から北
海道までがつまった島　屋久杉ウォッチング　屋
久杉の森に入ってみよう　ほか）　周辺の国ぐにと
の交易により生みだされた─琉球王国のグスク
及び関連遺産群（首里城ってどんな城？　首里城
の正殿に入ってみよう　北山の拠点─今帰仁城跡
護佐丸がつくった堅固な城─座喜味城跡　
　　　　　　　　　　　　　　　　　　　〔4715〕

◇アートで平和をつくる─沖縄・佐喜眞美術館
の軌跡　佐喜眞道夫著　岩波書店　2014.7
71p　21cm　（岩波ブックレット　No.904）
660円　①978-4-00-270904-8　Ⓝ706.9
内容 1 熊本の少年時代　2 学生運動から鍼灸師
へ　3 軍用地代を使ったコレクション　4 丸木夫
妻との出会い　5「沖縄戦の図」を沖縄に　6「も
の想う空間」として　「沖縄戦の図」について─
修学旅行生への説明　　　　　　　　　　〔4716〕

◇KOA九州・沖縄アーティストファイル
〔福岡〕　九州・沖縄アーティストファイル
実行委員会　2014.9　143p　21cm〈他言語
標題：KOA Kyushu-Okinawa artist file
共同刊行：Fukuoka Art Tips　英語併記〉
1204円　①978-4-9907865-0-2　Ⓝ702.8
　　　　　　　　　　　　　　　　　　　〔4717〕

◇鳥が見た沖縄の世界遺産─マルチコプターに
よる空撮写真集　大川純一監修　〔福岡〕
フジデンシ出版　2014.10　127p　15×21cm

（誰も見たことがない文化遺産シリーズ）
2600円　①978-4-9906317-1-0　Ⓝ709.199
　　　　　　　　　　　　　　　　　　　〔4718〕

◇沖縄の古美術とともに─岡信孝の日本画　浦
添市美術館開館25周年記念展　浦添市美術館
編　浦添　浦添市美術館　2015.1　24p
30cm　　　　　　　　　　　　　　　　　〔4719〕

◇伊仙町の文化遺産─伊仙町における奄美遺産
悉皆調査報告書　伊仙町地域文化遺産総合活
性化実行委員会事務局編　伊仙町（鹿児島
県）　伊仙町地域文化遺産総合活性化実行委
員会　2015.3　140p　30cm〈平成26年度文
化庁文化芸術振興費補助金文化遺産を活かし
た地域活性化事業　文献あり〉Ⓝ709.197
　　　　　　　　　　　　　　　　　　　〔4720〕

◇史跡徳之島カムィヤキ陶器窯跡保存管理計画
書　史跡徳之島カムィヤキ陶器窯跡保存管理
計画策定委員会事務局編　伊仙町（鹿児島
県）　伊仙町教育委員会　2015.3　70p
30cm〈文献あり〉Ⓝ709.197　　　　　〔4721〕

◇宇江城城跡保存管理計画　久米島町教育委員
会（久米島博物館）編　久米島町（沖縄県）
久米島町教育委員会　2015.3　92p　30cm
Ⓝ709.199　　　　　　　　　　　　　　〔4722〕

◇久米島町の文化財　平成26年度　久米島町教
育委員会〔編〕　久米島町（沖縄県）　久米
島博物館　2015.3　72p　30cm　Ⓝ709.199
　　　　　　　　　　　　　　　　　　　〔4723〕

◇福沢一郎展─沖縄の子どもたちへ贈られた34
点　福沢一郎〔画〕,那覇市市民文化部文化
振興課編　〔那覇〕　那覇市市民文化部文化
振興課　2015.3　89p　30cm〈会期・会場：
平成27年2月3日─8日　那覇市民ギャラリー
平成26年度那覇市文化芸術ふれあい事業　年
譜あり　文献あり〉723.1　　　　　　　〔4724〕

◇京都と首里─二つの王都　大学は宝箱！　京
都・大学ミュージアム連携出開帳in沖縄　京
都・大学ミュージアム連携合同展覧会実行委
員会,京都工芸繊維大学美術工芸資料館編
〔京都〕　京都・大学ミュージアム連携
2015.10　56p　30cm〈会期・会場：2015年
10月23日─11月23日　沖縄県立芸術大学附属
図書・芸術資料館　「京都・大学ミュージア
ム連携が核となる文化発信事業の継続と展
開」(平成27年度文化庁地域の核となる美術
館・歴史博物館支援事業)　共同刊行：沖縄
県立芸術大学〉Ⓝ709.199　　　　　　　〔4725〕

◇大嶺政寛展─情熱の赤瓦沖縄の原風景を求め
て　大嶺政寛〔画〕　那覇　沖縄県立博物

芸術・芸能 　　　　　　　　　　　　　　　　　　　　絵画・版画・書

館・美術館　2015.11　159p　30cm　（沖縄
の美術シリーズ Okinawan art series 5）
〈他言語標題：Omine Seikwan　会期・会
場：2015年11月25日〜12月27日　沖縄県立博
物館・美術館美術館企画ギャラリー1・2　編
集：仲里安広ほか　年譜あり〉　Ⓝ723.1
　　　　　　　　　　　　　　　　　　〔4726〕

◇日本美術全集　1―縄文・弥生・古墳時代
日本美術創世記　原田昌幸責任編集　小学館
2015.12　311p　38×27cm　15000円
Ⓘ978-4-09-601101-0
＊旧石器時代から、縄文・弥生・古墳時代、そして
北海道の続縄文・擦文・オホーツク文化、さらに
南西諸島の文化の代表的な「作品」を紹介。人が
手を加え機能をもたせた道具に、創作意識が込
められ、「美」の造形物へと昇華していく。日本
美術の誕生を、石器や土器、壁画や鏡などに見つ
けた。　　　　　　　　　　　　　　　〔4727〕

彫刻

◇民衆を彫る―沖縄・100メートルレリーフに
挑む　金城実著　大阪　解放出版社　2001.7
223p　19cm　1800円　Ⓘ4-7592-6059-5
　内容 1 なぜ一〇〇メートルレリーフを彫るのか
2 二十一世紀―彫り続ける　3 モニュメントを
考える　4 沖縄と表現　5 神々の笑い　6 座談会
彫刻の原点を語る　　　　　　　　　　〔4728〕

◇燻し銀の世界―追憶の島・奄美　重村三雄著
露満堂　2001.7　194,3p　20cm　〈発売：星
雲社　年譜あり〉　2700円　Ⓘ4-434-01144-8
Ⓝ712.1
　内容 遙かなる追憶の島・奄美　そして神戸　東
京、北の風風力三　燻し銀の世界　メキシコ　故
郷に愛を込めて　　　　　　　　　　　〔4729〕

◇彫刻家金城実の世界―豊里友行写真録　豊里
友行〔撮影〕　沖縄　沖縄書房　2010.4
100p　21×30cm　〈発売：榕樹書林（宜野
湾）〉　3000円　Ⓘ978-4-89805-141-2　Ⓝ712.
1　　　　　　　　　　　　　　　　　　〔4730〕

◇沖縄近代彫刻の礎玉那覇正吉―彫刻と絵画の
軌跡　玉那覇正吉〔作〕　那覇　沖縄県立博
物館・美術館企画ギャラリー1・2　年譜あり
（沖縄の美術シリーズ 3）〈他言語標題：
Exhibition of Seikichi Tamanaha, pioneer
of modern sculpture in Okinawa　会期・
会場：2012年1月11日〜3月11日　沖縄県立博
物館・美術館企画ギャラリー1・2　年譜あり
文献あり〉　Ⓝ712.1　　　　　　　　　〔4731〕

絵画・版画・書

◇田中一村の世界―孤高・異端の日本画家　田
中一村〔画〕,NHK出版編　NHK出版
〔1995〕　105p　25×26cm　〈会期・会場：
1995年3月8日〜4月2日　千葉そごう美術館ほ
か〉　Ⓝ721.9　　　　　　　　　　　　〔4732〕

◇アダンの画帖―田中一村伝　南日本新聞社編
小学館　1995.4　225p　20cm　〈道の島社昭
和61年刊の再刊〉　1500円　Ⓘ4-09-387149-3
Ⓝ721.9
　内容 東京時代　千葉時代　奄美時代　〔4733〕

◇沖縄戦―朝鮮人軍夫と従軍慰安婦　沖縄戦版
画集　儀間比呂志著　大阪　清風堂書店
1995.8　68p　28cm　〈参考文献：p68〉3200
円　Ⓘ4-88313-103-3　Ⓝ733
＊いま、時空を超えて作品の一つ一つが語りかけ
る沖縄戦の被害と加害。沖縄戦版画集。〔4734〕

◇田中一村の彼方へ―奄美からの光芒　加藤邦
彦著　三一書房　1997.10　184p　20cm
2300円　Ⓘ4-380-97290-9　Ⓝ721.9
　内容 序章 戦慄の画譜　第1章 明治・大正の画壇
第2章 花の六年組　第3章 戦争と日本画界　第
4章 戦後の出発　第5章 日本画壇の伝統と退廃
第6章 奄美の孤独　終章 一村像の虚構と真実
　　　　　　　　　　　　　　　　　　〔4735〕

◇宮城与徳―移民青年画家の光と影　野本一平
著　那覇　沖縄タイムス社　1997.11　362p
20cm　2500円　Ⓘ4-87127-121-8　Ⓝ723.1
　　　　　　　　　　　　　　　　　　〔4736〕

◇神を描いた男・田中一村　小林照幸著　中央
公論新社　1999.6　252p　16cm　（中公文
庫）　724円　Ⓘ4-12-203446-9　Ⓝ721.9
　内容 八時間の凝視　すべてが美しい島 "奄美"
青いイセエビ　トウトガナシ　神の家 トネヤ
の前の家　早朝の祭祀　完成 "生涯最後の絵"　会
心作を焼く　曲がらぬ指〔ほか〕　　　〔4737〕

◇日本のゴーギャン―田中一村伝　南日本新聞
社編　小学館　1999.6　245p　15cm　（小
学館文庫）〈「アダンの画帖」（1995年刊）の
改題〉　533円　Ⓘ4-09-403381-5　Ⓝ721.9
　内容 東京時代（米邨童　模範中学生　東京美術学
校 ほか）　千葉時代（農業　座禅会　蓮上観音 ほ
か）　奄美時代（旅立ち　和光園　与論行 ほか）
　　　　　　　　　　　　　　　　　　〔4738〕

◇儀間比呂志絵本の世界―1971〜2000 ニラ
イ・カナイへの夢　儀間比呂志著　大阪　海
風社　2001.3　61p　21×26cm　（南島叢書
82）　1600円　Ⓘ4-87616-275-1　Ⓝ733.087
　　　　　　　　　　　　　　　　　　〔4739〕

「沖縄」がわかる本　6000冊　　371

絵画・版画・書　　　　　　　　　　　　　　　　　　　　　　　　　芸術・芸能

◇ボクネン―大自然の伝言を彫る　名嘉睦稔著
サンマーク出版　2002.8　207p　19cm
1500円　Ⓘ4-7631-9445-3
　内容　獣のように感覚をひらく（生命風　想像力
を飛ばす　ほか）　絵はいただきもの（裏彩色と出
合う　描いても描いても　ほか）　いつも見た風
景（原体験は生きつづける　伊是名の神々　ほか）
生まれ変わるために（哀しい幸せ　樹の時間を生
きる　ほか）　島の気分（あなたとの時間　長い旅
ほか）　　　　　　　　　　　　　　　　〔4740〕

◇金城美智子画集―墨絵『光と影の世界』：沖
縄と地中海の島々　金城美智子著　北谷町
（沖縄県）　金城重昭　2002.10　95p　27×
31cm〈他言語標題：Inkbrush paintings of
Michiko Kinjo　英語併記〉6667円　Ⓝ721.
9　　　　　　　　　　　　　　　　　　　〔4741〕

◇屏風山の蛇　熊谷溢夫切絵, 竹原孫恭原話
石垣　南山舎　2002.10　50p　21×30cm
〈やいま方言むかしばなし 1〉1000円
Ⓝ726.6　　　　　　　　　　　　　　　　〔4742〕

◇沖縄時間　杉田照文著　新風舎　2003.4　1
冊（ページ付なし）　13×19cm　1300円
Ⓘ4-7974-2786-8　Ⓝ723.1
＊やさしく流れる沖縄時間風の音が、聞こえてき
ます…エメラルドグリーンの海は、心の栄養素。
ゴーヤは体の栄養素。沖縄の自然に魅せられ、何
となく描き始めた、色鉛筆画。　　　　　〔4743〕

◇紅逢黒逢の刻―ボクネン版画絵本　名嘉睦稔
絵・文　マガジンハウス　2003.5　2冊（セッ
ト）　31×31cm　4762円　Ⓘ4-8387-1383-5
＊みなみしま沖縄の大自然を舞台に、光と影が織
り成す二つの神秘な恋の物語。書き下ろし絵本
二冊セット愛蔵版。　　　　　　　　　　〔4744〕

◇石扇書の世界　石扇〔作〕, 島袋光裕生誕百
年顕彰事業会編　〔那覇〕　島袋光裕生誕百
年顕彰事業会　2003.6　119p　31cm〈発
売：沖縄タイムス社出版部（那覇）　島袋光
裕生誕百十年記念　折り込み2枚　年譜あり〉
4000円　Ⓘ4-87127-608-2　Ⓝ728.216〔4745〕

◇遙かなる御後絵―甦る琉球絵画　佐藤文彦著
作品社　2003.9　237p　27cm〈年表あり
文献あり〉2800円　Ⓘ4-87893-497-2
Ⓝ721.0246
　内容　第1章　御後絵との出会い（はじめて見た御後
絵　沖縄独自の造形表現　ほか）　第2章　遙かなる
御後絵（琉球の三山分立時代　三山の王統系譜 ほ
か）　第3章　御後絵再生（オーラ体験　御後絵の様
式美　ほか）　第4章　図像解釈学からみた御後絵―
東洋の肖像画と御後絵（御後絵　アジア的展開の
比較）　第5章　一琉球画人五大家の筆頭（自了
生い立ちと伝説　自了の作品について）〔4746〕

◇田中一村豊饒の奄美　大矢鞆音著　日本放送
出版協会　2004.4　254p　20cm〈肖像あ

り〉2300円　Ⓘ4-14-080860-8　Ⓝ721.9
　内容　序章　無名の画家の登場　第1章　米邨の南画
第2章　千葉寺への移住と戦時下の画家たち　第3
章　売り絵を描く日々　第4章　奄美への旅立ち―
新しい画境を求めて　第5章　描かれた奄美―閻魔
大王への土産　終章　日本画家　田中一村を考える
　　　　　　　　　　　　　　　　　　　〔4747〕

◇元気の出るシーサー集　清山著　ARTBOX
インターナショナル　2004.5　1冊　15cm
〈ART BOX POSTCARD BOOK〉760
円　Ⓘ4-87298-687-3　　　　　　　　　〔4748〕

◇沖縄に魅せられて―白柳栄一沖縄木版画集
白柳栄一著　大阪　かんぽうサービス
2004.12　274p　31cm〈発売：かんぽう（大
阪）〉5000円　Ⓘ4-900277-55-X　Ⓝ733.021
　　　　　　　　　　　　　　　　　　　〔4749〕

◇失われた沖縄風景―新城喜一画集　新城喜一
著　那覇　新星出版　2005.12　98p　21×
28cm〈肖像あり〉2857円　Ⓘ4-902193-29-9
Ⓝ723.1　　　　　　　　　　　　　　　〔4750〕

◇沖縄戦の図―丸木位里・丸木俊共同制作　丸
木位里, 丸木俊〔画〕, 佐喜眞美術館編　宜野
湾　佐喜眞美術館　2006.3　1冊（ページ付
なし）　24×25cm〈他言語標題：The
battle of Okinawa　英語併記〉　　〔4751〕

◇絵のなかの魂―評伝・田中一村　湯原かの子
著　新潮社　2006.5　214p　20cm〈新潮
選書〉〈文献あり〉1100円　Ⓘ4-10-603565-
0　Ⓝ721.9
　内容　第1章　早熟な天才画家（栃木・東京）　第2
章　田園の隠遁者（千葉時代）　第3章　放浪の画家
（奄美・前期）　第4章　あくがれいづる魂（奄美・
後期）　　　　　　　　　　　　　　　　〔4752〕

◇田中一村展―原初へのまなざし　図録　田中
一村〔画〕, 奈良県万葉文化振興財団編
〔明日香村（奈良県）〕　奈良県立万葉文化館
2008.10　103p　20×21cm〈会期：2008年
10月18日―11月24日　特別展生誕100年記念
年譜あり　文献あり〉Ⓝ721.9　　　　　〔4753〕

◇沖縄風景今昔　新城喜一画　那覇　新星出版
2009.6　105p　21×28cm〈失われた沖縄
の風景シリーズ 第2弾〉3000円　Ⓘ978-4-
902193-82-4　Ⓝ723.1　　　　　　　　〔4754〕

◇切り絵で楽しむ沖縄―沖縄へめんそーれ　西
垣サキミ著　文芸社　2009.6　47p　22cm
1600円　Ⓘ978-4-286-06960-9　Ⓝ726.9
＊石垣島のアンガマ／ウシュマイ／ウミー／シーサー／
ハーリー船／エイサー／チョンダラー／マングロー
ブ／ゴーヤー／パイナップル／アダンの木／デイゴ
の花／サンニン／イリオモテヤマネコ／オキナワ
トゲネズミ／リュウキュウアカショウビン／ヤン

372　　「沖縄」がわかる本　6000冊

芸術・芸能　　　　　　　　　　　　　　　　　　　　　　絵画・版画・書

バルクイナ/ジンベエザメ/ツノダシ/トゲチョウ
チョウウオ/貝/アバサー/浮き玉/ヒトデ/ティー
ダ（太陽）。切り絵を通して届けたい、故郷・沖
縄の心。シンメトリーの魅力が満載。　　〔4755〕

◇琉球愛歌―詩画集　儀間比呂志版画,
MONGOL800詩　宜野湾　ハイウェーブ
2009.9　1冊（ページ付なし）　31cm　3500
円　Ⓝ733.021　　　　　　　　　　　　〔4756〕

◇おかえり―天音画集　天音画・文,和田文夫
写真・文　逗子　ガイア・オペレーショ
ンズ,英治出版〔発売〕　2010.3　1冊　17×
17cm　（GAIART・COLLECTION 03）
1800円　①978-4-902382-05-1
内容　マティーダ　夢見る翼　幻想狂曲　宝魚
青龍　赤龍　黒龍　月光の滝　夜ゆく雲　嵐の朝
〔ほか〕　　　　　　　　　　　　　　　　〔4757〕

◇もっと知りたい田中一村―生涯と作品　大矢
鞆音著　東京美術　2010.5　95p　26cm
（アート・ビギナーズ・コレクション）〈並
列シリーズ名：ART BEGINNERS'
COLLECTION　索引あり〉1800円
①978-4-8087-0876-4　Ⓝ721.9
内容　序章　神童、米邨―0～14歳　第1章　若き南
画家―15～22歳　第2章　新しい画風への模索―23
～38歳　第3章　一村、誕生―39～49歳　第4章　奄
美へ　旅立ちと新たなる始まり―50～56歳　第5章
「南の琳派」の誕生―57～63歳　終章　最後の日々
―64～69歳　　　　　　　　　　　　　　〔4758〕

◇田中一村新たなる全貌　田中一村〔画〕
〔千葉〕　千葉市美術館　2010.8　359p
33cm〈会期・会場：2010年8月21日―9月26
日　千葉市美術館ほか　編集：松尾知子ほか
共同刊行：鹿児島市立美術館ほか　年譜あり
年表あり〉Ⓝ721.9　　　　　　　　　　〔4759〕

◇沖縄風景―新城喜一画集　新城喜一著　那覇
新星出版　2011.3　103p　21×28cm（失
われた沖縄の風景シリーズ　第3弾）　3000円
①978-4-905192-01-5　Ⓝ723.1　　　　〔4760〕

◇田中一村展―琉球弧で開花した美の世界：沖
縄県立博物館・美術館企画展　田中一村
〔画〕　那覇　沖縄文化の杜　2012.3　108p
30cm〈会期・会場：2012年3月30日―5月6
日　沖縄県立博物館・美術館企画ギャラリー
1.2　本土復帰40周年記念　年譜あり　文献
あり〉1429円　①978-4-904274-17-0
Ⓝ721.9　　　　　　　　　　　　　　　　〔4761〕

◇鶴喜八郎作品集―国指定重要文化財中村家住
宅を描く　鶴喜八郎作　北中城村（沖縄県）
Michiko Art企画　2012.10　35p　22×
23cm〈他言語標題：The Kihachiro Tsuru
collection　英語併記　印刷：アイブックス

アイカラー（岡谷）〉2800円　①978-4-
905092-11-7　Ⓝ723.1　　　　　　　　〔4762〕

◇光あふれる九州・沖縄―水彩で描く美しい日
本　日貿出版社編　日貿出版社　2013.10
119p　26cm　2500円　①978-4-8170-3968-2
Ⓝ723.1
内容　光あふれる海辺　光あふれる歴史遺産　光
あふれる暮らし　光あふれる草花　光あふれる山
河　光あふれる休息　　　　　　　　　　〔4763〕

◇田中一村作品集　田中一村〔画〕,大矢鞆音
監修・解説,NHK出版編　NHK出版　増補改訂版　NHK
出版　2013.12　135p　35cm〈初版：日本放
送出版協会　1985年刊　作品目録あり　年譜あ
り〉3600円　①978-4-14-009353-5　Ⓝ721.9
内容　第1章　栃木から東京へ―幼少期・青年期（0
歳～22歳）栃木・東京　第2章　新しい画風の模索―
千葉スケッチの日々（23歳～38歳）東京・千葉　第
3章　画壇へのデビュー―一村誕生（39歳～49歳）千
葉　第4章　和光園の宇宙　奄美作品揺籃の地―旅
立ちと新たなる始まり（50歳～69歳）奄美〔4764〕

◇色彩と風のシンフォニー/内間安瑆の世界―
展覧会記録　内間安瑆〔作〕,沖縄県立博物
館・美術館編　那覇　沖縄県立博物館・美術
館　2015.2　165p　21×30cm（沖縄ルー
ツシリーズ　Artists with Okinawan roots
2)〈他言語標題：Ansei Uchima symphony
of colors and wind　会期・会場：2014年
9月12日―11月9日　沖縄県立博物館・美術館企
画ギャラリー1・2　年譜あり　英語併記〉
Ⓝ733.021　　　　　　　　　　　　　　〔4765〕

《漫画・児童画・絵本》

◇あおちびさかなとターくん　ひさのまちこぶ
ん,さきはまひでまさえ　那覇　沖縄時事出
版　〔200-〕　23p　25cm（ふるさと絵本
特選集）〈発売：沖縄学販（那覇）〉819円
①978-4-903042-08-4　Ⓝ726.6　　　　〔4766〕

◇エイサー　アルム絵本の会文,宮良貴子絵
那覇　沖縄時事出版　〔200-〕　23p　25cm
（ふるさと絵本特選集）〈発売：沖縄学販（那
覇）〉819円　①978-4-903042-09-1　Ⓝ726.6
〔4767〕

◇がんばれハーリー　久野真智子,石川キヨ子
原作,安室二三雄絵　那覇　沖縄時事出版
〔200-〕　23p　25cm（ふるさと絵本特選
集）〈発売：沖縄学販（那覇）〉819円
①978-4-903042-06-0　Ⓝ726.6　　　　〔4768〕

◇ごーやー　糸満園子,金城ケサ子文,西村貞雄
絵　那覇　沖縄時事出版　〔200-〕　23p
25cm（ふるさと絵本特選集）〈発売：沖縄

「沖縄」がわかる本　6000冊　　**373**

学販（那覇）〉 819円 ⓘ978-4-903042-07-7
Ⓝ726.6 〔4769〕

◇そらをとんだマングース 石川キヨ子文,安
室二三雄絵 那覇 沖縄時事出版 〔200-〕
23p 25cm （ふるさと絵本特選集）〈発
売：沖縄学販（那覇）〉 819円 ⓘ978-4-
903042-11-4 Ⓝ726.6 〔4770〕

◇たのしいオモチャ 真栄城栄子,比嘉良子原
作,崎浜秀昭絵 那覇 沖縄時事出版
〔200-〕 23p 25cm （ふるさと絵本特選
集）〈発売：沖縄学販（那覇）〉 819円
ⓘ978-4-903042-10-7 Ⓝ726.6 〔4771〕

◇水筒―ひめゆり学徒隊戦記 上巻 新里堅進
作・画 ゲン・クリエイティブ 1995.5
219p 22cm 1500円 ⓘ4-906559-01-8
Ⓝ726.1 〔4772〕

◇水筒―ひめゆり学徒隊戦記 下巻 新里堅進
作・画 ゲン・クリエイティブ 1995.5
221p 22cm 1500円 ⓘ4-906559-02-6
Ⓝ726.1 〔4773〕

◇沖縄決戦―血に染まった珊瑚の島 新里堅進
作・画 ゲン・クリエイティブ 1995.8
380p 22cm 2200円 ⓘ4-906559-03-4
Ⓝ726.1 〔4774〕

◇命どぅ宝 金子節子著 秋田書店 1995.12
237p 19cm （Akita lady's comics DX）
540円 ⓘ4-253-15633-9 Ⓝ726.1 〔4775〕

◇多幸山 真喜志康忠原作,新里堅進劇画,狩俣
繁久監修 那覇 琉球新報出版部 1998.8
153p 22cm （劇画真喜志康忠シリーズ―
うちなー芝居名作劇場 2） 1300円 ⓘ4-
89742-012-1 Ⓝ726.1 〔4776〕

◇まんが首里城ものがたり―歴史漫画 下 琉
球王朝 又吉眞三監修,新里堅進まんが 5版
那覇 琉球新報社 1999.9 276p 22cm
1262円 Ⓝ726.1 〔4777〕

◇ゴーヤーマンちゅらうみのたから 浜野えつ
ひろ文,荒木慎司絵 長崎出版 2003.4 1冊
（ページ付なし） 27cm 1200円 ⓘ4-
86095-007-0 Ⓝ726.6 〔4778〕

◇ゴーヤーマンオバアはめいたんてい 浜野え
つひろ文,荒木慎司絵 長崎出版 2003.5 1
冊（ページ付なし） 27cm 1200円 ⓘ4-
86095-009-7 Ⓝ726.6
＊ベビーが,いなくなった。だれかにさらわれた
のか？ じこにあったのか？ ゴーヤーマンも
ゴーヤーマンハニーもどきどき。オバア大活躍。
〔4779〕

◇カジムヌガタイ―風が語る沖縄戦 比嘉漣著

講談社 2003.7 294p 19cm （モーニン
グKC） 552円 ⓘ4-06-328898-6 Ⓝ726.1
〔4780〕

◇パーントゥ あんどうあいこえ・ぶん 新風
舎 2003.9 39p 26cm 1300円 ⓘ4-
7974-3136-9 Ⓝ726.6
＊沖縄・三角島に伝わる心優しい妖怪のお話。神
様になりたいと願った、ガジュマルの森に棲む
パーントゥは…。 〔4781〕

◇ぶながやのみた夢 たいらみちこ作・紅型染
絵 那覇 紅型染工房ぶながや 2003.11 1
冊（ページ付なし） 31cm （沖縄紅型絵本）
1500円 Ⓝ726.6 〔4782〕

◇エイサーガーエー―おきなわのえほん 儀間
比呂志文・絵 ルック 2004.9 1冊（ページ
付なし） 27cm 〈英語併訳 英訳：ゆみ・
Hayashi Yates〉 1500円 ⓘ4-86121-015-1
Ⓝ726.6
＊夏の夜空にどーんどーんと、大太鼓の音がなり
響きました。大人も子どもも、沖縄中が待ちに
待った「エイサー」祭りの到来です。 〔4783〕

◇ひめゆりたちの沖縄戦―劇画 太平洋戦争
〈沖縄戦〉終戦60周年記念出版 与那覇百子
原作,ほし・さぶろう劇画 改訂 那覇 閣
文社 2005.1 87p 21cm 900円 ⓘ4-
87619-895-0 Ⓝ726.1 〔4784〕

◇弾道―ひめゆり学徒隊物語 第1部 与勝海
星作・画 南風原町（沖縄県） 那覇出版社
2005.6 276p 21cm 829円 ⓘ4-89095-
154-7 Ⓝ726.1 〔4785〕

◇弾道―ひめゆり学徒隊物語 第2部 与勝海
星作・画 南風原町（沖縄県） 那覇出版社
2005.6 280p 21cm 829円 ⓘ4-89095-
155-5 Ⓝ726.1 〔4786〕

◇あおじゅごん一心さびしい友達へ 沖縄・平
和・不登校 英訳付き 金城明美文・絵
〔北中城村（沖縄県）〕 金城明美 2005.6
39p 27cm 〈他言語標題：The blue
dugong 英訳：中村ヒューバー・ケン,中村
ヒューバー和恵 製作・発売：沖縄タイムス
社出版部（那覇）〉 1600円 ⓘ4-87127-620-1
Ⓝ726.6 〔4787〕

◇沖縄論 小林よしのり著 小学館 2005.7
407p 21cm （新ゴーマニズム宣言special）
1600円 ⓘ4-09-389055-2 Ⓝ726.1
内容 第1部 沖縄を考える（けなげだぜ自衛隊 米
軍ヘリ墜落を怒れ 原宗教から現代の無関心の獄
ほか） 第2部 琉球王朝とは何か？（命どぅ宝・沖
縄と琉球 琉球王朝と尖閣諸海問題 グスクで守
るべき聖域 ほか） 第3部 沖縄戦後史（米軍は親
切だったか？ 国旗掲揚は反逆罪だった！ イモ・

芸術・芸能　　　　　　　　　　　　　　　　　　　　　　　　　　　絵画・版画・書

ハダシ論から復帰運動の終焉　ほか）　エピローグ
聖なる島から（歴史とクニガラ）
〔4788〕

◇マブニのアンマー──おきなわの母　赤座憲久
文,北島新平絵　新版　ほるぷ出版　2005.8
1冊（ページ付なし）　25×26cm　1300円
Ⓘ4-593-56061-6　Ⓝ726.6
＊一人息子を沖縄戦でなくした母マツは、息子の骨
をさがして沖縄本島の南の丘マブニに何年もか
よいつづけた。その間、いくで亡くなったい
ろんな骨が、マツに無念の思いを伝える。十一
年目、ようやく息子の骨に再会できた。息子は、
戦争はもうしないか、人間のすることじゃない、
とうったえるのだった…。戦後60年、沖縄が経
験した戦争の実相を語り継ぎ、命と平和のかけ
がえのなさをうったえる絵本、待望の復刊。
〔4789〕

◇ツルとタケシ　儀間比呂志文・絵　大阪　清
風堂書店　2005.9　37p　23×27cm　（沖縄
いくさ物語　宮古島編）　1500円　Ⓘ4-88313-
395-8　Ⓝ726.6
＊幼くしてハンセン病を得た妹。はげしい戦禍の
中をけなげに支える兄。その魂が今、新しくよ
みがえる。哀しくもいとおしい物語。
〔4790〕

◇白旗の少女　比嘉富子原作、みやうち沙矢漫
画　講談社　2005.10　184p　18cm　（講談
社コミックスB 1451巻）　400円　Ⓘ4-06-
341451-5　Ⓝ726.1
〔4791〕

◇エイサー！ ハーリー　山崎克己絵、九州国立
博物館企画・原案　フレーベル館　2006.6
1冊（ページ付なし）　22×22cm　（きゅーは
くの絵本　3（沖縄の祭り））　1000円　Ⓘ4-
577-03250-3　Ⓝ726.6
＊今日は、年に一度の海神祭の日。ハーリー船に
のって、海の神様が沖縄の村にやってきます。お
じいもおばあも、にーにーもねーねも、みんな一緒
にお祈りします。さあ、ハーリーと一緒に沖縄
の祭りに参加してみましょう。
〔4792〕

◇ぶながやと平和のタネ　たいらみちこ作・紅
型染絵　浦添　紅型染工房ぶながやみち
2006.6　29p　31cm　（沖縄紅型絵本）
Ⓝ726.6
〔4793〕

◇ポヤップとリーナ沖縄へいく　たちもとみち
こさく・え　ワニマガジン社　2006.8　46p
31cm　（ポヤップとリーナの旅えほん　1）
1600円　Ⓘ4-89829-999-7　Ⓝ726.6
＊こどもと大人がいっしょに楽しめる今までなかっ
た、旅のガイド。なかよしのふたり、ねずみのポ
ヤップとりすのリーナは、ひょんなことから南の
島、沖縄へ。旅の途中でさまざまな生物との
あいながら、文化や自然の大切さを学んでいき
ます。メルヘンの世界と現実の世界とを融合さ
せた、夢のあるすてきな旅の絵本です。〔4794〕

◇いのち　かみだのりこさく・え　那覇　新星
出版　2006.11　23p　19×24cm　〈発売：琉

球プロジェクト（那覇）〉　1143円　Ⓘ4-
902193-50-7　Ⓝ726.6
〔4795〕

◇つるちゃん──おきなわ・メッセージ　英訳付
金城明美ぶん・え、中村ヒューバー・ケン、中
村ヒューバー和恵英訳　〔出版地不明〕　金
城明美　2007.5　1冊（ページ付なし）
27cm　〈他言語標題：Tsuru-chan　製作・発
売：沖縄タイムス社出版部（那覇）〉　1600円
Ⓘ978-4-87127-627-6　Ⓝ726.6
〔4796〕

◇いただきます　たまきゆみこぶん、いそざき
ちかえ、なんよう文庫編　那覇　沖縄時事出
版　2007.6　1冊（ページ付なし）　24×
24cm　〈発売：沖縄学販（那覇）〉　1143円
Ⓘ978-4-903042-12-1　Ⓝ726.6　〔4797〕

◇おかあさん、もういちどとんでよ！　小宮
山みのり文,ISUTOSHI絵　講談社　2007.7
1冊　21×19cm　1400円　Ⓘ978-4-06-
214167-3
＊沖縄美ら海水族館の人気者、イルカ・フジの尾び
れがある日、腐ってしまう。泳ぐこともままな
らなくなった母・フジを、いつもそばで見守って
いたのは子どものチャオだった。おかあさんと、
いっしょに、とびたい！ チャオの願いに、フジ
はこたえることができるのか。一実話をもとに
紡いだ、沖縄における奇跡のハートフルストー
リー。
〔4798〕

◇太陽キラキラみなみのしま──オキナワアイラ
ンド　やまもとひでき写真・文　那覇　ボー
ダーインク　2007.7　31p　21×21cm　（写
真絵本　3）　1300円　Ⓘ978-4-89982-123-6
Ⓝ726.6
〔4799〕

◇くびらーのみちゅー　大城テン次作、小城ボ
ブ次画　石垣　南山舎　2008.2　291p
21cm　〈発売：キョーハンブックス〉　1143円
Ⓘ978-4-87641-741-4　Ⓝ726.1
内容　くびら～のみちゅ～　やっぱりハルサー！
春が来た　ナイチャークビラー現わる!! リタロ
ウの特技　がんばれタッチー　対決！ スプイお
ばあ　国勢調査済んだ？　しんかぬちゃーぬす
るたくとうさきぐわぁぬまやぁー　今年もよろし
く！〔ほか〕
〔4800〕

◇ゆきだるままりんおきなわへゆく　大塚真紀
子作　宇都宮　下野新聞社　2008.12　1冊
（ページ付なし）　31cm　1000円　Ⓘ978-4-
88286-373-1　Ⓝ726.6
＊きれいな海がみたいなあ…。そうだ、旅に出か
けよう！ 雪降る町から南の島へまりんちゃんの
大冒険はじまり、はじまり。
〔4801〕

◇オジィの海──沖縄・平和の絵本　尚子作、優
佳絵　文芸社　2009.5　1冊（ページ付なし）
27cm　〈新風舎2007年刊の増刊〉　1100円
Ⓘ978-4-286-06845-9　Ⓝ726.6
＊わしが話したことを、忘れないでほしい──オジィ

「沖縄」がわかる本　6000冊　　375

絵画・版画・書　　　　　　　　　　　　　　　　　　　　**芸術・芸能**

がぼくに初めて語った、あのときの記憶。沖縄戦を通して、人間の心と平和を考える絵本。
〔4802〕

◇キレイ探求！宮古島。　森千紗画, 友清哲文・監修　秋田書店　2009.6　148p　21cm（おススメ女子旅島シリーズ）　1000円　①978-4-253-10151-6　Ⓝ726.1
〔4803〕

◇ハブ捕り―沖縄白ハブ伝説　バイリンガル版　新里堅進著　那覇　池宮商会　2009.8　252p　24cm〈他言語標題：The habu hunter　英語併記〉　1200円　①978-4-87180-020-4　Ⓝ726.1
〔4804〕

◇沖縄マンガ展―沖縄県立博物館・美術館企画展　島袋直子編　那覇　文化の杜共同企業体〔2010〕　64p　26cm〈他言語標題：Okinawa manga exhibition　会期：2010年7月1日―8月29日　年表あり〉　Ⓝ726.101
〔4805〕

◇西表なんくる島―英訳付　金城明美ぶん・え, 中村ヒューバー・ケン, 中村ヒューバー和恵英訳　〔出版地不明〕　金城明美　2010.4　1冊（ページ付なし）　27cm（製作・発売：沖縄タイムス社出版部（那覇）　1600円　①978-4-87127-640-5　Ⓝ726.6
〔4806〕

◇ジュゴンの海　長浜益美さく・え　那覇　ボーダーインク　2010.6　39p　22×31cm〈解説：前田一舟〉　1500円　①978-4-89982-184-7　Ⓝ726.6
〔4807〕

◇手塚治虫のオキナワ　本浜秀彦著　春秋社　2010.7　273p　20cm　2300円　①978-4-393-34202-2　Ⓝ726.101
　内容　はじめに　「海の未来」、アクアポリス、そして手塚マンガ　第1章　「顔」と「身体」の表象　第2章　「南」への欲望―「少年」「孤児」「南の島」　第3章　「野蛮」のエロティシズム　第4章　「戦後日本」とアメリカ　第5章　地図の欲望―「島」と「海」　第6章　すべては物語のために―手塚が手にした神の視点　無意識と意識の「手塚治虫」―おわりにかえて
〔4808〕

◇りとうのうみ　たかみち著　ワニマガジン社　2011.1　1冊　21cm　1143円　①978-4-86269-147-7
　内容　仲間島のキジムナー　久良慶島たまえ商店　めんそーれ！那間古ダイビングサービスへ　那間古ダイビングガールズ　ねぇねぇが久良慶島に帰ってくる！　那間古ダイビングガールズフォトグラフ　ユキエのなまこ旅行記　ユキエのくらげ旅行記　りとうのうみ製作ノート　CHARAC-TER SHEET　RANGE MURATAのりとうのうみ
〔4809〕

◇沖縄まんが物語―制作まんがコンテンツ集1（ジョブマンガ人物・スポーツ編）〔那覇〕

沖縄県　2011.1　640p　21cm〈沖縄お仕事啓発まんがコンテンツ作成事業　発行所：インターフェース　文献あり〉　Ⓝ726.101
〔4810〕

◇沖縄まんが物語―制作まんがコンテンツ集2（歴史・文化エトセトラ編）〔那覇〕　沖縄県　2011.1　624p　21cm〈沖縄お仕事啓発まんがコンテンツ作成事業　発行所：インターフェース　文献あり〉　Ⓝ726.101
〔4811〕

◇沖縄まんが物語―制作まんがコンテンツ集3（産業・工芸・特産編）〔那覇〕　沖縄県　2011.1　576p　21cm〈沖縄お仕事啓発まんがコンテンツ作成事業　発行所：インターフェース　文献あり〉　Ⓝ726.101
〔4812〕

◇まんが琉球こどもずかん　琉球かあちゃんオールスターズ編, 三木静漫画　那覇　ボーダーインク　2011.7　158p　21cm　1500円　①978-4-89982-208-0　Ⓝ726.1
〔4813〕

◇屋嘉スグラー―侍と小僧　金武町の民話　金武町立図書館文, 伊芸まもる絵　〔金武町（沖縄県）〕　いちゃりば工房　2011.8　1冊（ページ付なし）　29cm　Ⓝ726.6
〔4814〕

◇与儀達治挿絵集　与儀達治著　那覇　出版舎Mugen　2011.9　234p　27cm〈他言語標題：Illustration Works of Yogi Tatsuji　年譜あり〉　3600円　①978-4-9904879-9-7　Ⓝ726.5
　内容　虹は消えず（文・嘉陽安男）　世界の新聞（文・大田昌秀）　年月とともに（文・比嘉春潮）　平敷屋朝敏の文学（文・玉栄清良）　沖縄女性史（宮城栄昌）　徳田球一伝（文・牧港篤三）　叛骨の系譜（文・新川明）　新聞五十年（文・高嶺朝光）　背面鏡（文・石野径一郎）　はいさい今日は（文・嘉陽安男）〔ほか〕
〔4815〕

◇びーじゃーえほん　ナキジンタロウさく　那覇　ボーダーインク　2013.2　1冊（ページ付なし）　22×31cm　1000円　①978-4-89982-236-3　Ⓝ726.6
〔4816〕

◇サシチはガジュマルの木の上で　小川惠玉文, 暁央画　大和郡山　遊絲社　2013.3　31p　30cm　1200円　①978-4-946550-36-2　Ⓝ726.6
〔4817〕

◇マンガ尖閣・竹島・北方領土―知らなきゃヤバい国境問題　山本皓一原作, 郷, M. HATSUKARI作画　ブックマン社　2013.7　205p　21cm〈文献あり〉　1333円　①978-4-89308-804-8　Ⓝ726.1
　＊このままでは日本は奪われる！現場を見続けてきた男だけが知る中国・韓国・ロシアの手口!!日本でただひとり全島踏破した報道写真家・山本皓一が見た真実。領土問題を初コミック化！尖

376　「沖縄」がわかる本　6000冊

芸術・芸能　　　　　　　　　　　　　　　　　　　　　写真・写真集

でこの1冊で領土問題が全てわかる！ それぞれ
の島の本当の歴史、緊急課題をマンガで楽しく
詳しく解説!!
〔4818〕

◇げっとうの花咲くとき―絵本　こんひでこ
絵・文　北谷町（沖縄県）　アトリエDeko
2013.12　36p　31cm　1300円　Ⓝ726.6
〔4819〕

◇きじむんとふくちゃん　ながみねひとしさく
那覇　ボーダーインク　2014.2　1冊（ペー
ジ付なし）　27cm　1500円　Ⓘ978-4-89982-
252-3　Ⓝ726.6
〔4820〕

◇このひもなぁに？　みわさく、エノビ☆ケイ
コえ　〔出版地不明〕　みわ　2014.3　1冊
（ページ付なし）　20×28cm　（はじめての
えほん）〈発売：沖縄タイムス社（那覇）〉
1300円　Ⓘ978-4-87127-653-5　Ⓝ726.6
〔4821〕

◇ジーブーの武士―金武町の民話　金武町立図
書館文・編集,伊芸まもる絵　〔金武町（沖縄
県）〕　金武町教育委員会　2014.3　1冊
（ページ付なし）　29cm　（絵本シリーズ 3）
Ⓝ726.6
〔4822〕

◇うみをおよいだこいのぼりくん―絵本　こん
ひでこ絵・文　北谷町（沖縄県）　アトリエ
Deko　2014.4　31p　31cm〈発売：琉球プ
ロジェクト（那覇）〉　1500円　Ⓝ726.6〔4823〕

◇エイサーだいこでちむどんどん―2
languages explanation Japanese. Englishう
ちなーぐち　松田幸子作,うえずめぐみ絵
那覇　ジグゼコミュニケーションズ　2014.4
1冊（ページ付なし）　27cm　（おきなわのし
かけ絵本 Pop-up traditional event of
Okinawa 1）〈他言語標題：Eisa drums are
pounding and exciting〉2350円　Ⓘ978-4-
9906517-1-8　Ⓝ726.6
〔4824〕

◇Go！Go！ウチナーたんけん隊　ターンム
マジムン、あらわる！の巻　さどやん作・
絵　那覇　ボーダーインク　2015.1　104p
19cm　1400円　Ⓘ978-4-89982-267-7
Ⓝ726.6
〔4825〕

◇大城のタンメーとキジムナー―金武町の民話
金武町立図書館文・編集,伊芸まもる絵
〔金武町（沖縄県）〕　金武町教育委員会
2015.3　1冊（ページ付なし）　30cm　（絵本
シリーズ 4）　Ⓝ726.6
〔4826〕

◇ニョッピーの冒険　リュウグウノツカイ原
案,アトロン作・画　沖縄　ファンファー
レ・ジャパン　2015.3　31p　19cm　（おき

なわ海洋えほん）〈著：金城卓　発売：ボー
ダーインク（那覇）〉　1500円　Ⓘ978-4-
89982-275-2　Ⓝ726.6
〔4827〕

◇ボクは石敢當―絵本　こんひでこ絵・文　北
谷町（沖縄県）　アトリエDeko　2015.3
35p　31cm〈発売：琉球プロジェクト（那
覇）〉　1500円　Ⓝ726.6
〔4828〕

◇太陽が呼んでいる―琉球嘉例吉抄　戦艦コモ
モ著　新装版　古川書房　2015.6　269p
19cm　（爆男COMICS）　1852円　Ⓘ978-4-
89236-498-3　Ⓝ726.1
〔4829〕

◇健太とおんな天狗―うふあがりじま絵本　佐
渡山安博さく・え,北大東村企画・監修　那覇
ボーダーインク　2015.7　40p　22×31cm
1500円　Ⓘ978-4-89982-280-6　Ⓝ726.6
＊沖縄で一番早く朝日が昇る島「うふあがりじま」
（北大東島）。母を思う少年健太の成長と島を見
守るおんな天狗の物語「ありがとう天狗さま。あ
りがとう、母ちゃん」
〔4830〕

写真・写真集

◇南国物語―沖縄からのメッセージ　平井順光
写真集　平井順光著　〔那覇〕　平井順光
1995.5　104p　30cm　Ⓝ748
〔4831〕

◇廣田尚敬作品展―最期の蒸気機関車―　Dec.
1975　廣田尚敬著　JCIIフォトサロン
1995.5　23p　24×25cm　（JCII Photo
Salon library 49）
〔4832〕

◇沖縄烈情―ラヴ・ラビリンス　荒木経惟著
新潮社　1995.9　1冊（頁付なし）　25cm
〈おもに図〉4900円　Ⓘ4-10-380005-4
Ⓝ748
〔4833〕

◇ゆかいな魚 大集合―井上慎也写真集　井上
慎也著　講談社　1996.6　1冊　18×20cm
（フォトルピナス）　1500円　Ⓘ4-06-
266451-8
＊沖縄の美しいダイビングスポット・水納島で青
春を過ごす著者が、夏の海に潜ればどこにでも
いる、ごく普通の魚たちを「ゆかい」に撮らえ
た、顔、顔、顔が「大集合」。南の青い海で写真
家として育った青年KINDONが、初めて本名で
語る写真集。
〔4834〕

◇楽園の原点おきなわ　三好和義著　新潮社
1997.4　1冊（頁付なし）　20cm　（フォト
ミュゼ）〈主に図　付：三好和義年譜〉2400
円＋税　Ⓘ4-10-602426-8　Ⓝ748
＊碧い海、白い道―島人に愛された少年の、いきい
きとした好奇心がとらえた70年代の楽園の島々！
この世の楽園を最も美しく撮る人気写真家のデ
ビュー作。
〔4835〕

写真・写真集   芸術・芸能

◇少女たちのオキナワ　篠山紀信著　新潮社
　1997.6　151p　28cm　〈おもに図〉3200円
　Ⓘ4-10-326208-7　Ⓝ748
　＊南の島で出会ったアムロ、SPEEDの妹たち。
　南の島の抜群に魅力的な少女たちと篠山紀信が
　かなでた奇蹟のように輝かしい時間。少女たち
　の歓喜があふれる。
　　　　　　　　　　　　　　　　　　　〔4836〕

◇やさしいオキナワ　垂見健吾写真, 池澤夏樹
　文　PARCO出版　1997.6　283p　19cm
　2300円　Ⓘ4-89194-523-0　Ⓝ748
　＊沖縄に移り住んで、自然の強さや美しさを身体
　に受け止め、現実的な問題に心を痛めつつ、あた
　たかい人々に囲まれて日々を過ごす二人の作家。
　歴史と風土がはぐくんできた、やさしさの表情
　を、写真と文章で一冊の本にまとめました。
　　　　　　　　　　　　　　　　　　　〔4837〕

◇拝啓、癒しの島にいます。　テラウチマサト
　著　成星出版　1997.10　1冊　21cm　〈付属
　資料：CD1〉2500円　Ⓘ4-916008-46-4
　＊そこはヒーリング・アイランドだった！宮古島、
　石垣島、屋久島。不思議な「気」と「力」に満
　ち、心と体を癒してくれる島々…。気鋭の写真
　家・テラウチマサトと自然の音の芸術家・中田悟
　が情熱と精根を傾けて作り上げた自然の宝箱。
　　　　　　　　　　　　　　　　　　　〔4838〕

◇沖縄八重山諸島—ニロースクの島々　山中シ
　ンジ写真集　山中シンジ写真・文　〔和歌
　山〕　フォトスタジオSOUTH WIND
　1998.2　59p　21×30cm　〈発行所：レンガ
　ヤ〉3620円　Ⓝ748
　　　　　　　　　　　　　　　　　　　〔4839〕

◇オキナワ紀聞　砂守勝巳写真・文　双葉社
　1998.6　1冊（ページ付なし）　21cm　1900
　円　Ⓘ4-575-47096-1　Ⓝ748
　　　　　　　　　　　　　　　　　　　〔4840〕

◇西表島の海—Tropical under-water　矢野維
　幾著　平凡社　1998.7　83p　18×23cm
　〈おもに図〉2200円　Ⓘ4-582-52953-4
　Ⓝ748
　　　　　　　　　　　　　　　　　　　〔4841〕

◇とっておき撮影地ガイド　四国・九州・沖縄
　編—地元カメラマンが教える、本格的撮影ポ
　イントとその極意　ダブル・ワン企画事務所
　編　グラフィック社　1998.9　144p　21cm
　1900円　Ⓘ4-7661-1050-1
　内容　剣山と周辺　吉野川水系　足摺岬/千尋岬
　四万十川水系　宿毛湾とだるま太陽　四国カルス
　ト　伊予灘　久住山連峰　国東半島　下毛郡耶馬
　渓〔ほか〕
　　　　　　　　　　　　　　　　　　　〔4842〕

◇時を超えて生きるアマミノクロウサギ　浜田
　太写真・文　小学館　1999.1　1冊（ページ付
　なし）　25×27cm　3400円　Ⓘ4-09-394119-
　X　Ⓝ748
　＊奄美の原生林に太古の昔から生をいとなむ「生
　きた化石」を撮った、世界で初めて捉えた衝撃写
　真。
　　　　　　　　　　　　　　　　　　　〔4843〕

◇思考方法としての写真—沖縄から学んだこ
　と、そして21世紀の沖縄への伝言　沖縄国際
　大学公開講座　勇崎哲史著　宜野湾　沖縄国
　際大学公開講座委員会　1999.3　61p　21cm
　（沖国大ブックレット no.5）　〈発売：編集工
　房東洋企画（那覇）〉500円　Ⓘ4-938984-11-
　3　Ⓝ740.4
　　　　　　　　　　　　　　　　　　　〔4844〕

◇屋久島花風景—世界遺産　日下田紀三著　八
　重岳書房　1999.4　95p　21cm　1905円
　Ⓘ4-8412-1194-2　Ⓝ748
　内容　グンバイヒルガオ　ハマオモト　イソマツ
　ボタンボウフウ　イワタイゲキ　オキナワチドリ
　オイランアザミ　テッポウユリ　アオモジ　フヨ
　ウ〔ほか〕
　　　　　　　　　　　　　　　　　　　〔4845〕

◇子どもが輝く瞬間—八重山10年・教師の眼
　知念かねみ写真集　知念かねみ著　那覇　ニ
　ライ社　1999.8　117p　21×22cm　2300円
　Ⓘ4-931314-36-8　Ⓝ748
　　　　　　　　　　　　　　　　　　　〔4846〕

◇ニライカナイ—藤井保写真集　藤井保写真
　リトル・モア　1999.9　1冊（ページ付なし）
　21×25cm　〈他言語標題：Niraikanai〉2800
　円　Ⓘ4-89815-004-7　Ⓝ748
　＊島へ。利尻・礼文、父島・母島、壱岐・対馬、波
　照間・与那国…。ニライカナイ—沖縄などの南
　西諸島の信仰で、我々の住むこの世界とは別の
　もうひとつの異境、極楽が海の彼方にあるとい
　う概念。
　　　　　　　　　　　　　　　　　　　〔4847〕

◇井上孝治作品展—あの頃（1959年・沖縄）
　井上孝治著　JCIIフォトサロン　1999.11
　23p　24×25cm　（JCII Photo Salon
　library 100）
　　　　　　　　　　　　　　　　　　　〔4848〕

◇沖縄シャウト　砂守勝巳〔著〕　講談社
　2000.2　258p　15cm　（講談社文庫）　〈「オ
　キナワン・シャウト」（筑摩書房1992年刊）の
　増訂〉571円　Ⓘ4-06-264817-2　Ⓝ740.21
　内容　第1章 沖縄の混血ロックン・ローラー　第2
　章 沖縄へ、Aサインのコザへ　第3章 アキラ　第4
　章 グリーン・ボーイ　第5章 父の住むマニラ　第
　6章 ぼくにとっての父、父にとってのぼく
　　　　　　　　　　　　　　　　　　　〔4849〕

◇緑の森の仲間たち—沖縄・八重山諸島　依田
　和明著　芳賀書店　2000.2　60p　18×19cm
　〈おもに図〉1600円　Ⓘ4-8261-3026-0
　Ⓝ748
　　　　　　　　　　　　　　　　　　　〔4850〕

◇悠久沖縄—2001年のblue：舘石昭作品集　舘
　石昭著　水中造形センター　2000.4　116p
　26cm　〈おもに図〉3000円　Ⓘ4-915275-01-9
　Ⓝ748
　　　　　　　　　　　　　　　　　　　〔4851〕

◇岡本太郎の沖縄　岡本太郎撮影, 岡本敏子編
　日本放送出版協会　2000.7　125p　29cm
　2400円　Ⓘ4-14-080538-2　Ⓝ748

378　「沖縄」がわかる本　6000冊

芸術・芸能　　　　　　　　　　　　　　　　　　写真・写真集

＊岡本太郎の見た沖縄1959、1966。生活の根源的感動にあふれた、生きる人々の痛切な生命の優しさがここにある。　　　　　　〔4852〕

◇奇跡の海沖縄　伊東昭義著　京都　光村推古書院　2000.7　1冊（ページ付なし）　17×19cm　〈他言語標題：Miracle under the waves in Okinawa　英文併記　おもに図〉1200円　Ⓘ4-8381-0271-2　Ⓝ748　〔4853〕

◇沖縄1953〜1963―金城棟永作品展　金城棟永著　JCIIフォトサロン　2000.7　23p　24×26cm　（JCII photo salon library 108）〔4854〕

◇碧い海の仲間たち―沖縄・八重山諸島　依田和明著　芳賀書店　2000.8　60p　18×20cm　〈おもに図〉1600円　Ⓘ4-8261-3039-2　Ⓝ748
＊石垣島を中心に八つの島からなる八重山諸島。沖縄本島より南西に位置し、年間平均気温24度という亜熱帯の島々には、多種多様の生物たちが生息しています。そこでありったけの想像力で、彼らの生活を覗いてみると私たちと同じように怒ったり喜んだりしている、魚たちのゆかいな世界をみつけることができる。　　〔4855〕

◇夢から来た景色―沖縄・奄美・吐噶喇列島　1988〜2000　上西重行著　那覇　ボーダーインク　2000.10　122p　22×22cm　3000円　Ⓘ4-89982-005-4　Ⓝ748　　〔4856〕

◇1961沖縄・八重山―栗原達男作品展　栗原達男著　JCIIフォトサロン　2000.10　23p　24×25cm　（JCII photo salon library 111）　　　　　　　　　　　　〔4857〕

◇歴史の町並み―九州・沖縄　榊晃弘写真集　榊晃弘著　大阪　東方出版　2001.5　115p　25×26cm　3000円　Ⓘ4-88591-726-3　Ⓝ748
＊昭和58年10月から平成13年1月までの17年間に撮った、九州・沖縄の町並みの数々。　〔4858〕

◇命姿―北島角子舞台写真集　根岸ふじ枝撮影〔八王子〕　〔根岸ふじ枝〕　2001.6　1冊（ページ付なし）　27cm　〈文：大城立裕,上原直彦〉　Ⓝ748　　　　　〔4859〕

◇沖縄いまむかし―吉村正治作品展　吉村正治著　JCIIフォトサロン　2001.6　23p　24×25cm　（JCII photo salon library 119）〔4860〕

◇南島からの手紙―Caohagan Island　風の島　カオハガン物語　熊切圭介著　新潮社　2001.7　1冊（ページ付なし）　21×26cm　3400円　Ⓘ4-10-447901-2　Ⓝ748
＊爽やかでなつかしい何もなくて豊かな島。光の手触り、海の匂い、波の音、島の子どもたちの笑

顔。セブ島沖のオランゴ環礁にある南海の小島カオハガン、のんびりゆったり暮らす島のオーナー崎山克彦氏と島民たちを、10年にわたって撮り続けた、南島写真の傑作。　　〔4861〕

◇光るナナムイの神々―沖縄・宮古島・西原　1997〜2001　比嘉豊光写真　風土社　2001.7　127p　21cm　（チルチンびとライブラリー 2）　1800円　Ⓘ4-938894-46-7　Ⓝ748
＊「光るナナムイの神々」は、写真家比嘉豊光が宮古島北部の集落、西原の年中祭祀を4年の歳月をかけて撮り続けた記録である。それは、村人や祭祀の主催者であるツカサンマなど女性司祭者との心の通じ合いのなかで生まれたもので、そこには、人類学や民俗学のいう参加観察の意欲以上に、シマ（村落・島）の文化に対する一人の人間としての愛情と敬意に満ちた眼差しが感じられる。　　　　　　　　　　　〔4862〕

◇細道の奥―マヤーサッテ那覇の路地裏　渡辺愛美著　那覇　ボーダーインク　2001.7　91p　19cm　〈おもに図〉1200円　Ⓘ4-89982-014-3　Ⓝ748
内容　市場までの道　新天地市場入口の謎　路上にて　猫の世界　家・店・看板攻め　那覇の片降い　洗濯機の想い　ふたたび路上にて　〔4863〕

◇星の島　林完次著　角川書店　2001.8　127p　21×16cm　1900円　Ⓘ4-04-883683-8
内容　星の島　伝説　宵の明星　馬の面　風、風　夜空のエイサー　怒る灯台　王子さまの星　宝島　天翔るシーサー〔ほか〕　　　　　〔4864〕

◇村―奄美・ネリヤカナヤの人々　浜田太写真〔鹿児島〕　南日本新聞社　2001.10　1冊（ページ付なし）　27cm　〈製作・発売：南日本新聞開発センター（鹿児島）〉2857円　Ⓘ4-944075-88-X　Ⓝ748　　　〔4865〕

◇うたばうたゆん「奄美島唄への旅」　濱田康作写真　毎日新聞社　2002.3　62p　27cm　〈付属資料：CD1枚（12cm）〉2500円　Ⓘ4-620-31556-7　Ⓝ748
内容　今ぬ風雲節　おぼくり　ええうみ　足習　太陽ぬ落てぃ際れ節　　　　　　　〔4866〕

◇こどもたちのオキナワ―山田實写真集 1955-1965　山田實著　那覇　池宮商会　2002.4　83p　19×26cm　〈他言語標題：Okinawa of the children〉953円　Ⓘ4-87180-017-2　Ⓝ748
＊復興期の沖縄と戦後を強く生きた子供たちの記録。　　　　　　　　　　　　　　〔4867〕

◇生まれ島西表―平井順光作品展　平井順光著　JCIIフォトサロン　2002.4　23p　24×25cm　（JCII photo salon library 129）　〔4868〕

◇基地のなかの沖縄―江成常夫作品展　江成常夫著　JCIIフォトサロン　2002.4　23p　24

「沖縄」がわかる本 6000冊　　**379**

写真・写真集　　　　　　　　　　　　　　　　　芸術・芸能

×25cm　（JCII photo salon library 130）
〔4869〕

◇生まれ島西表─平井順光写真集　平井順光写
真撮影　改訂版　那覇　平井写真事務所
2002.6　131p　30cm　3000円　Ⓝ748〔4870〕

◇沖縄ソウル　石川真生著　太田出版　2002.7
246p　19cm　〈肖像あり　年譜あり〉　2000円
Ⓘ4-87233-686-0　Ⓝ740.21
内容 燃える島、沖縄　恋愛地獄編　パイナップル
大作戦　金武の女たち　写真の怖さを知る　フィ
リピーナの里帰り　港町の男　沖縄芝居を追って
オープン・ザ・ドア　タブーとしての沖縄自衛隊
若者たちへ　沖縄人に力を　人工肛門で恋愛を
〔4871〕

◇海─奄美の島々　上田喜一郎写真集　上田喜
一郎著　南日本新聞社　2002.7　1冊（ペー
ジ付なし）　20×23cm　1905円　Ⓘ4-
944075-94-4　Ⓝ748　　　　　　　　〔4872〕

◇太陽と風とカンカラ三線─沖縄を見続けた写
真家─平良孝七の世界　平良孝七〔撮影〕
名護　平良孝七写真展実行委員会事務局
2002.7　165p　28cm　〈復帰30周年記念　会
期・会場：2002年7月20日─8月11日　名護市
民会館ほか〉　1905円　Ⓝ748　　　　　〔4873〕

◇ニライカナイ神の住む楽園・沖縄　三好和義
著　小学館　2002.7　1冊（ページ付なし）
20×23cm　〈おもに図〉　2500円　Ⓘ4-09-
680620-X　Ⓝ748　　　　　　　　　　　〔4874〕

◇いりおもて─森と海と人と山猫　横塚真己人
文・写真　小学館　2002.8　1冊　25×27cm
（週刊日本の天然記念物PICTORIAL
BOOK）　3000円　Ⓘ4-09-681511-X
＊美しいサンゴ礁に囲まれ、うっそうと生い茂る
亜熱帯原生林におおわれた島・西表島。豊かな
水が豊かな森を育て、この島独自の生態系を生
み出した。イリオモテヤマネコは、この島にす
まう動物たちの頂点に君臨してくらしている。
〔4875〕

◇八重山の風と光─大塚勝久写真集　大塚勝久
著　大阪　東方出版　2003.1　94p　22×
21cm　〈他言語標題：The breeze and light
in the Yaeyama islands〉　1800円　Ⓘ4-
88591-816-2　Ⓝ748　　　　　　　　　　〔4876〕

◇南の島のチャタン　舟崎克彦文、塩沢文男写
真　俊成出版社　2003.5　1冊　19cm　1200
円　Ⓘ4-333-02010-7
＊目がさめたらそこは北谷（ちゃたん）だったから、
ぼくは自分の名前を「チャタン」っていうこと
にした。砂浜に忘れられた白クマのぬいぐるみ・
チャタンが、沖縄の美しい海から、自分を探す
旅。出会った人々と南国の自然の優しさに癒さ
れる、さわやかな写真絵本。　　　　　　〔4877〕

◇沖縄先島の祭りと風土─渡辺良正作品展　渡
辺良正著　JCIIフォトサロン　2003.7　23p
24×25cm　（JCII photo salon library
144）　800円　　　　　　　　　　　　　〔4878〕

◇南風浪漫─ミントブルーの海に浮かぶ島　新
美直撮影　アップフロントブックス, ワニ
ブックス〔発売〕　2003.10　1冊　20×
23cm　1500円　Ⓘ4-8470-1526-6
＊ギュッと詰まった島じかん。竹富島と石垣島、西
表島、黒島、新城島、小浜島、嘉弥真島、波照間
島。　　　　　　　　　　　　　　　　　〔4879〕

◇サダちゃんの写真集─沖縄　座波貞子著　那
覇　サダちゃんの写真集刊行委員会　2004.2
85p　20×21cm　〈発売：パレットりゅうぼ
うブックセンター沖縄市ゴヤ稲嶺書店（沖
縄）〉　1100円　Ⓝ748　　　　　　　　〔4880〕

◇日本最南端の島─波照間島　廣瀬武司写真集
廣瀬武司編　四日市　廣瀬武司　2004.3
57p　21×23cm　〈片面印刷〉　Ⓝ748　〔4881〕

◇夏芙蓉─沖縄2003　伊藤トオル著　蒼穹舎
2004.10　1冊（ページ付なし）　21×27cm
〈おもに図〉　3000円　Ⓘ4-902137-68-2
Ⓝ748　　　　　　　　　　　　　　　　〔4882〕

◇真南風─Okinawa's Breath of Life　太田ち
づる撮影　クレオ　2004.11　71p　26×
26cm　2990円　Ⓘ4-87736-104-9
内容 ヒンプン　ガジュマルと郵便ポスト　新聞
受け　雨除け　蛇口　シンメーナービ　キーダ
蹲い　半鐘　水タンク　ニンニク　屋敷のうがん
神様の祠　祈りと香　　　　　　　　　　〔4883〕

◇嶋々の鳥たち─田川皓一写真集　田川皓一著
福岡　西日本新聞社　2005.1　93p　21×
22cm　2571円　Ⓘ4-8167-0621-6
＊西表島や奄美大島、見島の鳥を中心に撮影した
鳥の写真集。　　　　　　　　　　　　　〔4884〕

◇スローライフな沖縄　宇治川博司著　ピエ・
ブックス　2005.5　1冊（ページ付なし）
21cm　〈おもに図〉　1800円　Ⓘ4-89444-423-2
Ⓝ748　　　　　　　　　　　　　　　　〔4885〕

◇闘牛島徳之島　桑嶋維、福田和也著　平凡社
2005.5　1冊（ページ付なし）　31cm　〈おも
に図〉　3800円　Ⓘ4-582-27758-6　Ⓝ748
＊「闘牛の島」として世界的にその名を知られる鹿
児島県・徳之島。南国の咽せるような光の中、一
トンを超す牛たちがプライドを賭けて激突し、島
中が熱狂する。─祖先より享け継いだそれらの
内なるDNAを呼び覚ます、驚愕のルポルター
ジュ。　　　　　　　　　　　　　　　　〔4886〕

◇球美の海─ベジタブルフィールドの住人たち
川本剛志写真集　川本剛志著　大阪　東方出
版　2005.6　1冊　22×21cm　2000円　Ⓘ4-

芸術・芸能　　　　　　　　　　　　　　　　　　　　写真・写真集

88591-948-7
＊久米島の海に住む水中のサンゴや生物の写真集。
〔4887〕

◇うつぐみの竹富島―大塚勝久写真集　大塚勝久著　那覇　琉球新報社　2005.10　179p　24×31cm　〈他言語標題：The spirit of Utsugumi-Taketomi Island Okinawa　英語併記〉　5800円　Ⓘ4-89742-069-5　Ⓝ748
〔4888〕

◇竹富島―ふるさとへの想い　前原基男写真集　前原基男著　〔那覇〕　前原基男　2005.10　183p　22×25cm　3500円　Ⓝ748　〔4889〕

◇南大東島―岩堀春夫写真集　岩堀春夫著　西宮　ないねん出版　2005.10　60p　20×21cm　1500円　Ⓘ4-931374-50-6　Ⓝ748
〔4890〕

◇沖縄南風浪漫―きらきらひかるヒミツの島2　新美直撮影　アップフロントブックス　2005.11　1冊（ページ付なし）　20×23cm　〈発売：ワニブックス〉　1500円　Ⓘ4-8470-1618-1　Ⓝ748
＊誰もが魔法にかかる沖縄の島々…宮古島、伊良部島、下地島、久米島、慶良間諸島、伊平屋島―思い出があふれだす写真集「南風浪漫」第2弾。
〔4891〕

◇沖縄―光・風・彩　すなべしょう写真集　すなべしょう著　日本カメラ社　2006.2　71p　25×26cm　（NC photo books―記憶の旅pt.3）　3800円　Ⓘ4-8179-2093-9　Ⓝ748
〔4892〕

◇沖縄猫小―センチメンタルジャーニー　上西重行写真・文　那覇　ボーダーインク　2006.7　125p　21cm　2000円　Ⓘ4-89982-106-9　Ⓝ748
〔4893〕

◇島の時間―Okinawa Yaeyama Islands　山下恒夫著　クレオ　2006.8　84p　29×24cm　2800円　Ⓘ4-87736-114-6
内容　与那国島に向かう飛行機の窓から雲の間に鳩間島が見えた―鳩間島2000年8月17日　夕暮れ時の海―竹富島西桟橋2003年11月12日　すっかり角の丸くなった石畳―西表島祖内2003年11月22日　ガジュマルの樹　垂れ下がっているのは気根という―西表島2004年10月31日　カヤックで上って行く　川面が鏡のよう―西表島浦内川支流2003年11月24日　沖縄地方は亜熱帯に属する―鳩間島2004年10月31日　ハイビスカスの花は一日限り―竹富島2004年2月2日　朝の日課―竹富島2004年7月23日　ブーゲンビレア　ピンク色のところは葉が変化したもの―西表島干立2003年11月24日　石垣と福木の並木が残る―鳩間島2004年10月30日〔ほか〕
〔4894〕

◇神々の残映―沖縄・八重山・一九六三　吉田元著　冬青社　2006.9　1冊（ページ付なし）

26×27cm　〈おもに図〉　3000円　Ⓘ4-88773-057-8　Ⓝ748
〔4895〕

◇あんやたん―沖縄写真帖　前原基男写真集　前原基男著　〔那覇〕　前原基男　2006.10　127p　22×25cm　3000円　Ⓝ748　〔4896〕

◇沖縄―海と太陽の煌めき　すなべしょう＆由木毅写真集　すなべしょう、由木毅著　日本カメラ社　2006.11　95p　20×22cm　2800円　Ⓘ4-8179-2102-1　Ⓝ748　〔4897〕

◇8.15 OKINAWA Cocco　nanaco著　日本放送出版協会　2006.12　1冊　30cm　3800円　Ⓘ4-14-081161-7
＊2006年8月15日。南の島の夜空に、歌い、祈るCoccoの光が降り注がれた。Coccoが愛する人々に、Coccoが愛する沖縄に。それはそれは美しかった。この写真は、そのときの流れのままに編まれた記録。「Cocco沖縄ゴミゼロ大作戦ワンマンライブスペシャル2006」（8月15日開催）におけるステージ上のCoccoを撮影した写真集。
〔4898〕

◇南西photo―沖縄写真集　I-ken著　名古屋　ブイツーソリューション　2007.3　1冊（ページ付なし）　20×22cm　〈発売：星雲社〉　635円　Ⓘ978-4-434-10178-6　Ⓝ748　〔4899〕

◇うさぎじま　松本典子著　早川書房　2007.4　1冊　20×15cm　1100円　Ⓘ978-4-15-208809-3
＊緑に茂る葉っぱの下を走り回ったり。じっと波の音に耳を澄ましてみたり。砂地に腹ばいになって休んだり。さまざまな表情を見せてくれるうさぎたちに寄り添って、そっとカメラに収めました。瀬戸内海の大久野島と、沖縄のカヤマ島。二つの「うさぎじま」へ、ようこそ。〔4900〕

◇海はみんなの宝物―沖縄座間味　Ayumi著　大阪　パレード　2007.4　1冊（ページ付なし）　19cm　（Parade books）〈おもに図　発売：星雲社〉　1600円　Ⓘ978-4-434-10358-2　Ⓝ748
〔4901〕

◇島の散歩―おきなわの離島　山岡成俊著　新日本出版社　2007.4　1冊（ページ付なし）　19×19cm　〈おもに図〉　1300円　Ⓘ978-4-406-05037-1　Ⓝ748
〔4902〕

◇山羊の肺―沖縄一九六八―二〇〇五年　平敷兼七著　平敷兼七写真集刊行委員会編　影書房　2007.4　194p　19×19cm　3500円　Ⓘ978-4-87714-365-7　Ⓝ748
内容　放牧風景（伊平屋　一九七二）　新川公民館にて（八重山　一九七〇）　葛（かずら）をもってゆく少年（与那国　一九七〇）　子どもとケンケンしている大人（屋々名　一九七〇）　豊年踊り見学（八重山　一九七〇）　安里三叉路（那覇　一九七

写真・写真集　　　　　　　　　　　　　　　　　　　　　芸術・芸能

○）　チビチリガマ入口の破壊された像（読谷　一
九八八）　チビチリガマでの生活用具と入れ歯（読
谷　一九八八）　船長の自宅にて（伊平屋　一九七
四）　鰹を整える（与那国　一九七〇）〔ほか〕
〔4903〕

◇てぃだ色　阿部崇著　新風舎　2007.7　1冊
19×26cm　2200円　①978-4-289-02320-2
＊太陽のように、明るい花。太陽のように、長閑な
猫。太陽のように、輝いてる女性たち…沖縄に
は太陽がいっぱい。　　　　　　　　　　　〔4904〕

◇吉田元写真展─神々の残映沖縄・八重山・
1963　吉田元著　JCIIフォトサロン　2007.
7　23p　24×25cm　〈JCII Photo Salon
library 193〉　800円　　　　　　　　　　〔4905〕

◇想い事。　Cocco著　毎日新聞社　2007.8
105p　21cm　1200円　①978-4-620-31826-4
内容 Spinning Spring…4月　楽園…5月　6月
23日、黙禱…6月　雨が降ったら…7月　藍に深
し…8月　花から花へ…9月　明日へ…10月　ひめ
ゆりの風…11月　A Song for You…12月　Hu-
man being…1月　愛してる。…2月　夢ものが
たり…3月　　　　　　　　　　　　　　　〔4906〕

◇沖縄光と風─下地良男写真集　下地良男著
近代文芸社　2007.8　117p　21×24cm　〈他
言語標題：Okinawa：the light and the
wind〉　2500円　①978-4-7733-7496-4
Ⓝ748
＊陽光が激しくふぶく沖縄の白い夏。群青の海。波
のざわめき。そして、風の囁き。光の鉛筆で描
く沖縄心象風景。　　　　　　　　　　　〔4907〕

◇写真0年沖縄　photographers' gallery
2007.10　231p　26cm　（photographers'
gallery press別冊）〈年表あり〉1800円
①978-4-86219-071-0　Ⓝ740.21　　　　　〔4908〕

◇孤島の発見─沖縄・宮古島原初の力を浴びに
ゆく　和田文夫写真・文　逗子　ガイア・オ
ペレーションズ　2007.11　1冊（ページ付な
し）　15×21cm　〈地球の眺め方1〉〈発
売：英治出版〉　1800円　①978-4-902382-03-
7　Ⓝ748
内容 できたての飛行機雲。那覇～宮古島間。　雲
の寄り合い。那覇～宮古島間。　ふりむいたアヒ
ル。那覇～宮古島間。　こどもたちの鬼ごっこ。
那覇～宮古島間。　火の鳥と出会う。那覇～宮古
島間。　井戸端会議。那覇～宮古島間。　わが聖
地。東平安名崎をのぞむ。　笹カマボコ。来間島
と来間大橋。　人は直線を好む。与那覇と伊良部
島。　日向ぼっこする久松。与那覇湾。〔ほか〕
〔4909〕

◇夏休みしちゃう？─竹富島の風と匂い　大沼
恵子著　文芸社　2008.6　1冊（ページ付な
し）　13×19cm　〈おもに図〉1000円
①978-4-286-04381-4　Ⓝ748
＊大人だって、いいじゃない！　南の島で出会った

「ワクワク、ドキドキ」をシャッターに収めまし
た。　　　　　　　　　　　　　　　　　〔4910〕

◇島の原風景─西表石垣国立公園　石垣島・八
重山の島々　大塚勝久写真集　大塚勝久著
ルック　2008.7　119p　24×31cm　〈他言語
標題：The original beauty of the islands
英語併記〉　4000円　①978-4-86121-076-1
Ⓝ748　　　　　　　　　　　　　　　　　〔4911〕

◇「特攻花」って知ってる？─女性写真家19才
からの挑戦、7年間の撮影と取材　仲田千穂
著　しののめ出版、星雲社〔発売〕　2008.8
198p　21cm　1300円　①978-4-434-12198-2
内容 第1章「特攻花」って知ってる？（19才の出
発　初めての喜界島　ほか）　第2章　写真のちから
（チャンスは1日20回　正しい写真道　ほか）　第3
章　新しい種（つながり　雪の舞鶴への手紙　ほか）
第4章　特攻花からの贈りもの（メッセージ　月の
あかり　ほか）　　　　　　　　　　　　〔4912〕

◇沖縄正面─七十七壁と一つの手押し車　ダニ
エル・ロペス写真・文　逗子　ガイア・オペ
レーションズ　2008.10　1冊（ページ付な
し）　22×22cm　（Gaiart-collection 2）
〈他言語標題：Les facades d'Okinawa　フ
ランス語併記〉　発売：英治出版〉　2800円
①978-4-902382-04-4　Ⓝ748
＊沖縄の「壁」を撮影した異色の写真集。〔4913〕

◇もうひとつの島の時間　山下恒夫著　冬青社
2008.11　99p　21×24cm　2500円　①978-
4-88773-091-5
＊1983年から2008年のあいだに琉球諸島の沖縄島、
伊是名島、古宇利島、久高島、大神島、
来間島、石垣島、西表島、竹富島、黒島、小浜島、
鳩間島、新城島、波照間島、与那国島で撮影した
写真を掲載。　　　　　　　　　　　　　〔4914〕

◇特攻花　仲田千穂著　ポプラ社　2009.7
83p　20×20cm　1600円　①978-4-591-
11066-9
＊沖縄に出撃する若い特攻隊員たちに、娘たちは、
そっと野の花を贈っていました…。NHK特集番
組や各局のメディア・新聞・雑誌で紹介！　女性
写真家が見つめた8年間の記録。　　　　〔4915〕

◇フォトネシア─眼の回帰線・沖縄　仲里効著
未來社　2009.9　261p　20cm　2600円
①978-4-624-71092-7　Ⓝ740.4
内容 際に立つことの哀しみ─比嘉康雄の原郷　ア
ウラの消滅をめぐる光芒─写真の旅の記録から
ラディカルな風景の思想─比嘉豊光の還元　小
さき者たちの黙示力─平敷兼七の内視　パイの風の
共和国─平良孝七の螺旋　写真で書かれた記憶の
サーガ─大城弘明のイクサ　島風からコロニア・
オキナワまで─嘉納辰彦の往還　交叉するまなざ
しの近傍─不在とともに萌えあがるもの　眼の回帰線
─中平卓馬と国境　限りなく零度の近くで─東松
照明と作者・沖縄　　　　　　　　　　　〔4916〕

382　　「沖縄」がわかる本　6000冊

芸術・芸能　　　　　　　　　　　　　　　　　　　　　　　写真・写真集

◇沖縄に活きる―大石芳野作品展　大石芳野著
　JCIIフォトサロン　2009.9　23p　24×26cm
　（JCII Photo Salon library 219）　800円
　　　　　　　　　　　　　　　　　　　〔4917〕

◇琉球パトローネ　仲程長治著　糸満　編集工
　房東洋企画　2009.10　1冊（ページ付なし）
　22cm〈他言語標題：Ryukyupatrone　プロ
　デュース・編集：権聖美〉1905円　Ⓘ978-4-
　938984-67-0　Ⓝ748
　内容 自然はバッカイシャン　東京スーミー　北
　海道のカジャ　シカバチNY！　ピカリヤマトゥ
　富士　京都ヌブイ　大阪チブル　HAWAIIのチム
　沖縄のククル　　　　　　　　　　　　　〔4918〕

◇もうひとつのウチナー―海を渡った島人　嘉
　納辰彦写真集　嘉納辰彦著　那覇　ボーダー
　インク　2010.6　120p　22×22cm　3000円
　Ⓘ978-4-89982-172-4　Ⓝ748
　　　　　　　　　　　　　　　　　　　〔4919〕

◇蒸気機関車の時代―昭和34年とF　広田尚敬
　作品展　鉄道写真活動60周年記念　広田尚敬
　著　JCIIフォトサロン　2010.6　23p　24×
　26cm　（JCII Photo Salon library 228）
　800円　　　　　　　　　　　　　　　　〔4920〕

◇地図にない村―大城弘明写真集　大城弘明
　著, 仲里効, 倉石信乃監修　未来社　2010.8
　151p　24×26cm　（沖縄写真家シリーズ　琉
　球烈像　第4巻）　3800円　Ⓘ978-4-624-
　90024-3
　＊記憶のなかの「ンマリジマ＝生まれ故郷」を訪ね
　る旅路に、レンズは終わることのないイクサの
　闇を捉える。沖縄戦最大の激戦地のひとつ、三
　和村福地に生まれ育った写真家が眼差す、戦争
　の爪痕と政治の倒錯。死者を悼み死者とともに
　生きる日常から、怒号飛び交う激動の70年代、陽
　炎のように歪む日米同盟の現実まで、報道写真
　家としていまなお沖縄を撮り続ける氏の軌跡を
　はじめて集成した作品集、モノクロ123点収録。
　　　　　　　　　　　　　　　　　　　〔4921〕

◇沖縄美ら海水族館写真集　宮地岩根, 守谷美
　峰写真, 沖縄美ら海水族館監修　晋遊舎
　2010.9　1冊（ページ付なし）　21×24cm
　〈他言語標題：The Wonders of Okinawa
　Churaumi Aquarium　英文併記〉1800円
　Ⓘ978-4-86391-122-2　Ⓝ748
　＊雄大な海の神秘と美しさ、忘れられない興奮と
　感動が写真で甦る。　　　　　　　　　〔4922〕

◇情民―比嘉康雄写真集　比嘉康雄著, 仲里効,
　倉石信乃監修　未来社　2010.11　138p　24
　×26cm　（沖縄写真家シリーズ「琉球烈像」
　第2巻）　4500円　Ⓘ978-4-624-90022-9
　Ⓝ748
　　　　　　　　　　　　　　　　　　　〔4923〕

◇母たちの神―比嘉康雄写真集　比嘉康雄［撮
　影］, 沖縄県立博物館・美術館編　那覇　出

版舎Mugen　2010.11　290p　22×27cm
〈他言語標題：Maternal deities　英語併記
会期・会場：2010年11月2日―2011年1月5日
沖縄県立博物館・美術館企画ギャラリー1・2
年譜あり　文献あり〉3505円　Ⓘ978-4-
9904879-6-6　Ⓝ748
　内容 序章　神迎え　神崇め　神女　神願い　神
遊び　神送り　　　　　　　　　　　　〔4924〕

◇石川真生写真集　FENCES,OKINAWA　石
川真生著, 天野太郎解説　未来社　2010.12
1冊　24×26cm　（沖縄写真家シリーズ　琉球
烈像　第5巻）　4800円　Ⓘ978-4-624-90025-0
＊フェンスの外に一時の安らぎを求める兵士と、
フェンスを臨む歓楽街で踊るフィリピン人たち。
フェンスに向かい叫び訴える住民がいれば、フェ
ンスを日常の一部として逞しく生きるのもまた
住民。冷たい鉄条網に分断された島でときにふ
れあい、ときに対峙する人びとの、他の誰にも撮
ることのできない“生”と“性”を鮮やかに捉えた
121点（カラー14点）。　　　　　　　　〔4925〕

◇さよならアメリカ―森口豁写真集　森口豁
著, 仲里効, 倉石信乃監修　未来社　2011.3
141p　24×26cm　（沖縄写真家シリーズ
「琉球烈像」　第7巻）　4500円　Ⓘ978-4-624-
90027-4　Ⓝ748　　　　　　　　　　　〔4926〕

◇旅するシマ―嘉納辰彦写真集　嘉納辰彦写
真, 新城和博解説　未来社　2011.5　145p
24×26cm　（沖縄写真家シリーズ　琉球烈像
第6巻）　4800円　Ⓘ978-4-624-90026-7
＊ウチナーンチュの生きる場所を“シマ”と呼ぶな
らば、それは世界中に遍在している。シマから
シマへとウチナーンチュを訪ねあるいた写真家
の軌跡は、いつしか沖縄の復興と再生の歴史を
描きだしていた。離島の静寂と市場の喧噪、受
け継がれる祭祀とカウンター・カルチャー、そし
て遠く異国の地に刻まれた沖縄系移民の足跡―
氏の代表的作品を集成する131点。　　〔4927〕

◇私は海人写真家　古谷千佳子　古谷千佳子著
岩崎書店　2011.5　183p　21cm　（ノン
フィクション・生きるチカラ 7）　1300円
Ⓘ978-4-265-04293-7
　内容 第1章 タコを捕る海人と写真を撮る私　第
2章 「海人写真家」への道のり　第3章 海人の仕
事場　第4章 海辺の暮らし　第5章 島は宇宙
　　　　　　　　　　　　　　　　　　〔4928〕

◇カンムリワシ―守るべきもの、石垣島の白い
天使　福田啓人写真・文　雷鳥社　2011.6
95p　22cm　1600円　Ⓘ978-4-8441-3568-5
Ⓝ748
＊「ハイフォトアワード2009最優秀受賞者」によ
る「カワセミ」に続く待望の野鳥写真集第二弾。
カンムリワシとの出会いは偶然ではなく必然―。
　　　　　　　　　　　　　　　　　　〔4929〕

◇幸せになれる渡嘉敷島　国吉佳奈子著　文芸

写真・写真集 　　　　　　　　　　　　　　　　　　　　　　　芸術・芸能

社　2011.6　1冊（ページ付なし）　20cm
1200円　Ⓘ978-4-286-09656-8　Ⓝ748〔4930〕

◇GRACE ISLANDS—南大東島、北大東島
大友真志著　KULA　2011.8　1冊（ページ
付なし）　19×27cm　3200円　Ⓘ978-4-
903295-47-3　Ⓝ748　　　　　　　　　〔4931〕

◇東松照明と沖縄太陽へのラブレター　東松照
明〔撮影〕　〔広島〕　大和プレス　2011.9
215p　36cm　〈他言語標題：TOMATSU,
Shomei＋Okinawa Photographs～Love
letter to the sun～　会期・会場：2011年9
月23日—11月20日　沖縄県立博物館・美術館
編：仲里効ほか　執筆：仲里効ほか　文献あ
り　年譜あり　発売：水声社〉3000円
Ⓘ978-4-89176-857-7　Ⓝ748
内容 ラブレターと挑発の闇—東松照明の "沖縄
へ／沖縄から" インターフェイスへ—東松照明の
作品世界　黄泉の小径—東松照明ノート　「見た
いイメージ」と写真の強度　1章　敗戦日本の原風
景 "チューインガムとチョコレート"1959-67　2
章　占領シリーズ最後の地「沖縄」"OKINAWA沖
縄OKINAWA"1969　3章　「さびしさを思想化せ
よ。」"太陽の鉛筆"1969-73　4章　カラーへの転
換 "南島"光る風"1973-79　5章　写真はイメー
ジで綴るラブレター "琉球ちゃんぷるぅ"-2011
あれから40年　東松照明の影響　「撮り続けるこ
と」　気持ちのある写真と東松照明さんへ　東松
さん夫妻　暗しん御門を徘徊する男　　〔4932〕

◇沖縄　森山大道〔撮影〕　Kamakura
Super labo　c2012　1冊（ページ付なし）
27cm　〈他言語標題：Okinawa〉6156円
Ⓘ978-4-905052-35-7　Ⓝ748　　　　〔4933〕

◇沖縄・奄美・吐噶喇1974-1978—中平卓馬写
真集　中平卓馬著　未来社　2012.3　158p
24×26cm　（沖縄写真家シリーズ〈琉球烈
像〉8）　5800円　Ⓘ978-4-624-90028-1
Ⓝ748
＊沖縄とヤマトが出会い重なりあう不可視の境界
を求めて南を目指した写真家が見たものは、無
際限にやさしく、しかしその静けさをもって彼
を突き放す孤立した島々だった。1977年の記憶
喪失に至る病をはさみ、涯てなき地平・暗闇へ
の志向が陽光をあびる表層への眼差しに変化し
てゆく作品群を収録。未発表作品多数含む104点
（カラー74点）。　　　　　　　　　　〔4934〕

◇沖縄よんな～散歩—加藤英美里＆後藤沙緒里
猪飼敏裕〔写真〕　竹書房　2012.4　95p
21cm　〈他言語標題：Emiri ＆ Saori's Slow
Trip To Okinawa〉1800円　Ⓘ978-4-8124-
4895-3　Ⓝ748
＊人気声優が2泊3日で2人旅…石垣島から高速フェ
リーで約10分。人口300人、周囲9キロあまり
の自然豊かな小さな島、竹富島。都会の喧騒を
離れ、ゆったりのんびり流れる時間のなかで、い
つも以上にリラックスした、飾らない素顔が満

載。　　　　　　　　　　　　　　　　　〔4935〕

◇山田實が見た戦後沖縄　山田實〔著〕，琉球
新報社編著　那覇　琉球新報社　2012.6
254p　21cm　〈発売：琉球プロジェクト（那
覇）〉1695円　Ⓘ978-4-89742-145-2　Ⓝ740.
21　　　　　　　　　　　　　　　　　　〔4936〕

◇発見！ 九州の滝—100の絶景　3　熊本広志
著　福岡　海鳥社　2012.7　167p　21cm
1800円　Ⓘ978-4-86656-004-5
内容 不動の滝　八ツ滝　行者の滝　納又滝　琴
弾の滝　大音の滝　鮎返しの滝　鮎返りの滝　轟
の滝　岩屋川内の無名滝〔ほか〕　　〔4937〕

◇アカショウビン—琉球の紅　福田啓人写真・
文　雷鳥社　2012.7　95p　22cm　〈他言語
標題：Ruddy Kingfisher　文献あり〉1600
円　Ⓘ978-4-8441-3592-0　Ⓝ748
＊ハイフォトアワード第一回最優秀受賞者、自然
写真家・福田啓人リュウキュウアカショウビン
を撮る。宝石のように美しその姿。紅の命火を
永遠に灯し続けて欲しい。　　　　　　〔4938〕

◇光と陰の島—伊志嶺隆写真集　伊志嶺隆写
真、翁長直樹、友寄寛子、倉石信乃解説　未来
社　2012.8　150p　24×26cm　（沖縄写真
家シリーズ 琉球烈像 第3巻）　4800円
Ⓘ978-4-624-90023-6
＊沖縄の風土に幾重にも絡みつく意味性に抗うよ
うに短い生涯を駆け抜けた写真家が、その思索
の涯てに眼差したものはなにか。深い森に沈む
廃坑にニライカナイを重ねる「光と陰の島」、政
治の季節の蹉跌を日常の風景に隠した「72年の
夏」、ウミンチュのシマに神の往来の物語を甦ら
せる未完の遺作「海の旅人」より編まれた121点。
　　　　　　　　　　　　　　　　　　　〔4939〕

◇命（ヌチ）どぅ宝・戦争と人生を語る　石川文
洋著　新日本出版社　2012.12　157p　21cm
1600円　Ⓘ978-4-406-05656-4　Ⓝ740.21
内容 第1章 私が見た戦争と平和—世界と日本の
現実から　第2章 マイナスをプラスにする人生—
三つの選択と冒険　第3章 木曽路・日本縦断・四
国遍路…ウォーキングの楽しみ　　　　〔4940〕

◇田中一村の眼—写真が語る一村像 収蔵品展
田中一村〔撮影〕，とちぎ蔵の街美術館編
〔土庄町（香川県）〕　アート・ビオトープ
2012.12　93p　21cm　〈会期・会場：平成24
年12月22日—平成25年1月20日　とちぎ蔵の
街美術館　年譜あり〉Ⓝ748　　　　　〔4941〕

◇熱き日々inオキナワ　石川真生著　京都
フォイル　2013.2　1冊（ページ付なし）
26cm　〈他言語標題：Hot Days in Okinawa
訳：千葉薫〉2600円　Ⓘ978-4-902943-80-1
Ⓝ748　　　　　　　　　　　　　　　　〔4942〕

◇島の美容室—写真集　福岡耕造写真・文　那

芸術・芸能　　　　　　　　　　　　　　　　　　　　　　　　　工芸

覇　ボーダーインク　2014.3　87p　15×
22cm　1800円　Ⓘ978-4-89982-251-6
Ⓝ748
＊沖縄・渡名喜島。四百人が住むその島で、月に十
日だけあいている美容室の物語。　　　　　〔4943〕

◇九州・色彩をめぐる旅―川上信也写真集　川
上信也著　福岡　花乱社　2014.7　118p
19×27cm　2500円　Ⓘ978-4-905327-37-0
内容 熊本県・菊池渓谷　鹿児島県・与論島　福
岡県・井原山　霧島・御鉢　鹿児島県・与論島・
百合ケ浜　大分県・くじゅう・坊がつるより　大
分県・くじゅう・男池　福岡県・東峰村　鹿児島
県・屋久島　大分県・くじゅう・黒岳山麓〔ほか〕
　　　　　　　　　　　　　　　　　　　　〔4944〕

◇眼は巡歴する―沖縄とまなざしのポリティー
ク　仲里効著　未來社　2015.3　291p
20cm　2800円　Ⓘ978-4-624-71097-2
Ⓝ740.21
内容 第1部　琉球烈像（ゼロに萌える―山田實の帰
還とリアリズム　無名の造型と母たちへのレクイ
エム―比嘉康雄の「情民」の原像　"シジ"を運び、
"シジ"を撮る、結界のメディウム　記憶の地図と
測量士―大城弘明のイクサと時代　"さよなら"と
"さよなら"の狭間で―森口豁のトポロジー）　第
2部　琉球電影烈伝（記憶と夢のスクランブル　地
勢学的想像力と暴力の審級―『海燕ジョーの奇跡』
をめぐる畢羅する"南"）　第3部　恋するEXO（イ
メージの群島と光の詩学―東松照明と沖縄クロニ
クル・四〇年　ラブレターと挑発のインターフェー
ス―"沖縄へ/沖縄から"の結び目　太郎の"写真"
を見ることのジレンマ　"一つの恋"の終りのため
に　ヤポネシアはどこで写真へ行った―播種、騙り取り、
そして越境するEXO）　　　　　　　　　〔4945〕

◇鎮魂の地図―沖縄戦・一家全滅の屋敷跡を訪
ねて　大城弘明写真集　大城弘明著　未來社
2015.3　126p　15×21cm　2800円　Ⓘ978-
4-624-71098-9　Ⓝ748
内容 鎮魂の地図　解説　沈黙を造型すること、喪
を生きること（仲里効）　真栄平の戦争体験（大城
藤六）　　　　　　　　　　　　　　　　　〔4946〕

◇海神の首飾り―田中一村伝説の島々から　田
辺周一著　高知　リーブル出版　2015.5
130p　31cm　〈他言語標題：Necklace of
watatsumi〉2500円　Ⓘ978-4-86338-112-4
Ⓝ748
　　　　　　　　　　　　　　　　　　　　〔4947〕

◇石垣島　アサイミカ著　京都　青菁社
2015.7　89p　15cm　〈他言語標題：Ishigaki
Island〉1000円　Ⓘ978-4-88350-303-2
Ⓝ748
　　　　　　　　　　　　　　　　　　　　〔4948〕

◇沖縄幻視行　川口和之著　蒼穹舎　2015.8
90p　27cm　3500円　Ⓝ748　　　　　　〔4949〕

◇沖縄のことを教えてください　初沢亜利〔撮
影〕　京都　赤々舎　2015.8　169p　29×

30cm　〈他言語標題：Let us know about
Okinawa〉3800円　Ⓘ978-4-86541-036-5
Ⓝ748
　　　　　　　　　　　　　　　　　　　　〔4950〕

◇沖縄・八重山諸島　深澤武著　京都　青菁社
2015.12　95p　18×26cm　2000円　Ⓘ978-
4-88350-305-6
　　　　　　　　　　　　　　　　　　　　〔4951〕

◇オキナワンブルー―抗う海と集魂の唄　豊里
友行写真集　豊里友行著　未來社　2015.12
126p　19×26cm　3800円　Ⓘ978-4-624-
71099-6　Ⓝ748
＊沖縄県名護市辺野古沿岸に米軍の新基地建設を
もくろむ日米両政府の策動に抗して、オール沖縄
として立ち上がった市民の抗議活動を激写する
沖縄期待の若手写真家による初の本格的な写真
集。海上保安官による悪質な暴力を間近に撮っ
たリアルな映像などは、なによりも事実の力を
もって基地建設の真相を暴く。基地周辺の生活
風景をも活写していまの沖縄の現実を視覚に訴
える緊急出版。　　　　　　　　　　　　〔4952〕

◇空まーい　オキナワ大空散歩　岡田和也著
那覇　ボーダーインク　2016.2　96p　22×
21cm　1700円　Ⓘ978-4-89982-296-7
＊空の色、海の蒼さ、雲、風のかたち・ながれの一
瞬一瞬を、地上からはうかがい知れない視点で
切り取る、航空写真の醍醐味。ラグーンを彩る
エメラルドグリーンとコバルトブルーのコント
ラスト。北は与論島から南は波照間島まで、オ
キナワの島々を巡った写真集です。お気に入り
のスポット・ビーチを探してみませんか。
　　　　　　　　　　　　　　　　　　　　〔4953〕

工芸

◇館蔵琉球漆芸―琉球王朝文化の華　浦添市美
術館編　浦添　浦添市美術館　1995.3
235p　30cm　〈関連文献・年表：p220〜223〉
Ⓝ752
　　　　　　　　　　　　　　　　　　　　〔4954〕

◇琉球の陶器　柳宗悦編著　宜野湾　榕樹社
1995.6　14,234p　20cm　〈昭和書房昭和17年
刊の複製　発売：緑林堂書店　付（1枚）：壺
屋町の民俗地図〉3500円　Ⓘ4-947667-28-1
Ⓝ751.1
　　　　　　　　　　　　　　　　　　　　〔4955〕

◇工芸指導所20年のあゆみ　沖縄県工芸指導所
編　南風原町（沖縄県）　沖縄県工芸指導所
1996.3　3冊　30cm　〈「総集編」「染織技術支
援編」「木漆工技術支援編」に分冊刊行〉
Ⓝ750.76
　　　　　　　　　　　　　　　　　　　　〔4956〕

◇技をつたえる―沖縄県指定無形文化財琉球漆
器保持者3人展　'96年常設ミニ企画　浦添市
美術館編　浦添　浦添市美術館　1996.10
40p　30cm　〈会期：1996年10月1日〜1997年
4月13日　琉球漆器年表（現代）：p36〜37　参

工芸　　　　　　　　　　　　　　　　　　　　　　　　　　　芸術・芸能

考文献一覧：p40〉Ⓝ752　　　　　〔4957〕

◇沖縄の古窯古我知焼―名護博物館第14回企画
展　名護博物館企画・編集　名護　名護博物
館　1996.11　62p　30cm〈会期：平成8年
11月8日―24日　文献あり〉Ⓝ751.1　〔4958〕

◇唐物漆器―中国・朝鮮・琉球　徳川美術館編
名古屋　徳川美術館　1997.4　142,9p　26×
27cm　（徳川美術館名品集 2）Ⓘ4-88604-
021-7　Ⓝ752.087　　　　　　　　　〔4959〕

◇沖縄のやきもの―南海からの香り　平成10年
度企画展　佐賀県立九州陶磁文化館編　有田
町（佐賀県）　佐賀県立九州陶磁文化館
1998　202p　24×25cm　Ⓝ751.1　〔4960〕

◇陶磁器に見る大交易時代の沖縄とアジア―那
覇市立壺屋焼物博物館開館記念特別展　那覇
市立壺屋焼物博物館編　〔那覇〕　那覇市教
育委員会　1998.2　54p　30cm〈会期：
1998年2月3日―3月20日〉Ⓝ751.2　〔4961〕

◇炎―琉球ガラスの美と技　稲嶺盛吉作品集
稲嶺盛吉著　那覇　沖縄タイムス社　1998.
11　125p　31cm〈年譜あり〉10000円
Ⓘ4-87127-133-1　Ⓝ751.5　　　　　〔4962〕

◇工芸のもよう―花・鳥・魚・幾何学　平成11
年度常設ミニ企画展　浦添市美術館編　浦添
浦添市美術館　1999.9　40p　30cm〈会期：
1999年9月25日―2000年5月5日　文献あり〉
Ⓝ750.2199　　　　　　　　　　　　〔4963〕

◇工芸王国―きらめく手わざの世界を沖縄から
―企画展　沖縄県教育委員会編　沖縄
県立博物館友の会　〔2000〕　46p　30cm
〈会期・会場：平成12年2月8日―27日　沖縄
県立博物館　平成11年度文化庁伝統文化伝承
総合支援事業　沖縄県無形文化財保存伝承事
業〉Ⓝ750.2199　　　　　　　　　　〔4964〕

◇人間国宝の茶陶　那覇市立壺屋焼物博物館編
那覇　那覇市立壺屋焼物博物館　2000.7
31p　30cm〈那覇市立壺屋焼物博物館企画
展　会期：平成12年7月1日―7月30日　文献
あり〉Ⓝ791.5　　　　　　　　　　〔4965〕

◇堆錦―平成12年度常設ミニ企画　浦添市美術
館編　浦添　浦添市美術館　2000.9　39p
30cm〈会期：平成12年9月30日―13年4月15
日〉Ⓝ752　　　　　　　　　　　　〔4966〕

◇沖縄の伝統工芸　沖縄文化社編　那覇　沖縄
文化社　2000.10　94p　19cm　951円
Ⓝ750.2199　　　　　　　　　　　　〔4967〕

◇日本のやきもの―日本民藝館名品展　那覇市
立壺屋焼物博物館編　〔那覇〕　那覇市立壺

屋焼物博物館　2001.2　75p　30cm〈他言
語標題：Japanese ceramics selected
masterpieces exhibition of the Japan Folk
Craft Museum　那覇市立壺屋焼物博物館特
別展：2001年2月3日―3月11日〉Ⓝ751.1
　　　　　　　　　　　　　　　　　〔4968〕

◇図説琉球の伝統工芸　天空企画企画編集　河
出書房新社　2002.4　111p　22cm　（ふく
ろうの本）　1800円　Ⓘ4-309-76014-7
Ⓝ750.2199
[内容]　琉球の土を焼く―やちむん（焼き物）　耳を
研ぎ澄まして叩く―石造物と金細工　一三〇〇
度のガラスを吹く―泡ガラスとクリスタル　大地
の恵みを染める―紅型と藍型　島の時間を織る―
琉球絣と芭蕉布　沖縄の自然を編む―クバとトウ
ツルモドキ　アルカリ質の湧き水で漉く―紙漉き
漆の時間、島の摂理を塗る―琉球漆器　〔4969〕

◇沖縄の古陶　那覇　観宝堂　2002.9　179p
24×26cm〈会期・会場：平成14年9月24日―
10月20日　浦添市美術館　年表あり〉Ⓝ751.
1　　　　　　　　　　　　　　　　　〔4970〕

◇壺屋の金城次郎―日本民藝館蔵新里善福コレ
クション　那覇市立壺屋焼物博物館特別展
金城次郎〔作〕，那覇市立壺屋焼物博物館編
那覇　那覇市立壺屋焼物博物館　2003.1
82p　30cm〈会期：2003年1月18日―3月23
日　年譜あり　文献あり〉Ⓝ751.1　〔4971〕

◇尚家関係資料総合調査報告書―平成十四年度
2（美術工芸編）　那覇市市民文化部歴史資料
室編　那覇　那覇市　2003.3　14,252p
30cm　Ⓝ750.2199　　　　　　　　〔4972〕

◇週刊やきものを楽しむ　13　壺屋焼　中島誠
之助，中島由美監修　小学館　2003.8　35p
30cm　（小学館ウィークリーブック）　533
円　Ⓝ751.1　　　　　　　　　　　〔4973〕

◇琉球の玩具とむかし遊び―沖縄伝統文化を継
承する人びと　西浦宏己著，関久子監修　新
装版　新泉社　2004.4　155p　20cm　2200
円　Ⓘ4-7877-0405-2　Ⓝ759.9
[内容]　1 琉球玩具への想い―尾崎コレクションの
こと（対談 関久子・西浦宏己）　2 球球玩具とむ
かし遊び（解説）　3 継承する人びと（古倉保文さ
ん「一生童心」　外原淳さん「遊びが子どもを育
てる」　西平守勝さん「凧に魅せられて」）　4 ヤ
マトに沖縄の伝統文化を育てる（座談 金城馨・仲
村昇・西浦宏己）　　　　　　　　　　〔4974〕

◇紙―沖縄の工芸　沖縄の紙を考える会編，粟
国恭子監修　〔出版地不明〕　沖縄文化・工
芸研究所　2004.11　19p　30cm〈発売：榕
樹書林（宜野湾）〉762円　Ⓘ4-89805-108-1
　　　　　　　　　　　　　　　　　〔4975〕

386　　「沖縄」がわかる本　6000冊

芸術・芸能　　　　　　　　　　　　　　　　　　　　　　　　　　　　　工芸

◇沖縄と濱田庄司展　濱田庄司〔ほか作〕
〔益子町（栃木県）〕　益子町文化のまちづく
り実行委員会　2005　104p　26cm〈他言語
標題：Shoji Hamada and Okinawa　会期・
会場：2005年10月2日―2006年1月15日　益子
陶芸美術館　編集：横堀聡　年譜あり〉
Ⓝ751.1　　　　　　　　　　　　　　　　〔4976〕

◇国宝「琉球国王尚家関係資料」のすべて―尚
家資料/目録・解説　那覇市歴史博物館編
那覇　沖縄タイムス社　2006.7　334p
27cm　2500円　Ⓘ4-87127-175-7　Ⓝ750.
2199
内容　図版（工芸品全点・古文書一部）　琉球国王
尚家関係資料目録　解説編　　　　　　　〔4977〕

◇沖縄の壺体國吉清尚　國吉清尚〔作〕, 大谷
芳久, 丹尾安典編　早稲田大学會津八一記念
博物館　2006.7　47p　26cm〈会期・会場：
2006年7月3日―22日　早稲田大学會津八一記
念博物館　奥付のタイトル：「沖縄の壺体國
吉清尚」展　年譜あり〉Ⓝ751.1　　　　〔4978〕

◇八重山古陶―その風趣と気概　大谷芳久, 丹
尾安典編　早稲田大学會津八一記念博物館
2007.6　51p　26cm〈会期・会場：2007年6
月25日―7月14日　早稲田大学會津八一記念
博物館（東京展）ほか　奥付のタイトル：「八
重山古陶 - その風趣と気概」展　年表あり〉
Ⓝ751.1　　　　　　　　　　　　　　　　〔4979〕

◇琉球古典焼　第1号　大正元年―昭和30年―
60作品　ライフスタイル研究所スタジオ29
編　ライフスタイル研究所スタジオ29
2007.12　127p　30cm（ちゃんぷるー別冊
―琉球が生んだ世界の逸品シリーズ 沖縄名
作物語 vol.1 1）　4762円　Ⓝ751.1　〔4980〕

◇壺屋焼が語る琉球外史　小田静夫著　同成社
2008.4　242p　22cm（ものが語る歴史シ
リーズ 16）　4500円　Ⓘ978-4-88621-431-7
Ⓝ751.1
内容　第1章 江戸遺跡から壺屋焼発見　第2章 壺
屋焼の歴史　第3章 黒潮圏の壺屋焼　第4章 泡盛
の来た道　第5章 江戸上りと泡盛（焼酎）海道　第
6章 壺屋焼と沖縄陶器研究小史　　　　　〔4981〕

◇壺屋焼―近代百年のあゆみ　那覇市立壺屋焼
物博物館開館10周年記念特別展　那覇市立壺
屋焼物博物館編　〔那覇〕　那覇市立壺屋焼
物博物館　2008.12　85p　30cm〈会期：
2008年12月13日―2009年3月15日　年表あり
文献あり〉Ⓝ751.1　　　　　　　　　　〔4982〕

◇壺屋焼シーサー百態―湧田弘作品集　湧田弘
著　那覇　湧田陶器　2009.2　121p　21×
30cm〈会期・会場：平成21年2月23日―3月1
日　タイムスギャラリー（沖縄タイムス社1

階）〉Ⓝ751.1　　　　　　　　　　　　　〔4983〕

◇壺屋三人男―小橋川永昌（二代目仁王）・金城
次郎・新垣栄三郎：平成21年度壺屋焼物博物
館企画展　小橋川永昌, 金城次郎, 新垣栄三郎
〔作〕, 那覇市壺屋焼物博物館編　那覇　那覇
市壺屋焼物博物館　2010.1　106p　30cm
〈会期：平成22年1月16日―2月28日　年表あり〉
Ⓝ751.1　　　　　　　　　　　　　　　　〔4984〕

◇琉球古典焼　第2号　明治40年―昭和30年―
80作品　ライフスタイル研究所スタジオ29
編　ライフスタイル研究所スタジオ29
2010.1　123p　30cm（ちゃんぷるー別冊
―琉球が生んだ世界の逸品シリーズ 沖縄名
作物語 vol.2 2）　6000円　Ⓝ751.1　〔4985〕

◇島瓦の考古学―琉球と瓦の物語　石井龍太著
新典社　2010.12　211p　19cm（新典社選
書 39）　1800円　Ⓘ978-4-7879-6789-3
Ⓝ751.4
内容　琉球諸島と、琉球の瓦業（琉球諸島について
琉球諸島の瓦）　琉球諸島の瓦史（琉球諸島最古の
瓦群　琉球近世瓦　その後琉球近代瓦）　〔4986〕

◇琉球陶器の来た道―沖縄県立博物館・美術館
×那覇市立壺屋焼物博物館合同企画展　那覇
沖縄県立博物館・美術館　2011.1　154,42p
30cm〈会期・会場：2011年1月22日―3月6日
沖縄県立博物館・美術館3階特別展示室1・2
ほか　文献あり　年表あり〉Ⓝ751.1　〔4987〕

◇美へ挑むうるしの輝き―近現代日本の漆芸
浦添市美術館編　浦添　浦添市美術館
2011.1　63p　30cm〈会期・会場：平成23年
1月15日―2月13日　浦添市美術館　浦添市美
術館開館20周年・浦添市市制施行40周年記念
年表あり〉Ⓝ752.2　　　　　　　　　　〔4988〕

◇國吉清尚―土と炎に生きた魂の軌跡　沖縄県
立博物館・美術館美術館企画展　國吉清尚
〔作〕, 國吉清尚展監修委員会編　〔那覇〕
沖縄文化の杜　2011.4　172p　30cm〈会
期・会場：2011年4月19日―5月22日　沖縄県
立博物館・美術館企画ギャラリー1・2　年譜
あり　文献あり〉Ⓝ751.1　　　　　　　〔4989〕

◇笑う魚―金城次郎生誕100年：那覇市制施行
90周年記念事業平成23年度那覇市立壺屋焼物
博物館特別展　金城次郎〔作〕, 那覇市立壺
屋焼物博物館編　〔那覇〕　那覇市立壺屋焼
物博物館　2012.1　87p　26cm〈会期・会
場：2012年1月6日―2月29日　那覇市立壺屋
焼物博物館3階企画展示室　主催：那覇市ほ
か　年譜あり　文献あり〉Ⓝ751.1　〔4990〕

◇首里城公園管理センター萬野裕昭コレクショ
ン調査報告書　平成23年度　〔那覇〕　海洋

「沖縄」がわかる本 6000冊　**387**

工芸　　　　　　　　　　　　　　　　　　　　　　　　　　　芸術・芸能

博覧会記念公園管理財団　2012.3　93p
30cm　〈奥付のタイトル：萬野コレクション
調査報告書〉Ⓝ752　　　　　　　　〔4991〕

◇朝鮮の美沖縄の美　柳宗悦著　書肆心水
2012.6　286p　22cm　（柳宗悦セレクショ
ン）〈年譜あり〉5200円　Ⓘ978-4-906917-
01-3　Ⓝ750.221　　　　　　　　　〔4992〕

◇沖縄の希少生物―学んで作るペーパークラフ
ト　レッドデータ厳選12種類　那覇　ジグゼ
コミュニケーションズ　2012.7　44p　30cm
1800円　Ⓘ978-4-9906517-0-1　Ⓝ754.9
　　　　　　　　　　　　　　　　　〔4993〕

◇漆の技―tsuikin－堆錦―切った貼ったで盛
り上がれ！　浦添市美術館編　浦添　浦添
市美術館　2013.2　79p　30cm　〈会期・会
場：平成25年2月22日―3月17日　浦添市美術
館　奥付のタイトル：切った貼ったで盛り上
がれ！　漆の技―tsuikin〉Ⓝ752.2　〔4994〕

◇西表島手わざ帖　1　アダン・マーニ　〔竹
富町（沖縄県）〕　西表文化祭実行委員会
2013.3　28p　15×21cm　〈共同刊行：西表島
エコツーリズム協会〉　　　　　　　〔4995〕

◇八重山の古陶　丹尾安典編　那覇　観宝堂
2013.4　158p　30cm　〈年譜あり〉Ⓝ751.1
　　　　　　　　　　　　　　　　　〔4996〕

◇ころんで起きてウッチリクブサー―琉球張り
子の明日へ　田平としお著　国土社　2013.7
90p　22cm　1300円　Ⓘ978-4-337-31007-0
Ⓝ759.9
　内容　ただいま「勉強」中　1　琉球張り子、今昔
　2　少年時代　3　運命の出会い　4　アメリカでアフ
　リカに出会う　5　張り子修行、西東　6　開店「道
　路工事」　7　「道路工事」インドネシアへ行く　8
　復活！　現代版「ユッカヌヒー」　　　〔4997〕

◇西国窯紀行　小林清人著　文學の森　2013.
10　285p　19cm　1800円　Ⓘ978-4-86438-
183-3　Ⓝ751.1　　　　　　　　　　〔4998〕

◇沖縄が愛した青と白―平成25年度那覇市立壺
屋焼物博物館企画展　那覇市立壺屋焼物博物
館編　〔那覇〕　那覇市立壺屋焼物博物館
2013.11　73p　26cm　〈他言語標題：
Okinawa blue & white　会期・会場：平成
25年10月11日―11月17日　那覇市立壺屋焼物
博物館1階エントランスほか〉Ⓝ751.1〔4999〕

◇西表島手わざ帖　2　わら・竹・すすき
〔竹富町（沖縄県）〕　西表文化祭実行委員会
2014.3　28p　15×21cm　〈共同刊行：西表島
エコツーリズム協会〉　　　　　　　〔5000〕

◇西表島手わざ帖　3　クバ・ビデほか　〔竹

富町（沖縄県）〕　西表文化祭実行委員会
2014.3　28p　15×21cm　〈共同刊行：西表島
エコツーリズム協会〉　　　　　　　〔5001〕

◇壺屋焼入門　倉成多郎著　那覇　ボーダーイ
ンク　2014.7　182p　18cm　（ボーダー新
書 10）〈年表あり〉1000円　Ⓘ978-4-
89982-260-8　Ⓝ751.1
　内容　第1章　壺屋焼の歴史・近世編（近世琉球陶器
　のはじまり　初期の壺屋焼）　第2章　壺屋焼の歴
　史・近代編（琉球処分から敗戦まで　戦後から現
　代　壺屋焼の作り方）　付録　壺屋を歩こう（壺屋
　ゆかりの地を辿る　さいおんスクエアのシーサー
　沖縄の陶祖の墓へ　ほか）　　　　　〔5002〕

◇沖縄の工芸―琉球ガラス・陶磁器・染織・琉
球漆器　町田市立博物館、愛知県陶磁美術館
編　町田　町田市立博物館　c2015　130p
20×22cm　（町田市立博物館図録 第138集）
〈他言語標題：Crafts in Okinawa　会期・
会場：2015年9月8日―10月18日　町田市立博
物館ほか　年表あり〉Ⓝ750.2199　〔5003〕

《染織》

◇読谷山花織展―企画展　読谷村立歴史民俗資
料館編　読谷村（沖縄県）　読谷村立歴史民
俗資料館　1995.4　34p　30cm　〈読谷村立
歴史民俗資料館開館20周年記念　会期：平成
7年4月5日～4月30日〉Ⓝ753.3　　〔5004〕

◇草木布　2　竹内淳子著　法政大学出版局
1995.7　274p　19cm　（ものと人間の文化
史 78 - 2）　2472円　Ⓘ4-588-20782-2
　内容　神衣祭の織物―三重県松阪市　静岡県三ケ
　日町　愛知県豊橋市　藤布を織る山の里―京都府宮
　津市　「南都随一」といわれた奈良晒―奈良市　奈
　良県月ケ瀬村　太布を織る村―徳島県木頭村　麁
　服貢進の村―徳島県木屋平村　徳島県山川町　孤
　島で織るクズとフヨウの布―鹿児島県甑島　清涼
　の芭蕉布―沖縄県大宜味村　鹿児島県奄美大島　先
　島で織る布―沖縄県平良市・石垣市　パイナップ
　ルの葉脈繊維を織る　輝いていた女性たち―おわ
　りに　　　　　　　　　　　　　　〔5005〕

◇玉那覇有公「紅型」―珠玉の技・創作の世界
玉那覇有公著，浦添市美術館監修　那覇　沖
縄タイムス社　1996.11　162p　31cm　〈人
間国宝認定記念〉11650円　Ⓘ4-87127-112-9
Ⓝ753.8　　　　　　　　　　　　　〔5006〕

◇沖縄の染織　沖縄県教育庁文化課編　那覇
沖縄県教育委員会　1997.3　2冊　30cm
（沖縄県史料調査シリーズ　沖縄県文化財調
査報告書 第1集 第126集）〈（沖縄県文化財
調査報告書 第126集）「染織品編」「紅型型
紙編」に分冊刊行〉Ⓝ753.2　　　　〔5007〕

388　　「沖縄」がわかる本 6000冊

芸術・芸能　　　　　　　　　　　　　　　　　　　　　　　　　　　　　　工芸

◇沖縄県立芸術大学附属図書・芸術資料館所蔵
鎌倉芳太郎資料目録　沖縄県立芸術大学附属
研究所編　那覇　沖縄県立芸術大学附属研究
所　1998.3　219p　26cm　Ⓝ753.8　〔5008〕

◇平良敏子の芭蕉布　平良敏子著　日本放送出
版協会　1998.8　126p　30cm〈おもに図〉
3000円　Ⓘ4-14-009283-1　Ⓝ753
内容 芭蕉屋（バーサーヤー）　平良さんの世界
（沢地久枝）　琉球の“豊饒”を織る（新川明）　平
良敏子の人と仕事（渡名喜明）　芭蕉布に生きて
図版　〔5009〕

◇宮平初子「首里の織物」―優雅・彩る技と心
人間国宝認定記念　宮平初子著,浦添市美術
館監修　沖縄タイムス社　2000.11
171p　31cm〈会期：2000年11月29日―12月
24日　年譜あり〉11429円　Ⓘ4-87127-146-3
Ⓝ753.3
内容 主催者あいさつ　宮平初子の世界　宮平初
子先生に捧ぐ―首里織の帯によせて　図版　技
法解説―首里の織物　出品目録　年譜　Hatsuko
Miyahira and the Textiles of Shuri　Hatsuko
Miyahira Personal History　〔5010〕

◇沖縄の染めと幻の花織―南の国の色とデザイ
ン　與那嶺一子,幸喜新監修,サントリー美術
館編　サントリー美術館　2002　114p
30cm〈返還30周年記念　会期：2002年2月
12日―3月24日〉Ⓝ753.8　〔5011〕

◇鎌倉芳太郎資料集―沖縄県立芸術大学附属図
書・芸術資料館所蔵　第1巻（紅型型紙 1）
那覇　沖縄県立芸術大学附属研究所　2002.3
565p　27cm　Ⓘ4-901826-00-X　Ⓝ753.8
〔5012〕

◇「織の海道八重山・宮古編」記録集　宮城篤
正監修　「織の海道」実行委員会　2002.5
283p　27cm〈他言語標題：Textiles across
the sea　付属資料：8p：用語解説　英文併
記　主に図〉3500円　Ⓝ753　〔5013〕

◇清ら布―沖縄の風を織る光を染める　真南風
の会編,新川明監修　日本放送出版協会
2002.8　127p　30cm　3000円　Ⓘ4-14-
009298-X　Ⓝ753.087
内容 「清ら布」にこめられたもの（沢地久枝）　図
版（先島の染織　本島の染織）　沖縄の染織（わが
故郷への思いを（井伊文子）　先島の染織（宮古、
石垣・竹富、与那国、久米島）　本島の染織（南風
原、首里、中部、北部）〕　〔5014〕

◇鎌倉芳太郎資料集―沖縄県立芸術大学附属図
書・芸術資料館所蔵　第2巻（紅型型紙 2）
那覇　沖縄県立芸術大学附属研究所　2003.3
659p　27cm　Ⓘ4-901826-01-8　Ⓝ753.8
〔5015〕

◇沖縄織物へのメッセージ―田中俊雄の研究
特別企画展　沖縄県立博物館編　那覇　沖縄
県立博物館　2003.10　48p　30cm〈会期：
2003年10月28日―12月7日　肖像あり〉
Ⓝ753　〔5016〕

◇工芸王国―手わざの今・そして未来へ―企画
展　平成15年度ふるさと文化再興事業「地域
伝統文化伝承事業」　沖縄県無形文化財工芸
技術保存伝承事業　沖縄県無形文化財工芸技
術保存伝承事業実行委員会編　那覇　沖縄県
無形文化財工芸技術保存伝承事業実行委員会
〔2004〕　52p　30cm〈会期・会場：平成16
年3月9日―21日　沖縄県立博物館　年表あ
り〉Ⓝ753.2　〔5017〕

◇織の海道　v.2（沖縄本島・久米島編）「織
の海道」実行委員会　2004.3　297p　27cm
〈他言語標題：Textiles across the seas　付
属資料：17p：用語解説　英語併記　年表あ
り〉Ⓝ753.2　〔5018〕

◇琉球布紀行　澤地久枝著　新潮社　2004.4
330p　16cm　（新潮文庫）　705円　Ⓘ4-10-
138804-0　Ⓝ753
内容 首里の紅型　読谷山花織と手巾　奄美大島
紬　久米島紬　宮古上布　喜如嘉の芭蕉布　八重
山上布　琉球藍　与那国織　琉球絣　首里織　逢
えなかった人　大城志津子　〔5019〕

◇伊砂利彦―型染の美　伊砂利彦〔作〕,東京国
立近代美術館編　東京国立近代美術館　2005
83p　28cm〈他言語標題：Isa Toshihiko
beauty of stencil dyeing　英語併記　会期・
会場：2005年4月26日―6月26日　東京国立近
代美術館工芸館　年譜あり〉Ⓝ753.2　〔5020〕

◇紅型の輝き―名匠と琉球王国時代衣裳　首里
城公園企画展　図録　首里城公園管理セン
ター編　〔本部町（沖縄県）〕　海洋博覧会
記念公園管理財団　2005.3　32p　30cm
Ⓝ753.8　〔5021〕

◇図説琉球の染めと織り　児玉絵里子著,天空
企画編　河出書房新社　2005.6　111p
22cm　（ふくろうの本）　1800円　Ⓘ4-309-
76065-1　Ⓝ753
内容 染織、沖縄の今昔（海上の王国「琉球」　舶
来の織物　風土が創りだす「美」）　染めの美紅
型（王朝時代の紅型　王家の紅型衣裳　踊衣裳　ほ
か）　琉球弧の織り世界（首里織　読谷山花織　琉
球絣　ほか）　〔5022〕

◇琉球紅型―traditional clothes of Okinawa
京都　青幻舎　2005.7　255p　15cm〈他言
語標題：Ryukyuu-bingata　解説：與那嶺一
子　おもに図〉1200円　Ⓘ4-86152-044-4
Ⓝ753.8　〔5023〕

「沖縄」がわかる本　6000冊　　389

工芸　　　　　　　　　　　　　　　　　　　　　　　　　　　芸術・芸能

◇織の海道　v.3（奄美・鹿児島・久留米編）
堂前亮平監修　『織の海道』実行委員会
2005.11　335p　28cm〈他言語標題：
Textiles across the seas　付属資料：59p：
用語解説＋54z：天然染料による染色の技法
と伝承　英語併記　年表あり〉Ⓝ753.2
〔5024〕

◇不思議の国・沖縄と芹沢銈介―開館25周年記
念展　静岡市立芹沢銈介美術館編　静岡　静
岡市立芹沢銈介美術館　2006　108p　30cm
〈会期：6月10日―9月3日　年譜あり　文献
あり〉Ⓝ753.8
〔5025〕

◇紅型に秘（かく）された祈り―今、明かされ
る紅型の秘密　佐久本邦華、又吉光邦共著
〔出版地不明〕　佐久本邦華　2006.7　117p
26cm〈文献あり　発売：沖縄教販（那覇）〉
1886円　Ⓘ4-900374-67-9　Ⓝ753.8　〔5026〕

◇宝布に華咲かち―城間栄順琉球紅型作品集
城間栄順著　日本放送出版協会　2006.8
128p　30cm〈年譜あり〉3000円　Ⓘ4-14-
009334-X　Ⓝ753.8
内容　越後上布　宮古上布　久米島紬　結城紬
喜如嘉の芭蕉布　松岡姫　琉球紅型仕事　日本の
宝布　結のひと・城間栄順（澤地久枝）　"天意"の
華がひらく時（新川明）
〔5027〕

◇絣文様集―沖縄・奄美・鹿児島・久留米　織
の海道実行委員会　2007.3　119p　27cm
〈他言語標題：The exquisite ikat patterns
and their designs　英語併載　『織の海道
vol.04かすり～デザインの源流』別冊〉
Ⓝ753.3
〔5028〕

◇琉球の型紙　富山弘基解説　京都　青幻舎
2009.3　275p　15cm〈他言語標題：
Ryukyu stencils〉1200円　Ⓘ978-4-86152-
178-2　Ⓝ753.8
内容　古琉球紅型「型紙」物語（「紅型」を命名し
た人物　紅型型紙と型染の起源を探る　琉球紅型
の技法と意匠の概要）　図版　琉球型紙　資料　古
琉球紅型衣裳　琉球紅型の型染工程略図〔5029〕

◇沖縄染織王国へ　與那嶺一子著　新潮社
2009.5　127p　21cm　（とんぼの本）　1400
円　Ⓘ978-4-10-602187-9　Ⓝ753
内容　はじめに　手わざから生まれる、ホッとす
る美　琉球の心をうつす染と織―沖縄県立博物
館の名品より（紅型　首里の名物　絣織物　芭蕉
布　読谷山花織　久米島紬　宮古上布　八重山の
織物）　次代を拓く注目の染織家たち（伊差川洋子
―紅型　渡名喜はるみ―紅型　真栄城興茂―琉球
美絣　上原美智子―あけずば織　石垣昭子―芭蕉
交布）
〔5030〕

◇着物のふるさと・染め織り巡り　大滝吉春，
乾麻里子,C・R・K design著　グラフィック

社　2010.6　159p　21cm　2300円　Ⓘ978-
4-7661-2138-4
内容　沖縄・西表島　芭蕉交布　鹿児島・奄美大島
本場奄美大島紬　佐賀・鹿島　鍋島更紗　福岡・博
多　博多織　徳島・阿波　阿波しじら織・阿波藍　島
根・出雲　出西織　京都・洛北　京友禅　京都・西
陣　西陣つづれ織　京都・丹後　丹後ちりめん　愛
知・有松・鳴海　有松・鳴海絞り〔ほか〕〔5031〕

◇八重山上布新垣幸子の仕事　新垣幸子著　求
龍堂　2010.6　111p　30cm〈年譜あり〉
3800円　Ⓘ978-4-7630-1020-9　Ⓝ753.3
内容　着物　着尺・帯
〔5032〕

◇着る、琉球―手しごとの心に魅せられて：磯
井俊男・清子　繊研新聞社編　繊研新聞社
2011.11　80p　26cm　1429円　Ⓘ978-4-
88124-256-8　Ⓝ753
内容　1 磯井夫妻と着る琉球　着て愛する琉球染織
の技と美。　2 今を着る楽しみ　着るほどに好き
になる琉球染織の不思議。　3 帯ときものの相性
を楽しむ　取り出してドキドキ、合わせてワクワ
クそれもまた楽しい。　4 目と手で楽しむ　広げ
て、触れて、琉球染織の味わいを知る。　掲載品
産地マップ　琉球染織の生まれるところ　〔5033〕

◇琉球紅型　兒玉絵里子著　ADP　2012.1
249,17p　27cm　5800円　Ⓘ978-4-903348-
25-4　Ⓝ753.8
内容　第1章　第二次世界大戦後の琉球紅型像―"紅
型復興期"知念績弘・城間栄喜とその弟子たちが目
指した美の表現と試み　第2章　紅型宗家城間家十
四代城間栄喜の壁掛―浦添市美術館収蔵品を中心
に　第3章　女流紅型師の誕生と系譜―渡嘉敷貞子
の紅型　第4章　画家と紅型―第二次世界大戦後の
名渡山愛順・末吉安久・森田永吉・名渡山愛擴　第
5章　現代の紅型―創作柄の展開と伝統の系譜　第
6章　紅型の踊衣裳―伝統芸能の場における琉球王
国末期から現代の色と形　巻末資料　琉球紅型制
作工程
〔5034〕

◇紅型―琉球王朝のいろとかたち：沖縄復帰40
周年記念　サントリー美術館　2012.4　321p
27cm〈他言語標題：Bingata　会期・会場：
2012年4月24日―5月27日　沖縄県立博物館・
美術館ほか　編集：丹波理恵子ほか　文献あ
り〉Ⓝ753.8
〔5035〕

◇染めと織り　久野恵一監修,萩原健太郎著
グラフィック社　2012.8　160p　26cm
（民藝の教科書 2）　2000円　Ⓘ978-4-7661-
2407-1
内容　1時間目　意外と知らない日本の風土が育ん
だ布のこと　染め織りの基礎知識（まずは練習問題
です。これって民藝？　キーワードで読み解く
全国染め織りマップ　ほか）　2時間目　いまの民藝
を探しに行こう　産地を訪ねて、染め織りを知る
（涼をはらむ軽い風合いが身分を問わず愛された
かつての沖縄の日常着―芭蕉布（沖縄県）　中国
から伝わり王家に愛された華やかで美しい織物―

390　「沖縄」がわかる本　6000冊

芸術・芸能　　　　　　　　　　　　　　　　　　　　　　　　　音楽

首里織（沖縄県）　色鮮やかで可憐。まぼろしと呼ばれた花が再び咲き始めた―読谷山花織（沖縄県）ほか）　3時間目　使う、眺める、仕立てる、着る。工夫しだいでいろいろできます　民藝の染め織りと暮らしたい（「民藝を着る会」結成!?　久野さんのシャツができるまで　先生に質問1　染織デビューにおすすめの一品って？　ほか）〔5036〕

◇ハイサイ壺屋焼―ヤチムン大発見！：平成24年度那覇市立壺屋焼物博物館企画展　那覇市立壺屋焼物博物館編　那覇　那覇市立壺屋焼物博物館　2012.8　16p　26cm　Ⓝ751.1〔5037〕

◇ベルリン国立民族学博物館所蔵琉球・沖縄染織資料調査報告書　資料編　〔那覇〕　沖縄美ら島財団　2013.3　130p　30cm〈他言語標題：Study of Ryukyu Kingdom textile culture at the Ethnographic Museum Berlin　在外首里城関連文化財資料収集事業　文献あり〉Ⓝ753.2〔5038〕

◇ベルリン国立民族学博物館所蔵琉球・沖縄染織資料調査報告書　図版編　〔那覇〕　沖縄美ら島財団　2013.3　187p　30cm〈他言語標題：Study of Ryukyu Kingdom textile culture at the Ethnographic Museum Berlin　在外首里城関連文化財資料収集事業〉Ⓝ753.2〔5039〕

◇中国彩印花布―紅型の祖形浦添型のルーツを求めて　豊見城　古琉球紅型浦添型研究所　2013.3　43p　26cm　Ⓝ753.8〔5040〕

◇首里城への坂道―鎌倉芳太郎と近代沖縄の群像　与那原恵著　筑摩書房　2013.7　412p　20cm〈文献あり〉2900円　Ⓘ978-4-480-81836-2　Ⓝ753.8
内容第1章　彼が歩いた坂道　第2章　「沖縄学」の青春　第3章　あやうし！　首里城　第4章　夢のような宴―伊東忠太の沖縄　第5章　さよなら麦門冬　第6章　島々をめぐる旅―八百キロの琉球芸術調査　第7章　なちかさや沖縄、戦場になやい　第8章　紅型がふたたび「生まれる」　第9章　けーいみそーちー（おかえりなさい）　第10章　よみがえる赤い城〔5041〕

◇みんなでつくろう―糸から着物まで　みんなでシリーズワークショップレポート　沖縄県立博物館・美術館編　那覇　沖縄県立博物館・美術館　2014.3　67p　21cm　Ⓝ753〔5042〕

◇琉球紅型のイメージと実像　須藤良子著　KADOKAWA　2014.4　272p　図版16p　22cm〈文献あり〉4000円　Ⓘ978-4-04-621145-3　Ⓝ753.8〔5043〕

◇琉球王国の美―織染　〔那覇〕　沖縄美ら島財団　2014.7　56p　30cm　Ⓝ753.2〔5044〕

◇ミンサー織の夢を追いかけて―新絹枝・哲次の歩んだ道　小橋川順市著　〔南風原町（沖縄県）〕　沖縄県工芸産業協働センター　2015.2　203p　22cm〈発売：沖縄タイムス社（那覇）〉1800円　Ⓘ978-4-87127-659-7　Ⓝ753〔5045〕

◇鎌倉芳太郎資料集―沖縄県立芸術大学附属図書・芸術資料館所蔵　第3巻　紅型見本・裂　沖縄県立芸術大学附属研究所伝統工芸部門編　那覇　沖縄県立芸術大学附属研究所　2015.2　491p　27cm　Ⓝ753.8〔5046〕

◇うちくい―沖縄のふろしき　平成27年度博物館企画展　沖縄県立博物館・美術館編　那覇　沖縄県立博物館・美術館　2015.5　73p　21cm〈他言語標題：Uchikui　会期・会場：2015年4月28日―6月21日　沖縄県立博物館・美術館〉Ⓝ753.2〔5047〕

◇風に舞う布琉球染織の美　日本伝承染織振興会監修　名古屋　日本伝承染織振興会　2015.5　55p　30cm〈会場：大阪くらしの今昔館　編：毛呂祐子〉Ⓝ753.2〔5048〕

◇日本の藍―ジャパン・ブルー　吉岡幸雄著　京都　紫紅社　2016.1　254p　16cm　（紫紅社文庫）　1200円　Ⓘ978-4-87940-619-4
内容藍を染める（日本の藍草　蓼藍　爽やかな藍を染める　生葉染　濃き藍を染める　建染　製藍法と紺屋　世界の藍草　吉岡幸雄）　きらめく藍の華　日本の藍　暮らしに息づく藍染古裂（型染　絣絞り　筒描　刺子とこぎん）　沖縄の藍染〔5049〕

音楽

◇琉球幻想曲―サクソフォーンとピアノ　伊藤康英〔作曲〕　イトーミュージック〔20－－〕　11p　30cm〈発売：ブレーン（広島）〉1800円　Ⓝ764.22〔5050〕

◇琉球幻想曲　二つの沖縄の歌　伊藤康英〔作曲〕，伊藤康英編曲　イトーミュージック〔20－－〕　16,19p　30cm　（伊藤康英ピアノ連弾曲集　2台8手連弾―1）〈発売：ブレーン（広島）〉2000円　Ⓘ978-4-903766-32-4　Ⓝ764.22〔5051〕

◇琉球幻想曲―サクソフォーン四重奏とピアノのために　伊藤康英作曲　イトーミュージック〔20－－〕　18p　30cm〈発売：ブレーン（広島）〉3150円　Ⓝ764.25〔5052〕

◇琉球幻想曲―マリンバ六重奏のための　伊藤

康英作曲　イトーミュージック　〔20－－〕
18p　30cm　〈発売：ブレーン（広島）〉4410
円　Ⓝ764.25　　　　　　　　　　　〔5053〕

◇琉球幻想曲—サクソフォーン五重奏とピアノ
のために　伊藤康英作曲　イトーミュージッ
ク　〔20－－〕　18p　30cm　（Manuscript
score series）〈発売：ブレーン（広島）〉
3200円　Ⓘ978-4-903766-39-3　Ⓝ764.26
　　　　　　　　　　　　　　　　　　〔5054〕

◇オキナワン・ミュージック・ガイド・フォー・
ビギナーズ　磯田健一郎, 黒川修司編　東亜
音楽社　1995.8　203p　21cm　〈発売：音楽
之友社〉1600円　Ⓘ4-8110-0202-4　Ⓝ767.8
　内容 序章 行動派沖縄音楽入門　第1章 沖縄音楽
　の百花繚乱　第2章 沖縄音楽のスター名鑑　第3
　章 まずこれを聴けオススメCDガイド　第4章 特
　攻ライブハウス　　　　　　　　　　〔5055〕

◇安室奈美恵・太陽のheart beat—沖縄美少女
の夢と青春　安室奈美恵同窓会一同著　西宮
鹿砦社　1996.7　203p　18cm　1000円
Ⓘ4-8463-0153-2　Ⓝ767.8
　内容 第1章 幼年期—お母さん大好きの甘えん坊
　第2章 小学校時代—引っ込み思案の女の子　第3
　章 中学校時代—沖縄・東京往復生活　第4章 芸
　能活動—奈美恵ブーム到来！　　　　〔5056〕

◇すべての人の心に花を—喜納昌吉のコスモロ
ジー　喜納昌吉＆チャンプルーズ著　那覇
沖縄タイムス社　1996.7　302p　22cm　〈著
者の肖像あり　付属資料（録音ディスク1枚
12cm ホルダー入）　外箱入〉4800円
Ⓝ767.8　　　　　　　　　　　　　　〔5057〕

◇ヤマトンチュのための沖縄音楽入門—はじめ
て音楽と出会う本　金城厚著　音楽之友社
1997.11　184,6p　19cm　〈文献あり〉1800
円　Ⓘ4-276-33080-7　Ⓝ762.199
　内容 第1章 沖縄音楽のキーワード　第2章 沖縄
　の古典音楽　第3章 アジアのなかの三線　第4章
　島々の歌　　　　　　　　　　　　　〔5058〕

◇ロックとコザ　〔沖縄市〕企画部平和文化振
興課編　改訂版　沖縄　沖縄市　1998.3
204p　26cm　（沖縄市史資料集 4）〈発売：
那覇出版社（南風原町）〉1500円　Ⓘ4-
89095-105-9　Ⓝ764.7
　内容 ジョージ紫編（生い立ち　小学生時代 ほか）
　宮永英一（愛称・チビ）編（生い立ち　小学生時代
　ほか）　川満勝弘（愛称・カッちゃん）編（生い立ち
　宮古から本島、コザへ ほか）　喜屋武幸雄（愛称・
　オユキ）編（戦火をくぐり抜けて　センター通りの
　誕生 ほか）　　　　　　　　　　　　〔5059〕

◇音の力「沖縄」　コザ沸騰編　DeMusik
Inter.編　インパクト出版会　1998.4　193p
21cm　〈発売：イザラ書房〉2200円　Ⓘ4-

7554-0074-0　Ⓝ762.199
　内容 お国は？　コザの長い影—「歌の戦場」を
　励起する　竹中労の戦争　てるりん一戦後沖縄を
　笑いで癒したワタブー　ビセカツ一代記　島うた
　70年史　島うた第三期黄金時代に向けて　旅する
　島うた　琉球フェスティバルから沖縄アクターズ
　スクールへ　「愛と平和」をこえる強烈なロック
　を　　　　　　　　　　　　　　　　〔5060〕

◇さとうきび畑の風に乗って　BEGIN著, 塩野
米松聞き書き　草思社　1998.4　278p
20cm　〈肖像あり〉1600円　Ⓘ4-7942-0817-0
Ⓝ764.7
　内容 1 ボーカルの比嘉栄昇です（やっと楽しくや
　れるようになったと思っています　生年月日が二
　つあるんです ほか）　2 ギターの島袋優です（父
　も母も先生です　ワルにあこがれて ほか）　3 ピ
　アノの上地等です（家は農業、四人きょうだいの
　末っ子です　ギターが好きな卓球少年でした ほ
　か）　　　　　　　　　　　　　　　〔5061〕

◇音の力「沖縄」　奄美/八重山/逆流編
DeMusik Inter.編　インパクト出版会
1998.5　214p　21cm　〈発売：イザラ書房〉
2200円　Ⓘ4-7554-0075-9　Ⓝ762.199
　内容 里国隆のうたを聴きに行った頃—竹中労と
　島うたのことども　北緯27度線の島唄　沖永良部
　島で聞いたこと　奄美の「音」を記録する　島唄
　ぐゎ風に乗り　「声」のナショナリズム　月と野
　人　大工哲弘と「広島」　アメリカのチカーノ、
　日本の沖縄。僕たちは日本のロス・ロボスと　与
　世山澄子インタビュー〔ほか〕　　　〔5062〕

◇Cocco/ブーゲンビリア・クムイウタ—ピア
ノ弾き語り　ドレミ楽譜出版社　1998.6
89p　31cm　〈絵・文：Cocco〉1400円　Ⓘ4-
8108-3420-4　Ⓝ763.2
　内容 ブーゲンビリア（首。　カウントダウン　走
　る体 ほか）　クムイウタ（小さな雨の日のクワ
　ァームイ　濡れた揺籃　強く儚い者たち ほか）
　　　　　　　　　　　　　　　　　　〔5063〕

◇Cocco/クムイウタ＋ベスト　ドレミ楽譜出
版社　1998.7　180p　26cm　（バンド・スコ
ア）〈絵・文：Cocco〉2500円　Ⓘ4-8108-
6462-6　Ⓝ764.7
　内容 小さな雨の日のクワァームイ　濡れた揺
　籃　強く儚い者たち　あなたへの月　Rose letter
　My Dear Pig　うたかた　裸体　夢路　SATIE
　Raining　ウナイ　カウントダウン　Way Out
　首。　　　　　　　　　　　　　　　〔5064〕

◇約束—わが娘・安室奈美恵へ　平良恵美子著
扶桑社　1998.9　205p　19cm　1143円
Ⓘ4-594-02483-1　Ⓝ767.8
　内容 第1章 奈美恵の結婚（結婚、そして妊娠の告
　白　奈美恵とSAMさんが沖縄へ　奈美恵からのク
　リスマスプレゼント ほか）　第2章 奈美恵の誕生
　（母の離婚とまだ見ぬ父のこと　「ハーフだから」
　という差別　「丸山産婦人科」との不思議な縁 ほ

芸術・芸能　　　　　　　　　　　　　　　　　　　　音楽

か)　第3章 沖縄アクターズスクールへ(「沖縄ア
クターズスクール」との出会い　アクターズスクー
ルのレッスン　アクターズスクールにのめり込む
日々 ほか)　第4章 逆境、そして約束(東京での
「合宿生活」と仕送り　電話でのやりとりでつの
る不安　初めての帰郷 ほか)　　　　　　　〔5065〕

◇ウチナーのうた―名曲101選＆CDガイド
藤田正編　音楽之友社　1998.10　225p
26cm　(Ontomo mook)　1800円　Ⓓ4-
276-96055-X　Ⓝ767.5199　　　　　　　〔5066〕

◇喜納昌吉チャンプルーな世界　村上義雄著
朝日ソノラマ　1998.10　224p　20cm　1600
円　Ⓓ4-257-03545-5　Ⓝ767.8
　内容 喜納昌吉ロングインタビュー　「集団自決」
の生き証人・金城重明の胸は晴れるか　ひめゆりの
少女 島袋淑子の戦争と平和　舞姫・宮城早苗 伝
統芸への恋　若い人々の揺れる視線　"同志"安里
英子が贈るちょっぴり辛口の「連帯の挨拶」「ニ
ライカナイ島」放浪の記　　　　　　　　　〔5067〕

◇沖縄県立芸術大学附属図書・芸術資料館所蔵
楽器図録　那覇　沖縄県立芸術大学附属図
書・芸術資料館　1998.11　46p 10枚　30cm
Ⓝ763　　　　　　　　　　　　　　　　　〔5068〕

◇八重山古典音楽安室流協和会那覇支部創立二
十周年記念公演　〔那覇〕　〔八重山古典音
楽安室流協和会那覇支部〕　〔1999〕　68p
26cm　Ⓝ767.5199　　　　　　　　　　　〔5069〕

◇てぃだぬふぁ―太陽の子 沖縄・島唄for kids
音楽センター　1999.1　68p 26cm　952円
Ⓓ4-900344-00-1　Ⓝ767.7　　　　　　　〔5070〕

◇沖縄の歌100選―県民が選んだ　ラジオ沖縄
編　第2版　那覇　ラジオ沖縄　1999.11
142p　26cm　〈発売:琉球新報社(那覇)〉
1800円　Ⓓ4-89742-025-3　Ⓝ767.5199
　　　　　　　　　　　　　　　　　　　　〔5071〕

◇Speed―沖縄物語　吹上流一郎著　コアハウ
ス　1999.12　222p　18cm　〈発売:ライン
ブックス〉　1100円　Ⓓ4-89809-048-6
Ⓝ767.8
　内容 プロローグ 沖縄が育んだ天然美少女たちの
足跡　1 島袋寛子　2 今井絵理子　3 上原多香子
4 新垣仁絵　5 SPEED　　　　　　　　　〔5072〕

◇DA PUMPの素顔　グループ沖縄著　サン
エイト　2000.3　204p　19cm　〈発売:コア
ラブックス〉　952円　Ⓓ4-87693-511-4
Ⓝ767.8
　内容 1章 2000年、DA PUMPはいま(初の沖縄
凱旋ライブ、やはり感無量だった!?　ファン招待
の公開リハーサル。これって前代未聞のこと?
SHINOBUはサム・ギャグを各地で連発?　ほか)
2章 DA PUMPデビュー、そして1年(4人のダン
ス、音楽との出会いは?　上京後、ホームシックに

かかったのか?　当初の"同凄生活"は楽しかっ
た?　ほか)　3章 DA PUMPメガ・ブレイク(初
冠TV番組出演。DA PUMPバラエティに開眼!?
ついに1stアルバム完成! DA PUMPの思いは?
ブックレットの撮影はいつ、どこで、どんなふう
に行われた。 ほか)　4章 DA PUMPあ・ら・か
ると(ダンスを完成させるプロセスは?　ラップ
の歌詩を覚えるのは大変?　レコーディング中
の気分転換は?　ほか)　　　　　　　　　〔5073〕

◇喜納昌吉1948～2000流れるままに　外立と
し江〔ほか〕企画編集　エイト社　2000.4
190p　26cm　〈肖像あり〉1800円　Ⓓ4-
87164-277-1　Ⓝ767.8
　内容 すべての人の心に花を　喜納昌吉 流れるま
まに　喜納昌吉へのメッセージ　天と地が交わる
ところそれは祭りである―喜納昌吉語録　ロン
グ・インタビュー　喜納昌吉詩集　喜納昌吉を知
るキーワード　　　　　　　　　　　　　　〔5074〕

◇琉球横笛再考　玉木繁編著　南風原町(沖縄
県)　那覇出版社　2000.5　252p　22cm
2500円　Ⓓ4-89095-127-X　Ⓝ768.16
　内容 箏曲工工四からの考察　琉球古典音楽の音
階　琉球横笛の音律　運指一覧表　望ましい横笛
の種類　徳川美術館の横笛　竹笛の伝播　神楽の
笛の伝来　宮廷芸能と八重山　八重山民俗芸能[ほ
か]　　　　　　　　　　　　　　　　　　〔5075〕

◇沖縄の歌―生徒と先生のピアノコンサート
野田雅巳編作　中央アート出版社　2000.8
47p　31cm　2000円　Ⓓ4-88639-986-X
Ⓝ763.2　　　　　　　　　　　　　　　　〔5076〕

◇沖縄うたの旅―うるわしく、島に響く沖縄音
楽小史 天強く鳴響み居つる　青木誠著　那
覇　ボーダーインク　2000.8　198p　19cm
〈PHP研究所1995年刊の新装改訂版　文献あ
り　年表あり〉1600円　Ⓓ4-89982-004-6
Ⓝ767.5199
　内容 沖縄のうた散歩 1991年、夏―「沖縄では歌
にまさる享楽はないんです」とてるりん師匠はおっ
しゃった　天強く鳴響み居つる 沖縄音楽小史(古
代「弥に弥走るゑおいちょろめへゑんい」　古典
時代「哥と三味線のむかし初や」　野山の歌「夜ぬ
明きて太陽ぬ上がるまでぃん」　明治大正「県道み
ち作てサヨ誰が為になゆが」　戦後「唐の世から大
和の世大和の世からアメリカ世」　現代「風ぬソ
イソイいいあんべぇ」)　沖縄のうた1990～2000
―「沖縄ポップス期の10年そしてさらなる"うた"
の旅へ」(前史　沖縄ポップス期　後史)〔5077〕

◇沖縄は歌の島―ウチナー音楽の500年　藤田
正著　晶文社　2000.8　269p　20cm　2400
円　Ⓓ4-7949-6453-6　Ⓝ767.5199
　内容 第1章 歌と三線のスピリット(琉球古典音楽
のヒーリング効果　古典のリズム、いにしえのビー
ト　三線音楽の神様、赤犬子　尚真王と八重山の
オヤケアカハチ　琉歌、サンバチロクの面白さ ほ
か)　第2章 われらウチナーンチュの歌(沖縄の

「沖縄」がわかる本 6000冊　393

武士、嘉手苅林昌に捧ぐ　明治のポップ・ミュージック「鳩間節」　ウチナーンチュの「民族大移動」始まる　チコンキー・フクバルの偉大なる革新　ゲット・アップ沖縄、ヒヤミカチ！　ほか
〔5078〕

◇ピアノで奏でる琉球の調べ―ピアノソロ　野呂芳文ピアノ曲集　東京音楽書院　2000.11　79p　31cm　1600円　①4-8114-4831-6　Ⓝ763.2
〔5079〕

◇DA PUMPの世界―沖縄ストーリー　チームDA PUMP編　アース出版局〈発売〉2001.3　213p　18cm　952円　①4-87270-135-6　Ⓝ767.8
内容　1 DA・PUMP結成　2 ISSA　3 SHINOBU　4 KEN　5 YUKINARI　6 アクターズスクール
〔5080〕

◇すべての人の心に花を　喜納昌吉著　双葉社　2001.4　237p　20cm〈年譜あり〉1600円　①4-575-29207-9　Ⓝ767.8
内容　1章 川は流れてどこどこいくの　2章 人も流れてどこどこいくの　3章 愛も流れてどこどこいくの　4章 涙流れてどこどこいくの　5章 泣きなさい笑いなさい　6章 心の中に心の中に花を咲かそうよ　7章 すべての人の心に花を
〔5081〕

◇肝―沖縄・コザの登川誠仁　金子亜矢子写真、藤田正文　マーブルトロン　2001.6　80p　19×22cm　（Marble books plus）〈他言語標題：Chimu　発売：中央公論新社〉2800円　①4-12-390037-2　Ⓝ767.5199
＊沖縄の離島を舞台にして大ヒットした『ナビィの恋』で一躍全国的な人気者になった島唄界の愛すべきゴッドファーザー、登川誠仁さん。コザの街のキッチュでカラフルな風景をバックに、70歳の誠仁さんの深みのある言葉がやさしく語りかける、絵本のようなフォト＆ストーリー・ブックが完成しました。「肝（ちむ）」とは「心」や「魂」を意味するうちなーぐち（沖縄の言葉）。温もりにあふれる誠仁さんのキャラクターと、そして若い読者にとってはメッセージや道しるべともなる誠仁さんの「肝」がほとばしる1冊です。
〔5082〕

◇おきなわの歌―独唱二部合唱混声合唱　三線でも弾ける・古典三線への誘い・沖縄口語り　比嘉剛編著　改訂版　那覇　Ruon社　2001.8　112p　30cm　①978-4-903915-00-5　Ⓝ767.5199
〔5083〕

◇打楽器「パーランクー」の輸入―「エイサー」に無くてはならない「パーランクー」〔沖縄〕　財務省沖縄地区税関　2001.9　2枚　30cm
〔5084〕

◇沖縄寮歌・大学の歌祭り―大学歌集抄（寮歌・校歌・応援歌・逍遙歌・他）　第30回記念（2002）　沖縄寮歌振興会編　浦添　沖縄寮歌振興会　2002.2　72p　30cm〈会期：2002年2月17日〉Ⓝ767.6
〔5085〕

◇DA PUMP沖縄物語　山内晶著　コアハウス　2002.2　222p　18cm〈発売：ラインブックス〉1100円　①4-89809-093-1　Ⓝ767.8
内容　1 沖縄物語（ISSA KEN SHINOBU YUKINARI）　2 東京物語（東京での生活がスタート　ついに迎えた運命のデビュー　2ndシングルはチャートベスト10にランクイン　初のレギュラーのテレビ番組がスタート　ほか）〔5086〕

◇宮良長包―「沖縄音楽」の先駆　三木健著　那覇　ニライ社　2002.3　333p　19cm〈発売：新日本教育図書〉2000円　①4-931314-51-1　Ⓝ762.1
内容　1 宮良長包の生涯（「沖縄音楽」のパイオニア　音楽家の血筋　情操教育に燃える　故郷八重山を後に　大正期の沖縄県師範学校で　ほか）　2 宮良長包音楽紀行（長包メロディーの流れる街　長包のふるさと―八重山（石垣・与那国）　琉球王国の残映―首里・那覇　八重の潮路はるか―久米島　長包眠るさと―具志頭）
〔5087〕

◇沖縄紀行―沖縄音楽特集　ピアノ曲集　ケイ・エム・ピー　2002.3　124p　31cm　1800円　①4-7732-1930-0　Ⓝ763.2
内容　懐かしき故郷　じんじん　赤田首里殿内　とぅばらーま　月の美しゃ　沖縄かがやけ（「沖縄を返せ」21世紀バージョン）　童神（天の子守唄）　あの海へ帰りたい　風のあやぐ　沖縄ミ・アモール〔ほか〕
〔5088〕

◇コーラスでうたうウチナー子どもうた　音楽之友社編　音楽之友社　2002.3　63p　26cm　1400円　①4-276-57129-4　Ⓝ767.4
内容　ハイサイシーサー　子どもエイサー　子守唄 Best Friend　HEIWAの鐘　トゥギャグド・ドリーム　月桃の花　水の探険　今日から明日へ　がじゅまる　耳切り坊主　きじむなあの歌　トントンミーの歌　太陽の子
〔5089〕

◇さとうきび畑・涙そうそう―ギター弾き語り　ケイ・エム・ピー　2002.4　13p　26cm（ギター・ピース）500円　①4-7732-1949-1　Ⓝ763.55
〔5090〕

◇島唄！　平良とみ著、尾崎三朗写真　講談社　2002.4　191p　21cm　1900円　①4-06-211027-X　Ⓝ767.5199
内容　明けもどろの花―島唄のルーツ　「おもろ」　かぎやで風節―祝事はここから始まる　恩納節―女流歌人の奔放な情熱　命ど宝―沖縄戦への深い思い　だんじょかりゆし―旅人の無事を祈って　唐船ドーイ―これこそがカチャーシー　久高まんじゅう主―風物詩―七月エイサー　執心鐘入―組踊は琉球古典芸能の粋　阿麻和利―沖縄芝居に新風吹き込む　いちゃいぶさ―沖縄ポップスの旗頭〔ほか〕
〔5091〕

芸術・芸能 音楽

◇さとうきび畑─やさしいソロ/ソロ/弾き語り
大宝博ピアノ編曲 ヤマハミュージックメ
ディア 2002.5（第3版） 11p 31cm （ピ
アノミニアルバム） 600円 Ⓘ4-636-25481-
3 Ⓝ763.2 〔5092〕

◇唄に聴く沖縄 松村洋著 白水社 2002.5
242,2p 20cm 1900円 Ⓘ4-560-03849-X
Ⓝ767.5199
　内容 第1章 ともに生きる人びと 第2章 王国は
絃にのって 第3章 唄の戦い 第4章 故郷を遠く
離れて 第5章 すばらしき沖縄 第6章 野の唄か
ら舞台唄へ 第7章 チャンプルー・ソング
〔5093〕

◇すぐ弾きたい！─ピアノソロ＆弾き語り 沖
縄・奄美大島編 花ケ崎有子編曲 ミュー
ジックランド 2002.5 37p 31cm （Hit
selection 別冊） 800円 Ⓘ4-89638-547-0
Ⓝ767.8 〔5094〕

◇島唄─オキナワ・ラプソディ 登川誠仁伝
森田純一著 荒地出版社 2002.6 203p
20cm 〈肖像あり〉 1700円 Ⓘ4-7521-0125-4
Ⓝ767.5199
　内容 第1章 「毛遊び」と三味線（セー小沖縄へ
ウーマクの始まり ほか） 第2章 オキナワ地上戦
（さつまいもと黒糖 ピクニック・イン・オキナワ
ほか） 第3章 いちばん小さい、大きな人（「松劇
団」 セー小の三羽ガラス ほか） 第4章 オキナ
ワ・ラプソディ（本土復帰 竹中労 ほか）〔5095〕

◇沖縄音楽ベスト・コレクション─やさしいピ
アノ・ソロ デプロ編著 デプロ 2002.7
95p 31cm 1500円 Ⓘ4-88763-098-0
Ⓝ763.2 〔5096〕

◇沖縄歌〜南風の便り ケイ・エム・ピー
2002.7 116p 26cm （Guitar songbook）
1600円 Ⓘ4-7732-1955-6 Ⓝ763.55
　内容 芭蕉布 とぅばらーま じんじん 谷茶前
赤田首里殿内 十九の春 ちんさぐの花 安里屋
ゆんた えんどうの花 月ぬ美しゃ〔ほか〕
〔5097〕

◇オキナワをうたう─登川誠仁自伝 登川誠仁
著 新潮社 2002.7 211p 20cm 〈構成：
藤田正〉 1600円 Ⓘ4-10-454901-0 Ⓝ767.
5199
　内容 第1章 少年時代─母と毒ヘビだけが恐かっ
た 第2章 米軍のピーウィーコーラ一本、ファイ
ブ・セン 第3章 沖縄芝居の時代─無学の少年と島
のマエストロ 第4章 激動の戦後と島唄─聞け！
早弾きカチャーシー 第5章 民謡ショウの六〇年
代─レコードも舞台も新しく 第6章 無学と私─
沖縄の音楽、ウチナーの歌、島の声 第7章 沖縄
の唄者とは？─これからが私の新時代 〔5098〕

◇心癒す沖縄ミュージック 松山祐士編著 ド
レミ楽譜出版社 2002.8 121p 31cm

（ピアノ・ソロ・ライブラリー） 1600円
Ⓘ4-8108-2054-8 Ⓝ763.2
　内容 涙そうそう さとうきび畑 ワダツミの木
Best Friend 天下無敵のゴーヤーマン いつ
でも誰かが NEVER END 島唄 長い間 花
〔ほか〕 〔5099〕

◇いのちのうた─沖縄─鎮魂を超えて未来へ
前田恵子著 文芸社 2002.9 154p 19cm
1000円 Ⓘ4-8355-4387-4 Ⓝ762.1
　内容 第1章 我した島、宮古（ふるさとは… 父と
子の宮古） 第2章 青春（首里の丘にて ピアノ・
楽典・ソルフェージュ） 第3章 永遠の響きを求
めて（石畳の町 生命賛歌） 〔5100〕

◇美ら島のうたコーラス・アルバム─混声三部
合唱/ピアノ伴奏 沖縄音楽特集〜沖縄・奄美
の民謡からポップスまで 森友紀著 ケイ・
エム・ピー 2002.10 79p 26cm 1500円
Ⓘ4-7732-1989-0 Ⓝ767.4
　内容 てぃんさぐぬ花 平和の琉歌 さとうきび
畑 涙そうそう 童神〜天の子守唄〜（みんなの
うたバージョン） 花〜すべての人の心に花を ワ
ダツミの木 島唄 芭蕉布 沖縄ミ・アモール〔ほ
か〕 〔5101〕

◇ピアノで沖縄ソング─わたしも弾ける ケ
イ・エム・ピー 2002.11 95p 31cm
（CD book）〈付属資料：CD1枚（12cm）〉
2200円 Ⓘ4-7732-2003-1 Ⓝ763.2 〔5102〕

◇琉球古典音楽の表層─様式と理論 大湾清之
著 那覇 アドバイザー 2002.11 512p
22cm 〈発売：沖縄芸研（那覇） 文献あり〉
5000円 Ⓘ4-9900944-1-7 Ⓝ767.5199
〔5103〕

◇島唄発ヒット・ミュージック─ピアノ弾き語
り ドレミ楽譜出版社 2003.1 92p 31cm
1400円 Ⓘ4-8108-8272-1 Ⓝ767.8
　内容 この街 君ヲ想フ ワダツミの木 涙そう
そう 童神 イラヨイ月夜浜 てぃんさぐぬ花
心のかたち 安里屋ユンタ 芭蕉布〔ほか〕
〔5104〕

◇沖縄の雲へ─混声合唱組曲 池辺晋一郎作
曲,丸木政臣作詞,神戸市役所センター合唱団
編 全音楽譜出版社 2003.3 53p 28cm
1200円 Ⓘ4-11-718992-1 Ⓝ767.4 〔5105〕

◇沖縄Songbook ブレンデュース,シンコー・
ミュージック〔発売〕 2003.5 95p 26cm
（ギター弾き語り） 2000円 Ⓘ4-401-
73291-X
　内容 花一すべての人の心に花を ハイサイおじさ
ん イラヨイ月夜浜 島人ぬ宝 島唄 涙そうそ
う 満天の星 さとうきび畑 愛より青い海 海
とう島〔ほか〕 〔5106〕

◇琉球讃歌コーラス・アルバム─女声三部合唱

音楽　　　　　　　　　　　　　　　　　　　　芸術・芸能

/ピアノ伴奏 沖縄音楽特集～沖縄の民謡から
ポップスまで 森友紀著 ケイ・エム・ピー
2003.5　79p　26cm　1500円　Ⓝ4-7732-
2060-0　Ⓝ767.4　　　　　　　　　　〔5107〕

◇えんどうの花―沖縄うたの絵本 宮良長包メ
ロディー　松崎洋作絵 那覇 ニライ社
2003.5　55p　25cm〈発売：新日本教育図
書〉1700円　Ⓝ4-931314-55-4　Ⓝ767.7
　内容　山の子守唄　赤ゆらの花　日暮れ　桑の実
　春小雨　なんた浜　えんどうの花　ふる里　オラ
　ンダ屋敷　帰り舟〔ほか〕　　　　　　〔5108〕

◇沖縄音楽ヴォーカル・コレクション―やさし
いピアノ弾き語り　デプロ編著 デプロ
2003.5　91p　31cm　1500円　Ⓝ4-88763-
749-7　Ⓝ767.8　　　　　　　　　　　〔5109〕

◇宮良長包作曲全集―生誕120年記念 宮良長
包〔作曲〕,大山伸子編・校訂 那覇 琉球
新報社　2003.6　187p　26cm　2800円
Ⓝ4-89742-051-2　Ⓝ767.08　　　　　〔5110〕

◇沖縄/歌ロマン・ピアノ・コレクション 松
山祐士編著 ドレミ楽譜出版社 2003.7
125p　31cm（ピアノ・ソロ・ライブラ
リー）1600円　Ⓝ4-8108-3362-3　Ⓝ763.2
　内容　ことばは風　涙そうそう　さとうきび畑
　ひかる・かいわれ　千の夜と千の昼　ひとつぶの
　涙　山原や　ALIVE　天下無敵のゴーヤーマン
　島唄〔ほか〕　　　　　　　　　　　〔5111〕

◇新沖縄奄美大島の唄―ヒット・ボックス別冊
ピアノ・ソロ　あんず,井上美緒子,花ヶ崎有
子編曲 ミュージックランド 2003.7　35p
31cm　1000円　Ⓝ4-89638-299-4　Ⓝ763.2
　　　　　　　　　　　　　　　　　　〔5112〕

◇沖縄おじぃおばぁの極楽音楽人生―日本一の
長寿バンド「白百合クラブ」の半世紀 中江
裕司著 実業之日本社 2003.8　206p
21cm〈年表あり〉1600円　Ⓝ4-408-39532-3
Ⓝ767.8
　内容　第1章 白百合クラブの謎　第2章 東京公演
　第3章 歌の国、遊びの国白保　第4章 白百合クラ
　ブの五十年　第5章 亡くなった人への思い　白百
　合クラブ・クラブ員紹介　『思い出の記』―白百合
　クラブの記録　エッセイ―白百合クラブと出会っ
　て　　　　　　　　　　　　　　　　〔5113〕

◇島唄発！ ヒット・ソングス―ピアノ弾き語
り　ドレミ楽譜出版社 2003.8　111p
31cm　1500円　Ⓝ4-8108-3379-8　Ⓝ767.8
　内容　千の夜と千の昼　ワダツミの木　この街
　君ヲ想う　芭蕉布　涙そうそう　童神　イラヨイ
　月夜浜　てぃんさぐぬ花　心のかたち〔ほか〕
　　　　　　　　　　　　　　　　　　〔5114〕

◇沖縄音楽ディスクガイド　Tokyo FM出版

2003.10　206p　19cm（TFMミュージック
ライブラリー）1500円　Ⓝ4-88745-086-9
Ⓝ762.199
　内容　沖縄・唄者別ディスクガイド（新良幸人（パー
　シャクラブ）大島保克 ほか）民謡・島唄ディ
　スクガイド オキナワン・ロック＆ポップスディ
　スクガイド 奄美・唄者ディスクガイド（武下和平
　築地俊造 ほか）ヤマトに吹いた沖縄の風ディス
　クガイド　　　　　　　　　　　　　〔5115〕

◇島人魂―沖縄の空と海と音楽と 主婦と生活
社　2003.10　97p　26cm〈人気曲楽譜付
き〉1400円　Ⓝ4-391-12859-4　Ⓝ767.8
　内容　沖縄音楽の魅力を語る（りんけんバンド
　（照屋林賢）知名定男＆ネーネーズ BEGIN
　夏川りみ 古謝美佐子 パーシャクラブ ロー
　リー（ザ・ワルツ）Kiroro 国仲涼子 川畑ア
　キラ ミヤギマモル THE BOOM）新しい風
　（ORANGE BANGE・N・H・ノーズウォー
　ター しゃかり 神谷千尋 下地勇 よなは徹
　琉球チムドン楽団）沖縄音楽とは（沖縄音楽の
　流れ 三線とは）　　　　　　　　　　〔5116〕

◇沖縄流歌 ケイ・エム・ピー 2003.11
157p　26cm（Guitar songbook）1800円
Ⓝ4-7732-2096-1　Ⓝ767.8　　　　　　〔5117〕

◇宮良長包著作集―沖縄教育音楽論 宮良長包
〔著〕,三木健,大山伸子編著 那覇 ニライ
社　2004.2　264p　22cm〈発売：新日本教
育図書 肖像あり〉3000円　Ⓝ4-931314-59-
7　Ⓝ760.7
　内容　第1部 宮良長包執筆論文（沖縄音楽の沿革及
　び家庭音楽の普及策 教育唱歌の研究 初学年児
　童の普通語につき 他か ほか）第2部 宮良長包の教育
　観・音楽観（宮良長包の音楽観と作曲集刊行の経
　緯 宮良長包の音楽教育と作曲活動）第3部 序
　文等にみる宮良長包・人と音楽（沖縄は長包を持
　つことで救われている（山田耕筰）音楽の近代的天
　才（稲垣国三郎）「首里古城」のこと（伊波南哲）
　ほか）　　　　　　　　　　　　　　〔5118〕

◇涙そうそう・さとうきび畑―ピアノ・ソロ・
ピース ケイ・エム・ピー 2004.2　12p
31cm（ピアノ・ピース）500円　Ⓝ4-
7732-2150-X　Ⓝ763.2
　内容　涙そうそう　さとうきび畑　　　〔5119〕

◇沖縄音楽の構造―歌詞のリズムと楽式の理論
金城厚著 第一書房 2004.3　289p　22cm
〈文献あり〉5500円　Ⓝ4-8042-0755-4
Ⓝ762.199　　　　　　　　　　　　　〔5120〕

◇沖縄音楽ピアノ全集―やさしいピアノ・ソロ
デプロ編著 デプロ 2004.3　181p　31cm
1800円　Ⓝ4-88763-791-8　Ⓝ763.2　〔5121〕

◇花/島唄/ハイサイおじさん/さとうきび畑/
涙そうそう/Heaven's hell―沖縄音楽特集
デプロ編著,斎藤めぐみ,眞鍋恵美編曲 改訂

396　「沖縄」がわかる本 6000冊

芸術・芸能　　　　　　　　　　　　　　　　　　音楽

2版　デプロ　2004.3　21p　31cm　（ピア
ノ・ピース―探していたのはこの曲　v.4）
700円　Ⓘ4-88763-794-2　Ⓝ763.2　〔5122〕

◇いつの日か花を咲かそうよ　喜納昌吉著　光
文社　2004.4　194p　20cm　1400円　Ⓘ4-
334-97443-0　Ⓝ767.8
内容 1 空爆直前のイラク・バグダッドで起きた
こと　2 すべての楽器を武器に―京都・知恩院の
誓い　3 「祈りの巡礼」―サバニ・ピース　4 ア
メリカ先住民の魂と結ばれた「白船」の世界　5
エルサレムで起きた不思議　6 板門店―38度線は
人類のラストゲート　7 沖縄発、地球ルネッサン
スへ　〔5123〕

◇沖縄・奄美サウンドコレクション―ピアノソ
ロ　〔ミュージックランド〕編集部編曲
ミュージックランド　2004.5　93p　31cm
1600円　Ⓘ4-89638-840-2　Ⓝ763.2　〔5124〕

◇沖縄民謡集　中村透編著　那覇　沖縄タイム
ス社　2004.6　100p　30cm　2857円　Ⓘ4-
87127-166-8　Ⓝ767.5199　〔5125〕

◇いちゃりばフレンズ　喜納昌吉著　ウェイツ
2004.6　122p　21cm　（That's Japan 14）
750円　Ⓘ4-901391-53-4　Ⓝ767.8
内容 沖縄のトラウマ、日本のトラウマ　沖縄か
ら世界に、地球にリンクしていく　〔5126〕

◇宮良長包の世界　三木健著　石垣　南山舎
2004.7　300p　19cm　（やいま文庫 7）〈年
譜あり　文献あり〉1900円　Ⓘ4-901427-12-
1　Ⓝ762.1
内容 1 近代沖縄音楽の父―宮良長包の人と音楽
（郷土音楽への目覚め　情操教育に燃える　音楽
の方向性つかむ ほか）　2 長包音楽とその時代
（教育者としての宮良長包―個性と情操重んじた
教育　長包を抜擢した校長―和田喜八郎の教育思
想　発見された幻の組曲「嵐の歌/嵐の曲」―そ
の意義と時代背景 ほか）　3 長包メロディーを支
えた詩人たち（「嘆きの海」越えて―大浜信光の詩
の世界　「えんどうの花」はどこで咲いたか―金
城栄治たちの教え子たち　「南国の花」に魅せら
れた校長―北村重敬とその作詞をめぐって ほか）
特別寄稿 結びつきの確かさ―父・山田耕筰と宮
良長包先生との交友に思う（山田浩子）　資料編
〔5127〕

◇ギターソロで弾く沖縄のうた―童神/涙そう
そう/安里屋ユンタ　江部賢一, 鬼怒無月, 平
倉信行アレンジ　現代ギター社　2004.7
45p　31cm　2200円　Ⓘ4-87471-387-4
Ⓝ763.55
内容 童神～天の子守唄　涙そうそう　アスタ・
マーニャ　芭蕉布　月ぬ美しゃ　十九の春　さと
うきび畑　なりやまあやぐ　肝にかかてぃ　イラ
ヨイ月夜〔ほか〕　〔5128〕

◇沖縄songs―ピアノ弾き語り　シンコー・

ミュージック　2004.7　79p　31cm　1700円
Ⓘ4-401-01583-5　Ⓝ767.8　〔5129〕

◇すべての武器を楽器に。―喜納昌吉メッセー
ジ集　喜納昌吉〔著〕, チャンプルーズ, 助安
哲弥, 小泉晴美編　エイト社　2004.7　191p
21cm　〈年譜あり〉1600円　Ⓘ4-87164-284-4
Ⓝ767.8　〔5130〕

◇沖縄子ども遊び歌―少年少女｜女声のための
合唱組曲　中村透作曲　音楽之友社　2004.8
29p　27cm　（New original chorus）1200
円　Ⓘ4-276-58414-0　Ⓝ767.4
内容 とーとーめぇ（月の歌）　きんきんぽんぽん
（遊びの歌）　あーみーまー（雨の歌）　キジムン
（怪物、幽霊の歌）　あかな一家（夕焼けの歌）　ぬ
すどぅどーい（どろぼうの歌）　〔5131〕

◇三つの沖縄の歌―演奏会用女声合唱曲　小林
秀雄編曲　全音楽譜出版社　2004.10　30p
28cm　900円　Ⓘ4-11-718645-0　Ⓝ767.4
〔5132〕

◇沖縄songs　シンコーミュージック・エンタ
テイメント　2004.11　143p　26cm　（バン
ド・スコア）2800円　Ⓘ4-401-35231-9
Ⓝ764.7
内容 島唄（オリジナル・ヴァージョン）　TOP
OF THE SUMMER　ロコローション　チェス
ト　AM11：00　てがみ　琉球愛歌　ヨロコビノ
ウタ　チバリYO！（アルバム・ヴァージョン）
美ら唄　誓い　〔5133〕

◇島唄（沖縄・奄美の歌）―大人のヒーリング・
ピアノソロ＆弾き語り曲集（デカ譜、デカ文
字）　音楽之友社編　音楽之友社　2005.4
63p　31cm　1500円　Ⓘ4-276-43240-5
Ⓝ767.8　〔5134〕

◇資料による琉球横笛　玉木繁編著　那覇　玉
木繁　2005.5　110p　27cm　2000円
Ⓝ768.16　〔5135〕

◇沖縄　デプロ編著　デプロ　2005.6　40p
31cm　（ピアノ・ピース）700円　Ⓘ4-
88763-561-3　Ⓝ763.2　〔5136〕

◇沖縄音楽ピアノ名曲選―ワンランク上のピア
ノ・ソロ　デプロ編著　デプロ　2005.6
103p　31cm　1500円　Ⓘ4-88763-557-5
Ⓝ763.2　〔5137〕

◇ナミイ！―八重山のおばあの歌物語　姜信子
著　岩波書店　2006.1　219p　19cm　2000
円　Ⓘ4-00-024155-9　Ⓝ767.5199
内容 第1章 ナミイの三線道中 ダンサー編　第2
章 八重山の歌の波間を漂って（「チンダラ節」の
巻　「西武門節」の巻 ほか）　第3章 ナミイの三線道
中 老後の花編（カミガミの宴　再会の「鷲ぬ鳥節」

「沖縄」がわかる本　6000冊　　397

音楽 芸術・芸能

ほか） 第4章 歌うわれらの世界の物語（穴に歌うナマコの祈り ほか） 〔5138〕

◇下地勇/心のうた―オール・ミャークフツ・シンガーの原点 『下地勇心のうた』どぅすがばなの会編 那覇 ボーダーインク 2006.1 197p 21cm〈肖像あり〉 1600円 Ⓘ4-89982-103-4 Ⓝ767.8 〔5139〕

◇うたまーい―昭和沖縄歌謡を語る 知名定男著 岩波書店 2006.2 271p 20cm〈年譜あり〉 2300円 Ⓘ4-00-022203-1 Ⓝ767.5199
　[内容] 第1章 大阪時代―琉球民謡の曙 第2章 セイ小と天才少年―民謡興隆の道 第3章 第一期民謡黄金時代の光と影―天才少年からの脱皮 第4章 第二期民謡黄金時代への胎動―宮古・八重山・マルテル 第5章 第二期民謡黄金時代―若手リーダーとしての自覚 第6章 本土デビューと民謡界―知名定男の栄光と挫折 第7章 民謡協会の変遷―組織と人間関係 第8章 プロデューサーの試練―借金地獄からの復活 第9章 第三期民謡（島唄）黄金時代―沖縄音楽の行く先 〔5140〕

◇にっぽん先生の沖縄メロディー―宮良長包物語 三木健著 ルック 2006.3 103p 22cm〈肖像あり 年譜あり〉 1600円 Ⓘ4-86121-041-0 Ⓝ762.199
　[内容]「沖縄のフォスター」と呼ばれて 音楽好きな少年 ぼくと音楽は一心同体 ことばの栄養 子どもたちの個性をたいせつに 沖縄の郷土音楽で演奏会 花ひらく「長包メロディー」 うもれていた初の作曲集 校門を出た演奏会 「汗水節」が大ヒット ふるさとを救う組曲 『琉球の新民謡』の誕生 家族に愛をそそぐ 長包さんの遺言 〔5141〕

◇琉球の民謡 金井喜久子著 復刻版 音楽之友社 2006.3 105,85p 26cm〈肖像あり 年表あり〉 2400円 Ⓘ4-276-13373-4 Ⓝ767.5199
　[内容] 琉球民謡の起源と変遷（鑑賞篇）（オモロのできた時代 オモロの内容 ウタ（琉歌）と三味線 ほか） 琉球音楽の特質（鑑賞篇）（琉球古典音楽について 早節（草弾・俗弾） わらべ唄とその他について ほか） 歌詞解説（沖縄本島の部（三六曲） 伊江島の部（四曲） 宮古島の部（一五曲） ほか） 〔5142〕

◇ニライの歌 金井喜久子著 那覇 琉球新報社 2006.4 242p 20cm〈肖像あり〉 2000円 Ⓘ4-89742-072-5 Ⓝ762.1 〔5143〕

◇音の力 沖縄アジア臨界編 DeMusik Inter.編 インパクト出版会 2006.6 439,7p 21cm〈文献あり〉 3000円 Ⓘ4-7554-0159-3 Ⓝ762.199
　[内容] DUTY FREE SHOPP.×カクマクシャカ インタビュー―強烈な衝動 引き摺り下ろせ、怒りの民のドミノ 沖縄で唄い、沖縄で闘う 徳田匡―

「040813」以降を考える 反植民地主義への一試論 DeMusik Inter.―音楽は「生」への愛に共振する 仲宗根春織―コンクリートと遺灰の島 極私的高嶺剛論 土井智義―「基地」の現在進行形 那覇新都心を批判的に考える 後藤愛由美―光すーじ道へ 東塚磨―山城智佳子 経験としてのパフォーマンス In Other Okinawas 松本麻里―夢想の力技 『独立少女紅蓮隊』安里麻里（映画監督）インタビュー―フィクション、だけどリアル どこにもない“沖縄”・『独立少女紅蓮隊』 大城太郎（カチンバ1551）インタビュー―チャングイ・ウチナーを目指す沖縄のハードハンズ〔ほか〕 〔5144〕

◇沖縄音楽入門 金城厚著 音楽之友社 2006.7 200,6p 19cm〈「ヤマトンチュのための沖縄音楽入門」（1997年刊）の改訂版〉 2000円 Ⓘ4-276-30703-1 Ⓝ762.199
　[内容] 第1章 沖縄文化のキーワード（沖縄文化のアイデンティティ 中国と琉球、進貢船と御冠船 日本と琉球 江戸上り） 第2章 沖縄の古典音楽（歌詞の形 沖縄の歌と踊り 歌三線の人々） 第3章 アジアの中の三線（三弦の楽器を追って 三弦の伝来と受容） 第4章 島々の歌（八重山諸島の歌 沖縄諸島の歌 奄美諸島の歌） 第5章 沖縄音楽の現代 〔5145〕

◇かなさんどー/沖縄の歌―ギター独奏 竹内永和、奥山清編曲 オンキョウパブリッシュ 2006.7 85p 30cm 2000円 Ⓘ4-87225-040-0 Ⓝ763.55 〔5146〕

◇新・沖縄音楽ピアノ全集―やさしいピアノ・ソロ 保存版 デプロ編著 デプロ 2006.8 194p 31cm 1800円 Ⓘ4-88763-394-7 Ⓝ763.2 〔5147〕

◇オレンジレンジファン・ブック―ファイル005～006 沖縄ロックスターズ著 シーエイチシー 2007.3 207p 19cm〈発売：コアラブックス〉 1300円 Ⓘ978-4-86097-228-8 Ⓝ767.8
　[内容] 1 なんでもQ&A 2 ブレイク・ストーリー 3 ミュージック・ファイル 4 ライブ2005～2006 5 CM WEBクリップetc 〔5148〕

◇ビギンオキナワンフールオーケストラ―ギター弾き語り ケイ・エム・ピー 2007.5 68p 26cm（Guitar song book） 1500円 Ⓘ978-4-7732-2653-9 Ⓝ767.8 〔5149〕

◇ざわわさとうきび畑―寺島尚彦緑いろのエッセイ 寺島尚彦著 那覇 琉球新報社 2007.6 309p 19cm〈肖像あり 年譜あり 著作目録あり 発売：琉球プロジェクト（那覇）〉 1429円 Ⓘ978-4-89742-084-4 Ⓝ762.1 〔5150〕

◇琉球古典音楽の思想―沖縄人の想いをめぐって 勝連繁雄著 那覇 沖縄タイムス社

398 「沖縄」がわかる本 6000冊

芸術・芸能　　　　　　　　　　　　　　　　　　　音楽

2007.9　243p　19cm　1800円　①978-4-87127-181-3　Ⓝ767.5199
内容　第1章「琉球古典音楽論」の諸相―思想としての「琉楽論」(「琉楽」における流派問題　琉楽における伝承と実体　流派を超えて存在する「琉楽」ほか)　第2章　回想風　私と文学と歌三線の世界―私が「琉楽思想」を想うようになるまで(若き日の読書体験　我流を恥じる　ヤマトと沖縄　ほか)　第3章「琉楽」の周辺―コラム・エッセーなど(「魂の記憶」をはらむ精神文化　沖縄三線の心　「教員試験に琉舞・三線・空手」ほか)　〔5151〕

◇うちなーぬたからむん―沖縄の宝物　照屋林賢著　京都　教材研究所　2007.10　151p　20cm〈年譜あり〉1500円　①978-4-907800-10-9　Ⓝ767.6　〔5152〕

◇野村流の源流と未来への展望―始祖、野村安趙を偲んで　野村安趙生誕二百年記念シンポジウム記録　野村流を語る―安冨祖流と対比して　特別寄稿　宮城嗣幸〔著〕　〔読谷村(沖縄県)〕　野村流合同協議会　2007.11　71p　26cm〈会期・会場：平成18年2月26日　宜野湾市民会館大ホール〉Ⓝ762.199〔5153〕

◇歌ぐすい・やなわらばー―guitar ＆ 三線song book　ケイ・エム・ピー　2007.11　115p　26cm　1800円　①978-4-7732-2728-4　Ⓝ767.8　〔5154〕

◇沖縄のスケッチ―混声合唱、2台のピアノと三線のための　沖縄民謡、谷川俊太郎詩、寺嶋陸也作曲　音楽之友社　2007.12　83p　29cm　2400円　①978-4-276-54443-7　Ⓝ767.4　〔5155〕

◇歌詞集沖縄のうた―琉球民謡から島うたポップスまで　備瀬善勝、松田一利編纂　沖縄キャンパス　2008.8　380p　26cm　2857円　Ⓝ767.8　〔5156〕

◇舞踊曲集―八重山古典民謡　宮良長忠、崎山三郎編著　那覇　宮良長忠　2008.8　353p　28cm　6300円　Ⓝ768.11　〔5157〕

◇沖縄チューン―魂に響くウチナー音楽読本　天空企画編　扶桑社　2009.2　215p　19cm〈他言語標題：Okinawa tune〉1800円　①978-4-594-05867-8　Ⓝ762.199
内容　第1章　ウチナーポップ(島ロック　島クラブ　島レゲエ　ほか)　第2章　ルーツミュージック(衣食住音楽　沖縄ロックの系譜　クラップハンズ変遷記)　第3章　太陽(ティーダ)の音楽(島うた　沖縄、で、琉球古典を学ぶ)　〔5158〕

◇琉球楽器復元調査製作業務報告書　基礎資料編　〔那覇〕　海洋博覧会記念公園管理財団　2009.3　153p　30cm　Ⓝ762.199　〔5159〕

◇誰でも打てる楽しめる沖縄の三板―お年寄り

から子供まで、世界に翔ばたけ沖縄の三板　杉本信夫著，日本三板協会編　改訂版　沖縄キャンパス　2009.3　18p　30cm　500円　Ⓝ768.19　〔5160〕

◇金城繁―唄うことが生きること　CD写真ブック　田澤順一写真，田口修録音・文　恵那　Studio T出版　2009.5　113p　21cm〈唄三線：金城繁　文献あり　年譜あり　発売：沖縄タイムス社出版部(那覇)〉2381円　①978-4-87127-635-1　Ⓝ767.5199　〔5161〕

◇芭蕉布―普久原恒勇が語る沖縄・島の音と光　普久原恒勇〔述〕，磯田健一郎編　那覇　ボーダーインク　2009.7　158p　20cm〈年譜あり〉2000円　①978-4-89982-159-5　Ⓝ767.5199　〔5162〕

◇島唄レコード百花繚乱―嘉手苅林昌とその時代　小浜司著　那覇　ボーダーインク　2009.10　173p　18cm　(ボーダー新書004)　900円　①978-4-89982-166-3　Ⓝ767.5199
内容　A面　島唄レコード名盤・珍盤(島唄名盤・珍盤　還らぬあの日の沖縄民謡　沖縄レコードに刻まれた伝説)　B面　スケッチ・嘉手苅林昌小伝(嘉手苅林昌のあしあと　にんげん・嘉手苅林昌　嘉手苅林昌がのこしたもの)　〔5163〕

◇宮古島の三つのうた―無伴奏混声合唱のための　末吉保雄作曲　音楽之友社　2009.11　31p　29cm　1400円　①978-4-276-54656-1　Ⓝ767.08　〔5164〕

◇沖縄のスケッチ―女声合唱、ピアノ連弾と三線のための　沖縄民謡、谷川俊太郎詩、寺嶋陸也作曲　音楽之友社　2010.1　70p　29cm　2000円　①978-4-276-55446-7　Ⓝ767.08　〔5165〕

◇沖縄ポピュラー音楽史―知名定男の史的研究・楽曲分析を通して　高橋美樹著　ひつじ書房　2010.2　319p　22cm　(シリーズ文化研究 1)〈文献あり　作品目録あり　年譜あり　索引あり〉8200円　①978-4-89476-464-4　Ⓝ767.5199
内容　1章　伝統と創造が織りなすポピュラー音楽　2章　沖縄のポピュラー音楽の歴史　3章“しまうた”にまつわる諸概念の成立過程　4章　各世代の比較にみる民謡歌手・知名定男　5章　作詞家・作曲家としての知名定男　6章　ネーネーズの活動にみるプロデューサー・知名定男　7章　結論　〔5166〕

◇PARTY IN LEGEND―奄美皆既日食音楽祭ドキュメンタリー写真集　井田宗秀写真・著　八王子　TODOROKI　2010.4　131p　24cm〈発売：サンクチュアリ出版〉2500円

「沖縄」がわかる本 6000冊　　399

音楽　　　　　　　　　　　　　　　　　　　　　　　　　　　　芸術・芸能

Ⓘ978-4-86113-852-2　Ⓝ762.197　　〔5167〕

◇沖縄歌（ウチナー・ソング）―南風の便り
ケイ・エム・ピー　2010.9　159p　26cm
（Guitar songbook）　1800円　Ⓘ978-4-
7732-3193-9　Ⓝ767.8　　　　　　〔5168〕

◇琉球ピアノ―沖縄音楽特集　ピアノ曲集　寺
西千秋、奥山清、辻みちよピアノアレンジ　ケ
イ・エム・ピー　2011.8　139p　31cm
1800円　Ⓘ978-4-7732-3353-7　Ⓝ763.2
　　　　　　　　　　　　　　　　　　〔5169〕

◇宮古島の二つの歌謡―ソプラノとハープのた
めの　石黒晶作曲　マザーアース　2011.8
17p　30cm　1600円　　　　　　　〔5170〕

◇作曲活動五十年普久原恒勇　〔那覇〕　琉球
新報社　2011.12　63p　26cm〈奥付のタイ
トル：コンサート・プログラム　年譜あり〉
476円　Ⓝ767.5199　　　　　　　〔5171〕

◇ウクレレで弾く美（ちゅ）ら歌―沖縄民謡か
ら最新ポップスまで　ケイ・エム・ピー
2012.3　93p　31cm　1500円　Ⓘ978-4-
7732-3463-3　Ⓝ763.58　　　　　　〔5172〕

◇琉球讃歌コーラス・アルバム―女声三部合唱
／ピアノ伴奏　ケイ・エム・ピー　2012.4
175p　26cm　2000円　Ⓘ978-4-7732-3478-0
Ⓝ767.08　　　　　　　　　　　　〔5173〕

◇ピアノで感じる…沖縄・奄美のうた―さとう
きび畑・芭蕉布　ミュージックランド
2012.6　143p　31cm　（ピアノソロ＆弾き
語り・初級～中級）　1900円　Ⓘ978-4-
86356-389-6　Ⓝ763.2　　　　　　〔5174〕

◇ゆったりとピアノで奏でる沖縄のうた　ケ
イ・エム・ピー　2012.7　94p　31cm　2200
円　Ⓘ978-4-7732-3515-9　Ⓝ763.2　〔5175〕

◇琉神マブヤー―ピアノ＆三線ピース　ケイ・
エム・ピー　2012.7　55p　31cm　1000円
Ⓘ978-4-7732-3494-7　Ⓝ763.2　　〔5176〕

◇歌三絃往来―三絃音楽の伝播と上方芸能の形
成　小島瓔禮著　宜野湾　榕樹書林　2012.7
222p　22cm　（琉球弧叢書 27）〈付属資
料：8p・月報 no. 71　文献あり　（風信社昭
和50年刊）の増訂〉　3800円　Ⓘ978-4-
89805-159-7　Ⓝ767.5199　　　　　〔5177〕

◇愛される音楽ホールのつくりかた―沖縄シュ
ガーホールとコミュニティ　中村透著　水曜
社　2012.8　282p　21cm　（文化とまちづ
くり叢書）〈文献あり　索引あり〉　2700円
Ⓘ978-4-88065-293-1　Ⓝ760.69
内容　序章　人と人を結びつける音楽ホール　第1

章 佐敷町、そのコミュニティの歴史と文化　第2
章　シュガーホールの誕生と歩み　第3章 地域の
動態創造にはたす音楽ホールの役割　第4章 音楽
鑑賞への柔らかなアクセスとアート・リテラシー
第5章 音楽ホールがはたす芸術概念の拡大　終章
地域の音楽ホールへの展望　　　　　〔5178〕

◇美ら島のうたコーラス・アルバム―混声三部
合唱／ピアノ伴奏：沖縄音楽特集―沖縄の民
謡からポップスまで　ケイ・エム・ピー
2012.10　175p　26cm　2000円　Ⓘ978-4-
7732-3563-0　Ⓝ767.08　　　　　　〔5179〕

◇沖縄小景―無伴奏男声合唱のための　瑞慶覧
尚子作曲　河合楽器製作所・出版部　2012.
10　31p　30cm　1400円　Ⓘ978-4-7609-
1878-2　Ⓝ767.4　　　　　　　　　〔5180〕

◇精選八重山古典民謡集　4　當山善堂制作・
編著,宮城信勇監修　那覇　文成印刷　2013.
1　367p　22cm〈文献あり〉6000円　Ⓘ4-
9904297-5-3　Ⓝ767.5199　　　　　〔5181〕

◇島袋光史伝―琉球芸能発展の礎　『島袋光史
伝琉球芸能発展の礎』刊行委員会編　那覇
沖縄タイムス社　2013.1　333p　22cm〈年
譜あり〉5000円　Ⓘ978-4-87127-206-3
Ⓝ768.17　　　　　　　　　　　　〔5182〕

◇吹奏楽のための琉球幻想曲　伊藤康英作曲
改訂版　イトーミュージック　2013.2　24p
30cm〈発売：ブレーン（広島）〉2000円
Ⓝ764.6　　　　　　　　　　　　　〔5183〕

◇ピアノでうたう沖縄の唄―民謡からポップス
まで　上巻　小林一夫編　中央アート出版社
2013.4　61p　31cm　1800円　Ⓘ978-4-
8136-0722-9　Ⓝ767.8　　　　　　〔5184〕

◇ピアノでうたう沖縄の唄―民謡からポップス
まで　下巻　小林一夫編　中央アート出版社
2013.5　63p　31cm　1800円　Ⓘ978-4-
8136-0726-7　Ⓝ767.8　　　　　　〔5185〕

◇美しき沖縄のうたギター名曲集―ソロ・ギ
ターで奏でる　平倉信行採譜アレンジ・演奏
〔さいたま〕　ドリーム・ミュージック・
ファクトリー　2013.9　103p　31cm　2500
円　Ⓘ978-4-906976-40-9　Ⓝ763.55　〔5186〕

◇伝統音楽探訪―野村流の泉　宮城嗣幸編著
〔出版地不明〕　沖縄伝統音楽野村流保存会
2013.11　450p　22cm〈発売：ゆい出版（う
るま）〉3500円　Ⓘ978-4-946539-31-2
Ⓝ762.199　　　　　　　　　　　　〔5187〕

◇島唄よ、風になれ！―「琉球の風」と東濱弘
憲　「琉球の風」実行委員会編　特別限定保
存版　西宮　鹿砦社　2013.11　239p　22cm

芸術・芸能　　　　　　　　　　　　　　　　　　　　　　　音楽

〈年譜あり〉2400円　①978-4-8463-0974-9
Ⓝ767.5199
内容　第1章　東濱弘憲、その生い立ちと沖縄への
想い　第2章　「琉球の風」開始の決意と軌跡　第
3章　知名定男との出会い　第4章　賛同し結集する
ミュージシャンたち　第5章　沖縄‐熊本を結ぶ絆
―日本最大級の島唄イベントに成長した「琉球の
風」　　　　　　　　　　　　　　　　　〔5188〕

◇近代沖縄の洋楽受容―伝統・創作・アイデン
ティティ　三島わかな著　森話社　2014.1
383p　22cm〈年表あり　索引あり〉7500円
①978-4-86405-058-6　Ⓝ762.199
内容　第1章　序論　第2章　学校教育を担った人物
たち　第3章　伝統音楽に対する音楽観―「日本的
なもの」「琉球的なもの」「八重山的なもの」をめ
ぐって　第4章　伝統音楽の五線譜化　第5章　音楽
創作と伝統性　第6章　音楽享受と公開演奏会　第
7章　結論　　　　　　　　　　　　　　〔5189〕

◇琉球楽器楽曲調査業務報告書―清代福州の音
楽状況―琉球への影響　〔那覇〕　沖縄美ら
島財団　2014.3　84p　30cm〈文献あり〉
Ⓝ762.199
内容　事業報告　「琉球楽器楽曲調査業務」事業
概要及び報告（平成18-25年度記録）久場まゆみ
著　首里城台湾調査（報告）比嘉悦子著　研究論
文　清代における福州と泉州及び洋の周辺地域の
伝統音楽と琉球音楽の関係　王耀華，王州著　琉球
の御座楽〈送親親〉〈一更里〉〈相思病〉〈為学当〉に
関する考察　劉富琳著　御座楽のルーツ〈源流〉に
関する一考察　比嘉悦子著　御座楽楽曲における
「加花」考　長嶺亮子著　琉球王国の儀礼における
中国系音楽　金城厚著　座談会　琉球楽器・楽曲
の研究、復元、人材育成について　　　〔5190〕

◇ウクレレ沖縄のうた―ソロ・ウクレレで奏で
る永久不滅の美ら唄曲集　平倉信行アレン
ジ・演奏　〔さいたま〕　ドリーム・ミュー
ジック・ファクトリー　2014.6　87p　31cm
2000円　①978-4-906976-78-2　Ⓝ763.58
　　　　　　　　　　　　　　　　　　　〔5191〕

◇島唄を歩く　1　小浜司著，琉球新報社編　那
覇　琉球新報社　2014.6　149p　22cm〈発
売：琉球プロジェクト（那覇）〉1500円
①978-4-89742-173-5　Ⓝ767.5199　〔5192〕

◇島唄を歩く　2　小浜司著，琉球新報社編　那
覇　琉球新報社　2014.9　151p　22cm〈発
売：琉球プロジェクト（那覇）〉1500円
①978-4-89742-176-6　Ⓝ767.5199　〔5193〕

◇いのちのリレー―混声3部合唱　NHK沖縄放
送局戦後70年テーマソング　さんごうた，玉
城千春，金城綾乃，仲宗根泉作詞・作曲，貫輪
久美子編曲　志木　オンキョウパブリッシュ
2015.8　11p　30cm　700円　①978-4-
86605-008-9　Ⓝ767.4　　　　　　　〔5194〕

◇「艦砲（かんぽー）ぬ喰ぇー残（ぬく）さー」
物語―「でいご娘」と父・比嘉恒敏が歩んだ
沖縄　仲松昌次著　那覇　ボーダーインク
2015.10　213p　19cm〈文献あり　年表あ
り〉1600円　①978-4-89982-286-8　Ⓝ767.
5199
◇ウクレレ沖縄ソング―ソロ・ウクレレで奏で
る美ら歌コレクション　平倉信行アレンジ・
演奏　〔さいたま〕　ドリーム・ミュージッ
ク・ファクトリー　2016.2　95p　31cm
2200円　①978-4-86571-075-5　Ⓝ763.58
　　　　　　　　　　　　　　　　　　　〔5196〕

《三線》

◇沖縄音楽と三線の心―我が三線修行の記　玉
城秀治著　那覇　ふくまさ　1997.4　230p
19cm〈文献あり〉1200円　Ⓝ762.1　〔5197〕
◇我が三絃人生に悔いはなし―島元離れて幾年
か　名渡山兼一著　南風原町（沖縄県）　那
覇出版社　1997.12　237p　22cm　2000円
①4-89095-092-3　Ⓝ768.11
内容　出逢いそして縁（むかし・むかしのこと　伝
旭先生との出会い　青年時代　やまとうたび　前
川朝昭先生・鶴の一声　ほか）　写真で綴る絃友会
島うたありくり（あれこれ）話（島うたありくり話
ナークニーのはなし　上り口説のはなし　安波節
の碑　安波の風景　ほか）　　　　　　〔5198〕
◇中国と琉球の三弦音楽　王耀華著　第一書房
1998.10　322p　20cm　（Academic series
new Asia 30）〈監訳：金城厚〉3800円
①4-8042-0683-3　Ⓝ762.199　　　　〔5199〕
◇三線のはなし　宜保栄治郎著　那覇　ひるぎ
社　1999.7　184p　18cm　（おきなわ文庫）
900円
内容　第1章　沖縄文化と三線　第2章　幻の名器
第3章　家宝の数々　第4章　選ばれた名器　第5章
三線の周辺　第6章　三線群像　　　　〔5200〕
◇「三線のひろがりと可能性」展―特別展　沖
縄県立博物館編　那覇　沖縄県立博物館
1999.8　79p　30cm〈会期：1999年8月3日
―9月5日　年表あり〉Ⓝ768.11　〔5201〕
◇沖縄の三絃文化　名渡山兼一著　川崎　琉球
音楽絃友会　2000.3　11枚　19×26cm
Ⓝ768.11　　　　　　　　　　　　　〔5202〕
◇はじめての三線―沖縄・宮古・八重山の民謡
を弾く　漆畑文彦著　晩聲社　2000.10
199,31p　21cm　2000円　①4-89188-299-9
Ⓝ768.11
内容　第1章　基礎編（「沖縄音楽」のさまざまなジャ

「沖縄」がわかる本　6000冊　401

音楽　　　　　　　　　　　　　　　　　　　　　　　　　　芸術・芸能

ンル　よい三線っていったい何だ―材質と音色
いよいよ三線を入手する　練習の準備そして楽器
の手入れ　いざ三線を鳴らそう！　工工四読ん
で広がる民謡の世界）　第2章　実践編（最初の一曲
本調子　二揚　三下げ　早弾き）　　　　〔5203〕

◇竹富島民謡工工四―聲樂譜附　竹富公民館認
　定　崎山三郎編著　再版　宜野湾　崎山三郎
　2000.12　168p　27cm〈那覇　三ツ星印刷
　（印刷）〉5000円　Ⓝ767.51　　　　　〔5204〕

◇松田弘一作品集―琉球民謡工工四　松田弘一
　著　沖縄　キャンパス　2001.6　131p
　26cm　Ⓝ767.5199　　　　　　　　　〔5205〕

◇基本がよくわかる喜納流三線教本　初級編
　喜納昌永,喜納昌吉監修,沖縄音楽芸能スクー
　ル編　エイト社　2002.4　82p　30cm〈付
　属資料：ビデオ1〉5800円　①4-87164-280-1
　内容 第1章　三線ってどんな楽器　第2章　音を出
　す前に　第3章　チンダミ（調絃）をしてみよう　第
　4章　工工四（クンクンシ）について　第5章　音を出
　してみよう　第6章　基本的な練習曲　第7章　課題
　曲にチャレンジ　　　　　　　　　　　〔5206〕

◇沖縄島うた・ポップス工工四集　喜屋武均編
　沖縄　キャンパス　2003.1　59p　21×30cm
　〈発売：沖縄教販（沖縄）〉1905円　Ⓝ767.
　5199　　　　　　　　　　　　　　　　〔5207〕

◇だれでも弾ける五線譜工工四―三線独習書
　初歩から古典まで　比嘉剛編著　那覇
　Ruon社　2003.4　100p　30cm　2381円
　①4-906689-02-7　Ⓝ768.11　　　　　〔5208〕

◇沖縄島うた・ポップス工工四集　青版　喜屋
　武均,武田由美子,川村健一監修・採譜・著
　沖縄　キャンパス　2003.7　85p　21×30cm
　〈発売：沖縄教販（沖縄）〉1905円　Ⓝ767.
　5199　　　　　　　　　　　　　　　　〔5209〕

◇島唄弾き語りベスト20―沖縄三線で弾く　ド
　レミ楽譜出版社　2003.7　127p　26cm
　1600円　①4-8108-3345-3　Ⓝ767.8
　内容 島人ぬ宝　オジー自慢のオリオンビール
　オバー自慢の爆弾鍋　竹富島で会いましょう
　涙そうそう　さとうきび畑　満天の星　この街
　ワダツミの木　長い間 Best Friend　からた
　ち野道　島唄　OVER THE RAINBOW　ヤッ
　ホー！　ハイサイおじさん　花　安里屋ユンタ
　てぃんさぐぬ花　鷲ぬ鳥節　　　　　　〔5210〕

◇「沖縄三線」初歩の初歩入門―初心者に絶
　対!! Basic of沖縄三線　門内良彦著　ドレミ
　楽譜出版社　2003.7　71p　31cm　1000円
　①4-8108-3372-0　Ⓝ768.11
　内容 1 とりあえず音を出しましょう（ケースに
　入っているものと各部の名称　音を出す準備　音
　を合わせましょう　三線のかまえ方　さあ弾いて
　みよう）　2 いろんな音を出してみましょう（ポ

ジションにシールを貼りましょう　人差指・中指
で弾きましょう　小指を加えて仕上げましょう）
3 歌いながら弾いてみましょう（歌いながら弾い
てみよう（大きな古時計/涙そうそう）　早弾きに
挑戦！）　4 練習曲集（島人ぬ宝　安里屋ユンタ
花　島唄　てぃんさぐぬ花　　　　　　〔5211〕

◇島唄弾き語りベスト20―沖縄三線で弾く　v.
　2　ドレミ楽譜出版社　2004.2　135p　26cm
　1600円　①4-8108-5082-X　Ⓝ767.8
　内容 かりゆしの夜　イラヨイ月夜浜　恋の島鳩間
　島　くにぶん木の花　昔美しゃ今美しゃ　その時
　生まれたもの　がんばれ節　童神　芭蕉布　ファ
　ムレウタ〔ほか〕　　　　　　　　　　〔5212〕

◇BEGINいつまでも/ユガフ島―沖縄三線で弾
　く　BEGIN監修　ドレミ楽譜出版社　2004.
　5　31p　26cm　500円　①4-8108-8498-8
　Ⓝ767.8　　　　　　　　　　　　　　〔5213〕

◇島唄沖縄民謡ベスト20―沖縄三線で弾く　ド
　レミ楽譜出版社　2004.10　95p　26cm
　1400円　①4-8108-8798-7　Ⓝ767.5199
　内容 安里屋ユンタ　遊びションガネー　海ぬち
　んぼーらー　しょんかね節　西武門節　なり山あ
　ゃぐ　てぃんさぐぬ花　ヒヤミカチ節　唐船ドー
　イ　谷茶前節　あっちゃめー小　鳩間節　豊年音
　頭　祝節　嘉手久　とぅばらーま　加那ヨー　鷲
　ぬ鳥節　十九の春　かぎやで風節　　　〔5214〕

◇これなら弾ける！沖縄三線名曲集　ケイ・
　エム・ピー　2005.8　95p　31cm　1500円
　①4-7732-2360-X　Ⓝ767.5199　　　　〔5215〕

◇五線譜工工四―三線独習書　古典編 v.1　比
　嘉剛編著　那覇　Ruon社　2005.9　97p
　30cm　2857円　①4-906689-04-3　Ⓝ768.11
　　　　　　　　　　　　　　　　　　　〔5216〕

◇だれでも弾ける五線譜工工四―三線独習書
　初級から速弾まで　ポピュラー編　比嘉剛編
　著　那覇　Ruon社　2005.9　78p　30cm
　2857円　①4-906689-03-5　Ⓝ768.11　〔5217〕

◇初心者のための沖縄三線教本　島袋りりあ著
　ドレミ楽譜出版社　2005.10　23p　30cm
　1000円　①4-285-10307-9　Ⓝ768.11　〔5218〕

◇五線譜工工四―三線独習書　古典編 v.2　比
　嘉剛編著　那覇　Ruon社　2006.2　94p
　30cm　2857円　①4-906689-06-X　Ⓝ768.11
　　　　　　　　　　　　　　　　　　　〔5219〕

◇おきなわ島うた工工四大特集―作者が作成し
　た。三線教本の決定版　ポップス・童謡・愛
　唱歌　新崎松秀監修・編集・著　那覇　沖縄
　音楽・新崎松秀研究会企画　2006.3　190p
　21×30cm〈発売：沖縄教販（那覇）〉2809
　円　①4-900374-62-8　Ⓝ768.5　　　〔5220〕

芸術・芸能　　　　　　　　　　　　　　　　　　　　　　　　　　音楽

◇夢ぬふりむん―久保田吉盛作品集　琉球民謡
工工四　久保田吉盛著　〔沖縄〕　キャンパ
ス　2006.4　33p　26cm　1200円　Ⓝ767.
5199
〔5221〕

◇島唄弾き語りベスト20―沖縄三線で弾く　v.
3　ドレミ楽譜出版社　2006.7　143p　26cm
1600円　Ⓘ4-285-10902-6　Ⓝ767.8
内容 初花凛々　Raining　強く儚い者たち　プロ
メリア　星に願いを　やさしさに包まれて　帰る
場所　ハナミズキ　ハグしちゃお　さようならあ
りがとう〔ほか〕
〔5222〕

◇五線譜工工四―三線独習書　古典編　v.3　比
嘉剛編著　那覇　Ruon社　2006.7　108p
30cm　2857円　Ⓘ4-906689-07-8　Ⓝ768.11
〔5223〕

◇五線譜工工四―三線独習書　古典編　v.4　比
嘉剛編著　那覇　Ruon社　2006.9　99p
30cm　2857円　Ⓘ4-906689-09-4　Ⓝ768.11
〔5224〕

◇おきなわ島うた工工四大特集―作者が作成し
た。三線教本の決定版　ポップス・童謡・愛
唱歌　新崎松秀監修・編集・著　第2版（改
訂）　那覇　沖縄音楽・新崎松秀研究会企画
2006.10　190p　21×30cm　〈発売：沖縄教
販（那覇）〉　2809円　Ⓘ4-900374-62-8
Ⓝ768.11
〔5225〕

◇五線譜工工四―三線独習書　古典編　v.5　比
嘉剛編著　那覇　Ruon社　2006.10　135p
30cm　3333円　Ⓘ4-906689-10-8　Ⓝ768.11
〔5226〕

◇五線譜工工四―三線独習書　古典編　v.6　比
嘉剛編著　那覇　Ruon社　2006.11　140p
30cm　3333円　Ⓘ4-906689-11-6　Ⓝ768.11
〔5227〕

◇沖縄民謡・島うた工工四集　第1巻　金城実
監修，小浜司，古宇利仁美，松田一利，泉知行
編　沖縄　キャンパス　2007.3　72p　21×
30cm　〈発売：沖縄教販（那覇）〉1905円
Ⓘ978-4-900374-74-4　Ⓝ767.5199　〔5228〕

◇沖縄民謡・島うた工工四集　第2巻　金城実
監修，小浜司，古宇利仁美，松田一利，泉知行
編　沖縄　キャンパス　2007.4　72p　21×
30cm　〈発売：沖縄教販（那覇）〉1905円
Ⓘ978-4-900374-75-1　Ⓝ767.5199　〔5229〕

◇沖縄島うた・ポップス工工四集　緑版　喜屋
武均，武田由美子，川村健一監修・採譜・著
沖縄　キャンパス　2007.5　85p　21×30cm
〈発売：沖縄教販（那覇）〉1905円　Ⓘ978-4-
900374-82-9　Ⓝ767.5199
〔5230〕

◇屋嘉宗業三絃を響かせ　屋嘉和子著，大山了
己編　〔出版地不明〕　大山了己　2007.5
171p　20cm　〈肖像あり　年譜あり　発売：
沖縄タイムス社出版部（那覇）〉　1143円
Ⓘ978-4-87127-625-2　Ⓝ768.11　〔5231〕

◇だれでも弾ける五線譜工工四―三線独習書
初級から速弾まで　ポピュラー編2　比嘉剛
編著　那覇　Ruon社　2007.7　94p　30cm
2857円　Ⓘ978-4-903915-01-2　Ⓝ768.11
〔5232〕

◇三線ぬ山学校―古典や民謡の教室では教えな
い!?曲集　仲本ツトム監修，仲本ツトム採譜・
作譜・解説　沖縄　キャンパス（発売）
2007.10　81p　19×26cm　2381円　Ⓝ768.7
〔5233〕

◇山内昌春作品・歌唱集―琉球民謡工工四　山
内昌春著　沖縄　キャンパス　2007.11
67p　21×30cm　2500円　Ⓝ768.11　〔5234〕

◇どぅしぐゎー（友人）の歌―工工四＆三線勘
所譜（タブ譜）付楽譜　大工哲弘編著，森美千
代曲解説　ケイ・エム・ピー　2008.5　123p
31cm　2500円　Ⓘ978-4-7732-2707-9
Ⓝ768.11
〔5235〕

◇沖縄三線楽譜集　2　三線譜・声楽譜・横笛
譜　クイチャーパラダイス　2008.8　55p
31cm　（クイチャーパラダイス式沖縄三線楽
譜ライブラリー）　5000円　Ⓘ978-4-904367-
00-1　Ⓝ768.11
〔5236〕

◇聲楽譜附屋嘉比朝寄工工四―上巻　國吉清昂
著，大城盛光監修　〔西原町（沖縄県）〕
〔國吉清昂〕　2009.11　231p　30cm　4000
円　Ⓝ767.5199
〔5237〕

◇聲楽譜附屋嘉比朝寄工工四―下巻　國吉清昂
著，大城盛光監修　〔西原町（沖縄県）〕
〔國吉清昂〕　2009.11　231p　30cm　4000
円　Ⓝ767.5199
〔5238〕

◇めんそ～れ！　知名定男の三線入門　日本放
送協会，日本放送出版協会編　日本放送出版協
会　2009.12　126p　30cm　（NHK趣味
悠々）〈教育テレビ2009年12月～2010年1月
講師：知名定男　付属資料（CD1枚　12cm）：
耳から覚える！　知名定男の島唄CD〉1200
円　Ⓘ978-4-14-188499-6　Ⓝ768.11　〔5239〕

◇沖縄三線で弾くビギンの唄本―オモトタケオ
3　BEGIN監修　ドレミ楽譜出版社　2010.
11　51p　26cm　1000円　Ⓘ978-4-285-
12807-9
内容 ビギンの三線ワンポイント・アドバイス　三
線について―工工四の読み方　一五一会弾き方講

「沖縄」がわかる本　6000冊　　403

音楽　　　　　　　　　　　　　　　　　　　　　　　　　　　　芸術・芸能

座　祝い古酒（クース）　でーじたらん　パーマ屋
ゆんた　医者半分ユタ半分　おもろまちで拾った
恋だもの　アンマー我慢のオリオンビール　金網
移民　爬竜舟　　　　　　　　　　　　　　〔5240〕

◇ざんしんさんしん簡単らくらく工工四（くー
くーしー）　シリーズ（1）　童謡　久田一人
著　名古屋　アートテクニカル/テクニカル
プレミアム　2011.5　45p　30cm　1000円
①978-4-990-54843-8　Ⓝ768.5　　　〔5241〕

◇ざんしんさんしん簡単らくらく工工四（くー
くーしー）　シリーズ（2）　叙情歌　久田一
人著　名古屋　アートテクニカル/テクニカ
ルプレミアム　2011.5　45p　30cm　1000円
①978-4-990-54844-5　Ⓝ768.5　　　〔5242〕

◇ざんしんさんしん簡単らくらく工工四（くー
くーしー）　シリーズ（3）　沖縄民謡　久田
一人著　名古屋　アートテクニカル/テクニ
カルプレミアム　2011.5　45p　30cm　1000
円　①978-4-990-54845-2　Ⓝ768.5　〔5243〕

◇俗風工工四―声楽譜附　川平朝彬編著,國吉
清昂著　〔西原町（沖縄県）〕　〔國吉清昂〕
2012.1　199p　30cm　3000円　Ⓝ767.5199
　　　　　　　　　　　　　　　　　　　〔5244〕

◇明日から使える沖縄三線！　超ウケネタソン
グ！　田代浩一,比嘉麗香監修・採譜アレン
ジ　ケイ・エム・ピー　2012.8　69p　31cm
1800円　①978-4-7732-3534-0　Ⓝ768.7
　　　　　　　　　　　　　　　　　　　〔5245〕

◇琉球民謡工工四―声楽譜付　知名定男編　第
2版　那覇　ディグ音楽プロモーション
2012.9　100p　30cm　3000円　Ⓝ768.5
　　　　　　　　　　　　　　　　　　　〔5246〕

◇三線の型の正型と名器の音色分析　平成24年
度　園原謙著　那覇　琉球三線楽器保存育成
会　2013.2　131p　21cm　（（社）沖縄県対
米請求権事業協会・助成シリーズ no.47）
Ⓝ768.11　　　　　　　　　　　　　　　〔5247〕

◇ドレミで覚える三線の基本教本＆ざんしんさ
んしん簡単らくらく工工四（くーくーしー）
ガイド―横書き直感指使い！　久田一人著
名古屋　アートテクニカル/テクニカルプレ
ミアム　2013.8　33p　30cm　〈発売：星雲
社〉　800円　①978-4-434-18029-3　Ⓝ768.11
内容　ドレミで覚える三線の基本教本（基礎知識
弾く前の準備　弾き方）　横書き直感指使い簡単
らくらく工工四ガイド（楽譜の読み方）　〔5248〕

◇ざんしんさんしん簡単らくらく工工四（くー
くーしー）シリーズ―三線を始めるなら　3
沖縄民謡　久田一人著　名古屋　アートテク
ニカル/テクニカルプレミアム　2013.8　45p

30cm　〈発売：星雲社〉　1000円　①978-4-
434-18030-9　Ⓝ768.5　　　　　　　　〔5249〕

◇やさしく弾ける沖縄三線の基礎―宮里スタイ
ル　宮里英克著　日本出版ネットワーク
2013.10　42p　30cm　2000円　①978-4-
905240-04-4　Ⓝ768.11　　　　　　　　〔5250〕

◇絶対！うまくなる三線100のコツ　仲本光正
著　ヤマハミュージックメディア　2013.12
139p　21cm　1800円　①978-4-636-90131-3
Ⓝ768.11
内容　イントロダクション　三線弾いてハッピーラ
イフ！　1 すべての弾き手に最高の楽器を　2 ま
ず鏡に対峙して座る　3 三線を上達するための4
カ条　4 形から入る模倣が上達の近道　5 唄は体
が楽器　6 ある日、突然うまくなる　7 みんなが
力を合わせると感動させる力が生まれる　8 調弦
は楽器に聴きなさい　9 失敗を恐れるな！　唄と
踊りで盛り上げよう　　　　　　　　　　〔5251〕

◇三線のチカラ―形の美と音の妙　平成25年度
博物館企画展　沖縄県立博物館・美術館監
修・編集　那覇　沖縄県立博物館・美術館
2014.2　107p　30cm　〈他言語標題：The
power of sanshin　会期：2014年2月18日―5
月11日　発売：文進印刷（糸満）〉　1600円
①978-4-904777-18-3　Ⓝ768.11　　　〔5252〕

◇どぅしぐゎー〈友人〉の歌―工工四＆三線勘
所譜〈タブ譜〉付楽譜　大工哲弘著・模範演
奏　ケイ・エム・ピー　2014.4　123p
31cm　（CD BOOK）　2800円　①978-4-
7732-3813-6　Ⓝ768.5　　　　　　　　〔5253〕

◇沖縄を知って三線を楽しもう　上巻　渡嘉敷
政子監修・編曲・著　渡嘉敷政子　2014.5
93p　21×30cm　〈発売：美ら島書房〉　3300
円　①978-4-9908652-7-6　Ⓝ768.5　〔5254〕

◇沖縄を知って三線を楽しもう　下巻　渡嘉敷
政子監修・編曲・著　渡嘉敷政子　2014.5
109p　21×30cm　〈発売：美ら島書房〉　3300
円　①978-4-9908652-6-9　Ⓝ768.5　〔5255〕

◇三線で聴きたい弾きたいJ-POP BEST 15―
沖縄三線ソロ曲集　ドレミ楽譜出版社
2014.12　103p　26cm　1500円　①978-4-
285-14184-9　Ⓝ768.7　　　　　　　　〔5256〕

◇島唄弾き語りレパートリー―沖縄三線で弾く
ドレミ楽譜出版社　2015.7　135p　26cm
1600円　①978-4-285-14307-2　Ⓝ767.8
　　　　　　　　　　　　　　　　　　　〔5257〕

◇沖縄（ウチナー）三線名曲集―これなら弾け
る！　鈴木正編　改訂版　ケイ・エム・
ピー　2015.7　95p　31cm　1600円　①978-
4-7732-4018-4　Ⓝ768.11　　　　　　　〔5258〕

404　「沖縄」がわかる本　6000冊

芸術・芸能　　　　　　　　　　　　　　　　　　　　　　舞踊・組踊

舞踊・組踊

◇琉球舞踊　沖縄県商工労働部観光文化局文化
振興課編　那覇　沖縄県　1995.3　120p
26cm〈琉球舞踊の年表(1404-1946)：p118
～119　付：参考文献〉Ⓝ769.199　　　〔5259〕

◇華の舞ごころ―琉球舞踊に生きて　佐藤太圭
子編著　那覇　沖縄タイムス社　1997.12
395p　22cm　9000円　Ⓘ4-87127-122-6
Ⓝ769.199
　内容 芸の極致を求めて　シドニーオペラハウス
での「鳩間節」　颯爽、重厚な踊　佐藤太圭子の芸
と心　沖縄の心を踊り続ける人――一つの沖縄舞踊
史　古典舞踊　老人踊り　若衆踊り　女踊り　二
才踊り〔ほか〕　　　　　　　　　　　　　　〔5260〕

◇組踊写本の研究　當間一郎著　第一書房
1999.3　383p　22cm　8500円　Ⓘ4-8042-
0692-2　Ⓝ769.199　　　　　　　　　　〔5261〕

◇翔舞―琉舞に魅せられて　玉城節子著　那覇
沖縄タイムス社　1999.7　402p　22cm〈年
譜あり〉9000円　Ⓘ4-87127-137-4　Ⓝ769.
199
　内容 古典舞踊　雑踊り　その他の舞踊　創作・振
付　組踊・歌劇ほか　その他の写真記録〔ほか〕
　　　　　　　　　　　　　　　　　　　　　〔5262〕

◇御冠船踊―組踊と舞踊　首里城普及書　海洋
博覧会記念公園管理財団編　〔本部町(沖縄
県)〕　海洋博覧会記念公園管理財団　2000.
2　72p　30cm〈年表あり〉Ⓝ769.199
　　　　　　　　　　　　　　　　　　　　　〔5263〕

◇琉球舞踊の世界―私の鑑賞法　勝連繁雄著
具志川　ゆい出版　2001.3　329p　19cm
2000円　Ⓘ4-946539-13-1　Ⓝ769.199〔5264〕

◇組踊への招待　矢野輝雄著　那覇　琉球新報
社　2001.8　367p　23cm　3800円　Ⓘ4-
89742-042-3　Ⓝ769.199
　内容 第1部 歴史と技法(組踊とは　組踊の作者
冠船と地方の組踊　組踊と組踊の詞章の特色
ほか)　第2部 作品鑑賞(執心鐘入　護佐丸敵討
銘苅子　女物狂　孝行之巻 ほか)　　　　　〔5265〕

◇組踊を聴く　矢野輝雄著　藤沢　瑞木書房
2003.2　666,74p　23cm〈発売：慶友社　著
作目録あり　年譜あり〉12380円　Ⓘ4-
87449-034-4　Ⓝ769.199
　内容 第1章 組踊とその時代背景(組踊とその時
代背景―大交易時代における冊封と芸能)　第2章
組踊と日本の芸能(玉城朝薫と大和芸能　能と沖
縄の古典舞踊 ほか)　第3章 組踊を聴く(戯曲と
しての組踊　組踊の演出 ほか)　第4章 沖縄の信
仰・芸能・文学(南島における来訪神の形　冠船
の寿星 ほか)　第5章 演者を語る(玉城盛重の創

作した踊り　演者としての由康先生 ほか)
　　　　　　　　　　　　　　　　　　　　　〔5266〕

◇組踊の世界―私の見方・楽しみ方　勝連繁雄
著　具志川　ゆい出版　2003.12　301p
21cm〈文献あり〉2000円　Ⓘ4-946539-22-0
Ⓝ769.199
　内容 組踊以前(組踊を生む要素)(組踊の三要素
へ　組踊と古典音楽)　作品鑑賞(執心鐘入　二重
敵討　銘苅子 ほか)　組踊雑感(演出の視点　保
持者の演出　唱えの魅力 ほか)　　　　　　〔5267〕

◇組踊御冠船踊を想定した王朝絵巻―国立劇場
おきなわ開場記念公演　国立劇場おきなわ運
営財団編　浦添　国立劇場おきなわ運営財団
2004.1　32p　30cm　500円　　　　　　　〔5268〕

◇組踊の昔・今・未来―国立劇場おきなわ開場
記念公演　国立劇場おきなわ運営財団編　浦
添　国立劇場おきなわ運営財団　2004.3
24p　30cm　500円　　　　　　　　　　　〔5269〕

◇神村真紀子古典女踊りの舞踊譜　神村真紀子
著　那覇　アドバイザー　2004.6　225p
31cm〈年譜あり〉Ⓝ769.199　　　　　　　〔5270〕

◇真珠道　浦添　国立劇場おきなわ運営財団
2004.8　81p　21cm　(国立劇場おきなわ上
演資料集 3)〈シリーズ責任表示：国立劇場
おきなわ調査養成課編　自主公演　年表あり
文献あり〉Ⓝ769.199　　　　　　　　　　〔5271〕

◇組踊入門　宜保榮治郎著　那覇　沖縄タイム
ス社　2004.9　261p　22cm〈文献あり〉
2857円　Ⓘ4-87127-168-4　Ⓝ769.199〔5272〕

◇手水の縁　浦添　国立劇場おきなわ運営財団
2004.10　107p　21cm　(国立劇場おきなわ
上演資料集 4)〈シリーズ責任表示：国立劇
場おきなわ調査養成課編　自主公演　年表あ
り　文献あり〉Ⓝ769.199　　　　　　　　〔5273〕

◇雪払い　浦添　国立劇場おきなわ運営財団
2005.1　72p　21cm　(国立劇場おきなわ上
演資料集 5)〈シリーズ責任表示：国立劇場
おきなわ調査養成課編　自主公演(開場一周
年記念)　年表あり　文献あり〉Ⓝ769.199
　　　　　　　　　　　　　　　　　　　　　〔5274〕

◇伝統組踊保存会三十周年記念誌　伝統組踊保
存会三十周年記念誌刊行委員会編　那覇　伝
統組踊保存会　2005.3　697p　27cm〈会
期・会場：平成14年11月21日　琉球新報ホー
ル〉12000円　Ⓝ769.199　　　　　　　　〔5275〕

◇奥山の牡丹　浦添　国立劇場おきなわ運営財
団　2005.7　60p　21cm　(国立劇場おきな
わ上演資料集 6)〈シリーズ責任表示：国立
劇場おきなわ調査養成課編　自主公演　年表

「沖縄」がわかる本 6000冊　**405**

舞踊・組踊　　　　　　　　　　　　　　　　　　　　　　　　　　　芸術・芸能

あり　文献あり〉Ⓝ769.199　　　　　〔5276〕

◇組踊がわかる本―沖縄学習まんが　大城立裕
監修,漢那瑠美子漫画　那覇　沖縄文化社
2005.7　109p　19cm　951円　Ⓘ4-902412-
06-3　Ⓝ769.199　　　　　　　　　〔5277〕

◇貞孝婦人　浦添　国立劇場おきなわ運営財団
2005.10　52p　21cm　（国立劇場おきなわ
上演資料集 7）〈シリーズ責任表示：国立劇
場おきなわ調査養成課編　自主公演　年表あ
り　文献あり〉Ⓝ769.199　　　　〔5278〕

◇微行の巻　浦添　国立劇場おきなわ運営財団
2005.12　51p　21cm　（国立劇場おきなわ
上演資料集 8）〈シリーズ責任表示：国立劇
場おきなわ調査養成課編　自主公演　年表あ
り　文献あり〉Ⓝ769.199　　　　〔5279〕

◇花売の縁　浦添　国立劇場おきなわ運営財団
2006.10　113p　21cm　（国立劇場おきなわ
上演資料集 10）〈自主公演　年表あり　文
献あり〉Ⓝ769.199　　　　　　　〔5280〕

◇孝行の巻　浦添　国立劇場おきなわ運営財団
2007.1　116p　21cm　（国立劇場おきなわ
上演資料集 11）〈自主公演　年表あり　文
献あり〉Ⓝ769.199　　　　　　　〔5281〕

◇躍―児玉清子と沖縄芸能　〔児玉清子〕
〔著〕,東京・沖縄芸能保存会編　那覇　新星
出版　2007.9　335p　図版10枚　22cm〈肖
像あり　年表あり〉　3500円　Ⓘ978-4-
902193-08-4　Ⓝ769.199　　　　　〔5282〕

◇義臣物語　浦添　国立劇場おきなわ運営財団
2007.9　111p　21cm　（国立劇場おきなわ
上演資料集 13）〈自主公演　年表あり　文
献あり〉Ⓝ769.199　　　　　　　〔5283〕

◇組踊がわかる本―沖縄学習まんが　2　大城
立裕監修,漢那瑠美子漫画　那覇　沖縄文化
社　2007.11　125p　19cm　951円　Ⓘ978-
4-902412-11-6　Ⓝ769.199　　　　〔5284〕

◇大城崩―自主公演　浦添　国立劇場おきなわ
運営財団　2008.4　96p　21cm　（国立劇場
おきなわ上演資料集 15）〈年表あり　年譜
あり　文献あり〉Ⓝ769.199　　　〔5285〕

◇二山和睦―自主公演　浦添　国立劇場おきな
わ　2008.10　94p　21cm　（国立劇場おき
なわ上演資料集 17）〈文献あり〉Ⓝ769.199
　　　　　　　　　　　　　　　　〔5286〕

◇沖縄の唄と踊り―国際音楽の日記念　平成20
年度（第63回）文化庁芸術祭祝典　国立劇場
営業部宣伝課編　日本芸術文化振興会
2008.10　〔5〕枚　30cm　　　　　〔5287〕

◇報恩の舞「温故知新」―勤王流八重山舞踊保
存会故初代会主石垣寛吏先生生誕一〇〇年記
念公演　遠さから永さから御守りたぼーり
〔那覇〕　〔勤王流八重山舞踊保存会〕
2008.12　120p　30cm〈会期・会場：2008年
12月11日　石垣市民会館大ホール〉Ⓝ769.
199　　　　　　　　　　　　　　　〔5288〕

◇追悼新垣典子―天空に舞う南風とともに　那
覇　新垣典子追悼記念誌発刊実行委員会
2009.3　278p　31cm〈年譜あり〉Ⓝ769.
199　　　　　　　　　　　　　　　〔5289〕

◇ダンスに魅せられて―沖縄ダンスあれこれ
伊豆味正昌著　朝文社　2009.4　151p
19cm　1500円　Ⓘ978-4-88695-220-2
Ⓝ913.6
　｜内容｜ダンスとの出会い　三条と三星　東京へ
　競技会　東京青年と沖縄クイック　「がた」が来る
　と　蟻ときりぎりす　モーニング・イレブン　捨
　てる神あらば　幸運と不運　同期生会　吉永明子
　とカルチャーセンター　定滞族と音痴　超一流の
　不器用　喝采　　　　　　　　　　〔5290〕

◇銘苅子―自主公演　浦添　国立劇場おきなわ
運営財団　2009.7　93p　21cm　（国立劇場
おきなわ上演資料集 18）〈年表あり　文献
あり〉Ⓝ769.199　　　　　　　　〔5291〕

◇東辺名夜討―自主公演　浦添　国立劇場おき
なわ　2009.9　114p　21cm　（国立劇場お
きなわ上演資料集 19）〈年表あり　文献あ
り〉Ⓝ769.199　　　　　　　　　〔5292〕

◇大川敵討―自主公演　浦添　国立劇場おきな
わ　2009.12　154p　21cm　（国立劇場おき
なわ上演資料集 20）〈年表あり　文献あり〉
Ⓝ769.199　　　　　　　　　　　〔5293〕

◇琉舞手帖―初心者から上級者までの琉球舞踊
解説書　大道勇著　那覇　ボーダーインク
2010.5　263p　21cm〈文献あり　索引あり〉
2400円　Ⓘ978-4-89982-180-9　Ⓝ769.199
　　　　　　　　　　　　　　　　〔5294〕

◇伏山敵討―自主公演平成二十二年（二〇一
〇）七月　浦添　国立劇場おきなわ　2010.6
114p　21cm　（国立劇場おきなわ上演資料
集 21）〈年表あり　文献あり〉Ⓝ769.199
　　　　　　　　　　　　　　　　〔5295〕

◇執心鐘入―自主公演平成二十二年（二〇一
〇）十月　浦添　国立劇場おきなわ　2010.9
85p　21cm　（国立劇場おきなわ上演資料集
22）〈年表あり　文献あり〉Ⓝ769.199
　　　　　　　　　　　　　　　　〔5296〕

◇組踊―国立劇場おきなわ組踊普及書　大城學
監修,国立劇場おきなわ調査養成課編　浦添

芸術・芸能　　　　　　　　　　　　　　　　　　　　　　　　　　　舞踊・組踊

国立劇場おきなわ　2011.1　63p　26cm
〈年表あり〉Ⓝ769.199
〔5297〕

◇二童敵討―自主公演平成二十三年（二〇一
一）二月　浦添　国立劇場おきなわ　2011.1
158p　21cm　（国立劇場おきなわ上演資料
集　23）〈年表あり　文献あり〉Ⓝ769.199
〔5298〕

◇組踊―鑑賞の手引き　国立劇場おきなわ　国
立劇場おきなわ調査養成課編　浦添　国立劇
場おきなわ　2011.1　19p　21cm　〔5299〕

◇万歳敵討―自主公演平成二十三年（二〇一
一）七月　浦添　国立劇場おきなわ　2011.6
169p　21cm　（国立劇場おきなわ上演資料
集　24）〈年表あり　文献あり〉Ⓝ769.199
〔5300〕

◇真北風（まにし）が吹けば―琉球組踊続十番
大城立裕著　K&Kプレス　2011.6　359p
20cm　〈タイトル：真北風が吹けば〉2000円
①978-4-906674-42-8　Ⓝ912.6
内容　いとしや、ケンムン（奄美）　羅針盤由来
記（糸満）　龍潭伝（首里）　君南風の恋（久米島）
ハブの祝祭（やんばる）　異本 銘苅子　愛よ、海
をわたれ　真北風が吹けば　対馬丸　名護情話―
外伝 白い煙と黒い煙　〔5301〕

◇八重瀬のおはなし―絵本　浦崎栄徳監修　八
重瀬町（沖縄県）　沖縄県立南部商業高等学
校マーケティング部　2011.7　45p　21×
30cm　〈発売：近代美術（南風原町）〉571円
①978-4-9905926-0-8　Ⓝ912.6
内容　組踊身替忠女 金城千里 絵　新垣琴乃 編
民話カニカマルー 宮城愛 絵　新垣琴乃 編
〔5302〕

◇世界の至宝組踊―ユネスコ無形文化遺産登録
琉球新報社編　那覇　琉球新報社　2011.9
74p　21cm　〈年表あり〉　発売：琉球プロ
ジェクト（那覇）〉933円　①978-4-89742-
134-6　Ⓝ769.199
内容　第1章 組踊の始まり（組踊の創始者玉城朝
薫　「朝薫の五番」忠・孝・節描く　組踊の仕組
み ほか）　第2章 組踊の広がり（県内各地に伝わ
る組踊　戦前戦後支えた重鎮 人間国宝 - 芸の道
一筋）　第3章 組踊の現在（組踊の魅力と課題―座
談会　未来へ羽ばたく組踊研修生　各地へ出張普
及に意欲 子の会 ほか）　〔5303〕

◇琉球舞踊に生きて―真境名佳子伝　『真境名
佳子伝琉球舞踊に生きて』刊行委員会編著
那覇　沖縄タイムス社　2011.11　320p
22cm　〈年譜あり〉5000円　①978-4-87127-
201-8　Ⓝ769.199
〔5304〕

◇賢母三遷の巻―自主公演平成二十四年（二〇
一二）二月　浦添　国立劇場おきなわ　2012.

1　179p　21cm　（国立劇場おきなわ上演資
料集　25）〈年表あり　文献あり〉Ⓝ769.199
〔5305〕

◇父子忠臣の巻―自主公演平成二十四年（二〇
一二）三月　浦添　国立劇場おきなわ　2012.
2　97p　21cm　（国立劇場おきなわ上演資
料集　26）〈年表あり　文献あり〉Ⓝ769.199
〔5306〕

◇仲尾次豊年踊120年祭記念誌　仲尾次豊年踊
120年祭記念事業実行委員会記念誌部編
〔名護〕　仲尾次豊年踊120年祭記念事業実行
委員会　2012.4　188p　30cm　〈会期・会
場：平成23年10月5日 仲尾次公民館　発行
所：名護市仲尾次公民館　年表あり〉Ⓝ386.
8199
〔5307〕

◇姉妹敵討―自主公演　浦添　国立劇場おきな
わ　2012.8　171p　21cm　（国立劇場おき
なわ上演資料集 27）〈年表あり　文献あり〉
Ⓝ769.199
〔5308〕

◇巡見官（じゅんちんぬくゎん）―自主公演平
成二十四年（二〇一二）十月　浦添　国立劇
場おきなわ　2012.10　118p　21cm　（国立
劇場おきなわ上演資料集 28）〈年表あり
文献あり〉Ⓝ769.199
〔5309〕

◇矢蔵之比屋（やぐらぬひゃー）―自主公演平
成二十五年（二〇一三）二月　浦添　国立劇
場おきなわ　2013.1　151p　21cm　（国立
劇場おきなわ上演資料集 29）〈年表あり
文献あり〉Ⓝ769.199
〔5310〕

◇繚乱の人―Rieko Taira　宮﨑義敬著　展望
社　2013.7　240p　20cm　1800円　①978-
4-88546-257-3　Ⓝ769.199
内容　沖縄の舞姫　父母のふるさと　伊江島の思
い出　母子上京　日本舞踊から沖縄舞踊へ　伊波
普猷先生追悼の会　「赤道祭」のモデルといわれ
て　國學院大學で　折口博士の通夜　日舞・琉舞
の交流〔ほか〕　〔5311〕

◇糸納敵討―自主公演平成二十五年（二〇一
三）八月　浦添　国立劇場おきなわ　2013.8
113p　21cm　（国立劇場おきなわ上演資料
集 30）〈年表あり　文献あり〉Ⓝ769.199
〔5312〕

◇西南敵討―自主公演平成二十五年（二〇一
三）十月　浦添　国立劇場おきなわ　2013.
10　77p　21cm　（国立劇場おきなわ上演資
料集 31）〈年表あり　文献あり〉Ⓝ769.199
〔5313〕

◇女物狂　浦添　国立劇場おきなわ　2014.3
108p　21cm　（国立劇場おきなわ上演資料
集 32）〈自主公演　年表あり　文献あり〉

芸能・演劇・映画　　　　　　　　　　　　　　　　　　　　　　芸術・芸能

Ⓝ769.199　　　　　　　　　〔5314〕

◇未生の縁―自主公演平成二十六年（二〇一
　四）九月　浦添　国立劇場おきなわ　2014.9
　123p　21cm　（国立劇場おきなわ上演資料
　集 33）〈年表あり　文献あり〉Ⓝ769.199
　　　　　　　　　　　　　　　〔5315〕

◇辺戸の大主―自主公演平成二十七年（二〇一
　五）一月　浦添　国立劇場おきなわ　2015.1
　88p　21cm　（国立劇場おきなわ上演資料集
　34）〈年表あり　文献あり〉Ⓝ769.199
　　　　　　　　　　　　　　　〔5316〕

◇忠臣身替の巻―自主公演平成二十七年（二〇
　一五）三月　浦添　国立劇場おきなわ運営財
　団　2015.3　109p　21cm　（国立劇場おき
　なわ上演資料集 35）〈年表あり　文献あり〉
　Ⓝ769.199　　　　　　　　　〔5317〕

◇琉球舞踊保存会保持者聞き取り調査報告書
　地謡編 第1集　那覇　琉球舞踊保存会
　2015.3　45p　30cm　　　　　〔5318〕

◇久志の若按司―自主公演平成二十七年（二〇
　一五）十月　浦添　国立劇場おきなわ運営財
　団　2015.9　112p　21cm　（国立劇場おき
　なわ上演資料集 36）〈年表あり　文献あり〉
　Ⓝ769.199　　　　　　　　　〔5319〕

◇忠臣義勇―自主公演平成二十七年（二〇一
　五）十二月　浦添　国立劇場おきなわ　2015.
　12　62p　21cm　（国立劇場おきなわ上演資
　料集 37）〈年表あり　文献あり〉Ⓝ769.199
　　　　　　　　　　　　　　　〔5320〕

芸能・演劇・映画

◇城の上には十六夜月―ぴとぅのうたた寝言
　照屋京子著　那覇　ボーダーインク　1995.4
　219p　19cm　1500円　Ⓝ770.49　〔5321〕

◇わが師を語る―琉球芸能の先達　沖縄芸能史
　研究会編　南風原町（沖縄県）　那覇出版社
　1995.7　284p　19cm　（那覇出版文庫）
　1500円
　　内容　第1部 わが師を語る（師匠の立居振舞や人物
　に魅せられる―屋我良勝師を語る　沖縄芸能の発
　展を予期した父・師―新垣松含師を語る　慎しみ
　の一字―真境名由康師を語る　天性の芸術家―玉
　城盛義師を語る ほか）　第2部 師の芸と作品を語
　る（真境名由康の芸と作品　生誕百年記念玉城盛
　義を語る　生誕百年島袋光裕を語る　歌・三線の
　名人安富祖竹久を語る）　　　　〔5322〕

◇九州・沖縄シネマ風土記　井上智重著　熊本
　熊本出版文化会館　1995.12　374p　20cm

〈発売：亜紀書房〉2000円　Ⓘ4-7505-9532-2
Ⓝ778.21
　内容　福岡　佐賀　長崎　熊本　大分　宮崎　鹿
　児島　沖縄　　　　　　　　　　〔5323〕

◇国立劇場琉球芸能公演上演台本　第8回　組
　踊―沖縄演劇の伝統　国立劇場事業部宣伝課
　編　日本芸術文化振興会　1996.3　68p
　26cm　Ⓝ386.8　　　　　　　〔5324〕

◇野嵩マールアシビ・組踊宜野湾敵討　宜野湾
　市教育委員会文化課編　宜野湾　宜野湾市教
　育委員会　1996.3　104p　30cm　（口承民
　俗芸能記録保存調査報告書）〈組踊関係主要
　文献目録（摘録）：p92～104〉Ⓝ386.8〔5325〕

◇伝統の継承―琉球古典芸能コンクール30年
　琉球新報社事業局編　那覇　琉球新報社
　1996.11　469p　27cm　2913円　Ⓝ386.8199
　　　　　　　　　　　　　　　〔5326〕

◇八重芸―琉球大学八重山芸能研究会創立三十
　周年記念誌　山里純一編　［西原町（沖縄
　県）〕　琉球大学八重山芸能研究会　1997.3
　306p　27cm　〈年表あり〉Ⓝ386.8199〔5327〕

◇沖縄アクターズスクールの不思議　伊波正文
　撮影　扶桑社　1997.8　102p　29cm　（扶
　桑社ムック）　1238円　Ⓘ4-594-60116-2
　Ⓝ771.7　　　　　　　　　　　〔5328〕

◇沖縄アクターズスクール公式ガイド―めざ
　せ、スーパースター！　マキノ正幸監修
　ネスコ　1997.9　221p　19cm　〈発売：文藝
　春秋〉1300円　Ⓘ4-89036-954-6　Ⓝ771.7
　　内容　第1章 マキノ正幸校長の型破り教育論　第2
　章 マキノ正幸とアクターズ・ストーリー　第3章
　アクターズってどんな学校？　第4章 アクター
　ズを支えるインストラクターたち　第5章 これか
　らのアクターズ、マキノ校長が目指すもの
　　　　　　　　　　　　　　　〔5329〕

◇てるりん自伝　照屋林助〔著〕、北中正和編
　みすず書房　1998.1　410,25p　20cm　〈付属
　資料：14p（18cm）：照屋林助の肖像　年表あ
　り〉2800円　Ⓘ4-622-04254-1　Ⓝ779
　　内容　チャンプラリズムとはなんじゃいな…　里
　帰り　生き返り節　むる判らん　かてえむん　年
　中行事口説　　　　　　　　　　〔5330〕

◇芸能の原風景―沖縄県竹富島の種子取祭台本
　集　全国竹富島文化協会編著　藤沢　瑞木書
　房　1998.2　322p　22cm　〈発売：慶友社〉
　4800円　Ⓘ4-87449-028-X　Ⓝ386.8199
　　内容　1 世乞い・庭の芸能・弥勒　2 玻座間の舞
　台芸能　3 仲筋の舞台芸能　4 竹富島の種子取祭
　　　　　　　　　　　　　　　〔5331〕

◇bb「スペシャルドリーム」―沖縄アクターズ

芸術・芸能　　　　　　　　　　　　　　　　　　　　　　芸能・演劇・映画

スクール写真集　加納典明撮影　小学館
1998.2　1冊　26×21cm　1500円　Ⓓ4-09-
363575-7
＊安室奈美恵・SPEED・DA PUMPなど次々とス
ターを生み出している沖縄アクターズスクール。
50人からなるスクールのトップ「B.B.WAVES」
メンバーのPHOTO&MESSAGES。　　　〔5332〕

◇才能　マキノ正幸著　講談社　1998.7　205p
20cm　1500円　Ⓓ4-06-209102-X　Ⓝ771.7
内容 第1章 沖縄アクターズスクールの「才能」た
ち（安室奈美恵という「才能」 自分だけの「才能」
に出会う 僕のオーディションに集まれ！）第2
章「才能」を求めて（生い立ち 沖縄へ）第3章
ブレイクスルー（教育法の確立 沖縄アクターズ
スクール・メソッド 安室奈美恵に賭ける 沖縄
アクターズスクールはこう変わった）第4章「才
能」に託す夢（子供たちのために 沖縄が変わる
メッセージ）　　　　　　　　　　　　　　〔5333〕

◇八重山芸能文化論　森田孫榮著　那覇　森田
孫榮先生論文集刊行事業委員会　1999.1
831p　23cm　13800円　Ⓝ386.8199　〔5334〕

◇沖縄の芸能・文化の産業化の可能性―芸能・
文化の就業及び雇用創出に果たす役割　調査
報告書　雇用開発推進機構監修　那覇　雇用
開発推進機構　1999.3　62p　30cm　Ⓝ772.
199　　　　　　　　　　　　　　　　　　〔5335〕

◇日本の傳統藝能―本田安次著作集　第18巻
南島採訪　本田安次著　錦正社　1999.4
497p　22cm　20000円　Ⓓ4-7646-0518-X
Ⓝ386.81
内容 南島採訪記（八重山諸島 宮古島 沖縄本島
続南島採訪記）奄美の旅　　　　　　　〔5336〕

◇日本の傳統藝能―本田安次著作集　第19巻
沖縄の藝能 伊豆の島々の藝能　本田安次著
錦正社　1999.9　762p　図版13枚　22cm
20000円　Ⓓ4-7646-0519-8　Ⓝ386.81
内容 沖縄の芸能（芸能の背景 成立と発展 祭
と芸能採訪録 資料篇 ほか）伊豆の島々の芸能
（三宅島の芸能 御蔵島の芸能 新島の芸能 神
津島の芸能 ほか）　　　　　　　　　　　〔5337〕

◇映像文化論・沖縄発　いき一郎著　那覇　東
洋企画　2000.3　103p　19cm　950円　Ⓓ4-
938984-13-X
内容 記号、映像文化のながれ 活動写真・各種
映画、テレビ作品 シナリオの「電動画像」化 カ
メラと撮影 電動映像の編集、モンタージュ 音
声、音楽 フィルム、ビデオ、液晶を見る 真実と
疑似空間 思想とイメージ マルチ・ファッショ
ン（ほか）　　　　　　　　　　　　　　〔5338〕

◇映像文化論・沖縄発　壱岐一郎著　〔那覇〕
編集工房東洋企画　2000.3　103p　21cm
950円　Ⓘ978-4-938984-15-1　Ⓝ778.04
　　　　　　　　　　　　　　　　　　　〔5339〕

◇ふんぬむとぅ―石垣仲筋会三十五周年記念誌
石垣仲筋会創立三十五周年記念誌編集委員会
編　〔石垣〕　〔石垣仲筋会創立三十五周年
記念誌編集委員会〕　2001.2　180p　26cm
Ⓝ386.8199　　　　　　　　　　　　　　〔5340〕

◇村芝居―ぎのわんのムラアシビ 市内民俗芸
能調査報告書　沖縄県宜野湾市教育委員会文
化課編　宜野湾　宜野湾市教育委員会
2001.3　248p　30cm 〈文献あり〉　Ⓝ386.
8199　　　　　　　　　　　　　　　　　〔5341〕

◇ちゅらさん―連続テレビ小説　岡田惠和作
日本放送出版協会　2001.4　112p　26cm
（NHKドラマ・ガイド）　1000円　Ⓓ4-14-
923535-X　Ⓝ778.8　　　　　　　　　　　〔5342〕

◇アンヤタサ！―沖縄・戦後の映画 1945―
1955　山里将人著　那覇　ニライ社　2001.8
264p　21cm 〈年表あり〉 発売：新日本教育
図書〉2000円　Ⓓ4-931314-50-3　Ⓝ778.09
内容 1 戦後映画興行の幕開け1945・1950―闇
フィルム・巡回映画・無声映画の時代（廃墟の中で
芸能復活 映画興行幕開け 巡回映画と闇フィル
ム 無声映画と弁士 ほか）2 戦後沖縄映画界の
明暗1951・1955―貿易再開・正規輸入フィルム上
映の時代（快進撃の映画界 正規輸入作品上映 配
給ルート確立 映画館の明暗 CMPE解体、自主
配給開始 ほか）　　　　　　　　　　　　〔5343〕

◇美ら島清ら心　平良とみ著　アミューズブッ
クス　2001.10　190p　21cm　1600円　Ⓓ4-
906613-87-X　Ⓝ772.1
内容 カリユシおばぁ―『ちゅらさん』東京最後
の撮影で起きた奇跡 おばぁは家ぬ中柱―沖縄お
ばぁがたくましい理由 きからじは女の命―副業
は守礼門の髪結師 アンマーたちの泣き笑い―女
が支えた沖縄芝居 アケズ羽の衣―宮古上布と宮
古ことばへの思い 命グスイ―沖縄人長寿の秘訣
は「医食同源」 美ら島からの出発―アルバイト感
覚で飛び込んだ芝居の世界 涙ソーソーの晴れ舞
台―一番辛い記憶 小さな看板女優―方言撲滅運
動から沖縄戦へ よみがえる沖縄芝居―生涯の恩
人・故翁長小次郎さんを偲ぶ 『ナビィの恋』裏話
―若いころから“おばぁ”だった よーんなーよー
んなー芝居―めざすは沖縄芝居の再生 黄金言葉
―アヤーと芝居が教えてくれた宝物 めんそーれ
沖縄―おばぁの大きな夢　　　　　　　　〔5344〕

◇沖縄芸能列伝―和宇慶文夫版画集　和宇慶文
夫著, ビセカツ文, 上原直彦監修　〔沖縄〕
丹鶴躑躅山房　2001.10　113p　30cm　4762
円　Ⓝ772.199　　　　　　　　　　　　　〔5345〕

◇沖縄芝居と共に―老役者の独り言　真喜志康
忠著　那覇　新報出版　2002.7　246p 図版
16p　22cm 〈年譜あり〉2400円　Ⓓ4-
916224-13-2　Ⓝ772.199　　　　　　　　〔5346〕

◇カチャーシーどーい―黒潮文化と乱舞の帯

「沖縄」がわかる本 6000冊　409

芸能・演劇・映画　　　　　　　　　　　　　　　　　　　芸術・芸能

仲宗根幸市著　那覇　ボーダーインク
2002.12　115p　19cm　（ぱさないbooks 1）
1200円　⑪4-89982-034-8　Ⓝ386.819
内容　第1章 各地のぞめき　第2章 カチャーシー
の源流　第3章 乱舞の帯　第4章 カチャーシーと
は何か　第5章 カチャーシーの展開　第6章 カチ
ャーシーのこころ　　　　　　　　　　　　〔5347〕

◇舞台—関西沖縄芸能とのふれあい　宮城正雄
著　〔尼崎〕　〔宮城正雄〕　2003.8　269p
26cm 〈背のタイトル：関西沖縄芸能とのふ
れあい〉 2000円　Ⓝ386.8199　　　　　〔5348〕

◇沖縄伝統舞踊・創作舞踊—国立劇場おきなわ
開場記念公演　国立劇場おきなわ運営財団編
浦添　国立劇場おきなわ運営財団　2004.1
32p　30cm　500円　　　　　　　　　　〔5349〕

◇沖縄民謡と沖縄芝居—国立劇場おきなわ開場
記念公演　国立劇場おきなわ運営財団編　浦
添　国立劇場おきなわ運営財団　2004.2
40p　30cm　500円　　　　　　　　　　〔5350〕

◇能楽公演—沖縄の伝統芸能に影響を与えた本
土の芸能　国立劇場おきなわ開場記念公演
国立劇場おきなわ運営財団編　浦添　国立劇
場おきなわ運営財団　2004.2　28p　30cm
500円　　　　　　　　　　　　　　　　　〔5351〕

◇民俗芸能シマ（村落）の賑わい—国立劇場お
きなわ開場記念公演　国立劇場おきなわ運営
財団編　浦添　国立劇場おきなわ運営財団
2004.2　48p　30cm　500円　　　　　　　〔5352〕

◇アジア・本土の三絃類と沖縄の三線—アジ
ア・太平洋地域の芸能　国立劇場おきなわ開
場記念公演　国立劇場おきなわ運営財団編
浦添　国立劇場おきなわ運営財団　2004.3
36p　30cm　500円　　　　　　　　　　〔5353〕

◇三線音楽の伝統と創造—国立劇場おきなわ開
場記念公演　国立劇場おきなわ運営財団編
浦添　国立劇場おきなわ運営財団　2004.3
36p　30cm　500円　　　　　　　　　　〔5354〕

◇ドラマ「ちゅらさん」ファンブック　NHK
「ちゅらさん」制作班,編集スタッフ編　新装
改訂版　双葉社　2004.10　159p　21cm
1200円　⑪4-575-29738-0　Ⓝ778.8
内容　1「ちゅらさん3」スペシャルレポート　2
「ちゅらさん」のロケ地を訪ねて　3「ちゅら
さん」メイキング・ストーリー　4 ゴーヤーマン大
集合!!　5「ちゅらさん」「ちゅらさん2」ドラマ
データ　6 作者&制作スタッフインタビュー　7
「ちゅらさん」名せりふ集　8「ちゅらさん」百科
事典　　　　　　　　　　　　　　　　　〔5355〕

◇行き逢えば兄弟—沖縄の島には活力がある
玉城正保著　郵研社　2005.6　222p　20cm

1500円　⑪4-946429-63-8　Ⓝ386.8199
内容　第1章 文化交流16年のあゆみ（一九八七年
国内公演　一九八九年 ベルギー公演 ほか）　第
2章 沖縄文化と民間外交（美ら島沖縄大使 行き
逢えば皆兄弟・四海之内皆兄弟也 ほか）　第3章
三隅治雄氏による沖縄芸能小史　第4章 沖縄伝統
芸能の世界（沖縄伝統芸能への誘い　宮廷舞踊 ほ
か）　第5章 時々の随想—『東京沖縄文化通信』の
社説から　　　　　　　　　　　　　　　　〔5356〕

◇沖縄芸能の可能性　宜野湾　沖縄国際大学公
開講座委員会　2005.12　321p　19cm　（沖
縄国際大学公開講座 14）〈発売：編集工房
東洋企画（那覇）　シリーズ責任表示：沖縄
国際大学公開講座委員会/編　会期・会場：
2004年6月19日—11月13日　沖縄国際大学7号
館201教室〉1500円　⑪4-938984-37-7
Ⓝ772.199
内容　国立劇場と沖縄芸能の可能性　琉球舞踊と
玉城盛義　沖縄の民話と芸能　琉球芸能の可能性
沖縄芝居と沖縄方言　琉歌を語る、歌う　祭祀芸能
の地理的基盤—本部町村落の景観変化　本土芸能
と琉球芸能一覧書　琉球舞踊と初代宮城能造　創
作組踊の可能性—大城立裕の「新五番」　組踊、
いまむかし　　　　　　　　　　　　　　　〔5357〕

◇小浜島の芸能—記録作成等の措置を講ずべき
無形の民俗文化財 民俗文化財地域伝承活動
（資料作成・周知）報告書　竹富町教育委員
会小浜島の芸能記録作成調査委員会編　〔石
垣〕　沖縄県竹富町教育委員会　2006.3
237p　30cm　Ⓝ386.8199　　　　　　　〔5358〕

◇宮古のクイチャー調査報告書　沖縄県教育庁
文化課編　那覇　沖縄県教育委員会　2006.3
209p　30cm　（沖縄県文化財調査報告書
145集）　Ⓝ386.8199　　　　　　　　　〔5359〕

◇「オンリーワン」プログラム—夢さえあれば
子どもは育つ　沖縄アクターズインターナ
ショナル　本橋千明著　日本文芸社　2006.5
219p　20cm　1400円　⑪4-537-25368-1
Ⓝ771.7
内容　序章 沖縄アクターズが目指したもの（伝説
的な沖縄アクターズスクール　「オンリーワン」と
マリリン・モンロー　沖縄アクターズスクールの
栄枯盛衰　「沖縄アクターズインターナショナル」
の誕生）　第1章 選ばれる子ども、選ばれない子
ども（「選ばれること」がはじめの一歩　なぜ他人
に頭を下げるのか ほか）　第2章 子どもの居場所
と親の価値観（夢を持てばどんな子どもでも輝き
だす　夢のつくり方なんて教わってない!? ほか）
第3章 帳尻合せという哲学（懐しさを感じる子ど
も、感じない子ども　いじめと妬みをどう克服
するか ほか）　第4章「夢を持つという」希望（歌っ
て踊れる社会人を育てる　「一生懸命」と「ゆと
り教育」ほか）　　　　　　　　　　　　　〔5360〕

◇なんくるないサー！—オッカーと僕とアメリ

芸術・芸能　　　　　　　　　　　　　　　　　　　　　　　　　　　　芸能・演劇・映画

◇カだった沖縄と　肥後克広著　晋遊舎
2007.7　263p　19cm　〈肖像あり〉　1300円
①978-4-88380-646-1　Ⓝ779.14
｜内容｜第1章　母と僕と『ひさご食堂』　第2章　キマ
いサワ　第3章　僕が見たアメリカ文化　第4章　学
生時代の僕と母　第5章　極貧芸人時代　第6章　日
本一自由なタレント　第7章　母の入院　　〔5361〕

◇九州地方の民俗芸能　6　鹿児島3・沖縄　三
隅治雄、大島暁雄、吉田純子編　鹿児島県教育
委員会、沖縄県教育委員会編　海路書院
2007.8　564p　23cm　（日本の民俗芸能調
査報告書集成　24）〈複製〉28000円　①978-
4-902796-58-2　Ⓝ386.819
｜内容｜鹿児島県の民俗芸能（第5章〜第6章）　沖縄
県の民俗芸能　日本の民俗芸能調査報告書集成解
題　　　　　　　　　　　　　　　　　　　　〔5362〕

◇新城喜一沖縄芝居大道具帳　上巻　新城喜一
〔作〕、国立劇場おきなわ調査養成課編　浦添
国立劇場おきなわ運営財団　2008.3　229p
21×30cm　（国立劇場おきなわ芸能資料集
第1集）〈年表あり〉772.199　　　　　　　〔5363〕

◇沖縄映画論　四方田犬彦、大嶺沙和編　作品
社　2008.3　318p　20cm　3200円　①978-
4-86182-172-1　Ⓝ778.21
｜内容｜沖縄映画をいかに語るか　『八月十五夜の
茶屋』論―米軍沖縄統治とクイア・ポリティクス
『ひめゆりの塔』―対立する二つの声の狭間で　生
きてるうちが、野良犬―森崎東と沖縄人ディアス
ポラ　ボーダー映画としての沖縄映画―高嶺剛作
品を中心に論じること、表返すこと――一九九九
年以降の沖縄の表象　アチェの友人への手紙　地
政学的想像力と暴力の審級―『海燕ジョーの奇跡』
をめぐる累進する「南」　沖縄から世界を見る
　　　　　　　　　　　　　　　　　　　　　〔5364〕

◇キムタカ！―舞台が元気を運んでくる感動体
験夢舞台　平田大一著　アスペクト　2008.5
258p　20cm　1500円　①978-4-7572-1482-8
Ⓝ775.7
｜内容｜第1章　人生に必要な事はすべて島で学んだ
第2章　光りを放て、南の群星　第3章　人づくりの
タネをまく　第4章　校門なき学びの場、いつも僕
らが立つところ　第5章　子どもが変われば、地域
が変わる　第6章　視点は郷土、視野は世界
　　　　　　　　　　　　　　　　　　　　　〔5365〕

◇南風・海風に吹かれて　平田大一著　かんき
出版　2008.8　187p　19cm　1400円
①978-4-7612-6535-9
｜内容｜根っこさがしと心の皮むき　Gパンはいて
畑に出よう！　島は海に向かって開かれている
語る人でなく行動する人になろう　世界的無名人
大集合！　風を待つのではなく風を起こす　揺れ
る文化に生命力がある　旅のカタチを考える　自
然のカタチを考える　教育のカタチを考える〔ほ
か〕　　　　　　　　　　　　　　　　　　　〔5366〕

◇沖縄劇映画大全　世良利和著　那覇　ボー
ダーインク　2008.10　293p　21cm　〈文献
あり〉　2000円　①978-4-89982-148-9
Ⓝ778.2199　　　　　　　　　　　　　　　　〔5367〕

◇操り獅子調査報告書　沖縄県教育庁文化課編
那覇　沖縄県教育委員会　2009.3　137p
30cm　（沖縄県文化財調査報告書　148集）
Ⓝ386.8199　　　　　　　　　　　　　　　　〔5368〕

◇ゆんたく　ガレッジセール〔著〕　幻冬舎
2009.11　181p　16cm　（幻冬舎よしもと文
庫　Y-8-1）　495円　①978-4-344-41392-4
Ⓝ779.14
｜内容｜第1章　ゴリとの出会い（出会いの巻　初交
尾の巻　ほか）　第2章　愛すべき沖縄（川田の母降
臨の巻　変な人in沖縄の巻　ほか）　第3章　プライ
ベート（大型台風直撃！の巻　中年太りの巻　ほ
か）　第4章　お仕事関係のお話（inアムステルダム
の巻　ロデオの巻　ほか）　　　　　　　　〔5369〕

◇琉神マブヤー――マブイストーンがデージなっ
てる！　マブヤープロジェクト監修　那覇
沖縄物産企業連合　2009.12　1冊（ページ付
なし）　17×19cm　〈他言語標題：Ryujin
mabuyer　発売：ボーダーインク（那覇）〉
905円　①978-4-89982-171-7　Ⓝ778.8
＊魂の戦士・琉神マブヤーと悪の軍団マジムンと
の「マブイストーン」をめぐる戦いがはじまる。
沖縄のローカルヒーロー・琉神マブヤー。
　　　　　　　　　　　　　　　　　　　　　〔5370〕

◇交錯する琉球と江戸の文化―唐躍台本『琉球
劇文和解』影印と解題　板谷徹編著　宜野湾
榕樹書林　2010.3　202p　21cm　〈複製を含
む〉　2800円　①978-4-89805-140-5　Ⓝ772.
199　　　　　　　　　　　　　　　　　　　　〔5371〕

◇琉球・沖縄芸能史年表　古琉球―近代篇　琉
球・沖縄芸能史年表作成研究会編　浦添　国
立劇場おきなわ運営財団　2010.3　10,1290p
31cm　772.199　　　　　　　　　　　　　　〔5372〕

◇やる気スイッチはいつ入る？―平田大一とキ
ムタカの子どもたち　五木田勉著・写真　学
研パブリッシング　2010.8　273p　19cm
〈発売：学研マーケティング〉　1500円
①978-4-05-404690-0　Ⓝ775.7
｜内容｜序章　いばらない大人との出会い　第1章　な
ぜ、150人の中学生はやる気を出し、輝いたのか？
第2章　そして子どもたちが大人を動かした！　第
3章　やる気のスイッチが入る場を創るには？　第
4章　子どもをほめるのは、何のため？　第5章　優
しさだけでは子どもは育たない　第6章　夢を形に
する力とは？　第7章　家族とちがう"出会い"が
育てる　第8章　ゆれながらそれでも歩き続ければ
いい　　　　　　　　　　　　　　　　　　　〔5373〕

◇アメリカ、オキナワ、ヒロシマ―新たな戦争

「沖縄」がわかる本　6000冊　　411

芸能・演劇・映画　　　　　　　　　　　　　　　　　　　芸術・芸能

を越えるために ヒロシマ平和映画祭 2009
柿木伸之編 広島 ひろしま女性学
研究所 2010.11 112p 21cm 1000円 ⓘ978-4-
907684-27-3 Ⓝ778.7
内容 アメリカ、オキナワ、ヒロシマ―イントロ
ダクションに代えて（ヒロシマの現在から オキ
ナワの現在から アメリカの現在から私たちの内
なる戦争 内なる戦争を抉り出す映像の力と）
シンポジウム アメリカ、オキナワ、ヒロシマ―新
たな戦争を越えるために 〔5374〕

◇沖縄の民俗芸能論―神祭り、臼太鼓からエイ
サーまで 久万田晋著 那覇 ボーダーイン
ク 2011.3 368p 19cm （叢書・沖縄を知
る）〈文献あり〉2400円 ⓘ978-4-89982-
206-6 Ⓝ386.8199 〔5375〕

◇久高オデッセイ―遥かなる記録の旅 須藤義
人著 京都 晃洋書房 2011.4 220p
22cm〈文献あり〉2800円 ⓘ978-4-7710-
2273-7 Ⓝ778.7
内容 第1章 神の島へ 第2章 流転する魂へ 第
3章 記録の旅へ 第4章 未来の子どもたちへ 第
5章 神々の境界へ 第6章 人間の希望へ 第7章
神話の時間へ 第8章 母なる国へ 第9章 ニライ
カナイ・ハラハ ラーの彼方へ 終章 人びとの環へ
〔5376〕

◇マレビト芸能の発生―琉球と熊野を結ぶ神々
須藤義人著 芙蓉書房出版 2011.5 171p
19cm （沖縄大学地域研究所叢書）〈文献あ
り〉1800円 ⓘ978-4-8295-0509-0 Ⓝ386.
8199
内容 第1章 琉球弧のマレビト芸能への眼差し―
来訪する神々の姿かたちを求めて（プロローグ―
小浜島でのインスピレーション マレビト芸能
「ダートゥーダ」の甦り―来訪神が顕現する原風
景） 第2章 琉球弧の神話世界―“サルタヒコ”と
“アメノウズメ”の芸態モティーフ（祭祀空間の“神
話イメージ”―琉球神話と記紀神話をめぐる「マ
レビト」論 祭祀空間における“トリックスター”
的存在―琉球弧に出現する「神遊び」空間論） 第
3章 琉球弧におけるマレビトの図像―マレビトの
「仮面/仮装、芸態」をめぐるイメージ論（マレビ
トの身体論―マレビト芸能の仮面/仮装、杖、団扇
マレビトの神話的芸態―来訪神の棒踊りと修験道
的所作） 第4章 マレビト芸能にまつわる熊野権
現信仰―琉球弧から熊野権現へとむすぶ視線（琉
球弧と熊野神話圏をむすぶ線―神々のイメージは
熊野から来たのか 球琉弧と熊野神話圏をつなぐ
他界観―マレビト芸能をめぐる海上信仰と山岳信
仰 マレビト芸能における神々のイメージ―異形
の神に対する畏怖心と鎮魂祈願） 第5章 マレビ
トが来訪した「海上の道」―黒潮の流れに乗ってき
たマレビト芸能（琉球と熊野をつなぐ“弥勒世”の
他界観―補陀洛信仰と南波照間（パイパティロー
マ）信仰のつらなり 琉球と熊野をむすぶ眼差し
―黒潮に乗ったマレビトの神々） 〔5377〕

◇原日本・沖縄の民俗と芸能史 三隅治雄著
那覇 沖縄タイムス社 2011.10 300p

18cm 1524円 ⓘ978-4-87127-202-5
Ⓝ386.8199 〔5378〕

◇きむたかの翼―沖縄の中高生の舞台「肝高の
阿麻和利」構想からの軌跡 上江洲安吉,
『きむたかの翼』編集委員会著 長崎出版
2011.11 176p 26cm〈年表あり〉1800円
ⓘ978-4-86095-476-5 Ⓝ775.7
内容 第1章 「肝高の阿麻和利」の歩み―舞台づ
くりの背景（現代版組踊「肝高の阿麻和利」舞台
紹介 現代版組踊「肝高の阿麻和利」の歩み 活
動年表1999～2011 「肝高の阿麻和利」誕生秘話
ほか） 第2章 「肝高の阿麻和利」の教育力―学
び、育った人の声（阿麻和利を迎える 原点とい
う名の永遠を刻む―平成の大主「上江洲安吉」先
生に想いを寄せて 現役生の声「あまわり」の活
動に参加して変わりました。成長しました。 ほ
か） 第3章 きむたかの星「上江洲安吉」の人間
力―人柄と功績を関係者が語る（「子どもと大人が
一体の場を創る」を教育の基底に―上江洲安吉元
勝連町教育長のしごとに思うこと 上江洲安吉先
生に聞きました 生涯、我が友と呼び合えること
を幸せに思います ほか） 〔5379〕

◇琉球・沖縄の芸能―その継承と世界へ拓く研
究 大城學編 彩流社 2012.3 289,17p 図
版6枚 22cm （琉球大学 人の移動と21世
紀のグローバル社会 6）〈索引あり〉3500円
ⓘ978-4-7791-1675-9 Ⓝ386.8199
内容 第1部 シンポジウム―海外における「沖縄
の芸能」の現状と展望（「人の移動と芸術」シンポ
ジウム総括―踊番組・主演者の紹介 「人の移動
と芸術」シンポジウム・ディスカッション） 第2
部 県外・海外における「沖縄の芸能」と発信地・
沖縄（サンフランシスコにおける琉球舞踊の現状・
課題・展望 アメリカにおける沖縄芸能の現状と
課題 県外における沖縄芸能公演の現状・課題・
展望―国立劇場「琉球芸能公演」を例に 関西地
区における沖縄芸能―普久原朝喜と太平福丸レ
コード インタヴュー：海外における“沖縄の芸
能”の現状と展望） 第3部 沖縄の芸能にみる人の
移動（近世琉球人が異国で観た芸能 組踊にみる
道行芸 沖縄の船・航海・祭祀―説話と歌謡から
移民・出稼ぎと沖縄の芸能） 〔5380〕

◇ダートゥーダー探訪の旅―小浜島民俗歌舞の
源流をたどる 黒島精耕著 那覇 沖縄自分
史センター 2012.10 249p 21cm 1600
円 ⓘ978-4-87215-320-0 Ⓝ386.8199〔5381〕

◇沖縄映画史の復元―トヨタ財団2010年度研究
助成プログラム成果報告 戦前編 世良利和
著 岡山 蜻文庫 2012.10 84p 21cm
〈文献あり〉Ⓝ778.2199 〔5382〕

◇国立劇場おきなわ10年誌 日本芸術文化振興
会,国立劇場おきなわ運営財団編著 浦添
国立劇場おきなわ運営財団 2014.1 127p
26cm〈年表あり〉Ⓝ770.6 〔5383〕

412　「沖縄」がわかる本 6000冊

芸術・芸能　　　　　　　　　　　　　　　　　　　　　諸芸・娯楽

◇琉球・沖縄芸能史年表　第10集　戦後篇5
国立劇場おきなわ運営財団編　〔浦添〕　国
立劇場おきなわ運営財団　2014.3　769p　21
×30cm〈平成25年度報告〉Ⓝ772.199〔5384〕

◇中城と護佐丸―脚本　賀数仁然脚本・絵,安
室二三雄絵,中城村教育委員会編　中城村
（沖縄県）　中城村教育委員会　2014.4　40p
26cm〈護佐丸・中城城跡を通して中城の歴
史を学ぶプロジェクト〉Ⓝ775.7　　　〔5385〕

◇サムライチャンプルー　復刻版　徳間書店
2014.5　103p　29cm　（ロマンアルバム）
〈2005年刊の複製　発売：復刊ドットコム〉
2800円　Ⓘ978-4-8354-5083-4　Ⓝ778.77
＊『カウボーイビバップ』渡辺信一郎×『キル・ビ
ル』アニメパート中澤一登、空前絶後の傑作『サ
ムライチャンプルー』唯一無二の解読本、復刊。
TV放送より10年。「時代劇」と「HIP HOP」を
完全融合させた、奇跡のアニメのすべてがここ
に。　　　　　　　　　　　　　　　　　〔5386〕

◇沖縄の伝統行事・芸能を歩く　高橋哲朗著
那覇　沖縄探見社　2014.11　127p　21cm
1100円　Ⓘ978-4-9904533-7-4　Ⓝ386.8199
　　　　　　　　　　　　　　　　　　　〔5387〕

◇沖縄まぼろし映画館　平良竜次,當間早志著
那覇　ボーダーインク　2014.11　183p
21cm〈文献あり　年表あり〉1800円
Ⓘ978-4-89982-265-3　Ⓝ778.09　　〔5388〕

◇琉球・沖縄芸能史年表　第11集　戦後篇6
国立劇場おきなわ運営財団編　〔浦添〕　国
立劇場おきなわ運営財団　2015.3　740p　21
×30cm〈平成26年度報告〉Ⓝ772.199〔5389〕

◇琉神マブヤーでーじ読本―ヒーローソフィカ
ル沖縄文化論　山本伸著　三月社　2015.8
253p　21cm〈他言語標題：The Ultimate
Guidebook for Ryujin Mabuyer　作品目録
あり〉2200円　Ⓘ978-4-9907755-1-3
Ⓝ778.8
内容　第1章『琉神マブヤー』第2章『琉神マブヤー
2（ターチ）』　第3章『琉神マブヤー3（ミーチ）』
第4章『琉神マブヤー1972レジェンド』　第5章
『琉神マブヤー4（ユーチ）』　　　　　　〔5390〕

◇近世琉球の王府芸能と唐・大和　板谷徹著
岩田書院　2015.12　391p　22cm　9900円
Ⓘ978-4-86602-940-5　Ⓝ386.8199
内容　序にかえて　御冠船踊りまたは王府芸能への
視角　1 御冠船踊りの相貌　2 唐・大和の御取合
と若衆の役割　3 冊封使の観た御冠船踊り　4 王
子使者の御膳進上と薩摩藩主　5 琉球に伝承され
た中国演劇　　　　　　　　　　　　　　〔5391〕

諸芸・娯楽

◇おきなわ昔あそび―野外で仲よく元気よく
勝連盛豊編著　浦添　沖縄出版　1996.12
153p　21×22cm　（おきなわあ・そ・び・の
図鑑　1）〈索引あり　文献あり〉Ⓘ4-
900668-64-8　　　　　　　　　　　　　〔5392〕

◇季節の草花あそび―親子でふれあい　勝連盛
豊監修,サークル花かご著　浦添　沖縄出版
1996.12　109p　21×22cm　（おきなわあ・
そ・び・の図鑑　4）〈索引あり　文献あり〉
Ⓘ4-900668-64-8　　　　　　　　　　　〔5393〕

◇伝承葉っぱあそび―楽しく作れる　勝連盛豊
監修,宜野湾市レクリエーション協会,レク
サークルあだん著　浦添　沖縄出版　1996.
12　95p　21×22cm　（おきなわあ・そ・
び・の図鑑　2）〈索引あり〉Ⓘ4-900668-64-
8　　　　　　　　　　　　　　　　　　〔5394〕

◇昔ながらの楽しい手作りおもちゃ　大西榮保
編著　浦添　沖縄出版　1996.12　127p　21
×22cm　（おきなわあ・そ・び・の図鑑　3）
〈索引あり　文献あり〉Ⓘ4-900668-64-8
　　　　　　　　　　　　　　　　　　　〔5395〕

◇沖縄がすべて　筑紫哲也,照屋林助著　河出
書房新社　1997.9　214p　20cm　1500円
Ⓘ4-309-01172-1　Ⓝ779
内容　第1章　音楽一家と戦争　第2章　戦後大衆芸
能の先駆者、ブーテン　第3章　沖縄中を沸かせた
ワタブーショウ　第4章　現代に生きる沖縄の民俗
第5章　チャンプルー文化の過去・未来　　〔5396〕

◇おきなわブクブクー茶物語　あしとみじゅん
こ文・絵　那覇　沖縄伝統ブクブクー茶保存
会10周年記念事業委員会　2003.3　41p
22cm〈製作・発売：沖縄タイムス社出版部
（那覇）〉1500円　Ⓘ4-87127-607-4　Ⓝ791
＊ブクブクー茶は、沖縄独特の豊かな泡を飲むお茶。
戦前、那覇で飲まれていましたが、戦後は飲まれ
なくなり40年くらい姿を消していました。10年
前、ブクブクー茶を復興させ、その保存、普及活
動を続けています。この沖縄のお茶が若い世代
へ継承されることを願って刊行しました。小学
校高学年から大人まで楽しく読んでいただける
絵本です。　　　　　　　　　　　　　　〔5397〕

◇笑う沖縄―「唄の島」の恩人・小那覇舞天伝
曽我部司著　エクスナレッジ　2006.11
325p　20cm〈肖像あり　文献あり〉1800円
Ⓘ4-7678-0598-8　Ⓝ779.14
内容　第1章　封印された「笑い」の記憶　第2章　不
遇と偶然　第3章　差別、東京、浅草の風　第4章
戦争の落とし子　第5章　踊る歯科医　第6章　収容
所が輝いていた時　第7章　沖縄芸能の復興　第8
章　沖縄の孤立、舞天の孤独　第9章　再出発―弱

諸芸・娯楽　　　　　　　　　　　　　　　　　　　　芸術・芸能

き者たちへ　第10章 ラジオの時代、舞天の時代
第11章 フォーシスターズに託した夢　〔5398〕

◇ハッピーアイランドの本　8　FM沖縄, 多喜
ひろみ編　那覇　ボーダーインク　2008.8
290p　19cm〈標題紙・奥付のタイトル：
Happy islandの本〉1500円　①978-4-
89982-145-8　Ⓝ049.1　　　　　　〔5399〕

◇沖縄のおもしろ看板・スター――信ちゃんの
theスライド・ショー　津波信一著　那覇
ボーダーインク　2008.11　179p　19cm
1400円　①978-4-89982-149-6　Ⓝ049.1
内容 はちおんあってる？―傑作揃いのオールス
ター看板たち　あぶなよ立て看板―夜遊び防止か
ら交通安全までまかちょーけー　注意！　○○の
多いところ―苦情警告がんまりあれこれ　ひやみ
かち社交街―もう一軒寄りたくなる飲み屋さん
ちゃらちゃらしている食堂―注文したくなるお
もしろメニュー満載　謎がナゾ呼ぶ口コミの店―
ナイスな意味分からん店名とか　「そ」の店の名
は…―ちょっとだけツッコミたくなるお店　ゆん
たくは、らんぱちやーで―個性的なスタイルで勝
負します　沖縄の車窓から―停めたくてしょうが
ないパーキングやら　横断幕パラダイス―この島
は横断幕でいっぱいです　ロックが、かかってま
す　　　　　　　　　　　　　　　　　　〔5400〕

◇オキナワ爆笑伝説　沖縄テレビ「ひーぷー☆
ホップ」編　那覇　ボーダーインク　2011.
11　277p　19cm　1500円　①978-4-89982-
214-1　Ⓝ049.1
内容 第1章 ひーぷー的人生交差点(学校　試験
で…　むかし…　友達 ほか)　第2章 ひーぷー的
沖縄口講座(はじかさよー　チバリヨー　あふぁー
しかます ほか)　　　　　　　　　　　　〔5401〕

◇レギュラーの宮古島住んでみたらこうだっ
た！―僕らの370日、南の島体験記　西川晃
啓, 松本康太著　竹書房　2013.7　177p
18cm　(竹書房新書 013)　838円　①978-
4-8124-9591-9　Ⓝ779.14
内容 第1章 さあ、宮古島に行こう!!　第2章 畑を
耕し、海では漁をする　第3章 畑作り、畑作り、
畑作り　第4章 民宿で出す献立を考えよう　第5
章 民宿をリフォームしたり、お手本民宿を訪ね
たり　第6章 民宿、ついにオープン!!　第7章 宮
古島おもしろ体験記　第8章 さようなら、ありが
とう宮古島　　　　　　　　　　　　　　〔5402〕

◇Deeeji！　オキナワ爆笑伝説　沖縄テレビ
「ひーぷー☆ホップ」編　那覇　ボーダーイ
ンク　2015.5　277p　19cm　1500円
①978-4-89982-268-4　Ⓝ049.1
内容 第1章 ひーぷー的・人間カンケイ(親戚・ご
近所　店で…　子供・小学生　学生 ほか)　第2
章 ひーぷー的・年中行事(お正月　成人式　卒業
式　入学式 ほか)　　　　　　　　　　　〔5403〕

414　「沖縄」がわかる本　6000冊

スポーツ　　　　　　　　　　　　　　　　　　　　　　　スポーツ一般

スポーツ

スポーツ一般

◇沖縄ダイビングポイントマップ集　1（沖縄
本島編）　沖縄マリン出版編著　南風原町
（沖縄県）　沖縄マリン出版　1997.5　225p
30cm　3800円　Ⓝ785.28　　　　　　〔5404〕

◇沖縄・釣りの民俗誌　いれいたかし著　那覇
沖縄タイムス社　1997.6　250p　19cm
2400円　Ⓘ4-87127-115-3　Ⓝ787.13　〔5405〕

◇ワクワクキャンプinおきなわ―キャンプ地徹
底ガイド　浦崎猛著　中城村（沖縄県）　む
ぎ社　1997.7　119p　26cm　2381円　Ⓘ4-
944116-10-1　Ⓝ786.3
　内容　本島編　周辺離島編　先島編　キャンプ地
　を選ぼう　キャンプを楽しもう　野外炊飯と後か
　たづけ　注意しよう―事故に備えて　　　〔5406〕

◇Okinawa fishing point―空と水中から見た
「完全攻略本」　保存版　沖縄マリン出版編著
南風原町（沖縄県）　沖縄マリン出版　1997.
7　207p　30cm　2600円　Ⓘ4-901008-00-5
Ⓝ787.1　　　　　　　　　　　　　　〔5407〕

◇ダイビングポイントマップ―保存版　no.2
ケラマ編　沖縄マリン出版編著　南風原町
（沖縄県）　沖縄マリン出版　1997.8　192p
21cm　〈他言語標題：Diving point map
「沖縄ダイビングポイントマップ1（沖縄本
島編）」の続編　索引あり〉1900円　Ⓘ4-
901008-02-1　Ⓝ785.28
　内容　黒島ツインロック　自津留　儀志布西　タ
　マルル　カミグー　アカンマ　運瀬　ムチズニ
　アハレン灯台下　中頭〔ほか〕　　　　　〔5408〕

◇Sail Osaka ’97―香港/沖縄/鹿児島/大阪国
際帆船レース公式記録集　大阪港振興協会著
舵社　1997.9　183p　31cm　〈英文併記〉
4286円　Ⓘ4-8072-3304-1　Ⓝ785.7　〔5409〕

◇日本の闘牛―沖縄・徳之島・宇和島・八丈
島・隠岐・越後　広井忠男著　高志書院
1998.4　128p　21cm　2000円　Ⓘ4-906641-
14-8　Ⓝ788.4　　　　　　　　　　　〔5410〕

◇ダイビングポイントマップ―保存版　no.3
（久米・粟国・渡名喜編）　南風原町（沖縄
県）　沖縄マリン出版　1998.6　190p
21cm　〈他言語標題：Diving point map　索
引あり　発売：三省堂〉1900円　Ⓘ4-385-
60226-3　Ⓝ785.28
　内容　久米島、粟国島、渡名喜島地図　沖縄で見
　られる魚　危険生物　医療機関　久米島地図（ポ
　イント）　トンバラ　久米島観光マップ　粟国島
　地図（ポイント）　粟国島観光マップ　渡名喜島地
　図（ポイント）〔ほか〕　　　　　　　〔5411〕

◇ワクワクマリンスポーツinおきなわ―ビーチ
＆マリンレジャー　大田エコ著　中城村（沖
縄県）　むぎ社　1998.7　118p　26cm
2381円　Ⓘ4-944116-13-6　Ⓝ785
　内容　ビーチ＆マリンレジャー（本島編　慶良間・
　久米島編　宮古諸島・八重山諸島編）　マリンス
　ポーツ（マリンスポーツ　サーフィン　ウィンド
　サーフィン　ヨット　ダイビング　水上スキー
　シーカヤック　その他のマリンスポーツ）〔5412〕

◇ルアー＆フライ最強マニュアル―南北縦断北
海道、沖縄の釣りサーモンvsガーラ　うぬま
いちろう絵・文・写真　辰巳出版　1998.7
159p　26cm　（タツミムック―Tatsumi
fishing series）〈他言語標題：Lure & fly
super tactics!!〉2000円　Ⓘ4-88641-315-3
Ⓝ787.1　　　　　　　　　　　　　　〔5413〕

◇ダイビングポイントマップ―保存版　no.1
（沖縄本島編）　南風原町（沖縄県）　沖縄マ
リン出版　1998.8　224p　21cm　〈他言語標
題：Diving point map　索引あり　発売：三
省堂〉1900円　Ⓘ4-385-60224-7　Ⓝ785.28
　内容　よく見られる沖縄の魚図鑑　沖縄の海の危
　険生物　本島北部地図　辺戸岬下ビーチ　辺戸岬
　キャニオン　二神岩　辺戸岬ドーム　佐手　与那
　トンネル　樹氷の森〔ほか〕　　　　　〔5414〕

◇ダイビングポイントマップ　no.4（宮古編）
南風原町（沖縄県）　沖縄マリン出版　1999.
4　190p　21cm　〈他言語標題：Diving point
map　索引あり　発売：三省堂〉1900円
Ⓘ4-385-60227-1　Ⓝ785.28
　内容　宮古島、伊良部島、下地島地図、沖縄で見

「沖縄」がわかる本　6000冊　　**415**

スポーツ一般　　　　　　　　　　　　　　　　　　　スポーツ

られる魚図鑑　危険生物　医療機関　宮古島地図
（ポイント）　宮古島観光マップ　伊良部島、下地
島地図（ポイント）　伊良部島、下地島観光マップ
季節とダイビングデータ　ダイビングショップリ
スト　宿泊施設リスト　レンタカー、レンタバイ
クリスト　　　　　　　　　　　　　　　　〔5415〕

◇ボクサー回流―平仲明信と「沖縄」の10年
山岡淳一郎著　文藝春秋　1999.7　285p
19cm　（Sports graphic number books 2)
1333円　Ⓘ4-16-355420-3　Ⓝ788.3　〔5416〕

◇沖縄陸上競技協会50周年記念誌　沖縄陸上競
技協会50周年記念誌編集委員会編　那覇　沖
縄陸上競技協会　2001.3　308p　27cm
〈背・表紙のタイトル：沖縄陸競協五十周年
記念誌〉　Ⓝ782.06　　　　　　　　　　〔5417〕

◇突然ですが、宮古島に行ってきます！―トラ
イアスロン200キロへの挑戦　峰岸徹著　ラ
ンナーズ　2001.4　247p　19cm　〈肖像あ
り〉1600円　Ⓘ4-947537-55-8　Ⓝ782.6
内容 プロローグ　再生への扉　第1章 SWIM―海
をひとり占め　第2章 BIKE―走れる喜び　第3章
RUN―未知の世界　エピローグ　13時間55分17秒
　　　　　　　　　　　　　　　　　　　　〔5418〕

◇キャンプ場ガイド九州沖縄　昭文社　2001.5
175p　22cm　（どこでもアウトドアシリー
ズ）1600円　Ⓘ4-398-13228-7　Ⓝ786.3
内容 広域地図　宿泊施設を利用してキャンプにキャ
ンプを楽しもう　福岡　佐賀　長崎　大分　宮崎
熊本　鹿児島　沖縄　おすすめ日帰り入浴温泉
データ　　　　　　　　　　　　　　　　　〔5419〕

◇宮里藍　ドリーム・ショット　松井宏員著
毎日新聞社　2003.12　227p　19cm　1300
円　Ⓘ4-620-31668-7
内容 第1章 ティーアップ―沖縄の風に抱かれて
第2章 アドレス―ゴルフで子育て　第3章 ドライ
バー―普通の高校生　第4章 アイアン―感性で勝
負　第5章 アプローチ―念願のタイトル、実りの
季節　第6章 パター―夢に向かって　　　〔5420〕

◇西表縦走線遭難防止対策検討調査委託業務調
査報告書―平成15年度　林業土木コンサルタ
ンツ　2004.3　34枚　30cm　〈環境省の委託
による〉　Ⓝ786.14　　　　　　　　　　〔5421〕

◇沖縄のダイビングショップ・サービス　ジャ
ニス編集部編　ジャニス　2004.4　128p
21cm　〈発売：メディアパル〉1400円　Ⓘ4-
89610-736-5　Ⓝ785.28
内容 本島南部　本島中部　本島北部　中北部離
島　ケラマ諸島　久米島　宮古諸島　石垣島　そ
の他の八重山諸島　　　　　　　　　　　〔5422〕

◇市民ランナーが足と情熱で記した沖縄マラソ
ン50年誌―今、ここに小さな力で　喜友名
朝得著　〔那覇〕　琉球新報社　2004.10

170p　30cm　〈年表あり〉1524円　Ⓘ4-
89742-064-4　Ⓝ782.3　　　　　　　　　〔5423〕

◇ちょっちゅね！―具志堅用高脳内ファンタ
ジー　ワニブックス　2005.6　158p　18cm
952円　Ⓘ4-8470-1595-9　Ⓝ788.3
内容 1 お仕事編　2 プライベート編　3 沖縄編
4 ボクシング編　5 本当にすごい伝説　〔5424〕

◇るるぶ沖縄ダイビング　JTBパブリッシング
2006.4　112p　26cm　（るるぶ情報版　九州
32）838円　Ⓘ4-533-06262-8　Ⓝ785.28
　　　　　　　　　　　　　　　　　　　　〔5425〕

◇つりと海―今昔物語　福地曠昭著　南風原町
（沖縄県）　那覇出版社　2006.6　207p
21cm　〈文献あり〉1500円　Ⓘ4-89095-165-2
Ⓝ787.1　　　　　　　　　　　　　　　　〔5426〕

◇沖縄の観光関連産業の実態調査―沖縄県にお
けるダイビング産業の現状と将来展望　沖縄
におけるエネルギー総合安全保障に関する長
期的研究　調査報告書　那覇　南西地域産業
活性化センター　2007.3　1冊　30cm　〈平成
18年度特別受託事業　年表あり〉Ⓝ785.28
　　　　　　　　　　　　　　　　　　　　〔5427〕

◇琉球ゴールデンキングスの奇跡　木村達郎著
学研パブリッシング　2009.10　239p　19cm
〈発売：学研マーケティング〉1500円
Ⓘ978-4-05-404331-2　Ⓝ783.1
内容 第1章「奇跡」奇跡の優勝（2009）（沖縄のた
めに勝つ　東京アパッチの苦立ち ほか）　第2章
「創設」希望に満ちた設立期間（2005〜2007）（バ
スケットボールと私　テレビメディアで感じた閉
塞感 ほか）　第3章「苦悩」失意の第1シーズン
（2007〜2008）（チームを作る　開幕戦と倒産危機
ほか）　第4章「改革」変革の第2シーズン（2008
〜2009）（チーム再編成　ジェフに恋してアトラ
ンタへ ほか）　第5章「未来」キングスと沖縄の
明日（2009〜）（新たなるスタート　澤岻直人との
決別 ほか）　　　　　　　　　　　　　〔5428〕

◇沖縄スノーケリングガイド―初心者でも楽し
める厳選50のポイント！　瀬戸口靖著
JTBパブリッシング　2010.4　144p　21cm
（るるぶdo！）〈索引あり〉1200円　Ⓘ978-
4-533-07843-9　Ⓝ785.28
内容 サンゴの森をめぐり、魚たちと遊ぶ　Let's
snorkeling 1 沖縄本島・慶良間列島と周辺の島々
（阿波連ビーチ―渡嘉敷島　ハナレ―渡嘉敷島　ヒ
ジュイシビーチ―渡嘉敷島 ほか）　沖縄の海の生
き物図鑑　Let's snorkeling 2 宮古列島・八重山
の島々（吉野海岸―宮古島　イムギャーマリンガー
デン―宮古島　新城海岸―宮古島 ほか）　How
to snorkeling スノーケリングを楽しむための基
礎知識（スノーケリングはこんな器材で楽しもう！
スノーケリングテクニック入門　海中観察を楽し
むコツ ほか）　　　　　　　　　　　　〔5429〕

416　「沖縄」がわかる本　6000冊

スポーツ　　　　　　　　　　　　　　　　　　　　　　　　　　　　　　スポーツ一般

◇若い力輝きの夏2010—「美ら島総体」全国高校総合体育大会：写真集　那覇　琉球新報社　2010.8　81p　29cm〈付：全国高校総合文化祭・写真甲子園　発売：琉球プロジェクト（那覇）〉1419円　①978-4-89742-115-5　⑩780.69　〔5430〕

◇歴史をつくったアスリートたち—in Okinawa　喜友名朝得著　新星出版　2010.8　188p　30cm〈他言語標題：Athletes who made history　奥付のタイトル：戦後沖縄陸上界歴史を作ったアスリートたち　年表あり〉1500円　①978-4-902193-94-7　⑩782.028　〔5431〕

◇君が輝いた夏—全国高校総合文化祭・写真甲子園収録：美ら島沖縄総体2010記念写真集：保存版　〔那覇〕　沖縄タイムス社　2010.9　102p　30cm　1143円　①978-4-87127-644-3　⑩780.69　〔5432〕

◇ふかぁ〜い具志堅用高のはなし　具志堅用高著　ぶんか社　2011.7　159p　18cm　952円　①978-4-8211-4321-4　⑩788.3
[内容]第1幕　あの笑撃都市伝説は…すべて本当なのか？　第2幕　最強ボクサー・具志堅用高の伝説　V13への軌跡（全世界タイトル戦紹介）　特別寄稿『具志堅用高はヒーローだった』（片岡鶴太郎）　〔5433〕

◇争うは本意ならねど—ドーピング冤罪を晴らした我那覇和樹と彼を支えた人々の美らゴール　木村元彦著　集英社インターナショナル　2011.12　301p　19cm〈発売：集英社〉1500円　①978-4-7976-7201-5　⑩783.47
[内容]第1章　誤報　第2章　異議　第3章　論争　第4章　遠い道　第5章　我那覇への手紙　第6章　美らゴール　〔5434〕

◇自転車と旅　vol.6　特集：マイバイクを持って沖縄をめぐる旅—保存版　実業之日本社　2012.2　143p　29cm（ブルーガイド・グラフィック）933円　①978-4-408-03087-6　⑩786.5　〔5435〕

◇具志堅用高—リングはぼくの戦場だ　具志堅用高著　日本図書センター　2012.2　189p　20cm（人間の記録 186）〈年譜あり〉1800円　①978-4-284-70061-0　⑩788.3
[内容]プロローグ　V10達成！（川上健一）　第1章　石垣島のワンパク小僧　第2章　ボクシングをやれ！　第3章　やるからにはチャンピオン　第4章　金メダルかプロ入りか!?　第5章　プロの世界　第6章　挑戦！ファン・グスマン（ドミニカ）戦　第7章　防衛　第8章　カンムリワシの青春　〔5436〕

◇勝利のうたを歌おう—沖縄人ボクサーは何のために闘うのか　新垣譲著　那覇　ボーダーインク　2012.10　261p　19cm　1600円　①978-4-89982-231-8　⑩788.3
[内容]平敷勇二—一本当は悔しいからそう言いたくないんですけど、いっぱいいっぱい夢、見れましたね。　嘉陽宗嗣—勝った試合っていうのは後で思い出すことはあまりないですね。でも世界戦で負けたあとが悔しくて。あとちょっとで夢に手が届くところまでいったのに摑めなかった。　翁長吾央—僕はボクシングに完璧を求めたいんです。強くなるためにはどんなことでも求めたいんです。だから僕はこっちであんまり友達を作る気はないですね。　久手堅大悟—僕は3回負けたら辞めるって決めたんです。プロ選手としてひとつのけじめとして。東京に出てきて、ボクシングだけじゃなくやりたいこともみつけたんで。　池原繁尊—このボクシングが出来れば誰にも負けないっていう自信が戻ってきたんで、いますげー楽しいんですよ。　名護明彦—たぶん僕はこの先ピークを作って完全燃焼したいのかもしれません。それはたとえばタイトルマッチじゃなくてもいいんです。自分の持っているものを全部を出し切れたと実感できれば。　〔5437〕

◇消えた琉球競馬—幻の名馬「ヒコーキ」を追いかけて　梅崎晴光著　那覇　ボーダーインク　2012.11　342p　19cm〈年表あり　文献あり〉1800円　①978-4-89982-233-2　⑩788.5　〔5438〕

◇沖縄県スポーツ推進計画—概要版　沖縄県文化観光スポーツ部スポーツ振興課編　那覇　沖縄県文化観光スポーツ部スポーツ振興課　〔2013〕　6p　30cm　〔5439〕

◇沖縄県スポーツ推進計画　〔那覇〕　沖縄県　2013.3　90p　30cm　⑩780.2199　〔5440〕

◇闘牛女子。—写真集　久高幸枝写真・文　那覇　ボーダーインク　2013.5　84p　15×21cm　1300円　①978-4-89982-237-0　⑩788.4　〔5441〕

◇目指せ！沖縄1周の旅あいうえお大冒険　東江宗典著　浦添　シィーエスアイ　2013.12　103p　21cm〈発売：沖縄教販（那覇）〉1200円　①978-4-907585-00-6　⑩785.5　〔5442〕

◇名伯楽のミット—ボクシング王国・沖縄金城眞吉の道　磯野直著　那覇　沖縄タイムス社　2014.7　207p　19cm　1300円　①978-4-87127-216-2　⑩788.3　〔5443〕

◇沖縄闘牛とあまくま—新垣フミ子写真集　2　新垣フミ子著　那覇　新星出版　2014.12　101p　19×24cm〈年表あり〉1800円　①978-4-905192-59-6　⑩788.4　〔5444〕

◇沖縄のマラソンガイド　2015-2016　西原町（沖縄県）　丸正印刷　2015.8　91p　29cm〈発売：沖縄教販（那覇）〉556円　①978-4-

「沖縄」がわかる本　6000冊　**417**

スポーツ一般　　　　　　　　　　　　　　　　　　　　　　　　　スポーツ

86365-065-7　Ⓝ782.3　　　　　　　　〔5445〕

◇具志堅良好！ 語録　具志堅用高著　宝島社
2015.9　175p　19cm　1000円　Ⓘ978-4-
8002-4493-2　Ⓝ788.3　　　　　　　　〔5446〕

《野球》

◇沖縄球児全国制覇―'99第71回選抜高校野球
大会 県勢初、沖尚栄光の記録　琉球新報社
出版部企画・編集　那覇　琉球新報社
1999.4　48p　29cm〈背のタイトル：沖尚球
児全国制覇〉800円　Ⓘ4-89742-021-0
Ⓝ783.7　　　　　　　　　　　　　　〔5447〕

◇沖縄尚学、「夢」の頂点へ―第71回選抜高校
野球優勝記念グラフ 沖縄県勢初の快挙！ 歓
喜と感動の記録　沖縄タイムス社編　那覇
沖縄タイムス社　1999.4　63p　30cm　800
円　Ⓘ4-87127-136-6　Ⓝ783.7　　〔5448〕

◇沖縄・甲子園名勝負物語―熱闘の軌跡32選
沖縄タイムス社編　那覇　沖縄タイムス社
1999.8　87p　21cm〈沖縄タイムス・ブッ
クレット 8〉〈年表あり〉880円　Ⓘ4-
87127-508-6　Ⓝ783.7　　　　　　　〔5449〕

◇チバリョ！ 沖縄球児―甲子園の栄冠は我に
輝く　日本スポーツ出版社　1999.9　202p
21cm（Nippon sports mook 23）952円
Ⓘ4-930943-23-X　Ⓝ783.7　　　　　〔5450〕

◇完全版プロ野球人国記 九州・沖縄編　ベー
スボール・マガジン社編　ベースボール・マ
ガジン社　2004.6　350,14p　21cm　2400円
Ⓘ4-583-03803-8
内容 福岡県　佐賀県　長崎県　熊本県　大分県
宮崎県　鹿児島県　沖縄県　　　　　〔5451〕

◇琉球ボーイズ―米軍統治下の沖縄に大リー
ガーを本気にさせた男たちがいた　市田実著
小学館　2006.5　253p　19cm　1200円
Ⓘ4-09-379725-0　Ⓝ783.7
内容 第1章 職域野球　第2章 内地の壁　第3章
プロアマ規定　第4章 秘密と黙認　第5章 琉球
ボーイズ　第6章 その後の沖縄野球　〔5452〕

◇八重山商工野球部物語　神田憲行著　ヴィ
レッジブックス　2006.12　204p　19cm
1500円　Ⓘ978-4-86332-526-5
内容 第1章 甲子園にやってきた一離島の星、17
奪三振の衝撃　第2章 石垣島のやんちゃ坊主―監
督と子供たちの10年間　第3章 エースの必要条件
―弱さを乗り越えれば、夏が見える　第4章 波乱
の幕開け―帰ってきた夏の甲子園　第5章 9回裏
の笑顔―旅の終わりと、「一家」の向かう先　おま
け 伊志嶺語録　　　　　　　　　　　〔5453〕

◇南の島の甲子園―八重山商工の夏　下川裕治
著　双葉社　2006.12　254p　19cm　1400
円　Ⓘ4-575-29941-3　Ⓝ783.7
内容 第1章 甲子園　第2章 アルプス席　第3章
夢のプロジェクト　第4章 監督　第5章 島の子
　　　　　　　　　　　　　　　　　〔5454〕

◇八重山商工野球部物語　神田憲行著　ヴィ
レッジブックス　2006.12　204p　20cm
〈発売：ソニー・マガジンズ〉1500円　Ⓘ4-
7897-3016-6　Ⓝ783.7
内容 第1章 甲子園にやってきた一離島の星、17
奪三振の衝撃　第2章 石垣島のやんちゃ坊主―監
督と子供たちの10年間　第3章 エースの必要条件
―弱さを乗り越えれば、夏が見える　第4章 波乱
の幕開け―帰ってきた夏の甲子園　第5章 9回裏
の笑顔―旅の終わりと、「一家」の向かう先　おま
け 伊志嶺語録　　　　　　　　　　　〔5455〕

◇栄光への軌跡―沖縄尚学、感動の春ふたたび
沖縄タイムス社編　那覇　沖縄タイムス社
2008.4　63p　26cm　762円　Ⓘ978-4-
87127-186-8　Ⓝ783.7　　　　　　　〔5456〕

◇感動再び沖尚全国制覇―'08第80回選抜高校
野球大会　琉球新報社企画・編集　那覇　琉
球新報社　2008.4　48p　29cm　800円
Ⓘ978-4-89742-093-6　Ⓝ783.7　　〔5457〕

◇南の島の甲子園―八重山商工の夏　下川裕治
著　双葉社　2009.6　286p　15cm（双葉
文庫 しー13-13）590円　Ⓘ978-4-575-
71356-5　Ⓝ783.7
内容 第1章 甲子園　第2章 アルプス席　第3章
夢のプロジェクト　第4章 監督　第5章 島の子
　　　　　　　　　　　　　　　　　〔5458〕

◇沖縄力（うちなーぢから）―高校野球の心を
求めて　田尻賢誉著　日刊スポーツ出版社
2009.7　335p　19cm　1500円　Ⓘ978-4-
8172-0268-0　Ⓝ783.7
内容 凡事徹底力　準備力　対策力　抜擢力　分
析力　先制攻撃力　気づき力　キリカエ力　上昇
志向力　殻破り力　冬季練習力　アドリブ力　走
塁力　主将力　エース＆ライバル力　捕手力
わき役力　監督力　軟式力　逆境力　スタンド力
　　　　　　　　　　　　　　　　　〔5459〕

◇興南全国初制覇―2010年第82回選抜高校野
球大会　琉球新報社企画・編集　那覇　琉球
新報社　2010.4　48p　29cm　800円
Ⓘ978-4-89742-111-7　Ⓝ783.7　　〔5460〕

◇興南熱闘の足跡―嵐風再び初の全国制覇 第
82回選抜高校野球優勝記念グラフ　沖縄タイ
ムス社編　那覇　沖縄タイムス社　2010.4
51p　29cm　762円　Ⓘ978-4-87127-198-1
Ⓝ783.7　　　　　　　　　　　　　　〔5461〕

418　　「沖縄」がわかる本 6000冊

スポーツ　　　　　　　　　　　　　　　　　　　　　　　　　　　　スポーツ一般

◇興南春夏連覇―夏の甲子園第92回全国高校野球選手権大会　琉球新報社企画・編集　那覇　琉球新報社　2010.8　58p　29cm〈発売：琉球プロジェクト（那覇）〉933円　Ⓘ978-4-89742-114-8　Ⓝ783.7　　　　　　　　〔5462〕

◇海のかなたの甲子園―沖縄・本土復帰への祈りと52年目の全国制覇　双葉社　2010.12　324p　19cm〈文献あり〉1600円　Ⓘ978-4-575-30283-7　Ⓝ783.7
　内容　第1章　二〇一〇年夏　第2章　カミッチーという男　第3章　米軍と野球　第4章　本土との絆　第5章　夢の沖縄代表　第6章　初めての甲子園　第7章　託された願い　　　　　　　　　　　〔5463〕

◇沖縄を変えた男―栽弘義―高校野球に捧げた生涯　松永多佳倫著　ベースボール・マガジン社　2012.7　351p　19cm　1500円　Ⓘ978-4-583-10476-8　Ⓝ783.7
　内容　第1章　背中の傷と差別　第2章　選手からの報復　第3章　狂気に満ちたスパルタ　第4章　女たらしの酒飲み教師　第5章　極貧からの快進撃―沖縄の星赤嶺賢勇　第6章　不可解なプロ入り、そして謹慎　第7章　荒くれ者の集まり―剛球・上原晃での夢　第8章　複雑な人間関係　第9章　準優勝の行く手には　第10章　悲劇の裏側―殉死・大野倫　　　　　　　　　　　　　　　　　　　　〔5464〕

◇大島高校野球部センバツ出場の軌跡―永久保存版　政純一郎著、奄美新聞社編　鹿児島　南方新社　2014.6　100p　30cm〈年表あり〉1500円　Ⓘ978-4-86124-298-4　Ⓝ783.7　　　　　　　　　　　　　　　　　　〔5465〕

◇九州の高校野球　3　宮崎、鹿児島、沖縄　ベースボール・マガジン社　2014.7　98p　29cm（B.B.MOOK 1081―地域別高校野球シリーズ 14）　1148円　Ⓘ978-4-583-62158-6　　　　　　　　　　　　　　〔5466〕

◇沖縄高校野球あるある　山里將樹著・画　TOブックス　2015.7　159p　18cm　1000円　Ⓘ978-4-86472-401-2　Ⓝ783.7
　内容　第1章　高校野球に夢中な沖縄県民あるある　第2章　高校野球に夢中な沖縄県民あるある　職場編　第3章　沖縄高校野球ヒストリーあるある　第4章　沖縄高校野球地区大会あるある　〔5467〕

◇沖縄甲子園名勝負ファイル―高校野球100年頂点目指した球児たちの軌跡　沖縄タイムス社編　那覇　沖縄タイムス社　2015.9　142p　21cm（沖縄タイムス・ブックレット no.19）〈年表あり〉1100円　Ⓘ978-4-87127-519-4　Ⓝ783.7　　　　　　〔5468〕

◇先駆ける者―九州・沖縄の高校野球　次代を担う8人の指導者　加来慶祐著　日刊スポーツ出版社　2016.3　302p　19cm　1600円　Ⓘ978-4-8172-0339-7

　内容　第1章　沖縄・比嘉公也―沖縄尚学―沖縄の宝　第2章　宮崎・重本浩司・延岡学園―感度、良好　第3章　長崎・井手英介・清峰―祭りのあと　第4章　大分・川崎絢平・明豊―"Cの遺伝子"　第5章　福岡・西村慎太郎・西日本短大付―時代とのにらみ合い　第6章　鹿児島・宮下正一・鹿児島実―王者の継承者　第7章　熊本・野仲義高・東海大星翔―頑固なタテジマ　第8章　佐賀・森田剛史・佐賀商―盟友と　　　　　　　　　　〔5469〕

《武道》

◇琉球棒術の秘技　村上勝美著　愛隆堂　1995.3　124p　26cm　1500円　Ⓘ4-7502-0212-6　Ⓝ789.4
　＊本書の構成は、総論・各論に分け、総論では、先の琉球棒術の総論の補説的なことがらをとりあげ、各論では術技を、特長・打撃法・受け方・攻防のテクニックと大きく分類して、それぞれの分類の中で、具体的に技法解説をした。〔5470〕

◇弓と私―真実の道程　子や孫に語る　寛山成男著　徳之島町（鹿児島県）　徳之島郷土研究会　1995.3　169p　21cm　Ⓝ789.5〔5471〕

◇武の舞―琉球王家秘伝武術「本部御殿手」　上原清吉著　BABジャパン出版局　1995.5　253p　21cm〈著者の肖像あり〉2200円　Ⓘ4-89422-184-5　Ⓝ789　　　　　　〔5472〕

◇空手道・古武道基本調査報告書　2　沖縄県教育委員会文化課編　宜野湾　榕樹社　1995.8　125p　30cm（沖縄県文化財調査報告書 第117集）〈発売：緑林堂書店〉2800円　Ⓘ4-947667-25-7　Ⓝ789　　〔5473〕

◇北谷道場創立12周年記念誌　高宮城繁、比嘉敏雄、比嘉勝芳著、北谷道場創立12周年記念誌編集委員会編　北谷町（沖縄県）　沖縄空手道協会北谷道場　1996.7　136p　31cm　Ⓝ789.23　　　　　　　　　　　〔5474〕

◇沖縄空手道概説―武道空手の諸相　高宮城繁〔ほか〕編著　北谷町（沖縄県）　沖縄空手道協会北谷道場　1996.8　538p　31cm〈参考文献：p535～537〉Ⓘ4-87215-083-X　Ⓝ789.23　　　　　　　　　　　〔5475〕

◇沖縄空手道協会昭平流人脈の栞　高宮城繁〔ほか〕編　北谷町（沖縄県）　沖縄空手道協会北谷道場　1996.8　154p　31cm（『沖縄空手道概説』別冊　おもに図　付（図1枚 ホルダー入）：沖縄空手道・古武道流派会系組織系統図〉Ⓘ4-87215-084-8　Ⓝ789.23〔5476〕

◇新編・増補琉球古武道大鑑　平信賢著、井上貴勝監修　宜野湾　榕樹書林　1997.8　210p　27cm　8000円　Ⓘ4-947667-42-7　Ⓝ789

「沖縄」がわかる本　6000冊　**419**

スポーツ一般

スポーツ

内容 琉球古武道大鑑（写真記録—琉球古武道と平信賢師 琉球古武道の沿革 古武道の種目 棒術の基本 棍の基本動作 棒術以外の古武術 型の解説）空手道大観—古武道の部 古武道雑感
〔5477〕

◇空手の話—理想的体育・護身・錬膽法 仲宗根源和著 宜野湾 榕樹書林 1997.8 57p 19cm （沖縄学資料シリーズ 2）〈指南社昭和12年刊の複製〉1000円 Ⓘ4-947667-47-8 Ⓝ789.23
〔5478〕

◇空手伝真録—伝来史と源流型 金城昭夫著 豊見城村（沖縄県）沖縄図書センター 1999.7 334p 22cm 〈発売：エムティ出版〉4762円 Ⓘ4-89614-807-X Ⓝ789.23
内容 第1章 唐手道と空手道 第2章 中国武術の成立 第3章 空手道伝来史 第4章 空手道の源流考 第5章 型名称の原語考 第6章 拳之大要八句 第7章 玄武門南少林唐手道型解説
〔5479〕

◇沖縄空手道・古武道の真髄 外間哲弘著 南風原町（沖縄県）那覇出版社 1999.8 389p 21cm 〈文献あり〉1905円 Ⓘ4-89095-124-5 Ⓝ789.23
内容 第1章 生涯学習への位置づけ 第2章 空手人口の実態 第3章 生涯スポーツとしての沖縄空手 第4章 空手修行の目的 第5章 空手の型について 第6章 空手の心技体 第7章 世界十二か国視察から見た今後の沖縄空手 第8章 東洋と西洋の武術からみえるもの 第9章 村棒の国 琉球 第10章 琉球の古武術
〔5480〕

◇本部朝基と琉球カラテ 岩井虎伯著 愛隆堂 2000.3 246p 19cm 〈肖像あり〉1500円 Ⓘ4-7502-0247-9 Ⓝ789.23
内容 第1章 復刻私の唐手術 第2章 復刻沖縄拳法唐手術（組手編）第3章 琉球及び手（ディ）史概論（琉球王朝略史 中国との歴史的関係 琉球王朝の身分制度 二度の禁武政策（刀狩り）ほか）第4章 琉球拳法〔唐手術〕の歴史（拳法の盛んな地域名で呼称された唐手 底辺拡大に伴う武術性の消滅 唐手術に伝わる型の種類）
〔5481〕

◇本部朝基正伝—琉球拳法空手術達人 小沼保編著 増補版 鳩ヶ谷 壮神社 2000.5 141p 22cm 〈年譜あり〉2000円 Ⓘ4-915906-42-6 Ⓝ789.23
〔5482〕

◇琉球王家秘伝武術・本部御殿手の科学的研究—合戦演武から上原清吉宗家の身体的機能と秘技を探る 池田守利著 鳩ヶ谷 壮神社 2000.11 119p 27cm 〈肖像あり〉Ⓘ4-915906-47-7 Ⓝ789
〔5483〕

◇沖永良部島出身の柔道師範 梶原源齊著 八千代出版 2001.2 127p 20cm 857円 Ⓘ4-8429-1182-4 Ⓝ789.2
〔5484〕

◇空手道歴史年表 外間哲弘編著 豊見城村

（沖縄県）沖縄図書センター 2001.3 150p 21cm 〈年譜あり 発売：エムティ出版〉2500円 Ⓘ4-89614-889-4 Ⓝ789.23
内容 世界に飛翔、50年目の沖縄空手道 空手道歴史概略 空手道歴史年表 沖縄空手古武道各流派会派道場一覧（ショウリン系 上地系 剛柔系 古武道系他）
〔5485〕

◇武道空手への招待 摩文仁賢榮著、横山雅彦編 三交社 2001.11 273p 22cm 〈肖像あり〉2800円 Ⓘ4-87919-031-4 Ⓝ789.23
内容 プロローグ 武道空手の効用と楽しみ 第1部 武道空手の流儀（成り立ちと発展—どんな歴史があるのか 糸東流とはどんな流派か—創始者摩文仁賢和の教え どうすれば上達するのか—人間業の限界を破る 現代武道を批判する—何が発展で何が退化か）第2部 戦う武道と武道の精神（武道とは何か—その本質を探る 勝負とはどんなことか—命のやり取りの世界 動く禅としての空手—心技体の一致）
〔5486〕

◇武魂—奥妙в錬心 北谷道場創立20周年記念誌編集委員会編 北谷町（沖縄県）沖縄空手道協会北谷道場 2002.4 308p 31cm 〈北谷道場創立20周年記念出版〉Ⓘ4-87215-132-1 Ⓝ789.23
〔5487〕

◇沖縄剛柔流空手の型—伝統的な型とその意味 外間哲弘監修、佐久川春範著 宜野湾 榕樹書林 2002.9 135p 21cm 2000円 Ⓘ4-947667-82-6 Ⓝ789.23
〔5488〕

◇武術空手への道—沖縄古伝空手を通して発見した身体脳及び身体脳の開発 宇城憲治著 相模原 合気ニュース 2003.2 218p 22cm 2300円 Ⓘ4-900586-73-0 Ⓝ789.23
内容 第1章 武術空手への道（武術空手とは 武術空手の稽古のあり方 ほか）第2章 武術的身体を創る（武術的身体に必要な身体脳 身体脳と身体脳の開発 ほか）第3章 呼吸と呼吸力（武術の根源「呼吸」 呼吸から呼吸力へ ほか）第4章 型と分解組手・組手（型は極意の集積 型とフィードバック ほか）第5章 武術空手の技と心—座波仁吉・宇城憲治座談会見録（加齢しても型に変化はなし 型を形に変えて自分の技となる ほか）
〔5489〕

◇沖縄武道空手の極意 その3 新垣清著 福昌堂 2003.5 159p 21cm 1500円 Ⓘ4-89224-781-2 Ⓝ789.23
内容 第1章 エネルギーとは何か—衝撃を作り出すもの 第2章 腰とは何か—人体の要だ 第3章 腰の激突とは何か—エネルギーの根源 第4章 腰の変化とは何か—全てに対応できる状態 第5章 ガマクとは何か—腰方形筋の認識 第6章 安定した位置とは何か—ゼロの位置 第7章 形を箱型に使う—場を無にする
〔5490〕

◇沖縄空手の巨星たち—世界の文化遺産 濱川謙著 那覇 新星出版 2003.11 281p

スポーツ　　　　　　　　　　　　　　　　　　　　　　　　スポーツ一般

23cm〈年譜あり〉3334円　①4-902193-07-8
Ⓝ789.23　　　　　　　　　　　　　　　〔5491〕

◇(財)沖縄県剣道連盟創立50周年記念誌　沖
縄県剣道連盟創立50周年記念事業実行委員会
記念誌編集委員会編　那覇　沖縄県剣道連盟
2004.6　459p　図版15枚　27cm〈標題紙等
のタイトル：創立50周年記念誌　年表あり〉
2000円　Ⓝ789.3　　　　　　　　　　　〔5492〕

◇正ståle沖縄剛柔流空手道技法　伊波康進監修,
甲斐国征著　〔出版地不明〕　〔伊波康進〕
2004.7(3刷)　232p　31cm〈年譜あり〉
7000円　Ⓝ789.23　　　　　　　　　　〔5493〕

◇空手道一路―愛蔵版　船越義珍著　宜野湾
榕樹書林　2004.12　358p　22cm〈複製を
含む　肖像あり〉4800円　①4-947667-70-2
Ⓝ789.23　　　　　　　　　　　　　　　〔5494〕

◇沖縄小林流空手・古武術の研究　沖縄小林流
空手・古武術研究会,伊祖武芸館編　浦添
沖縄小林流空手・古武術研究会　2006.6
143p　30cm〈共同刊行：伊祖武芸館〉
Ⓝ789.23　　　　　　　　　　　　　　　〔5495〕

◇琉球拳法唐手　富名腰義珍著　普及版　宜野
湾　榕樹書林　2006.7　300p　19cm〈原
本：武侠社1922年刊　折り込み2枚　肖像あり〉
2500円　①4-89805-117-0　Ⓝ789.23　〔5496〕

◇上地流空手道―中国から沖縄へ・沖縄からフ
ランスへ　島袋幸信著　東京図書出版会
2006.11　241p　20cm〈年表あり　文献あ
り　発売：リフレ出版〉1500円　①4-86223-
085-7　Ⓝ789.23
　内容　上地流空手道の歴史　上地流空手道の流儀
　と兵法　上地流の三戦　上地流の形　上地流の練
　習法　上地流における変容　形の解釈　思い出す
　ままに　空手道の歴史　思い出の半生　空手道雑
　感　フランスにおける空手道事情　　　　〔5497〕

◇沖縄伝統古武道―概略と首里手系の空手古武
道の達人　仲本政博著　うるま　ゆい出版
2006.11　269p　22cm〈第5回中国・沖縄交
流武術大会,文武館総本部道場創立35周年記
念　肖像あり〉3000円　Ⓝ789.23　〔5498〕

◇沖縄伝統古武道―概略と首里手系空手古武術
達人の系譜　仲本政博著　改訂版　うるま
ゆい出版　2007.7　287p　22cm〈第5回中
国・沖縄交流武術大会記念,文武館本部道場
創立35周年記念　表紙のタイトル：古武道〉
3000円　Ⓝ789　　　　　　　　　　　　〔5499〕

◇空手伝真録―源流型と伝来の謎を解く　下巻
金城昭夫著　改訂増補版　チャンプ　2008.5
317p　21cm〈初版の出版者：沖縄図書セン
ター　年表あり〉3000円　①978-4-903616-

89-6　Ⓝ789.23
　内容　第5章 空手道源流の謎を解く　第6章 空手
　道型名称の中国原語考察　第7章 琉球古武道の武
　器名称の考察　第8章 拳之大要八句解説　第9章
　空手道近世期歴史年表　第10章 付録DVD映像収
　録内容　　　　　　　　　　　　　　　　〔5500〕

◇琉球空手、ばか一代　今野敏著　集英社
2008.5　217p　16cm〈集英社文庫〉476
円　①978-4-08-746297-5　Ⓝ914.6
　内容　哀愁の少年篇　波乱の青年篇　怒濤の中年
　篇　　　　　　　　　　　　　　　　　　〔5501〕

◇沖縄空手古武道事典　高宮城繁,新里勝彦,仲
本政博編著　柏書房　2008.8　745p　27cm
〈文献あり　年表あり〉15000円　①978-4-
7601-3369-7　Ⓝ789.23
　内容　小序 日本伝統武道の諸相　第1編 空手編(空
　手の定義と種類　沖縄空手の歴史　沖縄の空手の
　流派　沖縄の空手の技法　沖縄の空手の型　沖縄
　空手の思想)　第2編 古武道編(沖縄伝統古武道の
　定義　沖縄伝統古武道の歴史　沖縄伝統古武道の
　系譜　琉球古武道の地方への伝播　沖縄の代表的
　武器術　沖縄伝統古武道の技法　代表的各武器術
　の分解　沖縄伝統古武道の型)　第3編 人物編(人
　物列伝　写真が語る沖縄空手古武道の歴史　平成
　の修行者たち)　第4編 資料編(沖縄空手古武道関
　係史料)　　　　　　　　　　　　　　　〔5502〕

◇公開！沖縄空手の真実―君は本物の空手を
見たことがあるか？　フル・コム編　東邦
出版　2009.6　248p　21cm〈Budo-RA
books〉〈文献あり〉2800円　①978-4-8094-
0794-9　Ⓝ789.23
　内容　第1章 達人座談会(沖縄空手と本土の空手
　鍛錬は毎日の積み重ね　ほか)　第2章 歴史(沖縄
　空手の歴史概論　沖縄空手コラム1 舞方(めーか
　た)　ほか)　第3章 型と三大流派(沖縄空手の型
　三大流派の特徴と型　ほか)　第4章 鍛錬型(剛柔
　流の三戦と上地流の三戦　ナイハンチ　ほか)　第
　5章 鍛錬(沖縄空手の鍛錬法　東恩納盛男―型は
　実戦の体験で得た技の集合体)　　　　　〔5503〕

◇沖縄武道空手の極意―今よみがえる沖縄古伝
空手の極意　[2009年]　新垣清著　福昌堂
2009.10　146p　21cm　1800円　①978-4-
89224-054-6　Ⓝ789.23
　内容　第1章 「本物の突き」とは何か―究極の身
　体操作　第2章 「仮想の重心」とは何か―エネル
　ギーを作る立ち方　第3章 「移動」とは何か―歩
　くことが武道だ　第4章 「形」とは何か―日本武
　道の究極　第5章 「変化」とは何か―武道として
　の形　第6章 「宇宙の摂理」とは何か―すべての
　真実　第7章 「無想会沖縄空手道」とは何か―人
　生を豊かにする空手　　　　　　　　　　〔5504〕

◇沖縄武道空手の極意　その2[2009年]　新
垣清著　福昌堂　2009.12　156p　21cm
〈その2[2009年]のサブタイトル：東洋身体
文化の英知がここにある〉1500円　①978-4-

「沖縄」がわかる本 6000冊　　421

スポーツ一般　　　　　　　　　　　　　　　　　　　　　　　　スポーツ

89224-057-7　Ⓝ789.23
内容 第1章 歩行とは何か―仮想重心へ落ちる 第2章 達人とは何か―身体内で歩く 第3章 正中線とは何か―身体内の壁 第4章 攻防とは何か―正中線の取り合い 第5章 蹴りとは何か―究極の蹴り 第6章 天地線―上下を分ける線 〔5505〕

◇手（ティ）を使う！―琉球秘伝武術 城間啓史郎著 BABジャパン 2011.2 226p 21cm〈タイトル：手を使う！〉1600円 Ⓘ978-4-86220-574-2 Ⓝ789
内容 "心"の力 上体は"肘"で導け！ "ガマク"の使い方 "心"のリミッターを外す "手"と"指"の使い方 "受け入れる" "変化"と"主体"の問題 "隙間"へ入り込め！ 相手に"してもらう" "考えるな！" 特別対談 北川貴英（ロシアン武術システマ）×城間啓史郎 "安心" "素直"になる "逆転" "捨てる" "弱くていい" "想い" 特別収録 本当の"手"の使い方 〔5506〕

◇沖縄武道空手の極意 その4 新垣清著 福昌堂 2011.9 189p 21cm〈その4のサブタイトル：日本心身思想の究極・ナイファンチの形の極意〉1500円 Ⓘ978-4-89224-079-9 Ⓝ789.23
内容 第1章 古伝の突きとは何か―手打ちの突き 第2章 後（クシ）とは何か―運動エネルギーの一始点 第3章 ナイファンチで得る重さ―ナイファンチの手技 第4章 虚実の「実（ジツ）」―真理の探究 第5章 次元の変化―四次元を一次元へ 第6章 論理的思考とは何か―直列的思考方法 第7章 武道的思考とは何か―並列的思考方法 第8章 文化の激突―東と西 〔5507〕

◇松田芳正古希記念誌―沖縄小林流妙武館総本部館長 松田芳正著 読谷村（沖縄県） 松田芳正古希記念誌実行委員会 2011.10 125p 21cm〈年譜あり〉952円 Ⓘ978-4-905192-45-9 Ⓝ789.23 〔5508〕

◇沖縄空手道の歴史―琉球王国時代の武の検証 新垣清著 原書房 2011.12 413,6p 22cm〈他言語標題：THE HISTORY OF OKINAWAN KARATE-DO 年表あり 文献あり〉4800円 Ⓘ978-4-562-04716-1 Ⓝ789.23
内容 琉球王国 大和との交流 大和手 中国（明・清）との交流 中国武術 海の武装商人 倭寇 琉球王国の軍事力 ヒキについての私考 琉球侵攻〔ほか〕 〔5509〕

◇琉球古武道ヌンチャク・トンファー 鈴木覚著 愛隆堂 2012.1 95p 21cm 1000円 Ⓘ978-4-7502-0321-8 Ⓝ789
内容 ヌンチャク術（ヌンチャク術の基本 ヌンチャク術練習形 ヌンチャク術組手） トンファー術（トンファー術の基本 トンファー術練習形 トンファー術練習形組手 屋良小・形） 〔5510〕

◇空手道教範 船越義珍著，宮城篤正解説 宜

野湾 榕樹書林 2012.5 358p 21cm〈付属資料：8p：月報 no. 70 昭和16年刊（修正増補）の復刻版〉2800円 Ⓘ978-4-89805-161-0 Ⓝ789.23 〔5511〕

◇沖縄空手道の真髄―秘伝の奥義「平安の形」の検証 新垣清著 原書房 2013.6 436p 22cm〈他言語標題：The Explanation of Okinawan Karate Kata as a Method of Martial Arts〉4800円 Ⓘ978-4-562-04914-1 Ⓝ789.23
内容 空手の歴史 空手の発祥 「平安の形」の成り立ち 「チャンナン」の形 首里手の変革 武道の価値 身体思想の変化 動歩行と静歩行 腰と骨盤 不安定の中の安定〔ほか〕 〔5512〕

◇宮城長順の沖縄空手に空手を学ぶ―今、使える！術技修得システム 玉野十四雄著 BABジャパン 2013.6 203p 21cm〈他言語標題：The teaching system of Chojun Miyagi's KARATE〉1600円 Ⓘ978-4-86220-763-0 Ⓝ789.23
内容 第1章 沖縄空手の成り立ち（沖縄空手の原型 沖縄の歴史と空手） 第2章 宮城長順と剛柔流空手（宮城長順の足跡 剛柔流空手の基本構想 試合方式の創作 空手指導法とその組織化 術技の改良 普及型の創作） 3型、解裁の原理（空手の型の成り立ち 型、解裁の手順） 第4章 剛柔流の憲法―基本型・三戦（型・三戦への誤解 三戦の術技 基本形・三戦） 第5章 各術技と補助運動（剛柔流の術技 補助運動 器具補助運動） 〔5513〕

◇沖縄空手も合気道も本当はこんなに強かった フル・コム編 東邦出版 2013.10 244p 21cm（BUDO-RA BOOKS―達人シリーズ 第13巻）2300円 Ⓘ978-4-8094-1158-8 Ⓝ789.23
内容 菊野克紀―空手の強さをプロの舞台で実証する 平直行―筋を感じて動かす活殺自在の古流武術 大月晴明―武術としてのキックボクシング 山口正舟―沖縄空手の隠れ武士 村井義治―素手で倒す技はナイハンチで作られる 田中健一―首ずもうからの投げと寝技 大石代悟―極真空手の極意は基本稽古と自己鍛練にあり 林悦道―30パーセントの頂き ミカエル・リャブコ―2つの顔をもつストライク 〔5514〕

◇拳豪 比嘉佑直物語 新崎景文著 大阪 風詠社, 星雲社〔発売〕 2013.12 184p 19cm 1200円 Ⓘ978-4-434-18759-9
内容 第1章 黎明「うりずん」の季節 学園生活 ほか 第2章 飛翔（辻遊剣道遙 「不覚」 ほか） 第3章 動乱（十・十空襲 中国大亜戦争 ほか） 第4章 凪（市会議員時代 武道家 ほか） 〔5515〕

◇琉球秘伝・女踊りと武の神髄 宮城隼夫〔著〕 海鳴社 2014.3 162p 19cm（バウンダリー叢書）〈文献あり〉1400円

422　「沖縄」がわかる本　6000冊

スポーツ　　　　　　　　　　　　　　　　　　　　　　　　　　　　　　　　スポーツ一般

Ⓘ978-4-87525-307-5　Ⓝ789
内容 第1章 舞に秘められた琉球武術の妙技　第
2章 琉球の武術と気　第3章 本部御殿手という武
術　第4章 内なる力の発揚と秘伝武術　第5章 意
識と呼吸が生み出す琉球古手の奥義技　第6章 日
常に生きる琉球古手の技　第7章 琉球古手・舞と
気の型　　　　　　　　　　　　　　　　　　〔5516〕

◇沖縄伝統空手ブランドを創る―原点回帰10倍
速新時代への展開　濱川謙著　宜野湾　空手
新聞社　2014.4　104p　19cm　（沖縄伝統
空手叢書 1）　1500円　Ⓘ978-4-905192-51-0
Ⓝ789.23
　　　　　　　　　　　　　　　　　　　　〔5517〕

◇沖縄空手七人の侍　外間哲弘著，山里秀太漫
画　那覇　琉球新報社　2014.5　253p
21cm〈発売：琉球プロジェクト（那覇）〉
2300円　Ⓘ978-4-89742-171-1　Ⓝ789.23
　　　　　　　　　　　　　　　　　　　　〔5518〕

◇沖縄小林流空手道協会誌―合理合法・共存共
栄　沖縄小林流空手道協会誌編集委員会編
〔出版地不明〕　沖縄小林流空手道協会
2014.8　158p　31cm〈年譜あり〉　Ⓝ789.23
　　　　　　　　　　　　　　　　　　　　〔5519〕

◇知花朝信師型（形）分解写真資料集　沖縄小
林流空手道協会誌編集委員会編　〔出版地不
明〕　沖縄小林流空手道協会　2014.8　91p
31cm　Ⓝ789.23　　　　　　　　　　　　〔5520〕

◇琉球古武術―ヌンチャク・サイ・トン
ファー・鎌 伝統武器法　鈴木覚著　愛隆堂
2015.1　191p　21cm　1800円　Ⓘ978-4-
7502-0336-2　Ⓝ789
内容 ヌンチャク術（ヌンチャク術の基本　ヌンチ
ャク術練習形 ほか）　サイ術（サイ術の基本　サ
イ術基本組手 ほか）　トンファー術（トンファー
術の基本　トンファー術練習形 ほか）　鎌術（鎌
術の基本　鎌術の切り方 ほか）　　　　　〔5521〕

◇本部流御殿武術入門―琉球王家秘伝 本部御
殿手 本部拳法　池田守利著　日貿出版社
2015.3　287p　26cm　3600円　Ⓘ978-4-
8170-6008-2　Ⓝ789
内容 第1章 基本　第2章 歩法と捌き　第3章
型・素手相対　第4章 取手　第5章 武器術と多
敵　第6章 舞の手　第7章 本部拳法　資料編 映
像と資料で見る上原清吉先生　　　　　　〔5522〕

◇琉球空手のルーツを探る事業調査研究報告書
―平成26年度沖縄振興特別推進市町村交付金
事業　スペースチャイナ編　浦添　浦添市教
育委員会　2015.3　105p　30cm〈文献あ
り〉　Ⓝ789.23　　　　　　　　　　　　〔5523〕

「沖縄」がわかる本 6000冊　423

言語

ことば

◇日本語の比較研究　村山七郎著　三一書房　1995.5　257p　22cm〈アイヌ語関係参考文献・琉球語関係参考文献：p256〜257〉5800円　①4-380-95240-1　Ⓝ810.29
　内容　第1章　アイヌ語（アイヌ語及びオーストロネシア諸語における幹収縮　PAN*t及び*t′の reflex ほか）　第2章　琉球語（同意味語の日本語形と琉球語形 ほか）　第3章　日本語（南洋語系の日本語　アルタイ系の日本語）　〔5524〕

◇日本語文末詞の歴史的研究　佐々木峻、藤原与一編　三弥井書店　1998.2　317p　21cm　8800円　①4-8382-3055-9
　内容　上古の文末詞　平安時代和文語文末詞について　近古の文末詞　大蔵流古狂言虎明本における文末特定要素（文末詞）についての基礎的研究　現代日本語における女性の文末詞　漱石作品の文末詞─「明暗」を軸として　鷗外の日独語に見られる文末詞　奄美諸島与論島朝戸方言の文末詞　沖縄伊江島方言の文末詞　琉球宮古西原方言の文末詞〔ほか〕　〔5525〕

◇『琉球官話集』語彙索引・附翻刻四種　大島吉郎編　近代漢語研究会　1999.5　95,138p　26cm　Ⓝ818.99　〔5526〕

◇東方言語─日本語・中国語・琉球語　中松竹雄著　那覇　沖縄言語文化研究所　2000.9　211p　21cm〈中文併載〉1600円　Ⓝ820　〔5527〕

◇ことばと風土─沖縄と中国東北　中松竹雄著　那覇　沖縄言語文化研究所　2001.2　146p　21cm　1000円　Ⓝ302.2253　〔5528〕

◇ことばと文化─沖縄と中国　中松竹雄著　那覇　沖縄言語文化研究所　2002.5　234p　21cm　1600円　Ⓝ292.216　〔5529〕

◇くまから・かまから─宮古島方言マガジン傑作選　みゃーくふつでつづる宮古のあっちこっち　くまから・かまからライターズ編著　那覇　ボーダーインク　2006.7　258p　21cm　1600円　①4-89982-110-7　Ⓝ302.

199　〔5530〕

◇台湾・韓国・沖縄で日本語は何をしたのか─言語支配のもたらすもの　古川ちかし、林珠雪、川口隆行編著　三元社　2007.3　241p　21cm　2600円　①978-4-88303-199-3　Ⓝ810.9
　内容　台湾・韓国・沖縄で日本語は何をしたのか　第1部　台湾─切断と継承（反植民地主義と近代化─国語「同化」教育の再検討　植民地期台湾人の「知」的体系─日本語に「横領」された「知」の回路 ほか）　第2部　韓国─抗争と戦略（日本語との抗争から和解へ─韓国での日本語をめぐる言語編成史・概説　「日本語」という「配電システム」─その複製と継承と ほか）　第3部　沖縄─継続する戦争（戦時を生きる─沖縄と「日本語」をめぐる断章　「日本語」「日本民族」の編成でいかに翻弄されたか─沖縄の郷土史家・島袋全発の軌跡 ほか）　第4部　日本語の現在─誰の言葉か（主流派の言葉と公共の言葉─言葉の教育の向かうところ　“日本語問題”への序奏─“国民”の詩と歌謡）　〔5531〕

◇日本・ベトナム比較言語教育史─沖縄から多言語社会をのぞむ　村上呂里著　明石書店　2008.2　455p　22cm〈年表あり　文献あり〉9000円　①978-4-7503-2733-4　Ⓝ810.7
　内容　研究の目的と方法　第1部　日本編（近代学校をめぐる“声”と“文字”の相剋─八重山地域の場合　小学校「国語科」成立と沖縄地域─「普通語」概念に注目して　宮良當壮と柳田國男の間─言語教育論をめぐる　国分一太郎における「生活詩」の発見─「方言詩論争」再考　戦後民間教育運動における国語ナショナリズム─奥田靖雄の標準語論を中心に　戦後沖縄の「学力問題」における「言語問題」─上村（1978年）、儀間、東江グループを中心に）　第2部　ベトナム編（ベトナム言語教育史研究の課題と方法　ベトナム民主共和国・社会主義共和国における言語教育史の概観　バイリンガル教育をめぐる葛藤─バッカン省バーベー郡をフィールドとして　ドイモイ期における「国家語」制定をめぐる葛藤─少数民族言語教育の課題を踏まえて）　日越比較を踏まえ、もう一つの言語教育を求めて　〔5532〕

◇ブラジル日系・沖縄系移民社会における言語接触　工藤真由美、森幸一、山東功、李吉鎔、中東靖恵著　ひつじ書房　2009.6　444p

22cm〈付属資料（DVD-ROM1枚 12cm）：ブラジル日系・沖縄系移民社会の談話音声資料2008〉 8000円 ①978-4-89476-423-1 Ⓝ810.4

内容 第1部 言語の接触と混交（言語接触の重層性と日本語の動態—複数の日本語への視点 「言語」をめぐる移民史—ブラジル日系人の言語状況に関する民族誌的考察 補遺：沖縄系ブラジル移民を巡る "言語" 状況（覚書） ブラジル日系社会と日本語観 ブラジル日経社会言語調査をめぐって ブラジル日経移民社会における言語の実態—ブラジル日系人の談話資料から見えてくるもの） 第2部 言語接触の実際（ブラジル日系移民社会の談話 ブラジル沖縄系移民社会の談話）〔5533〕

◇琉球官話課本の研究 瀬戸口律子著 宜野湾 榕樹書林 2011.1 286p 22cm〈文献あり〉 9500円 ①978-4-89805-150-4 Ⓝ828.1 〔5534〕

◇「琉球官話」の世界—300年前の会話テキストが描く民衆の喜怒哀楽 瀬戸口律子著 宜野湾 榕樹書林 2011.12 85p 21cm（がじゅまるブックス 2） 900円 ①978-4-89805-158-0 Ⓝ828.1 〔5535〕

◇日本語の多様性を探る—島のことばのフィールドワーク 東京外国語大学国際日本研究センター編 府中（東京都） 東京外国語大学国際日本研究センター 2012.3 60p 21cm（国際日本研究センターブックレット no.2—国際日本研究センター社会言語部門講演録 1）〈文献あり〉Ⓝ810.9

内容 台湾「宜蘭クレオールについて」 真田信治述 台湾に渡った日本語の現在 簡月真述 琉球諸語の言語危機 パトリック・ハインリッヒ述 〔5536〕

◇沖縄の英語教育と米軍基地—フェンスのうちと外での外国語学習 柴田美紀著 丸善出版 2013.3 182p 19cm（叢書インテグラーレ 11） 1900円 ①978-4-621-08649-0 Ⓝ830.7 〔5537〕

◇小・中学生向け「地域語教材」開発のための基礎的研究 神戸 甲南大学総合研究所 2014.2 47p 21cm（甲南大学総合研究所叢書 122） 非売品 Ⓝ810.9

内容 鹿児島県における共通語教育に関する調査とその考察 橘幸男著 沖縄県の小・中学校における方言啓発・普及活動について 黒崎良昭著 沖縄県那覇市での聞き取り調査の詳細（抄録） 黒崎良昭著 〔5538〕

◇危機的な状況にある言語・方言の保存・継承に係る取組等の実態に関する調査研究—八丈方言・国頭方言・沖縄方言・八重山方言 立川 人間文化研究機構国立国語研究所 2015.3 202p 30cm（文化庁委託事業報告書）〈文献あり〉Ⓝ818 〔5539〕

◇日系移民社会における言語接触のダイナミズム—ブラジル・ボリビアの子供移民と沖縄系移民 工藤真由美, 森幸一編 吹田 大阪大学出版会 2015.8 318p 22cm〈文献あり 索引あり〉 6500円 ①978-4-87259-512-3 Ⓝ810.1

内容 第1章 本書の目的と成果（本書の目的 本調査の特徴 言語生活調査による成果 日系移民社会における言語接触論が提起するもの 今後の課題） 第2章 本土系・沖縄系コミュニティーにおける言語生活調査（調査の概要 調査コミュニティーの歴史） 第3章 言語接触と言語移行の動態（言語能力意識の変遷 言語使用意識の変遷 言語機能と複合的アイデンティティー） 第4章 子供移民と日系エスニック運動（葛藤の主体「準二世」 世代意識と日本語教育） 第5章 沖縄系移民と文化再活性化運動（戦後沖縄からの移民史 ブラジル沖縄系人のエスニックアイデンティティーの変遷）資料編 〔5540〕

琉球語

◇オキナワ語会話集—日本語・英語対照 渡由喜子〔ほか〕訳 泰流社 1995.2 237p 19cm 3914円 ①4-8121-0103-4 Ⓝ818.99

内容 1 基本表現 2 単語 3 会話 〔5541〕

◇オキナワ語単語集—日本語・英語対照 渡由喜子〔ほか〕訳 泰流社 1995.2 185p 19cm 3914円 ①4-8121-0104-2 Ⓝ818.99
＊本書は、古くに日本本土の方言から分かれて発達した沖縄独特の言葉の単語集です。日常的な会話で使われる単語を中心に約2,000語を収録しています。〔5542〕

◇琉球語の美しさ 仲宗根政善著 宜野湾 ロマン書房本店 1995.7 225p 19cm 2575円

内容 カナシ「いとしい」 唐旅 局、首席は新しい方言 チュラサンと美しい 心と肝 ヤマトゥ「本土」、ヤマトゥンチュ「本土の人」 テダ「太陽」とタブー ソーロー「候」 愛らしいもの 如何〔ほか〕 〔5543〕

◇南琉球・八重山石垣方言の文法 宮良信詳著 くろしお出版 1995.9 263p 21cm〈参考文献：p247〜250〉 5500円 ①4-87424-108-5 Ⓝ818.99

内容 第1章 言語の概略と背景 第2章 音韻論 第3章 形態論 第4章 統語論 第5章 敬語 第6章 今後の課題 〔5544〕

◇続・沖縄ことばの散歩道 池宮正治著 那覇 ひるぎ社 1995.11 185p 18cm（おきなわ文庫） 880円

琉球語　　　　　　　　　　　　　　　　　　　　　　　言語

内容 イキラサン　イチャンダ　カニ・ハンリトーン　カマラサン　クサミチュン　ヒーサンとヒジュルサン　たけ（岳）ともり（森）　ホートゥ（鳩）マルケーティ　ユクシ（嘘）〔ほか〕　　〔5545〕

◇沖縄ことばの散歩道　続　池宮正治著　那覇　ひるぎ社　1995.11　185p　18cm　（おきなわ文庫 75）　880円　Ⓝ818.99　　　　〔5546〕

◇「琉球館訳語」の音訳字　その1　多和田真一郎著　東広島　広島大学留学生センター　1996.3　68p　26cm　Ⓝ818.99　　〔5547〕

◇琉球で生まれた共通語―琉球篇　永田高志著　おうふう　1996.6　175p　21cm　（地域語の生態シリーズ）　2200円　Ⓘ4-273-02911-1　Ⓝ818.99
内容 第1章　はじめに　第2章　琉球新方言の言語構造　第3章　南大東島の言語と言語生活　第4章　社会言語学的分析　第5章　まとめ―琉球の言語生活の過去・現在・未来　　　　　　　　　〔5548〕

◇うちなぁぐちフィーリング　続　儀間進著　那覇　沖縄タイムス社　1996.8　298p　19cm　1524円　Ⓝ818.99　　　　　〔5549〕

◇外国資料を中心とする沖縄語の音声・音韻に関する歴史的研究　多和田真一郎著　武蔵野書院　1997.1　751p　22cm　25750円　Ⓘ4-8386-0167-0　Ⓝ818.99
内容 第1章　沖縄語ハングル資料の研究　第2章　沖縄語漢字資料の研究　第3章　沖縄語アルファベット資料の研究　第4章　沖縄語仮名資料の研究　第5章　沖縄語の通時的考察　　　　　〔5550〕

◇仲宗根政善言語資料（手稿）目次集　西原町（沖縄県）　琉球大学附属図書館　1997.3　386p　27cm　〈肖像あり〉　Ⓝ818.99　〔5551〕

◇「琉球館訳語」の音訳字　その2　多和田眞一郎著　東広島　広島大学留学生センター　1997.3　55p　26cm　〈文献あり〉　Ⓝ818.99　　　　　　　　　　　　　〔5552〕

◇黄金言葉―ウチナーンチュが伝えることわざ200編　仲村優子編著　那覇　琉球新報社　1997.4　245p　19cm　〈文献あり　索引あり〉　1500円　Ⓘ4-89742-001-6　Ⓝ388.8199　　　　　　　　　　　　　　　　〔5553〕

◇心に残る私のしまぐち　那覇　ラジオ沖縄　1997.6　199p　19cm　〈発売：琉球新報社（那覇）〉　1429円　Ⓘ4-89742-002-4　Ⓝ818.99
内容 心に残る私のしまぐち　座談会　しまぐちフォーラム　琉球方言について　　　　　　　〔5554〕

◇沖縄県のことば　北琉球　平山輝男〔ほか〕編　明治書院　1997.7　204p　22cm　（日本のことばシリーズ 47）〈文献あり〉　2800円　Ⓘ4-625-52247-1　Ⓝ818.99

内容 1 総論　2 県内数地点の特徴　3 方言基礎語彙　4 俚言　5 生活の中のことば　　〔5555〕

◇奄美・沖縄女のことわざ　田畑千秋著　第一書房　1997.11　348,34p　20cm　（南島文化叢書 19）　3500円　Ⓘ4-8042-0126-2　Ⓝ388.8199
内容 1 嫁と姑　2 夫婦　3 妻　4 産婦　5 継母・実母　6 娘　7 巫女・遊女　8 美人　9 女たち　10 男たち　11 親子　12 鳥の伝承　13 ことわざと昔話・ウタ　　　　　　　〔5556〕

◇ウチナー口から大和言葉へ―試論人動説「行為と言語の構造」　妹尾章仁著　南風原町（沖縄県）　那覇出版社（製作・発売）　1998.1　288p　21cm　〈文献あり〉　2000円　Ⓘ4-89095-093-1　Ⓝ810.23
内容 第1章　世界に広がる言葉　火（アブ、アビ等）　第2章　遊動生活「アス」に始まる言葉の発展　第3章　採取生活と石器時代「イス」に始まる言葉の発展　第4章　狩猟・農耕生活「ウス」に始まる言葉の発展　第5章　縄文文化と弥生文化を結ぶ銅鐸　第6章　倭人伝が語る邪馬台国の社会　第7章　「オス」に始まる言葉の発展　第8章　古代信仰は「祭り」で生き延びる　第9章　構造的言語　原日本語―五十音図が示す世界の構造　第10章　「治める」社会に登場する漢字　第11章　「いろは…」の暗号と謎とは　　　　　　　　　　　〔5557〕

◇沖縄語漢字資料の研究　多和田眞一郎著　広島　溪水社　1998.2　587p　27cm　18000円　Ⓘ4-87440-486-3　Ⓝ818.99
内容 1 『琉球館訳語』の研究　2 『使琉球録』（陳侃）「夷語附」の研究　3 『使琉球録』（郭汝霖）「夷語附」の研究　4 『音韻字海』（周鑑）「附録夷語音釈」の研究　5 『使琉球録』（蕭崇業）「夷語附」の研究　6 『使琉球録』（夏子陽）「夷語附」の研究　7 『中山伝信録』（徐葆光）「琉球語」の研究　8 『琉球入学見聞録』（潘相）「土音」の研究　9 漢字資料を通してみた沖縄語　　　　〔5558〕

◇九州方言・南島方言の研究　上村孝二著　武蔵野　秋山書店　1998.3　398p　22cm　13000円　Ⓘ4-87023-558-7　Ⓝ818.9
内容 第1章　九州方言の概観　第2章　九州方言の音韻　第3章　九州方言の文法　第4章　九州方言の語彙　第5章　南島方言　　　　　　〔5559〕

◇言葉を通してみた本土・沖縄・中国の文化―代名詞と親族語彙　内間直仁編　〔千葉〕千葉大学大学院社会文化科学研究科　1998.3　114p　30cm　（千葉大学社会文化科学研究科研究プロジェクト報告書 第1集）〈文献あり〉　Ⓝ818.99
内容 親族語彙（内間直仁著）　沖縄奥武方言の親族語彙と人称代名詞（中本謙著）　指示代名詞の指示範囲（新垣公弥子著）　言語待遇表現としての自称詞に関する一試論（平井友紀人著）　中国語と日本語における親族語彙（張佩霞著）　親族語彙に見られる待遇意識（陳露著）　　　　　　〔5560〕

426　「沖縄」がわかる本　6000冊

言語　　　　　　　　　　　　　　　　　　　　　　　　　　　　琉球語

◇沖縄・宮古のことわざ　佐渡山正吉著　那覇
　ひるぎ社　1998.10　244p　18cm　（おきな
　わ文庫　87）　900円　Ⓝ388.8199
　　　　　　　　　　　　　　　　　　〔5561〕

◇沖縄県のことば　中松竹雄著　改版　那覇
　沖縄言語文化研究所　1999.1　207p　19cm
　〈初版：沖縄の方言（桜楓社1983年刊）〉
　1800円　Ⓝ818.99
　　　　　　　　　　　　　　　　　　〔5562〕

◇わったあちゃあちゃあ　第3巻　沖縄口教本
　―純朴ヌ民ウチナーンチュ　サナジ屋出版編
　第3版　豊見城村（沖縄県）　サナジ屋出版
　1999.1　100p　26cm〈電子複写　折り込1枚
　和装〉1500円　Ⓝ818.99　　　　〔5563〕

◇沖縄語の文法　中松竹雄著　新版　那覇　げ
　んけん出版　1999.2　126,147,8p　21cm
　2000円　Ⓝ818.99　　　　　　　　〔5564〕

◇実践うちなあぐち教本　吉屋松金著　糸満
　南謡出版　1999.2　544p　27cm　①4-
　931497-00-4　Ⓝ818.99
　　内容 例文・解説編（日本語と沖縄語の発音の基本
　　的関係表　品詞―分類および概説　存在動詞概説
　　―活用と機能等　存在文およびヤ系係助詞　ほか）
　　散文編（羽衣物語　桃太郎伝説　アリババとう四
　　十人ぬへいれい（アリババと四十人の山賊）　旧約
　　聖書（抜粋）　ほか）　　　　　　　〔5565〕

◇琉球方言音韻・文法・語彙の研究―周辺諸方
　言との比較研究も含めて　その1　内間直仁
　編　〔千葉〕　千葉大学大学院社会文化科学
　研究科　1999.3　159p　30cm　（千葉大学
　大学院社会文化科学研究科研究プロジェクト
　報告書　第2集）　Ⓝ818.99
　　内容 八重山白保方言の音韻（中本謙著）　沖縄南
　　部前島方言の助詞（新垣公弥子著）　沖縄久米島
　　真謝方言における親族語彙（仲原穣著）　栃木県
　　各地方言の音韻について（平井友紀人著）　日中
　　両言語における親族語彙の通事的研究の試み（陳
　　露著）　八丈方言談話資料　金田章宏　著
　　　　　　　　　　　　　　　　　　〔5566〕

◇沖縄語概説　中松竹雄著　那覇　沖縄言語文
　化研究所　2000.1　186p　21cm　1250円
　Ⓝ818.99　　　　　　　　　　　　〔5567〕

◇島ことば入門　中松竹雄著　那覇　沖縄言語
　文化研究所　2000.1　301p　21cm〈他言語
　標題：Introduction to Okinawan language
　英文併載〉2000円　Ⓝ818.99　　　〔5568〕

◇うちなーぐち講座―首里ことばのしくみ　宮
　良信詳著　那覇　沖縄タイムス社　2000.3
　271p　21cm〈文献あり〉2400円　①4-
　87127-141-2　Ⓝ818.99　　　　　　〔5569〕

◇沖縄北部・南部方言の記述的研究　内間直
　仁, 新垣公弥子著　風間書房　2000.3　487p

　22cm　18000円　①4-7599-1199-5　Ⓝ818.
　99
　　内容 第1章　音韻（奥方言の音韻　辺野喜方言の音
　　韻　ほか）　第2章　活用（奥方言の活用　辺野喜方
　　言の活用　ほか）　第3章　助詞（奥方言の助詞　辺
　　野喜方言の助詞　ほか）　第4章　比較研究（琉球方
　　言からみた助詞 “が”“の”の変遷　沖縄方言にお
　　ける助詞 “ガ”“ヌ”　ほか）　第5章　語彙比較表
　　　　　　　　　　　　　　　　　　〔5570〕

◇沖縄語の歴史　中松竹雄著　那覇　沖縄言語
　文化研究所　2000.5　330p　21cm〈他言語
　標題：History of the Okinawan language
　英文要約あり　文献あり〉2000円　Ⓝ818.
　99
　　　　　　　　　　　　　　　　　　〔5571〕

◇琉球方言の意味論　名嘉真三成著　ルック
　2000.5　240p　22cm〈文献あり〉2500円
　①4-947676-65-5　Ⓝ818.99
　　内容 序章　意味論の方法　第1章　名詞語彙　第2
　　章　動詞語彙　第3章　形容詞語彙　第4章　助詞語
　　彙　第5章　助動詞語彙　　　　　　〔5572〕

◇語てぃ遊ばなシマクトゥバ　儀間進著　那覇
　沖縄タイムス社　2000.6　305p　19cm
　（うちなぁぐちフィーリング　続々）　1500円
　①4-87127-143-9　Ⓝ818.99
　　内容 1 語てぃ遊ばなシマクトゥバ（疑問を表すこ
　　とば　あいさつことば　語尾に表れる沖縄口感覚
　　感動詞　ほか）　2 シマクトゥバの諸相（沖縄の笑
　　い　沖縄のことば遊び　語てぃ遊ばな島言葉　落
　　ち鷹は飛翔を試みる　ほか）　　　〔5573〕

◇沖縄語会話　中松竹雄著　那覇　沖縄言語文
　化研究所　2000.9　109p　30cm　1250円
　Ⓝ818.99　　　　　　　　　　　　〔5574〕

◇沖縄語のすがた　中松竹雄著　那覇　沖縄言
　語文化研究所　2000.10　162枚　15×21cm
　1250円　Ⓝ818.99　　　　　　　　〔5575〕

◇沖縄の言葉と歴史　外間守善著　中央公論新
　社　2000.10　404p　16cm　（中公文庫）
　〈「日本語の世界　9：沖縄の言葉」（中央公論
　社1981年刊）の改題〉1143円　①4-12-
　203734-4　Ⓝ818.99
　　内容 序章　日本語の中の沖縄語　第1章　沖縄語の
　　表現　第2章　沖縄の文字文化　第3章　沖縄古語の
　　語源を探る　第4章　歴史的にみる沖縄の言葉　第
　　5章　現代にみる琉球方言の姿　第6章　沖縄におけ
　　る言語教育の歴史　　　　　　　　〔5576〕

◇琉球語学　中松竹雄著　那覇　沖縄言語文化
　研究所　2001.1（第2刷）　172p　19cm〈英
　文併載〉1000円　Ⓝ818.99　　　　〔5577〕

◇琉球方言考　1　井上史雄〔ほか〕編　ゆま
　に書房　2001.2　470p　22cm　（日本列島
　方言叢書　28）〈複製　折り込1枚〉7767円
　①4-89668-855-4　Ⓝ818.99

「沖縄」がわかる本　6000冊　**427**

琉球語　　　　　　　　　　　　　　　　　　　　　　　　　　　　　　　　言語

内容 琉球列島一般（総論・言語地理学）〔5578〕

◇琉球方言考　2　井上史雄〔ほか〕編　ゆま
に書房　2001.2　568p　22cm　（日本列島
方言叢書 29）〈複製　折り込1枚〉7767円
Ⓘ4-89668-856-2　Ⓝ818.99
内容 琉球列島一般（文法）　　　　　〔5579〕

◇琉球方言考　3　井上史雄〔ほか〕編　ゆま
に書房　2001.2　600p　22cm　（日本列島
方言叢書 30）〈複製　折り込2枚〉7767円
Ⓘ4-89668-857-0　Ⓝ818.99
内容 琉球列島一般（音韻・アクセント・語彙・社
会言語学）　　　　　　　　　　〔5580〕

◇琉球方言考　4　井上史雄〔ほか〕編　ゆま
に書房　2001.2　694p　22cm　（日本列島
方言叢書 31）〈複製　折り込4枚〉7767円
Ⓘ4-89668-858-9　Ⓝ818.99
内容 奄美属島　　　　　　　　　　〔5581〕

◇琉球方言考　5　井上史雄〔ほか〕編　ゆま
に書房　2001.3　702p　22cm　（日本列島
方言叢書 32）〈複製　折り込2枚〉7767円
Ⓘ4-89668-859-7　Ⓝ818.99
内容 奄美大島他・沖縄属島　　　　〔5582〕

◇琉球方言考　6　井上史雄〔ほか〕編　ゆま
に書房　2001.2　626p　22cm　（日本列島
方言叢書 33）〈複製　折り込17枚〉7767円
Ⓘ4-89668-860-0　Ⓝ818.99
内容 沖縄本島　　　　　　　　　　〔5583〕

◇琉球方言考　7　井上史雄〔ほか〕編　ゆま
に書房　2001.2　744p　22cm　（日本列島
方言叢書 34）〈複製　折り込1枚〉7767円
Ⓘ4-89668-861-9　Ⓝ818.99
内容 先島（宮古・八重山他）　　　〔5584〕

◇琉球方言音韻・文法・語彙の研究―周辺諸方
言との比較研究も含めて　その2　内間直仁
編　〔千葉〕　千葉大学大学院社会文化科学
研究科　2001.3　101p　30cm　（千葉大学
社会文化科学研究科研究プロジェクト報告書
第3集）　Ⓝ818.99
内容 沖縄県石垣市白保方言の助詞（新垣公弥子
著）　沖縄奥武方言のアクセント（中本謙著）　久
米島真謝方言の助詞（仲原穣著）　日中両言語にお
ける親族名称の通事的研究（陳露著）　日本領台時
代・台湾人に対する言語政策及びその背景（黄幸
素著）　　　　　　　　　　　　〔5585〕

◇ひとことウチナーグチ　沖縄文化社編　那覇
沖縄文化社　2001.7　126p　19cm　951円
Ⓘ4-902412-01-2　Ⓝ818.99　　　〔5586〕

◇使えるうちなー口―沖縄方言　長田昌明著
那覇　わらべ書房　2002.2　191p　21cm
1500円　Ⓘ4-9900914-1-8　Ⓝ818.99　〔5587〕

◇ことわざ資料叢書　第9巻　ことわざ研究会
編　クレス出版　2002.6　213,7p　22cm
〈複製〉Ⓘ4-87733-137-9　Ⓝ388.81
内容 琉球俗語（ハワイ大学宝玲文庫所蔵）　琉球
俗語古今集（沖縄県立図書館所蔵）　沖縄俚諺（黒
岩恒著）　琉球俗語古今集（天災城著）（好古生著）
球陽俚諺集　俚諺と教訓　沖縄俚諺集　〔5588〕

◇西表方言集　前大用安著　竹富町（沖縄県）
前大用安　2002.12　320p　26cm　4500円
Ⓝ818.99　　　　　　　　　　　〔5589〕

◇ことばと地域　中松竹雄著　那覇　沖縄言語
文化研究所　2003.1　248p　21cm　1500円
Ⓝ818.99　　　　　　　　　　　〔5590〕

◇楽しい沖縄語会話　中松竹雄著　那覇　沖縄
言語文化研究所　2003.2　163p　17cm　900
円　Ⓝ818.99　　　　　　　　　〔5591〕

◇日中両言語における代名詞及び親族語彙の対
照研究―琉球方言との比較研究も含めて
2001-2002年度　村岡英裕編　〔千葉〕　千
葉大学大学院社会文化科学研究科　2003.3
82p　30cm　（社会文化科学研究科研究プロ
ジェクト報告書　第84集）〈他言語標題：A
contrastive study of pronouns and kinship
terms in standard Japanese, Ryukyuan
dialects and Chinese〉Ⓝ818.99
内容 奄美古仁屋方言の音韻（中本謙著）　久米島
真謝方言の音韻対応（仲原穣著）　自称表現に見ら
れる日中両言語の人称代名詞と親族語彙（陳露著）
多良間方言の代名詞（下地賀代子著）　〔5592〕

◇宮古古諺音義―上代倭語の化石：宮古方言の
手引　新里博　渋谷書言大学事務局
2003.5　648p　27cm〈付・宮古方言概説
文献あり〉14000円　Ⓝ818.99　　〔5593〕

◇沖縄―標準語←→ウチナーグチ（沖縄方言）
嘉手川学著　情報センター出版局　2003.7
128p　21cm　（ここ以外のどこかへ！―旅
の指さし会話帳　国内編　1）　1400円　Ⓘ4-
7958-2423-1　Ⓝ818.99
内容 第1部 「旅の指さし会話帳国内編」本編（あ
いさつ　移動・地図　時間　数字・買物　食事　文
化　自然　人間関係　その他）　第2部 沖縄で楽
しく会話するために　第3部 標準語→ウチナーグ
チ単語集　第4部 ウチナーグチ→標準語単語集
　　　　　　　　　　　　　　　〔5594〕

◇沖縄県中部のことば　中松竹雄著　那覇　沖
縄言語文化研究所　2003.7　212p　21cm
〈著作目録あり〉1500円　Ⓝ818.99　〔5595〕

◇ぐすくべの方言語彙　下　西里添・福里・長
間・比嘉　城辺町（沖縄県）　城辺町教育委
員会　2004.3　113p　26cm　（城辺町史資
料 7）　Ⓝ818.99　　　　　　　〔5596〕

言語　　　　　　　　　　　　　　　　　　　　　　　　　　　琉球語

◇沖縄の方言―調べてみよう暮らしのことば
井上史雄,吉岡泰夫監修　ゆまに書房　2004.
4　63p　27cm　2800円　Ⓘ4-8433-0916-8
Ⓝ818.99
[内容]友だちとの会話の基本アイテム―転校生は
これをマスターしよう！　人気のある特有方言
―各地のユニークなことば　新しい方言―仲間う
ちで使われる新しいことば　ところ変わればこと
ばの意味も変わる　私たちの会話を記録してみよ
う　方言劇を演じてみよう　英語の会話を方言に
訳してみよう　方言写真コーナー　琉球方言の特
徴　総合的な学習に向けて―暮らしのことばを調
べてみよう！　　　　　　　　　　　　〔5597〕

◇宝さがし言葉のルーツ　高嶺照夫著　つくば
ね舎　2004.7　222p　19cm　（つくばね叢
書 3）〈発売：地歴社〉2300円　Ⓘ4-
924836-66-4　Ⓝ818.3
[内容]1章 方言散策（蓮田の方言と語源　言葉の省
略　大げさ、おもしろさを強調する接頭語 ほか）
2章 琉球の言葉と歌（古語が残るゆんぬ方言　話
言葉に古語が残る　ゆんぬ方言の母音の変化 ほ
か）　3章 万葉の戯書は遊び心（『万葉集』の成立
万葉仮名　万葉仮名・戯書の例）　　　〔5598〕

◇ことばと世代　中松竹雄著　那覇　沖縄言語
文化研究所　2004.7　248p　21cm〈他言語
標題：Language and generation〉1500円
Ⓝ818.99　　　　　　　　　　　　　　〔5599〕

◇沖縄県首里のことば　中松竹雄著　那覇　沖
縄言語文化研究所　2004.8　189p　21cm
〈他言語標題：Language of Shuri ctty〉
1500円　　　　　　　　　　　　　　　〔5600〕

◇ハイサイ！ 沖縄言葉―ウチナーヤマトグチ
藤木勇人編著　双葉社　2004.12　165p
19cm　1200円　Ⓘ4-575-29770-4　Ⓝ818.99
[内容]ウチナー気分に必須の言葉　ひょいとした
ときに出る言葉　文末に付けるウチナー表現　言
葉に付けるウチナー表現　意志を伝える沖縄言葉
「どんな」を伝える沖縄言葉　愉快なシーンでの
表現いろいろ　怒ったシーンでの表現いろいろ
困ったシーンでの表現いろいろ　人のタイプを
表す沖縄言葉　見えない世界を表す沖縄言葉　沖
縄ならではのビミョーな言い回し　バリバリウチ
ナーグチ　覚えておきたいウチナー単語〔5601〕

◇うちなあぐちへの招待　野原三義著　那覇
沖縄タイムス社　2005.2　323p　19cm〈文
献あり〉2200円　Ⓘ4-87127-170-6　Ⓝ818.
99
[内容]うちなあぐち入門　沖縄と奄美の方言　宜
野湾方言　若者言葉　親族語彙の消長　那覇方言
の語尾―沖縄方言の語史　先学の方言学　うちな
あぐちの本―文献紹介　おりおりの記　〔5602〕

◇琉球語の文法と辞典―日琉語比較の試み　バ
ジル・ホール・チェンバレン原著、山口栄鉄
編訳・解説　沖縄　琉球新報社　2005.2

328p　21cm〈肖像あり　年譜あり〉3048円
Ⓘ4-89742-065-2　Ⓝ818.99　　　　　〔5603〕

◇おぼえやすい沖縄単語集　中松竹雄著　那覇
沖縄言語文化研究所　2005.3　173p　19cm
1500円　Ⓝ818.99　　　　　　　　　　〔5604〕

◇宮古方言ノート―複写本　上　ニコライ・A.
ネフスキー〔著〕,沖縄県平良市教育委員会
編　平良　沖縄県平良市教育委員会　2005.3
670p　26cm〈肖像あり〉非売品　Ⓝ818.99
　　　　　　　　　　　　　　　　　　〔5605〕

◇宮古方言ノート―複写本　下　ニコライ・A.
ネフスキー〔著〕,沖縄県平良市教育委員会
編　平良　沖縄県平良市教育委員会　2005.3
507p　26cm　非売品　Ⓝ818.99　　　〔5606〕

◇沖縄県北部のことば　中松竹雄著　那覇　沖
縄言語文化研究所　2005.5　224p　21cm
〈他言語標題：Language of north
Okinawa〉1600円　Ⓝ818.99　　　　　〔5607〕

◇うちなあぐちフィーリング　パート4　儀間
進著　那覇　沖縄タイムス社　2005.7　286p
19cm　1500円　Ⓘ4-87127-172-2　Ⓝ818.99
[内容]うちなぁぐちの副詞　不・無のつく話　「ち
む」の話　曲者「ヌーヤガ」「命どぅ宝」と「命
る宝」　「ヌー」だの「ガー」だの　酒飲みあれ
これ　愉快にユカイネー　夏の涼風　目・鼻・口
をめぐって　手と足　　　　　　　　　〔5608〕

◇トラベル沖縄語会話　中松竹雄著　那覇　沖
縄言語文化研究所　2005.7　211p　21cm
1500円　Ⓝ818.99　　　　　　　　　　〔5609〕

◇ウチナーグチ（沖縄語）練習帖　高良勉著
日本放送出版協会　2005.8　215,7p　17cm
（生活人新書 154）　680円　Ⓘ4-14-088154-
2　Ⓝ818.99
[内容]ハイサイ/ハイタイ（やあ。はーい）　ハジ
ミティヤーサイ/ハジミティヤータイ（はじめまし
て）　グブリーサビラ（失礼します）　ウニゲーサ
ビラ（お願します）　ニフェーデービル/シディガ
フデービル（ありがとうございます）　チャービラ
サイ/チャービラタイ（ごめんください）　ワンガ
ナーヤ○○ンディイチョーイビーン（私の名前は
○○です）　ガンジューサヨーイビーミ（お元気で
すか）　ワンネーウンジュカナサウムトーヤビン
（私はあなたを愛しています）　クヮッチーサビ
ラ（いただきます）〔ほか〕　　　　　　〔5610〕

◇沖縄県南部のことば　中松竹雄著　那覇　沖
縄言語文化研究所　2005.9　240p　21cm
〈他言語標題：The language of the south
Okinawa〉1600円　Ⓝ818.99　　　　　〔5611〕

◇沖縄口の根を探る　安和守禮著　南風原町
（沖縄県）　那覇出版社（製作）　2005.12
63p　21cm〈付・試訳「沖縄口般若心経」〉

「沖縄」がわかる本 6000冊　**429**

琉球語 言語

1000円　①4-89095-160-1　Ⓝ818.99　〔5612〕

◇沖縄県宮古のことば　中松竹雄著　那覇　沖縄言語文化研究所　2006.2　239p　21cm　〈他言語標題：The language of Miyako, Okinawa　文献あり　著作目録あり〉　1600円　Ⓝ818.99　〔5613〕

◇琉球方言と九州方言の韻律論的研究　崎村弘文著　明治書院　2006.2　481p　22cm　13000円　①4-625-43335-5　Ⓝ818.99　内容　第1部 総論篇　第2部 琉球方言篇（母音体系　子音体系 ほか）　第3部 九州方言篇（九州西岸2型音調方言の基本的音調型をめぐって　分析と考察 ほか）　第4部 綜合篇（参考1・沖縄首里方言における複合名詞音韻規則について　参考2・パラオ語における外来語のアクセント―日本語（を含む4言語）と接触した南島語族言語の例）〔5614〕

◇古代琉球語の旅―琉球語は、古事記、日本書紀、万葉集を数百年も遡る謎の言語。　具志堅敏行著　南風原町（沖縄県）　那覇出版社　2006.3　391p　21cm　2000円　①4-89095-161-X　Ⓝ818.99　〔5615〕

◇沖縄の方言札―さまよえる沖縄の言葉をめぐる論考　井谷泰彦著　那覇　ボーダーインク　2006.5　220p　19cm　〈年表あり〉　1600円　①4-89982-105-0　Ⓝ810.7　〔5616〕

◇沖縄県八重山のことば　中松竹雄著　那覇　沖縄言語文化研究所　2006.7　267p　21cm　〈他言語標題：The language of Yaeyama, Okinawa　文献あり〉　1600円　Ⓝ818.99　〔5617〕

◇うちなあぐち賛歌　比嘉清著　三元社　2006.10　176p　21cm　〈年表あり〉　2200円　①4-88303-183-7　Ⓝ818.99　内容　うちなあぐち普及のための全県組織が発足　うちなあぐちをめぐる諸問題　うちなあぐちの散文そして創作の試み　うちなあぐちの「方言呼称」の問題点と独立言語としての将来　うちなあぐちを復興させるための三つの考え　沖縄シンポジウム「地域語発展のために」以降のうちなあぐち雑感　うちなあぐちをめぐる七不思議　うちなあぐち語彙論　独立言語としてのうちなあぐち表記論　うちなあぐち表記論の検証　「しまくとぅばの日」の県条例の制定について　〔5618〕

◇放送録音テープによる琉球・首里方言―服部四郎博士遺品　伊豆山敦子編　府中（東京都）　東京外国語大学アジア・アフリカ言語文化研究所　2006.11　91p　26cm　〈肖像あり　文献あり〉　①4-87297-944-3　Ⓝ818.99　〔5619〕

◇沖縄語の入門―たのしいウチナーグチ　西岡敏, 仲原穣著　改訂版　白水社　2006.12

212p　19cm　〈文献あり〉　2100円　①4-560-06771-6　Ⓝ818.99　内容　ニヌファブシ（北極星）　スムチ（書物）　アシビ（遊び）　ジン（お金）　マチヤ（お店）　ヤンメー（病気）　イサガナシ（お医者さん）　イユグムイ（魚池〔龍潭〕）　ウシーミー（清明祭）　スグラッタン（殴られた）　スバ カミーガ（そばを食べに）　ニフェーデービル（ありがとうございます）　応用1琉球料理　応用2マチグワー（市場）　応用3昔ばなし　応用4瓦版　鑑賞1琉歌　鑑賞2民謡　鑑賞3歌劇　鑑賞4組踊/おもろさうし　〔5620〕

◇沖縄県離島のことば　中松竹雄著　那覇　沖縄言語文化研究所　2007.1　253p　21cm　〈他言語標題：Language of islands around main island of the Okinawa〉　1600円　Ⓝ818.99　〔5621〕

◇琉球語は古代日本語のタイムカプセル　具志堅敏行著　南風原町（沖縄県）　那覇出版社（製作）　2007.5　368p　21cm　2000円　①978-4-89095-172-7　Ⓝ818.99　〔5622〕

◇沖縄ことばイラストブック―沖縄の風と優しさを伝える「ウチナーグチ」1577語　下川裕治監修, 高橋カオリイラスト　山海堂　2007.7　159p　21cm　1400円　①978-4-381-02301-8　Ⓝ818.99　内容　食　自然　暮らし　会話　ひとびと　民族　行動　人体　時間　〔5623〕

◇沖縄語の普及と表記の方法に関する研究―学習負担の軽減と学力の向上を目指して　船津好明著　小平　エフネット出版　2007.10　109p　31cm　〈著作目録あり〉　Ⓝ818.99　〔5624〕

◇南西日本語会話　中級編　中松竹雄著　那覇　沖縄言語文化研究所　2008.2　112p　21cm　〈他言語標題：Conversation book of southwest Japanese〉　1000円　Ⓝ818.99　〔5625〕

◇八重山ことわざ事典　宮城信勇著　新編増補版　那覇　沖縄タイムス社　2008.4　544p　22cm　6500円　①978-4-87127-183-7　Ⓝ388.8199　〔5626〕

◇日本のふるさとことば集成―全国方言談話データベース　第20巻 鹿児島・沖縄　国立国語研究所編　国書刊行会　2008.4　273p　22cm　（国立国語研究所資料集 13-20）〈外箱入〉　6800円　①978-4-336-04380-1　Ⓝ818.99　内容　1 鹿児島県揖宿郡頴娃町1977　2 沖縄県国頭郡今帰仁村1978　3 沖縄県平良市1978　作成・公開の経緯　〔5627〕

◇沖縄―ことば絵ブック　下川裕治監修, 高橋

430　「沖縄」がわかる本　6000冊

言語　　　　　　　　　　　　　　　　　　　　　　　　　　　　　　　　琉球語

カオリイラスト　角川書店　2008.6　159p
21cm〈「沖縄ことばイラストブック」（山海
堂2007年刊）の改題　発売：角川グループパ
ブリッシング〉　1200円　Ⓘ978-4-04-873860-
6　Ⓝ818.99
　内容　食　自然　暮らし　会話　ひとびと　民俗
行動　人体　時間　　　　　　　　　　　〔5628〕

◇ぱあぱあぬ授業参観―他　比嘉清文　糸満
南謡出版　2008.7　72p　19cm　（沖縄語
（うちなあぐち）でする漫談シリーズ　日本語
訳付）　1300円　Ⓝ913.7　　　　　　〔5629〕

◇服部四郎沖縄調査日記　服部四郎〔著〕,服
部旦編　汲古書院　2008.9　295p　図版8p
20cm　（汲古選書　47）〈解説：上村幸雄
年譜あり〉　2800円　Ⓘ978-4-7629-5047-6
Ⓝ818.99　　　　　　　　　　　　　　〔5630〕

◇ゆんたくさうし―沖縄語文集　うちなあぐち
散文会編　糸満　南謡出版　2008.9　84p
19cm　850円　Ⓝ918.6　　　　　　　〔5631〕

◇ニライカナイから届いた言葉―声に出して味
わいたいウチナーグチ　我部政美著　講談社
2009.1　269p　19cm　1400円　Ⓘ978-4-06-
215141-2　Ⓝ818.99
　内容　序章　最初の十　第1章　暮らしの中のウチ
ナーグチ　第2章　今がわかるウチナーグチ　第3
章　昔言葉のウチナーグチ　第4章　歌で聴くウチ
ナーグチ　第5章　心に染みるウチナーグチ
　　　　　　　　　　　　　　　　　　　〔5632〕

◇新わったあ、ちゃあちゃあ　第1巻　新沖縄
口教本―言葉あ学問ぬ始みやん　習文編
ちゃあちゃあ著　第2版　糸満　世界社出版
2009.1　100p　26cm〈和装〉2000円
Ⓝ818.99　　　　　　　　　　　　　　〔5633〕

◇沖縄言葉ちょっといい話―ウチナーグチ　藤
木勇人著　双葉社　2009.6　190p　19cm
1300円　Ⓘ978-4-575-30129-8　Ⓝ818.99
　内容　第1章　ウチナー自慢（ウフカジ（大風）―台
風が接近すると、ウチナーンチュはどうなるか？
シマー（島）―鼻高々で自慢したい県産品の数々
ほか）　第2章　沖縄は来るものを拒まず（テーゲー
（大概）―ヤマトの人には愛される。県民にとって
は「悪の温床」？　　コザ（胡差）―米軍がうっかり
間違って付けた名前　ほか）　第3章　歌えや踊れ！
（モーレ（舞え）―ウチナーンチュが歌い踊る理由
サンシン（三弦・三線）―「サンシンの皮はハブです
か!?」　ほか）　第4章　世界の中のウチナーンチュ
（メンソーレ（参り召し御座れ）―本来の意味はこう
いうんです　ウミンチュ（海の人）―黒潮にのる糸満
の漁師たち。その驚くべき行動範囲　ほか）　第5
章　沖縄の肝心（チムグクル（肝心）―日本語には
失われたものが、ウチナーグチに残っている　ア
キサミヨー―赤ん坊も言葉をしゃべり始めるとす
ぐ「アイヤー！」　ほか）　　　　　　　〔5634〕

◇楽しいウチナーグチ　儀間進監修, 沖縄文化
社編著　那覇　沖縄文化社　2009.8　126p
19cm　951円　Ⓘ978-4-902412-16-1　Ⓝ818.
99　　　　　　　　　　　　　　　　　　〔5635〕

◇比較方言学の方法　比嘉亀盛著　那覇　沖縄
言語文化研究所　2009.12　589,4p　21cm
3990円　Ⓝ818.99　　　　　　　　　　〔5636〕

◇上代音韻のミステリー―宮古島方言は上代音
韻の原形である　平成衝口発　砂川恵伸著
新泉社　2010.4　290p　22cm　2800円
Ⓘ978-4-7877-1005-5　Ⓝ811.1
　内容　1　万葉仮名の秘密と上代音韻消滅の理由（上
代音韻発見の経緯　上代音韻にとり組む前に―中
国原音と万葉仮名　通説の問題点　万葉仮名の新
法則　異例となる漢字の分析―『説文解字』による
上古音　ほか）　2　宮古島方言の秘密（琉球方言と
「は行子音」の/p/　琉球方言の二類の「き」　宮
古島方言と上代音韻の母音組織―エ列音・オ列音
は存在しない　「し」「じ」および「せ」の甲乙二
類の存在　「四つ仮名」混同の真相―第二の証拠
ほか）　　　　　　　　　　　　　　　　〔5637〕

◇沖縄言語地理学　中松竹雄著　那覇　沖縄言
語文化研究所　2010.5　317p　21cm〈文献
あり〉　2500円　Ⓝ818.99　　　　　　〔5638〕

◇沖縄語音韻の歴史的研究　多和田眞一郎著
広島　溪水社　2010.6　962p　27cm〈文献
あり〉　15500円　Ⓘ978-4-86327-105-0
Ⓝ818.99
　内容　序章　『沖縄語音韻の歴史的研究』分析対象資
料一覧及び用例の示し方　第1章　15世紀以前の沖
縄語音韻及び沖縄語音韻の変化過程　第2章　16世
紀の沖縄語の音韻　第3章　17世紀の沖縄語の音韻
第4章　18世紀の沖縄語の音韻　第5章　19世紀の沖
縄語の音韻　第6章　20世紀の沖縄語の音韻　第7
章　分析の纏めと更なる考究　　　　　　〔5639〕

◇沖縄語教育研究―学習負担の軽減と学力の向
上を目指して　船津好明著　小平　エフネッ
ト出版　2010.6　69p　31cm　Ⓝ818.99
　　　　　　　　　　　　　　　　　　　〔5640〕

◇沖縄口（うちなーぐち）さびら―沖縄語を話
しましょう　中松竹雄監修, 船津好明著　那
覇　琉球新報社　2010.9　166p　21cm〈発
売：琉球プロジェクト（那覇）〉　1429円
Ⓘ978-4-89742-116-2　Ⓝ818.99　　　〔5641〕

◇琉球諸語記録保存の基礎　パトリック・ハイ
ンリッヒ, 下地理則共編　府中（東京都）　東
京外国語大学アジア・アフリカ言語文化研究
所　2011.3　221p　26cm〈他言語標題：
Essentials in Ryukyuan language
documentation　文献あり〉　Ⓘ978-4-86337-
081-4　Ⓝ818.99
　内容　琉球諸語は「方言」ではない　P　ハインリッ

琉球語　　　　　　　　　　　　　　　　　　　　　　　　言語

ヒ著　ジャポニック語族の中の琉球語派：系統、
体系、及び現況　宮良信詳著　言語権の視点からみ
た危機言語問題　山田隆夫、渋谷謙次郎著　言語の
記録保存と研究者の倫理　石原昌英著　言語復興
における言語イデオロギーに注目する　木村護郎
クリストフ著　琉球諸語復興にはいかなる言語的
戦略が可能か　原聖著　フィールドワークを行う
朝日祥之著　言語復興のための記録保存を考える
P　ハインリッヒ，杉田優子著　社会・文化的知識
を言語注釈に取り入れる　杉田優子著　文法書を
編纂する　下地理則著　音韻研究と方言指導から
宮古方言の表記法を考える　かりまたしげひさ著
言語使用パターンを変える　P　ハインリッヒ著
　　　　　　　　　　　　　　　　　　　〔5642〕

◇琉球のことばと人―エヴィデンシャリティー
への道　伊豆山敦子著　真珠書院　2011.6
399p　22cm　10000円　①978-4-88009-506-
6　Ⓝ818.99
　内容　琉球の視点　The Grammar of Ishigaki
Miyara Dialect in Luchuan　琉球・宮古（平良）
方言の文法基礎研究　A Study on the Forma-
tion of Luchuan (Ryukyuan) Adjective End-
ings　「ている」形への一考察（A Study on the
Form "‐te‐iru" in Japanese）　琉球・八重
山（与那国）方言の文法基礎研究　琉球方言の母
音調和的傾向（A Kind of Vowel Harmony in
Luchuan Dialects）　Evidentiality―琉球語の場
合　　　　　　　　　　　　　　　　　　〔5643〕

◇うちなあぐちしさびら物語（むぬがた）い小
（ぐゎあ）＆スピーチ―沖縄語でする小ばな
し＆スピーチ（日本語訳付）　比嘉清著　改
訂版　糸満　南謡出版　2011.7　72p　19cm
〈奥付のタイトル：うちなぐちしさびら物語
＆スピーチ〉　1300円　Ⓝ913.7　〔5644〕

◇沖縄ことわざの窓　儀間進著　那覇　沖縄文
化社　2011.9　126p　19cm　951円　①978-
4-902412-20-8　Ⓝ388.8199　〔5645〕

◇琉球方言とウチ・ソト意識　内間直仁著　研
究社　2011.9　238p　22cm　〈文献あり〉
3500円　①978-4-327-38459-3　Ⓝ818.99
　内容　琉球方言を通してみた沖縄文化―沖縄文化
を支えるウチ・ソト意識　代名詞とウチ・ソト意
識　助詞ガ（が）、ヌ（の）とウチ・ソト意識　沖縄
の挨拶ことば　ことばのふるさとを歩く　琉球方
言における可能表現　『おもろさうし』のことば
にみる（「しなう」心　「声をやり交わす・目を見
交わす」意味）　沖縄古語にみる―太陽信仰　助
詞「の」の表現　　　　　　　　　　　　〔5646〕

◇書いて残そう島々の言葉―琉球諸語継承事
業：第6回沖縄・提案―百選事業：第2部　沖
縄県対米請求権事業協会編　那覇　沖縄県対
米請求権事業協会　2012.2　175p　21cm
（事業実績報告書　平成23年度）〈発売：琉球
プロジェクト（那覇）〉　1200円　①978-4-
9903145-5-2　Ⓝ818.99　〔5647〕

◇今帰仁方言アクセントの諸相　小川晋史著
ココ出版　2012.2　270p　22cm　〈文献あ
り〉　4800円　①978-4-904595-16-9　Ⓝ818.
99　〔5648〕

◇奄美語研究ノート―内容類型学からみた奄美
諸方言　松本泰丈，田畑千秋共編　大分　大
分大学教育福祉科学部田畑研究室　2012.3
115p　30cm　〈文献あり〉
　内容　方言ははなしことばと文構造のタイプ　松本泰
丈著　内容類型学と琉球方言　松本泰丈著　日本
語の特徴のとりだしのために　松本泰丈著　琉球
方言と古代日本語　松本泰丈著　名瀬方言の格標
示　田畑千秋著　奄美語の表現　田畑千秋著　二格
の名詞と動詞とのくみあわせ　趙彦志著　2009年
―2011年のプロジェクトに関係する発表成果　田
畑千秋著　　　　　　　　　　　　　　　〔5649〕

◇地名で考える沖縄語の移り変り―例えば、
「ぜりかく」（勢理客）が「じっちゃく」にな
るまで　多和田眞一郎著　広島　溪水社
2012.7　122p　26cm　2000円　①978-4-
86327-192-0　Ⓝ818.99　〔5650〕

◇消滅危機方言の調査・保存のための総合的研
究南琉球宮古方言調査報告書　木場畯子編
立川　人間文化研究機構国立国語研究所
2012.8　285p　30cm　（国立国語研究所共
同研究報告書 12-2）〈文献あり〉　①978-4-
906055-21-0　Ⓝ818.99　〔5651〕

◇危機的な状況にある言語・方言の保存・継承
に係る取組等の実態に関する調査研究事業―
奄美方言・宮古方言・与那国方言　［西原町
（沖縄県）］　琉球大学国際沖縄研究所
2013.3　161p　30cm　（文化庁委託事業報
告書）〈文献あり〉　Ⓝ818.99　〔5652〕

◇琉球諸語の復興　沖縄大学地域研究所編　芙
蓉書房出版　2013.3　265p　22cm　（沖縄
大学地域研究所叢書）　2800円　①978-4-
8295-0577-9　Ⓝ818.99
　内容　第1部　琉球諸語概説（琉球における言語研究
と課題　「奄美語」概説　「国頭語」概説　「沖
縄語」概説　「宮古語」概説　「八重山語」概説
「与那国島」概説）　第2部　琉球の島々の唄と言葉
（琉球の島々の唄たち―琉球諸語の復興を目指
して　「琉球諸民謡」という新しい定義の提唱）
第3部　琉球諸語の復興（シンポジウム　琉球諸語の
復興を目指して―スペイン・アメリカの少数言語
復興から学ぶ）　少数言語復興運動の意義―あと
がきに代えて　　　　　　　　　　　　　〔5653〕

◇文でおぼえるうちなあぐち―語い美らさ聞ち
美らさ書ち美らさ　比嘉清著　糸満　南謡出
版　2013.10　220p　22cm　1600円　Ⓝ818.
99　〔5654〕

◇琉球列島の言語と文化―その記録と継承　田

432　「沖縄」がわかる本　6000冊

言語　　　　　　　　　　　　　　　　　　　　　　　　　　　　　　　　　　　　琉球語

窪行則編　くろしお出版　2013.11　365p
21cm　〈文献あり〉　4200円　①978-4-87424-
596-5　Ⓝ818.99
　内容　第1部（危機言語ドキュメンテーションの方
法としての電子博物館作成の試み―宮古島西原地
区を中心として　琉球方言とその記録、再生の試み
―学校教育における宮古方言教育の可能性　危機
方言研究における文法スケッチ　日本列島の言語
の多様性―琉球諸語を中心に）　第2部（ドゥナン
（与那国）語の言語使用　宮古池間方言における言
語衰退過程の考察―話者の体験談を通して　村落
祭祀の継承に関する一考察―宮古島西原の「ミャー
クヅツ」を事例に　宮古池間方言の現在　言語と
文化の記録をもとにした学術コンテンツ作成の試
み―宮古島西原地区を事例に）　第3部（琉球語宮
古池間方言の談話資料：奄美語喜界島上嘉鉄方言
の談話資料　奄美語喜界島小野津方言の談話資料
ドゥナン（与那国）語の簡易文法と自然談話資料）
　　　　　　　　　　　　　　　　　　　　〔5655〕

◇唐何処思考―こう考えると面白い島言葉と時
　代　上間無々著　那覇　新星出版　2013.12
　278p　19cm　1500円　①978-4-905192-47-3
　Ⓝ818.99　　　　　　　　　　　　　　〔5656〕

◇ウチナーグチ入門　沖縄文化社編　那覇　沖
　縄文化社　2014.1　126p　19cm　〈絵：安室
　二三雄〉　951円　①978-4-902412-22-2
　Ⓝ818.99　　　　　　　　　　　　　　〔5657〕

◇英語の発音に役立つ沖縄宮古島方言　仲間真
　人著　半田　一粒書房　2014.2　163p
　22cm　1980円　①978-4-86431-257-8
　Ⓝ818.99　　　　　　　　　　　　　　〔5658〕

◇危機的な状況にある言語・方言の実態に関す
　る調査研究―八丈方言・国頭方言・沖縄方
　言・八重山方言　西原町（沖縄県）　琉球大
　学国際沖縄研究所　2014.3　178p　30cm
　（文化庁委託事業報告書）〈奥付のタイト
　ル：危機的な状況にある言語・方言の実態に
　関する調査研究（八丈方言・国頭方言・沖縄
　方言・八重山方言）報告書　文献あり〉
　Ⓝ818　　　　　　　　　　　　　　　　〔5659〕

◇宮古方言集　第1集　下地盛路著，宮古島市教
　育委員会生涯学習部生涯学習振興課編　〔宮
　古島〕　宮古島市教育委員会　2014.3　72p
　26cm　（宮古島市史資料 5）　Ⓝ818.99
　　　　　　　　　　　　　　　　　　　　〔5660〕

◇九州・沖縄「方言」から見える県民性の謎
　篠崎晃一著　実業之日本社　2014.7　207p
　18cm　（じっぴコンパクト新書 197）〈文献
　あり〉　800円　①978-4-408-45511-2　Ⓝ818.
　9
　内容　第1章 他国の文化を取り入れた国際派―福
　岡県　第2章 自己主張はちょっとニガテ 根は真
　面目で引っ込み思案―佐賀県　第3章 新しいもの

好きな異国との架け橋―長崎県　第4章 一途な情
熱が「火の国」たるゆえん!?―熊本県　第5章 九州
地方の異端児 我が道を行く―大分県　第6章 時
の流れも止まるような南国モード―宮崎県　第7
章 世界遺産に守られる神秘の土地―鹿児島県　第
8章 南国の自然が育んだ大らかさと誰よりも強い
郷土愛―沖縄県　　　　　　　　　　　　〔5661〕

◇沖縄古語の深層―オモロ語の探究　間宮厚司
　著　増補版　森話社　2014.7　229p　19cm
　（叢書・沖縄を知る）　1900円　①978-4-
　86405-066-1　Ⓝ818.99
　内容　1 沖縄古語の語源（グスクの語源　テダの語
　源　オモロの語源 ほか）　2 オモロ語の文法と表
　記（係り結びの種類と用法　形容詞の種類と用法
　助詞ガの表記 ほか）　3 増補―語源・文法・表記
　（ギャウ（門）の語源　ウリズンの語源　自称名詞
　ア・ワ（我）ほか）　　　　　　　　　　〔5662〕

◇Let's tryうちな一口―沖縄方言　長田昌明
　著　南城　わらべ書房　2014.7　247p
　19cm〈背のタイトル：レッツトライうち
　な一口〉　1500円　①978-4-9907929-0-9
　Ⓝ818.99　　　　　　　　　　　　　　〔5663〕

◇高校生のための「郷土のことば」―沖縄県
　（琉球）の方言　沖縄県教育委員会県立学校
　教育課編　〔那覇〕　沖縄県教育委員会
　2014.9　101p　26cm　Ⓝ818.99　　〔5664〕

◇琉球諸語の保持を目指して―消滅危機言語を
　めぐる議論と取り組み　下地理則，パトリッ
　ク・ハインリッヒ編　ココ出版　2014.9
　364p　20cm　（シリーズ多文化・多言語主
　義の現在 6）〈文献あり〉　2400円　①978-4-
　904595-50-3　Ⓝ818.99
　内容　琉球諸語研究 下地理則，ハインリッヒ・パ
　トリック著　「言語」と「方言」ましこ・ひでの
　り著　日本の琉球諸語と韓国の済州語の国際標準
　に向けて プレンツィンガー・マティアス著　新垣
　友子 訳　北琉球諸語（奄美語・国頭語・沖縄語）
　の存続力と危機度 新永悠人，石原昌英，西岡敏著
　先島の言語危機と言語存続性 麻生玲子，下地理則，
　ハインリッヒ・パトリック著　琉球諸語の継承を
　取り戻す 大原由美子，サフト・スコット著　言語
　使用領域を維持および復興する 松尾慎著　琉球
　諸島における言語政策の作成と導入 デキキス・
　ジョー著　言語意識と言語使用の変革 大角翠著
　琉球弧のメディアを巻き込む 杉田優子著　琉球
　諸語教育の教材を作るために ファン・サウクエ
　ン著　うちな一ぐち継承活動の動向と課題 比嘉
　光龍，宮良信詳，杉田優子述　　　　　　〔5665〕

◇琉球語史研究　石崎博志著　好文出版
　2015.3　327p　22cm〈文献あり〉　6000円
　①978-4-87220-180-2　Ⓝ818.99　　〔5666〕

◇しまくとぅばの課外授業―琉球語の歴史を眺
　める　石崎博志著　那覇　ボーダーインク
　2015.8　213p　19cm　1600円　①978-4-

「沖縄」がわかる本 6000冊　　**433**

琉球語　　　　　　　　　　　　　　　　　　　　　　　　　　　　　　　　　　言語

89982-281-3　Ⓝ818.99
内容 保栄茂はなぜ「ビン」と読むのか（二つの同心円　最古の琉球語資料 ほか）　漢字と琉球語の世界（言語における固有の要素と外来の要素　現代琉球語における漢字の読み方 ほか）　外国から観た琉球語（琉球における書き言葉　漢文の素読と琉球王国の共通語 ほか）　琉球語の過去と現在、そして未来（方言札は琉球語を消滅させたのか　方言札をめぐる男女差 ほか）　授業とお稽古のあいだに（専門家の意見もいろいろ　広まる俗説 ほか）　　　　　　　　　　　　　〔5667〕

◇気持ちが伝わる！沖縄語リアルフレーズBOOK—ぴりんぱらんうちなーぐち　比嘉光龍著　研究社　2015.9　140p　19cm〈索引あり〉　1400円　Ⓘ978-4-327-38472-2　Ⓝ818.99
内容 1 ベーシックフレーズ　2 喜怒哀楽フレーズ　3 日常生活フレーズ　4 意見・主張フレーズ　5 依頼・忠告フレーズ　6 遊び・食事フレーズ　7 恋愛フレーズ　8 ビジネスフレーズ　9 ことわざ・慣用句フレーズ　　　　　　　　　　〔5668〕

◇シマ「羽地」クトゥバ語らな　新城平高著〔名護〕　〔新城平高〕　2015.10　110p　30cm〈他言語標題：Let！s try to speak Panizi dialect〉Ⓝ818.99　　　〔5669〕

◇琉球のことばの書き方—琉球諸語統一的表記法　小川晋史編　くろしお出版　2015.11　315p　26cm〈執筆：重野裕美ほか　文献あり　索引あり〉　2700円　Ⓘ978-4-87424-675-7　Ⓝ818.99
内容 第1部 表記法の解説（音の表記　音の表記一覧　音の表記の補足　音の表記以外の約束事）第2部 個別方言の表記例（浦方言（鹿児島県大島郡龍郷町浦）　湯湾方言（鹿児島県大島郡宇検村湯湾）　津堅方言（沖縄県うるま市津堅島）　首里方言（沖縄県那覇市首里）　大神方言（沖縄県宮古島市平良大神）　池間方言（沖縄県宮古島市池間島、佐良浜、西原）　佐和田長浜方言（沖縄県宮古島市伊良部）　多良間方言（沖縄県宮古郡多良間村）　宮良方言（沖縄県石垣市宮良）　波照間方言（沖縄県八重山郡竹富町波照間）　与那国方言（沖縄県八重山郡与那国町））　　　　〔5670〕

《辞典》

◇浦添・小湾方言辞典　法政大学沖縄文化研究所小湾字誌調査委員会著　〔浦添〕　浦添市小湾字誌編集委員会　1995.1　327p　31cm　Ⓝ818.99　　　　　　　　　　　　〔5671〕

◇沖縄古語大辞典　『沖縄古語大辞典』編集委員会編　角川書店　1995.7　851p　27cm　19800円　Ⓘ4-04-030900-6　Ⓝ818.99
＊沖縄各地に伝承されているオモロ・古謡・琉歌・組踊等に用いられる沖縄古語の辞典。方言語形一覧、本篇、解説篇で構成され、本篇の収録語数

1万5000語。日本古語や本土方言との関係も適宜解説する。巻頭の方言語形一覧では原典の語形などの方言形から本篇の見出し語が検索できる。解説篇は音韻、文法、方言区分、ジャンル概説・文献解題から成り、ほかに付録として琉球国王統図、沖縄県年中行事一覧、地図等がある。一琉球弧に広がる1000年の歴史。日本語の唯一の姉妹語、沖縄の言葉のすべてを収め、日本文化に新しい光をあてる。　　　　　　　　　〔5672〕

◇琉球古語辞典混効験集の研究　池宮正治著　第一書房　1995.11　323,46p　20cm　（南島文化叢書 17）　4120円　Ⓘ4-8042-0099-1　Ⓝ818.99　　　　　　　　　　　〔5673〕

◇沖縄語小辞典　戸部実之著　泰流社　1998.2　109p　22cm〈文献あり〉　9000円　Ⓘ4-8121-0233-2　Ⓝ818.99
内容 奄美方言　沖縄方言　八重山方言　首里方言（会話集　語彙）　英語—琉球語・語彙〔5674〕

◇沖縄語辞典　国立国語研究所編　財務省印刷局　1998.3　854p　22cm　（国立国語研究所資料集 5）　5200円　Ⓘ4-17-149000-6　Ⓝ818.99
内容 解説篇　本文篇（沖縄首里方言辞典）　索引篇（標準語引き）　付録　　　　　〔5675〕

◇大琉球語辞典　中松竹雄著　那覇　げんけん出版　1999.1　424p　26cm　4500円　　　　　　　　　　　　　　　〔5676〕

◇沖縄伊江島方言辞典　索引編　生塩睦子著，沖縄学研究所編　伊江村（沖縄県）　伊江村教育委員会　1999.3　401p　22cm　Ⓝ818.99　　　　　　　　　　　　〔5677〕

◇琉球語辞典—那覇・首里を中心とする沖縄広域語準拠　半田一郎編著　大学書林　1999.11　27,968p　22cm　30000円　Ⓘ4-475-00144-7　Ⓝ818.99
内容 琉和辞典の部　和琉辞典の部　　〔5678〕

◇近世方言辞書　第6輯　佐藤武義〔ほか〕編輯　鎌倉　港の人　2000.11　48,225p　22cm〈複製〉　9500円　Ⓘ4-89629-039-9　Ⓝ818.033
内容 琉球館訳語　琉球訳　　　　〔5679〕

◇美しい沖縄語対照辞典　1　中松竹雄著　那覇　沖縄言語文化研究所　2001.8　335p　21cm〈他言語標題：Contrast Okinawan dictionary〉　2500円　Ⓝ818.99　〔5680〕

◇美しい沖縄語対照辞典　2　中松竹雄著　那覇　沖縄言語文化研究所　2002.2　309p　21cm〈他言語標題：Contrast Okinawan dictionary〉　2500円　Ⓝ818.99　〔5681〕

◇美しい沖縄語対照辞典　3　中松竹雄著　那

434　「沖縄」がわかる本　6000冊

言語　　　　　　　　　　　　　　　　　　　　　　　　　　　　音韻・文字

覇　沖縄言語文化研究所　2002.7　333p
21cm〈他言語標題：Contrast Okinawan
dictionary〉2500円　Ⓝ818.99
　　　　　　　　　　　　　　　　　〔5682〕

◇美しい沖縄語対照辞典　4　中松竹雄著　那
覇　沖縄言語文化研究所　2003.1　343p
21cm　2500円　Ⓝ818.99
　　　　　　　　　　　　　　　　　〔5683〕

◇美しい沖縄語対照辞典　5　中松竹雄著　那
覇　沖縄言語文化研究所　2003.6　305p
21cm　2500円　Ⓝ818.99
　　　　　　　　　　　　　　　　　〔5684〕

◇石垣方言辞典　文法・索引編　宮城信勇著
那覇　沖縄タイムス社　2003.9　344p
27cm〈監修：加治工真市〉①4-87127-163-3
Ⓝ818.99
　　　　　　　　　　　　　　　　　〔5685〕

◇石垣方言辞典　本文編　宮城信勇著　那覇
沖縄タイムス社　2003.9　1231p　27cm
〈監修：加治工真市〉①4-87127-163-3
Ⓝ818.99
　　　　　　　　　　　　　　　　　〔5686〕

◇美しい沖縄語対照辞典　6　中松竹雄著　那
覇　沖縄言語文化研究所　2004.1　343p
21cm　2500円　Ⓝ818.99
　　　　　　　　　　　　　　　　　〔5687〕

◇美しい沖縄語対照辞典　7　中松竹雄著　那
覇　沖縄言語文化研究所　2004.7　334p
21cm　2500円　Ⓝ818.99
　　　　　　　　　　　　　　　　　〔5688〕

◇さしちくとぅばありくり　「さしちくとぅば
ありくり」編集委員会編　佐敷町（沖縄県）
佐敷町教育委員会　2005.12　144p　30cm
（佐敷町文化財　6）〈文献あり〉Ⓝ818.99
　　　　　　　　　　　　　　　　　〔5689〕

◇沖縄語辞典―那覇方言を中心に　内間直仁,
野原三義編著　研究社　2006.5　35,407p
19cm〈文献あり〉3200円　①4-7674-9052-9
Ⓝ818.99
　内容　沖縄語辞典　古典文学引用一覧　和沖索引
　　　　　　　　　　　　　　　　　〔5690〕

◇しまくとぅば辞典―久米島町字儀間の言葉
波平憲一郎著　改訂版　〔那覇〕　〔波平憲
一郎〕　2007.10　397p　27cm　3000円
Ⓝ818.99
　　　　　　　　　　　　　　　　　〔5691〕

◇琉球和名集―影印・翻字・索引・研究　文部
科学省科学研究費補助金特定領域研究（平成
17年度発足）東アジアの海域交流と日本伝統
文化の形成―寧波を焦点とする学際的創生―
現地調査研究部門出版文化班・茶文化班企画
制作,高橋忠彦,高橋久子編　〔出版地不明〕
〔文部科学省科学研究費補助金特定領域研究
（平成17年度発足）東アジアの海域交流と日
本伝統文化の形成―寧波を焦点とする学際的
創生―現地調査研究部門出版文化班・茶文化
班〕　2008.11　461p　26cm　（東アジア語

彙研究資料　2）　Ⓝ818.99
　　　　　　　　　　　　　　　　　〔5692〕

◇沖縄伊江島方言辞典　生塩睦子著,沖縄学研
究所編　新版　伊江村（沖縄県）　伊江村教
育委員会　2009.3　20,699p　22cm　Ⓝ818.
99
　　　　　　　　　　　　　　　　　〔5693〕

◇竹富方言辞典　前新透著,波照間永吉,高嶺方
祐,入里照男編著　石垣　南山舎　2011.2
1537p　27cm　25000円　①978-4-901427-
25-8　Ⓝ818.99
　　　　　　　　　　　　　　　　　〔5694〕

◇みやこのことば―野原集落（旧上野村）の方
言を中心として　本村満,本村洋子著　南城
本村満　2011.10　423p　21cm　1000円
Ⓝ818.99
　　　　　　　　　　　　　　　　　〔5695〕

◇久高島方言基礎語彙辞典　福治友邦,加治工
真市共著　法政大学沖縄文化研究所　2012.3
600p　27cm　（琉球の方言特別号）　Ⓝ818.
99
　　　　　　　　　　　　　　　　　〔5696〕

◇宮古伊良部方言辞典　富浜定吉著　那覇　沖
縄タイムス社　2013.12　16,1124p　27cm
18000円　①978-4-87127-214-8　Ⓝ818.99
　　　　　　　　　　　　　　　　　〔5697〕

◇久松の黄金言葉　中村正一編著　〔出版地不
明〕　〔中村正一〕　2014.9　104p　21cm
Ⓝ818.99
　　　　　　　　　　　　　　　　　〔5698〕

◇みやこのことば―野原集落（旧上野村）の方
言を中心として　続　本村満,本村洋子著,本
村満編　南城　本村満　2014.9　344p
21cm　1000円　Ⓝ818.99
　　　　　　　　　　　　　　　　　〔5699〕

音韻・文字

◇沖縄県文字史　中松竹雄著　那覇　沖縄言語
文化研究所　2006.5　376p　21cm〈文献あ
り　著作目録あり〉3600円　Ⓝ801.1　〔5700〕

「沖縄」がわかる本　6000冊　　**435**

文学

琉球文学・沖縄文学

◇琉球文学—琉球の民俗学的研究　屋嘉宗克著　近代文芸社　1995.2　247p　22cm　3000円　Ⓘ4-7733-3962-4　Ⓝ910.29
　内容　1 琉歌の展開（「詠む歌」から「歌う歌」へ）　2 霊魂信仰について（言霊・霊合い・霊離れ・魂乞い）　3 弥勒信仰について　4 義理について　5 教訓歌について　6 仏教の影響による歌について　7 おなり神信仰について　〔5701〕

◇南島文学論　外間守善著　角川書店　1995.5　690p　23cm　12000円　Ⓘ4-04-865050-5　Ⓝ910.29
　内容　序章 南島文学の全体像　第1章 呪言を伝える文学主体と南島の神々　第2章 歌謡論　第3章 オモロ論　第4章 琉歌論　第5章 組踊論　終章 南島文学論　〔5702〕

◇岩波講座日本文学史　第15巻　琉球文学、沖縄の文学　久保田淳〔ほか〕編　岩波書店　1996.5　365p　22cm　〈付：参考文献〉3300円　Ⓘ4-00-010685-6　Ⓝ910.2
　内容　琉球文学総論　おもろと儀礼歌謡　琉歌の展開　組踊から沖縄芝居へ　琉球の和文学と漢文学　歴史叙述と歴史書　沖縄の近代詩、現代詩　沖縄の小説・演劇史　孤島苦の文学史　徳之島の歌謡の世界〔ほか〕　〔5703〕

◇現代文学にみる沖縄の自画像　岡本恵徳著　高文研　1996.6　316p　20cm　〈沖縄現代文学略年表：p300〜310〉2369円　Ⓘ4-87498-179-8　Ⓝ910.264
　内容　沖縄の文学「戦後五十年」の流れ　1 沖縄戦の刻印　2 「戦後」の彷徨　3 アメリカの影　4 復帰前後　5 女性と自立　6 沖縄の基層〔5704〕

◇琉球弧の世界—大城立裕の文学　里原昭著　名瀬　本処あまみ庵　1997.8　278p　21cm　〈発売：ボーダーインク（那覇）〉933円　Ⓝ910.268　〔5705〕

◇新日本古典文学大系　62　田植草紙・山家鳥虫歌・鄙廼一曲・琉歌百控　佐竹昭広〔ほか〕編　岩波書店　1997.12　682p　22cm　Ⓘ4-00-240062-X　Ⓝ918

　内容　田植草紙 友久武文, 山内洋一郎 校注　山家鳥虫歌 真鍋昌弘 校注　鄙廼一曲 森山弘毅 校注　巷謡編 井手幸男 校注　童謡古謡 真鍋昌弘 校注　琉歌百控 外間守善 校注　解説：囃し田と『田植草紙』友久武文著　『山家鳥虫歌』解説 真鍋昌弘著　『鄙廼一曲』と近世の地方民謡 森山弘毅著　『巷謡編』の成立とその意義 井手幸男著　『童謡古謡』解説 真鍋昌弘著　琉歌琉歌集『琉歌百控』の解説 外間守善著　〔5706〕

◇中山詩文集—校訂本　上里賢一編　福岡　九州大学出版会　1998.4　371p　23cm　8000円　Ⓘ4-87378-535-9　Ⓝ910.29
　＊本書は、『中山詩文集』の新しいテキストの作成を目指し、初版本と重訂本及び初版本の写本とを校合し、その異同を頭注で示したものである。　〔5707〕

◇やさしくまとめた沖縄の古典文学　野村朝常著　那覇　沖縄文化社　1998.4　94p　19cm　Ⓝ910.29　〔5708〕

◇沖縄文学の情景—現代作家・作品をよむ　岡本恵徳著　那覇　ニライ社　2000.2　286p　20cm　1800円　Ⓘ4-931314-41-4　Ⓝ910.29　〔5709〕

◇沖縄基地文学　石坂蔵之助著　新日本文学会　2001.7　193p　19cm　1400円　Ⓘ4-88060-000-8　Ⓝ302.199　〔5710〕

◇島尾敏雄と奄美　藤井令一著　神戸　まろうど社　2001.11　265p　20cm　2500円　Ⓘ4-89612-027-2　Ⓝ910.268
　内容　島と作家　昔ばなしの淵を覗く　永劫の旅人島尾敏雄と奄美　ヤポネシアの根っことしっぽの時間　ヤポネシアのしっぽ　南島文学に一区切りを兆す　南回帰から北帰行へ　島尾文学とヤポネシア　人間の薄気味悪さを抉る　島尾敏雄の『夢日記』に見る深層意識の表徴　夢と日常と　島を離れた後の心の移ろい　《スズラン》の夜　奄美の文学と風土　突然訪れる異変への畏怖　島尾敏雄の文学と奄美大島　作家が手織る自画像　奄美・沖縄への深い想い　過去への回想をうながす『日の移ろい』《悲》と《喜》の両義性　島尾文学の原郷と島尾敏雄　島尾敏雄さん懐想記　青春の詩譜《ヤポネシア論》の波紋　甚雨の一周忌　島尾敏雄に見る奄美・沖縄　映画《死の棘》を見て　島尾文学碑の存在価値　島尾文学と呑之浦騒動　『出

文学　　　　　　　　　　　　　　　　　　　　　　　　琉球文学・沖縄文学

発は遂に訪れず」の解説　日記抜き語り　朝日文庫『琉球弧の視点から』所感　島尾さんの七回忌に寄せて　島尾さんの七回忌　季節風の季節　加計呂麻島と島尾敏雄　島尾敏雄の見た奄美　奥野健男氏の講演　写真で実証する作家の生涯と作品「島尾忌」の印象　付記：奄美の近・現代文学　日本の南島　　　　　　　　　　　　　　　　　〔5711〕

◇大城立裕全集　第11巻（戯曲・ノンフィクション）　大城立裕著，大城立裕全集編集委員会編　勉誠出版　2002.6　464p　22cm　Ⓘ4-585-05058-2　Ⓝ918.68
　内容　ガマと金網　世替りや世替りや　トートーメー万歳　伊良部トーガニー・恋の海鳴り　琉球楽劇集　真珠道　対馬丸　琉球の英傑たち　解題（呉屋美奈子著）　解説（黒古一夫著）　　〔5712〕

◇大城立裕全集　第12巻（評論・エッセイ 1）　大城立裕著，大城立裕全集編集委員会編　勉誠出版　2002.6　425p　22cm　Ⓘ4-585-05058-2　Ⓝ918.68
　内容　『現地からの報告沖縄』から　『内なる沖縄―その心と文化』から　『同化と異化のはざまで』から（抄）　『沖縄、晴れた日に』から（抄）　『私の沖縄教育論』から（抄）　解題（呉屋美奈子著）　解説（湯川豊著）　　　　〔5713〕

◇大城立裕全集　第13巻（評論・エッセイ 2）　大城立裕著，大城立裕全集編集委員会編　勉誠出版　2002.6　527p　22cm　Ⓘ4-585-05058-2　Ⓝ918.68
　内容　『休息のエネルギー―アジアのなかの沖縄』から：『沖縄演劇の魅力』から（抄）　『琉球の季節に』から（抄）　『ハーフタイム沖縄』から（抄）　光源を求めて―戦後五〇年と私　単行本未収録作品：南米移民地の旅　大木惇夫の場合　究極の両義性、虚実皮膜　『盗作』の文体論　欧文の日本人姓名　ハングル文体を想像する　「地域」から普遍へ　名前・意味・文字　「命ど宝」異聞　「フーアーユー」の民話　土着の表現　沖縄文学・同化と異化　二十一世紀へ向かう沖縄文化（講演）　校歌　大城立裕書誌（呉屋美奈子編　解題（呉屋美奈子著）　解説（大野隆之著）　　〔5714〕

◇沖縄文学という企て―葛藤する言語・身体・記憶　新城郁夫著　インパクト出版会　2003.10　271p　20cm　2400円　Ⓘ4-7554-0135-6　Ⓝ910.29
　内容　第1章　戦争の記憶（戦後沖縄文学覚え書き―『琉大文学』という試み　「レイプ」からの問い―戦後沖縄文学のなかの戦争を読む　ほか）　第2章　言語的葛藤としての沖縄（言語的葛藤の沖縄―知念正真『人類館』の射程　沖縄をめぐる言葉の諸相　ほか）　第3章　目取真俊論（「企て」としての少年/目取真俊論　「水滴」論　ほか）　第4章　漂う沖縄文学のために（崎山麻夫「ダバオ巡礼」　松浦茂史「コンビニエンスの夜」　ほか）　　〔5715〕

◇大城立裕文学アルバム　黒古一夫編　勉誠出版　2004.3　149p　21cm　〈著作目録あり〉

2500円　Ⓘ4-585-09044-4　Ⓝ910.268
　内容　アルバム・回想（誕生　小学校時代　中学校時代　東亜同文書院時代　ほか）　書き下ろし「沖縄で文学五十年」（大城立裕）　大城文学を読み解く（大城立裕と中国（川村湊）　占領下の沖縄と大城文学（岡本恵徳）　可視/不可視の暴力と身体のポリティックス―大城作品における「アメリカ」「基地」表象（本浜秀彦）　歴史の決算―大城文学と琉球・沖縄の歴史（仲程昌徳）　ほか）　〔5716〕

◇古代文学と琉球説話　丸山顕徳著　三弥井書店　2005.3　408,13p　22cm　6500円　Ⓘ4-8382-3138-5　Ⓝ910.23
　内容　古代文学と琉球説話：イザナキ神とイザナミ神の天の御柱巡りの意味　黄泉の国神話の特色　ヤマタノヲロチ神話の秘儀性　浦島太郎　神話と王権　沖縄の民間説話：八重山のオヤケ赤蜂　巨大魚を退治した悲劇の英雄　伊江島の鬼の伝説　大津波伝説　波照間島の伝承史　沖縄とその周辺：屋良漏池伝説と沈清伝　明日香村の亀石伝説　淡島信仰と箱船　昔話の呪物・呪宝　ノロ・ユタ・南島　古代賀茂氏の神話：一言主神と神仙譚　雄略天皇と一言主神の邂逅　八重事代主神の性格　英雄を支えた八咫烏　日本霊異記の説話：道場法師説話の背景　道場法師説話の系譜　オーラル・コンポジション　役行者説話　都市と信仰　景戒における唯識と菩薩　　〔5717〕

◇文学批評は成り立つか―沖縄・批評と思想の現在　平敷武蕉著　那覇　ボーダーインク　2005.9　400p　20cm　2500円　Ⓘ4-89982-097-6　Ⓝ910.4　　　〔5718〕

◇追想島尾敏雄―奄美―沖縄―鹿児島　奄美・島尾敏雄研究会編　鹿児島　南方新社　2005.12　217p　20cm　1800円　Ⓘ4-86124-072-7　Ⓝ910.268　　　〔5719〕

◇はなうる―「おきなわ文学賞」作品集　第1回（2005）　〔那覇〕　沖縄県文化振興会〔2006〕　282p　21cm　1400円　Ⓝ913.68
　　　　　　　　　　　　　　　　　　　　〔5720〕

◇沖縄はゴジラか―〈反〉・オリエンタリズム/南島/ヤポネシア　花田俊典著　福岡　花書院　2006.5　336p　22cm　2667円　Ⓘ4-938910-90-X　Ⓝ910.29
　内容　沖縄現代文学とオリエンタリズム：〈オキナワ〉私記　自画像と他画像の問題　1-3　国家言語と南島論：沖縄はゴジラか　フィヒテの光源、国家言語と方言論の手引き　稲當栄次郎の言語文化論の眺望　沖縄方言論再考　沖縄方言論三考　〈シマ〉と〈ヤポネシア〉崎山多美・大城立裕・島尾敏雄の時空へ：〈時間〉という装置〈科学〉という〈シマ〉崎山多美論のために　疎開者たちの歳月　昨日は今日に続かず　ヤポネシアのはじまり　ヤポネシアの終わり　花田俊典が読む：捨てられた鉱脈　講演・遺稿：大きな物語と小さな物語　エッセイ：小さな物語を大きな声で叫べ　崎山多美著　　　　　　　　　〔5721〕

「沖縄」がわかる本 6000冊　　**437**

琉球文学・沖縄文学　　　　　　　　　　　　文学

◇甦る詩学―「古日本文学発生論」続・南島集成　藤井貞和著　神戸　まろうど社　2007.1　767p　20cm　〈年表あり〉5000円　①978-4-89612-030-1　Ⓝ910.29

　内容　第1部　南島作品（詩篇　小説）　第2部　南島論考（うた・神話・物語　古代歌謡の終始　ほか）　第3部　南島語り（反・自己史の原点―沖縄　沖縄の継子譚のひとつ　ほか）　第4部　南島書漁（島尾敏雄『南風のさそい』比嘉康雄写真・谷川健一文『琉球弧　女たちの祭』　ほか）　第5部　南島座談（「南島はいまどのようにとらえ得るか」　「"奄美経験"から」）　　　　　　　　　　　　　　〔5722〕

◇はなうる―「おきなわ文学賞」作品集　第2回（2006）　那覇　沖縄県文化振興会　2007.1　248p　21cm　1400円　〔5723〕

◇「沖縄」に生きる思想―岡本恵徳批評集　岡本恵徳著　未來社　2007.8　293,25p　20cm　〈年譜あり　著作目録あり〉2600円　①978-4-624-11198-4　Ⓝ910.29

　内容　1　占領を生きる思想（一九五六～一九七二）（「琉大文学への疑問」に答える　沖縄より　ほか）　2　施政権返還後の状況と言葉（一九七三～一九九四）（沖縄"施政権返還"その後　市民運動論覚書　ほか）　3　記憶の声・未来への眼（一九九五～二〇〇六）（偶感　検証　戦争の記憶―悲劇と論理の区別　ほか）　4　創作（洋平物語）　　　　〔5724〕

◇沖縄からの文学批評―思想と批評の現在　平敷武蕉著　那覇　ボーダーインク　2007.8　379p　19cm　2000円　①978-4-89982-128-1　Ⓝ910.4　　　　　　　　　　　　　〔5725〕

◇到来する沖縄―沖縄表象批判論　新城郁夫著　インパクト出版会　2007.11　246p　20cm　2400円　①978-4-7554-0181-7　Ⓝ910.29

　内容　不可能としての「自画像」　第1部　反復帰・反国家論の現在（「にっぽんを逆さに吊す」―来るべき沖縄文学のために　沖縄・歌の反国家―新城貞夫の短歌と反復帰反国家論　ほか）　第2部　日本語を裏切る（呼ばれたのか呼んだのか―デリダ『他者の単一言語使用』の縁をめぐって　「愛セヌモノ」へ―拾い集められるべき新城貞夫の歌のために　ほか）　第3部　元「従軍慰安婦」問題と戦後沖縄文学（奪われた声の行方―「従軍慰安婦」から七〇年代沖縄文学を読み返す　文学のレイプ―戦後沖縄文学における「従軍慰安婦」表象）　第4部　抵抗の現在（「日本復帰」への違和―境界を積極的に生きる勇気　炎上する沖縄で考える―米軍ヘリ墜落　ほか）　　　　　　　　　　　　　〔5726〕

◇はなうる―「おきなわ文学賞」作品集　第3回（2007）　南風原町（沖縄県）　沖縄県文化振興会　2008.1　288p　21cm　1400円　Ⓝ913.68　　　　　　　　　　　　　〔5727〕

◇発掘された琉大文学の水脈―第1回琉球大学びぶりお文学賞受賞作品集　琉球大学附属図書館編　西原町（沖縄県）　琉球大学　2008.

3　151p　19cm　（琉球大学附属図書館報「びぶりお」特別号）　Ⓝ913.68

　内容　受賞作：あおい海の目で　山原みどり著　佳作：コルネリアの幽霊屋敷　大谷凛著　名付け　村上陽子著　窓虎魚、猫人間　砂川祐樹著　〔5728〕

◇アメリカのある風景―沖縄文学の一領域　仲程昌徳著　那覇　ニライ社　2008.9　289p　19cm　〈発売：新日本教育図書〉1800円　①978-4-931314-68-9　Ⓝ910.29

　内容　1「アメリカ」を読む（憧憬と忠義と暴力と―ペリー来航と沖縄の作家　「挿話」を読みかえる一「二世」小論　平和工作から親善活動へ・戦後沖縄とアメリカ―異文化接触の始動　オキナワ・アメリカ・ヤマト―琉球新報短編小説賞・佳作二〇年　復帰後の文学）　2「アメリカ」を見る（「アメリカ」のある風景―戦後小説を歩く）　〔5729〕

◇はなうる―「おきなわ文学賞」作品集　第4回（2008）　南風原町（沖縄県）　沖縄県文化振興会　2009.1　312p　21cm　1400円　Ⓝ913.68　　　　　　　　　　　　　〔5730〕

◇小説の中の沖縄―本土誌で描かれた「沖縄」をめぐる物語　仲程昌徳著　那覇　沖縄タイムス社　2009.3　255p　21cm　〈索引あり〉2286円　①978-4-87127-194-3　Ⓝ910.264　　　　　　　　　　　　　〔5731〕

◇琉球大学びぶりお文学賞受賞作品集　第2回（2008年度）　琉球大学附属図書館編　西原町（沖縄県）　琉球大学　2009.3　138p　19cm　（琉球大学附属図書館報「びぶりお」特別号）　〈標題紙のタイトル：琉球大学びぶりお文学賞作品集〉　Ⓝ913.68

　内容　受賞作：蓮花の故郷　竜彰著　佳作：縫い目のないシャツ　小山響平著　狂想曲　菅谷聡著　海の底での物語　奥田博之著　〔5732〕

◇古琉球をめぐる文学言説と資料学―東アジアからのまなざし　池宮正治,小峯和明編　三弥井書店　2010.1　567,36p　22cm　15000円　①978-4-8382-3189-8　Ⓝ910.29

　内容　為朝の末裔としての琉球国王　池宮正治著　袋中『琉球往来』の研究：袋中『琉球往来』の真実　池宮正治著　『琉球往来』解題　島村幸一著　я瀬文庫本『琉球往来』翻刻　島村幸一著　袋中『琉球神道記』の研究：『琉球神道記』解題　渡辺匡一著　『琉球神道記』巻五注解　伊藤聡,原克昭,渡辺匡一著〈薩琉軍記〉の基礎的研究：〈薩琉軍記〉解題　小峯和明著〈薩琉軍記〉概観　目黒将史著　諸本一覧　出口久徳、目黒将史,森暁子著　薩琉軍談　目黒将史著　島津琉球合戦記　森暁子著　琉球静謐記　出口久徳著　『定西法師伝』の研究と翻刻：『定西法師伝』の研究　渡辺麻里子著　琉球の遊女と遊里：琉球遊里雑記　渡辺憲司著　琉球における遊里の成立について　照沼麻衣子著　　　　〔5733〕

◇はなうる―「おきなわ文学賞」作品集　第5

文学　　　　　　　　　　　　　　　　　　　　　　　　琉球文学・沖縄文学

回　南風原町（沖縄県）　沖縄県文化振興会
2010.1　332p　21cm　1400円　Ⓝ913.68
[内容]　小説部門　しろがね奏話　赤兎時雨著　スプラッシュダウン　魚衣ツキジ著　急変　平岡禎之著　榴弾砲の綱引き　塩屋二朗著　シナリオ・戯曲部門　二つのカーブヤー（三角凧）　譜水村毅著　老人と自転車　江田貴著　塩浜家の命名物語　上原利彦著　随筆部門　回帰者たち　田幸亜季子著　ほか
〔5734〕

◇沖縄文学の諸相―戦後文学・方言詩・戯曲・琉歌・短歌　仲程昌徳著　那覇　ボーダーインク　2010.2　256p　19cm　（叢書・沖縄を知る）　2000円　Ⓘ978-4-89982-168-7　Ⓝ910.29
〔5735〕

◇戦後・小説・沖縄―文学が語る「島」の現実　加藤宏, 武山梅乗編　鼎書房　2010.3　314p　20cm　〈文献あり〉　2800円　Ⓘ978-4-907846-70-1　Ⓝ910.264
〔5736〕

◇琉球大学びぶりお文学賞作品集　第3回（2009年度）　琉球大学附属図書館編　西原町（沖縄県）　琉球大学　2010.3　104p　19cm　（琉球大学附属図書館報「びぶりお」特別号）　〈背・表紙のタイトル：びぶりお文学賞作品集〉　Ⓝ913.68
[内容]　鉄砲百合の骨　小山響平著　Anonymous　大谷凛著　愛がこわい　菅谷聡著
〔5737〕

◇沖縄文学全集　第14巻　証言・記録　1　沖縄文学全集編集委員会編　国書刊行会　2010.5　403p　22cm　7000円　Ⓘ978-4-336-03034-4　Ⓝ918.6
[内容]　1　廃藩置県における士族層の抵抗　2　沖縄県設置後の施策をめぐって　3　他府県人の沖縄観　4　移民・出稼ぎ　5　沖縄県の疲弊　6　沖縄言語問題
〔5738〕

◇吉本隆明資料集　99　南島論　吉本隆明〔著〕　高知　猫々堂　2010.10　203p　21cm　2000円　Ⓝ918.68
〔5739〕

◇はなうる―「おきなわ文学賞」作品集　第6回（2010）　南風原町（沖縄県）　沖縄県文化振興会　2011.1　266p　21cm　1400円　Ⓝ913.68
〔5740〕

◇琉球大学びぶりお文学賞作品集　第4回（2010年度）　琉球大学附属図書館編　西原町（沖縄県）　琉球大学　2011.3　131p　19cm　（琉球大学附属図書館報「びぶりお」特別号）　〈背・表紙のタイトル：びぶりお文学賞受賞作品集〉　Ⓝ913.68
[内容]　爪探し　小山響平著　冬瓜　玉那覇浩規著　青年BBS　華井けい著　歓喜の挽歌　菅谷聡著
〔5741〕

◇目取真俊の世界（オキナワ）―歴史・記憶・

物語　スーザン・ブーテレイ著　影書房　2011.12　253p　20cm　〈タイトル：目取真俊の世界　文献あり〉　2500円　Ⓘ978-4-87714-419-7　Ⓝ910.268
[内容]　第1章　目取真俊の世界（作家の紹介　主たるテーマ　ほか）　第2章「水滴」論（物語の展開　戦争神話と徳正の戦争話　ほか）　第3章「風音」論（頭蓋骨をめぐる様々な異相　沖縄の村人達にとって頭蓋骨の持つ意味　ほか）　第4章「魂込め」論（アーマンとは何か　「記憶」の回帰　ほか）　結論（戦争の捉え方　語り方の特徴　ほか）
〔5742〕

◇はなうる―「おきなわ文学賞」作品集　第7回（2011）　南風原町（沖縄県）　沖縄県文化振興会　2012.1　342p　21cm　1400円　Ⓝ913.68
〔5743〕

◇琉球大学びぶりお文学賞受賞作品集　第5回　琉球大学附属図書館編　西原町（沖縄県）　琉球大学　2012.3　130p　19cm　（琉球大学附属図書館報「びぶりお」特別号）　〈標題紙のタイトル：琉球大学びぶりお文学賞作品集〉　Ⓝ913.68
[内容]　小説部門受賞作　魔女の天ぷら　照屋たこま著　佳作　子ぬ方星見つけた　上間美香著　偽物ヒーロー　知念紘己著　詩部門受賞作　道化の鏡　小山響平著　詩部門佳作　洗骨　添田晴日著　自愛談義　東恩納るり著　実態のない楽園　兵頭茂著
〔5744〕

◇沖縄系ハワイ移民たちの表現―琉歌・川柳・短歌・小説　仲程昌徳著　那覇　ボーダーインク　2012.5　239p　19cm　2000円　Ⓘ978-4-89982-223-3　Ⓝ910.29
〔5745〕

◇悲しき亜言語帯―沖縄・交差する植民地主義　仲里効著　未来社　2012.5　329p　20cm　2800円　Ⓘ978-4-624-60113-3　Ⓝ910.29
[内容]　1　詩のゾーン（サッタルバスイ―山之口貘のアポリア　悲しき亜言語帯―川満信一の島と神話　ほか）　2　小説のゾーン（いとしのトットロー―目取真俊とマイナー文学　占領と性と言語のポリフォニー―東峰夫「オキナワの少年」　ほか）　3　劇とコラムのゾーン（入れ子ダイグロシアとまなざしの壁―知念正真『人類館』されどオキナワン・トゥンタチキー―儀間進と見果てぬ夢）　4　植民地のメランコリー―沖縄戦後世代の原風景（桃太郎と鬼子　翻訳的身体と境界の憂鬱）
〔5746〕

◇〈オキナワ〉人の移動、文学、ディアスポラ　山里勝己, 石原昌英編　彩流社　2013.1　207,10p　22cm　（琉球大学　人の移動と21世紀のグローバル社会　7）　〈索引あり〉　2200円　Ⓘ978-4-7791-1676-6　Ⓝ910.29
[内容]　第1部　沖縄ディアスポラの文学（歴史の証言―沖縄ディアスポラにおける自伝的著述に関する考察　ディアスポラにおける沖縄人の詩と歌　受け継ぐ文化―オキナワ系カナダ人の経験　沖縄の「修復」―ダーシー・タマヨセさんに聞く）　第2部

琉球文学・沖縄文学　　　　　　　　　　　　　　　文学

移動する沖縄文学（『カクテル・パーティー』の上
演はなぜ必要であったか　大城立裕＆フランク・
スチュアート特別対談『カクテル・パーティー』を
語る　宮里静湖抑留三部作に見る「移動」「異
国の丘」を中心に）　第3部 “旅”と文学（旅を書く
ことを考える―ストレンジオグラフィにむかって
コンコードを“旅”するソロー―移動のレトリッ
ク　『ブレーク、またはアメリカのあばら家群』
にみる旅と移動のポリティクス）　　　　　〔5747〕

◇はなうる―「おきなわ文学賞」作品集　第8
回（2012）　南風原町（沖縄県）　沖縄県文化
振興会　2013.2　344p　21cm　1400円
Ⓝ913.68　　　　　　　　　　　　　　　　〔5748〕

◇不穏でユーモラスなアイコンたち―大城立裕
の文学と〈沖縄〉　武山梅乗著　晶文社
2013.3　224p　20cm　2000円　①978-4-
7949-6799-2　Ⓝ910.268
内容 序論 大城立裕と “沖縄文学”―その立ち位置
をめぐる問題　第1章 青春の挫折、“沖縄”、そし
て複眼　第2章 “沖縄”と自己のはざまで―大城立
裕と二つの戦争　第3章 “沖縄”から普遍へ―「戦
争と文化」三部作という企て　第4章 不穏でユー
モラスなアイコンたち―大城立裕における沖縄表
象の可能性　第5章 パノラマからレイヤーへ―大
城立裕による沖縄戦の表象　　　　　　　〔5749〕

◇眼の奥に突き立てられた言葉の銛―目取真俊
の〈文学〉と沖縄戦の記憶　鈴木智之著　晶
文社　2013.3　208p　20cm　〈著作目録あ
り〉　2000円　①978-4-7949-6798-5　Ⓝ910.
268
内容 序 目取真俊を読むということ―コンタクト
ゾーンの“文学”　第1章 雛の一撃―初期短編小
説作品における “弱さ” の反転　第2章 寓話的悪
意―『水滴』『魂込め』における沖縄戦の記憶の形
象　第3章 顔のない記憶―『伝令兵』を読むとい
うこと　第4章 幅輳する記憶―『眼の奥の森』に
おける “ヴィジョン” の獲得と “声” の回帰
　　　　　　　　　　　　　　　　　　　〔5750〕

◇琉球大学びぶりお文学賞作品集　第6回　琉
球大学附属図書館編　西原町（沖縄県）　琉
球大学　2013.3　141p　19cm　（琉球大学
附属図書館報「びぶりお」特別号）〈タイト
ルは標題紙・奥付による〉Ⓝ913.68
内容 小説部門受賞作　レインボー 上間美香著
小説部門佳作　歪んだかざぐるま 知念紘己著　マ
ットの泉 東恩納るり著　詩部門受賞作　プロテ
ウス 東恩納るり著　詩部門佳作　かいわ こはぐ
ら著　ティクターリクの夢 添田晴日著　雨 長島
瑠著　チニカエレヨ 蓬田匡著　　　　　〔5751〕

◇沖縄の文学を読む―摩文仁朝信・山之口貘そ
して現在の書き手たち　松島淨著　那覇　脈
発行所　2013.7　185p　19cm　1700円
①978-4-9906614-7-2　Ⓝ910.29
内容 沖縄の文学を読む　沖縄の文学における性
と愛　島尾敏雄の『死の棘』を読む　山之口貘の

詩を読む　清田政信の現代詩を読む　情念とエロ
ス　　　　　　　　　　　　　　　　　　〔5752〕

◇はなうる―「おきなわ文学賞」作品集　第9
回（2013）　南風原町（沖縄県）　沖縄県文化
振興会　2014.2　296p　21cm　1400円
Ⓝ913.68　　　　　　　　　　　　　　　　〔5753〕

◇琉球大学びぶりお文学賞受賞作品集　第7回
琉球大学附属図書館編　西原町（沖縄県）
琉球大学　2014.3　177p　19cm　（琉球大
学附属図書館報「びぶりお」特別号）〈背・
表紙のタイトル：びぶりお文学賞受賞作品
集〉Ⓝ913.68
内容 小説部門受賞作　初七日 東恩納るり著　小
説部門佳作　ロール 植竹亜紀子著　ブルータス
の歌 迫田祐樹著　チャボ 夢月七海著　詩部門受
賞作　存在感 鮎川みのる著　詩部門佳作　二十
一世紀のシャットダウン 安里和幸著　てぷらぷ
ら 上間美香著　虹の歌 外田さし著　　　〔5754〕

◇沖縄文学選―日本文学のエッジからの問い
岡本恵徳, 高橋敏夫, 本浜秀彦編　新装版　勉
誠出版　2015.1　431p　21cm　〈文献あり
年表あり〉　2600円　①978-4-585-29087-2
Ⓝ918.6
内容 はじめに 交差する文学　第1部 沖縄文学の
近代（小説　琉歌・短歌・詩）　第2部 アメリカ統
治下の沖縄文学（小説　詩）　第3部 復帰後の沖
縄文学（小説　戯曲　詩）　第4部 沖縄文学の挑戦
（九〇年代以降の沖縄文学）（小説）　　〔5755〕

◇島尾敏雄とミホ―沖縄・九州　島尾伸三, 志
村有弘編　鼎書房　2015.2　219p　21cm
2000円　①978-4-907282-18-9　Ⓝ910.268
　　　　　　　　　　　　　　　　　　　〔5756〕

◇「沖縄文学」への招待　大城貞俊著　〔西原
町（沖縄県）〕　琉球大学　2015.3　141p
21cm　（シリーズ「知の津梁」琉球大学ブッ
クレット 1）〈発売：沖縄タイムス社（那
覇）〉1000円　①978-4-87127-660-3　Ⓝ910.
29　　　　　　　　　　　　　　　　　　〔5757〕

◇言振り―琉球弧からの詩・文学論　高良勉著
未來社　2015.3　309p　20cm　2800円
①978-4-624-60117-1　Ⓝ910.29
内容 1 琉球弧からの詩・文学論（言語戦争と沖縄
近代文芸　沖縄戦後詩史論 ほか）　2 琉球弧の詩
人・作家論（詩人論（地球詩人の一〇〇年―山之口
貘生誕一〇〇年　日本の本当の詩は―山之口貘
生誕一一〇年祭記念 ほか）　詩・俳句・短歌書評
（記録と沈黙―『牧港篤三全詩集・無償の時代』書
評　大きな文化プレゼント―評詩『南風よ吹け―
オヤケ・アカハチ物語』 ほか）　小説・記録文学・
散文書評（日本・人間を問う移民文学―大城立裕
『ノロエステ鉄道』オキナワから世界へ―評論・又
吉栄喜の文学 ほか）　3 アジアの詩・文学論（日
本の詩人・作家論（中也の苦い思い出　宮沢賢治

文学　　　　　　　　　　　　　　　　　　　　　　　　　　　　　　　　　　　詩歌

と沖縄　ほか）　東アジアの詩・文学論（アジア文学案内—文学者との交流史　沖縄からみた韓国詩ほか））　　　　　　　　　　　　　　〔5758〕

◇琉球大学びぶりお文学賞受賞作品集　第8回　琉球大学附属図書館編　西原町（沖縄県）　琉球大学　2015.3　177p　19cm　（琉球大学附属図書館報「びぶりお」特別号）〈背・表紙のタイトル：びぶりお文学賞受賞作品集〉　Ⓝ913.68

内容　小説部門受賞作　クオリティオブライフ　比嘉正人著　小説部門佳作　ディファレンス　浦松琉介著　僕ら、この上の者　松本弦著　青に揺らぐ　野村人鳥著　詩部門佳作　該当作なし　詩部門佳作　海岸・小景　安里和幸著　つわもの　宮里春奈著　折りヅル　名嘉司央里著　思う　猩良華青に手を伸ばして　金城絵音著　　〔5759〕

◇雑誌とその時代—沖縄の声戦前・戦中期編　仲程昌徳著　那覇　ボーダーインク　2015.4　276p　19cm　2000円　①978-4-89982-271-4　Ⓝ210.29

内容　1『南洋情報』とその時代（『南洋情報ダバオ特輯号』『南洋情報マニラ特輯号』　『台湾・英領ボルネオ・比律賓特輯号』　ほか）　2『月刊文化沖縄』とその時代（『月刊文化沖縄』の創刊　文芸運動の推進　「新体制」の推進　ほか）　3　短歌雑誌とその時代—沖縄出身歌人の二〇年（一九二六年～一九四五年）（『アララギ』の歌人たち　『水瓶』の歌人たち　『心の花』の歌人たち　ほか）　　　　　　　　　　　　　　　　〔5760〕

◇出来事の残響—原爆文学と沖縄文学　村上陽子著　インパクト出版会　2015.7　299p　19cm〈文献あり〉　2400円　①978-4-7554-0255-5　Ⓝ910.264

内容　第1部　原爆を書く・被爆を生きる（原爆文学と批評—大田洋子をめぐって　原爆を見る眼—大田洋子「ほたる・『H市歴訪』のうち」　半人間の射程と限界—大田洋子「半人間」）　第2部　占領下沖縄・声なき声の在処（来るべき連帯に向けて—長堂英吉「黒い街」　沈黙へのまなざし—大城立裕「カクテル・パーティー」　骨のざわめき—嶋津与志「骨」と沖縄の現在）　第3部　到来する記憶・再来する出来事（せめぎ合う語りの場—林京子「祭りの場」　体験を分有する試み—林京子『ギヤマンビードロ』原発小説を読み直す—井上光晴『西海原子力発電所』）　第4部　いま・ここにある死者たちとともに（亡霊は誰にたたるか—又吉栄喜「ギンネム屋敷」　音の回帰—目取真俊「風音」　循環する水—目取真俊「水滴」）　　〔5761〕

◇琉球文学の歴史叙述　島村幸一著　勉誠出版　2015.4　423,13p　22cm〈索引あり〉　9800円　①978-4-585-29098-8　Ⓝ910.29

内容　第1部　「史歌」が謡う「歴史」　第2部　正史・家譜、氏族の由来が記す「歴史」　第3部　袋中の「琉球」叙述　第4部　『琉球国由来記』『琉球国旧記』の叙述世界　第5部　漂着資料の叙述世界　第6部　「琉球言説」研究　　　　〔5762〕

詩歌

◇沖縄・奄美南島俳句歳時記　瀬底月城著　佐敷町（沖縄県）　瀬底月城　1995.1　342,15p　19cm　3000円　Ⓝ911.307　　　　　〔5763〕

◇恩納ナビ—琉球の女流歌人　石田磨柱著　秋田　宜野座通男　1995.7　155p　21cm〈製作：秋田文化出版　年譜・参考図書：p152～153〉　1300円　Ⓝ910.29　　　　　〔5764〕

◇獏のいる風景—山之口獏賞20周年記念誌　山之口獏記念会編集委員会編　那覇　山之口獏記念会　1997.7　259p　21cm〈共同刊行：琉球新報社〉　1500円　Ⓝ911.52　〔5765〕

◇僕は文明をかなしんだ—沖縄詩人山之口獏の世界　高良勉著　彌生書房　1997.11　213p　20cm〈年譜あり　文献あり〉　1600円　①4-8415-0741-8　Ⓝ911.52

内容　第1章　青春と詩（山口家の「さんるー」　失恋と落第　ほか）　第2章　放浪と詩（るんぺん詩人　詩人の宇宙　ほか）　第3章　生活と詩（詩人の結婚　詩人便所を洗う　ほか）　第4章　沖縄と詩（与那国島の父母　ぼくを生んだ島とビキニの灰　ほか）　　　　　　　　　　　　　　　　〔5766〕

◇榕樹の歌人たち—榕樹短歌会三十周年を記念して　義原ミヤ子編　鹿児島　南方新社　1998.11　423p　22cm　4762円　①4-931376-17-7　Ⓝ911.167　　　　　〔5767〕

◇沖縄近代短歌の基礎的研究　仲程昌徳, 知念真理編著　勉誠出版　2001.2　831p　27cm　29000円　①4-585-10076-8　Ⓝ911.16〔5768〕

◇琉球漢詩の旅　琉球新報社編, 上里賢一選・訳, 茅原南龍書　那覇　琉球新報社　2001.3　130p　22×27cm　2857円　①4-89742-037-7　Ⓝ919.5　　　　　　　　　　　　　〔5769〕

◇ハベル（蝶）の詩—沖縄のたましい　安里英子著　御茶の水書房　2001.5　59p　21cm（神奈川大学評論ブックレット 16）　800円　①4-275-01865-6　Ⓝ302.199

内容　魂込め（マブイグミ）の歌　空を飛ぶ魂　神々を恋うる歌　生命のリレー　雨乞いの歌　航海安全の祈り　労働の歌　植物の魂　聞得大君オバーたちの闘い　記憶の底　女たちへのレクイエム　　　　　　　　　　　　　　　　　〔5770〕

◇関江のほとりで—琉球漢詩の原郷を行く　上里賢一著　那覇　沖縄タイムス社　2001.7　298p　19cm　（タイムス選書 2-12）　2500円　①4-87127-148-X　Ⓝ919.5

内容　第1章　琉球の詩人と関江（三虎門の鼓動　関安鎮と馬尾　ほか）　第2章　琉球漢詩の夢（到福州機場　十里笙歌、雲外聞き　ほか）　第3章　甘薯の

「沖縄」がわかる本　6000冊　**441**

詩歌　　　　　　　　　　　　　　　　　　　　　　　　　　　　　　文学

文化交流史（呼称の多様性　福建への伝来と伝来
者 ほか）　第4章 中・台文化交流の接点を目指し
て（忘却された台湾 刺桐の街角で ほか）　第5章
台湾・中国を見て、沖縄を考える（現実を直視す
る文学―黄春明『さよなら・再見』の背景　黄春
明氏における自然と自立―村の再生 ほか）
　　　　　　　　　　　　　　　　　　　〔5771〕

◇沖縄俳句歳時記　那覇　沖縄俳句研究会
　2002.5　375p　19cm　3000円　Ⓝ911.307
　　　　　　　　　　　　　　　　　　　〔5772〕

◇子ども俳句歳時記　三浦加代子, 井波未来編
　南風原町（沖縄県）　ティガネシア　2003.8
　264p　15cm〈奥付のタイトル：沖縄子ども
　俳句歳時記〉　800円　Ⓝ911.367　　〔5773〕

◇詩歌の琉球　渡英子著　砂子屋書房　2008.6
　278p　20cm　（弧琉球叢書 7）〈文献あり〉
　3000円　Ⓘ978-4-7904-1104-8　Ⓝ911.16
　　　　　　　　　　　　　　　　　　　〔5774〕

◇シマとの対話―琉球メッセージ　平田大一
　文,桑村ヒロシ写真　那覇　ボーダーインク
　2009.7　143p　15×18cm〈他言語標題：
　Dialogue with Ryukyu〉1500円　Ⓘ978-4-
　89982-163-2　Ⓝ914.6　　　　　　　〔5775〕

◇うたの神話学―万葉・おもろ・琉歌　福寛美
　著　森話社　2010.4　262p　20cm〈文献あ
　り〉2800円　Ⓘ978-4-86405-009-8　Ⓝ911
　内容 影（朝影考 きよら影）　聖水（麗しき山, 清
　冽なる水, あれる乙女　月の雫, 花の露, 若水 枯
　野断章）　言霊（言霊, あるいは浮遊するイメージ
　影, 魂の相貌）　玉（玉と麻糸と蛇 うたう珞）　蝶
　と蛇（あやはべる―美しい蝶　三輪山から漲水御
　嶽へ）　　　　　　　　　　　　　　　〔5776〕

◇〈新編〉山之口貘全集　第1巻　詩篇　山之口
　貘著　思潮社　2013.9　571p　22cm　6000
　円　Ⓘ978-4-7837-2363-9　Ⓝ918.68
　内容 鮪に鰯（野次馬　ひそかな対決 ほか）　定
　本山之口貘詩集（喪のある景色　世はさまざま ほ
　か）　思辨の苑（檻褸は寝てゐる　加藤清正 ほか）
　既刊詩集未収録詩篇（うちのしろ　りんね ほか）
　その他の既刊詩集未収録詩篇（沖縄舞踊　にこに
　こ正月 ほか）　　　　　　　　　　　〔5777〕

《おもろ》

◇琉球の王権と神話―『おもろさうし』の研究
　末次智著　第一書房　1995.10　323,13p
　20cm　（南島文化叢書 16）〈琉球王権関係
　研究文献目録：p300～323〉3708円　Ⓘ4-
　8042-0096-7　Ⓝ388.9199
　内容 1 王権の言語表現　2 王の即位　3 王の行
　幸　4 王と水　5 王と太陽　6 王権と外部　7 王
　と天皇　8 注釈・資料・研究史　　　〔5778〕

◇おもろさうし　外間守善著　岩波書店
　1998.2　276p　16cm　（同時代ライブラ
　リー―古典を読む）　1200円　Ⓘ4-00-
　260334-2　Ⓝ911.6　　　　　　　　　〔5779〕

◇おもろさうし　上　外間守善校注　岩波書店
　2000.3　501p　15cm　（岩波文庫）　900円
　Ⓘ4-00-301421-9　Ⓝ911.6　　　　　　〔5780〕

◇おもろさうし　下　外間守善校注　岩波書店
　2000.11　487p　15cm　（岩波文庫）　900円
　Ⓘ4-00-301422-7　Ⓝ911.6
　＊沖縄の古代社会を直接に記録した史料は、残念
　ながら残されていない。しかし、今回初めて全
　訳された歌謡集『おもろさうし』から、古代沖縄
　の中央と地方の、様々な社会のあり方が浮かび
　上がってくる。本巻には「第十三」から「第二十
　二」を収録。　　　　　　　　　　　〔5781〕

◇標音 おもろさうし注釈　1　清水彰著　大阪
　和泉書院　2003.2　818p　22cm　（研究叢書
　295）　20000円　Ⓘ4-7576-0205-7　Ⓝ911.6
　内容『おもろさうし』解説（『おもろさうし』の輪
　郭―解説執筆の前提　『おもろさうし』の構成と
　成立―付、伝本　『おもろさうし』の内容　沖縄
　史概観 ほか）『おもろさうし』注釈（きこゑ大き
　みかおもろ 首里王府の御さうし―嘉靖十年　中
　城越来のおもろ 首里王府の御さうし―万暦四十
　一年五月廿八日　きこゑ大きみかなしおもろ御さ
　うし―天啓三年癸亥三月七日　あおりやへさすか
　さのおもろ御さうし―天啓三年癸亥三月七日 ほ
　か）　　　　　　　　　　　　　　　　〔5782〕

◇おもろと琉歌の世界―交響する琉球文学　嘉
　手苅千鶴子著　森話社　2003.3　373p
　20cm〈著作目録あり〉3400円　Ⓘ4-
　916087-34-8　Ⓝ910.29
　内容 1 総論（沖縄の文学と風土　琉球文学にみる
　女性観　琉球文学にみる「露」の呪力）　2『おも
　ろさうし』の論（琉球文学への誘い―『おもろさ
　うし』の魅力　『おもろさうし』書き改めと『混
　効験集』編纂について　『おもろさうし』にみる
　神女群像 ほか）　3 琉歌・和歌の論（琉歌の諸相
　近世沖縄の和歌　人麻呂吉野讃歌からおもろ・琉
　歌へ―「見れど（も）飽かぬ」の系譜）　〔5783〕

◇標音 おもろさうし注釈　2・3　清水彰著
　大阪　和泉書院　2004.2　2冊（セット）
　21cm　（研究叢書）　40000円　Ⓘ4-7576-
　0248-0
　内容 首里天きやすへあんしおそいかなしいろい
　ろのこねりおもろ御双紙―天啓三年癸亥三月七
　日　ありきゑとのおもろ御さうし―天啓三年癸亥
　三月七日　首里ゑとのおもろ御さうし―いろいろ
　のあすひおもろ御さうし―天啓三年癸亥三月七日
　船ゑとのおもろ御さうし―天啓三年癸亥三月七日
　いろいろのあさおもろ御さうし　首里天きやすや
　あんしおそいかなしうらうおそいきたたんよんた
　さおもろの御さうし―天啓三年癸亥三月七日　首
　里天きやすへあんしおそいかなし勝連具志川おも
　ろの御さうし―天啓三年癸亥三月七日　恩納より

442　「沖縄」がわかる本　6000冊

文学　　　　　　　　　　　　　　　　　　　　　　　　　　　　詩歌

上のおもろ御さうし　首里天きやすへあんしおそ
いかなししま中おもろ御さうし─天啓三年癸亥三
月七日〔ほか〕　　　　　　　　　　　　　　〔5784〕

◇おもろさうしの言語　間宮厚司著　笠間書院
2005.9　269p　22cm　5000円　Ⓘ4-305-
70301-7　Ⓝ911.6
　内容─第1部 語法に関する論考（係り結び　動詞の
　解釈　形容詞の用法）　第2部 表記に関する論考
　（助詞ガの表記　類推表記“u→o”の再検討　自立
　語の口蓋化と非口蓋化の両様表記）　第3部 語源
　に関する論考（オモロ（神歌）の語源　アヂ（按司）
　の語源　グスク（城）の語源　ほか）　　　〔5785〕

◇琉球の歴史と文化─『おもろさうし』の世界
波照間永吉編　角川学芸出版　2007.11
269p　19cm　（角川選書 412）〈文献あり
発売：角川グループパブリッシング〉1600
円　Ⓘ978-4-04-703412-9　Ⓝ911.6
　内容─第1章『おもろさうし』への誘い　第2章『お
　もろさうし』から何を読みとるか　第3章 考古学
　から『おもろさうし』を読む　第4章 大交易時代
　とオモロそしてヒキ　第5章 琉球王国における海運
　と航海守護神信仰─『おもろさうし』を読むための
　一前提　第6章『おもろさうし』の神出現の表現
　─『おもろさうし』の神々と王権　第7章 久高島
　の祭祀と歌謡─テーラーガーミとヨーカビー　
　第8章オモロ語要説　第9章『おもろさうし』の比
　喩表現　第10章 オモロ鑑賞　　　　　　　〔5786〕

◇酒とシャーマン─『おもろさうし』を読む
吉成直樹著　新典社　2008.5　127p　18cm
（新典社新書）〈年表あり　文献あり〉800
円　Ⓘ978-4-7879-6109-9　Ⓝ911.6
　内容─1『おもろさうし』のなかの酒─「しけち」
　（酒を意味する言葉　夏と冬の酒　酒を飲む人び
　と　泡盛のルーツ　ほか）　2「せぢ」という言葉
　（声を交わすこと　見つめあうこと　「しけ」と
　「せぢ」　「せぢ」の由来　ほか）　　　　〔5787〕

◇『おもろさうし』と琉球文学　島村幸一著
笠間書院　2010.3　773,7p　22cm〈文献あ
り　索引あり〉17000円　Ⓘ978-4-305-70503-
7　Ⓝ911.6　　　　　　　　　　　　　　〔5788〕

◇コレクション日本歌人選　056　おもろさう
し　和歌文学会監修　島村幸一著　笠間書院
2012.6　144p　19cm〈文献あり〉1200円
Ⓘ978-4-305-70656-0　Ⓝ911.102
　内容─一聞得大君ぎや押し遣たる精軍　一聞ゑ中
　城東方に向かて　一聞得大君ぎや鳴響む精高子が
　ーまみちけか゛おもろ　一阿嘉のおゑつきや饒波の
　おゑつきや　一聞ゑ蒲葵せり子／又鳴響む蒲葵せ
　り子　一あけ上がる三日月や　一福地儀間の主よ
　良かる儀間の主よ　一子丑が時神が時　一伊祖の
　戦思ひ／又いぢき城思い〔ほか〕　　　　〔5789〕

◇おもろを歩く─おもろ研究会一五〇〇回記念
誌　おもろ研究会著、平山良明、大城盛光、波
照間永吉編　那覇　琉球書房　2013.3

458p　22cm　3200円　Ⓘ978-4-905237-10-5
Ⓝ911.6　　　　　　　　　　　　　　　〔5790〕

◇『おもろさうし』と群雄の世紀─三山時代の
王たち　福寛美著　森話社　2013.12　293p
20cm〈文献あり〉3200円　Ⓘ978-4-86405-
056-2　Ⓝ219.9
　内容─『おもろさうし』と表記　ぐすく時代と交
　易　今帰仁按司　下の世の主　大里按司　佐敷按
　司　結びにかえて─英雄の世紀　　　　　〔5791〕

◇幻の琉球国聖典　山口栄鉄著　那覇　琉球新
報社　2014.5　201p　21cm〈著作目録あり
発売：琉球プロジェクト（那覇）〉2300円
Ⓘ978-4-89742-170-4　Ⓝ911.6　　　　〔5792〕

◇ぐすく造営のおもろ─立ち上がる琉球世界
福寛美著　新典社　2015.1　159p　18cm
（新典社新書 65）　1000円　Ⓘ978-4-7879-
6165-5　Ⓝ911.6
　内容─ぐすく　尚真王おもろの世界　石を割る道
　具　造営のおもろと歴史的事象　何を「げらへる」
　のか　誰が「げらへる」のか　美称辞としての「げ
　らへ（げらゑ）」　「げらへる」以外の造営に関わ
　る語　石　信仰、呪的な石　　　　　　　〔5793〕

《琉歌》

◇南島の抒情─琉歌　外間守善著　中央公論社
1995.2　395p　16cm（中公文庫）980円
Ⓘ4-12-202249-5　Ⓝ910.29
　内容─第1章 琉歌の心（四季歌　恋歌　賀歌・他）
　第2章 琉歌を学ぶ（琉歌の抒情　琉歌を読む）　第
　3章 琉歌概説（琉歌の成立　琉歌の種類　琉歌の
　歌人群　琉歌の表記法と読み方　琉歌集）〔5794〕

◇『琉歌大成』註解編　1　清水彰編著　大阪
和泉書院　1996.3　372p　21cm　4120円
Ⓘ4-87088-797-5　Ⓝ911.1　　　　　　〔5795〕

◇『琉歌大成』註解編　2　清水彰著　大阪
和泉書院　1996.6　389p　21cm　4120円
Ⓘ4-87088-809-2　Ⓝ911.1　　　　　　〔5796〕

◇『琉歌大成』註解編　3　清水彰著　大阪
和泉書院　1996.8　358p　21cm　4000円
Ⓘ4-87088-819-X　Ⓝ911.1　　　　　　〔5797〕

◇初心者のための「琉歌入門」　石川盛亀著、
石川功、石川ルリ子編　那覇　ニライ社
1998.11　531p　22cm　5000円　Ⓘ4-
931314-34-1　Ⓝ911.107　　　　　　　〔5798〕

◇近代琉歌の基礎的研究　仲程昌徳、前城淳子
編著　勉誠出版　1999.1　945p　27cm
31000円　Ⓘ4-585-10038-5　Ⓝ911.1　〔5799〕

◇歌謡─文学との交響　国文学研究資料館編
京都　臨川書店　2000.2　230p　19cm

「沖縄」がわかる本 6000冊　　443

（古典講演シリーズ 4） 2400円 ⑪4-653-
03549-0
内容 早歌と道行―菅原道真の旅を中心に 『宗
安小歌集』実見―研究の再構築をめざして 『田
植草紙』歌謡の性格―研究史にそって 琉歌の世
界 近世沖縄の和歌 近世歌謡の絵画資料
〔5800〕

◇四行の詩―琉歌体 高嶺照夫著 つくばね舎
2002.4 190p 21cm （歌と観照叢書 第
227篇）〈発売：地歴社〉 2000円 ⑪4-
924836-54-0 Ⓝ911.1
内容 和歌の影響と琉歌 高嶺照夫 四行の詩 高
嶺照夫四行の詩作品集 節歌としての琉歌 和歌
の奇数律と琉歌の偶数律 〔5801〕

◇沖縄三線節歌の読み方 大城米雄編著 〔那
覇〕 大城米雄 2003.9 354p 27cm〈発
売：沖縄教販（那覇）〉 4286円 ⑪4-900374-
24-5 Ⓝ911.107 〔5802〕

◇「琉球いろは歌」と六諭のこころ―程順則名
護親方寵文の教え 安田和男著 那覇 ボー
ダーインク 2005.4 121p 19cm 1200円
⑪4-89982-086-0 Ⓝ159.9 〔5803〕

◇名護親方（うぇーかた）・程順則の〈琉球いろ
は歌〉 安田和男著 那覇 ボーダーインク
2009.7 141p 18cm （ボーダー新書 001）
〈『「琉球いろは歌」と六諭のこころ』（2005年
刊）の加筆・修正、改題 文献あり〉 900円
⑪978-4-89982-158-8 Ⓝ159.9 〔5804〕

◇隻礫の…―若者に伝える沖縄語り口 多和田
光作著 那覇 沖縄自分史センター 2009.9
262p 22cm （琉歌随想 2） 1429円
⑪978-4-87215-276-0 Ⓝ911.104 〔5805〕

◇琉球の恋歌―「恩納なべ」と「よしや思鶴」
福寛美著 新典社 2010.1 127p 18cm
（新典社新書 47） 800円 ⑪978-4-7879-
6147-1 Ⓝ911.1
内容 1 恩納なべ（波の声もとまれ風の声もとま
れ 首里天がなし自由に拝まれめ 恵ある御代に
はぎりたる御船 もりもおしのけてこがたなさな
たんちゃ越す（たちならす）雨の降らなやすが ほ
か） 2 よしや思鶴（恨む比謝橋やわぬ渡さとも
て 寄辺ないぬものや海士の捨小舟 あらはぎの
舟にかれよしの乗り衆 籾と花 故郷と親への思
い 島もとなどなとこばもそよそよと ほか）
〔5806〕

◇おもいをつむぐ琉歌―沖縄の世界遺産テニア
ン島 仲松美代子著 〔那覇〕 〔仲松美代
子〕 2010.12 103p 21cm 1300円
Ⓝ911.168 〔5807〕

◇琉球宮廷歌謡論―首里城の時空から 末次智
著 森話社 2012.10 457p 22cm〈索引

あり〉 8200円 ⑪978-4-86405-040-1
Ⓝ911.6
内容 序章 うたとは何か―巫歌とワザウタから
1 歌謡表現の基層 2 宮廷という時空 3 宮廷歌
謡としてのオモロ 4 本州弧の歌謡の方へ 5 宮
廷の教養 終章 平安時代の琉球―異文化として
の宮廷 〔5808〕

◇琉歌百景―綾なす言葉たち 上原直彦著 那
覇 ボーダーインク 2014.12 173p 18cm
（ボーダー新書 11） 1000円 ⑪978-4-
89982-266-0 Ⓝ911.1 〔5809〕

◇琉歌の表現研究―和歌・オモロとの比較から
ヤナ・ウルバノヴァー著 森話社 2015.2
339p 22cm〈文献あり〉 7400円 ⑪978-4-
86405-074-6 Ⓝ911.1
内容 序章 これまでの琉歌研究 第1章 「面影」
をめぐって―琉歌と和歌やオモロの表現比較 第
2章 「影」をめぐって―琉歌と和歌の表現比較 第
3章 季節語（春夏秋冬）をめぐって―琉歌と和歌や
オモロの表現比較 第4章 『標音評釈琉歌全集』
の改作琉歌について 第5章 オモロと琉歌におけ
る「大和」のイメージ 終章 本研究のまとめ
〔5810〕

◇あなたは琉歌で愛をうたえますか―シマク
トゥバに親しむ 新城俊昭編著 糸満 編集
工房東洋企画 2015.3 103p 19×26cm
1000円 ⑪978-4-905412-41-0 Ⓝ911.1
〔5811〕

戯曲

◇宮城信行戯曲評論集成―沖縄芝居・芸能の地
平に起つ 宮城信行作品集成刊行期成会編
西原町（沖縄県） 宮城信行作品集成刊行期
成会 1995.9 494p 19cm 3800円
Ⓝ912.6
内容 戯曲 赤田日記 尚徳と金丸 異聞・京太郎
怨節 南の群星 くわでぃさ日乗 うらちらしゃ
いめらめら 評論とエッセイ「沖縄芝居・芸能の
地平に起つ」 俳句四十首 評伝「二足の草鞋」
初期作品・小説「秋の女」 宮城信行追悼 宮城
信行略歴：p485 〔5812〕

◇竹富島玻座間村の狂言 石垣 新井潔
2000.9 238p 22cm 〈新井潔米寿記念 年
譜あり〉 Ⓝ912.39 〔5813〕

◇ザ・阿麻和利―他 比嘉美代子作, 英語劇団
アカバナー訳 英宝社 2009.7 237p 図版
9p 22cm 1900円 ⑪978-4-269-81000-6
Ⓝ912.6
内容 ザ・阿麻和利 ザ・殉教者 ザ・オヤケア
カハチ ザ・仏桑華 〔5814〕

文学　　　　　　　　　　　　　　　　　　　　　　　　　　　　　　　　　随筆

小説

◇物怪物語と沖縄霊異記　三苫浩輔著　おうふう　1999.5　325p　20cm　6800円　Ⓘ4-273-03069-1　Ⓝ913.3
　内容 今昔物語集巻二十七の妖怪たちと源氏物語　栄花物語物怪小伝　平安文学とものの怪　女怨霊の質量　沖縄の霊物　浦添霊異聞書帖　霊に近しい一家　沖縄のワラビナーと霊魂信仰　〔5815〕

随筆

◇沖縄の心を綴る　名城博治郎著　近代文芸社　1995.6　240p　20cm　1700円　Ⓘ4-7733-4204-8　Ⓝ304
　内容 米軍人の慰霊塔と　「科学推進の日」の設定　沖縄の姓　戦争未亡人　未亡人の記事を読んで―赤田サダ　戦争未亡人の投書への反響　本土という呼び方　全教職員にお願い　具志堅用高君をたたえる　ある戦争体験者　ほか　〔5816〕

◇琉球弧の発信―くにざかいの島々から　高良勉著　御茶の水書房　1996.4　258p　21cm　2678円　Ⓘ4-275-01622-X　Ⓝ914.6
　内容 1 おきなわの心―死者たちの視線　2 くにざかいの島々から―未来の琉球弧・アジア・太平洋へ　3 分裂する沖縄の心　4 北から南から　〔5817〕

◇沖縄の時代　松島朝彦著　那覇　ひるぎ社　1996.5　167p　18cm　（おきなわ文庫）　880円
　内容 時代の予感（延長戦の時代）　沖縄の時代（沖縄（人）のアイデンティティー沖縄に大衆像はあるか　吉本「異族の論理」のころ　復帰二十年　博学の中の視線―渡口市雅人遺稿・回想集より）　時代の心と体（今日の医療と生命倫理　公園と猫とストレス　コンピュータ診断のゆくえ―人間をどうとらえるか　呼びかける　立ち上がる）　〔5818〕

◇光源を求めて―戦後50年と私　大城立裕著　那覇　沖縄タイムス社　1997.7　345p　19cm〈索引あり〉　2500円　Ⓘ4-87127-120-X　Ⓝ914.6
　内容 望郷のさき　啓示をまさぐる　若さの肖像　土着への道　孤立沖縄の行政で　文学のたたかい　同化と異化　復帰不安を衝いて　沖縄から世界へ　〔5819〕

◇ナイチャー・イズ・ネイバーズ？―日本人は隣人か　仲村渠シンシア著　冒険社　1998.6　214p　19cm　1400円　Ⓘ4-938913-18-6　Ⓝ302.199
　内容 1章 安室奈美恵がいる　2章 私たちはいかにして日本人になったか　3章 ガールズ・イン・オキナワ　4章 みんな揃って「皆兵制」だぁ！　5章 沖縄、ナポレオンを驚かす　6章 BAD NEWS OKINAWA（悪いウワサの沖縄）　7章 ギブ・ピース・ア・チャンス（平和を我等に）　8章 心の壁、愛の橋　9章 ペパーランドの愚か者　〔5820〕

◇おきなわバンジャーイ！―一四〇〇字の世界から　上江田清実著　豊見城村（沖縄県）　沖縄図書センター　1999.2　269p　19cm　1715円　Ⓘ4-901164-05-8　Ⓝ049.1　〔5821〕

◇長寿の島の教え―あなたの投稿で綴る思い出の金言、格言、生活の知恵。　沖縄タイムス社編　那覇　沖縄タイムス社　2000.6　126p　18cm　1200円　Ⓘ4-87127-142-0　Ⓝ049.1
　内容 第1章 思い出を語る（祖父の一言に支えられて　「ナビィの恋」のように　母の宝物　母の教えとライフ・ワーク ほか）　第2章 生きるための知恵（忘れられない「ムンシラシトゥウル」　今日、外し外し　チュ、サチ、ムヌヤイランド　一粒の米 ほか）　〔5822〕

◇ウーマク！―オキナワ的わんぱく時代　宮里千里著　小学館　2000.7　223p　19cm　1400円　Ⓘ4-09-386051-3　Ⓝ302.199
　内容 1 ウーマク！ オキナワ的わんぱく時代（少年、戦果挙きやー　力道山とエンゲル係数　僕らのB円両替日　琉球政府創立記念日 ほか）　2 沖縄のゆかいちがい（暴力団なんか怖くないぞー　沖縄的看板考　沖縄での食堂における正しい食事法　ウチナー的結婚 ほか）　〔5823〕

◇コザに抱かれて眠りたい…zzz―沖縄チャーステイストーリー　高村真琴著　那覇　ボーダーインク　2000.7　284p　19cm　1600円　Ⓘ4-89982-000-3　Ⓝ302.199
　内容 はじめに―「トラ」がコザにやってきた！　1 全ての道は、「ゲート通り」に通じる―ド根性二四時間喫茶「チャコ」物語　2 怒涛のウチナーグチ修業時代―朝までがんばる琉球居酒屋「さむらい」物語　3 愛しの「照屋アパート」一類は、どうしてグヮーを呼ぶ？ 怪しい住人達　4 「ウチナージラー」の憂鬱―「コザ版お水の花道＆ホテル・ヘルハウス」物語　5 I LOVE YOUコザの街　終わりに―やっぱりコザにこだわりたい　〔5824〕

◇八重山美しゃ　宮平康弘〔著〕　石垣　宮平康弘　2000.9　279p　22cm　Ⓝ049.1〔5825〕

◇糸数家の人々―えー、絶対笑えるってば！　沖縄エッセイ たぶん、普通の家族の肖像?!　糸数貴子著　那覇　ボーダーインク　2001.6　206p　19cm　1600円　Ⓘ4-89982-012-7　Ⓝ049.1
　内容 糸数家の人々（開店！ 鳥島糸数商店　糸数家の喫煙室　おばあちゃん・ゴーズ・トゥ・老人ホーム　二人目は、自宅出産です ほか）　おっぱいの話（血がしたたる 巨大化する乳　おっぱいマッサージ タイヤ？ ほか）　〔5826〕

「沖縄」がわかる本 6000冊　**445**

随筆　　　　　　　　　　　　　　　　　　　　　　　　　　　　　　　文学

◇ザ・ウチナーンチュ―沖縄人解体真書　仲村
清司著　双葉社　2002.3　283p　19cm
1300円　Ⓘ4-575-29296-6　Ⓝ302.199
内容 1章 なにかと「なんぎー」なウチナーンチュ
気質　2章 灼熱南風の島・沖縄の「コレが平均的県
民像」　3章 ビミョーなバランス感覚でつじつま
が合う沖縄人の行動様式　4章 一見、時代錯誤？
でも理にかなった沖縄版暮らしの知恵　5章 独自
の時間感覚さえ刷り込んだウチナーンチュのDNA
6章 食べ物からみえてくるウチナーンチュの体内
嗜好　7章 老若男女、どっからどーみてもウチナー
ンチュ　8章 僕は大阪生まれの「ウチナーンチュ
二世」
〔5827〕

◇八重山不連続線―心豊かに故郷を生きる　宮
里英伸著　那覇　ニライ社　2002.5　397p
22cm　2000円　Ⓘ4-931314-52-X　Ⓝ304
〔5828〕

◇今帰仁の風にたゆまれて―琉球の花嫁になっ
た娘へ　松下幸子著　文芸社　2002.6　208p
20cm　1200円　Ⓘ4-8355-4122-7　Ⓝ289.1
内容 1 娘へ（出会い　出産騒動の中で　育児戦
争の中で　タバコ吸い殻事件 ほか）　2 命編―
葵ちゃんの残してくれたもの（病院まわり　鷹崎
君　奇しくも母の命日十一日に…高槻ばあちゃん
へ　甥の高志君 ほか）
〔5829〕

◇やんばるに暮らす　浦島悦子著　ふきのとう
書房　2002.7　223p　19cm　〈発売：星雲
社〉　1600円　Ⓘ4-434-02197-4　Ⓝ281.99
内容 第1部 戦中・戦後を生き抜いたやんばるの
オバァ・オジィ（人間は働いて農業して食べるの
が本当よ　女が一人で生きていくためには　貧乏
でも正しいことをやったほうがいい　食べるもの
もなく子どもたちは死んでいく ほか）　第2部 や
んばるの自然が危ない！（沖縄・やんばるの自然を
林道が壊す　奥間川讃歌　羽地大川は死んだ　米
軍・ヘリパッド建設に反対する！ ほか）〔5830〕

◇ニロースク―小浜島の風便り　つちだきくお
著　宜野湾　ハーベストファーム　2002.7
209p　19cm　（ハーベストファームペー
パーバックス）〈発売：ボーダーインク（那
覇）　折り込2枚〉1800円　Ⓘ4-89982-033-X
Ⓝ302.199
内容 第1章 小浜島歳時記　第2章 島暮らし　第
3章 島人（しまんちゅ）　第4章「ちゅらさん」第
5章 音楽
〔5831〕

◇わがふるさと沖縄―琉球王尚家の長女として
生まれ　井伊文子著　春秋社　2002.10
234p　20cm　〈肖像あり〉1800円　Ⓘ4-393-
43622-9　Ⓝ914.6
内容 第1章 望郷の想いやるかたなく　第2章 王
陵を守るもの　第3章 沖縄哀吟　第4章 琉球の風
に惹かれて　第5章 故郷の植物に想う　第6章 歌
に生きる日々　〔中城さうし〕
〔5832〕

◇沖縄―その心の風景―詩と短歌とエッセイと

評論　林清見著　那覇　林清見　2002.11
169p　19cm　〈製作・発売：沖縄タイムス社
出版部（那覇）〉953円　Ⓘ4-87127-606-6
Ⓝ049.1
〔5833〕

◇ふるさとの追憶　川上雄善著　〔沖縄〕
〔川上雄善〕2002.12　479p　22cm　非売
品　Ⓝ289.1
〔5834〕

◇宮古島幻想記　平良三知著　平良　わだつみ
研究所　〔2003〕126p　26cm　1800円
Ⓝ147.3
〔5835〕

◇沖縄の神さまから贈られた言葉　照屋林助著
晶文社　2003.5　209p　19cm　1600円
Ⓘ4-7949-6573-7　Ⓝ302.199
内容 1「助けてください！」（問題児だった子ど
ものころ　ドキドキすること、赤くなること ほ
か）　2 老人の役割（松の木のように生きる　草刈
りから学ぶ処世術 ほか）　3 島のご先祖さま（な
にか、忘れていることがあったら　先祖と私はつ
ながっている ほか）　4 豚と生きる（トイレと沖
縄の最高神　豚の幸せを考える ほか）　5 一二〇
歳になったなら（冗談をいう人、いわぬ人　座っ
ている畳が腐るまで ほか）
〔5836〕

◇八重山猫背通信　早川由美子著　文芸社
2003.9　126p　19cm　1000円　Ⓘ4-8355-
6222-4　Ⓝ049.1
内容 西表島について　ゆいまーる　なんごく食
堂　あかぴーちゃーとの終わりなき戦い　ウチナ
ンチュよりテーゲーとは！　住み込みで働くと
いうこと　ハブ捕り兄さん　残暑お見舞いって言
うか…　暑さにちなんで、つづき　台風銀座〔ほ
か〕
〔5837〕

◇八重山伝承童戯―兼本信知画文集　兼本信知
著　石垣　ミル出版　2004.1　129p　27cm
2000円　Ⓝ049.1
〔5838〕

◇いのちへの旅―韓国・沖縄・宗像　森崎和江
著　岩波書店　2004.1　226p　20cm　2500
円　Ⓘ4-00-022137-X　Ⓝ914.6
内容 1 海を渡る（子どもの遊び唄　お忘れですか
東シナ海の波しぶく　香る風 ほか）　2 原罪の彼
方へ（井戸水に映る満月　草の上の舞踏　漢江の
流れと金沙土器 ほか）
〔5839〕

◇山之口貘沖縄随筆集　山之口貘著　平凡社
2004.2　286p　16cm　（平凡社ライブラ
リー）1200円　Ⓘ4-582-76491-6　Ⓝ914.6
内容 芭蕉布　耳と波上風景　島からの風　不沈
母艦沖縄　沖縄よどこへ行く　那覇人　琉球の幽
霊　『ひめゆりの塔』と沖縄調　祖国琉球　がじ
まるの木蔭〔ほか〕
〔5840〕

◇八重山情景―兼本信知画文集　兼本信知著
石垣　ミル出版　2004.8　113p　27cm
2000円　Ⓝ049.1
〔5841〕

文学　　　　　　　　　　　　　　　　　　　　　　　　　　　　　随筆

◇八重山抒情―兼本信知画文集　兼本信知著　石垣　ミル出版　2004.10　117p　27cm　2000円　Ⓝ049.1　　　　　　〔5842〕

◇ちむぢゅらさん文化―沖縄を見つめ、神を想う　林清見エッセイ・評論集　林清見著　〔那覇〕　林清見　2004.11　146p　18cm　〈那覇　沖縄タイムス社出版部（製作・販売）〉　952円　Ⓘ4-87127-613-9　Ⓝ049.1　〔5843〕

◇沖縄からゆんたく・パーティーしましょうね！　当間泰子著　新風舎　2005.6　127p　19cm　1300円　Ⓘ4-7974-5937-9　Ⓝ049.1　　　
内容 四月病　英語上達の奥義　バーゲンハンター　チャボ　運動神経　コレクション　けだものの王者？　母なる大地　自己流エステ　ダンバチ、クーシ〔ほか〕　　　　　　　　　　　　　〔5844〕

◇平和の発信地・沖縄への旅―「皇国の少女」と「白旗の少女」　岩波高史著　〔鎌倉〕〔岩波高史〕　2005.8　122p　26cm　Ⓝ304　　　　　　　　　　　　　　　　　　　〔5845〕

◇ドタバタ移住夫婦の沖縄なんくる日和　仲村清司〔著〕　幻冬舎　2006.4　291p　16cm　（幻冬舎文庫）〈「爆笑沖縄凸凹夫婦」（夏目書房2001年刊）の改題〉　533円　Ⓘ4-344-40776-8　Ⓝ302.199　　　　　　　　　　　　　　　　
内容 ドタバタ夫婦のよもやま話　ドタバタ夫婦が見た沖縄　ドタバタ夫婦の仕事の話　ドタバタ夫婦の飲む食う話　ドタバタ夫婦のからだの話　ドタバタ夫婦の旅の話　　　　　　　　　〔5846〕

◇アマバルの自然誌―沖縄の田舎で暮らす　池澤夏樹著　光文社　2007.6　252p　16cm　（光文社文庫）　619円　Ⓘ978-4-334-74263-8　Ⓝ914.6　　　　　　　　　　　　　　　　　
内容 サシバの冬　名前がわからない　春から夏へ　イソヒヨドリの育児　遠い電光　白いクロサギ　ムカデとナナフシ　台風が来た　謎の小鳥と危ない連中　月に狂う〔ほか〕　〔5847〕

◇島尾敏雄集　島尾敏雄著　影書房　2007.9　237p　20cm　（戦後文学エッセイ選 10）〈著作目録あり〉　2200円　Ⓘ978-4-87714-373-2　Ⓝ914.6　　　　　　　　　　　　　　
内容 偏倚　滑稽な位置から　舟橋聖一小論　跳び越えなければ！　「沖縄」の意味するもの　加計呂麻島　奄美大島から　妻への祈り　埴谷雄高と「死霊」　非超現実主義的な超現実主義の覚え書〔ほか〕　　　　　　　　　　　　　〔5848〕

◇沖縄を撃つ！　花村萬月著　集英社　2007.11　254p　18cm　（集英社新書）　720円　Ⓘ978-4-08-720415-5　Ⓝ914.6　　　　　
内容 さあ、飛行機に乗ろう　ドリフト、ドリドリ、瀬長島　飯でも喰うか　悲しき人買い　宮良康正必ず、行きなさい　ゆっくりしましょう　看板の左下には海星が　水死体倶楽部　波之上でアウト

ドア・ライフ　　　　　　　　　　　　　　　　　　　〔5849〕

◇命燃えつきるまで　親里廣著　那覇　川満節子　2008.1　295p　22cm　〈年譜あり　著作目録あり〉　952円　Ⓘ978-4-902193-10-7　Ⓝ289.1　　　　　　　　　　　　　　〔5850〕

◇あーはっはっはっ！　津嘉山荘の千代ちゃん―宮古島・農家民宿の名物かあちゃん物語　津嘉山千代著　那覇　ボーダーインク　2008.4　157p　21cm　〈年譜あり〉　1500円　Ⓘ978-4-89982-140-3　Ⓝ289.1　　〔5851〕

◇てぃんさぐぬ花―沖縄と本土・二つの地に生きて　仲本芳子著　〔出版地不明〕　仲本芳子　2008.6　163p　22cm　〈製作：個人書店銀座店〉　Ⓘ978-4-86091-375-5　Ⓝ289.1　　　　　　　　　　　　　　　　　　　　　　　〔5852〕

◇ふるさと沖縄の旅―戦中戦後の暮らしと学校回想記　ふなこし宮子著　那覇　ボーダーインク　2008.6　302p　19cm　2400円　Ⓘ978-4-89982-139-7　Ⓝ289.1　　〔5853〕

◇生きてさえいれば　瀬長瞳、内村千尋著　那覇　沖縄タイムス社出版部（発売）　2010.7　251p　19cm　1429円　Ⓘ978-4-87127-641-2　Ⓝ289.1　　　　　　　　　　　　〔5854〕

◇石垣島の洋子ちゃん　西島洋子著　文芸社　2010.8　121p　20cm　1200円　Ⓘ978-4-286-09436-6　Ⓝ289.1　　　　　〔5855〕

◇旅の人、島の人　俵万智著　ハモニカブックス，河出書房新社〔発売〕　2014.8　207p　19cm　1300円　Ⓘ978-4-309-92026-9　　
内容 私、運転できません（沖縄へ　モズク採り　昆虫祭　生き物がいっぱい　泡盛天国　ほか）　ちゅうくらいの言葉（歩く息子　ポケモンカード　ちゅうくらいの言葉　ばっくれペン　ルンバ　ほか）　旅の人、島の人（冬から春へ　島のことば　アンガマの夜　島の披露宴）　読書日記から（『「あの日」からぼくが考えている「正しさ」について』『神様2011』　『くじけるな』　『トータル・リビング1986-2011』　『ウチナーグチ練習帖』　ほか）　　　　　　　　　　　　　　　　〔5856〕

◇時空超えた沖縄　又吉栄喜著　燦葉出版社　2015.2　275p　20cm　1800円　Ⓘ978-4-87925-118-3　Ⓝ914.6　　　　　　
内容 原風景　自然　戦争　米軍基地　祈り　　　　　　　　　　　　　　　　　　　　　〔5857〕

◇兄は沖縄で死んだ―童話作家・心の軌跡　加藤多一著　高文研　2015.12　220p　19cm　1600円　Ⓘ978-4-87498-585-4　Ⓝ914.6　
内容 1 沖縄で戦死した兄　2 故郷があるということ―兄の足取り　3 初めての沖縄行き　4 オキナワの痛点――一九九三年二月　5 戦後七十年、沖縄を思う　6 小説家・目取眞俊の仕事　7 事実が

日記　　文学

追ってくる―二〇一五年四月　8　沖縄慰霊の日―
二〇一五年六月二十三日　　　　　　　　〔5858〕

日記

◇なんくるなく、ない―沖縄（ちょっとだけ奄
美）旅の日記ほか　よしもとばなな著　新潮
社　2006.4　227p　16cm　（新潮文庫）〈肖
像あり〉　590円　Ⓘ4-10-135926-1　Ⓝ915.6
　内容　1　ばななの夏、はじめての沖縄　2　波照間島
旅の雑記―友は人生の宝　3　妊婦の旅台風編　4
子づれ石垣日記　5　奄美、鶏飯の日々　那覇のせ
つない一夜　もずくちゃん　　　　　　　〔5859〕

手記・ルポルタージュ

◇沖縄戦・ある母の記録―戦争は親も子も夫も
奪ってしまった…　安里要江, 大城将保著
高文研　1995.2　228p　20cm　〈著者の肖像
あり〉　1545円　Ⓘ4-87498-155-0　Ⓝ916
　内容　1　戦場になった沖縄　2　母と子の戦場　3
沖縄戦を見る視点　　　　　　　　　　　〔5860〕

◇語りつぐ戦争―市民の戦時・戦後体験記録
第1集　名護市戦争記録の会, 名護市史編さん
委員会（戦争編会）, 名護市史編さん室編　再
版　名護　名護市　1995.3　216p　21cm
（名護市史叢書 1）〈文献あり〉Ⓝ916〔5861〕

◇ひめゆりの塔をめぐる人々の手記　仲宗根政
善〔著〕　改版　角川書店　1995.3　445p
15cm　（角川文庫）　640円　Ⓘ4-04-151501-
7　Ⓝ916
　内容　陸軍病院の日々　戦火に追われて　死の解
散命令　浄魂を抱いて　ひめゆりの塔の記
　　　　　　　　　　　　　　　　　　　〔5862〕

◇証言沖縄戦―戦禍を掘る　〔琉球新報社〕
〔編〕　那覇　琉球新報社　1995.4　322p
21cm　〈年表あり〉　1748円　Ⓝ916　〔5863〕

◇ひめゆり同窓会―東京支部55周年記念誌　ひ
めゆり同窓会東京支部著　ルック　1995.5
470p　23cm　2000円　Ⓘ4-947676-18-3
Ⓝ916
　内容　会を支えた先輩方　恩師のページ・他　ひ
めゆり平和祈念資料館建設　募金活動のいろいろ
恩師の思い出　安里ケ原の学び舎で　戦中・戦禍
の中で　思い出すままに　短歌・詩　先輩の長寿
を祝う　当番　思い出の歌　　　　　　　〔5864〕

◇沖縄玉砕戦録―ある中隊准尉の戦闘手記　石井
耕一著　新潟　新潟日報事業社　1995.6
277p　20cm　〈『沖縄戦の高射砲中隊』(石井

耕一昭和42年刊）の複刻改装版〉　2300円
Ⓘ4-88862-564-6　Ⓝ916　　　　　　　〔5865〕

◇戦場のトンボ―少年がみた沖縄戦　山城高常
著　那覇　ニライ社　1995.6　176p　20cm
〈発売：新日本教育図書(下関)　付：沖縄戦
略年表〉　1500円　Ⓘ4-931314-16-3　Ⓝ916
　内容　那覇市炎上　消えてしまった街　球二七五
部隊　津嘉山の壕　米軍上陸　戦場のトンボ　あ
る参謀の煩悩　迫りくる前線　悲しみと不安と
南部への脱出行〔ほか〕　　　　　　　　〔5866〕

◇ひめゆりの少女―十六歳の戦場　宮城喜久子
著　高文研　1995.6　221p　20cm　1442円
Ⓘ4-87498-160-7　Ⓝ916
　内容　沖縄戦のはじまった日　“軍国少女”の日々
父の反対、母の涙を振り切って　戦場へ、夜の行
進　約半数が死亡した学徒隊　陸軍病院での壕掘
り　三角兵舎での卒業式　砲弾の下の決死の水汲
み作業　トラックでの食糧集め　ふえつづける負
傷兵〔ほか〕　　　　　　　　　　　　　〔5867〕

◇平和への道しるべ―白梅学徒看護隊の記録：
沖縄県立第二高等女学校　白梅同窓会編
〔那覇〕　白梅同窓会　1995.6　312p　図版
[14]　枚　21cm　〈年表あり〉　1164円
Ⓝ916　　　　　　　　　　　　　　　　〔5868〕

◇我、玉砕の沖縄に死せず―敗残の記録　吉沢
嘉人著　〔川上村(長野県)〕　〔吉沢嘉人〕
1995.6　67p　22cm　〈著者の肖像あり〉
Ⓝ916　　　　　　　　　　　　　　　　〔5869〕

◇初年兵の沖縄戦記　仲本潤宏著　南風原町
（沖縄県）　那覇出版社　1995.7　182p
19cm　（那覇出版文庫 4）　1000円　Ⓝ916
　　　　　　　　　　　　　　　　　　　〔5870〕

◇ぶっそうげの花ゆれて　第2集　沖縄県退職
教職員の会婦人部編　ドメス出版　1995.8
342p　20cm　〈第2集の副書名：沖縄戦と戦
後教育　沖縄戦の経過：p330～337〉　2266円
Ⓘ4-8107-0409-2　Ⓝ916
　内容　1　防空壕と避難小屋を二転三転　2　米軍の
進攻　3　おまえたちは若い、決して死んではいけ
ない　4　戦中・戦後の教師体験　5　学友の死
　　　　　　　　　　　　　　　　　　　〔5871〕

◇沖縄から平和を拓く―エミール・沖縄への旅
清水寛編著　あゆみ出版　1995.10　222p
22cm　2000円　Ⓘ4-7519-2213-0　Ⓝ916
　内容　第1部　沖縄戦の証言（沖縄に戦争がやってき
た　ひめゆり学徒隊の沖縄戦　沖縄戦で十人の肉
親を失って）　第2部　障害をもつ仲間といまを深
く生きるために―すべての障害者の「完全参加と
平等」への道と平和　　　　　　　　　　〔5872〕

◇私の沖縄戦　野溝利雄著　長野　ほおずき書
籍　1995.10　142p　20cm　1300円　Ⓘ4-

文学　　　　　　　　　　　　　　　　　　　　　　　　　手記・ルポルタージュ

89341-202-7　Ⓝ916　　　　　　　〔5873〕

◇亡き友を偲び五十年　〔那覇〕　沖縄県立一
　中十七会　1995.11　385p　27cm〈背の書
　名：戦後五十年記念誌　年表：p353〜385〉
　Ⓝ914.6　　　　　　　　　　　　〔5874〕

◇青い空遙かに　嘉陽春子著　〔浦添〕　〔嘉
　陽春子〕　1996.2　201p　19cm　Ⓝ916
　　　　　　　　　　　　　　　　〔5875〕

◇わが教育の原点—こころのふるさと沖縄から
　丸木政臣著　新日本出版社　1996.7　230p
　20cm　2000円　Ⓘ4-406-02451-4　Ⓝ916
　内容　第1部　私の戦争体験　第2部　戦後沖縄体験
　第3部　平和の原点・沖縄　　　　〔5876〕

◇沖縄戦のはなし　安仁屋政昭著　那覇　沖縄
　文化社　1997.1　102p　19cm　Ⓝ916〔5877〕

◇沖縄戦回想—一兵士の述懐　山本茂著　徳地
　町（山口県）　山本茂　1997.3　91p　21cm
　〈肖像あり〉　Ⓝ916　　　　　　　〔5878〕

◇悲しみをのり越えて—八重山戦争マラリア犠
　牲者追悼平和祈念誌　八重山戦争マラリア犠
　牲者追悼平和祈念誌編集委員会編　那覇　沖
　縄県生活福祉部援護課　1997.3　681p
　27cm　Ⓝ916　　　　　　　　　　〔5879〕

◇今次太平洋戦争における宮古島防衛戦に参加
　して　関東甲信越田島隊有志の会編　関東甲
　信越田島隊有志の会　1997.3　295p　22cm
　〈折り込み3枚〉　Ⓝ916　　　　　　〔5880〕

◇禍中から俺元気—沖縄よりの便り　萩原信之
　編　東村（群馬県佐波郡）　萩原信之　1997.
　4　173p　20cm〈製作：あさを社（高崎）〉
　Ⓝ916　　　　　　　　　　　　　〔5881〕

◇私の戦記—伊江島の戦闘—屋嘉捕虜収容所
　山田有昂著　那覇　山田有昂　1997.11
　166p　19cm〈製作：若夏社（那覇）〉　Ⓝ916
　　　　　　　　　　　　　　　　〔5882〕

◇美里からの戦さ世証言　沖縄市企画部平和文
　化振興課編　沖縄市　1998.3　237p
　26cm　（沖縄市史資料集 6）〈付属資料：図
　1枚　発売：那覇出版社（南風原町）〉　1800円
　Ⓘ4-89095-106-7　Ⓝ916
　内容　第1章　南洋の島々にて　第2章　沖縄地上戦
　（家族とともに　義勇隊　郷土を守る名の下に
　捕虜となりハワイへ）　第3章　外地の戦場　第4章
　間違った皇民化教育　　　　　　　〔5883〕

◇沖縄に於ける気象職員の戦記　那覇　琉風会
　事務所　1998.5　84p　26cm　Ⓝ916〔5884〕

◇狂った季節—戦場彷徨、そして—。　船越義
　彰著　那覇　ニライ社　1998.6　242p

19cm〈発売：新日本教育図書（下関）〉　1600
円　Ⓘ4-931314-28-7　Ⓝ916
　内容　第1章　戦場彷徨十九日——一九四五年若夏の
　ころに（与座岳の避難壕で戦争未だ遠しの感　軍
　命で壕を追い出され—ぬかるみの道を糸満へ　地
　獄絵図の戦場—すさまじい臭気　ほか）　第2章　戦
　火を逃れて——一九四五年夏から冬へ（「玉砕」の実
　体迫る—右の大腿部を負傷　ふしぎに“死”を納
　得—「兵隊ではありません」　米軍の最前線で投
　降—生死分けた米兵の手当　ほか）　第3章　“新沖
　縄”の鼓動——一九四六年〜一九五〇年（新しい年の
　幕明け—久志の「無償時代」　醜いこころに慄然
　—罪の意識に苛まれ　沖縄特有の戦後意識—戦後
　の中心・石川市　ほか）　　　　　〔5885〕

◇船工26の沖縄戦　野村正起著　高知　亜細亜
　書房　1998.6　229p　19cm　1714円　Ⓘ4-
　947727-09-8　Ⓝ916　　　　　　　〔5886〕

◇留魂の碑—鉄血勤皇師範隊はいかに戦塵をく
　ぐったか　那覇　龍潭同窓会　1998.6
　261p　22cm　非売品　Ⓝ916　　　〔5887〕

◇苦い命ながらえて—沖縄より生還　河村武
　〔著〕　横須賀　河村武　1998.8　34p
　26cm　Ⓝ916　　　　　　　　　　〔5888〕

◇沖縄悲遇の作戦—異端の参謀八原博通　稲垣
　武著　光人社　1998.12　426p　16cm　（光
　人社NF文庫）　857円　Ⓘ4-7698-2218-9
　Ⓝ916
　内容　第1章　青雲の志　第2章　参謀将校の道　第3
　章　タイ・マレー潜入　第4章　左遷　第5章　沖縄へ
　第6章　育つ悲劇の種　第7章　決戦から持久へ　第
　8章　戦雲迫る　第9章　米軍上陸　第10章　鉄と血
　の闘い　第11章　敗亡　第12章　脱出　第13章　苦
　渋の戦後　　　　　　　　　　　　〔5889〕

◇日本軍沖縄に消ゆ　本田金造著　〔青梅〕
　〔本田金造〕　1999.3　279p　26cm　3000円
　Ⓝ916　　　　　　　　　　　　　〔5890〕

◇八重山戦日記　吉田久一著　那覇　ニライ社
　1999.3　197p　20cm〈発売：新日本教育図
　書〉　1500円　Ⓘ4-931314-32-5　Ⓝ916
　＊沖縄戦当時八重山に駐屯した日本兵の一人が敗
　戦で島を引揚げるまで一日も欠かさずリアルタ
　イムで書いた日記。下級兵士から見た部隊の様
　子、個人的な感想、島びとの生活などが率直に綴
　られ、資料価値の高い記録である。　〔5891〕

◇島の風景—少年の心に記録されたもうひとつ
　の〈沖縄戦〉　仲田精昌著　晩聲社　1999.9
　345p　20cm　1800円　Ⓘ4-89188-289-1
　Ⓝ916
　内容　1　戦前の島　2　昭和15年（1940年）　3　太
　平洋戦争　4　開戦三年目（昭和18年）　5　沖縄戦
　（昭和19年）　6　国と島と　7　皇軍来たる　7　狂
　気の犠牲　　　　　　　　　　　　〔5892〕

◇船工26の沖縄戦　別冊将校一覧　野村正起著

「沖縄」がわかる本　6000冊　　449

手記・ルポルタージュ　　　　　　　　文学

高知　リーブル出版　1999.9　30p　19cm
〈本編の出版者：亜細亜書房〉667円　Ⓝ916
　　　　　　　　　　　　　　　　　〔5893〕

◇鉄田義司日記―船浮要塞重砲兵連隊の軌跡
鉄田義司〔著〕, 竹富町史編集室編　石垣
竹富町　2000.3　519p　21cm　（竹富町史
資料集　1）Ⓝ916　　　　　　　　〔5894〕

◇沖縄戦生還記　永長貞夫〔著〕　再版　出水
永長貞夫　2000.5　58p　26cm　Ⓝ916
　　　　　　　　　　　　　　　　　〔5895〕

◇白梅―沖縄県立第二高等女学校看護隊の記録
白梅同窓会編・著　クリエイティブ21
2000.5　326p　22cm〈「平和への道しるべ」
（1995年刊）の増訂　年表あり〉2800円
Ⓘ4-906559-15-8　Ⓝ916　　　　　〔5896〕

◇逃げる兵―高射砲は見ていた　渡辺憲央著
文芸社　2000.5　283p　図版16枚　19cm
1500円　Ⓘ4-8355-0196-9　Ⓝ916
　　内容　改訂版を出すにあたって　赤紙の行方　那
覇の朝霧　劫火の洗礼　安逸と焦燥の間　兵隊さ
ん, アメリカーが来たよ　アンマー・デージー　南
の涯へ　密かなる謀議　7人の逃亡兵　漂流　運
命の島　今宵かぎりの月　囚われの浜　捕虜収容
所の日々　断末魔の砦　敗残の人びと　久米島の
証言　帰還　傷痕は永遠に　　　　〔5897〕

◇チビチリガマの集団自決―「神の国」の果て
に　下嶋哲朗著　凱風社　2000.10　270p
19cm〈「南風の吹く日」（童心社1984年刊）の
新版〉1600円　Ⓘ4-7736-2501-5　Ⓝ916
　　　　　　　　　　　　　　　　　〔5898〕

◇青年医学徒の沖縄戦回想記　遠藤幸三著　金
沢　橋本確文堂　2000.12　239p　22cm
〈肖像あり〉2500円　Ⓘ4-89379-059-5
Ⓝ916
　　内容　第1章　召集令・戦前の沖縄（三回目の召集令
出帆・魚雷攻撃　ほか）　第2章　米軍上陸戦（沖縄
開戦に突入　米軍上陸戦　ほか）　第3章　日本軍
全滅・解散（南端撤退への道　糸州天然洞窟　ほ
か）　第4章　生き残り最後の突破行（国頭突破りに
待機　与座岳　ほか）　第5章　終戦・投降勧告（友
軍将校の勧誘　米軍収容所）　　　〔5899〕

◇一兵士の記録―私の沖縄戦　月居義勝著　文
芸社　2001.2　450p　19cm　1200円　Ⓘ4-
8355-1265-0　Ⓝ916
　　内容　第1章　現役入営の頃　第2章　ソ満・国境守備
隊　第3章　一期の検閲を迎える頃　第4章　動員下
令　第5章　沖縄　第6章　中頭郡から島尻郡へ　第
7章　緒戦　第8章　身体で知った戦場往来　第9章
堅陣・識名高列　第10章　砲撃戦, 報復の砲爆撃
第11章　激戦　第12章　重傷　第13章　全滅
　　　　　　　　　　　　　　　　　〔5900〕

◇沖縄の空―予科練生存者の手記　宮本道治著

新人物往来社　2001.9　261p　20cm〈「わ
れ雷撃す」（昭和63年刊）の増訂　文献あり〉
1500円　Ⓘ4-404-02935-7　Ⓝ916
　　内容　第1章　大空の決戦場へ　第2章　沖縄前哨戦
第3章　修羅の大空へ　第4章　戦闘の日々　第5章
月明かりをたよりに　第6章　殊勲の照明雷撃隊
第7章　敗戦前後　　　　　　　　　〔5901〕

◇沖縄陸戦の命運　伊東孝一著　〔横浜〕
〔伊東孝一〕　2001.11　228p　24cm　Ⓝ916
　　　　　　　　　　　　　　　　　〔5902〕

◇生きてあの日々を―太平洋戦争沖縄での体験
記録　松村ヨシ子著, 桐山千津〔ほか〕編
〔京都〕　松村ヨシ子　2002印刷　130p
21cm　Ⓝ916　　　　　　　　　　〔5903〕

◇黒砂糖のかけら―チーコの沖縄戦日記　1942
年―1980年　小橋川千鶴子文・絵　大阪　耕
文社　2002.2　157p　21cm　1000円　Ⓘ4-
906456-28-6　Ⓝ916
　　内容　クディングヮ　ターリー　運動会　はだし
の汽車　時代のお触れ　一・二中生　学童疎開
故郷　ヒマの木　大空襲〔ほか〕　　〔5904〕

◇ヌチドタカラ―命こそ宝　沖縄戦のはなし
新垣秀雄著　鎌倉　冬花社　2002.4　173p
19cm　1200円　Ⓘ4-925236-01-6　Ⓝ916
　　　　　　　　　　　　　　　　　〔5905〕

◇ずいせん学徒の沖縄戦―最前線へ送られた女
学生の手記　宮城巳知子著, 成井俊美画　那
覇　ニライ社　2002.6　128p　21cm〈発
売：新日本教育図書〉1300円　Ⓘ4-931314-
53-8　Ⓝ916
　　内容　心の奥にしまわれた美しい故郷（美しい場所
父母　ほか）　何もかもがみずみずしかった青春時
代に戦争が始まった（昭和二十年の幕明け　父母と
の別れ　ほか）　しのびよる不吉な影（友の死　明
かるい知らせ　ほか）　暗く冷たい壕の中で命の灯
がゆらめき消えた（解散命令　近くに爆弾が…　ほ
か）　生きている不思議と安らぎの日々（静けさ
捕虜　ほか）　　　　　　　　　　　〔5906〕

◇沖縄戦遺族の声　野村正起著　叢文社
2002.8　217p　19cm　1600円　Ⓘ4-7947-
0415-1　Ⓝ916
　　内容　沖縄戦遺族の声（沖縄戦と船舶工兵第二十六
連隊　昭和二十一年（一九四六年）四月十日付斉藤
キヨの手紙　部隊主力の逆上陸　ほか）　PWの記
録（国場　屋嘉　続・屋嘉　ほか）　復員の日記（横
須賀　世田谷　高地）　　　　　　　〔5907〕

◇ひめゆりと生きて―仲宗根政善日記　仲宗根
政善著　那覇　琉球新報社　2002.8　343p
22cm〈年譜あり〉2400円　Ⓘ4-89742-046-6
Ⓝ916
　　内容　八周忌慰霊祭に参列　学徒隊の援護法適
用　伊江島真謝区民の陳情団　琉球大学の学生処

文学　　　　　　　　　　　　　　　　　　　　　　手記・ルポルタージュ

分　渡嘉敷良子の母親に会う　孝ちゃんを祭る詞
B52爆撃機駐留　日米共同声明　十・十空襲の記
憶　渡嘉敷良子の死〔ほか〕　　　　　　〔5908〕

◇沙羅の花―「特攻」沖縄の海に散る中島秀彦
の記録　白川栄子著　文芸社　2002.12
119p　19cm　1000円　Ⓘ4-8355-4804-3
Ⓝ916
　内容　昭和十三年夏、秀彦十六歳　父、五郎の帰
省　応召する人々　五高受験失敗、予備校へ　親
友からの励まし　陸軍士官学校合格　祖父の死に
号泣　伊藤氏からの手紙　たかの琵琶　帰郷、楽
しき日々〔ほか〕　　　　　　　　　　　〔5909〕

◇ひめゆり予科一年生　上江田千代著　文芸社
2003.5　135p　20cm　952円　Ⓘ4-8355-
5655-0　Ⓝ289.1　　　　　　　　　　　〔5910〕

◇ぶっそうげの花ゆれて　第3集　沖縄県退職
教職員会婦人部編　ドメス出版　2003.5
352p　20cm〈第3集のサブタイトル：平和
を求めて　折り込1枚　年表あり〉2100円
Ⓘ4-8107-0597-8　Ⓝ916
　内容　1 学び舎から戦場へ(俳句 ザンの海(安田
喜美子)　喜屋武岬に立ちて(山内祐子)　ほか)
2 戦火をのがれて(短歌 再び戦あらすな(上江洲
慶子)　暗闇のなかの戦争体験(富本千代)　ほか)
3 敗戦直後の教育と生活(俳句 鎮魂(新垣春子)
青空教室から始まった教育(謝花秀子)　ほか)　4
平和創造へのうねり(詩 群青色の海(中村田恵子)
平和を求めて(平敷りつ子)　ほか)　5 時代を見
すえて(短歌 沖縄の孤独(玉城寛子)　平和を願
う(長嶺春)　ほか)　　　　　　　　　〔5911〕

◇命どぅ宝―沖縄戦・痛恨の記憶　創価学会青
年平和会議編　第三文明社　2003.6　286p
18cm　(レグルス文庫)〈年表あり〉1000
円　Ⓘ4-476-01244-2　Ⓝ916
　内容　1 打ち砕かれしうるま島(老婆 玉砕した
鉄血勤皇隊　ほか)　2 沖縄―痛恨の日々(渡嘉
敷島の集団自決)　3 血に染まるかりゆしの海(国
頭守備隊　私は戦争に人間を見た　ほか)　4 沖縄
戦・母の祈り(乳房に吸いつく赤子　戦争と人間―
母の手記)　5 沖縄―6・23平和への出発(敵は日
本兵だった　マラリアから救ってくれた青豆　ほ
か)　　　　　　　　　　　　　　　　　〔5912〕

◇オキナワいくさ世のうないたち―いたみの共
有　歴史を拓く女の会編　ドメス出版
2004.11　173p　19cm　1400円　Ⓘ4-8107-
0627-3　Ⓝ916
　内容　1 娘が聞いた母の戦争体験(艦砲ぬ喰ぇぬく
さー　母がいたからこそ　空襲とマラリアと)　2
娘と母の戦争体験(一二歳の沖縄戦　疑いつつも
教えられたことを信じて)　3 私の戦争体験(天水
タンクの中で一家自決を覚悟　親に捨てられない
ように怯えた五歳(フィリピン逃避行)　子どもの
目で見た宮古島いくさ世　ほか)　　　　〔5913〕

◇八月十五日の天気図―沖縄戦海軍気象士官の

手記　矢崎好夫著　光人社　2004.12　294p
16cm　(光人社NF文庫)〈年表あり〉686円
Ⓘ4-7698-2440-8　Ⓝ916
　内容　海軍「巌」部隊　海軍気象部　菊水作戦　沖
縄海軍地上部隊の崩壊　流浪　　　　　〔5914〕

◇戦場の童―沖縄戦の孤児たち　謝花直美著
那覇　沖縄タイムス社　2005.6　139p
17cm　1143円　Ⓘ4-87127-171-4　Ⓝ916
　内容　戦場で生まれた子どもたち　戦場の童(渡
具知のカマデー　赤いランドセル　義勇軍と奉公
きょうだい捜し　愛隣園1期生　「つるちゃん」の
戦後)　　　　　　　　　　　　　　　　〔5915〕

◇沖縄戦―野戦重砲第一連隊兵士の記録　山梨
清二郎著,丹羽幸三編　光陽出版社　2005.8
168p　19cm　1429円　Ⓘ4-87662-411-9
Ⓝ916　　　　　　　　　　　　　　　　〔5916〕

◇日本軍兵士・近藤一忘れえぬ戦争を生きる
青木茂著　名古屋　風媒社　2006.3　195p
21cm　2100円　Ⓘ4-8331-0532-2　Ⓝ916
　内容　1 戦友会で楽しげに語られる話　2 近藤一
の体験した中国の日本軍　3 近藤一の生い立ち・
二〇歳まで　4 中国の足跡 侵略軍の兵士として
5 下級兵士の体験した沖縄戦　一九四四年八月〜
6 侵略を伝える証人として　資料　　　〔5917〕

◇平和への証言―体験者が語る戦争　沖縄県平
和祈念資料館編　糸満　沖縄県平和祈念資料
館　2006.3　107p　30cm　Ⓝ916　　〔5918〕

◇沖縄戦の絵―地上戦命の記録　NHK沖縄放
送局編　日本放送出版協会　2006.6　141p
17×19cm　1400円　Ⓘ4-14-081120-X
Ⓝ916
　内容　戦争の実相と平和の尊さ　沖縄戦概略　沖
縄戦の絵(学童疎開　10・10空襲　米軍上陸　北
部疎開　ほか)　取材記 住民が見た地上戦
　　　　　　　　　　　　　　　　　　　〔5919〕

◇沖縄戦の全女子学徒隊―次世代に遺すものそ
れは平和　青春を語る会編著　那覇　フォレ
スト　2006.6　326p　21cm〈年表あり〉
2200円　Ⓘ4-9903112-0-5　Ⓝ916　〔5920〕

◇沈黙の叫び―尖閣列島戦時遭難事件　尖閣列
島戦時遭難死没者慰霊之碑建立事業期成会編
石垣　南山舎　2006.7　243p　21cm〈文献
あり　年表あり〉1429円　Ⓘ4-901427-15-6
Ⓝ916　　　　　　　　　　　　　　　　〔5921〕

◇沖縄戦記―石部隊の部　大西昇著　再版
〔松阪〕　〔大西昇〕　2006.10　119p
21cm〈標題紙のタイトル：噫、壮絶石部隊
の最後〉Ⓝ916　　　　　　　　　　　　〔5922〕

◇学徒兵北原道雄と沖縄戦　北原文雄編　増補
版　〔佐倉〕　〔北原文雄〕　2006.10

手記・ルポルタージュ　　　　　　　　　　　　　　　　　　　　　　　　　　　　文学

213p　21cm　〈肖像あり〉　Ⓝ916　　　　〔5923〕

◇歴史に学ぶ―沖縄戦跡巡りと慰霊の旅から沖
縄戦の実相を追う　今倉松男編著　〔札幌〕
今倉松男　2007.3　829p　21cm　非売品
Ⓝ916　　　　　　　　　　　　　　　　〔5924〕

◇小さな生き証人―歴史と共に　新垣ミツエ著
文芸社　2007.10　106p　19cm　800円
Ⓘ978-4-286-03510-9　Ⓝ916
内容　小学校時代　大東亜戦争勃発　日本兵が来
た　十・十空襲　山原に避難　アメリカ軍沖縄上
陸　山小屋に移動　母と姉たちは山原に避難　無
事を確認　安全な場所を求めて　叔母が訪ねてく
る　ハブ騒動　捕虜になる　宜野座収容所へ　捕
虜生活　兄弟捕虜の知らせ　各収容所から小禄へ
移動　高良初等学校八学年入学　戦前の屋敷　平
和の尊さ　　　　　　　　　　　　　　　〔5925〕

◇母の遺したもの―沖縄・座間味島「集団自
決」の新しい事実　宮城晴美著　新版　高文
研　2008.1　319p　19cm　2000円　Ⓘ978-
4-87498-394-2　Ⓝ916
内容　第1部　母・宮城初枝の手記―「血ぬられた
座間味島」（のんびりした離島の四季　暗夜の日本
軍上陸、ようやく緊迫感も　ほか）　第2部　「集団
自決」―惨劇の光景（空サンシンを弾く祖父　「忠
魂碑前に集まれ」ほか）　第3部　海上特攻の秘密
基地となって（日本軍の駐留　秘密基地と化した
慶良間諸島　ほか）　第4部　母・初枝の遺言―生き
残ったものの苦悩「軍命令」を記録した厚生省事
務官　母の告白　ほか）　なぜ「新版」を出したの
か　　　　　　　　　　　　　　　　　　〔5926〕

◇生還―激戦地・沖縄の生き証人60年の記録
上根保著　幻冬舎ルネッサンス　2008.7
324p　20cm　1600円　Ⓘ978-4-7790-0369-1
Ⓝ916
内容　第1章　戦場からの帰還（地獄絵と化した戦
場・沖縄　正気を失っていく日本軍　暗闇に広が
る絶望と渇き　捨て石になった沖縄の地　敗戦―
一切は異次元だった　神にも、悪魔にもなる人間）
第2章　経済復興とともに一歩ずつ（神戸大空襲で
焼けていた故郷　時計店「カミネ」の分店で再出
発　お手本は、再軍備を拒否した吉田茂　商売は
トライ＆エラーの積み重ね）　第3章　戦後最大の
災害からの復興（阪神・淡路大震災というもう一つ
の悲劇　苦難は必ず乗り越えられる　人の心を癒
す一流のサービスとは？）　第4章　「国家の品格」
は歴史が育む（不運と幸運は紙一重　出張で知っ
たヨーロッパ社会の精神性　時が流れても変わら
ない国の顔つき　フランスに想う「人間の誇り」）
第5章　戦争は、今もどこかで続いている（父が最
後に見せた「生きる態度」）　　　　　　　〔5927〕

◇生と死・いのちの証言沖縄戦　行田稔彦編著
新日本出版社　2008.8　670p　22cm　6600
円　Ⓘ978-4-406-05161-3　Ⓝ916
内容　序章　「集団死」を強いられた住民（集団死と
は何か　座間味島の悲劇　ほか）　第1章　沖縄戦前

夜（「ああ対馬丸」―忍びよる戦争の暗い影　戦場
への道―子どもを戦場へ駆り立てた軍国主義教育
と皇民化教育　ほか）　第2章　首里攻防戦と住民・
学徒（アメリカ軍の上陸と第32軍　砲弾にさらさ
れ、逃げ惑う沖縄住民　ほか）　第3章　南部彷徨（第
32軍、首里司令部を放棄　南部彷徨の惨禍）　第
4章　戦場から収容所、そして今につながる戦後の
出発（住民たちの収容所、そして戦後　女子学徒
たちの収容所生活、そして今につながる戦後）
　　　　　　　　　　　　　　　　　　　〔5928〕

◇ペリリュー・沖縄戦記　ユージン・B.スレッ
ジ〔著〕、伊藤真、曽田和子訳　講談社
2008.8　476p　15cm　（講談社学術文庫）
1400円　Ⓘ978-4-06-159885-0　Ⓝ936
内容　第1部　ペリリュー―黙殺された戦闘（海兵
隊員の誕生　戦闘準備　ペリリュー島へ　地獄へ
の強襲　ふたたび上陸作戦　去りゆく勇者たち）
第2部　沖縄―最後の勝利（休息とリハビリ　進攻
の序章　執行猶予　地獄へ　不安と恐怖　泥とウ
ジ虫と　突破口　首里を過ぎて　苦難の果て）
　　　　　　　　　　　　　　　　　　　〔5929〕

◇一一七日間の空白　藤山浩介著　東京図書出
版会　2008.9　330p　19cm　〈文献あり　発
売：リフレ出版〉　1600円　Ⓘ978-4-86223-
262-5　Ⓝ916
内容　学校　沖見初炭鉱　山口電気局　小倉炭鉱
日誌昭和十七年　日誌昭和十八年　召集福岡雁ノ
巣　出港沖縄へ　戦地沖縄　第三十二軍電波警戒
隊赤尾通信隊〔ほか〕　　　　　　　　　　〔5930〕

◇沖縄戦への道―平和のために　元帝国海軍戦
闘九〇一飛行隊一兵士の記録　西垣岩男著
養父　アトリエ藍　2008.12　36p　21cm
非売品　Ⓝ916　　　　　　　　　　　　〔5931〕

◇証言沖縄戦の日本兵―60年の沈黙を超えて
國森康弘著　岩波書店　2008.12　157p
19cm　〈文献あり〉　1800円　Ⓘ978-4-00-
023458-0　Ⓝ916
内容　第1章　沖縄戦の概要　第2章　戦場の日本兵
たち　第3章　「集団自決」の光景　第4章　加害の
諸相　第5章　中国戦線からやってきた日本兵　第
6章　元兵士たちの今　　　　　　　　　　〔5932〕

◇沖縄戦「集団自決」を生きる―渡嘉敷島、座
間味島の証言　写真証言　森住卓写真・文
高文研　2009.1　126p　21cm　1400円
Ⓘ978-4-87498-413-0　Ⓝ916
内容　渡嘉敷島（私たちは軍の命令で北山に集めら
れた（吉川嘉勝さん）　住民に投降勧告をしに行っ
た叔父は（池原利江子さん）　「則ちゃんは一人で
いるから、早く逃げて…」（北村登美さん）　行方
不明になっていた父に再会したとき（金城信子さ
ん）ほか）　座間味島（校長先生、私たちを先に
やってから死んでください（宮里哲夫さん）　体
験は体験者の数だけあるんですよ（宮城恒彦さん）
「こんなに大きく育てたのにくやしい、ゴメンね」
（宮平春子さん）「どうしても、生き延びられな

452　「沖縄」がわかる本　6000冊

文学　　　　　　　　　　　　　　　　　　　　　　　　　　　　　手記・ルポルタージュ

いのか…」（宮村トキ子さん）ほか　　〔5933〕

◇わたしの沖縄戦―沖縄戦の全ての犠牲者の御
冥福を祈って　国吉司図子著　宜野湾　国吉
司図子　2009.6　110p　21cm　Ⓝ916〔5934〕

◇沖縄戦と民間人収容所―失われる記憶のルポ
ルタージュ　七尾和晃著　原書房　2010.12
358p　20cm〈文献あり〉2400円　Ⓘ978-4-
562-04661-4　Ⓝ916
　内容 プロローグ　第1章 太平洋の収容所　第2章
カンパンの村　第3章 もうひとつの特殊部隊　第
4章 それぞれのバックナー日記　第5章 涙の道
エピローグ　　　　　　　　　　　　〔5935〕

◇沖縄血戦記録―本土決戦記　「丸」編集部編
光人社　2011.5　403p　16cm　（光人社NF
文庫　まN-688）〈『あゝ沖縄"武器なき兵士
の島"最後の日』（平成4年刊）の改題〉848円
Ⓘ978-4-7698-2688-0　Ⓝ916
　内容 あゝ沖縄"武器なき兵士の島"最後の日　八
丈「鉄壁の陣」始末　金鯱城が炎上した日　本土
防空レーダー連隊奮戦始末　志布志湾「決戦場」
に敵艦影を見ず　　　　　　　　　　〔5936〕

◇戦時下の学童たち―那覇高六期生「戦争」体
験記　琉球政府立那覇高等学校六期生（昭和
28年卒）戦争体験記発行委員会編　〔那覇〕
琉球政府立那覇高等学校六期生（昭和28年
卒）戦争体験記発行委員会　2011.6　343p
21cm　1523円　Ⓝ916
　　　　　　　　　　　　　　　　　〔5937〕

◇生かされて生きて―元ひめゆり学徒隊"いの
ちの語り部"　与那覇百子著, 天理教道友社編
天理　天理教道友社　2011.7　187p　20cm
〈文献あり　年譜あり〉1200円　Ⓘ978-4-
8073-0558-2　Ⓝ916
　内容 第1章 忍び寄る戦火　第2章 南風原陸軍病
院　第3章 仲間の悲劇　第4章 父との再会　第5
章 南部への撤退　第6章 解散命令　第7章 自決
か捕虜か　第8章 朝日を浴びて　第9章 収容所生
活　第10章 鎮魂　　　　　　　　　　〔5938〕

◇若き血潮ぞ空をそめける――一中学徒の戦記
一中学徒隊資料展示室管理委員会編　〔那
覇〕養秀同窓会　2011.8　491p　31cm
〈年表あり〉Ⓝ916
　　　　　　　　　　　　　　　　　〔5939〕

◇阪神タイガース松木一等兵の沖縄捕虜記　松
木謙治郎著　現代書館　2012.3　245p
20cm〈恒文社1974年刊の復刊〉1800円
Ⓘ978-4-7684-5678-1　Ⓝ916
　内容 沖縄の松木一等兵（思いがけぬ召集　内地帰
還が沖縄へ　ほか）　沖縄捕虜連隊（捕虜 Bレー
ションの内容に驚く　ほか）　沖縄攻防戦の概況
（"もっとも苛烈な戦い"―沖縄戦　日本軍の配備
ほか）　沖縄戦の悲劇（沖縄住民をまきこんだ悲惨
津島丸の悲劇　ほか）　　　　　　　〔5940〕

◇兵隊先生―沖縄戦、ある敗残兵の記録　松本
仁一著　新潮社　2012.3　238p　20cm〈文
献あり〉1400円　Ⓘ978-4-10-332111-8
Ⓝ916
　内容 第1章 深夜の斬り込み隊　第2章 亀甲墓の
夜　第3章 急降下、鯨を爆撃　第4章 友軍だ！い
や、敵だ！　第5章 そして一人ぼっちに　第6章
イモ掘り隊が見つけたお荷物　第7章 青空学校始
まる　第8章 終戦は「八月十四日」　第9章 お527
学校の運動会　　　　　　　　　　　〔5941〕

◇私の沖縄戦記―前田高地・六十年目の証言
外間守善〔著〕　角川学芸出版　2012.4
285p　15cm　（[角川ソフィア文庫][SP
M-111-1]）〈発売：角川グループパブリッシ
ング〉667円　Ⓘ978-4-04-405804-3　Ⓝ916
　内容 1 決戦前夜（学童疎開船對馬丸の悲劇　昭
和十九年、十・十空襲　ほか）　2 前田高地の激闘
―米軍上陸から敗戦まで（本島上陸　第三十二軍
の作戦計画と前田高地　ほか）　3 捕虜収容所に
て（屋嘉捕虜収容所　収容所での日々　ほか）　4 証
言編（志村大隊「前田高地」の死闘（抄）　米軍公
刊戦史―米軍の前田高地の戦闘　ほか）　〔5942〕

◇生き残ったひめゆり学徒たち―収容所から帰
郷へ　沖縄県女師・一高女ひめゆり平和祈念
財団立ひめゆり平和祈念資料館編　糸満　沖
縄県女師・一高女ひめゆり平和祈念財団立ひ
めゆり平和祈念資料館　2012.6　329p 図版
6p　21cm　（ひめゆり平和祈念資料館資料
集 5）〈文献あり〉Ⓝ916　　　　　　〔5943〕

◇地獄の戦場「沖縄」奇蹟の脱出航海記
「丸」編集部編　潮書房光人社　2012.7
389p　16cm　（光人社NF文庫　まN-744―空
白の戦記 1）〈光人社 1992年刊の再刊〉
848円　Ⓘ978-4-7698-2744-3　Ⓝ916
　内容 地獄の戦場「沖縄」奇蹟の脱出航海記　シ
ンガポール要塞は燃えているか　ラバウル海軍病
院始末　陸軍あかつき機動艇隊奮戦記　ベトナム
に銃声は鳴りやまず　　　　　　　　〔5944〕

◇沖縄・阿嘉島の戦闘―沖縄戦で最初に米軍が
上陸した島の戦記　中村仁勇著　元就出版社
2013.2　277p　20cm〈文献あり　年表あり〉
2000円　Ⓘ978-4-86106-218-6　Ⓝ916
　内容 第1章 激化する戦局　第2章 特攻艇基地と
なった阿嘉島　第3章 水上特攻作戦の破綻―慶良
間諸島の場合　第4章 軍米の慶良間諸島攻略作戦
第5章 米軍に肉迫する日本軍と「日本軍米英」に脅
える住民　第6章 住民の避難所生活始まる　第7
章 山中に篭城する日本軍　第8章 米軍の海上基
地となった慶良間内海　第9章 阿嘉島の日本軍に
降伏勧告　第10章 終戦と阿嘉島の日本軍　第11
章 戦いすんで　　　　　　　　　　　〔5945〕

◇日本兵を殺した父―ピューリッツァー賞作家が見
た沖縄戦と元兵士たち　デール・マハリッジ
著, 藤井留美訳　原書房　2013.7　373p

「沖縄」がわかる本 6000冊　　**453**

20cm　2500円　①978-4-562-04925-7
Ⓝ936

内容 第1部 父の戦後（一九六五年、冬の夜　ス
タークウェザー　ほか）　第2部 場所と歴史―グア
ムと沖縄（グアム　沖縄）　第3部 一二名の海兵隊
員（海兵隊員、死にやがれ！―レバント　死から
の帰還―グラーナート　ほか）　第4部 亡霊の島―
沖縄を訪ねて（礼節の国　墓　ほか）　　　〔5946〕

◇松山王子尚順全文集　尚順著, 金子豊編　宜
野湾　榕樹書林　2013.11　390p　21cm
（［沖縄学研究資料］[8]）〈付属資料：8p：
月報 no. 76　文献あり　年譜あり〉3700円
①978-4-89805-170-2　Ⓝ918.68　　〔5947〕

◇沖縄戦・渡嘉敷島「集団自決」の真実―日本
軍の住民自決命令はなかった！　曽野綾子
著　ワック　2014.8　378p　19cm　（曽野
綾子著作集―時代 1）〈2006年刊の改訂、新
版　文献あり〉1200円　①978-4-89831-427-
2　Ⓝ916
＊著者の取材で「日本の軍人が自決命令を出した」
と証言した人はいなかった！ 推測のみで糾弾、
断罪された赤松氏ら旧日本軍関係者！ 大江健三
郎氏の『沖縄ノート』のウソ。　　　　　〔5948〕

◇軍国少年がみたやんばるの沖縄戦―イクサの
記憶　宜保栄治郎著　宜野湾　榕樹書林
2015.4　118p　21cm　（がじゅまるブック
ス Gajumaru books 8）　900円　①978-4-
89805-177-1　Ⓝ916　　　　　　　　　〔5949〕

◇ひめゆりの塔―学徒隊長の手記　西平英夫著
第3版　雄山閣　2015.6　193p　19cm
2000円　①978-4-639-02365-4　Ⓝ916

内容 第1部 うつりゆく学園（ひめゆり学園　遅れ
た疎開　陣地構築と勤労動員　突然の空襲　看護
訓練）　第2部 ひめゆり学徒の青春（月下の出動
南風原陸軍病院　初めての犠牲者　弾雨下の青春
文部大臣の激電「決死敢闘」　恨みの転進　紅に
染まる「伊原野」　解散命令　終焉）　　　〔5950〕

◇死闘―沖縄戦体験記　比嘉有吉著　文芸社
2015.8　48p　20cm　900円　①978-4-286-
16489-2　Ⓝ916　　　　　　　　　　　〔5951〕

著者名索引

著者名索引　　　　　　　　　　　　　　あらかき

【あ】

愛知県陶磁美術館 ····· 5003
相原 宏 ················· 1039
青井 志津 ······ 2990, 3483
青木 恵哉 ···············
　　　　0188, 0189, 0191
青木 茂 ················· 5917
青木 淳一 ··············· 3944
青木 直人 ······ 2648, 2675
青木 誠 ················· 5077
青木 真理 ··············· 0130
青嶋 敏 ················· 2784
青地 久恵 ··············· 1987
青塚 博太 ··············· 0590
青森県立郷土館 ········· 1673
青柳 正規 ··············· 4677
青柳 悠友 ··············· 1816
青山 和夫 ······ 0441, 0442
青山 志穂 ··············· 4409
青山 淳平 ··············· 1659
青山 治世 ··············· 2636
青山 洋二 ······ 3635, 3636
赤座 憲久 ··············· 4789
赤坂 憲雄 ······ 3367, 3404
明石小学校 ··············· 3331
赤瀬川 原平 ··············· 1811
東田 盛善 ··············· 3776
県 幸雄 ················· 2795
赤津 進 ················· 4158
赤嶺 政信 ···············
　　　　3360, 3494, 3625
赤嶺 守 ················· 0592,
　　　　0662, 0677, 0687
東江 平之 ··············· 0965
東江 三信 ··············· 4304
東江 宗典 ··············· 5442
暁央 ··················· 4817
秋坂 真史 ······ 4026, 4034
秋葉 文子 ··············· 3023
秋穂 もとか ··············· 0864
秋馬 ユタカ ··············· 1671
秋山 一 ················· 3350
秋山 勝 ················· 0315
秋好 憲一 ······ 4040, 4044
粟国 恭子 ··············· 4975
粟国村 ················· 3182

明田川 融 ······ 1085, 2543
あごら新宿 ······ 2811, 3154
浅井 春夫 ······ 0997, 3191
アサイ ミカ ··············· 4948
浅井 基文 ··············· 2529
字大嶺向上会 ··············· 1363
朝岡 康二 ··············· 3398
朝岡 勝 ················· 2825
浅香 怜子 ··············· 3570
字楚辺誌編集委員会
　　　　　　　　　1250
安里 英子 ··············· 0002,
　　　3010, 3155, 5770
安里 嗣淳 ··············· 0447
安里 進 ······ 0231, 0366,
　　0375, 0472, 0635, 1960
安里 肇栄 ··············· 3857
安里 要江 ··············· 5860
浅野 一弘 ··············· 2416
浅野 勝人 ··············· 2615
浅野 春男 ··············· 4672
浅野 誠 ······ 3042, 3251
朝日新聞社 ··············· 2224,
　　　2225, 2553, 3486
朝日新聞出版 ··· 0816, 2360
アサヒビール株式会社
　　　　　　　　　4179
旭屋出版 ··············· 4587
安座間 安史 ··············· 3737
浅見 克彦 ··············· 3393
アジア 光俊 ··············· 2091
アジェンダプロジェクト
　　　　　　　　　2325
芦田 裕文 ··············· 3823
安次富 順子 ··············· 5397
安次富 長昭 ··············· 4183
安次嶺 勲 ··············· 3445
安次嶺 馨 ······ 3867, 3995
あすか あきお ······ 0401, 0404
東 清二 ··· 3866, 3894, 3966
東 喜望 ······ 1647, 3644
安達 義弘 ··············· 3419
安谷屋 徳章 ··············· 4055
安谷屋 正義 ··············· 4695
アトロン ··············· 4827
安仁屋 政昭 ··········· 0258,
　0841, 0855, 1002, 1140,
　2198, 2844, 2845, 5877
亜熱帯総合研究所 ···· 3733,

　　3751, 3830, 3835, 4116
阿波根 直誠 ··········· 3211
阿部 浩己 ··············· 2628
阿部 小涼 ··············· 4063
阿部 崇 ················· 4904
阿部 達彦 ··············· 0131
阿部 秀明 ··············· 4195
安部 真理子 ··············· 2419
阿部 美菜子 ··············· 0352
阿部 安成 ··············· 0191
天川 晃 ················· 0740
甘木市教育委員会 ····· 4153
天城町文化財活性化実行
　　委員会 ··············· 4700
天音 ··················· 4757
天野 太郎 ··············· 4925
天野 恵一 ···············
　　　2735, 2737, 2738
奄美 シロー ··············· 1549
奄美大島日本復帰協議会
　　··················· 1547
「奄美学」刊行委員会
　　··················· 1543
奄美島尾敏雄研究会
　　··················· 5719
奄美新聞社 ··············· 5465
奄美博物館 ··············· 1515
奄美野鳥の会 ··············· 3941
安室 二三雄 ··········· 1744,
　　　3650, 3670, 3673,
　　3683, 4768, 4770, 5385
安室奈美恵同窓会一同
　　··················· 5056
アメリカ合衆国教育評議
　　会 ················· 1334
アメリカ合衆国陸軍省
　　··········· 0899, 0940
荒井 晃作 ··············· 3771
新井 祥穂 ··············· 4331
荒井 信一 ··············· 0858
新井 白石 ······ 1753, 1794
新垣 篤志 ··············· 0308
新垣 栄三郎 ··············· 4984
新垣 清 ······ 5490, 5504,
　　5505, 5507, 5509, 5512
新垣 公弥子 ··············· 5570
新垣 幸子 ··············· 5032
新垣 善春 ··············· 1715
新垣 毅 ················· 0693
新垣 秀雄 ··············· 5905

新垣 フミ子 ………… 5444
新垣 ミツエ ………… 5925
新垣 譲 ……… 3017, 5437
新垣 淑哲 ………… 1627
新垣 佳宏 ………… 2404
新川 明 ………… 0706,
　0707, 0944, 2017,
　2222, 2255, 2334, 5014
新川 右好 …………
　0184, 0588, 0611
荒木 慎司 …… 4778, 4779
荒木 経惟 …… 1867, 4833
安良城 盛昭 … 0212, 0332
新城 安哲 ………… 3971
新崎 景文 ………… 5515
新崎 盛文 ………… 2922
新崎 松秀 …… 5220, 5225
新崎 盛暉 ………… 0222,
　0422, 0741, 0747〜0756,
　0760, 0766, 0796, 0999,
　1083, 1180, 1899, 2199,
　2202, 2247, 2277, 2286,
　2326, 2341, 2489, 2995
新里 博 …………… 5593
新城 俊昭 ………… 0228,
　0241, 0270, 0294, 0300,
　0316, 0364, 0383,
　0403, 0406, 0722, 0886,
　0902, 1681, 1825, 1928,
　1970, 2206, 3278, 5811
新城 良一 ………… 0605
アラフ遺跡発掘調査団
　………………… 1409
新本 百合子 ……… 1992
有川 政秀 ………… 1788
蟻塚 亮二 ………… 4006
有馬 哲夫 ………… 2630
有馬 英子 ………… 3634
有村 善一 … 2986〜2988
アルム絵本の会 …… 4767
阿朗 ……………… 1909
安和 守禮 ………… 5612
安和 守茂 ………… 3484
泡瀬復興期成会 …… 1245
泡盛浪漫特別企画班
　………………… 4187
安渓 貴子 …………
　3481, 3547, 3575
安渓 遊地 ………… 1573,
　1580, 3481, 3526,

　3534, 3546, 4128, 4313
安斎 育郎 ………… 0329,
　0905, 0906, 0915,
　1077, 1885, 3125
あんず …………… 5112
あんどう あいこ …… 4781
安藤 肇 …………… 0182
安藤 由美 …………
　3041, 3070, 3079

【い】

李 薫 ……………… 0662
井伊 文子 ………… 5832
飯柴 智亮 ………… 2617
飯島 康夫 ………… 3943
飯田 卓 …………… 1576
伊江 朝睦 ………… 0242
伊江島の村踊歌詞歌意検
　討委員会 ………… 3610
伊江島反戦平和資料館ヌ
　チドゥタカラの家
　………………… 2246
イエスビジョンズ …… 2993
伊江村議会 ……… 2453
伊江村教育委員会
　………………… 1206, 3610
伊江村郷友会 …… 0066
伊江朝雄顕彰会 ……… 1746
家永三郎生誕100年記念
　実行委員会 ……… 3301
壱岐 一郎 …………
　0453, 5338, 5339
生田 滋 …… 0509, 0678
生田 澄江 ………… 0685
幾留 秀一 ………… 3883
伊芸 敬子 …… 4582, 4603
伊芸 秀信 …… 4582, 4603
伊芸 まもる …………
　4814, 4822, 4826
池内 隆一郎 ……… 0995
池尾 靖志 ………… 1108
池沢 夏樹 … 0239, 1803,
　1848, 3511, 4837, 5847
池田 和子 ………… 3958
池田 守利 …… 5483, 5522
池田 栄史 ………… 0093,
　0492, 1375, 1557
池田書店 …… 4207, 4209

池ノ上 真一 ……… 4490
池原 貞雄 …… 3871, 4108
池原 英樹 ………… 4049
池辺 晋一郎 ……… 5105
池間 健晴 ………… 4057
池間 敏夫 ………… 1998
池宮 正治 …………
　0020〜0022, 4143,
　5545, 5546, 5673, 5733
池宮城 晃 ………… 1182
池宮城 拓 ………… 1182
池宮城 秀正 … 2966, 2971
池宮城 秀意 … 0096, 2200
池谷 望子 ………… 0606,
　0607, 0624, 0634, 0651
居駒 永幸 ………… 3720
イコマ ユキコ ……… 1872
伊佐 實雄 ………… 4324
伊佐 真一 ………… 1683
伊佐 千尋 …… 2557, 3150
伊砂 利彦 ………… 5020
伊佐 真次 ………… 2760
井沢 開理 ………… 2658
井沢 元彦 ………… 0318
石井 耕一 ………… 5865
石井 勉 …………… 3452
石井 剛 …………… 2398
石井 望 … 1490, 2349, 2715
石居 人也 ………… 0191
石井 龍太 …… 0448, 4986
石垣 愛子 …………
　3508, 4583, 4592
石垣 盛康 ………… 4321
石垣在波照間郷友会
　………………… 0067
石垣市 ‥ 0040, 1420〜1423,
　1427, 1429, 1430,
　1435〜1439, 1447, 1449,
　1467, 1471, 1474, 1475,
　1477, 1478, 1481, 1482,
　1484〜1486, 3464, 3810
石垣市教育委員会 … 1493,
　1498, 1502, 1504,
　3675, 3677, 4712
石垣市女性団体ネット
　ワーク会議 ……… 3140
石垣島地方気象台 … 3762
石垣小学校 ……… 3340
石垣仲筋会 ………… 5340

著者名索引　　　　　いのうえ

石上 英一 …………… 1585
石川 依久子 ………… 3858
石川 功 ……………… 5798
石川 巌 ……………… 1058
石川 キヨ子 …… 4768, 4770
石川 久美子 ………… 0897
石川 幸千代 ………… 4611
石川 捷治 …………… 2258
石川 盛亀 …………… 5798
石川 登志雄 ………… 0172
石川 友紀 …………… 2889
石川 文洋
　　　　0811, 1806, 4940
石川 真生 …………… 1009,
　　　　1032, 1075, 2213,
　　2326, 4871, 4925, 4942
石川 ルリ子 ………… 5798
石川市 ……………… 1280
石川宮森630会
　　　　1102, 1117, 1124
伊敷 豊 … 2926, 2927, 2933
石倉 ヒロユキ ……… 4356
石黒 晶 ……………… 5170
石坂 蔵之助 ………… 5710
石崎 博志 …… 5666, 5667
石島 英 ……………… 3764
石塚 徹 ……………… 3980
石塚 英樹 …………… 0639
石田 朗 ……………… 3507
石田 甚太郎 ………… 2890
石田 正治
　　　　1645, 1708, 2568
石田 磨柱 …… 1204, 5764
石田 米子 …………… 1668
石ノ森 章太郎 ……… 2794
石橋美術館 ………… 4673
石原 昌家 …………… 0253,
　　0715, 0854, 0862, 0902,
　　0947, 2750, 2986～2988
石原 昌英 …………… 0016,
　　　0411, 2912, 5747
伊志嶺 隆 …………… 4939
石盛 こずえ ………… 1663
伊舎堂 弘 …………… 3745
石山 久男 …………… 3286
伊集 盛彦 …………… 2983
いじゅの会 ………… 3723
泉 和子 ……………… 4635
伊豆味 正昌 …… 0827, 5290

泉 武 ………… 3549, 3555
出水市教育委員会 …… 4156
伊豆山 敦子 …… 5619, 5643
伊是名 カエ …… 4617, 4626
伊是名村議会 ………… 2440
伊仙町教育委員会 …… 4721
伊仙町地域文化遺産総合
　　活性化実行委員会事務
　　局 ……………… 4720
伊仙町歴史民俗資料館
　　　　……………… 1508
磯崎 主佳 …………… 4797
磯田 健一郎 …… 5055, 5162
磯野 直 ……………… 5443
伊祖武芸館 …………… 5495
井田 宗秀 …………… 5167
伊高 浩昭 …… 2449, 3014
板垣 雄三 …………… 2747
板木 拓也 …………… 3774
井谷 泰彦 …………… 5616
伊丹 はるみ ………… 2759
板谷 徹 ……… 5371, 5391
市川 光太郎 ………… 3974
市川 健夫 …………… 1758
市川 英雄 …………… 4406
市川 正人 …………… 2819
市田 実 ……… 5452, 5463
市村 彦二 …………… 3288
一色 正春 …………… 4171
井出 ゆふ …………… 1884
伊東 昭義 …………… 4853
伊藤 一幸 …………… 3886
伊東 孝一 …………… 5902
伊藤 慎二 …… 0444, 0446
伊藤 高雄 …………… 3592
伊藤 徹哉 …………… 1780
伊藤 トオル ………… 4882
伊藤 成彦 …… 2746, 2807
伊藤 陽夫 …………
　　　　0776, 0817, 1949
伊藤 秀美 …… 0951, 0952
伊藤 真 ……………… 5929
伊藤 麻由子 ………
　　　　1911, 1958, 3558
伊藤 康英 …………
　　　5050～5054, 5183
伊藤 雄志 …………… 1748
伊藤 陽寿 …………… 0653

伊藤 嘉昭 …………… 2999,
　　3778, 3781, 3945, 4109
伊藤 玲子 …………… 0938
伊藤真の司法試験塾
　　　　……………… 2768
糸数 兼治 …………… 0632
糸数 慶子 …… 2278, 2757
糸数 貴子 …………… 5826
糸数公民館 ………… 2038
糸満 園子 …………… 4769
糸満高等学校 … 3308, 3329
糸満市 ……………… 1319,
　　　1345, 1377, 1385
糸満市字大里公民館
　　　　……………… 1370
糸満市教育委員会 …… 2897,
　　3257, 3561～3568, 4701
稲 保幸 ……………… 4211
稲垣 武 ……… 0871, 5889
稲垣 忠 ……………… 2279
稲垣 尚友 …………… 1976
稲野 慎 ……………… 1560
稲福 盛輝 …………… 3987
稲福 マサ …… 1910, 1917
稲福 政斉 …………… 3633
稲嶺 恭子 …… 1914, 4562
稲嶺 惠一 …… 1711, 2334
稲嶺 進 ……… 2621, 2829
稲嶺 盛吉 …………… 4962
稲村 務 ……………… 3062
犬井 正 ……………… 3724
乾 麻里子 …………… 5031
犬養 ヒロ …………… 4421
井野 誠一 …………… 2681
井上 和彦 …… 2668, 2695
井上 貴勝 …………… 5477
井上 清 ……………… 2664
井上 孝治 …………… 4848
井上 忍 ……………… 1506
井上 慎也 …………… 4834
井上 澄夫 …………… 2219
いのうえ ちず … 2099, 4518
井上 亨 ……………… 4325
井上 智重 …………… 5323
井上 史雄
　　　5578～5584, 5597
井上 文夫 …………… 1969
井上 正也 …………… 2599
井上 理江 …………… 4512

「沖縄」がわかる本 6000冊　**459**

いのかい　　　　　　　　　著者名索引

猪飼　敏裕 ……………… 4935
猪口　孝 ………………… 0540
いのちのことば社 …… 2825
猪又　敏男 ……………… 3923
伊波　勝雄 …… 0285, 4306
伊波　月城 ……………… 1772
伊波　康進 ……………… 5493
伊波　善勇 ……………… 3841
伊波　園子 ……………… 0867
伊波　敏男 …… 0391, 4024
伊波　南哲 ……………… 3684
伊波　普猷 …………… 0170,
　　0236, 0474, 0522, 3132
伊波　正文 ……………… 5328
伊波　貢 ………………… 1844
井波　未来 ……………… 5773
伊波　洋一 …… 1044, 1064,
　　1104, 1108, 1130, 2326
井端　正幸 ……………… 2820
井原　勝介 ……………… 1108
伊平屋村議会 ………… 2441
伊平屋村漁業協同組合
　　……………… 1802, 1814
今井　恒子 ……………… 1721
今井　輝光 …… 1802, 1814
今倉　松男 ……………… 5924
今村　規子 ……………… 3539
今村　治華 ……………… 4552
今村　光男 ……………… 1663
伊従　勉 ………………… 3606
伊良波　盛男 …………… 3497
入江　孝一郎 …………… 1843
入里　照男 ……………… 5694
入間田　宣夫 …………… 0480
伊礼　智 ………………… 4150
いれい　たかし ………
　　……………… 2305, 3045, 5405
岩井　虎伯 ……………… 5481
岩切　成夫 ……………… 2721
岩崎　魚介 …… 1980, 2982
岩貞　るみこ … 3915, 3929
岩下　明裕 …… 2660, 2698
岩瀬　博 ……… 3418, 3638
岩多　雅朗 ……………… 1576
岩戸　佐智夫 …………… 1813
岩波　高史 ……………… 5845
岩波書店 ……… 0948, 2592
岩橋　春美 ……………… 0892
岩渕　功一 ……………… 3096

岩堀　春夫 ……………… 4890
岩政　輝男 ……………… 3985
岩本　久則 ……………… 3980
岩谷　雪美 ……………… 4596
インパクト出版会 …… 2293
いんやく　のりこ …… 2421

【う】

うぃず！編集部 ……… 4640
植草　益 ………………… 4237
上里　和美 ……………… 3187
上里　賢一 …………… 0361,
　　5707, 5769, 5771
上里　隆史 …………… 0327,
　　0365, 0372, 0377, 0402,
　　0423, 0644, 0654,
　　0694, 0698, 1720, 4447
上里　武 ………………… 3614
上江洲　安吉 …………… 5379
上江洲　盛元 …………… 0885
上江洲　智泰 …………… 1626
上江洲　均 …… 3352, 3372,
　　3486, 3502, 3517, 3611
上江洲　めぐみ ……… 4824
上江洲　由美子 ……… 3975
上杉　勇司 ……………… 2577
上田　勝美 …… 2802, 2821
上江田　清実 …………… 5821
上田　耕一郎 …………… 2534
上田　秀雄 …… 3927, 3936
植田　正恵 ……………… 3878
上地　完治 ……………… 3306
上地　安男 ……………… 3018
上地　義男 ……………… 4448
上西　重行 …… 4856, 4893
上野　健一 ……………… 4240
上野　千鶴子 …………… 1826
上野　英信 ……………… 2919
上羽　修 ………………… 0846
上原　清 ………………… 0903
上原　兼善 ……………
　　0315, 0484, 0566
上原　康助 ……………… 1643
上原　静 ……… 0681, 2211
上原　正三 ……………… 1628
上原　清吉 ……………… 5472
上原　成信 ……………… 1700

宇栄原　千春 …………… 4042
上原　直彦 ……………
　　3026, 5345, 5809
上原　真人 ……………… 4005
上原　正稔 …… 0550, 0819
上原　米子 ……………… 1939
上馬　あおい …………… 4527
上間　勝正 ……………… 3880
上間　隆則 …… 2928, 2930
上間　無々 ……………… 5656
植松　良枝 ……………… 4631
上村　忠男 ……………… 0281
上村　英明 ……………… 2775
植村　秀樹 …… 1169, 2614
魚住　昭 ………………… 2310
宇佐風土記の丘歴史民俗
　　資料館 ……………… 3619
潮　匡人 ………………… 2673
潮書房 …………………… 5936
潮書房光人社 …………… 5944
宇治川　博司 …………… 4885
宇城　憲治 ……………… 5489
宇田　智子 …… 0031, 0032
宇田津　一郎 …………… 3282
内田　晶子 …………… 0606,
　　0607, 0624, 0634, 0651
内田　順子 ……………… 3700
内田　詮三 …… 3951, 3960
内田　真木 ……………… 3043
内田　雅敏 ……………… 2799
内田　真人 ……………… 2851
うちなあぐち散文会
　　……………………… 5631
内間　安理 ……………… 4765
内間　直仁 …… 5560, 5566,
　　5570, 5585, 5646, 5690
内村　千尋 …… 1674, 5854
内山　秀夫 ……………… 2418
宇都宮　英之 …………… 3925
内海　愛子 ……………… 1668
内海＝宮城　恵美子 … 2935
うぬま　いちろう …… 5413
海勢頭　豊 ……………… 0156
海野　文彦 ……………… 0799
梅木　哲人 …… 0526, 0548,
　　0572, 0581, 0669, 0676
梅崎　晴光 ……………… 5438
楳澤　和夫 ……………… 0284
梅田　正己 ……………… 2208

460　　「沖縄」がわかる本　6000冊

著者名索引　　　　　　　　おおしろ

梅林　宏道 ・・・・・・・・・・・・ 1056
宇山　大樹 ・・・・・・・・・・・・ 3952
宇良　宗健 ・・・・・・・・・・・・ 4348
浦崎　栄徳 ・・・・・・・・・・・・ 5302
浦崎　猛 ・・・・・・・・・・・・・・ 5406
浦島　悦子 ・・・・・・・・・ 1052,
　　　　1069, 1075, 1098,
　　　　1176, 2296, 5830
浦添市教育委員会 ・・・・ 0028,
　　0500, 0508, 0517, 0525,
　　0545, 0546, 0560, 0561,
　　0569, 0604, 2918, 2921
浦添市城間自治会 ・・・・ 1325,
　　　1337, 1344, 1654
浦添市美術館 ・・・・・・・・ 4719,
　　4954, 4957, 4963, 4966,
　　4988, 4994, 5006, 5010
浦添商工会議所 ・・・・・・・・ 2849
浦添市立図書館 ・・・・・・・
　　0072, 0082, 0577,
　　0580, 2910, 2914
浦田　賢治 ・・・・・・ 1045, 2794
浦谷　さおり ・・・・・・・・・・ 1854
浦野　起央 ・・・・・・・・・・・
　　　　2637, 2641, 2720
浦野　元幸 ・・・・・・・・・・・・ 3992
浦部　法穂 ・・・・・・・・・・・・ 2800
漆畑　文彦 ・・・・・・・・・・・・ 5203
うる文化協会 ・・・・・・・・・・ 0050
うるま市 ・・・・・・・・・・・・・・ 1286
うるま市議会 ・・・・・・・・ 2474,
　　　2483, 2491, 2492,
　　2506, 2507, 2517, 2518
うるま市教育委員会
　　・・ 0048, 0049, 1282, 1284,
　　1285, 1298, 4685, 4696
嬉野　京子 ・・・・・・・・・・・・ 0812
上井　久義 ・・・・・・・・・・・・ 0148

【え】

エーアールティ株式会社
　　・・・・・・・・・・・・・・・ 2139, 4561
永　六輔 ・・・・・・・・・・・・・・ 3008
英語劇団アカバナー
　　・・・・・・・・・・・・・・・・・・・・ 5814
枻出版社 ・・・・・・ 3047, 4553
江上　剛 ・・・・・・・・・・・・・・ 4263
江口　司 ・・・・・・・・・・・・・・ 3431

江口　欣照 ・・・・・・・・・・・・ 3972
江崎　孝 ・・・・・・・・・・・・・・ 2349
エース出版株式会社
　　・・・・・・・・・・・・・・・・・・・・ 4557
エスビービー ・・・・・・・・・・ 2642
枝元　なほみ ・・・・・・・・・・ 4621
悦　秀満 ・・・・・・・・・・・・・・ 3891
江戸　雄介 ・・・・・・・・・・・・ 2633
江藤　名保子 ・・・・・・・・・・ 2589
江成　常夫 ・・・・・・・・・・・・ 4869
榮野川　敦 ・・・・・・・・・・・・ 0042
エノビ　ケイコ ・・・・・・・・ 4821
榎本　恵 ・・・・・・・・・・・・・・ 2256
江畑　謙介 ・・・・・・・・・・・・ 1076
江原　啓之 ・・・・・・・・・・・・ 0161
蛯名　保彦 ・・・・・・・・・・・・ 2842
蛯原　一平 ・・・・・・・・・・・・ 3546
エフエム沖縄 ・・・ 4121, 5399
江部　賢一 ・・・・・・・・・・・・ 5128
MOA美術館 ・・・・・・・・・・ 4664
エムオーエー沖縄事業団
　　・・・・・・・・・・・・・・・・・・・・ 4537
エムオーエー健康科学セ
　　ンター ・・・・・・・・・・・・ 4537
エルニーニョ深沢 ・・・・・・ 1952
エレクトロニックライブ
　　ラリー ・・・・・・・ 0051〜0058
演劇人類館上演を実現さ
　　せたい会 ・・・・・・・・・・ 2276
遠藤　乾 ・・・・・・・・・・・・・・ 2628
遠藤　幸三 ・・・・・・・・・・・・ 5899
遠藤　庄治 ・・・・・・・・・ 1311,
　　3634, 3640, 3647, 3650,
　　3652, 3659, 3662, 3672
遠藤　誠治 ・・・・・・ 1109, 2628

【お】

呉　錫畢 ・・・・・・・・・・・・・・ 2862
王　雲海 ・・・・・・・・・・・・・・ 2689
汪　暉 ・・・・・・・・・・・・・・・・ 2398
汪　楫 ・・・・・・・・・・・・・・・・ 0523
王　耀華 ・・・・・・・・・・・・・・ 5199
尾上　和久 ・・・・・・・・・・・・ 3937
奥武区自治会 ・・・・・・・・・・ 1379
大石　芳野 ・・・・・ 2981, 4917
大分県教育委員会 ・・・・・・ 4147
大浦　太郎 ・・・・・・・・・・・・ 1649
大江　修 ・・・・・・・・・・・・・・ 3374

大江　健三郎 ・・・・・・・・・・ 0006
大江　修造 ・・・・・・・・・・・・ 1567
大江健三郎岩波書店沖縄
　　戦裁判支援連絡会
　　・・・・・・・・・・・・・・・・・・・・ 2787
大川　純一 ・・・・・・ 0670, 4718
大木　聖馬 ・・・・・・・・・・・・ 2717
大木　隆志 ・・・・・・・・・・・・ 1832
おおき　ゆうこう ・・・・・・ 1907
大木　雄高 ・・・・・・・・・・・・ 0864
大木田　守 ・・・・・・・・・・・・ 2216
大宜見　猛 ・・・・・・・・・・・
　　　0323, 0347, 0404
大久保　潤 ・・・・・・ 2348, 3054
大蔵省財政史室 ・・・・・・・・ 2964
大阪沖縄協会 ・・・・・・・・・・ 0070
大阪港振興協会 ・・・・・・・・ 5409
大阪人権博物館
　　・・・・・・・・・・・・・ 0262, 0495
大里村 ・・・・・・・・・ 1339, 1340
大沢　夕志 ・・・・・・・・・・・・ 1982
大下　英治 ・・・・・・・・・・・・ 2687
大島　暁雄 ・・・・・・・・・・・
　　　3357, 3358, 5362
大島　吉郎 ・・・・・・・・・・・・ 5526
大城　郁寛 ・・・・・・・・・・・・ 2860
大城　勲 ・・・・・・・・・・・・・・ 1630
大城　逸朗 ・・・・・・・・・・・・ 3753
大城　和喜 ・・・・・・・・・・・・ 1375
大城　喜信
　　　4288, 4316, 4338
大城　公男 ・・・・・・・・・・・・ 3551
大城　貴代子 ・・・・・・・・・・ 1716
大城　貞俊 ・・・・・・ 3265, 5757
大城　聡子 ・・・・・・・・・・・・ 3975
大城　志津子 ・・・・・・・・・・ 4183
大城　淳 ・・・・・・・・・・・・・・ 4277
大城　立裕 ・・・・・・・・・ 0888,
　　5277, 5284, 5301,
　　5712〜5714, 5819
大城　保 ・・・・・・・・・・・・・・ 4237
大城　常夫 ・・・・・・・・・・・・ 2257
大城　信子 ・・・・・・・・・・・・ 1939
大城　秀子 ・・・・・・・・・・・・ 0140
大城　弘明
　　　3702, 4921, 4946
大城　浩詩 ・・・・・・・・・・・・ 2274
大城　将保 ・・・・・・・・・ 0902,
　　0911, 2205, 5860

「沖縄」がわかる本　6000冊　　461

おおしろ　　　　　　　　　　著者名索引

大城　学 ……………… 3598,
　　　　　　3690, 5297, 5380
大城　美千恵 ………… 3670
大城　道子 …………… 0955
大城　光代 …………… 1738
大城　盛俊 …………… 1743
大城　盛光 ……………
　　　　　5237, 5238, 5790
大城　安弘 …… 3862, 3949
大城　米雄 …………… 5802
太田　息吹 …………… 2997
太田　エコ …………… 5412
太田　静男 …………… 1428,
　　　　1499, 2042, 3717
太田　順一 …………… 2978
太田　武二 …………… 2230
太田　ちづる ………… 4883
太田　範雄 …………… 4176
太田　英利 …………… 3903
太田　文子 …………… 4028
太田　昌秀 …………… 0202,
　　0209, 0210, 0223, 0239,
　　0719, 0725, 0745,
　　0861, 0881, 0900, 0907,
　　0909, 0942, 0979, 0981,
　　1004, 1011, 1014, 1040,
　　1046, 1105, 1163, 2220,
　　2252, 2254, 2304, 2315,
　　2334, 2406, 2772, 2809
太田　有紀 …………… 0147
太田　良博 …………… 0012,
　　　　0307, 0586, 0763
大高　未貴 …………… 2352
大宝　博 ……………… 5092
大滝　百合子 ………… 4048
大滝　吉春 …………… 5031
大谷　芳久 …… 4978, 4979
大田昌秀事務所
　　　　……… 2273, 2393
大塚　勝久 …………… 1809,
　　　　4876, 4888, 4911
大塚　寧々 …………… 2162
大塚　真紀子 ………… 4801
大坪　正一 …………… 3043
大富　潤 ……………… 4569
大友　真志 …………… 4931
大仲　浩夫 …………… 3729
大西　榮保 …………… 5395
大西　照雄 …………… 2281

大西　昇 ……………… 5922
大沼　恵子 …………… 4910
大野　顕 ……………… 0211
大野　照好 …………… 3828
大野　益弘 …………… 2077
大野　光明 …………… 0809
大庭　英子 …………… 4620
大橋　英寿 …………… 0141
大浜　永亘
　　　　1425, 1442, 1465
大濱　聡 ……………… 4092
大浜　信泉 …………… 1810
大浜　方栄 ……………
　　　　1728, 1729, 3171
大原　重信 …………… 0129
大道　勇 ……………… 5294
大嶺　沙和 …………… 5364
大嶺　政寛 …………… 4726
大本　幸子 …………… 4193
大森　一也 …………… 3627
大矢　鞆音
　　　　4747, 4758, 4764
大山　了己
　　　　3355, 3688, 5231
大山　須美 …………… 3626
大山　朝常 …………… 2229
大山　伸子 …………… 5118
大湾　清之 …………… 5103
岡　信孝 ……………… 4653
岡　正弘 ……………… 1797
岡口　夏織 …………… 4164
岡島　実 ……………… 2793
尾形　一郎 …………… 4164
緒方　修 … 2838, 3049, 4610
岡田　和也 …………… 4953
岡田　清美 …… 3007, 4522
尾形　憲 ……………… 2732
岡田　充 ……………… 2674
岡田　輝雄 …… 0475, 1666
尾形　優 ……………… 4164
岡田　豊 ……………… 3997
岡田　恵和 …………… 5342
岡留　安則 …………… 2319
岡野　宣勝 …………… 3522
岡野　八代 …………… 2831
岡本　恵昭 …………… 3620
岡本　恵徳 …………… 5704,
　　　　5709, 5724, 5755
岡本　貞雄 …… 0995, 1892,

　　　1910, 1917, 1923, 1939
岡本　太郎 …………
　　　　1754, 3009, 4852
岡本　敏子 …………… 4852
岡本　尚文 …………… 4159
岡本　弘道
　　　　0381, 0655, 4446
岡谷　公二 …… 0144, 0162
小川　和久
　　　　1096, 2522, 2678
小川　惠玉 …………… 4817
小川　聡 ……………… 2717
小川　晋史 …… 5648, 5670
小川　聖子 …………… 4608
小川　忠 ……………… 3256
小川　てつオ ………… 1865
おきぎん経済研究所
　　　　……… 2871, 4256
沖縄アビー福音センター
　　　　………………… 0187
沖縄・奄美スローフード
　　協会 ……………… 4571
沖縄へ本を送る会 …… 0235
「沖縄を知る事典」編集委
　　員会 ……… 1765, 1770
『沖縄をどう教えるか』編
　　集委員会 ………… 0324
沖縄オバァ研究会 …… 3015,
　　3039, 3040, 3044, 3057
沖縄音楽芸能スクール
　　………………………… 5206
沖縄海邦銀行 ………… 2956
沖縄学研究所 … 5677, 5693
沖縄瓦斯株式会社 …… 4180
沖縄から平和を創る市民
　　大学人の会 ……… 1038
沖縄環境ネットワーク
　　……………… 4111, 4114
沖縄韓国比較社会文化研
　　究会 ……………… 3485
沖縄気象台 …………… 3754,
　　　　3760, 3763, 3765
沖縄矯正友の会 ……… 2790
沖縄銀行 ……………… 2957
沖縄クレジットサラ金被
　　害をなくす会 …… 2958
沖縄経済同友会 ……… 2482
沖縄芸能史研究会 …… 5322
沖縄県 ………………… 0110,
　　0717, 0802, 1003, 1012,

462　「沖縄」がわかる本　6000冊

著者名索引　　　　　　　　　　おきなわ

1014, 1144, 1145, 1600,
2196, 2209, 2376, 2434,
2496, 2513, 2519, 2602,
2758, 2761, 2885, 2941,
2942, 2955, 2968～2970,
2972, 3122, 3159, 3183,
3192, 3197, 3466, 3586,
3772, 3773, 3809, 3981,
4003, 4065, 4071, 4072,
4074, 4084, 4089, 4100,
4133～4135, 4139, 4184,
4267, 4289, 4333, 4336,
4339, 4342, 4357, 4392,
4411, 4425, 4426, 4492,
4493, 4503, 4810～4812,
5259, 5440, 5879
沖縄県医師会 ・・・ 3999, 4027
沖縄県伊是名村伊是名貝
　塚学術調査団 ・・・・・・・ 1330
沖縄県遺族連合会 ・・・・・ 3158
沖縄県家畜衛生試験場
　・・・・・・・・・・・・・・・・・・・ 4367
沖縄県家畜保健衛生所
　・・・・・・・・・・・・・・・・・・・ 4368
沖縄県観光事業協同組合
　・・・・・・・・・・・・・・・・・・・ 3487
沖縄県がん診療連携協議
　会相談支援部会 ・・・・・ 4003
沖縄県企業 ・・・・・・ 2427, 2428,
　2442, 2447, 2454, 2458,
　2462, 2466, 2471, 2479,
　2502, 2508, 2512, 4429
沖縄県企業局 ・・・ 4091, 4278
沖縄県教育委員会 ・・・ 0083,
　0091, 0203, 0279, 0379,
　　0386, 0396, 0397,
　0412, 0413, 0477, 0574,
　0575, 0678, 0679, 0686,
　0691, 0692, 1751, 3204,
　3222, 3259, 3296, 3297,
　3500, 3583, 3600, 3619,
　3739, 3863, 3865, 3868,
　3876, 3887, 3893, 3922,
　3965, 4144, 4148, 4651,
　4654, 4655, 4657, 4663,
　4665, 4964, 5007, 5359,
　5362, 5368, 5473, 5664
沖縄県教育文化資料セン
　ター ・・・・・・・・・・・・・・ 4118
沖縄県行政書士会 ・・・・・ 2774
沖縄県黒砂糖協同組合

・・・・・・・・・・・・・・・・・・・ 4222
沖縄県軍用地等地主会連
　合会 ・・・ 2270, 2271, 2283
沖縄県経営者協会 ・・・・・ 2940
沖縄県警察本部
　・・・・・・・・・・・・ 2380, 2403
沖縄県剣道連盟 ・・・・・・・ 5492
沖縄県公共図書館連絡協
　議会 ・・・・・・・・・・・・・・ 0081
沖縄県工芸技術支援セン
　ター ・・・・・・・・・・・・・・ 4060
沖縄県工芸指導所 ・・・・・ 4956
沖縄県公衆衛生協会
　・・・・・・・・・・・・・・・・・・・ 3726
沖縄県更生保護協会
　・・・・・・・・・・・・・・・・・・・ 2780
沖縄県高等学校地学教育
　研究会 ・・・・・・・・・・・・ 3749
沖縄県高等学校長春秋会
　・・・・・・・・・・・・・・・・・・・ 3281
沖縄県公文書館 ・・・・・・・ 0227,
　0505, 0512, 0518, 0535,
　0552, 0731, 0743, 2370
沖縄言語研究センター
　・・・・・・・・・・・・・・・・・・・ 1623
沖縄県子どもの本研究会
　・・・・・・・・・・・・・・・・・・・ 3669
沖縄県サミット推進県民
　会議 ・・・・・・・・・・・・・・ 2554
沖縄県産業振興公社
　・・・・・・・・・・・ 2944, 2962
沖縄県産本ネットワーク
　・・・・・・・・・・・ 0046, 0047
沖縄県酒造協同組合
　・・・・・・・・・・・・・・・・・・・ 4213
沖縄県酒造組合連合会
　・・・・・・・・・・・・・・・・・・・ 4192
沖縄県女師一高女同窓会
　・・・・・・・・・・・・・・・・・・・ 0863
沖縄県人会 ・・・・・・・・・・ 0828
沖縄県信用農業協同組合
　連合会 ・・・・・・・・・・・・ 4310
沖縄県信用保証協会
　・・・・・・・・・・・・・・・・・・・ 2959
沖縄県精神保健福祉協会
　・・・・・・・・・・・・・・・・・・・ 3184
沖縄県青年海外協力隊を
　支援する会 ・・・・・・・・ 2624
沖縄建設弘済会 ・・・・・・
　　4064, 4069, 4078
沖縄県選挙管理委員会

・・・・・・・・・・・・・・・・・・・ 2415
沖縄県退職教職員会
　・・・・・・・・・・・・・ 5871, 5911
沖縄県対米請求権事業協
　会 ・・・・・・・・・ 1042, 1116,
　1916, 2495, 3056, 3067,
　3084, 3085, 3173, 3228,
　4093, 4097, 4110, 4239,
　4242, 4243, 4259, 5647
沖縄県地域史協議会
　・・・・・・・・・・・ 0371, 1205
沖縄県畜産研究センター
　・・・・・・・・・・・・・・・・・・・ 4378
沖縄県畜産試験場 ・・・・・ 4294
沖縄県畜産振興基金公社
　・・・・・・・・・・・・・・・・・・・ 4373
おきなわ建築web ・・・・・・ 4151
沖縄県中央保健所 ・・・・・ 3182
沖縄県町村会 ・・・ 2439, 2461
沖縄県町村議会議長会
　・・・・・・・・・・・・・・・・・・・ 2963
沖縄県土木建築部空港課
　・・・・・・・・・・・・・・・・・・・ 4451
沖縄県土木建築部土木企
　画課 ・・・・・・・・・・・・・・ 4073
沖縄県中城村教育委員会
　・・・・・・・・・・・・・・・・・・・ 1307
沖縄県南部連合文化協会
　・・・・・・・・ 4440, 4674, 4698
沖縄県における保育サー
　ビス市場研究会 ・・・・・ 3190
沖縄県肉用牛生産供給公
　社 ・・・・・・・・・・・・・・・・ 4371
沖縄県農業協同組合中央
　会 ・・・・・・・・・・・・・・・・ 4285
沖縄県農業研究センター
　・・・・・・・・・・・・・・・・・・・ 4352
沖縄県農業試験場 ・・・・・ 4299
沖縄県農山漁村生活研究
　会 ・・・・・・・・・・・・・・・・ 4588
沖縄県農林水産部園芸振
　興課 ・・・・・・・・・・・・・・ 4330
沖縄県の歴史散歩編集委
　員会 ・・・・・・・・・・・・・・ 1946
沖縄建白書を実現し未来
　を拓く島ぐるみ会議
　・・・・・・・・・・・・・・・・・・・ 1161
沖縄県博物館協会 ・・・・・ 0085
沖縄県ハンセン病証言集
　編集総務局 ・・・ 4919～4021
沖縄県文化観光スポーツ

おきなわ   著者名索引

部スポーツ振興課
………………… 5439
沖縄県文化振興会 ……0036,
0039, 0076, 0100, 0101,
0115, 0217〜0220,
0232〜0234, 0242, 0243,
0252, 0255, 0256, 0263,
0265, 0269, 0274〜0277,
0286〜0289, 0292, 0299,
0301, 0304, 0311〜0313,
0320, 0357, 0368, 0443,
0482, 0514, 0518, 0519,
0527, 0533〜0535,
0541, 0551, 0552, 0558,
0559, 0568, 0571, 0573,
0578, 0589, 0591, 0595,
0600, 0603, 0624, 0625,
0632, 0642, 0646, 0648,
0658, 0702, 0844, 0845,
0849, 2385, 2387, 2388,
2390〜2392, 2544,
2550, 2895, 3208, 5720,
5723, 5727, 5730, 5734,
5740, 5743, 5748, 5753
沖縄県平和祈念資料館
……… 0774, 0789, 0870,
0879, 0904, 0912, 0949,
0982, 2740, 2741, 2743,
2923, 3221, 3242, 5918
沖縄県防犯協会連合会
………………… 3153
沖縄県マルチメディア教
育研究会 ……… 3728
沖縄県宮古支庁 ……… 1398
沖縄県無形文化財工芸技
術保存伝承事業実行委
員会 …………… 5017
沖縄県立一中十七会
………………… 5874
沖縄県立浦添看護学校
………………… 3341
沖縄県立小禄高等学校
創立50周年記念事
業期成会記念誌編集委
員会 …………… 3342
沖縄県立芸術大学 …… 0965
沖縄県立芸術大学大学院
芸術文化学研究科
………………… 4659
沖縄県立芸術大学附属研
究所 … 0398, 4669, 4675,

5008, 5012, 5015, 5046
沖縄県立芸術大学附属図
書芸術資料館 …… 5068
沖縄県立総合教育セン
ター …………… 3234
沖縄県立図書館 …… 0034,
0071, 0080, 0087, 0194,
0195, 0204, 0205,
0501, 0502, 0509, 0510
沖縄県立図書館史料編集
室 ……………… 0193
沖縄県立農業大学校
………………… 4343
沖縄県立農林学校第42期
同期生会 ……… 3309
沖縄県立農林学校同窓会
………………… 3338
沖縄県立農林学校農科第
三十八期同期会 …… 3311
沖縄県立博物館 …… 0073,
0078, 0079, 0426, 1310,
1448, 1767, 1975, 3755,
3881, 4652, 5016, 5201
沖縄県立博物館・美術館
…… 0084, 0088, 0171,
0384, 0410, 0437, 0438,
0652, 0797, 0804, 1390,
1491, 2030, 2033, 3390,
3580, 3736, 3811, 3947,
3976, 4679, 4690, 4695,
4726, 4731, 4765, 4924,
4987, 5042, 5047, 5252
沖縄県立美術館検閲抗議
の会 …………… 4699
沖縄県立埋蔵文化財セン
ター … 0268, 0278, 0290,
0302, 0314, 0321, 0414,
0570, 1053, 1061, 1071,
1115, 1154, 1164, 1283,
1292, 1299, 1331, 3220
沖縄県緑化推進委員会
…… 1724, 4101, 4394
沖縄県林業試験場
……… 3769, 4384
沖縄県歴史教育者協議会
……… 1795, 2018
沖縄工業高等専門学校
………………… 3343
沖縄広報センター …… 3647
沖縄国際大学 ……… 0515,
1019, 2785, 2841, 3322,

3323, 3325, 3471, 4105
沖縄国際大学沖縄法政研
究所 …………… 1165
沖縄国際大学宜野湾の会
………………… 3086
沖縄国際大学経済学部
……………… 2876, 3065
沖縄国際大学後援会
………………… 3334
沖縄国際大学産業総合研
究所 ……… 2847, 2854,
2858, 4247, 4502, 4504
沖縄国際大学総合研
究機構沖縄経済環境研究
所 ……………… 3119
沖縄国際大学総合文化学
部 …… 0358, 0369, 0380,
0388, 1095, 1730, 2754,
2755, 3391, 3392, 3396,
3397, 3400, 3401, 3406
沖縄国際大学南島文化研
究所 ……… 0114, 0349,
0584, 1368, 1373, 1380,
1392, 1393, 1452, 1457,
1461, 1972, 1977, 1978,
1988, 1989, 1993, 1997,
2002, 2021, 2026, 3101
沖縄国際平和研究所
………………… 0979
沖縄国際マングローブ協
会 ……………… 4385
『沖縄古語大辞典』編集委
員会 …………… 5672
沖縄子育て情報うぃず
……………… 1912, 4560
「沖縄子ども白書」編集委
員会 …………… 3245
沖縄昆虫同好会 ……… 3967
沖縄在伊原間郷友会
………………… 0061
おきなわサーベイ委員会
………………… 2120
沖縄産業計画 ………… 3145
おきなわ散策はんじゃ会
………………… 2124
沖縄市 ……… 0221, 0716,
0734, 0736, 0832, 1800,
3588, 4088, 5059, 5883
沖縄市軍用土地等地主会
………………… 2327
沖縄時事出版 ………… 2991

464   「沖縄」がわかる本 6000冊

著者名索引　　　　おきなわ

沖縄児童文化福祉協会
　……………………… 3457
沖縄師範竜潭同窓会
　……………………… 5887
沖縄自分史センター株式
　会社 ………………… 1732
沖縄「島」暮らし調査隊
　……………………… 4517
沖縄しまたて協会
　………………… 4087, 4268
沖縄出版 …………… 4358
沖縄商工会議所 ……… 2929
沖縄小林流空手古武術研
　究会 ………………… 5495
沖縄小林流空手道協会
　………………… 5519, 5520
沖縄女性研究者の会
　………………… 3223, 3244
沖縄女性史を考える会
　………………… 2893, 2916
沖縄市立郷土博物館
　……… 1094, 1235, 1291,
　　3518, 3524, 3525, 3535,
　　3544, 3548, 3685, 3963
沖縄人権協会 ………… 0792
沖縄振興開発金融公庫
　… 2880, 2951, 2960, 4232
沖縄水産高等学校
　………………… 3307, 3327
沖縄生活指導研究会
　……………………… 3279
沖縄聖書神学校 ……… 0186
沖縄生物教育研究会
　……………………… 3807
沖縄生物多様性市民ネッ
　トワーク ………… 3801
沖縄戦―沖縄を学ぶ100
　冊刊行委員会 ……… 0910
沖縄戦後選挙史編集委員
　会 …………………… 2430
沖縄戦史刊行会 ……… 0866
沖縄戦トラウマ研究会
　……………………… 0962
沖縄総合研究所 ……… 4107
沖縄総合事務局 …… 2384,
　　4059, 4076, 4078～4083,
　　4085～4087, 4249,
　　4253, 4305, 4311,
　　4374, 4403, 4419
沖縄大学 …………… 0984,
　　2500, 3179, 3336

沖縄大学地域研究所
　……………………… 0018,
　　0150, 0793, 0950, 1193,
　　1494, 1572, 2318, 2331,
　　3051, 3240, 3347, 3942,
　　4132, 4470, 4706, 5653
沖縄大学法経学部 …… 4341
沖縄タイムス社 …… 0099,
　　0123, 0267, 0416, 0730,
　　0732, 1016, 1023,
　　1024, 1029, 1035,
　　1113, 1153, 1604, 1619,
　　1662, 1766, 2516, 2548,
　　2712, 2840, 3022, 3172,
　　3206, 3285, 3287, 3298,
　　4399, 4476, 5448, 5449,
　　5456, 5461, 5468, 5822
沖縄竹富郷友会 ……… 0065
沖縄探見社 ………… 0956,
　　1149, 1173, 4489
沖縄地域児童文庫連絡協
　議会 ………………… 0062
沖縄地学会 ………… 3748
沖縄地区税関 ……… 5084
沖縄美ら海水族館 …
　　3962, 3977, 4922
沖縄美ら島財団 …… 5038,
　　5039, 5044, 5190
沖縄調停協会連合会
　……………………… 2773
沖縄で宣教を考える会
　……………………… 0178
沖縄テレビ放送株式会社
　… 0200, 4463, 5401, 5403
沖縄伝承話資料センター
　……………………… 1926
沖縄電力株式会社 …… 4169
沖縄道州制懇話会
　………………… 2486, 2494
「沖縄独立の可能性をめ
　ぐる激論会」実行委員
　会 …………………… 2234
沖縄都市環境研究会
　………………… 3827, 4344
沖縄都市モノレール株式
　会社 ………………… 4437
沖縄と日出生台をむすぶ
　大分県女性の会 …… 2733
沖縄友の会 …………… 4628
沖縄トラベルサービス

　……………………… 3653
沖縄ナンデモ調査隊
　……………… 1833, 1957,
　　3002, 3036, 3496, 3705
沖縄農業経済学会 …… 4334
沖縄農業研究会 ……… 4287
沖縄のうたごえ運動編集
　委員会 ……………… 2745
沖縄の紙を考える会
　……………………… 4975
沖縄のゴミどーするべき
　か考える会 ………… 4121
沖縄の食を考える会
　………………… 4030, 4597
『沖縄の図書館』編集委員
　会 …………………… 0077
沖縄の法則研究委員会
　……………………… 1961
沖縄の宮古島100の素顔
　編集委員会 ………… 2023
沖縄俳句研究会 ……… 5772
沖縄文化を愛する会
　……………………… 1863
沖縄文化協会 ………… 0004
沖縄文学全集編集委員会
　……………………… 5738
沖縄文化社 …… 1140, 4661,
　　4967, 5586, 5635, 5657
沖縄文化の杜 … 4688, 4989
沖縄平和協力センター
　……… 1081, 2577, 3266
沖縄平和ネットワーク
　……………………… 0230
沖縄弁護士会 ………… 0983
沖縄牧野ダニ撲滅記念事
　業推進協議会 ……… 3988
沖縄星観の会 ………… 3745
沖縄マリン出版 ……
　　5404, 5407, 5408
沖縄満州会 …………… 2924
沖縄密約情報公開訴訟原
　告団 ………………… 1198
沖縄問題調査会 ……… 2243
沖縄問題編集委員会
　……… 1010, 1018, 3149
沖縄山羊文化振興会
　……………………… 4370
沖縄野鳥研究会 ……… 3948
沖縄有用植物研究会
　……………………… 4353
沖縄・夢実現プロジェク

「沖縄」がわかる本 6000冊　　465

おきなわ　　　　　　　　　著者名索引

ト ………… 2932
沖縄陸上競技協会 …… 5417
沖縄寮歌振興会 ……… 5085
沖縄ロックスターズ
　………… 5148
沖縄TLO ………… 0117
沖永良部島100の素顔編
　集委員会 ………… 2027
沖山 策 ………… 4196
奥泉 栄三郎 ………… 2906
奥共同店 ………… 4415
奥田 博子 ………… 0382
奥平 一 ……… 1342, 3248
奥土 晴夫 …… 3782, 3805
奥野 修司
　1687, 3053, 3271
奥野 淳児 ………… 3907
奥野 安彦 ………… 3109
奥濱 幸子 ………… 3584
小熊 誠 ………… 3384
屋宮 久光 ………… 2934
小倉 剛 ………… 3943
小椋 力 ………… 3186
尾崎 清明 ………… 3943
尾崎 三朗 ………… 5091
尾崎 元昭 ………… 4023
小沢 俊夫 ………… 3666
小澤 智生 ………… 3844
小澤昔ばなし研究所
　………… 3666
生塩 睦子
　3681, 5677, 5693
尾園 暁 ………… 3930
小田 静夫
　0428, 4191, 4981
尾竹 俊亮 ………… 4532
落合 大海 ………… 1824
翁長 雄志 …… 2360, 2361
翁長 直樹 ………… 4939
小野 篤司 …… 3879, 3913
小野 重朗
　3351, 3354, 3356
小野 武夫 …… 4269, 4270
小畑 耕行 ………… 3493
オフィスユニゾン …… 2032
おもろ研究会 ………… 5790
親里 廣 ………… 5850
親泊 康晴 ………… 2452
親盛 長明 ………… 1706

折居 彪二郎 …… 3904, 3911
オリオンビール株式会社
　………… 4188, 4217
折口 信夫 ………… 0673
折田 正樹 ………… 2604
音楽之友社 …… 5089, 5134
恩納村 ………… 1233
恩納村遺族会 ………… 3162
恩納村教育委員会 …… 4703
女たちの戦争と平和資料
　館 ………… 3142

【か】

夏 子陽 ………… 0564
甲斐 国征 ………… 5493
海上ヘリ基地建設反対平
　和と名護市政民主化を
　求める協議会 …… 1037
海上保安庁 ………… 2726
貝塚 爽平 ………… 3750
かいはた みち … 1953, 3954
開発教育研究会 ……… 3255
外務省 ………… 2545
海洋危険生物研究会
　………… 3783
海洋博覧会記念公園管理
　財団 ……… 1371,
　3203, 3841, 4345, 4364,
　4658, 4678, 4691, 4697,
　4705, 4991, 5159, 5263
帰ってきた琉球王朝の秘
　宝展実行委員会学術部
　会 ………… 4671
嘉数 津子 ………… 1608
賀数 仁然 ………… 5385
嘉数 学 …… 2237, 3029
嘉数自治会 ………… 1391
柿木 伸之 ………… 5374
垣花 広幸 ………… 3781
垣花 みち子 ………… 1716
加来 慶祐 ………… 5469
郭 承敏 ………… 2541
郭 汝霖 ………… 0473
加来 宣幸 ………… 1829
かくま つとむ ………… 3577
影山 昇 ………… 0840
鹿児島県 ………… 0166,
　3792, 4225, 4412

鹿児島県教育委員会
　………… 5362
鹿児島県地方自治研究所
　………… 1545
鹿児島県文化協会 …… 0044
鹿児島県立奄美図書館
　………… 1582, 1727
鹿児島県立図書館
　………… 1505, 1507
鹿児島県歴史資料セン
　ター黎明館 ……… 0166
鹿児島国際大学地域総合
　研究所 ……… 0303, 3161
鹿児島純心女子大学国際
　文化研究センター
　………… 1539
鹿児島大学 ………… 4248
鹿児島大学埋蔵文化財調
　査センター ……… 1583
鹿児島短期大学付属南日
　本文化研究所 ……… 1521
鹿児島読売テレビ …… 3917
笠原 政治 ………… 3523
加治 順人 ………… 0159
加治工 真市 ………… 5696
梶原 源齊 ………… 5484
がじゅまる ………… 1964
柏木 俊道 ………… 0957
粕谷 亮美 ………… 3452
加瀬 英明 …… 2650, 2690
『風の記憶』刊行会 … 2244
加田 芳英 ………… 4438
片岡 輝美 ………… 2825
片桐 千亜紀 ………… 0405
片野田 逸朗 ………… 3828
勝 廣光 …… 3795, 3798
勝 睦男 ………… 1514
勝岡 寛次 …… 0764, 0913
勝方＝稲福 恵子
　………… 1919, 3137
香月 洋一郎 ………… 1786
勝股 秀通 ………… 2713
勝連 繁雄 …… 3090, 3697,
　3701, 5151, 5264, 5267
勝連 盛豊 …… 5392〜5394
家庭料理友の会
　………… 4633, 4634
嘉手苅 千鶴子 ……… 5783
嘉手川 学 ………… 1828,
　4570, 4573, 5594

著者名索引　　　　　　　　　　　　かんた

嘉手納町 ……… 1022, 4312	川平 朝彬 …………… 5244	狩俣 繁久 …… 2339, 3693
嘉手納町教育委員会	川平 成雄 ………… 0785,	狩俣 勇佑 …………… 0089
…… 1246, 1252, 1264, 3678	0798, 2856, 2961	軽部 謙介 …………… 2870
加藤 彰彦 …………… 3165	我部 政美 …… 4050, 5632	ガレッジセール ……… 5369
加藤 邦彦 …………… 4735	我部 政明 ………… 1060,	河合 敦 …………… 0936
加藤 多一 …………… 5858	1142, 1184, 2489,	川上 信也 …………… 4944
加藤 哲郎 …………… 0759	2527, 2558, 2575, 2912	川上 ちはる … 0025, 1817
加藤 修弘 …………… 1668	我部 政男 ………… 0701,	川上 哲也 ………… 1998,
加藤 久子 ………… 0335,	0703, 0728, 0842, 0848	3210, 3280, 4404
1341, 1357, 3553	カベルナリア吉田 … 0990,	川上 宏 …………… 4525
加藤 宏 …………… 5736	1862, 1875, 1889, 1893,	川上 雄善 …………… 5834
加藤 文雄 …………… 3916	1913, 1918, 1927, 1929,	川上 行雄 …………… 4123
加藤 正春 …… 3476, 3538	1932, 1942〜1944,	川上 洋一 …………… 3946
加藤 政洋 …………… 1381	2045, 3557, 4417	川口 和之 …………… 4949
加藤 祐三 ………… 3746,	鎌倉 英也 …………… 2333	川口 隆行 …………… 5531
3747, 3757, 4108	鎌田 定夫 …………… 2232	川口 与志子 ………… 4012
門内 良彦 …………… 5211	鎌田 慧 … 0714, 2306, 2765	川崎 和治 …………… 2781
金井 喜久子 … 5142, 5143	鎌田 誠史 …… 0395, 0420	川崎市市民ミュージアム
神奈川新聞社 ……… 1113	鎌田 隆 …………… 2357	……………………… 4687
神奈川大学日本常民文化	上江洲 智克 ………… 0208	川島 令三 …………… 4450
研究所非文字資料研究	上江田 千代 ………… 5910	川瀬 光義 …… 1152, 2303
センター ………… 3408	神里 純平 …… 3074, 3083	カワチ イチロー …… 3177
かなき 詩織 ………… 2704	かみだ のりこ ……… 4795	川手 摂 …………… 0800
金沢 陽子 …………… 4625	上根 保 …………… 5927	川出 博章 …… 1320, 1321
金関 丈夫 …… 3382, 3387	上村 孝二 …………… 5559	川西 到 …………… 1973
我那覇 真子 ………… 2426	神村 真紀子 ………… 5270	川原小学校 ………… 3319
金丸 弘美 …………… 2009	神谷 厚昭 …… 3756, 3759	川満 信一 ……………
金谷 ヨーコ ………… 1965	神谷 智昭 …………… 0662	1410, 2312, 2343
金子 亜矢子 ………… 5082	紙屋 敦之 ……………	川村 純彦 …………… 2661
金子 節子 …………… 4775	0351, 0389, 0585	河村 武 …………… 5888
金子 遊 …………… 3410	神谷 八郎 …………… 4619	河村 只雄 …………… 3475
金子 豊 …………… 5947	神谷 裕司 …… 0024, 1516	河村 望 …………… 0001
兼島 秀光 …………… 4395	神山 清政 …………… 3554	川本 剛志 …… 3907, 4887
兼島 方信 …………… 2769	神山 長蔵 …………… 1189	河原田 盛美 ………… 4275
金城 厚 … 5058, 5120, 5145	亀井 淳 …………… 2246	姜 尚中 …………… 0793
兼城 一 …… 0853, 0893	「亀甲康吉を語る」刊行編	菅 英輝 …………… 2568
金平 茂紀 …… 2332, 2609	集委員会 …………… 1601	環境省 …………… 4115
兼本 信知 ……………	亀島 靖 ………… 0549,	環境省生物多様性セン
5838, 5841, 5842	0596, 0599, 3487	ター …………… 3775
鹿野 政直 ……………	亀田 和成 …………… 3969	関西大学経済政治研究所
0127, 0128, 0788	亀田 壽夫 …………… 2671	……………………… 2503
賀納 章雄 …………… 4319	亀山 統一 …………… 4119	関西大学法学研究所
嘉納 辰彦 …… 4919, 4927	鴨野 守 …………… 0922	……………………… 2954
加納 典明 …………… 5332	茅根 創 …………… 3770	咸姓外間家門中誌編さん
嘉納 英明 …… 3209, 3270	嘉弥真 国男 ………… 3832	委員会 …………… 1672
鹿子 狂之介 ………… 1815	加山 弾 …………… 3167	上田 喜一郎 ………… 4872
椛島 有三 …… 2320, 2667	嘉陽 春子 …………… 5875	神田 精輝 …………… 0521
川平 朝申 …………… 0727	嘉陽 安男 …………… 0888	神田 信夫 …………… 0527
川平 朝清 …………… 4641	狩俣 恵一 …… 3657, 3699	神田 憲行 …… 5453, 5455
		神田 嘉延 …… 3345, 4120

かんとう　　　　　　　著者名索引

関東甲信越田島隊有志の
　会 ……………… 5880
漢那 憲治 …………… 0092
漢那 瑠美子 …… 5277, 5284
観宝堂 ……………… 4970

【き】

喜安 ………………… 0350
帰依 龍照 …… 0167, 4647
企画展「琉球王国時代の
　植物標本展」展示会実
　行委員会 ………… 3826
菊池 勇夫 ………… 0326
菊池 健策 ………… 3386
菊地 香 ……… 4322, 4354
菊地 夏野 ………… 3138
菊地 裕幸 ………… 2868
菊地 真 …………… 3365
喜久山 守良 ……… 4350
岸 朝子 … 3024, 4546, 4595
宜志 政信 ………… 3091
岸 政彦 …………… 0801
キジムナー ……… 2110
岸本 和博 ………… 2708
岸本 重夫 ………… 2749
岸本 正人 ………… 2692
岸本 義一郎 ……… 4045
喜舎場 一隆 ……… 0553
喜舎場 孫正 ……… 3651
気象庁 …………… 3766
「奇跡のこども病院」編集
　委員 …………… 4008
北 俊夫 ……… 2301, 4238
北島 新平 ………… 4789
北田 幸恵 ………… 3136
北大東村 ‥ 1328, 1387, 4830
北大東村教育委員会
　………………… 3851
北中 正和 ………… 5330
北中城村 ………… 1237,
　1256, 1257, 1266, 1267,
　1294～1296, 1303
木谷 明 …………… 2793
北原 淳 …………… 3484
北原 文雄 ………… 5923
北原 秋一 ………… 0590
北村 淳 …………… 2683

北村 毅 ……… 0778, 3184
北村 哲郎 ………… 4183
基地にnoアジア女たちの
　会 ……………… 1089
吉川 経夫 ………… 2778
喜納 育江 ………… 0016,
　3143, 3144, 3411
喜納 健勇 ………… 0940
喜納 昌永 ………… 5206
喜納 昌吉 ………… 2308,
　2751, 5057, 5081,
　5123, 5126, 5130, 5206
喜納 大作 ………… 0694
喜名小学校 ……… 3313
記念誌編集委員会 … 3324
木下 紀正 ………… 2031
木下 尚子 ………… 0425
木下 欽昭 ………… 2262
宜野湾市 …… 1057, 1088
宜野湾市議会 … 2472, 2473
宜野湾市教育委員会
　………………… 1243, 1247,
　1253, 1289, 1293, 1305,
　1306, 1971, 2039, 3607,
　3727, 3787, 5325, 5341
宜野湾市レクリエーショ
　ン協会 ………… 5394
鬼原 悟 …………… 2359
木部 暢子 ………… 5651
宜保 栄治郎 ……… 3585,
　5200, 5272, 5949
儀間 進 …… 2980, 5549,
　5573, 5608, 5635, 5645
儀間 比呂志 ……… 0901,
　0944, 3696, 4734,
　4739, 4756, 4783, 4790
金 耿昊 …………… 0782
金 廣烈 …………… 0782
金 容権 …………… 0295
木村 朗 …… 1080, 2610
木村 克己 ………… 4203
木村 達郎 ………… 5428
木村 司 …………… 2358
木村 浩子 ………… 1592
木村 政昭 ………… 0451,
　0454, 0458, 0464,
　0466, 1445, 3752
木村 政雄 ………… 1590
木村 元彦 ………… 5434

喜屋武 貞男 ……… 4710
喜山 荘一 …… 0158, 1563
喜屋武 臣市 ……… 3194
喜屋武 真栄 ……… 1615
喜屋武 均 …………
　5207, 5209, 5230
旧字上勢頭郷友会
　………………… 1244, 1249
九学会連合 ……… 3572
九州遺跡研究会 … 0465
九州国立博物館
　0171, 4676, 4792
九州水産振興開発協議会
　………………… 4397
九州地区学校図書館協議
　会 ……… 3262, 3263
九州陶磁文化館 … 4960
九州農業試験場
　………………… 4281, 4291
九州農政局 ……… 4402
久間 章生 ………… 2603
喜友名 朝得 … 5423, 5431
姜 信子 …………… 5138
教科書検定訴訟を支援す
　る全国連絡会 …… 3274
共同通信社 ……… 0858
京都工芸繊維大学美術工
　芸資料館 ……… 4725
京都大学ミュージアム連
　携 ……………… 4725
清 真人 …………… 3721
清永 安雄 ………… 1778
清原 淳平 ………… 2826
慶世村 恒任 ……… 1413
基督教イーストエイジャ
　ミッション ……… 2818
桐山 千津 ………… 5903
金 東善 …………… 0662
金城 昭夫 …… 5479, 5500
金城 明美 ………… 0839,
　4787, 4796, 4806
金城 功 …………… 1804
金城 笑子 ………… 4543
金城 一雄 ………… 3176
金城 和彦 ………… 3469
金城 鉄男 ………… 4323
金城 ケサ子 ……… 4769
金城 康全 ………… 4453
金城 興太郎 ……… 1679

468　「沖縄」がわかる本　6000冊

著者名索引　けいえむ

金城 重明 ………… 0174
金城 次郎 …………
　　4971, 4984, 4990
金城 須美子 ………… 3465
金城 正篤 ………… 0240,
　0315, 0396, 0589
金城 棟永 …………
　0769, 1589, 4854
金城 利憲 ………… 2869
金城 一 ………… 3530
金城 宏幸 …………
　1078, 2640, 2913
金城 善 ……… 0297, 3670
金城 美智子 ………… 4741
金城 実 … 0291, 0768, 4728
金城 勇徳 … 3569, 3833
金城 吉男 ………… 3884
金武町 ……… 1215～1217
金武町議会 ………… 2465
金武町教育委員会
　………… 1936, 3612
金武町立図書館 ……
　4814, 4822, 4826
勤王流八重山舞踊保存会
　……………… 5288

【く】

久貝 克博 ………… 2024
日下部 由紀代 ……… 3871
久慈 力 ………… 4103
具志川市 …………
　1242, 1260～1262,
　1274～1276, 2894
具志川市議会 ………
　2433, 2448, 2463
具志川市教育委員会
　……… 0820, 1234, 1254,
　1255, 2888, 2891, 4196
具志堅 勝也 ………… 1193
具志堅 興貞 ………… 2892
具志堅 隆松 ………… 0960
具志堅 猛 ………… 3880
具志堅 敏行 … 5615, 5622
具志堅 用高 ………
　5433, 5436, 5446
櫛田 博基 …… 0723, 2214
城辺町 … 1395, 1403, 1411

城辺町教育委員会
　………… 1400, 1402,
　1404～1407, 3594, 5596
楠田 豊春 …… 1531, 1540
楠山 忠之 ………… 0305
久田 幽明 ………… 1819
久高 将和 ………… 3936
久高 幸枝 ………… 5441
くっにー ………… 1963
久手堅 憲俊 ……
　0876, 2844, 2845
久手堅 憲夫 ………… 1768
工藤 真由美 … 5533, 5540
工藤 幸男 ………… 3124
工藤 隆哉 ………… 2651
宮内庁 ………… 0816
国建 ………… 2594,
　4162, 4262, 4670
国永 美智子 ………… 2037
国弘 正雄 ………… 1028
國森 康弘 ………… 5932
国吉 和夫 … 0475, 1009
國吉 和子 ………… 3176
国吉 佳奈子 ………… 4930
國吉 清昂 ……
　5237, 5238, 5244
国吉 司図子 ………… 5934
國吉 眞正 ………… 3711
國吉 清尚 …… 4978, 4989
久野 恵一 ………… 5036
久場 政彦 … 2836, 2837
久場 安次 … 3845, 3852
久部良中学校 ……… 3337
窪 徳忠 …… 0139, 0145
久保 弘文 ………… 3861
久保田 修 ………… 3968
久保田 淳 ………… 5703
久保田 鷹光 … 2013, 3803
久保田 吉盛 ………… 5221
熊谷 溢夫 …… 3790, 4742
熊谷 直 ………… 1070
くまからかまからライ
　ターズ ………… 5530
熊切 圭介 ………… 4861
久万田 晋 ………… 5375
熊本 広志 ………… 4937
熊本 博之 ………… 2288
熊本大学文学部
　………… 0424, 0427,

　0429～0432, 0434～0436
久米島自然文化センター
　………… 1343, 1376
久米島町 ………… 1719
久米島町教育委員会
　… 1351, 4387, 4680, 4723
久米島博物館 ……… 4722
倉石 信乃 ………… 4921,
　4923, 4926, 4939
倉沢 栄一 ………… 3900
倉沢 正則 ………… 0180
倉成 多郎 … 4683, 5002
栗田 文子 ………… 3744
栗原 佳子 ………… 0924
栗原 達男 ………… 4857
栗原 弘行 ………… 2663
来間 玄次 ………… 4394
来間 泰男 ………… 0385,
　0489, 0490, 0688,
　0689, 1132, 2843,
　2879, 4327, 4328, 4334
栗山 尚一 ………… 2589
グループ沖縄 ………… 5073
黒川 修司 ………… 5055
黒川 祐子 ………… 4521
黒木 正博 ………… 2262
黒古 一夫 … 1871, 5716
黒沢 亜里子 ………… 1066
黒嶋 敏 ………… 0699
黒島 精耕 … 1444, 5381
黒住 耐二 ………… 3861
桑江 テル子 ………… 2250
桑嶋 維 ………… 4886
桑原 重美 … 0149, 0155
桑原 政昭 ………… 1915
桑原 真人 ………… 0703
桑村 ヒロシ ………… 5775
桑山 敬己 ………… 3412
軍事同盟研究会 ……… 1051
群馬県立自然史博物館
　………… 3780
群馬県立歴史博物館
　………… 3474

【け】

K&Bパブリッシャーズ
　………… 2135
ケイエムコンサルティン

けいおう　　　　　　　　著者名索引

グ総合研究所 …… 2605
慶応義塾大学経済学部 …… 2996
経済産業省 …… 4314
恵泉女学園大学 …… 2775
恵泉女学園大学大学院 …… 2775
KTC中央出版 …… 3216
下所 諭 …… 2943
月刊沖縄社 …… 0843
源河 朝良 …… 2920
建設省土木研究所 …… 4345
建築ジャーナル …… 4167
憲法9条世界へ未来へ連絡会 …… 1062
憲法教育研究会 …… 2805
憲法研究所 …… 2802, 2821
憲法みどり農の連帯 …… 2223
剣持 一巳 …… 2532

【こ】

呉 天頴 …… 2636
小池 康仁 …… 0415
小泉 武栄 …… 3371
小泉 親司 …… 2560
小泉 晴美 …… 5130
郷 …… 4818
高 賢来 …… 0782
黄 文雄 …… 2595, 2696
幸喜 新 …… 5011
纐纈 厚 …… 2816, 2822
上妻 毅 …… 4094
行田 稔彦 …… 0973, 0976～0978, 1947, 2197, 2204, 5928
幸地 学 …… 4660
甲南大学総合研究所 …… 3436, 3510, 5538
高文研 …… 1068, 2489
五木田 勉 …… 5373
国営沖縄記念公園事務所 …… 4143
国際開発センター …… 3990
国際協力機構 …… 3229
国際基督教大学 …… 3470
国際交流基金 …… 2556, 3604
国際情報通信金融特区促

進協議会 …… 2953, 2955
国際文化交流推進協会 …… 4112
国際マングローブ生態系協会 …… 3825
国場 幸太郎 …… 0759, 0761, 0765
國場 幸之助 …… 2412
国場自治会 …… 1348
国文学研究資料館 …… 5800
国立沖縄青少年交流の家 …… 3348
国立劇場 …… 5287, 5324
国立劇場おきなわ …… 5297, 5299, 5306, 5363
国立劇場おきなわ運営財団 …… 5268, 5269, 5349～5354, 5372, 5383, 5384, 5389
国立公園協会 …… 3933
国立国語研究所 …… 5539, 5627, 5675
国立国会図書館調査及び立法考査局 …… 2613
国立療養所宮古南静園 …… 4013
国立歴史民俗博物館 …… 1441, 3422, 3552
小嶋 さちほ …… 3100
小島 晋治 …… 0502, 0551, 0603, 0691
越間 誠 …… 1525
小島 瓔礼 …… 5177
小城 正 …… 0822, 0823
小城 ボブ次 …… 4800
小菅 丈治 …… 3817
古関 彰一 …… 2592, 2796, 2813, 2832
古関 千恵子 …… 2101, 4494
古代出雲歴史博物館 …… 0695
小滝 透 …… 4095
児玉 絵里子 …… 5022, 5034
児玉 清子 …… 5282
小玉 正任 …… 1776, 2976, 3589
東風平 恵典 …… 1745
東風平町 …… 1322, 1323, 1629
東風平町教育委員会 …… 1338, 3596

東風平町歴史民俗資料館 …… 1332, 1660, 1670, 3593
後藤 乾一 …… 0408, 1701
こどもくらぶ …… 1896, 1906
子どもたちにフィルムを通して沖縄戦を伝える会 …… 0964
ことわざ研究会 …… 5588
小西 誠 …… 2586
小西 吉呂 …… 2781, 2786
小沼 保 …… 5482
小橋川 永昌 …… 4984
小橋川 順市 …… 5045
小橋川 千鶴子 …… 5904
木幡 恒雄 …… 1063
小波津 貞子 …… 1603
古波津 清昇 …… 4251
小波津 正光 …… 1881, 2128
小浜 司 …… 5163, 5192, 5193, 5228, 5229
小浜 継雄 …… 3930
小濱 六茶 …… 0387
小早川 渉 …… 1901
小林 一夫 …… 5184, 5185
小林 香代 …… 3595
小林 紀晴 …… 1860
小林 清人 …… 4998
小林 広司 …… 0993
小林 茂子 …… 2907
小林 茂 …… 4301
小林 純子 …… 4683
小林 武 …… 2815, 2829
小林 忠 …… 4677
小林 照幸 …… 0008, 0865, 0932, 3892, 4296, 4400, 4737
小林 永和 …… 4361
小林 秀雄 …… 5132
小林 文人 …… 3346
小林 優子 …… 4558
小林 よしのり …… 3048, 4788
小原 猛 …… 3458, 3460
駒沢 敏器 …… 0777
小松 かおり …… 4414
小松 茂朗 …… 1636
小松 寛 …… 0807, 2353
小松 陽介 …… 1780
小松 亮一 …… 2210
小峯 和明 …… 5733

著者名索引　　　　　　　さまみ

小峯 隆生 …………… 2617
小宮山 みのり ……… 4798
コミュニティおきなわ
　………………… 3052, 3063
米須 興文 …… 1667, 1731
小森 雅子 …………… 2776
小森 陽一 …………… 2326
呉屋 喜一郎 ………… 4434
呉屋 守將 …………… 1163
子安 宣邦 …………… 2627
小柳 元彦 …………… 4308
雇用開発推進機構 …… 0108,
　　　　4058, 4474, 5335
Coralway編集部
　………………… 1845, 1851
古琉球紅型浦添型研究所
　………………………… 5040
コロニア・オキナワ入植
　40周年記念誌編纂委員
　会 ………………… 2887
今 秀子 … 4819, 4823, 4828
金光教 ……………… 0889
権田 雅之 …………… 4138
近藤 健一郎 ………… 2294,
　　　　2295, 3233, 3300
近藤 直也 …………… 3490
近藤 裕 ……………… 4513
近藤 康生 …………… 4506
今野 敏 ……………… 5501

【さ】

蔡 温 ………………… 4383
蔡 鐸 ………………… 0528
在沖多良間郷友会 …… 0068
さいが族 ……… 3006, 3019
犀川 一夫 …………… 4011
齋木 喜美子 ………… 3224
斎藤 彰男 …………… 4452
齊藤 公夫 …………… 1676
齊藤 小百合 ………… 2775
斎藤 潤 ……………… 1861
斎藤 たま …………… 2010
斎藤 英喜 …………… 3368
斎藤 道彦 …… 2709, 2710
斎藤 めぐみ ………… 5122
斎藤 幸光 …………… 2783
財務省印刷局 ……… 0567

早乙女 愛 …………… 0917
早乙女 勝元 ………… 0003
坂井 泉 ……………… 2808
酒井 卯作 …………
　　　　3489, 3531, 3545
坂井 純子 …………… 2260
坂井 俊樹 …………… 0246
酒井 正子 …………… 3708
坂井 正人 …… 0441, 0442
坂上 越朗 …………… 4123
榊 晶一郎 …… 0462, 0463
榊 晃弘 ……………… 4858
佐賀県教育委員会 …… 3500
サカタ ルージ ……… 1842
坂本 一男 …………… 4410
佐木 隆三 …………… 2767
先島文化研究所 ……
　　　　1465, 1480, 1492
先田 光演 …………… 1517,
　　　　1577, 1578, 1586
崎浜 秀昌 …… 4766, 4771
崎原 盛造 …………… 4036
崎原 当弘 …………… 1618
崎間 敏勝 …………
　　　　0532, 1369, 3582
佐喜眞 道夫 … 4689, 4716
崎間 麗進 …………… 4646
佐喜眞美術館 ……… 4751
崎村 弘文 …………… 5614
崎山 三郎 …………… 5204
崎山 美江子 ………… 3439
崎原 恒新 …… 1991, 3429
佐久川 政一 ………… 2232
佐久川 春範 ………… 5488
佐久川 正美 … 0188, 0189
佐久田 繁 …………
　　　　0390, 2456, 4643
佐久本 邦華 ………… 5026
佐久本 政敦 ………… 4190
桜井 圀郎 …………… 0179
櫻井 溥 ……………… 0737
桜井 満 ……………… 3592
櫻澤 誠 ……… 0790, 0813
サークル花かご ……… 5393
笹 幸恵 ……………… 0987
佐々木 高明 … 4302, 4303
佐々木 峻 …………… 5525
佐々木 健志 … 3924, 3940
佐々木 辰夫 ………

　　　　0953, 1653, 2363
佐々木 雅幸 ………… 4236
佐々木 隆爾 ………… 2574
笹森儀助書簡集編纂委員
　会 ………………… 1693
佐敷町 ……… 1324, 1349
佐敷町文化財保護委員会
　…………… 1312, 5689
佐次田 勉 …… 1026, 2240
佐宗 亜衣子 ………… 0448
佐高 信 ……………… 2803
佐竹 昭広 …………… 5706
佐竹 京子 …………… 1527
佐道 明広 …………… 2410
佐藤 泉 ……………… 2753
佐藤 計一 …………… 3918
佐藤 権司 …………… 0638
佐藤 侊 ……………… 1783
佐藤 俊一 …………… 2505
佐藤 太圭子 ………… 5260
佐藤 壮広 …………… 3522
佐藤 武義 …………… 5679
さとう なおみ ……… 3932
佐藤 広基 …………… 0880
佐藤 博史 …………… 2793
佐藤 寛之 …………… 3819
佐藤 文彦 …………… 4746
さとう ふみやす …… 3932
佐藤 優 … 0355, 1384, 2304,
　　　2310, 2317, 2338, 2360
佐藤 学 ……………… 2469
佐藤 洋子 …………… 4589
佐藤 洋二郎 ………… 3437
佐藤 亮 ……………… 1714
佐藤 亮拿 …………… 4233
さとなお … 2102, 4534, 4540
里原 昭 ……………… 5705
佐渡山 正吉 ………… 5561
佐渡山 安博 ………… 4830
さどやん …………… 4825
サナジ屋 …… 4286, 5563
佐野 真一 …………… 0786,
　　　　0787, 0969, 0986
座波 貞子 …………… 4880
座間味 栄議 ………… 0133,
　　　0487, 1825, 1920,
　　3430, 3432, 3444, 3527
座間味 香深 … 1419, 1658
座間味 宗徳 ………… 4204

「沖縄」がわかる本 6000冊　471

さめしま　　　　　　著者名索引

鮫島 正道 ……………… 3860
座安 政侑 …… 0251, 1788
澤井 真代 ……………… 3450
澤田 佳世 ……………… 2884
沢田 清（1920-） ……… 1783
澤田 清（1944-） ……… 1799
沢田 洋太郎 …………… 0214
澤田英語学院 ………… 1799
猿渡 青児 ……………… 0935
沢地 久枝 ……………… 5019
沢辺 有司 ……………… 2718
山陰中央新報社 ……… 2724
参議院 …… 2369, 2374, 2383
産業編集センター …… 1778
珊瑚舎スコーレ ……… 1749
山同 敦子 ……………… 4216
山東 功 ………………… 5533
サントリー美術館
　　……………… 5011, 5035

【し】

志位 和夫 ……………… 2670
後田多 敦 …………
　　　　 0657, 2323, 3617
椎名 誠 ………………… 1692
椎葉村教育委員会 …… 4155
JA東京女性組織協議会
　　………………………… 1805
塩川 学 ………………… 4575
塩川 喜信 ……………… 2585
塩崎 滋久 ……………… 3880
塩沢 文男 ……………… 4877
塩月 亮子 ……………… 3447
塩野 米松 ……………… 5061
しかくら かおる ……… 2092
鹿谷 法一 ……………… 3786
信ケ原 雅文 …………… 0172
式場 隆三郎 …………… 0504
重田 辰弥 ……………… 2936
重村 仁 ………………… 1564
重村 三雄 ……………… 4729
シーコーストパブリッシ
　　ング ………………… 2103
SHISA編集会議 ……… 3495
シーズライト ………… 4362
自然環境研究センター
　　………………………… 3822
実方 藤男 ……………… 4609

実業之日本社 ……… 2059,
　　2080, 2105, 2125
篠崎 晃一 ……………… 5661
篠田 知和基 …………… 0132
東雲 薫 ………………… 1924
篠原 章 … 1835, 2065, 2348
篠原 啓方 ……………… 0381
信夫 隆司 ……… 1191, 2622
篠山 紀信 ……………… 4836
芝 慶輔 ………………… 1571
司馬 遼太郎 …………… 1857
柴田 収二 ……………… 0826
柴田 美紀 ……………… 5537
島 茂人 ………………… 0401
島尾 伸三 ……………… 5756
島尾 敏雄 ……………… 5848
嶋岡 晨 ………………… 0547
島岡 稔 ………………… 1526
島川 雅史 ……… 2561, 2598
シマ桑普及研究会 …… 4052
島尻 雅彦 ……………… 2938
島尻地区小学校社会科研
　　究会 ………………… 1599
島田 紳助 ……………… 2121
島袋 善祐 ……………… 1025
島袋 和幸 ……………… 0023,
　　0336, 0362, 3166
島袋 敬一 ……………… 3824
島袋 光裕 ……………… 4745
島袋 純 … 2469, 2510, 2628
島袋 千鶴子 …………… 3440
島袋 哲 ………………… 2729
島袋 直子 ……………… 4805
島袋 正敏 ……… 1224, 3346
島袋 盛世 ……………… 0301
島袋 幸信 ……………… 5497
島袋 陽子 ……………… 2747
島袋 りりあ …………… 5218
『島袋光史伝琉球芸能発
　　展の礎』刊行委員会
　　………………………… 5182
島村 修 ………………… 4127
島村 幸一 …… 0020〜0022,
　　0684, 5762, 5788, 5789
嶋守 さやか …………… 3180
清水 彰 ………………… 5782,
　　5784, 5795〜5797
清水 丈夫 ……………… 2248
清水 寛 ………………… 5872

清水 守民 ……………… 0453
市民意見広告運動 …… 2817
志村 有弘 ……………… 5756
下江 淳介 ……………… 1981
下川 裕治 ……………… 0392,
　　1694, 1785, 1807, 1812,
　　1831, 1835, 1847, 1868,
　　1870, 1873, 1878, 1883,
　　1900, 1925, 1954, 4548,
　　5454, 5458, 5623, 5628
下地 恒毅 ……………… 2762
下地 盛路 ……………… 5660
下地 幹郎 ……………… 1128,
　　2289, 2377, 2413
下地 理則 …… 5642, 5665
下地 幸夫 …………
　　3908, 3919, 3961
下地 良男 ……………… 4907
「下地勇 心のうた」どぅ
　　すがぱなの会 ……… 5139
下地中学校 …………… 3326
下地フジ子支援文集編集
　　委員会 ……………… 2777
下嶋 哲朗 ……………… 0726,
　　0954, 2763, 5898
志茂田 景樹 …………… 3013
下野 敏見 …………
　　3361, 3394, 3402
しもみち 直紀 ………… 2567
下村 英視 ……………… 4025
謝 杰 …………………… 0659
謝 必震 ………………… 0677
社会経済生産性本部
　　………………………… 0104
ジャーガルスタンダード
　　………………………… 2084
謝敷 正市 ……………… 3576
ジャニス ……………… 5422
謝花 勝一 ……………… 3869
謝花 直美 …………
　　0914, 1899, 5915
周 起煥 ………………… 3918
朱 徳蘭 ………………… 0677
周 煌 …………………… 0583
週刊レキオ社 … 3135, 3428
衆議院 ………………… 1065,
　　2364, 2366, 2368, 2378,
　　2379, 2381, 2382,
　　2408, 2498, 2501, 4257
自由主義史観研究会

著者名索引　　　　　　　すわ

.... 2662
自由人権協会 2798
自由民主党 2386
ジュゴン保護基金 3889
ジュゴン保護キャンペー
　ンセンター 4117
自由獅子会 1640
主婦の友社 4206
首里王府 0608, 0660
首里城下にチョウを翔ば
　そう会 3957
首里城公園管理センター
.... 5021
首里城復元期成会 ...
　　　1313, 1359, 4146
徐　葆光 0537
尚　順 5947
蕭　崇業 0659
尚　承 4581, 4598
尚　弘子 1710,
　3492, 4031, 4033, 4046
渉外関係主要都道県知事
　連絡協議会 1111
情況出版株式会社 2249
将口　泰浩 1725
尚子 4802
尚古集成館 0615
笑築過激団 1692
消費者センター沖縄
.... 3073
諸喜田　茂充 3786
植榮　邊吉 2637
食の風 4571
諸島文化民俗研究会
.... 3378
徐葆光記念事業期成会
.... 1697
書浪人善隆 1958
白井　祥平 1967, 3874
白梅同窓会 5868, 5896
白川　栄子 5909
白川　タクト 1084
白鳥　潤一郎 2604
白鳥　芳郎 3350
白水　繁彦 3103
城間　栄順 5027
城間　啓史郎 5506
城間　勇吉 0486, 4154
白柳　栄一 4749
申　叔舟 0485

進　芳男 1554, 1556
岑　玲 4424
新エネルギー産業技術総
　合開発機構 4297
新外交イニシアティブ
.... 2619
新嘉手納基地爆音差止訴
　訟原告団 4130
新里　勝彦 5502
新里　堅進 ....
　　　1609, 4772〜4774,
　　　4776, 4777, 4804
新里　幸昭 3707
新里　貴之 ....
　　　0439, 0449, 1583
新里　恒彦 1419, 1658
新城　明久 4318, 4377
新城　郁夫 2294, 2297,
　2347, 3060, 5715, 5726
新城　和博 1755,
　　　1820, 1962, 3012,
　　　3034, 3077, 4927
新城　喜一 4750,
　　　4754, 4760, 5363
新城　敏男 1500
新城　平高 0393, 5669
新城　将孝 ....
　　　2776, 2781, 2786
進藤　栄一 ....
　　　0735, 2621, 2626
新藤　健一 1172
新版「沖縄の戦跡と軍事
　基地」編集委員会 .. 1777
神保　哲生 1107

【す】

瑞泉同窓会 3310
水中造形センター 3875
末次　智 5778, 5808
末次　富美雄 2721
末本　誠 3349
末吉　重人 3164
末吉　保雄 5164
管　洋志 1931
菅間　正道 2830
杉　健二郎 1887
杉田　照文 4743

杉田　徹 2010
杉本　明 3829
杉本　久未子 3071
杉本　信夫 5160
杉本　嘉朗 2728
助安　哲弥 5130
瑞慶覧　尚子 5180
州崎　治郎 1959
豆州下田郷土資料館
.... 1761
鈴木　彰 0696
鈴木　厚志 1780
鈴木　喜代春 0908
鈴木　耕 3059
鈴木　康司 3829
鈴木　覚 5510, 5521
鈴木　小百合 3413
鈴木　淳 0359
鈴木　正 5258
鈴木　智之 5750
鈴木　直子 0767
鈴木　規之 2937,
　3041, 3062, 3068, 3070
鈴木　信 ... 3174, 4051, 4514
鈴木　雅夫 3064
鈴木　正崇 3599
鈴木　陽子 4051
須田　慎太郎 1118
須藤　義人 5376, 5377
須藤　良子 5043
砂川　栄喜 3888, 3955
砂川　恵伸 5637
砂川　玄徳 1652
砂川　哲雄 1473, 2034
すなべ　しょう 4892, 4897
砂守　勝巳 ....
　　　1675, 4840, 4849
春原　剛 2727
すばドゥシの会
.... 4531, 4535
スペースチャイナ 5523
須見　洋行 4038
住谷　一彦 0143
隅谷　三喜男 0733
住用村 1523, 1524
諏訪　元 0448

「沖縄」がわかる本 6000冊　**473**

せい　　　　　　　著者名索引

【せ】

斉 鯤 …………………… 0631
清山 …………………… 4748
青春を語る会 ……… 5920
成城大学民俗学研究所
　………………………… 0197,
　　0206, 0213, 0244, 0250
清野 賢司 ………… 2210
世界自然保護基金ジャパ
　ン ……… 3799, 3800, 4124
石 巖怪 …………… 3433
関 久子 …………… 4974
石 平 …………… 2684
関 満博 …………… 4265
関根 賢司 ………… 1956
関根 孝道 ………… 4122
瀬底 月城 ………… 5763
セソコ マサユキ
　………………… 2152, 2175
瀬底区 …………… 1200
瀬田 まいこ ……… 1958
瀬戸内町 …………… 1553
瀬戸口 靖 ………… 5429
瀬戸口 律子 …… 5534, 5535
瀬長 亀次郎 ……… 1689,
　　1696, 1717, 1736, 2405
瀬長 瞳 …… 1126, 5854
瀬名波 栄 ………… 0833
ゼネラルプレス
　………………… 1807, 1847
妹尾 章仁 ………… 5557
世良 利和 …… 5367, 5382
芹沢銈介美術館 ……… 5025
尖閣諸島文献資料編纂会
　………… 3734, 3735, 3740
尖閣列島戦時遭難死没者
　慰霊之碑建立事業期成
　会 …………… 5921
戦艦 コモモ ……… 4829
繊研新聞社 ………… 5033
千石 正一 ………… 3791
全国疎開学童連絡協議会
　………………………… 3258
全国竹富島文化協会
　………………………… 5331
千田 夏光 ………… 1005
宣田 陽一郎 ……… 4516

全駐留軍労働組合 ……… 3121

【そ】

徐 勝 …………… 2397
曾 煥棋 …………… 0602
創価学会 …………… 5912
曽我部 司 ………… 5398
曽田 和子 ………… 5929
外岡 秀俊 ………… 1185
曽根 信一 ………… 1241
曽野 綾子 ………… 5948
園原 謙 …………… 5247
孫 承詰 …………… 0662

【た】

第一住宅建設協会 …… 3055
第9条の会オーバー東京
　………………… 0773, 2747
大工 哲弘 …… 5235, 5253
ダイビングチームすなっ
　くスナフキン ……… 3818
太平洋戦争研究会
　………………… 0868, 0989
太陽編集部 ………… 4538
平良 朝男 ………… 2371
平良 英三 ………… 4354
平良 恵美子 ……… 5065
平良 修 …… 0183, 2736
平良 一彦 ………… 4043
平良 勝保 ………… 2788
平良 克之 ………… 4109
平良 恵貴 ………… 1781
平良 孝七 ………… 4873
平良 重信 ………… 3709
平 信賢 …………… 5477
平良 妙子 ………… 0361
平良 敏子 ………… 5009
平良 とみ ………… 4511,
　　4601, 5091, 5344
平良 三知 ………… 5835
たいら みちこ ‥ 4782, 4793
平良 好利 ………… 1136
平良 竜次 ………… 5388
大和証券グループ本社
　………………………… 2950
第3回先島文化交流会議

　実行委員会 ……… 0196
第4回「沖縄研究国際シン
　ポジウム」実行委員会
　………………………… 0005
高江洲 歳満 ……… 0421
高江洲 昌哉 ……… 4275
高岡 善成 ………… 1518
高城 隆 …………… 3353
高木 博史 ………… 3169
高木 凛 …… 1690, 4618
高桑 常寿 ………… 3715
高崎 哲郎 ………… 4077
高里 鈴代 …… 1741, 3126
高島 愼助 ………… 0354
高嶋 伸欣 ………… 0258
高城 剛 …………… 2149
高瀬 恭子 ………… 0606,
　　0607, 0634, 0651
高津 孝 …… 0042, 0656
高梨 修 ‥ 0352, 0492, 1544
高梨 一美 …… 0146, 0153
高野 孟 …… 1139, 2626
高橋 明善 ………… 1048
高橋 歩 …………… 4523
高橋 泉 …………… 3621
高橋 一郎 ………… 3642
高橋 カオリ …… 5623, 5628
高橋 敬一 …………
　　1979, 1995, 3890
高橋 恵子 ………… 3415,
　　3424, 3618, 3628
高橋 健 …………… 3885
高橋 順子 ………… 1190
高橋 誠一 …………
　　0296, 1787, 2016
高橋 忠彦 ………… 5692
高橋 哲哉 …………
　　1168, 2831, 3195
高橋 哲郎 ………… 1120,
　　1732, 4125, 5387
高橋 敏夫 ………… 5755
高橋 俊三 ………… 3250
高橋 久子 ………… 5692
高橋 眞知子 ……… 2873
たかはし みき ‥ 1849, 1891
高橋 美樹 ………… 5166
高橋 康夫 ………… 0417
高橋 義夫 ………… 2520
高橋 玲子 ………… 4579

高藤 奈央子 ……… 2686
高見 乾司 ……… 3581
高見 寛孝 ……… 3389
たかみち ……… 4809
高嶺 善伸 ……… 2499
高嶺 照夫 …… 5598, 5801
高嶺 方祐 ……… 5694
高宮 広衛 …… 0555, 0556
高宮 広土 ……… 0439,
　　0445, 0446, 0449
高宮城 繁 ………
　　5474～5476, 5502
高宮城 宏 ……… 1633
高村 学人 ……… 3055
高村 真琴 ……… 5824
高良 菊 ……… 4581
高良 倉吉 ……… 0201,
　　0212, 0225, 0317, 0361,
　　0366, 0516, 0531,
　　0576, 0663, 0671,
　　2233, 2235, 2257, 2291,
　　2573, 2583, 4143, 4707
高良 鉄夫 ……… 3730
高良 鉄美 ……… 2797
高良 勉 ‥ 0713, 3509, 3550,
　　5610, 5758, 5766, 5817
高良 守 ……… 2861
高良字誌編集委員会
　　　……… 1365
宝島社 …… 2665, 2676, 2707
田川 皓一 ……… 4884
多喜 ひろみ ……… 5399
たきどぅん ……… 3667
澤岻 悦子 ……… 3131
沢岻字誌編集委員会
　　　……… 1974
田口 修 ……… 5161
田窪 行則 ……… 5655
竹 盛窪 ……… 2016
竹内 昭 ……… 4436
武内 胡桃 ……… 2704
竹内 淳子 ……… 5005
竹内 俊隆 ……… 2596
竹内 永和 ……… 5146
竹内 渉 ……… 2302
竹沢 雅理 ……… 1986
武下 和平 ……… 3721
竹田 旦 ……… 3480
竹田 誠 ……… 3114
武智 志穂 ……… 2040

武智 方寛 ……… 1713
竹富町 ……… 1424,
　　1426, 1431, 1434, 1446,
　　1450, 1453, 1458, 1462,
　　1468, 1472, 1479, 1488,
　　1489, 1497, 1503, 5894
竹富町教育委員会 …
　　1479, 4160, 5358
竹中 労 ……… 2261
嵩原 建二 ………
　　3873, 3936, 3942
竹原 孫恭 ……… 4742
武部 健一 ……… 1704
武光 誠 ……… 0557
武村 淳 ……… 4010
武安 弘毅 ……… 1232
武山 梅乗 …… 5736, 5749
田崎 聡 ……… 4198,
　　4212, 4571, 4624
田崎 盛也 ……… 1177
田里 修 ……… 2791
田里 光夫 ……… 0820
田島 信洋 …… 1443, 1487
田島 朝信 ……… 1074
田島 佳也 ……… 4128
田尻 賢誉 ……… 5459
田代 脩 ……… 0927
田代 浩一 ……… 5245
田代 俊一郎 …… 1699, 4427
多田 治 … 1903, 3096, 3097
多田 茂治 ……… 1684
立川 憲吉 ……… 4454
たちもと みちこ ……… 4794
館石 昭 …… 3875, 4851
舘浦 あざらし ……… 2048
立松 和平 …… 1850, 1871
立山 雅夫 ……… 4208
田名 真之 ……… 0366,
　　0493, 1181, 1907
田中 一村 …… 4732, 4753,
　　4759, 4761, 4764, 4941
田仲 花朱 ……… 3451
田中 滋幸 ……… 2946
田中 健夫 ……… 0485
田中 伸尚 ………
　　2779, 2806, 2810
田中 正文 ……… 0995
田中 水絵 ……… 0367
田中 康弘 ……… 3573

田仲 康博 ………
　　2336, 3096, 3104
田中 佑弥 ……… 1092
棚原 増美 ……… 4585
田辺 周一 ……… 4947
田辺 順一 ……… 5161
谷 富夫 ……… 3079
谷川 明男 ……… 3905
谷川 健一 ……… 0134,
　　0207, 0330, 0338～0343,
　　0345, 0673, 3375, 3381,
　　3383, 3388, 3399, 3403
谷口 尚真 ……… 1704
谷脇 和幸 ……… 3152
田上 健一 ……… 4149
田場 裕規 ……… 3265
田畑 久美子 ……… 1934
田畑 千秋 ………
　　1535, 5556, 5649
田畑 久夫 …… 3359, 3380
田畑 久守 ……… 1534
田平 としお ……… 4997
ダブルワン企画事務所
　　　……… 4842
玉井 建也 ……… 0496
玉城 愛 ……… 4650
玉木 研二 ……… 0891
玉木 真哲 ……… 0939
玉木 繁 …… 5075, 5135
玉城 デニー ……… 4458
玉城 朋彦 ………
　　0516, 3021, 4226
玉城 秀治 ……… 5197
玉木 順彦 ……… 3467
玉城 政美 ……… 3714
玉城 正保 ……… 5356
玉城 裕美子 ……… 4797
玉城 朝彦 ……… 4464
玉城 節子 ……… 5262
玉城村教育委員会
　　　……… 1350, 1356
玉那覇 正吉 ……… 4731
玉那覇 有公 ……… 5006
玉野 十四雄 ……… 5513
玉盛 映聿 …… 1808, 3647
田村 修 ……… 1853
田村 重信 ……… 2533
田村 洋三 ……… 0875,
　　0946, 0992, 1678, 1686

たらま　　　　　著者名索引

たらま　光男 ………… 1588
多良間村 …………… 1418
多良間村教育委員会
　　　　　………… 1394
垂見　健吾 ………… 1938,
　　3511, 3521, 4837
樽本　祐助 ………… 4320
多和田　光作 ……… 5805
多和田　真一郎 ‥ 5547, 5550,
　　5552, 5558, 5639, 5650
多和田　真淳 ……… 4028
多和田　真助 ……… 1186
俵　万智 …………… 5856
丹尾　安典 …………
　　4978, 4979, 4996

【ち】

地域精神保健看護研究会
　　でいごゼミ ……… 3991
地位協定研究会 …… 2536
地球の歩き方編集室
　　　　　………… 2142
筑紫　哲也 …… 0112, 2975,
　　2984, 2992, 3020, 5396
地図資料編纂会 …… 1763
知名　定男 …… 5140, 5246
知名　茂子 ………… 1710
知名　定寛 ………… 0169
知名　藤枝 ………… 2141
知名町 ……………… 1542
知名町教育委員会 … 1574
知念　功 …………… 3147
知念　ウシ ……… 2311,
　　2323, 2335, 2345
知念　かねみ ……… 4846
知念　金徳 ………… 0185
知念　正雄 ………… 3995
知念　真理 ………… 5768
知念村文化協会 …… 3609
千葉　幹夫 ………… 3452
千葉市美術館 ……… 4759
知花　聡 …………… 3880
知花　昌一 …………
　　0215, 2215, 2217
知花　孝子 ………… 1241
茅原　南龍 ………… 5769
地方自治研究機構
　　　　　…… 3993, 4478

チームくがに … 3615, 4649
チームDA PUMP …… 5080
チームT・A「地域科学」研
　　究室'95 ………… 1756
チャアチャア … 4298, 5633
北谷町教育委員会 … 1239,
　　1277, 1278, 1287, 4704
北谷町公文書館 …… 3170
北谷町下勢頭郷友会
　　　　　………… 1281
北谷町立図書館 …… 0090
北谷町老人クラブ連合会
　　　　　………… 3175
北谷道場 ……… 5474, 5487
チャンプルーズ
　　　　　…… 5057, 5130
中央大学 …………… 0808
中国福建省・琉球列島交
　　渉史研究調査委員会
　　　　　………… 0499
美ら島探検隊 ……… 3025
ちゅらママ隊 ……… 2106
張　維真 …………… 0687
張　学礼 …………… 0529
趙　重泰 …………… 0892
趙　新 ……………… 0650
長　新太 …………… 0888
長周新聞社 ………… 0883
町友会とともに生きる会
　　　　　………… 3160
知覧町教育委員会 … 4156
陳　侃 ……………… 0503
陳　舜臣 …………… 0280
陳　捷先 …………… 0687
陳　碩炫 …………… 0662

【つ】

政　純一郎 ………… 5465
津嘉山　千代 ……… 5851
月居　義勝 ………… 5900
次山　信男 ………… 4509
筑波大学民俗学研究室
　　　　　………… 3364
辻　ノリコ ………… 0897
辻　雄二 …………… 3265
対馬丸記念会
　　　0890, 0894, 0963
対馬丸事件取材班 …… 0919

伝えよう！沖縄の怒りと
　　平和のこころ・基地は
　　いらない3.20関西のつ
　　どい実行委員会 …… 0834
蔦森　樹 …………… 2994
つちだ　きくお …… 5831
土田　良一 ………… 3724
土橋　とし子 ……… 4347
土屋　誠 … 3814, 3878, 3950
津波　信一 …… 4467, 5400
津波　高志 …………
　　2911, 3478, 3559
壺屋焼物博物館 …… 0272,
　　4961, 4965, 4968,
　　4971, 4982, 4984,
　　4990, 4999, 5037
鶴　喜八郎 ………… 4762
津留　健二 ………… 3303
都留　重人 ………… 2530

【て】

逓信総合博物館 …… 0216
TBSテレビ ………… 2515
出口　富美子 ……… 1591
手塚　章 …………… 1789
手塚　好幸 ………… 1709
鉄田　義司 ………… 5894
デプロ ……… 5096, 5109,
　　5121, 5136, 5137, 5147
てらい　まき ……… 4577
テラウチ　マサト
　　　　　1798, 4838
寺崎　房子 ………… 1676
寺島　実郎 ………… 2360
寺島　尚彦 ………… 5150
寺嶋　陸也 …… 5155, 5165
寺田　考紀 ………… 3975
寺田　麗子 ………… 4102
寺西　千秋 ………… 5169
寺山　守 …………… 3883
照井　裕 …………… 2892
照本　祥敬 ………… 3189
照屋　栄一 ………… 2445
照屋　寛公 ………… 4165
照屋　寛徳 ………… 1127,
　　2266, 2367, 2771, 2827
照屋　京子 ………… 5321

476　「沖縄」がわかる本　6000冊

著者名索引　　　　とみやま

照屋 信治 …… 3264, 3300
照屋 善義 …… 4178
照屋 全明 …… 3446
照屋 学 …… 2857, 2881, 2973, 2974
照屋 善彦 …… 0184, 0550, 0718, 3087
照屋 林賢 …… 4508, 5152
照屋 林助 …… 5330, 5396, 5836
天願 貞信 …… 3075
天願 盛夫 …… 3151
天願小学校 …… 3332
天空企画 …… 1656, 1823, 1826, 2113, 3058, 3089, 3094, 4969, 5022, 5158
伝統組踊保存会 …… 5275
天皇陛下奉迎沖縄県実行委員会 …… 0803
天理教道友社 …… 5938

【と】

戸井 昌造 …… 1822
土肥 直美 …… 0375
土井 淑平 …… 3196
東海大学網取遺跡カトゥラ貝塚発掘調査団 …… 0433
東海大学平和戦略国際研究所 …… 2535
東京奄美会 …… 0063, 1537
東京沖縄芸能保存会 …… 5282
東京外国語大学国際日本研究センター …… 5536
東京学芸大学 …… 3395
糖業協会 …… 4210
東京久米島郷友会 …… 0064, 0069
東京国立近代美術館 …… 4684, 5020
東京国立博物館 …… 4668
東京新聞社会部 …… 2823
東京大学総合研究博物館 …… 0448
東京都荒川区教育委員会 …… 2977
東郷 和彦 …… 2659

通事 安京 …… 3710, 3713
同時代社 …… 4510
TOTO出版 …… 4157
桃原 一彦 …… 2345
桃原 亀郎 …… 1243
当間 一郎 …… 5261
當間 栄安 …… 0852, 0857, 0877
当真 嗣一 …… 0469
当真 武 …… 3853
當間 早志 …… 5388
当間 泰子 …… 1908, 5844
堂前 亮平 …… 1757, 1789, 5024
東松 照明 …… 4932
等松 春夫 …… 2597
當銘 由治 …… 2104
童門 冬二 …… 1718, 2965
當山 善堂 …… 3710, 3713, 3716, 5181
当山 昌直 …… 1573, 1580, 3526, 3575
當山区 …… 1366
都会生活研究プロジェクト「沖縄チーム」…… 3078
渡嘉敷 健 …… 1114, 1148, 1178
渡嘉敷 綏宝 …… 4365, 4366
渡嘉敷 唯正 …… 2789
渡嘉敷 政子 …… 5254, 5255
徳井 賢 …… 3571
徳川美術館 …… 4959
特殊教育人物史編集委員会 …… 3261
徳田 友子 …… 1733
徳田球一顕彰記念事業期成会 …… 1634
徳武 敏夫 …… 0855
渡具知 綾子 …… 3597
渡久地 健 …… 2339, 3533
渡口 真清 …… 0680
渡久地 澄子 …… 1716
渡久地 政滝 …… 4514
渡久地 十美子 …… 0374, 0675
渡口 昇 …… 4499
渡久地 豊 …… 3978
徳永 和喜 …… 0614
徳永 紅氏郎 …… 2857, 2881
得能 壽美 …… 0297, 3516

徳之島郷土研究会 …… 0830
徳之島町郷土資料館 …… 1575
徳之島虹の会 …… 3815
徳之島の先人を偲ぶ会 …… 0175
特別展「国宝沖縄・琉球王国の美」実行委員会 …… 0356
徳間書店 …… 2329
徳元 英隆 …… 3660, 3673, 3683
徳元 葉子 …… 3352
渡久山 章 …… 4129
渡久山 朝章 …… 9309, 2011
渡久山 長輝 …… 2253
渡慶次 賀裕 …… 1602
渡慶次 静子 …… 1602
渡慶次 富子 …… 4594
戸崎 肇 …… 4228
都市科学政策研究所 …… 4156
としろう …… 3996
戸塚 学 …… 3935
戸谷 修 …… 2245
とちぎ蔵の街美術館 …… 4941
等々力 英美 …… 3177
渡名喜 庸安 …… 2820
殿岡 昭郎 …… 2645
トビウオ研究会 …… 4401
戸部 実之 …… 5674
富川 盛武 …… 2864, 4234
豊見城市 …… 1372
豊見城市議会 …… 2467, 2480, 2488
豊見城市商工会 …… 3674
豊見城村 …… 2455
富永 麻子 …… 4199
富永 斉 …… 2835
富浜 定吉 …… 5697
富原 志乃 …… 4458
富原 靖博 …… 3971
富村 順一 …… 1587
富山 一郎 …… 0282, 0394, 0780, 0898, 2282
豊見山 和行 …… 0212, 0298, 0317, 0480, 0593
富山 弘基 …… 5029
富山 義則 …… …………

「沖縄」がわかる本 6000冊　477

著者名索引

【左段】

1858, 1951, 4447
友清 哲 ・・・・・・ 3027
鞆の浦歴史民俗資料館
・・・・・・ 0633
友寄 寛子 ・・・・・・ 4939
友利 知子 ・・・・・ 4597, 4612
富盛区 ・・・・・・ 1354
豊川 明佳 ・・・・・・ 4277
豊里 友行 ・・・・・・ 0779,
1166, 4730, 4952
豊下 楢彦 ・・・・・・ 2669
豊島 貞夫 ・・・・・・ 3519
豊田 謙二 ・・・・・・ 3528
豊田 正義 ・・・・・・ 0980
豊田 祐基子 ・・・・・・ 2625
豊中市 ・・・・・・ 2417
豊原区民と連帯する会
・・・・・・ 0998
鳥居 美砂 ・・・・・・ 1922
鳥居 竜蔵 ・・・・・・ 1772
鳥飼 久裕 ・・・・・・ 3927
鳥越 皓之 ・・・・・・ 0683
鳥島移住百周年記念実行
委員会 ・・・・・・ 1367
鳥谷 裕 ・・・・・・ 1990
鳥山 淳 ・・・・・・ 0765,
0806, 1143, 2300

【な】

内閣府 ・・・・・・ 4241
内藤 新吾 ・・・・・・ 2825
なおこ ・・・・・・ 3996
名嘉 正八郎 ・・・・・・ 0468,
0471, 0479, 4201
中 武久 ・・・・・・ 0459
名嘉 憲夫 ・・・・・・ 2700
名嘉 睦稔 ・・・・・ 4740, 4744
永井 信一 ・・・・・・ 4677
中井 精一 ・・・・・・ 2028
永井 浩 ・・・・・・ 1064
仲井間 憲児 ・・・・・・ 0965
中内 康夫 ・・・・・・ 2686
中江 裕司 ・・・・・・ 5113
長尾 秀美 ・・・・・・ 2569
永長 貞夫 ・・・・・・ 5895
仲尾次向上会 ・・・・・・ 0060
仲尾次豊年踊120年祭記
　念事業実行委員会記念

【中段】

誌部 ・・・・・・ 5307
中川 角司 ・・・・・・ 1869
中川 八洋 ・・・・・・ 2699
中北 浩爾 ・・・・・・ 2411
中北 龍太郎 ・・・・・・ 2800
中城村教育委員会 ・・・・ 1268,
1270〜1272, 1308, 1309,
4686, 4694, 4714, 5385
長崎県教育委員会 ・・・・・・ 3500
長崎新聞社 ・・・・・・ 1113
仲里 効 ・・・・・・ 0337, 2290,
2291, 2343, 4916, 4921,
4923, 4926, 4945, 5746
仲里 ハル ・・・・・ 0869, 1923
仲里 譲 ・・・・・・ 0704
仲里 嘉彦 ・・・・・・ 1251,
2372, 2373, 2444, 4229,
4231, 4235, 4252,
4255, 4271, 4273, 4480
仲里村 ・・・・・・ 1311,
1316, 1326, 4398
中嶋 栄子 ・・・・・・ 4420
長嶋 俊介 ・・・・・・ 2031
中島 誠之助 ・・・・・・ 4973
中島 琢磨 ・・・・・・ 1194,
2401, 2589, 2599, 2725
中島 敏次郎 ・・・・・・ 2599
長島 敏春 ・・・・・・ 3964
中嶋 正人 ・・・・・・ 3931
中島 由美 ・・・・・・ 4973
仲新城 誠 ・・・・・ 0124, 3260
中須賀 常雄 ・・・・・ 4382, 4383
永瀬 克己 ・・・・・・ 4166
長瀬 瑞己 ・・・・・・ 1959
仲宗根 勇 ・・・・・ 1174, 2346
仲宗根 京子 ・・・・・・ 1015
仲宗根 源和 ・・・・・・ 5478
仲宗根 幸市 ・・・・・・ 3686,
3692, 3694, 3695,
3698, 3712, 5347
仲宗根 政善 ・・・・・・
5543, 5862, 5908
仲宗根 正 ・・・・・・ 3984
仲宗根 達也 ・・・・・・ 3291
仲宗根 将二 ・・・・・・
0198, 1396, 1397
仲宗根 喜大 ・・・・・・ 1148
仲田 邦彦 ・・・・・・ 1779
永田 浩三 ・・・・・・ 3081

【右段】

永田 淳嗣 ・・・・・・ 4331
仲田 精昌 ・・・・・・ 5892
永田 高志 ・・・・・・ 5548
仲田 千穂 ・・・・・ 4912, 4915
長田 昌明 ・・・・・・ 0594,
0666, 1841, 3377,
3661, 5587, 5663
中田 桃子 ・・・・・ 4416, 4418
中田 龍介 ・・・・・・ 1460
中楯 興 ・・・・・・ 4396
仲地 哲夫 ・・・・・・ 2202
仲地 博 ・・・・・・ 2750,
2786, 2795, 2801
中西 康治 ・・・・・・ 2165
中西 輝政 ・・・・・・ 2667
中西 希 ・・・・・・ 4137
仲西 盛光 ・・・・・・ 4145
中根 学 ・・・・・・ 1625
中野 育男 ・・・・・ 2280, 3118
中野 敏男 ・・・・・・ 0770
中野 泰 ・・・・・・ 4275
中野 理枝 ・・・・・・ 3953
中名生 正昭 ・・・・・・ 2677
中畑 充弘 ・・・・・・ 3443
中鉢 良護 ・・・・・・ 3499
長浜 益美 ・・・・・・ 4807
長濱 良起 ・・・・・・ 1930
中林 広一 ・・・・・・ 4275
仲原 穣 ・・・・・・ 5620
中原 上枝 ・・・・・・ 2015
中平 卓馬 ・・・・・・ 4934
永藤 靖 ・・・・・・ 3646
仲程 長治 ・・・・・・ 4918
仲程 昌徳 ・・・・・ 0887, 0958,
2915, 5729, 5731, 5735,
5745, 5760, 5768, 5799
仲間 明典 ・・・・・・ 4408
名嘉真 宜勝 ・・・・・・ 4644
仲間 一 ・・・・・・ 3312
仲間 均 ・・・・・・ 2635
仲間 真人 ・・・・・・ 5658
名嘉真 三成 ・・・・・・ 5572
仲間 勇栄 ・・・・・・
4389, 4390, 4394
仲真 良盛 ・・・・・・ 1726
中俣 均 ・・・・・・ 4337
中松 竹雄 ・・・・・ 5527〜5529,
5562, 5564, 5567, 5568,
5571, 5574, 5575,

著者名索引　　　　　　　　　　　なみひら

5577, 5590, 5591, 5595,
5599, 5600, 5604, 5607,
5609, 5611, 5613, 5617,
5621, 5625, 5638, 5641,
5676, 5680〜5684,
5687, 5688, 5700
仲松　昌次 ………… 5195
仲松　美代子 ……… 5807
長嶺　五子 …… 2857, 2881
長嶺　斉 …………… 4820
長嶺　操 …………… 3660
仲村　顕 …… 0383, 1744
中村　征夫 ………… 3938
中村　生雄 ………… 3367
仲村　悦子 ………… 3668
中村　和雄 ………… 3942
中村　和郎 ………… 3725
中村　喬次 ………… 1855
仲村　清司 ………… 0373,
0392, 0795, 1785, 1925,
1945, 3000, 3005, 3028,
3035, 3080, 3099, 3448,
4200, 4246, 4413, 4539,
4544, 4555, 5827, 5846
仲村　覚 …………… 2349
中村　成子 ………… 4584
中村　正一 ………… 5698
中村　仁勇 ………… 5945
仲村　善栄 ………… 1656
中村　卓哉 ………… 3802
中村　武弘 ………… 3977
中村　完 …………… 2285
中村　哲也 ………… 4354
中村　透 … 5125, 5131, 5178
仲村　俊子 …… 2320, 2349
仲村　昇 …………… 3839,
3846, 3848, 3854
中村　浩 …………… 0093
中村　文子 ………… 2734
中村　雅雄 ………… 3909
中村　政則 ………… 0772
ナカムラ ミツル …… 1846
仲村　守和 ………… 3254
中村　有以 ………… 0933
仲村　優子 ………… 5553
仲本　安一 …… 1707, 2394
中本　敦 …………… 4137
中本　謙 …………… 0352
仲本　静 …………… 1677
仲本　潤宏 …… 0825, 5870

仲本 ツトム ………… 5233
仲本　政博 ………… 1677,
5498, 5499, 5502
仲本　光正 ………… 5251
仲本　芳子 ………… 5852
仲本　玲子 ………… 3493
中森　義宗 ………… 4677
中谷　行雄 ………… 0821
中山　きく ………… 1892
仲山　忠克 ………… 2820
永山　信春 ………… 4711
中山　美鈴 ………… 4347
中山　義隆 ………… 2685
仲村渠 シンシア …… 5820
仲村渠 俊信 ………… 4639
ナキジン タロウ …… 4816
今帰仁村教育委員会
……… 0483, 1232, 3741,
3742, 4667, 4702, 4708
南雲　和夫 …………
0724, 3113, 3116
名護　博 …………… 0456
名護市 ……………… 1202,
1207, 1209, 1222, 1223,
1228, 2902〜2905,
2908, 2955, 5861
名越　護 …………… 1551
名護市教育委員会 …… 1210,
1211, 1218〜1221,
1225, 1226, 1229,
3463, 3706, 3788
名護市国際情報通信金融
特区創設推進プロジェ
クトチーム ………… 2950
名護市戦争記録の会
…………………… 5861
名護市動植物総合調査委
員 ………………… 3788
名護商業高等学校 …… 3321
名護市立真喜屋小学校
…………………… 3344
名護博物館 …… 0035, 0037,
1201, 1208, 3882, 4136,
4189, 4245, 4386, 4958
名城　博治郎 ……… 5816
名城　文子 ………… 1923
名城　政一郎 ……… 3253
名瀬市 ……… 1509〜1511
名瀬市議会 ………… 2435
名瀬測候所 ………… 3761

夏石　弓車 ………… 1880
夏梅　美智子 ……… 4606
夏川　和也 ………… 2705
名渡山 兼一 …… 5198, 5202
名取　美和 ………… 3109
七尾　和晃 …… 0674, 5935
nanaco …………… 4898
那根　元 …………… 4379
菜の花街道荒井退造顕彰
事業実行委員会 …… 1747
那覇大綱挽保存会 …… 3623
那覇教育史研究会
……………… 3225, 3236
那覇高等学校八期生
…………………… 3328
那覇高等学校六期生
…………………… 5937
那覇市 ……………… 0579,
0720, 1317, 1333, 1334,
1352, 1353, 1358,
1364, 1597, 1607, 1612,
2041, 3129, 3133, 3134,
3178, 3185, 3193, 4422,
4423, 4656, 4724, 4972
那覇市観光協会 …… 4507
那覇市議会 ………… 2429,
2432, 2436, 2443,
2459, 2464, 2481,
2485, 2493, 2497, 2504
那覇市教育委員会 …… 3213,
3215, 3219, 4681
那覇市経済文化部歴史資
料室 ……………… 1318
那覇市民憲章推進協議会
…………………… 2514
那覇出版社 ………… 0238,
0254, 1620, 2521,
3515, 4645, 4646
那覇植物防疫事務所
…………………… 4340
那覇市立教育研究所
…………………… 3305
那覇市立図書館 …… 0074
那覇市歴史博物館 …… 0094,
0771, 1364, 4977
那覇新都心地主協議会
…………………… 4096
並里区 ………… 1199, 1203
波平　勇夫 …… 2269, 3556
波平 エリ子 ………… 3442
波平　憲一郎 ……… 5691

「沖縄」がわかる本 6000冊　479

波平 恒男 ……… *0712, 0770*
奈良県万葉文化振興財団
　……………………… *4753*
成田 喜一郎 ………… *3276*
成井 俊美 …………… *5906*
成沢 未来 …………… *1886*
南海日日新聞社
　………………… *0370, 1522*
南秀同窓会 ………… *3335*
南城市教育委員会 …… *1360,*
　　　1361, 1382, 4713
南西諸島水中文化遺産研
　究会 ……………… *0405*
南西地域産業活性化セン
　ター … *0027, 0103, 0107,*
　0111, 0757, 1041, 1049,
　2478, 2744, 2863, 2866,
　2886, 4254, 4274, 4309,
　4433, 4483, 4486, 5427
南島地名研究センター
　………… *1760, 1773, 1774*
南原 明美 …………… *1948*
なんよう文庫 ………… *4797*

【に】

新倉 万造 …………… *2022*
新原 昭治 …………… *2576*
新美 直 ……… *4879, 4891*
西 成彦 ……………… *2264*
西浦 宏己 …………… *4974*
西江 弘孝 …………… *1985*
西尾 幹二 ……… *2648, 2675*
西大 八重子 ………… *4600,*
　　　4613, 4615, 4616
西岡 敏 ……………… *5620*
西垣 岩男 …………… *5931*
西垣 サキミ ………… *4755*
西川 晃啓 …………… *5402*
西川 潤 ……………… *2865*
西里 喜行 …………… *0386,*
　0510, 0563, 0573, 0601
西島 信昇 …………… *3786*
西島 洋子 …………… *5855*
西田 睦 ……………… *3786*
西田 之昭 …………… *3994*
西谷 修 ……………… *0337,*
　0937, 1109, 2330
西日本新聞安保取材班

　……………………… *2423*
西野 浩史 …………… *4515*
西野 美和子 ………… *4420*
西野 嘉憲 …………… *3541*
西原 正 ……………… *2702*
西原 洋子 …………… *3687*
西原町 …… *1238, 1240, 1258,*
　1259, 1265, 1300, 2431
西原町教育委員会
　…………… *0690, 1290,*
　1301, 1302, 3910, 4709
西原町教育委員会生涯学
　習課 ……………… *0697*
西原町立図書館
　………………… *0043, 4214*
西平 英夫 …………… *5950*
西部 邁 ……………… *2581*
西村 金一 …………… *2721*
西村 貞雄 …………… *4769*
西村 真悟 …………… *2634*
西村 仁美 …………… *0151*
西村 昌也 …………… *0381*
西村 昌彦 …………… *3970*
西村 幸夫 …………… *4715*
西銘 章 ……………… *0383*
西銘 圭蔵 …… *1669, 2307*
西銘 一 ……………… *2848*
西本 裕輝
　　　3295, 3302, 3306
西山 太吉 …… *1188, 1197*
西山 俊彦 …………… *0181*
日外アソシエーツ株式会
　社 ………………… *1739*
日南市 ……………… *4155*
日貿出版社 ………… *4763*
新田 重清 …………… *0251*
日地出版株式会社 …… *2050*
二宮 真理子 ………… *1992*
にーびちオールスターズ
　……………………… *4650*
仁平 恒夫 …………… *4329*
日本栄養食糧学会 …… *4031*
日本会議 … *0791, 2320, 2653*
日本革命的共産主義者同
　盟革命的マルクス主義
　派 ………… *2292, 2402*
日本カトリック正義と平
　和協議会 ………… *0190*
日本環境会議 ………… *4106*
日本観光協会 ………… *4471*

日本教育公務員弘済会
　……………………… *3269*
日本共産党 …………
　　　1000, 1008, 1135
日本基督教団 ……… *0176*
日本経済教育センター
　……………………… *2547*
日本経済新聞社 …… *1882*
日本芸術文化振興会
　……………………… *5383*
日本再建イニシアティブ
　……………………… *2407*
日本三板協会 ……… *5160*
日本自然保護協会 …… *3843*
日本自治体労働組合総連
　合 ………………… *1103*
日本児童文学者協会
　……………………… *3648*
日本児童文芸家協会
　……………………… *0927*
日本修学旅行協会 …… *2201*
日本酒サービス研究会酒
　匠研究会連合会 …… *4221*
日本酒類研究会 …… *4215*
日本政策研究センター
　……………………… *2646*
日本生態学会 ……… *3816*
日本退職教職員協議会
　……………………… *2316*
日本地質学会 ……… *3758*
日本地方財政学会 …… *2967*
日本中国友好協会 …… *2716*
日本伝承染織振興会
　……………………… *5048*
日本フォークダンス連盟
　……………………… *3624*
日本弁護士連合会 …… *2539*
日本編集者学会 …… *0125*
日本貿易振興会
　………………… *2947, 2948*
日本放送協会 … *0746, 0920,*
　0934, 1055, 1122, 1179,
　1192, 1762, 3216, 4467,
　4598, 5239, 5355, 5919
日本放送出版協会 …
　　　4732, 4764, 5239
日本招猫倶楽部 …… *3365*
日本水環境学会 …… *4113*
日本民話の会 ……… *3682*
日本郵趣協会 … *4455, 4456*
日本李登輝友の会 …… *2579*

著者名索引　　　　はやし

丹羽 幸三 …………… 5916

【ぬ】

饒波区 ……………… 1227
貫輪 久美子 ………… 5194
沼波 正 ……………… 2846

【ね】

根ケ山 光一 ………… 3560
根岸 ふじ枝 ………… 4859
猫拾 ブミ …………… 4421

【の】

野入 直美 …………
　　　2037, 3041, 3079
農耕文化研究振興会
　…………………… 4290
農山漁村文化協会 …… 3512
農政調査会 ………… 4282
農畜産業振興機構 …… 4326
農林水産技術会議
　………………… 4349, 4355
農林水産省 ………… 4332
野久保 昌良 ………… 4183
野里 洋 ……… 0011, 3050
野沢 秀樹 …………… 1789
野田 雅巳 …………… 5076
野中 大樹 …………… 1170
野々村 孝男 …… 0739, 4142
野原 三義 …… 5602, 5690
昇 曙夢 …………… 1565
登川 誠仁 …………… 5098
野溝 利雄 …………… 5873
のむぎ地域教育文化セン
　ター …………… 2731
野村 浩也 …… 2275, 2901
野村 朝常 …………… 5708
野村 旗守 …………… 3038
野村 弘子 …………… 1990
野村 正起 …………
　　5886, 5893, 5907
野本 一平 …………… 4736
野本 三吉 …………… 0418,
　　1888, 3082, 3542

野元 尚巳 …………… 1836
乗松 聡子 …… 0805, 2618
野呂 芳文 …………… 5079

【は】

河 宇鳳 …………… 0662
はぁぷぅ団 ………… 2268
南風原町 ………… 0847,
　0961, 1314, 1327,
　1335, 1336, 1355, 2899
南風原町議会 ……… 2437,
　　2438, 2450, 2451
南風原町教育委員会
　………………… 0831
芳賀 博 …………… 4036
萩尾 俊章 …………… 3501
萩野 敦子 …………… 3265
萩原 健太郎 ………… 5036
萩原 左人 …………… 3384
萩原 信之 …………… 5881
朴 晋雨 …………… 0782
朴 東誠 …………… 0782
間 弘志 …………… 1528
橋口 孝司 …………… 4202
橋口 達也 …………… 0461
外立 とし江 ………… 5074
パシフィックコンサルタ
　ンツ株式会社 …… 4074
橋本 晃和 ………… 1160,
　1171, 2573, 2583
橋本 郁三 …………… 3838
橋本 敏雄 …………… 2490
芭蕉敷会 …………… 1231
葉月 まこ …………… 3456
長谷川 忠男 ………… 1801
長谷川 雄一 ………… 2563
長谷部 宗吉 ………… 1722
秦 郁彦 …………… 0921
畠 基晃 …………… 2226
畠山 篤 …………… 3608
畠山 大 …………… 2288
畠山 理仁 …………… 2672
畑田 重夫 …………… 2526
波田野 直樹 ………… 1941
バタフライウォッチング
　協会 …………… 3968
BIRDER編集部 …… 3914
はたらくココロエ編集部

　………………… 2931
八月社 ……………… 4351
八木 政男 …………… 3661
初岡 昌一郎 ………… 2842
初沢 亜利 …………… 4950
服部 旦 ……………… 5630
服部 正策 …………… 3886
服部 四郎 …………… 5630
服部 英雄 …………… 0363
服部 龍二 …………
　　　2589, 2599, 2604
ハッピー沖縄取材班
　………………… 2086
波照間 永吉 ……… 0520,
　　5694, 5786, 5790
鳩山 由紀夫 ……… 1163,
　　2609, 2621, 2626
花井 正光 …………… 3722
花ヶ崎 有子 ………… 5094
花園大学人権教育研究セ
　ンター ……… 3030, 3037
花田 俊典 …………… 5721
花村 万月 …………… 5849
花輪 伸一 …………… 2419
羽根 次郎 …………… 2398
羽根田 治 …………… 2985
派兵チェック編集部
　………………… 2525, 2540
派兵CHECK編集委員会
　………………… 1030
破防法研究会 ……… 2766
浜井 義則 …………… 4283
浜川 謙 …… 5491, 5517
浜川 仁 …………… 0814
濱口 寿夫 …………… 3903
浜崎 盛康 …………… 3445
濱里 正史 …………… 2469
浜下 武志 …………
　　0257, 9535, 0648
濱田 康作 …………… 4866
浜田 庄司 …………… 4976
浜田 太 ……… 4843, 4865
浜野 えつひろ ‥ 4778, 4779
濱元 朝雄 …………… 3299
早石 周平 …………… 3533
早川 俊行 …………… 2262
はやかわ ゆきこ …… 1837
早川 由美子 ………… 5837
林 完次 …………… 4864
林 公則 …………… 2867

「沖縄」がわかる本　6000冊　481

はやし　　　　　　　著者名索引

林 清見 ……… 5833, 5843
林 茂夫 ……………… 1054
林 真司 ……………… 4335
林 匡 ………………… 0696
林 秀美 ……………… 1921
林 博史 ‥ 0407, 0860, 0923,
　　0930, 1125, 1142, 1162
林 正美 ……………… 3924
原 毅彦 ……………… 2264
原 知章 ……………… 3479
原 洋之介 …………… 4315
原井 一郎 …………… 1541
原田 信男 …………… 0136,
　　　　1794, 3367, 3409
原田 禹雄 ‥ 0164, 0473,
　　0503, 0523, 0528, 0529,
　　0537, 0544, 0564, 0582,
　　0583, 0587, 0598, 0608,
　　0631, 0636, 0640, 0650,
　　0659, 1466, 1753, 3420
原田 浩 ……………… 3875
原田 昌幸 …………… 4727
原田 ゆふ子 ………… 4521
腹ぺこチャンプラーズ
　　…………………… 4539
はる ‥ 3441, 3454, 3461
はるやま ひろぶみ … 4421
晴山 一穂 …………… 2829
パンアメリカンMOA財
　　団 ………………… 4537
反改憲ネット21 …… 2804
バンガート めぐみ … 3033
繁澤 多美 …………… 3169
平安山ヌ上郷友会 … 1297
半田 一郎 …………… 5678
半田 滋 ……… 2328, 2619

【ひ】

費 錫章 ……………… 0631
『ビオストーリー』編集委
　　員会 ……………… 3934
比嘉 厚夫 …………… 2400
比嘉 宇太郎 ………… 1225
比嘉 堅 ……………… 4300
比嘉 勝芳 …………… 5474
比嘉 亀盛 …………… 5636
比嘉 京子 …………… 4593
比嘉 源和 …………… 3871

比嘉 康文 …… 0758, 1212
比嘉 秀善 …………… 3214
比嘉 淳子 …………… 3044,
　　3057, 3449, 3453,
　　3615, 4363, 4649
比嘉 春潮 …………… 1616
比嘉 漣 ……………… 4780
比嘉 正喜 …………… 4346
比嘉 武 ……………… 4637
比嘉 武信 …………… 2906
比嘉 武吉 …… 4284, 4293
比嘉 辰博 …………… 0119
比嘉 朝進 …………… 0322,
　　0542, 1859, 3146, 3664
比嘉 剛 …… 5083, 5208,
　　5216, 5217, 5219, 5223,
　　5224, 5226, 5227, 5232
比嘉 敏雄 …………… 5474
比嘉 豊光 …………… 0794,
　　0937, 3120, 4862
比嘉 廣好 …………… 1655
比嘉 政夫 …………… 2107,
　　2267, 2277, 2286,
　　3491, 3499, 3540, 3587
比嘉 光子 …………… 1595
比嘉 美津子 ………… 1613
比嘉 実 ……………… 0513
比嘉 美代子 ………… 5814
比嘉 康雄 …………………
　　　3591, 4923, 4924
比嘉 有吉 …………… 5951
比嘉 佑典 …… 3095, 4482
比嘉 良治 …………… 4711
比嘉 理麻 …………… 4381
比嘉 良彦 …………… 2242
比嘉 良子 …………… 4771
非核市民宣言運動ヨコス
　　カ ………………… 1131
東 和明 ……………… 2028
東アジア共同体研究所
　　…… 1163, 2621, 2626
東沢 靖 ……………… 2775
東舟道 博保 ………… 4163
樋口 淳 ……………… 3682
樋口 純一郎 ………… 3850
樋口 陽一 …………… 2833
日暮 高則 …………… 2572
日下田 紀三 ………… 4845
肥後 克広 …………… 5361

久江 雅彦 …… 1067, 2600
久田 一人 …………………
　　5241〜5243, 5248, 5249
久野 真智子 … 4766, 4768
備瀬 善勝 …………… 5156
ビセカツ …………… 5345
日出山 みなみ … 4602, 4604
ひめゆり同窓会 …… 5864
ひめゆり平和祈念資料館
　　‥ 0850, 0872, 0882, 0895,
　　0896, 0918, 0929, 0943,
　　1646, 2742, 2752, 5943
ヒヤ小林 …………… 1893
比屋根 照夫 …………………
　　　0700, 0775, 1609
日向市教育委員会 … 4155
俵木 悟 ……………… 3386
平井 一臣 …………… 2258
平井 聖 ……………… 4140
平井 順光 …………………
　　　4831, 4868, 4870
平井 美津子 …………………
　　　0928, 0974, 3168
平井 芽阿里 ………… 0154
平井 康嗣 …………… 1170
平岩 モトイ ………… 4572
ひらが さとこ ……… 1965
平川 宗隆 …… 4369, 4372,
　　4376, 4380, 4574, 4636
平倉 信行 …………………
　　　5186, 5191, 5196
平田 恵子 …………… 2714
平田 大一 …………………
　　　5365, 5366, 5775
平田 雅博 …………… 2753
平野 拓也 …………… 4430
平野 宏 ……………… 4524
平松 幸三 …………… 1637
平松 茂雄 …………… 2646
平松 洋子 …………… 4550
平山 鉄太郎 ………… 0029
平山 輝男 …………… 5555
平山 基生 …………… 1093
平山 良明 …………… 5790
平良市 ……… 1408, 2468
平良市教育委員会 … 1412,
　　2468, 3315, 5605, 5606
広井 忠男 …………… 5410
広島経済大学岡本ゼミ

著者名索引　へんきん

ナール …………… 0995
廣瀬 武司 …………… 4881
廣瀬 等 …………… 3302
廣瀬 牧人 …………… 4195
広瀬 裕一 …… 3953, 4137
広田 尚敬 …… 4832, 4920
寛山 成男 …………… 5471

【ふ】

比嘉 清 ……… 3671, 3680,
　　5618, 5629, 5644, 5654
比嘉 光龍 …………… 5668
深石 隆司 …… 2004, 3872
深澤 秋人 …………… 0665
深沢 敬次郎 …………… 0968
深澤 武 …………… 4951
深沢 徹 …………… 0199
深光 富士男 …………… 3951
深山 直子 …………… 4138
吹上 流一郎 …………… 5072
柊山 幸志郎 …………… 4032
福 寛美 …………… 0619,
　　0641, 1558, 3423, 3455,
　　5776, 5791, 5793, 5806
福石 忍 …………… 1546
福岡 耕造 …………… 4943
福岡人文社 …………… 2060
福沢 一郎 …………… 4724
福治 友邦 …………… 5696
福嶋 司 …………… 3732
福嶋 美香 …………… 4487
福島 康文 …………… 4056
福澄 孝博 …………… 2031
福田 晃 …………… 3418,
　　3638, 3649, 3679
福田 アジオ …………… 3385
福田 和也 …………… 4886
福田 啓人 …… 4929, 4938
福地 曠昭 …… 0838, 1036,
　　1632, 3148, 4104, 5426
福永 文夫 …………… 2420
普久原 恒勇 …………… 5162
福間 良明 …………… 0945
ふくやま けいこ …………… 0936
福山 隆 …………… 2703
福山市人権平和資料館
　……………………… 3405

藤井 恵介 …………… 4152
藤井 貞和 …………… 5722
藤井 保 …………… 4847
藤井 つゆ …………… 4536
藤井 留美 …………… 5946
藤井 令一 …………… 5711
藤井 和佐 …………… 3071
藤生 将治 …………… 2686
藤枝 国光 …………… 4347
藤岡 信勝 …… 2650, 2662
藤木 相元 …………… 1648
藤木 利之 …………… 3844
藤木 勇人 …………………
　　　　3520, 5601, 5634
藤澤 健一 …………… 2299,
　　3212, 3231, 3300
富士ゼロックス小林節太
　郎記念基金 …………… 2375
藤田 覚 …………… 0494
藤田 正 …………… 2993,
　　3702, 5066, 5078, 5082
藤田 陽子 …………… 2339
藤中 寛之 …… 2476, 2487
藤野 雅之 …………… 4307
藤野 豊 …… 4014～4018, 4022
藤村 久和 …………… 3413
藤本 博 …………… 2561
藤本 亘 …………… 1874
藤山 喜要 …………… 1538
藤山 浩介 …………… 5930
藤原 彰 …………… 0859
藤原 与一 …………… 5525
藤原書店 …… 2314, 2590
布施 祐仁 …………… 3156
二川宿本陣資料館 …… 0565
佛教大学宗教文化ミュー
　ジアム …………… 0173
普天間 伊織 …………… 1964
普天間小学校 …………… 3333
ブードゥーハウス …… 3016
船井 幸雄 …………… 1798
船越 義彰 …………… 0293,
　　0888, 4441, 5885
船越 義珍 …………………
　　　　5494, 5496, 5511
船越 公威 …………… 3816
ふなこし 宮子 …………… 5853
舟崎 克彦 …………… 4877
船津 好明 …………… 3711,

　　　　5624, 5640, 5641
舟槻 格致 …………… 2396
船橋 洋一 …… 2570, 2571
夫馬 進 …………… 0539
麓 純雄 …………… 1570
古家 信平 …… 3384, 3386
古川 純 …………… 3107
古川 ちかし …………… 5531
古城 利明 …………… 2475
古木 杜恵 …………… 2354
古堅 実吉 …………… 1650
古堅区 …………… 1288
フルコム …… 5503, 5514
古澤 忠彦 …………… 2646
古塚 達朗 …… 4359, 4360
古田 陽久 …………… 1839
古田 真美 …………… 1839
フルネット …… 4197, 4205
古橋 信孝 …………… 3689
古谷 千佳子 …… 3998, 4928
ぷれすアルファ
　………………… 1812, 1831
プロジェクトランディ
　………………………… 2108
文化経済フォーラム
　………………………… 4692
文化の杜共同企業体
　………………………… 4805
文藝春秋 …………… 0991

【へ】

米軍人軍属による事件被
　害者の会 …………… 2528
平成暮らしの研究会
　………………………… 2077
平和安全保障研究所
　………………… 2538, 2702
平和運動研究会 ……… 2259
平和学習に役立つ戦跡ガ
　イド編集委員会 …… 2212
平和国際教育研究会
　………………………… 2198
平敷 兼七 …………… 4903
平敷 武蕉 …… 5718, 5725
ベースボールマガジン社
　………………………… 5451
別冊宝島編集部 ……… 2643
辺銀 愛理 …………… 4559

「沖縄」がわかる本 6000冊　483

へんきん　　　　　　　著者名索引

辺銀 暁峰 ………… 4568
編集工房東洋企画
　………… 2119, 3532
編集室りっか ……… 3004
辺土名 朝有 ……… 0530
逸見 敏郎 ………… 2133
弁蓮社 袋中 ……… 3420

【ほ】

宝 玉麗 …………… 0401
防衛システム研究所
　………………… 2647
法学館 …………… 2768
法政大学沖縄文化研究所
　… 0192, 0328, 0360, 0399,
　0409, 0498, 1459, 1463,
　1469, 1470, 1764, 5671
方法としてのアジア方法
　としての沖縄研究会
　………………… 0784
外間 完和 ………… 2949
外間 守善 ………… 0142,
　0273, 0474, 0520, 1682,
　4566, 5576, 5702,
　5779〜5781, 5794, 5942
外間 正四郎 ………
　0312, 0625, 0899
外間 哲弘 …………
　5480, 5485, 5518
朴 順梨 …………… 0030
北限のジュゴンを見守る
　会 ……………… 3921
北部製糖株式会社 …… 4218
北部地域振興協議会
　………………… 1087
保坂 達雄 ………… 3462
保阪 正康 ………… 2659
星 紀市 …………… 1110
ほし さぶろう ……… 4784
星野 安三郎 ……… 2796
穂積 重信 ………… 1520
ボーダーインク ……… 1705,
　3616, 4468, 4473, 4642
堀田 満 …………… 3856
ホテル日航アリビラ
　………………… 2167
ポプラ社 ………… 4627
ホライゾン編集部

………… 1994, 3784
堀 円治 …………… 1579
保里 安則 ………… 1740
洪 玧伸 ……… 0925, 0996
本地 桃子 ………… 0880
本多 勝一 ………… 2238
本田 金造 ………… 5890
本田 純 …………… 2210
本多 豊国 ………… 3413
本田 優 …………… 1185
本田 安次 …… 5336, 5337
ボンボヤージュ ……… 2140
本間 浩 …………… 1013

【ま】

毎日新聞社 ………… 1112
前新 透 …………… 5694
前大 用安 ………… 5589
真栄城 勇 …… 0271, 4454
真栄城 栄子 ……… 4771
前城 淳子 ………… 5799
前城 直子 ………… 0136
真栄城 守定 …… 2235, 2257
前田 功 …………… 3232
前田 勝章 ………… 1529
前田 恵子 ………… 5100
前田 哲男 …… 1142, 2756
前嵩西 一馬 ……… 1919
前堂 盛松 …… 2888, 2891
前泊 博盛 ……… 1118, 1121,
　1897, 2606, 2824, 2852
前橋 松造 …… 1639, 4439
前畑 明美 ………… 4272
前原 信喜 ………… 3503
前原 信松 ………… 4186
前原 寿子 ………… 4186
前原 穂積 …… 3115, 3163
前原 基男 …… 4889, 4896
真栄平 房昭 … 0212, 0326
真嘉比自治会 ……… 1386
真木 太一 ………… 3767
牧 達雄 …………… 0163
真木 文絵 ………… 4356
真喜志 治 ………… 4431
真喜志 康忠 ……… 5346
真喜志 勉 ………… 4711
真喜志 好一 ……… 1047,

1107, 1131, 2419
牧志安里地区市街地再開
　発組合 ………… 4099
牧瀬 恒二 ………… 0229
牧田 清 …………… 0215
牧野 清 …………… 2635
牧野 浩隆 …………
　1100, 2235, 2839
槙野 博史 ………… 1933
マキノ 正幸 …… 5329, 5333
牧港 篤三 ………… 1665
真久田 巧 …… 0102, 3108
孫崎 享 … 2610, 2655, 2680
正木 譲 …………… 3764
柾本 守 …………… 0869
『真境名佳子伝琉球
　舞踊に生きて』刊行委員
　会 ……………… 5304
真下 厚 …………… 3655
増田 昭子 ………… 4275
益田 宗児
　0455, 0457, 0460
増田 弘 …………… 0740
舛田 佳弘 ………… 2629
塩屋 …………… 4182
益山 明 …………… 3543
俣野 広司 ………… 4173
又吉 栄喜 ………… 5857
又吉 孝一 ………… 3282
又吉 盛清 …… 0334, 1657
又吉 正直 ………… 4375
又吉 正治 ………… 0152,
　3435, 3438, 3472
又吉 光邦 ………… 5026
又吉 康隆 …… 1175, 2878
町田 洋 …………… 3750
町田 宗博 ………… 2913
町田市立博物館 ……… 5003
町並 陸生 ………… 3985
松井 克明 ………… 2272
松井 さとし ……… 4131
松井 健 … 0009, 3092, 3473
松井 輝美 ………… 1101
松居 友 …………… 3417
松井 宏員 ………… 5420
松井 政就 ………… 2853
松井 優史 ………… 1685
松井 芳郎 ………… 2722
松浦 章 … 0346, 0668, 4432

著者名索引 みやき

松尾 精文 ……………… 2753
松尾 恒一 ……………… 3386,
　　　　3552, 3629, 3630
松尾 高志 ……………… 1054
松岡 和夫 ……………… 4009
松岡 達英 ……………… 3779
松川 寛良 ……………… 0138
松川向上会 ……………… 1374
松木 圭三 ……………… 2022
松木 謙治郎 …………… 5940
松崎 憲三 ……………… 3357
松崎 洋作 …………………
　　　　4441, 4443, 5108
松下 志朗 ……………… 1550,
　　　　1555, 1561, 1566
松下 尚明 ……………… 1695
松下 幸子 ……………… 5829
松島 浄 ………………… 5752
松島 昭司 ……………… 1894
松島 朝彦 …………………
　　　　2218, 2979, 5818
松島 泰勝 …… 2322, 2344,
　　2356, 2477, 2850, 2865
松田 カメ ……………… 1637
松田 清 ………………… 1518
松田 建一 ……………… 3514
松田 幸子 ……………… 4824
松田 修一 ……………… 1737
松田 弘一 ……………… 5205
松田 ヒロ子 …………… 2037
松田 良孝 …………………
　　　　0931, 1496, 2896
松田 芳正 ……………… 5508
松田 米雄 ……… 1034, 3665
松竹 伸幸 ……… 1043, 2587
松谷 みよ子 …………… 3641
松鳥 むう ……………… 2129
松永 多佳倫 …… 2134, 5464
松野 良一 ……………… 0808
松久 宗清 ……………… 3622
松久 宗貴 ……………… 3622
松村 洋 ………… 4508, 5093
松村 ヨシ子 …………… 5903
松本 克臣 ……………… 3923
松本 嘉代子 …………… 4586
松本 健一 ……………… 2588
松本 源太郎 …………… 2868
松本 康太 ……………… 5402
松本 仁一 ……………… 5941

松元 剛 ……… 1899, 2208
松本 利秋 ……………… 2524
松本 典子 ……………… 4900
松本 泰丈 ……… 1535, 5649
松本 三喜夫 …………… 3369
松山 道速 ……………… 0869
松山 祐士 ……… 5099, 5111
『松山御殿物語』刊行会
　……………………… 0283
真鍋 和子 …………………
　　　　0874, 1039, 3902
まのとのま …… 2109, 2136
まぶい組 ……………… 0033
真南風の会 …………… 5014
摩文仁 賢栄 …………… 5486
マブヤープロジェクト
　……………………… 5370
マーブルトロン ……… 2126
間宮 厚司 ……… 5662, 5785
Mari ………………… 1834
マリンタウン与那原まち
　づくり推進協議会
　……………………… 4098
丸 淳一 ………… 2652, 2656
丸木 位里 ……………… 4751
丸木 俊 ………………… 4751
丸木 政臣 …………………
　　　　2204, 3239, 5876
丸山 顕徳 …………………
　　　　3657, 3676, 5717
円山 正史 ……………… 4572
丸山 雍成 ……………… 0507
丸山 恵山 ……………… 0261

【み】

三浦 加代子 ………………
　　　　3956, 3959, 5773
三浦 国雄 ……… 0659, 3504
三浦 佑之 ……… 3367, 3689
三浦 俊章 ……………… 1185
三浦 信男 ……………… 4407
三枝 克之 ……… 2032, 3521
三方 洋子 ……………… 0540
三上 絢子 ……………… 2874
三上 謙一郎 …………… 3227
三上 智恵 ……………… 1167
三木 静 ………… 3460, 4813
三木 卓 ………………… 1796

三木 健 ……………… 0038,
　0334, 1183, 1454, 1455,
　1483, 1621, 4174, 4175,
　5087, 5118, 5127, 5141
右田 昭進 …………………
　　　　1512, 1519, 1529
ミクロプレス ………… 2130
三島 わかな …………… 5189
水木 しげる …………… 3658
水島 朝穂 ……………… 1027,
　　2542, 2592, 2801, 2814
水田 耕平 ……………… 2046
水田 拓 ………………… 3820
水田 宗子 ……………… 3136
水野 明 ………………… 2636
水野 たかし …………… 4129
水野 益継 ……………… 2789
三隅 治雄 ……… 5362, 5378
溝口 恵美 ……… 3023, 3046
三田 圭介 ……………… 0943
三田 牧 ………………… 3578
三谷 晋 ………………… 2776
三谷 博 ………………… 0661
三荻 祥 ………… 1949, 3066
三苫 浩輔 ……………… 5815
湊 和雄 …… 3806, 3877, 3926
南大東村 ……………… 1329
南日本新聞社 ………… 1533,
　　　　1546, 4733, 4738
南山 宏 ………………… 0226
皆吉 龍馬 ……………… 1584
三根 明日香 …… 1734, 1750
嶺井 政治 ……………… 1949
嶺井 百合子 …………… 1610
峰岸 徹 ………………… 5418
みのり ………………… 1890
三原小学校 …………… 3314
美馬 百子 ……………… 1996
三村 和則 ……………… 3290
みやうち 沙矢 ………… 4791
宮内 久光 ……………… 2913
宮川 透 ………………… 1775
宮城 あきら …………… 2917
宮城 アケミ …………… 3217
宮城 栄昌 ……… 0157, 0506
宮城 かおり …………… 3831
宮城 一春 ……………… 1692
宮城 和宏 ……………… 2876
宮城 喜久子 …………… 5867

「沖縄」がわかる本 6000冊　485

みやき　　　　　　　　著者名索引

宮城　喜久蔵 ………… 3505
宮城　清 ……………… 3875
宮城　邦治 …………… 2029
宮城　航一 …………… 3445
宮城　悟 ……………… 4500
宮城　重二 …………… 3493
宮城　嗣幸 …………
　　　　　3691, 5153, 5187
宮城　嗣周 …………… 3704
宮城　秀一 …………… 0333
宮城　松成 …………… 2898
宮城　真治 …………… 3463
宮城　信勇 ………… 3710,
　　　　3713, 3716, 5181,
　　　　5626, 5685, 5686
宮城　鷹夫 …………
　　　　0348, 3247, 3574
宮城　辰男 …… 4230, 4237
宮城　保 ……………… 0842
宮城　勉 ……… 3731, 4250
宮城　篤正 ………… 4673,
　　　　4683, 5013, 5511
宮城　都志子 ………… 4614
宮城　豊彦 …………… 3770
宮城　信行 …………… 5812
宮城　隼夫 …………… 5516
宮城　晴美 …………… 5926
宮城　弘岩 …… 4244, 4260
宮城　弘樹 …………… 0405
宮城　博文 …………… 4491
宮城　正雄 …………… 5348
宮城　正照 …………… 4037
宮城　巳知子 ………… 5906
宮城　康博 …… 1141, 2484
宮城　豊 ……………… 2446
宮城　能彦 …………… 2321
宮城学院女子大学キリス
　ト教文化研究所 … 1782
宮城鐵夫顕彰記念誌編集
　委員会 …………… 1642
宮国　文雄 …………… 1399
宮國　由紀江 ………… 4047
三宅　俊司 …………… 2419
宮家　準 ……………… 3366
三宅　義子 …………… 2822
宮古教科書検定訴訟を支
　援する会 ………… 3277
宮古郷土史研究会
　…………… 1416, 1968

宮古島市教育委員会
　… 1383, 1414, 1415, 1417,
　　2782, 3576, 4682, 5660
宮古地区医師会 ……… 4001
宮古の自然と文化を考え
　る会 ……… 2025, 2036
宮古毎日新聞社 ……… 0116
宮崎　寿子 …… 1792, 1793
宮崎　正弘 …………
　　　　2578, 2581, 2682
宮崎　学 ……………… 3796
宮崎　義敬 …………… 5311
宮崎県サミット協力推進
　協議会 ……… 2551, 2552
宮里　英伸 …………… 5828
宮里　一夫 …………… 2241
宮里　金次郎 ………… 1617
宮里　政玄 …… 0736, 0848,
　　1712, 2489, 2555, 2608
宮里　千里 ………… 1025,
　　3093, 3098, 4317, 5823
宮里　朝光 …… 0238, 1620
宮里　勉 ……………… 1735
宮里　英克 …………… 5250
宮里　正子 …………… 4683
宮里　政充 …………… 2355
宮里　松正 …… 0744, 2236
宮下　正昭 …………… 0177
宮田　俊彦 …………… 0511
宮台　真司 …… 1107, 3080
宮地　岩根 …………… 4922
宮西　香穂里 ………… 3141
宮野　賢吉 …… 1315, 1641
宮平　初子 …………… 5010
宮平　盛晃 …………… 0136
宮平　康弘 ………… 4475,
　　4479, 4488, 5825
宮平観光株式会社 …… 4477
宮本　袈裟雄 ………… 3357
宮本　憲一 …………
　　1109, 2303, 4236
宮本　常一 …… 1786, 3373
宮本　雅史 …………… 2324
宮本　道治 …………… 5901
宮本　康宏 …………… 2333
宮良　瑛子 …………… 0264
宮良　作 … 0264, 0873, 1476
宮良　信詳 …… 5544, 5569
宮良　スミ …………… 1594

宮良　高夫 …………… 1594
宮良　貴子 …………… 4767
宮良　隆彦 …………… 3939
宮良　高弘 …… 0344, 1605
宮良　長包 …… 5110, 5118
宮良　長忠 …………… 5157
宮良　當治 …………… 2989
宮良　ミキ …………… 1692
宮良小学校 …………… 3320
ミュージックランド編集
　部 ………………… 5124
御代　英資 …… 0165, 0168
三好　和義 …… 4835, 4874
みわ ………………… 4821
民主主義科学者協会法律
　部会 ……………… 2770
民主党 ……………… 2414

【む】

向井　洋子 …………… 2399
向笠　千恵子 ………… 3537
むぎ社 …………… 0469,
　　　　3416, 3632, 4648
向　一陽 ……………… 3370
向原　祥隆 …………… 0026
むぬがたいの会 ……… 3682
村井　章介 …………… 0661
村岡　英裕 …………… 5592
村上　有慶 …………… 2202
村上　勝美 …………… 5470
村上　隆広 …………… 2409
村上　美登志 ………… 3649
村上　陽子 …………… 5761
村上　義雄 …………… 5067
村上　了太 …………… 2868
村上　呂里 …… 3265, 5532
村田　昌三 …………… 0316
村田　行 ……………… 3722
村田　忠禧 …………
　　2638, 2697, 2723
村山　家国 …………… 1552
村山　七郎 …………… 5524
村山　士郎 …………… 2828
村山　節子 …………… 3001
村山　友江 …………… 1241
村山　望 …… 3924, 3940

著者名索引　　　　　　　　やまおか

【め】

名桜大学 ……………… 3268
名桜大学総合研究所
　………………… 3895, 4505
明治大学人文科学研究所
　……………………… 0941
目賀田 八郎 ………… 4238
恵 忠久 ……………… 2632
恵 隆之介 …… 0260, 0376,
　0419, 1698, 2607, 2612,
　2616, 2620, 2649, 4002
目崎 茂和
　…………… 2205, 2208, 3371
目取真 俊 …………… 0762,
　0773, 2287, 3003

【も】

毛利 正道 …………… 3188
目次文庫編集委員会
　……………………… 0041
望月 雅彦 …………… 2900
茂木 弘道 …………… 2650
本永 清 ……………… 3576
本永 良夫 …………… 1020
本橋 千明 …………… 5360
本浜 秀彦
　………… 2865, 4808, 5755
本部 広哲 …………… 1513
本部町 ………… 1213, 1214
本村 満 … 3614, 5695, 5699
本村 洋子 …… 5695, 5699
ももココロ …………… 3049
桃坂 豊 ……………… 4442
百瀬 恵夫 …… 2852, 4234
百瀬 孝 ……………… 2611
森 亜紀子 …………… 0967
森 朝男 ……………… 3689
森 謙二 ……………… 2791
森 幸一 …… 5533, 5540
森 隆男 ……………… 4638
森 千紗 ……………… 4803
森 南海子 …………… 1864
毛里 一 ……………… 2693
森 英樹 ……………… 2542
森 弘達 ……………… 3207

森 友紀 ……… 5101, 5107
森 宣雄 ……………… 0761,
　0780, 0781, 0806
森岡 周 ……………… 3998
森岡 尚子 …… 4519, 4622
森岡 浩 ……………… 1742
森川 弘子 …………… 2044
森木 亮太 …………… 2263
森口 豁 ……………… 0247,
　0783, 0837, 1596,
　2528, 3032, 3506, 4926
盛口 満 ……… 2012, 3534,
　3547, 3789, 3855, 3928
森崎 和江 …… 1973, 5839
森住 卓 … 1950, 2760, 5933
森田 純一 …………… 5095
森田 孫榮 …………… 5334
盛根 信也 …………… 3975
盛本 勲 ……………… 0440
森本 和子 …………… 1451
森本 敏 ……………… 1099
森本 孝 ……………… 3376
守屋 武昌 …………… 1134
守谷 美峰 …………… 4922
森山 克子 …………… 3304
森山 康平 …… 0868, 0989
森山 大道 …………… 4933
もろさわ ようこ …… 3139
諸永 裕司 …………… 2593
諸見 友重 …………… 0660
門奈 直樹 …… 0109, 0721
文部科学省 …………… 5692

【や】

八重瀬町教育委員会
　……… 1378, 1388, 1389
八重山人頭税廃止百年記
　念事業期成会記念誌部
　会 ………………… 1456
八重山の医療を守る郡民
　の会 ……………… 4005
八重山博物館 ………… 0086
八重山毎日新聞社 …… 0105
屋嘉 和子 …………… 5231
屋嘉 宗克 …………… 5701
屋嘉区 ……………… 1230
屋嘉比 収 …………… 0770,

　0926, 1703, 2294, 2298
八木 正言 …………… 2133
柳下 換 … 3235, 3241, 3267
焼田 理一郎 ………… 3930
矢崎 好夫 …………… 5914
安田 和男 …… 5803, 5804
安田 未知子 … 9988, 4054
安田 宗生 …………… 3357
安田 ゆう子 ………… 4591
安富 昇 ……………… 1593
安野 功 ……………… 3226
安間 繁樹
　………… 2035, 3785, 3794
安室 知 ……………… 3384
安本 千夏 …………… 4170
谷内 正太郎 ………… 2591
箭内 博行 …………… 3613
家中 茂 ……… 2277, 2286
柳 宗悦 ……… 4955, 4992
柳澤 協二 …… 1130, 2619
柳田 国男 …… 3407, 3531
柳本 通彦 …………… 0334
柳瀬 吉雄 …… 2986～2988
矢野 恵美 …………… 3144
矢野 和成 …………… 3920
矢野 維幾 …………… 4841
矢野 輝雄 …… 5265, 5266
矢野 美沙子 … 0491, 0497
八原 博通 …………… 0985
屋比久 勝子 ………… 4041
屋比久 壮実 ………… 1940,
　2029, 3797, 3836,
　3837, 3842, 3847,
　3870, 3878, 3912, 3973
屋比久 浩 …………… 0965
矢吹 晋 … 2688, 2701, 2719
屋富祖 昌子 ………… 3894
矢部 宏治 …… 1118, 2623
矢部 三雄 …………… 4391
山内 晶 ……………… 5086
山内 尅 …… 3110～3112
山内 徳信 …………… 1027,
　1033, 1050, 1072,
　1079, 1106, 1151, 1159
山内 昌勝 …………… 3459
山内 昌尚 …………… 2952
山内 昌春 …………… 5234
山尾 三省 …………… 3362
山岡 淳一郎 ………… 5416

やまおか　　　　　　　　著者名索引

山岡　成俊 ………… 4902
山折　哲雄 ………… 3468
山川　烈磊 ………… 1664
山口　泉 …… 2422, 3157
山口　栄鉄 …… 0184, 0259,
　　0400, 0538, 0543, 0588,
　　0605, 0611, 0643, 1644,
　　1688, 2559, 5603, 5792
山口　恵一郎 ……… 1783
山口　二郎 …… 2411, 2833
山口　正 …………… 0936
山口　規子 ………… 4494
山崎　功 …………… 2706
山崎　克己 ………… 4792
山崎　真治 ………… 0450
山崎　博敏 ………… 3302
山里　勝己 ………… 0718,
　　2912, 3087, 3243, 5747
山里　秀太 ………… 5518
山里　純一 …… 0452, 0467,
　　3414, 3427, 3649, 5327
山里　將樹 ………… 5467
山里　将人 ………… 5343
山里　米子 ………… 3238
山下　欣一 …… 3643, 3656
山下　重一 …… 0248, 0310
山下　智菜美 ……… 2020
山下　恒夫 …… 4894, 4914
山下　弘 …………… 3840
山下　文武
　　0378, 0637, 1569
山階鳥類研究所 …… 3864
山城　勇 …………… 2917
山城　興勝 ………… 2909
山城　幸松 ………… 0295
山城　新 …………… 0016
山城　善三 ………… 0390
山城　高常 ………… 5866
山城　千秋 ………… 3237
山城　直明 ………… 3982
山城　照久 …… 3924, 3940
山城　紀子
　　0113, 1741, 4000
山城　秀人 ………… 1595
山城　博明 …… 0729, 0794,
　　0959, 2351, 3556, 3813
山代　寛 …………… 3176
山城　雅江 ………… 3106
山田　隆夫 ………… 2251

山田　孝子 ………… 1937
山田　輝子 ………… 1614
山田　文比古 ……… 2342
山田　實 … 0769, 4867, 4936
山田　有昂 ………… 5882
山田　吉彦 …… 2639, 2654,
　　2657, 2673, 2695, 2711
大和村 … 1530, 1548, 1568
山中　伊知郎 ……… 4053
山中　シンジ ……… 4839
山中　久司 ………… 0251
山梨　清二郎 ……… 5916
山根　正気 ………… 3883
山根　隆志 ………… 1058
山野　博哉 ………… 4138
ヤマノカラス ……… 1830
山之口　貘 …… 5777, 5840
山之口貘記念会 …… 5765
山入端　つる ……… 1606
山畠　正男 ………… 0524
山本　彩香 ………… 4590
山本　英治 …… 0306, 1752
山本　皓一 …… 2524, 2644,
　　2646, 2666, 2679, 4172
山本　興正 ………… 0782
山本　茂 (1914-) … 5878
山本　茂 (1945-) … 4031
山本　伸 …………… 5390
山本　川恒 ………… 3640
山本　英樹 …… 3899, 4799
山本　ひろ子 ……… 3393
山本　弘文 ………… 4295
八女市教育委員会 … 4153
屋良　朝助 ………… 2284
屋良　朝博 …… 1090, 1138,
　　1141, 2592, 2609, 2619
「屋良朝苗氏を偲ぶ
　県民葬の記録」編集委員
　会 ……………… 1611

【ゆ】

兪　炳強 …………… 4195
由井　晶子 ………… 1119
ゆいまーるセミナー
　………………… 3128
ゆいまーる隊 ……… 3011
ゆいワークス株式会社

　………………… 4266
由木　毅 …………… 4897
勇崎　哲史 ………… 4844
優佳 ……………… 4802
湯川　洋司 ………… 3384
弓削　次男 ………… 4346
弓削　達 …………… 2804
弓削　政己 ………… 1576
吉屋　松金 ………… 5565
ゆたか　はじめ …… 4435,
　　4442, 4443, 4449
豊かな食を拓く会 … 4595
湯原　かの子 ……… 4752
湯本　貴和 ………… 4128
尹　明淑 …………… 0782

【よ】

世一　良幸 ………… 4126
養秀同窓会 …… 3339, 5939
与勝　海星 …… 4785, 4786
輿儀　九英 ………… 0884
与儀　達治 ………… 4815
輿儀　秀武 …… 2323, 2345
横塚　真己人 ……… 1984,
　　2005, 2006, 3804,
　　3849, 3859, 4875
横山　健堂 ………… 1772
横山　宏章 ………… 2689
横山　雅彦 ………… 5486
横山　学 …………… 0554
横山　芳春 ………… 3284
吉井町教育委員会 … 4153
吉江　真理子 ……… 3130
吉岡　攻 …… 1790, 2537
吉岡　幸雄 ………… 5049
吉岡　すずか ……… 2792
吉岡　泰夫 ………… 5597
吉川　敏男 ………… 4029
吉川　初枝 …… 1910, 1917
吉川　斐出夫 ……… 2983
吉川　博也 …… 2838, 4223
吉崎　誠二 …………
　　2939, 4131, 4496
吉澤　直美 ………… 4632
吉沢　嘉人 ………… 5869
吉田　敦彦 ………… 0132
吉田　久一 ………… 5891

488　「沖縄」がわかる本 6000冊

著者名索引　　　　りゆうき

吉田 健二 …………… 3951
吉田 賢治 …………… 2764
吉田 健正 …………… 0835,
　　　　1082, 2566, 2582
吉田 孝一 …………… 2239
吉田 純子 …………… 5362
吉田 真吾 …………… 2725
吉田 竹也 …………… 4495
吉田 忠正 …… 0316, 3502,
　　3503, 4410, 4509, 4715
吉田 朝啓 …… 3984, 4035
吉田 司 …………… 2998
吉田 俊雄 …………… 0966
吉田 敏浩 …… 1137, 2584
吉田 直人 …………… 1904,
　　　　3061, 3072, 4520
吉田 元 …… 4895, 4905
吉田 博 …………… 1772
吉田 裕久 …………… 3289
吉田 善明 …………… 2795
吉成 直樹 …… 0137, 0331,
　　0492, 0619, 0641, 0664,
　　0682, 3379, 3425, 5787
吉野 航一 …………… 0135
吉葉 研司 …………… 3191
吉浜 忍 …… 0902, 1375
吉浜 朝栄 …………… 3614
義原 ミヤ子 …………… 5767
吉見 光治 …………… 3777
吉村 喜彦 …… 3513, 4405
吉村 正治 …………… 4860
吉本 隆明 …………… 5739
吉本 ナナ子 …………… 4594
吉本 ばなな …………… 5859
吉本 秀子 …………… 0810
依田 和明 …… 4850, 4855
よっしー …………… 1963
与那国 瞳 …… 0742, 2748
与那国町 …… 1432, 1433,
　　1464, 1495, 2001, 3536
与那国町教育委員会
　………………………… 3821
与那国町制施行50周年記
　念誌編纂班与那国町史
　編纂委員会事務局
　………………………… 1440
與那覇 潤 …………… 2395
与那覇 百子 …………… 5938
与那原 恵 …………… 0353,

　　1651, 1702, 4567, 5041
與那原 正勝 …………… 4388
与那原町教育委員会
　…… 1362, 3200, 3201, 3205
与那原町立図書館 …… 0095
与並 岳生 …………… 0319,
　0609, 0610, 0612, 0613,
　0616～0618, 0620～0623,
　0626～0630, 0708～0710
與那嶺 一子 …… 5011, 5030
與那嶺 正秀 …… 0470, 3738
米城 惠 …………… 1501
米谷 綾子 …………… 4420
米延 仁志 …… 0441, 0442
米屋 陽一 …………… 3641
よねやま ゆうこ …………… 2091
読売新聞社 …………… 0878
読売新聞西部本社 …… 2291
読谷村 …………… 1236, 1248,
　　1263, 1269, 1279, 1304
読谷村字大湾郷友会
　………………………… 1273
読谷村教育委員会 …
　　　3639, 3645, 3654
読谷村立歴史民俗資料館
　…… 3639, 3645, 3654, 5004
四方田 犬彦 …………… 5364

【ら】

ライフスタイル研究所ス
　タジオ29 …… 4980, 4985
ラジオ沖縄 …………… 4457,
　　　4459, 4460, 4465,
　　　4466, 5071, 5554
ラボ教育センター …… 3413

【り】

李 静和 …………… 4693
李 鼎元 …………… 0636
立教大学キリスト教教育
　研究所 …………… 1935
立命館大学国際平和ミ
　ュージアム …………… 0902
立命館大学人文科学研究
　所 …………… 2531
立命館大学説話文学研究

会 …………… 3637
リムピース …………… 1131
劉 甦朝 …………… 2637
琉 仲為 …………… 1586
琉球朝日放送株式会社
　………………………… 4462
琉球怪団 …………… 3458
『琉球弧の住民運動』復刻
　版刊行委員会 …… 1196
琉球自治州の会 …… 2470
琉球新報社 …………… 0097,
　0098, 0121, 0249, 0370,
　0383, 0476, 0478, 0693,
　0711, 0738, 0971, 0972,
　0975, 1001, 1017, 1059,
　1129, 1158, 1622, 1624,
　1635, 1689, 1691, 1696,
　1711, 1717, 1771, 1784,
　2340, 2564, 2565, 2724,
　2872, 2925, 3069, 3127,
　3181, 3199, 3202, 4061,
　4062, 4666, 5192, 5193,
　5303, 5326, 5447, 5457,
　5460, 5462, 5769, 5863
琉球新報社論説委員会
　………………………… 2424
琉球セメント株式会社
　………………………… 4181
琉球大学 …… 0013～0015,
　0017, 0019, 0122,
　3317, 3318, 3793, 3983
琉球大学アメリカ研究会
　………………………… 3087
琉球大学医学部附属地域
　医療研究センター
　………………………… 3986
琉球大学医学部附属病院
　がんセンター …………… 4003
琉球大学教育学部 …… 3211
琉球大学教育学部附属教
　育実践総合センター
　………………………… 3230
琉球大学教育学部附属小
　学校 …………… 3226
琉球大学工学部 …………… 0245
琉球大学国際沖縄研究所
　………………… 5652, 5659
琉球大学資料館 …… 0045
琉球大学同窓会 …… 3330
琉球大学農学部附属農場
　………………………… 4292

「沖縄」がわかる本 6000冊　　489

りゅうき　　　　　　　　著者名索引

琉球大学附属図書館
　・・・・・・・・・・・・・・・ 0075, 5551,
　　5728, 5732, 5737, 5741,
　　5744, 5751, 5754, 5759
琉球大学附属図書館情
　報サービス課情報
　サービス企画係沖縄資料担
　当 ・・・・・・・・・・・・・・・・・・・ 0059
琉球大学理学部 ・・・・・・・ 3743
琉球中国関係国際学術会
　議 ・・・・・・・・・・・・ 0562, 0645
「琉球の風」実行委員会
　・・・・・・・・・・・・・・・・・・・・・・ 5188
琉球物流株式会社 ・・・・・ 4444
琉球放送株式会社 ・・・・・ 4461
リュウグウノツカイ
　・・・・・・・・・・・・・・・・・・・・・・ 4827
琉中関係研究会
　・・・・・・・・・・・・・・ 0647, 0649
琉風会 ・・・・・・・・・・・・・・・・ 5884
琉球独立党 ・・・・・・・・・・・・ 2389
良定 ・・・・・・・・・・・・・・・・・・ 0164
緑亭山人 ・・・・・・・・・・・・・・ 0266
理論社 ・・・・・・・・・・・・・・・・ 3631
林 珠雪 ・・・・・・・・・・・・・・ 5531
林 泉忠 ・・・・・・・・ 0010, 2375
林 文彬 ・・・・・・・・・・・・・・ 3123
林業土木コンサルタンツ
　・・・・・・・・・・・・・・・・・・・・・・ 5421
倫理研究所 ・・・・・・・・・・・・ 0126

【れ】

歴史を拓く女の会 ・・・・・ 5913
歴史教育者協議会 ・・・
　・・・・・・・・・・ 0237, 0536, 2812
レクサークルあだん
　・・・・・・・・・・・・・・・・・・・・・・ 5394
レジャーサービス産業労
　働組合連合 ・・・・・・・・・・ 4469
レブン ・・・・・・・・・・・・・・・・ 2081

【ろ】

労働者教育協会
　・・・・・・・・・・・・・・・・ 2523, 2601
ローゼル川田 ・・・・・・・・・・ 1791

【わ】

わうけ いさお ・・・・・・・・ 1866
和宇慶 文夫 ・・・・・・・・・・ 5345
若泉 敬 ・・・・・・・・・・・・・・ 2580
若林 敬子 ・・・・・・・・・・・・ 2882
若林 千代 ・・・・・・・・・・・・ 0815
和歌文学会 ・・・・・・・・・・・・ 5789
湧上 元雄 ・・・・・・ 0140, 3590
湧川 清栄 ・・・・・・・・・・・・ 1631
湧川 善三郎 ・・・・・・・・・・ 1598
湧田 弘 ・・・・・・・・・・・・・・ 4983
和光小学校 ・・・・・ 2197, 2204
和光鶴川小学校 ・・・・・・・ 2204
和田 進 ・・・・・・・・・・・・・・ 2231
和田 久士 ・・・・・・・・・・・・ 4152
和田 久徳 ・・・・・・・・・・ 0518,
　　　　0559, 0624, 0634
和田 寛 ・・・・・・・・・・・・・・ 3421
和田 文夫 ・・・・・ 4757, 4909
渡辺 愛美 ・・・・・・・・・・・・ 4863
渡辺 治 ・・・・・・・・ 2542, 2824
渡辺 一夫 ・・・・・・ 3731, 4250
渡辺 賢一 ・・・・・・・・・・・・ 3930
渡辺 昭五 ・・・・・・・・・・・・ 3418
渡辺 豪 ・・・・・・・・・・・・ 1086,
　　　　1091, 1123, 2631
渡辺 直子 ・・・・・・・・・・・・ 2043
渡辺 信夫 ・・・・・・・・・・・・ 0191
渡辺 憲央 ・・・・・・・・・・・・ 5897
渡部 允 ・・・・・・・・・・・・・・ 2309
渡辺 美季 ・・・・・・・・・・
　　　　0405, 0667, 0672
渡邊 康志 ・・・・・・・・・・・・ 3942
渡邉 保人 ・・・・・・・・・・・・ 4185
渡辺 洋三 ・・・・・・・・・・・・ 2730
渡辺 欣雄 ・・・・・・・・・・
　　　　3488, 3498, 3522
渡辺 良正 ・・・・・・・・・・・・ 4878
渡部 忠世 ・・・・・・・・・・・・ 4290
渡 英子 ・・・・・・・・・・・・・・ 5774
渡 由喜子 ・・・・・・ 5541, 5542
和泊町歴史民俗資料館
　・・・・・・・・・・・・・・・・・・・・・・ 1536
和来 龍 ・・・・・・・・・・・・・・ 3668

【数字】

24365沖縄研究会 ・・・・・・ 1879
88周年記念誌編集委員会
　・・・・・・・・・・・・・・・・・・・・・・ 3316

【ABC】

Adulyanukosol,
　Kanjana. ・・・・・・・・・・・・ 3950
Ayumi ・・・・・・・・・・・・・・・・ 4901
Baillie, Harriet ・・・・・・・ 3768
BEGIN ・・・ 5061, 5213, 5240
Bouterey, Susan ・・・・・・ 5742
Brooks, Douglas ・・・・・・ 4173
Caroli, Rosa ・・・・・・・・・・ 3579
Chamberlain, Basil Hall
　・・・・・・・・・・・・・・・・・・・・・・ 5603
Clifford, Herbert John
　・・・・・・・・・・・・・・・・・・・・・・ 0814
C-NET ・・・・・・・・・・・・・・・・ 1021
Cocco ・・・・・・・・・・・・・・・・ 4906
CRK design ・・・・・・・・・・ 5031
Cronin, Richard P. ・・・・ 1021
Daniels, Christian ・・・・ 3434
Dempster, Tim ・・・・・・・ 3768
DeMusik Inter ・・・・・・
　　　　5060, 5062, 5144
Devlin, David ・・・・・・・・・ 3768
Eldridge, Robert D.
　・・・・・・・・・・・・・・・・・・ 2265,
　　2362, 2425, 2562, 2725
Favennec, Yann ・・・・・・ 2629
Feifer, George ・・ 0822, 0823
Fukuoka Art Tips ・・・・ 4717
Gilbert, Kent ・・・・・・・・・ 2425
Gromkovskaia, L.L.
　・・・・・・・・・・・・・・・・・・・・・・ 3693
Hallas, James H. ・・・・・・ 0935
Hawks, Francis Lister
　・・・・・・・・・ 0540, 1792, 1793
Heinrich, Patrick
　・・・・・・・・・・・・・・・ 5642, 5665
Hitchcock, Jayne A.
　・・・・・・・・・・・・・・・・・・・・・・ 3647
I-ken ・・・・・・・・・・・・・・・・ 4899
ISUTOSHI ・・・・・・・・・・・・ 4798
Jensen, Thomas Lynge
　・・・・・・・・・・・・・・・・・・・・・・ 4057
Kennedy, Maxwell Tay-
　lor ・・・・・・・・・・・・・・・・・・ 0933

著者名索引　　WILL

Kerr, George H. ･･････ 0400
KOJUN ･･････････････ 4593
Kreiner, Josef ･･･････
　　　　　0018, 0143, 2834
Kuznick, Peter J. ･････ 2618
Leavenworth, Charles
　S. ･･･････････････ 0611
Long, Stephen Daniel
　･････････････････ 2028
Ló pez, Daniel ･･･････ 4913
Lummis, C.Douglas
　･･･ 2313, 2750, 2751, 2759
Maharidge, Dale ･････ 5946
Mayol, Jacques ･･････ 1818
McCormack, Gavan
　･･･････････････ 0805
McLeod, John ･･･････ 1810
Mitchell, Jon ･･･････ 4063
Mochizuki, Mike ･･･
　　　　1171, 2573, 2583
Molasky, Michael S.
　･･･････････････ 0767
MONGOL800 ･･･････ 4756
Murphy-Shigematsu,
　Stephen ･････････ 2260
Nakamura-Huber,
　Kazue ･･････ 4796, 4806
Nakamura-Huber, Ken
　･･･････････ 4796, 4806
Nelson, Allen ･･･････ 1028
Nevskii, Nikolai Alek-
　sandrovich ･･･････ 3693,
　　　　　5605, 5606
Oechsle, Rob ･･･････ 0550
Okinawa Artist Inter-
　view Project ･･････ 4711
Otani, Raymond ･････ 4428
Ouwehand, Cornelius
　･･･････････ 2014, 3499
Ouwehand, Shizuko
　･･･････････ 2014, 3499
Perry, Matthew Cal-
　braith ･･････ 1792, 1793
photographers'gallery
　･･････････････ 4908
Prochaska, Isabelle ･･･ 3445
QPR ･････････････ 0118
Sandness, Karen ･････ 4164
Shimoda, Yori ･･･････ 3013
Sledge, Eugene Bon-
　durant ･･････････ 5929
Smith, George ･･･････ 0588
Smits, Gregory ･･････ 0667

SSI ･･････････････ 4219
Stone, Oliver ･･･････ 2618
Sutter, Robert G. ･･･ 1021
tommy ･･･ 1877, 3102, 3105
Urbanová , Jana ･････ 5810
Walter, Philippe ･････ 0132
Willcox, Bradley J.
　･･･････････ 4039, 4051
Willcox, D.Craig
　･･･････････ 4039, 4051

「沖縄」がわかる本 6000冊　**491**

事項名索引

事項名索引　　　　　　かみ

【あ】

愛国心　→思想 ……………………… 13
青木恵哉　→キリスト教 …………… 17
遊び　→諸芸・娯楽 ………………… 413
阿波根昌鴻
　　→米軍基地 ……………………… 83
　　→政治・経済・社会一般 ……… 168
アメラジアン　→児童福祉 ………… 256
アメリカ世　→昭和・平成 ………… 58
泡盛　→食品工業 …………………… 331
案内記
　　→沖縄の紀行・案内記 ………… 135
　　→地域の紀行・案内記 ………… 150
慰安婦
　　→太平洋戦争 …………………… 68
　　→女性 ………………………… 251
生きもの　→生物 …………………… 301
戦世　→太平洋戦争 ………………… 68
育児　→子育て ……………………… 364
イザイホー　→祭礼・年中行事 …… 287
遺跡　→考古学 ……………………… 37
市場　→商業・商店街 ……………… 347
伊波普猷
　　→沖縄一般 ……………………… 3
　　→思想 ………………………… 13
　　→沖縄史 ……………………… 19
異文化接触　→文化事情 …………… 247
イベント　→観光 …………………… 351
移民　→移民・植民 ………………… 230
イリオモテヤマネコ　→動物 ……… 307
医療　→医学 ………………………… 316
飲食店　→食 ………………………… 357
御願
　　→民間伝承 …………………… 275
　　→祭礼・年中行事 …………… 287
歌　→音楽 …………………………… 391
ウチナーグチ　→琉球語 …………… 425
内間御殿　→琉球王国 ……………… 43
海　→海洋 …………………………… 301
ウミガメ　→動物 …………………… 307
海人　→水産業 ……………………… 346
漆工芸　→工芸 ……………………… 385
映画　→芸能・演劇・映画 ………… 408
エイサー
　　→仏教 ………………………… 16
　　→祭礼・年中行事 …………… 287
エッセイ　→随筆 …………………… 445

江戸上り　→琉球王国 ……………… 43
エネルギー　→技術・工業一般 …… 322
絵本　→漫画・児童画・絵本 ……… 373
演劇　→芸能・演劇・映画 ………… 408
沖縄アクターズスクール　→芸能・演劇・
　　映画 ………………………… 408
沖縄学　→沖縄一般 ………………… 3
沖縄県議会史　→地方自治・地方行政 …188
沖縄県史　→沖縄史 ………………… 19
沖縄県平和祈念資料館　→平和運動 …216
沖縄語　→琉球語 …………………… 425
沖縄戦
　　→太平洋戦争 …………………… 68
　　→修学旅行案内 ……………… 166
沖縄タイムス社　→メディア ……… 10
沖縄美ら海水族館　→動物 ………… 307
沖縄文学　→琉球文学・沖縄文学 … 436
おきなわ文学賞　→琉球文学・沖縄文学 …436
沖縄ポップス　→音楽 ……………… 391
沖縄毎日新聞社　→メディア ……… 10
沖縄料理　→沖縄料理のレシピ …… 360
御後絵　→絵画・版画・書 ………… 371
オスプレイ配備　→米軍基地 ……… 83
思いやり予算
　　→米軍基地 …………………… 83
　　→外交 ………………………… 193
おもろさうし　→おもろ …………… 442
オリオンビール　→食品工業 ……… 331
織物　→染織 ………………………… 388
音楽　→音楽 ………………………… 391

【か】

絵画　→絵画・版画・書 …………… 371
貝塚　→考古学 ……………………… 37
ガイドブック
　　→旅のガイドブック ………… 156
　　→食 …………………………… 357
海南小記　→出版・書店 …………… 6
学童疎開　→教育 …………………… 257
学力　→学校教育 …………………… 263
化石　→地学 ………………………… 299
家畜　→畜産業 ……………………… 344
家庭料理　→沖縄料理のレシピ …… 360
嘉手納基地　→米軍基地 …………… 83
カトリック教会　→キリスト教 …… 17
鹿野政直　→思想 …………………… 13
鎌倉芳太郎　→染織 ………………… 388
神　→民間信仰 ……………………… 14

「沖縄」がわかる本 6000冊　**495**

かめこう　　　　　　　　　　事項名索引

亀甲墓　→沖縄史 ……………………… 19
歌謡　→民謡 …………………………… 295
空手道　→武道 ………………………… 419
かりゆし　→製造工業 ………………… 330
川　→自然科学一般 …………………… 298
環境問題　→環境工学・公害 ………… 324
観光事業　→観光 ……………………… 351
機械　→機械工学 ……………………… 329
企業
　　→経営 ……………………………… 233
　　→産業一般・産業政策 …………… 334
戯曲　→戯曲 …………………………… 444
気候　→気象 …………………………… 300
紀行
　　→地誌・紀行 ……………………… 131
　　→沖縄の紀行・案内記 …………… 135
　　→地域の紀行・案内記 …………… 150
記事索引　→書誌・目録 ………………… 7
キジムナー　→民間伝承 ……………… 275
気象　→気象 …………………………… 300
基地問題　→米軍基地 ………………… 83
記念誌　→学校記念誌 ………………… 266
宜野湾市　→米軍基地 ………………… 83
キャンプ　→スポーツ一般 …………… 415
キャンプ・シュワブ　→米軍基地 …… 83
九州・沖縄サミット　→外交 ………… 193
旧石器時代　→原始時代 ……………… 39
弓道　→武道 …………………………… 419
牛肉　→畜産業 ………………………… 344
教育行政　→教育 ……………………… 257
教育史　→教育 ………………………… 257
教員　→学校教育 ……………………… 263
教会　→キリスト教 …………………… 17
教科書検定　→学校教育 ……………… 263
教科書裁判　→学校教育 ……………… 263
行事　→祭礼・年中行事 ……………… 287
行政　→政治・行政 …………………… 183
郷土芸能　→芸能・演劇・映画 ……… 408
漁業　→水産業 ………………………… 346
漁民　→水産業 ………………………… 346
キリスト教　→キリスト教 …………… 17
銀行　→金融 …………………………… 235
金融特区　→金融 ……………………… 235
空港　→交通 …………………………… 348
グスク
　　→中世 ……………………………… 41
　　→琉球王国 ………………………… 43
組踊　→舞踊・組踊 …………………… 405
暮らし　→暮らし・生き方 …………… 355

工工四
　　→民謡 ……………………………… 295
　　→三線 ……………………………… 401
経営　→経営 …………………………… 233
経済　→経済 …………………………… 226
経済史　→経済 ………………………… 226
芸能　→芸能・演劇・映画 …………… 408
結婚式　→冠婚葬祭 …………………… 365
建設　→建設・土木 …………………… 322
現代史　→昭和・平成 ………………… 58
建築　→建築 …………………………… 327
県知事　→地方自治・地方行政 ……… 188
憲法　→憲法 …………………………… 222
憲法九条　→憲法 ……………………… 222
公害　→環境工学・公害 ……………… 324
工芸　→工芸 …………………………… 385
高校野球　→野球 ……………………… 418
公文書館　→文化施設 …………………… 9
公民館　→社会教育 …………………… 267
国際通り　→都市工学 ………………… 324
国立療養所沖縄愛楽園　→ハンセン病 318
国立療養所宮古南静園　→ハンセン病 318
古書店　→出版・書店 …………………… 6
国境　→領土問題 ……………………… 205
古典音楽　→音楽 ……………………… 391
子ども　→教育 ………………………… 257
ことわざ　→琉球語 …………………… 425
古武道　→武道 ………………………… 419
古文書　→書誌・目録 …………………… 7
ゴーヤー
　　→健康法 …………………………… 319
　　→園芸 ……………………………… 342
　　→食 ………………………………… 357
古琉球　→中世 ………………………… 41
ゴルフ　→スポーツ一般 ……………… 415
昆虫　→動物 …………………………… 307

【さ】

祭祀　→祭礼・年中行事 ……………… 287
財政　→財政 …………………………… 236
サッカー　→スポーツ一般 …………… 415
サトウキビ
　　→植物 ……………………………… 305
　　→農業 ……………………………… 338
ザトウクジラ　→動物 ………………… 307
サバニ　→海洋工学・船舶工学 ……… 329
産業　→産業一般・産業政策 ………… 334
三絃　→三線 …………………………… 401

496　　「沖縄」がわかる本 6000冊

事項名索引　　　　　すうかく

サンゴ礁
　→海洋 …………………………………301
　→動物 …………………………………307
三線　→三線 …………………………………401
詩歌　→詩歌 …………………………………441
ジェンダー　→女性 …………………………251
市議会史　→地方自治・地方行政 ……188
識名園　→造園 ………………………………344
事件　→事件・犯罪 …………………………253
仕事　→労働 …………………………………250
シーサー　→民間伝承 ……………………275
市史
　→北部地区（国頭郡）…………………101
　→中部地区（中頭郡）…………………103
　→南部地区（島尻郡）…………………106
　→宮古地区（宮古郡）…………………110
　→八重山地区（八重山郡）…………111
　→奄美大島（奄美群島）……………116
辞書　→辞典 …………………………………434
地震　→地学 …………………………………299
死生観
　→宗教 ……………………………………… 13
　→民間信仰 ………………………………… 14
自然
　→自然科学一般 ………………………298
　→生物 …………………………………301
自然災害　→災害 …………………………257
自然保護　→環境工学・公害 …………324
思想史　→思想 ……………………………… 13
市長　→地方自治・地方行政 …………188
漆器　→工芸 …………………………………385
児童画　→漫画・児童画・絵本 ………373
自費出版　→出版・書店 …………………… 6
島唄
　→民謡 …………………………………295
　→音楽 …………………………………391
シマクサラシ　→宗教 ……………………… 13
島津氏　→琉球王国 ………………………… 43
社会　→社会 …………………………………237
社会学　→沖縄一般 ………………………… 3
社会教育　→社会教育 ……………………267
社会福祉　→福祉 …………………………254
写真　→写真・写真集 ……………………377
写真集　→写真・写真集 …………………377
ジャーナリスト　→メディア ……………… 10
ジャーナリズム　→メディア ……………… 10
修学旅行　→修学旅行案内 ……………166
習慣　→風習 …………………………………279
住居　→住 ……………………………………364

宗教　→宗教 ………………………………… 13
住宅建築　→建築 …………………………327
集団自決　→太平洋戦争 ………………… 68
シュガートレイン　→交通 ………………348
ジュゴン
　→動物 …………………………………307
　→環境工学・公害 ……………………324
首里城　→建築 ……………………………327
書　→絵画・版画・書 ……………………371
尚育王　→琉球王国 ………………………… 43
尚永王　→琉球王国 ………………………… 43
尚益王　→琉球王国 ………………………… 43
尚円王　→琉球王国 ………………………… 43
尚温王　→琉球王国 ………………………… 43
尚敬王　→琉球王国 ………………………… 43
尚賢王　→琉球王国 ………………………… 43
尚元王　→琉球王国 ………………………… 43
尚瀬王　→琉球王国 ………………………… 43
尚質王　→琉球王国 ………………………… 43
少女暴行事件
　→米軍基地 ……………………………… 83
　→事件・犯罪 …………………………253
尚真王　→琉球王国 ………………………… 43
尚清王　→琉球王国 ………………………… 43
尚泰王
　→琉球王国 ……………………………… 43
　→琉球処分 ……………………………… 58
尚貞王　→琉球王国 ………………………… 43
商店街　→商業・商店街 …………………347
尚寧王　→琉球王国 ………………………… 43
尚豊王　→琉球王国 ………………………… 43
情報産業　→メディア ……………………… 10
尚穆王　→琉球王国 ………………………… 43
縄文文化　→原始時代 …………………… 39
食材　→食 ……………………………………357
食生活　→健康法 …………………………319
食文化
　→風習 …………………………………279
　→食 ……………………………………357
植民　→移民・植民 ………………………230
女性史　→女性 ……………………………251
書店　→出版・書店 ………………………… 6
人口問題　→人口・土地 …………………230
神社　→神道 ………………………………… 16
新聞　→メディア …………………………… 10
心理学　→心理学 …………………………… 13
森林　→林業 ………………………………345
随筆　→随筆 ………………………………445
数学　→数学 ………………………………299

「沖縄」がわかる本 6000冊　　**497**

せいさ　　　　　　　　　事項名索引

星座　→天文 ……………………………299
政治　→政治・行政 ……………………183
製糖　→食品工業 ………………………331
生物多様性　→生物 ……………………301
石油　→金属工学・鉱山工学 …………330
説話　→伝説・民話 ……………………291
尖閣諸島
　　→八重山地区（八重山郡）………111
　　→領土問題 …………………………205
選挙　→政治・行政 ……………………183
戦後　→昭和・平成 …………………… 58
先史時代　→原始時代 ………………… 39
染織工芸　→染織 ………………………388
戦争体験記　→手記・ルポルタージュ …448
占領政策　→昭和・平成 ……………… 58
葬儀　→冠婚葬祭 ………………………365
相続　→家族 ……………………………250
象のオリ　→米軍基地 ………………… 83
祖国復帰　→沖縄返還 ………………… 99
村史
　　→北部地区（国頭郡）………………101
　　→中部地区（中頭郡）………………103
　　→南部地区（島尻郡）………………106
　　→宮古地区（宮古郡）………………110
　　→八重山地区（八重山郡）………111
　　→奄美大島（奄美群島）…………116

【た】

体験記　→手記・ルポルタージュ ……448
大衆演芸　→諸芸・娯楽 ………………413
袋中上人　→仏教 ……………………… 16
第二次世界大戦　→太平洋戦争 ……… 68
ダイビング　→スポーツ一般 …………415
代理署名裁判　→米軍基地 …………… 83
煙草　→製造工業 ………………………330
ダム　→ダム ……………………………323
炭坑　→金属工学・鉱山工学 …………330
地域開発　→産業一般・産業政策 ……334
地価　→人口・土地 ……………………230
地形　→地学 ……………………………299
地誌　→地誌・紀行 ……………………131
地名　→地誌・紀行 ……………………131
彫刻　→彫刻 ……………………………371
町史
　　→北部地区（国頭郡）………………101
　　→中部地区（中頭郡）………………103
　　→南部地区（島尻郡）………………106
　　→宮古地区（宮古郡）………………110

　　→八重山地区（八重山郡）………111
　　→奄美大島（奄美群島）…………116
長寿
　　→高齢者福祉 ………………………255
　　→医学 ………………………………316
　　→健康法 ……………………………319
対馬丸　→太平洋戦争 ………………… 68
紬　→製造工業 …………………………330
釣り　→スポーツ一般 …………………415
庭園　→造園 ……………………………344
鉄器文化　→考古学 …………………… 37
鉄道　→交通 ……………………………348
テレビ　→放送 …………………………350
伝記　→伝記 ……………………………121
電気　→電気工学 ………………………329
伝説　→伝説・民話 ……………………291
伝統工業　→工業 ………………………330
トイレ　→住 ……………………………364
闘牛　→スポーツ一般 …………………415
投資　→金融 ……………………………235
陶磁器
　　→化学工業 …………………………330
　　→工芸 ………………………………385
とぅばらーま　→民謡 …………………295
読書　→出版・書店 …………………… 6
都市計画　→都市工学 …………………324
図書　→出版・書店 …………………… 6
図書館
　　→書誌・目録 ……………………… 7
　　→文化施設 ………………………… 9
トートーメー
　　→家族 ………………………………250
　　→民間伝承 …………………………275
土木　→建設・土木 ……………………322

【な】

名護市　→米軍基地 …………………… 83
日米安全保障条約
　　→米軍基地 ………………………… 83
　　→外交 ………………………………193
日米地位協定
　　→米軍基地 ………………………… 83
　　→外交 ………………………………193
日記　→日記 ……………………………448
日本管理政策　→昭和・平成 ………… 58
日本国憲法　→憲法 ……………………222
ニライカナイ　→民間信仰 …………… 14
農業　→農業 ……………………………338

498　　「沖縄」がわかる本　6000冊

事項名索引　　　　　　　　　　　　　　　　やせいせ

農地　→農業 ……………………………………338
ノロ　→民間信仰 ……………………………… 14

【は】

廃棄物　→環境工学・公害 ………………324
博物館　→文化施設 …………………………… 9
芭蕉布　→染織 …………………………………388
ハブ　→動物 …………………………………307
版画　→絵画・版画・書 …………………371
犯罪　→事件・犯罪 …………………………253
反戦地主　→米軍基地 ……………………… 83
ハンセン病　→ハンセン病 ………………318
比較言語学　→ことば ……………………424
美術　→芸術・美術・文化財 …………366
美術館　→文化施設 …………………………… 9
卑弥呼　→古代 ……………………………… 40
ひめゆり　→太平洋戦争 ………………… 68
標本　→書誌・目録 …………………………… 7
紅型　→染織 …………………………………388
風俗　→民俗一般 …………………………269
福祉
　　→福祉 …………………………………254
　　→高齢者福祉 ……………………………255
　　→障害者福祉 ……………………………255
　　→児童福祉 ………………………………256
仏教　→仏教 ………………………………… 16
普天間基地　→米軍基地 ………………… 83
武道　→武道 …………………………………419
古本屋　→出版・書店 ………………………… 6
プロテスタント教会　→キリスト教 ……… 17
文化
　　→文化事情 ………………………………247
　　→風習 ……………………………………279
文学
　　→琉球文学・沖縄文学 ………………436
　　→小説 ……………………………………445
文化財　→芸術・美術・文化財 ………366
米軍基地
　　→米軍基地 ………………………………… 83
　　→労働 ……………………………………250
　　→事件・犯罪 ……………………………253
米軍支配　→昭和・平成 ………………… 58
平和運動　→平和運動 ……………………216
平和教育　→教育 …………………………257
辺野古　→米軍基地 ……………………… 83
ヘリコプター墜落事件　→米軍基地 …… 83
ペリー来航　→琉球王国 ………………… 43
保育　→児童福祉 …………………………256

法　→法律 ……………………………………219
貿易　→貿易 …………………………………348
方言　→琉球語 …………………………… 425
方言辞典　→辞典 …………………………434
防災　→災害 …………………………………257
法事　→冠婚葬祭 …………………………365
棒術　→武道 …………………………………419
報道　→メディア …………………………… 10
ボクシング　→スポーツ一般 …………415
本土復帰　→沖縄返還 …………………… 99
本屋　→出版・書店 …………………………… 6

【ま】

まじない　→民間伝承 ……………………275
マチグヮー　→商業・商店街 …………347
祭り　→祭礼・年中行事 …………………287
魔除け　→民間伝承 ………………………275
マラソン　→スポーツ一般 ……………415
マリンスポーツ　→スポーツ一般 ……415
漫画　→漫画・児童画・絵本 …………373
マングース　→動物 ………………………307
マングローブ
　　→植物 ……………………………………305
　　→林業 ……………………………………345
満州開拓民　→移民・植民 ……………230
水
　　→上下水道 ………………………………323
　　→環境工学・公害 ……………………324
密約　→沖縄返還 ………………………… 99
宮古毎日新聞社　→メディア …………… 10
民家　→建築 …………………………………327
民具　→民俗一般 …………………………269
民俗学
　　→沖縄一般 ………………………………… 3
　　→民俗一般 ………………………………269
民謡　→民謡 …………………………………295
民話　→伝説・民話 ………………………291
昔話　→伝説・民話 ………………………291
文字　→音韻・文字 ………………………435

【や】

八重山毎日新聞社　→メディア ………… 10
山羊　→畜産業 ……………………………344
野球　→野球 …………………………………418
薬草　→健康法 ……………………………319
野生生物　→生物 …………………………301

「沖縄」がわかる本 6000冊　**499**

やまたい　　　　　　　　　事項名索引

邪馬台国　→古代 ……………………… 40
山之口貘　→詩歌 …………………… 441
ヤンバルクイナ
　　→動物 …………………………… 307
　　→環境工学・公害 ……………… 324
ゆいレール　→交通 ……………… 348
郵便　→郵便 ………………………… 350
ユタ
　　→宗教 ……………………………… 13
　　→民間信仰 ………………………… 14
　　→民間伝承 ……………………… 275
妖怪　→民間伝承 ………………… 275
養豚　→畜産業 …………………… 344
世替り　→沖縄史 …………………… 19
読谷村　→米軍基地 ……………… 83

【ら】

ライフスタイル　→暮らし・生き方 …… 355
ラジオ　→放送 …………………… 350
琉歌　→琉歌 ……………………… 443
琉球王国　→琉球王国 ……………… 43
琉球ガラス　→工芸 ……………… 385
琉球漢詩　→詩歌 ………………… 441
琉球弧
　　→沖縄一般 ………………………… 3
　　→沖縄史 ………………………… 19
琉球語　→琉球語 ………………… 425
琉球史　→沖縄史 …………………… 19
琉球使節　→琉球王国 ……………… 43
琉球処分　→琉球処分 ……………… 58
琉球新報社　→メディア …………… 10
琉球税関　→貿易 ………………… 348
琉球政府　→政治・行政 ………… 183
琉球大学びぶりお文学賞　→琉球文学・沖
　　縄文学 ………………………… 436
琉球舞踊　→舞踊・組踊 ………… 405
琉球文学　→琉球文学・沖縄文学 …… 436
琉球文化圏　→沖縄一般 …………… 3
琉球問題　→政治・経済・社会一般 …… 168
琉球料理
　　→風習 …………………………… 279
　　→沖縄料理のレシピ …………… 360
領土　→領土問題 ………………… 205
料理店　→食 ……………………… 357
林業　→林業 ……………………… 345
歴代宝案
　　→沖縄史 ………………………… 19
　　→琉球王国 ……………………… 43

労働争議　→労働 ………………… 250

【わ】

わらべうた　→民謡 ……………… 295

500　　「沖縄」がわかる本 6000冊

「沖縄」がわかる本 6000冊
―― 歴史・民俗・自然・芸能・暮らし

2016 年 7 月 25 日　第 1 刷発行

発　行　者／大高利夫
編集・発行／日外アソシエーツ株式会社
　　　　　　〒143-8550 東京都大田区大森北 1-23-8 第 3 下川ビル
　　　　　　電話 (03)3763-5241(代表)　FAX(03)3764-0845
　　　　　　URL　http://www.nichigai.co.jp/
発　売　元／株式会社紀伊國屋書店
　　　　　　〒163-8636 東京都新宿区新宿 3-17-7
　　　　　　電話 (03)3354-0131(代表)
　　　　　　ホールセール部(営業)　電話 (03)6910-0519

電算漢字処理／日外アソシエーツ株式会社
印刷・製本／株式会社平河工業社

不許複製・禁無断転載　　　　　　《中性紙三菱クリームエレガ使用》
<落丁・乱丁本はお取り替えいたします>
ISBN978-4-8169-2614-3　　　**Printed in Japan, 2016**

本書はディジタルデータでご利用いただくことが
できます。詳細はお問い合わせください。

沖縄を深く知る事典　　「沖縄を知る事典」編集委員会 編

A5・510頁　定価（本体8,500円＋税）　2003.2刊

沖縄の人びとは現在まで、いかに考え、感じ、悩み、どう行動し生きてきたのか……「日本・アメリカとの相剋」「女性」「離島」「ことば」の4テーマを深く論じることにより、沖縄の過去・現在・未来を考える事典。編集委員会は沖縄在住者で結成し、沖縄の視点を大切にした。各項目に参考文献（解題付き）を付記。

事典・日本の地域遺産－自然・産業・文化遺産

A5・430頁　定価（本体12,000円＋税）　2013.1刊

自然・風景・産業・文化から技術系遺産など、官公庁や地方自治体、国際機関が選定した「○○遺産」「○○資産」などと呼ばれる地域遺産73種4,700件を通覧できる初のデータブック。種別に登録・選定の趣旨、選定機関、開始年を掲載。

富士山を知る事典　　富士学会 企画　渡邊定元・佐野充 編

A5・620頁　定価（本体8,381円＋税）　2012.5刊

世界に知られる日本のシンボル・富士山を知る「読む事典」。火山、富士五湖、動植物、富士信仰、絵画、環境保全など100のテーマ別に、自然・文化両面から専門家が広く深く解説。桜の名所、地域グルメ、駅伝、全国の○○富士ほか身近な話題も紹介。

日本の祭神事典－社寺に祀られた郷土ゆかりの人びと

A5・570頁　定価（本体13,800円＋税）　2014.1刊

全国各地の神社・寺院・小祠・堂などで祭神として祀られた郷土ゆかりの人物を一覧できる。天皇・貴族・武将など歴史上の有名人をはじめ、産業・開拓の功労者、一揆を指導した義民など、地域に貢献した市井の人まで多彩に収録。都道府県ごとに人名のもと、その人物の概略と社寺の由緒や関連行事・史跡等も記述。

民俗風俗 図版レファレンス事典

民俗事典、民具事典、祭礼・芸能・行事事典、図集・図説・写真集に掲載された日本各地の民俗・風俗に関する写真や図を探すことができる図版索引。

衣食住・生活篇

B5・1,120頁　定価（本体45,000円＋税）　2015.11刊

祭礼・年中行事篇

B5・770頁　定価（本体45,000円＋税）　2015.6刊

データベースカンパニー
日外アソシエーツ

〒143-8550　東京都大田区大森北1-23-8
TEL.(03)3763-5241　FAX.(03)3764-0845　http://www.nichigai.co.jp/